中国社会科学院创新工程学术出版资助项目

唯物史观与
马克思主义史学新视野

——中国社会科学院首届唯物史观与
马克思主义史学理论论坛文集

上

张顺洪　吴　英　董欣洁　主编

中国社会科学出版社

图书在版编目(CIP)数据

唯物史观与马克思主义史学新视野：中国社会科学院首届唯物史观与马克思主义史学理论论坛文集：全2册/张顺洪，吴英，董欣洁主编．—北京：中国社会科学出版社，2016.8

ISBN 978 - 7 - 5161 - 8746 - 3

Ⅰ.①唯…　Ⅱ.①张…②吴…③董…　Ⅲ.①历史唯物主义—文集②马克思主义—史学思想—文集　Ⅳ.①B03 - 53②A811.692 - 53

中国版本图书馆 CIP 数据核字(2016)第 189867 号

出 版 人	赵剑英
责任编辑	田　文　徐　平
责任校对	郝阳洋
责任印制	王　超

出　　版	中国社会科学出版社
社　　址	北京鼓楼西大街甲 158 号
邮　　编	100720
网　　址	http://www.csspw.cn
发 行 部	010 - 84083685
门 市 部	010 - 84029450
经　　销	新华书店及其他书店

印刷装订	北京君升印刷有限公司
版　　次	2016 年 8 月第 1 版
印　　次	2016 年 8 月第 1 次印刷

开　　本	710×1000　1/16
印　　张	56.5
字　　数	921 千字
定　　价	198.00 元(全二册)

目　录

（上　册）

领导讲话及致辞

坚持和发展唯物史观,推进马克思主义史学理论发展

　　——在"中国社会科学院首届唯物史观与马克思主义史学

　　理论论坛"上的讲话 ……………………………………… 王伟光(3)

在中国社会科学院首届唯物史观与马克思主义史学理论

　　论坛上的致辞 …………………………………………… 薛进文(18)

坚持和发展马克思主义哲学的唯物史观

　　——在"中国社会科学院首届唯物史观与马克思主义史学

　　理论论坛"上的致辞……………………………………… 贾高建(21)

主题发言

"互联网＋"发展的最终结果必然引发资本主义生产关系大危机

　　和生产关系大变革

　　——兼论生产力与生产关系和科学技术是第一生产力 …… 李慎明(27)

历史理论的源与流 ………………………………………… 沙健孙(42)

历史唯物主义视角下历史人物评价问题新探 ………… 程恩富　詹志华(45)

坚持历史唯物主义,批判历史虚无主义思潮……………… 龚　云(59)

正确认识和处理社会主义时期一定范围的阶级斗争 …………… 梅荣政(77)

当今历史虚无主义及其危害性

驳历史虚无主义中的几个主要观点 ……………………… 吴 英(91)

意识形态领域的卫国战争

　　——毛泽东研究中的历史虚无主义剖析 ……………… 刘 仓(102)

试析历史虚无主义思潮的学术来源

　　——以党史国史研究为中心的考察 ……………… 王爱云(116)

唯物史观与中国语境中的历史虚无主义 ……………… 刘雄伟(128)

当下中国历史虚无主义的本质特征及叙事方式 ……… 王增智(139)

历史虚无主义论争演变的历史考察 ………… 文世芳 王 瑾(150)

关于共产党抗战的历史虚无主义言论评析 …………… 陈元明(166)

抗战期间中共对外宣传夸大战果吗?

　　——对一则讹误的澄清 …………………………… 李方祥(179)

历史与现实:关于当前西藏研究的几点思考

　　——历史虚无主义的影响及批判 ……………… 孙宏年(184)

历史虚无主义的前世今生 …………………………… 王定毅(195)

关于历史评价中真与善的标准问题 ………………… 隽鸿飞(205)

论中国近现代史领域的历史虚无主义 ……………… 张剑平(212)

坚持历史唯物主义 克服历史虚无主义 …………… 高希中(215)

人民群众是战胜历史虚无主义的根本 ……………… 尚松蒲(231)

历史中的偏见 ………………………………………… 胡宇哲(243)

历史唯物主义与历史虚无主义 ……………………… 田心铭(261)

阶级和阶级斗争再认识:历史与现实

运用唯物史观正确认识当今社会的阶级和阶级斗争 ……… 姜 辉(275)

阶级与阶级斗争的意蕴

　　——基于历史、理论与现实的维度 ……………… 林建华(283)

构建中国思想史研究的中国学派之"四要义"　………… 贺新元(299)

马克思主义历史进步评价二重维度解读 ………………… 姜悠悠(307)

应当重视国体问题讨论

　　——2014 年人民民主专政问题讨论述评　………… 张巨成(314)

唯物史观视域下的中间阶级结构化理论 ………………… 韩　炯(325)

超越"现代化研究"与"阶级分析"之争

　　——关于中国近代史研究"范式"问题之管见　……… 严立贤(343)

今天的中国应当如何认识阶级斗争和人民民主专政 ……… 苑秀丽(360)

编纂台湾思想史之原则与方法刍议(论文要点摘录)　……… 孙翠萍(365)

社会主义初级阶段与阶级斗争新特点 …………………… 梁　柱(370)

当代中国马克思主义对阶级理论的创造性运用……… 侯惠勤　蒋成贵(381)

领导讲话及致辞

坚持和发展唯物史观，推进马克思主义史学理论发展

——在"中国社会科学院首届唯物史观与马克思主义史学理论论坛"上的讲话

王伟光
（2015 年 9 月 18 日）

在全党全国各族人民隆重纪念中国人民抗日战争暨世界反法西斯战争胜利 70 周年之际，在纪念"九一八"事变爆发 84 周年的今天，我们在这里举办首届唯物史观与马克思主义史学理论论坛，具有重要的理论和现实意义。这次会议对于进一步推动史学界巩固马克思主义的指导地位，高举唯物史观旗帜，加强马克思主义史学理论建设，对于把我院建设成为马克思主义的坚强阵地，加强史学学科建设、人才培养和史学研究，都将产生积极作用。我代表院党组对这次会议的顺利召开表示祝贺！也希望该论坛每年举办一次，形成惯例，办成坚持和发展唯物史观、坚持和创新马克思主义史学理论的精品论坛。

围绕唯物史观和马克思主义史学理论，我谈几点看法，以与大家交流。

一、唯物史观的创立，是人类思想史上一场伟大的革命，赋予人类正确认识社会及其发展历史的唯一科学的世界观和方法论

如果没有马克思创立的唯物史观，人们对社会生活及其历史的认识还会在黑暗中摸索。也就是说，在马克思创立唯物史观之前，人们对社会历史的认识是唯心主义历史观占据统治地位，人们无法正确解读自己的历史和社会现象。

1883 年 3 月 14 日，在伦敦海格特公墓的马克思墓前，恩格斯发表了

著名的《在马克思墓前的讲话》。恩格斯高度评价了马克思作为最伟大的思想家和革命家对于人类思想史和世界工人运动做出的巨大贡献，简短、诚恳而又真实地表述马克思对于人类所具有的并永远具有的伟大意义。他认为，马克思对整个人类思想发展做出了两个最伟大的贡献：一是发现唯物史观；二是发现剩余价值学说。恩格斯高度赞扬马克思说："一生中能有这样两个发现，该是很够了。"① 恩格斯把唯物史观看作马克思的第一个伟大发现。列宁认为，马克思的历史唯物主义是科学思想中的最大成果。唯物史观的创立是马克思对人类思想史上的划时代贡献。

自古至今，人们在不断探索自然之谜的进程中，也都在不断地追问社会发展的原因，探索社会发展的规律和趋势，试图解释人类社会何以产生、何以运行、何以发展的问题，提出了各种各样的看法和观点，形成了形形色色的历史观。但社会历史现象的异彩纷呈、繁茂芜杂，又极大地困扰着人们的认识，使人们在纷繁复杂的社会历史现象面前往往陷于五里云雾，误入思想歧途。在马克思主义第一个伟大发现产生之前，人类对自然的认识已经达到了一个科学的高峰，涌现出很多伟大的科学家。从哲学世界观方法论层面上看，唯物论、辩证法对世界的认识也分别达到了当时所能达到的高峰，产生了一大批唯物主义和辩证法的哲学家。但在历史观层面上，人类却始终陷于唯心史观的思想陷阱而不能自拔。

在马克思主义新历史观产生之前，对人类社会历史规律的认识不外乎有两类答案：

——一类是唯心主义的回答。或是把历史发展归结为神、天命的作用；或是归结为精神的作用。如将历史发展的根本原因归之于上帝、神灵、天命、神意。孔子的得意门生子夏说"死生有命，富贵在天"，认为人世间的死生祸福、穷达贵贱、贫富寿夭，都是由天命决定的；中世纪的基督教把社会历史理解为从原罪经赎罪到千年王国和最终审判的演进过程，认为这一切都是由上帝安排的，都体现了上帝的智慧与意志；西方有"上帝造人"说、中国有"女娲造人"说……把神作为人类及其社会的创造者、主宰者和历史发展的第一推动者。

如归之于人的理性、情感、动机、意志的主观唯心主义的主观精神决定论，归之于在自然界和人类社会产生之前就存在的、无人身的客观精神

---

① 《马克思恩格斯选集》第 3 卷，人民出版社 1995 年版，第 776 页。

的客观唯心主义的客观精神决定论。例如，德国古典唯心主义辩证法大师黑格尔坚持客观唯心主义的"绝对精神决定论"。尽管他已经发现了人类社会历史的辩证运动规律，但认为在万事万物之上有一个绝对精神，这个绝对精神是自然界和人类历史发展的第一推动者。他认为，理性或绝对精神是社会历史的主体、动力和决定性力量，人不过是理性或绝对精神实现自身的工具和手段。

——另一类是旧唯物主义的回答。唯心主义历史观的答案显然是荒谬的，这就导致一些旧唯物主义哲学家试图从物质原因上寻找历史的最终原因。一些旧唯物主义者虽然在自然观上坚持了唯物主义立场，但在考察社会历史时，却被社会领域和历史过程的特殊性所迷惑，只是看到了人们从事历史活动的思想动机，而没有进一步探究隐藏在思想动机背后的原因；只是看到了在社会历史领域中起作用的精神动力，而没有发现动力的动力是什么，没有看到隐藏在精神动力背后的物质动因，将精神动力看成社会发展的终极原因，从而在历史观上又陷入了唯心主义的泥沼。例如，19世纪德国人本唯物主义者费尔巴哈提出"感性的人"决定论。他看到了神造论的荒谬，看到了唯心主义和机械唯物主义的缺陷，提出感性的人、肉体的人决定了历史的发展，似乎他的历史观由神、由纯粹理念回到了人，由唯心主义回到了唯物主义。但费尔巴哈是直观的唯物主义者，他只看到了感性的、肉体的、被动存在的、生物学意义上的人，不懂得物质与精神的辩证法，不懂得人的社会性，不懂得实践的人的能动作用。对于感性的人怎样创造历史说不清楚，提出了人类永恒之"爱"决定人的行动，从而决定人类历史的论断。费尔巴哈看似回到肉体的物质存在的人，但结果又回到了"爱"决定一切的空洞无物的唯心主义历史观。

综观马克思主义新历史观之前的一切旧历史观，有两个根本缺陷：一是从思想原因而不是从物质经济根源，来说明人类历史活动的动因和社会发展的动力，这就是旧历史观的思想动机论。二是只看到少数历史人物的作用，忽视人民群众是真正的历史主人，抹杀了人民群众在历史发展中的决定作用，这就是旧历史观的英雄史观。旧历史观看不到人民群众创造人类历史、推动社会进步的动力作用，将历史发展的根本原因归于帝王将相、英雄豪杰的个人意志，认为一个好念头可以使国泰民安，一个怪想法可以使国破家亡、生灵涂炭。一切旧历史观说到底都是唯心史观，它始终无法向人们提供正确认识和解释社会历史现象的科学世界观和方法论。

与以往的唯心主义历史观相反，马克思在考察社会历史、寻找社会发展的真实动因时，不是从主观意识、客观精神、上帝、神意或抽象的人性出发，而是从现实的人及其活动出发，从现实的人的物质生活条件出发。在马克思看来，"有生命的个人的存在"是全部人类历史的第一个前提。人们为了创造历史，必须能够生活。为了生活，就必须进行物质生活资料的生产。物质生产是人类的第一个历史活动，是一切历史的基本条件。追求生存发展需要的满足，是人们的一切思想动机背后的最深刻的物质根源；人们所从事的物质资料生产，是社会发展的根本原因。人类社会的一切经济关系、政治关系、社会关系、思想文化关系，都是在物质生产基础上建构起来的，并随着物质生产的发展变化而发展变化；必须从人类生存发展的物质经济基础出发来说明人类社会的发展变化，来说明一切人类社会历史现象，而不是相反。

马克思的新历史观照亮了历史的时空，使在黑暗中摸索的人们豁然开朗。唯物史观是马克思主义关于社会发展最一般规律的世界观和方法论，是科学的、系统的理论体系，它最重要、最核心、最精髓的是生产的观点、阶级的观点和群众的观点；社会基本矛盾理论、社会形态演变规律理论和国家、社会革命与无产阶级专政理论。掌握了这"三大"观点和"三大"理论，也就掌握了唯物史观的精要。他所创立的唯物史观作为关于社会发展的根本动因、总体进程、一般规律和必然趋势的学说，反映了社会历史发展规律，一扫笼罩在社会历史领域的神秘的阴霾，为我们提供了认识社会发展规律、求解社会历史之谜的锁钥；指明了资本主义必然灭亡的历史趋势和人类社会发展的共产主义前途，揭示了无产阶级的历史使命，找到了工人阶级及其政党这一实现深刻社会变革的主体力量，探求到了通过阶级斗争和无产阶级专政实现未来社会的正确途径，从而使社会主义从空想变成了科学；代表了工人阶级和广大人民群众的利益，为工人阶级推翻资本主义社会，实现阶级解放和人类解放，指明了前进的方向和道路。这就把过去人们存在的那种对历史杂乱无章的认识彻底纠正过来了，给了工人阶级及劳动人民以精神武器和理想希望。在当时，马克思是最遭忌恨和最受诬蔑的人，各国政府——无论专制政府或共和政府都驱逐他，资产者——无论保守派或极端民主派都竞相诽谤他、诅咒他；同时，马克思又是当代和后世最受尊重、爱戴和敬仰的人，他是全世界工人阶级的精神导师，他的新历史观成为世界社会主义运动的指南。正如列宁所言："过去在历史观和政治观方面占支配地位的那种混乱和随意性，被一种极其完整严密的科学理论所代替……它把伟大的认识工具给了人类，特别是给了工人阶级。"恩格斯指出，"只要进一步发挥我们的唯物主义论点，并且把它应用于现时代，一个强大的、一切时代中最强大的革命远景就会立即展现在我们眼前。"我们要善于运用好唯物史观这一强大武器。

唯物史观的创立，是人类思想史上的一场伟大革命，它将唯心主义从社会历史领域中彻底清除出去，从而彻底地解决了历史观领域唯心主义占统治地位的状况，实现了自然观上的唯物主义与历史观上的唯物主义的统一，使马克思主义哲学成为彻底的和完备的唯物主义学说，历史唯物主义与辩证唯物主义一道构成人类思想史上最先进、最完整、最科学的哲学世界观和方法论体系。

二、唯物史观是中国共产党领导中国革命、建设和改革，不断取得胜利的最锐利的思想武器，党的全部历史告诉我们，没有或不用唯物史观观察、分析和处理社会历史问题必定要犯错误

中国新民主主义革命和社会主义革命的最后胜利，中国社会主义制度的建立和社会主义建设所取得的伟大成就，社会主义改革开放和中国特色社会主义道路的巨大成功，雄辩地表明唯物史观一旦与中国实际相结合，运用于中国人民伟大的实践，就会发生精神变物质的巨大能动作用。实践证明，对于领导伟大斗争实践的中国共产党人来说，坚持运用唯物史观作指导必定胜利，而没有或放弃唯物史观的指导必定走弯路、犯错误。中国革命、建设和改革开放的成功，是唯物史观的胜利，唯心史观的破产。

毛泽东同志在《毛泽东选集》第四卷最后一篇文章《唯心历史观的破产》一文中指出："即从一八四〇年的鸦片战争到一九一九年的五四运动的前夜，共计七十多年中，中国人没有什么思想武器可以抗御帝国主义。旧的顽固的封建主义的思想武器打了败仗了，抵不住，宣告破产了。不得已，中国人被迫从帝国主义的老家即西方资产阶级革命时代的武器库中学来了进化论、天赋人权论和资产阶级共和国等项思想武器和政治方案，组织过政党，举行过革命，以为可以外御列强，内建民国。但是这些东西也和封建主义的思想武器一样，软弱得很，又是抵不住，败下阵来，宣告破产了。一九一七年的俄国革命唤醒了中国人，中国人学得了一样新的东

西，这就是马克思列宁主义。"①"中国人民学会了的马克思列宁主义的新文化，即科学的宇宙观和社会革命论……第一仗打败了帝国主义的走狗北洋军阀，第二仗打败了帝国主义的又一名走狗蒋介石在二万五千里长征路上对于中国红军的拦阻，第三仗打败了日本帝国主义及其走狗汪精卫，第四仗最后地结束了美国和一切帝国主义在中国的统治及其走狗蒋介石等一切反动派的统治。马克思列宁主义来到中国之所以发生这样大的作用，是因为中国的社会条件有了这种需要，是因为同中国人民革命的实践发生了联系，是因为被中国人民所掌握了。任何思想，如果不和客观的实际的事物相联系，如果没有客观存在的需要，如果不为人民群众所掌握，即使是最好的东西，即使是马克思列宁主义，也是不起作用的。我们是反对历史唯心论的历史唯物论者。"②

马克思主义传入中国，为中国先进分子所接受，为中国人民和中国实际所接受，首先是唯物史观。这是因为，当时中国先进分子所面临的首要问题是正确认识中国社会，找到解救中国的药方，这就必须掌握改造中国社会的先进思想武器，唯物史观理所当然地成为中国先进分子所最先接受的精神力量。

俄国十月革命的成功，深深地启发了中国先进分子。他们从俄国十月革命的成功和西方资本主义的社会政治危机中，敏锐感到世界历史时代的深刻变化，得出向俄国革命学习，"走俄国人的路"的结论。俄国十月革命帮助中国的先进分子开始学习运用唯物史观作为观察国家命运的思想武器，苦苦求索"中国向何处去，中国怎么办"。李大钊是第一个接受唯物史观并主张向俄国革命学习的先进分子。1918 年，他发表了《法俄革命之比较观》，同一年又发表了《庶民的胜利》。1919 年 10 月、11 月，李大钊分两期在《新青年》上发表《我的马克思主义观》，系统地介绍了马克思主义的唯物史观，同时介绍了马克思主义政治经济学和科学社会主义。李达于 1919 年先后发表了《什么叫社会主义》《社会主义的目的》，1919 年秋到 1920 年夏，翻译了《唯物史观解说》《马克思经济学说》《社会问题总览》三部著作，比较系统地介绍和传播了唯物史观。在此前后，《新青年》《每周评论》《民国日报》《建设》等一批报刊纷纷发表宣传马克思主

---

① 《毛泽东选集》第 4 卷，人民出版社 1991 年版，第 1513—1514 页。
② 同上书，第 1515 页。

义唯物史观、科学社会主义和马克思经济学说的一批文章，特别是《每周评论》摘译推介了《共产党宣言》。中国先进分子接受了马克思列宁主义，比较集中地学习和传播了唯物史观，研究和宣传了社会发展根源于生产力与生产关系、经济基础与上层建筑的社会基本矛盾的观点；社会形态发展规律和未来共产主义社会的观点；剩余价值和资本对工人阶级剥削的观点；阶级、阶级斗争、国家、社会革命和无产阶级专政的观点……

中国先进分子学习、研究和传播唯物史观不是为了做学问、研究学术，而是为了正确认识中国社会、探索中国道路、寻找解救中国的办法，为改造旧中国、建立一个新的社会而寻求和掌握革命理论。李大钊特别强调，阶级斗争学说是唯物史观的一个重要内容，要解决经济问题，就必须进行阶级斗争，进行革命；如果不重视阶级斗争，"丝毫不去用这个学理作工具，为工人联合的实际运动，那经济的革命，恐怕永远不能实现。"①鲜明地阐明了马克思列宁主义适合中国需要，阐述了对中国社会进行一次彻底的阶级革命的必要性。毛泽东同志后来总结说，读了《共产党宣言》这本书，"我才知道人类自有史以来就有阶级斗争，阶级斗争是社会发展的原动力，初步地得到认识问题的方法论……我只取了它四个字：'阶级斗争'，老老实实地开始研究实际的阶级斗争。"②李大钊、陈独秀、毛泽东、蔡和森、周恩来等一大批中国先进分子，依据唯物史观，把握了时代前进方向，剖析了资本主义制度的固有矛盾，揭示了社会主义必然代替资本主义的历史必然趋势。在中国的出路，是走社会主义道路还是走资本主义道路，是实行社会革命还是社会改良，是坚持工人阶级政党的领导还是资产阶级政党的领导等这些根本问题上，做出了正确的判断和选择，逐渐否定了过去信仰的资产阶级民主主义，而转向科学社会主义，主张在无产阶级及其政党——中国共产党领导下，通过无产阶级的阶级斗争，用革命的手段，推翻剥削者，建设无产阶级专政的国家，从而走上了无产阶级革命的道路，成为马克思主义者。

中国共产党的成立、发展和壮大是唯物史观在中国发生作用的结果，中国革命的胜利同样是唯物史观科学指导的结果。早期中国共产党人，对中国社会半封建半殖民地的性质、对中国革命的性质、动力、手段、方

---

① 《李大钊选集》，人民出版社 1959 年版，第 233—234 页。
② 《毛泽东文集》第 2 卷，人民出版社 1993 年版，第 378—379 页。

式、领导力量、依靠力量、团结力量，以及革命的对象等一系列事关中国革命的重大理论、路线和战略、策略问题上，认识还不十分明确。经过大革命失败的挫折和教训，中国共产党人运用唯物史观，观察中国社会具体实际，总结革命实践的初步经验教训，逐步对中国社会的性质、中国革命的阶段性、中国道路的特殊性有了科学的认识，形成了关于中国革命正确的理论、路线、方针和战略、策略。毛泽东同志在唯物史观指导下关于《中国社会各阶级的分析》《中国的红色政权为什么能存在》《中国革命战争的战略问题》《论持久战》《中国共产党在民族战争中的任务》《中国革命和中国共产党》《新民主主义论》《两个中国之命运》《论联合政府》《迎接中国革命的新高潮》《在中国共产党第七届中央委员会第二次全体会议上的报告》《论人民民主专政》等一系列经典著作中，彻底解决了中国革命和中国社会发展前途的一系列根本性问题，如中国社会的性质和中国各阶级的分析、中国革命的性质和前途、工人阶级及其政党的领导和党的建设、资产阶级和农民问题、人民军队和武装斗争、统一战线、建立革命根据地和农村包围城市的革命道路等重大问题上，形成了马克思主义与中国实际相结合的正确的理论和路线，即毛泽东思想，从而引导中国革命走向胜利。

中国革命的胜利是唯物史观的胜利，是唯物史观与中国实际相结合的胜利。中国革命经验告诉我们，坚持唯物史观的指导，中国革命就由胜利走向胜利。中国革命的教训同样告诉我们，离开唯物史观的指导，中国革命就要遭受挫折和失败。中国社会主义建设和社会主义改革开放的伟大实践也证明了这个道理。今天中国特色社会主义理论体系、中国特色社会主义制度、中国特色社会主义道路，同样是中国共产党人成功运用唯物史观指导的产物，是唯物史观与当代时代特征、今天中国实践相结合的产物。

在革命战争年代和社会主义建设时期，毛泽东同志始终坚持认为唯物史观是中国共产党进行革命和建设的哲学根据和思想指南。在改革开放新时期，邓小平、江泽民、胡锦涛同志也一直强调坚持和发展唯物史观是坚持、继承和发展马列主义、毛泽东思想的内在要求，是坚持和发展中国特色社会主义的理论依据。贯彻落实党的十一届三中全会以来的基本理论、基本路线、基本纲领，坚定不移地走中国特色社会主义道路，必须坚持唯物史观，离开了唯物史观的根本的立场、观点、方法，对复杂的国际国内问题就会认识不清，推动各项事业就会找不到正确路径，就会发生偏差，最终就会导致中国特色社会主义的各项事业停止、倒退甚至失败。

党的十八大以来，我国进入一个新的历史发展阶段。坚持和发展中国特色社会主义，实现"两个一百年"的奋斗目标，实现中华民族伟大复兴的中国梦，面临十分复杂的国内外环境。如果缺乏科学历史观理论思维的有力支撑，是难以战胜各种风险和困难的，也是难以继续前进的。

在新的历史条件下，习近平总书记一再强调，唯物史观深刻揭示了人类社会发展一般规律，在当今时代依然有着强大生命力，依然是指导我们共产党人前进的强大思想武器。在革命、建设、改革各个历史时期，我们党运用唯物史观，系统、具体、历史地分析中国社会运动及其发展规律，在认识世界和改造世界过程中不断把握规律、积极运用规律，推动党和人民事业取得了一个又一个胜利。历史和现实都表明，只有坚持唯物史观，我们才能不断把对中国特色社会主义规律的认识提高到新的水平，才能进一步促进中国特色社会主义事业的发展，不断开辟当代中国马克思主义发展新境界。习近平总书记是这么说的，也是这么做的。党的十八大以来，以习近平为总书记的党中央，坚持唯物史观的基本原理和方法论，准确把握国情，顺应党和国家事业发展大势，遵循历史发展规律，提出了一系列重大战略举措。习近平总书记系列重要讲话就是运用唯物史观解决中国特色社会主义重大问题的典范。我们一定要结合当代中国实际和发展要求，坚持和发展唯物史观，续写中国特色社会主义这篇大文章。

三、唯物史观是唯一科学的历史观，是指引史学研究的可靠指南，必须坚持唯物史观的基本原理和科学方法，反对历史虚无主义

在史学研究领域，唯物史观使历史破天荒地第一次置于它的真正基础之上，开辟了从现实出发对历史进行科学研究的道路，把对历史的认识建立在科学基础上，使史学成为真正意义上的科学。

在唯物史观创立之前，从总体上说，在社会历史观的领域，唯心主义占据着统治地位。马克思、恩格斯在《德意志意识形态》中这样评价唯心史观："迄今为止的一切历史观不是完全忽视了历史的这一现实基础，就是把它仅仅看成与历史进程没有任何联系的附带因素。因此，历史总是遵照在它之外的某种尺度来编写的；现实的生活生产被看成是某种非历史的东西，而历史的东西则被看成是某种脱离日常生活的东西，某种处于世界之外和超乎世界之上的东西。这样，就把人对自然界的关系从历史中排除出去了，因而造成了自然界和历史之间的对立。因此，这种历史观只能在

历史上看到重大政治事件，看到宗教的和一般理论的斗争，而且在每次描述某一历史时代的时候，它都不得不赞同这一时代的幻想。"① 在唯物史观创立之前的一切哲学家、历史学家在社会历史领域提出了许多有创造性的观点，撰写了许多创造性的著述，但从严格意义上来说，并没有客观地、系统地、完整地、科学地还原历史的真实面目，洞悉历史发展内在的客观联系和客观规律，揭示历史发展的真正动力和根源。

从史学研究方面来看，唯物史观传入中国，一些老一代有成就的学者之所以做出举世瞩目的成绩，其中重要的一条就是因为站在马克思主义的立场上，用唯物史观的立场观点方法来观察分析历史。甚至在旧社会国统区如此严禁马克思主义的情况下，一些学界老前辈也自觉地接受唯物史观，推动史学研究向更为科学的方向发展，形成了中国的马克思主义史学学派。郭沫若先生就是其中的杰出代表。郭沫若在 1930 年出版的《中国古代社会研究》便是标志。此外，吕振羽、范文澜、翦伯赞、侯外庐等马克思主义史学家也以唯物史观为指导，写出了一批关于中国通史、断代史、中国社会史、思想史以及史学理论等方面的著作。新中国成立后，唯物史观被越来越多的史学工作者所接受，产生一大批以唯物史观为指导而铸就的科研成果，中国史学发展进入了一个全新的时代。

从更广阔的世界范围来看，唯物史观创立以来，唯物史观以其深邃的思想和科学的论证，影响着全世界越来越多的历史学家，为许多历史学家所逐渐纳受。特别是第二次世界大战之后，唯物史观对史学的影响更为广泛。马克思主义史学在苏联、中东欧、中国、越南、古巴占据主导地位，在东亚、拉美和其他地区颇具影响；德国的"社会科学历史派"和英国的"历史工作学派"，受到唯物史观的深刻影响；在欧美出现了以爱德华·汤普森、艾瑞克·霍布斯鲍姆等为代表的一批马克思主义史学家。对于唯物史观的贡献，英国著名历史学家杰弗里·巴勒克拉夫认为："马克思主义在包括美国在内的绝大多数国家的历史学家当中是产生了最大影响的解释历史的理论。"②

因此可以这样说，唯物史观是迄今为止对人类社会进行认识的唯一科学的历史观。以唯物史观为指导的历史认识理论体系，在科学地认识人类

① 《马克思恩格斯文集》第 1 卷，人民出版社 2009 年版，第 545 页。
② 《当代史学主要趋势》，上海译文出版社 1987 年版，第 3 页。

历史，在推动世界进步和中国发展中发挥了重要指导作用。

在今天新的形势下，坚持唯物史观基本原理和科学方法，反对历史虚无主义，是中国史学界的重要政治任务。当前史学研究领域中的主流是好的，但也存在着一些问题，尤为突出的是，历史虚无主义泛滥。历史虚无主义的某些鼓吹手们不断利用一些讲坛、论坛、文坛、网络，散布极其错误的历史观和价值观，歪曲并攻击主流意识形态和核心价值观，裹挟民意，影响民众，毒害青少年，严重威胁我国意识形态安全。有的秉承历史虚无主义宣扬错误的历史观、价值观，肆意解构历史、曲解历史；有的以"学术研究"的面目出现，在理论逻辑上以个别替代一般，以细节否定整体，以所谓"反思"和"创新"歪曲事实，违背历史研究实事求是的原则；也有的丢掉了 20 世纪以来几代人不懈努力创建的中国马克思主义史学理论，鹦鹉学舌西方话语体系，贬损科学史学理论，不仅使史学研究脱离了中国历史实际，也远离了党、国家和人民的要求；更甚的是有的肆意歪曲历史事实真相，抹黑英雄、抹黑领袖、抹黑人民。值得注意的是，这股思潮仍有愈演愈烈之势，绝不能低估。所谓历史虚无主义，即打着"反思历史""还历史以真实""将真相告诉人""告别革命"的旗号，行否定中国历史和中国共产党历史、否定中国革命、否定中国共产党、抹黑党的领袖、抹黑英雄人物、抹黑人民群众之实，用以消解主流意识形态、主流价值观，以达到西化、分化中国特色社会主义制度的目的。历史虚无主义并不虚无历史，只是虚无工人阶级的、人民大众的、中国共产党的、革命英雄的、革命领袖的和社会主义中国的历史。历史虚无主义并不虚无，它只是无限放大敌对势力的、反马克思主义的、反社会主义的、反中国共产党的、反人民民主专政的反历史之实。历史虚无主义直接反对的就是唯物史观，反对的是我们共产党人的马克思主义理论底线。历史虚无主义实质上就是反动的唯心史观。历史虚无主义是唯心史观在今天的典型表现，是一剂置入社会主义中国腹内的剧毒剂。反对历史虚无主义是当前意识形态斗争的重要任务，必须打一场围歼历史虚无主义的舆论争夺战。

历史虚无主义思潮是当前巩固马克思主义在意识形态领域指导地位所面临的一个重大挑战。从历史观上讲，历史虚无主义思潮出现和蔓延的理论根源就在于放弃了唯物史观指导，陷入唯心史观的窠臼。阶级观点和无产阶级专政学说是马克思主义唯物史观的重要内容，是唯物史观的核心观点。历史虚无主义攻击唯物史观的一个集中表现，就是否定阶级观点和无产阶级专政学说，否定人类历史上的阶级斗争，否定阶级斗争在人类社会发展中的重大作用，否定中国共产党领导的中国革命和建立无产阶级专政的国家政权。列宁在《国家与革命》中指出："只有承认阶级斗争、同时也承认无产阶级专政的人，才是马克思主义者。"① 如果把阶级的观点和无产阶级专政的理论从唯物史观中割裂出去，实质上也就阉割了唯物史观，唯物史观也就不成其为马克思主义的唯物史观了。阶级的观点和阶级斗争的理论，运用到对社会历史的观察和分析就是阶级分析方法。唯物史观要求，观察阶级社会的历史和各种现象，必须坚持马克思主义阶级分析的方法。所谓阶级分析方法，就是运用唯物史观阶级的观点观察、分析、认识阶级社会的社会现象，全面地分析各阶级在社会政治经济中所处的地位，主要是占有生产资料和支配劳动成果的情况，以及对于国家政权的影响力；分析各阶级的政治态度和思想观念；分析各阶级中不同阶层的区别和矛盾，以及由此而产生的不同政治倾向；分析各阶级之间的阶级关系，以及阶级力量对比的历史性和变动性；揭示政治事变中的阶级关系和各阶级的经济利益，看到围绕着经济利益进行的阶级斗争必然具有的政治形式，以维护或夺取政治权力为集中表现；严格区分有阶级性和不带阶级性的社会矛盾的差别。阶级分析法是分析阶级社会现象的有效钥匙。没有这个方法，就不能抓住问题的本质，不能在看来迷离混沌的状态中发现支配历史进程的一般规律，就会得出一些肤浅、错误的结论。如果否定了马克思主义阶级分析方法，放弃了阶级分析方法，面对阶级社会历史上的种种复杂的阶级斗争现象，就无法把握历史的真实和本质，在对历史事件、历史人物评价上，就会造成许多混乱的认识。坚持阶级的观点、坚持无产阶级专政的学说、坚持阶级分析的方法，就是坚持唯物史观。

其实早在马克思主义诞生以前，"法国复辟时代就出现了这样一些历史学家（梯叶里、基佐、米涅、梯也尔），他们在总结当时的事变时，不能不承认阶级斗争是打开整个法国历史的锁钥。"② 历史虚无主义者对历史的认知水平还不如几百年前的资产阶级历史学家。列宁就指出，"马克思主义提供了一条指导性的线索，使我们能在这种看来扑朔迷离、一团混乱的状态中发现规律性。这个线索就是阶级斗争的理论。只有研究某一社会

---

① 《列宁全集》第 31 卷，人民出版社 1985 年版，第 32 页。

② 《列宁专题文集·论马克思主义》，人民出版社 2009 年版，第 16 页。

的全体成员的意向的总和，才能科学地确定这些意向的结果。其所以有各种矛盾的意向，是因为每个社会所分成的各阶级的地位和生活条件不同。"①

批判、遏制历史虚无主义思潮的一场重要战斗就是在史学研究中始终坚持唯物史观。习近平总书记强调，要坚持用唯物史观来认识和记述历史，把历史结论建立在翔实准确的史料支撑和深入细致的研究分析的基础之上。要做到这一点，就必须以科学的态度对待唯物史观，坚持不懈地以唯物史观为指导，与时俱进地推动马克思主义史学理论发展。

第一，高度重视学习和运用唯物史观，以指导史学研究。开展史学研究，就要观察历史、分析历史、认识历史、总结历史，而这一切又是为今天的现实服务，为中国特色社会主义服务。研究历史，首先有个采取什么样的立场、观点、方法来看待历史的问题。唯物史观的立场，首先是人民的立场，只有站在人民的立场上，站在代表人民根本利益的党的立场上，才能正确解读历史，向人民介绍历史；所谓观点，就是生产的观点、阶级的观点、群众的观点和社会基本矛盾的理论、社会形态理论、国家、革命和无产阶级专政理论等唯物史观的基本观点和基本原理，要用这些基本观点、基本原理认识历史、总结历史；所谓方法，就是用唯物的、辩证的、矛盾的、历史的、阶级的分析方法观察历史、分析历史、解释历史。只有坚持唯物史观的立场、观点、方法，提高用唯物史观指导史学研究的能力，才能正确认识和对待我们的党史、国史、革命史、建设史和改革开放史，才能真正解决史学研究"为什么人"的问题，才能以党和人民群众关注的重大理论和现实问题为我们的主攻方向，才能不断推出让党和人民满意放心、无愧于中国特色社会主义伟大实践、经得起历史检验、无愧于历史的科研成果。

第二，把唯物史观当作研究的指南，决不能当作现成的公式或教条套用。恩格斯曾经指出："我们的历史观首先是进行研究工作的指南，并不是按照黑格尔学派的方式构造体系的杠杆。必须重新研究全部历史，必须详细研究各种社会形态的存在条件，然后设法从这些条件中找出相应的政治、私法、美学、哲学、宗教等的观点。在这方面，到现在为止只做了很少的一点工作，因为只有很少的人认真地这样做过。在这方面，我们需要

---

① 《列宁专题文集·论马克思主义》，人民出版社 2009 年版，第 15 页。

人们出大力，这个领域无限广阔，谁肯认真地工作，谁就能做出许多成绩，就能超群出众。"① "如果不把唯物主义方法当作研究历史的指南，而把它当作现成的公式，按照它来剪裁各种历史事实，那它就会转变为自己的对立物。"②

唯物史观是马克思主义哲学的重要组成部分，是对社会发展最一般规律的概括，是关于社会科学的最高概括，是世界观方法论。而历史学只是一门具体的社会科学。凡以人类社会生活、社会活动为对象的学术研究、学理探讨，唯物史观的世界观方法论对它们都是一概适用。唯物史观是一切人文社会科学的指导理论。就像刘大年先生所说："历史学理论研究，其目的，在于使马克思主义的历史唯物主义普遍原理具体化，和用古今中外的广泛事实、经验充实这个普遍原理，回转来，更准确地认识、解释历史和应用于历史科学研究实践。"史学是意识形态性极强的学科，在史学研究中，坚持马克思主义指导，坚持唯物史观的指导，这是我国史学工作应当遵循的基本原则。当然唯物史观只是我们研究历史的思想指南和方法，它不等于史学，不能把唯物史观当作历史学的专门理论，不能代替史学，代替史学的具体研究方法，不能像贴标签那样把唯物史观贴在史学研究上、套在史学研究上。

第三，加强在唯物史观指导下的史学研究，加强马克思主义史学理论建设，为丰富、发展和创新唯物史观做贡献。唯物史观是人类历史观的伟大变革，但不会是结束变革的变革。唯物史观的创立及其发展、运用并不意味着唯物史观发展的终结，也不意味着认识历史的任务的完结，而是新的不断开始。唯物史观是一个发展的、开放的体系，不是一种僵化的、封闭的学说，需要随着历史的发展演变而发展。唯物史观一定要在坚持基本原理的基础上，不断地得到充实、丰富、创新和发展，任何企图推倒唯物史观基本原理的所谓重建、重构，不是发展，而是修正，是对唯物史观的虚无。当然，唯物史观也不是一个僵化的体系，它要随着实践的发展而不断得到充实和发展，史学研究担负着充实、丰富、创新和发展唯物史观的历史使命。在当前唯物史观的科学性与对史学研究的指导地位遭遇严峻挑战的背景下，必须结合当代世界和中国实际，坚持和发展唯物史观，推进

---

① 《马克思恩格斯文集》第 10 卷，人民出版社 2009 年版，第 587 页。

② 同上书，第 583 页。

马克思主义史学理论发展。20 世纪国际共产主义运动实践,特别是中国特色社会主义伟大实践,给唯物史观的发展提出了新要求。要准确地运用唯物史观,与时俱进地丰富和发展当代中国的马克思主义史学理论,建构以唯物史观为指导的具有鲜明民族特色的史学研究中国学派,形成史学研究的中国学术概念、研究范式和话语体系,在全球学术话语体系中发出中国声音。史学研究要强化问题导向,回应时代关切,要有发展的观点,着眼于新的实践和新的发展,要增强对历史与现实问题的解释力与说服力。应当详细地研究中国的历史和现实,应当回答中国特色社会主义理论和实践急需解答的问题,应当为实现中华民族伟大复兴的中国梦提供学理支撑。

（作者单位：中国社会科学院）

在中国社会科学院首届唯物史观与马克思主义史学理论论坛上的致辞

薛进文

（2015 年 9 月 18 日）

尊敬的王伟光院长，各位专家，各位来宾：

在首届唯物史观与马克思主义史学理论论坛隆重召开之际，首先请允许我代表南开大学、代表天津市社会科学界联合会，并以我个人的名义，向论坛表示热烈的祝贺！

党的十八大以来，习近平总书记多次指出唯物史观对于认识历史、创造未来的极端重要性，要求坚持用唯物史观来认识和记述历史，强调只有坚持正确的历史观，牢记历史的启迪和教训，才能更好地把握今天、开创明天。

唯物史观作为人类迄今为止"唯一科学的历史观"，是马克思、恩格斯在反对唯心史观的过程中创立并发展起来的。它使历史学由哲学家头脑中的"绝对精神"，成为可以被正确认知的一门科学，进而使历史研究能够在科学理论的指导下进行，去揭示人类历史发展的客观规律和内在联系。这是人类认识史上的一场伟大革命。它根本性地改变了人们理解和解释社会历史的思维方式，使历史认知更接近历史的真实，也更有利于描述历史的本来面目、剖析历史的发展进程、揭示历史的内在规律。因此，唯物史观是指导人们正确认识历史现象、把握历史规律的科学的世界观方法论。

正是由于唯物史观不是从观念出发来解释实践，而是站在现实历史的基础上，"从物质实践出发来解释各种观念形态"，"从直接生活的物质生产出发阐述现实的生产过程"，使得马克思能够运用自己创立的唯物史观，揭开资本主义生产的奥秘，揭示资本主义生产方式产生、发展和灭亡的规律，进而创立了剩余价值理论。从此，唯物史观和剩余价值理论作为马克思的"两大发现"，成为建构马克思主义理论大厦的两块基石，使社会主义从空想发展为科学。

坚持马克思主义唯物史观，不仅关系到能否正确认识历史现象、把握历史规律，而且决定着中国特色社会主义的前途命运。我们党在领导中国革命、建设和改革的各个历史时期，坚持唯物史观，运用历史唯物主义，分析中国社会矛盾运动及其发展规律，在认识和改造世界过程中，不断把握规律，积极运用规律，推动党和人民事业取得了一个又一个的胜利。近代以来的历史表明，只有在学习和掌握了历史唯物主义之后，中国人民才在中国共产党领导下，走上了独立、富强的道路。唯物史观要求我们，要从我国基本国情和发展要求出发，正确认识党在现阶段的路线方针政策；唯物史观要求我们，要根据我国社会基本矛盾运动变化来推进全面深化改革，根据社会生产力发展需要调整生产关系，适应经济基础发展完善上层建筑；唯物史观要求我们，要牢固树立人民群众是历史创造者的观点，紧紧依靠人民推进改革，把实现好、维护好、发展好最广大人民根本利益，作为推进改革的出发点和落脚点，让发展成果更多更公平惠及全体人民；唯物史观要求我们，要正确处理好尊重客观规律和发挥主观能动性的关系，在坚持一切从实际出发、按照客观规律办事的前提下，坚定理想信念，把握正确方向，提高各种能力，不断把对中国特色社会主义规律的认识提高到新的水平，不断开辟当代中国马克思主义发展新境界，不断推动中国特色社会主义取得新成就。

以唯物史观为指导的中国马克思主义史学，具有鲜明的实践品格。自20世纪初马克思主义传入中国后，马克思主义史学家就开始运用唯物史观认识历史规律、思考社会走向。正如李大钊在《史学要论》中所说："今欲把历史与社会的概念弄得明明白白，最好把马克思的历史观略述一述。马克思述他的历史观，常把历史和社会关联在一起；纵着看人间的变迁，便是历史；横着看人间的现在，便是社会。"范文澜在《中国通史简编·序》中也指出："我们要了解中华民族与整个人类社会共同的前途，我们必须了解这两个历史的共同性与其特殊性。只有真正了解了历史的共同性与特殊性，才能真正把握社会发展的基本法则，顺利地推动社会向一定目标前进。"基于这一认识，中国的马克思主义史学家们，继承和发扬经世致用的优良传统，把历史唯物主义的基本原理与中国实际紧密结合起来，深入研究中国的历史与国情，科学把握社会发展的规律与趋势，为中国社会的进步做出了重要贡献。

各位专家，各位来宾！

包括历史学在内的哲学社会科学，肩负着认识世界、传承文明、创新理论、服务社会的重要使命。繁荣发展中国哲学社会科学，必须牢固确立马克思主义的指导地位。深化马克思主义史学研究，必须始终坚持唯物史观的科学指导，把历史结论建立在翔实准确的史料支撑和深入细致的研究分析的基础之上；同时，应当继承发扬中国史学经世致用的优良传统，把科学研究与党和人民的事业紧密联系在一起，与中国特色社会主义前途命运紧密结合在一起，在深化基础理论研究的同时，着眼并围绕党和国家工作大局，为党和政府决策服务，为弘扬中国精神、培育社会主义核心价值观服务，为改革开放和社会主义现代化建设服务，为中华民族伟大复兴提供强大的理论支撑和精神动力。

"认识中国，服务中国"，是南开大学建校之初就形成的学术传统。多年来，南开学者继承弘扬这一优良传统，开展教学科研、致力资政育人，得到了中国社会科学院的大力支持。希望以此次论坛为契机，能够与社科院扩大交流、深化合作，为繁荣中国哲学社会科学、深化马克思主义史学研究，做出更大的贡献！

最后，预祝论坛圆满成功！谢谢！

（作者单位：南开大学）

坚持和发展马克思主义哲学的唯物史观

——在"中国社会科学院首届唯物史观与马克思主义史学理论论坛"上的致辞

贾高建
（2015 年 9 月 18 日）

各位专家、同志们：

很高兴来参加"中国社会科学院首届唯物史观与马克思主义史学理论论坛"。如会议文件中所阐明的，这一论坛的主旨是坚持和发展唯物史观，发挥唯物史观在史学研究中的根本指导作用。在马克思主义哲学的唯物史观遇到种种质疑和挑战的今天，围绕这一主题展开深入研讨，无疑具有特殊重要的意义。

众所周知，唯物史观即历史唯物主义是马克思主义哲学最重要的成果，它从人的现实存在和活动出发，揭示了社会历史领域的客观规律，为解开历史之谜、认识社会历史领域的一系列重大问题提供了科学的方法论。事实已经表明，历史唯物主义的基本原理具有普遍的真理性，虽然一个多世纪以来世界发生了很大的变化，社会历史领域出现了许多新的情况，但这些基本原理并不过时，因而应该继续坚持；无论是史学研究还是当代实践中的重大现实问题研究，都应该以历史唯物主义的方法论为指导。当然，历史唯物主义并不是所谓绝对真理的封闭体系，而是一种在实践的基础上不断生长着的活的学说；要真正有效地坚持这一科学方法论，就必须将坚持与发展统一起来，不断深化历史唯物主义理论自身的研究，使之始终保持内在的生机和活力。

应该肯定，经过长期的努力，我们在历史唯物主义理论的研究中已经取得了许多新的进展，获得了一系列有价值的成果。但与此同时，也还有不少问题需要进一步研究和探讨；特别是在一些重大理论问题上，讨论中还存在各种争议和分歧。这些问题涉及对历史唯物主义基本原理的理解和把握，也关系到历史唯物主义在史学研究和现实研究中的方法论应用，因而必须给予充分的重视和关注。

例如，关于社会历史领域中的主客体关系，以及社会发展与人的发展的关系问题。在历史唯物主义看来，社会主客体关系是社会历史领域中的一种基本关系，其中人是主体，而人所赖以存在的社会结构体系则作为客体与之相对应。社会主体与社会客体之间是相互联系和制约着的：一方面，人是现实的人，它的存在和发展要受到其所在的社会结构体系的制约；另一方面，作为客体的社会结构体系又是主体认识和改造的对象，是在人的实践中发展和改变着的。而进一步说，社会主客体之间还存在着一种特殊的价值关系，其中人（主体）是目的，而社会（客体）则是手段，社会发展最终是为人的发展服务的。应该承认，在过去一个时期中，有关历史唯物主义的研究往往更多地侧重于社会客体即社会结构体系的方面，而对于社会主体即人的问题关注不够。而在新的时期，主体方面的研究得到了有力的加强，对于人的问题的认识大大地向前推进了。历史唯物主义研究的这一新的进展应该充分肯定，但同时也应看到，讨论中也出现了一种极端倾向，即在强调主体方面的同时，忽视甚至否定客体方面的研究，特别是关于社会历史领域中客观规律的研究。这种倾向是应该防止和反对的。须知马克思恩格斯当年创立唯物史观，就是反对像人本主义那样抽象地谈论人，而是要研究"现实的人"，即存在于一定的社会结构体系之中的人。他们关注人的发展和解放，但他们不是空喊口号，而是从人所在的社会着眼，研究和揭示社会历史领域的客观规律，探索人的发展和解放的现实道路。忘记了这一点，忽视和否定这一方面的研究，就等于放弃历史唯物主义的基本立场，重新退回到肤浅的人本主义那里去。

与这一问题相联系的是有关决定论与选择论问题的争议。马克思主义哲学的唯物史观承认社会历史领域的客观规律以及由这些规律所决定的历史必然性，在这个意义上主张历史决定论。但历史唯物主义所讲的决定论不是机械决定论，而是辩证决定论，它并不否定人的主体性，而是充分肯定主体选择在历史进程中的重要作用，主张将决定论与选择论结合起来。近年来，关于这方面问题的讨论深化了对客观规律与人的活动之间关系的认识，对于丰富和发展历史唯物主义的相关原理起到了积极的促进作用。

但是讨论中也出现了一种极端倾向，即将决定论与选择论对立起来，片面强调主体作用，以选择论否定决定论，最终导致否定社会历史领域的客观规律。这种倾向同样是不正确的。正如恩格斯曾强调指出的，虽然在社会历史领域活动着的是"具有意识的、经过思虑或凭激情行动的、追求某种目的的人"，但这"丝毫不能改变一个事实：历史进程是受内在的一般规律支配的"。历史唯物主义所要做的，便是"通过发现现实的联系"来消除"哲学家头脑中臆造的联系"。离开了这一基本立场，就不可能正确地认识历史；而在现实实践中，更是会带来严重的危害。新中国成立60多年来的经验教训，已经深刻地证明了这一点。

同时还需要指出的是，我们这里所说的社会历史领域的客观规律，以及经典作家所讲的"现实的联系"，主要是指社会结构体系存在和发展的内在机制。有一种常见的误解，即将这个意义上的客观规律混同于社会历史发展的一般进程，其实这并不是一回事。当然，历史进程是受客观规律支配的，体现着客观规律所决定的历史必然性；但它只是客观规律起作用的最终结果，而不是客观规律本身，不能混为一谈。提到社会历史发展的进程问题，近年来也有许多讨论，并取得了积极的进展，特别是对于一般进程与特殊进程的辩证统一有了更为深入的认识。但这里也存在一些值得注意的问题，所谓一般进程常常被简单、机械地加以理解，从而离开了它的本来意义和存在的条件，变成一种不符合实际的僵硬的教条；而社会历史发展的特殊进程则被看作一些互不相干的孤立事件，从而与一般进程分割和对立起来。这样一些片面的认识，不符合历史唯物主义的基本原理，同时也难免会造成历史研究和现实研究中的混乱，必须予以澄清。

除了以上问题之外，历史唯物主义的其他原理也遇到了不少争议，例如阶级、国家、社会革命等方面的原理。至于应用方面的问题，那就更是不少。此外，对于历史唯物主义在马克思主义哲学中的地位，及其与马克思主义哲学其他原理之间的关系问题，近年来也成为讨论的热点，其中所出现的一些争议和分歧也都值得关注。而从总体上看，在以上各方面问题的讨论中，需要特别注意一个共同的思想方法问题，即不要走极端。许多事物本来不是简单对立的，而是可以也应该统一起来加以把握的。我们不能采用那种绝对化和片面化的思维方式，不要总是在非此即彼的对立中思维，或者从一个极端跳到另一个极端。包括历史唯物主义在内的马克思主义哲学是一种科学性质的学问，我们也必须以科学的态度去对待它。只有这样，才能真正有效地推进这一领域的各方面问题研究，取得更多有价值的成果。

从此次论坛的安排来看，研讨的内容比较广泛，既包括唯物史观方面的问题，也包括历史学方面的问题；参加会议的既有历史学科的学者，也有马克思主义理论，特别是马克思主义哲学学科的学者，可以说是一次跨学科的研讨活动。这样一种安排很有意义，各相关学科理应携起手来，各取所长，优势互补，形成合力，共同推进唯物史观和马克思主义史学理论研究。

预祝此次论坛圆满成功！

谢谢大家。

（作者单位：中共中央编译局）

主题发言

"互联网+"发展的最终结果
必然引发资本主义生产关系
大危机和生产关系大变革

——兼论生产力与生产关系和科学技术是第一生产力

李慎明

美国《外交》双月刊 2015 年刊登了英国《金融时报》首席经济评论员马丁·沃尔夫撰写的题为《为什么说技术乐观主义者错了》的文章。文中指出，有这样一个"乐观的版本"："人类将在信息技术、机器人、人工智能等领域取得的突破令过去两个世纪所取得的成就黯然失色。人类将过上更像神一样的生活。"但马丁·沃尔夫自己并不赞成这样的观点，他认为："从理论上讲""真正智能机器""能够使人类过上比现在好得多的生活。它们最终能否做到这一点，取决于这一成果如何产生和分配""首当其冲的就是经济增长疲软与不平等显著加剧的并在""最终结果也可能是产生极少数大赢家和大量失败者"；"毕竟，决定结果的不是技术本身，而是经济和政治制度。如果我们现有的经济和政治制度不能给我们想要的结果，我们就必须修改它们"①。

尽管上述结论极有可能是在资本主义生产关系框架之内的改良主义的主张，但笔者读到此文，仍然感到欣慰。这从一个侧面说明，随着经济全球化和国际金融危机的深入发展，随着世界左翼和马克思主义思潮的复兴，在资本主义的心脏地区，在美国主要的刊物上，竟然也出现了对现行资本主义经济政治制度及分配制度必须修改的观点。这对现在一些仍执着

① Martin Wolf, "Same as It Ever Was: Why the Techno – optimists Are Wrong", *Foreign Affairs*, July/August 2015 Issue, https://www.foreignaffairs.com/articles/same – it – ever – was［2016 – 01 – 21］.

笃信"新自由主义"能够救中国、救世界的人来说应该是一个提醒。

一 当今世界处于"互联网＋"为领衔的 生产工具大变革的时代

从一定意义上讲，任何社会的发展变化，往往是从生产工具的发展变化开始的；生产工具是生产力发展程度的"测量器"和"指示器"，生产工具的大变革必然引发生产力的大发展；生产力决定生产关系，生产力的大发展最终必然要求变革现存的生产关系；生产关系不变革，就会极大地破坏社会生产力；人民群众是实现和体现社会生产力的最终决定性力量，必然最终刺破现存的生产关系的外壳，要求建立与社会生产力相适应的新的生产关系。从这个意义上讲，石器时代决定原始社会形态，青铜器时代决定奴隶社会形态，铁器时代决定封建社会形态，蒸汽机和电力时代决定资本主义社会形态。迄今为止的旧生产关系的废止和新的生产关系的建立，人民群众在其中都起着决定性的作用。

在阶级和有阶级的社会里，重大的科学技术，往往先从军工领域诞生，因为这一领域是生死搏斗的最前沿阵地，同时又是"计划经济"或"统制经济""优越性"的集中表现地。美苏争霸，美军诞生了互联网。苏联亡党亡国前夕，当时的美国政府把"互联网主干的运营管理交给了商业性的互联网服务提供商"，用风险资本家约翰·多尔的话说，这是"地球历史上最大规模的合法财富创造行动"[1]。

笔者认为，当今世界又一次处于生产工具大变革的前夜。这一大变革主要表现在哪里呢？就是互联网的诞生和发展。从生产工具的角度看，全球已开始进入"互联网＋"时代。加什么呢？在工业领域，主要是互联网＋机器人＋3D打印技术＋新能源＋新材料＋太空技术＋传统制造业等；在农业领域，是互联网＋智能农业＋生物工程等；在第三产业，是互联网＋金融＋商务＋教育＋医疗＋媒体＋各种新兴服务业等；在社会领域，是互联网＋人们的交往方式＋人们的生活方式＋人们的思维方式等。

---

① Michael Harris, Book Review："The Internet Is Not the Answer" by Andrew Keen, *Washington Post*, January 2, 2015, https：//www. washingtonpost. com/opinions/book – review – the – internet – is – not – the – answer – by – andrew – keen/2015/01/02/8627999a – 7973 – 11e4 – 9a27 – 6fdbc612bff8_ story. html［2016 – 01 – 21］.

这也就是说，在今后若干年内，"互联网"这一新兴和先进的生产工具的诞生与发展，将极大地提高社会生产力和社会劳动效能，并以前所未有的广度和深度迅疾地冲击全球人类的时空观念和交往思维方式，改变经济社会运行模式和政府治理方式，改变军事作战模式等。"互联网＋"已经并正在成为全球新一轮产业革命最为重要的新生领域。笔者认为，以数据海量采集、存储及其分析应用为基础的"大数据"理念和技术，也是继云计算、物联网之后全球信息产业的又一次聚合和提升。但大数据、云计算、物联网、移动互联等，从一定意义上讲，这些都以互联网为领衔，或作派生，或作基础，都属于"大互联网"的范畴之中。我们完全可以说，以互联网技术为领衔的信息革命与先进制造业技术相结合带来生产力的巨大提高的第三次工业革命和第四次科技革命正在全球范围内兴起和迅猛发展，充分彰显着科学技术是第一生产力的威力。

二 "互联网＋"这一生产工具正在加剧
全球范围内的贫富两极分化

以美国为首的西方世界主导着"互联网＋"，推动着新的高科技革命，其势头发展似乎不可一世。一些人也与日裔美籍学者、哈佛大学政治学博士弗朗西斯·福山相呼应，认为历史已经终结于美国式的资本主义制度，倡导全世界都应向美国看齐，并以此来规制世界各个国家的经济政治制度和文化观念。

有的同志对以美国为首的西方世界拥有"互联网"这一高新科技并渗透全球的经济、政治、文化及军事、教育等诸多领域叹为观止，从而对马克思主义和世界社会主义的前途及复兴信心不足。还有的同志则为此欢呼，认为仅仅依靠"互联网"这一生产工具自身的大发展，不需要变革生产关系，就可以自然而然地消灭剥削，消灭工人阶级，从此进入共产主义社会。其实，对马克思主义和世界社会主义的前途及复兴信心不足的同志，只是看到历史局部时空中的现象；而认为仅仅依靠"互联网＋"这一生产工具自身的大发展就可以消灭剥削，从而实现共产主义的想法则是忘记了任何生产力都是在一定生产关系的框架内存在、发展或遭到破坏的，或是有意"忘记"这一基本常识而误导他人。1853年，马克思在《不列颠在印度统治的未来结果》一文中谈到英国资产阶级在印度采用的新技术时就明确指出："不仅仅决定于生产力的发展，而且还决定于生产力是否归人民所有。"① 让我们把科学技术是第一生产力这一观点放入当前全球占主导地位的资本主义生产关系的框架里，放入历史的长河中，用马克思主义的生产力决定生产关系，生产关系反作用于生产力。在特定条件下，生产关系对生产力的反作用起着决定性作用的基本观点来考量，我们就可以得出与上述两种结论完全相反的结论来。

前些年，新自由主义在全球泛滥，资本主义一路凯歌行进，不少国家以学习美国为荣。但天下突然掉下来个"林妹妹"，给"一路凯旋"画上了"休止符"：2008 年 9 月，国际金融危机爆发；七年过去，依然故我，何时见底，至今扑朔迷离。前几年的各种"后金融危机时代"的研讨会也都了无踪迹；这也使得国内外不少知名的大牌经济学家和政治家瞠目结舌，使得全球有识之士特别是广大民众"有所思"。

2008 年爆发的至今仍未见底的国际金融危机的根本原因在哪儿呢？相当多的人原本以为马克思这个"幽灵"早就离我们而去，但绝没想到，他一直在经济全球化浪潮的上空"徘徊"，冷静而又自信地俯瞰着茫茫宇宙中我们这个"小小寰球"。让我们看看马克思 140 多年前在《资本论》中所言："一切真正的危机的最根本的原因，总不外乎群众的贫困和他们的有限的消费，资本主义生产却不顾这种情况而力图发展生产力，好像只有社会的绝对的消费力才是生产力发展的界限。"② 正因为资本认识不了列宁所说的"不是生产食物更加困难，而是工人取得食物更为困难"③ 这一基本道理，所以资本遇到危机也就不可避免。

让我们对以美国为首的西方世界以"互联网"领衔的高新技术作如下简要分析，来看看"互联网"这一高新科技在资本主义生产关系框架内运行，将如何逐步削弱甚至给资本主义基本制度带来"大灾难"的。

第一，"互联网＋"的迅疾发展，使得资本所雇佣的人数愈来愈少，使得全球范围内更多的民众与高新的甚至传统的生产资料相分离，从而使得社会的相对需求逐步减少甚至锐减。在今后一些年内，"互联网＋"的大发展，必然极大地提高劳动生产率，同时也必然根本改变各个产业的生

---

① 《马克思恩格斯选集》第 1 卷，人民出版社 1995 年第 2 版，第 771 页。
② 《马克思恩格斯全集》第 25 卷，人民出版社 1972 年版，第 548 页。
③ 《土地问题和"马克思的批评家"》，《列宁全集》第 5 卷，人民出版社 1986 年第 2 版，第 90 页。

产方式和运行方式。互联网＋商业，必然使传统的大商场大量倒闭；互联网＋金融，必然使传统的不少银行破产；互联网＋医疗，必然使传统的医院生存困难；互联网＋教育，必然使传统的教育陷入窘境；互联网＋媒体，必然使传统的纸质出版物大量萎缩；互联网＋文艺，必然使传统的娱乐场所"门庭冷落"；互联网＋军事，必然使传统军队的组织形式、作战样式等发生质的变革，等等。以亚马逊公司这一网络电子商务公司为例：它坚持"以客户为中心"的理念、秉承"天天低价，正品行货"的信念，顾客们对其效率和便捷的喜爱无可厚非。但美国著名媒体人安德鲁·基恩在《互联网不是答案》一书中说："实体店产生 1000 万美元的营业额平均需要 47 名员工，亚马逊只需 14 名雇员"；仅"亚马逊 2012 年在美国大概毁掉 2.7 万个工作岗位"。"汽车共享服务公司 UBER 有 1000 名雇员，市场价值达 182 亿美元，其估值相当于租车业巨头安飞士和赫兹两公司之和。所不同的是，这两家汽车租赁公司雇佣了大约 6 万名雇员。"① 英国牛津大学的两名研究人员评估了美国 700 个职业"计算机化"的可能性，结论是："'美国 47％ 的就业机会面临危险'。在今后 10 年至 20 年的时间里，半数工作都有可能自动化！"无人驾驶汽车"是作为一种技术壮举出现的""司机这个职业在美国是最普通的（开重型汽车、轿车、客车和出租汽车的司机多达 400 万）。"② 经济学家杰弗里·萨克斯和劳伦斯·科特利科夫甚至认为："即将到来的变革所导致的生产力提高，可能使未来几代人的生活总体上变得更加糟糕。工人被机器人取代，他们的收入也可能落入机器人的所有者手里，大多数工人将'被退休'，而他们的储蓄想必比年轻人还少。"③ 随着"互联网"这一生产工具的大发展，完全可以想见，在未来几十年里，大量的无人工厂必然会出现，在这些无人工厂工作

---

① Michael Harris, Book Review："The Internet Is Not the Answer" by Andrew Keen, *Washington Post*, January 2, 2015, https：//www. washingtonpost. com/opinions/book – review – the – internet – is – not – the – answer – by – andrew – keen/2015/01/02/8627999a – 7973 – 11e4 – 9a27 – 6fdbc612bff8 _ story. html［2016 – 01 – 21］.

② Jean – Marc Vittori, "Les robots contre l'emploi", *Les Echos*, 07/05, 2015. http：//www. lesechos. fr/idees – debats/editos – analyses/02121558621 – les – robots – contre – lemploi – 1117473. php［2016 – 01 – 21］.

③ Martin Wolf, "Same as It Ever Was：Why the Techno – optimists Are Wrong", *Foreign Affairs*, July/August 2015 Issue, https：//www. foreignaffairs. com/articles/same – it – ever – was［2016 – 01 – 21］.

的机器人，每周工作 7 天，每天工作 24 小时，每时每刻都在生产着物美价廉的产品，但这些工厂都不再或很少雇佣工人了，都不给工人发工资了，谁还会有钱再来买这些物美价廉的产品呢？消费决定生产，这是市场经济运行的一条铁律。"互联网＋"的发展，必然逐步带来就业人口的明显衰减；就业人口的衰减，必然导致社会相对需求的衰减；社会相对需求的衰减，必然导致更多的企业破产；企业的破产，必然导致更多就业人口的衰减；更多就业人口的衰减，必然导致新的社会相对需求的衰减和更多企业的破产。这正如 159 年前马克思所指出的那样："在我们这个时代，每一种事物好像都包含有自己的反面。我们看到，机器具有减少人类劳动和使劳动更有成效的神奇力量，然而却引起了饥饿和过度的疲劳。"①

第二，"互联网＋"的迅疾发展，使得垄断产品的价格和质量愈具竞争力，因而垄断产品的市场便愈具全球性。"互联网"＋现代制造业＋传统制造业，必然使得工业产业形成新的百舸争流之势，也必然使资本主义的竞争产生垄断这一经济铁律得到新的充分展现。自由竞争本质上是厮杀的过程，而垄断则是厮杀后的必然结果。在"互联网＋"进程刚刚开启的首端，我们即看到从现代化交通工具、通信工具、计算机软件等高科技产品到牙膏、洗衣粉等简单的生活必需品，在经济全球化的今天，在全球处于垄断地位的大都是那几家国际知名品牌。连世界各国普通民众在普通日用品上都能与当年美国的总统小布什和俄罗斯总统普京平起平坐：他们都喜欢并使用高露洁牙膏。随着"互联网＋"的深入发展，物美价廉的产品会层出不穷，这就使得国际垄断资本通过超额垄断利润或薄利多销积聚大量财富，从而迅疾地加剧全球范围内的贫富两极分化。

第三，"互联网＋金融衍生品"模式的泛滥，使得国际资本流动速度以几何级数加快，在瞬间就能掠夺别国和他人的大量财富。圣经《新约·马太福音》中的"凡有的，还要加倍给他叫他多余；没有的，连他所有的也要夺过来"的"马太效应"在当今国际金融垄断领域表现得异常充分。国际垄断资本可以脱离实物经济和生产环节，在金融及其大量的金融衍生品领域，仅仅通过小小的鼠标轻轻地一点，就能实现自己的价值成几何级数的增长。从一定意义上讲，在资本主义生产关系占主导的情况下，当今世界上所有股市、期货、汇率、大宗商品等金融衍生品都是世界统一大赌

---

① 《马克思恩格斯选集》第 1 卷，人民出版社 1995 年第 2 版，第 775 页。

场的有机组成，都是国际金融垄断资本在"坐庄"。金融是经济全球化和当今几乎所有国家经济的命脉及血液。"互联网"既是金融帝国主义找到使它登上自己所要登上的顶峰的最为有力的工具，又是造成当今全球范围内贫富两极分化的最为直接、最为便捷、最为重要的通道。

正是主要基于广大民众就业岗位逐步减少、产品市场全球化和国际金融高度垄断，这吮吸穷国、穷人的"三管齐下"，使得在当今西方发达国家为主导的经济全球化时代里，在全球范围内，与其说必然，不如说已经出现这样一个最基本的经济现象：穷人愈来愈多、愈来愈穷，富人愈来愈少、愈来愈富；几乎所有国家都愈来愈穷，愈来愈穷的根本标志，就是各国主权债务都在急剧增多。换句通俗的话讲，日益贫穷的绝大多数普通群众已经没有多少钱可供富人再来榨取。这是"互联网＋"引领的生产全球化（其中包括金融衍生品的全球化）与生产资料私人占有这一矛盾带来的必然结果。

为了维持全球 GDP 一定的增长率和就业率，世界各国的货币发行量几乎都在一轮又一轮地量化宽松，但绝大多数的宽松货币最终又都打进了极少数人的账户。人类财富掌握在越来越少的人手中。2013 年全球个人财富掌握在百万富翁手中的有 40%，2014 年则为 41%，而波士顿咨询公司预计，到 2019 年，这一比例将上升至 46%。[1] 全球 85 位富豪积累的财富超过了 35.7 亿这一世界人口半数的财产。[2] 随着美国总统大选的临近，美国富有阶层的各个阵营都在谈论美国的贫富差距。共和党的总统热门候选人特德·克鲁兹说："从全国范围来看，收入最高的 1% 人口占据的收入份额之大超过了 1928 年以来的任何年份。"[3]

不少战略家都在分析，国际局势正在发生深刻的变化。应该说，全球范围内的绝大多数人相对贫困和绝对贫困与极少数人暴富的两极分化，是国际局势深刻变化中最核心、最基础的变化；这一变化是其他所有变化的基础和根源，其他所有变化都是这一根本变化的派生。

---

[1] Von Tina Kaiser, "Asien wird 2016 die reichste Region der Welt sein", *DIE WELT*, 2015.06.15, http://www.welt.de/wirtschaft/article142537584/Asien-wird-2016-die-reichste-Region-der-Welt-sein.html [2016-01-21].

[2] Armando B. Ginés, Deuda pública: "billones de mentiras", *Rebelión*, 30-05-2015, http://www.rebelion.org/noticia.php?id=199404 [2016-01-21].

[3] Jill Lepore, "Richer and Poorer", *The New Yorker*, March 16, 2015 Issue, http://www.newyorker.com/magazine/2015/03/16/richer-and-poorer [2016-01-21].

三 "互联网"这一生产工具的大变革必然
引发生产关系大变革

在任何时候，社会生产力都是在一定的社会生产关系中存在并运行的。在社会主义的生产关系框架内，"科学技术是第一生产力"无疑有着永恒的魅力。但在资本主义生产关系框架之内，以"互联网"为领衔的高新科技革命和以美国为主导的经济全球化，对于国际垄断资产阶级而言，无疑是一柄双刃剑。一方面，它在一定程度上推动了资本主义社会生产力的发展，并在一段时日内，可以使得资本主义社会内部的基本矛盾转嫁给其他发展中国家，使其内部的矛盾得到一定程度的缓解；另一方面，在一定条件下，资本主义的生产关系可以保护和促进高新科技这种生产力的存在和发展。但发展到一定阶段和超越一定的时段，资本主义的生产关系必然造成广大人民群众相对的甚至绝对的贫困，则必然容纳不下新科技带来的生产力的急剧增长，必然抑制甚至破坏生产力的存在和发展。马克思明确指出："随着人类愈益控制自然，个人却似乎愈益成为别人的奴隶或自身的卑劣行为的奴隶。甚至科学的纯洁光辉仿佛也只能在愚昧无知的黑暗背景上闪耀。我们的一切发现和进步，似乎结果是使物质力量成为有智慧的生命，而人的生命则化为愚钝的物质力量。现代工业和科学为一方与现代贫困和衰颓为另一方的这种对抗，我们时代的生产力与社会关系之间的这种对抗，是显而易见的、不可避免的和无庸争辩的事实。"① 科学技术本身没有阶级属性，但科学技术必然为科学技术占有者所服务。在资本主义生产关系条件下，资本为获得最大限度的利润，还必然利用和占有科学技术，技术和科学的进步也就意味着资本榨取血汗的艺术的进步。以工业生产为例，"互联网+"时代的生产模式可以表述为：劳动者＋智能机器＋智能网络＋智能终端。其中，"劳动者"是人，"智能机器＋智能网络＋智能终端"则是资本所拥有的生产工具，而这些智能生产工具，都是资本投入换来的。在当今世界，在短时期内，智能机器人还一时无法全部代替人工，因此工业生产仍然离不开大量工人。智能机器＋智能网络＋智能终端将使得流水线上的生产速度加快，结果则是工人的劳动节奏和紧张程度明

---

① 《马克思恩格斯选集》第 1 卷，人民出版社 1995 年第 2 版，第 775 页。

显加大。由于智能机器、智能网络和智能终端的发展，工人操作也将日益简单化、工人可替代性明显增强，加上过剩劳动力大量产生，使得劳动力价值又最大化地贬值，工人的实际工资都将降低。因此，"互联网＋"这一生产工具的大发展，不但不可能消弭，反而会在全球范围内进一步加剧生产社会化和生产资料资本主义私人占有的矛盾。随着这一矛盾的进一步加剧，资本主义生产和消费之间的矛盾、垄断资产阶级与无产阶级和劳动人民之间的矛盾、西方发达国家与广大第三世界国家的矛盾、发达资本主义国家之间的矛盾，以及全球范围内生态环境的进一步恶化等世界性难题，也将进一步趋向激化。霸权主义和强权政治的进一步强化，只会使这些矛盾与难题在全球范围内进一步加剧。正因如此，我们说，在资本主义生产关系的框架内，在历史的长河中，从根本上说，科学技术可以不成为第一生产力，而只是资本的奴仆。当然也正因如此，马克思说，对于资本主义社会而言，"蒸汽机、电力和自动纺机甚至是比……布朗基①诸位公民更危险万分的革命家"。② 这也就是说，"互联网＋"的迅猛发展，在全球范围内必然造成富国、富人愈来愈富，穷国、穷人愈来愈穷这一状况的加剧，就必然会造就一批又一批对于国际垄断资本来说是"比布朗基诸位公民更危险万分"的思想家、理论家、政治家、革命家、军事家等，并进而发展壮大由先进理论武装的工人阶级和劳动人民的队伍。随着资产阶级掘墓者队伍的不断发展壮大，资本主义的前途和命运则是可想而知的了。正是从这个意义上讲，"互联网＋"这一新生技术力量只有归还人民大众，才能使其更好地发挥作用。所以，从历史发展的总趋势上说，经济全球化和以信息技术为主导的高新科技革命的迅猛发展，不但不是距离社会主义和共产主义越来越远，而是恰恰相反，却是日趋接近。当然，谁也不否认，这是一个较为漫长的过程，其中还可能有较大甚至更大的曲折。

---

① 布朗基反对资本主义剥削制度和财产私有制度，在 76 年的生涯中，他多次领导起义，多次失败，曾两次被判为死刑，其中有 36 年在 30 所监狱中度过。布朗基主张通过政治革命推翻资产阶级统治，但其基本策略是少数人的起义或阴谋手段，这与马克思主义主张的依靠广大人民群众的力量夺取政权是根本不同的。从这个意义上讲，马克思、恩格斯崇尚的是群众史观，是历史唯物主义者，布朗基崇尚的是英雄史观，是历史唯心主义者。但他无疑又是 19 世纪法国反对封建君主制度的伟大旗手，是早期无产阶级政党的"领袖、头脑和心脏"（马克思语）。1870 年巴黎公社革命取得初步胜利后，他缺席被选为公社名誉主席。1881 年 1 月 1 日布朗基去世后，巴黎 20 万群众自发为其送行。

② 《马克思恩格斯选集》第 1 卷，人民出版社 1995 年第 2 版，第 774 页。

　　"互联网＋"的大发展，往往会首先和主要冲击着所谓的"中产阶级"，即本质上的"中等收入阶层"。在当今世界语言霸权中的所谓"中产阶级"的"产"，实质上应该是指生产资料的"产"，而"中等收入阶层"中所谓"中产阶级"的"产"却是生活资料的"产"。因此，把"中等收入阶层"这一概念偷换成"中产阶级"，实质上是剥削阶级为了掩饰自己阶级的剥削本质，把"生产资料"和"生活资料"这两个完全不同的概念混淆起来，从而颠覆马克思主义政治经济学的基本理论。资本主义和资产阶级把西方社会的稳定寄托在所谓"中产阶级"即中等收入阶层的不断壮大上。这就是建立所谓的"贫富两头小，中间'中产阶级'大"的"橄榄型社会"。在全球经济繁荣时期，在西方发达国家，一般来说，所谓的"中产阶级"是发展壮大的趋势。这主要是因为发达国家在经济全球化的进程中，可以利用自己的金融、贸易规制、科技等霸权，一方面源源不断地从海外获得物美价廉的商品特别是生活必需品以供给国内各个阶级、阶层消费；另一方面又用海外获取的丰厚垄断利润为所谓非"中产阶级"的穷人提供基本的生活待遇，建立所谓的"福利社会"；三是用海外获取的丰厚垄断利润为所谓的"中产阶级"支付比生存工资要高的薪水，使他们在就业期间享受更多的物质生活资料。在发展中国家，所谓的"中产阶级"也会处于正常的发育之中。无论发达国家还是发展中国家所谓"中产阶级"的经济上的标志，就是有着相对较高的工资等较为稳定的收入，并以此作为抵押，还可以进行"车贷""房贷"等，以提前支取和享受自己甚至子孙后代的"资源"。但经济一旦进入下行通道，甚至步入停滞和危机阶段，不仅造成大量普通劳动者的失业，而且会把大量的所谓"中产阶级"抛入失业大军。美国《外交政策》首席执行官戴维·罗特科普指出："信息技术与先进制造业技术的幸福结合带来生产力的巨大提高将在创造就业方面产生前所未有的可怕效应"；"换句话说，律师和会计师很可能要感受到流水线工人几十年来感受到的痛苦"①。据美联储统计，由于房价、股市等暴跌，2007年至2010年，美国家庭中位数净值就缩水39%；有50%的"中产阶级"在经济衰退期间与他原有的经济地位相比有所、甚至

---

　　① David Rothkopf, "The Third Industrial Revolution：Why yesterday's plan for the economy won't work for tomorrow", *Foreign Policy*, October 8, 2012, http：//foreignpolicy. com/2012/10/08/the－third－industrial－revolution/ ［2016－01－21］.

明显下降。① 从一定意义上讲，马克思主义对于社会主义必然胜利的依据，就是建立在资产阶级国家中等收入阶层随着国际金融危机的不断深化而必然不断出现的一次比一次更大的阶级分化上。完全可以预见，随着"互联网＋"的大发展，随着全球工作岗位的逐渐减少，随着贫富两极分化的逐渐加大，随着各国广大普通民众购买力的逐渐下降，随着各国主权债务突破无法承受的极限之时，随着全球各国、其中包括美国等发达国家广大的中等收入阶层被抛入绝对贫困行列，资本主义社会的大规模社会动荡、动乱也就不可避免了。不仅工人阶级队伍在数量上不断壮大，其思想觉悟和组织程度也必将会在斗争中不断提高。更何况，这里所说的中等收入阶层绝大部分是我们通常所说的"白领阶层"。这些人年纪轻、学历高、掌握着各种高科技技术，当这些人被抛入贫困行列之时，他们与本来就处于贫困行列的"蓝领工人"阶层相结合，其斗争的反抗形式和效果便与以往经济危机有很大的不同。2015 年 7 月 2 日，美国伍德罗·威尔逊国际学者中心国家安全问题研究员布伦达·M. 西弗在一篇文章中对总统奥巴马的"中产阶级经济学"表示如下忧虑："决策者一般都颂扬全球中产阶级崛起所带来的长期好处"，"不幸的是，中产阶级扩张在短期内的破坏性和不稳定性一直被相对地忽视了，而且这两者还因全球化和数字革命而被放大"；美国"中产阶级""仍然面临薪酬增长停滞、裁员、大学费用飙升以及债务等诸多问题"；"其他发达的工业国家中的中产阶级也承受着类似的或者更糟糕的厄运"；"这一趋势可能助推关键国家发生社会革命"。这位学者在文中还引用了《文明的冲突》的作者亨廷顿这样的观点："中产阶级甚至是最具革命性的社会阶级。"②当然，美国这位学者和亨廷顿是站在为资本主义补天的角度而担忧的。笔者认为，他们不是杞人忧天。当然，这是全球范围内所谓的"中产阶级"在全球严重的金融危机中，多年积蓄在股市、房市等各种金融衍生品市场上被洗劫一空，又被抛入失业大军后的绝望、觉醒与反抗。

---

① Yian Q. Mui, "Americans Saw Wealth Plummet 40 percent from 2007 to 2010, Federal Reserve Says", *The Washington Post*, June 11, 2012, https：//www. washingtonpost. com/business/economy/fed－americans－wealth－dropped－40－percent/2012/06/11/gJQAlIsCVV_ story. html［2016－01－21］.

② Brenda M. Seaver, "5 Reasons America Should Fear the Global Middle Class", *The National Interest*, July 2, 2015, http：//nationalinterest. org/feature/5－reasons－america－should－fear－the－global－middle－class－13245［2016－01－21］.

四 "互联网＋"引发生产关系大变革的道路是曲折的，但前途无疑无比光明

当今世界的经济全球化，本质上是被国际金融及产业等垄断资本所占有并主导，它们主导和规制着政治、法律和意识形态的全球化。在通往"互联网"这一生产工具大变革的路途中，不仅不同的国家、民族和阶级有着不同的合作、竞争直至较量，而且不同的国际金融、产业等垄断资本之间同样有着不同的合作、竞争直至较量。互联网无国界，但互联网企业有"国籍"，就是一国内的互联网和"互联网＋"领域本身也在十分激烈地厮杀着。2000 年左右，美国的互联网以每年 2300% 的速度在增长；2000 年 3 月 10 日，以互联网为领衔和主要内容的纳斯达克指数创下 5132 点的历史最高纪录。但随后一路狂泻到 1500 点，超过 5 万亿美元的市值随之蒸发。但是，"互联网＋"在今日的美国重新"崛起"。这说明，互联网和"互联网＋"领域既是新的生产力孕育和壮大的"摇篮"，也是金融衍生品孳生和洗劫的"乐园"。"互联网＋金融"在美国的泛滥，使得金融垄断资本首先在美国不仅不是为物质商品生产服务，反而不断吞食工商业资本，使得美国失去物质商品的生产能力与创造能力。它还利用自己的金融霸权，进一步吞食世界工商业资本，从而在美国与全球范围内酿就失业的加剧和社会有效需求的衰减。美国自身失业的加剧和社会有效需求的衰减，才是其近一年来迟迟不敢加息的根本缘由。所以，美国近期的战略也只能是一轮又一轮的量化宽松，通过滥发美元，向世界各国借债度日。

全球化不是始于今天，马克思、恩格斯早在 100 多年前的《共产党宣言》中，已经预言资本主义主导的全球化的开始。新一轮的资本主义全球化，始于苏联亡党亡国之后。这与"互联网"这一崭新的生产工具登上全球舞台几乎同步。经过 20 多年的实践，不仅广大发展中国家，而且除美国之外的其他发达国家，也都开始品尝到美国主导的"互联网＋"的苦头，即使美国统治者自身也在嘟囔着"互联网＋"带来的诸多"麻烦"：全球范围内的贫富两极分化，经济增长放缓和失业率的上升、全球"恐怖主义"和所谓"恐怖主义"的增多，国家和私人信息受到惊人的攻掠、发达国家的孤立主义和不少国家的民族主义与反移民情

绪的急遽上升等，这些都似乎成为全球需要共同治理的"新的公共安全领域"。更为重要的是主导经济全球化的"领袖"即"地球村"的"村长"的"领导能力"受到前所未有的质疑。世界上有的学者甚至判定："全世界已进入'去全球化时期'"；"在 2013 年，最富裕的国家比 2009 年多采取了 23％的保护主义措施"；"互联网的自由度正在降低，许多政府给本国互联网筑起了围墙"；"去全球化时期过后，世界最终都会恢复正常，但有时要到发生全球冲突（如第二次世界大战）之后"；"历史表明，当前这样的去全球化时期可能会产生持续数十年的影响"。① 笔者赞同上述判断。笔者更认为，从一定意义上讲，世界就是在"全球化"与"去全球化"的不断交替中曲折前行的。我们十分清醒地知道，资本主义社会所能容纳的全部生产力的发挥还有一定的潜力，资本主义和社会主义两种力量的合作、竞争、较量还在进行之中；从生产力和生产方式、交往方式的角度讲，"互联网＋"与反"互联网＋"的合作、竞争、较量也都在进行之中。但是，"互联网＋"这一生产工具的大发展必然引发全球范围内的贫富两极分化，生产资料的私人占有和生产的社会化的基本矛盾必然会更加尖锐，并最终与现行的资本主义生产关系发生大冲突，从而引发生产关系的大变革。这种变革在未来一些年内会有两种不同的表现形式，一是实质上的"小变革"，就是说，国际垄断资本壮士断腕，对资本主义生产关系作较大的调整，为绝大多数穷人让利，则可以延缓资本主义的生命，罗斯福新政的本质之一就是如此。二是实质上的"不变革"，即国际垄断资本不作让步，全球资本主义的生产关系将被全世界绝大多数的穷人所变革，世界左翼和社会主义思潮乃至运动将很快有较大的复兴。国际垄断资本无论是"小变革"还是"不变革"，社会主义的全球化必然最终取代资本主义的全球化。

互联网还会使先进的革命理论的传播变得如同国际金融资本掠夺别国和他人财富一样便捷和迅疾。马克思、恩格斯在《共产党宣言》中曾高度评价大工业所造成的日益发达的交通工具在工人越来越扩大的联合中的作用。他们说："中世纪的市民靠乡间小道需要几百年才能达到的联合，现

---

① Joshua Kurlantzick, "The Great Deglobalizing", *Boston Globe*, February 01, 2015, https://www.bostonglobe.com/ideas/2015/02/01/the – great – deglobalizing/a8TNmTd7pZNNtjhcK5hBZP/story.html ［2016 – 01 – 21］.

代的无产者利用铁路只要几年就可以达到了。"① 如果说在马恩时代，铁路使工人们的联合几年时间就可以达到，那么在当今时代，互联网会使当今工人阶级的联合几个月或几天甚至几个小时内就可以达到。特定条件下的"蝴蝶共振"效应足以使整个地球卷起"当惊世界殊"的风暴。当然，我们深知，以美国为首的国际金融帝国主义在全球经济政治领域占据统治地位，那么，它们也必然在全球意识形态领域占据统治地位。金融帝国主义的这一经济基础决定政治的上层建筑，并进而决定意识形态这一文化的上层建筑。另外，我们还可以看到，以美国为首的西方世界在对苏联的演变中，形成了一整套成熟的技术和办法。其中，它们运用广播电台以及电视、报刊发挥独特、重要的作用，比如，用许多虚假信息和错误东西对苏联人民反复灌输，致使许多人深信不疑。但互联网是人类历史上出现的新式媒体，它的最大特点不仅是速度快、容量大，而且显然更是发布者与受众之间的双向互动。信息发布者发布了虚假信息和错误东西，知情者就有可能对此立即进行揭露和反驳。这种双向互动，恰恰是单向灌输的广播、电视和报刊等其他媒体所缺乏的。毫无疑问，对于这些揭露和反驳，世界文化霸权主义的发布者固然可以在一定范围内进行控制，但只能在一定范围内和一段时日内取得成效。这是不以人的意志为转移的。能不能这么说，由于互联网的诞生，世界文化霸权者企图运用互联网对其他国家进行文化侵蚀，特别是对社会主义国家的西化分化遇到了极大的阻碍。当然，互联网上各种观点都有，可以说是泥沙俱下、鱼龙混杂，但从一定意义上讲，这也为百花齐放、百家争鸣开辟了坦途。人们在争鸣中可以比较、鉴别，这对提高世界各国全社会的政治觉悟和思想理论水平有极大的好处。从局部和短时段看，互联网有着很多弊端；但从长远、根本上讲，互联网是个不可多得的好东西。这一崭新的生产工具的出现，有可能会使完全的社会主义社会形态距离我们越来越近。使得全球各地零散的"社会主义复兴的幽灵"长上在全球迅速传播和集聚的翅膀，这无疑有助于极大地推动全球工人阶级和其他劳动群众的反抗与斗争由自在转为自为，并进一步更加紧密地团结和联合起来。

马克思在《不列颠在印度统治的未来结果》中曾宣称："资产阶级历史时期负有为新世界创造物质基础的使命"；"只有在伟大的社会革命支配

---

① 马克思、恩格斯：《共产党宣言》，人民出版社1997年第3版，第36—37页。

了资产阶级时代的成果，支配了世界市场和现代生产力，并且使这一切都服从于最先进的民族的共同监督的时候，人类的进步才会不再像可怕的异教神怪那样，只有用被杀害者的头颅做酒杯才能喝下甜美的酒浆。"① 读到马克思这样的论述时，只要不是站在资本而是站在劳动的立场上，都会发出赞许而又会心的微笑。谁还会再持"马克思主义已经过时了"的观点呢？当然是有意无意地站在资本的立场上，才能得出这样的结论来。

从一定意义上讲，正确或错误的理论都是古今中外不同阶级和不同利益群体的特定代表人物对事物的本质与规律不同的把握与不同的表述，而人们的认识才是自为的。人们不被正确的理论所说服和掌握，就必然会被错误的理论所说服和掌握；不把正确的理论与实践相结合，就必然把错误的理论与实践相结合。人们的正确思想是从哪里来的？只能来源于社会实践；人们的错误思想如何才能被抛去？也只能通过社会实践。舍此都没有他途。人们实践的结果，一个是成功，一个是失败。而失败，则往往是通往成功的必经之路。例如：没有五万多名将士血染湘江，中央红军从八万多锐减为三万余人，就没有后来的遵义会议。我们绝不是为苦难和灾难本身唱赞歌，但艰难困苦，玉汝于成。人们不仅需要正面说教，反面教材的作用往往比正面教材来得更为刻骨蚀心。在通往世界社会主义复兴的道路上，无疑需要甚至必然发生苏联亡党亡国这样震惊全球的苦难，但我们也会牢记杜牧在《阿房宫赋》中所言："秦人不暇自哀，而后人哀之；后人哀之而不鉴之，亦使后人而复哀后人也"这样的警世恒言。真正的共产党人正是在各种灾难中汲取深刻的教训而不断成长的。通往中国特色社会主义和共产主义的道路无疑是曲折的，但前途无疑无比光明。

（原载《红旗文稿》2016 年 1 月）

（作者单位：中国社会科学院）

---

① 《马克思恩格斯选集》第 1 卷，人民出版社 1995 年第 2 版，第 773 页。

历史理论的源与流

沙健孙

　　历史是人类社会的过去，它是不可能再现的。所以，研究历史，只能凭借史料，即历史文献和对历史的文字记录以及史迹遗存等。尽可能系统地搜集、整理、分析有关史料，这是一切历史研究的基础性工作。不过，对于相同的史料，人们仍然可能做出不同的解读，得出不同的结论，这就主要地涉及历史观、方法论方面的问题了。

　　唯物主义历史观的创立，是人类认识史上的一次重大革命，它使得科学地研究历史成为可能。正因为如此，学习、研究和运用马克思主义的历史理论，对于推进历史研究、繁荣和发展历史科学，具有关键性的意义。

　　马克思主义的历史理论在形成与发展的过程中，固然也批判地吸取了以往思想家的某些积极成果，但是这个理论并不是简单地从已有的理论中推导出来的。它是从历史的实际出发，对历史现象的抽象，即从对历史的研究中得到的对于历史发展进程的规律性认识。恩格斯的《家庭、私有制和国家的起源》是一部阐述唯物史观的代表性著作，它的副标题就是"就路易斯·亨·摩尔根的研究成果而作"。摩尔根的《古代社会》一书，在主要特点上发现了成文史的史前基础。恩格斯写成这部著作，主要就是利用了摩尔根的研究成果，同时也利用了他自己掌握的关于凯尔特人和德意志人的材料以及摩尔根没有掌握的希腊和罗马历史的若干材料。列宁在建议青年们研究《家庭、私有制和国家的起源》时说过："我所以提到这部著作，是因为它在这方面提供了正确观察问题的方法。它从叙述历史开始，讲国家是怎样产生的。"[①]

　　诚然，为了用马克思主义的历史理论来指导历史研究，我们首先要对这个理论进行认真的学习、梳理。20世纪80年代初，梁寒冰曾经花大力

---

① 《列宁专题文集·论辩证唯物主义和历史唯物主义》，人民出版社2009年版，第284页。

气编出了《历史学理论辑要》。在这前后，也还有一些学者作过这方面的工作。比如，王正萍主编的《马克思、恩格斯、列宁、斯大林、毛泽东论历史唯物主义》（上、中、下），就是一部很有价值的工具书。

不过，从根本上讲，历史理论的"发展历史"只是历史理论的流，历史本身才是历史理论的源。为了掌握和运用马克思主义的历史理论，并进一步推动它的发展，仅仅依靠钻研历史理论的经典文本、研究理论发展的历史是不够的。我们还应当力求对于中国和外国的历史有比较系统的了解，以便从宏观与微观的结合上，对历史发展的进程及其规律作认真的思考和探讨。无本之木，不可能长成大树；无源之水，不可能成为不竭的溪流。这是不言自明的道理。

马克思主义的历史理论是开放的体系和发展的学说。马克思、恩格斯创立唯物主义历史观已经有 160 多年了。在这期间，世界历史经历了许多新的变化和发展。资本主义发展到它的最高阶段即帝国主义阶段。资本主义的世界体系被突破，社会主义首先在一国而后在多国取得胜利，尽管它后来经历过严重的曲折，但仍然在坚持并有新的发展。亚洲、非洲、拉丁美洲等广大地区的民族解放运动逐步兴起并不断取得胜利，广大发展中国家应对挑战，在前进中展现出许多新的特点。适应历史发展的巨大变化，历史学界对世界史、地区史（包括以往很少有研究的非洲史、拉丁美洲史等）、国别史、国际关系史等的研究，以及中外历史资料的整理、编纂方面，都有许多新的进展。这些条件，是马克思主义的创始人在当时所没有也不可能拥有的。这是我们进一步检验、丰富和发展马克思主义历史理论的重要基础。但是，历史研究方面取得的这些新成果，似乎还没有被我们充分利用。

从事历史理论研究的人，往往注意在钻研、考证、解读有关经典文本上下工夫，这当然是必要的，这方面工作今后仍然需要加强。但是，如果我们的工作主要停留在这个层面上，而不能以主要的力量去从事对历史发展进程本身及其研究成果的系统了解和有效利用，要想在马克思主义历史理论的创新方面取得积极的长足进展，将会是困难的。

恩格斯在 1890 年致康拉德·施米特的信中就曾提出："必须重新研究全部历史，必须详细研究各种社会形态的存在条件，然后设法从这些条件中找出相应的政治、私法、美学、哲学、宗教等观点。在这方面，到现在为止只做了很少的工作，因为只有很少的人认真地这样做过。在这方面，我们需要人们出大力，这个领域无限广阔，谁肯认真地工作，谁就能做出许多成绩，就能超群出众。"① 我认为，恩格斯的这个建议在今天也仍然没有过时。克服历史理论研究和历史研究在相当大的程度上互相脱节的现象，重视对历史发展进程本身及其研究成果的系统了解和有效利用，这应当是坚持和发展马克思主义历史理论、推动我国历史科学繁荣发展的一个重要的条件。

（原载《人民日报》2015 年 8 月 19 日"大家手笔"专栏）

（作者单位：中共中央党史研究室）

---

① 《马克思恩格斯文集》第 10 卷，人民出版社 2009 年版，第 587 页。

历史唯物主义视角下历史人物
评价问题新探

程恩富　詹志华

近年来，社会上出现一股任意拔高或贬低历史人物的现象，抹黑革命领袖、诋毁英雄先烈的做法尤为流行。这种随意解构历史、歪曲真相，肆意兜售历史虚无主义的行径为何会甚嚣尘上呢？除了境内外敌对势力别有用心地推动之外，还与人们漠视历史唯物主义关于历史人物的科学评价有关。"历史和现实都表明，只有坚持历史唯物主义，我们才能不断把对中国特色社会主义规律的认识提高到新的水平，不断开辟当代中国马克思主义发展新境界。"[①] 因此，当前迫切需要我们坚持和创新历史唯物主义的方法论，对历史人物及其作用进行正确的认识和评价，廓清在此问题上的误论。

一　从历史概念的内涵和外延的界定上来把握
历史人物的创造者身份

有的权威教科书认为，只有人民群众才是历史的创造者，并对"历史的创造者"进行概念界定，即"体现社会发展规律，推动社会发展的人"[②]。这种把历史活动的性质当作历史活动本身的狭义概念界定虽然有一定道理，但若全面系统地观察历史，还应构建一种广义的概念和辩证的全方位解释。

---

① 习近平：《推动全党学习和掌握历史唯物主义》，2013 年 12 月 4 日（http：//news. xinhuanet. com/politics/2013 – 12/04/c_ 118421164. htm）。

② 参见陈先达、杨耕《马克思主义哲学原理》，中国人民大学出版社 2010 年第 3 版，第 226 页；也可参见李秀林、王于、李淮春主编《辩证唯物主义和历史唯物主义原理》，中国人民大学 2004 年第 5 版，第 219 页。

从历史概念的内涵看，我国已故的史学泰斗白寿彝老先生曾把历史区分为"客观的历史"和"写的历史"，即历史的两重含义。"客观的历史"指的是人类社会发展的客观过程；"写的历史"指的是对前者的记载和研究。无独有偶，丹麦史学家克拉夫（H. Kraph）表达了极为相似的看法。他认为，"历史"有两种含义：一是历史实在或客观历史（H_1）；二是指探讨 H_1 的各种历史研究及相应的成果（H_2）。[①]《外国哲学大辞典》认为："历史（history）指自然界、人类，特别是人类社会已发生事件、经历的过程的记载。"[②] 很显然，这是从"写的历史"或克拉夫的"H_2"层面来界定的。不过，"历史创造者"中的"历史"不可能是从这个层面进行界定，否则，一些史官、史学家不就成了历史的"创造者"了？因此，"历史创造者"中的"历史"含义只能是"客观的历史"或是"H_1"，尤其是指人类社会发展的客观过程。那么，这个"客观过程"是怎么创造出来的呢？恩格斯对此有过精辟的阐述："历史是这样创造的：最终的结果总是从许多单个的意志的相互冲突中产生出来的，而其中每一个意志，又是由于许多特殊的生活条件，才成为它所成为的那样。这样就有无数互相交错的力量，有无数个力的平行四边形，由此就产生出一个合力，即历史结果，而这个结果又可以看作一个作为整体的、不自觉地和不自主地起着作用的力量的产物。"[③] 也就是说，历史这种"客观过程"是一种"合力"，而这种"合力"的产生则需要无数"单个意志"纵横交错地相互冲突。正因为如此，这种历史的"客观过程"与历史的"客观规律"，或者说与社会发展的趋势并不完全吻合。在历史的某一时期，当反动的势力大于进步的力量时，历史的"客观过程"就很可能与社会发展的趋势相违背。如日本军国主义者挑起的侵华战争和以希特勒为首的德国法西斯入侵欧洲国家，就其性质而言，都是反社会和反人类的，但我们却不能因此否定这些侵略历史过程主要是由那些反动人物或反动集团造成的。美国殖民主义白人及其领袖长期大规模压榨和屠杀印第安等土著的历史，是谁制造或创造的呢？如果还把形成或创造这些"历史"的"功劳"强加于人民群众的头上，那就真有点匪夷所思了。可见，完整的表述应当为许多时段的历史，

① ［丹］克拉夫：《科学史学导论》，任定成译，北京大学出版社 2005 年版，第20—22 页。
② 冯契、徐孝通：《外国哲学大辞典》，上海辞书出版社 2000 年版，第 67 页。
③ 《马克思恩格斯选集》第 4 卷，人民出版社 1995 年版，第 697 页。

是正面人物（含推动进步性的各类人物）与反面人物（含右翼、极"左"和落后等各类人物）"相互冲突""合力"的结果，甚至是反面人物占主导地位的非进步性的历史。诚然，人民群众由于是社会物质财富、精神财富以及社会变革的最终决定力量，他们可以当之无愧地"体现社会发展规律"和"推动社会发展"，但不能因此而认为，"历史创造者"只能是处于进步状态的人民群众。如果这样的话，恩格斯也不必费这么大的周折以"合力的产生"来隐喻复杂多变的"历史的创造"了。

从历史概念的外延看，历史不仅是物质生产和消费的历史，还有精神文化发展史、政治发展史等。一些论著认为，"历史唯物主义从社会存在决定社会意识、物质资料生产方式是人类社会存在和发展的基础等基本原理出发，认为人类历史首先是生产发展的历史，因而也就是物质生产的承担者劳动群众的历史"，从而得出了"人民群众是历史的创造者"的结论。① 这也是不够全面的。尽管精神文化发展史、政治发展史的创造活动的主体可以直接或间接地追溯到人民群众，但很难说政治家、思想家、科学家和艺术家等这些历史人物不是历史的创造者。从这个层面看，把人民群众当作创造历史的唯一主体也是不妥的。

因此，要在坚持历史唯物主义的前提下，从历史概念的内涵和外延来对这个问题进行更为缜密的思考。从历史概念的内涵和外延深究，我们认为人民群众是"历史创造者"的主体，而不是"历史创造"的唯一"主体"。除了人民群众，历史创造主体至少还应包括在人类社会历史进程中留下明显意志印迹的历史人物，只是他们的创造活动并不总是与社会历史发展的规律相吻合的。在对待"历史创造者"的构成问题上，那种把历史活动的性质与历史活动本身混为一谈，或者以进步性历史人物来源于又代表人民群众为理由，从而把各类历史人物与人民群众混为一谈的观点，是难以成立的。这便是我们确立的"广义历史创造者"这一概念和理论。它不否定只有人民群众才是历史创造者的狭义概念。广义与狭义的历史创造者概念，是从不同角度和意义上阐述的，各自均有独特的解释力。

显而易见，只有承认历史人物的创造者身份，我们才能对历史人物的作用予以更为客观公正的审视。

---

① 史学概论编写组：《史学概论》，高等教育出版社 2009 年版，第 67 页。

二 从历史必然性与偶然性的辩证关系中
来理解历史人物的活动

历史人物的创造活动，尽管其社会活动的性质有优有劣，但这些活动并非可以被随心所欲地创造，而是只能在一定条件下进行的。这些条件，既包括必然性因素，也包括偶然性因素。历史人物的出现及其创造活动是历史必然性与偶然性共同作用的结果。从这一意义上说，"时势造英雄"与"英雄造时势"的命题都是可以成立的。同时，历史人物的出现及其创造活动的偶然性，在一定的条件下可以向必然性转化。这就要求善于抓住历史的机遇，推动历史的进步。

论断之一：历史人物的出现具有必然性。首先，历史人物的出现是满足一定社会历史需要的。任何一个对社会历史有巨大影响的人物，都是一定社会时代的产物，这是具有必然性的。对于历史的杰出人物而言，"凡是有便于杰出人物发挥其才能的社会条件的时候和地方，总会有杰出人物出现"①，即所谓的"时势造英雄"。如果不是"被战争弄得精疲力竭的法兰西共和国"需要"军事独裁者"的话，也不会出现拿破仑一世式的伟大人物。反之亦然，一些反面历史人物的出现，也是一定社会历史条件下社会形势发展的结果。正如马克思评价拿破仑三世一样："法国阶级斗争怎样造成了一种局势和条件，使得一个平庸而可笑的人物有可能扮演了英雄的角色。"② 其次，历史人物的创造活动受制于其所处的社会历史条件。"任何一个伟大人物都不能够强迫社会去接受已经不适合于这种生产力状况的或者还不适合于这种状况的关系。"③ 任何历史人物所处时代的社会性质和历史条件，对于他们是一种既定的必然性，他们不可能超越这种必然性来发挥自身的作用，而且这种必然性一定会在他身上以各种方式反射出来。因此，任何历史人物，都不免带着时代的烙印和局限。④

论断之二：历史人物的出现具有偶然性。首先，历史人物的出现是一种偶然现象。恩格斯曾指出："恰巧某个伟大人物在一定时间出现于某一国

---

① 《普列汉诺夫哲学著作选集》第 2 卷，生活·读书·新知三联书店 1961 年版，第 368 页。
② 《马克思恩格斯选集》第 1 卷，人民出版社 1995 年版，第 580 页。
③ 《普列汉诺夫哲学著作选集》第 2 卷，生活·读书·新知三联书店 1961 年版，第 373—374 页。
④ 周修睦：《伟大人物出现与历史的必然性和偶然性》，《社会科学》1982 年第 3 期。

家，这当然纯粹是一种偶然现象。"① 这说明某个具体历史人物在某个时间在某个地方产生都具有偶然性。例如，同处秦末乱世，为何率先揭竿而起的是陈胜、吴广，而不是项羽、刘邦，这是由许多偶然因素造成。其次，历史人物个人的特质对历史的影响具有偶然性。历史人物因其才能、意志、性格甚至外貌等特点而影响到历史的命运，这也是非常偶然的现象。马克思对于这种偶然性有过明确的论述："如果'偶然性'不起任何作用的话，那么，世界历史就会带有非常神秘的性质。这些偶然性本身自然纳入总的发展过程中，并且为其他偶然性所补偿。但是发展的加速和延缓在很大程度上是取决于这些偶然性的，其中也包括一开始就站在运动最前面的那些人物的性格这样一种偶然情况。"② 如俄国革命因列宁的出现而大为改观。列宁渊博的学识、高超的理论水平和领导艺术以及大胆务实、勇于探索、坚决果敢的革命精神和作风，是当时俄国任何其他领导人所不及的。③

论断之三：历史人物的出现是历史的必然性与偶然性共同作用的结果。历史人物出现的必然性与偶然性是相辅相成的，不可分割。首先，历史人物出现的偶然性受制于必然性。"在表面上是偶然性在起作用的地方，这种偶然性始终是受内部的隐蔽着的规律支配的。"④ 据说埃及女王克娄巴特拉七世长着一只挺拔、完美无缺的鼻子，前后使两位罗马英雄恺撒和安东尼拜倒在她的石榴裙下，而且似乎正是由于两位英雄对她的迷恋，都在本国的政治斗争中落了下风。⑤ 试想，如果克娄巴特拉不是女王的话，尽管她的鼻子生得如何完美，也不具有倾国倾城的价值；倘若迷恋她的不是恺撒和安东尼，也不会影响到整个罗马帝国的命运。可见，历史人物出现的偶然性作用影响的程度及其范围，都要依当时社会发展状况、各种社会力量对比以及他们个人所处境况来决定。个人因素只有在社会性质和社会关系所容许的那个地方、那个时候和那种程度之内，才可能成为历史发展的因素。⑥ 如果历史人物无视当时当地的社会历史条件，逆历史潮流而动，无论是拿破仑式的伟大人物，还是希特勒式的反面人物，都无法逃脱被历

---

① 《马克思恩格斯选集》第 4 卷，人民出版社 1995 年版，第 733 页。

② 《马克思恩格斯文集》第 10 卷，人民出版社 2009 年版，第 354 页。

③ 赵士国：《论十月革命的必然性与偶然性因素》，《史学理论研究》2009 年第 3 期。

④ 《马克思恩格斯选集》第 4 卷，人民出版社 1995 年版，第 247 页。

⑤ 邓欢：《"克娄巴特拉的鼻子"：历史的必然性与偶然性问题新论》，《西华大学学报》（哲学社会科学版）2014 年第 4 期。

⑥ 周修睦：《伟大人物出现与历史的必然性和偶然性》，《社会科学》1982 年第 3 期。

史淘汰的命运。其次，历史人物出现的偶然性为必然性开辟道路。历史人物出现的偶然性为社会历史发展的必然性开辟了道路，这与通常所说的"英雄造时势"密切相关。诚然，这里的"时势"与"时势造英雄"中的"时势"是有很大区别的，它主要指历史的具体事实，而不是既定的社会历史条件。历史人物的偶然性作用所开辟的道路并非总是规则的、同向的，有的甚至是迂回曲折的。最后，历史人物出现及其活动的偶然性在一定条件下可以向必然性转化。只有符合客观规律的偶然性，才有可能转化为必然性，并不是所有的历史人物的偶然性作用，都会转化为历史必然性。倘若一些历史人物随心所欲地超越时代限制，违背社会历史的发展规律，那么他们不但难以改变历史发展的趋势，而且最终将被这种发展趋势所征服。即使是符合社会历史发展规律的偶然性要转化成必然性，也是需要一定条件的。譬如张学良、杨虎城发动的"西安事变"，如果不是得益于全国人民抗日热情高涨、国民党左派力量的发展、各省实力派抗日的要求、世界和平战线的发展①以及中国共产党的抗日姿态和斡旋，很难转化成抗日战争期间的一个必然性事件。

三 从历史客观规律与主观意志的辩证关系中来认识历史人物的作用

恩格斯认为："历史进程是受内在的一般规律支配的。"② 但对此不能进行机械化、庸俗化的理解。支配人类历史进程的客观规律并不能等同于"去人化"的自然规律，它并不排斥人的主观意志及其能动性的发挥，反而这种客观规律存在和实现于人的意愿、人的活动和人的主观能动性之中，而且人的意愿、活动及主观能动性的存在和作用，会造成历史因果关系的不确定性。③ 有的论著在批评李泽厚先生不够重视历史客观规律的支配地位，过分强调历史人物偶然性的作用时，认为这种"历史的发展全然取决于个别人物的主观选择，甚至取决于从事这种选择的个别人物去世的早晚"的观点，是"一种地道的唯心史观的论调"④。不过，这种批评不

① 《毛泽东选集》第 1 卷，人民出版社 1991 年版，第 246 页。
② 《马克思恩格斯选集》第 4 卷，人民出版社 1995 年版，第 247 页。
③ 张耕华：《历史哲学引论（增订本）》，复旦大学出版社 2009 年版，第 172—173 页。
④ 陈学明：《情系马克思——陈学明演讲集》，武汉大学出版社 2010 年版，第 314 页。

提人的偶然性作用，也是有失偏颇的。因此，不承认历史客观规律固然不对，但忽略历史人物的偶然性作用、重要作用，甚至是一定意义上的决定性作用，也是片面的。实际上，有些历史人物是可以决定某一历史事件、某一历史时期面貌和性质的。

诚然，人类历史的发展是受客观规律支配的。在人类历史发展进程中，经济因素始终作为基础性的因素发挥着显性或隐性的作用，但绝不应该把这种因素曲解为人类历史发展进程中的"唯一决定性的因素"。这是因为，"如果有人在这里加以歪曲，说经济因素是唯一决定性的因素，那么他就是把这个命题变成毫无内容的、抽象的、荒诞无稽的空话。经济状况是基础，但是对历史斗争的进程发生影响并且在许多情况下主要是决定着这一斗争的形式的，还有上层建筑的各种因素：阶级斗争的政治形式及其成果——由胜利了的阶级在获胜以后确立的宪法等等，各种法的形式以及所有这些实际斗争在参加者头脑中的反映，政治的、法律的和哲学的理论，宗教的观点以及它们向教义体系的进一步发展。这里表现出这一切因素间的相互作用，而在这种相互作用中归根到底是经济运动作为必然的东西通过无穷无尽的偶然事件（即这样一些事物和事变，它们的内部联系是如此疏远或者是如此难于确定，以致我们可以认为这种联系并不存在，忘掉这种联系）向前发展。否则把理论应用于任何历史时期，就会比解一个最简单的一次方程式更容易了"①。恩格斯的这段话，既肯定了人类历史发展受内在的客观规律支配，也肯定了人的主观意志在内的偶然性在历史发展进程中的作用。一般来说，客观规律是不以人的主观意志为转移的，但在历史领域，客观规律恰恰是奠基在人的主观意志之上。只不过这种"主观意志"，不是单个人的"主观意志"，而是"作为合力的意志"。"作为合力的意志"扬弃了所有"单个意志"的主观随意性，因而具有客观性。然而，肯定历史发展具有客观规律，并不意味着否定历史上出现的种种偶然性。事实上，必然性即客观规律正是通过无数的偶然性（奠基于"单个意志"的主观意愿之上）为自己开辟道路的。②

因此，"我们在如何看待历史人物的历史作用时，承认历史客观规律，强调历史发展必然性的一面是正确的，但"并不是'历史'把人当做手段

---

① 《马克思恩格斯选集》第4卷，人民出版社1995年版，第696页。

② 俞吾金：《历史事实与客观规律》，《历史研究》2008年第1期。

来达到自己——仿佛历史是一个独具魅力的人——的目的。历史不过是追求着自己目的的人的活动而已"①。如果片面强调历史客观规律和历史发展的必然性，看不到偶然性产生的历史人物在一定条件下具有的重要作用、甚至是一定意义上的决定性作用，势必导致对历史进程的机械性理解。因为社会历史规律既有合规律性的一面，又有合目的性的一面。作为历史主体的人，不是消极被动地接受客观规律的制约，而是积极能动地在客观规律作用的多种可能性中进行选择。② 比如，在经济必然性规律的作用下，信息时代的到来具有历史必然性。但是，信息时代早一点或晚一点到来，以怎样的方式到来，会在多大程度上改变和影响人们的生产与生活，却不是客观历史能够事先决定的，它是从事历史活动的人们创造与选择的产物，正如比尔·盖茨、斯蒂夫·乔布斯等人所做出的选择一样。事实上，在人类历史发展的具体问题上，人们都将面临多种选择，并往往由此使历史的面貌有所不同。在某些紧要的选择关头，一些历史伟人因为"他的见识比别人的远些，他的愿望比别人的强烈些。他把先前的社会智慧发展进程所提出的科学任务拿来加以解决；他把先前的社会关系发展过程所造成的新的社会需要指明出来；他担负起满足这些需要的发起责任"③，从而在人类历史发展"这个必然和不自觉进程"中发挥"自觉的和自由的表现"，做出了符合历史发展方向的选择。反之则相反，也有一些历史人物由于自身的错误选择对某一历史事件甚至某一段历史负有不可推卸的主要责任，如希特勒之于第二次世界大战、戈尔巴乔夫之于苏联解体等。

四 在"英雄"与"人民"的辩证关系中 评价历史人物的功过

我们认为，尽管每一个人都有可能参与历史的创造活动，但并不是每一个人都可以成为推动历史进步的力量，历史人物也一样。评价历史人物的功过，关键是要看他们的活动是否能够从本质上反映广大人民群众的要求，否则，尽管历史人物也许能够决定历史进程的个别面貌或局部后果④，

---

① 《马克思恩格斯文集》第 1 卷，人民出版社 2009 年版，第 295 页。
② 迟克举：《试论历史人物个性在社会历史中的作用》，《社会科学》1993 年第 9 期。
③ 《普列汉诺夫哲学著作选集》第 2 卷，生活·读书·新知三联书店 1961 年版，第 373 页。
④ 《普列汉诺夫哲学著作选集》第 2 卷，生活·读书·新知三联书店 1961 年版，第 372 页。

但终究不能成为推动历史发展的进步力量。

对于"英雄"与"人民"的关系的问题，一直存在着不同的答案。古希腊柏拉图认为，一些人生来就是"统治的主人"，另一些人"天然是奴隶"，这是不可改变的。① 黑格尔认为，"人民是助唱队——他们消极、被动；只有英雄们建功立业，担负责任，他们之间绝对没有共同的地方"，② 从而把英雄和群众对立起来。B. 鲍威尔认为，历史的唯一动力是"自我意识"，从而只有"批判的思维的个人"，即少数天才人物才是历史的创造者，而群众是"惰性物质""精神的真正敌人"、历史进步的阻力。③ 托马斯·卡莱尔（Thomas Carlyle）更是"把人分成两类——山羊和绵羊，统治者和被统治者，贵族和平民，老爷和百姓"④，强调世界历史"实质上也就是在世界上活动的伟人的历史"。⑤ 而在 19 世纪 60—70 年代的俄国，许多民粹主义者则坚决拒斥这种英雄史观，信奉群众史观，如彼·阿·克鲁泡特金认为："首先我们深信，如果人民没有革命的需要，任何革命都是不可能的。任何少数几个人，不管他们多么有力量和多么有才能如果人民自己没有意识到他们除了起义以外就没有别的出路可以摆脱他们不满意的境地的时候，那就不可能发动人民的起义。"⑥ 但受历史唯心主义影响，克鲁泡特金等人在肯定群众史观的同时，却认为群众的观念决定了历史的发展，从而使其群众史观倒向了唯心主义。普列汉诺夫认为，英雄决定历史"不过是漂亮的空话、善良的梦想"，"只有当'群氓'成为历史行动的英雄的时候，只有当在这个粗野的'群氓'中发展起与此相适应的自觉的时候，理性的王国才会大踏步地走近我们"⑦，从而否定了英雄史观，但他不否认英雄人物可以改变个别事件的个别面貌。还有一些学者，他们赞同群众史观，却贬低甚至否定了"英雄"人物的贡献，走向了另外一个极端。

① 冯契、徐孝通：《外国哲学大辞典》，上海辞书出版社 2000 年版，第 482 页。
② ［德］黑格尔：《历史哲学》，王造时译，上海书店出版社 2001 年版，第 276 页
③ 冯契、徐孝通：《外国哲学大辞典》，上海辞书出版社 2000 年版，第 482 页。
④ 《马克思恩格斯全集》第 1 卷，人民出版社 1956 年版，第 652 页。
⑤ ［苏格兰］托马斯·卡莱尔：《论英雄与英雄崇拜和历史上的英雄业绩》，周祖达译，商务印书馆 2007 年版，第 1 页。
⑥ 中共中央马列编译局国际共运史研究室编：《俄国民粹派文选》，人民出版社 1983 年版，第 279 页。
⑦ ［俄］普列汉诺夫：《论一元论历史观之发展》，生活·读书·新知三联书店 1961 年版，第 199 页。

如米涅《法国革命史》一书就认为："当革命把群众发动起来的时候，一个英雄人物在革命时期是无足轻重的，不是让运动带着前进，就是被运动抛弃；他们必须走在前头，否则就完蛋，没有任何时候比现在更清楚地看出英雄人物是受着形势的支配；在一切革命中都会涌现出许多领袖人物，当革命需要服从的时候，它只承认独一无二的领袖"①，以至于"各派都想抓住人民群众，向人民表示殷勤，把人民看成当时的君主"②。上述观点，都没有正确摆正"英雄"、或者是历史人物与人民群众的关系。从来源来看，人民群众不仅仅是一个抽象的概念，也是一个具体的历史概念，是由一个个活生生的普通个人组成。历史人物来源于普通个人，没有普通个人，历史人物就是无源之水无本之木。比如，在抗日战争和解放战争成长起来的千千万万的"人民英雄"，就是对此最好的诠释。同时，二者可以相互转化。普通个人可以成长为历史人物，历史人物也可以变成普通个人。当然，并不是所有的历史人物都来自人民群众。从社会作用来看，历史人物是实现一定历史任务的发起者、组织者或领导者，是历史发展中的关键力量，甚至是直接的决定性力量，而人民群众也可能是实现一定历史任务的发起者，但总是历史发展中的主体力量和最终决定性力量。以中国革命为例，假如没有毛泽东和周恩来等伟大领袖的正确领导，人民群众便无法形成革命高潮和革命胜利；假如由王明和张国焘等错误领袖来领导，或者仅有人民群众自发的一般反抗行为和革命行为，作为历史发展主体力量的人民群众，也无法在 20 世纪 40 年代取得建立新中国的决定性胜利。

毋庸置疑，历史唯物主义并不否认历史人物的作用，"人们总是通过每一个人追求他自己的、自觉预期的目的来创造他们的历史，而这许多按不同方向活动的愿望及其对外部世界的各种各样作用的合力，就是历史"③；"马克思主义一点也不否认卓越人物的作用，或者说，一点也不否认人们创造历史"④，而且"历史上，任何一个阶级，如果不推举出自己善于组织运动和领导运动的政治领袖和先进代表，就不可能取得统治地位。"⑤ 历史的经验表明，历史人物及其决策集团可以通过一些合法或不合

---

① ［法］米涅：《法国革命史》，北京编译社译，商务印书馆 1977 年版，第 50—51 页。
② 同上书，第 88 页。
③ 《马克思恩格斯选集》第 4 卷，人民出版社 1995 年版，第 248 页。
④ 《斯大林全集》第 13 卷，人民出版社 1953 年版，第 94 页。
⑤ 《列宁选集》第 1 卷，人民出版社 1984 年版，第 286 页。

法的程序，来决定某个时期某个国家的某段历史以及某个阶段的社会性质。但对于历史人物的创造活动的性质，我们该做何评判呢？我们认为，并不是所有的历史创造主体都能成为推动社会历史发展的力量，归根到底，人民群众才是推动历史发展的最终决定力量，"如果要去探究那些隐藏在……历史人物的动机背后并且构成历史的真正的最后动力的动力，那么问题涉及的，与其说是个别人物，即使是非常杰出的人物的动机，不如说是使广大群众、使整个整个的民族，并且在每一民族中间又使整个整个阶级行动起来的动机"①。历史人物的活动只有从本质上反映广大人民群众的根本要求和利益，才能成为推动历史进步的关键力量；否则，尽管历史人物可以在短期内对历史进程造成重大影响，但终究不能成为推动历史进步的一种力量，反而会阻碍和延缓它的科学发展。

在上述问题上必须纠正一种流行的误论，即认为只要是某一时期多数人民群众支持某一历史人物，那么这一历史人物就是人民群众的正确代表，就会反映人民群众的本质要求和利益。比如有舆论说，德意日法西斯领袖上台及其内外政策，戈尔巴乔夫和叶利钦领导集团在苏联推行资本主义导致剧变和解体，美国总统决定发动对伊拉克等国家的战争，由于这些历史人物都是人民群众选举执政的，因而他们是真正代表了人民群众的本质要求和根本利益。这就完全错误了，因为只有顺从历史发展进步趋势的历史人物，才能说代表了人民群众的本质要求、真实意愿和根本利益；人民群众也会接受主流媒体和国民教育的有误引导而作出错误选择，而错误的选择并不体现人民群众的本质要求、真实意愿和根本利益，人民群众最终会觉悟而作出正确选择，从而最终成为历史进步的主体创造者和推动者。在历史发展进程中，人民群众的表象意愿与本质意愿，有时一致有时不一致，但最终是一致的，不过最终一致的时间可长可短，这取决于制度安排和各种社会力量的博弈。这是历史唯物论应当增添和确认的一个新观点！

五　确立历史人物评价的若干原则

历史人物的产生总是以一定的社会历史条件为舞台，不能违背经济必

---

① 《马克思恩格斯文集》第 4 卷，人民出版社 2009 年版，第 304 页。

然性和历史客观规律，而社会发展的总趋势也不会因他们而改变。承认这一点，就是坚持认识历史人物问题上的唯物论。同时，在肯定经济必然性和历史客观规律对社会发展的作用以及人民群众创造历史的伟大作用的前提下，必须充分认识到不同历史人物在社会历史上的不同作用。承认这一点，就是坚持认识历史人物问题上的辩证法。① 这也是我们正确评价历史人物的根本出发点。当然，评价历史人物还需要一些具体细化的原则。

一是历史性原则。由于历史人物的出现是为了满足一定社会时代的需要，其作用的发挥也受制于当时的社会历史条件。正如马克思所说的，"人们自己创造自己的历史，但是他们并不是随心所欲地创造，并不是在他们自己选定的条件下创造，而是在直接碰到的、既定的、从过去承继下来的条件下创造的。"② 因此，评价历史人物也要把问题提到一定的历史范围之内，只有将历史人物放在他们所处的社会历史环境中，坚持历史性原则，才有可能对其进行客观全面的评价。反观时下一些有关历史人物的影视作品，由于任意杜撰和裁剪历史，造成了人们无法正确评价相关历史人物的严重后果，也为历史虚无主义解构历史人物打开了方便之门。

二是客观性原则。正确评价历史人物要从他一生的全部活动出发，结合社会历史条件与历史人物个性的实际，以发展的眼光进行全面的探讨，切莫局限于一时一事，抓住一点概括一生，攻其一点不及其余。③ 事实上，包括杰出人物在内的任何历史人物都或多或少地带着时代的烙印和历史的局限性。因此，在评价历史人物的时候，我们不能以后人之要求苛责于前人，而是要深入探析历史人物活动造成的客观效果与其主观动机之间的关系。只有这样，才有可能避免对历史人物进行武断片面的评价。有的论著以为蒋介石日记所说的都是真实的，那就未免太简单而不客观了。也有的论著对革命领袖和革命英雄采取攻其一点，无限放大，甚至不惜公然造谣的手段。以此否定共产党执政的高绩效和合法性，这同样丧失了客观性。而学术的第一要义在于真实性。

三是阶级性原则。在阶级社会里，一切历史都是阶级斗争的历史，每一个历史人物的活动都是和他的阶级利益息息相关的，一切人"都不过是

---

① 周修睦：《伟大人物出现与历史的必然性和偶然性》，《社会科学》1982年第3期。
② 《马克思恩格斯选集》第1卷，人民出版社1995年版，第585页。
③ 迟克举：《试论历史人物个性在社会历史中的作用》，《社会科学》1993年第9期。

经济范畴的人格化，是一定阶级关系和利益的负担者"①。习近平总书记明确指出："必须坚持马克思主义政治立场。马克思主义政治立场，首先就是阶级立场，进行阶级分析。"② 因此，我们评价任何阶级社会中的历史人物必须坚持阶级性原则。坚持阶级性原则，并不等同于对历史人物的阶级属性进行"贴标签"，倘若按历史人物的阶级地位来判断其历史作用，是什么问题都难以说清楚的。比如在清朝末期，同是地主阶级出身的洋务派和顽固派、改良派和保守派，却起着非常不同的历史作用。坚持阶级性原则，其实质是采取阶级分析的方法，把历史人物放在一定的阶级地位去考察，充分发掘历史人物动机背后的阶级动机，以便更为深刻地揭示历史发展的规律，也更有益于对历史人物进行较为公正的评价。阶级性原则不仅可以成为评判历史人物的重要原则之一，也是我们分析时下一些虚无主义势力唱衰中国、抹黑革命领袖、诋毁英雄的真实意图的一个重要方法。同样，我们也明白为何这些虚无主义的行径会遭到如此强烈的声讨，因为如同列宁指出的，"没有一个活着的人，能够不站到这个或那个阶级方面来（既然他已经了解它们的相互关系），能够不为这个或那个阶级的胜利而高兴，为其失败而悲伤，能够不对敌视这个阶级的人和散布落后观点来妨碍这个阶级发展的人表示愤怒"③。

四是价值性原则。对历史人物进行价值判断时是否有特定的标准呢？在列宁看来，"判断历史的功绩，不是根据历史活动家有没有提供现代所要求的东西，而是根据他们比他们的前辈提供了新的东西"④。但是，对于这种"新的东西"是什么，列宁没有给出具体的回答。国内学术界围绕历史人物评价标准问题形成了多元化的答案，如社会发展或进步标准、社会需要标准、生产力标准、道德及气节标准和综合标准。⑤ 但我们认为，这种"新的东西"从根本上说，应该顺应历史发展潮流，有利于生产力发展和社会的进步。这是我们判断历史人物价值的基本标准。

当然，评价历史人物是件很复杂的事情，必须综合运用历史性、客观

① 马克思：《资本论》第1卷，人民出版社2004年版，第10页。
② 转引自刘世军《中国政治学研究新时代的到来》，《文汇报》2014年6月30日第010版。
③ 《列宁全集》第2卷，人民出版社1984年版，第422页。
④ 同上书，第105页。
⑤ 徐国利、李天星：《中国当代的历史人物评价标准问题研究述评》，《军事历史》2012年第6期。

性、阶级性和价值性原则，根据具体史实进行具体分析。正确评价历史人物对于弘扬爱国主义精神、维护意识形态安全、明确执政合法来源以及开创未来发展道路都有重要的教化作用。正因为如此，国内外一些敌对势力才会借虚无领袖、英雄和烈士之名，行颠覆社会主义中国之实。习近平总书记强调，牢记历史经验、历史教训、历史警示，为国家治理能力现代化提供有益借鉴。清代龚自珍在《定庵续集》里说：“欲知大道，必先为史。灭人之国，必先去其史。”了解历史，就了解了世间大道；把握史学，才把握住社会规律。而要一个民族灭亡，首要方法是让它的史观消亡——践踏民族历史，解构民族文化，涤荡民族自信，破坏民族认同。① 当然，还有一些人为了一己之利而哗众取宠，数典忘祖地去抹黑英雄，其结果只能是丧失精神信仰而使自己陷入痛苦。诚如习近平总书记所言：“一个有希望的民族不能没有英雄，一个有前途的国家不能没有先锋。”②

（作者单位：中国社会科学院马克思主义研究学部、福州大学马克思主义学院）

---

① 习近平：《在颁发“中国人民抗日战争胜利 70 周年”纪念章仪式上的讲话》，2015 年 9 月 2 日（http：//news. xinhuanet. com/politics/2015 - 09/02/c_ 1116454204. htm）。
② 同上。

坚持历史唯物主义，批判历史虚无主义思潮

龚 云

历史虚无主义思潮是当前巩固马克思主义在意识形态领域指导地位面临的一个重大挑战。从认识上讲，历史虚无主义思潮出现和蔓延的理论根源就在于放弃了历史唯物主义的指导，陷入了唯心主义历史观的窠臼。在历史虚无主义看来，历史就是任人打扮的小姑娘，历史只是人心中的历史，关于历史事件、历史人物的评价只是人的认识、人的价值判断，不存在科学性、真实性的问题。这种观点，从根本上否定了历史的客观性和对历史研究的可能性，为任意解释历史乃至曲解历史打开了大门，把新中国成立后恢复了真相的历史重新颠倒过去。

马克思主义唯物主义历史观的创立，是人类认识史上伟大的革命。列宁认为，"马克思的历史唯物主义是科学思想中的最大成果"①。历史唯物主义确立了社会存在决定社会意识的基本原理，历史被破天荒地第一次置于它的真正基础之上，开辟了从现实出发对历史进行科学研究的道路。而把对历史的认识建立在科学基础上，关于社会历史的各门学问才有可能成为真正意义上的科学。唯物史观是唯一科学的历史观，是科学研究历史的指导思想，也是识别和应对历史虚无主义最锐利的思想武器。"现在，自从《资本论》问世以来，唯物主义历史观已经不是假设，而是科学地证明了的原理。在我们还没有看见另一种科学地解释某种社会形态（正是社会形态，而不是什么国家或民族甚至阶级等的生活方式）的活动和发展的尝试以前，没有看见另一种像唯物主义那样能把'有关事实'整理得井然有序，能对某一社会形态作出严格的科学解释并给以生动描绘的尝试以前，唯物主义历史观始终是社会科学的同义词。唯物主义并不像米海洛夫斯基

---

① 《列宁专题文集·论马克思主义》，人民出版社 2009 年版，第 68 页。

先生所想象的那样，'多半是科学的历史观'，而是唯一科学的历史观。"①

当前，批判、遏制历史虚无主义思潮的重要思想武器就是在历史研究中坚持历史唯物主义。

一　坚持历史唯物主义正确立场

历史虚无主义思潮从立场上讲，就是背弃了人民立场，把自己的立场置于替剥削阶级辩护的错误立场。坚持历史唯物主义，批判历史虚无主义思潮，首先要坚持人民立场，批判历史虚无主义替剥削阶级辩护的立场。

历史研究具有强烈的意识形态属性。任何人研究历史都有自己的立场。"在为阶级矛盾所分裂的社会中，任何时候也不可能有非阶级的或超阶级的思想体系。"②"如果某种学说要求每个社会活动家要以严峻的客观态度分析现实以及在这个现实的基础上所形成的各阶级间的关系，那怎么能够由此作出结论，说社会活动家不应当同情这个或那个阶级，说他'不应该'这样做呢？在这里谈应该不应该，简直是可笑的，因为没有一个活着的人能够不站到这个或那个阶级方面来（既然他已经了解它们的相互关系），能够不为这个或那个阶级的胜利而高兴，为其失败而悲伤，能够不对这个阶级的人和散布落后观点来妨碍这个阶级发展的人表示愤怒，等等。"③

历史唯物主义强调人民立场。"马克思主义者不应该离开分析阶级关系的正确立场。"④ 历史唯物主义认为，人民是历史的创造者。"历史活动是群众的活动，随着活动的深入，必将是群众队伍的扩大。"⑤ "具有优秀精神品质的是少数人，而决定历史结局的却是广大群众，如果这些少数人不中群众的意，群众有时就会对他们不客气。"⑥ "以往的历史理论从来忽视居民群众的活动，只有历史唯物主义才第一次使我们能以自然科学的精确性去研究群众的社会条件以及这些条件的变更。"⑦ 英国著名历史学家杰

---

① 《列宁专题文集·论辩证唯物主义和历史唯物主义》，人民出版社 2009 年版，第 160—163 页。

② 《列宁专题文集·论无产阶级政党》，人民出版社 2009 年版，第 85 页。

③ 《列宁全集》第 2 卷，人民出版社 1984 年版，第 422 页。

④ 《列宁全集》第 29 卷，人民出版社 1985 年版，第 140 页。

⑤ 《马克思恩格斯文集》第 1 卷，人民出版社 2009 年版，第 287 页。

⑥ 《列宁专题文集·论社会主义》，人民出版社 2009 年版，第 333 页。

⑦ 《列宁专题文集·论马克思主义》，人民出版社 2009 年版，第 14—15 页。

弗里·巴勒克拉夫评价说:"马克思主义促进了对人民群众历史作用的研究,尤其是他们在社会和政治动荡时期的作用。"① 因此,历史研究者应该站在人民立场,担当起为国修正史、为人民写信史的责任。

历史虚无主义者表面以"客观公正"相标榜,宣称要摆脱历史研究的意识形态属性。他们貌似"客观",实际上在为近代历史上的统治者进行辩护。他们就像马克思批评蒲鲁东那样:"在他那里关于政变的历史构想不知不觉地变成了对历史政变主角所作的历史辩护。这样,他就陷入了我们的那些所谓客观历史编纂学家所犯的错误。"② 列宁也指出:"客观主义者证明现有一系列事实的必然性时,总是有站到为这些事实辩护的立场上去的危险。"③

历史虚无主义者否定代表世界人民利益的国际共产主义运动、否定中国近代史上的人民革命、攻击代表人民根本利益的中国共产党、美化中国近代统治阶级、美化欧美资产阶级。他们把近代历史上人民群众的革命斗争视为"暴乱",对于敢于反抗的人民英雄、爱国志士一味地苛求,甚至用今天的标准来要求。相反,对待统治阶级的人物,却采取"善待先人"的态度,对统治阶级的行为给予"同情式理解"。把统治阶级对人民的镇压视为维护社会秩序之举。在他们眼里,太平天国农民起义成为中国近代史上"最大的内乱",洪秀全创立的"拜上帝教"成为"邪教",曾国藩、慈禧太后、袁世凯、蒋介石等成为代表"历史进步"的人物。

历史虚无主义者不能为人民写史,为了自己的名利需要,或迎合市场的需求,或与所谓国际接轨,任意歪曲历史,戏说历史,将历史变成商业化的消费品,随意歪曲历史、伪造历史、解释历史。他们就像恩格斯批判的那样:"资产阶级把一切都变成商品,对历史学也是如此。资产阶级的本性,它生存的条件,就是要伪造一切商品,因而也要伪造历史。伪造得最符合资产阶级利益的历史著作,所获得的报酬也最多。"④

历史唯物主义肯定人民群众创造历史,强调历史活动是群众的活动,在历史活动中重要的是行动着的群众,同时并不否认杰出人物的作用。

---

① [英]杰弗里·巴勒克拉夫:《当代史学主要趋势》,上海译文出版社 1987 年版,第 27 页。

② 《马克思恩格斯文集》第 2 卷,人民出版社 2009 年版,第 465—466 页。

③ 《列宁全集》第 1 卷,人民出版社 1984 年版,第 363 页。

④ 《马克思恩格斯全集》第 16 卷,人民出版社 1964 年版,第 573 页。

"历史必然性的思想也丝毫不损害个人在历史上的作用：全部活动正是由那些无疑是活动家的个人的行动构成的。"① 历史唯物主义又确认，英雄、杰出人物，只有当他们能在不同程度上正确理解社会发展条件、理解应当如何改变这些条件时，才能在社会生活中起重大的积极作用。

坚持人民立场，一点也不影响历史研究的客观性、科学性。"科学越是毫无顾忌和大公无私，它就越符合工人的利益和愿望。"② "唯物主义者贯彻自己的客观主义，比客观主义更彻底、更深刻、更全面。他不仅指出过程的必然性，并且阐明究竟是什么样的社会经济形态提供这一过程的内容，究竟是什么样的阶级决定这种必然性。"③ 相反，历史虚无主义思潮由于站错了立场，所以使历史科学成为一种儿戏，成为"伪科学"。

二　坚持历史唯物主义基本观点

历史虚无主义思潮全面背弃了历史唯物主义基本观点，特别是放弃了历史唯物主义关于革命和阶级斗争的基本观点，导致由于没有正确的理论指导，无法从总体上对历史事实进行全面的把握和本质的分析，堕入历史唯心主义的泥坑，做出一些错误的判断。这样就出现恩格斯所说的："无论对一切理论思维多么轻视，可是没有理论思维，就会连两件自然的事实联系不起来，或者连二者之间所存在的联系都无法了解。在这里，问题只在于思维的正确不正确，而轻视理论显然是自然主义地进行思维，因而是错误地进行思维的最可靠的道路。但是，根据一个自古就为人们所熟知的辩证法规律，错误的思维贯彻到底，必然走向原出发点的反面。"④

坚持历史唯物主义基本观点，首要的是坚持历史唯物主义关于革命的基本观点，坚持阶级斗争学说，批判历史虚无主义思潮贬损革命和阶级斗争的错误观点。

（一）坚持历史唯物主义关于革命的基本观点

否定革命是历史虚无主义的惯用手法和重要表现，他们攻击革命使人

① 《列宁专题文集·论辩证唯物主义和历史唯物主义》，人民出版社2009年版，第179页。
② 《马克思恩格斯文集》第4卷，人民出版社2009年版，第312—313页。
③ 《列宁全集》第1卷，人民出版社1984年版，第362—363页。
④ 《马克思恩格斯选集》第4卷，人民出版社1995年版，第300—301页。

发狂,把革命看作情绪化的产物、一种破坏力量。

历史唯物主义关于革命的基本观点主要包括:

第一,革命是一种历史发展的必然现象,不是人的主观意志的产物。

革命爆发的深刻根源就在于生产力与生产关系的矛盾,具有客观必然性,不是也不可能是人为地制造出来的。马克思曾经指出:"社会的物质生产力发展到一定阶段,便同它们一直在其中运动的现存生产关系或财产关系(这只是生产关系的法律用语)发生矛盾。于是这些关系便由生产力的发展形式变成生产力的桎梏。那时社会革命的时代就到来了。"恩格斯早就指出:"把革命的发生归咎于少数煽动者的恶意那种迷信的时代,早已过去了。现在每个人都知道,任何地方发生革命动荡,其背后必然有某种社会需求,而腐朽的制度阻碍这种要求得到满足。"① 革命中强烈表现出来的,是根源于生产力和生产关系、经济基础和上层建筑之间矛盾冲突的"必然性的物质力量"②。同时,人类进入资本主义时代后,革命的发生"不一定非要等到这种矛盾在某一国家发展到极端尖锐的地步,才导致这个国家内发生冲突。由广泛的国际交往所引起的同工业比较发达国家的竞争,就足以使工业比较不发达的国家产生类似的矛盾"③,从而引发革命。

第二,革命是历史发展的火车头。

"革命是历史的火车头。"④ "暴力是每一个孕育着新社会的旧社会的助产婆。暴力本身就是一种经济力。"⑤ "正是旧的复杂的社会机体中阶级对抗的这种迅速而剧烈的发展,使革命成为社会进步和政治进步的强大推动力。"⑥

革命是现实社会形态和政治形态质变的决定性手段。"被压迫阶级的存在就是每一个以阶级对抗为基础的社会的必要条件。因此,被压迫阶级的解放就必然意味着新社会的确立。要使被压迫阶级能够解放自己,就必须使既得的生产力和现存社会关系不再继续。在一切生产工具中,最强大的一种生产力就是革命阶级本身。革命因素之组成为阶级,是以旧社会的

---

① 《马克思恩格斯文集》第 2 卷,人民出版社 2009 年版,第 351—352 页。
② 《马克思恩格斯全集》第 27 卷,人民出版社 1972 年版,第 210 页。
③ 《马克思恩格斯文集》第 1 卷,人民出版社 1972 年版,第 567—568 页。
④ 《马克思恩格斯文集》第 2 卷,人民出版社 2009 年版,第 161 页。
⑤ 《马克思恩格斯文集》第 5 卷,人民出版社 2009 年版,第 861 页。
⑥ 《马克思恩格斯文集》第 2 卷,人民出版社 2009 年版,第 383 页。

怀抱中所能产生的全部生产力的存在为前提的。"① 革命是被统治阶级的盛大节日，它可以使一个民族在剧烈的震荡时期几年就走完在和平环境下几十年甚至上百年走不完的路程，加速社会变革和政治变革的进程，极大地调动人民群众的主动性和积极性，激发人民的想象力和创造力，创造巨大的历史奇迹。革命绝不仅仅是破坏。它既是破坏，也是建设，诚如毛泽东在中国革命胜利前夕所言："我们不但善于破坏一个旧世界，我们还将善于建设一个新世界"②。

第三，革命的方式包括暴力革命和非暴力的和平过渡。

暴力是革命的主要手段，但不是唯一手段，暴力不等于革命。暴力并不是绝对的坏事，"暴力在历史中还起着另一种作用，革命的作用；暴力，用马克思的话说，是每一个孕育着新社会的旧社会的助产婆；它使社会运动借以为自己开辟道路并摧毁僵化的垂死的政治形式的工具"③。

特定的革命采取哪种方式，不以革命者的意志为转移。它取决于社会政治文化传统、革命主客观条件的成熟程度和革命与反革命的力量对比等诸多因素，其中政治力量的对比是决定性的因素。从人类历史发展的实践来看，暴力革命是一种主要的变革方式。

第四，革命的主体是人民群众。

革命是一种大规模的群众性运动，不是少数人的政治密谋，更不是政治恐怖。由于革命把广大人民群众的利益同革命的目标紧紧联系在一起，所以具有极大的感召力。由于革命者用暴力摧毁了陈腐的政治权力，造成了使新的经济状况能够存在和发展的政治状态，这就必然会带来人们思想上的极大解放，带来人们在道德上和精神上的巨大跃进，把人们引向新的精神境界。"进行革命的阶级，仅就它对抗另一个阶级这一点来说，从一开始就不是作为一个阶级，而是作为全社会的代表出现的；它俨然以社会全体群众的姿态反对唯一的统治阶级。它之所以能这样做，是因为它的利益在开始的确同其他一切非统治阶级的共同利益还有更多的联系，在当时存在的那些关系的压力下还来不及发展成为特殊阶级的特殊利益。因此，这一阶级的胜利对于其他未能争得统治的阶级中的许多个人来说也是有

---

① 《马克思恩格斯文集》第 1 卷，人民出版社 2009 年版，第 655 页。

② 《毛泽东选集》第 4 卷，人民出版社 1991 年版，第 1439 页。

③ 恩格斯：《反杜林论》，转引自《马克思恩格斯列宁历史理论经典著作导读》，人民出版社、高等教育出版社 2012 年版，第 133 页。

利的。"

第五,革命的发生需要革命形势的具备。

革命的发生是需要条件的。作为一个复杂的政治现象,革命不是随时就爆发的,需要具备革命形势。要准确地把握革命的时机,需要深入、具体地分析和研究革命产生的一切客观的和主观的、必然的和偶然的条件。只有革命的客观形势和主观条件同时具备,并使二者很好地结合起来,才能取得革命的胜利。在这个问题上,马克思主义既反对落后于革命形势发展的右倾机会主义,也反对超越革命发展客观形势的"左"倾机会主义。坚持历史唯物主义关于革命的基本观点,就可以有力驳斥历史虚无主义思潮对中国近代革命、特别是新民主主义革命的污蔑。

革命是中国近代史的主题,是近代中国的首要任务。美国著名中国学专家费正清在《观察中国》一书中指出:"帝国主义的侵略使中国人民蒙受了耻辱,正是这种耻辱唤起了中国的民族主义并激发了二十世纪中国革命。""革命是近代中国的基调,美国人要想了解这一点,必须首先要懂得中国的历史。"[1]

不革命无法进行近代化。孙中山先生在 1912 年民国刚成立时就指出:"我们要解决民生问题,如果专从经济范围来着手,一定是解决不通的。要民生问题能够解决得通,便要先从政治上来着手,打破一切不平等的条约,收回外国人管理的海关,我们才可以自由加税,实行保护政策。"[2] 只有革命,才是解决近代中国两大任务的唯一手段。就像列宁所说:"历史的真正动力是阶级之间的革命斗争;改良是这种斗争的副产品。"[3] 在近代中国,新民主主义革命作为历史发展的过程中一种客观的历史运动,不是随心所欲可以制造出来的,也不是随心所欲可以制止的,更不是由什么人可以随意宣布否定就否定得了的。

中国共产党领导的新民主主义革命是中国近代生产关系和生产力矛盾的产物。近代中国统治阶级的野蛮专制,中国近代社会矛盾的尖锐,决定了革命是唯一的选择。不通过新民主主义革命,国民党反动派就不会退出历史舞台,就无法建立一个能够推动生产力发展、实现人民幸福的新社

---

[1] 费正清:《观察中国》,四川人民出版社 1992 年版,第 13、96 页。

[2] 《孙中山全集》第 9 卷,中华书局 1985 版,第 424 页。

[3] 《列宁全集》第 11 卷,人民出版社 1959 年版,第 58 页。

会。新民主主义革命就是社会主义社会诞生的助产婆。

中国共产党曾经与国民党合作过，曾经期望通过和平手段实现社会变革，换来的却是国民党反动派的屠杀。胡适指出："共产党是贪污苛暴的政府造成的，是日日年年苛捐重税而不行一丝一毫善政的政府造成的，是内乱造成的。"① 中国的安定统一，根本问题不在共产党，而是国民党自身的专制独裁造成的。由于中国到处都是贪官污吏的横征暴敛，即使没有共产党，也还是干柴遍野，"遇风可燃"。《大公报》记者认为："中国五千年不闻共产党，而亡国数度，是足知剿共纵奏凯歌，亦未必免于亡。"②

对国民党的专制独裁，20 世纪 30 年代的进步知识分子如王造时等人就尖锐地指出："国民党的统治已经到了日暮途穷，非变不可了。而变的方法……只有两条路可走：一是结束训政，实行宪政，使各党各派有公开平等竞争的机会，使政治斗争的方式用口笔去代替枪炮，使一般国民来做各党各派最后的仲裁者。""还有一条路，是用武力去推翻现状，建立新政权，这就是革命。"王造时还表示："如果和平方法不能走通，我是没有理由可以反对革命的。"③

1933 年 7 月，《申报月刊》出版的"中国现代化问题号"开展的现代化讨论中，就有学者认为，帝国主义的侵略和封建主义的压迫是造成近代中国落后的根本原因，要实现现代化必须首先完成反帝反封建的任务。在讨论中国现代化是走资本主义道路还是走社会主义道路时，主张走私人资本主义或受节制的资本主义道路者很少，大多数人主张走社会主义道路，认为现在的世界是资本主义已经走向衰落，社会主义走向新生的时代，中国的现代化应该"以社会主义为基础，如果不采用社会主义的方式，是绝对没有希望的"④。这表明，中国共产党领导的新民主主义革命是正确的，所主张的革命后的社会主义道路是代表着近代中国社会绝大多数人的意愿的。

（二）坚持阶级斗争学说

历史虚无主义思潮极力贬损、否定阶级斗争学说。正因为如此，面对

---

① 张海鹏主编：《中国近代通史》第 8 卷，江苏人民出版社 2007 年版，第 293 页。
② 《大公报》1932 年 6 月 19 日。
③ 王造时：《我为什么主张宪政》，载《再生》第 1 卷第 5 期，1932 年 9 月 20 日。
④ 《申报月刊》第 2 卷第 7 号，1933 年 7 月。

中国近现代历史上的种种复杂的阶级斗争现象，他们就无法把握历史的真实和本质，尤其在对中国近现代历史人物评价上，造成许多混乱的认识。历史唯物主义认为："每一历史时代的经济生产以及必然由此产生的社会结构，是该时代政治的和精神的历史的基础；因此（从原始土地公有制解体以来）全部历史都是阶级斗争的历史，即社会发展各个阶段上被剥削阶级和剥削阶级之间、被统治阶级和统治阶级之间斗争的历史。"①

阶级斗争学说是马克思主义唯物史观的重要内容。"马克思的天才就在于它最先得出了全世界历史所提示的结论，并且彻底地贯彻了这个结论。这个结论就是阶级斗争学说。"② 恩格斯在《路易·波拿巴的雾月十八日》1885 年第 3 版序言中评价马克思的阶级斗争学说时指出："正是马克思首先发现了重大的历史运动规律。根据这个规律，一切历史上的斗争，无论是在政治、宗教、哲学的领域中进行的，还是在其他意识形态领域中进行的，实际上只是或多或少明显地表现了各社会阶级的斗争，而这些阶级的存在以及他们之间的冲突，又为它们的经济状况的发展程度、它们的生产的性质和方式以及由生产所决定的交换的性质和方式所制约。这个规律对于历史，同能量转化定律对于自然科学具有同样的意义。这个规律在这里也是马克思用以理解法兰西第二共和国历史的钥匙。在这部著作中，他用这段历史检验了他的这个规律；即使已经过了 33 年，我们还必须承认，这个检验获得了辉煌的成果。"③

马克思主义关于阶级斗争学说的基本观点有：

第一，原始社会解体以来的历史就是阶级斗争的历史。"以往的全部历史，除原始状态外，都是阶级斗争的历史。"④ "当文明一开始的时候，生产就开始建立在级别、等级和阶级的对抗上，最后建立在积累的劳动和直接的劳动的对抗上。没有对抗就没有进步。这是文明今天所遵循的规律。到目前为止，生产力就是由于这种阶级对抗的规律而发展起来的。"⑤ "一切重要历史事件的终极原因和伟大动力是社会的经济发展，是生产方式和交换方式的改变，是由此产生的社会之划分为不同的阶级，是这些阶

---

① 《马克思恩格斯文集》第 2 卷，人民出版社 2009 年版，第 9—10 页。
② 《列宁专题文集·论马克思主义》，人民出版社 2009 年版，第 70—71 页。
③ 《马克思恩格斯文集》第 2 卷，人民出版社 2009 年版，第 469 页。
④ 《马克思恩格斯文集》第 3 卷，人民出版社 2009 年版，第 544—545 页。
⑤ 《马克思恩格斯全集》第 2 卷，人民出版社 1958 年版，第 104 页。

级彼此之间的斗争。"①

第二，阶级斗争是历史发展的直接动力。"自从原始公社解体以来，组成为每个社会的各阶级之间的斗争，总是历史发展的伟大动力。"②"至于我们，那么，根据我们的全部经历，摆在我们面前的只有一条路。将近40年来，我们一贯强调阶级斗争，认为它是历史的直接动力，特别是一贯强调资产阶级和无产阶级之间的阶级斗争，认为它是现代社会变革的巨大杠杆；所以我们决不能和那些想把这个阶级斗争从运动中勾销的人们一道走。"③

第三，阶级斗争必然导致无产阶级专政。历史唯物主义认为，"（1）阶级的存在仅仅同生产发展的一定历史阶段相联系；（2）阶级斗争必然导致无产阶级专政；（3）这个专政不过是达到消灭一切阶级和进入无阶级社会的过渡"④。

历史唯物主义关于阶级斗争的学说，对于认识阶级社会现象具有重大意义。"马克思主义提供了一条指导性的线索，使我们能在这种看来扑朔迷离、一团混乱的状态中发现规律性。这个线索就是阶级斗争的理论。只有研究某一社会的全体成员的意向的总和，才能科学地确定这些意向的结果。其所以有各种矛盾的意向，是因为每个社会所分成的各阶级的地位和生活条件不同。"⑤ 英国著名历史学家杰弗里·巴勒克拉夫评价道："马克思的社会阶级结构观念以及他对阶级斗争的研究不仅对历史研究产生了广泛影响，而且特别引起了对研究西方资产阶级社会中阶级形成过程的注意，也引起了对研究其他社会制度——尤其是奴隶制社会、农奴制社会和封建制社会——中出现类似过程的注意。"⑥

历史虚无主义思潮极力否认阶级的存在，否认人类历史上的阶级斗争及阶级斗争在人类社会发展中的重大作用。以特定历史时期存在"以阶级斗争为纲"导致的错误从而否定阶级斗争学说，是因噎废食，是违背历史事实，导致对历史认知的混乱、肤浅。其实早在马克思主义诞生以前，资

---

① 《马克思恩格斯文集》第 3 卷，人民出版社 2009 年版，第 508—509 页。

② 《马克思恩格斯文集》第 4 卷，人民出版社 2009 年版，第 505 页。

③ 《马克思恩格斯文集》第 3 卷，人民出版社 2009 年版，第 484 页。

④ 《马克思恩格斯文集》第 10 卷，人民出版社 2009 年版，第 106 页。

⑤ 参见《列宁专题文集·论马克思主义》，人民出版社 2009 年版，第 15—17 页。

⑥ ［英］杰弗里·巴勒克拉夫：《当代史学主要趋势》，上海译文出版社 1987 年版，第 27 页。

产阶级历史学家，"法国复辟时代就出现了这样一些历史学家（梯叶里、基佐、米涅、梯也尔），他们在总结当时的事变时，不能不承认阶级斗争是打开整个法国历史的锁钥。"① 因之，历史虚无主义思潮对历史的认知水平还不如几百年前的资产阶级历史学家。

三　坚持历史唯物主义科学方法

历史虚无主义思潮不仅背离历史唯物主义的立场、观点，也放弃了历史唯物主义的科学方法。因此，坚持历史唯物主义，批判历史虚无主义，也要坚持历史唯物主义科学方法，特别是阶级分析法、历史分析法和辩证分析法。

（一）阶级分析法

历史唯物主义认为，人是划分为阶级的。"各个人的社会地位，从而他们个人的发展是由阶级决定的，他们隶属于阶级。""个人隶属于一定阶级这一现象，在那个除了反对统治阶级以外不需要维护任何特殊的阶级利益的阶级形成以前，是不可能消灭的。"② "马克思一向都是无情地反对那些认为'人民'是一致的、认为人民内部没有阶级斗争的小资产阶级幻想。马克思在使用'人民'一语时，并没有用它来抹杀各个阶级之间的差别，而是用它来概括那些能够把革命进行到底的一定的成分。"③ 因此，我们在研究历史时，始终要记住历史上社会划分为阶级的这一基本事实，"要弄清这一切光怪陆离、异常繁杂的情况，特别是与资产阶级的学者和政治家的政治、哲学等学说有关的情况，就必须牢牢把握住社会划分为阶级的事实，阶级统治形式改变的事实，把它作为基本的指导线索，并用这个观点去分析一切社会问题，即经济、政治、精神和宗教等问题。"④ "既然提到历史，就应该说明各种具体问题，说明各种思潮的阶级根源。"⑤

历史唯物主义要求，观察阶级社会的历史和各种现象，必须坚持马克

---

① 《列宁专题文集·论马克思主义》，人民出版社2009年版，第15—17页。
② 《马克思恩格斯文集》第1卷，人民出版社2009年版，第569—570页。
③ 《列宁全集》第11卷，人民出版社1987年第2版，第116—117页。
④ 《列宁专题文集·论辩证唯物主义和历史唯物主义》，人民出版社2009年版。
⑤ 《列宁全集》第25卷，人民出版社1988年第2版，第213页。

思主义阶级分析的方法，必须全面地分析各阶级在社会政治经济中所处的地位，主要是占有生产资料和支配劳动成果的情况，以及对国家政权的影响力；分析各阶级的政治态度和思想观念；分析各阶级中不同阶层的区别和矛盾，以及由此而产生的不同政治倾向；分析各阶级之间的阶级关系，以及阶级力量对比的历史性和变动性；揭示政治事变中的阶级关系和各阶级的经济利益，同时看到围绕着经济利益进行的阶级斗争必然具有政治的形式，以维护或夺取政治权力为集中表现；严格区分带有阶级性和不带阶级性的社会矛盾的差别。这样，才能抓住问题的本质，才能在看来迷离混沌的状态中发现支配历史进程的一般规律。

辨清阶级利益是阶级分析的核心所在。"马克思主义者对这些问题的提法应该完全不同。他们必须到生产关系中间去探求社会现象的根源，必须把这些现象归结为一定阶级的利益。"① "马克思的方法首先是考虑具体时间、具体环境里的历史过程的客观内容，以便首先了解，哪一个阶级的运动是在这个具体环境里可能出现的进步的主要动力。"② 要分清各阶级的政治代表和思想代表究竟代表谁的利益。"要是一下子看不出是哪些政治集团或者社会集团、势力和人物在维护某些利益、措施等等，那总是要提出'对谁有利'这个问题的。" "谁直接维护某些观点，这在政治上并不重要。重要的是这些观点、这些措施对谁有利。"③

阶级分析法是分析阶级社会现象的有效钥匙。没有这个方法，就会得出一些肤浅、错误的结论。历史虚无主义思潮否认阶级分析法，所以他们无法看清近代中国统治阶级的阶级本质。他们放大国民党的民族立场，讳言蒋介石代表的国民党政权的阶级本质，把抗战中国共之争说成是权力之争，混淆国共之争的是非。历史虚无主义思潮还以某个统治阶级不是资本家，就说他不是代表资产阶级利益。对于这种问题，马克思早就指出过，他说："同样，也不应该认为，所有的民主派代表人物都是小店主或者崇拜小店主的人。按照他们所受的教育和个人的地位来说，他们可能和小店主相隔天壤。使他们成为小资产阶级代表人物的是下面这样一种情况：他们的思想不能越出小资者的生活所越不出的界限，因此他们在理论上得

---

① 《列宁全集》第 1 卷，人民出版社 1984 年第 2 版，第 464 页。
② 《列宁全集》第 26 卷，人民出版社 1988 年第 2 版，第 140—141 页。
③ 《列宁全集》第 23 卷，人民出版社 1990 年第 2 版，第 61 页。

出的任务和解决办法,也就是小资产者的物质利益和社会地位在实际生活上引导他们得出的任务和解决办法。一般说来,一个阶级的政治代表和著作界代表同他们所代表的阶级之间的关系,都是这样。"①

历史虚无主义思潮以统治阶级自己的言辞乃至日记作为评价依据,得出一些停留在表象的言论。历史唯物主义阶级分析法要求在评价历史人物时,不能仅看言辞,更要看行动。"要弄清政党斗争中的情况,就不要相信言词,而要研究各政党的真实历史,主要不是研究各政党关于自己所说的话,而是研究它们的行动,研究它们是怎样解决各种政治问题的,是怎样处理与社会各阶级即与地主、资本家、农民和工人等的切身利益有关的事情的。"②

(二) 历史分析法

历史唯物主义要求研究历史时,把研究对象置于一定的历史关联环节中考察,用具体的历史的方法对研究对象做出评价。

"马克思主义要求我们一定要历史地考察斗争形式的问题。脱离历史的具体环境来谈这个问题,就是不懂得辩证唯物主义的起码常识。""不详细考察某个运动在它的某一发展阶段的具体环境,要想对一定的斗争手段问题作肯定或否定的回答,就等于完全抛弃了马克思主义的立脚点。"③"在社会科学问题上有一种最可靠的方法,它是真正养成正确分析这个问题的本领而不致淹没在一大堆历史细节或大量争执意见之中所必需的,对于用科学眼光分析这个问题来说是最重要的,那就是不要忘记基本的历史联系,考察每个问题都要看某种现象在历史上怎样产生,在发展中经过了哪些主要阶段,并根据它的这种发展去考察这事物现在是怎样的。""这个问题也和所有的问题一样,要正确地分析它,要有把握地切实地解决它,就必须对它的整个发展过程作历史的考察。"④"一切以条件、地点和时间为转移。""显然,没有这种观察社会现象的历史观点,历史科学就会无法存在和发展,因为只有这样的观点才能使历史科学不致变成偶然现象的糊

---

① 《马克思恩格斯文集》第 2 卷,人民出版社 2009 年版,第 501 页。
② 《列宁全集》第 21 卷,人民出版社 1990 年第 2 版,第 283 页。
③ 《列宁专题文集·论辩证唯物主义和历史唯物主义》,人民出版社 2009 年版,第 283—284 页。
④ 《列宁专题文集·论马克思主义》,人民出版社 2009 年版,第 100 页。

涂账，不致变成一堆荒谬绝伦的错误。"①

历史虚无主义思潮缺乏历史主义态度，对历史采取了实用主义的非历史态度，脱离具体的历史条件进行随意评价。他们从现实的某种需要出发，对历史抱着为我所用的实用主义态度，抹煞历史和现实的不同条件，将历史与现实做简单的比附。在"一切历史都是当代史"的名义下，他们根据现实的需要随意解释历史，一方面他们强调历史研究的现实意义，另一方面又否认历史认识的客观性，根据现实的需要任意裁剪历史，特别是对与现实中国息息相关的中国近现代史，更是随意歪曲发挥。因为现实中以经济建设为中心，否定了"以阶级斗争为纲"，要求社会稳定，要求改革，要求对外开放，他们就从此出发，否定以阶级斗争为主线解释中国近代史，极力赞颂近代中国统治阶级的"改革"，将今天的现代化、对外开放与中国近代史上的半殖民地半封建社会范围内的畸形现代化和帝国主义枪炮下的中国被迫开放混为一谈，以为简单地描述近代中国史与现实中国形似而神异的现象就可以为现实提供借鉴，却忘记了观察问题要用历史观点来研究历史。

列宁指出："在分析任何一个社会问题时，马克思主义理论的绝对要求，就是要把历史问题提到一定的历史范围之内。"② 历史地去看待历史，才能正确认识历史，科学对待现实，真正探究历史发展的规律指导现实，总结历史经验教训为现实服务。否则的话，将历史与现实做简单的比附，往往是既曲解了历史，又误导了现实。

（三）辩证分析法

历史唯物主义辩证分析法要求对历史现象：

第一，采取一分为二的方法，反对形而上学方法，要么全面肯定，要么全面否定。"辩证法在对现存事物的肯定的理解中同时也包括对现存事物的否定的理解，即对现存事物的必然灭亡的理解；辩证法对每一种既成的形式都是从不断的运动中，因而也是从它的暂时性方面去理解；辩证法不崇拜任何东西，按其本质来说，它是批判的很革命的。"③

---

① 《斯大林文集》，人民出版社 1985 年版，第 205—206 页。
② 《列宁选集》第 2 卷，人民出版社 1972 年版，第 512 页。
③ 《马克思恩格斯文集》第 5 卷，人民出版社 2009 年版，第 22—23 页。

第二，抓住历史的本质、主流、主线，把握研究对象的内在本质，辨清内容与形式。"正如在日常生活中应当把一个人对自己的想法和品评同他的实际人品和实际行动区别开来一样，在历史的斗争中更应该把各个党派的言辞和幻想同它们的本来面目和实际利益区别开来，把它们对自己的看法同它们的真实本质区别开来。"①

历史比较法是唯物辩证法在历史研究中的重要体现。历史比较如果只看表面现象，不看内在实质，就会陷入谬误。"极为相似的事变发生在不同的历史环境中就引起了完全不同的结果。"② 就像列宁指出的："殖民政策和帝国主义在资本主义最新阶段以前，甚至在资本主义以前就已经有了。以奴隶制为基础的罗马就推行过殖民政策，实行过帝国主义。但是，'泛泛地'谈论帝国主义而忘记或忽视社会经济形态的根本区别，必然会变成最空洞的废话或吹嘘，就像把'大罗马和大不列颠'相提并论那样。就是资本主义过去各阶段的资本主义殖民政策，同金融资本的殖民政策也是有重大区别的。"③

第三，坚持联系的全面的观点，科学地搜集全部事实，确定事实之间的关联性和相互依附性。

历史学是建立在客观历史事实的实证研究基础上的。"研究必须充分地占有材料，分析它的各种发展形式，探寻这些形式的内在联系。只有这项工作完成以后，现实的运动才能适当地叙述出来。"④ "即使只是在一个单独的历史实例上发展唯物主义的观点，也是一项要求多年冷静钻研的科学工作，因为很明显，在这里只说空话是无济于事的，只有靠大量的、批判地审查过的、充分掌握了的历史资料，才能解决这样的任务。"⑤

历史虚无主义思潮背离了历史唯物主义辩证分析方法的要求。"他们对于现状，对于历史，对于外国事物，没有历史唯物主义的批判精神，所谓坏就是绝对的坏，一切皆坏；所谓好就是绝对的好，一切皆好。"⑥ 他们对统治阶级采取了全盘肯定的态度，对代表人民利益和社会发展趋势的历

---

① 《马克思恩格斯文集》第 2 卷，人民出版社 2009 年版，第 498—499 页。
② 《马克思恩格斯文集》第 3 卷，人民出版社 2009 年版，第 466—467 页。
③ 《列宁专题文集：论资本主义》，人民出版社 2009 年版，第 169—170 页。
④ 《马克思恩格斯选集》第 2 卷，人民出版社 1972 年版，第 217 页。
⑤ 同上书，第 118 页。
⑥ 《毛泽东选集》第 3 卷，人民出版社 1991 年版，第 832 页。

史人物和历史事件采取了形式主义的否定方法。就像已故历史学家龚书铎教授曾指出的那样："历史虚无主义并不是对历史完全虚无，而是有所虚无，有所不虚无。"他们虚无的是中国革命的历史、中国共产党的领导、马克思列宁主义的指导、社会主义制度和人民民主专政，"但对叛徒、汉奸、反动统治者则不虚无，而是加以美化，歌功颂德，把已被颠倒过来的历史再颠倒回去，混淆是非"①。

历史虚无主义思潮不重视对历史资料的认真辨伪、充分占有和正确分析。有些研究者根本没有充分地占有历史材料，或对历史材料的真伪不做考证，或仅凭一些表面的历史事实，甚或拿出一条似是而非的"史料"，就大胆地立论，声称要"重写历史"，还原"历史真相"，结果导致对历史事实的歪曲。"在社会现象领域，没有哪种方法比胡乱抽出一些个别事实和玩弄实例更普遍、更站不住脚的了。挑选任何例子是毫不费劲的，但这没有任何意义，或者有纯粹消极的意义，因为问题完全在于，每一个别情况都有具体的历史环境。如果从事实的整体上、从它们的联系中去掌握事实，那么，事实不仅是'顽强的东西'，而且是绝对确凿的证据。如果不是从整体上、不是从联系中去掌握事实，如果事实是零碎的和随意挑出来的，那么它们就只能是一种儿戏，或者连儿戏也不如。"②"应当设法根据准确的和不容争辩的事实建立一个基础，这个基础可以作为依据，可以用来同今天在某些国家中被恣意滥用的任何'空泛的'或'大致的'论断作对比。要使这成为真正的基础，就必须毫无例外地掌握与所研究的问题有关的全部事实，而不是抽取个别的事实，否则就必然会发生怀疑，而且是完全合理的怀疑，即怀疑那些事实是挑选出来的，怀疑可能是为了替卑鄙的勾当作辩护而以'主观'臆造的东西来代替全部历史现象的客观联系和相互依存关系。"③"在每一个急剧的历史转变关头，我们要估计到各个阶级整个的阶级对比关系，而不是抽出个别例子和个别特殊事件，只有这样，我们才会感到自己是稳固地立足于对可靠事实的分析之上。"④ 历史虚无主义将袁世凯的书面谎言作为替他翻案的证据，就是个例。列宁早就指出："马克思主义教导我们，要从发展中观察一切现象，不要只满足于作

---

① 龚书铎：《历史虚无主义二题》，《高校理论战线》2005 年第 5 期。
② 《列宁全集》第 28 卷，人民出版社 1990 年版，第 364 页。
③ 同上书，第 364—365 页。
④ 《列宁全集》第 34 卷，人民出版社 1985 年版，第 92 页。

表面的描述，不要相信漂亮的招牌，要分析各个政党的经济基础和阶级基础，要研究赖以决定这些政党的政治活动的意义和结果的客观政治环境。"①

四 发展历史唯物主义

为了有力地批判历史虚无主义思潮，把历史的内容还给历史，在坚持历史唯物主义立场、观点和方法的同时，也需要结合当代实际发展历史唯物主义。

历史唯物主义揭示了社会发展的一般规律，但对一般规律的理解和对历史发展总趋势的预见不能代替对具体历史过程的认识和把握。唯物史观的诞生决不是认识历史的任务的完成，而是新的重新研究的开始，决不能将唯物史观当作现成的公式或教条套用在实际研究中。"如果不把唯物主义方法当作研究历史的指南，而把它当作现成的公式，按照它来剪裁各种历史事实，那它就会转变为自己的对立物。"②

与时俱进是马克思主义的鲜明的特点。唯物史观需要随着历史的发展演变而发展。"历史唯物主义在当代应该发展。当代现实并不是历史唯物主义的单纯试金石，不是仅仅用以验证、说明历史唯物主义正确性的新例证，而是使历史唯物主义更加锋锐的磨刀石。当代现实既是对历史唯物主义基本理论的实践检验，又是推动历史唯物主义发展的动力。"③ 发展历史唯物主义是在坚持基本原理基础上的发展，任何推倒历史唯物主义基本原理的所谓重建、重构，都不是发展，而是蓄意修正，是对历史唯物主义的虚无表达。

历史唯物主义是迄今为止对人类社会历史进行认识的唯一科学，揭示了人类社会发展的规律和方向，是无产阶级和劳动人民解放的思想武器。以历史唯物主义为指导的历史认识，使历史研究发生了革命性的变革，科学地认识了人类历史，在推动世界进步和实现中国人民翻身解放、人民幸福中发挥了理论指导作用。对于马克思主义历史理论的贡献，英国著名历

① 《列宁全集》第 10 卷，中文第 1 版，第 190 页。
② 《马克思恩格斯文集》第 10 卷，人民出版社 2009 年版，第 583 页。
③ 《谈谈历史唯物主义的方法论问题——访中国人民大学一级教授陈先达》，《马克思主义研究》2014 年第 6 期。

史学家杰弗里·巴勒克拉夫评价说："马克思主义在包括美国在内的绝大多数国家的历史学家当中是产生了最大影响的解释历史的理论。"[①]

历史唯物主义是人类历史观的伟大变革，但不会是结束变革的变革。历史唯物主义是一个发展的、开放的体系，不是一种僵化的、封闭的学说。只有学习和运用历史唯物主义，坚持和发展历史唯物主义，才能从认识上有效遏制历史虚无主义。

（作者单位：中国社会科学院马克思主义研究院）

---

① ［英］杰弗里·巴勒克拉夫：《当代史学主要趋势》，上海译文出版社 1987 年版，第 3 页。

正确认识和处理社会主义时期
一定范围的阶级斗争

梅荣政[*]

社会主义时期，阶级斗争在一定范围存在。能否正确看待和处理这种阶级斗争，"关乎党的命运，关乎国家前途、民族命运、人民幸福"。要正确看待和处理这种阶级斗争，就要像习近平总书记所说的："必须坚持马克思主义政治立场。马克思主义政治立场，首先是阶级立场，进行阶级分析。"[①] 习近平总书记这个论断，重申了我们党的一贯立场，特别是我们党针对改革开放以来的实际情况，一直明确的立场。此前，邓小平同志进行过多次相关论述。2000 年 6 月，根据邓小平的有关论述和党的十一届六中全会的结论，江泽民同志也说过："我们纠正过去一度发生的'以阶级斗争为纲'的错误是完全正确的，但这不等于阶级斗争已不存在了。只要阶级斗争还在一定范围内存在，我们就不能丢弃马克思主义的阶级和阶级分析的观点和方法。这种观点和方法始终是我们观察社会主义同各种敌对势力斗争的复杂政治现象的一把钥匙。"[②] 这些论断包含了马克思主义的基本理论，包含了我们党对社会主义时期，特别是社会主义初级阶段，阶级斗争这个难度很大的问题研究的崭新成果，也包含了国际共产主义运动中的经验教训，有重大的理论意义和深远的实践指导意义。正确认识和处理社会主义时期一定范围的阶级斗争，就必须坚持马克思主义的阶级分析观点和方法。为此，需要弄清以下几个基本问题。

---

* 本文为江苏省社科基金重大项目"当前我国意识形态领域热点难点问题研究"（13ZD001）的阶段性成果。

① 转引自刘世军《中国政治学研究新时代的到来》，《文汇报》2014 年 6 月 30 日。

② 《江泽民文选》第 1 卷，人民出版社 1994 年版，第 83 页。

一 阶级斗争理论是马克思主义的基本理论之一

马克思主义的阶级斗争理论是人类历史进入文明时代以后，从几个社会形态的社会基本矛盾运动中抽象出来的结论，对于科学地认识社会历史与现实具有极为重要的指导意义。此前，人们对自己生存和活动的社会，滞于社会表象的认识，苦于在黑暗中摸索。此后，才发现社会规律性，才有可能按历史科学规律前行。正如列宁所指出的："马克思主义给我们指出了一条指导性的线索，使我们能在这种看来扑朔迷离、一团混乱的状态中发现规律性，这条线索就是阶级斗争理论。"① 人类几千年的文明史，从社会发展的直接动力来说，就是阶级斗争的历史。离开了阶级斗争理论，就无法理解阶级社会的本质和发展动力。这是存在于社会历史发展中的客观事实。到资本主义上升时期，资产阶级历史学家和经济学家在马克思以前就发现了阶级斗争，并在一定程度上叙述过阶级斗争的历史发展及其根源。例如：法国复辟时期的一批历史学家，如梯叶里、基佐、米涅等人在自己的著作中，从资产阶级立场出发，提出法国社会存在着阶级对立和阶级斗争。认为阶级斗争是了解中世纪以来法国历史发展的关键，是政治事变的发条，是理解资产阶级革命的钥匙；各阶级生存条件的不同，是社会上各阶级斗争的基础，阶级斗争是社会发展的力量。资产阶级经济学家，如法国的重农主义者魁奈和杜尔哥以及英国古典经济学家亚当·斯密和大卫·李嘉图等人，对各阶级的存在作过经济分析。如魁奈就曾经把社会阶级分为土地所有者阶级，生产者阶级（即从事农业生产的所有人员），不生产者阶级（即从事工商业活动的所有人员），这在一定程度上反映了资本主义社会中雇佣工人和资本家两大阶级的情况，初步明确了划分阶级的经济基础和标准。亚当·斯密和大卫·李嘉图在阶级划分问题上较前人更有大的进步。这些分析在一定程度上研究了资本主义生产关系的内在联系及相应的阶级对立关系。

马克思肯定了这些资产阶级学者发现资产阶级社会中阶级存在及其彼此之间斗争的功劳，肯定他们揭示了历史斗争和历史发展过程的根源，同

---

① 《列宁专题文集·论马克思主义》，人民出版社 2009 年版，第 15 页。

时指出了资产阶级学者阶级斗争学说的局限性。即阶级斗争学说的理论基础是历史唯心主义的，集中表现为从人的本性、人的情感、思想及道德、精神上去解释财产关系的来源；只承认资产阶级反对封建主义的斗争，否认当时列入"第三等级"的各个社会集团之间的利益上的对立，竭力证明资产阶级起着第三等级中一切成分的代表者的作用，而视无产阶级反对资产阶级的斗争为"社会的灾难"；因此资产阶级学者并没有创立起科学的阶级斗争学说。马克思恩格斯创立的科学的阶级斗争学说，做出的新的贡献是："（1）阶级的存在仅仅同生产的一定的历史发展阶段相联系；（2）阶级斗争必然导致无产阶级专政；（3）这个专政不过是达到消灭一切阶级和达到无阶级社会的过渡……"① 这种新的贡献完全奠定在历史唯物主义基础之上。它从历史发展规律性的高度，把阶级斗争及其发展的必然趋势——无产阶级专政紧密联系起来，表明"只有承认阶级斗争，同时也承认无产阶级专政的人，才是马克思主义者"②。这样，不仅把马克思主义阶级斗争（包括无产阶级专政理论在内的）学说与平庸的小资产阶级者（以及大资产者）之间最深刻的区别，划分得一清二楚，而且使阶级斗争成为检验是否真正理解和承认马克思主义的试金石。阶级斗争理论理所当然地成为马克思主义基本理论之一。

二 社会主义时期的阶级斗争问题

人类社会进入社会主义时期以后，是否还存在阶级和阶级斗争？进而整个社会主义时期是否始终存在阶级和阶级斗争？这是社会主义发展中面临的重大理论和实践问题，对这个问题的正确认识和回答，关系着社会主义的前途命运和生死存亡，关系着中国特色社会主义政治道路能否顺利前行。然而这又是一个难度很大的问题，它涉及对社会主义生产方式的本质、整个社会结构、不同发展阶段的特点及贯穿于其中的客观规律的科学认识、对社会主义国家生存的国际环境的科学认识。正是这样，在国际共产主义运动的发展中，人们对这个问题进行了长期的理论和实践的双重探索，取得了重要成果，又留下多条经验和待继续探讨的问题。马克思恩格

---

① 《马克思恩格斯选集》第 4 卷，人民出版社 2012 年版，第 426 页。

② 《列宁专题文集·论马克思主义》，人民出版社 2009 年版，第 206 页。

斯对未来社会进入什么具体发展阶段才消灭阶级和阶级斗争，只做了一般的预示，没有作具体阐明。列宁在《无产阶级革命与叛徒考茨基》中说："从资本主义过渡到共产主义是一整个历史时代。"① 只要这个时代没有结束，就存在阶级和阶级斗争。但没有讲生产资料社会主义改造完成以后还存不存在阶级斗争。对列宁讲的"整个历史时代"也有不同的解读。斯大林领导苏联社会主义建设时期，明确断定社会主义条件下，人们在政治上、道义上完全一致，没有矛盾冲突和阶级斗争，但是后来实际上存在着的阶级斗争的发展却导致了苏联的演变。这表明阶级斗争作为一种客观存在，必定会按其运动规律发生作用，并不以人们是否承认、是否揭明它为转移；毛泽东同志肯定社会主义时期存在阶级斗争，提出了正确区分两类不同性质的矛盾学说和正确处理人民内部矛盾的学说，这是他在这方面做出的重大理论贡献。但是他对阶级斗争形势的估量有误，处理的方法也失当，曾提出和坚持"以阶级斗争为纲"的口号，发动了多次政治运动（有的政治运动是必要的），出现阶级斗争扩大化的错误，留给我们深刻的历史教训。

进入改革开放新时期，邓小平在总结正反历史经验的基础上，指出"社会主义社会中的阶级斗争是一个客观存在，不应该缩小，也不应该夸大，实践证明，无论缩小还是夸大，两者都要犯严重的错误"②。以此为基础，党的十一届六中全会对社会主义社会中的阶级斗争从理论认识上做出决定："在剥削阶级作为阶级消灭以后，阶级斗争已经不是主要矛盾。由于国内的因素和国际的因素的影响，阶级斗争还将在一定范围内长期存在，在某种条件下还有可能激化。既要反对把阶级斗争扩大化的观点，又要反对认为阶级斗争已经熄灭的观点。"③ 应该说，这是总结上述国际国内正反两方面经验教训得出的科学结论，也是我们党对客观存在的社会主义社会中的阶级斗争及其特点进行理论和实践探索取得的突破性成果。这个结论的重大意义在于，它确认了进入社会主义时期，阶级消灭以后阶级斗争不是主要矛盾的客观事实，同时确认了"阶级斗争还将在一定范围内存在，在某种条件下还有可能激化"的客观事实。此后这个结论被写入了中

---

① 《列宁选集》第3卷，人民出版社1995年版，第612页。

② 《邓小平文选》第2卷，人民出版社1994年版，第182页。

③ 中共中央文献研究室：《三中全会以来重要文献选编》（下），人民出版社1982年版，第841页。

国共产党的党章。我国《宪法》也载明："在我国，剥削阶级作为阶级已经消灭，但是阶级斗争还将在一定范围内长期存在。"① 这个结论所肯定的两方面的客观事实，表明社会主义历史时期的阶级斗争不同于过去历史上的阶级对阶级的斗争，"但仍然是一种特殊形式的阶级斗争，或者说是历史上的阶级斗争在社会主义条件下的特殊形式的遗留"。② 对这种特殊形式的阶级斗争的全面正确认识，包括许多理论上和实践上复杂且困难的问题、它究竟具有哪些新的特点，这些特点随着社会主义社会发展的历史进程，特别是生产方式内部的矛盾运动所引起社会结构的变动，又将会出现怎样的变化，需要深入地展开研究。

经过改革开放 30 多年的观察和研究，人们日益清楚地认识到，在我国社会发展的现阶段，一定范围内存在的阶级斗争，在社会主义改革中集中表现为坚持四项基本原则与资产阶级自由化的斗争。斗争的重点围绕党的领导和中国特色社会主义制度展开。斗争的实质是坚持还是反对社会主义道路。按邓小平的概括，就是两种改革观的根本对立："某些人所谓的改革，应该换个名字，叫作自由化，即资本主义化。他们'改革'的中心是资本主义化。我们讲的改革与他们不同，这个问题还要继续争论的"③。这里说的"一定范围内"，从近几十年的观察，不是简单的仅仅就领域、而主要是从阶级斗争已不是主要矛盾的角度来说的。就领域而言，"一定范围"包括多个领域。在经济领域，表现为是坚持还是反对社会主义基本经济制度，焦点是坚持公有制的主体地位，还是要彻底私有化。在这方面，本来我国《宪法》讲得很清楚，中华人民共和国是工人阶级领导的、以工农联盟为基础的人民民主专政的社会主义国家。《宪法》第六条规定："社会主义经济制度的基础是生产资料的社会主义公有制，即全民所有制和劳动群众集体所有制。社会主义公有制是消灭人剥削人的制度，实行各尽所能、按劳分配的原则。国家在社会主义初级阶段，坚持公有制为主体、多种所有制经济共同发展的基本经济制度，坚持按劳分配为主体、多种分配方式并存的分配制度。"《宪法》第七条规定："国有经济，即社会主义全民所有制经济，是国民经济中的主导力量。国家保障国有经济的巩

① 《中华人民共和国宪法》，中国民主法制出版社 2004 年版，第 4 页。
② 《邓小平文选》第 2 卷，人民出版社 1993 年版，第 169 页。
③ 《邓小平文选》第 3 卷，人民出版社 1993 年版，第 297 页。

固和发展。"应该说，《宪法》对我国经济制度这些规定是非常明确的。依法治国、依宪治国，要求我们一切经济工作以及经济改革的措施，包括发展混合所有制经济，都要全面地、完整地按照宪法原则办事。但是主张彻底私有化的势力却集中攻击我国《宪法》的第六条、第七条规定，反对公有制为主体、国有经济为主导，主张彻底私有化，消灭公有制经济，企图改变我国社会主义经济基础。在政治领域，表现为是坚持还是反对社会主义根本的和基本的政治制度，焦点是坚持人民民主专政的国家制度和人民代表大会政治制度，还是要搞西方宪政民主。在思想文化领域，表现为是坚持还是反对马克思主义指导地位，焦点是坚持马克思列宁主义、毛泽东思想和中国特色社会主义理论体系的指导，还是坚持以新自由主义、民主社会主义、历史虚无主义和儒化当代中国等错误思潮的指导。这些错误思潮的实质，是要用错误的唯心史观瓦解我们立党立国的思想理论基础，最终颠覆我国社会主义政权。当前，这种斗争在多种媒体，特别是网络上持续激烈地进行着。境外敌对势力利用对互联网的控制权插手很深，网上反社会主义意识形态的传播组织化；一些大 V 利用政府的微博问政，制造舆论，设置议题，企图引导政府决策跟他们走。网上意识形态的斗争使主流意识形态遭遇巨大压力，主流意识形态的阵地受到严重威胁。改革开放 30 多年来上述几方面的斗争不仅一直没有停止过，而且有时显得特别激烈。理论和实践的探索告诉我们，我国一定范围内存在的阶级斗争，不是一时的、个别的、偶然的现象，而是仍然有其深刻根源的。马克思主义历来认为：一个社会所包含的生产资料所有制关系的内部结构，是形成这个社会基本社会结构的依据。一定历史类型的生产关系总要体现为一定的阶级关系，或者社会集团的关系。马克思要求我们用客观态度去分析资本主义社会中各阶级所处的地位，与对整个社会阶级的发展条件的分析结合起来，这给我们认识现阶段的阶级关系提供了科学方法论的指导。

在我国社会发展的现阶段，一定范围内存在的阶级斗争存在着经济根源，这就是，社会主义初级阶段的生产资料所有制关系的内部结构。我国虽然进入了社会主义，但还是"不够格"的、发展不成熟的社会主义。与社会生产力的发展状况相适应，私有制经济将长期存在，加上国际的因素，一定范围内存在阶级和阶级斗争就不可避免。这种私有制经济存在和发展的条件同旧社会不同。就其作用说，在我国社会发展的现阶段也有一定积极意义，所以还要鼓励其发展。但是就其本质说，它是非社会主的。如果对它缺乏引导、驾驭，或引导、驾驭不力不当，或者它不接受党和国家的引导、驾驭，加上国际因素的影响，一定范围内存在的阶级斗争就不可避免。正是基于这种客观事实，习总书记和江泽民同志作出了关于社会主义社会阶级斗争的论断；也是基于这种客观事实，邓小平在讲到怎样搞社会主义的问题时早就说过："作为制度来说，没有社会主义这个前提，改革开放就会走向资本主义，比如说两极分化。"① 并且反复强调："在四个坚持中，坚持人民民主专政这一条不低于其他三条"②，强调不坚持人民民主专政就不能实现共产党的领导。

三　必须坚持马克思主义的阶级分析方法

近年来，随着新自由主义、民主社会主义、历史虚无主义、"普世价值"、西方宪政民主等错误思潮的渗透，社会主义公有制受到削弱，社会主义意识形态领域和政治领域受到攻击。这些错误思潮传播路径多样，有的提出尖锐的政治口号表达自己的政治诉求，有的则以学术面貌出现哄骗群众。令人思考的是，面对客观存在的一定范围的阶级、阶级矛盾、阶级斗争，我们部分共产党员、包括有些领导干部却头脑昏昏，是非不分，甚至自觉不自觉地作出某种呼应，或者公开坚持资产阶级自由化观点。在意识形态部门中，无疑有大批坚定的马克思主义理论工作者，发挥着中流砥柱作用。但是也有不少的人员缺乏马克思主义基本理论素养，对错误思潮、错误观点见怪不怪，甚至同情，而对坚持马克思主义立场、抵制错误思潮的学者却看不惯，认为给他们单位的和谐气氛惹了麻烦。邓小平同志早就指出过："自由化的思潮……不仅社会上有，我们共产党内也有。"③ 这值得认真对待。

造成上述状况的原因有多方面，但有一点很明显，那就是一个时期以来，人们忌讳讲马克思主义政治立场，特别是阶级观点和阶级分析，结果使一些干部和群众，有的失去了政治安全、国家安全意识，政治头脑糊涂，成了庸庸碌碌的事务主义者；有的失去了观察社会主义同各种敌对势

---

① 《邓小平年谱1975—1997》（下），中共中央文献出版社2004年版，第1317、1324页。

② 同上。

③ 《邓小平文选》第3卷，人民出版社1993年版，第124页。

力斗争的复杂政治现象的钥匙，不能从纷繁复杂的各种社会关系中把握每个阶级以至一个阶级内部各个集团或阶层所处地位及其政治态度。列宁早就告诫我们："马克思主义者不应该离开分析阶级关系的正确立场。"① 事实教育我们，离开了分析阶级关系的正确立场，就不能保持政治上的清醒，不能不犯糊涂。

提出这样的问题，也许有人会指责说，重申阶级分析，是不是会挑起阶级矛盾和阶级冲突。实际上，如前所说，在阶级社会和有阶级存在的社会里，在我国社会发展的现阶段，阶级斗争是一种客观存在，只是你正视还是不正视的问题。只要阶级斗争客观存在，就"没有一个活着的人能够不站到这个或那个阶级方面来"②。真正的问题在于，究竟是站在先进的、革命的阶级一边，还是站在落后的、反动的阶级一边？"所谓党性，要求在对事变作任何评价时都必须直率而公开地站到一定社会集团的立场上。"③ 实际上这个真理，某些严肃的西方学者也是承认的，只不过是从反面的立场来说明而已。现代西方最著名的资产阶级经济学家凯恩斯早就声明："如果当真要追求阶级利益，那我就得追求属于我自己那个阶级的利益。……在阶级斗争中会发现，我是站在有教养的资产阶级一边的。"④ 美国经济学家、诺贝尔经济学奖获得者索尼讲到社会科学家的立场时也讲得非常明确："社会科学家和其他人一样，也具有阶级利益、意识形态的倾向以及一切种类的价值判断。但是，所有的社会科学的研究，与材料力学或化学分子结构的研究不同，都与上述的（阶级）利益、意识形态和价值判断有关。不论社会科学家的意愿如何，不论他是否觉察到这一切，甚至他力图回避它们，他对研究主题的选择，他提出的问题，他没有提出的问题，他的分析框架，他使用的语言，很可能在某种程度上反映了他的（阶级）利益、意识形态和价值判断。"⑤ 站在哪一边，为谁服务，在阶级、阶级矛盾、阶级斗争还在一定范围存在的（当然不是主要矛盾）社会里，是根本无法回避的客观事实。鲁迅先生讲得好："某一种人，一定只有这一

---

① 《列宁专题文集·论马克思主义》，第 170 页。

② 《列宁选集》第 1 卷，人民出版社 1995 年版，第 135 页。

③ 《列宁全集》第 1 卷，人民出版社 1984 年版，第 363 页。

④ ［英］凯恩斯：《劝说集》，蔡受百译，商务印书馆 1962 年版，第 244—245 页。

⑤ ［美］索洛：《经济学中的科学和意识形态》，见克伦道尔与埃考斯编《当代经济论文集》，波士顿：利特尔·布朗公司 1972 年版，第 11 页。

种人的思想和眼光，不能越出他本阶级之外。说起来，好像又在提倡什么犯讳的阶级了，然而事实是如此的。"① 在这个问题上，西方某些政治家是看得很透的。如美国原驻苏大使马特洛克在《苏联解体亲历记》一书中指出：阶级斗争理论是列宁主义者的国家结构演进观及同西方发生冷战所依据的中心概念，没有它，冷战的理由就不复存在，一党专政的理论基础就随之消失。如果苏联领导人真的抛弃了这个观点，那么，他们是否继续称他们的思想为"马克思主义"也就无关紧要了，这已是别样的"马克思主义"，这个别样的社会则是我们大家都"可以接受的"。这里马特洛克说的西方国家都可以接受的别样的"马克思主义"和"社会主义"社会，必然是放弃了共产党领导，蜕变为资产阶级社会的东西。实际上马克思早就告诫过无产者，他指出："只要取消了阶级斗争，那么无论是资产阶级或是'一切独立的人物'就'都不怕和无产者携手并进了'！但是上当的是谁呢？只能是无产者。"② 马特洛克只不过是从反面的立场把马克思的话重复了一遍。在历史上，我们党遇到过西方国家希望我们做而被我们拒斥的事，这就是 1945 年 4 月，毛泽东主席在党的七大上讲过的，他说："有人说我们党要改改名称才好，他们说我们的纲领很好，就是名称不好，'先生之志则大矣，先生之号则不可'。不但蒋委员长来电报要我们改名称，中间派也劝我们改名称，像左舜生就说过：'你们的纲领实在好，如果你们不叫共产党，我就加入'……很多美国人也要我们改名称，我们若是改了名称，他们就喜欢了。"③ 毛泽东当时对于这种劝诱和压迫，予以坚决的抵制和明确的否定。毛泽东认为，共产主义不说不好，我们党的名称不能改，改了就把自己的形象搞坏了，因为"我们的名称，中国人民是喜欢的"④。历史证明，毛泽东同志的决断是非常英明的。世界上一些国家的共产党在国内外资本主义势力的压力下，更名为社会党和社会民主党，随之改变党的纲领，抛弃马克思列宁主义旗帜，否定无产阶级反对资产阶级的斗争，否定共产主义奋斗目标，结果无一不蜕变成资本主义性质的政党。这种历史教训，不可不引起高度重视。

---

① 鲁迅：《硬译与文学的阶级性》，《鲁迅全集》（第 4 卷），人民文学出版社 1981 年版，第 2005 页。

② 《马克思恩格斯文集》第 3 卷，人民出版社 2009 年版，第 480 页。

③ 《毛泽东文集》第 3 卷，人民出版社 1996 年版，第 324、325 页。

④ 同上。

进行阶级分析的一个要点是，在判断一切代表性人物和事件时，必须善于看出它反映着哪个阶级的利益，为哪个阶级的利益服务。列宁说：在拉丁语中有"对谁有利？"这样一句话，"要是一下子看不出是哪些政治集团或社会集团、势力和人物在维护某些提议、措施等，那总是要提出'对谁有利？'这个问题的。"① 对谁有利？这是判别一切观点、提议、措施反映哪个阶级利益，为哪个阶级利益服务的鲜明标准。

在社会主义制度下，由于阶级斗争是历史上的阶级斗争在社会主义条件下的特殊形式的遗留，与此相应，进行阶级分析也不能生搬硬套，而要认真研究，具体分析，把握好特点。这里重要的是，在对敌视社会主义的分子在政治上、经济上、思想文化上、社会生活上进行的各种破坏活动保持高度警惕和进行有效的斗争的同时，要正确认识我国社会内部大量存在的不属于阶级斗争范围的社会矛盾，要采取不同于阶级斗争的方法来正确地加以解决。具体到推进全面深化改革的今天，一是不要回避阶级分析，因为任何改革都是具体的，改什么，不改什么，怎么改，向哪个方向改，事实上都有一个对谁有利，对谁有害的问题。制定深化改革的指导思想，确定、执行深化改革的路线方针政策，不站在某个立场上是不可能的。明确提出阶级分析，可以防止党和国家的工作人员见物不见人，只顾操作技术性的问题，不顾坚持社会主义方向、不顾为谁服务的本质问题。特别是在坚持中国特色社会主义的政治道路，坚持政治体制改革方面更是如此。恐怕很少有人会否认，政治道路，政治体制改革本身就具有很强的政治性、阶级性。二是必须坚定地站在人民的立场上。如习近平总书记所说："推进任何一项重大改革，都要站在人民立场上把握和处理好涉及改革的重大问题，都要从人民利益出发谋划改革思路、制定改革举措。"② 站在人民立场上的标准是什么？我以为这与判断改革得失成败的"三个有利于"标准是统一的。即："要有利于巩固社会主义制度，有利于巩固党的领导，有利于在党的领导和社会主义制度下发展生产力。"③ 对有利于"三个有利于"的言行都要加以支持，对不利于"三个有利于"的言行都要加以反对。这是由中国共产党的根本性质和根本宗旨决定的。当然，这里不用

---

① 《列宁全集》第23卷，人民出版社1990年版，第61页。

② 习近平：《切实把思想统一到党的十八届三中全会精神上来》，《人民日报》2014年1月1日。

③ 《邓小平文选》第3卷，人民出版社1993年版，第241页。

说，创造性运用马克思主义阶级立场、阶级分析方法于当今中国，同坚持党性和人民性、站在党的立场上和站在人民的立场上，即站在党性和党的"五个基本"的立场上是完全统一和高度一致的。

（作者单位：武汉大学马克思主义学院）

当今历史虚无主义及其危害性

驳历史虚无主义中的几个主要观点

吴 英

历史虚无主义的本质是反对以唯物史观为指导进行历史研究和历史诠释。他们以自己的历史虚无主义观，诬称唯物史观阶级斗争推动历史前进是"阶级斗争决定论"；诬称唯物史观从经济地位和经济利益分析阶级和阶级关系是"宿命论式的经济决定论"；诬称唯物史观否定精英人物的历史作用；诬称唯物史观揭示的历史发展规律是抽象的社会学公式、是"历史终结论"等，由此将"历史虚无主义"的罪名反加在唯物史观头上。这种对真理的攻讦的发起者自以为提出了否定唯物史观的新论据，其实只不过是在重复一百多年前那些唯物史观反对者的陈词老调。那些陈词老调其实早已被马克思和恩格斯在当年驳斥得无立身之地！

一 唯物史观不是"阶级斗争决定论"

唯物史观认为阶级斗争的作用是通过改变生产关系为生产力的发展创造条件，它是为作为"产婆"的生产力服务的"助产婆"。在唯物史观的逻辑体系中，阶级斗争的历史作用隶属于历史发展动力问题。马克思和恩格斯把"动力"区分为两种类型：一类是"终极动力"，即原动力；另一类是"直接动力"，即对原动力发生反作用的动力。他们所谓的"终极动力"或"原动力"是指生产力的发展，"直接动力"则是指包括阶级斗争在内的上层建筑的反作用力。他们把"直接动力"的作用，比喻为"杠杆"或"助产婆"的作用，而把"终极动力"比喻为"产婆"。马克思曾明确指出："所有这些方法都利用国家权力，也就是利用集中的、有组织的社会暴力，来大力促进从封建生产方式向资本主义生产方式的转化过程，缩短过渡时间。暴力是每一个孕育着新社会的旧社会的助产婆。"① 马克思和恩格斯曾共同指出:"将近40年来,我们一贯强调阶级斗争,认为它是历史的直接动力,特别是一贯强调资产阶级和无产阶级之间的阶级斗争,认为它是现代社会变革的巨大杠杆;所以我们决不能和那些想把这个阶级斗争从运动中勾销的人们一道走。"② 唯物史观认为,生产力水平的实质提高才是社会形态从低级向高级演进的终极动力,而阶级斗争则是在生产力的发展受到生产关系的严重束缚时,通过改变生产关系来为生产力的发展创造条件。

唯物史观有关人类社会历史演进的终极动力和直接动力之间辩证关系的原理,可以从世界历史演进的具体过程中得到清楚的说明。比如,生产力作为人类社会发展终极动力的作用可以从中西封建社会发展的不同状况中得到印证。中国封建社会每个王朝都会爆发多次农民战争,但结果却是封建社会的长期延续。而西欧封建社会大规模的农民战争并不多见,但"当居于统治地位的封建贵族的疯狂争斗的喧嚣充塞着中世纪的时候,被压迫阶级的静悄悄的劳动却在破坏着整个西欧的封建制度,创造封建主的地位日益削弱的局面"③。由此可见,当生产力的发展还没有达到一定水平时,生产关系是无从发生根本变革的。即使爆发激烈的阶级斗争,也仅仅是改朝换代,却无法实现社会性质的根本变革。马克思在谈到向共产主义社会的过渡时更明确指出,"如果还没有具备这些实行全面变革的物质因素,就是说,一方面还没有一定的生产力,另一方面还没有形成不仅反抗旧社会的个别条件,而且反抗旧的'生活生产'本身、反抗旧社会所依据的'总和活动'的革命群众,那么,正如共产主义的历史所证明的,尽管这种变革的观念已经表述过千百次,但这对于实际发展没有任何意义"④。那么,请问持历史虚无主义观的先生们,你们依据什么说马克思是阶级斗争决定论者?又凭借什么将唯物史观说成是"主张阶级斗争的史观"呢?!

当然,如果生产关系严重束缚着生产力的发展,那就必须通过阶级斗争的直接动力作用来为解放生产力创造条件,否则社会的发展就会长期处于停滞状态。马克思提出的跨越"卡夫丁峡谷"的著名理论认为,当具备

① 《马克思恩格斯文集》第5卷,人民出版社2009年版,第861页。
② 《马克思恩格斯文集》第3卷,人民出版社2009年版,第484页。
③ 《马克思恩格斯文集》第4卷,人民出版社2009年版,第215页。
④ 《马克思恩格斯文集》第1卷,人民出版社2009年版,第545页。

一定物质条件时，发挥阶级斗争的直接动力作用能够缩短历史进程，跨越某个历史发展阶段而直接向更高一级的社会形态过渡。马克思在学术生涯的中前期主要关注发达资本主义国家向社会主义过渡的问题，而在他学术生涯的晚期，由于现实的需要特别是俄国作为后发国家向社会主义过渡问题的提出，使马克思转向了对非西方的后发国家，尤其是俄国的研究，提出了后发国家向社会主义过渡的理论命题。在19世纪中期，农奴制已经严重抑制了俄国农民的生产积极性，束缚了俄国经济的发展。俄国历史走到了一个十字路口。是通过自上而下的"和平"改革进入资本主义社会，还是通过自下而上的革命直接建立社会主义政权，为向社会主义过渡创造物质条件，一度成为俄国革命志士必须做出的选择。当他们向马克思求教时，马克思肯定了俄国跨越资本主义制度的"卡夫丁峡谷"而直接向社会主义过渡的可能性，他指出："俄国不是脱离现代世界孤立生存的。正因为它和资本主义生产是同时存在的东西，所以它能够不经受资本主义生产的可怕波折而占有它的一切积极的成果。"① 也就是说，俄国有可资借鉴的资本主义的一切积极成果。只要善于借鉴、拿来为我所用，跨越资本主义的演进阶段，直接建立社会主义政权，完全可以为向社会主义的过渡创造物质条件。在马克思主义科学理论的指导下，在以列宁为核心的共产党的正确领导下，在人民群众的坚强支持下，俄国取得了十月革命的胜利，同时也为其他后发国家跨越资本主义制度的"卡夫丁峡谷"提供了榜样。一些不甘受制于本国和帝国主义反动政治统治和经济剥削的落后国家以俄国为榜样，同样选择了通过革命向社会主义过渡的发展道路。虽然前苏联社会主义建设经过70年的曲折探索，未臻成功，但却为其他社会主义国家提供了正反两方面的教训。中国特色社会主义建设由于更注重将不断扩大的生产力发展成果让最大多数的人民共同分享，不仅避免了重蹈前苏联社会主义建设失败的覆辙，而且不断取得令世人瞩目的成就，这无疑证明了马克思跨越资本主义"卡夫丁峡谷"理论的科学性。

总而言之，阶级斗争乃至最为激烈的暴力革命，可以推翻一个旧政权，但却无法使生产力立即跃上新的发展水平。它的作用仅仅在于变革政权的性质，却无从自动地推进生产力的持续发展。社会主义经济建设，有赖于新政权积极、正确地发挥社会上层建筑的促动机制予以推进。由此可

---

① 《马克思恩格斯文集》第3卷，人民出版社2009年版，第571页。

见，尽管唯物史观强调阶级斗争的直接动力作用，但却绝非"阶级斗争决定论"！

二 "经济决定论"是一个伪命题

所谓的"经济决定论"是一个概念模糊的伪命题，而且唯物史观绝非宿命论式的"经济决定论"。

首先，历史虚无主义诬称唯物史观是所谓的"经济决定论"。那么，这个"经济"概念到底是指什么？众所周知，"经济"的概念可以指生产力，也可以指生产关系，还可以指生产力与生产关系的结合体。那么，这个所谓的"经济决定论"到底是"生产力决定论"，还是"生产关系决定论"，抑或是"生产力和生产关系共同决定论"。根据唯物史观的基本原理，自然应该是生产力决定论。

其次，唯物史观所主张的生产力决定论并不否定生产力以外因素的作用，尤其是不否定意识和上层建筑的作用。也正是根据这一点，恩格斯曾经对有关唯物史观是经济决定论的指责作出过直接的否定，他指出："根据唯物史观，历史过程中的决定性因素归根到底是现实生活的生产和再生产。无论马克思或我都从来没有肯定过比这更多的东西。如果有人在这里加以歪曲，说经济因素是唯一决定性的因素，那么他就是把这个命题变成毫无内容的、抽象的、荒诞无稽的空话。经济状况是基础，但是对历史斗争的进程发生影响并且在许多情况下主要是决定着这一斗争的形式的，还有上层建筑的各种因素：阶级斗争的政治形式及其成果——由胜利了的阶级在获胜以后确立的宪法等等，各种法的形式以及所有这些实际斗争在参加者头脑中的反映，政治的、法律的和哲学的理论，宗教的观点以及它们向教义体系的进一步发展。"[1] 由此可见，唯物史观是将人们的物质生产活动及其在生产活动中形成的生产能力，而不是将模糊的"经济"，作为历史发展的最终动力。也只有这样，才能对意识和上层建筑的作用作出恰如其分的评价，那就是看这种作用能否调动广大生产者的积极性、能否实现生产能力的提高。

最后，唯物史观所主张的决定论绝非"宿命论"，而是不同条件必然

---

[1] 《马克思恩格斯文集》第10卷，人民出版社2009年版，第591页。

导致不同结果的条件决定论。宿命论主张不管人们如何行动和努力，都不可能改变历史的最终结果。唯物史观当然不是这样的理论，它视为历史发展终极原因的生产力发展水平本身就是生产者发挥主体能动性的结果，而且它主要也是从人的主体能动性发挥与否的视角来解释为什么自然和人文条件大体相当的社会却会出现截然不同的生产力发展水平，这其中毫无"宿命论"可言。

由此，我们不禁要问，反复强调"历史不过是追求着自己目的的人的活动而已"① 的唯物史观怎么就成了宿命论式的"经济决定论"呢？

三 唯物史观对精英人物的历史作用
作出了客观公正的评价

有关唯物史观否定精英人物历史作用的指责并不是什么新的发明，早在 20 世纪 80 年代，我国史学界有关历史创造者问题的争论中就有这种质疑，但当时提得非常隐晦，现在则是明确地将之归结为唯物史观是历史虚无主义的表现。

首先需要强调的是，唯物史观坚持人民群众是历史创造者的命题。马克思指出："所谓世界历史不外是人通过人的劳动而诞生的过程。"② 恩格斯进一步指出，唯物史观是"从劳动发展史中找到了理解全部社会史的锁钥的新派别"③。因此，劳动人民物质和精神力量的发展是推动人类历史从低级向高级发展的根本动力，是历史的主干，构成社会历史进步的坚实基础。没有这种坚实的基础，少数精英人物是不可能推动社会历史前进的。例如，在论述阶级产生时，唯物史观认为，作为统治阶级的少数精英能够从物质生产领域游离出来专门从事公共职能的管理工作，这必须是以生产能力的提高为前提的，即公社成员在满足自身的需要以外已经能够产生少量剩余来供养在非生产领域工作的人。正如恩格斯所指出的："只要社会总劳动所提供的产品除了满足社会全体成员最起码的生活需要以外只有少量剩余，就是说，只要劳动还占去社会大多数成员的全部或几乎全部时

---

① 《马克思恩格斯文集》第 1 卷，人民出版社 2009 年版，第 295 页。

② 同上书，第 196 页。

③ 《马克思恩格斯文集》第 4 卷，人民出版社 2009 年版，第 313 页。

间，这个社会就必然划分为阶级。"① 又如，在论述从前资本主义社会向资本主义社会过渡时，唯物史观认为，农业劳动生产率的提高是这种过渡的坚实基础。正如马克思所指出的："重农学派的正确之点在于，剩余价值的全部生产，从而资本的全部发展，按自然基础来说，实际上都是建立在农业劳动生产率基础上的……超过劳动者个人需要的农业劳动生产率，是全部社会的基础，并且首先是资本主义生产的基础。资本主义生产，使社会中的一个越来越增大的部分，脱离直接生活资料的生产……转化为自由人手，使他们可以在别的部门任人剥削。"② 向资本主义社会的过渡其实就是工业化的过程，即以农业生产为主转向以工业生产为主，而这必须以农业劳动生产率的极大提高为前提。因为，没有农业劳动生产率的极大提高，就不可能有大量农业劳动力转移到工业部门就业，也不可能有大量生产原料供应工业部门，同样也不会有工业品的销售市场。由此可见，向更高级产业的转型是以较低级产业的劳动生产率的极大提高为前提，从以农业为主向以工业为主的转型升级如此，从以工业为主向以服务业为主的转型升级也是如此。没有工业部门劳动生产率的极大提高，就不可能有大量工人转移到服务业部门就业，也不可能产生个人和生产部门对服务业的大量需求，也就不会有广阔的服务产品销售市场。再如，在论述未来共产主义社会产生的条件时，唯物史观认为劳动生产率的巨大提高起着决定性作用。正如马克思所指出的："事实上，自由王国只是在必要性和外在目的的规定要做的劳动终止的地方才开始；因而按照事物的本性来说，它存在于真正物质生产领域的彼岸……但是，这个自由王国只有建立在必然王国的基础上，才能繁荣起来。工作日的缩短是根本条件。"③ 共产主义社会的本质特征是人的全面发展或脑体分工的消灭，而要获得全面的发展，人们必须拥有更多的闲暇时间来从事各种能力的培养，这当然是以工作日的缩短为前提，而工作日的缩短又是以劳动生产率的巨大提高为前提的。

由此可见，人民群众是创造历史的决定性力量。一旦缺失了这个前提、这个基础，就像马克思批评蒲鲁东的那样，历史演进就成了他头脑中的奇妙运动："蒲鲁东先生用自己的头脑中奇妙的运动，代替了由于人们

---

① 《马克思恩格斯文集》第3卷，人民出版社2009年版，第562页。
② 《马克思恩格斯文集》第7卷，人民出版社2009年版，第888页。
③ 同上书，第928—929页。

既得的生产力和他们的不再与此种生产力相适应的社会关系相互冲突而产生的伟大历史运动,代替了一个民族内各个阶级间以及各个民族彼此间酝酿着的可怕的战争,代替了唯一能解决这种冲突的群众的实践和暴力的行动,总之,代替了这一广阔的、持久的和复杂的运动。可见,历史是由学者,即由有本事从上帝那里窃取隐秘思想的人们创造的。平凡的人只需应用他们所泄露的天机。"①

其次,在上述前提的基础上,马克思肯定地指出:"如爱尔维修所说的,每一个社会时代都需要自己的伟大人物,如果没有这样的人物,它就要创造出这样的人物来。"② 但是,也正如马克思和恩格斯所讲的:"像拉斐尔这样的个人是否能顺利地发展他的天才,这就完全取决于需要,而这种需要又取决于分工以及由分工产生的人们所受教育的条件"③。

总之,马克思和恩格斯在论述社会历史进步的根本原因或终极动力时,是从生产力着手的,也就是说,他们强调生产力的发展是推动社会从低级向高级发展的决定性因素。这也就是为什么唯物史观强调劳动大众(人民群众)是历史的创造者。从这样的视角就可以解释伟大人物的历史地位和历史作用,这就是看他们的作为在哪些方面或在何种程度上推动还是阻碍劳动大众物质和精神力量的发展。因此,唯物史观绝不是完全地、不分青红皂白地否定或抹杀伟大人物特别是他们当中的一些正面人物的历史进步作用,只是无论肯定还是否定,都要看他的作为在哪些方面或在何种程度上推动还是阻碍劳动大众物质和精神力量的发展,并以此为标准判定其是非功过。与之相反,作为历史虚无主义者的唯心论者根本否定劳动大众是创造历史的根本动力和主体力量,特别反对以在哪些方面或在何种程度上推动还是阻碍劳动大众物质和精神力量的发展为标准来判定伟大人物的是非功过。他们历来主张帝王将相或什么资本大王、精神领袖之类的人创造历史,并且反过来诬蔑唯物史观忽视精英人物的作用,是历史虚无主义者,真可谓欲加之罪何患无辞。

---

① 《马克思恩格斯文集》第 10 卷,人民出版社 2009 年版,第 51 页。
② 《马克思恩格斯文集》第 2 卷,人民出版社 2009 年版,第 137 页。
③ 《马克思恩格斯全集》第 3 卷,人民出版社 1960 年版,第 459 页。

四 唯物史观不是"历史终结论"

历史虚无主义强加于唯物史观的又一罪名是把它作出的资本主义必然被共产主义取代的科学论断诬为所谓的"历史终结论"。这同样是无稽之谈。恩格斯在回答法国《费加罗报》记者的提问时指出:"我们没有最终目标。我们是不断发展论者,我们不打算把什么最终规律强加给人类。关于未来社会组织方面的详细情况的预定看法吗?您在我们这里连它们的影子也找不到。"① 唯物史观所包含的辩证方法就是强调历史发展的永恒性,比如马克思就指出:"辩证法在对现存事物的肯定的理解中同时包含对现存事物的否定的理解,即对现存事物的必然灭亡的理解;辩证法对每一种既成的形式都是从不断的运动中,因而也是从它的暂时性方面去理解;辩证法不崇拜任何东西,按其本质来说,它是批判的和革命的。"② 他们也正是在这种意义上肯定黑格尔哲学的,"黑格尔哲学(我们在这里只限于考察这种作为从康德以来的整个运动的完成的哲学)的真实意义和革命性质,正是在于它彻底否定了关于人的思维和行动的一切结果具有最终性质的看法"③。

既然不是历史终结论,自然不会认定共产主义社会是历史的终结。马克思是根据因果条件推导出资本主义社会必然灭亡、共产主义社会必然产生的,其中共产主义社会的本质特征是消灭脑体劳动分工,以每个人的自由发展为一切人的自由发展为前提的自由人联合体。马克思、恩格斯只是根据资本主义已经达到的生产力水平及其不可克服而且不断加剧的内在矛盾,预见资本主义必然被共产主义取代。至于共产主义社会是什么模样,他们只能从原则上说那将是没有阶级和剥削的、以每个人的自由发展为一切人的自由发展为前提的、各尽其能各取所需的社会。至于那样的社会中的人们的思维方式和行为方式是什么样子,社会组织是什么样子,会出现什么新的矛盾,以及那些新的矛盾是否可能会引起生产生活方式发生什么新的变化……这一切的未来图景,他们只字未提。只能根据他们确认的实

① 《马克思恩格斯文集》第4卷,人民出版社2009年版,第561—562页。
② 《马克思恩格斯文集》第5卷,人民出版社2009年版,第22—23页。
③ 《马克思恩格斯文集》第4卷,人民出版社2009年版,第269页。

践唯物主义的发展观预言，共产主义社会的人们的物质和精神生产能力以及他们的自由个性绝不会停止发展。事实上，坚持严谨科学态度的马克思只限于根据资本主义的生产力水平及其不可克服的内在矛盾的既定事实作出它必然要被共产主义取代的科学预断，而绝没有对共产主义社会具体模样妄加描绘。他还因此受到指责，而马克思针对这样的指责幽默地回敬道："巴黎的《实证论者评论》一方面责备我形而上学地研究经济学，另一方面责备我——你们猜猜看！——只限于批判地分析既成的事实，而没有为未来的食堂开出调味单。"①

马克思和恩格斯承认每种社会形态存在的必然性和它相对于前一种社会形态的进步性。例如，原始社会是人类最原始的生存状况，因为劳动生产率非常低下，几乎没有剩余，人们只能靠平均分配食物才能勉强维持生存。而对奴隶社会，恩格斯认为，"只有奴隶制才使农业和工业之间的更大规模的分工成为可能，从而使古代世界的繁荣、使希腊文化成为可能。没有奴隶制，就没有希腊国家，就没有希腊的艺术和科学；没有奴隶制，就没有罗马帝国。没有希腊文化和罗马帝国所奠定的基础，也就没有现代的欧洲。……我们的全部经济、政治和智力的发展，是以奴隶制既成为必要，又得到公认这种状况为前提的。在这个意义上，我们有理由说：没有古希腊罗马的奴隶制，就没有现代的社会主义"②。所以，恩格斯讲，"马克思了解古代奴隶主，中世纪封建主等的历史必然性，因而了解他们的历史正当性，承认他们在一定限度的历史时期内是人类发展的杠杆；因而马克思也承认剥削，即占有他人劳动产品的暂时的历史正当性；但他同时证明，这种历史的正当性现在不仅消失了，而且剥削不论以什么形式继续保存下去，已经日益愈来愈妨碍而不是促进社会的发展，并使之卷入愈来愈激烈的冲突中"③。至于对资本主义社会的评价，连批判马克思是历史虚无主义者的人也认为马克思对资本主义给出了相当高的评价，"资产阶级在它不到一百年的阶级统治中所创造的生产力，比过去一切世代创造的全部生产力还要多，还要大"④。当然，马克思也有很多对资本主义生产关系作出严厉谴责的论述。可见，马克思对每一种社会制度的评价都不是全盘肯

---

① 《马克思恩格斯文集》第 5 卷，人民出版社 2009 年版，第 19 页。
② 《马克思恩格斯文集》第 9 卷，人民出版社 2009 年版，第 185—188 页。
③ 《马克思恩格斯全集》第 21 卷，人民出版社 1965 年版，第 557—558 页。
④ 《马克思恩格斯文集》第 2 卷，人民出版社 2009 年版，第 137 页。

定或全盘否定，而是既肯定它的进步性，同时也指出它的局限性，这也是该社会制度必然被新的社会制度所取代的缘由所在。所以，必须从方法论的高度看待马克思作出相关评价的依据，如果不是这样，就会得出马克思是以共产主义为标准来否定一切前共产主义社会的谬论。而马克思的方法就是继承和发展或扬弃这样的辩证方法。

五　唯物史观不是提供给后人的抽象的社会学公式

对历史演进持虚无主义观点的人，从来不承认人类社会的历史演进从宏观上看是有其特定的演化规律可循的。因此，他们对马克思和恩格斯创建的唯物史观持根本否定的态度。正因为如此，马克思和恩格斯在世时，就曾饱受虚无主义的攻讦。而他们一次又一次地以犀利的语言予以回击。对照当下历史虚无主义对唯物史观的否定与攻讦，这些指责不过是老调重弹而已。

马克思和恩格斯都强调唯物史观是实证科学，他们对社会历史发展阶段的划分是对历史和现实社会中社会发展阶段的概括，既不是先验的抽象规定，更不是宿命论式的公式。他们指出："在思辨终止的地方，在现实生活面前，正是描述人们实践活动和实际发展过程的真正的实证科学开始的地方……它们绝不提供可以适用于各个历史时代的药方或公式。"[1] 正是因为意识到自身研究的经验基础有限，所以马克思非常关注非西方社会发展的历史经验。为了研究俄国问题，他 50 岁自学俄语以便能够亲自阅读俄文材料，对俄国是否必须经历资本主义然后再向社会主义过渡的问题作出回答。晚年，马克思更是放弃了《资本论》第二卷、第三卷的整理工作，将注意力转向东方社会，目的是在更广泛的基础上验证和发展唯物史观，最终写出了价值仍待发掘的《人类学笔记》和《历史学笔记》。

马克思对俄国可能不经过资本主义的"卡夫丁峡谷"的论证，突出表明了他反对把他有关历史发展规律的观点变成抽象的公式的科学态度。如前所述，俄国在 1861 年农奴制改革后面临走资本主义还是走社会主义的道路选择，当时米海洛夫斯基发表文章断言，根据马克思提出的发展图式，俄国应该走资本主义道路。马克思愤怒地回答道："他一定要把我关

---

[1] 《马克思恩格斯文集》第 1 卷，人民出版社 2009 年版，第 526 页。

于西欧资本主义起源的历史概述彻底变成一般发展道路的历史哲学理论，一切民族，不管它们所处的历史环境如何，都注定要走这条道路，——以便最后都达到在保证社会劳动生产力极高度发展的同时又保证每个生产者个人最全面的发展的这样一种经济形态。但是我要请他原谅。（他这样做，会给我过多的荣誉，同时也会给我过多的侮辱。）"① 马克思是非常强调人的主体能动作用的，认为只有通过发挥人的主体能动性才能抓住历史机遇。以俄国发展道路的选择问题为例，马克思认为，俄国当时具备了跨越资本主义"卡夫丁峡谷"的一些条件，但到底能否跨越则取决于俄国人民主体能动性的发挥。所以，马克思指出，"我得出了这样一个结论：如果俄国继续走它在1861年所开始走的道路，那它将失去当时历史所能提供给一个民族的最好的机会，而遭受资本主义制度所带来的一切灾难性的波折"②。

马克思和恩格斯绝没有提供某种抽象的社会学公式，他们提供的乃是经验研究的结果，而且这种经验研究随着研究范围的扩展在不断发展和深化。不是经典作家、而是对唯物史观做肆意歪曲的先生们硬将这一鲜活的理论诬蔑成僵化的教条。所以，恩格斯郑重地告诫这些先生们："至于您用唯物主义方法处理问题的尝试，我首先必须说明：如果不把唯物主义方法当作研究历史的指南，而把它当做现成的公式，按照它来剪裁各种历史事实，那它就会转变为自己的对立物"③。

以上的简短回顾足以证明，唯物史观不但绝非是历史虚无主义史观，恰恰相反，它的本质决定了它是历史虚无主义的克星。我们必须在新的历史条件下坚持和发展唯物史观，才能指导历史研究沿着正确的方向发展。

（作者单位：中国社会科学院世界历史研究所）

---

① 《马克思恩格斯文集》第3卷，人民出版社2009年版，第466页。
② 同上书，第464页。
③ 《马克思恩格斯文集》第10卷，人民出版社2009年版，第583页。

意识形态领域的卫国战争

——毛泽东研究中的历史虚无主义剖析

刘 仓

　　毛泽东是中国共产党、中国人民解放军、中华人民共和国的主要缔造者，是社会主义制度的创立者和精神支柱。国内外敌对势力妄图颠覆党和人民政权，毛泽东是它们绕不开的关键人物。抹黑、推倒毛泽东，是敌对势力攻击党和国家的前哨战。历史虚无主义正是反映这种政治图谋的社会思潮。它们通过丑化毛泽东的民族英雄形象和抛弃毛泽东思想的指导地位来达到否定四项基本原则、走西方道路的政治目的。揭露和批判毛泽东研究中的历史虚无主义思潮，明确两种社会发展道路的根本分歧，是意识形态领域的激烈斗争，是维护意识形态安全的重要环节。

一　近年来毛泽东研究中历史虚无主义的表现

　　历史虚无主义思潮无视毛泽东的历史功绩和历史地位，抹黑毛泽东的领袖地位、民族英雄和历史伟人形象，歪曲毛泽东思想，否认毛泽东思想的当代价值。

（一）否定毛泽东的历史功绩

　　历史虚无主义否定毛泽东对中国革命和建设的功绩，声称"把毛泽东的政治历史划分为三个阶段：即开国有功、建国有错、文革有罪"。有人宣称只同意"治国无方，祸国有罪"，不承认"建国有功"，因为该论者所谓的"人民共和国"，是普选制、三权分立制、多党竞争制的国家。有人宣称"有两个毛泽东"的观点，即"夺取政权前的毛泽东基本上是个好毛泽东，夺取政权后的毛泽东则犯有严重错误，是一个不好的毛泽东"。

历史虚无主义否定毛泽东是中华人民共和国的缔造者。有人歪曲邓小平提出的"没有毛主席就没有新中国"的论断，说毛泽东所建立的"新中国"，只有对中国共产党才具有开天辟地的意义；对于中国人民而言，则不过是一个新的政权而已。

否定毛泽东领导社会主义建设的成绩。有人说，"人民公社像一个封建大家庭；无产阶级不代表新的生产关系"，"以中国十亿人口而言，毛泽东最后二十年中对他们所留下的记忆除了灾害与苦难之外实在别无他物"。有人诬称党的领导人是"处处和人民相对立的人民公敌"，胡说"解放并没有给中国人带来幸福，相反，带来的是生灵涂炭的三十年"。

把毛泽东领导建立的政治制度，歪曲为封建君主专制。有人诬蔑其为"中国两千余年皇权专制传统的最高产儿"，宣称毛泽东是"马克思＋秦始皇"，"成为不穿龙袍的皇帝"，认为毛泽东"没有跳出中国传统的政治格局的限制"，即"君主专制"；毛泽东晚年依仗的不是官僚系统而是相当于传统的宦官、外戚之流的势力；"中国历史上的昏暴之君的特征如远贤臣、亲小人、拒谏饰非之类，毛泽东实无一不备，而且其程度则远过之"，"他所掌握的集权主义的权力结构是传统帝王所望尘莫及的"。

放大毛泽东的历史错误。有人宣称，新中国成立后的一连串重大事件，如"三大"改造、"三反五反"、批武训、揭高岗、反胡风、反右派、反冒进、"大跃进"、大炼钢铁、公共食堂、七千人大会、四清运动等，搅得国家天翻地覆！

（二）丑化毛泽东的伟人形象、民族英雄形象

历史虚无主义者逆党心民心而动，妖魔化毛泽东的伟人形象。有人把毛泽东称为"独裁者""暴君""说谎者""斗人为乐的变态狂"等；有人把毛泽东比喻为希特勒；攻击毛泽东是"乱世之奸雄"，却不是"治世之能臣"；有人宣称，"很难说毛是个彻底的政治流氓，他还是有一定的理想主义性格的"，"在纯粹的理想主义者和彻底的流氓之间，有很广阔的空间"。

攻击毛泽东的民族英雄名誉。有人妄言他是"五千年文明的最大最凶恶最疯狂最卑鄙最龌龊的亵渎者、破坏者、毁灭者"；有人认为，毛泽东坐拥明、清以来恶化的皇权传统和近代西方极权的政党组织，所以能把中国弄得天翻地覆；有人宣称，"毛泽东统治帝国的方式比历史上任何一个

帝王都更加独裁和残暴",“毛泽东登基之日，也是他为所欲为地折腾百姓之时",“灾民外逃、至少三千万农民被活活饿死、至少数百万知识分子死于毛泽东的屠刀之下",诬蔑毛泽东“是中国最大的卖国贼"。

抹黑毛泽东在中共领导集体中的地位。有人攻击毛泽东和周恩来不是革命的同志关系，而是“传统的君臣关系"，离间中央领导集体。有人宣称，毛泽东发动“文化大革命"的目的就是防止邓小平的改革，邓小平的改革就是要改掉毛泽东的极“左"模式。

侮辱毛泽东的人格。有人把毛泽东比作明太祖朱元璋，诬蔑两人性格都有“阴狠、猜忌、残暴"的特征。有人诬蔑毛泽东心胸狭窄、睚眦必报；诬称“毛泽东是伪造历史的专家"，中国现当代史都是用“反语"写成的。大部分中国人脑海中还是中共炮制的教科书和无数影视文学作品中所传达的荒谬信息。

以小人之心度君子之腹，反映了历史虚无主义思想的破产。

（三）否定毛泽东思想的科学体系和历史地位

歪曲毛泽东思想的本来面目。有人借冯友兰之口，宣称“毛泽东思想分科学、空想、荒谬三阶段"。有人把毛泽东阐述的对立统一律，歪曲为斗争哲学；把无产阶级专政下继续革命的理论，抹黑成整人的理论；把群众路线歪曲为欺骗群众；把改造知识分子思想歪曲为对知识分子的专政。有人把毛泽东反对霸权主义的“深挖洞、广积粮、不称霸"的策略，歪曲为抄袭朱元璋的“高筑墙、广积粮、缓称王"；有人宣称毛泽东领导的经济建设，是“胡闹经济"，是“搞乱了斯大林式的经济"。

丑化毛泽东的精神体系。有人宣称，中共搞革命是痞子运动，新中国成立后，继承的是所谓“痞子文化"，并把延安精神、井冈山精神等同于痞子文化精神。宣称“文化大革命"是对中国文化传统的传承，而绝对不是什么断裂。有人认为，中国大陆老中青三代精神上彷徨苦闷、腐化颓废、愤世嫉俗，已经失去新中国成立初期的共同理想，攻击全中国弥漫着“精神崩溃症"，“毛泽东是不能辞其咎的"。

否定毛泽东思想的当代价值，割裂毛泽东思想与中国特色社会主义理论体系的关系。有人歪曲毛泽东思想的本来面目，宣称“列宁、斯大林、毛泽东才是最大的修正主义者"。有人说：我们这代人是被毛泽东思想武装起来的。思想意识里面只有“以阶级斗争为纲"，所以，不通人性；行为被“与人斗其乐无穷"的想法牢牢牵制，所以，人人意淫。它已严重影响我们国家的发展，到了必须要清除的时候了！它先使我们丧失思维能力，再使我们的后辈无行为能力。我们的国家等于没有未来，只有混吃等死！

有人宣称，"将毛泽东这个恶魔钉在历史的耻辱柱上，是中国思想启蒙运动的第一步"。论者所强调的启蒙，就是资产阶级的启蒙。丑化和抹黑毛泽东的背后，正是走向西方资本主义道路的大门。这充分反映了抹黑毛泽东的历史虚无主义西方化的阶级本质。习近平指出："革命领袖是人不是神。尽管他们拥有很高的理论水平、丰富的斗争经验、卓越的领导才能，但这并不意味着他们的认识和行动可以不受时代条件限制。不能因为他们伟大就把他们像神那样顶礼膜拜，不容许提出并纠正他们的失误和错误；也不能因为他们有失误和错误就全盘否定，抹杀他们的历史功绩，陷入虚无主义的泥潭。"①

美国前总统尼克松曾说："历史学家将会对他的事业和他对中国人民和世界的影响作出估价。"② 毛泽东作为民族英雄，在中华民族的历史上留下永恒的光辉业绩；即使是遗留的历史教训，也可以成为警示党和人民校正前进道路的灯塔。而所谓的公共知识分子，除了品质堕落和思想破产之外，就是丢下恶语在人间。抹黑毛泽东的历史虚无主义不掌握真理，所以只能掩耳盗铃，欺世盗名，以博得资本的眷顾。丑化毛泽东的历史虚无主义，不过是蚍蜉撼大树，可笑不自量。社会历史的车轮必然沿着人民群众信奉的真理前进，而无暇顾忌绊脚石的羁绊。

二 毛泽东研究中历史虚无主义的错误方法

毛泽东研究中的历史虚无主义的观点是错误的，在于它们运用的论证方法和根据是经不起历史和实践检验的。

断章取义：通过解读毛泽东言论中的只言片语，歪曲毛泽东的原意及其在整体语境中的含义，如借口毛泽东说过"感谢日本皇军"等话，由此给其冠以"汉奸的罪名"。1961 年 1 月 24 日，毛泽东在会见日本社会党国

---

① 习近平：《在纪念毛泽东同志诞辰 120 周年座谈会上的讲话》，《人民日报》2013 年 12 月 27 日（2）。

② 《美国前总统尼克松发表声明》，《人民日报》1976 年 9 月 14 日。

会议员黑田寿男时，说过"我宁愿感谢日本军阀"这样的话。但应该根据谈话内容来理解毛泽东话语的完整意义。在这个谈话中，毛泽东讲美国对日本的军事占领，日本人民发动反抗美国统治和日本政府的运动。指出日本人民面临的选择，要么当美帝国主义、垄断资本的奴隶，要么起来争取独立和自由。他强调，任何一个国家的人民，没有外部压力是不会觉悟的。然后回忆同日本南乡三郎的谈话，介绍中国人民觉悟的经验。指出，日本"皇军"占领了大半个中国，中国人民别无出路，才觉悟起来，才武装起来进行斗争，建立了许多抗日根据地，为解放战争的胜利创造了条件。"所以日本军阀、垄断资本干了件好事，如果要感谢的话，我宁愿感谢日本军阀。"①

以偏概全：如有人根据毛泽东在民主革命时期发表"美帝国主义是纸老虎"的论断，歪曲说毛泽东轻视美国，是孤陋寡闻。我们知道，毛泽东向来主张战略上藐视敌人，表示敌人貌似强大，却是可以战胜的；战术上重视敌人，不打无把握之战；不战则已，战必胜之。新中国成立后，毛泽东对这个观点又有发展。从战略上说，美帝国主义是纸老虎，所以可以藐视它、战胜它；从策略上说，美帝国主义又是真老虎，有爪有牙，会吃人，所以要重视它、做好充分斗争准备。"要解决它，就要一个一个地来。比如它有十个牙齿，第一次敲掉一个，它还有九个，再敲掉一个，它还有八个。牙齿敲完了，它还有爪子。一步一步地认真做，最后总能成功。"②有的论者就抓住前句的言辞，而罔顾后句的完整表达。

张冠李戴：有一种流行说法："错批一个人，多生三亿人。"说毛泽东批判马寅初的《新人口论》，导致人口高速增长，声称这是新中国成立以来的"重大失策之一"。针对这种说法，著名党史专家金冲及表示，批判马寅初当然是错的，但批判他的是陈伯达和康生，不是毛泽东，"没有找到毛泽东批判马寅初的话"，即便是"多生三亿人"的说法，也是站不住脚的。金冲及指出，1954 年人口普查时我国人口将近 6 亿，说超过 6 亿，是把中国台湾、港澳和华侨都算在内。1964 年，隔了 10 年，人口增加了 1 亿。人口增加最快的时候是"文化大革命"期间，1969 年人口突破 7 亿；1974 年人口突破 8 亿。错误批判马寅初前后，1957 年人口的出生率

---

① 《毛泽东文集》第 8 卷，人民出版社 1999 年版，第 245—246 页。
② 《毛泽东文集》第 7 卷，人民出版社 1999 年版，第 73 页。

是 34.02%，1958 年是 29.22%，1959 年是 24.78%，出生率下降了。1960 年人口减少 1000 万，1961 年又减少 300 万，到 1962 年人口增加了 1700 万。在那个时候还谈不上计划生育，是带有恢复性的。到了 1964 年，人口的增长速度是最大的。1964 年开始超过 7 亿，国务院成立了计划生育委员会。①

伪造史料：虚构史料来抹黑毛泽东。如有人伪造所谓毛泽东"承认抗美援朝战争打错了"的评判：1956 年 9 月 18 日他同前来参加中共八大的朝鲜代表团会谈时就说："对朝鲜劳动党的做法，过去就有意见，例如朝鲜战争，开始就提醒过金日成不该打，后又警告他敌人可能从后方登陆。"9 月 23 日，他对也是来参加中共八大的米高扬说："朝鲜战争根本错误，斯大林应该负责。"1957 年 7 月 5 日米高扬到杭州通报苏共打掉以马林科夫为首的"反党集团"问题时，毛泽东又和他谈到朝鲜战争问题，还抱怨说："斯大林、金日成对中国刻意隐瞒发动战争的时机及作战计划，最后，中国却被牵连进战争，这是错了，绝对错了。"

从史料上说，这些话语在《毛泽东年谱》等文献中都没有记载。从背景来说，赫鲁晓夫秘密报告造成国际反苏反共浪潮的兴起，中共发表《一论》《再论》，全面公开阐述斯大林的功过是非，不可能在同苏方人员谈话中否定斯大林。从语气上来说，毛泽东在同苏联打交道时，根本就没有用"根本错误""绝对错误"这类的断然语气。可见，这些材料都是作者凭空捏造出来的。

2015 年 5 月 28 日微信流传国家档案解密："1959—1962 年因饥饿死亡的原始数据是 3755 万。"还有人诬称："《毛泽东选集》第 1—4 卷的 160 余篇文章中，由毛泽东执笔起草的只有 12 篇，经毛泽东修改的共有 13 篇，其余诸篇全是由中共中央其他领导成员，或中共中央办公厅以及毛泽东的秘书等人起草的"，这是肆意捏造的谣言。实际上，《毛泽东选集》收入毛泽东从 1925 年 12 月到 1949 年 9 月各个革命历史时期的最主要、最有代表性的著作 159 篇（其中有 5 篇是集纳而成）。这些理论著作，反映中国新民主主义革命时期的历史进程，集中体现了毛泽东思想。②

---

① 张弘：《金冲及纵论百年中国史》，《博览群书》2009 年第 12 期。

② 唐洲雁、曹前发、单劲松：《关于〈毛泽东选集〉四卷文稿的考辨》，《党的文献》2013 年第 5 期。

毛泽东的文章，不是像某些知识分子那样，在头脑中杜撰出来的，而是在革命的血的教训中总结出来的。1962 年，毛泽东同外国友人谈到《毛选》的写作时说：我们经过 28 年的斗争，才取得最后的胜利。当中也经历过好几次失败，几起几落。我写的文章就是反映这几十年斗争的过程，是人民革命斗争的产物，不是凭自己的脑子空想出来的。先要有人民的革命斗争，然后反映在我们这些人的脑子里，才懂得并能够写出些东西来。因此我的那些文章，其实哪里是我一个人的功劳，那是中国革命战争活生生的总结，是党和人民用鲜血和生命写出来的。① 试问，哪个知识分子有毛泽东那样的战略思维、逻辑结构和语言风格？

史论存疑：这种错误方法，是对官方的历史结论做出否定性、疑虑性的解读；或者因为对某些历史问题的不同观点来说明没有定论。由此来动摇党的思想观点和政治权威，削减人民对党的信任度。如有人针对"三大"改造、大跃进、三年困难时期、庐山会议、"文化大革命"、毛泽东和邓小平的关系等历史的不同评价，动摇党的《历史决议》对上述问题的政治结论，并反口指责党没有反思这些错误，是搞所谓的"历史虚无主义"。

可见，历史虚无主义是运用孤立的、片面的、静止的观点来评价毛泽东，由此得出的所谓"学术结论"和"客观结论"带有很大的主观臆断性。他们不是用联系的、发展的观点，完整准确地理解毛泽东思想的科学体系，而是用唯心论代替唯物论，用形而上学代替辩证法，用不可知论代替唯物主义可知论。这是反科学的历史观和方法论。这既说明历史虚无主义在毛泽东研究中的倒行逆施，同时也反映了毛泽东研究中历史虚无主义的破产。

三 毛泽东研究中历史虚无主义的危害、实质

历史虚无主义的实质，是通过抹黑党的领袖人物和共和国的历史，否定四项基本原则，走西方资本主义道路。

旨在丑化共产党形象，否定党执政的合法性。毛泽东是中国共产党的缔造者和领袖。丑化毛泽东，共产党的先进性、领导地位和执政地位都会动摇。邓小平早就警告，如何评价毛泽东问题，关系到党、国家的历史、

① 《毛泽东年谱（1949—1976）》第 5 册，中央文献出版社 2013 年版。

现实和将来。他说："对于毛泽东同志的错误，不能写过头。写过头，给毛泽东同志抹黑，也就是给我们党、我们国家抹黑。这是违背历史事实的。"①

旨在摧毁中国制度，改变中国道路。毛泽东是中华人民共和国的主要缔造者，是中国社会主义制度的创建者，并且曾长期是社会主义建设的组织者和领导者。否定毛泽东和党的执政地位，那么中国的社会主义制度也就会失去合法性和合理性。科学评价毛泽东，关系到中国社会主义的前途和命运。邓小平在起草《决议》之时就指出，科学评价毛泽东，"说明马列主义、毛泽东思想是我们前进的指南，正是因为这样，我们党就站住了，我们社会主义制度也站住了"②。在当今两种制度的对比中，中国要么走社会主义道路，要么走资本主义道路，中间道路是走不通的。否定毛泽东和四项基本原则的背后，必然包含崇尚美国制度、走西方道路的政治主张。

旨在摧毁精神体系，改变马列信仰。毛泽东思想是马列主义在中国的运用和发展。马列主义、毛泽东思想与时俱进的科学体系，是全党的指导思想和国家意识形态的核心。邓小平指出，毛泽东思想培育了我们整整一代人……没有毛泽东思想，就没有今天的中国共产党，这丝毫不是什么夸张。毛泽东思想永远是我们全党、全军、全国各族人民的最宝贵的精神财富。③ 否定了毛泽东思想，也就摧毁了党的思想体系，也就撕裂了全国人民团结奋斗的共同的思想基础。思想的混乱，将造成人心四分五裂，不同利益集团各自为政，中国将再次陷入军阀割据、天下大乱的局面。没有安定团结的政治局面，什么样的现代化也建立不起来，中华民族伟大复兴的中国梦也无从谈起。

旨在资本剥削劳动，帝国奴役中华。内部争耗是国家和民族衰败的根本原因，团结奋斗是令外敌望而生畏的内生力量。毛泽东是反抗国内外资本主义剥削和压迫的象征。哪里有毛泽东，哪里就有反抗强权的精神意志。反之，丑化毛泽东的民族英雄形象，将为资本剥削劳动、国际垄断资本奴役中华民族重新打开大门。那样，资产阶级同工人阶级、帝国主义同中华民族的矛盾，将再次成为中国社会的主要矛盾。某些知识分子丑化和

---

① 《邓小平文选》第 2 卷，人民出版社 1994 年版，第 301—302 页。
② 《邓小平年谱》（1975—1997）上，中央文献出版社 2004 年版，第 552 页。
③ 《邓小平文选》第 2 卷，人民出版社 1994 年版，第 148—149 页。

攻击毛泽东及毛泽东思想，是由他们代表的资产阶级本质所决定的。

每个国家和人民安身立命的精神体系不一样。毛泽东和毛泽东思想，是中国人民和平发展、振兴中华的精神支柱。没有思想理论上的独立自主，就没有经济、政治上独立和主权。《关于建国以来党的若干历史问题的决议》对毛泽东做出了符合党心、民心的评价。而丑化毛泽东伟大形象的言论，来源于海外敌对势力，国内一些背叛社会主义的知识分子随声附和。丑化毛泽东，包藏着西方"和平演变"中国的战略图谋。从思想意识、价值观念、精神体系上控制中国，是西方敌对势力的既定战略。美国中情局制定灭亡中国的"十条诫令"，其中的第五条，即"要不断制造消息，丑化他们的领导"，这是"和平演变"战略的具体方案。

20世纪80年代以来，以美国为首的西方势力对中国的意识形态进行渗透，主要有三个步骤。第一步，某些学者打着学术交流的幌子，抢滩登陆中国社会意识形态前沿阵地，利用中国寻找改革理论出路之机，树立西方经济学、政治学、社会学的权威。第二步，在西强我弱的对比中，唱衰中国，解构中国经济模式、政治制度和历史脉络，推销西方的价值观念和发展模式。华盛顿共识就是代表。第三步，丑化党和国家形象，丑化民族英雄，丑化领袖人物，以此来瓦解中国社会主义意识形态体系。一旦社会主义意识形态体系分崩离析，那么整个时代将会覆灭。这样，西方敌对势力就可不动一刀一枪、一兵一卒，颠覆整个社会主义大厦，达到战争未能达到的险恶目的。苏联解体的思想根源，就是从瓦解"列宁综合体系"开始的。西方针对中国，与对付苏联的战略策略如出一辙。习近平指出："苏联为什么解体？苏共为什么垮台？一个重要原因就是意识形态领域的斗争十分激烈，全面否定苏联历史、苏共历史，否定列宁，否定斯大林，搞历史虚无主义，思想搞乱了，各级党组织计划没任何作用了，军队都不在党的领导之下了。最后，苏联共产党偌大一个党就作鸟兽散了，苏联偌大一个社会主义国家就分崩离析了。"[1]

毛泽东指出："这是搞上层建筑。凡是要推翻一个政权，总要先造成舆论，总要先搞意识形态方面的工作。无论革命也好，反革命也好。"[2] 清

---

① 习近平：《关于坚持和发展中国特色社会主义的几个问题》，《十八大以来重要文献选编》（上），中央文献出版社2014年版，第113页。

② 《毛泽东年谱（1949—1976）》第5卷，中央文献出版社2013年版，第153页。

代著名思想家龚自珍说："灭人之国，必先去其史；隳人之枋，败人之纲纪，必先去其史；绝人之材，湮塞人之教，必先去其史；夷人之祖宗，必先去其史。"（龚自珍：《古史钩沉论》）历史虚无主义之流正在"夷人之祖宗""湮塞人之教""败人之纲纪""灭人之国"，这是一种赤裸裸的思想侵略、精神侵略和文化侵略，这难道不是没有硝烟的战争吗？必须反击历史虚无主义思潮！

历史虚无主义与新自由主义是相互配合的。前者否定中国道路、中国制度和中国理论，后者就用西方经济、政治和文化制度来替代。从阶级本质上看，同毛泽东研究中历史虚无主义的斗争，是两个阶级、两条道路的斗争在意识形态领域的表现。毛泽东和毛泽东思想，是现阶段中华民族和平发展的精神支柱。毁掉凝心聚力的旗帜，中华民族将陷入亨廷顿所说的无所适从的国家。没有思想理论上的独立自主，就没有经济、政治上独立和主权。反击抹黑毛泽东的历史虚无主义，是党的生命保卫战，马克思主义保卫战，国家安全保卫战，民族英雄保卫战，中华民族保卫战，人民根本利益保卫战，民族精神和民族文化保卫战。习近平指出："如果当时全盘否定了毛泽东同志，那我们党还能站得住吗？我们国家的社会主义制度还能站得住吗？那就站不住了，站不住就会天下大乱。"[1]

四　反对毛泽东研究中的历史虚无主义的主要措施

否定和肯定毛泽东、毛泽东思想的交锋，作为意识形态领域斗争的前哨战，将越来越公开，越来越明朗，越来越复杂。敌对思想和错误思潮对党的领袖、英雄人物和人民共和国的攻击，将成为新常态。反击历史虚无主义，毫不动摇地进行理论斗争、舆论斗争和宣传斗争，是须臾不可松懈的任务。对意识形态领域的斗争，既不必大惊小怪、六神无主，也不能掩耳盗铃、开门揖盗。战略上藐视敌人，战术上重视敌人，依然是有效策略。要正确处理两类不同性质的矛盾，坚持有理、有利、有节的原则，区分政治斗争和意识形态斗争的不同，采取不同的斗争方式。

第一，把维护毛泽东和毛泽东思想的斗争纳入依法治国轨道。依法治

---

[1] 习近平：《关于坚持和发展中国特色社会主义的几个问题》，《十八大以来重要文献选编》（上），中央文献出版社 2014 年版，第 113 页。

国，首先要依照宪法治国，包含对社会思想领域的治理。《中华人民共和国宪法》序言指明，以毛泽东为领袖的中国共产党领导中国各族人民，取得新民主主义革命的伟大胜利，建立了中华人民共和国。从此，中国人民掌握了国家的权力，成为国家的主人。明确规定了毛泽东的领袖地位和共产党的领导地位。《宪法》序言指出："国家的根本任务是，沿着中国特色社会主义道路，集中力量进行社会主义现代化建设。中国各族人民将继续在中国共产党领导下，在马克思列宁主义、毛泽东思想、邓小平理论和'三个代表'重要思想指引下，坚持人民民主专政，坚持社会主义道路，坚持改革开放，不断完善社会主义的各项制度，发展社会主义市场经济，发展社会主义民主，健全社会主义法制，自力更生，艰苦奋斗，逐步实现工业、农业、国防和科学技术的现代化，推动物质文明、政治文明和精神文明协调发展，把我国建设成为富强、民主、文明的社会主义国家。"① 诋毁和践踏毛泽东和毛泽东思想，是违反《宪法》的行为。

《宪法》第38条规定："中华人民共和国公民的人格尊严不受侵犯。禁止用任何方法对公民进行侮辱、诽谤和诬告陷害。"对于恶毒否定毛泽东历史功绩、诋毁毛泽东英雄形象的侵权言行，造成严重思想混乱和社会震荡的，必须依照《宪法》以侮辱罪、诽谤罪、诬告陷害罪等提起公诉，追究刑事责任和民事责任。不严惩捣乱思想秩序的分子，不足以维护法律权威、慰藉开国英灵、伸张社会正义。绝不能任由诬陷毛泽东形象者违法乱纪、逍遥法外。

《宪法》第35条规定："中华人民共和国公民有言论、出版、集会、结社、游行、示威的自由。"国家保障公民的言论自由，但是这不能作为诬陷毛泽东的法律依据。《宪法》序言明确指出："中国人民对敌视和破坏我国社会主义制度的国内外的敌对势力和敌对分子，必须进行斗争。"毛泽东的领袖地位和社会主义制度是联系在一起的。行使言论自由权利，不能侵犯毛泽东的名誉权、人身权和人格尊严，不得危害社会主义制度；否则，必将受到法律的约束和制裁。与诬陷毛泽东形象和危害社会主义制度的言行作斗争，是《宪法》赋予的神圣权利。

《关于建国以来党的若干历史问题的决议》指出："毛泽东同志是伟大的马克思主义者，是伟大的无产阶级革命家、战略家和理论家"，"他为我

---

① 《中华人民共和国宪法》，《人民日报》2004年3月16日（2）。

们党和中国人民解放军的创立和发展，为中国各族人民解放事业的胜利，为中华人民共和国的缔造和我国社会主义事业的发展，建立了永远不可磨灭的功勋。他为世界被压迫民族的解放和人类进步事业作出了重大贡献。"① 习近平在纪念毛泽东诞辰 120 周年大会上，强调毛泽东是"中国共产党、中国人民解放军、中华人民共和国的主要缔造者，中国各族人民的伟大领袖"，指出："毛泽东同志是伟大的马克思主义者，伟大的无产阶级革命家、战略家、理论家，是马克思主义中国化的伟大开拓者，是近代以来中国伟大的爱国者和民族英雄，是党的第一代中央领导集体的核心，是领导中国人民彻底改变自己命运和国家面貌的一代伟人"②。这是党做出的经受住实践和历史检验的科学结论和政治结论。将党代表人民的意志上升为法律，是治国理政的基本方针。建议明确将毛泽东作为党的主要创建者、中华人民共和国的主要缔造者、人民军队的主要创建者，明确载入《中华人民共和国宪法》，高悬法律正义之剑。社会主义宪法应该具有这样的阶级性和原则性。宪法是阶级斗争的总结，绝不能让敌对分子写几篇文章、做几次演讲、散布一些谣言，就撼动《宪法》的权威。共产党员和全国人民，都应该具备守法尊法的主动精神。

第二，对于党内诬蔑毛泽东者，根据《党章》规定，给予政治教育和纪律处分。《党章》是党组织的根本宪法。中共十八大通过的《中国共产党党章》的总纲规定："中国共产党以马克思列宁主义、毛泽东思想、邓小平理论、'三个代表'重要思想和科学发展观作为自己的行动指南。"③党员都有遵守和维护党章的义务；具有自觉遵守党的纪律、模范遵守国家的法律法规的义务；具有学习党的指导思想的义务。《党章》第二章"党的组织制度"第六条规定："党禁止任何形式的个人崇拜。要保证党的领导人的活动处于党和人民的监督之下，同时维护一切代表党和人民利益的领导人的威信。"党章规定反对个人崇拜，其中包含对毛泽东的个人崇拜；但绝不允许损害毛泽东在群众中的威信，决不允许党员践踏毛泽东的人格尊严，践踏党的领袖的形象，践踏民族英雄的地位。那些诬蔑毛泽东、背弃毛泽东思想的党员，已经严重违背了党章。

---

① 《人民日报》1982 年 7 月 1 日。

② 习近平：《在纪念毛泽东同志诞辰 120 周年座谈会上的讲话》，《人民日报》2013 年 12 月 27 日（2）。

③ 《中国共产党章程》，《人民日报》2012 年 11 月 19 日（1）。

《中国共产党纪律处分条例》明确规定：丑化党和国家形象，或者诋毁、诬蔑党和国家领导人，或者歪曲党史、军史的，应该根据情节轻重，给予警告、严重警告、撤销党内职务或者留党察看，甚至开除党籍处分。央视处理毕福剑辱骂党、毛泽东和人民军队的事件，是典型的案例。

第三，在学术研究领域，坚持学术批评、思想教育和行政审查相结合。对于境外诋毁毛泽东的学者如余英时、余杰等人，除学术上给予批驳之外，还要通过学术组织提出书面抗议；通过行政方式对其在大陆的学术活动进行审查。对于国内学者，应从学术上给予批判；并通过党组织或者所在单位，给予批评教育；严重不改且不适合担任教书育人工作的，建议调动其职位。组织科研力量，像《历史的真实》批判李志绥写作的《毛泽东私人医生回忆录》那样，选取《千秋功罪毛泽东》等代表性书籍，进行系统批判。捍卫毛泽东的伟人形象和毛泽东思想的历史地位，绝不能退让及妥协。

第四，加强高校思想政治教育和领导意识形态工作。谁掌握青年学生，谁就将掌握中国的未来。充分重视高校思想政治教育课的教育功能。加强马克思主义基本原理教育，引导学生树立科学的世界观和方法论；加强毛泽东思想和中国特色社会主义理论教育，引导学生树立正确的社会主义观；加强中国近现代史教育，引导学生树立科学的历史观；加强思想品德修养和法律基础教育，引导学生树立正确的价值观和人生观；加强形势政策教育，引导学生了解中国社会的主要问题及其解决方案。通过这些教育，使青年学子全面地理解继承毛泽东未竟事业的意义。

第五，团结和教育知识分子。肯定还是否定毛泽东，事关中国不同的政治发展道路。对于评价毛泽东的分歧，正是自由化道路和中国特色社会主义道路出现根本分歧的关键点。这是中国知识界、思想界对毛泽东不同评价的政治根源和社会根源；不是已经有人点出"宪政最大的问题是评价毛泽东"吗?！

要警惕西方国家在中国制造思想分裂的阴谋。思想的分裂将导致组织的分裂和社会的分裂。美国著名国际问题专家亨利·基辛格说："什么是我们最可怕的，是中国的统一。领导层的团结，政治和经济精英的团结"，"中国人的传统弱点是他们内斗的癖好。精英的团结则是我们最大的担忧。对美国来说，与中国的敌对的军事冲突是不可想象的。这就是为什么为保护美国的利益，我们将争取每一个中国的自由主义者。"① 中国社会四分五裂之时，就是敌对势力瓜分掠夺之机。通过深入细致的工作，扩大教育面，缩小打击面，巩固和扩大社会主义意识形态的阵地。严控将意识形态领域的斗争上升为政治运动。解决思想问题的关键在于中国的发展，把"三严三实"教育反映到经济社会发展的实效，会增强社会主义教育的效果。

警惕境内外敌对势力通过制造思想混乱遏制中国的阴谋。它将导致中国知识界不得不利用很多的时间和精力来澄清谣言，辩驳史实，维护思想团结；这也必将使中国知识界不能聚精会神地研究现代化建设。

第六，加强对意识形态领域工作的领导、管理和引导。对于恶意散布、传播侮辱毛泽东形象，歪曲毛泽东思想的媒体平台，应对其进行行政检查和处罚。建立微信等网络舆情队伍，及时发现违反党规、国法的有害信息，根据性质不同给予不同的处理。推送宣传毛泽东历史功绩和毛泽东思想历史地位的信息。整合有关毛泽东生平和思想的研究机构和人员队伍，为反击历史虚无主义和捍卫毛泽东的历史地位做好学术准备、力量准备。重视在重大历史事件前后的理论斗争准备。在学术界，坚持"研究无禁区、宣传有纪律"的原则，建立学术品质和学术规范，不得散布丑化领袖人物、危害社会主义制度的谣言。学术界也应树立责任意识、大局意识、历史意识，针对社会存在的问题，多贡献嘉策嘉猷，创造新文化、传播正能量。相信党、政府和人民的纠错能力，一个良策比一百句谩骂更具有进步意义。恶毒的咒骂是卑鄙者的弱智，理性的评价是高尚者的智慧。

（作者单位：中国社会科学院当代中国研究所）

---

① ［美］基辛格："We Must Destroy the Chongqing Model"，http：//blog. sina. com. cn/s/blog_ 3ecb0ca10102vl3x. html。

试析历史虚无主义思潮的学术来源

——以党史国史研究为中心的考察

王爱云

近年来，党史国史是历史虚无主义思潮泛滥的主要领域。其中，许多历史虚无主义观点都是以党史国史研究中的学术成果为支撑的，一些研究自觉或不自觉地为历史虚无主义"虚无"客观历史、歪曲历史事实提供了可乘之机。那么，这些研究到底出了什么问题，为什么会满足历史虚无主义的"胃口"呢？本文拟从研究者的历史观、方法论、史料运用、史德等方面来进行分析，以此来剖析历史虚无主义思潮的学术来源，揭示历史虚无主义反马克思主义史学的理论本质。

一

历史观是历史学的根本问题，研究者在历史解释中所秉持的价值观念直接决定他们对历史事实的发现、取舍和认知。研究者第一步收集资料时，就面临根据什么观点和方法收集资料、收集哪方面资料的问题；接下来整理、分析、运用历史资料，以及进一步去粗取精、去伪存真、由此及彼、由表及里地对历史资料进行研究解读，从现象到本质地揭露历史事物发展规律，总结历史经验教训，更离不开历史观的理论指导。不需任何理论指导的历史研究是不存在的。

新中国成立后，以唯物史观为基础的马克思主义史学主体地位得以确立，对于推进我国历史研究、党史国史研究的科学发展发挥了重要作用。然而，改革开放以后随着西方史学的涌入和史学多样化的发展，研究者的历史观开始出现了形形色色的变化，党史国史研究也逐渐受到各种唯心史观的干扰。

　　首先，有研究者否定唯物史观及其指导意义，倾向于用人们的思想动机来说明历史活动的变化和发展，从而否认历史发展的客观联系，否认社会发展的规律性。这种现象在关于新中国领导人的研究中最为典型。有些研究者总是把新中国社会主义探索中发生的错误归于共和国领导人的个人因素。例如在对待反右派运动扩大化、"大跃进"运动和"文化大革命"等党和国家历史上的一些错误时，倾向于将错误全部归于毛泽东个人的主观动机和性格因素等，根本无视当时我国社会主义建设探索实践经验不足、国际上东西方冷战环境与共产主义阵营内部矛盾的影响，以及党和国家政治生活民主制度化、法制化存在缺陷这些客观因素对中国共产党和毛泽东的制约。从而不能设身处地地去体会当时广大人民群众和各级干部强烈要求改变落后面貌的意志、毛泽东等中国共产党人为"超英赶美"而"鼓足干劲，力争上游，多快好省地建设社会主义"的主观愿望以及为了保持党和政权永不变质而发动"文化大革命"的忧患意识。

　　其次，有研究者反对马克思主义阶级斗争学说，主张用人性分析取代阶级分析，以一种超阶级性的价值普遍主义作为新的评价标准。在西方，人性主义历史观是在资产阶级反对封建主义及神学统治的斗争中形成的。资产阶级要实现自己的阶级利益，就必须以一般的人的形式来掩盖它同劳动人民对立的一面，以超阶级的历史观念把自己的利益说成社会全体成员的共同利益。于是，他们从人性出发来解释和评判社会历史，认为凡是符合人性的就应当予以肯定，凡是不符合人性的就应当予以否定。就此，马克思曾经分析其本质，指出："因为每一个企图取代旧统治阶级的新阶级，为了达到自己的目的不得不把自己的利益说成是社会全体成员的共同利益，就是说，这在观念上的表达就是：赋予自己的思想以普遍性的形式，把它们描绘成唯一合乎理性的、有普遍意义的思想"[1]。

　　马克思主义历史观实现了对人性主义历史观的根本扬弃。唯物史观视野中的个人不是抽象的，"这里所说的个人不是他们自己或别人想象中的那种个人，而是现实中的个人，也就是说，这些个人是从事活动的，进行物质生产的，因而是在一定的物质的、不受他们任意支配的界限、前提和条件下活动着的"[2]。因此，不能脱离社会生活条件和社会关系去理解人及

---

[1] 《马克思恩格斯选集》第 1 卷，人民出版社 1995 年版，第 100 页。

[2] 同上书，第 71—72 页。

其本质，去理解历史，而要从社会物质生活条件和社会关系出发来解释和说明社会历史。也就是说，抽象不变的人性是没有的，人性总是具体的、历史的。在阶级社会，不同的阶级有不同的人性观。

然而，近年来，人性主义历史观在国内史学界重新抬头。有研究者对当下的史观进行批评，说"传统的革命史观，着眼于政治的是非，往往只见阶级不见人；最近的现代化史观，着眼于生产力及其相应的政治经济发展，又往往见物不见人。流行的阶级史观，或民族国家史观，着眼于某个阶级，或某个民族或国家的发展与命运，往往只见自己不见他人"，在此基础上声称"从人性视角看历史，显然能够较好地弥补这类史观的局限性"，因此，"研究历史就不仅需要注意到那些表面的不同，如地主和农民、精英和民众、敌人和友人、外族和本族、压迫者和被压迫者，还必须要注意到他们作为人的共性之所在，并基于对人类共性的理解，透过不同研究对象'不得不如是之苦心造诣'，真切地了解历史中人的情感及竭力所在，避免做出过于武断和片面的判断"①。将阶级性作为表面差异，将人性作为人类共性，并以此为出发点研究历史、看待历史人物，实际上就是超阶级的、去社会性的人性史观。正是基于这种人性史观，有人研究新中国土地改革背景下地主富农问题，择取了土地改革运动中某些地区发生的对地主富农的乱捕、乱斗、乱打倾向的史料，展现中共"一刀切妖魔化所有地主和富农成分的人"并将其土地国有化的过程，结论是"在这场天翻地覆的大改组、大变革中，无数无地少地的农民一度获得了宝贵的土地，他们成了新政权的拥护者，而原来处在农村社会中上层的地主、富农阶层则成为了这场社会大变革的牺牲品"。这样的人性史观，不过是站在地主、富农的立场上为其鸣不平，其实质是抛弃了历史唯物主义的群众史观，没有站在占农村绝大多数的广大贫雇农的立场上来看待土地改革的本质。

再次，价值中立也是党史国史研究中为很多人所奉行的原则，他们攻击马克思主义史学价值观先行，声称研究者应该处在中立的状态，以"价值中立"原则来还原历史、解释历史。"价值中立"或者说"立场中立"，是德国社会学家马克斯·韦伯首先提出的。他主张，在研究事物对象时，

① 徐秀丽主编：《过去的经验与未来的可能走向——中国近代史研究三十年（1979—2009）》，社会科学文献出版社2010年版，第129页。

应当遵循客观事实，撇开个人的政治主张与立场，回避自己的价值观念。这种价值中立学说，在西方学术界遭到质疑和批评，[1] 但是却得到许多中国学者的赞同。例如，有学者指出："开放的、兼容并蓄的态度可以把不同的认识框架置放在一个平台上，为叙述者提供更广阔的选择空间。在这个开放性的平台上，一种中立、客观的历史观，即'灰色的历史观'，以及与此相联系的'新实证主义'的历史研究方法，或许能够成为人们认识、分析历史现象的新的工具。"[2]

事实上，任何研究都不可能完全排除研究者的价值关怀，任何史家在作判断时，不能不有某种观点，观点即思想和价值观的化身。因此，所谓中立，绝不等同于客观。即使是一些倡导价值中立的研究者，也明白真正的中立是不可能的，承认历史研究主观价值的存在，"历史事实一经表达，就主观了，大凡我们所谓的'历史'，都是经由主观才被反映和表达的"[3]。在实践中，虽然他们强调中立、实证，但是拿出史料、用证据说话时，结论便不言自明，其中关键就在于择用史料时，已有价值判断的前提；解读史料时，历史价值观已经融入其中。例如《红太阳是怎样升起的：延安整风的来龙去脉》一书的作者虽然主张中立的"灰色历史观"和新实证主义的研究方法，但是对当年中共党内高层之间的权力斗争以及个人动机、情结和心计所作的许多"深描"并没有足够的实证依据，其思路和逻辑无不体现了其个人的价值判断和思想倾向。

如此种种，可以说是唯心主义历史观在新的历史条件下的表现。在唯心史观指导下的党史国史研究，不仅不能正确分析说明客观历史实际，不能对历史发展的客观过程做出全面概括和科学说明，而且这种研究往往有意无意地掩盖了历史真相，抗拒了对历史本质和规律的揭示。

---

[1] 例如华勒斯坦指出："所有的学者都必须植根于一个特定的背景之中，因而都不可避免地要利用各种前提和偏见，而这些前提和偏见会干扰他们对社会现实的感知和理解。从这个意义上来说，根本不存在什么'中立'的学者。""如果我们所说的客观性是指绝对中立的学者再现了一个外在于他们的社会世界的话，那么我们必须指出，这种现象是根本不存在的。"引自〔美〕华勒斯坦等《开放社会科学：重建社会科学报告书》，生活·读书·新知三联书店1997年版，第98页。

[2] 高华：《叙事视角的多样性与当代史研究——以50年代历史研究为例》，《南京大学学报》（哲学·人文科学·社会科学）2003年第3期。

[3] 高华：《历史学的境界》，广西师范大学出版社2015年版，第223页。

二

马克思主义唯物史观运用唯物辩证法研究人类社会的历史，可以说，辩证法是马克思主义史学的方法论基础。其中，从历史实际出发、实事求是，用全面、辩证、发展、联系的观点看待历史，这几点内在地统一于马克思历史主义原则中，是马克思主义史学研究的基本方法之一。然而，近些年来，马克思主义史学被攻击为政治史学，辩证法被谩骂为诡辩论，马克思历史主义原则和方法被抛弃。相反，形而上学方法即片面、静止、孤立地来看待历史，却大行其道。

首先，一些研究者不能从历史事实出发、实事求是地评价历史事件的是与非、历史人物的功与过。马克思主义史学认为，"不论在自然科学或历史科学的领域中，都必须从既有的事实出发"，"不能虚构一些联系放到事实中去"①。然而，一些党史国史研究却做不到实事求是。例如，有人对于"文化大革命"时期我国经济、国防、外交等领域的建设成就视而不见，将之等同于"文化大革命"本身，一概予以否定。再如，在党和国家领袖尤其是毛泽东的研究中存在的丑化和神化两种错误倾向，实际上都是违背实事求是原则的。历史人物由于所处的历史时期、历史环境和思想认识等诸多方面因素的制约，不可能完美无缺、不犯错误。一些人抓住党和国家领导人所犯的错误，极力抹黑其历史功绩，"非毛化"思潮是其中的典型代表。还有些人出于对毛泽东伟大功绩的崇拜，不愿承认毛泽东晚年所犯的错误。

马克思主义历史辩证法一向认为，人类历史处于永恒的发展之中，一切历史事物都处于某一具体的历史发展阶段上，都是特定历史条件下的产物，都有其产生、发展、衰亡的过程。因此，对于具体的历史事物，只有从特定的历史条件、历史背景出发，将其"提到一定的历史范围之内"，对具体问题进行具体分析，才能够完成对它的历史认识。也就是说，只有在分析、掌握具体历史条件的前提之下，将历史事物放在一定的时空背景之中，我们才有可能公正地评价党和国家历史上那些比较复杂、容易引起歧见的历史事件和历史人物。

---

① 黎澍主编：《马克思恩格斯列宁斯大林论历史科学》，人民出版社1980年版，第308页。

当前有些人对于党和国家历史上的重大事件和重要人物，总是有这样或那样的错误看法，很大程度上是因为他们看待和评价历史现象的出发点，不是从当时的历史实际出发、把历史现象放在其发生的具体历史时空条件下考察，而总是从当下已经发展变化了的时代条件出发进行分析。他们看不到历史人物受到特定环境的制约而具有的历史局限性，常常以当下的认识水平为标准要求他们提供现代所要求而在他们那个时代不可能提供的东西。例如，社会上总是有人以当下对我国处于社会主义初级阶段这个最大国情的认识来评判以毛泽东为核心的第一代中央领导集体对社会主义建设的探索，苛责他们以乌托邦超越国情。实际上，要正确确定历史人物在历史上的地位和作用，就要看他们在当时的历史条件下，是反映时代要求和人民意愿、促进了社会发展，还是违背时代要求和人民意愿、阻碍了社会发展的；要分析在他们所处的历史条件下可能做到什么，他们与前辈们相比提供了什么新的东西，他们在哪些方面高于同时代的人们，而不能要求他们做出超时代的事情。

其次，一些研究者采取形而上学的方法观察、研究党史和国史。一是片面地看待历史。一分为二、把握主流这种两点论和重点论相统一的认识方法，是马克思主义历史辩证法的基本原则。然而，一些人研究党史国史，总是盯着党在社会主义建设探索时期所犯的错误不放，话题总是"反右运动扩大化""大跃进""三年困难时期饥荒饿死人""文化大革命"等，对于党在社会主义革命和建设时期所取得的种种成就却丝毫不提。还有些人看待历史现象，不把握主流，专挑细枝末节进行否定，总是"攻其一点或几点，尽量夸大，不及其余"，只见树木、不见森林，从而不能正确地全面地看待历史。二是静止地看待历史。历史唯物主义认为，人类历史是一个依据一定规律向前发展的过程。除了不断发生和消灭的过程，历史上没有任何东西是永存的，是一成不变的、绝对的，因此要求研究历史现象时，不能将它作为永恒的、静止的现象，而应当作历史的、发展着的存在，在历史的发展中去进行考察。这就要求考察、分析历史必须注意历史发展中的连续性。然而，总有些人运用形而上学静止的、僵化的方法，割裂党和国家历史的连续性。例如，认为改革开放前后两个历史时期处于两种不同性质的社会和时代，或者把改革开放前说成是搞社会主义，改革开放后说成是搞资本主义；或者把毛泽东思想与中国特色社会主义理论体系分割开来；或者用社会主义市场经济体制否定计划经济体制的历史地位、作用与贡献，等等。三是孤立地看待历史。在特定的历史范围内，一切历史现象都是彼此联系，相互制约的。既然世界上没有孤立的现象，一切现象都是彼此联系、相互制约的，那么评价历史现象和历史事物，就不能"从'永恒正义'或其他某种成见出发"，而应当从历史现象、历史事物产生的条件和"同它们有联系的条件"出发，[①] 也就是从历史现象产生、发展的内部和外部条件出发。在党和国家历史发展中，历史的联系既表现为国内各种历史条件、历史因素的相互作用，也体现在世界上的国际因素对中国国内相关事件的影响和作用上。这就要求在认识党和国家历史时，全面把握国内外各种因素的相互联系，只有如此才能对历史现象做出准确的观察和分析。

近年来学术界有人否定三线建设，认为当时过分估计了战争威胁，三线建设决策严重失误，是毫无必要的战备举动。这种观点实际上犯了孤立地看问题的毛病，"看到一个一个的事物，忘了它们互相间的联系"[②]。也就是没有看到当时严重的国际形势对中国产生的威胁。自然条件如地理、气候等，也是党史国史研究中不可忽视的因素。例如，1959—1961 年发生全国性粮食短缺和饥荒的原因是"三分天灾、七分人祸"，其中"三分天灾"是指这期间的自然灾害[③]。然而，有观点却故意否定自然灾害因素，称"1959—1961 年期间，全国旱涝态势相当正常，甚至可以说是天公作美""它甚至比公认的风调雨顺的 1957 年和 1958 年更为接近旱涝相当或不旱不涝的正常指标"[④]，由此将三年困难完全归因于"人祸"。诚然，不应该过分夸大自然条件对历史的影响，但是当历史发展确实受到自然条件影响时，却置之不顾，那是得不出如实的正确结论的。

---

① 黎澍主编：《马克思恩格斯列宁斯大林论历史科学》，第 351 页。

② 同上书，第 390 页。

③ 1959 年全国出现了 50 年代最严重的自然灾害，受灾面积达 4463 万公顷，成灾（收成减产 30% 以上为成灾）面积 1373 万公顷。1960 年，全国大陆除西藏外又发生了新中国成立后最严重的灾害，受灾面积达 6546 万公顷，成灾面积 2498 万公顷，受灾面积居新中国成立 50 年来首位。1961 年，全国第三年发生特大灾害，受灾面积 6175 万公顷，仅次于 1960 年，成灾面积达 2883 万公顷。这些因素导致粮食大幅度减产，这三年因旱灾粮食年均损失率为 13.26%，大大高于全国 1949—1969 年因旱灾粮食损失年平均率 1.6%—3.3%。参见陈东林《从灾害经济学角度对"三年自然灾害"时期的考察》，《当代中国史研究》2004 年第 1 期。

④ 金辉：《"三年自然灾害"备忘录》，《社会》1993 年第 Z2 期。

三

历史研究的根本任务在于,在占有史料的基础上,找出历史事实之间的联系,发现历史的规律性。也就是说,史料是研究工作的最初出发点,是对历史进行进一步研究的基础。因此,马克思主义史学十分注重史料占有的全面性。恩格斯强调历史研究必须充分地占有资料,指出:任何科研任务,只说空话是无济于事的,"只有靠大量的、批判地审查过的、充分地掌握了的历史资料,才能解决这样的任务"①。列宁也指出:"在社会现象方面,没有比胡乱抽出一些个别事实和玩弄实例更普遍更站不住脚的方法了",为了使研究工作获得真实可靠的基础,"就必须毫无例外地掌握与研究的问题有关的事实的全部总和"②。史料浩瀚,在研究中很难穷尽史料,但是明确提出全面收集史料的要求,可以使研究尽量减少错误。与此同时,马克思、恩格斯等非常强调历史资料的原始性和可靠性。拉法格回忆马克思时指出:"他从不满足于间接得来的材料,总要找原著寻根究底,不管这样做有多麻烦。"③ 恩格斯则强调:"有用的材料,如不与原出处认真核对,也完全不能用。"④

然而,有研究者将中国马克思主义史学定义为唯物史观派史学,与史料派史学相区别,称唯物史观派"在处理理论与史料的关系中,他们不是不重视史料,但认为理论的地位更根本"⑤。还有人指责唯物史观派"完全从现实政治的要求出发,最后必然地模糊了过去与现在之间的界限,并从而否定了历史的客观性"⑥。还有人说马克思主义史学宏大叙述的基本特点是"预设立场,无限制地扩张历史学的宣传、教化功能。以权威论述或权威文件为指导,有选择地剪裁史料,来论证某种权威性论述,对复杂的历史进程作简单化的'必然性'的解释,遮蔽了许多丰富鲜活的历史层面",

---

① 《马克思恩格斯选集》第 2 卷,人民出版社 1995 年版,第 39 页。
② 黎澍主编:《马克思恩格斯列宁斯大林论历史科学》,第 309 页。
③ [法] 保尔·拉法格等:《回忆马克思恩格斯》,马集译,人民出版社 1973 年版,第 348 页。
④ 《马克思恩格斯全集》第 39 卷,人民出版社 1974 年版,第 76 页。
⑤ 《历史学若干基本共识的再检讨及发展前景——访王学典教授》,《历史教学问题》2004 年第 1 期。
⑥ 余英时:《中国史学的现阶段:反省与展望》,台北:时报出版公司 1982 年版,第 7 页。

从而主张运用"新实证主义"的研究方法,避免"宏大叙述"对研究的支配,克服在资料选择上的价值判断,重视对各种史料——包括内容上互相冲突的史料的收集、鉴别和广泛地运用,同时强调对历史细部环节的注意,主张"沉潜于地方和基层,在具体细密的实证研究的基础上,再来讨论理论问题"①。

事实上,他们在研究中又是如何实践的呢?《红太阳是怎样升起的:延安整风的来龙去脉》一书出版后,许多学者批评该著没有把毛泽东放在历史的大背景下来进行研究,其史料运用片面化,对《毛泽东传》《毛泽东文集》《毛泽东早期文稿》未加以恰当运用,存在把毛的性格定型并脸谱化的做法,并且推论牵强武断,存在一系列学术硬伤。②

还有人对史料不辨析、不考证、不甄别,只要合乎自己的意愿就随意加以使用。例如,有人根据在不可查证的网络上收集的资料,指出:"据中共中央公布的资料,1957—1958 年共划右派 552973 人,1978 年以后'改正' 552877 人。不予改正的共 96 人,包括章伯钧、罗隆基、储安平、彭文应、陈仁炳等。扩大化 5759. 1354 倍,错划比率占 99. 99%。所谓'必要性'只占万分之 1. 736;又据解密后的中央档案,全国划右派总共是 3178470 人,还有 1437562 人被划为'中右'(中右者也受到不同程度的处罚)。实际上戴帽的'右派分子'不是 55 万,而是 55 万的 5. 6倍!"③ 至于中共中央公布的资料和解密的中央档案是何时出台的何种文件,该文并没有具体注明,只注释"参见 ks. cn. yahoo. com 2007 – 10 – 03"。经笔者核查,这是一个不存在的网址。这些数字与中央权威党史部门史著披露的数字相去甚远,夸大了反右派斗争扩大化的严重程度。

还有人以实证研究的名义倾心于"碎片"研究,以孤证、个案推导出具有普遍性的结论。实际上,经济社会发展的不平衡性决定了中国革命、建设和改革的历史在不同地区、不同领域发展的统一性及其具体表现的多样性,即使具有代表性、典型性的历史现象、历史事例,如作为农村改革

---

① 高华:《叙事视角的多样性与当代史研究——以 50 年代历史研究为例》,《南京大学学报》(哲学·人文科学·社会科学) 2003 年第 3 期。

② 参见马社香《驳高华"毛泽东是中共历史上厉行肃反的始作俑者"》,《经济导刊》2014年第 8 期;尚微《关于延安文艺座谈会——评高华〈红太阳是怎样升起的〉》,《北京大学学报》(社会科学版) 2003 年第 2 期;黄化《体制外的心声——评高华〈红太阳是怎样升起的〉》,新浪博客,2013 年 7 月 4 日,http://blog. sina. com. cn/s/blog_ 59c807540101cxqz. html。

③ 郭道晖:《毛泽东发动整风的初衷》,《炎黄春秋》2009 年第 2 期。

发源地之一的安徽凤阳小岗村，也只能在一定程度上反映改革开放在农村的酝酿与探索情况，反映不了历史主体不同的城市改革史。如若拘泥于一隅或个案，而不是在更大范围内研究各地农村、城市乃至全国的改革开放，是不可能总结出改革开放的基本历史经验的。

更严重的是，一些人认为历史可以支离破碎，"碎片"串联起来就可以构成历史的整体。这就为一些所谓的"历史揭秘"文章，歪曲客观历史提供了"生存"空间。例如，有人致力于挖掘毛泽东的日常生活，通过对毛泽东的"补丁衣服"、家庭财务和"三年困难时期不吃肉"、过生日、日常生活的特别保障体制等作出另类解读，企图颠覆人们历史认知中的毛泽东简朴、为民的整体形象。

有人为了达到自己的预设观点，甚至不惜伪造、篡改史料。例如荷兰学者、香港中文大学历史教授冯克（Frank Dikoetter）的著作《毛泽东的大饥荒》声称参考 1000 多份档案文件，在其中一份"只发给（1959 年）3 月 25 日上海锦江饭店会议参加者的绝密会议纪要中"指出"毛泽东下令征购粮食总产量的三分之一，这个额度，是史无前例的。毛泽东说：'粮食收购不超三分之一，农民造不了反。'……'不够吃会饿死人，最好饿死一半，让另一半人能吃饱'。"① 实际上，毛泽东关于"粮食收购不超三分之一，农民造不了反"的谈话，是在 1959 年 3 月 28 日李先念做《关于粮、棉、油购销问题和财贸方面几个问题》报告时的插话；而"死一半"之说，是毛泽东在 3 月 26 日薄一波做《关于第一季度工业计划执行情况和第二季度的安排》报告时的插话。当时毛泽东说："对工业，这三个月要确实地抓一下，要抓紧，抓狠，抓实。工业方面的领导上要出秦始皇。要完成计划，就要大减项目。1078 个项目中还应该坚决地再多削减，削到500 个。平均使用力量是破坏大跃进的办法。大家吃不饱，大家死，不如死一半，给一半人吃饱。"② 可见，"不如死一半"的比喻，完全是针对工业领域里的基建项目。冯克随意裁剪、拼接史料，刻意将毛泽东说的工业问题扭曲成粮食问题，将毛泽东说的让一半基建下马歪曲成毛泽东蓄意牺

① 冯克：《毛泽东的大饥荒》，郭文襄、卢蜀萍、陈山译，INK 印制文学生活杂志出版有限公司 2012 年版，第 103—104 页。

② 参见孙万国《毛泽东的"手枪冒烟"了吗？——质疑〈大饥荒〉作者冯客（Frank Dikotter）的学术造假》，载李慎明、李捷主编《还原历史的本原》，中国社会科学出版社 2014 年版，第 459、461 页。

牲一半中国人，无非是强化毛泽东对三年困难时期饥荒问题的责任，达到妖魔化毛泽东形象的目的。

四

中国史学有重视史德的优良传统，清末学者章学诚将"书者之心术"作为史德，要求史家写史的时候气平情正。梁启超则把史德作为"史家四长"之首，认为史德就是"对于过去毫不偏私，善恶褒贬，务求公正"，"夸大""附会""武断"为有悖于史德的"最常犯的毛病"。[①] 中国马克思主义史学崇尚崇高的史德，例如胡华提出："史学工作者要有史德，要公正，要正直，讲真话，不讲假话，这是最重要的一条，这也是辩证唯物主义、历史唯物主义的精髓，是马克思主义的核心。"[②] 后来又有学者将史德概括为史学工作者的精神境界、社会责任和端正的学风。[③] 在这种氛围之下，我国的大部分史学工作者都能在认识上自觉地把"求真""信史"看作是建立科学史学的关键所在，也就是说，虽然历史真相不能完完全全地呈现，但是写出来的一定是有据可依的真实历史。

然而，也有一些研究者没能很好地坚持这一点。首先，党史国史研究领域带有明显情绪化的史著并不少见。例如，《红太阳是怎样升起的：延安整风的来龙去脉》一书出版后，就有学者指出作者"气不平"的缺陷："可能由于著者本身的经历，使其在作《红太阳》时，想'不虚美，不隐恶'，但潜意识里还是情不自禁"，"'气不平'可能是《红太阳》不能著成传世名著的最大硬伤"。[④] 带着强烈的个人情绪来进行史学研究，无论这种情绪是热爱抑或是仇恨，都会影响研究者客观公正、秉公持平地评价历史和历史人物。

还有人对党史国史研究没有敬畏之心，尤其是一些非专业人士在访谈、讨论中以过来人身份、以领导人身边工作人员身份随意发表对党史国

---

① 参见梁启超《中国历史研究法·中国历史研究法补编》，中华书局 2014 年版，第 202—205 页。

② 《胡华文集》，中国人民大学出版社 1988 年版，第 122 页。

③ 马克思主义理论研究和建设工程重点教材：《史学概论》，高等教育出版社、人民出版社 2009 年版，第 298 页。

④ 黄化：《体制外的心声——评高华〈红太阳是怎样升起的〉》，新浪博客，2013 年 7 月 4 日，http：//blog.sina.com.cn/s/blog_ 59c807540101cxqz.html。

史以及有关历史人物的看法，似乎经历者这一身份就是历史真相的保证，实际上限于个人视角，一些看法远远谈不上对历史的科学、严谨认识。

其次，党史国史研究领域存在大量明显的政治化倾向，乃至违背史德的研究。龚云在《起底〈炎黄春秋〉》一文中详细梳理了《炎黄春秋》所发表的丑化党史国史、抹黑领袖人物的文章情况，揭示其反对四项基本原则的政治倾向："每期主要内容在于集中描述中国共产党的错误历史，特别是新中国成立后的错误历史，给人的总体印象是共产党什么好事都没有做。《炎黄春秋》的不少文章对改革开放前30年的历史采取了简单否定的态度……这些年来，该刊把大量笔墨聚焦在毛泽东一生的错误上，不仅连篇累牍、反反复复地诉说新中国成立后毛泽东的错误，而且肆意放大毛泽东在新民主主义革命时期的错误，把毛泽东妖魔化。"脱离历史事实，以自己的价值尺度，尤其是政治的意识形态的价值尺度对历史进行剪裁甚至重塑，背离了研究者要客观、公正、真实的基本史德。

学术界这种解构历史、虚无历史、篡改历史的做法，直接影响到社会。一段时间以来，网络上罔顾史实、随意调侃和恶搞革命先烈，甚至胡编乱造、诋毁抹黑民族英雄的恶劣做法，与一些研究者违背史德的做法是密不可分的。

综观以上现象，加强马克思主义唯物史观、历史辩证法的学习与教育，确立马克思主义史学在史学界的主流地位，已经成为非常必要的工作。只有如此，才能从根本上杜绝历史虚无主义思潮的学术来源，使之没有生存和影响的空间。

（作者单位：中国社会科学院当代中国研究所）

唯物史观与中国语境中的历史虚无主义

刘雄伟

自习近平总书记近年来多次谈及历史虚无主义之后，学界较为集中地展开了对历史虚无主义的批判。可以说，历史虚无主义已经成为当前人们关注的一个学术热点。但从总体上看，这场正在持续的历史虚无主义批判，由于并没有真实地发掘出唯物史观本有的理论资源，因而在对历史虚无主义的批判上收效甚微。在此背景下，澄清唯物史观对历史虚无主义内在超越，已经成为一个刻不容缓的理论任务。这不仅有助于推进当前的历史虚无主义批判，而且也有助于在新的语境下重新唤起唯物史观的理论魅力。

一 从虚无主义到历史虚无主义

历史虚无主义是由虚无主义这一概念派生出来的。虚无主义是指拒绝承认世界、人生的终极意义和价值的哲学理念，它是现代哲学中的一股极为强劲的思潮。按照海德格尔的考证，雅克比最早在哲学的意义上使用了"虚无主义"的概念。在给费希特的信中，雅克比把自己所反对的唯心论称作虚无主义。他说："真的，亲爱的费希特，如果您或者无论是谁想把我要反对的唯心论称作喀迈拉主义的话，我是不会不高兴的；我自己就骂它是虚无主义……"① 雅克比把唯心论指责为虚无主义，表明虚无主义和唯心主义有一定的牵扯关系。

虚无主义真正变成一个广为熟知的概念，始于俄国文学作品《父与子》。蒋路在《俄国文史采薇》一著中明确提出，尽管虚无主义这一概念早已有之，但是，"'虚无主义'之名迅速流行并获得新的内涵，是在

---

① ［德］海德格尔：《尼采》下卷，商务印书馆2010年版，第716页。

《父与子》问世、巴扎罗夫的形象引起普遍注意和激烈争辩之后。"① 在《父与子》中，主人公巴扎罗夫是一个典型的虚无主义者，他轻蔑和质疑俄罗斯传统的规范、规则和价值，从不向任何权威低头、从不接受正面原则。巴扎罗夫只相信实证主义的自然科学，他甚至把整个世界看作没有任何形上意义和目标的工厂和实验室。这种唯科学主义的立场把虚无主义推向了极致。按照海德格尔的看法，虚无主义否定现存的一切道德规范和价值传统，只承认感性存在的东西，所以在其发展中，它必然和实证主义纠缠在一起，"人们通常用'实证主义'这个名称来表示这种世界观"②。

尽管尼采并不是第一个在哲学的意义上讨论虚无主义的人，但他却系统性地构筑了虚无主义的哲学话语，把虚无主义与现代性勾连起来，从而使得虚无主义成为一个必须予以克服的当务之急。尼采指出，"虚无主义意味着什么？——最高价值的自行贬黜。"③ 这里的"最高价值"，是指西方传统的柏拉图主义所悬设的理念世界，它凌驾于现实的感性世界之上，但却始终规范着现实中人们的所思所想和所作所为。尼采断言，现在，这个最高价值自行贬黜了，伴随着"上帝之死"，人类失去了任何的目标和意义。

显然，在尼采的意义上，虚无主义意味着"最高价值"的坍塌，但虚无主义并不可怕，因为在尼采看来，传统的柏拉图主义所悬设的"最高价值"本来就是不真实的存在，它只是缺乏生命意志力的"奴隶道德"所产生的幻想。因此，只要以"主人的道德"来取代"奴隶道德"，重建权力意志的绝对价值，就能克服柏拉图主义，进而走出价值虚无主义的困境。尽管后来的海德格尔对尼采克服虚无主义的方案表示怀疑，但不可否认的是，尼采确实深刻地意识到了西方文明中所固有的虚无主义事实。海德格尔之所以重视尼采的"欧洲虚无主义"，也是源于尼采对虚无主义的深刻见地。

尼采的深刻之处在于，他意识到了现代社会急速的世俗化运动必然催逼出否认超感性价值的虚无主义思潮。尼采说，"现代人试验性地一会儿相信这种价值，一会儿相信那种价值，然后又把它们取消了；过时的和被

---

① 蒋路：《俄国文史采薇》，东方出版社2003年版，第64—65页。
② ［德］海德格尔：《尼采》下卷，商务印书馆2010年版，第717页。
③ ［德］尼采：《权力意志》上卷，商务印书馆2007年版，第399页。

取消的价值的范围变得越来越丰富；价值的空虚和贫乏越来越明显可感。"①尼采关于"欧洲虚无主义"的思考表明，虚无主义绝非危言耸听，它是基于对现代文明的内在症结的深刻洞见，它真实地折射出了现代西方文明的内在困境，表明了人们对现代文明的本质和前景的忧虑。作为现代文明的根本症结，虚无主义必然体现在现代社会的方方面面，因而虚无主义的形式包括道德虚无主义、认识论的虚无主义和政治虚无主义，等等。在历史研究中，虚无主义同样不可避免地出现了，这就是历史虚无主义。历史虚无主义集中地体现在它对传统历史哲学的质疑上。传统的历史哲学，从基督教的神本史学到黑格尔的《历史哲学》，从来都没有质疑过历史的终极目标的存在，但随着虚无主义的来临，人们不再相信以往的历史哲学对历史的终极目标的设定。因此，历史虚无主义首先表现为历史终极目标和价值的坍塌，历史仅仅被理解为杂乱事件的堆积。这就是历史虚无主义的基本内涵。

二 历史哲学与历史编纂学：马克思所指认的 历史虚无主义形态

尼采通过宣告"上帝之死"，预言了现代社会的深层特质，即现代社会是一个无神的虚无主义世界。在对基督教和上帝的批判上，除了尼采，人们很容易想到的另一位哲学家，就是马克思。马克思说，宗教是有缺陷的存在，当人们还不能围绕现实的太阳旋转时，宗教总是围绕人而旋转。但基督教和上帝的谬误一经被驳倒，人类的世俗生活也就随之失去了昔日田园诗般的温情脉脉和一切职业的灵光。虚无主义来临了。这就是马克思对现代社会的基本诊断。如果说尼采把形而上学的"最高价值"归结为"奴隶道德"的话，那么，马克思则把作为"神圣形象"的宗教归结为人的"异化"状态。显然，两位大哲都在质疑传统柏拉图主义所悬设的"终极存在"的同时，意识到了西方现代社会中的虚无主义潜质。

与尼采相比，马克思显得更为深刻，因为他一方面揭示了上帝这个"神圣形象"的虚伪本质；另一方面还具体批判了基督教的神本史观，把它指认为一种不自觉的历史虚无主义。在马克思看来，基督教史学是一种

① ［德］尼采：《权力意志》下卷，商务印书馆2007年版，第732页。

颠倒了的历史观，它为了获得对历史的统一性理解，把历史的统一性原理对象化成了虚幻的上帝，把上帝理所当然地当作人类历史的"目标""意义""统一性""真理"。基督教史学家从来没有认真思考过的"目标""意义""统一性""真理"等这些字眼，更没有意识到历史终极目标的虚无本质。正因为如此，基督教历史观只是一种不自觉的历史虚无主义形式。

启蒙哲学尽管逐渐实现了上帝的自然化和人本化，乃至黑格尔哲学最终以绝对理念彻底代替了上帝，但遗憾的是，包括黑格尔哲学在内的整个启蒙哲学同样没有质疑过历史的终极目标和意义，因而它根本上也是一种不自觉的历史虚无主义。马克思说，"黑格尔历史观的前提是抽象的或绝对的精神。这种精神正在以下面这种方式发展着：人类仅仅是这种精神的有意识或无意识的承担者，即群众"①。黑格尔对历史主客体的颠倒，使得他尽管在《历史哲学》中极为详尽地讨论了世界历史从东方向西方的具体进展历程，但现实的历史还是被他完全地遮蔽了起来。青年黑格尔派对老黑格尔的历史哲学进行了方方面面的修补，但却在根本上延续了老黑格尔的运思路向，在他们那里，"人和历史所以存在，是为了使真理达到自我意识。因此，历史也和真理一样变成了特殊的个性，即形而上学的主体，而现实的人类个体反倒仅仅变成了这一形而上学的主体的体现者"②。马克思把以往历史哲学这种历史唯心主义也看作是不自觉的历史虚无主义。其实，雅克比首次在哲学的意义上提出"虚无主义"的概念时，就已经隐隐约约地意识到了虚无主义和唯心主义的内在关联，只是马克思明确地挑明了这一点。

正是因为意识到了传统的历史哲学在根本上是不自觉的历史虚无主义这一点，所以马克思极力把自己的"历史科学"与传统的历史哲学划清界限。对于俄国民粹派理论家、主观社会学者米海洛夫斯基对唯物史观的拟历史哲学的理解，马克思说，"他一定要把我关于西欧资本主义起源的历史概述彻底变成一般发展道路的历史哲学理论，一切民族，不管他们所处的历史环境如何，都注定要走这条道路……但我要请他原谅。他这样做，

---

① 《马克思恩格斯全集》第 2 卷，人民出版社 1957 年版，第 108 页。
② 同上书，第 101 页。

会给我过多的荣誉，同时也会给我过多的侮辱"①。

传统的历史哲学是同柏拉图主义内在地关涉在一起的，伴随着柏拉图主义的衰落，传统的历史哲学必然同样会被宣布为抽象的"宏大叙事"而走向终结。在此背景下，客观的历史编纂学在19世纪兴盛起来。19世纪，以兰克为代表的史学家们真正意识到了传统的历史哲学所悬设的最高目标的虚无本质，所以他们开始自觉地拒绝任何形式的历史哲学，而力求把历史知识建立在扎实的史料考据学的基础之上。客观的历史编纂学主张价值中立的历史研究，有意识地拒斥历史的终极目标和意义，完全把史学看作一门由在专业上训练有素的史学家所从事的实证主义科学，这就使得历史学被彻底地实证化和碎片化，最终沦为历史虚无主义的"完成"形态。正像屠格涅夫和海德格尔表明的那样，虚无主义和实证主义之间存在着先天性的内在关联。既然历史编纂学家在史学中彻底地贯彻了实证主义，那么，它也必然把历史虚无主义推向极致。

马克思认为，现代的历史编纂学尽管拒斥传统历史哲学的宏大叙事，拒绝讨论历史的终极目标和动力，但它在实质上并没有出离历史哲学的范式。这是因为，历史编纂学在根本上依然是以某种超历史的"理念"来解释历史，而不是像它自己所宣称的那样，是在客观如实地描述历史。具体来说，历史编纂学的思想基底是旧的直观唯物主义，由于没有自觉到感性的物质活动，因此，它"只能在历史上看到政治历史事件，看到宗教的和一般理论的斗争，而且在每次描述某一历史时代的时候，它都不得不赞同这一时代的幻想。例如，某一时代想象自己是由纯粹'政治的'或'宗教的'动因所决定的——尽管'宗教'和'政治'只是时代的现实动因的形式——，那么它的历史编纂学家就会接受这个意见。这些特定的人关于自己的真正实践的'想象'、'观念'变成一种支配和决定这些人的实践的唯一起决定作用的和积极的力量"②。这样一来，正像历史哲学在历史之外悬设了一个终极目标一样，历史编纂学同样是以在历史之外的虚无"观念"来解释人类现实历史的发展运动过程。这表明，历史编纂学总是从既定的思想前提和价值立场出发，而不是像它所宣称的那样，始终保持"客观中立"。

---

① 《马克思恩格斯全集》第19卷，人民出版社1963年版，第130页。
② 《马克思恩格斯选集》第1卷，人民出版社1995年版，第93页。

实际上，客观的历史编纂学与传统的历史哲学只是一枚硬币的两面，二者具有两极相通的效果。马克思明确指出，德国的历史编纂学是从资产阶级的立场出发，因而就像青年黑格尔派的历史哲学一样，它同样是遮蔽现实历史的德意志意识形态。马克思认为所谓的客观历史编纂学正是脱离活动来考察历史关系，他甚至把作为传统历史哲学集大成者的黑格尔看作历史编纂学的系统表述者。马克思说，"黑格尔的历史哲学是整个这种德国历史编纂学的最终的、达到自己'最纯粹的表现'的成果。对于德国历史编纂学来说，问题完全不在于现实的利益，甚至不在于政治的利益，而在于纯粹的思想"①。西方历史学家伊格尔斯同样深刻地指出，兰克倡导的史学研究专业化的科学精神最终导致的却是他的历史著作越来越意识形态化。

综上所述，在马克思主义的意义上，传统的历史哲学与现代的历史编纂学，都属历史虚无主义。传统的历史哲学，从基督教史学直到黑格尔的《历史哲学》，从来都没有质疑过他们所悬设的终极目标，而是独断地承诺了这个终极目标，因而是一种不自觉的历史虚无主义；现代的历史编纂学，尽管意识到了传统历史哲学所悬设的历史目标的虚无本质，但却彻底走向了对历史的价值和意义的质疑，所以它是一种完成了的历史虚无主义形态。

三　立场与史实之争：中国语境中的历史虚无主义讨论

虚无主义是一个外来词汇，这一概念被移植到中国的语境中之后其含义发生了微妙的变化。梁启超最初在介绍俄国的虚无主义时，把"虚无主义"混同于俄国当时恐怖的"虚无党"，认为虚无党源于19世纪文学上的虚无主义。但事实上，在屠格涅夫撰写《父与子》的当年，也就是1860年，虚无党作为反抗沙皇政府极端镇压政策的产物就已经诞生了。周作人后来对此做了纠正，认为虚无主义既不同于虚无党，也不同于东方古老的虚无哲学。但是，其后的朱谦之依然以道家的虚无哲学的眼光来理解虚无主义，把虚无主义理解为思想深刻、境界高远的褒义词，这显然不同于尼采、海德格尔等德国哲学家对虚无主义的原本理解。但

---

① 《马克思恩格斯选集》第 1 卷，人民出版社 1995 年版，第 94 页。

可能正是因为中国古代有虚无哲学，所以虚无主义一开始传入中国，并没有引起中国思想家对西方文明的消极理解，也没有影响他们对西方民主和科学的接受。

虚无主义虽然是一个舶来品，但作为现代性的基本特征，它还是影响到了近代以来中国社会的方方面面。在近代中国的史学界，历史虚无主义同样以实证主义的历史编纂学的面孔呈现了出来。具体来说，伴随着作为"最高价值"的儒家伦理的自行贬黜，史学家们不再按照儒家伦理的解释原则来理解和书写历史，不再探寻历史中的终极意义和价值，而只是把客观、如实地还原历史当作了史学的本职任务。不管是顾颉刚对崔述"经书即信史"的批判，强调崔述"只是儒者的辨古史，不是史家的辨古史"，还是傅斯年的"史学即是史料学"，都意在消解传统史学中的"以经解史"的路向，力求把实证主义方法在史学中贯彻到底。近代的实证主义史学基本完成了中国语境中的历史虚无主义，史学由此而不再承载"究天人之际"这个最高目标，完全变成了史料学。

自唯物史观在历史研究中确立指导性的地位之后，马克思主义史学获得了长足性的发展，并一度取得了辉煌的成就。不过，与此同时，人们也逐渐认识到，中国马克思主义史学中存在着一些问题，特别是对唯物史观的教条化理解和照搬。作为对马克思主义史学的反思，碎片化的实证主义史学自改革开放之后再次兴起，史学界甚至由此而出现了质疑马克思主义史学的倾向和苗头。

在当前中国的历史研究中出现的历史虚无主义，既不同于虚无主义的一般性理解，也不同于中国近代的史学中自发的历史虚无主义，而是特指对唯物史观的质疑，也就是以还原历史细节的方式来质疑马克思主义史学，它集中体现在对"反右""大跃进""文化大革命"等重大历史事件以及毛泽东、蒋介石等重要人物的评价上。正因为如此，当代的历史虚无主义批判，不仅是一个重大的学术问题，而且也是一个重大的政治问题。历史虚无主义的批判者们，主要是站在维护马克思主义的立场上，分别从含义、研究方法及危害等方面来剖析历史虚无主义；而"历史虚无主义者们"则主要从"史实"的角度出发，以"客观"的历史编纂学的形式来反思以往的马克思主义史学。

具体来说，历史虚无主义的批判者们，认为历史虚无主义动摇了唯物史观的指导性地位，最终必然会危害到党的领导权。何怀远说，"历史虚无主义，虚无的是马克思主义、社会主义和共产党的历史，实化的是资产阶级意识形态和资本主义制度"①。关于历史虚无主义的深层症结，批判者们认为，从学理上来说，"历史虚无主义的本质是历史唯心主义，是对历史唯物主义的背叛"②。从研究方法上来说，历史虚无主义违背实事求是的原则。例如，韦磊说，"依据主观目的随意歪曲历史。历史虚无主义者在历史研究上，伪造、拆解、滥用史料③。就历史虚无主义的危害来说，批判者明确指出，它否定中国共产党、否定新中国的历史。例如，田心铭说，"历史虚无主义是在我国影响较大的错误思潮之一，其主要表现是否定历史，尤其是歪曲和否定中国共产党的历史和新中国的历史，进而否定中国共产党的领导地位和中国的社会主义制度"④。

与历史虚无主义的"热烈"批判形成鲜明对比的是，历史虚无主义者几乎完全处于"隐匿"的状态，似乎没有人公开承认自己是历史虚无主义者。这倒是一个颇让人尴尬的局面。不过，在当代中国的史学界，不少史学家确实在有意无意地绕开唯物史观，而沉湎于客观的历史编纂学之中，以隐性的方式质疑马克思主义史学的解释原则。

如前文所述，历史编纂学家宣称不带任何立场地叙述历史，主张有一分材料说一分话，但他们遗忘了，没有中性的观察，观察就总是被既定的价值立场所污染。不管历史编纂学家是否意识到这一点，但其史学著作一再表明，他们总是从某种既定的价值立场出发来理解历史的。马克思看到了历史编纂学同历史哲学的同质性，认为它们都是从历史之外所悬设的某个思想出发来理解历史，因而都是历史虚无主义。历史虚无主义批判着力于剥离历史编纂学"客观中立"的伪装，让其坦白自己的政治导向和价值立场，这在学理上完全是成立的。

但不得不承认，由于批判者们过度地将矛头指向历史虚无主义本身，而没有认真去清理"历史虚无主义"这个基本概念，更没有回过头来澄清唯物史观对历史虚无主义的内在超越性，所以导致他们在对历史虚无主义的批判上，收效甚微。事实上，改革开放以来，史学家们之所以逐渐从以

---

① 何怀远：《再评历史虚无主义思潮》，《红旗文稿》2015 年第 6 期。
② 上海市中国特色社会主义理论体系研究中心：《对历史的自觉自信是抵制历史虚无主义的基石》，《求是》2013 年第 1 期。
③ 韦磊：《海外毛泽东研究中的历史虚无主义》，《马克思主义研究》2014 年第 6 期。
④ 田心铭：《警惕历史虚无主义的新变种》，《红旗文稿》2014 年第 13 期。

往的马克思主义史学转向客观的历史编纂学，正是由于他们把唯物史观看做是同历史哲学同质的、不自觉的历史虚无主义，没有厘清二者之间的本质关系。如果历史虚无主义的批判者们不能够澄清这一点，那么，所谓的立足于唯物史观来批判历史虚无主义，就会沦为一句空话。而要澄清唯物史观与作为不自觉的历史虚无主义的历史哲学的区别，只能回到马克思的原本语境之中。

四 回到马克思：历史虚无主义克服的可能

马克思历史唯物主义的历史科学的创立，直接建立在对传统历史哲学的批判之上。但自"历史科学"创建以来，人们依然是以传统历史哲学的眼光来理解它，从来没有认真对待马克思对黑格尔及其青年黑格尔派历史哲学的内在超越。洛维特在《世界历史与救赎历史》中，明确地把唯物史观解读为基督教历史观的现代变种。卡尔·波普尔则针锋相对地质疑了历史规律的不可能性。现代哲学对唯物史观的诸多误解，彻底抹杀了马克思对传统历史哲学的深刻变革，使得唯物史观同样被质疑为不自觉的历史虚无主义。

其实，在批判宗教时，马克思就指出，宗教是颠倒了的世界观，同时也是颠倒了的历史观。宗教的出现，从根本上说，是由人们现实生活的缺陷导致的。不管是传统的历史哲学，还是现代的历史编纂学，之所以都是历史虚无主义，就是因为它从来都没有真正追问过人们的现实历史，而总是游离于人们的现实历史之外，从某种既定的价值立场出发来虚构历史。马克思意识到了历史虚无主义的存在论根基，所以他直接诉诸对现实历史的政治经济学批判，力争在批判旧世界中去发现新世界。现实历史的澄清，使得唯物史观在根本上出离了历史虚无主义的窠臼。马克思的历史科学是实证科学，但却与实证主义的历史编纂学有着本质的区别，它不是"非批判"的实证主义。从根本上说，马克思对历史规律的发现是与其"人的解放"的价值理想密不可分的。一方面，马克思把人的解放的价值理想诉诸对现实历史的政治经济学批判；另一方面，马克思又通过对现实的历史的政治经济学批判来探求人类解放的现实道路。

《资本论》诉诸对资本主义的批判，最终发现了资本的逻辑，提出当代人的自由是建立在对资本的依赖性之上的。也就是说，正是由于人们在现实的历史中依然受到资本的抽象统治，处于不自由的状态，所以才会陷入价值虚无主义的困境，进而质疑历史的"意义"和"价值"，把社会历史仅仅理解为人物、活动、事件的杂乱堆砌，这就是以历史编纂学为基本形态的现代历史虚无主义诞生的真实根源。可见，资本才是生成历史虚无主义的罪魁祸首。

但资本的逻辑，既是资本增殖的逻辑，又是资本瓦解的逻辑，因为资本的增殖不仅为"人的解放"奠定了充足的物质基础，而且也在客观上壮大了"人的解放"的革命力量——无产阶级。在此意义上，资本主义既是历史虚无主义的现实根源，又是历史虚无主义得以克服的现实基础。通过对资本主义的政治经济学批判，马克思发现了历史的规律，创立了唯物史观。

马克思克服历史虚无主义的思路与海德格尔的探索有着惊人的相似。海德格尔指出，对虚无主义的克服，不能从价值出发，而应该从追问存在开始，因为虚无与存在相对，而不是与价值相对，尼采始终没有认识到这一点，所以他并没有克服虚无主义。对于马克思来说，与虚无相对的存在，就是人们的现实生活过程。从存在论的角度出发来克服虚无主义，也就是从人们的现实历史过程出发。马克思真正触及了历史虚无主义的现实根基，所以他为克服历史虚无主义提供了可能。《晚期海德格尔的三天讨论班纪要》等文献表明，海德格尔极为重视马克思的历史唯物主义对于克服西方传统历史唯物主义的独特运思路向。历史唯物主义对现实历史的存在论觉解，对于推进当代中国语境中的历史虚无主义批判，无疑具有重大的理论意义。

首先，历史虚无主义导源于把奠基于现实历史之上的价值理想抽象为某种历史目的论。不管是历史哲学还是历史编纂学，其最终之所以会陷入历史虚无主义，就是因为它们都把某种超历史的思想、理念看作历史的终极根源和目标。这样一来，历史永远都是理念的历史，而现实的人则永远只是"历史"的工具和手段。但在马克思那里，"人的解放"的价值理想奠基于对历史发展规律的发现，而不是先行悬设的历史目标，因而它是一个现实的而非虚幻的实现过程。

其次，马克思把自己的价值理想奠基于对现实历史的澄清，同时也就意味着，我们应该历史性地看待人类自由实现的历史过程。回顾近代以来的中国革命史，它在特定的历史背景下，确实走了不少弯路，但这些"历史失误"与中国既定的历史条件有关，并不能由此而全盘否认中国的革命。对于中国革命史上的重要历史事件，比如，"反右""大跃进""文化大革命"等，只能诉诸中国特定的历史发展阶段和条件来理解，而不能孤立地看待；同样，对于中国革命史上的重要历史人物，比如毛泽东，也应该在整个近代中国革命史的特定历史背景下来理解。然而，客观的历史编纂学为了探求所谓的历史真相，而过度地沉浸于历史的细节之中，彻底遗忘了中国人民在近代史中所面对的具体的历史现实及其探索的过程。从根本上说，以历史编纂学为面孔的历史虚无主义，是从某种超历史的前提出发的，它曲解中国革命的真实历程，因而理应受到批判。

最后，唯物史观表明，当代人的使命，是摆脱人对资本的依赖性，而不是让人更加依赖于资本，因而我们应该在理解现实历史的基础上自觉超越之。尽管对于"现实的历史"，人们有不同的理解，但一个不容否认的事实是，伴随着资本这个"非神圣形象"对传统的"神圣形象"的取代，虚无主义全面来临了。如何把资本的独立性和个性还原为人的独立性和个性，才是当代人根本的历史任务，也是克服历史虚无主义的根本前提。而坚持唯物史观的中国共产党，一开始就在积极吸取西方现代文明的优秀成果的基础上，尽力规避它的负面效应，力求在扬弃现代形式主义文明的过程中早日结束资本对人的统治，结束"史前史"时期，真正走出历史虚无主义的困境。在这个意义上，所谓"社会主义市场经济"之前的"社会主义"，绝非可有可无，因为它具有重大的理论和现实的指导意义，它在时刻提醒着我们，只有辩证地看待当代中国的现实，才能真正实现伟大的"中国梦"。

（作者单位：吉林大学文学院）

当下中国历史虚无主义的本质特征及叙事方式

王增智

历史研究从来都不是为了研究而研究,而是旨在"回望过去,关照现在,展望未来",是一种意义的存在。意义变,则历史变。因此,用科学的历史观对历史进行总结,具有重大意义。但是,改革开放以来,在西化势力的影响下,中国史学研究领域出现了一股以"反思历史""重新评价"历史事件和历史人物、历史研究要有"新思路"的思潮,极力推销历史虚无主义。据人民论坛问卷调查中心对 2015 年国内十大思潮进行调查的结果显示:历史虚无主义得分为 9.06,排名第二位(2014 年排名第七位)①,其影响力之大可见一斑。近年来,我国马克思主义学者对历史虚无主义思潮在当代中国沉渣泛起进行了强有力的揭批。针对当下中国历史虚无主义以学术研究的名义妄图构建关于中国近现代历史的"新话语体系"来代替中国共产党人在唯物史观指导下通过实践建构的关于中华民族的"昨天—今天—明天"的意义逻辑情势,究其学术逻辑、叙事方式,深入揭批历史虚无主义的各种面孔,着力钳制并克服其泛滥,是非常必要的。

一 图谋斩断主流意义逻辑是当下中国历史虚无主义的本质特征

当下中国历史虚无主义者"虚无"的主要对象是中国革命与中国共产党。他们采用学术研究的形式图谋斩断中国共产党人在唯物史观指导下通过实践建构起来的关于近代以来中国人民奋斗史的意义逻辑,使"前三十年"与"后三十年"脱节,瓦解中国革命的历史价值,使中国社会主义建

---

① 《2015 值得关注的十大思潮调查报告》,《人民论坛》2016 年 1 月下。

设和改革失去历史根基。

德国历史学家约恩·吕森教授认为，历史意义可以从感知、诠释和导向三个方面来解说。感知是指对"过去—现在"的关联性感知，是指存储事实的各历史时期的分离和联系，是过去的事实在时间进程中的真实性及所呈现的变迁的真实性，而不是指对发生在过去的事情的纯粹事实性感知。如果没有"过去—现在"的关联性感知，历史就蜕化为纯粹"死的"知识积淀而失去意义。诠释是指历史要按照能够被理解的意义逻辑进行叙述。意义具有目的性，某种意义逻辑体现了叙述者的某种目的；逻辑的连贯性要求对历史材料的处理必须"相互关联、环环相扣"。亦即对历史材料的处理要受意义逻辑的约束，意义逻辑不同，对历史材料的处理方式就不同。导向是指历史意义与受众的关系。如果历史意义能够成为受众行为的导向，说明历史的叙述者与受众有共同的问题意识及所期盼的答案。因此，"历史的意义就是作为历史而被现在化了的过去的功能性或者实用性关联"①。从这一"关联性"可以推论出：否定过去就意味着否定现在，从而否定按照现存实践的规范性脉络中开启的未来。

1840 年以来的中国近现代史是中华民族在遭受西方资本主义列强侵略压迫、面临亡国灭种危机下不断反抗和接力追求现代化的历史，先后经历了旧民主主义革命—新民主主义革命—社会主义革命、建设和改革至今。这一历史脉络将中华民族的昨天、今天和明天紧密联系在一起，生动有力地诠释了近代一百多年来中国人民寻梦、追梦、圆梦的历史旅程，建构了中华民族近代以来的"过去—现在—未来"的意义逻辑。在这个历史脉络中，后一个历史阶段的开启都源于前一个历史阶段的实践，从而生成了"历史和人民选择了中国共产党，选择了马克思主义，选择了社会主义道路，选择了改革开放"的必然结论。这"四个选择"，从根本上决定着中国的历史命运和未来前途。这一意义逻辑熔铸和承载了每个中华儿女的共同愿景，并激励着每个中华儿女为之努力奋斗。同时，这一意义逻辑还规范着人们对中国革命史、中共党史、国史等历史的认知和叙说。对这一意义逻辑链条中的任何一个历史阶段的否定，都必然会导致从理论上瓦解这"四个选择"的历史必然性，从而颠覆中国共产党执政的合法性。

---

① ［德］约恩·吕森：《历史思考的新途径》，綦甲福等译，上海人民出版社 2005 年版，第 51 页。

当下中国历史虚无主义者通过挖掘碎片化的所谓"富于启迪的历史细节",进行"深度分析"和"重新评价"中国革命史、中共党史中的历史人物和历史事件,以企图解构中国共产党人在唯物史观指导下通过实践建构起来的关于中华民族的"昨天—今天—明天"的意义逻辑,极力编织"跟着共产党走就没有未来"的别样意义逻辑,谋图实现其走西方资本主义道路的政治目的,并将这种"编织"视为一种不可推卸的"历史责任"。这种所谓的"历史责任"在当下主要以研究中国革命史中的历史人物和历史事件的学术形式来实现,具有相当的蛊惑性。

当下中国历史虚无主义者通过否定中国革命史特别是新民主主义革命来否定中国共产党在中国近现代史上的重要作用,从而否定中国共产党的执政地位。如有历史虚无主义者在否定中国新民主主义革命时认为:从建设的角度来讲,"改良更接近于建设,更便于达到目的,是上策。革命则要破坏,离建设目的更远,是中策。五四运动既是革命运动,又是破坏运动。而革命、破坏是不得已而为之,是一种中策,这一点后来被忽视了,把革命、破坏当作最佳选择,当作上策,从而引导出革命崇拜与破坏主义。从五四运动到今天,在政治和文化领域,是破坏多而建设少"①。这一论述基本上奠定了当下中国历史虚无主义者对待革命问题的态度基调:用专注革命的破坏性强化中国共产党的所谓"原罪"。

这样立论的意义何在?是为了阐释中国革命是不得已而为之的事情?当然不是。关于中国革命是不得已而为之的事情,毛泽东早在1920年时就讲过:"我看俄国式的革命,是无可如何的山穷水尽诸路皆走不通了的一个变计,并不是有更好的方法弃而不采,单要采这个恐怖的方法。"② 其实,当下中国历史虚无主义者也很清楚中国走上革命之路的原因在于外强不给我们改良机会的现实境遇。如部分当下中国历史虚无主义者在谈到"救亡压倒启蒙"时,就认为中国革命是一种现实的要求。既然如此,这样的立论就蕴含了其他意图。

众所周知,中国共产党生于革命,长于革命,成于革命。可以说,没有革命,就没有中国共产党,革命与中国共产党紧密联系在一起;否定革命,就等于否定了中国共产党,否定了中国共产党人在唯物史观指导下通

---

① 李泽厚:《中国现代思想史论》,东方出版社1987年版,第437页。
② 中国革命博物馆等编:《新民学会通信集》,人民出版社1980年版,第148—149页。

过实践建构起来的关于中华民族的"昨天—今天—明天"的意义逻辑，就等于在理论上瓦解了中国共产党执政的合法性。具体而言，一旦否定了"昨天—今天—明天"意义逻辑链条上的"昨天"，那么中国共产党经历的一切苦难、辉煌，近代以来中国人民为争取独立、自由、解放的伟大梦想，以及中国革命史上的一切英雄人物、英雄事迹等，都最终会变成为镜花水月。更为重要的是，没有了"昨天"的支撑，"今天—明天"就会被置于空中楼阁之境，也自然就消解了"今天"的伟大成就与我们党之间的紧密联系，在中国特色社会主义道路上实现中华民族伟大复兴也会最终成为呓语。这就是当下中国历史虚无主义者"冒天下之大不韪"以从事历史研究学术面目出场的真正用意。为了实现这一用意，他们将作为有机联系整体的中国近现代史进行了碎片化、丑化、篡改等所谓的"深度挖掘"和"重新解读"，以否认历史的内在规律和普遍联系，甚至不惜背离基本常识。他们深知：只有瓦解了中国共产党的革命逻辑，关于中国共产党的社会主义建设和改革逻辑就也自然坍塌了。这一"恶招"应当值得我们高度警惕！

二 当下中国历史虚无主义借助后现代主义史学叙事方式泛滥

揭批当下中国历史虚无主义思潮除了要厘清它的本质特征、揭露它的目的之外，还要甄别它的逻辑叙事方式，并剥离它。只有如此，才能有力揭批和阻止历史虚无主义在当代中国的泛滥。

当代中国虚无主义具有外生型，是西方对中国社会主义实行和平演变战略的产物。正如梁柱先生在揭橥当代中国历史虚无主义思潮产生的原因时所指出的那样："苏联解体之后，他们用一切办法来向社会主义国家，特别向中国输出他们的价值观念，输出他们各种的思想、理念和生活方式，并从内部寻找他们的代理人，希望社会主义国家从内部发生变质，产生各种思潮。比如，历史虚无主义思潮，正是对西方和平演变战略的呼应。"[①] 改革开放以来，伴随着外资的引进，附着在外资身上的各种主义也

---

① 《梁柱专访：解构历史虚无主义，保持历史清醒》，求是网：http://www.qstheory.cn/free-ly/2015 - 09/07/c_ 1116484457. htm。

随之而来。这"而来"的既含有历史虚无主义思潮，也含有后现代主义思潮，且二者还交织在一起。历史虚无主义思潮附着在全球掀起的后现代主义思潮外衣之下迅速渗透到中国思想文化的各个领域，并妄图在中国现代社会转型进程中占据意识形态主导位置。从这个意义上讲，对历史虚无主义的揭批是捍卫马克思主义意识形态学者的应有责任。

后现代主义思潮是当今西方盛行的一种综合性的哲学、历史与文化思潮。20世纪90年代，作为批判和否定现代性的激进思潮开始切入中国学术界。与此同时，后现代主义史学也登陆了中国。"后现代主义似乎天生与中国文化有着某种缘分，很多西方后现代思想家对中国文化有一种天然的亲近，同样，它作为一种文化思潮一进入中国的文化争论之中，就引起了人们的极大的兴趣和广泛的关注。"[①] 也令当代中国的历史学家们心惊胆战。后现代主义史学提出的社会史研究范式彻底颠覆了传统史学的研究，在后现代主义史学研究中，传统史学中的"宏大叙事"不见了，代之以个别人物、典型事件、妇女等微观和细节。如果按照后现代主义史学之"个别代替一般""细节代替整体"的逻辑，马克思主义史学将不复存在。

后现代主义思潮的基本特征在于对现代主义的消解或解构，解构是后现代主义的核心叙事方式。这种叙事方式采用的手段是拼图式的，具体而言就是"剪刀加浆糊"，以拼贴杂糅的方式叠加情节，通过分析语言的运用解构"基础""中心""整体"，以实现自己所谓的解救被权力话语所蒙蔽的大众之目的。

在德里达、巴特、福柯等解构主义者看来，具有永恒意义和恒定秩序的"结构"是先验性的，往往受制于权力和主流话语，因此需要使"社会从所有那些作者、创造支配性话语的知识权威们的观念束缚中挣脱出来"[②]。德里达有个核心观点："去中心化"，并要求重视相对于中心的边缘和被隐瞒、被遮蔽的细小环节。解构主义者的这一前置性预设决定了其根本的历史任务：否定既有概念，肢解传统，拆除那种具有中心指涉结构的主体。为了完成这一任务，解构主义者拿起了"剪刀加浆糊"精心拼制了一幅没有中心的碎片化思想图，企图用全新视觉体验将观众从被"教

---

① 王岳川：《20世纪末中国哲学研究重大问题检讨之八：后现代主义研究（笔谈）》，《求是学刊》2001年第3期。

② ［美］乔治·瑞泽尔：《后现代社会理论》，谢立中等译，华夏出版社2003年版，第174页。

化"中解放出来，抑制既有权威模式和价值规范。正是通过这种叙事技巧，解构主义正在日益消解人们日常生活中对"基础""中心""整体"的认同，并采用非"理性"的态度对待历史规律、深度意义等方面的追求，也不再相信任何一种给定的权威模式和价值规范。

后现代主义史学将"文本"视为一个开放体系，认为每个人都可以用"剪刀加浆糊"来对历史构图进行自由的拼制。美国史学大师雅克·巴尔赞对这种观点反讽道："公众头脑不时受到某种新'阐释'的吸引，此类阐释最好是新的分析判断：罗马帝国衰落的原因是痛风，也许是铅中毒，或者两者兼而有之。现在，这正在引起人们的兴趣。"[①] 后现代主义史学对传统史学的冲击主要体现在两个方面：一是历史研究兴趣的转移；二是对传统史学认识论和历史编纂学的挑战。学者王晴佳认为，现代主义史学崇尚进化论的历史观，以中心、主流、精英为主要研究对象；而后现代主义历史研究则是要打破单线进化论的历史观，以非中心、非精英、非主流和非理性的活动为研究对象。同时，后现代主义史学还通过"话语转折""语言学转折"等理论对现代主义史学的"科学性""客观性"进行了否定，意图重新界定历史研究的性质和意义。[②]

当下中国历史虚无主义者默认了后现代主义史学的消极意义，借用后现代主义史学否定历史现象之间的内在因果联系、漠视时间和叙事的连续性、否定历史规律、否定真理等消极元素，大肆利用后现代主义史学的叙事方式，在既能迷惑受众又能保护自己的"话语转折""语言学转折"等理论外衣下，大张旗鼓地"虚无"中国革命史和中共党史。

当下中国历史虚无主义者对 20 世纪中国历史特别是对中国革命史、中共党史采用后现代主义史学叙事方式，完全不顾历史的真实性和整体性，彻底地进行了歪曲、遮蔽、篡改、捏造等，使历史沦为语言的工具。在"全新视角""另类解释""还原历史"等名义下，他们先预设好一个能够表达自己意愿的结论，然后通过"剪刀加浆糊"的方式去发现或发掘一些能够印证自己结论的史料进行论证，并用大量的语言学、心理学、物理学、化学等概念的分析代替历史事实（虚无黄继光就采用了物理学分析），宣扬自己的新奇结论。表面看来，这种叙事"有理有据""令人叹服"，实则是以偏概全，

---

① ［美］雅克·巴尔赞：《我们应有的文化》，严忠志译，中信出版社 2014 年版，第 55 页。
② 王晴佳：《后现代主义与中国史学的前景》，《东岳论丛》2004 年第 1 期。

歪曲事实，否认历史中的真实崇高，用所谓的"非人性化"叙事否认近代中国革命的合理性，故意将中共党史宣扬为"阴谋史""党内斗争史"等，致使"正史不正，信史不信"。尽管如此，这一逻辑却很能蛊惑人心。由于一般读者在激进的怀疑心理驱使下只会满足于所谓"很解渴"的碎片化和平面化结论，而不去做认真思考和甄别。因此，在后现代主义思潮外衣保护下，历史虚无主义思潮在中国的传播将更加复杂。

三 虚无中共党史中的定论是当下中国历史虚无主义的主要内容

当下中国历史虚无主义者秉持唯心史观，打着"还原历史真相"的旗号对历史事件和历史人物进行大肆翻案，故意颠倒黑白，企图否定"四个选择"的历史必然性，改变中国特色社会主义方向。这一意图决定了当下中国历史虚无主义者在虚无时的强选择性手段。已故的龚书铎老先生对此一针见血地批评道："历史虚无主义并不是对历史完全虚无，而是有所虚无，有所不虚无。历史虚无主义虚无的是中国革命的历史，是中国共产党的领导、马克思列宁主义的指导，是社会主义制度和人民民主专政，但对叛徒、汉奸、反动统治者则不虚无，而是加以美化，歌功颂德，把已被颠倒过来的历史再颠倒回去，混淆是非。"① 这即是说，这种历史虚无主义者的强选择性的虚无服务于其颠覆社会主义的政治目的。

从当下中国历史虚无主义文献资料看，当下中国历史虚无主义者虚无的主要内容是中共党史中的定论。尽管他们也为中国历史上的反面人物翻案，如认为秦桧"也不完全是坏人"、袁世凯因"二十一条"被骂卖国贼很冤等，甚至不惜违背常情，大肆渲染民族失败情绪，公开称颂帝国主义侵略、宣扬殖民统治有利等，但他们这样做的目的并不是为了翻案而翻案，而是想以此来否定以马克思主义为指导形成的主流历史认知体系。这进一步说明了当下中国历史虚无主义者的政治目的决定了其对历史材料的处理方式。

当下中国历史虚无主义者在虚无改革开放前的历史时，把主要目标锁定在毛泽东身上。众所周知，改革开放前的历史与毛泽东紧密联系在一起。邓小平指出："对毛泽东同志的评价，对毛泽东思想的阐述，不是仅

---

① 龚书铎：《历史虚无主义二题》，《高校理论战线》2005 年第 5 期。

仅涉及毛泽东同志个人的问题，这同我们党、我们国家的整个历史是分不开的。"① 当下中国历史虚无主义者非常清楚：虚无了毛泽东就等于虚无了"我们党、我们国家的整个历史"。《关于建国以来党的若干历史问题的决议》指出："毛泽东同志是伟大的马克思主义者，是伟大的无产阶级革命家、战略家和理论家。他虽然在'文化大革命'中犯了严重错误，但是就他的一生来看，他对中国革命的功绩远远大于他的过失。他的功绩是第一位的，错误是第二位的。"当下中国历史虚无主义者完全置"历史问题的决议"于不顾，通过各种方式、各种途径对所谓历史文献的细节发掘或编造极力贬低和丑化毛泽东，抓住毛泽东晚年所犯的错误，全面否定毛泽东在中国历史上地位和毛泽东思想的指导作用，进而否定中国新民主主义革命的合理性和社会主义建设的成就。

如针对长征，他们提出：长征中，中央纵队行动迟缓、湘江战役惨败是毛泽东舍不得扔掉辎重导致的（抬轿子论）；针对毛泽东的理论创作，他们提出：《实践论》《矛盾论》是抄袭的；宣扬"毛泽东是革命家，却不是马克思主义者"，将"毛泽东思想概括为'乌托邦'和'唯意志论'"，"社会主义革命造就了封建专制主义"，"毛泽东时代的社会主义带有很大的封建性"，"毛泽东时代不仅彻底剥夺了国人的参政权利，还用政治恐怖彻底消解了民众的参政意识"，"中国要搞现代化必须非毛化"等。在他们眼里，毛泽东在中国历史上没有任何功绩，有的只是错误或"罪恶"。正如美国哈佛大学亚洲研究中心主任、著名中国问题专家托尼·赛奇教授认为的那样："目前中国对毛泽东的肆意丑化已经超越了一个民族应有的理智界限……导致思想混乱的真正原因，就是历史虚无主义。"②

当下中国历史虚无主义者在虚无中国共产党领导的改革开放成就时，将主要目标聚焦在对中国特色社会主义道路的认同上。《关于建国以来党的若干历史问题的决议》指出："三中全会以来，我们党已经逐步确立了一条适合我国情况的社会主义现代化建设的正确道路。这条道路还将在实践中不断充实和发展，但是它的主要点，已经可以从建国以来正反两方面的经验、特别是'文化大革命'的教训中得到基本的总结。"当下中国历

---

① 《邓小平年谱》（上），中央文献出版社 2007 年版，第 684 页。
② 林书红：《新媒体传播中历史虚无主义"导向"不容忽视》，《红旗文稿》2014 年第 22 期。

史虚无主义者与西方敌对势力共谋，无视中国改革开放所取得的巨大成就，认为"中国的改革是没有任何监督、制约的改革，是失去了底层民众、民间力量参与的改革，是在中国共产党领导下发展资本主义的改革"。还别有用心地夸大改革开放进程中出现的各种经济社会问题，极力宣扬"环境亡国""贫富差距亡国""腐败亡国"等论调，借此质疑改革开放、质疑中国特色社会主义道路的正确性，并由此得出"现在如果还不彻底地、全方位地'学习西方'，终将万劫不复"的结论。习近平总书记指出："中国特色社会主义，是科学社会主义理论逻辑和中国社会发展历史逻辑的辩证统一，是根植于中国大地、反映中国人民意愿、适应中国和时代发展进步要求的科学社会主义，是全面建成小康社会、加快推进社会主义现代化、实现中华民族伟大复兴的必由之路。"① 对于这条道路，我们只能坚持和完善，而不能抛弃或偏离。

当下中国历史虚无主义者通过虚无中共党史中的定论，意图瓦解中国共产党人在唯物史观指导下通过实践建构起来的关于中华民族的"昨天—今天—明天"的意义逻辑。正如有学者指出的那样：历史虚无主义者意不在虚无历史本身，而在于"通过抹黑历史，通过割裂历史与现实的有机联系，打掉中国人对社会主义的道路自信、理论自信和制度自信"②。鉴于此，我们要始终坚持马克思主义在意识形态领域的指导地位，坚守思想防线，把意识形态工作的领导权、管理权、话语权牢牢掌握在手中，着力揭批和钳制历史虚无主义的渗透。

四 钳制当下中国历史虚无主义市场是 克服其泛滥的重要途径

反对历史虚无主义既是一个理论问题，更是一个实践问题，除了要在理论上揭橥其本质、厘清其逻辑叙事方式外，更要从实践入手，从解决实际问题入手清除当下中国历史虚无主义市场。从历史的意义来讲，在"过去—现在—未来"的逻辑链条中，现在是人们思考问题的出发点和落脚

---

① 习近平：《毫不动摇坚持和发展中国特色社会主义》，《人民日报》2013 年 1 月 6 日。
② 姜迎春：《论历史虚无主义思潮的成因、表现及其危害》，《南京政治学院学报》2014 年第 5 期。

点，人们为了现存实践的合理性回望过去，为了现存实践的价值意义以展望未来。一般来说，历史虚无主义易产生于旧的价值信仰体系已经崩溃而新的价值信仰体系还未完全建构起来的过渡状态或转型期。正如大多数学者在揭批当代中国历史虚无主义时所认为的那样：在改革开放进程中，中国历史虚无主义沉渣泛起。这就是说，改革开放进程中的中国社会转型情势为历史虚无主义的泛起提供了某种土壤和现实可能性。正因如此，我们在钳制当下中国历史虚无主义时，除了从理论上揭批之外，更需要关注人们日常生活中的重大现实问题，关注人们的思想和心理需求，不给历史虚无主义以可乘之机。

1. 要继续强化唯物史观指导下的史学研究

唯物史观是迄今为止一切历史观中最具说服力、解释力的科学历史观。在史学研究领域，唯物史观使历史研究真正置于它的基础之上，使史学成为科学。在历史虚无主义泛滥的当下史学研究中，必须夯实唯物史观的基本原理、科学方法和指导地位，旗帜鲜明地反对历史虚无主义。一是要从客观的历史事实出发，厘清本质、主流和现象、支流，坚决反对以所谓的"反思"和"创新"来肆意歪曲事实、解构历史的行为；二是要坚守阶级分析方法。阶级分析法是马克思主义史学研究的"金钥匙"，应贯穿于史学研究的始终。这就要求在历史研究中必须坚决反对"去政治化"的倾向，在大是大非问题上，不能以个别替代一般，以细节否定整体；三是要坚持整体性研究。整体性是唯物史观的基本要求。整体性要求反对"碎片化"的史学个案研究，反对后现代主义史学中的相对主义和虚无主义。列宁曾讲："在社会现象领域，没有哪种方法比胡乱抽出一些个别事实和玩弄实例更普遍、更站不住脚的了。挑选任何例子是毫不费劲的，但这没有任何意义，或者有纯粹消极的意义，因为问题完全在于，每一个别情况都有其具体的历史环境。如果从事实的整体上、从它们的联系中去掌握事实，那么，事实不仅是'顽强的东西'，而且是绝对确凿的证据。如果不是从整体上、不是从联系中去掌握事实，如果事实是零碎的和随意挑出来的，那么它们就只能是一种儿戏，或者连儿戏也不如。"①

2. 要强化对新媒体的监管力度

针对当下中国历史虚无主义者大肆利用微博、网络大 V、公共微信平

---

① 《列宁全集》第 28 卷，人民出版社 1991 年版，第 364 页。

台或个人微信等新媒体散布观点的状况，必须强化对新媒体的监管力度。首先，通过团结新媒体代表性人士来净化网络空间、弘扬主旋律。新媒体的迅速发展催生了一批有见地、粉丝多、影响力大的网络"意见领袖"，把他们团结起来，鼓励他们弘扬真善美、鞭挞假恶丑，捍卫主流意识形态，传播正能量，当好净化网络空间的推手。其次，要牢牢把握新媒体舆论引导的主动权。由于新媒体具有较强的舆论辐射力和感染力，在极短的时间内能够形成舆论强势。因此，必须着力加强对新媒体的正确引导，牢牢把握主动权。一要建立自己的新媒体阵地；二要加强对新媒体及其从业人员的管理培训，建立行业准入制度；三要建设畅通的新媒体表达机制。与此同时，还要强化新媒体及其从业人员的责任感，做到不管是谁发布的信息，他都要对所发布的信息、观点或数据负全部责任。只有这样，才能避免一些谬论和误导信息在媒体中传播。最后，要预防大学校园里的部分留学生、知名学者中的西化分子会利用其所谓"光环"，占据"意见领袖"地位，在新媒体上发表轻蔑黄土文化，颂扬蓝色文明的言论等。

3. 要着力于中国特色社会主义重大现实问题的研究及解决

当代中国历史虚无主义泛滥既源于一定的国际因素，又源于国内实践中的一系列亟须解决的现实问题。历史虚无主义思潮在当代中国沉渣泛起的逻辑可以简单归纳为：对现实问题的反思促逼了对历史问题的学术性再认识，而一些别有用心的人利用这种再认识塞进了"私货"，于是就有了当下否定我们党和社会主义道路的历史虚无主义。这就要求我们必须基于马克思主义基本原理，在中国特色社会主义实践探索中不断进行批判性反思和规范性矫正，在利用市场经济大力发展生产力的同时，要更加注重社会主义共同富裕的最终目的，让人民群众有更多获得感、更强幸福感、更实安全感，不断凸显社会主义制度的优越性，不断增强社会主义意识形态的吸引力和凝聚力，围堵历史虚无主义思潮的需求市场，有力克服历史虚无主义思潮的持续泛滥。

（作者单位：海南师范大学马克思主义学院）

历史虚无主义论争演变的历史考察

文世芳　王　瑾

一个民族的历史是一个民族安身立命的基础，所以有"欲知大道，必先为史，灭人之国，必先去其史"的说法。近些年，历史虚无主义思潮泛滥，在否定历史、搞乱思想、破坏社会凝聚力等方面产生了恶劣影响。坚决遏制历史虚无主义的蔓延，掌握历史的话语权，把人心民心凝聚到社会主义现代化建设事业上，关乎党的生死存亡和国家的兴衰成败。弄清历史虚无主义论争的演变过程、焦点、实质和兴起规律，对批驳、反对历史虚无主义具有重要意义。本文试图主要依据中国知网上公开的资料，对新中国成立以后关于历史虚无主义论争的演变做一历史考察。

一

1949 年至 1988 年是历史虚无主义论争的第一个阶段。

虚无主义作为外来词汇，传入中国已久。在如何对待历史问题上，20世纪二三十年代中国社会就进行了讨论，一种对历史采取虚无态度的思想随之出现。从文献来看，中国共产党成立后，坚定地反对历史虚无主义。毛泽东在《新民主主义论》中指出："所谓'全盘西化'的主张乃是一种错误的观点。形式主义地吸收外国的东西，在中国过去是吃过大亏的。"① 他在《在延安文艺座谈会上的讲话》中提到虚无主义，把它列为要破坏的内容之一："它决定地要破坏那些封建的、资产阶级的、小资产阶级的、自由主义的、个人主义的、虚无主义的、为艺术而艺术的、贵族式的、颓废的、悲观的以及其他种种非人民大众非无产阶级的创作情绪。对于无产阶级文艺家，这些情绪应不应该破坏呢？我以为是应该的，应该彻底地破

---

① 《毛泽东选集》第 2 卷，人民出版社 1991 年版，第 707 页。

坏它们，而在破坏的同时，就可以建设起新东西来。"① 毛泽东在谈到如何研究中共党史问题时，主张对孔夫子到孙中山都要研究，表示出反对历史虚无主义和民族虚无主义的态度。

新中国成立前夕，《人民日报》在介绍苏联的文学艺术、讨论中国历史时，对虚无主义就有过初步批判。1949 年 5 月，《人民日报》刊载的《中国历史教程绪论》中就指出："我们共产党员是国际主义者，毫不调和地根本反对各色各样的资产阶级的民族侵略主义，可是，我们并不是民族虚无主义者。"② 6 月，《人民日报》刊载的苏联作协关于文艺方面的决议中指出："在这种批评家中间，培养着对西方资产阶级文化的谄媚主义，蔑视着俄罗斯古典戏剧的最丰富的遗产，对于苏维埃时期的大量经验存在着虚无主义的态度。"③ 新中国成立后的最初几年中，类似对苏联关于反对虚无主义的介绍颇多。在 1953 年后批判胡风、胡适、俞平伯等时，对他们所谓的虚无主义问题进行了清算：认为胡风攻击民间文艺，是"一种对于人民、对于民族文化的虚无主义的观点"④；批判胡适"对于自己祖国的文化遗产，他却抱着虚无主义的否定态度"⑤；批判俞平伯时指出："对祖国优秀的文化遗产持虚无主义的否定态度，这正是'五四'以后洋场绅士的本色。从这种反动的虚无主义的否定论出发，必然会引导到丧失民族自信心"⑥。

根据中国知网数据，1956 年学术讨论中开始出现虚无主义的说法。阎丽川在《美术》杂志发表文章，提出"美术教学中有没有'虚无主义'和'自然主义'"⑦ 的问题。作者认为对历史艺术缺乏足够的重视和传承，是艺术"虚无主义"的表现。此后，对虚无主义的论争主要是三个方面：一是文学艺术历史传统继承问题上的虚无主义，主要指是否尊重历史文化

---

① 《毛泽东选集》第 3 卷，人民出版社 1991 年版，第 874 页。

② 吴玉韦：《中国历史教程绪论》，《人民日报》1949 年 5 月 27 日第 4 版。

③ 《苏联作家协会理事会第十二次全会关于戏剧电影的决议》，《人民日报》1949 年 6 月 13 日第 4 版。

④ 林默涵：《胡风的反马克思主义的文艺思想》，《人民日报》1953 年 1 月 31 日第 3 版。

⑤ 王若水：《清除胡适的反动哲学遗毒——兼评俞平伯研究红楼梦的错误观点和方法》，《人民日报》1954 年 11 月 5 日第 3 版。

⑥ 《走什么样的路？——再评俞平伯先生关于"红楼梦"研究的错误观点》，《人民日报》1954 年 10 月 24 日第 3 版。

⑦ 阎丽川：《美术教学中有没有"虚无主义"和"自然主义"》，《美术》1956 年第 11 期。

传统的问题。如针对"四人帮"对历史、传统的错误态度，1977年有两篇文章批判了他们的虚无主义①。二是民族虚无主义。值得注意的是，所谓民族虚无主义有两种概念，一种指对民族传统、民族文化的否定，一种指以国际主义否定民族和国家主权。如1971年青岛市卫生局革命委员会大批判组的《批判反动的民族虚无主义，走中西医结合的道路》②中，民族虚无主义指的是对民族文化的否定。1987年，在意识形态领域斗争中，中共中央颁发《关于坚决妥善地做好报纸刊物整顿工作的通知》，明确规定重点整顿"宣传极端个人主义、民族虚无主义、反爱国主义"等倾向的报刊③。这个中共中央文件中出现的民族虚无主义，指的也是对民族文化的错误态度。1981年陈安的《论社会帝国主义主权观的一大思想渊源——民族虚无主义的今昔》指出："披着'无产阶级国际主义'美丽画皮的民族虚无主义，即从根本上否定一切民族观念、进而否定民族自决权和国家主权的邪说。""对于这种邪说，在近20多年来，苏联领导集团一向是积极鼓吹，不遗余力的。"④显然，这里民族虚无主义指的是以国际主义否定民族和国家主权。三是人生态度上的消极主义。1962年，有学者针对有人根据鲁迅对人生曲折有过彷徨而认为鲁迅是一个虚无主义者的观点进行批驳，认为鲁迅有的是激愤，是苦闷，而不是消沉，更不是什么虚无主义。⑤可以看出，这里的虚无主义，指的是对人生态度上的消极主义、颓废思想。

1979年，《教学参考》对虚无主义进行了专门的名词解释，体现了这一阶段关于虚无主义的基本认知。《教学参考》认为："虚无主义"这个词，首先出现于俄国著名作家屠格涅夫的小说《父与子》里。小说的主人公巴扎罗夫，体现了19世纪50年代至60年代俄国社会上出现的新人

---

① 李廷贵：《决不容许虚无主义地对待文化遗产——学习列宁〈论无产阶级文化〉的一点体会》，《中央民族学院学报》1977年第4期；王汉武：《鼓吹民族虚无主义是为了投降复辟——批判江青在民族音乐问题上的谬论》，《人民音乐》1977年第1期。

② 青岛市卫生局革命委员会大批判组：《批判反动的民族虚无主义，走中西医结合的道路》，《山东医药》1971年第1期。

③ 中共中央文献研究室编：《十二大以来重要文献选编》（下），人民出版社1988年版，第1351页。

④ 陈安：《论社会帝国主义主权观的一大思想渊源——民族虚无主义的今昔》，《吉林大学社会科学学报》1981年第3期。

⑤ 韩长经：《鲁迅前期是否有过虚无主义思想——从鲁迅与阿尔志跋绥夫的关系谈起》，《山东大学学报》（语言文学版）1962年第3期。

物——革命的平民知识分子的某些典型特征：正直、热情、鄙视反动统治阶级、否定一切旧事物。屠格涅夫赞美这样的性格，但他还不完全理解当时的新人物，因此描写中带有片面性。他把巴扎罗夫叫做"虚无主义者"，这个名字对于当时的革命知识分子是并不恰当的，并指出：现在所说的虚无主义，是指绝对否定一切，彻底否定社会上已有的各种理论、制度、传统的具有极大破坏性的思想而言。虚无主义态度，则是指盲目地、绝对地否定一切的错误态度。例如，我们说"四人帮"在文艺领域的虚无主义态度，就是指他们鼓吹"文艺黑线专政论""打倒一切""制造空白"的反革命思想。[①]

综上所述，根据中国知网的材料，这一阶段在公开发表的学术刊物中，并没有明确提出历史虚无主义这一名词，但已涉及不尊重历史、不尊重传统的问题。虚无主义的含义也引申为"绝对否定一切，彻底否定社会上已有的各种理论、制度、传统的具有极大破坏性的思想"。值得注意的是，在对"文化大革命"的反思中，尤其是在理论务虚会上和第二个历史决议起草过程中，如何评价党和国家的历史、如何评价毛泽东等党和国家领导人已引起激烈争议，既出现了对历史问题不愿意进行反思的"教条主义"，也出现了不能客观评价历史，有以偏概全、全盘否定历史的历史虚无主义倾向，邓小平等人与这两种倾向做了斗争。邓小平1979年《坚持四项基本原则》的讲话和1981年十一届六中全会作出的《关于建国以来党的若干历史问题的决议》，对两种极端倾向作了回应。

二

1989年至1999年是历史虚无主义论争的第二阶段。

1989年是国际共产主义运动"大气候"和中国国内"小气候"发生巨大变化的不寻常一年。东欧剧变使国际共产主义运动遭到巨大挫折，中国国内发生的政治风波也严重冲击人们的思想。国际以及国内借机掀起一股反社会主义、共产主义运动的潮流。在政治风波平息之后，中共领导人一再强调反对民族虚无主义，并将虚无主义与历史问题相结合，历史虚无主义概念逐渐浮出水面。1989年9月，江泽民强调指出，"任何割断历史，

---

① 参见《教学参考》1979年第1期。

采取虚无主义的态度，借口'改革'而否定党的优良传统的做法，都是错误的"①。在新中国成立 40 周年大会上的讲话中，他再次指出，"要特别注意反对那种全盘否定中国传统文化的民族虚无主义和崇洋媚外思想"②。12月 29 日，他在党建理论研究班上发表讲话时指出："一个时期以来，资产阶级自由化思潮的泛滥，资产阶级的'民主''自由''人权'口号的蛊惑，利己主义、拜金主义、民族虚尤主义和历史虚无主义的滋长，严重侵蚀党的肌体，把党内一些人的思想搞得相当混乱"③。至此，与当前概念内涵比较接近的历史虚无主义，被党和国家领导人作为一个完整的概念提出来，与民族虚无主义并列。1990 年 1 月，李瑞环在《关于弘扬民族优秀文化的若干问题》的讲话中，提出要"批判对待民族文化的历史虚无主义"④，改变民族虚无主义和历史虚无主义并列的提法，把民族虚无主义作为历史虚无主义的一个组成部分。1990 年 3 月，李鹏在第七届全国人大第三次会议上的政府工作报告中，则继续沿用江泽民的说法，"对于近年来广为流传的资产阶级自由化观点和西方资产阶级的哲学观、政治观、新闻观、文艺观等，以及民族虚无主义、历史虚无主义思潮，要进行抵制和批判"⑤。

　　针对意识形态领域的严峻形势，1989 年有两篇文章直接针对错误言论和思想。一篇是闻平在《北京师范大学学报》发表的《从民族虚无主义到卖国主义——评刘晓波的资产阶级自由化谬论》，一篇是沈重在《南昌大学学报（人文社会科学版）》发表的《历史虚无主义与"全盘西化"论——从中国历史文化视角再评〈河殇〉》。沈重的文章与孔利在《学习与研究》上发表的《对待传统文化不能抱历史虚无主义态度》一文，明确使用"历史虚无主义"的概念。闻平的文章主要批判刘晓波"中华民族的一切都是应该否定的"思想。沈重的文章开门见山指出："近代中国，历史虚无主义与'全盘西化'论几乎是一对孪生子。因为'全盘西化'论必须

---

　　① 中共中央文献研究室编：《江泽民思想年编（1989—2008）》，中央文献出版社 2010 年版，第 8 页。

　　② 中共中央文献研究室编：《十三大以来重要文献选编》（中），人民出版社 1991 年版，第 627 页。

　　③ 《江泽民文选》第 1 卷，人民出版社 2006 年版，第 94 页。

　　④ 中共中央文献研究室编：《十三大以来重要文献选编》（中），人民出版社 1991 年版，第 857 页。

　　⑤ 同上书，第 982 页。

以否定本民族历史及其传统文化为其前提；而宣扬历史虚无主义的结果，必然导致'全盘西化'论。"并指出："历史虚无主义则常以歪曲真实的历史记录为前提，通过对某些国家或民族的历史及其传统文化的否定，以达到其政治目的。"① 由此可见，这时学界不仅开始明确使用历史虚无主义的概念，而且将其定义为否定、歪曲历史，以达到政治目的。

1989 年对历史虚无主义的批判，并未形成一股潮流。1989 年到 1999 年的 10 年间，对历史虚无主义的论争，依然主要集中在如何看待中华民族历史、中国传统文化以及文学艺术领域的消极主义等问题上。同时，也关注到了历史虚无主义与爱国主义的对立。

这一阶段，对历史虚无主义的论争，刘文泰和姚海的两篇文章值得注意。1992 年，刘文泰在《南都学坛》发表《历史主义与历史虚无主义》，指出："历史虚无主义总是和政治极端主义联系在一起。思想上的历史虚无主义，必然表现为政治上的极端主义。换句话说，政治上的极端主义，必然拿历史虚无主义做武器，蛊惑人心，兴风作浪。林彪、'四人帮'如此，'政治精英'们亦如此。""其实，历史虚无主义并不是一种什么系统的理论，没有任何一个理论家创立过历史虚无主义的理论或自称历史虚无主义者，只不过人们习惯于把那种否定历史、否定前人、否定传统的行为或思想表现称为历史虚无主义。"② 作者第一次将历史虚无主义和政治极端主义联系起来，并将"四人帮"和所谓"政治精英"的历史虚无主义作为政治极端主义的变现，这是极有见地的认识。1993 年，姚海在《史学月刊》发表《俄国虚无主义运动及其根源》，对肇始于屠格涅夫《父与子》的虚无主义运动进行了梳理，分析出其特征，并指出："虚无主义是一场以否定为主要内容、表达了一种深切的社会关怀、具有强烈的行动意识的思想运动。在运动兴起之初，它没有直接涉及社会政治问题，但它对现存事物的否定具有明确的政治意义"。

综上所述，这一阶段由于国际国内局势变化，意识形态领域斗争严峻，和目前内涵接近的历史虚无主义概念得以明确提出，历史虚无主义和全盘西化挂钩，并指出历史虚无主义实质上是政治极端主义。这说明，在

① 沈重：《历史虚无主义与"全盘西化"论——从中国历史文化视角再评〈河殇〉》，《南昌大学学报》（人文社会科学版）1989 年第 4 期。

② 刘文泰：《历史主义与历史虚无主义》，《南都学坛》1992 年第 1 期。

中国，历史虚无主义因政治问题而提出，一开始就带有极强的意识形态色彩。

三

2000 年至今是历史虚无主义论争的第三阶段。

这一阶段与以往不同，随着国际国内复杂背景的变化，出现了历史虚无主义论争的三个关键点：第一个关键点是 2000 年，第二个关键点是 2005 年，第三个关键点从 2013 年持续至今。为何将 2000 年以来统称为第三阶段，而不将三个关键点划分为单独阶段呢？因为 2000 年以来关于历史虚无主义的主要内容、论争焦点已无质的变化，而以 2000 年、2005 年、2013 年以来作为三个关键点，主要是针对历史虚无主义论争的激烈程度。

之所以将 2000 年作为第三阶段的开始，并作为这一阶段论争的第一个关键点，是因为以下几个原因：一是主要党报党刊集中刊发了一批重要文章。《求是》杂志刊发周振华的《应当十分珍惜党和人民奋斗的历史——兼评历史虚无主义的若干观点》；《思想理论教育导刊》和《思想理论教育》刊发沙健孙的《应当珍惜党和人民奋斗的历史》；《人民日报》刊发《驳斥历史虚无主义的若干观点》；《光明日报》刊发《有关领导和专家学者谈党史研究》。二是理论界、学术界引发广泛讨论。这一年发表有关历史虚无主义的文章达到 17 篇，超过 1997 年到 1999 年 3 年的总和。三是对历史虚无主义批判在内容上有较大的拓展。周振华在批判错误倾向的同时，集中阐释了中国为什么会发生革命、和平改良为什么失败、资本主义建国方案为什么行不通的历史原因和背景；论证了新中国成立后，社会主义改造的指导思想是马克思主义而不是小资产阶级的空想社会主义；用事实说明了社会主义改造是促进了而不是阻滞或破坏了中国社会主义建设事业的发展。[①] 沙健孙指出中国革命不是制造出来的，是中国社会历史发展的必然要求；"五四"运动是中国新民主主义革命的开端，是中华民族伟大复兴的起点；社会主义改造促进了社会主义事业的发展，为全面进行社会主义建设开辟了道路；不能对党和人民奋斗的历史采取虚无主义的

---

① 周振华：《应当十分珍惜党和人民奋斗的历史——兼评历史虚无主义的若干观点》，《求是》2000 年第 16 期。

态度，应当珍惜党和人民奋斗的历史。① 李伦在《文艺理论与批评》上发表的《评近两年的历史虚无主义批评》，主要针对文艺界戏说历史、歪曲历史、消费历史的问题。② 从内容上看，历史虚无主义的论争已经由泛泛的是否尊重民族文化传统、是否"全盘西化"，转移到如何评价党领导的革命、建设和改革的问题，尤其是针对新中国一些重大决策和事件的评价问题。

为什么在 2000 年会出现这样一个关键点呢？主要有以下几个背景：一是 21 世纪对 20 世纪历史的回顾总结，涉及如何看待 20 世纪中国革命的问题。周振华的文章直接点明 20 世纪是一个伟大的世纪，前半叶，中国人民在中国共产党的领导下，争得了民族独立和翻身解放；后半叶，沿着社会主义道路开拓前进，取得了举世瞩目的光辉成就，这是值得自豪和珍惜的历史。沙健孙的文章同样开宗明义地强调：在本世纪的前半叶，中国人民经过长期的英勇顽强的斗争，终于在中国共产党的领导下争得了民族独立和人民解放；在 20 世纪的后半叶，中国人民沿着自己选择的社会主义道路开拓前进，在建设现代化国家的崇高事业中取得了举世瞩目的成就。两篇文章落脚点都在于正确看待中国波澜壮阔、天翻地覆的 20 世纪。二是因为 1999 年是历史的关键年份。这一年是五四运动爆发 80 周年、新中国成立 50 周年，时值这类重大历史纪念日，往往容易出现杂音，历史问题容易被拿出来做文章。因而 2000 年对历史问题的错误言论进行系统清理和批判，也就势所必然。三是 1995 年李泽厚、刘再复提出"告别革命"论后，在思想界、学术界产生了巨大的不良影响，引起重评历史之风，有必要对这一问题进行回应。周振华和沙健孙的文章，明确将矛头对准了"告别革命"论，直接引用其中相关论点进行批判。实际上，自 1995 年"告别革命"论提出后，学术界就有自发的质疑和批判，1996 年谷方在《求是》《马克思主义研究》等刊物连续刊发三篇文章进行驳斥，张海鹏在《当代中国史研究》刊发《"告别革命"说错在哪里》。此后，1997 年到 1999 年每年都有一两篇文章专门批驳"告别革命"论。

"告别革命"论等对待历史的错误倾向，引起中共中央的高度重视。2000 年 1 月 14 日，江泽民在中央纪委第四次全会上发表《治国必先治党，

---

① 沙健孙：《应当珍惜党和人民奋斗的历史》，《思想理论教育导刊》2000 年第 10 期。
② 李伦：《评近两年的历史虚无主义批评》，《文艺理论与批评》2000 年第 4 期。

治党务必从严》的讲话，严肃批评有的党员干部受历史虚无主义影响，"对中央已经作出决定的重大理论问题和历史结论，公开发表反对意见。有的公然歪曲党的历史、诋毁党的领袖人物和党的优良传统"①。1 月 20 日，江泽民在《通报中央政治局常委"三讲"情况的讲话》中再次批评个别人"公开在报刊上和书籍中发表歪曲党的历史、诋毁毛主席和党的优良传统的错误文章"，提出"我们应该逐一加以研究，制定措施，着力解决"。② 此后，他在《在中央思想政治工作会议上的讲话》《关于坚持四项基本原则》等重要讲话中，都对"歪曲党和人民的奋斗历史"的思想言论进行严肃批评。而《人民日报》《光明日报》《求是》等重要报刊集中刊文，正是贯彻中共中央进行意识形态领域斗争的举措。

当然，其他背景也不容忽视，比如 1999 年 9 月中共中央颁发《关于加强和改进思想政治工作的若干意见》，明确指出："思想领域的阵地马克思主义不去占领，非马克思主义和反马克思主义的东西就必然会去占领"③，"要坚决同各种错误思潮进行斗争，绝不能任其自由泛滥"④。2000年批判历史虚无主义也是贯彻这一"意见"的重要内容。

自 2000 年以后，根据中国知网数据，每年都有十几篇有关批判历史虚无主义的文章，到 2005 年则达到新的高点，共有 28 篇。之所以将 2005 年作为批判历史虚无主义的第二个关键点，不仅因为这一年发表文章数量创历史新高，超过平常年份的两倍，而且因为这一年对历史虚无主义的批判有几个显著特点：一是召开了专门的研讨会。教育部社科中心、中国史学会于这年 3 月 19 日在北京联合召开近现代历史研究与历史虚无主义思潮研讨会。会议集中探讨了历史虚无主义重新泛起的历史背景、原因；历史虚无义在中国近现代历史研究中的主要表现；近现代历史研究中的历史虚无义的理论渊源和认识根源；历史虚无主义的错误；历史虚无主义的危害等。二是将历史虚无主义当作一种思潮进行批判。这说明，如果说 2005 年以前历史虚无主义只是在学术界、理论界有影响力，而在社会上却

---

① 中共中央文献研究室编：《十五大以来重要文献选编》（中），人民出版社 2001 年版，第 1118 页。

② 《江泽民文选》第 2 卷，人民出版社 2006 年版，第 566 页。

③ 中共中央文献研究室编：《十五大以来重要文献选编》（中），中央文献出版社 2011 年版，第 194 页。

④ 同上书，第 196 页。

影响有限的话，那么，到 2005 年则已经成为一种社会思潮，日趋泛滥。三是将历史虚无主义作为苏联亡党亡国的重要教训提出来。陈之骅在《高校理论战线》发表《苏联解体前夕的历史虚无主义》，指出："苏共垮台和苏联解体的原因是多方面的，有历史的、现实的、有内部的、外部的、有政治的、意识形态的，等等。但最为直接、最为关键的原因是戈尔巴乔夫推行了一条背离社会主义的错误路线。这条路线最终瓦解了党，同时毁灭了苏联。戈尔巴乔夫推行这条错误路线的表现也是多方面的。从意识形态领域来看，很重要的一点是大搞历史虚无主义，以'重新评价'历史为名歪曲否定苏共领导下的社会主义革命与建设的历史，进而否定苏联的社会主义制度，从而造成了党内外的思想混乱，同时为国外敌对势力西化、分化苏联提供了可乘之机。这股历史虚无主义的逆流在苏共垮台和苏联解体中起到了其他因素不可替代的催化剂的作用。"①

"重新泛起"和"思潮"这两个关键词，阐明了 2005 年历史虚无主义论争的大背景。2000 年对历史虚无主义的斗争，不仅未能刹住这股风，反而随着中国加入世贸组织，对外采取更加开放的措施以后，西方各种思潮进一步侵蚀中国意识形态领域，历史虚无主义演变成一种社会思潮。中共中央为了捍卫意识形态领域的主导权，组织了这场斗争。此前，中共中央高度警惕宣传、教育、科研等领域非马克思主义思潮的逐渐蔓延，于 2004 年 1 月发出《关于进一步繁荣发展哲学社会科学的意见》，提出实施马克思主义理论研究和建设工程。之后，接连发出《中央宣传思想工作领导小组关于实施马克思主义理论研究和建设工程的意见》《关于进一步加强和改进大学生思想政治教育的意见》《关于加强和改进高等学校哲学社会科学学科体系与教材体系建设的意见》等文件，重点加强在教育、科研等领域的马克思主义思想指导作用和主导地位。2005 年对历史虚无主义的批判，认为"在史学研究领域里，正有一股历史虚无主义的逆风乘隙袭来，且有愈演愈烈之势"②，必须集中对科研领域尤其是史学研究领域的非马克思主义思想开火。历史研究领域对历史虚无主义的批判，是马克思主义理论研究和建设工程的题中应有之义，也是其亮剑举旗的"重炮"。

①　陈之骅：《苏联解体前夕的历史虚无主义》，《高校理论战线》2005 年第 8 期。
②　田居俭：《历史岂容虚无——评史学研究中的若干历史虚无主义言论》，《高校理论战线》2005 年第 6 期。

2004 年是新中国成立 55 周年，也是各种思想容易碰撞的时候。2005 年的论争与之也有一定的关系。

2013 年至今是历史虚无主义批判的第三个关键点。从 2005 年开始，关于历史虚无主义论争的文章日益增多，至 2013 年达到 129 篇，2014 年 205 篇，2015 年前 4 个月已有 67 篇。

中国知网以"主题"检索"历史虚无主义"有关文章分布表

年份	2005	2006	2007	2008	2009	2010	2011	2012	2013	2014	2015 年前 4 月
篇数	28	28	43	47	55	77	79	72	129	205	67

这次历史虚无主义论争，规模之大、内容之广、参与程度之高、持续时间之长都是前所未有的，呈井喷式爆发状态。究其原因，其一是历史虚无主义思潮影响更广。如果说 2005 年历史虚无主义成为一种思潮，那么到 2013 年这次论争，历史虚无主义已经发展为影响更大更深的社会思潮。根据《人民论坛》的调查，2010—2011 年度最受关注思潮排名中，历史虚无主义位列第七，2014 年中外十大思潮中，历史虚无主义依然位列第七，令人震惊的是 2013 年十大思潮中，历史虚无主义竟然高居第二，仅次于新自由主义。① 在各种社会思潮激烈碰撞的情况下，历史虚无主义连续跻身前十，说明其受关注程度越来越高、影响越来越大。其二是中共将历史虚无主义作为意识形态领域斗争的重要内容。与以往主要在《人民日报》《光明日报》发表批驳文章不同，这次对历史虚无主义的斗争，则是宣传、教育、社科等各系统集中力量、全方面发声发力。其三是网络成为各种观点发挥的大舞台。在这次论争中，互联网平台为各种思想提供了发声的机会，各种观点相互激烈碰撞，相左意见针锋相对、各不相让。在公开刊物上，知名学者之间也公开论争。其四是历史虚无主义被作为学术研究对象。历史虚无主义本来并非学术流派，也没有一个系统的学术思想，但随着其成为一种影响力很大的社会思潮，引起了学术界的广泛关注，被

---

① 参见高源《公众关注的重大思潮调查》，《人民论坛》2011 年第 1 期；王业、韩冰曦、康培主编《2011 重大思潮调查报告——与 2010 年的对比分析》，《人民论坛》2012 年第 3 期；人民论坛"特别策划"组《2013 十大思潮》，《人民论坛》2014 年第 2 期（上）；贾立政、陈阳波等主编《2014 中外十大思潮》（下），《人民论坛》2015 年第 3 期。

纳入一些高校的硕士研究生论文选题，也成为国家社科基金的研究课题，研究不断深化。① 其五是消除历史虚无主义在高校与大学生中的影响成为重要目标。仅在 2014 年，用"历史虚无主义"和"高校"或"大学生"为标题的就有十多篇文章。十余篇研究历史虚无主义的硕士论文中绝大多数是关于历史虚无主义对大学生的影响及对策研究。2014 年，中宣部委托中国社会科学院实施的"马克思主义理论骨干人才计划"，也是以高校教师为培养对象的。2015 年，中央党校也开始实施"马克思主义理论骨干人才培养计划"，招生简章明确指出这是落实中央关于巩固马克思主义在意识形态领域指导地位，加强高校意识形态阵地建设要求的重要举措。

2013 年以来关于历史虚无主义的论争为何持续时间如此之长，规模、影响如此之大？还有着更为复杂的原因。一是随着网络信息化时代的到来，微博、微信等新兴媒体的兴起，中国社会已经进入一个人人手握话筒的全媒体时代。各种歪曲、污蔑党史、国史的观点在网上大行其道，肆意泛滥，严重侵蚀到党的历史的必然性和正当性，形势比较严峻。单靠媒体管控和理论批驳已经难以抑制，论争四起，一时难以平息。二是习近平总书记和新的中央领导集体高度重视意识形态领域的斗争，对拿党史、国史说事的历史虚无主义思潮坚决批驳、反对。习近平高度重视历史的作用，调强历史是最好的老师、最好的教科书，是营养剂、清醒剂，是必须修好的必修课。同时，也高度重视捍卫历史领域的话语权。早在 2010 年 7 月全国党史工作会议上，习近平强调要坚决反对任何歪曲和丑化党的历史的错误倾向。2013 年 1 月，在新进中央委员会的委员、候补委员学习贯彻党的十八大精神研讨班开班式上深刻阐述了改革开放前后两个历史时期不能互相否定的思想。8 月，在中央召开全国宣传思想工作会议的讲话中，强调在意识形态领域要敢于担当、敢于出手。12 月，在纪念毛泽东同志诞辰 120 周年座谈会上的讲话中，指出既不能把领袖像神那样顶礼膜拜，也不能因为他们有失误和错误就全盘否定、抹杀他们的历史功绩，陷入虚无主

---

① 主要硕士研究生论文有：朱永《俄罗斯苏联时期的历史虚无主义运动研究——以意识形态合法性为视角》，中南大学，2009 年；杨晗《论历史虚无主义的理论前提—历史复杂性视角》，昆明理工大学，2012 年；胡明君《历史虚无主义思潮对当代大学生的影响及对策研究》，广西师范大学，2014 年；高陈其《历史虚无主义思潮对高校学生的影响研究》、袁方《唯物史观视域下的历史虚无主义研究》，安徽大学，2013 年；姜强强《历史虚无主义思潮对当代大学生的影响及对策》，东北师范大学，2014 年；刘笑涵《历史虚无主义在当代中国的重现及其批判》，燕山大学，2014 年；李杰《历史虚无主义对当代大学生的不良影响及其对策研究》，燕山大学，2014 年。

义的泥潭。特别是，2013年习近平总书记在新进中央委员会的委员、候补委员学习贯彻党的十八大精神研讨班上尖锐地指出："古人说：'灭人之国，必先去其史。'国内外敌对势力往往就是拿中国革命史、新中国历史来做文章，竭尽攻击、丑化、污蔑之能事，根本目的就是要搞乱人心，煽动推翻中国共产党的领导和我国社会主义制度。"他总结苏联解体和苏共垮台的惨痛教训指出："苏联为什么解体？苏共为什么垮台？一个重要原因就是意识形态领域的斗争十分激烈，全面否定苏联历史、苏共历史，否定列宁，否定斯大林，搞历史虚无主义，思想搞乱了，各级党组织几乎没任何作用了，军队都不在党的领导之下了。"感叹说："苏联共产党偌大一个党就作鸟兽散了，苏联偌大一个社会主义国家就分崩离析了。这是前车之鉴啊！"① 三是当今中国比历史上任何时期都更接近中华民族伟大复兴的目标，但是发展黄金期和矛盾凸显期叠加，改革已到深水区，需要啃硬骨头、涉险滩，反腐倡廉工作也到了需要猛药去疴、重典治乱，刮骨疗毒、壮士断腕的重大关头。在历史大发展、大变革的时代，尤其需要统一思想、凝聚力量。不纠结于历史，从历史中汲取智慧和力量，"向后看"为了"向前看"，方能充分发挥历史在这个大时局中的鼓舞、导向和凝聚作用。反之，则容易搞乱思想，影响大局。四是近几年重大历史事件和重要历史人物的重大纪念活动不断，各种杂音也趁机蔓延。2008年是改革开放30周年，2009年是新中国成立60周年，2011年中共成立90周年、辛亥革命爆发100周年，2012年党的十八大召开，2013年毛泽东诞辰120周年，2014年邓小平诞辰110周年。由此引发改革开放前后30年关系的讨论，如何看待新中国成立60年和共产党成立90年的问题，辛亥革命在中国历史进程中到底起了什么作用，如何评价毛泽东等领袖人物，为历史虚无主义论争持续升温提供了兴奋点。

四

历史虚无主义几经起落，愈演愈烈，足以引发深刻思考。

历史虚无主义论争起落，情况复杂，原因多样，涉及文化多元化冲

① 中共中央文献研究室编：《十八大以来重要文献选编》（上），中央文献出版社2014年版，第113页。

击、信息技术发展、新史料发现、新史学方法传播，掺杂国际局势变化和国家之间的纷争，往往兴起于党和国家重大纪念日前后。把历史虚无主义简单归结于国内外敌对势力亡我之心不死的革命传统思维，简单地提出高度警惕、坚决抵制，既是不负责任的态度，也无益于问题的解决。批驳、反对历史虚无主义，不能囿于革命传统思维，只停留在警惕和抵制层面，应持更加客观理性的态度，采取更加务实、长效、令人信服的举措。

一是必须正确认识和对待历史虚无主义。历史虚无主义是一个比较模糊且不断演化的概念。作为一个舶来品，历史虚无主义概念日益意识形态化，发展为特定的政治概念和政治思潮。即使如此，它依然存在概念不清晰、边界不明确等问题。这种政治思潮又和学术有千丝万缕的联系，更增添了模糊性和迷惑性。批驳、反对历史虚无主义，有必要对历史虚无主义概念本身做明确的界定与研究，以避免概念滥用、泛化以及批驳缺乏针对性。历史虚无主义几经批判而不息，意识形态领域的斗争和不同政治诉求的推波助澜是主因，深刻的历史文化和时代背景也不容忽视。近代以来，中华民族面对外敌侵略一败再败，饱经苦难和耻辱，加上近代工业文明发源于西方，在西学东渐、向西方学习过程中，民族文化自信受到极大损害，为历史虚无主义提供了生存土壤。20 世纪的中国是波澜壮阔的历史画卷，整个政治、经济、文化、社会关系发生了翻天覆地的巨变，社会阶层变动巨大，社会阶级对立激烈，利益调整深刻，极为复杂和令人震撼，广大人民或直接或间接搅进了历史大漩涡，站在不同立场对这段历史做出不同评价难以避免。如翻身农民及其后代与乡村士绅及其后代，对这段历史的评价就不可能尽然相同。因而，必须充分认识到与历史虚无主义的斗争是长期的、艰巨的，不能仅靠批驳、反对。

二是必须掌握历史的话语权。历史虚无主义作为一种政治思潮，是对客观存在的反映，折射出社会发展中存在的价值冲突、社会矛盾等问题。主张历史虚无主义的人们，原因和动机千差万别。国内外敌对势力是拿党史国史说事，抹黑党的历史，损害党的形象，侵蚀党的执政根基。另外一些人，有的对现实不满，借历史说事；有的对学术问题有不同看法、不同追求；有的语不惊人死不休，哗众取宠，增加所谓知名度和谋取经济利益。有的历史知识匮乏，又没有独立认知判断能力，被标新立异思想观点吸引和误导，人云亦云，随意跟风。批驳、反对历史虚无主义，应针对不同目的和动机，采取不同的应对手段和措施。比如对国内外敌对势力和敌对分子借历史之名从事反党、反社会主义的活动就必须坚决打击、绝不手软，学术问题和方法问题则可以采取柔和理性的处理方式，切不可一刀切、一风吹，简单应对。

历史虚无主义论争愈演愈烈，充分说明传统宣传教育模式受到严重挑战。当今社会是一个高度开放的社会，信息传播发达，怀疑精神和自我意识高涨，如何掌握历史的话语权，占领意识形态领域的制高点，引导人们尤其是青少年树立正确的历史观是一个新课题。同时，对历史的教育和宣传，曾经也走过弯路、犯过错误，尤其是"文化大革命"期间，历史被林彪、"四人帮"任意篡改。十一届三中全会以后，虽然历史领域经过拨乱反正，颠倒了的历史被颠倒过来，但历史研究和宣传领域也并非没有可供商榷和值得反思的问题，比如一段时间任由"抗战神剧"泛滥。面对新形势新任务，宣传教育工作者应该主动积极应对挑战，掌握主动权。相关部门、历史研究者、教育工作者应统筹协作，形成合力，主动设置议题，引导发展方向，承担起新的历史使命。

三是必须掌握意识形态领域的领导权。习近平总书记在 2013 年全国宣传思想工作会议上强调："我们必须把意识形态工作的领导权、管理权、话语权牢牢掌握在手中，任何时候都不能旁落，否则就要犯无可挽回的历史性错误。"① 批驳、反对历史虚无主义，必须牢牢掌握意识形态领域的领导权。

批驳、反对历史虚无主义既要增强传统媒体、传统教育的影响力和导向性，也要针对网络成为历史虚无主义论争的大舞台、广大青年成为非马克思主义思想争夺对象的新情况、新形势，努力打造一支能建设好、运用好、管理好互联网的理论队伍和宣传队伍，培养造就党的真正让人信服的宣传思想工作行家里手，用通俗的语言、青年的思维、群众喜闻乐见的方式，把历史的主流与本质，历史发展的必然性，深入浅出地讲出来、推出去。

掌握意识形态领域的领导权，必须清晰认识历史虚无主义起落的规律，重视统筹考虑和"顶层设计"。历史虚无主义往往兴起于党和国家重

---

① 黑龙江省中国特色社会主义理论体系研究中心：《占领制高点　掌握主动权——学习习近平总书记关于掌握意识形态工作领导权管理权话语权的重要论述》，《光明日报》2014 年 2 月 16 日第 7 版。

大纪念日前后，核心在于否定中国共产党领导的人民革命史，否定新中国建设、改革的成就，否定和贬损革命前辈，诋毁党的领袖和革命英雄，喜欢将历史碎片化，拿党史、国史中曲折发展时期的问题说事。据此，2018年改革开放40周年、2019年新中国成立70周年、2021年中共成立100周年等关键时期，在相关重要领域和重要问题上，应有预先研究、谋划，集中力量拿出一批精品力作，有系统、有步骤地回答人们关注的历史问题。批驳、反对历史虚无主义，也需要广大理论工作者、历史研究者在正确理论指导下，做扎实细致的工作。《人民论坛》关于社会思潮的问卷调查，有关论文关于历史虚无主义对大学生的影响和对策研究，就具有很强的现实针对性。

四是必须以"三个自信"消解历史虚无主义影响。近代以来，为了解决中国的前途和命运问题，各种政治力量、各种主义和思潮，都做出过尝试和探索，但历史和人民最终选择了马克思主义和社会主义，选择了中国共产党。在各种孤立、封锁和"制裁"中，中国特色社会主义事业不断发展壮大，使各种"中国崩溃论"和"历史终结论"沦为笑柄。历史和现实已经充分证明，中国特色社会主义道路、理论体系和制度符合中国客观实际、体现社会发展规律、顺应人民群众意愿。批驳、反对历史虚无主义，必须讲好中国故事，讲好中国共产党的故事，讲好中国特色社会主义建设的故事，以"三个自信"消除历史虚无主义的影响。

中国特色社会主义事业不断成功推进，是破解有关发展道路问题的争论、消解历史虚无主义影响最具说服力的理论与实践依据。批驳、反对历史虚无主义必须坚持发展是硬道理、发展是第一要务的观点，在发展中祛除历史虚无主义存在的现实基础，抚平落后挨打的历史伤痕。同时也必须注意，在发展中解决问题，但不能等待发展后再解决问题。在发展道路上，必须警惕、抵制各种不良倾向。

（作者单位：中共中央党校）

关于共产党抗战的历史
虚无主义言论评析[*]

陈元明

近年来，关于中国共产党抗战贡献的评判成为社会热点之一。早在
2014 年 9 月 3 日，习近平总书记在纪念中国人民抗日战争暨世界反法西斯
战争胜利 69 周年座谈会上的讲话中就曾强调："中国共产党的中流砥柱作
用是中国人民抗日战争胜利的关键"，"中国共产党捍卫民族独立最坚定，
维护民族利益最坚决，反抗外来侵略最勇敢……成为坚持抗战的中坚力
量……夺取战争胜利的民族先锋"①。但在社会上尤其是网络上关于共产党
的抗战问题却出现了种种历史虚无主义的言论。其中比较典型的是："共
产党的抗战时间短，抗战范围小"，"共产党抗战动机不纯，躲在后方'游
而不击'，只顾抢地盘，以致坐大"，"共产党投机取巧，只打小仗，不打
大仗，歼灭敌人数量少"，"共产党只宣传自己的抗战贡献，不宣传国民党
的抗战贡献"。此类言论经常见之于网络、讲座、报刊和书籍上，严重削
弱了群众对我党历史合法性的认同，在社会上产生了较大的消极影响。

一　学界对共产党抗战研究的一些不足

近年来，学界对共产党抗战问题的研究虽然取得了丰硕成果，但仍存
在一些不足，间接地给一些人在这一问题上散布历史虚无主义言论提供了

---

　　* 本文系 2014 年广西研究生教育创新计划优秀博士学位论文培育项目"历史虚无主义对大学
生思想的影响及对策研究"（YCBZ2014037）；2012 年国家社会科学基金西部项目"西部高校大学
生社会主义核心价值体系认同教育研究"（12XKS045）；2013 年广西高校"党的十八大精神研究"
专项课题"当代西方社会思潮与大学生思想政治教育研究"（DSBD13ZD006）的阶段性成果。
　　① 习近平：《在纪念中国人民抗日战争暨世界反法西斯战争胜利 69 周年座谈会上的讲话》，
《人民日报》2014 年 9 月 4 日。

空间。

（1）部分学者在论证共产党抗战的贡献时局限于传统的"八年抗战"的说法，往往统计的歼敌数量未包括局部抗战时期，淡化了共产党的抗日活动在这一时期的重要作用，忽略了局部抗战时期的重要历史地位。现在应正本清源，以14年这个长时段来评析共产党的抗战作用。

（2）过去学界对东北地区的抗战重视不够，较少将其纳入全国抗战的全局之中。在历史教材中抗战期间的地图一般只显示关内的抗战形势，而未将关外东北地区的抗战形势纳入其中。其实，东北地区的抗战开始最早，坚持时间最长，条件最艰苦，牵制了几十万日本关东军不能南下入关，有力支援了关内的抗战，战略意义重大，应将其纳入全国抗战的全局来分析抗战问题。

（3）不少学者在论述共产党在抗战中的中流砥柱作用时，多是从思想上、政治上、路线上以及共产党自身建设上来论证的，对实际的军事斗争过程，共产党领导的军队究竟是不是抗日主力、为什么是主力这些问题论证得尚不够清晰。

鉴于上述不足，下面试以长时段的眼光、全面的观点选取在共产党抗战问题上比较典型的历史虚无主义言论进行深入剖析。

二 "共产党抗战时间短，抗战范围小"吗？

有人说"国民党的战区大，军队多，抗日八年，坚持到底"[1]，"除了在抗战的头两年，共产党的军队打过几次抵抗日军的仗，从1939年后就没有打过一场稍微大一点的仗"[2]。其意是说，较之国民党而言，中国共产党真正抗战的时间短，抗战范围小。这就涉及抗战的时间和地域问题，要用全面的观点从抗战的全过程和全局来看待。

（一）"共产党抗战时间短"吗？

在抗战的时间问题上，过去人们常说的"八年抗战"是指自1937年

---

① 周有光：《朝闻道集》，世界图书出版公司2010年版，第27页。

② 茅于轼：《把毛泽东还原成人——读〈红太阳的陨落〉》，http://blog.qq.com/qzone/622006004/1303797123.htm，2010年3月25日。

"七七事变"起至 1945 年日军投降止的 8 年。实际上，中国人民的抗战从 1931 年"九一八"事变后就开始了，至 1945 年共 14 年时间。正如习近平总书记在纪念中国人民抗日战争暨世界反法西斯战争胜利 70 周年大会上的讲话中所强调的那样："中国人民经过长达 14 年艰苦卓绝的斗争，取得了中国人民抗日战争的伟大胜利。"① 从抗战的全过程来看，我国的 14 年抗战应分为两个大的时期：局部抗战时期（1931 年 9 月—1937 年 7 月）和全面抗战时期（1937 年 7 月—1945 年 9 月），而全面抗战时期又分为三个小的阶段：防御阶段、相持阶段、反攻阶段。

"九一八"事变后，中国共产党在 1931 年 9 月 20 日就开始通过系列宣言和决议②，旗帜鲜明地提出抗日主张。1932 年 4 月，中华苏维埃共和国临时中央政府发布《对日战争宣言》，正式对日宣战，领导红军和被压迫民众，以民族革命战争驱逐日本帝国主义出中国，争得民族解放与独立③。我们党在国民党重兵围剿下还派出大批干部深入日寇占领的东北，组织东北人民革命军和东北抗日联军，很快发展成为东北抗日的主力。1933 年 5 月，共产党与冯玉祥、吉鸿昌的察哈尔民众抗日同盟军合作抗日。1933 年 10 月，我们党与十九路军组建的福建人民政府联合抗日，签订《抗日反蒋的初步协定》。1934 年 7 月，共产党组建北上抗日先遣队。1935 年，共产党领导"一二·九"运动，动员各界人士抗日，掀起了抗日救亡的高潮。

在全面抗战时期的 8 年间，共产党与国民党合作结成抗日民族统一战线，一直坚持抗战。这一系列事实充分证明共产党从 1931 年"九一八"事变后就已经投入到抗日洪流中去，并顽强坚持到抗战胜利的 1945 年，进行了长达 14 年之久的抗战。而国民党在局部抗战时期顽固地推行"不抵抗政策"和"攘外必先安内"政策，不仅自己不主动抗战，还血腥镇压其他抗日力量，致使大片领土、主权丧失。严格地说，共产党的抗战时间比国民党要长得多。

---

① 习近平：《在纪念中国人民抗日战争暨世界反法西斯战争胜利 70 周年大会上的讲话》，《军工文化》2015 年第 9 期。

② 这些系列宣言和决议主要包括：1931 年 9 月 20 日发表的《为日本帝国主义强暴占领东三省事件宣言》，9 月 22 日做出的《关于日本帝国主义强占满洲事变的决议》，9 月 30 日发表的《为日帝国主义强占东三省第二次宣言》。

③ 中共中央文献研究室、中央档案馆：《建党以来重要文献选编（1921—1949）》第 9 册，中央文献出版社 2011 年版，第 244 页。

（二）"共产党抗战范围小"吗？

在抗战的地域问题上，从抗战的全局范围来看，在局部抗战时期，共产党与日军的作战范围主要在东北地区，面积近 100 万平方公里，而同期国民党因坚持"不抵抗政策"和"攘外必先安内"的政策，使国民党内爱国官兵与日军的作战范围被局限在一些孤立的"点"和"线"，如 1932 年的"一·二八"抗战和 1933 年的长城抗战，缺乏"面"的抗战，显然这一时期共产党抗日的作战范围大于国民党。在全面抗战时期的防御阶段，国民党对于抗日是比较努力的，接连组织了淞沪、太原、徐州、武汉等多次大会战，在全国许多地区沉重打击了日军的侵华气焰，作战范围广阔。同期，中国共产党继续在关外东北地区抗日，在关内主要是协助国民党抗日，这一阶段共产党抗日的抗战范围小于国民党抗日的作战范围；在相持阶段和反攻阶段，共产党领导军民先后在华北、华中、华南陆续开辟了 19 块较大的敌后抗日根据地，面积为 100 多万平方公里，再加上东北地区，共产党抗日的作战范围近 200 万平方公里，而同期的国民党虽然也在坚持抗战，也组织过相当规模的会战，但由于其从总体上推行"消极抗日，积极反共"的政策，导致其与日军的作战范围呈缩小之势，其主力退到大西南、大西北。显然，在抗战相持阶段和反攻阶段，共产党抗日的作战范围总体上大于国民党。

综合而言，从抗战的全过程和全局范围来看，共产党的抗战时间比国民党长；在抗战的大部分时间里，作战范围也比国民党大。

三 "共产党抗战动机不纯"吗？

历史虚无主义者常常妄议中国共产党抗战的动机不纯，其借口主要是"共产党躲在后方'游而不击'，三分抗日，七分壮大，只顾抢地盘，以致坐大"。如果按这种逻辑推断，反而是共产党消极抗日，积极与国民党搞摩擦了。历史事实果真如此吗？让我们分别进行分析。

（一）共产党是躲在"后方"吗？

这种观点之所以迷惑不少人，其重要原因之一就是混淆了"后方"与"敌后"这两个概念。因此，应厘清这两个概念的区别。在战争中，"后方"一般是指我方的后方，较少受到敌人的侵害，相对安全；而"敌后"则是指敌人的后方，是敌人的统治区域，在这类区域活动的我方军民时刻受到敌人的威胁，危险系数相当大。纵观整个抗日战争，从抗日部队来看，无论是局部抗战时期的东北抗联，还是全面抗战时期的八路军、新四军和华南抗日纵队，都是深入敌后顽强地与日伪军作战，而不是躲在后方；从抗日根据地所在区域来看，在共产党领导抗日军民所建立的十几块抗日根据地中，除陕甘宁边区勉强可算作"后方"之外，其他抗日根据地均身处"敌后"。

（二）"共产党'游而不击'，只顾抢地盘"吗？

国民党的传统观点是不承认共产党在抗战中的重要贡献，指责共产党的敌后游击战是"游而不击"。国民党在抗战期间的文件中就说"所谓八路军与新四军均抗而不战，游而不击"①，国民党要员陈诚也在讲演中说过"有谓八路军游而不击"② 云云。后来，某些台湾学者也称"共军游而不击，浑水摸鱼，到处掠夺民间武装力量，壮大自己"③。近年来，一些大陆学者也附和这些说法。

其实，这些说法在逻辑和事实上都是站不住脚的。从逻辑上说，共产党领导了抗日军民在敌后开辟抗日根据地，时刻处在日伪军的包围、封锁中，抗日根据地的创建、巩固和发展一刻也离不开抗日。如果共产党真的对日伪军"游而不击"，那么敌后抗日根据地何以巩固和发展？恐怕连生存都成问题，更遑论发展了。而实际上敌后抗日根据地发展迅速，到抗战胜利时共有 19 块根据地，总面积达 100 余万平方公里，可见共产党绝不是"游而不击"。从事实上看，早在局部抗战时期，共产党就组织和领导东北地区的抗战，在全面抗战时期的防御阶段积极配合正面战场，在相持阶段和反攻阶段，果断挺进敌后，创建和扩大敌后抗日根据地，使日军的后方变成抗日的前线，不断抗击日伪军的"扫荡""清乡"和"蚕食"，还组织过百团大战和 1944 年的局部反攻、1945 年的大反攻等相当规模的作战。当

① 《皖南事变文电选编（国民党部分）》，安徽省档案馆编印，1985 年，第 21 页。
② 朱德等：《关于毁谤八路军"游而不击"及国民党破坏抗战等问题致林森、蒋介石等电》，《新中华报》1940 年 1 月 20 日。
③ 刘丰祥：《台湾地区学者 1990 年以来有关抗日战争正面战场、敌后战场研究综述》，《历史教学》（高校版）2007 年第 8 期。

时日本的《朝日新闻》也承认，"昭和十八年（一九四三年）……敌大半为中共军，在交战回数一万五千次中，和中共党军的作战占七成五，即一万一千四百三十次；在交战的二百万敌兵力中，半数以上都是中共的党军"。日本华北方面军仅一个月的扫荡作战就高达 1682 次，平均每天达50—60 次之多①。在如此高频率的"扫荡"下，共产党的敌后抗日根据地要生存和发展，绝不可能对日伪军"游而不击"。据统计，在全面抗战的 8年间，八路军、新四军和其他人民抗日武装对敌作战 12.5 万余次，指战员伤亡 60 余万人②。如果把关外东北抗联的 14 年抗战计算在内，共产党军队抗击日伪军的次数就更多。怎么能说共产党军队"游而不击"呢？

至于"抢地盘"的问题，我们应该回到当时的历史背景中看，不能想当然。许多人误以为，共产党创建抗日根据地是抢了国民党的"地盘"。实际上，打开抗战时期的地图就可看到，抗战期间中共的根据地大都在敌后，这些根据地绝大部分都是国民党军队战败后被日军侵占，是中共从日军手中收复失地而创建的，这本身就是抗日行为。而那些未经日军冲击或占领的国民党的辖区，中共为维护统一战线，碍于统一战线划界抗战的约定是从不随便进入的。

（三）正确看待共产党在抗战时期的壮大

一些历史虚无主义者和受历史虚无主义迷惑的人总看不惯共产党在抗战时期的壮大，妄议共产党钻了抗战的空子才发展壮大，似乎共产党力量的壮大阻碍了抗战。从前文分析可知，抗战时期，共产党领导的抗日根据地和抗日军队绝大部分都处在日军占领区。在沦陷区，共产党领导的抗日力量与日伪军是此消彼长的关系，敌后抗日根据地和共产党军队的壮大意味着日伪统治力量的缩小。因此，抗战时期共产党力量的壮大本身就是抗日力量的增长，抗日力量只有壮大了才能更好地抗战，绝不是阻碍了抗战。

抗战给予中共的历史机遇不是让其"坐大"，而是使其"战大"，即通过抗战来发展壮大，"坐"而不战是壮大不起来的。③"坐大"与"战大"

---

① 日防卫厅防卫研究所战史室：《战史丛书 50·华北的治安战 2》，朝云新闻社 1971 年版，第 37 页。

② 王秀鑫、李荣：《全民抗战》，中国青年出版社 2001 年版，第 832 页。

③ 王真：《抗日战争与中国的国际地位》，社会科学文献出版社 2003 年版，第 12 页。

一字之差，含义却相去甚远。战争中的"坐大"是躲避战争，只顾发展自己；而"战大"则是通过正确的策略在战争的磨炼中获得发展。抗战时期，共产党及其领导的人民军队确实得到了迅速发展，但这绝不是历史虚无主义者所说的"坐大"，而是"战大"。第一，共产党从来没有躲避过抗战，早在局部抗战时期，就组织和领导东北的抗战；在全面抗战初期，积极参加了太原会战，还取得了平型关大捷；在抗战的困难时期，八路军发动百团大战，并付出了重大牺牲，后来又参加中条山保卫战，积极配合正面战场，并以自己的战绩受到国民政府的表彰。① 第二，共产党身处敌后，也不可能躲避抗战。共产党在敌人的眼皮底下虎口拔牙，建立和巩固敌后抗日根据地，往往紧随而至的是日伪军多次的报复和打击②。据《华北"扫荡"与反"扫荡"汇集》等资料的初步统计：1938 年 1 月至 1942 年底，敌人对华北根据地千人以上的"扫荡"共 251 次，万人以上的"扫荡" 37 次，各抗日根据地遭受敌人"扫荡"的时间共 2430 天，平均每两天就要"扫荡"三块根据地③。试想在这种"扫荡"不断的敌后，如果不抗日，是一天也"坐"不下去的，更遑论"大"？第三，共产党的"战大"是实行全面抗战路线和人民战争思想，广泛动员人民群众参加抗战，经受长期战争磨炼并得到群众衷心拥护的结果。正是因为共产党广泛动员群众参军参战，而群众通过实践也认识到共产党是真心抗战并保护他们的尊严和利益的，所以才踊跃参加共产党军队。

由上可见，历史虚无主义者污蔑共产党抗战动机不纯的种种理由都是不能成立的，共产党在抗战的各个时期、各个阶段都是真心实意抗战的，不愧为抗战的中流砥柱。

四 "共产党投机取巧，只打小仗，不打大仗，歼灭敌人数量少"吗？

这个问题不仅是历史虚无主义者经常列举的问题，还误导了不少人对共产党抗战的认识。对于这个问题，我们应从以下几方面分析：

---

① 荣维木：《中国抗战史真的需要重写吗——评〈中国需要重写抗战史〉》，《中国社会科学报》2013 年 9 月 30 日。

② 方艳华：《讲清历史事实 纠正错误认识》，《教学月刊》（中学版）2011 年第 12 期。

③ 何理：《抗日战争史》，上海人民出版社 1985 年版，第 159 页。

（一）国共两党战略战术的不同

抗战时期，国民党是我国的执政党，掌握着 200 多万军队，后来发展到 430 多万，控制着中国绝大多数的物力、财力和地区，并掌握了几乎全部的国际援助资源，武器、弹药有盟国供应，相较共产党它拥有绝对的资源优势。因此，国民党在正面战场主要采取的是阵地战，打的大仗较多。

而共产党在抗战初期领导的军队只有区区 5 万多人，到抗战结束时才120 多万人，其根据地多是贫瘠之地或经济较落后的农村地区，且被日寇和国民党顽固派两面封锁，几乎没有外援，武器、弹药主要靠战场缴获，以及自制一些简陋的武器。而日伪军无论是军队装备、数量、控制地区还是武器、弹药供应，都比共产党军队要强得多。在这种敌我力量悬殊的形势下，共产党贯彻人民战争思想，坚持游击战，但不放弃有利条件下的运动战。这样广泛发动群众，对日伪军"零敲牛皮糖""积小胜为大胜"，似慢实快。

抗战时期，谁最希望中国共产党只打大仗呢？一是日军，因为力量弱小的共产党与日军打大仗，非常有利于日军发挥装备优势，迅速歼灭共产党领导的抗日力量；二是国民党顽固派，他们希望"借刀杀人"，借日伪军之手迅速清除共产党这个"心腹之患"。共产党如果按照他们的企图，不顾敌强我弱的实际情况，盲目地采取与日军打大仗、打阵地战、拼消耗的死拼硬打等做法，无异于将自己送给敌人屠杀，恐怕早在抗战初期就被日军消灭了，以后就不可能开辟敌后战场，拖住日军，也无法减轻国民党正面战场的军事压力，更谈不上收复失地了。

（二）共产党"只打小仗，不打大仗"吗？

一些历史虚无主义者总是说共产党"只打小仗，不打大仗"。其实，虽然总体而言，共产党确实打的小仗多，大仗少，但也绝非"只打小仗，不打大仗"。在全面抗战初期的 1937 年，日军骄横异常，国民党军连连败退，士气低落，而八路军巧妙设伏，取得了平型关大捷，歼灭日军精锐板垣师团一部，打破了日军不可战胜的神话，大大提高了中国军民的士气。在抗战最困难的 1940 年，为振奋抗日军民的士气，克服投降危险，共产党组织了 100 多个团，共 40 多万人发动了被日寇称为"挖心战"的百团大战，毙伤日军 2 万余，连国民政府也发出了嘉奖令。除百团大战外，敌后战场也有不少规模较大的战役。一些"国粉"总是喜欢罗列国民党的四十几个"会战"。但只要仔细研究日军投入的兵力，就会发现除抗战防御阶段的几次大会战和相持阶段的长沙、随枣、枣宜等会战外，在相持阶段正面战场的多数"会战"中，日军兵力规模并不比敌后反扫荡作战大多少。日军作战以大队为基本单位，每个步兵大队人数在800—1500人[1]。抗战进入相持阶段后，日军在正面战场作战，规模最大的几次，都是投入兵力七八十个大队，十多万人，多数战役投入兵力只有十几个至二十多个大队，二三万人。而敌后战场，日军对共产党军分区一级的扫荡作战，投入兵力动辄十个加强大队，1.5万人以上，且往往有大量伪军作帮凶。这样的作战频率非常高，有上百次之多。而投入三四十个大队，五六万以上兵力的作战也有近20次。1938年6月，日军集中十三四万人"扫荡"晋冀豫边区[2]；1941年8月，日军7万余众"扫荡"北岳根据地，被敌自诩为"百万大战"；1942年5月1日，日军5万余人对冀中平原进行了"五一大扫荡"[3]。共产党领导敌后抗日军民进行艰苦的反扫荡。为维持这些较大规模的连续作战，日军华北部队每个士兵平均每年作战300天以上，可以说是疲于奔命。这能说共产党军队不打大仗吗？

（三）"共产党歼灭敌人数量少"吗？

抗战期间，共产党军队打的小仗多、大仗少，并不意味着歼灭敌人的数量一定少，二者之间没有必然联系。共产党的抗战策略是"积小胜为大胜""积少成多"，单次战役歼灭敌人的数量可能较少，但如果作战次数多，歼灭敌人的数量就可能较多。

全面抗战时期，关内的共产党军队对日作战12.5万余次，歼灭日伪军171.4万多人，其中日军52.7万多人[4]，伪军118.7万多人。如果加上关外的东北抗联歼灭的17万多日伪军[5]，在14年抗战期间，共产党军队共歼灭日伪军188万人。而国民党军队在抗战中歼灭日军80万人，基本

---

① 徐平：《侵华日军通览》，中国人民解放军出版社2012年版，第77页。

② 左权：《"扫荡"与反扫荡的一年》，《解放》1939年第91期。

③ 王秀鑫、李荣：《全民抗战》，中国青年出版社2001年版，第307—308页。

④ 何理：《抗日战争史》，上海人民出版社1985年版，第449页。

⑤ 关捷：《近代中日关系丛书之五 中国人民奋起抗战》，社会科学文献出版社2006年版，第146页。

上没有伪军。① 可见，虽然共产党军队歼灭日军的人数略少于国民党军队，但共产党军队还歼灭了数量众多的伪军。总体而言，共产党领导下的抗日军民歼灭日伪军的总数是国民党军歼敌数的两倍多。历史虚无主义者不承认歼灭伪军数是不对的，因为伪军是日军的帮凶，对抗战的阻碍和破坏作用极大，他们也是中国人民的凶恶敌人②。

五 "共产党只宣传自己的抗战贡献，不宣传国民党的抗战贡献"吗？

一些历史虚无主义者在抗战问题上总说"共产党只宣传自己的抗战贡献，不宣传国民党的抗战贡献"，言外之意是说共产党气量狭窄，不尊重历史事实，企图掩盖历史真相。我们从以下几个方面来看事实是否如此。

（一）抗战期间共产党对国民党抗战贡献的宣传

早在抗战期间，共产党虽然深受国民党顽固派搞摩擦和封锁之苦，但对国民党爱国官兵的抗日贡献仍然进行了积极宣传。比如，共产党对国民党十九路军、二十九军大刀队、八百壮士等抗日群体的宣传，对佟麟阁、赵登禹、郝梦龄、王铭章、张自忠、戴安澜等抗日英烈的宣传，对绥远抗战、台儿庄大捷、昆仑关大捷等战役的宣传。

其中，比较典型的是共产党多位领导人还为滇缅抗日名将戴安澜将军写下了许多挽诗、挽词、挽联。毛泽东写下挽诗："外侮需人御，将军赋采薇。师称机械化，勇夺虎罴威。浴血东瓜守，驱倭棠吉归。沙场竟殒命，壮志也无违。"③ 周恩来写下挽词："黄埔之英，民族之雄。"朱德和彭德怀赠挽联："将略冠军门，日寇几回遭重创；英魂羁缅境，国人无处不哀思。"邓颖超赠挽词："气壮山河。"

（二）新中国成立后共产党对国民党抗战贡献的宣传

新中国成立后，国共两党虽然在海峡两岸形成对峙，但共产党并未一

---

① 张廷贵：《从若干材料看我军在抗战中的主力军作用》，《军事历史》1985 年第 4 期。

② 杨近平：《国民党抗战的历史虚无主义言论及教学应对》，《思想理论教育》2014 年第 3 期。

③ 毛泽东：《五律·挽戴安澜将军》，《人民政协报》1983 年 12 月 28 日。

笔抹杀国民党爱国官兵的抗战功绩，仍然以民族大义为重，对国民党爱国官兵的抗战贡献进行了多方面的宣传。

1. 追认许多国民党抗日官兵为革命烈士

早在 1950 年 10 月，新中国内务部就规定："（四）一九三二年一月淞沪抗日战役、一九三三年三月长城抗日战役、一九三三年夏察北抗日战役、一九三六年冬绥远抗日战役中牺牲的官兵和东北抗日义勇军抗日联军牺牲的官兵。（五）一九三七年至一九四五年因参加抗日战争牺牲的八路军、新四军及其他人民抗日部队官兵。国民党军官兵（包括空军）确因抗日阵亡者也包括在内，但在此期间因参加反共内战而死者不在内。"① 其后，被陆续追认为革命烈士的国民党抗日官兵，仅高级将领就有佟麟阁、赵登禹、郝梦龄、陈安宝、张自忠、武士敏、戴安澜、李家钰等 20 多位，基层官兵被追认为革命烈士的更多。此外，至今在许多城市中仍然保存着以这些国民党抗日英烈命名的道路，如北京的佟麟阁路、赵登禹路和张自忠路等。

2. 大陆历史教科书对国民党抗战的正面描述

一些历史虚无主义者经常以大陆历史教科书未正面评价国民党抗战为由攻击共产党不宣传国民党对抗战的贡献。其实，大陆历史教科书上正面评价国民党抗日的内容俯拾皆是。早在 20 世纪八九十年代，小学历史教科书中就有国民党军抗日的记载，比如卢沟桥抗战、台儿庄大捷。书中载有关于卢沟桥事变中中国守军奋起抵抗及二十九军保卫平津的内容。书中对台儿庄战役记载很详尽，写道中国军队夜间组织敢死队夺回被日军占领了三分之二的台儿庄。书中也列举了佟麟阁、赵登禹、李宗仁等许多国民党爱国将领的姓名。②

初中历史教科书描述了东北军马占山部嫩江大桥抗战、二十九军抗战、台儿庄战役等激烈战斗的场面，叙述了吉星文、佟麟阁、赵登禹等爱国将领的抗日事迹。③ 高中历史教科书写道：1932 年 1 月，日军制造"一·二八"事变，驻守淞沪的国民党第十九路军奋起抵抗；国民政府在

---

① 《关于革命烈士的解释》，《人民日报》1950 年 10 月 15 日。

② 人民教育出版社历史室：《小学课本 历史》下册，人民教育出版社 1991 年版，第 28—36 页。

③ 李伟科、姬秉新：《义务教育课程标准试验教科书 中国历史》（八年级 上册），人民教育出版社 2001 年版，第 71—80 页。

正面战场组织淞沪会战、太原会战、徐州会战、武汉会战等多次重大战役，广大军民英勇抵抗日军侵略；中国政府派遣远征军到缅甸，同日军作战……中国远征军击败侵缅日军。此外，还描述了淞沪会战中坚守上海宝山县城的五百勇士和坚守四行仓库的八百勇士抵抗日军的情形。①

可见，大陆历史教科书对国民党爱国官兵的抗日贡献已经给予了较为充分的肯定。

3. 大陆拍过许多正面评价国民党抗日的影视剧

新中国成立后共产党对国民党爱国将士抗战贡献的宣传还体现在大陆拍摄的许多正面评价其抗日的影视剧中。相关主题的电影有反映国民党军台儿庄大捷的《血战台儿庄》（1986年）、反映昆仑关大捷的《铁血昆仑关》（1994年）、反映卢沟桥抗战的《七七事变》（1995年）、反映东北军马占山部抗战的《铁血江桥》（2010年）、反映常德保卫战的《喋血孤城》（2010年）等。至于正面反映国民党军队抗日的电视剧就更多了，其中比较典型的有反映滇缅抗战的《我的团长我的团》（2009年）、《滇西1944》（2010年）、《中国远征军》（2011年），反映淞沪会战的《铁血壮士》（2012年），反映长沙会战的《长沙保卫战》（2015年）等。近年来，大陆拍摄的正面反映国民党军队抗日的影视剧特别是电视剧已经数不胜数。

4. 大陆各地举办了许多纪念国民党爱国官兵抗日的活动

中国共产党对抗日战争的纪念表现出更为客观的态度。尽管在20世纪六七十年代，中共对国民党抗日的正面描述较少，但充其量也只是回避，而非抹黑。改革开放以来，共产党对正面战场的纪念活动越来越多。

近年来，山东等地对台儿庄大捷举行了较大规模的纪念活动；2005年，广西就抗战胜利60周年暨昆仑关大捷66周年举行了隆重的纪念仪式；2014年，湖南举行衡阳保卫战70周年纪念活动等。大陆许多地方都有关于正面战场的纪念馆所，如北京的卢沟桥抗日纪念馆、山东的台儿庄大战纪念馆、湖南的衡阳保卫战雕塑群、云南的国殇墓园等。2014年，民政部还将原国民党抗战老兵的养老纳入了国家社保体系。反观国民党，抗战结束以来，至今不承认共产党领导下抗日军民的抗战贡献，极少在其历史教材中反映共产党的抗战贡献，至今未拍过一部正面反映共产党抗战的

---

① 李伟科、许斌：《普通高中课程标准实验教科书 历史1（必修）》，人民教育出版社2006年版，第74—76页。

影视剧，从未有过一处纪念共产党抗战的纪念馆所。

总之，上述分析只是就一些人散播的关于共产党抗战的较典型的历史虚无主义言论而言的，类似的言论还远不止于此。但只要我们站在中华民族的立场上，以历史事实为依据，在唯物史观指导下，用联系的、发展的、全面的观点对这些言论进行多方面、多角度的分析和评述，就一定能逐步澄清历史虚无主义者在共产党抗战问题上制造的种种迷雾。

（原载《马克思主义研究》2016 年第 3 期）

（作者单位：桂林电子科技大学马克思主义学院）

抗战期间中共对外宣传夸大战果吗？

——对一则讹误的澄清

李方祥

随着纪念伟大的中国人民抗日战争胜利 70 周年的日子日益临近，学术界也推出了一批有深度的有关抗战史的研究成果，来纪念这个神圣的日子。但是我们也发现，在一些研究成果中也出现了个别下结论比较随意、有悖历史事实的奇谈怪论。比如最近有位作者发表文章《熬出来的胜利（上）》（以下简称《胜利》）称"在抗战期间，中共发表战果时是内外有别，对外发表的数字要夸大一些。"① 其依据是胡哲峰、于化民著《毛泽东与林彪》中引用毛泽东所说的一段话："我们现在发了一个通令，要各地打仗缴枪，缴一枝讲一枝，不报虚数。我们曾经有个时期分对内对外，内报一枝是一枝，外报一枝是两枝。我们专门发了这个通令，知之为知之，不知为不知。一枝为一枝，两枝为两枝，是知也。"② 但是，《毛泽东与林彪》这部书或许出于疏忽的原因，并没有注明该段话具体的文献出处。《胜利》一文的作者在没有认真查证毛泽东这段话来源的情况下，就直接引用作为立论依据，并且由此推论出所谓中共对外发布战果存在夸大数字的现象。显然，这个观点有损中国共产党的形象，如果该观点属实，那么我们常说的中国共产党是抗日战争的中流砥柱似乎就难以成立了。

一 毛泽东所说的"曾经有个时期"究竟是指哪个时期？

这里的关键问题是毛泽东这段话中"曾经有个时期"是否特指抗日战

---

① 刘统：《熬出来的胜利（上）》，《读书》2015 年第 6 期。
② 胡哲峰：《毛泽东与林彪》，新世界出版社 2013 年版，第 248 页。

争时期？为了弄清这段话的本意，首先应当追根溯源，把毛泽东这段话的文献出处搞清楚。经过查证，这段话实际上是 1945 年 4 月 24 日毛泽东在中共七大所作的口头政治报告中的一部分，中央文献研究室、新华通讯社在 1983 年 2 月共同编辑出版的《毛泽东新闻工作文选》，以《讲真话，不偷、不装、不吹》为题最早公开了毛泽东的部分讲话内容，其中就包括这段话。① 此后中央文献研究室编辑出版的《毛泽东在七大的报告和讲话集》以及《毛泽东文集》第三卷都公开发表了毛泽东《在中国共产党第七次全国代表大会上的口头政治报告》。但是，与 1983 年出版的《毛泽东新闻工作文选》进行核对后，发现《毛泽东在七大的报告和讲话集》和《毛泽东文集》第三卷的编者对该段话做了技术处理，删去了"我们曾经有个时期分对内对外，内报一枝是一枝，外报一枝是两枝。我们专门发了这个通令"这段话。2014 年 10 月再版的《毛泽东新闻工作文选》也采取了相同的技术处理。显然，我们现在要研究这段话的本意，以 1983 年版《毛泽东新闻工作文选》作为文献分析的文本，才能够更全面、更准确地理解其内容。

由于《胜利》一文的作者只是片面地摘引他人，没有下功夫查证毛泽东这段话的出处，所以就没有能够联系该段话的上下文，无法从中领会其特定的语言环境，从而导致牵强附会和对意思的曲解。在"关于讲真话"这段话之前，毛泽东还讲了一大段"不要吹，就是报实数，'实报实销'"问题。他说："在座的同志不是讨论过党的历史吗？大家发言，说内战时期我们养成一种习惯，向上级报告工作，讲好一点、夸大一点才像样子。"② 很显然，毛泽东在此处所特指的是"内战时期"而不是"抗战时期"，由于受王明"左"倾错误的影响，当时党报存在着数据模糊甚至有意扩大的现象。其实，毛泽东早在 1931 年 3 月就对这种吹牛撒谎、虚报数字的作风进行过坚决的抵制。当时苏区各地宣传和发动群众而普遍出版《时事简报》，毛泽东对《时事简报》的内容和编写方法提出了具体的要求，其中指出"严禁撒谎，例如，红军缴枪一千说有一万，白军本有一万

---

① 中共中央文献研究室、新华通讯社：《毛泽东新闻工作文选》，新华出版社 1983 年版，第 128 页。

② 同上书，第 127 页。

只说一千。这种离事实太远的说法，是有害的"①。

当然不可否认，红军在战斗结束后统计战果时，的确有可能存在个别战果统计不准确的现象。这是多种原因造成的，有的是因为客观因素比如说战情紧急无法详细统计而只能大致估计，有的是战斗结束后立即向上级汇报时只能粗略报告，还有的是为了鼓舞士气而夸大宣传，等等。事实上每一个战斗结束，对战果作精确统计的确不太可能完全做到。《在中国共产党第七次全国代表大会上的口头政治报告》中毛泽东说"我们专门发了这个通令"。这个"通令"究竟是在什么时候发的呢？据查，是在1944年3月21日，毛泽东等中央领导同志关于公布战绩应用实数给八路军总部、山东军区、晋西北的电报，指出："查我军战报，多年沿用加倍数目发表的办法，用以扩大影响，但此种办法，对群众为不忠实，对党内造成虚假作风，对敌人则引起轻视，对外界则引起怀疑。"电报要求今后"我军公布战绩的数字一律不准扩大，均发表实数"。② 由此看来，中国共产党是很重视战果公布的真实性的，也是注意及时纠正个别不实报道的。正由于中国共产党注意到了这些个别不实现象并向全党全军提出严格要求，在1945年党的七大召开期间，朱德总司令在七大上做《论解放区战场》，其中公布的中国共产党和八路军消灭日伪军的战绩是准确的而非夸大的。

二　中共是否夸大了平型关战役的战果？

《胜利》一文声称"在抗战期间，中共发表战果时是内外有别，对外发表的数字要夸大一些"的另一个重要论据是平型关大捷后中共夸大战报。实际上该论据也是不能成立的。据回忆，平型关战斗基本结束后，林彪曾向党中央发电报汇报战果。电报具体内容没有提到。当天中午12时在八路军总部的朱德、彭德怀在给毛泽东等人捷报电报中只提及缴获汽车50辆、俘虏200余人，敌伤亡甚重，具体歼敌多少则没有统计。③ 而且当时战斗尚未完全结束，东跑池、团城口以东地区仍在激战中。26日朱德、

①　中共中央文献研究室、新华通讯社：《毛泽东新闻工作文选》，新华出版社1983年版，第29页。

②　中共中央文献研究室、中央档案馆：《建党以来重要文献选编》第21册，中央文献出版社2011年版，第106页。

③　《朱德军事文选》，解放军出版社1997年版，第276页。

彭德怀在蒋介石的密电中汇报战果情况：缴获汽车 60 余辆、小摩托车 3 辆、炮 1 门、炮弹 2000 余发等战利品，以及俘虏敌官兵 300 余名，等等。① 值得注意的是，该电报仍没有提到歼敌总数。在同日八路军总部关于平型关首战告捷致南京军委会、军政部和中央日报社的电报关于歼敌情况只是说"敌被击毙者尸横遍野"，此外还笼统提到"缴获汽车、坦克车、枪炮及其他军用品甚多"，具体准确数据均未提及。② 如果说中共和八路军总部向社会公开报道具体歼敌战果的话，延安《新中华报》1937 年 9 月 29 日第一版刊发了《八路军开始第一个大胜利》的新闻，介绍战果情况：缴获轻重机枪步枪三四百支、钢炮 1 门、汽车 60 余辆、摩托车 3 辆、炮弹 2000 余发，尤其是首次公开报道"消灭敌军千余人"③。实际上这个战果介绍基本上是符合实际情况的，并没有夸大。9 月 30 日晚林彪、聂荣臻在给毛泽东、朱德等人电报中，才详细报告了平型关战斗缴获情况：25 日、29 日共获汽车 82 辆，摩托车 3 辆，九二小野炮 1 门，七生的山炮弹 2788 发、七生五的炮弹 52 发，引火 400 个，等等。④ 应该说，林、聂在平型关战役完全结束之后这个电报的战果统计是比较准确的。此前朱德等给南京方面关于战果的电报与此基本上是一致的。此后，我们党也是按照林、聂的统计作为依据向社会公开的。10 月 1 日，毛泽东在给博古、叶剑英等人的电报中通报了平型关战役"缴获汽车八十二辆，大炮一门，炮弹二千余发，步枪数百枝，打死敌人一千多人"⑤。随后 10 月 3 日，朱德、彭德怀发给蒋介石等人电报中介绍平型关战役战果，缴获汽车 80 余辆，九二野炮 1 门，炮弹 3000 余发，以及"毙敌千余人"⑥。10 月 8 日，国民党军事委员会第一部给军委会管理部部长张治军发的电报为八路军伤亡官兵奖恤，转述八路军朱德总司令的来电。朱德的电文提到截至 10 月 1 日，平型关大捷共缴获汽车 80 余辆，九二野炮 1 门，七生、七五山炮弹 3000 余

---

① 平型关大捷纪念馆：《平型关大战役文献资料汇编》，中共党史出版社 2012 年版，第 40 页。

② 同上书，第 41 页。

③ 《八路军开始第一个大胜利》，延安《新中华报》1937 年 9 月 29 日第 1 版。

④ 平型关大捷纪念馆：《平型关大战役文献资料汇编》，中共党史出版社 2012 年版，第 43 页。

⑤ 《毛泽东军事文集》第二卷，军事科学出版社、中央文献出版社 1993 年版，第 68 页。

⑥ 平型关大捷纪念馆：《平型关大战役文献资料汇编》，中共党史出版社 2012 年版，第 42 页。

发，并且"毙敌千余人"①。在抗战后期，中国共产党为了反击国民党顽固派攻击八路军"游而不击"的污蔑，由八路军副总司令彭德怀向来延安考察敌后战场的美国观察组发表《八路军七年来在华北抗战的概况》的谈话，介绍敌后战场的成就，其中关于平型关大捷"我军在运动战中，歼灭敌精锐的坂垣师团1000余人"。

由上述一系列史料来看，中国共产党关于平型关大捷包括歼敌情况在内的战果通报无论是对内还是对外的公布，基本上是统一的，是以事实为基础的，并不存在"两本账"、夸大战绩。至于后来学者们在研究平型关大捷时关于歼敌数字存在不同观点，比如有的认为歼敌3000人，这完全是学者的一家之言，并非是由中国共产党夸大战绩而来的。

通过上述史实的还原和查证，我们发现当前存在的个别所谓"新观点"，其"创新"并不是建立在扎实严谨的史料基础之上的，而往往是随心所欲地任意截取史料，或者是不加辨别考证地为其所用，结果提出的观点表面上似乎令人耳目一新，但实际上是经不起推敲和历史的检验的。

（作者单位：福建师范大学马克思主义学院）

---

① 平型关大捷纪念馆：《平型关大战役文献资料汇编》，中共党史出版社2012年版，第296页。

历史与现实：关于当前西藏研究的几点思考

——历史虚无主义的影响及批判

孙宏年

西藏是中国领土不可分割的一个部分。新中国成立以来西藏进入了千年未有的发展时期，这是西藏有文字记载以来的第三个发展高潮，"中央关怀、全国支持和西藏各族人民的勤奋努力，使西藏社会数十年间的变化超越数百年、上千年，取得了举世瞩目的伟大成就"[①]。然而，境外仍有一些人对西藏地方的历史和西藏人民安居乐业的现实视而不见，打着"学术研究"的旗号，在西藏主权归属和活佛转世制度等问题上提出各种"学说"，直接或间接地鼓吹"西藏独立"，企图在中国国内和国际上制造"学术影响"。而这些"学说"往往充满历史虚无主义，给人们的思想造成一定的混乱，对当前西藏的稳定和发展产生了某些消极影响。笔者拟对相关谬说的内容、本质和影响进行分析。

一 在西藏主权归属上的种种谬说与分析

近代以来，西方殖民者、反华势力就一再为它们对中国西藏的侵略寻求"合法性"依据，他们不惜采取剪裁史料、歪曲史实等手段，提出形形色色的"西藏独立学说"，为分裂阴谋张目。自 1959 年以来，流亡境外的"西藏独立"势力加入为"西藏独立"寻找"证据"的行列，配合西方反华势力，在西藏主权归属问题上制造了形形色色的"藏独"理论和"学

---

① 拉巴平措：《把握历史趋势、探寻发展规律——也谈西藏地方历史发展的三个高潮和两个低谷》，《中国藏学》2015 年第 3 期。

说"，主要有三种：

第一种是"西藏自古独立说"。提出这种说法，并在国际上有代表性的著作是英国人黎吉生（Richardson）的《西藏简史》和流亡境外的"藏独"分子夏格巴·旺秋德丹所写的《藏区政治史》。前者说"西藏自古以来就和中国不一样，是一个独立的国家"；后者则宣称，"雪域藏地三大区，从来就是一个独立自主的国家"。①

第二种是"民国时期独立说"。这一"学说"目前在国外颇有市场，一些西方"学者"也有此种看法，比如美国藏学家梅·戈尔斯坦（Melvyn C. Goldestein）在 1991 年出版的《西藏现代史（1913—1951）——喇嘛王国的覆灭》（*A History of Modern Tibet* 1913 - 1951：*The Demise of Lamaist State*）中认为，辛亥革命后十三世达赖喇嘛"想斩断同中国的象征性联系"，1913 年初"向他的所有官员和属民们发表了一个单方面重申他对西藏全权统治的声明"，向中华民国中央政府表达了"要求自由的愿望，以及在没有中国的封号、没有中国的内部干涉的情况下统治西藏的意图"，而且"有效地实施了对西藏的统治，并使西藏摆脱了中央政府的控制和影响"。② 他还强调，"1951 年 10 月标志着事实上独立的喇嘛王国的完结。西藏当局为了获得国际社会对其完全自治或独立的地位的承认，奋斗了将近 40 年，可是最终却认识到不得不承认中国的主权，希望以此来维护其社会、政治和宗教制度的本质"③。

第三种是"供施关系说"。"供施关系"是佛教术语，是指信奉佛教的世俗财主"向寺院、高僧经常施舍财物，受施高僧则优先满足施主们的诵经、超度等佛事活动要求，由此形成彼此间固定的檀越关系"。"供施关系说"强调历史上西藏地方与中国历代中央王朝就是"受施者"与"施主"之间的关系。黎吉生的《西藏简史》和夏格巴·旺秋德丹的《藏区政治史》都试图使用"供施关系"证明历史上西藏不是中国领土的一部分。十四世达赖喇嘛的法律顾问、荷兰人范·普拉赫（Michael C. van Walt van Praag）在《西藏的法律地位》中也强调："西藏和满清皇帝之间的唯一关

---

① 参见《关于西藏自古是中国一部分答新华社记者问》，载张云《西藏历史与现实问题论集》，中国藏学出版社 2014 年版，第 477—484 页。

② ［美］梅·戈尔斯坦：《喇嘛王国的覆灭》，杜永彬译，时事出版社 1994 年版，第 43—89 页。

③ 同上书，第 844 页。

系，是达赖喇嘛和皇帝之间的供施关系"，"这种关系不含有任何从属关系。"①

上述观点虽然视角、"理论依据"各有不同，但都有共性，即无视西藏地方发展史的基本特点，无视千百年来西藏地方与中原王朝、中国历代中央政府关系的基本事实，用"一叶障目"、偷换概念等手法，否定西藏地方是中国领土不可分割的组成部分的客观事实。

首先，中国历史上就是一个多民族的国家，各民族在长期的历史发展中共同缔造了历史时期中国的疆域。先秦时期，中国文献中就有"五方之民"的记载，也就是东方的"夷"、南方的"蛮"、西方的"戎"、北方的"狄"和中部的"华夏"。在"五方之民"融合的基础上，秦、汉时期形成了汉族主导建立的多民族的统一国家，此后2000多年间中国的历史与疆域发展呈现出"各民族融合、少数民族获得发展→隋唐时期的国家统一→各民族再融合、辽夏金等少数民族政权兴起→国家更大范围的统一"的特点。

藏族等各族人民最早开发了西藏地区，为西南边疆的开拓、发展做出了重要贡献，他们的命运又始终与祖国内地的发展、整个中华民族的命运紧密相连。远古时期，居住在今天西藏地区的藏族先民就与生活在中原地区的各民族有联系。吐蕃王朝建立后，唐朝与吐蕃王朝两次联姻、多次会盟，在政治上形成了"舅甥关系"，在经济和文化上建立密切联系。13世纪中期起，西藏正式成为元朝中央政府直接管辖的行政区域。此后700多年间，中国经历了元朝、明朝、清朝、中华民国的兴替，中央政权屡有更迭，中央政府的治藏政策、措施在各时期有所不同，②但历届中央政府始终对西藏进行有效管辖，主要的治藏政策、措施有相近之处，包括中央政府设立专门机构，管理西藏事务；在西藏地方派驻军队、

---

① 参见张云《论所谓的"供施关系"》，《西藏历史问题研究（增补本）》，中国藏学出版社2008年版，第253—263页。

② 对于元朝、明朝、清朝和中华民国时期治理西藏政策、措施，国内学术界有深入的研究，可参见陈庆英、高淑芬主编《西藏通史》，中州古籍出版社2003年版；恰白·次旦平措、诺章·吴坚、平措次仁《西藏通史——松宝石串》，陈庆英、格桑益西、何宗英、许德存译，西藏古籍出版社2004年第2版；谢铁群编著《历代中央政府的治藏方略》，中国藏学出版社2005年版；张云《元代中央政府治藏制度研究》，黑龙江教育出版社2003年版；邓前程《一统与制宜明朝藏区施政研究》，人民出版社2011年版；苏发祥《清代治藏政策研究》，民族出版社2001年版；祝启源、喜饶尼玛《中华民国时期中央政府与西藏地方的关系》，中国藏学出版社1991年版；等等。

清查户口、设置驿站、征收赋税，而且设官置守，或任命流官，或册封、任命政教上层人士，等。1949 年中华人民共和国成立，1951 年西藏和平解放，1965 年西藏自治区成立，"巩固了西藏和平解放和民主改革的伟大成果，实现了西藏社会制度的巨大跨越，为西藏经济社会发展进步提供了坚实保障，西藏各族人民从此与全国人民一道走上了社会主义的康庄大道"①。

其二，西藏自古是中国领土不可分割的一部分，这一观点有充分的历史与法理依据。张云教授撰文指出：认识"西藏自古是中国领土不可分割的一部分"这一问题的关键是弄清五个问题：（1）如何认识中国历史上的疆域，只要我们把历史上存在过的少数民族政权视为多民族的中国的一部分，就能确切地将唐代的吐蕃、五代和宋代西藏的割据政权视为当时中国的一部分，那么西藏自古是中国领土的组成部分，藏族自古就是中国多民族大家庭中一个成员。（2）古代中国和东方国家的历史有自身特点，其古代的"国家"与近代以来西方传过来的"国家"概念显然不同，否则不仅元以前西藏地区的少数民族政权都是独立国家，中国春秋战国、三国南北朝、五代十国等任何时期都不存在"中国"，而是有无数的"国家"，这显然不符合包括中国在内的东方国家历史发展的自身特点。（3）"民族"与"国家"是有联系又完全不同的概念，不能混为一谈，"一个民族一个国家"的认识在理论上是狭隘的，在实践中极其有害，成为西方大国干涉别国内政、分裂弱小国家的幌子，南斯拉夫地区今天的混乱就是例证。（4）极端和狭隘的民族主义是人类历史上的逆流，各民族间的团结、交流与融合是中国历史发展的主流。（5）中华民族的发展经历了多元一体的历史进程，中国多民族国家形成的过程也是艰辛、曲折，不能把中国的历史只看成汉族的历史，也不能把汉、藏关系等同于西藏与中央政府的关系，甚至是西藏地方与内地政权的关系。

张云教授指出，西藏自古是中国领土不可分割的一部分，有充分的依据：（1）古代汉藏语言同源，在人种、血缘上关系密切。我国学者俞敏教授和美国学者包拟古（Nicholas C. Bodman）的研究成果都表明，汉藏原始语言同源，这是汉藏两个民族在古代共同命运的一种反映。对于汉藏两

---

① 俞正声：《在西藏自治区成立 50 周年庆祝大会上的讲话（2015 年 9 月 8 日）》，《西藏日报》2015 年 9 月 9 日第 1、6 版。

族人种、血缘关系，中国汉文史籍（如《通典》、《旧唐书》）都认为"吐蕃源自发羌"，羌人则是华夏民族的重要组成部分（炎帝就是羌人）。藏文史籍中也有类似的记载。（2）西藏与祖国内地文化关系密切，文化交流时间长、规模大，方式多样，这是其他任何地区无法比拟的。（3）西藏与祖国内地经济交流频繁，唐蕃古道、茶马贸易都是具有代表性的内容。（4）西藏纳入中国历史的发展进程具有一定必然性，包括自然环境的影响、西藏文明的向东发展、历代中央政策的积极作用和西藏与内地相互交流等。①

其三，种种"学说"的荒谬之处都在于否认基本历史事实，遭到了我国学者的有力批驳。

"西藏自古独立说"的核心是把西藏的人种、语言文字和文化同"中国文化"，特别是作为中国主体民族的汉族文化割裂开来，甚至对立起来，而且故意混淆民族与国家界限，将"藏族"等同于"西藏国"，试图从狭隘的和极端的民族主义立场来曲解中国的历史和民族关系史，实质是为"西藏独立"寻找根据。

"民国时期独立说"不能在错综复杂的中国近代历史背景中考察西藏的地位，无视当时西藏包括班禅、热振在内的西藏僧俗爱国力量反对搞"西藏独立"的事实，无视当时国际社会上没有哪个国家或政府承认"西藏独立"的事实。这一"学说"缺乏应有的思考：（1）如果西藏当时就是独立的，1940年以后分裂势力为何制造一股"西藏独立"的逆流？这恰恰反映出民国时期的西藏地方并不存在某些人认为的"事实独立"问题，而且这场分裂闹剧最终草草收场，没有逃脱失败的命运。（2）辛亥革命后各省纷纷宣布"独立"，西藏拉萨等地新军也受内地影响起事，十三世达赖喇嘛在1913年初"向他的所有官员和属民们发表了一个单方面重申他对西藏全权统治的声明"正是在这一背景下出现的。对于这一现象，当时人们就有清晰的认识，正如1912年1月1日中华民国在南京宣告成立时，临时大总统孙中山所宣布的："国家之本，在于人民，合汉、满、蒙、回、藏诸地为一国，即合汉、满、蒙、回、藏为一人，是曰民族之统一"；武昌起义后各行省的"独立"，"对于清廷为脱离，对于各省为联合，蒙古、西藏意亦如此。行动既一，决无岐趋，枢机成于中央，斯经纬周于四

---

① 参见张云《论西藏自古是中国领土不可分割的一部分》，《西藏历史问题研究（增补本）》，第23—41页。

至，是曰领土之统一"。① 这表明，中华民国是统一多民族的共和国，西藏、蒙古的"独立"同样是"对于清廷为脱离，对于各省为联合"，都是中国领土不可分割的一部分。（3）如果仅仅强调 1912 年后中华民国中央政府的权威性极低，不能完全控制一些地方政府的各种活动，一些军阀（或称地方实力派）割据一方，在一定时期实际握着当地的政治、经济、文化等事务的管理权，一些地方甚至当时经常宣布"独立"于中央管辖之外，就说这些地方在"中华民国时期是独立的"，说它们控制的地盘不是当时中国的一部分，那么为何现在很少听到有人讲四川、广西、广东的"民国时期独立"，却单单去讲西藏那时是独立的？这只能说明这一论点是片面、乏力的，甚至是别有用心的。

基于上述认识，中国学者对"民国时期独立说"进行了有力驳斥，比如对于梅·戈尔斯坦关于中华民国中央政府与西藏地方的关系是"中华民国名义上统一，西藏地区事实上独立"的观点，王尧教授一针见血地指出："讨论西藏民族的历史，尤其是近现代史，不可能脱离整个中国的大环境，不可能游离出多元一体的中华文化的背景，戈尔斯坦教授恰恰在这方面有意回避，或者不愿引起争论而有所疏失"；他"十分注意民族间的差异性，但却不太注意民族的同一性，他未能把西藏历史放到苦难深重的中国近代史中去考察。因此，其某些解释和论断就难以令人信服"。②

对于"供施关系说"，我国学者已经指出：藏文史书中确实存在有关西藏地方和中央政府关系是"供施关系"的说法，但其实质是政治隶属关系。在大量的藏文史书中，已经清楚地表明中央政府对西藏地方实施的行政管理，以及西藏地方政教首领接受任命、履行职责的史实，因此元朝以来西藏地方是中央管辖下的一个行政区，不是一个置身化外的教区，而西藏地方的政教领袖是行政职官系统中有官阶的官员，而不只是教派领袖。而且，古代严肃的汉族、藏族史学家都不采纳"供施关系"的说法，为什么今天境外的某些"学者"大肆鼓吹，他们的意图是什么？③

---

① 孙中山：《孙总统宣言书》，《东方杂志》第 8 卷第 10 号 "内外时报"。

② 王尧：《汉译本序言》，［美］梅·戈尔斯坦著，杜永彬译：《喇嘛王国的覆灭》，第 8 页。

③ 参见张云《甥舅关系、贡赐关系、宗藩关系及 "供施关系"》《论所谓的 "供施关系"》，载《西藏历史问题研究（增补本）》，第 89—112、253—263 页。

二 关于活佛转世的历史定制与中央政府权威的分析

近年来，十四世达赖喇嘛多次在境外谈及转世问题，比如 2014 年 9 月他在德国对媒体表示，"如果十五世达赖喇嘛来到这个世界并使达赖喇嘛建制蒙羞，他宁愿达赖转世的传统在他之后终结"。这是他关于达赖喇嘛转世的又一次谬论，是他和"藏独"势力借转世问题吸引国际社会关注、影响西藏乃至整个藏区稳定的又一次"试探"。而这一谬论又引起国内外对于藏传佛教活佛转世问题的关注。

活佛转世制度始于 13 世纪末期。1283 年，噶举派大师噶玛拔希圆寂，1290 年一位男童被认定为他的转世，被迎请到楚布寺，成为第三世噶玛巴活佛，从此开启了藏传佛教的转世制度。① 这一制度"既有其深厚的思想理论基础，也有其特殊的社会历史背景"，"佛教的缘起学说和化身再现理论是活佛转世最重要的理论依据"；这一制度形成后，改变了西藏宗教传统的传承方式，使活佛信仰成为藏传佛教的核心，也"为政教合一制度的形成推举了权威"。② 清王朝建立后进一步加强了对西藏的治理，1653 年、1713 年清朝皇帝分别册封五世达赖喇嘛和五世班禅，正式确定了达赖喇嘛和班禅额尔德尼的封号。1793 年，在系统总结以往西藏治理经验的基础上，清朝中央政府颁布《钦定藏内善后章程》，规定达赖、班禅和其他大活佛的转世，由驻藏大臣监督，依照"金瓶掣签"的办法进行，也就是说：每逢一代达赖喇嘛、班禅额尔德尼和西藏各大转世活佛的转世灵童觅到时，即将灵童姓名缮写在签上，纳入中央颁发的金瓶，由驻藏大臣会集有关大活佛，掣签确定。转世灵童的剃发、取法名、选定授戒的师傅和授经的师傅，也都须经过驻藏大臣奏报朝廷核准。当举行达赖喇嘛、班禅额尔德尼的坐床典礼时，中央派大员亲临监视。这一制度一直延续到 1912 年以后，中华民国中央政府按照清朝旧制，册封九世班禅、十三世达赖喇嘛，在他们的圆寂后审核、批准其转世灵童，并派大员主持坐床。而且，在实行"金瓶掣签"制度的同时，中央政府还根据情况，特准一些灵童免

---

① 陈庆英、陈立健：《活佛转世——缘起·发展·历史定制》，中国藏学出版社 2014 年版，第 55—122 页。

② 沈阳：《西藏宗教探究》，中国藏学出版社 2011 年版，第 2—19 页。

予掣签。据统计，从 1793 年《钦定藏内善后章程》颁布至 1949 年，十世、十一世、十二世三位达赖喇嘛通过金瓶掣签认定，九世、十三世和十四世达赖喇嘛免予掣签；八世班禅、九世班禅通过金瓶掣签认定，十世班禅免予掣签。① 因此，无论是中央派大员通过金瓶掣签认定，还是中央特准免予掣签，都表明了中央对于达赖、班禅灵童认定的决定权，体现了中央对于西藏宗教事务的有效管理，表明了中央政府在西藏治理上的权威性。

中华人民共和国成立后，特别是改革开放以来，根据国家的宗教政策，活佛转世受到应有的尊重。按照历史定制和宗教仪轨，1992 年完成了十六世噶玛巴活佛的转世事宜，1995 年完成了十世班禅转世灵童的寻访、认定和坐床事宜。此后 20 多年来，我国西藏和四川、云南、甘肃、青海藏区已经批准新转世活佛 1000 多位，2007 年 7 月 18 日国务院宗教事务局还颁布了《藏传佛教活佛转世管理办法》，明确强调："活佛转世尊重藏传佛教宗教仪轨和历史定制，但不得恢复已被废除的封建特权"；"历史上经金瓶掣签认定的活佛，其转世灵童认定实行金瓶掣签。请求免予金瓶掣签的，由省、自治区人民政府宗教事务部门报国家宗教事务局批准，有特别重大影响的，报国务院批准"。② 就西藏自治区而言，活佛转世有序进行，国家制定颁布《藏传佛教活佛转世管理办法》。1995 年，西藏自治区按照宗教仪轨和历史定制，经过金瓶掣签，报国务院批准，完成了第十世班禅大师转世灵童的寻访、认定以及第十一世班禅的册立和坐床。据统计，截至 2015 年 9 月，西藏现有活佛 358 名，其中 60 多位新转世活佛是按历史定制和宗教仪轨认定的。③

上述这些事实表明，改革开放以来我国在活佛转世问题上既按照历史定制和宗教仪轨进行，又继承了清代以来的历史传统，即中央政府和相关地方的宗教事务主管部门具有管理活佛转世的职责，中央政府对于达赖、班禅等藏传佛教大活佛的认定具有决定权。对此，境外"藏独"势力心有

---

① 参见张云《清代在西藏实施金瓶掣签的历史不容否认——评达赖喇嘛宗教声明中有关金瓶掣签的几个论点》，载《西藏历史与现实问题论集》，中国藏学出版社 2014 年版，第 165—180 页。

② 沈阳：《西藏宗教探究》，中国藏学出版社 2011 年版，第 225—238 页。

③ 参见中华人民共和国国务院新闻办公室《民族区域自治制度在西藏的成功实践》（2015 年 9 月），新华网：http://www.xzzw.com/xw/xzzyw/201509/t20150906_792964.html，访问时间：2015 年 9 月 6 日。

不甘，十四世达赖喇嘛多次就转世问题发表谬论，尤其是 2011 年以后妄图违反格鲁派活佛转世的历史定制和历史习惯，否认清代以来中央政府在达赖转世问题上的权威，甚至向境内藏传佛教信众传播"中国政府欺压西藏百姓，还控制活佛转世"的煽动性言论，他显然忘了：他本人只是历世达赖喇嘛的其中一位，他既无法用历史虚无主义的态度否认历史和藏传佛教的传承，也没有权力决定达赖转世制度的产生，更没有权力决定这项制度的未来。

三　关于西藏研究中历史虚无主义的思考

当前，我们必须注意到，西藏研究中的种种错误观点在国内外都产生了某些负面影响。在境外，上述观点在西方一些国家有一定的现实影响，尤其是"西藏自古独立说""民国时期独立说"被一些人转化成为"1949年后解放军侵略西藏说"，意思是说西藏在 1949 年以前是"独立"的，中华人民共和国成立后派解放军"侵占了西藏"。2011 年，笔者曾访问立陶宛、拉脱维亚、爱沙尼亚，这三个国家的某些议员就声称他们曾经遭到苏联的"侵略"，西藏在 1949 年以后"遭到中国侵略"，甚至荒谬地认为波罗的海三国已经脱离苏联获得独立，他们"有义务支持"西藏像他们"脱离苏联"一样从中国独立出去。

在我国境内，某些人士出于狭隘的"地方情结"或者"本民族英雄人物崇拜意识"，无意或故意地否认历史事实。笔者 2015 年 8 月在西藏调研期间，一个寺庙的讲解员在给游客讲解一幅壁画时，指着清代五世达赖喇嘛到北京觐见顺治皇帝的场景，说"这是达赖喇嘛在接见清朝皇帝"；另一寺庙里的讲解员讲到了第悉·桑结嘉措在五世达赖喇嘛圆寂后隐瞒不报，康熙皇帝下旨斥责，又下令将六世达赖喇嘛解往北京及途中不知所终这段历史时，该讲解员刻意强调清朝皇帝在事后"非常后悔，专门建了佛殿，进行祈祷"。这些说法显然都违背历史事实，因为藏文的《五世达赖喇嘛自传——云裳》里就清楚地记载着他觐见顺治皇帝的细节，明确地表明他不是"接见"清朝皇帝，而以臣子之礼觐见顺治皇帝；各种档案也表明康熙皇帝在处理第悉·桑结嘉措、六世达赖喇嘛时是以中央政府处理西藏地方事务的态度处理的，未见有关事后"非常后悔，专门建了佛殿，进行祈祷"的记载。另外，一些人在活佛转世等重大问题上受到境外影响，认为"活佛转世是宗教界的事，中央政府和地方政府不应当过问"，甚至有人认为"班禅的转世灵童就应当由十四世达赖喇嘛指定，达赖喇嘛的转世灵童就应当由班禅指定，中央不应过多干预"。这一说法就把否认西藏是中国领土的一部分与否定中央在达赖、班禅等活佛转世上的权威联系起来，直接或间接地受到了境外传播的煽动性言论"中国政府欺压西藏百姓，还控制活佛转世"等谬论的影响，对于西藏的社会稳定、凝聚人心有一定的负面影响。

面对种种谬说及其负面影响，笔者认为：

首先，我国学术界要保持高度的警惕，牢牢地掌握西藏意识形态领域反分裂斗争的主动权。

2015年8月24日至25日，中央第六次西藏工作座谈会在北京召开，习近平同志发表重要讲话，强调西藏工作关系党和国家工作大局，党中央历来高度重视西藏工作，当前西藏工作的着眼点和着力点必须放到维护祖国统一、加强民族团结上来，把实现社会局势的持续稳定、长期稳定、全面稳定作为硬任务，各方面工作统筹谋划、综合发力，牢牢掌握反分裂斗争主动权。这为今后维护西藏稳定、做好西藏工作指明了方向，而社会科学工作者在维护西藏稳定方面又有自己的使命、责任和担当，即以高度的政治责任感和学术的敏锐性，在意识形态领域打好西藏反分裂斗争的主动仗，努力掌握西藏意识形态领域反分裂、维护稳定的主动权。当前，西藏主权归属、活佛转世等问题上的种种谬说，都是影响西藏自治区与四川、甘肃、青海、云南等邻省藏区稳定的消极因素，我们社会科学工作者对此必须保持警惕，努力掌握意识形态领域反分裂、维护稳定的主动权。

其次，我们要从学术上澄清事实、批驳谬误，特别是要有理论上的自觉、自信，以更有创新性、前瞻性的研究成果做好正本清源的工作，揭穿种种谬说的历史虚无主义本质。

笔者认为，这些谬说的本质在于通过贬损和否定西藏历史以及西藏与中央政府的历史关系，诋毁西藏是中国领土不可分割的组成部分这一重大命题，诋毁社会主义制度在西藏的实践，否定新中国成立以来党和政府在西藏治理中所取得的伟大成就。这些谬论的特点是以"学术研究"的面目出现，在"重新评价""重写历史"的名义下，用历史虚无主义的手法在西藏地方史、民族史和宗教史中设置"理论陷阱"，采用从根本上歪曲、颠覆西藏历史的做法，严重背离实事求是的历史研究的根本原则；在研究方法上片面，在史料利用上随意，对史实有其明确的取舍标准，不仅是不折不扣的反理性思考，而且有着明确的政治诉求，在造成人们思想混乱的同时，为"藏独"势力分裂祖国、否定党的领导、否定社会主义制度、破坏民族团结提供了所谓思想基础和理论依据。近代先贤就提醒后世："灭人之国，必先去其史；毁人之枋，败人之纲纪，必先去其史；绝人之材，湮塞人之教，必先去其史；夷人之祖宗，必先去其史。"① 这些仍值得今天思考、铭记。因此我们必须警惕这些谬说背后的政治意图，揭穿境内外一些人打着"学术旗号"否认西藏是中国领土不可分割的组成部分，为"藏独"制造"理论依据"的本质和用心。

再次，我们要注重学术成果的普及、转化工作，用我们科学的研究成果教育普通民众，引导人民群众正确地认识相关问题，牢牢掌握意识形态领域的话语权和主导权，从而为维护西藏和四省藏区的长治久安、凝聚人心做好基础性工作。

面对种种谬说和境内某些人的响应，笔者认为学术界不仅要有清醒的认识，更要有学术的敏锐性和高度的政治责任感，以更有创新性、前瞻性的研究成果揭穿其历史虚无主义的本质。而且，要广泛地向大众普及西藏地方的历史、文化和宗教知识，为维护西藏稳定、边疆稳固、国家统一做出应有贡献。比如在西藏主权归属问题上，我们要梳理已有的主要观点、理论，包括"西藏自古以来就是中国不可分割的一部分""西藏从来就是中国的一部分。十三世纪四十年代正式归入中国的版图，成为中央政府直接管辖的一个行政区"等观点；在此基础上，以马克思主义的唯物史观为指导，把我国领土、疆域的历史发展规律与国家、主权相关理论有机结合起来，逐步完善中国历史疆域形成、发展的理论体系，牢牢掌握意识形态主导权，并在国际学术交流中争取话语权、主动权。

（原载《中国边疆史地研究》2015 年第 4 期）

（作者单位：中国社会科学院中国边疆研究所）

---

① （清）龚自珍：《古史钩沉论二》，《龚自珍全集》，上海人民出版社 1975 年版，第 21—25 页。

历史虚无主义的前世今生

王定毅

近年来，在如何对待历史这样重大的问题上，不时出现刺耳的噪音，尤其以历史虚无主义思潮为最，这股错误思潮具有很大的欺骗性、迷惑性和渗透性，理论界已经对这股思潮进行深入的批判，代表人物有朱佳木、梁祝等著名学者。笔者在这里试图以事物的逻辑关系为主线，从"是什么、为什么、怎么办"的三维角度来认识、梳理历史虚无主义。

一　是什么：历史虚无主义的来龙去脉和基本特点

历史虚无主义不是凭空产生的。一般认为来自后现代史学思潮，而后现代史学思潮又来自后现代主义，而后现代主义又来自非理性主义哲学。一般认为，以19世纪尼采为代表的非理性主义哲学，是"后现代主义"的源头。"后现代主义"思潮，形成于20世纪中叶。它的主张，可以概括为"四多四性"，即多元、多变、多维、多样，怀疑，张扬自由与活力，认为一切都没有确定性，而只有模糊性、间断性、散漫性、不确定性，无序和凌乱、反叛与变形等。20世纪70年代开始，历史学领域开始受到后现代主义思潮影响。美国历史哲学家海登·怀特是主要代表人物之一，体现在《元史学：19世纪欧洲的历史想象》（1973年）、《形式的内容：叙事话语与历史表现》（1987年）等著作中。他认为，历史不可能复原，只能找到关于历史的叙述，因此真实的历史是不存在的，故有多少种理论阐释，就有多少种历史。

海登·怀特之所以有这种观点，与他的学术知识结构有很大关系，他不仅是历史哲学家，还是思想史家、文学批评家，被誉为"在文化理解和叙事的语境中，把历史编纂和文学批评完美地结合起来"的学者。也就是说，他不仅在历史研究方面有优势，而且在文字表达方面也具有优势，这种学术知识结构使得他可以自信地将客观存在的历史归结为文字表述的历史。

在海登·怀特之后，荷兰历史哲学家弗兰克·安克斯密特著的《历史编纂与后现代主义》（1989 年）、英国历史学家凯斯·詹京斯著的《关于"历史是什么"——从卡尔和艾尔顿到罗蒂和怀特》（1995 年）、艾伦·蒙斯洛著的《解构历史》（1997 年）以及凯斯·詹京斯 1997 年编的文集《后现代历史学读本》等，对后现代主义史学思潮起了推波助澜的作用。后现代主义对史学影响突出表现为否认客观的历史真理的存在，否认社会历史发展的规律性。他们认为，史学家和历史事实已融合在历史叙述中，不存在客观历史。

从 20 世纪 90 年代中期开始，中国史学开始受到后现代主义消极影响。有人甚至认为这将导致中国史学发生一场"深刻的革命"，中国史学的出路在于"后现代史学"。在此影响下，建立在历史唯心主义理论基础上的历史虚无主义思潮日渐凸显。

上述历史虚无主义与我们当下批判的历史虚无主义有诸多联系，但也不完全重合。我们目前批判、揭露的历史虚无主义，主要是指对自己国家的历史、民族的文化和精神采取轻蔑的、否定的态度，甚至把历史特别是把中国革命和社会主义建设的历史说得一无是处，其重点是否定中国人民革命和在中国共产党领导下社会主义建设成就的历史，在近现代史研究中表现尤为突出。

历史虚无主义最核心的特点是："告别革命论"，否定革命，颂扬改良。认为革命是激进的，把改良主义作为唯一出路。否定中国民主革命的历史必然性，否定近代农民运动、辛亥革命、五四运动等，鼓吹革命斗争是脱离实际的"激进主义"。而事实上，中国进行过改良尝试，如洋务运动、戊戌变法、清末新政等，但都失败了，中国社会的现实决定必须进行革命，推翻旧制度才能为生产力的发展创造前提。革命的发生是有着深刻的社会历史背景的，绝不是凭空产生的。推崇改良，否定革命，完全是为了实现自身政治诉求制造出来的主观臆断。

历史虚无主义最虚伪的特点是：以"学术研究"的面目出现，在"重新评价""重写历史"的名义下，做翻案文章，设置"理论陷阱"。与之对应的就是用现代化史观取代革命史观。如果只是否定革命，赞扬改良，估计赞成的人士不会太多，但历史虚无主义披上了学术研究的外衣，就为其理论增添了理性的、让人乍一看信服的味道。现代化史观是研究中国近现代历史的一个角度或者范式，但持现代化史观的目的不在于研究，而在于以此否定争取民族解放和人民民主。他们认为近代中国历史发展唯一要求或唯一主题就是现代化，而革命便成了破坏社会稳定、制造社会动荡、阻碍现代化的消极力量。他们得出结论，近代以来的中国革命是少数职业革命家"制造出来"的，是强加给中国人民的。

正是在此思想指导下，他们产生两个观点，一是不遗余力地美化和歌颂帝国主义，认为鸦片战争一声炮响，"给中国带来了近代文明"，公开颂扬侵略有功；二是颠覆对历史人物的评价，他们全面肯定慈禧、曾国藩、李鸿章、袁世凯等反动人物，贬低林则徐、洪秀全、谭嗣同、孙中山等。其实他们恰恰忽略了，近代革命一直是有两个主要目标，即民族独立和实现国家富强即现代化。毛泽东同志说："没有独立、自由、民主和统一，不可能建设真正大规模的工业。"① 没有革命为现代化创造民族独立、人民解放这个前提条件，中国的现代化是无法实现的。中国民族资产阶级的发展历史，已经充分的证明了这一点。虽然民族资产阶级勤劳勇敢，用心经营各种产业，但在帝国主义的侵略和本国官僚资产阶级的非经济手段掠夺下，不得不屈辱的败下阵来。他们一开始并没有选择跟着共产党走，企图走第三条道路，可是国民党反动派的屠刀用严酷的事实告诉他们，第三条道路是走不通的，中国民族资产阶级才心甘情愿的跟共产党走，一起参加革命斗争，迎接新中国的诞生。

历史虚无主义最险恶的特点是具有明确的政治诉求。新自由主义思潮、民主社会主义思潮、普世价值观等等，有着共同的政治诉求，这主要表现在：反对四项基本原则这一立国之本，把中国纳入到西方资本主义体系中去。其中最具代表性的是竭力否定近代中国、特别是"五四"以来爱国的、革命的传统，把自由主义说成是最好的、当今中国应当继承发扬的五四传统，并要求把它作为一种政治学说、经济思想和社会政治制度加以实现，这样才会把一个自由的中国带入一个全球化的世界。

历史虚无主义最令人发指的特点是污蔑中华民族。作为中华民族的一分子，作为炎黄子孙的后代，作为中国传统文明培育的儿女，他们轻蔑中华文明，轻蔑黄土文明，轻蔑中华民族的优良传统，他们极度颂扬海洋文

---

① 《毛泽东选集》第 3 卷，人民出版社 1991 年版，第 1080 页。

明，颂扬西方文明。他们也有承认中国古代文化的时候，但更多是承认那种被公认为糟粕的东西，甚至把历史上一些阴暗的权谋之术、诡诈之计作为成功之学，津津乐道。历史虚无主义者的世界观是扭曲的，他们把西方政治思想、政治制度、价值观念作为普世价值的标准，以西方的标准来裁剪中国的传统文明，裁剪中国五千年的历史，评判中国当今的各项制度，集中到一点就是反对中国共产党的领导和社会主义制度。

历史虚无主义，不是对历史的所有内容都"虚无"，而是从既定的政治理念出发，有选择的"虚无"。他们虚无的是人民革命的历史和进步的历史人物，而对反动统治者、历史的倒退者以至卖国者则加以美化，做翻案文章，这是他们重写历史的实质。

二 为什么：历史虚无主义猖獗的原因分析

既然历史虚无主义具有如此明显的理论、实践和历史缺憾，为什么却一直能大行其道，甚至还拥有不少为之欢呼的"观众"甚至追随者呢？笔者认为可以从历史、现实、史观和逻辑四个方面来认识。

从历史上看，有渊源。

1840 年的鸦片战争，清政府败给了当时世界头号资本主义强国——英国。虽然我们失败了，但民族优越感仍在，当时从朝廷到民众，主流的观点是：敌人的胜利只是说明他们的武器、技术先进，但在文化层面，他们还是蛮夷之人，中华民族的文化依然领先于世界。从当时比较清醒的一部分人开展的洋务运动可见一斑。洋务运动虽然是学习西方意图中国强大的一次近代化尝试，但这次运动的指导思想却是中学为体、西学为用，"中学"居于主体，"西学"只是用的层面，如果把"中学"比做道，"西学"也就是术的层面。但是甲午战争，岛国日本战败中国，对民族刺激甚大，民族优越感顿失，这也就是被有识之士惊呼"三千年未有之大变局"的根本原因，从此学习西方才成为一种潮流。到新文化运动、五四运动向西方学习，而民族优越感的倾向也同时存在。新中国成立后，作为社会主义国家，由于以美帝国主义的封锁和自身缺乏建设的经验，我们向已经取得巨大胜利的第一个社会主义国家苏联学习。由于苏联和中国都是社会主义，崇拜苏联，也就是崇拜自己。改革开放后，我们转入现代化建设，开始向西方尤其是发达资本主义国家学习，引进资金、技术乃至人才和管理。由于当时无论在经济建设还是在社会其他方面的建设，中国与西方发达国家都有着明显的差距，在此背景下，历史虚无主义作为资产阶级自由化的一种表现形式开始在中国泛起。他们崇拜西方，崇拜资本主义，用西方的话语体系、评价标准来评判中国、裁定中国。

从现实上看，有原因。

由于我们正在进行的中国现代化事业是以改革的方式。历史虚无主义为什么会在八九十年代出现，而不是五六十年代，就是因为1978年十一届三中全会以来，我们否定了在执政条件下采取革命形式对社会主义基本制度的态度，而是采用在坚持基本制度的前提下对体制进行改革。但历史虚无主义者据此就认为一切改革都是合理的，都是顺应时代潮流的，而且不以条件、时间、地点为转移。可以说，他们是机械、片面的理解我们的改革事业。

同时，我们不得不承认，在过去的学术研究中，确实存在着脸谱化人物的现象，伟大人物没有缺点，完全以高大全的面貌出现，反动人物没有丝毫正确的地方，即使曾经做出过贡献，也被一笔抹杀等，这是学术研究中的缺陷。改革开放以来，在学术研究领域，学者们坚持从当前实际和历史出发，以实事求是的原则，重新审视过去的研究，开始改变直线、片面的评价方式，关于近代乃至古代中国的人物、事件评价越来越丰富，越来越全面和客观，一步步向本来面目靠近。但历史虚无主义者却抓住以前学术研究中的缺陷，大做文章，从一个极端走向另一个极端。我们肯定的，他们就否定，我们否定的，他们就肯定。

从史观上看，有缺陷。

历史虚无主义违背实事求是的原则。历史研究的根本原则是从史实出发，做到实事求是。但历史虚无主义则是根据自己的政治诉求，片面引用史料，胡乱改变对近现代史中重大事件、重要人物和重要问题的科学结论。为了让公众接受他们的观点，历史虚无主义还披着思想解放的名义，以公正客观的学人面貌出现，宣扬以人性论原则治史，否则就是脸谱化、扣帽子。历史虚无主义者之所以能够迷惑部分人，就在于他们采用的材料不能说都是假的，不能说都不存在。他们的主要研究方法就是断章取义，他们在研究中列举的事实材料可能也是真的，是历史客观存在的，但他们并没有照顾到这些材料的前后左右、左颌右捨，而只是根据他们的需要，以他们假定的观点来裁剪材料。他们"取其一点，不及其余"。列宁曾经指出："在社会现象方面，没有哪种方法比胡乱抽出一些个别事实和玩弄实例更普遍、更站不住脚的了。挑选任何例子是毫不费劲的，但这没有任何意义，或者有纯粹消极的意义，因为问题完全在于，每一个别情况都有其具体的历史环境。如果从事实的整体上、从它们的联系中去掌握事实，那么，事实不仅是'顽强的东西'，而且是绝对确凿的证据。如果不是从整体上、不是从联系中去掌握事实，如果事实是零碎的和随意挑出来的，那么，它们就只能是一种儿戏，或者连儿戏都不如。"①

历史虚无主义也反对阶级分析的历史研究方法。用阶级分析方法分析社会历史现象，这是唯物史观研究社会历史问题的基本方法。历史虚无主义用抽象的人性论取代阶级论。比如对蒋介石这样纵横捭阖于政治舞台、善于以权术消灭异己的人，怎么能够简单以他的日记作为历史的主要的、甚至是唯一的依据呢？汪精卫投敌叛国后，在他写的诗文中还哭天抹泪地抒发所谓的"忧国情怀"，难道能够根据这种诗文把他说成是一个爱国者吗？② 对任何历史人物的评价标准都应当是共同的，也就是看他的所作所为是否有利于社会生产力的发展，是否合乎人民的利益和社会发展的要求。

从逻辑上看，有目的。

当梳理历史虚无主义的时候，我们发现他们其实有这样一个逻辑贯穿其中，可以将他们的虚无过程概括为"六个夸大六个虚无"。第一步，通过夸大错误来虚无领袖，即首先通过夸大中华人民共和国的开国领袖群体的一些工作错误尤其是毛泽东的错误，来彻底否定这个群体，尤其是否定这个群体的代表人物毛泽东。第二步，通过夸大曲折来虚无中共，就是夸大改革开放前中国共产党在探索社会主义道路上的曲折如"大跃进"、人民公社化运动和十年内乱"文化大革命"。毋庸置疑，这些工作确实是党在领导建设社会主义中发生的错误，有的甚至是全局性错误，但历史虚无主义者不是从总结历史的角度来看待这些失误，而是通过夸大这些失误来否定中国共产党在新中国成立后的一切业绩，从而否定党的领导；以上两者主要是否定新中国成立后的历史。历史虚无主义者继续向前追溯，由于否定了党的领导，而新民主主义革命主要是党领导的，因此他们就要否定

---

① 《列宁全集》第 28 卷，人民出版社 1991 年版，第 364 页。
② 梁柱：《历史虚无主义是唯心主义的历史观》，《思想理论教育导刊》2010 年第 1 期。

新民主主义革命历史。第三步就是通过夸大改良来虚无革命，否定革命的道路，主要是中国共产党的革命道路。第四步通过夸大封建来虚无近代，崇尚封建统治，否定近代人民的探索，认为人民应该接受封建统治者的统治，老老实实地等待统治者自我调整统治政策，否则就是破坏社会稳定。然后他们就开始不惜否定历史了，通过第五步夸大邪气来虚无历史和第六步夸大不足来否定民族，即颠倒黑白，重新评价历史人物，苟且偷生者得到赞扬，为民请命敢于担当者受到鞭挞，甚至刻意渲染少数中国人不文明行为到用蓝色的海洋文明否定我们民族的黄色文明，把民族也丢了。最终，达到虚无一切的目的。

特别值得关注的是，历史虚无主义者在否定历史的时候，突破口往往选择的是否定毛泽东。如果要重新评价历史人物，为何集中在毛泽东身上呢？只因为毛泽东是新中国的主要缔造者，在大部分中国人民心目中享有崇高威望，是开国领袖，是旗帜，否定了他，就几乎等于否定了党，否定了国家。

三　怎么办：制止历史虚无主义蔓延的思考

历史虚无主义危害甚大。历史虚无主义所散布的种种言论，不仅涉及史学领域的大是大非问题，而且直接关系到做人立国的根本问题。历史虚无主义的一些鼓吹者丧失了起码的民族良知，他们不但渲染民族失败主义情绪，而且公开走上称颂帝国主义侵略，称颂殖民统治的道路上去，搞乱人们思想。这正中敌对势力西化、分化我国的战略企图。我们对西方已经没有输出革命的思想了，但西方一刻也没有放松对我们进行演变，杜勒斯的"解放政策"，尼克松的"不战而胜"战略，还有里根的"遏制战略"和后来的"超越遏制"的新战略，其实质都是一样的。一方面，运用政治、经济、文化手段，利用我们的暂时困难和改革机会，传播资产阶级政治模式、经济模式、价值观和生活方式，培养对于西方的盲目崇拜。另一方面，通过丑化社会主义国家的历史和现实，特别是通过丑化无产阶级革命领袖来达到这个目的；并且利用社会主义国家出现的错误和存在的某些弊端，加以无限夸大，以实现他们妖魔化社会主义制度的目的。进入21世纪以来，这些论调已经不仅仅是出于意识形态的考虑，而是要颠覆社会主义制度、中华人民共和国，使国家走向衰弱甚至灭亡，他们要扼杀的是中华民族伟大复兴的中国梦。

关于如何抵制历史虚无主义，学界已经有很多论述。但现在这种论述大多是针对搞历史虚无主义的人或研究者。我们明显能够感觉到，现在对历史虚无主义的批判和抵制几乎是处于疲于应付的境地，一般均为对方炮制一个所谓的历史事实，而后在社会上造成强烈的舆论，之后才是历史唯物主义者出来对这种论调进行批判。

我们和历史虚无主义者之间是一场严肃的政治斗争，如果继续坚持这种逻辑的话，我们会永远处于被动地位，始终被牵着鼻子走。因之，我们应该谋划治本之策。

所谓治本之策，关键在于让历史唯物主义的观点在人民大众中占据主导的位置。对历史虚无主义的"专业"工作者，需要批判，但我们批判的目的是为了在广大的人民群众、尤其是青少年群体中廓清舆论，正本清源。如果从这个角度，我们应当从以下几个方面入手。

第一，始终坚持以发展为第一要务。

经济基础决定上层建筑。历史虚无主义者的种种论调，基本没有逃出贬低中国、颂扬西方的范畴，他们为何不是颂扬世界上比较落后的地区，而往往集中于西方发达国家呢？核心就在于他们认为西方比中国发达，即使中国目前的经济总量排名世界第二，他们仍然认为中国不可与西方同日而语，因为中国在科技、社会、生态等方面还落后于西方。因此，要想从根本上扭转这个观点，从根本上教育群众，最关键是坚持以经济建设为中心，坚持发展为执政兴国的第一要务，是解决我国所有问题的关键，全面深化经济体制改革，实施创新驱动发展战略，推进经济结构战略性调整，推动城乡发展一体化，全面提高开放型经济水平。只有推动经济持续健康发展，才能筑牢国家繁荣富强、人民幸福安康、社会和谐稳定的物质基础。在推动经济发展的同时，继续深入推进社会主义民主政治、先进文化、和谐社会、生态文明建设，推动我国综合国力再上一个新台阶，在国际竞争中处于优势地位。

第二，始终坚持唯物史观的指导地位。

在革命、建设、改革各个历史时期，我们党运用历史唯物主义，系统、具体、历史地分析中国社会的运动及其发展规律，在认识世界和改造世界过程中不断把握规律、积极运用规律，推动党和人民事业取得了一个又一个胜利。历史和现实都表明，只有坚持历史唯物主义，我们才能不断把对中国特色社会主义规律的认识提高到新的水平，不断开辟当代中国马克思主义发展新境界。唯物史观不但要在历史研究领域贯彻，还要贯彻到所有学术研究领域中，切实做到实事求是。通过唯物史观的引领，切实把握历史发展的主题、主线和主流，从纷繁复杂的历史现象中，找出历史发展的本质和规律性内容。要澄清对马克思主义的模糊认识与错误理解，批驳各种对马克思主义的攻击和背弃，树立正确的历史观，真正用马克思主义的立场、观点和方法来审视、观察、思考和研究历史。对待历史虚无主义，必须深入批判历史虚无主义，旗帜鲜明地划清界限。不但要回应历史虚无主义者已经提出的种种问题，更要举一反三，在更多问题上抢占声音的制高点，做到未雨绸缪。

第三，始终坚持对历史、尤其是近代史的学习。

历史虚无主义者提出种种解密的所谓"历史事实"，在专业研究人员看来，都是胡言乱语，不值一驳。但普通大众对此并没有免疫力，他们很容易受到历史虚无主义者的感染，有的甚至还以此作为扩充知识的手段。之所以出现这种情况，核心就在于缺乏基本的历史学习。中华民族历来就有治史、学史、用史的传统。我们党在领导革命、建设和改革的过程中，一贯重视对历史经验的借鉴和运用。但是目前，不得不承认，在历史学习方面，确实存在种种问题，一方面，我们的历史教材有的还不能做到完全的实事求是，仍存在对成绩说够、对缺点回避的态度，这就给历史虚无主义者以机会；另一方面，在目前的教学评价体制下，历史课的地位急剧下降，在学校、教师、学生心目中长期处于弱势地位，得不到应有的重视，自然造成学习效果不佳的局面。因此，我们需要本着实事求是的原则，编辑出版高质量的历史教科书，客观地呈现历史的原貌，客观地记载我们党领导中国革命、建设、改革取得的成绩，如实地反映党在探索中国建设道路上的种种曲折和失误；同时，希望教育部门乃至全社会对历史学科寄予应有的地位和重视，改变目前这种说起来重要、做起来次要的尴尬局面。通过两个方面的努力，使历史学习，尤其是中国革命史、中共党史的学习逐步深入人心，使更多受众准确把握近现代中国国情，从中得到深刻的历史教育与启迪，更好地树立科学的历史观。

在当下"互联网＋"的时代，历史虚无主义者主要在网络上尤其是微信微博上兴风作浪。但是我们对历史虚无主义者的批判却集中在传统的学术期刊上，且多为学术化的语言，这不仅造成战场不一致的客观现象，而且使批判的声音难以迅速在大众中广为传播。为了适应新的形势，坚持唯物史观的专家学者们在传统学术期刊发表文章批判历史虚无主义的同时，还应将重心移至互联网这个主战场，并且将学术成果以网络的语言进行传播，以便更好地为民众接受。

第四，始终做到道路、制度和理论自信。

曾担任哈佛大学费正清中国研究中心主任的柯伟林在 2014 年 2 月接受的一次采访中表示：中国很强大，但尚未达到应有的自信。我们需要学习西方先进的学科成果，但也应逐步建立自身的话语体系，争夺话语权。历史虚无主义之所以泛滥猖獗，就在于西方标准仍然在国民心目中有传统的优越地位。我们的新中国，我们所坚持的中国特色社会主义道路，是从改革开放 30 多年的伟大实践中走出来的，是从中华人民共和国成立 60 多年持续探索中走出来的，是在对近代以来 170 多年中华民族发展历程的深刻总结和中华民族 5000 多年悠久文明的传承中走出来的，具有深厚的历史渊源和广泛的现实基础。目前已经取得了举世瞩目的成就，连西方也开始惊叹中国的飞速发展，在生产力、在综合国力、在人民生活水平等方面均上了一个大台阶，中国模式已经进入西方学界的视野。我们有充分的理由来做到对自己的道路、自己的理论、自己的制度的自信。在三个自信的基础上，重拾我们的文化自信。唯有如此，我们才能破除历史虚无主义者对西方文明奴颜婢膝的崇拜。

习近平强调，要坚持用唯物史观来认识和记述历史，把历史结论建立在翔实准确的史料支撑和深入细致的研究分析的基础之上，要以事实批驳歪曲历史的错误言论。捍卫历史、抵制历史虚无主义是每个公民的责任，只要唯物史观得到全面、深入的贯彻，历史虚无主义终将成为历史的笑料。

（作者单位：中共中央党校）

关于历史评价中真与善的标准问题

隽鸿飞

对于事件及历史人物的评价问题，是当今中国面临的一个至关重要的问题。因为，一方面，随着社会的发展，中国社会进入从传统到现代社会的转型时期，传统的价值体系逐渐被消解，新的价值体系尚未形成；另一方面，改革开放和市场经济体制的建立，彻底消解了近代中国社会发展过程中形成的均质化的社会结构，社会结构的分层已经出现。而且随着社会的发展进入一个关键时期，社会的各个不同阶层以及同一阶层内部的不同利益集团之间的矛盾和冲突也日益明显，并趋于激烈的斗争状态。各个不同的阶层和利益集团都从自身的立场出发，从一切可能的方面为自身利益的合法性寻求理论的、历史的、道义的支撑。以至于整个现实存在的一切都可以成为为其自身利益辩护的手段或者打击别人的手段和工具。同时，由于在现代中国社会形成过程中社会的均质化，实质上消解了传统的社会精英存在的根基，部分知识分子已经沦丧为各个不同的阶层或利益集团的代言人。因而，我们看到目前中国的社会现实是：在当代的中国社会，真的难以分辨什么是好，什么是坏？什么是真，什么是假？什么是善，什么是恶？什么是美，什么是丑？因为无论你看到什么，听到什么，甚至在做什么，都会有人提供给你完全相反的意见。更有诸多的"专家"以各种各样的方式在向你传播他们的价值判断。那么，究竟应该如何生活？如何确立各种判断、选择的标准？

我们认为，在这纷繁复杂的思想意识冲突的氛围下，标准只能有一个，那就是历史的标准。所谓历史的标准，那就是要超越现实的各个阶层、利益集团的具体的利益诉求，或者说，历史地去评价、判断。对于历史人物与历史事件来说，只有把它还原到具体的历史进程之中，从长时段的历史视角去审视，才能真正看清楚其本来面貌。同时，对于当代的各种利益冲突及其意识形态的表现来说，同样需要历史的视角，即从历史的进程之中阐明其现实的存在状况及其发生的具体进程，从而把握其真实的状况；也只有从历史进程之中阐明其何以如此存在，才能超越具体的、现实利益的限制，看清楚其在现实的发展之中可能呈现出来的具体的变化态势，从而明确其立场和态度的基点。更为重要的是，只有通过长时段、总体性的历史视角，才能对现实的一切做出准确的价值判断，在各种不同的利益诉求造成的价值冲突之中寻求一个合理的价值判断标准。

一 关于善与恶的问题

近十几年以来，国内的学术界、思想界出现了一种奇怪的现象，那就是为历史翻案。从前在人们的思想观念中已经形成定式的一些历史人物、历史事件，重新被以一种截然相反的面貌呈现在人们面前。开始的时候还只是涉及对国民党一些高级将领、重要人物的评价问题，如张灵甫、阎锡山等等，后来又出现了关于西门庆、刘文彩、黄世仁等一些主要是通过文学作品为人们所熟知的人物的评价问题。最新看到的一篇文章是关于蒋介石的，其标题为"蒋中正——有史以来最悲壮的民族英雄！"，如此等等。这种现象直接颠覆了我们多年来接受教育而形成的基本的价值观念——并不是说我们接受的基本的价值观教育没有问题。但细细想来，这实在是一个极为复杂的问题。

关于善恶的问题，我们可以从两个不同的角度去理解：一个是从个人的角度来理解，另一个是从历史的角度来理解。所以，在涉及对历史中个人的评价时，我们可以区分两种恶、两种善。一种是个人的善恶，另一种是历史的善恶。所谓个人的善恶是比较容易分辨的，诸如穷凶极恶之徒、阴险毒辣之辈的恶。但这种善恶乃是小恶，其影响仅于较小的社会活动范围，从时间上来说局限于其个人的一生经历，难以在现实历史的进程中留下一定的印迹。从人类历史长时段的视角来说，这样的善恶是不足以引起一个历史学家关注的。特别是通过对这些小善、小恶的分析，能够说明其得以产生的根源仅仅限于某一个人个人的生活，而不是根源于普遍的社会生活时，那更是如此。但是相反，如果说个人的善恶并不是根源于其个人的生活，而是根源于普遍的社会生活，那么这样的善恶就已经不再是个人的善恶，而是具有社会历史的性质。正如有人指出的，如果说一个人作恶的根源并不在于其个人生活，而是根源于现实的社会生活，那么要批判的就不仅仅是作恶的个人，更要批判的是整个社会生活了。如鲁迅在其小说中描写的华老栓、祥林嫂、阿Q、假洋鬼子，等等。其善恶悲喜已经不再属于他们个人，而是属于那个造成他们的时代。在谈到历史的时候人们更多讨论的是英雄造时势，还是时势造英雄？但如果我们把历史进程中一切的苦难与人间悲剧都同时呈现出来之后，那么无论是持上述哪一种观点的人都不得不承认，现实的人的善恶悲喜不过是反映那个现实社会生活的一面镜子。"意识〔das Bewut-sein〕在任何时候都只能是被意识到了的存在〔das bewuute Sein〕，而人们的存在就是他们的现实生活过程。如果在全部意识形态中，人们和他们的关系就像在照相机中一样是倒立成像的，那么这种现象也是从人们生活的历史过程中产生的，正如物体在视网膜上的倒影是直接从人们生活的生理过程中产生的一样。"①

因此，我们谈论善恶就不能仅仅限于个体的人，而是必须在历史的意义上去谈，那就必然涉及历史的善恶。而对这一问题的探讨确实是更多地与所谓的英雄人物及其事迹密切地联系在一起的。但是，为了能够真正站在历史的尺度上，那我们就必须抛弃单独地对个人品质的评价，即不能根据某一历史人物的个人道德品性去评价他。因为对于任何一个历史人物来说，他之所以能够在历史上留名自然有其过人之处，无论是善的，或是恶的。如曹操之奸诈、刘备之狡猾、诸葛之过人的智慧、周瑜之心胸，更不用说秦皇汉武之雄才大略、唐宗宋祖之胸怀宽阔。但从历史的角度来说，特别是从历史长时段的视角来说，其个人的品性如何并不直接关涉对其作为历史人物的评价。所以，才不会有人因为秦始皇的残暴而否定其一统天下、缔造帝国的历史意义，也不会有人因为汉武帝的金屋藏娇而批评其骄奢，如此等等。因为在长时段的历史视野之中，历史人物及其活动的后果都已经得以充分地显现。相反，越是贴近我们的生活，距离我们越近的历史时段，则越容易混淆是非。所以才会有人因为张春桥"慷慨激昂"的自我辩护而大加赞叹，为张灵甫被视为国民党的顽固分子而鸣不平。即使那些为历史翻案的材料对这个历史人物个人品性的描述都是真实的话，也不应该成为改写历史的证据，因为这一

① 《马克思恩格斯文集》第1卷，人民出版社2009年版，第525页。

切所涉及的仅仅是个人的品性，而不是历史的善恶问题。换言之，正是他们的优秀品性造就了他们的历史悲剧。因为他们犯的不是个人的错误，而是历史性的错误。因此，从他们的角度来说，他们没有错，因为他们所坚持的是其所信仰的，但不能因为他们坚持信仰，就可以由历史的恶成为历史的善。

那么，现今各种为历史翻案的人的目的是什么呢？我想，可以有两种：一种不过是借重新评价历史人物之名而伸张自身的利益诉求；另一种则是以历史的态度寻求历史的真实，要求还历史的本来面目，客观评价过去的历史。对于前者，不过是现实的阶层、利益集团冲突的一种表现，需要认真进行分析，以明确其所要表达的真实意图。而对于后者，则必须给予尊重，并通过深入的历史分析而明确具体的历史事实，并在此基础上给予明确的评判。

二　历史中的真与假

对于历史中的真与假的问题，就其根本而言就是要明确历史认识之中是否具有客观性的问题。对此，似乎整个史学界并没有异议。无论是现代主义史学，还是后现代主义史学，都承认客观历史事实的存在，只不过在如何获得客观的历史认识、如何表述客观的历史事实方面存在着差异。这确实是一个重大的学术问题。但是，今天中国思想领域有关历史事件真与假的争论并未上升到这一高度，而是属于各种不同意识形态的冲突表现。在某种意义上可以说，这个问题并不是一个理论问题，而是一个意识形态问题。对此，我们可以结合有关抗日战争的历史性认识与评价进行具体分析。

就目前国内思想界有关历史事件真与假的争论来说，主要涉及对近、现代中国历史事实的认识与评价问题。突出地表现在关于抗日战争中国共双方的地位与作用问题，有关抗日战争历史数据的真实性、准确性问题，有关抗日战争中国共双方重要人物的评价问题，等等。

对于上述相关问题的争论，首先涉及的是如何理解历史真实性的问题，即具有历史客观性的就是真实的，换言之，就是要讨论在什么意义上客观的历史事实能够成为历史性的真实。对于这个问题，我们需要从两个方面进行分析：一方面是历史认识的客观性问题。所谓的历史认识并不是历史进程之外的人对已经发生过的历史进程的认识、理解和把握，而是历史进程中的人对自身存在的认识。因此，任何历史记录总是会受到记录者个人的身份、地位、其自身的利益、眼界等的影响，不可能是绝对的、客观的，必定会带有其个人特点，不可能完全排除记录者主观的因素，而且只有包含着记录者个人主观因素的记录，才是真实的。正如马克思所说，"难道探讨这一切问题不就是研究每个世纪中人们的现实的、世俗的历史，不就是把这些人既当成他们本身的历史剧的剧作者又当成剧中人物吗？"①这些历史的剧中人物，同时也是自己历史的记录者、言说者。这也就必然导致历史认识中的另一方面的问题。即对任何一个历史事件的认识、理解和把握，都不能以单一的历史记录为根据，而必须以一种总体的视角，去审视全部的历史记录，并通过对历史记录的分析、比较和印证，形成对历史事件的总体性的理解和把握。只有通过这种方式才有可能接近历史的真实。

以这样的一种历史认识的方式去面对关于抗日战争历史的各种争论，特别是其中有关历史事实的争论，就可以发现那种否定共产党在抗日战争中作用的各种观点存在的主要问题，表现在三个方面：其一，片面地使用史料，选择性地遮蔽部分的历史真相，以达到自身利益诉求的表达。其二，在运用史料的过程中，缺失了对当时具体的、历史情境的分析。这一点突出地表现在对抗日战争有关战役中各方伤亡人员数据的使用。例如，在关于平型关大捷中歼灭日军数量的分析，表现为以日军战报的记录来否认中国的记录。其背后隐含着明确的意识形态前提，即共产党会说谎，用以欺骗国人，提高自己的地位，而日本人不会说谎，因为那是内部的军报，而不是宣传②。这种观点是极其错误的。其三，片面地以历史记录数据的量作为判断标准，而忽视对事件本身性质的分析。在有关抗日战争中国共双方的地位和作用的问题上，突出表现在以国民党损失了多少军队、殉国了多少将军，在数量上远远高于中共领导的军队，以此来否认中国共产党在抗日战争中的地位和作用。这种观点首先缺失了对当时国共双方的实际状况的历史分析，有意或无意地在否认历史现实状况的前提下做出的判断。从长时段的历史视角来看，平型关大捷的意义并不在于其取得了什

① 《马克思恩格斯文集》第 1 卷，人民出版社 2009 年版，第 608 页。
② 《历史真相（7）：平型关大捷的真相》，http：//www.xjl163.cn/thread—440310—1—1.html。

么样的战果，对于忻口会战的最终影响有多大，而在于其对于全民族抗战在精神上的影响。

其次，是关于历史认识中定性与定量的问题。特别是对于历史事件或一个历史的长时段来说，单纯定量的考察是不足以改变历史认识的性质的。任何历史记载都必然包含着一系列的数据，诸如时间、地点、人物，以及大量的经济数据等可以用数量做记录的内容，并成为理解历史事件真实性的重要依据。但是，数据并不能成为独立确立历史事件的性质。例如，中日学者有关南京大屠杀的争论中，很多中国学者都跟随着日本学者的思路去考证究竟在南京大屠杀的恐怖历史事件中罹难民众的人数问题，并在这个问题的争论中被日本学者逼得节节败退。由此，日本右翼学者通过否定中国学者提供的数据进而达到否认南京大屠杀的真实性及其反人类的性质。这里的问题是，在历史事件的研究中，定量的研究不能取代定性的研究。就南京大屠杀这一历史事件来说，决定对其评介的绝对不是罹难者的数量，而在于这一屠杀事件反映出来日本侵略者反人类的性质。从定性的角度来说，无论是 3 万还是 30 万，其性质是一样的，因此不可能、更不可以用单纯的定量的方式来否定历史事件的性质。

最后，任何历史认识都具有当代性，所展示出来的是时代总体性存在的不同方面、不同部分。在对历史事件的认识和评价中所要表达的并不仅仅是为了认识历史，而始终包含着现实的利益诉求。因而，任何历史认识，即使是我们所要批判的那种对历史真实的有意识歪曲，同样包含着历史性的真实，是对现实的社会状况的理论反映，反映着现实的社会矛盾和冲突。

三　结论

通过上述对历史事件、历史人物的认识和评价的分析，我们可以得出如下几个方面的结论：

第一，目前国内思想领域有关历史事件与历史人物评价的问题核心还是一个意识形态问题，是目前各个不同的阶层、利益集团用以反对主流意识形态，进而伸张自身利益诉求的表现。因而对这种历史虚无主义的批判就必须结合当前具体的社会历史状况进行分析，而不能单纯停留在关于历史事件、历史人物本身的讨论。更不能以片面强调某一方面的历史事实来批判目前的历史虚无主义，否则同样会陷入历史虚无主义。换言之，历史虚无主义的批判绝不应当仅仅被视为单纯的意识形态斗争，而是反映现实的社会生活的镜子。必须通过揭示历史虚无主义的现实存在基础，真正阐明历史虚无主义的现实根源，从而通过现实的社会生活的变革才能消除历史虚无主义。这才是历史虚无主义批判的根本任务。

第二，对历史虚无主义的批判必须进一步引向深入，从而深入对历史真实的理论研究领域，进而推动马克思历史理论领域的变革。在相当长的时期以来，我国史学界是以现代史学对历史客观性追求为目标的，即将历史学家置身于具体的历史进程之外，去寻求所谓客观的历史事实。这种理解存在的根本问题是把历史学家置身于历史进程之外去寻求所谓的历史客观性，而忽视了现实的人本身也是属于这一进程本身的。历史记述者自身的主观性同样是属于客观历史的一部分。因而，必须明确历史的客观事实与历史真实的关系。我们认为，科学史学所说的客观性并不等于历史真实。因为历史并不是死的事实的堆积，而是现实的、活生生的人的活动，无论是历史上发生的事件，还是对历史事件的记述，还是今天对历史事件的认识和理解，都是现实的人的历史性的活动。脱离开对现实的人及其活动的分析，无以认识和把握历史的真实。

第三，马克思主义历史理论是建立在对现实的人及其实践活动的理解基础之上的。因此，必须明确任何的历史认识与历史评价都是历史进程中的人对其自身存在的认识，独立于历史进程之外去理解和把握历史的历史学家是不存在的。因此，对于历史学家来说关注现实的历史进程及其问题是每一个真正历史学家的责任和使命。正如马克思所说："哲学是时代精神的精华""文明的活的灵魂"。只有真实地理解和把握现实的人类历史进程，才能真正使理论走出抽象的封闭体系，以理性的批判精神直面现实的社会生活，并通过对现实社会积弊批判而推动社会的完善与变革，以实现人类的解放。这也就是马克思所说的"哲学的世界化"与"世界的哲学化"的辩证统一。因而，对于历史学家来说，对历史事件和历史人物的认识、理解和把握，其目的并不是为了认识历史本身，而在于通过对人类历史的认识和理解来实现对现实生活的理解和把握，认清现实的社会发展中存在的问题的历史性，从而为寻求现实社会的变革探寻可能的方向与道路。这是马克思历史理论家必须承担的历史使命。

（作者单位：黑龙江大学马克思主义学院）

论中国近现代史领域的历史虚无主义

张剑平

在改革开放新时期，中国近现代史研究取得了骄人的成就。原来以反帝反封建的革命史和中共党史为主干的基本面貌发生了根本的改变。近代政治史、经济史和思想文化史的研究受到了学者的重视，社会史研究也成为热门。晚清的社会改革、民国史和抗日战争历史的研究也取得了显著的成效。过去被简单否定的一些历史人物的功绩也得到了学者的重视，这是中国历史学研究新发展的表现。与此同时，历史虚无主义思潮也突出表现在中国近现代史领域。在20世纪90年代中期，李泽厚等人提出了"告别革命"论，对近代中国人民开展的轰轰烈烈并最终改变了中国命运的反帝反封建的斗争提出了尖锐的指责，对孙中山以来中国人民开展的反帝反封建的革命予以否定。这股思潮虽然遭到了刘大年、龚书铎、李文海等著名近代史专家的坚决抵制，但历史虚无主义并没有销声匿迹，而是不断变化手法在广大民众中传播。2003年，中央电视台播出了《走向共和》历史剧，对慈禧、李鸿章、袁世凯大肆颂扬，对孙中山等革命派肆意诋毁。2006年，《中国青年报》刊发中山大学袁伟时教授的文章，以所谓的"现代化"史观，旗帜鲜明地否定近代中国人民开展的反帝反封建的革命，引发了"冰点事件"。近年来，一些学者又提出了"重写中国近代史"的观点，核心是否定过去的革命，以片面的"近代化"为主线索解说中国近现代历史。对于中国近现代领域的历史虚无主义思潮，龚书铎、李文海、梁柱等著名近代史专家曾经努力予以纠正和抵制。但是，一些人并没有认真反思并收手，仍然肆无忌惮。2014年《炎黄春秋》第5期，发表的三篇关于历史虚无主义的文章，是历史虚无主义思想猖獗和泛滥的集中反映。北京大学梁柱教授和中国社会科学院杨天石研究员关于历史虚无主义和蒋介石的评价问题的交锋，说明当前历史虚无主义思潮十分值得关注。

历史虚无主义的根本特征是无视已经发生了的基本历史史实，仅凭个人主观愿望去评说历史。中国近现代史领域的历史虚无主义具有以下基本特征：第一，热衷于给历史人物翻案。过去一直被否定的慈禧太后、李鸿章、曾国藩、袁世凯，被一些学者捧上了天，成为推动中国现代化和走向共和的英雄。第二，简单否定革命、推崇改良。第三，针对多年形成的一些基本共识：如有人对半殖民地半封建社会性质提出了质疑，有人对蒋介石代表大地主大资产阶级利益提出质疑。第四，否定中国近代的反帝反封建的革命，肆意渲染太平天国运动、义和团运动，否定革命爆发的合理性和对封建政权、帝国主义列强的沉重打击。第五，无视20世纪中国历史发展的道路，认为正是由于中国共产党领导人选择了苏俄革命的道路和斯大林的集权政治，才使中国背离了民主、法制、自由和科学的坦途。第六，在研究方法上，竭力排斥马克思主义的阶级分析方法。如中国社会科学院一位从事近代史研究的学者在《重寻近代中国》的著作中说：如果从现代化史的视角重新打量，"三座大山"这些后加的概念掩盖了问题的本质，公开表明放弃官方的阶级分析方法。长期以来，像刘大年、龚书铎、李文海等强调坚持马克思主义的阶级分析方法的著名学者被一些人污称为左派学者。一些热衷于历史翻案的人，背离了马克思主义的全面的历史主义的基本原则，无视洋务运动惨遭失败和慈禧等封建势力的代表反对戊戌变法和拒绝改革的基本历史事实，一味为其翻案和表功。

大量事实表明，宣传历史虚无主义的学者有社会科学院系统和著名高校的学者，他们所利用的媒体也发展到主流媒体，这很值得反思。正因为如此，历史虚无主义问题才多年难以解决。

首先，对于历史虚无主义，学者之间展开辩论是非常必要的，如像梁柱先生那样针锋相对，使搞历史虚无主义的人理屈词穷、无可争辩。必要时可以组织一批学者对历史虚无主义的作品进行深入的分析和评论，将其真实面目暴露在大庭广众之下，使之没有生存的空间。从目前现状来看，要真正解决问题，仅仅局限于学者争辩难以从根本上解决问题。对一些造成不良影响、坚持不改，肆意传播历史虚无主义的人或者传媒适当采取一些组织行政措施是十分必要的。

其次，应该促进中国史学界的风清气正，从研究课题和评奖等多个方面做好真正的引领工作。据了解，国家社科基金指南从2011年以来虽然有唯物史观与中国历史学的史学理论题目，但是连续几年没有学者中标，其中的原因值得深究。我了解到有位曾经主持和参与过多项国家社科基金课题和教育部重大项目工程的学者就曾连续四年申报该课题，但就是未能立项。这其中是否有一些评委中的专家学者抱有个人偏见，未能做到公平公正、严肃认真地去评审材料呢？不得而知。在评奖方面，教育部人文社科奖有一年给在学术界具有重大争议，对马克思主义社会形态理论随意否定的《封建考论》授予二等奖，从中可以看出学术界对马克思主义理论研究的排斥。这些情况应该引起有关部门的重视。我建议国家哲学社会科学基金办公室加强对各类评审专家政治素质的审查，必要时对每年评审意见和专家进行跟踪调研，对未能认真履行职责的人实行淘汰制和重大责任追究制。

（作者单位：河北大学历史学院）

坚持历史唯物主义　克服历史虚无主义

高希中

在我国发展的新时期，历史研究领域成绩显著，思想活跃，研究深入，成果丰硕。但在如何对待历史等重大问题上，也出现了不同的思潮与声音，其中之一就是历史虚无主义思潮的泛起。历史虚无主义思潮是"自20世纪90年代中期所谓'告别革命'论发表以来，在中国社会，尤其是学术理论界具有很大影响的政治思潮"。[①] 近几年来，网络上多有文章损毁诸如卓雅、邱少云、黄继光、董存瑞、刘胡兰等革命先烈的光辉形象；同时学术界有的文章认为"马克思主义就是历史虚无主义，把马克思主义历史认识体系当作教条主义历史虚无主义来批判"[②]；也有的文章反对唯物史观，对以唯物史观为指导进行历史研究和历史解释。[③] 社会与学术界的这些现象与问题，以及学术界关于蒋介石等历史人物评价的争论，将历史虚无主义与反历史虚无主义的斗争推向新的高潮。

自20世纪90年代以来，论述历史虚无主义的论著很多，主要内容是对历史虚无主义的批评、批判与抵制。沙健孙、梁柱、张海鹏等先生的著述具有很强的代表性。[④] 此外，尚有多项学术会议针对历史虚无主义予以批评与抵制。[⑤] 这些都进一步推动着学术界对这一思潮的批驳、抵制与克

---

① 张海鹏、龚云：《马克思主义是历史虚无主义吗?》，《红旗文稿》2014年第16期，第8—12页。

② 同上。

③ 吴英：《驳历史虚无主义中的几个主要观点》，《新疆师范大学学报》（哲学社会科学版）2015年第5期。

④ 梁柱、龚书铎主编：《警惕历史虚无主义思潮》，人民教育出版社2006年版；梁柱：《历史虚无主义评析》，社会科学文献出版社2012年版。

⑤ 李珍：《"中国近现代历史研究与历史虚无主义思潮"学术研讨会召开》，《高校理论战线》，2005年第4期；梁立军：《教育部社科中心和中国史学会研讨——近现代史研究与历史虚无主义思潮》，《人民日报》2005年4月23日；邓先珍、郭奕鹏：《"虚无主义、现代性与现代中国"会议综述》，《现代哲学》2009年第1期；等等。

服。在所见文献中，学者们对历史虚无主义思潮的渊源、形成的国际国内背景、历史演变、主要观点、具体表现、实质危害与克服方法等方面进行了较为深刻的论述，主要内容如下。

一 历史虚无主义的渊源

从时代背景上讲，历史虚无主义滥觞于 19、20 世纪之交的西方。当时一些西方学者开始质疑启蒙运动以来西方文明中所笃信的理性乐观主义、历史进步主义以及对自然的理性结构的信仰，颂扬非理性在人类生存发展中的重要作用。

虚无主义（Nihilism）一词系德文 Nihilismus 的意译，源自拉丁文 nihil，意为虚无，即什么也没有。动词"虚无化"意指完全毁灭和归于无的过程。德国哲学家弗里德里希·海因里希·雅各比（Friedrich Heinrich Jacobi）1799 年在《给费希特的信》中首次使用，并引入现代哲学领域。虚无主义作为一个流行概念出现在屠格涅夫的小说《父与子》中，意指唯有我们的感官所获得的存在者才是现实地存在着，其余的一切皆为虚无。

虚无主义真正作为一个哲学问题为人们所关注，始于尼采，并且影响巨大。尼采将虚无主义理解为最高价值的自行废除，因此是一种价值论的虚无主义。海德格尔对尼采的思想进行了全面的分析，由价值转到存在，进而在存在论的意义上洞察虚无主义。海德格尔之后，卡尔·洛维特和列奥·施特劳斯是从哲学上深入洞悉虚无主义的代表性思想家。洛维特认为，欧洲走向虚无主义是在崇敬尼采呼唤"超人"（superman）中就已经得到彰显的一个倾向。施特劳斯首先从字面上将虚无主义理解为"意欲虚无"，即"包括自身在内的万物的毁灭"。尽管对虚无主义的概念稍有争论，但价值论的虚无主义和存在论的虚无主义是虚无主义的最主要的两种形态。就价值论方面来看，虚无主义主要指的是最高价值的废除，也就是如尼采所说的上帝之死；就存在论方面来看，虚无主义指的是存在的无根基状态。前者否定的是价值的绝对性，后者否定的是存在的基础性。

作为一种哲学思潮，虚无主义否认存在着普遍永恒的正确原则，因而具有怀疑主义、相对主义、解构主义与颓废主义等思想特色。作为一种社会思潮和文化思潮的历史虚无主义，其实质就是秉持虚无主义历史观来认识、分析和解释历史现象。这与西方哲学中的存在主义、现象学、解构主义、相对主义等思潮不无关系。就当下而论，历史虚无主义又与后现代主义史学理论的影响密切相关。[①]

二　历史虚无主义思潮在中国泛起的历史背景和原因

虚无主义伴随着西方资本的扩张、连绵不断的侵略战争，以及西方文明的影响来到我国，其表现形态多种多样，其中历史虚无主义尤为突出。与上述西方虚无主义相比而言，在我国所理解的"虚无主义"通常指"不加分析地盲目否定人类文化遗产、否定民族文化，甚至否定一切的思想倾向或社会思潮，是与唯物辩证法相对立的形而上学否定观的一种表现"[②]。历史虚无主义是虚无主义在历史研究中的表现，主要是否认历史的规律性，承认支流而否定主流，透过个别现象而否认本质，孤立地分析历史中的阶段错误而否定整体过程。其一个明显代表就是中国全盘西化的造势者，通过对我国一些阶段性错误发展的分析，全面抹杀先辈的革命史，抹杀我们民族独立斗争的历史。专家学者对历史虚无主义的定性为：其根本就是历史唯心主义。

历史虚无主义思潮滥觞于20世纪二三十年代的全盘西化论，余绪不绝于当代。20世纪90年代重新泛起，近几年来更是甚嚣尘上，其波及范围涉及史学、文学、艺术、教育等多个领域。这其中有国际、国内的背景及相关原因。

（一）历史虚无主义思潮泛起的国际、国内背景

历史虚无主义思潮最早可追溯至20世纪二三十年代的全盘西化论。

---

① 王俊：《于"无"深处的历史深渊——以海德格尔哲学为范例的虚无主义研究》，浙江大学出版社2009年版；刘森林：《物与意义：虚无主义意蕴中隐含着的两个世界》，《中山大学学报》（社会科学版）2012年第7期；余玥：《雅各比的洞见：康德体系中隐含虚无主义危机》，《中国社会科学报》2011年8月16日第009版；高山奎：《洛维特与施特劳斯——对虚无主义的历史与哲学克服》，《同济大学学报》（社会科学版）2013年第2期；韩炯：《历史事实的遮蔽与祛蔽——现时代历史虚无主义理论进路评析》，《毛泽东邓小平理论研究》2013年第3期；韩炯：《破解历史虚无主义的理论陷阱》，《中国社会科学报》2013年7月5日第A07版；唐忠宝：《虚无主义及其克服：马克思的启示》，博士学位论文，中共中央党校，2013年6月；杨金华：《虚无主义生成的理性逻辑及其超越》，《江汉大学学报》（社会科学版）2013年第4期。

② 冯契主编：《哲学大辞典》，上海辞书出版社2001年版，第1727页。

这种观点在对待传统文化与历史遗产方面采取了一种虚无主义的态度，认为中国传统文化在各个方面都不如西方文化先进，要为我们的民族寻求一条出路，就只有抛弃传统文化，全盘接受西方文化。由于这种观点否认民族文化的独立性与主体性，过分夸大西方文化的普世性意义，没有能解决中国文化的根本出路问题，因而这种观点一出现便受到各方的批评。抗日战争时期随着民族主义的高涨，全盘西化论逐渐失去市场。新中国成立之后，马克思主义被确立为我们的指导思想，全盘西化论也逐渐走向沉寂。

20世纪70年代后期，在我国拨乱反正、实行改革开放和转入现代化建设这一特定的历史条件下，历史虚无主义作为自由化思潮在历史观上的一种体现又有所抬头。一些人在文艺领域开展了一场否定、虚无传统文化，主张全盘学习西方文化的思潮。其中，尤以1988年6月以反思黄河文明为名否定中华民族历史与文化的电视片《河殇》的播出为最。

20世纪80年代后期至90年代中期，由于国内政治形势的变化和国际上苏联、东欧的剧变，加之来自西方的各种社会科学新理论和新方法如潮水般涌入中国，马克思主义面临非马克思主义思想的极大挑战。20世纪90年代中期以后，在社会上出现"告别革命"论，一些人对中国近代史尤其是中国共产党成立以来的历史采取极端虚无主义的态度。

总体而言，历史虚无主义思潮的重新泛起与世界社会主义处于低潮、各种西方社会思潮的冲击及改革开放以来国内形势的变化有很大的关系，有其国际与国内政治的原因与诉求。首先，苏东剧变和国际共产主义运动处于低潮，构成当前我国历史虚无主义重新泛起的重要国际背景。其次，历史虚无主义是对西方反共势力企图"和平演变"社会主义的一种呼应。最后，它也反映了新时期现代化建设和改革开放中的逆向发展要求。

纵观世界文化发展的历史，不同地区、不同民族的文化，总是互相开放、互相交流、互相吸收的，这是各民族文化发展的一条基本规律。例如在中国历史上，唐宋文化之所以放射出璀璨异彩，一个重要原因，就是当时的人们能够大胆地学习和吸收外来文化的精华。在当前我国全面改革开放的新的历史时期，我们更要学习和吸收外国其他民族一切优秀的文化结晶，来发展和光大我们民族优秀的传统文化。但这个吸收是有条件的，首先必须在继承和坚持中国优秀传统文化基础上的吸收，其次是必须符合中国的实际，与中国实际相结合，而不是不分良莠地照搬照抄。①

（二）历史虚无主义思潮泛起的原因

中国的学术土壤中未曾独立孕育出历史虚无主义，但中国走向现代化过程中却不止一次遭遇历史虚无主义的挑战。其主要原因有以下几点。

第一，近年来随着我国与西方国家在经济与政治方面交往的不断增多，西方社会思潮对我国产生了相当大的影响。其中出现于欧美史学界否定革命鼓吹改良的历史相对主义思潮，对我国历史虚无主义的泛起起到了直接推动作用。

第二，西方敌对势力利用现代化传媒通过文化交流活动等一切机会和条件不断对社会主义国家进行思想和政治上的渗透。

第三，近年来随着我国改革开放事业的推进，一些反马克思主义反社会主义的思潮不断发展彼此呼应。由于新自由主义、新文化保守主义等思潮有着共同的前提和基础，因而它们能够相互转化和统一。在这种转化和统一中历史虚无主义再度泛起。

第四，从现实环境看，历史虚无主义是全球化背景下中国社会转型过程中，部分利益集团的政治社会诉求在历史领域中的投射，以及在市场意识驱动下肆意"消费"历史的外在显现。

第五，从历史学的发展看，历史虚无主义是受第二次世界大战后崛兴的叙事史的负面影响所致，是以倡导讲故事为主的微观史学滥用的结果。

第六，对历史采取实用主义态度，而缺乏历史主义态度。一些历史虚无主义者把历史与现实等同起来，从现实出发，对中国近现代历史抱着为我所用的实用主义态度，抹煞历史与现实的界限，将历史与现实做简单的比附，丧失基本的历史主义立场。他们根据现实的变化重新解释历史，根据现实的需要任意裁剪历史，以现实比附历史，按照对现实的要求来"改造"历史。

第七，后现代主义思潮的影响。除了一些现实层面的原因之外，从历史哲学层面看，现阶段历史虚无主义的泛起主要与20世纪90年代以来传入的西方后现代主义史学思潮相关。

---

① 梁柱：《历史虚无主义思潮的泛起、特点及其危害》，《中共福建省委党校学报》2009年第4期；龚书铎：《历史虚无主义二题》，《高校理论战线》2005年第5期；方艳华：《历史虚无主义思潮的演进及重新泛起原因论析》，《吉林师范大学学报》（人文社会科学版）2011年第6期；梅荣政、杨瑞：《历史虚无主义思潮的泛起与危害》，《思想理论教育导刊》2010年第1期。

今天所说的后现代思潮，即现代西方哲学中的"后现代主义"（post-modernism）思潮。一般认为，它形成于20世纪中叶，但时至今日，"后现代主义"这一概念仍歧义纷呈，模糊不清。在西方学术界，它可表征社会形态、时代特征、思维方式，也指文化态度、精神价值、前沿的或怀旧的模式等。"后现代"作为一种主张多元、多变、多维、多样、怀疑的思潮，强调通过所谓"永恒的变化"反对僵化，张扬自由与活力，力主一切都没有确定性，而只有模糊性、间断性、散漫性、不确定性、无序和凌乱、反叛与变形，以及断裂和倒错等。"后现代主义"哲学思潮问世后，一时在人文社会科学领域蔓延。自20世纪70年代后期开始，后现代主义逐渐影响到历史学领域，使史学发展特别是史学理论的建构面临着严重的挑战。在后现代主义者看来，历史学家的主体性与历史事实之间不是历史认识主体与历史认识客体之间的关系，而是彼此融为一体，即融合在"历史叙述"的实践之中。在历史叙述之外，不存在任何客观历史。从后现代主义史学理论出发，历史只不过是"那些稍纵即逝"的没有内在联系的"事件"的堆积；通过"解构"宏大叙事，去"碎化"历史；用"颠覆"的方法否定一切，否定历史事实的客观性，否认历史的客观存在。历史虚无主义在基本理论、思维方式、研究方法以及价值判断上，都和后现代思潮有共同的语言，成为"后现代史学"的标本之一。在当代中国的社会生活中，历史虚无主义在基本理论、思维方式、研究方法以及价值判断上，都和后现代思潮有共同的语言，成为"后现代史学"的标本之一。①

三　历史虚无主义的表现、特点、危害

众多学者认为，历史虚无主义以唯心主义历史观为哲学基础，所反映的不仅是文化问题而且是政治问题，不仅是对待历史的态度问题，而且是对待现实的态度问题。

（一）历史虚无主义的表现与特点

历史虚无主义在中国历史研究领域有多方面的表现。在中国当代史与

---

① 于沛：《后现代思潮与历史虚无主义》，《中国社会科学报》2013年6月19日B04版；《后现代主义历史观和历史虚无主义》，《历史研究》2015年第3期。

中国近代史领域，其表现为宣扬改良，否定革命的历史作用；在中国古代史研究中，则表现为不顾历史真实，公然篡改中国文明的起源，试图证明"中国文明西来说"。历史虚无主义的根源是唯心史观和主观臆想，要害是混淆历史的支流与主流、现象与本质。

其一，"告别革命"论是历史虚无主义思潮的集中表现。自20世纪90年代中期以来，历史虚无主义最突出的表现就是竭力贬损和否定革命，诋毁和嘲弄中国人民争取民族独立和人民解放而进行的反帝反封建斗争，诋毁和否定我国社会发展的社会主义取向及其伟大成就。在历史虚无主义者看来，革命只起破坏性作用，没有任何建设性意义，并由此出发虚无中国革命的历史，虚无中国共产党的领导、马克思列宁主义的指导，虚无社会主义制度和人民民主专政，虚无以马克思主义和唯物史观为指导的史学研究。历史虚无主义的实质，是借歪曲历史本来面目来证明"学习西方"的主流文化是无法抗拒的历史必由之路，从而改变中国的社会主义道路。

其二，历史虚无主义以"学术研究"的面目出现，在"重写历史"的名义下，做翻案文章。

其三，历史虚无主义者有着明确的政治诉求。即反对四项基本原则这一立国之本，力图扭转现代化建设和改革开放的发展方向，把中国纳入到西方资本主义体系中去。

其四，历史虚无主义是唯心主义的历史观，与马克思主义唯物史观根本对立。这主要表现在：历史虚无主义违背"实事求是"的历史研究的根本原则，违背全面、客观的历史研究方法，否认和反对阶级分析的历史研究方法。历史虚无主义者否定历史认识的科学性，认为一切历史认识都是相对的，历史认识不存在真理。从这种认识出发，对过去在马克思主义指导下获得的对中国近现代史的正确认识采取了简单否定的态度。所以，他们所宣扬的观点不是在全面地、系统地掌握史料的基础上经过科学分析得出来的，而主要是表达自己的某种倾向、某种情绪，带有极大的主观随意性。

其五，对西方学者对中国历史的认识采取不加批判、分析全盘接收照搬照抄的态度。历史虚无主义者不是从错综复杂的各种关系、各种相互作用中寻找主要的历史线索，尤其是那些具有决定意义的本质性联系。而是以西方的模式、价值和发展道路来衡量中国，导致那些符合西方模式和价值观的历史被赞扬，而一些不符合西方模式和价值观的历史则被否定。并且，无论赞扬或否定，都统统被孤立地、片面地放大和渲染。

其六，反历史主义。就客观来讲，历史是一个相互联系，不断生成、发展、灭亡的整体演化过程。历史研究必须把历史事件、人物、制度、思想置于特定历史时空条件之下，作为统一的、有联系的、有机的整体来进行分析与研究，严格按照学术规范论定是非。但历史虚无主义者往往脱离特定历史条件，以非此即彼、割断历史的思维方式对待历史，甚至歪曲历史。

其七，史料问题。史料是历史研究的直接前提。史料有真伪、偏全、粗精、聚散等区分。所以，对史料必须进行大量的博采、钩沉、辨析、选择、确证、核定等工作。历史虚无主义者大多缺乏对这些专门学问系统、全面的训练与了解。甚至有的研究者轻视对史料的辨伪和充分占有，或仅凭一些表面的历史事实就大胆立论，或随意根据一点历史资料就大胆评论，结果导致了对历史事实的歪曲。

在中国史尤其是中国近现代史的研究中，历史虚无主义思潮对待历史事实的态度可概述为以下几类：一是精心挑选某些片面的不具有整体性和代表性的历史细节；二是从传播学的角度解构具有"崇高"价值的历史，如用权谋解构延安整风运动等；三是假设、臆测、抽象推演历史事件，如《告别革命》中关于康梁维新变法的假设、关于未发生辛亥革命的假设；四是借某些历史事件戏说或恶搞党和国家创始者的形象等。这些不同的态度其实有着共通的历史研究逻辑预设，即对历史事实的虚无，具体表现为：一是视"历史事实"为语言描述意义上的存在；二是视虚构、想象在历史研究中无处不在。[①]

（二）历史虚无主义的危害

众多学者普遍认为，历史虚无主义思潮已经对我国的文化安全和意识形态安全产生了一定的消极影响和危害。其主要观点如下。

其一，历史虚无主义起到消解主流意识形态、搞乱人们思想的恶劣作用。

其二，历史虚无主义适应西方反共势力"西化、分化"中国的战略企图。

---

① 韩炯：《历史事实的遮蔽与祛蔽——现时代历史虚无主义理论进路评析》，《毛泽东邓小平理论研究》2013 年第 3 期。

其三，历史虚无主义具有否定中国革命的危害作用。

其四，历史虚无主义企图从根本上动摇社会主义中国的立国之本和中国特色社会主义道路。

其五，通过否定历史发展规律来否定历史进步，进而否定民族历史价值与成就，对历史采取非历史主义的态度。

其六，通过翻历史旧案的方法，妖魔化重要历史人物，曲解民族文化标识和表征符号，进而瓦解民族精神和信念。历史需要不断的认识、继承、解读与创新，以求得更全面、准确的历史认识和科学的历史知识。但这些都不等于颠倒黑白和全盘否定。

其七，历史虚无主义否定歪曲中国革命史，特别是中国共产党领导的革命建设和改革史，是要从历史依据上抽掉中国走社会主义道路的必然性，在理论深层上否定唯物史观，以达到从根本上否定马克思主义的指导地位、社会主义制度和共产党领导的合理性。

其八，历史虚无主义具有"虚无"中国传统文化的危害作用。它抹煞中国优秀传统文化，消解文化认同，瓦解人们的民族自尊心和自豪感，削弱中华民族的自信心和凝聚力，消融民族精神，导致民族虚无主义，解构中华民族的灿烂文明。①

历史虚无主义所散布的种种言论，不仅涉及史学领域的大是大非问

① 上述内容除个别注释外，详参孔利《对待传统文化不能抱历史虚无主义态度》，《学习与研究》1989年第10期；沙健孙《科学地研究宣传党和人民光辉的斗争历史——兼评历史虚无主义思潮》，《高校理论战线》2005年第2期；危兆盖《警惕历史虚无主义思潮》（沙健孙、李文海、龚书铎、梁柱先生座谈），《光明日报》2005年3月15日；李珍《"中国近现代历史研究与历史虚无主义思潮"学术研讨会召开》，《高校理论战线》2005年第4期；梅荣政、杨军《历史虚无主义重新泛起的透视》，《马克思主义研究》2005年第5期；龚书铎《历史虚无主义二题》，《高校理论战线》2005年第5期；田居俭《历史岂容虚无——评史学研究中若干历史虚无主义言论》，《高校理论战线》2005年第6期；梁柱、龚书铎主编《警惕历史虚无主义思潮》，人民教育出版社2006年版；《要充分认识历史虚无主义思潮的严重危害性——访中国社会科学院马克思主义研究院特聘研究员梁柱》，《马克思主义研究》2009年第3期；梁柱《历史虚无主义思潮的泛起、特点及其危害》，《中共福建省委党校学报》2009年第4期；张晓红、梅荣政《历史虚无主义的实质和危害》，《思想理论教育》2009年第7期；梁柱《历史虚无主义是唯心主义的历史观》，《思想理论教育导刊》2010年第1期；邴正《警惕历史虚无主义的滥觞》，《中国社会科学报》2011年5月24日005版；梁柱《历史虚无主义评析》，社会科学文献出版社2012年版；杨军《历史虚无主义虚无了什么?》，《中国社会科学报》2013年1月25日A07版；许恒兵《历史虚无主义思潮的演进!危害及其批判》，《思想理论研究》2013年第1期；耿雪《历史虚无主义如何虚无历史》，《中国社会科学报》2013年8月7日A02版。

题，而且还直接关系到立党立国的根本问题。历史观是哲学与文化的重要组成部分和理论基础，涉及一个民族、国家如何看待自己的文化传统、历史经验和精神财富，涉及国家的认同感与民族自尊心和自信心。对一种社会制度、一个政权来说，历史的合法性是现实的合法性的基础。作为一种错误思潮，历史虚无主义的流传和泛滥，会造成人们思想的混乱，甚至导致严重后果。在苏联解体的过程中，否定和颠倒历史大行其道，从全盘否定斯大林，到全盘否定列宁和十月革命，把社会主义说得一无是处，这是最终导致苏联解体的一个重要原因。这个惨痛的历史教训值得认真汲取。是维护历史本来面目，还是歪曲历史真相；是高扬民族精神，还是鼓吹妥协投降；是从历史主流中吸取精神力量，还是在历史支流中寻找负面影响；是坚持唯物史观，还是回到唯心史观。如果这些原则问题被颠倒、被消解，就会从根本上搞乱人们思想，一个民族、一个国家就会失去立足和发展的思想基础。

四 多方位多角度批评与抵制历史虚无主义

对如何克服历史虚无主义，在学术范围内学者们主要提出了两种观点，一是认为"用事实说话"是有力途径，二是坚持唯物史观。这两种观点对抵制和克服学术领域内的历史虚无主义具有重要意义，但是在理论层面还有必要对这一问题进行深化。从多方位、多角度全面分析问题，更能深刻地认识问题和解决问题，也更有利于抵制和驳斥历史虚无主义。对此，或许以下几个方面是有益的尝试。

（一）坚持科学的历史观

在这方面，我们坚定不移地坚持唯物史观的指导，深入学习马克思主义的立场、观点和方法，坚持唯物论，提高用马克思主义指导史学研究的自觉性和坚定性。唯物史观是科学的历史观，但在具体的学术研究中，不能把唯物史观教条化。历史研究中的教条化或教条主义曾给史学研究造成严重危害，这方面的教训应吸取。之所以马克思主义或唯物史观被当作"历史虚无主义"，就与在以往的学术研究中将马克思主义或唯物史观当成教条有着密切关系。目前，反对将唯物史观教条化，强调唯物史观与中国历史实际相结合，积极吸纳中国传统文化的精华和西方学术的进步观点，已成为专家学者的共识。①

（二）坚持多元思维

"横看成岭侧成峰，远近高低各不同"。因为人在山中，视野有限，所处位置与观察角度不同，所得印象和看法也就不同，而且只能是一个局部，难免片面。历史虚无主义者对历史的认识往往如此，他们片面、静止地看问题，抓住一点，不及其余。这种分析问题的方式方法当然不会全面而深入地认识问题、解决问题。

其一，正确处理整体与局部的关系。历史虚无主义以偏概全、以点带面看问题，严重违背了历史的全面性和整体性。这需要正确处理整体与局部的关系。历史是众多因素相联系的运动过程，它既不是各个因素的混乱堆积，也不是社会历史各个部分的机械相加，而是多样性的有机统一。对一个国家、一个地区、一个历史事件、一个历史人物或一场战争等，从整体观察和从局部看待其表现形态、性质及意义并不一定相同。这就有一个正确分析二者之间关系的问题，不能顾此失彼。因此，对历史要有全面的认识，就要将整体与局部相结合，从不同的角度、视域进行观察：既要分别考察局部的性质、功能、作用和意义，又要把局部纳入整个历史过程中去进行综合考察，考察整体的特性、功能、作用和意义。例如，有的历史虚无主义者只看到"革命"破坏的一面，而没有看到在近代中国亡国灭种历史条件下"革命"的整体与全局意义。又如，也有些历史虚无主义者，只看到一些革命先烈那些微不足道的对社会没有任何影响的个人私生活方面的缺点，而没有看到他们为了中国革命的胜利敢于牺牲自己生命壮举的人生整体的积极意义，以及无数先烈对中国革命胜利全局的重大意义。

其二，以联系与发展的观点而非以静止的观点看问题。有的人认为马克思、恩格斯是19世纪的哲学家、思想家，现在已经是21世纪，时代不同，所以他们的观点已经"过时"。殊不知，马克思主义是开放的、发展的思想体系，比如与中国历史实际相结合而产生的毛泽东思想、邓小平理论和科学发展观等。不能因为时代与环境的不同，就盲目地否认马克思主义。比如，孔子离我们当今已2000余年，尽管儒家思想中的某些观点已

---

① 《首届马克思主义史学理论论坛学术研讨会在京召开》，《团结报》2013年4月18日第7版。

经不适宜当今世界与中国的发展，但是这并不否认以孔子为代表的儒家思想对当今世界和中国伦理建设的积极意义。对马克思主义也应该采取这种联系与发展的观点来对待，而不能以静止的观点来看待，并加以否定。从世界文明史的角度看，大的社会转型一定会推动历史宏大理论的诞生。马克思主义的诞生及在中国的传播与发展如此，对当前中国社会巨变的阐释也是如此。今天的中国正在崛起，当今的中国正在经历着前所未有的社会转型，对此，我们离不开马克思、恩格斯所创造的历史理论。尽管因时代和环境的不同，马克思、恩格斯历史理论的某些观点有所缺陷，但这并不妨碍它是阐释中国从传统社会向现代社会转型的最有力工具。理解和阐释当前中国历史的这种大脉络、大转折、大关节、大趋势、大变革的变动，离不开马克思主义。

其三，坚持历史主义，具体问题具体分析。历史认识和具体的历史语境相联系，在一定的历史范围之内，一定的历史认识可能是真理，但是一旦超越了一定的时空范围和具体的历史条件，而置于不同的历史环境和社会环境之中，则可能是谬误。历史虚无主义者看待问题的方式方法就违背了历史主义的原则，比如他们对"革命与改良"的认识。改良和革命都是社会改造的途径。所谓改良，它不像革命那样彻底、根本地摧毁旧的事物，而是缓慢地、渐进地改造旧的事物。在一定的历史时期，这种改良具有进步的意义，像对近代中国维新变法运动就有积极的历史作用。但这不能否认革命在一定历史条件下的积极意义。当一种力量成为人类历史或民族历史良性演化的促退或惰性力量时，比如丧权辱国、践踏正义、滥杀无辜、荼毒生灵、黑暗腐败、民不聊生等，此时"革"其"命"就具有重大的进步意义。比如，近代中国反对腐朽清廷的"革命"、反对英日等国家外来侵略、争取民族独立自主的"革命"等。自1978年"十一届三中全会"以来，中国放弃"以阶级斗争为纲"，走上"改革开放"之路，推动了中国经济社会大发展、大繁荣。但是，我们不能以现在"改革开放"的观点或近代"改良"的观点质疑近代中国"革命"的合理性，否则就如同历史虚无主义者一样，违背了马克思主义历史主义的原则。

（三）借鉴不同学科的理论和方法，深化相关问题的认识与研究

马克思主义本身就是跨学科研究的结晶，这在新中国"前十七年"史学界"五朵金花"的绽放中表现得尤为突出。当时历史学家或学者使用社会学、人类学、经济学诸学科的理论和方法，剖析中国古代社会，致力历史事件和历史现象的阐释，极大地推动了学术界对中国古代史的研究和马克思主义史学的繁荣与发展。可以说，借鉴和运用不同学科或邻近学科的理论、成果和技术手段，越来越成为我们认识历史的重要途径和方法。不同的学科从不同的角度丰富并加深了我们对历史的认识，并且为我们深入认识历史提供了崭新的视角。比如，可以运用马斯洛的"层次需要"理论分析和认识革命先烈坚韧不拔的革命意志和为了民族大义敢于牺牲的高尚情操；运用经济学的理论和方法分析和研究我国目前经济的大发展与大变动；运用社会学的理论和方法阐释中国当今乡村的巨大变迁；等等。这些跨学科的研究方式与方法，为我们批驳和克服历史虚无主义提供了强有力的论证和论据。

历史研究是多样性、多方位、全息的、立体的，因而认识历史的理论和方法也必然是多样性的统一。这就需要我们善于针对不同的认识对象，综合运用合适、合理的方法认识问题、研究问题、解决问题，彻底打破片面的、单一的认识方法。这可以使我们更科学地认识历史、理解历史、解释历史、撰述历史，从而更有效地批驳历史虚无主义。

（四）尊重与坚守历史真实

历史虚无主义忽视历史的真实性，否定历史事实。这就使分析、研究、解决学术问题的"基础"或"根基"不稳，或者其前提本身就存在问题。因材料不足而表达出来的观点，不可能构成历史定论，因为这随时都会因新材料的不断发现而得到修正，甚至被否定。

历史一般具有双重含义，一是指人类经历过的客观过程，也就是人们所说的客观的历史；二是指人们根据一定的史料和历史观念、思想等，是对客观历史的记述与阐释。对前者而言，不论是虚无主义还是什么主义，也不论什么主体，都是改变不了、歪曲不了的，因为前者已经固化在时间的长河之中，无法改变也无从改变。对后者而言，则具有很大的"变动"性，因为记述、研究的主体不同，依据的史料不同，历史观与历史思想不同，从而对客观历史的叙述、理解与解释呈现出不同的面貌。对历史虚无主义的批判与抵制，要在"历史"的这些不同层面进行。

第一，客观层面。"客观历史"一去不复返了，但它留下星星点点的遗迹、遗物所体现的"事实粒子"，以及由这些粒子构成的历史的点、线、面仍然可以被人们看到或认识。这主要有以下几种形式：其一，被确证的人和实物，比如秦始皇、刘邦、曹操等人物，以及我们今天依然能够见到的长城、京杭大运河、故宫等实物。其二，被确证的历史事件。对"事件"本身，不同的人有不同的看法和不同的描述，但是"事件事实"本身毕竟存在过，这不能被怀疑，比如鸦片战争、抗日战争、文化大革命等。其三，被确证的人和人之间、人和事件之间、事件和事件之间的关系与联系，比如，希特勒和第二次世界大战、日本与侵华战争、文化大革命与四五运动等。对这些"事实粒子"及其构成的点线面，不同的文本和话语可以有不同的称谓和描述，但其真实性、客观性不容置疑。这些事实粒子的存在决定了客观历史不可能完全被掩盖、篡改、否定，并构成了我们认识历史的基点。

第二，叙述层面。相当一部分客观历史以文本叙述的形式呈现出来。在这个层面上，历史的真实性主要体现在可信资料基础上的历史过程的真实再现。

首先，由于客观历史的庞杂性、记述的有限性、记述主体的主观性，历史叙述的过程实际上只能是一个取舍的过程、选择的过程，而且取舍、选择的幅度有时可能会极大。所以，这种历史真实的"再现"根本不可能是"全景再现"，但是所选择的人物、事件、时间等必须真实，所选用的史料必须可信。

其次，语言有着不以其内部结构所决定的客观内容。由于语言是特定时代与特定环境的产物，它本身及其运用的方式带有时空性、历史性。语言本身就不是完全纯客观的，语言并非不带任何感情色彩。历史学家无法用语言来精确地描绘他想要描述的历史实在，或者即使他认为自己做到了这一点，这种实在也无法原封不动地传递给读者。但这也并非说语言毫不客观地表现历史"真实"。语言的内容与历史"真实"密切联系在一起，也就是说，语言的内容并非是完全虚构的，而是有着不以语言内部结构所决定的客观内容。例如，不管用什么语言叙述，都不能否认日本在 20 世纪三四十年代对中国的侵略罪行。

最后，虽然历史叙述呈现出史家的主观态度，但其中也反映一定客观的历史。历史学是科学还是艺术，对此曾引起广泛、深入、持久的争论。史学既有科学的一面也有艺术的一面。艺术的一面主要表现在对历史的叙述方面，即把史家主体所理解与解释的历史用艺术化的语言表述出来。"如实直书"并不一定和语言的艺术性构成矛盾，否则没有语言的艺术性倒不一定能做到如实直书。例如描绘司马迁在受刑后的感受，如果没有艺术化的语言，不知史家该如何描绘司马迁"是以肠一日而九迴，居则忽忽若有所亡，出则不知其所往。每念斯耻，汗未尝不发背沾衣也"①的心理境况。可见面对丰富多彩、辛酸苦辣的大千世界与人的心理感受，没有艺术化的语言是不可想象的。但这并非是杜撰的，而是艺术化的语言也是受历史的客观性和真实性的制约，并非毫无根据的浮想联翩。

第三，解释层面。历史解释并非不受历史客观与真实的限制。历史认识的成果之所以呈现不同的面貌，在认识主体方面的主要原因是对历史的理解和解释不同，尽管人们所使用的材料可能相同，何况还存在使用史料不同的情况。在这个层面上，"真实"要求历史学家所作的解释能经得起时间的考验与洗磨，也能经得起后出的更多证据的支持。历史解释主要有两点：一方面是将所要考察的对象放到一个更广阔的历史脉络之中加以说明和评估，直至追寻到一个比较满意的答案。另一方面是挖掘历史现象、历史事实、历史事件、历史人物等背后隐藏的意义。对历史解释的这两方面具有巨大主体发挥的空间，但这不是要史家天马行空随意发挥，而是要将他的论点谨慎地限制在证据能够支撑的范围之内。

由上述可知，在历史的各个层面，都有一个底线，那就是历史的"真实"。其中，历史叙述和历史解释是主观成分最多的环节，它们可以突破证据的限制，也可以逸出真实之外，但不能不接受"真实"的约束。"真实"既规定了历史记录、历史叙述与历史解释的底线，又限定它们可以大体发挥的空间。我们了解了客观历史、历史叙述、历史解释的这些特性，可以帮助我们掌握哪些历史是真实客观的。同时，这也对我们认识历史提出了要求，也就是我们在认识历史、理解历史、解释历史、叙述历史时，也要自觉地接受历史客观与真实的约束。历史虚无主义者所犯重大错误之一就是违背历史"真实"，没有接受历史"真实"的约束，而是从主观臆想来认识和阐释历史。

（五）强化学者主体责任

历史学家也是历史的创造者，他们研究历史、编撰历史、普及历史的

---

① （汉）司马迁：《报任安书》，（汉）班固，《汉书·司马迁列传》，中华书局1962年版，第2707—2740页。

行为本身就是塑造未来的重要力量。这具体到抵制和克服历史虚无主义而言，一方面要求历史学家或学者加强对中国近代历史、中共党史和中国历史上重大问题的研究，拿出有理、有据、有力的学术性成果，从学术学理上批驳和克服历史虚无主义。另一方面，在历史知识的社会普及层面，历史学家或学者应该主动参与历史知识社会化的进程，引导社会用正确的历史观来认识历史，使大众认识到历史虚无主义思潮的严重危害。①历史虚无主义的最大危害，在于向社会传递错误的历史观和错误的历史知识，带来价值观的混乱，甚至颠覆了人们原有的价值观念，伤害了人们对我们民族、中国共产党和革命先烈的崇高情感。

总之，从史观的科学性、思维的多元性、历史的真实性、史料的可靠性、研究主体的责任性，以及跨学科方法的运用等综合方面系统、整体推进，更能有效地批评、抵制与克服历史虚无主义。

在历史研究中，我们坚持马克思主义，坚持以唯物史观为指导，为人民撰写历史，旗帜鲜明地反对历史虚无主义。同时，融会贯通地借鉴和吸收中国传统史学和西方学界有益的理论与方法，结合具体的历史与社会现实，深入剖析历史虚无主义的种种谬论，不断丰富、完善和发展具有中国特色、中国风格、中国气派的马克思主义史学理论。

（作者单位：中国社会科学院历史研究所）

---

① 详参杨艳秋《普及历史研究成果　应对历史虚无主义》，《中国社会科学报》2015 年 1 月 16 日 A05 版。

人民群众是战胜历史虚无主义的根本

尚松蒲

历史虚无主义思潮有其历史渊源。我们在这里讨论的历史虚无主义，专指在我们国家当前出现的以歪曲人民革命历史的手段，否定革命、否定领袖、否定英雄、否定人民群众、否定共产党、否定社会主义，宣扬抽象价值的历史观。历史虚无主义是反社会主义势力对社会主义的挑衅，妄图以否定人民群众的历史观迷惑人民群众。历史虚无主义是两种社会制度斗争中必然要出现的现象，其是反动的，不科学的，也是注定要被战胜的。必须与历史虚无主义进行坚决和深入的斗争，人民群众是历史虚无主义的受害者，也是战胜历史虚无主义的根本。

一 历史虚无主义妄图以否定人民群众的历史观迷惑人民群众

我们历来重视历史，"历史就是我们的一切，我们比其他任何一个先前的哲学学派，甚至比黑格尔，都要更重视历史"①。早在民主革命时期，毛泽东就指出："今天的中国是历史的中国的一个发展；我们是马克思主义的历史主义者，我们不应当割断历史。从孔夫子到孙中山，我们应当给以总结，承继这一份珍贵的遗产。"②历史虚无主义站在资产阶级的立场上，对人民群众在党的领导下的革命历史进行歪曲，否定在革命中出现的一切进步力量：领袖、英雄、共产党、人民群众，否定历史发展的社会主义方向，并宣扬"民主、自由、改良"等抽象的价值观念。有些历史虚无主义影响下的文艺作品，把人民革命当作历史浩劫，把革命中涌现的英雄

---

① 《马克思恩格斯全集》第3卷，人民出版社2002年版，第520页。
② 《毛泽东选集》第2卷，人民出版社1991年版，第534页。

当作流氓无赖，把人民群众当作历史的受难者，无视人民群众在革命中体现的积极、主动推动历史发展的历史作用，这样的作品不仅否定了革命，也否定了人民群众。① 有些历史虚无主义理论文章，把社会主义道路当作偏离世界正常发展轨道的旁门左道，宣称"苏联解体的根本原因，是它违背了人性和历史基本规律，抛弃了人类文明积累而倒退了人类历史"②。"中国进步靠什么？中国为什么倒退，走了弯路？二战后中国走的歪路我认为跟苏联关系很大，公有制、计划经济、斯大林式专制统治、党内外的斗争，把我们害苦了。"③ 有些历史虚无主义文章把马克思主义当作历史虚无主义，试图把水搅浑，"马克思的历史图式与基督教历史图式的确十分相似。他虽然肯定了资本主义的成就，也认为资本主义是目前世界文明的高峰，但他最终还是以一个设想中的未来社会阶段把资本主义的历史否定了"④。还有些人否定革命的必然性，"革命史观的核心内容是制造革命对象，神话革命力量，遗忘革命变革的根本目的是建立新的社会制度和新的人际关系，从而为国家、社会和人的发展提供牢固的制度保障。这种思潮在思想文化领域流毒甚广"⑤。按照历史虚无主义，人民只能在资本主义或者半封建半殖民地社会中接受统治，革命有罪。历史虚无主义否定革命，否定的是人民群众的历史作用，否定的是人民群众的根本利益。有些人造谣、污蔑毛泽东，污蔑邱少云、黄继光、狼牙山五壮士等人民英雄，暗袭人民群众的道德标准。前段时间中央电视台的一位主持人，在短短的几句唱词中，就把人民领袖、人民军队、新民主主义革命全给污蔑了。历史虚无主义实质是作为旧事物的资本主义对新生社会主义的敌视和污蔑。

历史虚无主义宣扬的抽象价值，反映的只是资产阶级的利益。"个人自由只是对那些在统治阶级范围内发展的个人来说是存在的，他们之所以有个人自由，只是因为他们是这一阶级的个人。从前各个人联合而成的虚假的共同体，总是相对于各个人而独立的；由于这种共同体是一个阶级反对另一个阶级的联合，因此对于被统治的阶级来说，它不仅是完全虚幻的共同体，而且是新的桎梏。在真正的共同体的条件下，各个人在自己的联

---

① 彭荆风：《莫言的枪投向哪里——评〈丰乳肥臀〉》，《内部文稿》1996 年第 12 期。
② 尹保云：《要警惕什么样的历史虚无主义》，《炎黄春秋》2014 年第 5 期。
③ 茅于轼：《在国际关系史中确认自身定位》，《炎黄春秋》2014 年第 4 期。
④ 尹保云：《要警惕什么样的历史虚无主义》，《炎黄春秋》2014 年第 5 期。
⑤ 袁伟时：《辛亥革命研究中的意识形态陷阱》，《炎黄春秋》2012 年第 2 期。

合中并通过这种联合获得自己的自由。"① 人民只有经过社会主义革命才能获得真正的自由。马克思在《关于自由贸易的演说》中谈道:"先生们,不要一听到自由这个抽象字眼就深受感动! 这是谁的自由呢? 这不是一个人在另一个人面前享有的自由。这是资本所享有的压榨工人的自由。"② 民主、自由都是具体的,带有阶级性的,或者是社会主义条件下人民的民主自由,或者是资本主义制度下的形式民主与资本自由。脱离我国的社会主义实践来空谈一些抽象价值,妄图西化中国。这些抽象的价值观,在社会主义初级阶段情况下,对部分群众还是有诱惑力的,这也是其危害所在。

人民群众掌握了自己的命运,社会主义是有无限生机和活力的。"中国人民将会看见,中国的命运一经操在人民自己的手里,中国就将如太阳升起在东方那样,以自己的辉煌的光焰普照大地,迅速地荡涤反动政府留下的污泥浊水,治好战争的创伤,建设起一个崭新的强盛的名副其实的人民共和国。"③ "社会的财富是工人、农民和劳动知识分子自己创造的。只要这些人掌握了自己的命运,又有一条马克思列宁主义的路线,不回避问题,而是用积极的态度去解决问题,任何人间的困难总是可以解决的。"④ 反动势力就是看到了这一点,所以千方百计去阻挠人民群众对历史、对自身的认识。历史虚无主义以一些似是而非的观点来迷惑人民群众,达到人民群众自己否定自己的目的。

二 历史虚无主义产生与失败的必然性

十月革命开启了人类历史的新篇章,部分国家的人民群众在党的领导下,通过艰苦卓绝的革命斗争,取得了政权,建立了社会主义制度。"没有对抗就没有进步。这是文明直到今天所遵循的规律。"⑤ 从十月革命到社会主义在全世界的胜利,都将是无产阶级革命的时代,这个时代的特征就是社会主义和资本主义两种制度的斗争。列宁在《无产阶级专政时代的经济和政治》中谈道:"这个过渡时期不能不是衰亡着的资本主义与生长着

---

① 《马克思恩格斯选集》第 1 卷,人民出版社 1995 年版,第 119 页。
② 《马克思恩格斯文集》第 1 卷,人民出版社 2009 年版,第 757 页。
③ 《毛泽东选集》第 4 卷,人民出版社 1991 年版,第 1467 页。
④ 《建国以来毛泽东文稿》第 5 册,中央文献出版社 1991 年版,第 490 页。
⑤ 《马克思恩格斯全集》第 4 卷,人民出版社 1958 年版,第 104 页。

的共产主义彼此斗争的时期，换句话说，就是已被打败但还未被消灭的资本主义和已经诞生但还非常幼弱的共产主义彼此斗争的时期。"① 毛泽东同志也谈道："无产阶级要按照自己的世界观改造世界，资产阶级也要按照自己的世界观改造世界。在这一方面，社会主义和资本主义之间谁胜谁负的问题还没有真正解决。"②在两种制度斗争的过程中，每种社会制度都会具有某些优势，也会具有某些劣势，社会主义作为新生事物在发展过程中也必然会出现曲折。历史虚无主义就是以社会主义国家在经济文化上的暂时劣势和发展中的失误与挫折为口实否定人民群众的社会主义革命。资产阶级及其知识分子一定会想尽办法维护资本主义，否定社会主义，历史虚无主义的出现是必然的。

历史虚无主义在国际方面的阶级基础是国际垄断资产阶级，在国内则以新生资产阶级、党内腐化势力为阶级基础，小资产阶级、流氓无产阶级在一定条件下也会是历史虚无主义的基础。国际垄断资产阶级要在全球范围内获取经济利益，必然会反对社会主义，其自然是历史虚无主义在国际上的基础。社会主义条件下的新生资产阶级表面上赞同现在的制度，但其本性决定了其与社会主义本质上是不相容的，他们与党内的腐化势力一起，都是妄图搞垮社会主义的，他们自然是历史虚无主义在国内的基础。马克思、恩格斯在《共产党宣言》中谈到中间阶级的保守性和流氓无产阶级的破坏性："中间等级，即小工业家、小商人、手工业者、农民，他们同资产阶级作斗争，都是为了维护他们这种中间等级的生存，以免于灭亡。所以，他们不是革命的，而是保守的。不仅如此，他们甚至是反动的，因为他们力图使历史的车轮倒转。"③ "流氓无产阶级是旧社会最下层中消极的腐化的部分，他们在一些地方也被无产阶级革命卷到运动里来，但是，由于他们的整个生活状况，他们更甘心于被人收买，去干反动的勾当。"④ 我国当前仍然存在小资产阶级等中间阶级，也存在部分丧失生产资料又与现代生产脱离的流氓无产阶级群体，他们具有摇摆性，在社会主义处于不利形势的情况下，会是历史虚无主义的基础。

历史虚无主义不是真正的学术研究，而是以为资本主义辩护为目的，

---

① 《列宁选集》第4卷，人民出版社1995年版，第59页。
② 《毛泽东文集》第7卷，人民出版社1999年版，第230页。
③ 《马克思恩格斯选集》第1卷，人民出版社1995年版，第282—283页。
④ 同上书，第283页。

自然没有科学性而言。科学地研究历史，只能得出与历史虚无主义相反的结论。历史虚无主义却只能靠伪造，靠以局部代替整体，以表面代替本质，宣扬抽象的价值来玩弄历史、愚弄群众。恩格斯在 19 世纪 80 年代指出："资产阶级把一切都变成商品，对历史学也是如此。资产阶级的本性，它生存的条件，就是要伪造一切商品，因而也要伪造历史。伪造得最符合资产阶级利益的历史著作，所获得的报酬也最多。"① 马克思在《资本论》1872 年第二版跋中指出："资产阶级在法国和英国夺取了政权。从那时起，阶级斗争在实践和理论方面采取了日益鲜明的和带有威胁性的形式。它敲响了科学的资产阶级经济学的丧钟。现在的问题不再是这个或那个原理是否正确，而是它对资本有利还是有害，方便还是不方便，违背警章还是不违背警章。不偏不倚的研究让位于豢养的文丐的争斗，公正无私的科学探讨让位于辩护士的坏心恶意。"② 马克思谈的是经济学，在历史方面也是如此。国际的垄断资产阶级、国内的新生资产阶级以否定历史发展方向、否定社会主义为目的的历史虚无主义只能是借着学术的名义造假了。

历史虚无主义的研究方法是形而上学的。实际上，对历史的研究不能只看局部不看整体。"在社会现象方面，没有哪种方法比胡乱抽出一些个别事实和玩弄实例更普遍、更站不住脚的了。挑选任何例子是毫不费力的，但这没有任何意义，或者有纯粹消极的意义，因为问题在于，每一个别情况都有其具体的历史环境。如果从事实的整体上，从她们的联系中去掌握事实，那么，事实不仅是'顽强的东西'，而且是绝对确凿的证据。如果不是从整体上、不是从联系中去掌握事实，如果事实是零碎的和随意挑出来的，那么，它们就只能是一种儿戏，或者连儿戏都不如。"③ 历史研究本应从历史事实出发，运用科学的方法得出经得起历史检验并且可以指导实践的结论，而历史虚无主义精心挑拣几个事例，就要否定革命和社会主义建设，这只能是一种儿戏，有如蚍蜉撼树。对历史的研究也不能只看表面不分析本质，"初看起来，这种思维方式对我们来说似乎是是极容易理解的，因为它是合乎所谓常识的。然而，常识在日常应用的范围内虽然是极可尊敬的东西，但它一跨入广阔的研究领域，

---

① 《马克思恩格斯全集》第 16 卷，人民出版社 1964 年版，第 573 页。
② 《马克思恩格斯选集》第 2 卷，人民出版社 1995 年版，第 107 页。
③ 《列宁全集》第 28 卷，人民出版社 1991 年版，第 364 页。

就会遇到极为惊人的变故。形而上学的思维方式，虽然在依对象的性质而展开的各个领域中是合理的，甚至是必要的，可是它每一次迟早都要达到一个界限，一超过这个界限，它就会变成片面的、狭隘的、抽象的，并且陷入无法解决的矛盾"①。历史研究本应从具体事实出发，深入研究历史事件的本质。历史虚无主义不深入探究历史，只是宣扬所谓的"普世价值"，在不明就里的人听起来很动听，但脱离了历史、脱离了阶级分析，只能是好听而已，用来指导实践，就可能有害。对历史的研究也不能只看静止不看发展，"每一个阶段都是必然的，因此，对它发生的那个时代和那些条件来说，都有它存在的理由；但是对它自己内部逐渐发展起来的新的、更高的条件来说，它就变成过时的和没有存在的理由了；它不得不让位于更高的阶段，而这个更高的阶段也要走向衰落和灭亡"②。历史研究本应根据历史来揭示社会的发展线索，而历史虚无主义将资本主义看作是"历史的终结"，无视其产生、发展和灭亡的历史规律，其想法只能是被历史发展所粉碎。

历史虚无主义是一种形而上学的方法，因而是不科学的，其得出的结论也是不符合实际的。毛泽东在《丢掉幻想，准备战斗》中指出："中国的许多自由主义分子，亦即旧民主主义分子，亦即杜鲁门、马歇尔、艾奇逊、司徒雷登们所瞩往的和经常企图争取的所谓'民主个人主义'的拥护者们之所以往往陷入被动地位，对问题的观察不正确——对美国统治者的观察往往不正确，对苏联的观察往往不正确，对中国共产党的观察也往往不正确，就是因为他们没有或不赞成用历史唯物主义的观点去看问题的缘故。"③当前的历史虚无主义者，对历史采取实用主义而不是科学的态度，对历史不可能有正确的认识。

历史虚无主义固然能蛊惑人心于一时，但脱离不了与真实历史背道而驰的唯心主义本质。历史虚无主义逆历史潮流而动，必将在历史的进程中失去在群众中的影响，在学术界无立足之地，在社会中无存在的基础，其失败的命运是不可避免的。但在历史虚无主义的发展过程中，也可能暂时迷惑部分人民群众。苏联否定斯大林、否定苏联革命和建设历史、否定社

---

① 《马克思恩格斯选集》第3卷，人民出版社1995年版，第734—735页。
② 《马克思恩格斯文集》第4卷，人民出版社2009年版，第270页。
③ 《毛泽东选集》第4卷，人民出版社1991年版，第1487页。

会主义制度的历史虚无主义在苏联解体、苏共解散中起了很重要的作用。对历史虚无主义必须进行坚决的斗争，否则社会主义会遇到重大挫折，历史会出现倒退。

三　与历史虚无主义作坚决和深入的斗争

历史虚无主义思潮是一个复杂的社会现象，它与新自由主义、民主社会主义互相配合，也是"颜色革命"的重要一环，其本身既有学术的外衣，也有意识形态的本质，更有其在部分群众中产生的实际影响。"斗争，失败，再斗争，再失败，再斗争，直至胜利——这就是人民的逻辑。"① 我们针对历史虚无主义开展斗争，要与反对新自由主义、反对民主社会主义的斗争结合起来，要与防范"颜色革命"结合起来。在学术上批驳历史虚无主义的反科学性；在意识形态上，要进行严肃的政治斗争，特别是对违反法律的言论和行为要依靠人民民主专政的国家政权，以法律作为斗争武器；在消除历史虚无主义的影响方面，要进行思想政治教育，并通过社会主义政治、经济、文化的全面进步来逐步消除其影响。

在学术上要批驳历史虚无主义的谬论。革命不是造出来的，而是历史发展中的必然，革命同时也是伟大的历史事件。"革命之所以必需，不仅是因为没有其他的办法能够推翻统治阶级，而且还因为推翻统治阶级的那个阶级，只有在革命中才能抛掉自己身上一切陈旧的肮脏的东西，才能成为社会的新基础。"② 列宁认为："从马克思的全部历史观点出发，必然会对人类发展的革命时期给予高度的评价，因为正是在这样的时期，所谓和平发展时期慢慢积累起来的许多矛盾才能够解决。正是在这样的时期，各个不同的阶级在确立社会生活形式方面的直接作用才得到最有力的表现，而后来长期以更新了的生产关系基础为依托的政治'上层建筑'的基本方面才得以建立。而且，马克思和自由派资产阶级的理论家不同，他并不认为这样的时期是脱离了'正常的'道路，是'社会病态'的表现，是过激和谬误的可悲的结果，他认为这是人类社会中最有生气、最重要、最本

① 《毛泽东选集》第 4 卷，人民出版社 1991 年版，第 1487 页。

② 《马克思恩格斯选集》第 1 卷，人民出版社 1995 年版，第 91 页。

质、最有决定性的关头。"① 在三座大山的压迫下，中国人民只有通过革命，才能更好地生存。人民民主革命和社会主义革命开启了中国人民创造幸福生活的新时代，其成果构成了共和国的基础，其价值追求哺育着一代又一代的中国人。在社会主义革命和建设中会犯错误，这是不可避免的，我们还能从错误中吸取教训，更好地继续前进。"在这样崭新、艰难和伟大的事业中，缺点、错误和失误是不可避免的。"② "伟大的阶级，正如伟大的民族一样，无论从哪方面学习都不如从自己所犯错误的后果中学习来得快。"③ "对这些缺点采取讥笑（或幸灾乐祸）态度的，除了维护资本主义的人以外，就只有那些毫无头脑的人了。"④ "必须是满腔热情地用保护人民事业和提高人民觉悟的态度来说话，而不能用嘲笑和反击的态度来说话。"⑤ 我们不认为我们不会犯错误，我们在社会主义革命和社会主义建设中会犯一些错误，但是我们应在实践中认识错误、改正错误。中国共产党领导中国人民革命和建设的历史，就是在实践中不断纠正错误继续前行的过程，正是在认识错误、改正错误的实践中，我们才能更加成熟，我们的道路才会更加宽广。领袖是人民群众中的先知先觉者，也是为了事业做出极大牺牲的人，其带有时代的烙印，也会犯错误。"判断历史的功绩，不是根据历史活动家没有提供现代所要求的东西，而是根据他们比他们的前辈提供了新的东西。"⑥ 客观评价毛泽东同志，维护毛泽东同志的历史地位，是与历史虚无主义斗争中一个必须坚守的底线，否则我们会自乱阵脚。我们认为人民群众是历史发展的推动者，"人民，只有人民，才是创造世界历史的动力"⑦。我们认为马克思主义的指导是人民群众更好推动历史发展的精神武器，"自从中国人学会了马克思列宁主义以后，中国人在精神上就由被动转入主动。从这时起，近代世界历史上那种看不起中国人，看不起中国文化的时代应当完结了"⑧。

在意识形态上，对否定社会主义道路的历史虚无主义言论和行为，要

① 《列宁选集》第 1 卷，人民出版社 1995 年版，第 747—748 页。
② 《列宁选集》第 4 卷，人民出版社 1995 年版，第 130 页。
③ 《马克思恩格斯文集》第 1 卷，人民出版社 2009 年版，第 379 页。
④ 《列宁选集》第 4 卷，人民出版社 1995 年版，第 130 页。
⑤ 《毛泽东文集》第 7 卷，人民出版社 1999 年版，第 278 页。
⑥ 《列宁全集》第 2 卷，人民出版社 1984 年版，第 154 页。
⑦ 《毛泽东选集》第 3 卷，人民出版社 1991 年版，第 1031 页。
⑧ 《毛泽东选集》第 4 卷，人民出版社 1991 年版，第 1516 页。

进行坚决的斗争。习近平总书记2014年10月15日在文艺工作座谈会上指出："文艺工作者要想有所成就，就必须自觉与人民同呼吸、共命运、心连心，欢乐着人民的欢乐，忧患着人民的忧患，做人民的孺子牛。"① 有些历史虚无主义影响下的文艺作品，把人民当作历史的受难者，却无视人民群众推动历史发展、是创造新生活的历史主流，他们表面上是关心人民群众的疾苦，但实质确是贬低了人民群众，使人民群众的存在价值只是负面的。有些文艺作品，热衷于表现资产阶级的价值观和生活方式，脱离了人民群众，脱离了现实生活，成了历史虚无主义的工具。有些人在各种传媒发表和传播污蔑领袖、英雄、社会主义的言论，其中不少涉嫌违法犯罪。对于此类在意识形态领域的挑衅，必须以人民民主专政的国家政权为基础，以法律作为斗争的武器。三句好话抵不上一个耳光，学术问题归学术，政治问题归政治，该动用法律的时候要动用法律，不能别人打到脸上了，还要做绅士。对这些有严重政治错误的作品和言论，必须进行批判，对违法犯罪的，要拿起法律的武器来进行斗争。邓小平强调："依靠无产阶级专政保卫社会主义制度，这是马克思主义的一个基本观点。马克思说过，阶级斗争不是他的发明，真正发明是关于无产阶级专政的理论。历史经验证明，刚刚掌握政权的新兴阶级，一般来说，总是弱于敌对阶级的力量，因此要用专政的手段来巩固政权。对人民实行民主，对敌人实行专政，这就是人民民主专政。运用人民民主专政的力量，巩固人民的政权，是正义的事情，没有什么输理的地方。"② 不进行斗争，不对相关人员进行处理，不对相关作品进行批判，只能搞乱人心，节节败退。

应对历史虚无主义在部分群众中造成的消极影响，除了作坚决的斗争外，还需要做更基础的工作，进行更深入的斗争，掌握斗争的主动权。要掌握宣传媒体，在人成长的全过程搞好教育工作，从社会经济政策上来削减历史虚无主义发展的基础。

不仅要对各种舆论媒体行使管理权，还要拥有控制权、所有权。资本控制了媒体，媒体就会为资本说话，不会为人民群众说话。"资本集团大声呼喊的新闻自由是捍卫自己旗下媒体的自由，而不是让广大人民群众在

---

① 《人民日报》2014年10月16日。
② 《邓小平文选》第3卷，人民出版社1993年版，第379页。

其媒体上发表不同意见的自由。"① "面对媒体公权被资本严重侵蚀的现实，需要确保新闻媒体能像教育和卫生等公共事业那样，为社会提供均等化新闻与言论服务，保障最广大人民群众的知情权、意见表达权，以及人民的意见对公共政策的塑造力和影响力。"②不控制媒体谈不上舆论的领导权，资本控制的媒体就不是共产党能控制的媒体，必须要拥有对媒体的所有权。

要从人成长的全过程来搞好教育。虽然"共产党一分钟也不忽略教育工人"③，但是共产党更重视对下一代的教育。教育要从娃娃抓起，从幼教开始。当前，国家实行了九年制义务教育，而幼儿园阶段的教育没有实行义务教育，公办幼儿园只能招收一部分幼儿，大部分幼儿或者到私立幼儿园，或者不能进幼儿园接受教育，这是国家教育体系的严重缺失。要建立完整的教育体系，将教育作为国家的一项基础职能。从幼教开始，就要贯彻社会主义教育方针，将教育与生产劳动相结合，培养孩子正确的历史认识、科学的世界观以及集体主义精神。当前的教育思想也受到历史虚无主义的影响，不敢理直气壮地进行思想政治教育，特别是低龄阶段的教育。

以良好的社会经济政策作为与历史虚无主义作斗争的社会基础。恩格斯在《反杜林论》中谈道："这些互相斗争的社会阶级在任何时候都是生产关系和交换关系的产物，一句话，都是自己时代的经济关系的产物；因而每一时代的社会经济结构形成现实的基础，每一个历史时期的由法的设施和政治设施以及宗教的、哲学的和其他的观念形式所构成的全部上层建筑，归根到底都应由这个基础来说明。"④ 人民群众认清自身的历史使命，认同社会主义，这属于意识形态，受经济基础的制约。我们在搞好思想教育的同时，必须推行与社会主义理想相一致的社会经济政策，让人民群众在实现自身利益的基础上认清自己的历史使命，更加认同社会主义。习近平总书记2013年8月19日在全国思想宣传工作会议上的讲话指出："要树立以人民为中心的工作导向，把服务群众同教育群众结合起来，把满足

---

① 李希光：《"看不见的手"对言论自由的封杀》；载李慎明主编《世界社会主义跟踪研究报告（2013—2014）》（上），社会科学文献出版社2014年版，第464页。

② 同上书，第466页。

③ 《马克思恩格斯选集》第1卷，人民出版社1995年版，第306页。

④ 《马克思恩格斯选集》第3卷，人民出版社1995年版，第365页。

需要同提高素养结合起来。"① 历史虚无主义之所以有一定的市场，还有一个重要原因，就是它利用了我们工作中的一些失误，钻了我们在实际工作和现实生活中有些现实矛盾没有处理好，实际问题没有解决好的空子。我们必须推行符合人民群众根本利益的社会经济政策，唯有此才能为战胜历史虚无主义打好社会基础。

四　人民群众在共产党的领导下开展与历史虚无主义的斗争

历史唯物主义是群众史观，认为人民群众是推动社会发展的根本力量。恩格斯在《路德维希·费尔巴哈和德国古典哲学的终结》中写道："如果要去探究那些隐藏在——自觉地或不自觉地，而且往往是不自觉地——历史人物的动机背后并且构成历史的真正的最后动力的动力，那么问题涉及的，与其说是个别人物、即使是非常杰出的人物的动机，不如说是使广大群众、使整个整个的民族，并且在每一个民族中间又是使整个整个阶级行动起来的动机；而且也不是短暂的爆发和转瞬即逝的火光，而是持久的、引起重大历史变迁的行动。"② 与历史虚无主义的斗争，是维护社会主义制度的斗争，是维护人民群众历史主体地位的斗争，是维护人民群众根本利益的斗争，人民群众是与历史虚无主义斗争的根本。

在当前条件下，人民群众更好地发挥历史作用需要共产党的领导。"在实践方面，共产党人是各国工人政党中最坚决的、始终起推动作用的部分；在理论方面，他们胜过其余无产阶级群众的地方在于他们了解无产阶级运动的条件、进程和一般结果。"③ 与历史虚无主义的斗争，也是人民群众在共产党领导下进行的。人民群众是历史虚无主义的受害者，部分群众由于各种原因被历史虚无主义或多或少地迷惑，共产党发动和引导群众，使群众不断提高对自身历史使命的认识和对历史虚无主义的免疫力。列宁认为："对工人运动自发性的任何崇拜，对'自觉因素'的作用即社会民主党的作用的任何轻视，完全不管轻视者自己愿意与否，都是加强资

---

① 《人民日报》2013 年 8 月 21 日。
② 《马克思恩格斯选集》第 4 卷，人民出版社 1995 年版，第 249 页。
③ 《马克思恩格斯选集》第 1 卷，人民出版社 1995 年版，第 285 页。

产阶级思想体系对工人的影响。"① 这说明坚持党的领导，本身就是与历史虚无主义斗争很重要的一个方面。党的领导，能更好地发动群众，提高群众的自觉性。"根据群众的觉悟程度，去启发和提高群众的觉悟，在群众出于内心自愿的原则之下，帮助群众逐步地组织起来，逐步地展开为当时当地内外环境所许可的一切必要的斗争。"②

列宁在《新经济政策和政治教育委员会的任务》中谈道："要取得这场斗争的胜利，还必须依靠最终的力量源泉。而最终的力量源泉就是工农群众，就是他们的自觉性，他们的组织性。"③ 人民群众不仅是历史虚无主义的受害者，也是反对历史虚无主义的根本力量。人民群众在共产党的领导下，才能更清楚地认识自身的历史使命，更自觉地实践自身的历史使命，更真实地维护自身的根本利益。人民对历史虚无主义的认识提高了，对自己历史使命更清楚了，历史虚无主义也就失去了其存在的可能性。人民群众为维护自己利益同历史虚无主义的斗争，将是有力和不可战胜的。彻底战胜历史虚无主义，需要依靠党领导下人民群众的实践，使社会主义在经济、政治、文化等各方面取得相对于资本主义的优势。毛泽东在《论持久战》中专以"兵民是胜利之本"为标题，论述了全面抗战、全民抗战的观点。他指出："战争的伟力之最深厚的根源，存在于民众之中。"④ 在与历史虚无主义的斗争中，党是斗争的领导者，人民群众是斗争的根本。

（作者单位：华北水利水电大学）

---

① 《列宁选集》第 1 卷，人民出版社 1995 年版，第 325 页。
② 《毛泽东选集》第 3 卷，人民出版社 1991 年版，第 1095 页。
③ 《列宁选集》第 4 卷，人民出版社 1995 年版，第 580 页。
④ 《毛泽东选集》第 2 卷，人民出版社 1991 年版，第 511 页。

历史中的偏见

胡宇哲

偏见，或者可称曲解、误读、误判，在历史研究中，是与客观性相对的一个概念，其基本含义容易理解，但由于其关涉极广，又显示出不同寻常的复杂性。当我们思考偏见问题的时候，往往考虑到的是历史的客观、真实、真理、历史中的政治与道德含义、历史的书写与评价等。实际上，没有对历史学的整体思考，而只单纯考校偏见这一概念，是极度危险的。同样，偏见作为一个问题，深入了历史学的核心地域，每一个历史学家都必然对偏见概念有着自己的理解和思考，这构成了其历史立场的重要基础，这是一个有趣的诠释学循环。不仅如此，偏见这一概念曾被古往今来许多学者所关心和思考，对其认识本身就构成了一部长长的历史，随着理论的发展，尤其是诠释学、解构论、叙述主义与历史表现理论等的影响，偏见问题呈现出更加复杂的面向，亟须得到我们的梳理。特别是，对于偏见问题的罔顾放任，极容易滑落到否定客观性的相对主义立场，很可能会深陷历史虚无主义的泥潭、在历史学内部瓦解掉历史学的基础。所以，对于偏见问题的探讨，已是十分重要且刻不容缓的了。在这篇文章中，我将通过四个部分来讨论偏见这一概念。第一部分为"什么是历史中的偏见"，主要讨论偏见这一概念的范围意指，并简要分析其历史性的变化。第二部分为"历史中的偏见有其自身特点"，对于偏见的认识往往模糊不清，我认为原因主要在于没有对偏见进行整理分类，然后加以精确地分析，这样一种分类可以使我们更清晰地看到偏见在历史写作中的作用和影响。第三部分为"标准和价值"，我想在这里探讨偏见的背后所反映出来的东西，一种超越了偏见概念本身，而在历史学中发挥作用的意义网络。第四部分为"如何对待历史中的偏见"，通过前面三个部分的分析，可以很明白地得出结论，并非我们可以一以概之地对这一复杂问题简单地表明态度和立场，而是需要我们分类剖析，区别对待，不能在"偏见"问题上形成自己的偏见，同时更不能屈从于庸俗的相对主义。

一 什么是历史中的偏见

在历史学中，偏见是与公正相对的一个概念，意思是史学家凭自己的主观好恶，或出于某种利益目的，随意地选择和曲解史料，最终歪曲历史事实，误导人们对过去的理解。偏见这个词语本身就带贬义（正因为此，历史学才借用它），在历史学的领域中，一听起来就是应受到人人斥责的、绝对应从历史的神圣殿堂根绝的，是历史著作中的毒品；同样也是许多历史学家对论战对手所下的定语，意谓其已陷入这样一种深渊，被蒙蔽而远离了历史的真相与真理。这个词语当然不是可有可无、意义游移的修饰语，对它的克服同历史学的学科基础紧密地连在一起，也是历史学得以自立于科学之林的自信源泉。这是一直以来的一种历史学传统，偏见作为客观性的对立面，始终受到拒斥。

中国史学中常说要"不隐恶，不虚美"，强调著史关键在于"秉笔直书"，这是中国史学传承至今的古训。对于偏见的认识，很早就被中国史学家所重视，在对史学著作进行评判的时候，是否能做到客观公正，不存偏私，是最为关键的一条标准。早在春秋时期，董狐就因为坚持公正的记录历史而成为古代良史的典范，"董狐古之良史也，书法不隐"①。而北朝时魏收则因为擅自褒贬，其作《魏书》最终被称为秽史，"意存实录，好抵阴私，到于亲故之家，一无所说，不平之议，见于斯矣。"②

同样在西方史学中，对于偏见的警惕也早已有之，从希罗多德开始，就区分他自己亲眼见到的和别人告诉他的事情："'以上所说的都是我亲眼所见、亲自判断和调查的结果。下面我将要记录埃及的编年史，根据我听说的，再加上一些我自己亲眼所见的。'……其他时候，当他提到别人的叙述时，则不厌其烦地指出他的信息的可靠程度……他还喜欢说明他觉得某个报告似乎很可靠。强调信息的可信性是希罗多德批评方法最典型的特征。"③ 而修昔底德同样"要求把想象与事实严格区分开来，检验见证者的

---

① 《左传·宣公二年》，李梦生译注本，上海古籍出版社1998年版，第431页。
② 《北史·列传第四十四·魏收传》，中华书局1974年标点本，第2048页。
③ ［意］莫米利亚诺：《现代史学的古典基础》，冯洁音译，华东师范大学出版社2009年版，第46—47页。

可信性。"① 到了 19 世纪近代历史科学出现，如实直书更是被兰克等人大加弘扬，成为直至今天仍影响深远的历史学最重要的学科纪律。

这样看来，对偏见的自觉认识在中国史学的诞生之初就已存在，而在西方史学的发展中也一直前后伴随。对偏见这一问题，似乎已形成了统一的观点，而无须再加以讨论了。在对客观性推崇的同时，偏见被不假思索地钉在耻辱柱上，如此支撑着历史学不断前行发展。但是在这光鲜外表的下面，早已暗流涌动，现在关于偏见的诸多丰富的观点，实际上早已蕴含在漫长的历史之中。

我们注意到中国史学还有一个重要的传统，即从春秋史学而来的褒贬传统，强调史书的道德教化与政治含义，而后来独特的史馆与官修史书体制，使得中国史学书写的政治与伦理含义更加强烈。这个传统与"秉笔直书"是并行地存在着的。一方面要求客观公正，另一方面又要求史寓褒贬。如何能在褒贬中做到公正，就是一个值得思考的问题了。史学家在此时掌握了代替公众进行臧否的巨大权力，在官修史书的体制下，这种权力由于缺乏与自己相竞争的话语势力更加被放大了。我们不得不要求史学家一定要具有良好的道德修养与极强的自我约束，即便如此，国家的政治与伦理要求使得史学著作也必须秉承上层的意识形态。如何能做到不存偏见，克服这两个传统中的内在张力，就成为颇让史学家感到焦虑的事情了。

同样在西方的史学传统中，在客观与公正光辉的阴影下，我们不难发现诸多对偏见的固有认识形成动摇的争论。尽管包括修昔底德在内的古代史学家们非常重视历史的真实性，但是他也同样强调，"过去只是现存的政治状况的开始；而'现在'则是了解过去的基础。"② 修昔底德所开创的政治史书写模式长期占据西方历史书写的主流，即便同中国的官方修史不同，但这种政治与历史的结合，透过现在来审视过去的态度，难道能保证自身不受偏见的干扰吗？马基雅维利与圭恰迪尼在书写历史的时候，心怀的是一种对自己祖国的创伤体验（意大利被外族入侵和蹂躏，失去繁荣和地位），他们心中充满了对历史的悲剧意识，这样一种强烈的情感（创

---

① ［德］斯特凡·约尔丹主编：《历史科学基本概念辞典·客观性/偏见》，孟钟捷译，北京大学出版社 2012，第 198 页。

② ［意］莫米利亚诺：《现代史学的古典基础》，冯洁音译，华东师范大学出版社 2009 年版，第 52 页。

伤），按照安克斯密特的话来说，才使得历史意识得以可能。① 即便不同意安克斯密特的结论，我们也不得不承认，他们在书写历史时，是饱含着感情的——往往意味着是充满偏见的。中世纪的基督教史学，如果承认他们对于事实证据的推崇，对于文献经籍孜孜不倦的考究探索，有助于我们将偏见排除于史学之外；我们同样更要承认，其将教义和事实往往相互关联，对于整个历史时期有着预设的宏观解释，赋予起源时代以超验意义等，又把大量的偏见介绍到了史学之内。而在近代由笛卡尔开始的主客分离的认识论探索，使偏见问题在新的角度又被反复提起：即我们如何（可能）从自我出发去把握（这个客体）呢？维科、莱布尼茨、康德、黑格尔等都分别提出了自己的意见，但这个问题却没有消失于无形，始终困扰着史学家们。在实证主义的紧逼之下，历史是否能成为一门科学（学科），都成了巨大的问题。狄尔泰、李凯尔特等人都针对历史究竟是科学还是艺术展开了富有意义的讨论，尤其是在价值与理解层面上的诸多意见，使得偏见问题的讨论更加复杂与多样化。而 19 世纪以兰克为代表的历史主义，即便高呼如实直书，也最终显露出其背后的民族主义倾向与色彩。

因此不管中国还是西方，偏见问题始终纠缠于历史学的发展之中。而现在随着理论的发展，偏见问题又面临着更多新的争论。从哲学诠释学那里出发，伽达默尔甚至为偏见找到了一个正当的位置，使得偏见可以安然地居于历史学之中而不存羞耻。从解构论那里出发，德里达则认为根本不存在所谓的确定性评判，偏见问题在意义的"播撒"中消失了。而从后现代叙事主义出发，按照海登·怀特所讲的那样，历史书写必然地存在着一定的隐喻结构，展示着某种情节模式，最后表现出自身的意识形态蕴含，这其中存在着内在的关联性，并且因而得出历史必然是一种拟制（fiction）的结论，所有的历史书写就都丧失了其客观性的基础而成为一种偏见了。

对于偏见的争论是同它的对立面，公正与客观联系在一起的。历史的客观性难道像诺维克说的那样只是"高尚的梦想"吗？我想大多数历史学家都不会同意的。尽管面临着诸多挑战，他们仍可能会"挺身而出，支持一种批判现实主义：他们把历史本身视作一种未被确定的、'给定的'研究对象，相反，历史认识孕育产生了必要的、透视性的、即便是被建构起

---

① ［荷］安克斯密特：《崇高的历史经验》，杨军译，东方出版社 2011 年版，第284—290 页。

来的推测性知识。它们是假设的、临时的，但可以通过史料与研究得到修正。"① 正如柯林伍德所言："历史研究永远是一份中期报告。"

但我们不能以这种简单粗糙的方式对待偏见问题，如果考虑到这其中所包含的相对主义危险，我们就不得不更加谨慎起来。在下一个部分中，我将通过一种分类的方法，来分析偏见问题，这个分类将是在多个层面上进行的。历史客观性的挑战者们提出的问题，不一定是对的，但无疑具有很强的启发性，它促使我们去思考历史写作究竟是怎样一回事。

二　历史中的偏见有其自身特点

偏见的概念是如此的清晰，对于它的争论从来不是在概念定义上发生的。当指斥某部历史著作充满偏见的时候，我们往往是说它背离了客观事实而只凭历史书写者本人的好恶、愿望和立场来裁量，概念在这里是清楚而不存异议的。但我要说，这个概念又是太含混了。它表面上容易被人们所理解，而实际上这个概念下又包含着大量未被我们清晰把握的成分。仔细思考一下，其中所说的"客观""真实""好恶""愿望""立场""裁量"，不都是很可疑的字眼吗？我想，这时候必须采取一种分类、分层梳理的办法，才能全面把握偏见这一概念。

贝汉·麦卡拉曾经使用过这样的方法，他将偏见分成两类加以讨论，一类是个人偏见（personal or class bias），另一类是文化偏见（cultural bias）。他认为偏见在历史写作中产生巨大的危害，是一定要避免的。其中个人偏见完全可以被我们自觉地意识到，可以加以消除和改正。而文化偏见则并不是那么容易被察觉，但往往可以反映出历史学的时代变化②。这样一种分类方法有积极意义，它使我们意识到偏见并非可以一以概之地就整体含糊地加以讨论，而是需要细心地进行整理分析，但他的这种分类方法仍然不够全面。

我将在下面通过四个层次的分析，对偏见问题加以梳理，分别是偏见的对象层次、偏见的产生层次、历史的书写层次、历史的评价层次，这四

---

① ［德］斯特凡·约尔丹主编：《历史科学基本概念辞典·客观性/偏见》，第199页。

② C. Behan McCullagh："Bias in Historical Description, Interpretation, and Explanation", *History and Theory*, Vol. 39, No. 1（Feb., 2000），pp. 39 – 66.

个层次之间是按顺序紧密联系的，而每个层次内部，又都分类成几个小部分加以讨论。

首先是偏见的对象层次，如果考虑到偏见的对象的话，那么很显然，在历史学中，偏见可以被分类为档案记录者当时记录档案、留下材料时的偏见；历史学家面对原材料时，将它们组织成书的偏见；读者在阅读这些历史著作时所心怀的偏见。这三种偏见贯穿了历史知识被生产和传播的整个链条，如果只是考虑了历史学家的偏见，那会是不完整的。

对于原材料自身所包含的偏见，历史学家很早就注意到，并且由此发展出了一种对于证据的批评方法。面对材料和文献，历史学家首先进行的就是对它们的反思和批评，评价它们的可靠性，检验它们的可信度。这样一种怀疑精神，古希腊就出现了，并且在中世纪到近代的过程中，逐渐发展成为一种成系统的批评技巧。历史学家们往往要考虑到那些史料的来源、体例、背景，通过考察、对比、参照、测量等方式来小心翼翼地判断、分析材料，并且要不盲从权威（就像培根和柯林伍德不断提醒的那样）。通过将历史事实同证据的缜密结合，历史学在此确立了自身范式，并沾沾自喜于从中获得的切实可靠性。这也是许多历史学家都钟情于页边页脚的原因。而对于那些即便被认为是怀有偏见的原始材料，也不意味着其就了无价值。布洛克就曾指出："但仅仅确认欺骗行为是远远不够的。还应该找出欺骗的动机，哪怕只是为了更好的发现欺骗的线索。只要欺骗的因由尚有不明之处，欺骗本身必然有分析不到位的地方，因此问题只弄清了一半。尤其重要的是，一个如此这般的谎言也是一种证据。"① 因此，对于原材料自身所包含的偏见，历史学家早已做好准备，并且不厌其烦地提醒过大家了，正是由此历史学发展出自身。对于材料的辨析，是一个非此即彼的实践过程，借助科学的工具和手段，是完全能够做到这一点的。即便有些材料由于技术手段的局限无法判断真假，但历史学家有十足的信心，可以在未来充分地把握它，并且在现在对它的使用中也可以采取一种谨慎存疑的态度，因此这样一种偏见看起来是可以被我们最终排除的。

但我们面临的实际情况却往往是，拥有相同材料的历史学家，却总是得出不一样的结论，写出截然不同的历史来，这使我们必须转向史学家在

---

① ［法］马克·布洛克：《历史学家的技艺》，黄艳红译，中国人民大学出版社 2011 年版，第 94 页。

书写历史时所包含的偏见上来。这样一种偏见的存在，使我们由批评方法到可靠证据再到重建切实可靠过去的这样一种理想途径蒙上了阴影。甚至我们不得不承认，"事实上，古往今来几乎没有史家不存偏私，只是在程度和表现形式上各不相同而已"①。对这一部分的分析集中了许多复杂而有趣的理论，我会在下一个层次的讨论中具体呈现。我们先来看阅读者的偏见。

当我们进行历史理论的分析时，阅读者作为历史的消费者总是被我们所忽视。在历史理论中，我们先是重视材料与证据，发展出一套批评方法，随后我们又转向历史学家，探讨他们如何认识过去，书写过去，形成了更加丰富复杂的理论。也许现在我们可以去关心一下历史的消费者是具有什么样的思维结构了。历史从来不是在象牙塔中打转的空洞学术，即便是带着长长脚注的深刻学术文章，也可能在某个方面最终影响到社会意识。历史的传播与教化，既是在塑造着它的消费者，也同时在其中被不断扭曲，这是个有意思的问题。历史由此又多出了几分重负。历史学家不得不思考，他的作品会被阅读他的人在当下的情境中产生怎样的联想。比如在清末时期，晚明抵抗清军的创伤记忆又被重新唤起，许多当时的历史著作被重新搜集整理，并展示出一种新的意义。一部历史著作，往往在不同时期被人们以不同的方式进行解读，而在新时期下，影视与历史大量不负责任的结合、电视中史学的普及式论讲，大众史学的兴起等，都使历史学家产生更深的思考。但有一点是始终不变的，即历史讲述的永远是一个真实的故事。面对阅读者层面上所展示出来的偏见，我们绝不能不置一词，或退缩到这个原则后面。它使我们更加意识到自己的责任，更加认识到历史在社会发展中所能发挥的作用。

偏见的产生层次，确切地说，是历史学家偏见的产生层次，在这里，我将延接上一层次中没有解决的问题，即历史学家在写作历史时所心存的偏见。我将历史学家的偏见分为三个部分，即合理的理解前结构，不合理的后天自我偏见和史学家的时代关怀。

理解前结构是伽达默尔从海德格尔那里继承过来的概念。海德格尔指出解释一定是奠基在那样一种"先行具有"（Vorhabe）、"先行视见"

---

① 李剑鸣：《历史学家的修养技艺》，上海三联书店 2007 年版，第 116 页。

（Vorsicht）、"先行掌握"（Vorgriff）之中①。伽达默尔将之归为一种理解的前结构。他指出正是在这种理解的前结构的基础之上，我们才能进一步去展开理解，所谓对那些前见的贬斥，实际上并非具有自身的合理性。"清楚一切前见这一启蒙运动的总需求本身被证明是一种前见，这一前见不仅统治了我们人类本性，而且同样支配了我们的历史意识，而扫除这一前见就必然为某种正当理解有限性开辟了道路。"② 伽达默尔同时为权威和传统正名，认为"并不排除权威也是一种真理源泉的可能性"③。他继续通过将前见划分为合理的真前见和会由之产生误解的假前见，前见终于在这里为自己争得了一个合法地位，并且居于理解的核心场域。"解释者无需丢弃他内心已有的前见解而直接接触文本，而是只要明确地考察他内心所有的前见解的正当性，也就是说，考察其根源和有效性。"④ "只要我们不断地检验我们所有前见，那么，现在视域就是在不断形成的过程中被把握的……理解其实总是这样一些被误认为是独自存在的视域的融合过程。"⑤

伽达默尔对前见富有启发性的论述，使我们意识到偏见问题并非是可以全盘加以否定的绝对性问题。当我们尝试对过去进行理解的时候，没有那样一种前把握、前理解，那几乎就是不可能的事情。有一些所谓的偏见，比如文化在历史学家身上的积淀，语言所形成的自我逻辑与思考方式，历史学家自身生活体验所造就的对历史的特殊敏感度等，这些使得最终的历史著作展示出独特的面貌。所谓人没有本性而只有历史，正是历史学家的整个过往决定了历史著作的写法。这样一种偏见，即是那些合法的理解前结构。

但这并不意味着我们同意将偏见整个合法化。首先，权威与传统是绝对需要我们始终警惕的。历史知识的每一次向前发展，往往都在于对前人观点的修正与补充。正是这样一种不断怀疑，才使得历史学始终保持生机勃勃的状态。历史就是书写者竖立的一个个路标，然后后来的书写者再一个个将其拔掉。其次，就像康德为人们所寻找到的认识先天形式一样，伽

---

① ［德］海德格尔：《存在与时间》，陈嘉映、王庆节译，生活·读书·新知三联书店 2012年版，第 175—176 页。

② ［德］伽达默尔：《真理与方法》，洪汉鼎译，商务出版社 2007 年版，第 375 页。

③ 同上书，第 379 页。

④ 同上书，第 365 页。

⑤ 同上书，第 416 页。

达默尔这里合法的理解前结构，其实构成了我们理解过往的条件，而绝不应被视为偏见。最后，伽达默尔所提出的视域融合理论，并不一定反映了历史理解中的真实情况。实际上经常出现的是理解对前见的替代与修改，二者之间往往不是融合，而是一种竞争与谈判。

那么即是说在理解的过程中，是需要一些前见来作为理解活动的条件的，这样一些条件我们称为合理的理解前结构，而不应将其继续视为偏见了。这些前结构保证了历史著作得以顺利地被书写出来，但是作为在理解、书写之前就同样作用于人头脑意识的偏见，该如何与这些合理的理解前结构区分开来呢？伽达默尔的诠释学对于其自身批判性态度的缺乏，使得对于这种区分最终变得不可能，诠释学想要给出这样一种评判，而其自身却站在了评判的外部。①

在这里，我不会求助于伽达默尔的"时间距离"，而是要指出所谓的合理前结构作为一种条件，抽离了它，整个理解和书写过程都变得寸步难行。而相反，偏见却可以被我们抑制而不影响我们的思考和书写。偏见不是一种条件，但却可以改变我们对历史的理解，合理地理解前结构使我们得以理解，而消除偏见则能保证我们正确地理解。这意味着那样一种区分的标准，就处于我们的反思之中。通过一种假设性的消除，我们能够发现对过去的判断，究竟来自哪些地方。

如果再考虑到历史学家偏见的内容，这种区分就更加明显了。历史学家所怀有的自我偏见主要包括六个方面。（1）知识的局限性。历史学家往往是博学的，对于过往知识的不充分把握，很容易造成理解的偏差。（2）特定的利益目的。由于党派利益和个人情感随意编排史料的行为，始终为历史学家所不齿，依据今日来照看往昔，往往会陷入辉格式的历史模式。（3）不恰当的自我预设。一种不恰当宏观预设很容易在历史著作还没动笔的时候就规定了它的面貌，黑格尔式的历史哲学从来都被许多历史学家所警惕。（4）误解或遗漏证据。对于证据的选择与安排往往决定着历史书写的走向，如彭刚曾举例说明针对威廉·乔伊斯这一人物，可以通过史料选择组织出相互冲突的文本，尽管这些文本中每一句话都确定无疑，不

---

① Diane P. Michelfelder, Richard E. Palmer, eds. , *Dialogue and Deconstruction*: *Gadamer – Derrida Encounter*, Albany: State University of New York Press, 1989, p. 144.

同的选择安排却会产生出非常不同的故事①。虽然并非历史学家要将所有的材料都写入历史，那无疑将会是极其琐碎与无聊的。但绝不能通过这种主观选择与安排来随意决定历史书写。（5）错误地强调与叙述（尤其是在对原因的解释中）。在对原因的解释中，强调某些原因而忽视另一些的做法，通过叙述来进行暗示故意引导读者思考的做法，都经常出现在历史著作中。对于这其中所显示出来的偏见，我们必须格外谨慎，"原因"并非是历史学家仅仅依靠其聪明才智就为我们寻找到的一个听起来顺耳的故事开头，而是有其切实所指的历史真实。（6）历史学家强烈的情感。历史学家的情感左右着历史书写的方式，这往往被认为是最应该也是最容易被禁绝的一种偏见了，我们常被教导要站在一个中立的立场上来写作历史，这成为历史学的金科玉律，也是评价作品的重要标准。一方面，如上文所提及的马基雅维利、圭恰迪尼，再如"仲尼厄而作春秋""左丘失明，厥有国语"，还有司马迁的《史记》中也常见到情感澎湃汹涌的章节，这些并不妨碍他们成为伟大的历史学家，甚至正是他们的这些情感，构成了他们伟大的重要一部分。试想一部了无生气而只是严格依照规范、恪守中立、四平八稳的历史著作，难免会陷入平庸的境地。但另一方面，肆意挥洒情感又会是极度危险的。如果要达到一种平衡，就必须既发挥历史学家的主观能动性，又要时刻考虑到历史著作的政治、文化、伦理责任，但这绝不能陷入一种故意的偏颇。这样一种平衡是可以达到的，只要我们恪守客观性的原则，不否认过去本身的实在性，讲述一个带有自身特点的故事并不意味着我们就陷入了偏见（后文还会论及）。

我们再来看偏见产生层次的最后一个部分，即时代关怀。正如上文提到的那样，史学家往往要考虑到自己书写的历史著作在当下的情境中所发挥的作用。这样一种时代关怀，是与史学家的道德责任感联系在一起的，历史著作因此获得了更加升华的意义与价值，这样一种所谓的偏见，只要它遵循着历史学的规范，那就不应该被指责，相反应该获得人们对它的赞誉。"'史家'、'时代'与'史学'之间，不总是你死我活的拉锯战。我想举例说明，主观的对时代处境的关怀以及史家的生活经验，如何帮助他们把握另一层次的历史事实……"②

---

① 彭刚：《叙事的转向》，北京大学出版社 2009 年版，第 173—176 页。
② 王汎森：《执拗的低音》，生活·读书·新知三联书店 2014 年版，第 239 页。

对偏见的对象和产生层次的分析是在一种静态的层面上展开的，这显然是不完整的，仍然有一些问题遗留下来。我们有必要探讨在历史的书写层次，偏见是如何在其中活动的。即便我们明确地对偏见进行了分类分析，但某些问题，特别是历史多元论的问题，仍可能是会受到攻击的弱点。

当历史学家面对历史的原材料时，仅仅将这些材料展示出来，是不能称之为历史的，而只是克罗齐所说的"死的编年史"。历史理所当然地是一种叙事，是在讲述一个故事。而将材料不做修饰地直接摆放出来，是没有意义的。材料与材料之间不仅是中断的，更是琐碎的、没有秩序的。这时候就需要历史学家使用才智来进行拣择，需要通过历史学家的想象进行编排。这种拣择与编排，是历史学家需要发挥的必要的主动性，也是历史学家工作的实质，否则我们就会淹没在无数杂乱的真陈述中而不知所措了。但这种主动性是否会演变成一种同立场紧密相连的、随意的主动性，就成为一个复杂的问题了。

当历史学家对材料进行选择的时候，其行动必然地包含着李凯尔特所说的"价值"。一方面我们需要全面地揭示历史现象，而另一方面，这样的全面又往往是不现实的，这种矛盾使历史学家不得不通过价值进行选择。但问题是，这样的价值，其限度在什么地方呢？同样，在历史学家对材料进行编排的时候，其行动必然地包含着柯林伍德所说的"想象"。一方面我们需要将材料置于一种连续性之中，而另一方面材料本身却并不包含这样的连续性，这样的矛盾使历史学家不得不通过想象进行编排。但问题在于，这样的想象，其限度又在什么地方？

这样的一种价值与想象，既是一种必要条件，又必须警惕其中的偏见危险。就如同分类方法一样，我们必须时时通过反思来去除这样的危险。究竟我们这样一种价值与想象，是必要的呢，还是会对历史真实产生歪曲？究竟是适当的呢，还是隐藏着自我利益偏见的动机？好的历史学家，会在选择与编排的基础上，绝对保证叙述的真实可靠性，并尽可能做到全面性。借助于之前对偏见做出的分析，我们可以更好地将偏见同那些必要的价值与想象区分开来。如果说历史学家一旦进行选择就必然包含偏见，一旦进行想象就必然走向歪曲，那历史学就丧失了它存在的条件。曼德尔鲍姆认为这样一种挑选与编排是依照历史事实本身的结构，即那种选择与编排是来自事实本身。"每个历史事实都是在特定的语境中给出的，在这种语境中，一个历史事实导致某个其他的事实。……因此，当历史学家做出一个事实陈述时，它不是谈到一个孤立的事实，而是谈到他所关注的某个特定的语境中的事实。在这个语境中，这个事实本身导致其他一些事实，而不以任何历史学家的评价态度、阶级利益等等之类的东西作为中介，或者一次挑选事实……这些具体事实本身具有特定的意义、意指和和顺序。"① 即便辩称历史事实中可能隐藏着多种可能结构，因此历史学家的一种超越事实的价值与想象参杂不可避免，那么这也绝不能意味着偏见可以随意地登上舞台。决定我们进行选择和想象的前结构，有合理的必要成分，同时又有偏见。但只要我们不断进行反思，偏见并非可以一直通形其中。因为我们依照的价值，是和平、正义等这样的理念，这与偏见是有着截然区分的，同样我们进行想象的时候，"它绝不是任意的或纯属幻想的；它是必然的，或用康德的话来说，是先验的……如果我们的构造并不包含有任何不为证据所必需的东西，那么它就是一种合法的历史结构，没有它就根本不可能有历史学。"② 这意味着，并非是所有的历史著作都会因包含偏见而最终使历史学丧失客观性，相反，正是我们对过往历史著作中包含偏见的反思与克服，推动了历史学的发展。同样，只要我们坚持区分那种合理的理解前结构、时代关怀和历史学家不恰当的个人偏见，那种站在某种角度上讲述真实故事的历史是广泛存在的。

但是这又引出另一个问题，即便历史著作是在讲述在你看来的历史真实，但情况往往演变为同一个历史事件有许多截然不同的历史版本，因为大家是站在各自的角度叙述的（想想第一次世界大战的起源解释）。这种历史的多元化给人一种印象，即历史真实本身是可以随意被历史学家描绘的，进一步说也即是一种相对的、悬置的、没有实在性的。即使我们撤除了历史学家不合理的个人偏见，这个问题也依然存在甚至被加强了。毕竟我们面对的是同一个历史真实，但声称没有偏见的叙述却在许多时候走向多元，这种意见的不一致是否意味着偏见实际上并没有被我们消除？这种历史多元论会不会就此导致一种相对主义呢？

首先，我们应明确区分历史的多元论与偏见。偏见是一种歪曲，而多

---

① ［美］莫里斯·曼德尔鲍姆：《历史知识问题》，涂纪亮译，北京大学出版社 2012 年版，第 138—139 页。

② ［英］柯林伍德：《历史的观念：增补版》，何兆武、张文杰、陈新译，北京大学出版社 2010 年版，第 238 页。

元论只是由于角度不同而形成的，二者之间有本质的不同。偏见是可以被意识到，并加以消除的，但多元论中的视角是每个历史学家都无法摆脱的。偏见指向一种假陈述，而多元论所包含的都是真陈述。有人提出通过一种"适当性、有效性和相关性"的标准，这种区分是容易达到的①。剔除了偏见带来的假陈述，这就保证了多元论述在这一个"公共领域"中即便不能达成相互一致，也都是真实可靠的。历史学家的主观性是必然地存在于历史著作之中的，但我们必须仔细分辨其中哪些参和了个人的偏见，而哪些又构成了历史著作的基础。"无论如何，正如我们肯定需要科学知识那样，我们也肯定必然把一种客观的、与价值相联系的历史概念形成看成是有效的，这种概念形成把历史表现为真实的知识，从而赋予一般的文化以客观的意义。"②

其次，在历史论述中，文本并非是可以随意地指示过去的，文本与过去之间有着强关联性。多元论并不意味着是随意的，它必须遵循着历史事实本身的前后结构，也必须遵循着一定的价值与规范。

最后，不同的故事，不意味着一种冲突，而是一种竞争与包容。正是由于历史的多元论述，我们才更能接近历史的真实。试想对于一个历史事件只有一种历史叙述的话，我们是无从考量它的好坏的。正是一种多元的论述，我们才得以分辨出哪一个是更好的历史叙述。并且，从不同方向上对历史真实的接近，也绝不能称之为一种冲突，文本与文本之间互相包容与共存，这样一种文本间性，使得历史学才丰富多彩生机盎然。

对于历史书写层次的分析，使我们明白了历史著作中必然地包含着历史学家的主观成分。但是只要消除其中不合理的自我偏见，历史知识仍能保卫自己的客观性。可人们还可能会这样发问：如果一个充满偏见的历史著作比一部客观可靠的历史著作更能反映社会现实，那是否意味着那部带有偏见的历史作品就更好，因此偏见也即是件无所谓的事情了？

也许雨果和巴尔扎克的小说比一部历史著作更能展现当时的法国社会，一部好的历史小说常常会使我们更加生动地感触到过去，充满偏见

---

① Jerven Van Bouwel and Erik Webber: "A Pragmatist Defense of Non – Relativistic Explanatory Pluralism in History and Social Science", *History and Theory*, Vol. 47, No. 2 (May., 2008), pp. 168 – 182.

② ［德］李凯尔特：《李凯尔特的历史哲学》，涂纪亮译，北京大学出版社 2007 年版，第 195 页。

的历史有时候在某种意义上比严格遵守规范的历史更加吸引人。这是否意味着历史无须再坚守那道偏见的藩篱，而可以安心地成为文学的一部分了？

并非如此，历史的"真"并不能直接导向历史作品的"好"。但是"不真"的历史作品根本不能放在历史的行列中进行比较。因为它们在本质上是完全不同的东西。通过对偏见的分析，我们发现充满偏见的历史著作必然地依据歪曲的历史事实，即便某些偏见主义者可能辩称这些作品反映了比表面的客观实在更深层的社会精神，而普遍的历史作品可能只是停留在表面的客观实在，而无法反映更深层的社会现象；但是这样一种反映是无法被证明的。借助于偏见的方法，即便是深层的社会现象，也很可能会是歪曲的。同样，那样一种生动形象的历史描写，很可能是现在对过去的不恰当投影。不管偏见的历史是否能真正地靠想象来重建一个比普通历史更接近真实的过去，关键在于无法证明这种接近是客观实在的。历史学在此就丧失了它的严肃性，沦落为一个无所适从的亚学科。

三　标准和价值

偏见还需要在两个意义上得到澄清，首先是对偏见的贬斥在历史学中意味着什么，另外则是历史著作中流露出来的那些必要的价值趋向是否可以被理解为偏见的扩大化。虽然我们对偏见与价值这两者做出了区分，但没有对价值的深入分析，使得这个问题仍然稍显模糊。

偏见始终受到历史学家的贬斥，我们在之前已经分析了偏见的类型、产生以及是如何作用于历史著作的过程，但还有一个问题藏在偏见的背后，即这样一种贬斥意味着什么？如果我们考察历史学科自身的发展历史就会发现，简单地回答那是一种对真实的保证，就是太过单薄了。

在 19 世纪之前的历史研究，是一种未被规范化了的业余行动，也因此不能被称之为是一门独立的学科。"职业学者们所接受的训练主要在古代和现代语言方面，在如何研究各种文献（一种所谓的文献规范）方面，在掌握修辞创作的技巧方面。历史写作实际上被看作是修辞术的一个分支。这些构成了历史学家的方法……历史思想的非修辞化是一种把历史从虚构作品，特别是从以浪漫文学和小说为代表的那种散文虚构作品中区分开来的一种艰难尝试。"① 而历史学之所以能够成为一门独立学科，就在于其学科范式的确立，尤其重要的就是对主观偏见的排除。"因为历史与虚构作品不同，它应该再现实在的事件并因而对实在世界的知识有所贡献，所以想象力（或'幻想力'）是历史研究中特别需要规范化的一种能力。"②

历史学科的建立，并非是简简单单一蹴而就的，它有着自己复杂的过程。而要构建一门学科的基础，那种一致的承诺则是必不可少的。"以共同范式为基础进行研究的人，都承诺以同样的规则和标准从事科学实践。科学实践所产生的这种承诺和明显的一致是常规科学的先决条件，亦即一个特定研究传统的发生与延续的先决条件。"③ 这样一种共同承诺，在史学中，既是一种概念上的，史学要求自己与文学区别开来（这已是遥远的传统）；也是一种理论上的，即18世纪就已经流行开来的观念：历史学家不但要叙述史事还要援引证据；最后则是一种方法论上的，兰克为我们树立了良好的"范式"。正是因为这几种承诺形成牢固的网络，历史学才得以能在向前探索向后解惑的道路上不断前行，而这其中的每个方面，都离不开对于偏见的规定。

正是借助于对偏见的贬斥，历史学才得以规定自身。如果在偏见问题上产生倒退，历史学本身也即倒退回修辞学的境地，偏见问题深深牵动着历史学的基础。而后现代主义者也都看到了这一点。"偏见对经验主义的模式来说具有重要的中心位置。"④

这是一种历史写作的政治学，对自我的认识是依靠着对他物的区别达到的，对自我的规定是依靠着对偏见虚构的剔除达到的。通过证据的考察和申辩，通过脚注的提示和组织，通过那种对偏见贬斥的漫长过程，历史学终于清晰地表明了自己的范围，产生了自己的职业群体，形成了一套自己独有的技艺——历史学终于建立起了自己的规范。对偏见的拒斥，使历史学自身达到了一种同一的自我认同，这是历史学对自己的承诺。

---

① ［美］海登·怀特：《叙事话语与历史再现》，董立河译，北京出版社出版集团·文津出版社2005年版，第90—92页。

② 同上书，第93页。

③ ［美］托马斯·库恩：《科学革命的结构》，金吾伦、胡新和译，北京大学出版社2012年版，第9页。

④ ［英］凯斯·詹金斯：《历史的再思考》，贾士蘅译，麦田出版社1996年版，第146页。詹金斯作为一个后现代主义者认为，那种可以客观重建过去的经验主义模式的历史，是一种幻想。

我们常常追寻历史的意义，而实际上历史著作的目的即在于此，历史著作不会仅仅因为其"美"的特性而被我们欣赏，而是它为我们提供了意义。但这种历史意义中所体现出来的价值，是直接地关联于过去的历史事实吗？在过去我们往往满足于历史书写对真实性的追求，在历史的规范化过程中，达到了一种通过"压制历史崇高所实现的历史的驯化"①。但过去本身是杂乱无章的，也即没有意义的。就像维特根斯坦所说的那样，对过去的使用才构成了过去的意义。这里构成了一个巨大的张力，我们赋予过去以意义，但关键在于这种意义所蕴含的价值究竟有哪些？正如上文所提到的，如果认为可以维持一种平衡，既考虑到价值又不陷入偏颇，那么这种价值是否是一种我们面对偏见时取巧逃避的托词？

不包含政治与道德价值的历史是不存在的，也是无意义的。其至安克斯密特认为："历史实在和历史学家的伦理与政治价值观常常如此地相互趋近，从而事实上是不可分的。"② 当历史学家面对过去的时候，一旦他开始进行故事性的描述，意义的生产就已经开始了。没有意义的故事是不存在的。

另外，历史学本身也需要这样一种意义。"历史思想的政治化是其身专业化的一个实际前提，是它被提升为一种值得在大学里讲授的规范的基础，也是历史知识可以承担起'建设性的'社会功能的先决条件。"③ 历史与道德和政治观念从来都是不可分的，正如吕森一直强调的那样，史学要么直接或间接的是政治史，要么就什么都不是。历史学由此取得了社会功能和自己的存在意义。如果说对偏见的贬斥逐步构建起来的学科规范构成了历史学存在的条件，那么与道德、文化、政治维度的结合则构成了历史学存在的理由与意义。

"历史认识本质上是实践性知识，它可以或不如说应该帮助我们在社会历史实在中发现我们的道路。"④ 因此历史中的价值是必要的，但它必须同偏见区分开来。二者虽然都是从主观出发的，但历史中的价值指引着历

---

① ［美］海登·怀特：《叙事话语与历史再现》，董立河译，北京出版社出版集团·文津出版社 2005 年版，第 106 页。

② ［荷］安克斯密特：《历史表现》，周建漳译，北京大学出版社 2011 年版，第 103 页。

③ ［美］海登·怀特：《叙事话语与历史再现》，董立河译，北京出版社出版集团·文津出版社 2005 年版，第 87 页。

④ ［荷］安克斯密特：《历史表现》，周建漳译，北京大学出版社 2011 年版，第 294 页。

史写作，为对历史真实的描述提供道路与方向，而偏见则误导着历史写作，往往歪曲了历史真实。价值是必要的，并且结合进了历史真实之中，而偏见则是不负责任地破坏了历史真实。历史中的价值，其内容应当是"真理""善良""正直""平等""自由""道德"等人类共同追求的基本理念，这与偏见是极为不同的。这也提醒我们，价值内部也存在好坏之分，不能从错误的价值观出发，这比歪曲历史真实的危害更大。

所以坚持一种正确的价值观在历史写作中就是十分重要的了。这样一种价值观实际上为我们寻找到了过往的问题出发点，或者说是通向过往的途径。历史学从来都是政治和实践的，这使它始终背负着沉重的责任。对于现在的社会和人们，历史学有义务为他们提供自己的解答。而在当前的语境下，坚持一种马克思主义历史学理论的指导，就是所有史学工作者必须要时刻牢记的了。只有坚持唯物史观，坚持马克思主义史学理论，才能首先保证历史学自身地位的稳固，不因为历史虚无主义而最终陷入一盘散沙崩溃瓦解的地步；这也成为做好历史的一个充分保障，只有适应当前历史环境的历史，只有从根本上符合当前社会发展的历史，只有坚持了正确的价值取向的历史，才能有资格成为当下的好历史；坚持唯物史观和马克思主义史学理论的指导，还可以使得整个历史学能够成为一个整体，从而有利于摆脱那种碎片化的不良趋向。

对偏见的克服，是历史学在客观性的维度上为自己进行的辩护。这样一种辩护，必然地由客观性逐步走向历史学家主观性的反思，再进而进入广大读者的主观性观照。在这样的过程中，我们对偏见的认识得以逐步清晰，也使我们了解到历史写作中所必然蕴含的价值维度。从偏见的问题出发，我们首先追问过去究竟是怎样的问题，接下来我们又开始思考历史学家如何书写的问题，最后我们必然又来到了历史写作对当前社会（读者）的意义问题。在整个过程中，对偏见问题的追索，使我们一步步了解到这个问题的深刻内涵，最终使我们发现，偏见问题不仅仅是一种史学方法上的辨思，更涉及一种史学价值观的竞争。

四　如何对待历史中的偏见

如果将历史中的偏见定义为一个在广义上人的主观性起作用的范畴，直接对它的讨论将会是非常模糊不清的。我们必须通过一种严格的区分，将偏见同人的理解前结构、时代关怀区分开来，将偏见同历史中必要的价值蕴含区分开来。这样偏见问题才会变得清晰明确。

通过分析，我们可以看到，偏见最大的特质就是它对历史真实的歪曲作用。在历史写作中尽力地避免偏见，是历史学家写作技艺的重要部分。我们必须严格谨慎地搜集与使用证据，提高自己的学术修养，更重要的是形成一种坚持怀疑与反思的品质，这样才可以尽量地避免偏见的危害。

对于偏见的克服，是历史学不断向前发展的标志，也是历史学得以自立于学科之林的基础。这种克服与历史的多元论述以及历史的价值承载并不矛盾，它们共同使历史学变得丰满起来。而实际上，唯物史观和马克思主义史学理论就既坚持了对真理的不懈追求，同时也有着充分的价值蕴含，它在两个方面共同保证了历史学得以向前不断发展。唯物史观要求我们实事求是，尊重客观实在，这就保证了历史学"真"的一面；而马克思主义史学理论要求我们始终要代表着广大中国人民的根本利益，这就保证了历史学"好"的一面。"真"是历史得以成为历史的基础，"好"则是其意义的保证。

以上对偏见的论述，仍可能是不完善的，并且使用了一些未在这里加以证明的预设。整体而言，仍坚持了一种批判现实主义的立场，反对将偏见合法化进而滑落到相对主义的论调，同时也不同意将所有的主观性都排除在历史学之外，实际上那也是不可能的；而是指出二者的错误都在于将偏见与主观性笼统地混为一谈加以讨论。对于偏见，需要历史学家始终加以警惕，这是身为历史学家的责任。

（作者单位：首都师范大学）

历史唯物主义与历史虚无主义

田心铭

中国近代以来的历史虚无主义思潮，是同20世纪出现的否定中华民族文化和历史的"全盘西化"论相伴而生的。中国人民革命的胜利和新中国巨人般前进的步伐遏制了这一思潮的蔓延。在我国社会主义事业遭受"文化大革命"的严重挫折后，历史虚无主义作为资产阶级自由化的重要表现之一，在新的历史时期重新泛起。它的主要表现是，否定中国共产党的历史，否定社会主义新中国的历史，否定中国革命史。它的政治实质，是煽动推翻中国共产党的领导和我国社会主义制度。历史虚无主义在学术研究中也表现出来，但它从本质上说主要不是一种学术思想，而是一股政治思潮。反对历史虚无主义，首先必须揭露其政治实质和政治危害性。[①]

反对历史虚无主义，还需要深入揭露和清除其历史观基础。从社会历史观的层面看，历史虚无主义是一种唯心主义历史观，它用唯心主义和形而上学的观点观察世界、认识历史、评价社会历史现象。本文就如何坚持历史唯物主义，剖析历史虚无主义的历史观、世界观基础做一些讨论。

一 两种对立的历史研究方法论：社会形态论与"一般社会"论

人们研究社会历史必须采用一定的方法。在不同的方法背后，存在着不同的方法论。历史唯物主义的社会形态论和历史唯心主义的"一般社会"论，是社会历史研究中两种对立的方法论。在历史虚无主义的言论背后，我们可以看到以臆造的"一般社会"为尺度去衡量社会历史现象、评价历史事件和历史人物的方法论。

---

① 参见田心铭《识别历史虚无主义要透过现象看本质》，《红旗文稿》2015年第9期。

1894 年，列宁在他的《什么是"人民之友"以及他们如何攻击社会民主党人》（以下简称《什么是"人民之友"》）这部成名作中，针对俄国自由主义民粹派的理论家米海洛夫斯基在社会学研究中的主观唯心主义方法，阐述了马克思的社会形态论与"一般社会"论的对立，显示出他对马克思唯物主义历史观的深刻理解。列宁这些思想至今仍然是我们坚持历史唯物主义、反对历史唯心主义，批判历史虚无主义的强有力武器。

社会科学究竟是研究什么的？列宁指出："马克思以前的所有经济学家都谈论一般社会。"他们"争论的是一般社会是什么，一般社会的目的和实质是什么等等"。他们由此得出的理论，"都是一些关于什么是社会、什么是进步等等纯粹先验的、独断的、抽象的议论。"① 他们如何去研究"一般社会"呢？米海洛夫斯基说："社会学应从某种空想开始。"② 列宁指出："主观方法的首创者之一米海洛夫斯基先生的这句话绝妙地说明了他们的方法的实质。"③ 米海洛夫斯基用来衡量"一般社会"中各种社会现象的标准，是所谓"人的本性"。他说："社会学的根本任务是阐明那些使人的本性的这种或那种需要得到满足的社会条件。"在他看来，事物有合乎心愿的，有不合乎心愿的，社会学研究的任务就是"找到实现合乎心愿的事物，消除不合乎心愿的事物的条件"，即"找到实现如此这般理想的条件"。④ 总之，从"空想"开始，以先验的"人的本性"和主观"愿望"为尺度，去研究他们自己虚构出来的"一般社会"，寻找实现"理想"的条件，这就是米海洛夫斯基所代表的主观社会学给自己规定的研究对象、研究任务和研究方法。在列宁看来，这也是马克思以前所有的社会学家、经济学家研究社会历史的方法。本文把表现于这种研究中的方法论称为"一般社会"论。

马克思的社会形态论是同"一般社会"论根本对立的。社会形态论是马克思创立的唯物主义历史观的基本理论，也是马克思研究社会历史的基本方法论之一。1867 年，马克思一生中最重要的著作《资本论》的第一卷出版时，他在序言中写道："本书的最终目的就是揭示现代社会的经济

---

① 《列宁专题文集·论辩证唯物主义和历史唯物主义》，人民出版社 2009 年版，第 156、158、164 页。

② 同上书，第 158 页。

③ 同上。

④ 同上。

运动规律。"① 他还明确宣示:"我的观点是把经济的社会形态的发展理解为一种自然史的过程。"② 列宁对《资本论》序言中的这两句名言给予极大重视,认为它们集中表达了贯穿《资本论》始终的"基本思想"。他在《什么是"人民之友"》中说:"只要把序言里引来的这两句话简单地对照一下,就可以看出《资本论》的基本思想就在于此",而且这个思想"是以罕见的逻辑力量严格地坚持了的"③。笔者认为,列宁所说的"基本思想",就是马克思在《资本论》中得出的基本结论和他研究问题的基本方法论。列宁指出,马克思所说的"现代社会",就是"资本主义社会经济形态","他研究的只是这个形态而不是别的形态的发展规律"④。当所有的经济学家都在谈论"一般社会"时,马克思却抛弃了"一般社会"的虚构,创立了"社会形态"这个范畴,专门研究资本主义社会形态,实现了社会历史研究方法上的根本变革。通过这样的研究,马克思揭示了资本主义社会的运动规律,进而揭示出经济的社会形态的发展是一种如同自然史那样的历史过程,从而证明了他所发现的人类社会历史运动的规律。恩格斯指出,正是马克思的这两个伟大发现——"发现了现代资本主义生产方式和它所产生的资产阶级社会的特殊的运动规律""发现了人类历史的发展规律"⑤,使社会主义从空想变成了科学。马克思用科学理论武装了工人阶级政党,指导工人阶级和亿万人民群众开辟了人类历史的新时代。

列宁深入阐述了马克思社会形态论的研究方法与主观社会学"一般社会"论的研究方法的对立。列宁指出:"既然你连任何一个社会形态都没有研究过,甚至还未能确定这个概念,甚至还未能对任何一种社会关系进行认真的、实际的研究,进行客观的分析,那你怎么能得出关于一般社会和一般进步的概念呢?"⑥ 如同形而上学的化学家不实际研究化学过程,却臆造出什么"化学亲和力"的理论;形而上学的心理学家不分别说明各种心理过程,却议论"什么是灵魂";形而上学的生物学家谈论"什么是生命力"一样,这样的研究方法是荒谬的。关于"一般社会"的种种议论,

---

① 《马克思恩格斯文集》第 5 卷,人民出版社 2009 年版,第 10 页。
② 同上。
③ 《列宁专题文集·论辩证唯物主义和历史唯物主义》,人民出版社 2009 年版,第 157 页。
④ 同上。
⑤ 《马克思恩格斯文集》第 3 卷,人民出版社 2009 年版,第 601 页。
⑥ 《列宁专题文集·论辩证唯物主义和历史唯物主义》,人民出版社 2009 年版,第 164 页。

"就其基本方法，就其彻头彻尾的黯淡无光的形而上学性来说，也是无用的"①。这样的理论毫无用处，丝毫不能促进人们对现实社会关系的理解，只能像肥皂泡一样，化为乌有。而"马克思在这方面大大前进了一步：他抛弃了所有这些关于一般社会和一般进步的议论，而对一种社会（资本主义社会）和一种进步（资本主义进步）作了科学的分析"②，这是社会历史研究方法上的一场革命。

列宁对"一般社会"论方法的分析、批判体现了深刻的唯物辩证法思想。正如后来列宁在《哲学笔记》中所指出的："一般只能在个别中存在，只能通过个别而存在。""任何一般都是个别的（一部分，或一方面，或本质）。"③ 历史和现实中真实地存在着的，是各具特点的这一个或那一个社会，即具体的或"个别的"社会，没有什么"一般"社会。每一个具体的社会都在其个性中包含着共性，在特殊性中包含着普遍性。人类社会的一般特征、共同本质，只能存在于具体的个别的社会之中，因而也只有通过对具体社会的分析、研究才能揭示出来。因此，由认识个别的和特殊的事物，逐步地扩大到认识一般的事物，这是人类认识运动固有的规律。"人们总是首先认识了许多不同事物的特殊的本质，然后才有可能更进一步地进行概括工作，认识诸种事物的共同的本质。"④ "从某种空想开始"的"一般社会"论的研究方法，根本颠倒了人类认识运动的正常秩序。列宁指出，不研究具体的社会形态，而是"从什么是社会，什么是进步等问题开始，就等于从末尾开始"，在认识社会历史的方法上本末倒置，就只能"先验地臆造出一些永远没有结果的一般理论"。相反，马克思的方法是"从研究个别的、历史上一定的社会关系开始，而不从什么一般社会关系的一般理论开始！"⑤ 马克思如果没有实现这种研究方法上的根本变革，就不可能创建恢宏的理论大厦。

不过，人们的任何思想观念都不可能凭空产生，只能是对物质世界的这样或那样的反映。发生在人们头脑中的思想过程，归根到底是由人们在

---

① 《列宁专题文集·论辩证唯物主义和历史唯物主义》，人民出版社 2009 年版，第 164 页。

② 同上书，第 165 页。

③ 同上书，第 150 页。

④ 《毛泽东选集》第 1 卷，人民出版社 1991 年版，第 309—310 页。

⑤ 《列宁专题文集·论辩证唯物主义和历史唯物主义》，人民出版社 2009 年版，第 164、165 页。

现实中所处的物质生活条件决定的。"一般社会"论者所臆造出来的种种理论，也并不是他们头脑中固有的或天上掉下来的，而是一定社会中的现实生活在他们头脑中的反映。这个社会，就是他们生活于其中的资本主义社会。列宁指出，"一般社会"论的那些理论，"不过是把英国商人的资产阶级思想或俄国民主主义者的小市民社会主义理想充做社会概念罢了"，"不过是当时社会思想和社会关系的象征"。① 他还指出："资产者最大的特点，就是把现代制度的特征硬套在一切时代和一切民族身上。"② 资产阶级学者关于"一般社会"的种种议论，实际上是把资本主义社会形态下的范畴普遍化、永恒化，夸大为"一般社会"普遍适用的永恒的范畴和原则。

列宁的分析使我们很自然地想到了"普世价值"论。"普世价值"论和历史虚无主义都是近年来在我国意识形态领域引起关注的社会思潮。这两种错误思潮之间存在着内在的本质性的关联。"普世价值"论的主要表现，是把西方资本主义的自由、民主观念和体现这些观念的多党制、三权分立等政治制度普遍化、永恒化、神圣化，说成是任何国家都必须遵循的"普世价值"，并以此为标准来衡量中国近代以来的革命和社会历史变迁，评价我们的政治道路和社会制度，提出现实的政治诉求。历史虚无主义的观点和政治主张，正是在这样的思想理论基础上提出和论证的。有人宣扬，西方资本主义、帝国主义对中国侵略有理、侵略有功，"鸦片战争一声炮响，给中国送来了近代文明"，而反帝反封建的人民革命则是"令人叹息的百年疯狂与幼稚"；以五四运动为开端的中国新民主主义革命是"歧路旁出"，从"以英美为师"的"近代文明主流"走上了"以俄为师"的歧路，革命的胜利使"中国陷入了现代极权主义的深渊"，1949 年新中国的成立"实际上是'党天下'"；苏联解体、东欧剧变是向文明发展主流的"回归"，我国坚持中国特色社会主义道路、坚持中国共产党的领导则是背离"历史的潮流"，背离"普世价值"；中国要实现现代化，就得"认同普世价值，融入主流文明"，实行西方式的"宪政"民主，如此等等。不难看出，所有这些说法都内在地包含着资产阶级社会是永恒的"一般社会"这个观点，以此作为逻辑推理的大前提。在激烈的意识形态

---

① 《列宁专题文集·论辩证唯物主义和历史唯物主义》，人民出版社 2009 年版，第 165 页。
② 同上书，第 174 页。

斗争中，"普世价值"论充当了历史虚无主义否定中国共产党的历史、否定社会主义新中国的历史、否定中国革命史，煽动推翻中国共产党的领导和我国社会主义制度的思想武器；而这种"普世价值"论，就其社会历史观和方法论的基础来说，不过是历史唯心主义的"一般社会"论的新的表现形式而已。那些被推崇的"普世价值"，其实就是被当作"一般社会"的思想和原则推销的资产阶级社会的理念和制度。

因此，反对历史虚无主义，在社会历史研究方法论上，必须坚持历史唯物主义的社会形态论，深入揭露"一般社会"论的谬误和危害。

二 反对历史虚无主义必须把握人类社会发展规律

考察围绕历史虚无主义的意识形态论争，不难发现在对各种重大社会历史问题的不同评价背后，存在着对人类社会发展规律的不同看法。这是历史唯物主义和历史唯心主义两种历史观对立的又一集中表现。

如果说抛弃"一般社会"论，坚持社会形态论是马克思在《资本论》中研究社会运动的基本方法论，那么把"经济的社会形态的发展理解为一种自然史的过程"就是马克思经过研究得出的基本结论。这一结论是对他所发现的社会发展客观规律的集中表达。马克思不仅确认社会发展与自然界的发展一样具有客观规律，而且揭示了社会发展的客观规律。

马克思的这一发现经历了长期探索的过程。考察和理解这个过程，对于我们学习和运用历史唯物主义、剖析历史唯心主义和历史虚无主义是必要的、有益的。

毛泽东说："马克思主义所以成为革命的科学知识，就是因为它正确地反映了客观世界的实际规律，它是客观真理。"① 唯物主义不过是朴素地按照客观世界的本来面貌去反映世界，不增添外来的成分。为什么在马克思之前，一旦进入社会历史领域，即使是费尔巴哈那样伟大的唯物主义哲学家，也陷入了唯心史观，成为半截子的唯物主义呢？一个重要原因是，在社会历史中活动的都是追求自觉目的的人，而以往的唯物主义者一看到人们的行动都受思想支配，便停留下来，不去追溯思想动机背后的物质原因，把精神的力量当成了历史的最终原因，因而不能发现历史运动中的规

---

① 《毛泽东著作专题摘编》（上），中央文献出版社2003年版，第78页。

律性，结果在他们笔下"历史至多不过是一部供哲学家使用的例证和图解的汇集罢了。"①

1859年，当马克思第一次发表自己创立的政治经济学的成果时，他在《政治经济学批判》的序言中说明了自己研究政治经济学的经过。这一经过同时也就是他的唯物主义历史观形成和运用的过程。他在《莱茵报》的工作中"第一次遇到了要对所谓物质利益发表意见的难事"②。这促使他去研究经济问题，并通过对黑格尔法哲学的批判认识到国家与法都根源于物质生活关系。由此开始，他用了一生中黄金时代的15年时间潜心致力于政治经济学的研究，终于在《政治经济学批判》尤其是它的序言中"第一次科学地表述了关于社会关系的重要观点"③。马克思在这篇《序言》中说："我所得到的，并且一经得到就用于指导我的研究工作的总的结果，可以简要地表述如下。"④ 接下来用800多字篇幅概括的这个"总的结果"，就是马克思本人对他所创立的唯物主义历史观所做的最完整、最简明的经典性表述。⑤

列宁在《什么是"人民之友"》中完整地引用了马克思的这一段论述。他正是以这段经典论述为主要依据来阐述马克思的历史观的。马克思1859年在《序言》所表述的，是他形成于19世纪40年代并指导了他此后研究工作的历史观。列宁指出，"社会学中这种唯物主义思想本身已经是天才的思想"，但"这在那时**暂且**还只是一个假设"⑥。马克思在40年代提出这个假设后，就着手花费数十年工夫根据大量材料实际地研究"现代社会"即资本主义社会。他和恩格斯还在1848年到来的欧洲革命风暴中成功地运用历史唯物主义总结、阐述法国、德国革命的经验，验证了自己的历史观。对资本主义这个最复杂的社会形态的实证研究使唯物主义历史观经受了历史与现实的实践检验。列宁指出："自从《资本论》问世以来，唯物主义历史观已经不是假设，而是科学地证明了的原理。"⑦ 自那时以

---

① 《马克思恩格斯文集》第4卷，人民出版社2009年版，第283页。
② 《马克思恩格斯文集》第2卷，人民出版社2009年版，第588页。
③ 《马克思恩格斯文集》第10卷，人民出版社2009年版，第167页。
④ 《马克思恩格斯文集》第2卷，人民出版社2009年版，第591页。
⑤ 参见田心铭《马克思对唯物主义历史观要点"扼要的阐述"》，《红旗文稿》2015年第5期。
⑥ 《列宁专题文集·论辩证唯物主义和历史唯物主义》，人民出版社2009年版，第160页。
⑦ 同上书，第163页。

来，包括恩格斯、列宁、毛泽东在内的一代又一代马克思主义者无不依据马克思本人在《政治经济学批判》序言中的经典表述来解读和阐述、坚持和发展历史唯物主义的基本原理。

恩格斯在《资本论》第一卷英文版序言中写道："一门科学提出的每一种新见解都包含这门科学的术语的革命。"① 马克思在《政治经济学批判》序言中提出的新见解，包含了他创造的一系列新的术语、范畴。他运用这些范畴阐明了历史唯物主义的基本原理，揭示了人类社会发展的规律。

笔者认为，这些基本原理和它们揭示的社会发展规律可以从两个层面去理解。第一，马克思揭示了构成一个社会形态的基本结构和它的发展规律。他运用生产力和生产关系、经济基础和上层建筑这四个基本范畴，勾画出社会有机体的基本结构，揭示了社会基本矛盾运动的规律，确立了物质生活资料的生产方式制约着整个社会生活的过程、社会存在决定社会意识、社会基本矛盾运动导致社会革命和社会形态的更替等基本原理。第二，马克思从整体上考察人类社会历史的总趋势，揭示了不同社会形态演进的历史进程。他当时的表述是："大体说来，亚细亚的、古希腊罗马的、封建的和现代资本主义的生产方式可以看做是经济的社会形态演进的几个时代。""资产阶级的生产关系是社会生产过程的最后一个对抗形式"，"人类社会的史前时期就以这种社会形态而告终。"② 1877 年摩尔根的《古代社会》和 1884 年恩格斯的《家庭、私有制和国家的起源》出版后，《序言》中的这一思想发展成为历史唯物主义的五种社会形态理论。1992 年邓小平在南方谈话中说，马克思主义是科学，"它运用历史唯物主义揭示了人类社会发展的规律。封建社会代替奴隶社会，资本主义代替封建主义，社会主义经历一个长过程发展后必然代替资本主义。这是社会历史发展不可逆转的总趋势"③。这是中国化马克思主义对马克思发现的社会历史发展总趋势的明确表达。马克思的历史观具有严谨的内部逻辑结构，上述两个层面的基本原理是统一在一起的。马克思独创的"社会形态"范畴，在这个新历史观的构成中起着关键作用。列宁用"两个归结"概括和阐述了马

---

① 《马克思恩格斯文集》第 5 卷，人民出版社 2009 年版，第 32 页。
② 《马克思恩格斯文集》第 2 卷，人民出版社 2009 年版，第 592 页。
③ 《邓小平文选》第 3 卷，人民出版社 1993 年版，第 382—383 页。

克思创立"社会形态"范畴并运用它揭示社会发展规律的方法和逻辑。他指出，在马克思之前，社会学家们对社会的考察局限于政治法律形式和人们的思想，所以不能发现各国社会现象中的重复性和常规性，而马克思"所用的方法，就是从社会生活的各种领域中划分出经济领域，从一切社会关系中划分出生产关系"①。一旦着手分析生产关系，就有了一个客观的标准，立刻就有可能看出重复性和常规性，把"重复性这个一般科学标准"应用到对社会的研究上来，"把各国制度概括为社会形态这个基本概念"。这样就"使人有可能从记载（和从理想的观点来评价）社会现象进而以严格的科学态度去分析社会现象"，从而第一次把对社会的认识提高到科学的水平。列宁总结说，"只有把社会关系归结于生产关系，把生产关系归结于生产力水平，才能有可靠的根据把社会形态的发展看做自然历史过程。不言而喻，没有这种观点，也就不会有社会科学。"②

马克思在方法上抛弃"一般社会"论而致力于剖析资本主义社会形态的变革，与他在理论上揭示人类社会发展客观规律的创新，这两者是内在统一的。在科学研究中，理论与方法是不可分的。理论揭示对象的本质和规律，而当理论又被运用于研究事物时，便转化为方法。理论如果不作为方法运用于对实际事物的研究，就是无用的理论；方法如果不以符合客观对象的理论为依据，就是无根据的错误的方法。马克思在 19 世纪 40 年代形成的关于社会历史运动的"天才的思想"③，虽然当时暂且还只是一个假设，但马克思"一经得到就用于指导我的研究工作"④，把它转化为自己研究资本主义社会形态的方法；而他研究资本主义的成果特别是《资本论》，验证了他的唯物主义历史观，使其得以确立为科学原理。在这里，理论转化为方法，又通过方法的运用经受检验而确立为真理。唯物史观和马克思主义政治经济学的创立史告诉我们，马克思在社会历史理论上的创新和他在历史研究方法上的创新是内在统一、不可分离的。历史唯物主义的创立，同时实现了社会历史观和社会历史研究方法论这两方面的根本变革。笔者认为，列宁之所以说只要把他从《资本论》第一卷第一版序言中引来

---

① 《列宁专题文集·论辩证唯物主义和历史唯物主义》，人民出版社 2009 年版，第 158—159 页。

② 同上书，第 161 页。

③ 同上书，第 160 页。

④ 《马克思恩格斯文集》第 2 卷，人民出版社 2009 年版，第 591 页。

的两句话"简单地对照一下，就可以看出《资本论》的基本思想就在于此"①，正是因为马克思的这两句话既概括了他研究社会的基本方法论，又概括了他经过研究得出的基本结论，体现了《资本论》研究中历史观与方法论的统一。

马克思创立唯物主义历史观，标志着"他在整个世界史观上实现了变革"②，使"历史破天荒第一次被置于它的真正基础上"③。恩格斯在1877年写的《卡尔·马克思》这篇传略中，在1883年3月马克思逝世后发表的墓前讲话中，都把这一发现推崇为使马克思的名字永垂科学史册的两个伟大发现之一。列宁在《什么是"人民之友"》中用达尔文的进化论做类比来说明马克思这一发现对于社会历史研究的划时代意义。他说，正如达尔文第一次把生物学放在完全科学的基础之上一样，马克思"探明了作为一定生产关系总和的社会经济形态这个概念，探明了这种形态的发展是自然历史过程，从而第一次把社会学放在科学的基础之上"④。

自从十月革命一声炮响，给我们送来了马克思列宁主义，中国的先进分子就用它作为观察国家命运的工具。中国共产党90多年的历史，就是马克思主义基本原理同中国具体实践日益结合的历史。中国的革命、建设和改革之所以能取得举世瞩目的辉煌成就，归根到底是因为我们走过的道路既符合中国具体国情，又符合人类社会发展规律。历史唯物主义同中国人民的实践相结合，转化成了改变中国命运的巨大物质力量，同时在中国实践中接受了检验，进一步确证了它的真理性，并得到了丰富和发展。

社会历史现象是极为丰富、错综复杂的，历史前进的道路是充满矛盾、艰难曲折的。只有以历史唯物主义为指导，以是否符合社会发展规律和人民根本利益为标准，才能正确地认识社会、评价历史。习近平说："不论发生过什么波折和曲折，不论出现过什么苦难和困难，中华民族五千多年的文明史，中国人民近代以来一百多年的斗争史，中国共产党九十多年的奋斗史，中华人民共和国六十多年的发展史，都是人民书写的历史。"他还强调："历史总是向前发展的，我们总结和吸取历史教训，目的

---

① 《列宁专题文集·论辩证唯物主义和历史唯物主义》，人民出版社2009年版，第157页。
② 《马克思恩格斯文集》第3卷，人民出版社2009年版，第457页。
③ 同上书，第459页。
④ 《列宁专题文集·论辩证唯物主义和历史唯物主义》，人民出版社2009年版，第162—163页。

是以史为鉴、更好前进。"① 我们评价各种历史事件和历史人物，都应该坚持这样的科学态度和科学方法。中国近代以来的历史进程，是把一个贫穷落后、四分五裂的半封建半殖民地的中国变成社会主义的新中国，并且开创出中国特色社会主义道路的进程，是人民群众在中国共产党领导和马克思主义指导下，遵循社会发展规律创造历史、推动历史前进的进程。这一历史性变革带来了国家的繁荣富强和人民的幸福安康，迎来了中华民族伟大复兴的光明前景。运用马克思主义的历史观和方法论评价中国近现代历史，就必须把各种历史事件和人物都放到这一基本历史进程中去考察，看其是促进还是阻碍了中国历史的进步，是维护还是损害了中国人民的根本利益。离开这一历史进程，就不可能获得科学的认识、做出正确的评价。对于人民群众和他们的领袖人物在创造历史的前进道路上不可避免地发生的错误和挫折，也只有放到这一总的历史进程中去分析，才能做出实事求是的科学评价。背离社会客观规律和历史总趋势去评价历史事件和历史人物，就会得出是非颠倒的错误结论。

从社会历史观层面看，历史虚无主义否定中国共产党党史、中华人民共和国国史、中国近代以来的革命史，否定中国特色社会主义道路，是以背离社会发展客观规律的历史观和方法论为基础的。无论是鼓吹"告别革命"，否定推翻帝国主义、封建主义和官僚资本主义统治、创建新中国的历史伟业，还是割裂改革开放前后两个历史时期，否定改革开放前的历史时期或否定改革开放后的历史时期；无论是否定毛泽东的历史地位和毛泽东思想，或抹黑中华民族和中国人民的历史英雄人物和先进模范人物，都是用颠倒了的历史观充当度量衡，都有唯心主义和形而上学的方法论在起作用。在有些人看来，中国根本就不该通过革命走上社会主义道路，因而也不该坚持走中国特色社会主义道路，只有被他们标榜为"普世价值""人类文明主流"的西方资本主义制度才是他们追求的理想社会。对于历史虚无主义的种种手法，无论是无限夸大党和人民历史上的错误和挫折，抹杀历史的主流和本质；还是离开社会历史条件，用个人私利、个人恩怨、个人性格乃至反面历史人物的自我吹嘘和表白来说明历史；或是离开历史的主线，摒弃所谓"大叙事"，用细节否定本质，掩盖和歪曲历史的本来面貌，只要我们站在人民的立场，认清历史前进的方向，坚持历史的

---

① 《十八大以来重要文献选编》（上），中央文献出版社 2014 年版，第 694 页。

辩证法，就不难识破其谬误所在，辨析是非曲直，做出正确判断。

在以往各个历史时期，历史唯物主义指引我们把握和运用客观规律，取得了革命、建设和改革的胜利；今天我们仍然需要不断接受马克思主义哲学智慧的滋养。习近平指出：马克思主义哲学深刻揭示了客观世界特别是人类社会发展一般规律，在当今时代依然有着强大的生命力，依然是指导我们共产党人前进的强大思想武器。他强调，推动全党学习和掌握历史唯物主义，更好认识规律，更加能动地推进工作。① 为此，我们应该原原本本地学习和研读马克思主义经典著作，掌握看家本领，运用历史唯物主义指导实践，也运用它去剖析历史虚无主义，分清思想上、理论上的是非曲折。

（原载《学习论坛》2016 年第 4 期）

（作者单位：教育部高等学校社会科学发展研究中心）

---

① 《习近平在中共中央政治局第十一次集体学习时强调　推动全党学习和掌握历史唯物主义更好认识规律更加能动地推进工作》，《光明日报》2013 年 12 月 5 日。

阶级和阶级斗争再认识：历史与现实

运用唯物史观正确认识当今社会的
阶级和阶级斗争

姜　辉

贯穿马克思主义唯物史观的一个基本思想是："每一历史时代的经济生产以及必然由此产生的社会结构，是该时代政治的和精神的、历史的基础，因此（从原始土地公有制解体以来）全部历史都是阶级斗争的历史。"[①] 因而，阶级观点是马克思主义的唯物史观和政治学说的重要观点；阶级立场，是马克思主义政治立场的集中体现；阶级分析方法，是马克思主义观察和处理社会问题的根本方法。在这个意义上，列宁讲得好："阶级关系——这是一种根本的和主要的东西，没有它，也就没有马克思主义"[②]。因而，马克思主义政治立场，首先就是阶级立场，进行阶级分析。科学对待和坚持马克思主义和社会主义，正确看待和解决中国特色社会主义的重大问题，正确制定和执行党的政治路线、纲领、方针和战略，必须正确运用唯物史观，正确认识当代社会的阶级和阶级斗争。

一　阶级理论和阶级分析方法是贯穿马克思主义唯物史观的基本原理和基本方法

马克思主义的阶级观点和阶级分析方法，是马克思主义科学理论体系中不可或缺、不可替代的重要组成部分，是马克思主义世界观和方法论在阶级社会中的具体运用和集中体现，是区分马克思主义与非马克思主义的根本特征和标志。宣告马克思主义诞生的《共产党宣言》开宗明义：自原

---

① 《马克思恩格斯选集》第 1 卷，人民出版社 1972 年版，第 237 页。
② 《列宁全集》第 41 卷，人民出版社 1986 年版，第 92 页。

始氏族社会解体以来，"至今一切社会的历史都是阶级斗争的历史"①，这构成了历史唯物主义核心的基本思想。马克思和恩格斯把自己阐明的阶级斗争规律称为"历史运动规律"，认为运用这个规律是科学地理解阶级社会历史的"钥匙"②。作为"马克思主义的百科全书"的《资本论》，正是运用包括阶级观点的唯物史观分析资本主义社会，创立了剩余价值理论，揭示了资本家阶级剥削工人阶级的秘密，成为"工人阶级的圣经"，书中结论"日益成为伟大的工人阶级运动的基本原则"③。关于阶级观点和原则、阶级分析方法的重要地位和意义，列宁将其概括为共产党人全部学说和全部政策的基础，"马克思主义提供了一条指导性的线索，使我们能在这种看来扑朔迷离、一团混乱的状态中发现规律性。这条线索就是阶级斗争的理论。"④

马克思主义的阶级观点和理论，阶级斗争的原理和原则，是科学性、真理性、历史性和阶级性的高度统一。它的提出和重申，决不是源于马克思主义创始人的"道德愤慨""偏爱斗争"和"主观设计"，而是基于对历史发展进程及其规律的深刻把握，基于"顽强的经济事实"和深厚的经济基础。马克思、恩格斯认为，这种"阶级对立是建立在经济基础之上的，是建立在迄今存在的物质生产方式和由这种方式所决定的交换关系上的。"⑤社会物质生产的发展，在这个基础上发生的生产关系与生产力、经济基础与上层建筑之间的社会基本矛盾运动，是社会发展进步的根本动力。这种根本动力在阶级社会中，要通过人与人、阶级与阶级的关系体现出来，因而阶级斗争成为阶级社会发展的直接动力。"只要有利益相互对立、相互冲突和社会地位不同的阶级存在，阶级之间的战争就不会熄灭。"⑥ 马克思得出的结论是："当文明一开始的时候，生产就开始建立在级别、等级和阶级的对抗上，最后建立在积累的劳动和直接的劳动的对抗上。没有对抗就没有进步。这是文明直到今天所遵循的规律。"这是不以人的意志为转移的客观存在和客观规律，如果否认和抛弃它，就是"撇开

① 《马克思恩格斯选集》第 1 卷，人民出版社 1995 年版，第 272 页。
② 同上书，第 583 页。
③ 《资本论》第 1 卷，人民出版社 2004 年版，第 34 页。
④ 《列宁选集》第 2 卷，人民出版社 1995 年版，第 426 页。
⑤ 《马克思恩格斯全集》第 5 卷，人民出版社 1958 年版，第 533 页。
⑥ 《马克思恩格斯全集》第 8 卷，人民出版社 1961 年版，第 249 页。

阶级对抗，颠倒了整个历史的发展过程"①。

马克思主义的阶级理论是一个内容丰富的整体，包含着诸多紧密相连、相辅相成的具体观点。比如，关于"阶级的存在仅仅同生产发展的一定历史阶段相联系"②的观点；关于阶级社会的基本矛盾必然地表现为阶级和阶级斗争的观点；关于阶级斗争是阶级社会发展的"直接动力"③的观点；关于无产阶级反对资产阶级的阶级斗争的"最高表现就是全面革命"的观点；关于"阶级斗争必然导致无产阶级专政"④的观点；关于无产阶级专政"是阶级斗争在新形式下的继续"的观点；关于无产阶级专政"不过是达到消灭一切阶级和进入无阶级社会的过渡"⑤的观点；关于无产阶级的阶级地位和历史使命的观点；关于无产阶级自身只有组织成为革命政党"才能作为一个阶级来行动"⑥的观点；关于"只有承认阶级斗争、同时也承认无产阶级专政的人，才是马克思主义者"⑦的观点，等等，构成了马克思主义科学的"阶级斗争学说"⑧。运用关于阶级和阶级斗争的学说及其基本观点来认识、分析、解决社会现象和社会问题，就是马克思主义的阶级分析方法。

共产党人如何正确地坚持和运用马克思主义的阶级观点和阶级分析方法？一方面，它具有的科学性和实践性，要求共产党人"对每一个历史关头的阶级对比关系和具体特点作出经得起客观检验的最确切的分析"（列宁），从这个意义上说，离开了"分析阶级关系的正确立场"，就离开了马克思主义。对于不承认或否定这一正确理论和立场的人，马克思、恩格斯曾严肃声明"不可容忍"，"我们决不能和那些想把这个阶级斗争从运动中勾销的人一道走"⑨。另一方面，同马克思主义其他观点和理论一样，它不是"必须背得烂熟并机械地加以重复的教条"⑩，而是行动的指南。它要求

---

① 《马克思恩格斯全集》第 4 卷，人民出版社 1958 年版，第 104 页。
② 《马克思恩格斯选集》第 2 卷，人民出版社 1995 年版，第 547 页。
③ 《马克思恩格斯全集》第 19 卷，人民出版社 1963 年版，第 189 页。
④ 《马克思恩格斯选集》第 4 卷，人民出版社 1995 年版，第 547 页。
⑤ 同上。
⑥ 《马克思恩格斯全集》第 17 卷，人民出版社 1963 年版，第 455 页。
⑦ 《列宁选集》第 3 卷，人民出版社 1995 年版，第 139 页。
⑧ 《列宁选集》第 2 卷，人民出版社 1995 年版，第 314 页。
⑨ 《马克思恩格斯全集》第 19 卷，人民出版社 1963 年版，第 189 页。
⑩ 《马克思恩格斯选集》第 4 卷，人民出版社 1995 年版，第 681 页。

人们根据它的基本原则和基本方法，不断结合变化着实际和条件，结合时代特征和实践发展加以正确地运用，并不断赋予其新的内容和形式。

二 反对"阶级斗争熄灭论"，正确认识社会主义社会的阶级矛盾和阶级斗争

社会主义社会还存在不存在阶级矛盾和阶级斗争？还需要不需要用马克思主义阶级观点和阶级分析方法的"钥匙"和"指导线索"来观察和分析社会问题？这是不能回避的一个重大理论和实际问题。目前，错误的"阶级斗争熄灭论"还有较大影响，比如有些观点认为，马克思主义的阶级观点和阶级分析方法只适用于无产阶级革命夺取政权时期，不再适用于已经取得政权的社会主义时期；只适用于阶级矛盾是社会主要矛盾的时期，不适用于以经济建设为中心的时期；只适用于领导暴力革命和阶级斗争的革命党，不适用于领导经济社会建设、致力于和平发展的执政党；只适用于对敌对势力实行镇压和专政，不适用于发展人民民主、社会和谐和法治建设，等等。这些观点是片面的、错误的，它们是主观唯心主义和形而上学思维的体现，割裂了马克思主义科学性与革命性、真理性与阶级性、历史性与现实性的统一，因而在理论和实践上是有害的。

马克思主义的阶级观点和阶级分析方法之所以适用于社会主义社会，是因为这个社会仍然是阶级社会，还客观地存在着阶级、阶级矛盾和阶级斗争。同时，阶级矛盾和阶级斗争存在的环境与条件、性质和状况、内容与形式都发生了很大变化，这要求共产党人实事求是地判断形势、把握态势、掌握主要矛盾，制定正确的路线、方针、政策。《中国共产党章程》规定："由于国内的因素和国际的影响，阶级斗争还在一定范围内长期存在，在某种条件下还有可能激化，但已经不是主要矛盾。"《中华人民共和国宪法》申明："在我国，剥削阶级作为阶级已经消灭，但是阶级斗争还将在一定范围内长期存在。中国人民对敌视和破坏我国社会主义制度的国内外的敌对势力和敌对分子，必须进行斗争。"这要求我们既要反对阶级斗争扩大化，又要反对阶级斗争熄灭论；既不能重搞过去的"以阶级斗争为纲"，又不能忽视阶级斗争在一定范围内长期存在、在某种条件下可能激化的情况；既要始终坚持以经济建设为中心、解放和发展生产力，又要坚持"两个基本点"，坚持包括人民民主专政在内的四项基本原则；既要

聚精会神搞建设、一心一意谋发展，又要防止和警惕国内外各种敌对势力推翻中国共产党领导、颠覆社会主义制度的图谋。

历史和现实都表明，社会主义国家的阶级斗争是必然事实和客观存在。这是因为，当今时代仍然处于马克思主义经典作家所判定的从资本主义向社会主义过渡的历史时代，即社会主义与资本主义两个前途、两条道路、两种命运、两大力量生死博弈的时代，这个时代仍贯穿着无产阶级与资产阶级、社会主义与资本主义阶级斗争的主线索，这就决定了国际领域内的阶级斗争不可能消失，国内的阶级斗争也不可能消失。国际上，两大社会制度共存竞争和斗争，国际垄断资产阶级总是想推翻社会主义制度，实现资本主义的全球霸权，这具体表现为国外敌对势力颠覆、渗透、西化、分化社会主义国家，采取军事进攻、发动"冷战"、推行"和平演变""颜色革命"等。在国内，危害国家安全和社会稳定、破坏社会主义建设和改革的势力及活动；侵害他人权益和危害生命财产安全等违法犯罪活动；破坏国家统一和领土主权完整的分裂势力与分裂活动；一些领导干部贪污腐败的犯罪行为；在政治和意识形态上公然反对四项基本原则、否定共产党领导和社会主义制度的行为等，都是具有不同程度阶级斗争因素与性质的活动，都是人民民主专政的对象。而且，国内一定范围的阶级斗争与国际范围的阶级斗争相互交织、紧密勾连，使阶级斗争形势趋于尖锐化和复杂化。

在这样的国际国内背景下，在阶级矛盾和阶级斗争还在一定范围内存在并有可能激化的社会条件下，我们必须正确坚持和运用马克思主义的阶级和阶级分析的观点与方法。科学的、实事求是的态度与方法，就是邓小平同志曾指出的："社会主义社会中的阶级斗争是一个客观的存在，不应该缩小，也不应该夸大。实践证明，无论缩小或者夸大，两者都要犯严重的错误。"① 改革开放以来，我们党在这个问题上的认识一直是明确的。看待政治问题，必须坚持马克思主义的立场观点方法，这首先就是阶级立场、阶级观点、阶级方法。有人认为这已经落后于时代了，过时了，这种观点是完全错误的。我们说阶级斗争已经不再是我国社会主要矛盾，并不是说阶级斗争在一定范围内不存在了，在国际大范围中也不存在了。马克思主义者对待政治问题，不能只看现象不看本质，而是要善于透过现象看

---

① 《邓小平文选》第 2 卷，人民出版社 1994 年版，第 182 页。

本质。马克思主义的阶级观点和阶级分析方法，仍然是我们观察社会主义与各种敌对势力斗争的复杂政治现象的有效"钥匙"和根本的"指导线索"；实行人民民主专政，仍然是我们捍卫巩固社会主义、维护人民政权、维护人民根本利益的"不可以须臾离开的法宝"。

三 正确运用阶级观点和阶级分析方法分析解决
重大问题，做清醒的、彻底的历史唯物主义者

当前，中国特色社会主义发展进入一个新的时期。改革发展稳定，总体形势好，取得的成绩举世瞩目。但改革发展稳定任务之重前所未有，面对的矛盾风险挑战之多前所未有。改革进入攻坚期和深水区，全面建成小康社会、实现中华民族伟大复兴进入关键阶段和决定性阶段。面对国内国际复杂多变的形势，党中央反复向全党重申必须准备进行具有许多新的历史特点的伟大斗争。这些斗争中，当然包括与阶级矛盾和阶级斗争密切相关的各种问题、竞争和斗争。因而在全面深化改革的新阶段，共产党人必须讲政治、讲立场、讲方向，坚持和运用好马克思主义的阶级观点和阶级分析方法这把"钥匙"和这条"指导线索"，从林林总总的表象中发现本质，认清长远趋势，不畏浮云遮望眼，以制定正确的路线方针政策，更好地应对各种风险和挑战。

我们要充分认识当前各种矛盾和问题的尖锐性、复杂性和长期性，看清、看准、看透关系党和国家长治久安和前途命运的重大问题、一些大是大非原则问题的性质和实质。比如在经济领域，有人把我们党提出市场在资源配置中起决定性作用，解读为全面推行西方的自由化、私有化改革；把发展混合所有制经济，解读为取消公有制经济主体地位、把国有经济逐步改造成为私有经济。这些观点的目的是瓦解中国特色社会主义基本经济制度。在政治领域，把我们党推进国家治理体系现代化，歪曲为取消共产党的领导与"统治"、削弱国家管理而实行西方的"公共治理"，甚至提出国家治理的改革方向是实行西方多党轮流执政、三权分立、两院制；把我们党依法治国、依宪执政的治国理政方略歪曲为推行西方的"宪政"，提出若不放弃共产党的领导，中国就不是法治国家；认为十八届四中全会中没有提"专政"，表明我们党放弃了人民民主专政，放弃了阶级斗争和阶级分析方法；割裂党的领导与依法治国的统一，渲染"党大还是法大"

的命题；把依法独立公开行使司法权歪曲为西方的"司法独立"，等等。这些观点的目的是瓦解中国特色社会主义基本政治制度。在社会领域，把社会体制改革和创新社会管理说成是构建西方的"公民社会"，制造党、政府与社会之间的对立。在思想文化领域，鼓吹西方自由、民主、人权等的"普世价值"；将社会主义核心价值观混同于"普世价值"观，认为我们党倡导的民主、自由、平等、公正就是走上了普世道路、融入西方现代社会，等等，其目的是瓦解中国特色社会主义文化制度。总之，上述错误观点的出现和蔓延，实质就是阶级斗争在意识形态领域的集中体现，目的就是推翻中国共产党的领导和瓦解中国的社会主义制度。

在国际上，敌对势力从没有放弃西化、分化中国的战略图谋，总是不断变换战略、手段和方式。随着中国的快速发展和崛起，有人鼓吹"中国威胁论""中国掠夺论""中国崩溃论"等，"丑化"和"妖魔化"中国。国际敌对势力暗中支持疆独、藏独分子、"民运"分子和宗教极端分子等，实际上是为了分裂中国，推翻中国共产党的领导和社会主义制度。香港"占中"活动得到国外敌对势力的策划支持，抗衡中央，冲击政权，带有浓厚的"颜色革命"色彩。国内出现的一些否定四项基本原则、攻击党的领导和社会主义制度的挑战，也与国际敌对势力的活动密切相关。

上述国内国际种种问题和挑战，当然不能全部归结为阶级矛盾和阶级斗争。但事实确凿无疑地表明，在我国社会主义初级阶段，在改革发展的关键时期，阶级斗争在很多领域还是客观存在的，在一定条件下激化的可能性也是客观存在的。列宁曾经指出："马克思主义要求我们对每个历史关头的阶级对比关系和具体特点作出经得起客观检验的最确切的分析。"[①]只有坚持运用马克思主义的阶级观点和阶级分析方法的"钥匙"和"指导线索"，对各种重大问题进行实事求是的、确切的观察和分析，我们才能认清国内国际各种政治斗争、意识形态斗争现象发生的原因、本质和规律。否则，我们就可能犯"颠覆性的不可挽回的错误"。

邓小平曾强调："马克思主义的思想理论工作是不能离开现实政治的。我这里说的政治，是国内外阶级斗争的大局，是中国人民和世界人民在现实斗争中的根本利害。"[②] 运用唯物史观正确地认识当代社会的阶级和阶级

---

① 《列宁选集》第 3 卷，人民出版社 1995 年版，第 24 页。
② 《邓小平文选》第 2 卷，人民出版社 1994 年版，第 179 页。

斗争，正确坚持和运用马克思主义阶级观点和阶级分析方法，是马克思主义政党立足现实政治、认清大局、为着中国人民的根本利益和中华民族的长远利益的必然要求，是做头脑清醒、立场坚定、完全彻底的历史唯物主义者的根本要求。

（作者单位：中国社会科学院信息情报研究院）

阶级与阶级斗争的意蕴[*]

——基于历史、理论与现实的维度

林建华

一 引言

关于阶级和阶级斗争的研究，虽因时因地而异，但经久不衰，且著述颇丰。如果不是基于历史、理论与现实相结合的维度，人们在当今时代真是不知道到底还有哪些问题是阶级和阶级斗争研究领域的空白点或薄弱点。

在阶级和阶级斗争这一领域的研究中，马克思、恩格斯、列宁、毛泽东等人的以下几段经典式论述都是一再被引用的。

1848 年 2 月，马克思、恩格斯在《共产党宣言》中指出："至今一切社会的历史都是阶级斗争的历史。"① 恩格斯在《共产党宣言》1888 年英文版中对"至今一切社会的历史"加了一个注，指出："这是指有文字记载的全部历史。在 1847 年，社会的史前史，成文史以前的社会组织，几乎还没有人知道。后来，哈克斯特豪森发现了俄国的土地公有制，毛勒证明了这种公有制是一切条顿族的历史起源的社会基础，而且人们逐渐发现，村社是或者曾经是从印度到爱尔兰各地社会的原始形态。最后，摩尔根发现了氏族的真正本质及其对部落的关系，这一卓绝发现把这种原始共产主义社会的内部组织的典型形式揭示出来了。随着这种原始公社的解体，社会开始分裂为各个独特的、终于彼此对立的阶级。关于这个解体过程，我曾经试图在《家庭、私有制和国家的起源》（1886 年斯图加特第 2

---

* 本文是教育部哲学社会科学研究重大课题攻关项目"世界社会主义主要流派的历史演进研究"（立项批准号［13JZD002］）的阶段性成果。

① 《马克思恩格斯选集》第 4 卷，人民出版社 1995 年版，第 547 页。

版）中加以探讨"①。

1852年3月5日，马克思在致约·魏德迈的信中说："……至于讲到我，无论是发现现代社会中有阶级存在或发现各阶级间的斗争，都不是我的功劳。在我以前很久，资产阶级历史编纂学家就已经叙述过阶级斗争的历史发展，资产阶级的经济学家也已经对各个阶级作过经济上的分析。我所加上的新内容就是证明了下列几点：（1）阶级的存在仅仅同生产发展的一定历史阶段相联系；（2）阶级斗争必然导致无产阶级专政；（3）这个专政不过是达到消灭一切阶级和进入无阶级社会的过渡……"② 由此观之，马克思认为，他对阶级理论的决定性贡献在于，发现了社会阶级与一定的历史阶段有联系，发现了阶级斗争将导致无产阶级革命，发现了无阶级的社会将会来临。

列宁曾指出："所谓阶级，就是这样一些大的集团，这些集团在历史上一定的社会生产体系中所处的地位不同，同生产资料的关系（这种关系大部分是在法律上明文规定了的）不同，在社会劳动组织中所起的作用不同，因而取得归自己支配的那份社会财富的方式和多寡也不同。所谓阶级，就是这样一些集团，由于它们在一定的社会经济结构中所处的地位不同，其中一个集团能够占有另一个集团的劳动。"③列宁对阶级的界定和诠释表明：（1）阶级是一种历史现象，只存在于特定的历史阶段中，而不是一种永恒的现象。（2）阶级是一个经济范畴，指的是人与人在历史上特定的生产关系中的不平等，具体表现在对生产资料的占有关系、在生产中的地位、产品的分配等生产关系的三个方面都不平等。（3）阶级的实质是剥削，即占有生产资料的阶级可以无偿地剥夺不占有生产资料的阶级的劳动。

1936年，毛泽东在与美国记者埃德加·斯诺谈话时说："一九二〇年冬天，我第一次在政治上把工人们组织起来了，在这项工作中我开始受到马克思主义理论和俄国革命历史的影响的指引。我第二次到北京期间，读了许多关于俄国情况的书。我热心地搜寻那时候所能找到的为数不多的用中文写的共产主义书籍。有三本书特别深地铭刻在我的心中，建立起我对

① 《马克思恩格斯选集》第1卷，人民出版社1995年版，第272页。
② 《马克思恩格斯选集》第4卷，人民出版社1995年版，第547页。
③ 《列宁全集》第37卷，人民出版社1986年版，第13页。

马克思主义的信仰。我一旦接受了马克思主义是对历史的正确解释以后，我对马克思主义的信仰就没有动摇过。这三本书是：《共产党宣言》，陈望道译，这是用中文出版的第一本马克思主义的书；《阶级斗争》，考茨基著；《社会主义史》，柯卡普著。到了一九二〇年夏天，在理论上，而且在某种程度的行动上，我已成为一个马克思主义者了，而且从此我也认为自己是一个马克思主义者了。"①

1941 年 9 月 13 日，毛泽东在《关于农村调查》一文中再次指出："记得我在 1920 年，第一次看了考茨基著的《阶级斗争》，陈望道翻译的《共产党宣言》，和一个英国人作的《社会主义史》，我才知道人类自有史以来就有阶级斗争，阶级斗争是社会发展的原动力，初步地得到认识问题的方法论。可是这些书上，并没有中国的湖南、湖北，也没有中国的蒋介石和陈独秀。我只取了它四个字：'阶级斗争'，老老实实地来开始研究实际的阶级斗争。"②

需要说明的是，《共产党宣言》中文版 1920 年 8 月第 1 版错印成了《共党产宣言》，1920 年 9 月第 1 版再版时改正过来。马克思被译为"马格斯"，恩格斯被译为"安格尔斯"［《社会主义史》（上、下），克卡朴著，李季译，1920 年 10 月版］。《阶级争斗》（即《〈爱尔福特纲领〉解说》），柯祖基著，恽代英译，1921 年 1 月版。考茨基被译为"柯祖基"，阶级斗争被译为"阶级争斗"。

这两段自述表明，毛泽东成为一个马克思主义者的标志，就是学会了"阶级斗争"的思想方法；毛泽东对马克思主义的精神实质或精髓的诠释，就是"阶级斗争"四个字。直到晚年，毛泽东还认为："唯物史观问题，即主要是阶级斗争问题"③。毛泽东的一生，可以说深得"阶级斗争"之精髓。毛泽东曾说，他一生只做了两件事：一件叫民主革命，一件叫社会主义革命。而这两个革命又"都是发动群众搞阶级斗争"④。按照这一说法，他一生实际上只做了一件事，即发动群众搞阶级斗争。就此而论，毛泽东的革命实践活动始于阶级斗争，且终生衷于阶级斗争。

---

① ［美］埃德加·斯诺：《西行漫记》（原名《红星照耀中国》），生活·读书·新知三联书店 1979 年版，第 131 页。

② 《毛泽东文集》第 2 卷，人民出版社 1993 年版，第 378—379 页。

③ 《毛泽东书信选集》，人民出版社 1983 年版，第 602 页。

④ 毛泽东 1956 年 11 月 15 日在中国共产党第八届中央委员会第二次全体会议上的讲话。

在 21 世纪初的今天，我们是否应放弃对阶级和阶级斗争问题的思考呢？我们是否应放弃对阶级和阶级斗争立场的恪守呢？答案显然是否定的。我认为，我们应聚焦两个基本问题：一是阶级和阶级斗争；二是无产阶级和无产阶级政党，并力求做出符合马克思主义唯物史观的新时代的评述。

二　阶级和阶级斗争是客观存在的社会历史现象

关于阶级和阶级斗争，实际上应聚焦四个问题，即：何谓阶级？何谓阶级斗争？如何看待阶级斗争的作用？阶级和阶级斗争何时退出历史？

马克思主义者通常把某个集团在生产过程中所处的地位或所起的作用作为确定社会阶级的标准。

阶级是一种社会历史现象。马克思主义认为，阶级并不是从来就有的。阶级的存在仅仅同生产发展的一定历史阶段相联系。在原始社会，生产力水平低下，生产资料公有，人们共同劳动，平均分配产品，没有阶级差别。随着生产力的提高，社会分工和交换的发展，产品有了剩余，使少数人拥有较多的生产资料并以此占有大部分人的剩余劳动成为可能，于是，就出现了生产资料私有制，形成了剥削与被剥削、压迫与被压迫的关系，社会也就分裂为经济利益根本对立的阶级。《共产党宣言》指出："自由民和奴隶、贵族和平民、领主和农奴、行会师傅和帮工，一句话，压迫者和被压迫者，始终处于相互对立的地位，进行不断的、有时隐蔽有时公开的斗争，而每一次斗争的结局都是整个社会受到革命改造或者斗争的各阶级同归于尽。""在过去的各个历史时代，我们几乎到处都可以看到社会完全划分为各个不同的等级，看到社会地位分成多种多样的层次。在古罗马，有贵族、骑士、平民、奴隶，在中世纪，有封建领主、臣仆、行会师傅、帮工、农奴，而且几乎在每一个阶级内部又有一些特殊的阶层。""从封建社会的灭亡中产生出来的现代资产阶级社会并没有消灭阶级对立。它只是用新的阶级、新的压迫条件、新的斗争形式代替了旧的。"[①] 在马克思、恩格斯的语境里，"阶级"的概念适合于任何社会中按等级划分的社会集团。阶级的对立差不多等同于压迫者和被压迫者的对立。在"阶级"

---

① 《马克思恩格斯选集》第 1 卷，人民出版社 1995 年版，第 273 页。

这一概念中几乎没有别的内容，只有阶级的等级概念和一个阶级对另一个阶级施加压迫的概念。在马克思的其他著作中，"阶级"这一概念则被限定于现代工业社会内部以等级划分的集团。

阶级的存在，这是客观的事实。但是，如果简单地把这种阶级的存在具体化到每一个个人，多半也是要出问题的。如果阶级的划分只是像我们过去所做过的那样简单，那么，也就用不着等着到了资本主义社会才由资产阶级的历史学家和经济学家再来发现阶级的存在了。也就是说，阶级的存在虽然是客观的，但是能够被人认识到却是很不容易的事情。

众人何以成为阶级呢？英国当代历史学家爱德华·帕尔默·汤普森在《英国工人阶级的形成》一书"前言"中曾写道："工人阶级并不像太阳那样在预定的时间升起，它出现在它自身的形成中。"① 同理，从阶级的形成过程来看，阶级并不像太阳那样在预定的时间升起，它出现在它自身的形成中。也就是说，阶级是人们在亲身经历自己的历史时确定其含义的。德国社会学家、现代冲突论思想家 R. 达伦多夫（1929—2009 年）在《工业社会中的阶级与阶级冲突》一书中曾指出："阶级的基础是与地位有关的权力差异，即与其权力预期值有关的社会功能结构……个人由于发挥了与权力有关的社会功能而成为一个阶级的成员……它属于某个阶级是因为他在一个社会组织中占有某种地位，也就是说，阶级的身份来自对社会功能所承担的责任。"② 问题的关键在于，这个人如何才能进入某种"社会功能"？那个特定的社会组织，包括其财产权和权力结构又是如何出现的？所有这些，都是历史问题。如果让历史停留在某一点上，就不会有阶级，而只会是一堆人加上一堆人的经历。但是，如果在社会发生变化的一个适当的时间段上来观察这些人，则能看到其相互关系及思想与建制的模式。也就是说，当一批人从共同的经历中得出结论，而不管这种经历是从其前辈那里得来的还是自己的亲身体验，感到并明确说出他们之间有共同利益，他们的利益与其他人不仅不同，而且还常常对立时，阶级就产生了。阶级经历主要是由生产关系所决定的。人们在出生时就进入某种生产关系，或在出生以后的成长中被迫进入。但是，阶级觉悟则不同。阶级觉悟

---

① ［英］爱德华·帕尔默·汤普森：《英国工人阶级的形成》，译林出版社 2001 年版，第 1 页。

② Ralf Dahrendorf, *Class and Class Conflict in Industrial Society*, Stanford University Press, 1959, pp. 148—149.

把阶级经历用文化的方式加以处理，它体现在传统习惯、价值体系、思想观念和组织形式之中。如果说经历是可以预先确定的，阶级意识则不然。我们熟悉这样一种逻辑："它"，即阶级，是确实存在的；如果"它"适时地了解到自己的地位和真实的利益，那么"它"就应该有阶级觉悟。但是，事实上，这种觉悟并非现实中的觉悟，而是理论上应该如何的觉悟。

马克思、恩格斯指出："任何人类历史的第一个前提无疑是有生命的个人的存在"①，而"个人隶属于一定阶级"，"单独的个人并不'总是'以它所从属的阶级为转移，这是很'可能的'；但是这个事实不足以影响阶级斗争。"② 这就是说，个人、政治派别都隶属于一定阶级，单独的个人可以转变阶级立场，但这并不影响阶级斗争。他们还指出："一定时代的革命思想的存在是以革命阶级的存在为前提的。"③ 列宁在《怎么办？》中则指出："工人本来也不可能有社会民主主义的意识。这种意识只能从外面灌输进去，各国的历史都证明：工人阶级单靠自己本身的力量，只能形成工联主义的意识，即确信必须结成工会，必须同厂主斗争，必须向政府争取颁布对工人是必要的某些法律，如此等等。而社会主义学说则是从有产阶级的有教养的人即知识分子创造的哲学理论、历史理论和经济理论中发展起来的。现代科学社会主义的创始人马克思和恩格斯本人，按他们的社会地位来说，也是资产阶级的知识分子。"④ 列宁同意这样一种观点："社会主义意识是一种从外面灌输（von außen Hineingetragenes）到无产阶级的阶级斗争中去的东西，而不是一种从这个斗争中自发地（urwüchsig）产生出来的东西。"⑤ 也就是说，工人阶级的阶级意识、阶级觉悟也是需要"灌输"的。列宁的伟大之处在于，他并不认为工人群众仅仅通过日常生活经验（即自发性）就可以接受马克思主义，仅仅通过民主的方式（即合法斗争）就可以把工人阶级训练成自觉阶级，而不需要更高的理论武装，资本主义国家可以和平地加以改造。

阶级斗争也是一种社会历史现象。它是在生产发展的一定阶段伴随着阶级的产生而出现的一种社会历史现象。马克思主义认为，人类社会分裂

---

① 《马克思恩格斯选集》第 1 卷，人民出版社 1972 年版，第 24 页。
② 同上书，第 183 页。
③ 《马克思恩格斯选集》第 1 卷，人民出版社 1995 年版，第 99 页。
④ 《列宁选集》第 1 卷，人民出版社 1995 年版，第 317—318 页。
⑤ 同上书，第 326 页。

为阶级之后，就有了阶级斗争。历史上一切剥削阶级总是凭借他们所占有的生产资料和在生产关系中所处的统治地位，对被剥削阶级实行残酷的压榨和掠夺，使其经济上的利益得到维护和最大限度的满足。而被剥削阶级为了维持自己的生存，摆脱被剥削、被压迫的地位，就不得不起来进行反对剥削者、压迫者的斗争。因此，恩格斯在《社会主义从空想到科学的发展》中指出："以往的全部历史，除原始状态外，都是阶级斗争的历史。"①

关于阶级斗争的理论，马克思说那不是他的发明。在他之前，早在古希腊的奴隶社会，柏拉图和亚里士多德就论述过阶级的存在。同样，古典经济学家如李嘉图和西斯蒙第也对阶级和阶级斗争进行了阐述，如李嘉图就对资本主义社会工资和利润的对立进行了分析，揭示了阶级斗争的经济根源。资产阶级思想家如梯叶里、米涅、基佐等，都已发现阶级的存在和各阶级间的阶级斗争。但是，他们都未能发现阶级划分和阶级斗争的真正基础和根源。他们或用民族征服来解释阶级起源，或认为阶级起源于利己之心和收入差异。更重要的是，他们只承认资产阶级反对封建贵族的斗争，而不承认无产阶级反对资产阶级的阶级斗争。

列宁指出："阶级斗争问题是马克思主义最根本的问题之一。"② 他认为："只要阶级存在，阶级斗争就不可避免。"③ 其具体思想表现为：（1）阶级斗争是实现社会变革的决定性力量。生产力和生产关系的矛盾是社会的基本矛盾，在阶级社会里，这一对基本矛盾集中地表现为阶级之间的斗争。因为，当旧的生产关系成为生产力的发展障碍，生产力的发展要求打破旧的生产关系时，代表旧的生产关系的反动统治阶级，是不会自动退出历史舞台的，如果进步的阶级不起来斗争，社会就不能向前发展。（2）在一个新制度建立以后，这时的阶级斗争，不仅表现为新社会制度中基本阶级之间的斗争，而且表现为新社会的基本阶级反对和镇压已被打倒的旧社会的统治阶级的斗争。（3）就阶级斗争的形式来看，暴力革命是阶级斗争的最高形式，但并不是唯一形式，阶级矛盾也不都表现为对抗性的矛盾。同样，阶级斗争也不是一直都处于主要矛盾地位。

---

① 《马克思恩格斯文集》第3卷，人民出版社2009年版，第544页。
② 《列宁选集》第2卷，人民出版社1995年版，第322页。
③ 《列宁选集》第4卷，人民出版社1995年版，第621页。

关于阶级斗争的属性，马克思、恩格斯曾指出："一切阶级斗争都是政治斗争。"① 既然阶级斗争是人类社会历史发展到一定阶段即私有制阶段的产物，那么，阶级斗争就不仅仅是一般意义上的社会矛盾，而且是社会上的各阶级为争取和保护本阶级财产利益的斗争。这种斗争的外观形式必然是围绕着夺取国家政权的斗争。这是因为，国家本身就是保护私有者利益的暴力工具。事实也是如此。"过去一切阶级在争得统治之后，总是使整个社会服从于它们发财致富的条件，企图以此来巩固它们已经获得的生活地位。"② 列宁更是明确指出："谁要是仅仅承认阶级斗争，那他还不是马克思主义者，他还可以不超出资产阶级思想和资产阶级政治的范围。把马克思主义局限于阶级斗争学说，就是阉割马克思主义，歪曲马克思主义，把马克思主义变为资产阶级可以接受的东西。只有承认阶级斗争、同时也承认无产阶级专政的人，才是马克思主义者。""必须用这块试金石来检验是否真正理解和承认马克思主义。"③

人类社会发展的历史表明，在阶级对立的社会里，阶级斗争是阶级社会发展的直接动力。这是因为，在阶级社会里，生产力和生产关系之间的矛盾往往是通过阶级斗争表现出来的。通过阶级斗争，被剥削阶级推翻剥削阶级的反动统治，能够废除束缚生产力发展的生产关系和上层建筑，促进新的生产方式的建立和发展，从而推动旧社会向新社会的转变。马克思、恩格斯认为，历史上封建社会代替奴隶社会、资本主义社会代替封建社会，都是通过阶级斗争实现的。正是因为阶级斗争具有如此重要的历史推动作用，恩格斯说："自从原始公社解体以来，组成为每个社会的各阶级之间的斗争，总是历史发展的伟大动力"④。马克思、恩格斯在这里所讲的历史，是指包括资本主义社会在内的阶级社会发展的历史。

阶级和阶级斗争既然都是一种社会历史现象，那么它们既不是从来就有的，也不会永远存在。恩格斯指出："社会阶级的消灭是以生产高度发展的阶段为前提的，在这个阶段上，某一特殊的社会阶级对生产资料和产品的占有，从而对政治统治、教育垄断和精神领导地位的占有，不仅成为

---

① 《马克思恩格斯选集》第 1 卷，人民出版社 1995 年版，第 281 页。
② 同上书，第 283 页。
③ 《列宁选集》第 3 卷，人民出版社 1995 年版，第 139 页。
④ 《马克思恩格斯文集》第 4 卷，人民出版社 2009 年版，第 505 页。

多余的，而且在经济上、政治上和精神上成为发展的障碍。"① 只有到了这个时候，阶级和阶级斗争才会消灭。

　　总之，阶级分析和阶级斗争理论是马克思主义的基本内容。在有阶级存在的社会里，对社会矛盾的分析与认识，离不开对阶级和阶级斗争的分析与认识。如果离开对阶级和阶级斗争的分析与认识来讨论社会的现实矛盾，大半不会找到正确的答案。但是，对阶级和阶级斗争的分析与认识又不能简单化和庸俗化。毛泽东在《中国社会各阶级的分析》中指出："谁是我们的敌人？谁是我们的朋友？这个问题是革命的首要问题。"② 为此，毛泽东对中国社会各阶级的经济地位及其对革命的态度进行了分析，并阐明了新民主主义革命的性质、对象、任务、动力和前途等重要问题。改革开放以来，尽管我国社会结构、社会原有的阶级面貌发生了很大的变化，但阶级的存在是不容置疑的，阶级差别和矛盾也是客观事实。不过，有些人却无视这一事实，只承认我国社会存在利益博弈、阶层冲突、社会矛盾，而不敢承认阶级斗争的存在，或者用批判"以阶级斗争为纲"来否认阶级斗争的合理性，甚至干脆否定马克思主义的阶级和阶级斗争理论。当然，总的来看，当前我国不同阶级、阶层之间的矛盾主要表现为人民内部的矛盾，是一种非对抗性的矛盾，但不能排除这种非对抗性的矛盾转化为对抗性矛盾的可能性。尤其是在当前国际国内的复杂形势下，国际敌对势力又往往利用国内矛盾插手我国内部事务，使本属于人民内部的矛盾变得复杂，进一步增大非对抗性矛盾转化为对抗性矛盾的可能性。因此，在任何社会、任何时段都一味强调阶级斗争消失或以阶级斗争为纲，则是犯了简单化和庸俗化的错误。

三　无产阶级与无产阶级政党是人类社会发展的进步力量

　　关于无产阶级和无产阶级政党，实际上应聚焦五个问题，即何谓无产阶级？何谓无产阶级的历史使命？何谓无产阶级政党？如何理解无产阶级政党组织的战略性？如何理解一国无产阶级政党的非单一性？

　　人类社会的发展，自进入阶级社会以来，经历了大约五千年的奴隶社

---

① 《马克思恩格斯文集》第 3 卷，人民出版社 2009 年版，第 563 页。
② 《毛泽东选集》第 1 卷，人民出版社 1991 年版，第 3 页。

会和封建社会，都是以农业为主体，以小农经济为基础，以个体化小生产为依靠。那时，社会的阶级结构呈现出一种葫芦型，即底层的劳苦大众占绝大多数，上层的统治者占少数，中间存在着一个数量中等的中间阶层，如中小工商业经营者、中农、从事行政管理和文教工作的族群等。到近代，资本主义社会最先在欧美主要国家确立之后，中间阶层的状况发生了很大变化，呈现出日益消亡的趋势。资本主义社会以大工业经济为基础，以社会化大生产为依靠，极大地加速了贫富两极分化，绝大多数人沦为无产者，极少数人晋升为资产者，从而形成一种锥体型的社会结构。马克思、恩格斯在《共产党宣言》中指出："我们的时代，资产阶级时代，却有一个特点：它使阶级对立简单化了。整个社会日益分裂为两大敌对的阵营，分裂为两大相互直接对立的阶级：资产阶级和无产阶级。"① "以前的中间等级的下层，即小工业家、小商人和小食利者，手工业者和农民——所有这些阶级都降落到无产阶级的队伍里来了，有的是因为他们的小资本不足以经营大工业，经不起较大的资本家的竞争；有的是因为他们的手艺已经被新的生产方法弄得不值钱了。无产阶级就是这样从居民的所有阶级中得到补充的。"② 恩格斯在《英国工人阶级状况》中指出："工人比起资产阶级来，说的是另一种习惯语，有另一套思想和观念，另一套习俗和道德原则，另一种宗教和政治。这是两种完全不同的人，他们彼此是这样的不同，就好像他们是属于不同的种族一样。"③

　　无产阶级也和其他的社会现象一样，是具体历史环境的产物。英国是工业革命的发源地。马克思指出："英国工人是现代工业的头一个产儿。"④ 恩格斯进一步指出："无产阶级是由于产业革命而产生的，这一革命在上个世纪下半叶发生于英国，后来，相继发生于世界各文明国家。"⑤ 可以认为，无产阶级是资本主义的产儿，是世界资本主义的产儿，而不仅仅是欧洲资本主义或帝国主义资本主义的产儿。列宁也曾指出："马克思的整部《资本论》是专门阐明如下这个真理的：资本主义社会的基本力量就是而且只能是资产阶级和无产阶级——资产阶级是这个资本主义社会的建设

---

① 《马克思恩格斯选集》第1卷，人民出版社1995年版，第273页。
② 同上书，第280页。
③ 《马克思恩格斯选集》第3卷，人民出版社1995年版，第410页。
④ 《马克思恩格斯选集》第1卷，人民出版社1995年版，第775页。
⑤ 同上书，第230页。

者，领导者，推动者；无产阶级是这个社会的掘墓人，是唯一能够代替它的力量。"① 这就是说，现代无产阶级和现代资产阶级一样，不仅是近代工业革命进步中的孪生兄弟，同时他们还是近代工业革命造就的一对根本利益不可调和的对立阶级。

为了了解无产阶级的历史使命，首先就必须弄清楚什么是无产阶级。马克思是这样提出问题的。他说："问题在于究竟什么是无产阶级，无产阶级由于其本身的存在必然在历史上有些什么作为。"②

"无产阶级"是一个外来词，其词源可追溯到拉丁语中的 Proletarius，其原始含义是"生育""后代"等，后来该词逐渐演化为市民中处于最底层、除了自己所生的子女之外便无任何财产的阶级或阶层。在英文中，该词加后缀变为 Proletariat（e），包括三种含义：（1）古罗马城邦处于社会底层的阶级；（2）泛指任何社会中处于社会底层的阶级；（3）工人阶级，尤指工业社会中的工人阶级。在科学社会主义理论体系中，"无产阶级"是在第三种含义上使用的一个概念。通过毕生研究，马克思、恩格斯赋予"无产阶级"以崭新的革命性的内涵。马克思、恩格斯曾使用各种不同的术语来指称工人阶级处在那个历史发展过程中的工人，诸如工人阶级、无产阶级、劳动阶级、雇佣劳动、工业工人、农业工人、矿业工人、手工业工人、工场手工业工人、现代工人等。尽管工人阶级包括汇总不同类型的工人，但是，马克思、恩格斯都认为，用来鉴别怎样才是一个工人的标志只有两个：其一，从职业来说，工人是直接或间接操作带有工业性质的生产工具的劳动者；其二，从在生产关系中所处的地位来说，工人是没有生产资料的劳动者，要出卖劳动力，受资本家雇佣，被资本家剥削剩余价值。正是在这个意义上，马克思、恩格斯把工人阶级称作无产阶级。在《共产主义原理》中，恩格斯指出："无产阶级是完全靠出卖自己的劳动而不是靠某一种资本的利润来获得生活资料的社会阶级。这一阶级的祸福、存亡和整个生存，都取决于对劳动的需求，即取决于生意的好坏，取决于不受限制的竞争的波动。一句话，无产阶级或无产者阶级是19世纪的劳动阶级。"③《共产党宣言》指出："无产阶级即现代工人阶级。"④ 1888

---

① 《列宁选集》第3卷，人民出版社1995年版，第774页。

② 《马克思恩格斯全集》第2卷，人民出版社1957年版，第45页。

③ 《马克思恩格斯选集》第1卷，人民出版社1995年版，第230页。

④ 同上书，第278页。

年，恩格斯在为《共产党宣言》英文版加注时再次作出解释："资产阶级是指占有社会生产资料并使用雇佣劳动者的现代资本家阶级。无产阶级是指没有自己的生产资料、因而不得不靠出卖劳动力来维持生活的现代雇佣工人阶级"①。那么，如何理解"19 世纪的劳动阶级"呢？由于 19 世纪英、法、德等欧洲国家已完成了工业革命，工业已在国民经济中占据支配地位，因此，这一时期的劳动阶级主要是指工人阶级或无产阶级。

马克思、恩格斯公开宣称，自己的理论就是谋求无产阶级以及全人类的解放的。"劳动阶级解放的条件就是要消灭一切阶级。"而"在这以前，无产阶级和资产阶级之间的对抗仍然是阶级反对阶级的斗争。"② 他们指出："历史活动是群众的活动，随着历史活动的深入，必将是群众队伍的扩大。"③ 列宁把这一论点称为历史哲学理论的最深刻最重要的原理之一。而在不同的时代，群众则有着不同的阶级内容和历史内容。马克思指出，无产阶级是现代社会中唯一彻底革命的阶级，"这个阶级的历史使命是推翻资本主义生产方式和最后消灭阶级。"④恩格斯在《共产党宣言》的 1883 年德文版序言和 1888 年英文版序言中对这一观点进行了详细论述。他指出："贯穿《宣言》的基本思想：每一历史时代的经济生产以及必然由此产生的社会结构，是该时代政治的和精神的历史的基础；因此（从原始土地公有制解体以来）全部历史都是阶级斗争的历史，即社会发展各个阶段上被剥削阶级和剥削阶级之间、被统治阶级和统治阶级之间斗争的历史；而这个斗争现在已经达到这样一个阶段，即被剥削被压迫的阶级（无产阶级），如果不同时使整个社会永远摆脱剥削、压迫和阶级斗争，就不再能使自己从剥削它压迫它的那个阶级（资产阶级）下解放出来，——这个基本思想完全是属于马克思一个人的。"⑤ 这一"基本思想"是马克思主义唯物史观的完整表述，其要旨在于：（1）经济基础决定上层建筑；（2）阶级斗争是阶级社会发展的直接动力；（3）资本主义必然灭亡，社会主义必然胜利。而"代替那存在着阶级和阶级对立的资产阶级旧社会的，将是

---

① 《马克思恩格斯选集》第 1 卷，人民出版社 1995 年版，第 272 页。
② 同上书，第 194 页。
③ 《马克思恩格斯文集》第 1 卷，人民出版社 2009 年版，第 287 页。
④ 《马克思恩格斯选集》第 2 卷，人民出版社 1995 年版，第 108 页。
⑤ 《马克思恩格斯选集》第 1 卷，人民出版社 1995 年版，第 252 页。

这样一个联合体，在那里，每个人的自由发展是一切人的自由发展的条件。"①

问题在于，无产阶级在追求解放的历史进程中，是否需要建立自己的政党？无产阶级政党是策略性组织还是战略性组织？无产阶级内部是否可以存在多个政党？

以马克思主义为指导的无产阶级政党或共产主义政党及其国际联合的存在，是国际共产主义运动区别于其他所有社会运动的主要标志。这就涉及党和阶级的关系问题。在现代社会，没有任何一个社会阶级能够直接领导社会，而是要通过本阶级的政党来实现对社会的领导。因为"自发"的阶级是不可能担此重任的，必须通过一个阶级的政党来体现阶级的行动。一个阶级，从严格的意义上来说，必须是"自为"的阶级。也就是说，必须有一个政党来代表本阶级的全部利益。因为一个阶级包含着许多阶层，而且程度各异，所以必须形成一个政治核心。这个核心能够反映阶级的共同利益和愿望，体现整个阶级的路线和政策。这个政治核心就是党，对无产阶级或工人阶级来说就是共产党。恩格斯曾指出："无产阶级要在决定关头强大到足以取得胜利，就必须（马克思和我从1847年以来就坚持这种立场）组成一个不同于其他所有政党并与它们对立的特殊政党，一个自觉的阶级政党。"② 由此，就从对阶级的社会学分析过渡到一种革命斗争的政治理论。但是，马克思、恩格斯也曾两次解散亲自创建、指导的无产阶级政党组织和国际性工人运动组织，1852年解散了共产主义者同盟，1876年解散了第一国际。马克思、恩格斯在《共产党宣言》中就曾指出："无产者组织成为阶级，从而组织成为政党这件事，不断地由于工人的自相竞争而受到破坏。但是，这种组织总是重新产生，并且一次比一次更强大，更坚固，更有力。"③

1919年3月，列宁领导创建的共产国际并非是对共产主义者同盟、第一国际等组织的简单模仿。在更直接的意义上，共产国际既是对第二国际破产教训的总结，也是对第二国际组织制度的矫枉过正。列宁认为，第二国际组织结构的松散性是它的一大弱点和缺点，新的国际"应当比第二国

---

① 《马克思恩格斯选集》第1卷，人民出版社1995年版，第294页。
② 《马克思恩格斯文集》第10卷，人民出版社2009年版，第578页。
③ 《马克思恩格斯选集》第1卷，人民出版社1995年版，第281页。

际组织得更加集中"。① 同时，革命不再是"单一的行动"，而是"比较激烈的爆发和比较沉寂的平静的若干次迅速交替的过程"②，无产阶级政党也不再是一种随着阶级斗争和革命的高潮或低潮而出现或消失的间歇性形式，而应是长期存在的战略组织。因此，1943 年共产国际解散后，各国共产党并没有随之而停止活动或解散，有的党成为执政党甚至长期执政的党，焕发出新的生机与活力。

政党是阶级的政治组织，但这并不意味着一个阶级只能有一个政党；在不同历史时期，多个政党对同一阶级的利益、对无产阶级解放的路径做出不同的，甚至完全不同的阐释和选择，应该是符合政党政治运动规律的现象。马克思、恩格斯在《共产党宣言》中曾指出："共产党人不是同其他工人政党相对立的特殊政党。""在实践方面，共产党人是各国工人政党中最坚决的、始终起推动作用的部分；在理论方面，他们胜过其余无产阶级群众的地方在于他们了解无产阶级运动的条件、进程和一般结果。"③ 列宁也认为，"党是阶级的先进部队，是阶级的领导者和组织者"④，绝不能"把作为工人阶级先进部队的党同整个阶级混淆起来"⑤。在当今政党政治时代，这对于认识和评价历史上的社会民主党以及今天活跃于各国政治生活中的当代社会民主党以及其他类型的政党的地位与作用，具有重要的指导意义。从世界工人运动的视角来看，相对于共产党而言，社会民主党是右翼力量；从世界政党政治的视角来看，相对于资产阶级政党而言，社会民主党是左翼力量。至于社会民主党内部，同样也存在着左、中、右三派之分和东、西、南、北四方之别。当然，这样理解问题，也并不是今天在共产党执政的社会主义国家实行西式的多党制的理由。

四　余论

马克思指出："对人类生活形式的思索，从而对这些形式的科学分析，总是采取同实际发展相反的道路。这种思索是从事后开始的，就是说，是

---

① 《列宁专题文集·论无产阶级政党》，人民出版社 2009 年版，第 274 页。
② 《列宁选集》第 1 卷，人民出版社 1995 年版，第 453 页。
③ 《马克思恩格斯文集》第 2 卷，人民出版社 2009 年版，第 44 页。
④ 《列宁专题文集·论无产阶级政党》，人民出版社 2009 年版，第 337 页。
⑤ 同上书，第 104 页。

从发展过程的完成的结果开始的。"① 它的方法论意义在于，站在 21 世纪初所能达到的高度，回望 19、20 世纪世界历史发展的进程，我们应铭记马克思主义经典作家的两个著名论断：其一，"资产阶级的灭亡和无产阶级的胜利是同样不可避免的。"② 其二，"无论哪一个社会形态，在它所能容纳的全部生产力发挥出来以前，是决不会灭亡的；而新的更高的生产关系，在它的物质存在条件在旧社会的胎胞里成熟以前，是决不会出现的。"③ 这些论述，真正坚持了辩证唯物主义与历史唯物主义的有机统一。早在 1949 年 9 月，毛泽东在《唯心历史观的破产》一文中就曾指出："马克思列宁主义来到中国之所以发生这样大的作用，是因为中国的社会条件有了这种需要，是因为同中国人民革命的实践发生了联系，是因为被中国人民所掌握了。任何思想，如果不和客观的实际的事物相联系，如果没有客观存在的需要，如果不为人民群众所掌握，即使是最好的东西，即使是马克思列宁主义，也是不起作用的。我们是反对历史唯心论的历史唯物论者。"④ 这一论述，是坚持唯物史观的典范。

《管子·霸言第二十三》曰："观国者观君，观军者观将，观备者观野。"党的十八大以来，习近平发表了一系列重要讲话，提出了许多新思想、新观点、新论断，深刻回答了新的历史条件下党和国家发展的重大理论和现实问题，集中展示了党的新一届中央领导集体的治国理念和执政方略。2014 年 2 月 17 日，在省部级主要领导干部学习贯彻十八届三中全会精神全面深化改革专题研讨班开班式上，习近平发表重要讲话，更加明确地用"阶级分析"理论否定了西方化的治理主体多元化的宪政模式。他强调指出，看待政治制度模式，必须坚持马克思主义政治立场。马克思主义政治立场，首先就是阶级立场，进行阶级分析。有人说这已经落后于时代了，这种观点是不对的。我们说阶级斗争已经不再是我国社会主要矛盾，并不是说阶级斗争在一定范围内不存在了，在国际大范围中也不存在了。改革开放以来，我们党在这个问题上的认识一直是明确的。我们治国理政的根本，就是中国共产党领导和社会主义制度。推进国家治理体系和治理能力现代化，绝不是西方化、资本主义化。我国人民民主与西方所谓的

① 《马克思恩格斯文集》第 5 卷，人民出版社 2009 年版，第 93 页。
② 《马克思恩格斯选集》第 1 卷，人民出版社 1995 年版，第 284 页。
③ 《马克思恩格斯选集》第 2 卷，人民出版社 1995 年版，第 33 页。
④ 《毛泽东选集》第 4 卷，人民出版社 1991 年版，第 1515 页。

"宪政"本质上是不同的。中国共产党领导是中国特色社会主义最本质的特征。习近平的这些论断，显示了中国共产党人政治上的清醒、坚定和自觉，这是一种政治定力。这也是中国共产党人做一切事情的基点，须臾不可偏离。"大雅久不作，吾衰竟谁陈？正声何微茫，哀怨起骚人。"李白的诗句至今依然引人深思。讲政治，坚持马克思主义政治观是党的特有优势，是"大雅"之"正声"。

作为马克思主义政党，中国共产党所讲的政治、所坚持的政治观，必须是马克思主义的政治观，是中国特色社会主义的政治观，是实现好、维护好和发展好最广大人民群众利益的政治观。这就要求全党同志特别是领导干部，必须坚持正确的政治路线、政治立场、政治方向、政治道路，增强政治敏锐性和政治鉴别力，善于从政治上提出和处理问题，正确认识和坚定党的领导和社会主义政权安全大局，保证全党在思想上、政治上、组织上的高度统一。只有这样，才能在前进道路上始终保持清醒的头脑、科学的认识、坚定的信念，才能经受住各种困难和风险的考验，完成改革和建设的各项任务。否则，就不可能赢得人民的信任和支持、凝聚全国民心、团结一切可以团结的力量，实现自己的政治目标。

（作者单位：北京外国语大学马克思主义学院）

构建中国思想史研究的
中国学派之"四要义"

贺新元

历史不光是一种"过去的客观存在",它还是一个国家、一个民族得以生生不息的血脉。记忆是人类生存的基础,也是构建社会关系必不可少的要素。对于一个国家、一个民族,一旦丧失了历史的共同记忆,责任和使命便成了空白,现实和未来就没了依凭,更谈不上文化的积累、智慧的叠加。为中华民族伟大复兴的中国梦的实现,迫切需要编写一套以唯物史观指导的《中华思想通史》。用唯物史观研究 5000 年中华思想史,是一项宏大工程,其中研究理论和研究方法至关重要。研究过程中,如能在理论与方法上构建一个中国思想史研究的中国学派,可能比编写出一套《中华思想通史》本身具有更高价值。

根据近几年史学界研究的一些乱象,要想构建中国思想史研究的中国学派,个人认为,至少须把握"四个要义":中华思想史是中国人民的思想史;在史学研究中全面清算和摒弃历史虚无主义;要破解西方中国史研究话语权,构建中国自己的史学研究话语体系;构建中国思想史研究的中国学派,最为根本的要求就是必须毫不动摇地坚持唯物史观。

中华思想史不只是王侯将相的思想史,
更重要的是人民的思想史

任何思想都是人的思想。人是历史的创造者,而人又是社会的人,思想存在于人的社会劳动中。处在各种社会关系中的人不仅生产着物质,而且生产着精神(思想)。人就是在生产物质与精神过程中创造自己的历史。思想主要就是对社会人创造历史过程的一种信息"记录",不过这种记录不是流水账式的简单复制,而是"移入人的头脑并在人的头脑中改造过的物质的东西"①。毛泽东对思想有一个明确定义，即："无数客观外界的现象通过人的眼、耳、鼻、舌、身这五个官能反映到自己的头脑中来，开始是感性认识。这种感性认识的材料积累多了，就会产生一个飞跃，变成了理性认识，这就是思想"②。

什么是思想史？思想史就是研究在物质生产与精神生产过程中，人的思想是如何回应不断变化的社会和文化环境所提出来的问题，以及这些回应又是怎么变化的。③ 也就是说，研究思想史，应该着眼于其背后的人、以人为核心的社会和所形成的文化环境。

有些思想史研究者或思想史著述更多的是把注意力放在经典文献、社会精英思想、主要领导人（皇帝、领袖）思想及其延续性的解读上，而不太注重把思想放回到当时的历史场景或历史情境中去进行还原性研究，不太注重研究在社会生产生活中发挥着具体而重大作用的老百姓的一般性知识、思想和信仰。即便是对待重要历史人物，最近几年存在任意拔高和贬低历史人物的现象。这种现象不仅出现在研究论著中，而且大量出现在影视、历史作品和网络上。至于一般老百姓的历史作用，往往被挡在历史之外，特别是奴隶社会至新中国成立之前，作为被统治阶级的一般老百姓的许多思想都难以进入历史视野。

研究思想史，更重要的是研究人民的思想史，所有历史都是人民在书写，"人民，只有人民，才是创造世界历史的动力"④。习近平在中央委员会委员、候补委员学习贯彻党的十八大精神研讨班上的讲话中强调："中华民族五千多年的文明史，中国人民近代以来一百七十多年的斗争史，中国共产党九十多年的奋斗史，中华人民共和国六十多年的发展史，都是人民书写的历史。"⑤ 因此，研究中华思想史，既要关注社会精英的思想、领导人的思想，更要关注一般平民百姓的思想，还要关注这两类人的思想是如何产生以及他们之间存在什么联系；既要关注思想本身，更要去探究这

---

① 《马克思恩格斯文集》第 5 卷，人民出版社 2009 年版，第 22 页。

② 《毛泽东文集》第 8 卷，人民出版社 1999 年版，第 320 页。

③ 此定义参见了葛兆光先生的观点。葛兆光认为：思想史，就是要研究思想如何回应不断变化的社会和文化环境所提出的问题，以及这些回应又是怎么变化的。转引自杨波《谁的思想史——历史学家、清华大学教授葛兆光访谈》，《解放日报》2004 年 5 月 31 日。

④ 《毛泽东选集》第 3 卷，人民出版社 1991 年版，第 1031 页。

⑤ 习近平：《在纪念毛泽东诞辰 120 周年座谈会上讲话》，人民出版社 2013 年版，第 12—13 页。

些思想与社会生产生活之间的关系，以揭示出思想发展的一般规律。

摒弃在研究中对中国思想史的虚无,科学理性地认识历史时空和理论方法对研究的制约

思想是历史的产物，历史是思想的延伸。思想是一个民族、一个国家的精神命脉，没有思想的民族迟早要被泯灭，没有思想的国家迟早会被湮灭。基于历史与思想之于一国的重要性，清代思想家龚自珍在《古史钩沉论二》中写道："灭人之国，必先去其史；隳人之枋，败人之纲纪，必先去其史；绝人之材，湮塞人之教，必先去其史；夷人之祖宗，必先去其史。"所以，历史上都曾出现过对历史的虚无，虚无历史人物，虚无历史思想，虚无历史文化。

同时虚无历史，要区分两种情况。一是无意识虚无，主要是因为其知识受到他所认识的时空的局限和所掌握的理论方法的制约。正如庄子在《秋水》篇中曾经说："井蛙不可以语于海者，拘于虚也；夏虫不可以语于冰者，笃于时也；曲士不可以语于道者，束于教也。"二是有意识虚无，即"有所虚无，有所不虚无"，这种虚无常常以一种学术表象出现，背后有着明确的政治目的。

历史虚无主义在中国思想文化史上曾有过几次大高潮，对中国思想文化造成了强烈冲击。最为重要的，一次是在鸦片战争特别是甲午战争后的近代史，中国知识分子为求民族独立和人民解放，在"救亡图存"的道路上，在不断被国家、民族的悲惨境遇之现实的拷问下，百思而得出一种错解，认为问题出在传统上。于是，一种彻底否定传统的虚无主义"反思"应运而生。一次是在十年"文化大革命"期间，在建设社会主义过程中，为"同传统的所有制关系实行最彻底的决裂"，"同传统的观念实行最彻底的决裂"①，人们疯狂破"四旧"，迫不及待地和传统分道扬镳，造成文化虚无主义的大肆泛滥。从性质上分析，这两次属于"无意识虚无"，其后果还是基本可控的，并不太可怕，但长久任之发展，也会影响人们的思想。

最近的也是最为严重和肆虐的一次是改革开放以来，国门大开，面对

① 《马克思恩格斯文集》第 2 卷，人民出版社 2009 年版，第 52 页。

与西方相比的巨大现实反差，人们如饥似渴地向西方学习。随着西方人文社会科学理论在中国的广泛传播，其主观主义、唯心主义和形而上学对我国的史学研究产生了恶劣影响。虚无主义思潮趁机乘势再一次兴起，否定革命、否定传统文化、否定东方文明。国内一些史学研究者在接受中把西方史学工作者的基础理论、概念范畴、研究方法和研究范式奉为圭臬，积极地效仿，用来对中国历史特别是近现代史从不同领域进行"颠覆性"研究，并得出非常负面的研究结果。比如对于革命问题，有学者研究后大力宣传：革命破坏性太大，不如改良好，进而否定包括旧民主主义革命、新民主主义革命、社会主义革命在内的整个中国革命；如果没有革命，中国可能会更好、更快地进入民主社会。从性质上看，这次的虚无完全是"有意识虚无"，其背后隐藏着险恶的政治目的，尽管表象上以一种学术思潮出现。其后果是"司马昭之心路人皆知"，就是用精心挑选的历史碎片、历史细节和回忆性的只言片语来歪曲、篡改和伪造历史，误导民众、毒害社会，最后达到否定中国共产党领导、否定中国社会主义制度的目的。对此，必须高度警惕，并加以坚决斗争以尽快消除负面影响。编纂《中华思想通史》的一个重要目的，就是想以最好的著述向社会呈现最真实的历史，来有效回击历史虚无主义。

可喜的是，一场对历史虚无主义的围剿与反围剿斗争正在如火如荼地进行，历史虚无主义的真正面目正被越来越多的人所认清而在走向破灭。

破解西方中国史研究话语权，构建中国
思想史研究学术话语体系

学术话语权越来越成为一个国家文化软实力强弱的重要指标，在国际话语权中的权重越来越大。环顾中国各学科研究状况，中国史与其他多数学科一样，没有构建自己的整套学术话语体系，在国际学术话语权格局中，依然处于"西强我弱"状态。这显然与具有5000年文明史的泱泱大国不匹配，与世界第二大经济体不匹配。因此，中央一再提出，要进行理论创新和学术话语创新，通过提高学术话语权来构建中国的话语体系，以提升国际话语权和国家软实力。诚如李长春同志2012年6月2日出席"马克思主义理论研究和建设工程工作会议"时的讲话中所言："如何在学习借鉴人类文明成果的基础上，用中国的理论研究和话语体系解读中国实践、中国道路，不断概括出理论联系实际的、科学的、开放融通的新概念、新范畴、新表述，打造具有中国特色、中国风格、中国气派的哲学社会科学学术话语体系，是理论界和学术界面临的重大而紧迫的时代课题"。

共产党建立90多年来取得的最伟大的成就，就是形成了中国特色社会主义道路、中国特色社会主义理论体系、中国特色社会主义制度。但为什么我们就没有在学术话语权上取得相应的成绩呢？学术话语权，其实质"就是在学术领域中，说话权利和说话权力的统一，话语资格和话语权威的统一，也就是'权'的主体方面与客体方面的统一。权利着重指行动者作为主体所具有的话语自由；权力则着重指主体作为权威话语者对客体的多方面影响"[1]。依此定义来判断中国史研究的话语权，个人觉得西方中国史研究的成果在世界乃至中国具有很高的"权威性"和"可信性"。

在中国的"权威性"，是中国学者替他们树立的。中国近代以来，"西学东渐"的延续长期让国人沉浸在欧风美雨的熏陶之中，完全照搬西方学术评价体系自然也顺理成章。况且，当今国际最著名两大人文社科论文检索系统——"SSCI"（社会科学引文索引）、"AHCI"（艺术与人文科学引文索引）几乎成为各国学术期刊扩大国际学术影响力的主要途径，也是各国研究者了解国际学术动态、提升学术成果国际影响力、引导学术研究方向的最主要平台。而这些著名检索系统都由美国相关科研情报机构编辑出版，选刊原则渗透了美国的学术偏好和学术价值标准。[2] 因此，中国学术界出现在学术规范和学术评价体系上都以西方为标准的怪现象。这就自然树立起了西方学术在中国的权威。试举二例来论证：一是《剑桥中国史》。如费正清、崔瑞德两位主编在《总编辑序》里所说的，这原本"目的就是为西方的历史读者提供一部有内容的基础性的中国史著作"[3] 的《剑桥中国史》，现在俨然成为中国学术界研究中国史的权威参考书，成为中国史研究的学术范本。二是傅高义的《邓小平时代》和罗伯特·劳伦斯·库恩的《他改变了中国：江泽民传》这两本书在国内的地位与影响，被政府和媒体捧得有点过分。为什么这两位领袖人物的传记一经美国人写就能产生

---

① 郑杭生：《学术话语权与中国社会学发展》，《中国社会科学》2011年第2期。

② 胡钦太：《中国学术国际话语权的立体化建构》，《学术月刊》2013年第3期。

③ 费正清、崔瑞德：《总编辑序》，费正清、崔瑞德主编，杨品泉、张书生、陈高华等译：《剑桥中国史》第1卷（《剑桥中国秦汉史》），中国社会科学出版社1992年版，《总编辑序》第2页。

如此反响？为什么这两位美国人能在国内采访到如此多的高层领导人？除了诚如官方所说的借西方人之口来宣传中国外，难道就没有话语权被西方垄断的问题？借西方人之口来宣传中国，本身就体现了西方对话语权的主导。

"可信性"，果真如此吗？未必。费正清、费维恺、齐慕实等西方著名学者都曾坦诚地承认，研究新中国最大的问题是资料奇缺，特别是在冷战时期，只能以从港台转手的第二手资料为主，这直接影响了研究成果的准确度和可信度。即便如此，我们不少学者依然视他们的著作为权威，在自己的研究中不加以辨析而大量引用他们的资料。甚至在一些诸如土地改革、"反右"、大跃进、文化大革命等特别敏感的历史话题上，尽管公开的文献资料极少，但国外出版了许多研究著作，其中可信度又有多少？而国内一些学者却视其为宝，"套用一些时髦的现代名词和流行的西学观念"，大量引用西方学者提供的"文献资料"，搞所谓"重写思想史"，以对中国思想传统重新进行叙述和阐释。①

西方学术体系自近代被移植至中国后，在经历了近百年的本土化后，中国传统学术资源和根基已被边缘化②，当代中国的学术话语体系并没有建立起来，并且形成了一种积习：喜欢用西方概念或西方研究范式甚至带有西方意识形态观念，来研究中国丰富的历史和思想；特别喜欢西方的实证主义研究范式，喜欢到把实证置于历史学之上，完全把实证作为历史研究离不开的一种手段。

民族的才是世界的，但世界的并不都是民族的。要想成为世界的，先要做好自己。当务之急是破解西方中国史研究话语权，让中国思想史研究从西方中国史研究话语的"殖民地"和"跑马场"中走出来，构建自己的一套学术话语体系和评价体系，以及一个学术话语的传播和交流平台。当然，要成为世界的，不能封闭自己。如长持以往以西方经验为基础、以西方思维方式为导向、以解决西方所遇到的问题为指向的西方学术话语，不仅不能准确地解释中国 5000 年文明史，可能还会造成社会、国家和民族认同的困难乃至撕裂。不封闭自己，不是一味地完全排斥，对于西方一些

① 转引自杨波《谁的思想史——历史学家、清华大学教授葛兆光访谈》，《解放日报》2004年5月31日。

② 胡钦太：《中国学术国际话语权的立体化建构》，《学术月刊》（上海）2013年第3期。

能反映思想史普遍特性的确实好的研究范式、基础理论和概念范畴，还是可以在立足于本土意识、本土立场基础上加以改造性利用，以便与国外史学研究形成某种沟通和呼应。这样，更有利于自己学术话语体系的构建。

构建中国思想史研究的中国学派，必须
毫不动摇地坚持唯物史观

2008 年以来，国际与国内局势的变化、社会思潮的变迁和阶层利益的分化，比以往任何时间都快，价值观多元化的中国社会更明显。在中国知识分子圈、学术界，马克思主义主导地位还剩多少？多种价值观共存但马克思主义已被边缘的现象，确已成基本事实。

树立中国思想史就是人民的思想史，摒弃历史虚无主义，破解西方中国史研究的话语权，以构建中国思想史研究的中国学派，最为根本的要求就是必须坚持以唯物史观为指导。任何偏离甚或抛弃唯物史观的中国思想史研究，最终都会走向唯心史观方向，严重者会导致自动放弃马克思主义指导地位，虚无中国共产党历史，虚无中国 5000 年文明史，而走至"去吾史"的境地。

唯物史观，揭示了社会历史领域的客观规律，为解开历史之谜、认识社会历史领域的一系列重大问题提供了科学的方法论。唯物史观，是唯一科学的历史观，是指引史学研究的可靠指南，必须坚持唯物史观的基本原理和科学方法。

唯物史观对于认识历史、创造未来的极端重要性，习近平总书记多次强调，要求坚持用唯物史观来认识和记述历史，强调只有坚持正确的历史观，牢记历史的启迪和教训，才能更好地把握今天、开创明天。他说："一切向前走，都不能忘记走过的路；走得再远、走到再光辉的未来，也不能忘记走过的过去"[1]，要"让历史说话，用史实发言""要坚持用唯物史观来认识和记述历史，把历史结论建立在翔实准确的史料支撑和深入细致的研究分析的基础之上。"[2]

---

① 习近平：《在纪念毛泽东诞辰 120 周年座谈会上讲话》，人民出版社 2013 年版，第 14 页。
② 习近平：《在主持中央政治局第二十五次集体学习时的讲话》，新华网，2015 年 7 月 31日，http://news.xinhuanet.com/ttgg/2015-07/31/c_1116107416.html。

　　坚持唯物史观，就是坚持思想史是人民的思想史；坚持唯物史观，就是攻破历史虚无主义的必杀器；坚持唯物史观，就是破解西方中国史研究话语权的利器。为此，一定要树立学习和运用唯物史观开展中国思想史研究的高度自觉；一定要加强马克思主义思想史研究理论建设，并以此为主导，努力构建中国思想史研究的中国学派。

（作者单位：中国社会科学院马克思主义研究院）

马克思主义历史进步评价
二重维度解读

姜悠悠

在马克思主义历史进步观中，贯穿着两个基本价值维度：生产力发展维度，揭示的是历史进步的原因；人的解放维度，揭示的是历史进步的目的，实际上二者回答了制约历史进步的两个基本问题：谁来促进历史进步？历史进步为了谁？虽然影响历史进步的因素是多方面的，但这两个具有代表性的维度，可以用来衡量历史进步的程度。

一 历史进步的物质前提是生产力的发展

生产力理论是马克思主义理论的核心内容之一。

首先，生产力为一个社会存在和发展创造了基本物质前提。"历来为繁茂芜杂的意识形态所掩盖着的一个简单事实：人们首先必须吃、喝、住、穿，然后才能从事政治、科学、艺术、宗教等等；所以，直接的物质的生活资料的生产，因而一个民族或一个时代的一定的经济发展阶段，便构成为基础，人们的国家设施、法的观点、艺术以至宗教观念，就是从这个基础上发展起来的，因而，也必须由这个基础来解释。"①

其次，生产力不但是历史前进的动力，而且是社会形态的决定力量。从历时态角度看，整个人类历史运动是一个螺旋式上升的演化过程，归根结底在于：生产关系是由生产力决定的，同时上层建筑也是由生产力决定。② 考察在生产关系中起到重要作用的劳动工具，不难发现，从远古时

---

① 《马克思恩格斯选集》第 3 卷，人民出版社 1995 年版，第 776 页。

② 王清龙：《社会主义市场经济条件下马克思主义信仰的重建》，博士学位论文，天津师范大学，2012 年，第 35 页。

代的石器、铁器、工业革命带来的蒸汽机到现在作为新兴生产力代表的生命科学技术，在这个循序渐进的发展过程中，不断推进着人类社会从原始社会前进到现代社会。

最后，实现全人类的解放要靠发展生产力来实现。只有在一定的生产力水平上，才能实现真正意义上的人的解放，人成为自由而全面发展的人。"是通过人并且为了人而对人的本质的真正占有；因此，它是人向自身、向社会的（即人的）人的复归，这种复归是完全的、自觉的而且保存了以往发展的全部财富的。"①

二　历史进步的重要标志是人的解放

马克思主义认为，人的解放的本质是每个人都可以自由而全面的发展，只有人们不再被困于私有制之中才是解放，才是历史的真正进步。在《1844 年经济学哲学手稿》中，马克思基于"人的本质异化"角度揭示了"人的解放"的本质规定，并且在此基础上得出了消灭私有制是人获得真正解放的必要前提的结论。马克思认为，只有让人自由而全面地发展的社会，才是让人们彻底解放的社会，这就是共产主义社会，是历史进步最终的逻辑指向。

三　改革之初注重"发展是硬道理"

1840 年鸦片战争的失败，中国被迫卷入资本主义在全球范围内的市场活动，探索中华民族的复兴之路成为在中国近现代史上的必然的历史任务。②

邓小平同志在认识到中国与世界发达国家的差距之后，明确地提出"发展才是硬道理"，以此为主线，形成了邓小平理论。邓小平提出"走自己的路"，从中国具体国情出发，探索新的现代化道路——中国特色社会

---

① 《马克思恩格斯全集》第 42 卷，人民出版社 1979 年版，第 120 页。
② 魏建国：《社会主义自由问题研究》，博士学位论文，中共中央党校，2014 年，第 22 页。

主义道路。①

改革初期，经济发展是最重要的任务。因为中国在改革开放初期，生产力水平较低且不平衡，客观决定了大力发展经济就是改革之初的重点目标。为了解决发展而需要搞活动力。我国根据发展的要求和基本国情，采取了一系列促进发展的措施。"社会主义的本质是解放生产力，发展生产力，消灭剥削，消除两极分化，最终达到共同富裕。"② 在改革中主要有两个线索：一个是发展经济，直接体现了"生产力的发展"维度；一个是坚持社会主义道路，坚持"四项基本原则"，体现了追求"人的解放"的维度。

走社会主义的经济发展之路，坚持一切为了人民，从根本上讲，应该以"人的解放"维度为导向，以"生产力发展"维度为根据，辩证统一。但在改革之初，重点在于"生产力发展"维度，允许一部分人先富裕起来，以先富带动后富，"人的解放"维度相对被弱化了。

四　改革全面展开阶段强调公平与效率统一

在改革全面展开阶段，经历了前期的积累，出现很多问题，例如，分配不公平问题、腐败问题、环境问题、生态问题等。积累下来的问题如果不解决，一定会影响改革的进度和速度，会成为改革的阻力。在这种情况下，中国共产党提出一系列加强思想建设的理念，如"三个代表"重要思想、"科学发展观""八荣八耻""社会主义核心价值体系""三严三实"等，通过全面落实贯彻这些理念，着手解决改革中出现的问题。这个调节过程实际上就是从单纯追求效率向追求公平与效率的辩证统一。

初次分配时注重效率，再次分配时要更加注重公平，显然，在改革全面展开阶段，公平问题才是最突出的问题。如果发展时只是注重经济的发展，注重追求"生产力发展"维度，而忽略"人的解放"维度，是无法让改革的成果惠及全体人民的。如果忽视了社会主义的基本价值原则，那么中国是可能会重复西方现代化路径的。我们党在十七大报告中将"建设中

---

① 夏声川：《贯彻"三个代表"重要思想，把发展作为兴国的第一要务——"三个代表"与马克思关于发展人类的生产力就是发展人类天性的财富的思想一脉相承》，《上海交通大学学报》2002 年第 4 期。

② 《邓小平文选》第 3 卷，人民出版社 1995 年版，第 111 页。

国特色社会主义"表述为"发展中国特色社会主义"，体现出对"公平"的重视。"建设"中国特色社会主义是仅仅体现了中国特色社会主义的实践，而"发展"中国特色社会主义还体现了实践活动不断完善的步骤和过程，也就是对"公平"的考量。

在改革全面展开阶段，针对出现的一系列发展问题，强调公平与效率统一，强调生产力发展和人的解放两个维度的辩证统一，实际上，"人的解放"维度已经得到重视。

五　改革深入发展阶段强调"以人为本"原则

要实现中华民族伟大复兴的中国梦，不仅需要丰富的物质财富，也需要丰富的精神财富，人民有了信仰，民族才有希望，国家才有力量。一个国家、一个民族要向前进，一定要有共同的信念。而共同信念的培养就是要回归一种"以人为本"的观念。胡锦涛指出："以人为本，就是要以实现人的全面发展为目标，从人民群众的根本利益出发谋发展、促发展，不断满足人民群众日益增长的物质文化需要，切实保障人民群众的经济、政治和文化权益，尤其是要让发展的成果惠及全体人民。"[1]

中国共产党提出的以人为本，"实质是以最广大的人民群众的根本利益为根本"[2]。有一种不科学的发展观，把经济发展等同于经济增长，把"发展是硬道理"扭曲为"GDP 增长是硬道理"，单纯追求 GDP，把 GDP增长作为唯一追求，甚至不惜以破坏资源、损害环境为代价片面追求 GDP增长。这种发展观片面地追求经济数字的增长，实际上是一种"以物为本"的思想。"经济的增长是为了满足广大人民群众的物质需要，归根到底是为了保证人的全面发展。"[3] 人的全面发展才是一切形式经济发展的根本目的，所以，经济发展必须"以人为本"。

党根据我国的具体的国情，提出了科学发展观、构建社会主义和谐社会等重要思想，把中国特色社会主义事业的总体布局从经济建设、政治建设、文化建设"三位一体"拓展为经济建设、政治建设、文化建设、社会

---

① 张永刚：《胡锦涛人民观研究》，博士学位论文，山东大学，2008 年，第 31 页。
② 徐彦彦：《以人为本与坚持群众史观》，《科教导刊》2010 年第 3 期。
③ 魏红娟：《马尔库塞社会批判理论及其现实意义——以单向度的人为例》，《浙江理工大学学报》2010 年第 3 期。

建设"四位一体",把我国社会主义现代化的目标,从富强、民主、文明"三位一体"拓展为富强、民主、文明、和谐"四位一体"①,实际上反映出追求"人的解放"维度与"生产力发展"维度协同共进的发展效果。从实践活动到理性的发展认识,从单一的社会主义模式到拓展了的中国特色社会主义发展道路,实际上完成了中国特色社会主义改革的一个转折点:"人的解放"维度通过逐渐提升后与"生产力发展"维度形成平衡共进的局面。

六 改革最新阶段更加注重人的发展

在全面深化改革的新时期,我们党虽然继续强调"以经济发展为中心",但显然更加注重社会公平正义、注重人的发展,也就是充分强调"人的解放"维度。改革开放几十年的大力发展,人民群众物质基础有了极大的提高,人们的思想意识也有所改变,面对这种新的情况,我们党全面落实社会主义核心价值观。党的十八大报告强调:"倡导富强、民主、文明、和谐,倡导自由、平等、公正、法治,倡导爱国、敬业、诚信、友善,积极培育和践行社会主义核心价值观。"② 社会主义核心价值观实际上是围绕"人"这个核心点展开的。富强是指注重经济上可持续发展,归根结底是人的发展,是民生问题。和谐是人与自然的关系、人与社会的关系问题。追求自由、平等、诚信、友善等,则是实现人的全面发展的基本要求。

而当前贯彻"四个全面"战略思想也充分体现出对人的发展的客观要求。改革的总目标是全面建成小康社会,这个全面是物质和精神的全面,体现出人的两点最基本的要求,全面深化改革则包括了注重人的解放,如教育改革、促进和谐社会建设的生态改革,全面依法治国和全面从严治党则从另外两个方面促进全面建成小康社会这个大目标。

强调"人的发展",实际上就是反映历史进步的"人的解放"维度在社会主义条件下的客观反映。显然,随着"生产力发展"维度在改革开放

---

① 陆源辉:《从"三位一体"到"四位一体"协调发展——十六大以来对中国特色社会主义事业发展规律认识的深化》,《湖南社会科学》2008 年第 4 期。

② 方平:《社会主义核心价值观是当代中国社会精神之纲》,《青春期健康》2014 年第 4 期。

过程中日益得到彰显，我们党逐渐提升"人的解放"维度的权重，在当前，已经置于相对优先的地位上，这是当前社会发展问题的客观反映。当前社会问题焦点不是生产力发展问题，而是分配不均衡、社会不公正、环境受到污染等与民生切实相关的问题。这就要求必须强调"人的解放"维度，使人们在发展过程中切实得到实惠。

七　从生产力优先到重视社会公平的逻辑转进

纵观整个改革进程，实际上贯穿着一条从生产力优先到重视社会公平的逻辑转进线路。这是根据社会主要矛盾变化，遵循"生产发展"维度与"人的解放"维度动态平衡的客观反映。

改革开放之初，由于经济发展落后、社会发展动力不足是当时的主要矛盾。因此，我们党提出"发展是硬道理"，重视"生产发展"维度。经过十余年的发展，尤其是实行社会主义市场化改革之后，反映"生产发展"维度的社会主要矛盾得到缓解，但反映"人的解放"维度的社会矛盾日益暴露出来。在这种情况下，我们党提出一系列反映社会公平、维护社会正义、体现社会主义基本价值原则的发展理念，如科学发展观、构建社会主义核心价值体系、全面贯彻社会主义核心价值观等，诠释了我们党"以人为本"的科学内涵和实践意义。体现出"人的解放"维度逐渐得到党的关注而全面提升起来。随着实施全面深化改革，一方面继续坚持"以经济建设为中心"，另一方面实施了反映"人的解放"维度的一系列举措，使得"人的解放"维度与"生产发展"维度在动态演变中达到相对平衡，甚至从党目前关注的焦点上看，"人的解放"维度已然处在相对优先位置上。这不是说发展生产力不重要，恰恰是因为发展生产力的瓶颈不再是生产力本身，而是反映社会公平、社会正义方面的问题，属于"人的解放"维度中的问题。因此，在本质上，两个维度是辩证统一的。

对于历史尺度与价值尺度来说，它们之间的差异只是存在于"量"上，而不是存在于"质"上。人的需要的满足与社会的进步、从人的全面发展和社会的历史进步，从后人的角度上看，或者说纵观整个发展历程，实质上是一致的。在本文中，笔者提出"生产发展"维度与"人的解放"维度，它们都属于价值评价，前提是一致的。其中，"生产发展"维度遵循生产力是历史进步决定力量这一唯物史观基本原理；而"人的解放"维度遵循马克思主义所强调的实现人的自由而全面发展是历史进步终极逻辑指向这一基本原理，二者反映出这样一个事实：历史由谁来推进？历史发展为了谁？尽管决定历史进步的因素是多重的，但本质上讲，回答了这两个问题，历史进步的程度就得到基本体现。

（作者单位：南京视觉艺术职业学院）

应当重视国体问题讨论

——2014 年人民民主专政问题讨论述评

张巨成

　　曾几何时，"无产阶级专政""以阶级斗争为纲"的口号喊遍全国。最近一二十年来，很少有人提无产阶级专政、人民民主专政了。高等院校专门讲当代中国政治制度的教材也不讲或很少讲人民民主专政了。阶级斗争理论也很少讲了。学术界、理论界也很少关注人民民主专政和阶级斗争理论了。但 2014 年，人民民主专政和阶级斗争理论问题突然成为一个受到广泛关注的理论热点问题。事关国体，不可不察。

　　2014 年 9 月，《马克思主义研究》第 9 期发表张巨成的长篇论文《人民民主专政理论的历史稽考和当代价值阐释》。该文强调说，人民民主专政的理论渊源是马克思列宁主义关于无产阶级专政的理论。无产阶级专政理论是马克思主义的精髓。无产阶级专政理论同样是马克思列宁主义政治理论的灵魂和精髓。人民民主专政是我国的国体，是我国最根本的政治制度，我们必须长期坚持，认真实行，不断发展，逐步完善。坚持人民民主专政理论、国体和制度，是坚定不移走中国特色社会主义道路，坚持中国特色社会主义理论体系，实行中国特色社会主义制度，全面建成小康社会，实现中华民族伟大复兴的中国梦的根本政治保证、理论基础、法理基础和制度基础。维护宪法法律权威，首先必须维护人民民主专政的国体。今天中国存在的严重剥削、不平等、不公正等问题，只有通过人民民主专政才能限制和解决。我国巩固社会主义国家政权、维护国家统一、维护社会稳定、维护公平正义、推动科学发展、促进社会和谐、打击刑事犯罪、惩治和预防腐败，等等，都必须加强和改善人民民主专政的专政职能。该文还强调说，人民民主专政理论是反对资产阶级专政、反对资本主义宪政的科学的批判武器。

2014 年 9 月 25 日,《红旗文稿》第 18 期发表了中共中央委员、中国社会科学院院长王伟光的《坚持人民民主专政,并不输理》一文。该文对马克思主义的国家学说、人民民主专政理论的基本观点和精神实质作了介绍与阐释。作者强调指出:"人民民主专政是中国特色社会主义须臾不可离开的法宝。今天,我们中国特色社会主义国家仍然处于马克思主义经典作家所判定的历史时代,即社会主义与资本主义两个前途、两条道路、两种命运、两大力量生死博弈的时代,这个时代仍贯穿着无产阶级与资产阶级、社会主义与资本主义阶级斗争的主线索,这就决定了国际领域内的阶级斗争是不可能熄灭的,国内的阶级斗争也是不可能熄灭的。在这样的国际国内背景下,人民民主专政是万万不可取消的,必须坚持,必须巩固,必须强大。否则,不足以抵制国外反动势力对我西化、分化、私有化、资本主义化的图谋,不足以压制国内敌对力量里应外合的破坏作用。必须建设强大的国防军,必须建设强大的公安政法力量,以人民民主专政的力量保卫和平、保卫人民、保卫社会主义。"

2014 年 9 月 29 日,《中国社会科学报》发表王广的《马克思主义国家学说没有过时》。该文指出:"在国内学界,经济学研究中的新自由主义、历史学研究中的历史虚无主义和政治学研究中的宪政民主思潮等互为表里,在不同领域挑战马克思主义的指导地位。以政治学而论,阶级、革命、人民民主专政等马克思主义国家学说的核心概念和学术话语体系,似乎成为保守、落后的代名词,而宪政民主、三权分立、普选制度成为一部分学者追逐著述的目标,马克思主义政治学及其国家学说好像已成为明日黄花。"作者强调说:"马克思主义国家学说在当今时代没有过时,依然是正确认识国家问题、推进国家治理现代化的强大思想武器。""在马克思主义国家学说基本原理与中国实际相结合基础上创立的人民民主专政理论,依然没有过时,人民民主专政依然是我们国家不可动摇的国体。""纵览历史,环顾全球,当今的时代性质与社会形态没有发生根本改变,资本主义国家与社会主义国家之间的较量没有发生根本改变,在这一情况下,对人民民主专政,就不是要讨论是否'过时',而是必须坚持、必须巩固。""国家治理体系和治理能力现代化必须坚持马克思主义及其国家学说,必须坚持走中国特色社会主义道路,而不是其他什么道路,既不能走封闭僵化的老路,也不能走改旗易帜的邪路。这是我们治国理政的根本,不容有任何含糊和动摇。"

2014 年 10 月 31 日，南振声在《中国社会科学报》头版发表《社会主义法治：巩固和加强人民民主专政的根本途径》一文强调说："人民民主专政作为我国的国体和根本制度，不仅支配和决定着国家的整个政治生活，而且决定和影响着其他各种具体政治制度。为巩固和发展人民民主专政，一方面要加强民主，另一方面要加强法治，高度警惕和防范国内外敌对势力的渗透破坏活动，正确把握和处理经济社会生活中出现的矛盾，及时妥善处理人民内部矛盾，依法打击各种违法犯罪活动，有效应对影响社会稳定的各种问题和挑战，坚决维护社会稳定和国家安全，确保社会安定有序和国家长治久安。"

2014 年 12 月，侯惠勤在《马克思主义研究》第 12 期发表《意识形态话语权初探》一文认为："无论阶级斗争是否是我国现阶段的主要矛盾，人民民主专政（即无产阶级专政）都必须坚定不移地加以维护。这是我们坚持社会主义现代化、坚持中国特色社会主义道路的政治保障。""时下流行的那种崇拜民主、贬斥专政的心态，是一种有害的政治心态，要在讲清楚理论的基础上加以改变。如果真想告别'以阶级斗争为纲'，就必须坚持人民民主专政，否则，出现新的阶级分化，阶级斗争将会不以人们的主观好恶为转移而上升为主要矛盾，'以阶级斗争为纲'就将是无法避免的选择。历史的辩证法就是如此。"同期《马克思主义研究》发表的《"阶级、阶级斗争和阶级分析方法"理论座谈会综述》介绍了这个座谈会上部分学者的发言。梁柱在发言中指出："一些人否定人民民主专政的必要性，往往是同否认社会主义社会一定范围的阶级斗争的存在相联系的，或者说，一些人是通过否定阶级和阶级斗争的理论，企图改变人民民主专政的国家制度。这是值得我们重视并加以辨析的。"李崇富在发言中说："我国实行人民民主专政，完全合理合情合法。""有的人故意把'人民民主'拿掉，把人民民主专政与专政划等号，把坚持马克思主义的阶级观点和阶级分析方法，与'以阶级斗争为纲'划等号，由此歪曲人民民主专政的专政职能，污蔑人民民主专政是'独裁''专制'和'极权'等。这完全是别有用心的，不值一驳。"

王伟光文章电子版的 9 月 23 日在求是网上刊出（比《红旗文稿》的出版时间提前两天），之后被一些网站把标题改为《国内阶级斗争是不可能熄灭的》，迅速被网络聚焦。在短短的十几个小时内，仅在凯迪社区就被转入主帖 9 个。网络上有人说："中国社科院院长王伟光先生在《红旗文稿》杂志重提阶级斗争理论，呼吁再搞阶级斗争，意图重搞腥风血雨的文革。"① 王伟光的文章被歪曲为主张、提倡"以阶级斗争为纲"的文章，而"以阶级斗争为纲"是被普遍否定的，这样必然会引发对王的情绪化、非理性的谩骂、攻击。有人指出，中国社科院王伟光院长发表了《国内阶级斗争是不可能熄灭的》，受到右倾和右派势力的疯狂反扑。②

一时之间，在网络上，出现了一些否定、反对人民民主专政理论和阶级斗争理论的观点。

有人说："阶级斗争是啥玩意儿？说白了就是不要法治要人治，要用意识形态决定人的归属，而纵观国际共运所有的阶级斗争历史，都是一场推翻司法闹革命的过程。因此说，阶级斗争的本质，就是反法治的，反对'依法治国'和'民主监督'的，当然更反对习近平所提倡的'中国梦'的了。"③

清华孙立平（微博注明为"清华孙立平"）："请王伟光院长给出搞阶级斗争的方案和方法。第一，先得划分阶级吧。怎么划？公布财产？第二，阶级斗争怎么斗？需要戴高帽吗？需要游街吗？第三，无产阶级要成立战斗队吗？"④

赵士林："社科院院长王伟光唯恐天下不乱，煽动阶级斗争，鼓噪无产阶级专政，其实是在搬起石头砸自己的脚。为什么！因为划分一下阶级，王伟光这样的依附权贵的文化官僚正是压迫阶级，正是剥削阶级，按照文革时阶级斗争和无产阶级专政的逻辑，他正是被打倒的对象，应该把他'打翻在地，再踏上一千只脚，让他永世不得翻身'。官僚压迫阶级的吹鼓手王伟光，你愿意让百姓们这样斗争？这样专政？"

赵士林："社科院院长王伟光已公开煽动文革复辟，重提阶级斗争为纲……这是直接否定党在十一届三中全会制定的将工作重心转移到以经济建设为中心的改革开放路线，鼓噪复辟毛的极左路线。中国人都知道，毛从五十年代末开始，就是每天喊着这些话走到文革，将中华民族拖入绝境的。王伟光悍然煽动这个祸国殃民的极左路线，疯狂颠覆改革开放，强烈要求中央追究他的政治责任。"

---

① http：//q. 115. com/379.

② http：//bbs. lzszg. com/thread – 903780 – 1 – 1. html.

③ 阿赛尔，凯迪论坛·猫眼看人，2014 年 9 月 25 日。

④ http：//weibo. com/u/1082896707.

有人宣称："阶级斗争理论是人类 6000 年文明史以来最邪恶的发明。它以高尚的名义导致人类互相仇杀，它在一个世纪的时间里导致数以亿计的人非正常死亡。"

于建嵘说："一、社会分为阶层；阶级划分具有政治意识形态传统。二、社会阶层相互依存和冲突；阶级斗争强调冲突的不可调和性。三、革命党鼓动阶级斗争，以获取政治支配权；执政党强调社会阶层依存，以建立稳定的社会秩序。四、民主是社会各阶层建立社会秩序的博弈方式；专政是暴力压迫其他阶层服从的方式。实际上，一旦点燃阶级斗争的火炬，恐惧的恰恰是那些人。"

有人宣称："中国原本是好端端的，就因为中了阶级斗争的毒，付出了惨烈的倒退代价，也导致群体智商大幅降低，其心灵创伤，至今未得以平复。"

孙立平说："我批评王伟光的阶级斗争论，批的是他作为一个正部级官员，政府的重要智囊，在一本政治宣传刊物上提倡和宣扬阶级斗争。但并不意味着否定学术研究上的阶级分析。这里我要更进一步说，更不意味着否定社会中某些群体（叫阶级也可）以阶级名义提出的诉求，尤其是利益和权利诉求。""否定在政治上倡导阶级斗争论，决不能由此否定一些社会群体以阶级名义提出的利益与权利诉求。当前中国社会无疑是一个相当不公正的社会，特别是权贵集团与一般民众的对立，是不容否认的事实。一般民众，特别是弱势群体，有时用阶级名义来表达诉求，与政治上的阶级斗争论是两回事。""需要正视的一个事实是，尽管共产主义实践在世界上许多地方造成了深重的灾难，但共产主义确实在相当程度上成为弱势者的意识形态。随着共产主义在全球的失败，客观上使弱势者失去自己的意识形态。但共产主义的实践也许是荒谬的，弱势者的境况是真实的，是需要意识形态层面表达的。"①

很明显，王伟光的文章在网络上被严重误读、歪曲、炒作，引起网络围观、网络起哄、网络聚焦、网络围剿。这其中，有的网民是由于对人民民主专政的理论和实践不了解或者了解很少，一看到被歪曲的观点，就产生了一些情绪化、非理性化的言辞，而极少数网民却是别有用心，其用心

---

① 孙立平：《平心静气说阶级》，2014 年 10 月 13 日，引自 http://blog.sina.com.cn/s/blog_97ba8b600102v65f.html。

是反对、否定人民民主专政，即反对、否定中华人民共和国的国体。

2014年，大陆在纸质媒体上批评王伟光的大概只有《学习时报》。9月29日，《学习时报》发表《最根本的拨乱反正：否定"以阶级斗争为纲"》一文。尽管《学习时报》的文章是绕山绕水地讲历史、讲邓小平的观点，但掩盖不了其批评王伟光的真实意图。

面对网络上对王伟光的攻击，一些网站及时进行了有力反击。如中国社会科学网、红色文化网、乌有之乡网刊等。一些报刊也很快发表文章，支持王伟光。如《中国社会科学报》《环球时报》《红旗文稿》《马克思主义研究》等。

2014年9月29日，中国社会科学网发表了署名夏夕烟的《"以阶级斗争为纲"的标签不能乱贴》一文。该文后来还发表在10月10日的《中国社会科学报》上。该文说："肯定阶级斗争在一定范围内的存在、强调坚持人民民主专政，就是要'以阶级斗争为纲'、再搞'阶级斗争扩大化'吗？恐怕不是，恰恰相反，是有人将'以阶级斗争为纲'和'阶级斗争扩大化'的帽子偷梁换柱地扣到别人头上。"该文强调要特别注意四点：第一，不能把关于阶级问题的研究说成是"以阶级斗争为纲"；第二，不能把坚持马克思主义阶级分析方法说成是"以阶级斗争为纲"；第三，不能把坚持四项基本原则说成是"以阶级斗争为纲"；第四，不能把坚持人民民主专政说成是"以阶级斗争为纲"。

2014年10月8日，《中国社会科学报》发表的署名庄邦的文章说，近来一些文章运用马克思主义立场观点方法，阐述坚持人民民主专政问题，就被粗暴地扣上"阶级斗争扩大化""以阶级斗争为纲"的大"帽子"，经过网络新媒体的传播，这些刻意剪裁、歪曲原意、误导读者的"帽子戏法"，竟造成了一时的悚动。一些研究阶级问题、运用阶级分析方法分析社会现象、强调坚持人民民主专政的学术观点，在某些人那里，变成了"以阶级斗争为纲"，变成了"'文革'余孽"，变成了"反对法治""反对依法治国"。通过这种手段，一些人企图造成"人民民主专政"与"依法治国"势不两立的假象。他们一方面截取"人民民主专政"中的"专政"二字肆意妖魔化；另一方面炫耀资产阶级民主的"光鲜靓丽"，隐瞒其对大多数人实行专政的实质，进而指责人民民主专政与法治精神、现代文明水火不容。说穿了，他们无非是想"草船借箭"，否定人民民主专政。那些把人民民主专政与法治对立起来的观点，无非是想通过偷换概念否定我们的国体。

10 月 13 日，《环球时报》发表社评，题为《"人民民主专政"不该成围攻靶子》。该文说，无论"人民民主专政"，还是"阶级斗争"的概念，都应属社会底线思维的范畴，大概不宜重新成为舆论场上的热词。它们以遭到"围攻"的方式在社会上成为焦点，尤其不应当发生。值得注意的是，"人民民主专政"的围攻者们如今似占据着舆论场的强势位置，他们的态度十分严厉、激烈。而阐述者要谨慎得多。这多少可以当作近年舆论场真实风向的一个缩影。宪法里明确的论述当然应当有我们这个时代的新阐说。这里有两点需要指出，一是对传统概念进行新的阐说正如我们看到的，是有难度和舆论风险的。二是上来就抢棍子，把"宪法"里明确写入的内容也不当回事，这很不值得提倡。

10 月 15 日，《环球时报》发表题为《"阶级斗争"成靶树，互联网刮风不止》的文章评论说："《红旗文稿》发表了几篇论述人民民主专政的文章，相关表述都有《宪法》和经典文献做基础，并非突破理论探讨的正常范围。问题在于这些理论性探讨被网络化了，突然面对这些表述的日常舆论环境，有点不适应。这种转化打乱了理论探讨的旧有规则，是个待解的新问题。""阶级斗争说"并未在新近出版的各理论刊物上反复出现，这说明官方无意把"阶级斗争"重新变成舆论场的热词。不停说"阶级斗争"的恰是那些所谓的批判斗士，我们不能不怀疑有某种很特别的用心在支持他们这样做。我们认为可以让舆论场围绕阶级斗争的争论结束了。如果一些人拒绝结束它，则只能由中国社会对这样的"多元化现象"予以适应了。

10 月 11 日，中国红色文化研究会、中国政治学学会科学发展与政治和谐专业委员会在京举办坚持人民民主专政理论座谈会。会议认为，由于种种复杂原因，在理论界、学术界，存在着回避、淡化、消解人民民主专政的现象，这一状况必须引起我们的高度警惕。人民民主和人民民主专政是一种成对的规定，它们相互支持、相互渗透、相互转化，共同支撑起保护全国各族人民根本权利和根本利益的大厦。宪政派的所谓"宪政改革"，其要害就是把专政与民主割裂开来、对立起来，进而用国内外敌对势力的"民主"取代人民民主，让国内外敌对势力来"专"最广大人民群众的政、"专"中华人民共和国的政。会议强调，坚持阶级分析、人民民主专政与以阶级斗争为纲是性质完全不同的两回事。以阶级斗争为纲的错误在于过高地估计了阶级斗争的严峻程度，在全党全国的工作大局中把它上升到了主导性的地位。坚持阶级分析和人民民主专政，则是客观估计阶级斗争的形势，既不夸大也不低估；正确使用人民民主专政手段，既不手软也不过度，这是一种实事求是的科学选择。(《中国社会科学报》2014 年 10 月 13 日)

在这个座谈会上，中国人民大学的汪亭友发言说，《坚持人民民主专政，并不输理》一文，本来题目用的就是邓小平的原话，可一经发表，便在网络上遭到一群右翼学者、公知的疯狂围攻。此文只是运用马克思主义的阶级观点和阶级分析方法分析了中国坚持人民民主专政的必要性和现实意义，文章阐明的道理完全符合党章、宪法的规定和精神，也完全符合十一届三中全会以来党的基本理论路线方针政策。学者、公知对此文进行攻击的理由纯属子虚乌有。国内一度泛滥的宪政思潮破坏和否定社会主义制度，矛头所向就是我们的国体——人民民主专政。他们明确提出要用"人民民主宪政"取代"人民民主专政"。中共中央组织部前部长张全景说，我们不但要讲阶级分析和人民民主专政，而且要理直气壮地讲、大张旗鼓地讲。(红色文化网，2014 年 10 月 14 日)

10 月 10 日，《红旗文稿》第 19 期发表了北京大学前副校长梁柱的《人民民主专政不可须臾离开》，阐述并肯定了人民民主专政理论与实践及马克思主义的阶级斗争理论和阶级分析方法。该文最后强调说："坚持人民民主专政，坚持马克思主义的阶级斗争理论和阶级分析方法，并不输理；如果放弃了，淡忘了，那就会真输理。"同期《红旗文稿》还发表了刘润为的《依法治国与坚持人民民主专政》。该文说，在当下的中国，有人愿意承认阶级的存在，有人则不愿意。不管是愿意的还是不愿意的，都是出于自己所在的那个阶级的利益考虑。比如搞"宪政改革"的那些人，他们是不愿意承认阶级的存在的，而只是讲什么"公民社会""公共知识分子"之类。依法治国，是坚持人民民主专政的必然要求。该文还特别强调说："当务之急是，要进一步加强法治建设和其他方面的上层建筑建设，切实把人民民主专政落到实处，切实保障以劳动者为主体的最广大人民群众的根本权益，而不是用法治来代替人民民主专政。如果用法治来否定、代替人民民主专政，就上了'普世价值'的当，那法治就会变味，其结果是既得利益者即国际资本和国内买办占尽便宜，而让最广大的人民群众吃亏。"

11 月 14 日，周建明在经略网刊上评论说，中国社会科学院院长王伟光在《红旗文稿》上所发表的《坚持人民民主专政并不输理》一文，引起了自实行"不争论"政策以来思想理论界最大的一次争论，即使想淡化都淡化不了。可以预期，这种争论还会延续，且越来越激烈。对王伟光文章的反对，"与其说这种反对是针对王伟光，不如说是直接针对四项基本原则，是中国共产党在是否要、怎样坚持党的基本路线上所面临的挑战。这是中国共产党在十八届三中、四中全会之后，在党的建设和执政方向上都无法回避的重大挑战"。

《马克思主义研究》2014 年第 11 期发表的田心铭的《论阶级斗争理论在历史唯物主义中的地位和当代价值》一文说："认为马克思主义阶级斗争理论和阶级分析方法已经过时的观点，必然导致否定或改变中华人民共和国国体和中国共产党性质的错误发生。""当代中国之所以必须坚持人民民主专政、坚持中国共产党的工人阶级先锋队性质，因而也必须坚持马克思主义的阶级斗争理论和阶级分析方法，归根到底是因为只有这样才符合中国社会的客观实际。"该刊同期发表的郇正明的《阶级与阶级斗争：不能否定的马克思主义基本命题》强调："当下必须坚持阶级斗争理论，坚持人民民主专政的国家制度。"

12 月 29 日，金民卿在中国社会科学网发表《坚持马克思主义的阶级立场和阶级分析方法》说，近年来社会上出现一些否认阶级斗争存在、否定人民民主专政的杂音，这本身就是意识形态领域中阶级斗争的反映，愈加折射出我们坚持阶级观点和阶级分析方法的必要性和紧迫性。阶级斗争是社会主义国家仍然要面临的客观现实。否认阶级斗争，必然会得出否定无产阶级专政、实行所谓"全民民主""宪政"的结论。而一旦放弃了无产阶级专政，社会主义制度处在当今世界范围内资本主义在政治上、经济上、技术上、军事上、意识形态上占优势的条件下，就很容易遭到颠覆，苏联演变就是前车之鉴。由于我们仍处于社会主义与资本主义两个前途、两条道路、两种命运、两大力量生死博弈的时代，所以必须坚持和巩固人民民主专政这一中国特色的无产阶级专政，用人民民主专政的力量来抵御国内外西化、分化、私有化、资本主义化我国的敌对势力。只有正视阶级斗争问题及其各种表现形式，在巩固和加强人民民主专政的基础上，根据不同的具体矛盾采用合理的斗争方法和策略，才更有利于社会的良性进步与协调发展，这也是"推进国家治理体系和治理能力现代化"的题中应有之义。

12 月 31 日，中国社会科学网发表了贺新元的《否定"以阶级斗争为纲"与"阶级斗争还将在一定范围内长期存在"并不矛盾》，该文说世界社会主义运动史以血的教训告诉我们：阶级斗争现象是一种不以人的意志为转移的客观存在。只要人类社会还没有完全进入到共产主义社会，人类社会就还存在阶级和阶级斗争。这个过程所揭示的时代就还是一个社会主义与资本主义两个前途、两条道路、两种命运、两大力量生死博弈的时代，这个时代仍贯穿着无产阶级与资产阶级、社会主义与资本主义阶级斗争的主线索，这就决定了国际领域内的阶级斗争是不可能熄灭的，而且这种阶级斗争会反映到国内。这样的阶级斗争现象决不会因为人们的好恶而消失。

2014 年年关于人民民主专政理论的讨论有以下特点、问题和启示：

1. 坚持人民民主专政、坚持马克思主义阶级斗争理论和阶级分析方法的一方，清晰而正确地阐述了马克思主义的无产阶级专政理论和人民民主专政理论，明确无误地划清了坚持人民民主专政、坚持马克思主义阶级斗争理论和阶级分析方法同"以阶级斗争为纲"的界限。

2. 坚持人民民主专政、坚持马克思主义阶级斗争理论和阶级分析方法的一方，有深厚、丰富、正确的理论支撑，政治正确，文风朴实严谨，理论性、思想性较强，学理性、学术性有余，但批判性、革命性、论战性、战斗性不足。

3. 反对、否定人民民主专政、马克思主义阶级斗争理论和阶级分析方法的一方，不少言论存在打棍子、扣帽子、抓辫子现象；文风骄横霸道、轻浮任性；作风指鹿为马、混淆是非；情绪化、非理性的言辞不少，严重缺乏政治常识和历史常识，严重缺乏理论支撑，更没有学理性，严重违反理论、学术论战的基本规范；政治上有严重错误。

4. 坚持人民民主专政、坚持马克思主义阶级斗争理论和阶级分析方法的一方的文章及其观点传播有限，甚至还遭到围攻，而反对、否定人民民主专政、马克思主义阶级斗争理论和阶级分析方法的一方的文章及其观点却在网络上肆意横行，广泛流传。这是很不正常的。

5. 更为严重的问题是，由于近一二十年来人民民主专政、阶级斗争理论讲得太少了（除了高校思想政治理论课还讲），中国社会许多人、特别是年轻人很不了解人民民主专政的理论和实践，很不了解我国的国体。人民群众有必要了解和掌握人民民主专政理论。因此，非常有必要切实加强人民民主专政理论的研究、宣传和教育，非常有必要使人民民主专政理论大众化并深入人心。

6. 无产阶级专政（在中国是人民民主专政）是马克思主义的基本原则，也是科学社会主义的基本原则。列宁在《国家与革命》中强调说："只有承认阶级斗争、同时也承认无产阶级专政的人，才是马克思主义者。""必须用这块试金石来检验是否真正理解和承认马克思主义。"① 必须坚定不移地坚持人民民主专政，巩固和维护人民民主专政国体，不断加强和改善人民民主专政，把实行人民民主专政和反腐败伟大斗争、全面建成小康社会、全面深化改革、全面推进依法治国、全面从严治党、实现中华民族伟大复兴统一起来，综合统筹，整体推进。

7. 共产党人不应当害怕争论。回避争论是下策。真理愈辩愈明。人民群众在争论中能进一步认识、认同人民民主专政，并受到教育。党的领导干部特别是高级领导干部，要重视意识形态领域的争论，要有理论敏锐性、政治敏锐性。不可能全体中国公民都是马克思主义者，不可能全体共产党员都是马克思主义者，但党的高级领导干部应当是马克思主义者，党的中央委员会的委员应当是马克思主义者，党的意识形态部门的负责人应当是马克思主义者，党的理论工作者应当是马克思主义者。

（作者单位：云南大学历史与档案学院）

---

① 《列宁专题文集·论马克思主义》，人民出版社 2009 年版，第 206 页。

唯物史观视域下的中间阶级结构化理论

韩　炯

近年来，围绕着世界范围内中间阶级兴衰的讨论不断增多。一方面是以包括中国、印度在内的发展中国家中间阶级数量和规模的兴起；另一方面则是欧美发达国家中间阶级呈现萎缩之势。如何认识中间阶级这一颇具歧义甚至意识形态色彩较浓的术语所指向的阶级属性、阶级作用和未来前景，如何理解和把握中间阶级的整体发展走势对于社会历史发展规律的影响？以唯物史观的社会分工理论为视角，重思吉登斯 20 世纪 70 年代创立的阶级结构化理论，有助于我们深化对上述问题的认识。

一　阶级关系结构化理论逻辑特征

在社会分层理论研究问题上，有两大传统，即坚持一元论的马克思主义学派和坚持多元论的韦伯主义学派。20 世纪 60 年代以来，这两派的理论有了进一步发展，形成了所谓的新马克思主义和新韦伯主义。前者以达伦多夫（Ralf Dahrendorf）、哈里·布雷弗曼（Harry Braverman）、马尔库塞与尼科斯·普兰查斯（Nicos Poulantzas）等人为代表，后者以安东尼·吉登斯（Anthony Giddens）、弗兰克·帕金（Frank Parkin）和约翰·戈德索普（John Goldthorpe）等人为代表。这两个学派在社会分层问题上形成了并驾齐驱的局面。吉登斯的阶级结构化理论主要包括阶级关系结构化的起源、类型、影响阶级结构化的阶级意识、阶级矛盾、阶级剥削等，以及基于该理论对当代发达社会的阶级结构的分析。阶级结构化理论为他以后更宏大的结构化理论的创立奠定了坚实的基础，并成为他的"第三条道路理论"和"反思现代性理论"的有力的理论支撑。

首先，从阶级主体与阶级结构之间的关系的角度，进行社会分层研究是吉登斯阶级理论的一大特色。吉登斯关于社会分层的构想体现在他的阶级结构化理论中。与传统的从阶级划定标准的研究角度不同，吉登斯通过阐明阶级主体与阶级结构之间的关系，突出阶级关系的社会解释功能，借以阐明自己的理论。

吉登斯通过对马克思、迪尔凯姆和韦伯的社会理论的仔细梳理，综合创立了自己的阶级结构化理论。马克思的劳动力商品化的观点是吉登斯的阶级理论的出发点。韦伯关于市场能力的提法以及阶级多元论主张是吉登斯阶级理论的主要来源。依照吉登斯的理解，韦伯提出了两种阶级划分方式，一种是"经济"意义上的阶级，它以是否拥有所有权为标准；另一种是"非经济"意义上的阶级，它以是否拥有地位和权力为标准。吉登斯做出上述区分，一方面是为了批评韦伯的不足，即他未能阐明这两种阶级划分间的关系；另一方面，他意在据此分析阶级的"经济"关系如何转化为"非经济"的社会结构，以及后者与其他社会结构形式如何发生联系，以便建构他的阶级关系结构化（the structuration of class relationship）理论。

在他看来，以往的理论研究中，"阶级"一词经常会出现词意上的模糊和概念使用上的混乱。它就在于"经常既被用来指代经济集团，又被用来指代社会集团"。[①] 为此，他尝试通过建构阶级关系结构化的理论来解决这一难题。将阶级关系作为一种结构，将阶级视为具有市场能力（market skills）、处于准技术关系[②]中并不断流动的活动者。在二者的互动中考察社会各阶层是该理论的一大特色。

其次，资本主义社会所具有的"经济与政治分离"特征构成阶级关系结构化理论前提。吉登斯在社会分层流派中属于主张划分阶级的一派，因此，认定阶级社会产生于什么时候，就成为关键的一环。吉登斯认为，阶级社会不能简单地视为有阶级现象存在或者阶级现象尚未消失的社会，或者说阶级社会不是起源于阶级现象开始出现的社会，而是阶级关系开始在解释该社会的多方面关系中占据主导作用的社会。吉登斯将阶级社会的起源定于资本主义社会，其立论的前提就是市场条件下形成的劳动契约关

---

① Anthony Giddens, *The Class Structure of the Advanced Societies*, London：Harper &Row, Publishers, 1973, p. 107.

② 在吉登斯看来，马克思的劳动分工的含义过于宽泛，既指市场关系中的劳资双方，又兼指生产性组织内部的具体劳动任务的分配。吉登斯只采用后一种意义上的分工，把基于这层含义上的人与人之间的关系称为准技术关系。

系，它构成了资本主义的"经济与政治分离"的特征。① 因为在资本主义社会中，劳动力的商品化和根据绩效确定的劳动分工原则取代了基于习俗确立的分工原则，公开市场上资本和工资劳动形成契约纽带关系主导着阶级关系，造成了"经济"与"政治"的分离。这体现在，国家仅提供行政服务与法律机构保障契约关系，使雇主以国家的公共权利为靠山剥削劳工，积累巨额财富。而政府中的统治精英并不拥有社会的多数财富。相比之下，此前的社会虽然也有领主向属于他们的农奴征收租税，但它建立在一种人身契约关系之上，而非现代意义的劳动契约关系。过去政府的统治精英往往就是依靠不断征税来充实金库的领主。在界定阶级社会时，吉登斯强调"显然，阶级社会的存在依赖于特定形式的权力制度媒介：也就是说，它以经济与政治的分离所带来的后果，即至少有独立于积极的政治控制之外的市场机制所能发挥作用的实体领域的存在为前提。"②

再次，从形式上，以市场能力与准技术关系为轴心，将阶级结构化，分为两种类型，即间接结构化的阶级关系（mediate structuration）和直接结构化的阶级关系（proximate structuration）。市场能力在吉登斯的理论中具有核心作用。吉登斯为了突破传统的阶级二分法造成的困境：比如阶级间的必然对立关系，无法解释的各类中间阶级问题，他根据商品生产过程中发挥重要作用的资本、教育和技术、劳动力三要素区分了三种市场能力，基于市场能力之上形成的阶级结构化称为间接阶级结构化。市场能力差异带来阶级利益的对立和冲突，使得消灭阶级剥削的努力很难实现。准技术关系是塑造阶级关系结构化的另一重要因素。所谓准技术关系是人们在生产性企业内因专门任务分配的不同而产生的人与人之间的关系，比如，在同一条流水线上工作的工人彼此结成的关系，它在一般性的冲突意识（基于经济利益上的对立和为改善经济利益的纯粹经济意识）提升为革命性阶级意识（仅就吉登斯所采用的意义而言，即包括推翻现存的政治制度并建立新制度的愿望，和能够通过某个阶级的共同行动实现这种愿望的信心）等现象中发挥重要作用，更加有利于创立同质性的集团，因而也更加有利于阶级的形成。除了准技术关系之外，吉登斯还提到生产中的权威关系、

① Anthony Giddens, *Capitalism and Modern Social Theory*, Cambridge, Cambridge University Press, 1971, pp. 38 – 39.

② Anthony Giddens, *The Class Structure of the Advanced Societies*, London：Harper & Row, Publishers, 1973, p. 134.

消费特点等因素对阶级形成的影响。基于准技术关系以及生产中的权威关系和分配关系形成的阶级结构化称为高度阶级结构化。

最后，吉登斯认为关于阶级的传统解释，无论是马克思还是韦伯，都把阶级当作一种生产现象，但阶级最终形成于资本主义市场的阶级结构中，消费模式对阶级结构也有重要影响。吉登斯把那些常见的商品消费模式中的消费主体称为"分配性集团"。一旦这种消费偏好与市场能力联系起来，也就是说，中度结构化与邻近结构化相重合，阶级的明晰度就增强了。例如，拥有技术能力、从事非体力劳动的人员较之于仅拥有体力的劳动者可以毫不费力地获得购房抵押贷款，这就推动了"中间阶级居住区"与"无产阶级居住区"的形成，相比之下，就给人以鲜明的阶级差别感。至于在远离城市的工业中，工人多数依赖公司提供住房，这样就发展起了同质的"无产阶级共同体"。

阶级结构化的含义不仅体现于此，还体现在阶级主体的活动与阶级结构之间的相互作用上。一方面，吉登斯认为，由于拥有资本、教育或技术专长以及体力劳动等的不同，即所谓市场能力的差异，阶级主体形成了相对明晰可辨的上层、中层、底层阶级，结成了较为稳定的阶级结构。拥有不同的市场能力意味着拥有不同的流动机会。而流动机会的多少与流动的频繁程度又直接影响和推动着阶级结构的生成和变化。为了促进社会的公平和正义，应该创造出更多的社会流动机会。其中教育是消灭社会不公和阶级剥削的主要途径。另一方面，形成的阶级关系结构又限制了阶级主体的活动范围和层次，限制了阶级主体在流动时市场能力发挥作用的力度。虽然阶级关系的主体具有一定的能动性、创造性，但他只能在不是由他选择的、既定的阶级结构下活动、创造；他的流动，无论是上行、下行，还是代际、同代之间，都受到那一阶段、那一层次的条件的制约。阶级结构的能动性和制约性的特征是相辅相成而存在的，强调一方面而忽略另一方面都可能造成对阶级关系的误解。换句话说，阶级主体的流动性不断促成阶级结构的生成，而这种结构又不断地作为规则和资源在阶级主体活动时被加以利用，用来推动新的阶级流动。这是他认识的"结构再生产"，也是他对"结构"的不同寻常的理解所在。将阶级关系作为一种社会结构，在阶级活动和阶级结构的互动中考察各个阶层的流动。

吉登斯关于市场能力和准技术关系的提法，注意到人的能力的不同，同时注意到劳动分工的差异对于阶级地位、阶级意识、阶级剥削等方面的作用，纠正了教条唯物主义关于"所有制决定阶级—阶级矛盾推动阶级社会的发展"的解释的偏颇，不同程度地触及马克思阶级理论的核心——生产能力和劳动分工问题，但也留下了新的困惑：市场能力的差异是历史形成的还是后天形成的，能否消灭这种差异？市场能力与人的全部生产能力之间什么关系？决定准技术关系的生产企业内的分工与产业部门间分工以及脑体分工是什么关系？市场能力和准技术关系都是影响阶级划分的重要因素，那么两者之间发生矛盾时哪个更具决定作用？比如，拥有技术的产业工人和靠出卖体力劳动的工人为完成生产任务，都处于相同的工作环境下和同一准技术关系中，那么如何看待他们的阶级归属？

　　另外，从内容上，阶级关系的结构化还包括阶级意识、阶级冲突、阶级剥削三个要素。阶级结构化还体现在同一阶级所共有的态度模式与行为模式。而阶级意识、阶级冲突、阶级剥削则构成了这些模式的主要内容。阶级意识对于明晰的阶级结构的生成具有重要的提升作用。阶级意识不同于一般意义上的共同态度或信仰，比如种族和文化意识。它是源自组织结构当中的具有特定的阶级亲和力的意识。当源自经济、政治组织结构化的意识与源自种族或文化结构化的意识相重合时，就会强化阶级结构化的形成。但这并不意味着所有的阶级意识都等于变革现存社会制度的"革命阶级意识"。吉登斯认为阶级意识至少包括三个方面：对阶级同一性和阶级差异性的意识；对阶级冲突的意识；革命性阶级意识。在吉登斯看来，马克思关于"自在阶级"（class in itself）和"自为阶级"（class for itself）的区分未能涵盖一般经济利益冲突的阶级意识和革命性阶级意识。马克思过于强调了变革旧社会的革命意识。吉登斯将"革命性阶级意识"界定为"包含对现存权力制度进行完全重组可能性的认识，而且包含对这样一种重组能够通过阶级行动得以实现的坚定信念"。换言之，就是包括打破旧制度、建立新制度的愿望，和能够通过某个阶级的共同行动实现这种愿望的信心。这很大程度上是一种政治诉求。鉴于资本主义社会经济与政治的分离的特征，吉登斯认为革命意识与经济层面上的利益冲突不一定存在必然联系，也就是说，即使在阶级意识的前两个方面已经存在的情况下，也不一定必然产生革命性阶级意识。

　　阶级冲突的公开表现形式也是辨识阶级关系结构化的一个重要方面。它主要体现为公开冲突多大程度上作为一种制度形式加以固定化，如工业中的集体谈判形式，或者如有组织的阶级政党之间的竞争那样常规化、制度化。吉登斯区分了"阶级冲突"与"阶级矛盾"的不同。"冲突"是指不同的市场能力决定下的阶级利益间的对立，阶级意识包括对这种对立的认识；而"阶级矛盾"是指现存的工业控制模式与应有的工业控制模式间的不符。① 其实质是管理方式不能适应经济组织形式。吉登斯区分出多种精英持有权力的类型（实则不同的社会管理方式），比如统治阶级（ruling class）、治理阶级（governing class）、权力精英（power elite）、领袖集团（leadership groups），它们都可以与资本主义的经济组织形式相适应。也就是说，即使阶级结构的再生产中上层阶级出现变更，也并不要求消灭资本主义制度。由于资本主义的稳定性取决于维持一种"经济"与"政治"的分离，只有在阶级冲突起源于"矛盾"的地方，"冲突意识"才趋向"革命意识"，才可能导致对资本主义社会的否定。

关于"革命意识"，它至少包含了三个要素：共同的被剥夺的经历、复仇的欲望以及可实施的取代现存制度的目标。而且，吉登斯认为，决不像马克思所认为的那样，"冲突意识"和"革命意识"与资本主义制度之间存在着必然的一致性。吉登斯赞同列宁关于"革命意识不会从无产阶级中自发产生"的观点，但他反对"无产阶级政党的积极领导可以实现向革命意识转变"，认为要探求激发革命意识的原因，应该到无产阶级的劳动条件之类的因素中去寻找。② 只有那些处于工业技术社会边缘的集团或卷入最先进技术生产部门的集团才易于产生革命意识，他们也最有可能卷入大规模的阶级斗争中。吉登斯关于革命意识产生于无产阶级的实际生活过程中的认识值得肯定。

剥削和阶级剥削是阶级关系中不可回避的问题。阶级社会中，阶级结构是剥削性地挪用社会中生产的"商品"（既指物质产品也指人们的生产能力）所围绕的中轴。吉登斯重新界定了"剥削"的含义：任何形式的受社会限定的生活机会的非对称生产，其实质是社会为其成员所创造的生活机会分布的不均等。生活机会是指每个人都应该分享社会所创造的、具体存在于任何既定社会中的经济或文化产品的机会。但剥削不等于物质报酬分配上的不均等，而在于社会所创造的、供人们发挥能力去获得报酬的机

① Anthony Giddens, *The Class Structure of the Advanced Societies*, London: Harper & Row, Publishers, 1973, pp. 114 - 116.

② Ibid. , p. 117.

会的分布的不对称。其中暗含着一种"异化":一方面是社会对人的能力的创造,另一方面是社会对达到那些能力的否定。除原始血缘社会外,任何社会都存在剥削关系,阶级剥削只代表诸多剥削关系中的一种组织模式。在阶级结构中,剥削体制正是靠市场能力的差别来运作的。有些属于涉及物质报酬的直接的经济剥削模式,有些属于非直接的经济剥削模式,如特权阶层控制下的教育制度,或者令人的能力产生退化的单调恶劣的工作环境等。吉登斯认为,鉴于人们市场能力的永久性差异,不可能完全消灭阶级剥削或超越剥削社会。是否存在一种在类型上不同于作为阶级社会的资本主义社会的新的社会?吉登斯设想可能会存在这样一种社会,但这并不意味着剥削完全消灭,不同的是,它虽然不再表现为阶级剥削,但会以其他形式表现出来。在后来的《亲密关系的变革》中,吉登斯提到了种族剥削、性别剥削等的长期存在。

吉登斯正是从阶级结构化的特色、前提、类型与相关要素归纳出"阶级社会"的概念:具有经济与政治相分离的总体特征、高度的阶级结构化、与结构化形式一致的阶级意识、公开的阶级冲突呈现的形式和阶级剥削具体特征的社会才是阶级社会。

总之,吉登斯的阶级结构化理论可以简略地概括为一个前提,一大特色,两种类型和三个因素。阶级结构化理论为我们的阶级研究提供了一些可借鉴之处,但它本身也包含一些不足。

二 发达资本主义社会中间阶层的阶级结构化分析

在对发达资本主义社会中间阶层的阶级结构化之前,吉登斯结合 19 世纪直至 20 世纪欧洲资本主义的重要变革对作为上层的权力精英集团做了简单分析。首先,必须承认"传统"地主精英集团在阶级结构中的作用。英国农民的消亡所代表的现代化发展道路只是资本主义社会现代化模式之一,但却常被有些学者误认为是资本主义的普遍类型,就连马克思也忽略了农民和地主在现代社会变迁中的作用。他们不是作为落后的阶级而是作为推动革命活动的源泉参与到革命中的。他们当中的一部分成为后来的社会精英。民族主义、军事保守主义在德、法等国的现代化中发挥了重要作用。高度的阶级意识往往产生于(手工业)无产阶级在工业化进程的萌芽阶段,而不是马克思所说的资本主义的成熟阶段。苏联、东欧等一些

"国家社会主义"都是在那些经济发展水平相当低的、而且农民占人口绝大多数的社会中建成的（除了当时的德意志民主共和国以及捷克斯洛伐克外）。① 这些国家的建立，除了社会经济因素的大前提外，政治因素、尤其是战争，进而是政治精英也发挥了重要作用。通过对精英统治、暴力、政治等因素的强调，吉登斯旨在阐明必须把"国家"作为推进现代化的一个独立变量来考察。

吉登斯认为，第二次世界大战后，崛兴了一个"没有财产的经理阶层"。工业资本的高度集中，超级公司和寡头的出现，以及政府干预和计划的加强，这些都构成一系列变革，虽然意义重大，但尚不能准确地称为"后资本主义"，或"后工业社会"，只能认为是资本主义的新发展，他称之为"新资本主义社会"②。吉登斯论及其中的"管理革命"时，指出它并未带来权力调节制度上的新形式；或者说，并未涉及吸纳精英的总体国家与经济模式，如经济生活中所有制的作用，法律上对权利和义务本质的界定等的变更。它只具有"某些集团能以牺牲其他集团为代价而提升他们利益"的特征。吉登斯从精英吸纳度、整合度和有效权力方面对此加以阐释。首先，作为证明精英职位"民主化"（即流向精英职位的机会增多）的数据，除了新近可以获得的以外，其他时段的相关资料均非常缺乏。而且，不同机构，如经济部门、教会、军队、政治部门差别较大；流向"精英职位"的更便利的机会只局限于中间阶层，而无产阶级类似的流动机会很少。其次，股东与经理间的冲突虽然是事实，但股东集团间冲突更常见。股东与经理间的关系，既不像达伦多夫所言那样严重分离，也并非像米尔斯在《权力精英》中所夸耀的那样"和谐"③。最后，所有权与控制权分离中"控制"一词含义模糊。如果指公司日常管理的执行，则这一点早已成为事实；如果指"有效权力"（effective power），那么至少存在这样一个问题，即股东认为为了增加他们的利润有必要直接干预公司的管理时，他们有直接干预的意志与能力。因此，"管理革命"只是管理控制的扩展，即经理在决定大公司命运政策上的有效权力在加强。而这种经济权力的巩固并未导致经济精英位居政治精英之上。相反，由于国家干预的加

---

① Anthony Giddens, *The Class Structure of the Advanced Societies*, London: Harper & Row, Publishers, 1973, p. 224.

② Ibid. , p. 169.

③ Ibid. , pp. 170 – 171.

强，在"新资本主义"社会中，政治领域对于经济领域的控制在不断上升，但不是"直接地控制"，而是一种调节控制。这样，在吉登斯的理论中，从前资本主义社会到资本主义社会、再到新资本主义社会，"经济"与"政治"的关系就呈现这样一种变化；经济与政治混为一体——经济与政治分离——政治对经济的控制加强。显然，吉登斯将新兴的经理阶层视为上层阶级的一部分，但并不认为他们拥有等同于或高于股东之类的经济精英的社会地位。

吉登斯将小资产阶级定名为老中间阶级，而把非体力劳动者称为新中间阶级，或白领工人。19世纪和20世纪之交，白领出现相对较大的扩张。他从四个方面加以详细考察。第一，体力劳动者与脑力劳动者间的流动。无论是上行流动还是下行流动，无论是代际间还是同代内的流动，这些流动都是"小范围的"（short scope）流动。第二，在白领工人当中，市场能力和准技术关系的位置又各有不同。吉登斯重点指出，非体力劳动者与体力劳动者间的阶级差别的主要来源就是与流动性机会相关的市场能力，此外，与生产组织内的劳动分工和与之相关的准技术关系以及分配性集团有关，这种情况也适应于白领工人内部。就市场能力而言，有些人能提供抽象性的、符号化的知识，有些人能提供公认的、专业化的技能。至于"准技术关系"，是吉登斯对马克思的"生产关系"概念进行细分而引申出来的。[1] 它指既定的生产技术运作中所体现的关系，例如，工厂的机器传送带不仅把人们与机器置于一定的关系下，而且使人们之间也处于一定的关系。办公室文员与社会工作者都属于白领工人，但他们的准技术关系就不同。他们在劳动分工中所体现的职业分化也就不同。[2] 第三，以实证方式阐明"白领工人参加工会的程度在任何国家都要低于蓝领工人的程度"[3]。此外，白领工人的阶级感知（class awareness）而非阶级意识（尤其就其革命性阶级意识和冲突意识而言）占据主导地位。白领工人在科层制中是否能够提升，被认为是由特定的个人的创造性和精力所决定的。"个体主义"

---

① 吉登斯认为，马克思的生产关系至少包括三层含义，除了准技术关系之外，另两层含义指：卷入生产单元之间联结的关系，如商品在市场上的互相交换；卷入到生产与分配（消费）之间联结的关系。

② Anthony Giddens, *The Class Structure of the Advanced Societies*, London：Harper & Row, Publishers, 1973, p. 86.

③ Ibid., p. 185.

的观念使人们认为，冲突与斗争只与个人有关，而非"阶级对立"。这些观念和与此相关的其他社会观念共同阻止了"阶级意识"的形成。最后，吉登斯特别指出，就"阶级指建立在共同拥有的相同的市场能力基础上的结构化形式"而言，这一定义尤其适用于当代资本主义社会中间阶级，因为"中间阶级个人缺乏明确的认同观念"，"即使结成工会，通常明显地不会包括任何形式的冲突意识"①。并据此批驳了"新工人阶级论"中关于"新中间阶级"正趋于形成新资本主义社会中具有革命潜能的"历史性集团"的观点。

吉登斯对中间阶级结构化的分析同时也关联到工人阶级的结构化考察。在追溯早期工人阶级形成时，考察了阶级冲突的制度化，并把它与20世纪进行了对比。资本主义早期，工人阶级缺乏合作，混淆了矛盾与阶级冲突，采取了有政治色彩的斗争形式，是一种"恶意的爆发"；而新资本主义时期，工人阶级形成合作，工业冲突与政治冲突开始分离，这正是资本主义的"经济与政治分离"特征的必然反映，代表了资本主义社会阶级冲突的结构化的标准形式。② 而且工人们倾向于改变经济状况，而非夺取或改变政权。

在吉登斯看来，冲突意识也并非完全像马克思所认为的那样，起源于专业技术的发展和商业联合会的成长。因为工会的成立源于两方面，第一，要削减工人与雇主间市场能力的不均等；第二，要改变与工人的工作绩效不相称的受控制地位。工人与雇主间的冲突若是导向第一类，涉及的只是谋求对稀缺经济回报的市场能力的调节，这种斗争被认为导向于"经济主义"；而导向第二类的斗争，涉及工人阶级联合会对工业"治理"（government）的斗争或控制工业"治理"的企图，属于围绕"控制"的"政治"斗争。鉴于新资本主义社会"经济"与"政治"分离的特征，这种机制典型地将大多数的工业冲突限定在经济主义的范围中。在这里，我们再次看到吉登斯用他的独特的资本主义"经济与政治分离"的特征来解释阶级现象中的重大问题。至于法国和意大利存在着强有力的工会领导的导向政治的社会主义斗争，例如1968年的五月事件，吉登斯认为，这应

---

① Anthony Giddens, *The Class Structure of the Advanced Societies*, London: Harper & Row, Publishers, 1973, p. 192.

② Ibid., p. 202.

该追溯到圣西门的"社会主义"观念中，社会主义最初起源于资本主义与（后）封建主义的冲突，而非资本主义的成长与成熟。[①] 而且，工人们普遍愿意以"异化的"工作精力去换取经济回报，由此不难看出吉登斯的"非革命"倾向。

吉登斯还根据结构化理论驳斥了"新工人阶级"的观点。虽然工人们收入增加，被纳入大众消费经济中，但收入只是他们市场能力换取经济回报的一个方面，相关的安全保障和额外福利等并没有较大改观。另外，依据经济学中"双重劳动市场"理论，那些拥有较低市场能力的工人只能进入"次级劳动市场"，而不可能进入"一级劳动市场"。[②] 这些工人与所谓的"传统工人"间在结成工会和工党选举中，表现出的差异极不明显。这些工人，某种程度上只能看作低层的白领工人职位的下降，而非蓝领工人提升到中产阶级上。至于工人进入大众消费经济，只是掩饰了或淹没了形成于生产中的阶级关系的核心因素，但并没有消灭它们。因此，分配集团间既定的差异（established differences）并没有消失。"无产工人"的旧的共同体正在衰落是因为产业结构调整升级以及年轻人向城镇迁流的结果。大众传媒的影响，大众文化总体上扩散都影响了消费需求的模式，但社会结构中现存的各种差异却并未消除。因此，不能认为资本主义社会已经出现所谓"新工人阶级"。

三 中间阶级阶级关系结构化理论的不足

我们先仔细考察吉登斯的社会分层理论前提——资本主义的"政治与经济相分离"特征。吉登斯自己承认就市场竞争的角度而言，资本主义的"政治""经济"密不可分。[③] 即使如其所说，从所谓的现代劳动契约关系的角度考虑，经济与政治的分离也难成立。吉氏所指的分离特征有两层含义，第一，政治权力的运作脱离生产劳动过程，不再像以往社会中担当强迫生产者劳动的直接监管者角色。第二，社会最富有的群体不是政治上的

[①] Anthony Giddens, *The Class Structure of the Advanced Societies*, London: Harper & Row, Publishers, 1973, p. 212.

[②] Ibid. , p. 219.

[③] Anthony Giddens, *A Contemporary Critique of Historical Materialism: Power, Property, and the State*, Berkeley: University of California Press, 1981, pp. 125 – 128.

统治者，而是生产企业的所有者。抛开吉登斯关于政治与经济分离的政治动机不论（后来他据此指出工人阶级的斗争主要集中在经济领域而非政治领域），上述两点也不能够完全服人。首先，市场条件下现代劳动契约制的确立，形式上肯定了劳动者的人身自由和平等地位，给劳动者提供了较原来更为自由的选择劳动的机会，与早期的附庸对领主的人身依附关系相比，是一种巨大的进步。但必须认识到，劳动者在契约订立中所能争取到的有利地位如何，是与他们现有的经济状况密切相关的，是建立在"对于物的依赖（主要是货币的依赖）的基础上"，归根到底决定于他们自身的生产和博弈能力。其次，涉及国家重大利益而私人企业无力承担的重大经济建设都离不开政治的直接监管。比如为举办奥运会而进行的场馆建设等往往都在举办国和举办城市的政府直接监控之下进行，其中涉及的政治、经济、文化关系很难分清。再者，资本主义社会中，商业公司的高管利用部分政治人物权力寻租提供的机会攫取在劳动契约中的霸权的现象也屡禁不绝。因此，鉴于经济与政治分离的实际上的不可能性，吉登斯关于种种弱化资本主义社会中阶级冲突、阶级意识、阶级剥削的命题也就很难成立，他的社会变迁理论也不攻自破。

吉登斯在谈到阶级关系直接结构化时，只看到生产企业内的分工，企业内的权威关系和分配类型三者在影响阶级关系的直接作用的一致性，却看不到三者在分工含义上的本质的一致性，因此，他不能像在阐释间接结构化中的三要素那样把它们统称为"市场能力"，为了论述的方便他只好创造出"场景因素"这一模糊词汇。因为就影响阶级结构化的因素而言，为什么偏偏选择这三项而不是两项或四项五项呢，吉登斯未能说明。事实上，这三项代表了分工的三类不同含义。吉登斯看到资本主义社会的突出特征是分工的细化和专业化，但他认为马克思的分工含义过于宽泛，他只强调生产机构内的技术性分工，他称为"生产性企业内的分工"，他只承认存在这一种类型的分工。而事实上，他区分的另两个因素也都与分工有密切关系。"企业内的权威关系"，实际上是存在于企业的直接生产者和组织管理者间的分工衍生出的关系。至于和消费因素相关的"分配类型"，它是就产品的生产、消费、分配、交换（流通）而言的，是产品间或部门间分工关系的体现。那么这三种分工有什么联系呢？他们与阶级的关系如何呢？

经典作家的文献中曾多次提到分工的意义和作用。例如"分工和私有制是相等的表达方式，对同一件事情，一个是就活动而言，另一个是就活动的产品而言。"① "分工发展的各个不同阶段，同时也就是所有制的各种不同形式。这就是说，分工的每一个阶段还决定个人的与劳动材料、劳动工具和劳动产品有关的相互关系。"② "分工的规律就是阶级划分的基础。"③ 那么，分工的发展又是由什么决定的呢？"分工，分工的阶段依赖于当时生产力的发展水平"④，"任何新的生产力，只要它不是迄今已知的生产力单纯的量的扩大（例如，开垦土地），都会引起分工的进一步发展"⑤。吉登斯看到不同分工的存在，但找不到它们的统一之处，就声称马克思的"劳动分工的含义过于宽泛"，于是摒弃马克思的用语，以意义更为狭隘的技术性分工一词取代。仔细辨别，劳动分工可以区分出以下三层含义："在工场或工厂内部存在的工艺、工序、工种等分工，马克思称之为生产机构内的分工或个别分工，为了叙述统一起见，我们称之为技术性分工；行业和部门分工，马克思称之为产品间或部门间的分工、社会分工或一般分工，我们沿用马克思的用法称之为社会分工；组织管理者和直接生产者的分工，或广义的精神劳动与物质劳动、劳心者与劳力者之间的分工，也就是通常所说的脑体分工，我们称之为脑体分工。"⑥ 这三类分工事实上存在一定的联系。脑体分工是最高层次的最普遍意义上的分工，也是最早出现的分工。而产品间或部门间的分工和产品内部的分工是脑体分工的具体体现，也是脑体分工进一步深化的结果。吉登斯将"生产性组织内部的具体劳动任务的分配"基础上产生的劳动者间的关系称为"准技术关系"，显然，是采用了第一层意义上的劳动分工的含义。而脑体分工包含了前两层意义上的分工。我们知道，大规模的更具专业化的分工确实是从资本主义时代开始兴起的。这里需要明确两点，第一，这并不意味着在资本主义以前不存在脑体分工，或者不存在简单的部门间的分工和低级的产品内部的分工。而正是看不到脑体分工，吉登斯就无法从根本上解释阶级产生变化和消亡的原因。第二，技术性分工是脑体分工在更具体的层次上

---

① 《马克思恩格斯选集》第 1 卷，人民出版社 1995 年版，第 84 页。
② 同上书，第 68 页。
③ 《马克思恩格斯选集》第 3 卷，人民出版社 1995 年版，第 632 页。
④ 《马克思恩格斯选集》第 1 卷，人民出版社 1995 年版，第 135 页。
⑤ 同上书，第 68 页。
⑥ 吴英：《对马克思分工—阶级理论的再解读》，《史学月刊》2004 年第 5 期。

也是在生产力更发达的状态下（相对于第一阶段，即人的依附性阶段）的必然表现。谈到生产力，就不能回避吉登斯关于"市场能力"的提法。首先，在究竟什么是生产力的理解上，笔者采用"生产力即生产能力"说。这种观点认为，马克思、恩格斯所指的"生产力"，就是人们的劳动生产能力，是个人或群体从事生产首先是物质生产的力量。[①] 吉登斯所说的"市场能力"只能是生产能力在市场经济普遍发展的情况下的一种反映，而不是其全部。况且，吉登斯并未能解释清楚为什么拥有生产资料所有权也是一种市场能力。事实上，之所以视它为"市场能力"，是因为生产资料本身是人们长期生产劳动中形成的，是前人的生产能力的结晶。而生产资料在市场交换中的价值和作用的大小不是由生产资料本身和市场决定的，而是由它在生产过程中所起的作用决定的，归根到底是由运用者的生产能力决定的。拥有不同的生产能力，在生产中处于不同的分工地位，进而在社会生活中处于不同的地位。可以认为，生产能力决定了劳动分工，劳动分工决定所有阶级社会中的阶级关系。[②]"市场能力"（如果这一词果有用途的话）只是影响了市场较为发达的社会的阶级关系，也绝非像吉登斯在阶级结构化理论中所阐释的那样，市场能力和准技术关系共同决定阶级关系。

生产（能）力决定劳动分工，劳动分工决定阶级关系。这是阶级关系的规律在一切阶级社会的最高普遍层次上的反映。显然，不同历史时期的人们的生产能力是不同的，脑体分工的程度也各不相同，在农业劳动生产率低下、剩余产品还很少、普遍的商品交换未曾建立以前，或者说，在第一大形态之下，劳动分工主要表现为履行公共管理职能（并获得相应的政治权力）与从事生产劳动的简单然而界限分明的脑体分工，阶级关系主要表现为人身上的严格的统治与服从关系。当人们的生产能力发展到足以冲破狭窄的据点和孤立的范围的束缚，劳动生产率的极大提高带来剩余产品的极大丰富，商品货币关系十分发达，在地区与地区之间乃至全球范围内建立起普遍的商品交换关系，这是人类社会发展的第二大阶段。这时，劳动分工往往表现为履行劳动的组织和管理职能（获得相应的经济权力，即用经济手段获得对剩余产品的占有）与从事直接生产劳动之间的脑体分

---

① 吴英、庞卓恒：《弘扬唯物史观的科学理性》，《历史研究》2002 年第 1 期。
② 吴英：《对马克思分工—阶级理论的再解读》，《史学月刊》2004 年第 5 期。

工，阶级关系主要表现为经济上剥削与被剥削的关系而非人身上的奴役与服从关系。

到了 20 世纪五六十年代，随着劳动者生产能力的巨大发展，生产向自动化、智能化、高度人性化阶段迈进，企业规模的不断扩大和产品内分工的不断细化，尤其是劳动组织和关系也变得越来越高级化、复杂化和专业化，往往需要管理者具有高超的专业技能、管理能力并投入巨大的精力。在这种情况下，生产资料的所有者或者不堪工作压力的重负，或者不具备相应的能力，为了使企业能够生存、壮大，他们逐渐将组织和管理权让渡给没有生产资料却有着组织管理技能的经理阶层。一个新兴的阶层应时而生。这个阶层的身份如此特殊，以致人们很难确定怎样给他们一个适当的称呼，如莱德勒称之为"新中间阶级"，米尔斯称之为"白领阶层"等。由于吉登斯看不到生产能力决定劳动分工的规律在这一层次上的体现——"市场能力"对"准技术关系"的决定作用，而是将二者的作用并列同等对待，这样，当遇到体现在这个阶层身上的"市场能力"与"准技术关系"的矛盾时，吉登斯的分层理论就无法从根本上阐明中间阶级的阶级属性。他无可奈何地将这个阶层一分为三，一部分归入作为上层的权力精英中，一部分归入作为中层的白领工人，还有一部分归入下层中。实际上，这个新兴阶层所从事的工作有一个共同特点：劳动中知识和科技含量在不断提高，由此他们在劳动分工中的地位明显不同于靠物质性资产获得管理地位的资产阶级和靠出卖体力的体力劳动阶级。他们是脑力劳动工人阶级。正是在新中间阶级崛兴中我们看到了脑体分工差别消灭的迹象。"劳动阶级知识化程度越高，他们对政治、经济、文化领域的参与和管理就越多，资产阶级就越来越成为多余的阶级。"[1] 可以说，产品内技术性分工的产生既是资本主义发展的成就，同时也为自身被效率更高、更人道制度所取代而播下种子。而这些趋势都在表明人类社会发展第三大阶段降临的必然性。这就是生产力水平决定的"脑体分工"和阶级关系的规律。

吉登斯认为，阶级社会不仅是有阶级存在的社会，还应当是阶级关系占据主导因而对于该社会具有多方面解释作用的社会。马克思关于阶级社会的分析就在于要证明在资本主义社会中必然要产生一种新的无阶级社会。吉登斯也更看重阶级关系的社会解释功能，而不是简单地对于某种社

---

[1] 吴英、庞卓恒：《弘扬唯物史观的科学理性》，《历史研究》2002 年第 1 期。

会的描述功能。虽然作者将资本主义社会视为阶级社会，但他所提出的结构化理论正是从革命性阶级意识的难以产生、权力持有类型的多样性，以及它与资本主义经济组织的多方适应性等方面论述发达社会很难导致阶级矛盾（仅就吉登斯使用的该词的含义）；从消灭了阶级剥削但仍有其他形式的剥削存在等角度解释现存资本主义社会的持久性。或者，更确切地说是为了论证这种持久性，这就不能不令人质疑作者的政治动机。

四　吉登斯中间阶级结构化理论的现实意义

改革开放以来，中国社会结构已经发生了重大变迁。中国社会仍然处在分化、解组、整合、流动比较剧烈的时期。社会分层成为今日中国关乎社会公正、社会安全、社会和谐、社会稳定的研究领域。如上所述，虽然吉登斯的阶级结构化理论存在一定的偏颇，但就某些方面而言，对当前正处于构建社会主义和谐社会的中国也有可资借鉴之处。这主要表现在下列三点：

第一，吉登斯的社会分层理论启示我们淡化阶级观念，但不回避阶层差异问题。我国目前存在利益主体的多元化和利益要求的多样化，社会阶层由简单走向多样化和复杂化，出现了许多不能或很难用阶级概念来概括的社会群体，寻求更加合适的、更有概括力、并能包容阶级概念内容的范畴成为必需。在城市中，突出表现的一方面是一个新的不断扩大的中间阶层正在不断壮大。[①] 社会分化中出现的各类管理者群体、各类专业技术人员群体，各类办事员群体，各类自雇佣者群体等，就很难把它们说成是"管理者阶级""专业技术人员阶级""办事员阶级""自雇佣者阶级"。如果这样做无疑就会强化人们的阶级观念，增加社会张力、增添火药味，不利于社会稳定和和谐社会的构建。而把它们说成阶层则顺理成章。过去的经验告诉我们，在建立社会主义制度之后，如果仍然把阶级斗争当作推动社会发展的最终动力，必然导致生产发展严重受阻和停滞，甚至社会的动荡乃至全面崩溃。只要能防止和避免既得利益集团的产生，客观存在的各阶层间的差别都可作为人民内部矛盾去解决和对待，而每一次矛盾的化解无疑都会进一步协调各阶层的关系，凝聚全国人民力量共同建设社会主义

---

① 陆学艺：《当代中国社会阶层研究报告》，社会科学文献出版社2002年版，第50页。

小康社会。另一方面也不回避与社会阶层相关的贫富悬殊、城乡差距、（中低阶层的）社会就业、社会保障等突出的现实问题。因为这些问题不解决或不妥善解决，有可能严重影响到社会主义社会的公正与和谐，并可能成为制约我国未来发展的重要因素。

第二，吉登斯社会分层理论，启发我们要从增强社会弱势群体的生产能力和市场能力来维护他们的利益，正确处理和协调好社会主义市场经济条件下不同群体的利益关系。改革在给大多数人带来利益的同时，还应该看到，社会主义的市场与资本主义的市场相比，有优势所在也有发展尚不健全之处。在市场经济的竞争中，由于地区、职业、受教育水平、甚至改革本身等多方面原因，还有一部分人处于弱势地位，它们包括城市下岗职工、农民工、贫困地区农民和青年学生等，他们的合法利益受到了不同程度的损害，要协调这一部分群体与其他广泛受益者的矛盾，必须从增强他们的生产能力和市场能力这一根本点入手。这就需要充分发挥社会主义市场经济的宏观调控功能，为他们创造更多的适合他们能力发展的机会，提供经济、法律、社会服务等多方面信息平台，防止因为信息不对称而导致的利益受损或受穷。

第三，吉登斯关于阶级流动性的强调启发我们要重视建立规范的社会流动制度。规范的社会流动制度对于缓和社会矛盾，保持社会稳定具有重要作用。吉登斯的社会分层理论的突出特征就在于强调阶级结构不断再生产，而构成阶级结构再生产的一个主要因素就是阶级关系主体的流动性。保证教育的公平性是加强社会流动规范流动制度的一个重要方面。一方面，要保证教育资源尤其是基础教育资源在城乡、地区间的公平分配，避免因为教育机会不均等导致的能力发展差异进而带来的发展受限；另一方面，增加教育支出在福利支出中的比率，提高教育质量，适应民众和一部分中间阶层对于优质的学前教育和高层次的高等教育需求。此外，完善的社会保障制度和灵活的人事制度也是规范的社会流动制度所不可或缺的。

应当看到，吉登斯关于中间阶级结构化的理论是针对20世纪70年代发达国家的社会结构提出的。社会结构在经历近百年的工业化带来调整之后才迎来信息化带来的新调整。相比之下，虽然今日中国比历史上任何时候都更接近于中华民族的伟大复兴，但迅猛推进和急剧变革的工业化和信息化也给我国社会结构造成痛苦的双重挤压，其变革程度要远为复杂得多。在构建面向公平正义的中国特色社会主义社会方面，虽然需要借鉴西方国家社会自我调整的经验和教训，但主要依据的应该还是我们自己的国情，靠的是我们自己的探索和实践。

（作者单位：上海财经大学马克思主义学院）

超越"现代化研究"与"阶级分析"之争

——关于中国近代史研究"范式"问题之管见

严立贤

一 问题的提出

自 20 世纪 80 年代后半期在我国学术界掀起现代化研究的热潮以来，在历史学界就发生了关于历史研究"范式"问题的争论，而争论的主战场集中在中国近代史领域。争论的焦点在于应当以现代化为中心来研究近代以来中国历史的发展过程呢，还是应当以阶级斗争为中心来研究近代以来中国历史的发展过程？或者说近代以来中国历史的基本线索是现代化还是阶级斗争？并由此引发了中国近代史研究领域的所谓"现代化范式"和"革命史范式"的激烈争论。

中国近代史研究的"现代化范式"和"革命史范式"都坚称自己坚持马克思主义唯物史观，但在生产力和阶级斗争到底何者是历史发展的根本动力，以及近代以来中国历史的基本线索是什么和应当以什么为中心来研究中国近代史的问题上却存在着重大的分歧。产生这种分歧的根本原因在于两者对马克思主义唯物史观的解读和理解不同。两者在唯物史观关于人类历史的结构即生产力、生产关系（经济基础）、上层建筑等几个层次以及生产力决定并推动生产关系（经济基础）的发展、经济基础（生产关系）决定并推动上层建筑的发展等基本观点上并无分歧，分歧在于对唯物史观有关历史发展动力的观点的理解不同。"现代化范式"认为既然是生产力推动生产关系的发展、经济基础推动上层建筑的发展，自然是生产力的发展推动着历史向前发展，所以近代以来中国历史的基本线索应当是现代化，应当以生产力的发展为核心来研究近代以来中国历史的发展过程。但是"革命史范式"却不这样认为。"革命史范式"虽然认为生产力决定着生产关系、经济基础决定着上层建筑，但却认为推动历史发展的动力不是生产力，而是阶级斗争，因此近代以来中国历史的基本线索应当是阶级斗争，应当以政治上的革命运动为核心来研究近代以来中国历史的发展过程。前者的研究思路或研究方法也可以称作是中国近代史研究的"现代化研究"法，后者的研究思路或研究方法也可以称作是中国近代史研究的"阶级分析"法。"现代化范式"与"革命史范式"这两种范式的分歧实际上就是"现代化研究"法与"阶级分析"法这两种方法的分歧，"现代化范式"与"革命史范式"两种范式之争实际上就是"现代化研究"法与"阶级分析"法两种方法之争。

那么，两者之中何者正确何者不正确呢？或者说何者更加符合唯物史观的真意呢？对此，史学界已经有过很多的讨论和评论。但是，以往的这些讨论和评论都有一个共同的特点，就是脱离唯物史观的原意，只作基于个人立场的理论上的推论。我们认为，对于这一理论问题不能单纯地作理论上的推论，而只能通过全面系统地阅读和理解马克思、恩格斯的原著，梳理出唯物史观关于历史发展动力的观点究竟是什么，才能作出正确的结论。本文的目的在于通过对马克思、恩格斯关于历史发展动力问题的论述的比较全面的梳理，总结出了唯物史观关于历史发展动力理论的准确观点，由此出发对"现代化范式"与"革命史范式"的正误与对错作出评论，并谈谈笔者对于如何正确运用唯物史观进行中国近代史研究的看法。

二　唯物史观关于历史发展动力的理论

在马克思恩格斯的著作中，关于生产力和阶级斗争到底何者是推动历史向前发展的动力的论述是十分明确的。马克思恩格斯不仅明确地说明了生产力和阶级斗争各自在历史发展中的作用问题，而且还清楚地阐述了生产力和阶级斗争二者在历史发展过程中的相互关系。总体来讲，马克思、恩格斯认为生产力是历史发展的根本动力或终极动力，但在生产力的发展过程中必然伴随着阶级斗争，这种阶级之间的斗争（其最高形态为暴力革命）则是生产方式或社会形态转换的直接动力，或者说是新社会诞生的助产婆。

在马克思、恩格斯的著作中，最先直接谈到历史发展动力问题的，是恩格斯写于1844年1—2月的《英国状况：十八世纪》。在该著作中，恩格斯在详细地考察了英国自蒸汽机的发明和使用开始的工业革命的整个过程之后，指出："英国工业的这一次革命化是现代英国各种关系的基础，是整个社会的运动的动力。上面已经谈过，它的第一个结果就是利益被升格为对人的统治。利益霸占了新制造出来的各种工业力量并利用它们来达到自己的目的；由于私有制的作用，这些按照法理应当属于全人类的力量便成为少数富有的资本家的垄断物，成为他们奴役群众的工具。"①在这里，恩格斯明确指出英国的经济变革（工业革命）是现代英国政治（各种关系）的"基础"，是"整个社会的运动的动力"。

在该著作中，恩格斯还提出了一个十分重要的命题，即"利益霸占了新制造出来的各种工业力量并利用它们来达到自己的目的"②。即是说，工业革命的成果本应当属于全人类共有，但资本家却利用资本主义私有制垄断了这些成果，把它们当作奴役群众的工具。这是一个十分重要但又长期被人们忽视的命题。之所以说它十分重要，是因为在这个命题中蕴涵了唯物史观关于生产力与阶级斗争之间关系的奥秘。生产力发展的过程为什么会引发和贯穿阶级和阶级斗争呢？根本原因就在于少数人利用手中的权力垄断了生产力发展的成果，把它当作奴役多数人的工具，于是社会中的人们就被划分成了阶级，就产生了围绕霸占和反抗霸占生产力发展果实的阶级斗争。在阶级社会，生产力发展的过程必然伴随或贯穿着阶级斗争，这是马克思主义唯物史观的一个重要命题。

在《英国状况：十八世纪》发表后不久，恩格斯又撰写了《英国工人阶级状况》，对工业革命对于英国工人阶级的影响进行了考察和分析，提出了"工业革命引起了市民社会的全面变革"③的历史唯物主义观点。恩格斯在分析了推动英国发生工业革命的三个因素，即分工、蒸汽力的利用和机器的应用后，写道："分工，水力、特别是蒸汽力的利用，机器的应用，这就是从 18 世纪中叶起工业用来摇撼旧世界基础的三个伟大的杠杆。"④这样，恩格斯明确指出了推动 18 世纪英国社会全面变革的是分工、蒸汽力

---

① 恩格斯：《英国状况：十八世纪》，载《马克思恩格斯选集》第 1 卷，人民出版社 1995 年版，第 35 页。

② 同上。

③ 恩格斯：《英国工人阶级状况》，载《马克思恩格斯全集》第 2 卷，人民出版社 1957 年版，第 281 页。

④ 同上书，第 300 页。

的利用和机器的应用这三个生产力发展方面的因素，是生产力的发展推动了 18 世纪英国的历史发展。

1846 年 5 月，马克思、恩格斯合作撰写了《德意志意识形态》。在这部著作中，马克思、恩格斯在详细分析了由分工所导致的从"小规模的乡村生产"到"手工业"再到"工场手工业"和"现代大工业"的生产力发展及其与交往形式的矛盾过程之后，强调是生产力发展导致革命产生的，明确指出生产力和交往形式（生产关系）的矛盾是革命和一切历史冲突的根源。马克思、恩格斯写道："（大工业造）成了大量的生产力，对于这些生产力来说，私有制成了它们发展的桎梏，正如行会成为工场手工业的桎梏和小规模的乡村生产成为日益发展的手工业的桎梏一样。……生产力和交往形式之间的这种矛盾每一次都不免要爆发为革命……因此，按照我们的观点，一切历史冲突都根源于生产力和交往形式之间的矛盾。"①

马克思在 1847 年上半年写的《哲学的贫困》在进一步阐明了生产力对历史发展的根本推动作用的同时，重点指出了在生产力发展过程中存在阶级斗争的必然性及阶级斗争对历史发展的独特作用。马克思写道："当文明一开始的时候，生产就开始建立在级别、等级和阶级的对抗上，最后建立在积累的劳动和直接的劳动的对抗上。没有对抗就没有进步。这是文明直到今天所遵循的规律。到目前为止，生产力就是由于这种阶级对抗的规律而发展起来的。"②也就是说，自人类进入阶级社会以来，生产力就是在"积累的劳动"（也即被少数人所占取的劳动）和"直接的劳动"（即生产过程的劳动，意指劳动者）的对抗中发展的，而不是由于劳动者对某种产品的需要都得到满足后才开始创造更高级的产品。马克思强调：生产力的发展必然推动生产方式和社会关系，从而推动历史向前发展，但是，在生产力的发展推动人类社会进入"文明"（也即人类社会由无阶级的原始社会进入阶级对抗的奴隶社会）时代后，生产力发展的成果就会被一部分人占取，从而导致一部分人和另一部分人的对抗；生产力成果被少数人占取，而大部分人则不能获取自己生产的成果，就会阻碍生产力的进一步发展，此时，通过没有获得生产成果的多数人与占取生产成果的少数人的对抗（也即阶级斗争），就会打破和在一定程度上改进这种不合理状况，

---

① 《马克思恩格斯选集》第 1 卷，人民出版社 1995 年版，第 114、115 页。
② 《马克思恩格斯全集》第 4 卷，人民出版社 1995 年版，第 104 页。

从而为生产力的发展创造新的条件。"只有在没有阶级和阶级对抗的情况下，社会进化将不再是政治革命。而在这以前，在每一次社会全盘改造的前夜，社会科学的结论总是：'不是战斗，就是死亡；不是血战，就是毁灭。问题的提法必然如此。'"①可以看出，直至《哲学的贫困》，马克思关于阶级斗争对于历史发展的作用的观点是：生产力的发展是历史发展的根本推动力，在人类社会进入阶级社会以后，生产力的发展总是伴随着阶级对抗、是在阶级对抗中实现的；当生产力发展到一定水平需要突破现存的生产关系之时，阶级对抗又以自己的最高形式——政治革命来改变生产关系，使人类社会进入新的生产方式（阶级斗争或政治革命的这一作用后来被马克思、恩格斯表述为新社会诞生的"助产婆"）；在人类社会进入无阶级的共产主义社会之后，生产力发展与阶级对抗相伴随的情况就会不复存在，生产力推动历史发展就无须再借助阶级对抗的形式。

《共产党宣言》（写于 1847 年 12 月—1848 年 1 月）是马克思主义的第一部纲领性文献，它运用唯物史观阐述了资本主义社会发展的规律及其历史发展趋势，从中揭示了生产力对于历史发展的基本推动作用及阶级斗争在历史发展过程中的特殊作用。由于马克思、恩格斯认为在阶级社会中，生产力的发展总是在阶级对抗中实现的，所以他们特别强调阶级斗争在历史发展过程中的特殊作用。在《共产党宣言》中，第一部分的开头，马克思、恩格斯就提出："至今一切社会的历史（恩格斯在注释中说明系指有文字记载的全部历史，实际上就是有阶级以来的历史——引者注）都是阶级斗争的历史。"并指出："从封建社会灭亡中产生出来的现代资产阶级社会并没有消灭阶级对立。它只是用新的阶级、新的压迫条件、新的斗争形式代替了旧的。"②接着，马克思、恩格斯考察了由生产力发展所产生的由"封建的或行会的工业经营方式"到"工场手工业"再到"大工业"的发展过程，指出现代资产阶级乃是这一长期的生产力发展过程的结果，是封建社会中生产力发展到不能为封建的生产关系所容纳从而将其炸毁的结果。马克思、恩格斯写道："资产阶级赖以形成的生产资料和交换手段，是在封建社会里造成的。在这些生产资料和交换手段发展的一定阶段上，封建社会的生产和交换在其中进行的关系，封建的农业和工场手工业组

① 《马克思恩格斯选集》第 1 卷，人民出版社 1995 年版，第195 页。
② 同上书，第 272、273 页。

织，一句话，封建的所有制关系，就不再适应已经发展的生产力了。这种关系已经在阻碍生产而不是促进生产了。它变成了束缚生产的桎梏。它必须被炸毁，它已经被炸毁了。"①在此，马克思、恩格斯十分清楚地描述了生产力发展导致资产阶级产生的过程，阐明了封建社会内部生产力的发展是现代资产阶级得以产生的根本原因，是由封建的生产方式向资本主义的生产方式过渡的根本动力，生产力发展导致资产阶级的产生和资本主义生产方式取代封建生产方式经历了一个长时间的过程。

马克思写于 1859 年 1 月的《〈政治经济学批判〉序言》②以极其精练的语言，阐明了唯物史观的基本原理以及它关于历史发展动力的观点。它明确地说明人类历史的过程是这样的（我们不再引用原文）：随着生产力的发展，必然要与生产关系发生矛盾；当生产关系成为生产力发展的桎梏时，就会发生社会革命；随着经济基础的变更，上层建筑也将或快或慢发生变革。无论哪个社会，在它所能容纳的全部生产力发挥出来以前，是决不会灭亡的；新的更高的生产关系在其物质条件在旧社会的胎胞里成熟以前，也是不会出现的。人类的生产方式已经经历了亚细亚的（即原始的）、古代的（即奴隶制的）、封建的和现代资产阶级的四个阶段，而资产阶级的生产关系是社会生产过程的最后一个对抗形式，它正在创造着解决这种对抗的物质条件。马克思把由生产力发展所推动的生产方式变革所经历的几个阶段看作是"经济的社会形态"（也即社会经济形态）演进的几个时代。③至此，马克思、恩格斯关于历史的结构、过程和发展动力的唯物主义观点已经形成，它清楚地表明：推动人类历史发展的动力是生产力，而在进入文明社会以后，生产力的发展始终伴随着阶级斗争，在生产力发展到需要突破旧有的生产关系时，阶级斗争发挥着不可或缺的作用。

1877 年 6 月中，恩格斯应约为《人民历史书》写了《卡尔·马克思》一文。在文中，恩格斯解释了为什么自进入文明社会以来的历史一直都存在着阶级和阶级斗争？恩格斯写道："至今的全部历史都是在阶级对立和

---

① 《马克思恩格斯选集》第 1 卷，人民出版社 1995 年版，第 277 页。

② 《马克思恩格斯选集》第 2 卷，人民出版社 1995 年版，第 32—33 页。

③ 后来，马克思又提出可以"把经济的社会形态的发展理解为一种自然（历）史过程"。（马克思：《〈资本论〉第一卷 1867 年第一版序言》，《马克思恩格斯选集》第 2 卷，人民出版社 1995 年版，第 101—102 页。）也就是说，由生产力发展所推动的生产方式的变更是一个有其自身发展规律的、不以人的意志为转移的历史过程。

阶级斗争中发展的;统治阶级和被统治阶级,剥削阶级和被剥削阶级是一直存在的;大多数人总是注定要从事艰苦的劳动而很少能得到享受。为什么会这样呢?这只是因为在人类发展的以前一切阶段上,生产还很不发达,以致历史的发展只能在这种对立形式中进行,历史的进步只是极少数特权者的事,广大群众则注定要终生从事劳动,为自己生产微薄的必要生活资料,同时还要为特权者生产日益丰富的资料。"① 也就是说,在阶级社会中,由于生产力还不是很发达,物质财富还不是很丰富,极少数手中掌握权力的人将广大群众的劳动成果攫为己有,于是就产生了统治阶级和被统治阶级、剥削阶级和被剥削阶级之间的差别。这里的思想与恩格斯在《英国状况:十八世纪》中"利益霸占了新制造出来的各种工业力量并利用它们来达到自己的目的"的思想以及此后的思想是完全一致的。但是,恩格斯同时指出,唯物史观不仅认为至今的全部历史都贯穿着阶级和阶级斗争(即旧的阶级要保持统治,新的阶级要争得统治,这是全部纷繁复杂的政治斗争的中心问题),更重要的是,唯物史观指出了促使这些阶级产生和存在的是当时的条件。他写道:"阶级又是由于什么而产生和存在的呢?是由于当时存在的粗鄙的物质条件,即各该时代社会借以生产和交换必要生活资料的那些条件。"②也就是说,唯物史观的独特之处在于指出了促使阶级和阶级斗争的产生,是那些"粗鄙的物质条件",即生产力,它们才是推动历史发展的根本动力。

恩格斯在《反杜林论》(成稿于1878年6月)中,以原始社会末期在生产力的发展过程是如何产生阶级和阶级斗争为例,对于在生产力的发展过程中总是伴随着阶级和阶级斗争,作了更详细的说明。接着,恩格斯进一步阐述和发挥了唯物史观关于历史发展动力、政治革命特别是暴力对于历史发展的作用的思想。对此,恩格斯首先提出了生产力发展是对历史发展"起着真正的推动作用"的力量,生产力发展是一切社会变迁和政治变革的"终极原因"的命题。恩格斯写道:"把重大的政治历史事件看作历史上起决定作用的东西的这种观念,像历史学本身一样已经很古老了,并且主要是由于这种观念的存在,保留下来的关于人民发展的材料竟如此之少,而人民的发展正是在这个喧嚣的舞台背后悄悄地进行的,并且起着真

---

① 《马克思恩格斯选集》第3卷,人民出版社1995年版,第336页。
② 同上书,第334—335页。

正的推动作用。"①这就是说，由于唯心史观将重大的历史事件看作历史上起决定作用的东西，而忽视了"关于人民发展的材料"，而静悄悄的"人民的发展"正是在喧嚣的历史舞台背后"起着真正推动作用"的力量。这里的"人民"，实际上指的是人民的物质生产活动，也就是生产力。人民的发展也即生产力的发展是静悄悄的，但却是历史发展的真正推动力量。在此之前，马克思恩格斯都没有直接表达过生产力发展是历史发展的根本动力的思想，这个命题是我们根据马克思、恩格斯所阐述的内容概括的。而恩格斯的这两段话实际上是直接地表明了生产力发展是历史发展的"根本动力"的命题，具有重大的意义。接着，恩格斯提出了社会变迁和政治变革的"终极原因"的概念，提出推动历史发展的"终极原因"不应当到人们的头脑中，而应当到生产方式和交换方式的变更中去寻找；不应当到有关时代的哲学中去寻找，而应当到有关时代的经济中去寻找。恩格斯写道："生产以及随生产而来的产品交换是一切社会制度的基础；在每个历史地出现的社会中，产品分配以及和它相伴随的社会之划分为阶级或等级，是由生产什么、怎样生产以及怎样交换产品来决定的。所以，一切社会变迁和政治变革的终极原因，不应当到人们的头脑中，到人们对永恒的真理和正义的日益增进的认识中去寻找，而应当到生产方式和交换方式的变更中去寻找，不应当到有关时代的哲学中去寻找，而应当到有关时代的经济中去寻找。"②

在说明了生产力对于历史发展的"起着真正的推动作用"和是一切社会变迁和政治变革的"终极原因"之后，恩格斯在书中也强调了暴力和国家政治权力对历史发展的特殊作用——助产婆作用。暴力是阶级斗争的必然伴随物，暴力革命是阶级斗争的最后形式。关于暴力对历史发展的助产婆作用，马克思在《资本论》中就已经有了明确的阐述。马克思说："在真正的历史上，征服、奴役、劫掠、杀戮，总之，暴力起着巨大的作用。"在英国，国家权力"利用集中的、有组织的社会暴力，来大力促进从封建生产方式向资本主义生产方式的转化过程，缩短过渡时间。""暴力是每一个孕育着新社会的旧社会的助产婆。暴力是一种经济力。"③在《反杜林

---

① 《马克思恩格斯选集》第3卷，人民出版社1995年版，第502页。
② 同上书，第740—741页。
③ 《马克思恩格斯选集》第2卷，人民出版社1995年版，第260、266页。

论》中，恩格斯指出暴力起着革命作用。"暴力在历史中还起着另一种作用，革命的作用；暴力，用马克思的话说，是每一个孕育着新社会的旧社会的助产婆；它是社会运动借以为自己开辟道路并摧毁僵化的垂死的政治形式的工具。"①同时，恩格斯还指出，暴力对于历史发展的助产婆作用是以"经济力量"为基础的。"暴力的胜利是以武器的生产为基础的，而武器的生产又以整个生产为基础，因而是以'经济力量'，以'经济状况'，以可供暴力支配的物质手段为基础的。"

为什么唯物史观一方面认为生产力发展是历史发展的根本动力，另一方面又十分重视阶级斗争和政治上的暴力革命对于历史发展的特殊的助产婆作用呢？这是因为唯物史观认为，在生产力发展到需要突破旧的生产关系、需要变革旧的生产方式时，生产力并不能自行打破旧有的生产关系，自行推翻旧的生产方式，而必须通过作为阶级斗争最后形式的暴力革命才能做到这一点。正是基于这一点，马克思恩格斯对于阶级斗争和政治革命对历史发展的巨大影响给予了极高的评价。在《德意志意识形态》中，马克思、恩格斯提出社会的全面变革需要两个因素，一个是生产力发展的成熟，另一个是具体参与直接的革命运动的群众。"如果还没有具备这些实行全面变革的物质因素，就是说，一方面还没有一定的具备这些实行全面变革的物质因素，就是说，一方面还没有一定的生产力，另一方面还没有形成不仅反抗旧社会的个别条件，而且反抗旧的'生活生产'本身、反抗旧社会所依据的'总和活动'的革命群众，那么，正如共产主义的历史所证明的，尽管这种变革的观念已经表述过千百次，但这对于实际发展没有任何意义。"②马克思还说道："彻底的社会革命是同经济发展的一定历史条件联系着的；这些条件是社会革命的前提。因此，只有在工业无产阶级随着资本主义生产的发展，在人民群众中至少占有重要地位的地方，社会革命才有可能。"③也就是说，社会革命是以一定的生产力发展为基础的，但是，譬如社会主义革命，只有在和无产阶级同时成熟之后，才能真正地发动无产阶级革命运动以推翻资本主义社会。马克思甚至把革命阶级本身比作"最强大的一种生产力"。④

---

① 《马克思恩格斯选集》第3卷，人民出版社1995年版，第527页。
② 《马克思恩格斯选集》第1卷，人民出版社1995年版，第93页。
③ 《马克思恩格斯选集》第3卷，人民出版社1995年版，第287页。
④ 《马克思恩格斯选集》第1卷，人民出版社1995年版，第194页。

正是基于这种认识，马克思、恩格斯在 1879 年 9 月给奥·倍倍尔的一封信中，称阶级斗争是"历史的直接动力"，特别是资产阶级和无产阶级之间的阶级斗争是现代社会变革的"巨大杠杆"。①恩格斯在 1892 年为《社会主义从空想到科学的发展》英文版写的导言中也指出阶级斗争是历史发展的"伟大动力"。他指出：唯物史观"认为一切重要历史事件的终极原因和伟大动力是社会的经济发展，是生产方式和交换方式的改变，是由此产生的社会之划分为不同的阶级，是这些阶级彼此之间的斗争"。②这里所说的"重要历史事件"是指历史上的政治革命。恩格斯这句话的意思是：历史上的一切政治革命的"终极原因"是由生产力发展所引起的经济发展和生产方式的改变，而阶级斗争则通过暴力革命的形式具体地完成了这一改变，因此是实现这一变革的"伟大动力"。无论是"直接动力"还是"巨大杠杆"抑或"伟大动力"，都是一个意思，就是在生产力发展需要突破旧有生产关系、变更生产方式时，这个具体的工作需要通过作为阶级斗争的最后形式的暴力革命来完成。因此，暴力革命是新社会的助产婆。

至此，唯物史观关于历史发展根本动力的观点应该说已经十分明确：生产力发展是历史发展的根本动力，在生产力的发展过程中必然伴随着阶级斗争，而阶级斗争则是突破旧有生产关系和变更旧的生产方式的助产婆。阶级斗争的作用无论说它是直接动力还是巨大杠杆或是伟大动力，都是指当生产力发展到需要突破生产关系、变更生产方式时，起到"助产"的作用。它只是助产婆，而不是产婆。

恩格斯在晚年仍在进一步论述和发展着唯物史观关于历史发展动力的理论。如在致康·施米特的信中专门提及国家政治权力对于历史发展的作用，认为它对于经济发展具有反作用，但最终不能脱离经济因素的决定性作用，经济运动最终会为自己开辟道路。恩格斯将国家权力对经济的反作用概括为三种。恩格斯写道："国家权力对于经济发展的反作用可以有三种：它可以沿着同一方向起作用，在这种情况下就会发展得比较快；它可以沿着相反方向起作用，在这种情况下，像现在每个大民族的情况那样，

---

① 《马克思恩格斯选集》第 3 卷，人民出版社 1995 年版，第 685 页。
② 《马克思恩格斯选集》第 3 卷，人民出版社 1995 年版，第 704—705 页。《社会主义由空想到科学的发展》这部著作是由《反杜林论》中的"引论"第 1 章、第三编的第 1 章和第 2 章改写而成的宣传性著作，其内容完全包含在《反杜林论》中。

它经过一定的时期都要崩溃；或者是它可以阻止经济发展沿着既定的方向走，而给它规定另外的方向——这种情况归根到底还是归结为前两种情况中的一种。但是很明显，在第二和第三种情况下，政治权力会给经济发展带来巨大的损害，并造成人力和物力的大量浪费。"①也就是说，国家权力对经济的作用如果是顺应经济发展方向的，就会促进经济的发展；如果国家权力的作用是与经济发展方向相反的，虽然短时期会阻碍经济发展，但最终会以国家权力崩溃而告终。所以恩格斯又说道：整个伟大的历史发展过程是在相互作用的形式中进行的，但是相互作用的力量很不均衡，其中"经济运动是最强有力的、最本原的、最有决定性的"。②

正因为经济因素是在诸种对历史发展发挥作用的因素中起最终决定作用的因素，所以恩格斯在致瓦·博尔吉乌斯的信中，将经济关系看作是对于历史来说"贯穿始终、唯一有助于理解的红线"。恩格斯写道："政治、法、哲学、宗教、文学、艺术等等的发展是以经济发展为基础的。但是，它们又都互相作用并对经济基础发生作用。并非只有经济状况才是原因，才是积极的，其余一切都不过是消极的结果。这是在归根到底总是得到实现的经济必然性的基础上的互相作用。……所以，并不像人们有时不加思考地想象的那样是经济状况自动发生作用，而是人们自己创造自己的历史，但他们是在既定的、制约着他们的环境中，在现有的现实关系的基础上进行创造的，在这些现实关系中，经济关系不管受到其他关系——政治的和意识形态的多大影响，归根到底还是具有决定意义的，它构成一条贯穿始终的、唯一有助于理解的红线。"③恩格斯指出，在诸种因素的相互作用下，历史发展呈现出曲折的路线，但无论其路线有多曲折，最终总是围绕经济这根红线向前发展，而且时间越长，就越表现出与经济发展的一致性，如果在历史发展曲线上画出一条中轴线，那么它与经济发展的轴线基本上是平行的。恩格斯写道："历史上所有其他的偶然现象和表面的偶然现象都是如此。我们所研究的领域越是远离经济，越是接近于纯粹抽象的意识形态，我们就越是发现它在自己的发展中表现为偶然现象，它的曲线就越是曲折。如果您划出曲线的中轴线，您就会发现，所考察的时期越

---

① 《马克思恩格斯选集》第4卷，人民出版社1995年版，第701页。

② 同上书，第705页。

③ 同上书，第732页。

长，所考察的范围越广，这个轴线就越同经济发展的轴线接近于平行。"①

三 超越"现代化研究"与"阶级分析"之争：现代化模式概念的提出及对中国近代史研究的意义

从上述我们对于马克思主义唯物史观关于历史发展动力以及生产力发展与阶级斗争之间关系的论述来看，中国近代史研究中的"现代化范式"（或"现代化研究"法）和"革命史范式"（或"阶级分析"法）实际上都未能完整、准确地理解和把握马克思主义唯物史观在历史发展动力问题上的理论和观点："现代化范式"（或"现代化研究"法）片面强调生产力的发展，而忽视了阶级斗争是生产力发展的一个必然伴随现象，以及阶级斗争（暴力革命是其最高形式）在生产方式和社会经济形态转变中发挥着不可或缺的作用，表现在中国近代史研究中就是认为近代以来的中国历史发展就是一个由生产力发展而带动经济社会结构由传统农业社会向现代工业社会转化的过程，而忽视了历次革命运动对于近代中国的历史发展特别是向新民主主义转化中的特殊作用；"革命史范式"（或"阶级分析"法）则片面强调视阶级斗争在历史发展中的作用，忽视了历史发展本身是一个由社会生产力的发展所带动的过程，阶级斗争只是生产力发展的一个伴随现象，它对历史发展的作用是为排除生产力发展的政治障碍和为新社会诞生担任"助产婆"，表现在中国近代史研究中就是认为近代以来的中国历史就是一部革命运动史，就是一部阶级斗争史，而忽视了近代以来中国社会生产力的发展以及由此引起的虽很艰难但也取得相当成就的工业化和现代化发展。可以说，以上两种范式或两种方法都存在对马克思主义唯物史观理解不准确和对中国近代史的解释不全面的问题，我们的当务之急是要建立一种中国近代史研究的新范式或新方法，这种新范式或新方法既要符合马克思主义唯物史观的基本原理，又要能够对中国近代史作出全面的、科学的概括和解说。

建立一种既符合马克思主义唯物史观的基本原理，又能够对中国近代史作出全面的、科学的概括和解说的中国近代史研究的新范式或新方法是

---

① 《马克思恩格斯选集》第 4 卷，人民出版社 1995 年版，第 733 页。

我们的当务之急。恩格斯要求马克思主义历史学家应用唯物史观的基本原理重新研究和改写历史。恩格斯写道:"我们的历史观首先是进行研究工作的指南,并不是按照黑格尔学派的方式构造体系的诀窍。必须重新研究全部历史,必须详细研究各种社会形态存在的条件,然后设法从这些条件中找出相应的政治、私法、美学、哲学、宗教等等的观点。在这方面,到现在为止只做了很少的一点工作,因为只有很少的人认真地这样做过。在这方面,我们需要很大的帮助,这个领域无限广阔,谁肯认真地工作,谁就能做出许多成绩,就能超群出众。但是,许许多多年轻的德国人却不是这样,他们只是用历史唯物主义的套语(一切都可能被变成套语)来把自己的相当贫乏的历史知识(经济史还处在襁褓之中呢!)尽速构成体系,于是就自以为非常了不起了。"①恩格斯在此明确指出新的历史研究必须详细研究各种社会形态存在的条件(即经济关系),然后设法从经济关系中找出相应的政治、私法、美学、哲学和宗教等等的观点。恩格斯说,这方面的工作只有很少的人做过,而且只做了很少的一点点。这个领域无限广阔,谁肯认真地工作,谁就能做出成绩,就能超群出众。马克思、恩格斯都未能完成一部按照唯物史观原理撰写的历史学专著,他们把这项工作留给了后人,留给了以后的马克思主义史学研究者。应当说,此后的马克思主义历史学家们并未能很好地完成恩格斯所交给的任务。这个任务留给了在改革开放新时期成长起来的新一代中国马克思主义历史学家。

　　中国近代史研究的新范式或新方法应当完整、准确地贯彻马克思主义唯物史观关于生产力发展是人类历史前进的根本动力、在生产力发展的过程中必然伴随着阶级斗争,阶级斗争(包括其最高形式的暴力革命)是新社会产生的直接动力和"助产婆",以及经济关系对历史来说是具有决定意义的、"贯穿始终的、唯一有助于理解的红线"等基本原理,克服此前"现代化范式"(或"现代化研究"法)和"革命史范式"(或"阶级分析"法)对唯物史观的片面理解,克服两者在生产力发展和阶级斗争中片面重视其中一极而忽视另一极的毛病,建立一个能够完整解释近代以来中国社会从生产力发展到阶级斗争和政治变革的解释框架,最终建立一个科学的马克思主义的关于中国近代史的解释架构。

　　为此,我们认为,必须以"现代化研究"法为基础,将"阶级分析"

①　《马克思恩格斯选集》第4卷,人民出版社1995年版,第692页。

法引入"现代化研究"中，以确立一种将"现代化研究"法和"阶级分析"法结合起来，既克服两者的缺点又发挥两者的长处的，最终超越两者的新的研究范式或研究方法。

应当说，在此之前，各种形式的所谓"现代化研究"，基本上都是只注重生产力发展及由此带动的社会结构转型而忽视阶级斗争，有的甚至将现代化研究直接等同于资本主义或资产阶级研究，只有罗荣渠教授的"现代化研究"在注重生产力发展及由此带动的社会结构转型的基础上，也注意到阶级斗争在中国近代史上的特殊地位和作用，主张将阶级斗争（或政治革命）纳入"现代化研究"中来，以此扩展"现代化研究"的视野，丰富和完善"现代化研究"的分析架构，使"现代化研究"真正成为一种能够充分解释近代以来中国历史的分析架构，真正成为一种研究"范式"或成熟的研究方法。

罗荣渠教授批评"革命史范式"把阶级斗争当作历史发展的根本动力，表现在中国近代史研究上是只看到阶级斗争和政治运动而看不到社会生产力的发展及由此带动的由传统农业社会向现代工业社会的转型。罗荣渠教授并不否定阶级斗争和政治革命在中国近代史上的意义，他主张建立一种包括革命而不是排斥革命的"现代化范式"以取代"革命史范式"。他写道："九十年代以来，中国自己的现代化理论在历史唯物主义的基础上开始形成。理论的主要基点是：把以阶级斗争作为社会变革的根本动力转变为以生产力的发展作为社会变革的根本动力；现代化作为世界历史进程的中心内容是从前现代的传统农业社会向现代工业社会的大转变（或大过渡）。从这个新视角来看，鸦片战争以来中国发生的极为错综复杂的变革都是围绕着从传统向现代过渡这个中心主题进行的，这是不以人们意志为转移的历史大趋势。有了这个中心主题，纲举目张，就不难探索近百年中国巨变的脉络和把握中国近现代史的复杂线索。"[①]罗荣渠明确强调用"现代化范式"研究中国近代史不能否定革命而必须包括革命。他写道："以现代化为中心来研究中国近现代史，不同于以革命为中心来研究中国近现代史，必须重新建立一个包括革命在内而不是排斥革命的新的综合分析框架，必须以现代生产力、经济发展、政治民主、社会进步、国际性整

---

① 罗荣渠：《走向现代化的中国道路》，《现代化新论续篇》，北京大学出版社 1997 年版，第 102 页。

合等综合标志对近一个半世纪的中国大变革给予新的客观历史定位。新的研究要求在概念、模式、理论、方法等方面都有新的突破，但这些突破又只有通过系统的切实的研究才可能取得。"①但是，对于如何才能做到包括革命而不是排斥否定，罗荣渠教授并未加以说明，此后因早逝也未能按照他自己的设想进行中国近代史研究的具体尝试。

长期以来，笔者一直孜孜不倦地致力于现代化理论和中国现代化进程的研究，经历了一个由经济学到社会学再到历史学，又从世界近现代史到中国近现代史的艰难转换过程。笔者认为罗荣渠教授为中国近代史研究的"现代化范式"提出的基本原则，即"必须重新建立一个包括革命在内而不是排斥革命的新的综合分析框架，必须以现代生产力、经济发展、政治民主、社会进步、国际性整合等综合标志对近一个半世纪的中国大变革给予新的客观历史定位"，是正确的，是符合马克思主义唯物史观关于生产力发展是人类历史前进的根本动力、在生产力发展的过程中必然伴随着阶级斗争、阶级斗争（包括其最高形式的暴力革命）是新社会产生的直接动力和"助产婆"等基本原理的。但是，如上所述，罗荣渠教授并没有说明如何做才能做到使这个新的架构"包括革命而不是排斥革命"，而能否做到"包括革命而不是排斥革命"恰恰是新的超越"现代化范式"（"现代化研究"法）和"革命史范式"（"阶级分析"法）的分析架构能否成立的关键。笔者经过长期的研究和思考，认为在现代化研究中引入阶级分析法、通过将现代化分析法和阶级分析法相结合的方式可以实现这个目标。笔者进行了具体的尝试。将阶级分析法引入现代化研究的直接结果就是创立了现代化模式概念，提出用现代化模式的转换来重新看待和审视近代以来中国的历史进程。

我们吸收"现代化范式"（"现代化研究"法）的现代化分析法，将近代以来中国的社会变动视作一个现代化过程，即由生产力发展所带动的由传统农业社会向现代工业社会过渡的过程。但是，我们认为中国的现代化进程必然伴随着阶级和阶级斗争。我们是坚持马克思主义唯物史观的历史学者，认为在近代以来的中国现代化过程中伴随着阶级斗争。众所周知，在近代以来的中国社会中，存在着各种阶级——封建半封建的地主阶

---

① 罗荣渠：《走向现代化的中国道路》，《现代化新论续篇》，北京大学出版社1997年版，第100页。

级、农民阶级、民族资产阶级、官僚资产阶级、小资产阶级和无产阶级等，他们在现代化过程中扮演着不同的角色、发挥着不同的作用。有的是被动地参与社会的现代化进程，有的则主导着或试图主导社会的现代化进程、试图把中国的现代化引向有利于自己阶级的方向。不同阶级所主导的现代化，其生产力发展的状况、政治上层建筑的性质和结构、社会文化和精神与价值观的风貌，总之，整个日渐成熟或已经成熟的现代工业社会，都会呈现出完全不同的样态。不同的现代化模式会形成不同的现代工业社会。我们把这种不同阶级主导下的现代化就会产生不同的生产力发展状况、不同的政治上层建筑性质和结构以及不同的社会文化与精神价值观的风貌，总之会形成不同的现代工业社会的现象称作不同的现代化模式。一个国家或社会的现代化之所以会形成不同的模式，根源在于不同阶级主导的现代化就会产生不同的现代工业社会。

纵观近代以来中国现代化和经济政治变革的历史，可以从不同阶级主导现代化的视角将近代以来中国的现代化划分为三种模式或三条可能的发展道路，它们分别指向三种不同的现代工业社会。这三种模式或三种可能的发展道路即：一、由官僚资产阶级主导的官僚垄断资本主义现代化模式；二、由民族资产阶级主导的民族资本主义现代化模式；三、资产阶级民主主义现代化（分为由资产阶级民主主义者主导的旧民主主义现代化及作为其继承和发展的由无产阶级主导的新民主主义现代化）模式。我们认为，从以上三种现代化模式的转换中，可以看出近代以来中国历史发展的基本脉络及其趋势。可以看出，现代化模式是一个同时着眼于生产力发展和阶级关系的概念。近代以来的中国历史从根本上来说是一个由生产力发展所推动的从传统农业社会向现代工业社会转变的社会变迁过程，虽然这个过程表现得非常艰难。但是，如同一切其他国家一样，在近代中国，在由生产力发展所带来的成果和利益的占有上明显地体现为复杂的阶级关系。各社会阶级为了主导对生产力发展成果的占有，强烈地表现出将社会的现代化进程引向符合本阶级利益的方向的愿望，由此必然要形成特定的经济、政治和文化制度，形成不同的现代工业社会，这就构成了我们所说的现代化模式。现代化模式概念既反映了近代中国社会的基本矛盾，也反映了近代中国社会的主要矛盾；既反映了近代中国历史发展过程中的生产力发展方面，也反映了近代中国历史发展过程中的阶级斗争方面，是关于生产力发展是人类历史前进的根本动力、在生产力发展的过程中必然伴随着阶级斗争、阶级斗争（包括其最高形式的暴力革命）是新社会产生的直接动力和"助产婆"以及经济关系对于历史来说是具有决定意义的、"贯穿始终的、唯一有助于理解的红线"等马克思主义唯物史观的基本原理在中国近代史研究领域的准确运用。

在经过近 20 年艰苦探索的基础之上，我们初步建立了一个从现代化模式转换的视角研究中国近代史的基本架构，写成《现代化模式与近代以来中国历史进程》①一书，为确立中国近代史研究的超越"现代化范式"（"现代化研究"法）和革命史范式（"阶级分析"法）的新分析架构尽了一点绵薄之力。在本书中，我们通过对官僚垄断资本主义现代化、民族资本主义现代化和资产阶级民主主义现代化（分为旧民主主义现代化及作为其继承和发展的新民主主义现代化）等几种现代化模式在近代中国历史上交织纠葛和交替转换过程的分析和考察，阐述了近代中国历史上生产力和经济发展的过程，而关于政治民主、社会进步和国际性整合的内容则由于笔者的能力限制而未能加以研究和阐述。目前，笔者正在致力于从现代化模式转换的视角研究和考察 20 世纪前半期中国现代化的政治进程并取得了一些成果。笔者期望能在不久的将来完成这项研究，以对建立中国近代史研究的新范式和新方法起到推动作用。

（作者单位：中国社会科学院近代史研究所）

---

① 严立贤：《现代化模式与近代以来中国历史进程》，九州出版社 2010 年版。

今天的中国应当如何认识阶级
斗争和人民民主专政

苑秀丽

《坚持人民民主专政，并不输理》① 一文发表后，围绕这篇文章的讨论成为学界的一个热点。真理越辩越明，积极健康的学术争鸣有助于交流看法和辨别是非，从而推进对现实的认识和理论的理解。但是在讨论中也存在一些乱扣帽子、乱贴标签的现象，这是很不严肃的。马克思主义学者应当直面争论，阐述正确观点。引导理论争论，宣传和捍卫马克思主义。

最近，看到蓝蔚青教授的一篇文章《讲阶级斗争和无产阶级专政理论不能离开特定的历史语境——对重大理论不能作简单化的分析和口号式的表态》（以下简称《蓝文》），② 深感《蓝文》提出的一些观点值得商榷。

一 当今中国坚持人民民主专政是"时空穿越"吗？

《蓝文》以邓小平 1992 年南方谈话为据，认为邓小平使用"专政"的概念，与马克思和列宁最初使用"专政"概念时突出用革命的暴力保卫新政权是同一个意思。他截取了邓小平这样一段话："历史经验证明，刚刚掌握政权的新兴阶级，一般来说，总是弱于敌对阶级的力量，因此要用专政的手段来巩固政权。"③ 所以，《蓝文》认为，如果脱离了"刚刚掌握政权"这个历史语境，在当今社会仍然把一定范围内存在的阶级斗争作为坚持无产阶级专政的主要依据，那就难免给人"时空穿越"的感觉。

那么，邓小平果真认为只是"刚刚掌握政权"时才需要"专政的手

---

① 王伟光：《坚持人民民主专政，并不输理》，《红旗文稿》2014 年第 18 期。
② 上海社会科学院国外社会主义研究中心、上海社会科学院中国马克思主义研究所主办《世界社会主义研究动态》2014 年第 11 期。
③ 《邓小平文选》第 3 卷，人民出版社 1993 年版，第 379 页。

段"吗？让我们来看一下邓小平这段话的原文："依靠无产阶级专政保卫社会主义制度，这是马克思主义的一个基本观点。马克思说过，阶级斗争学说不是他的发明，真正的发明是关于无产阶级专政的理论。历史经验证明，刚刚掌握政权的新兴阶级，一般来说，总是弱于敌对阶级的力量，因此要用专政的手段来巩固政权。对人民实行民主，对敌人实行专政，这就是人民民主专政。运用人民民主专政的力量，巩固人民的政权，是正义的事情，没有什么输理的地方。我们搞社会主义才几十年，还处在初级阶段。巩固和发展社会主义制度，还需要一个很长的历史阶段，需要我们几代人、十几代人，甚至几十代人坚持不懈地努力奋斗，决不能掉以轻心。"① 这是邓小平在 1992 年的讲话。在专政问题上，邓小平说过很多类似的话："我不止一次讲过，稳定压倒一切，人民民主专政不能丢。你闹资产阶级自由化，用资产阶级人权、民主那一套来搞动乱，我就坚决制止。马克思说，阶级斗争不是他的发现，他的理论最实质的一条就是无产阶级专政。无产阶级作为一个新兴阶级夺取政权，建立社会主义，本身的力量在一个相当长时期内肯定弱于资本主义，不靠专政就抵制不住资本主义的进攻。坚持社会主义就必须坚持无产阶级专政，我们叫人民民主专政。在四个坚持中，坚持人民民主专政这一条不低于其他三条。理论上讲清楚这个道理是必要的。"② 从中不难看出，"坚持社会主义就必须坚持无产阶级专政"才是邓小平的一贯思想。所以，《坚持人民民主专政，并不输理》一文说："人民民主专政是我国社会主义国家政权的实质和主要内容，坚持人民民主专政是我国社会主义制度的基本保障，是中国特色社会主义必须坚持的一个基本原则。"这完全坚持了马克思列宁主义、毛泽东思想、邓小平理论，并没有离开历史语境。作为负责任的理论工作者，我们在证明自己的观点时，不能根据自己的需要对原著的相关内容进行剪裁，这样做不仅自己无法做出正确的判断，还会误导广大读者。

另外，对于无产阶级专政的"专政"职能的理解，《蓝文》也存在偏颇。《坚持人民民主专政，并不输理》一文很清楚地指出："无产阶级专政职能具有两个基本职能和属性，一是担负对内镇压被统治阶级、对外抵抗外来侵略的积极工具职能，具有鲜明的阶级属性；二是具有组织生产、发

---

① 《邓小平文选》第 3 卷，人民出版社 1993 年版，第 379 页。

② 同上书，第 364—365 页。

展经济、协调关系、保证公平、繁荣文化、统一道德、提供保障等公共服务职能，具有公共服务的属性。"而《蓝文》把"专政"的职能理解为主要在于暴力，他认为随着新政权的巩固，"专政"职能已降到次要地位，因此，《坚持人民民主专政，并不输理》一文使他产生了"时空穿越"之感。可以看到，这只是《蓝文》作者的片面理解而已，在马克思主义者那里，无产阶级专政从来就是两个基本职能的统一。

二　坚持一定范围内存在阶级斗争，坚持人民民主专政，并不等于"以阶级斗争为纲"

《蓝文》将承认存在阶级斗争与"以阶级斗争为纲"相混淆。事实上，《坚持人民民主专政，并不输理》一文的主旨符合我们党"一个中心，两个基本点"的社会主义初级阶段的基本路线，并非是要走向"以阶级斗争为纲"。认真阅读邓小平的著作可以看出，邓小平对待阶级斗争和人民民主专政的一贯立场是：对社会主义社会中的阶级斗争要有恰当的估计，既不能夸大也不能缩小。坚持四项基本原则，其中坚持人民民主专政这一条的地位不低于其他三条。

《坚持人民民主专政，并不输理》一文正是要在理论上讲清楚这些道理。但此文的发表，却被扣上了"以阶级斗争为纲"的帽子。我们在历史上犯过"以阶级斗争为纲"的错误，但决不能将马克思主义的阶级观点、阶级分析方法同"以阶级斗争为纲"一起否定了。

然而，在一些人那里，"两个基本点"变成了"一个基本点"，只讲以经济建设为中心，不讲坚持四项基本原则，甚至将坚持四项基本原则等同于"以阶级斗争为纲"。在中国，处于社会主义初级阶段历史方位与发展社会主义市场经济的现实需要，阶级和阶级差别并没有完全消失。在这种现实下，坚持马克思主义阶级观点，对阶级状况进行客观分析，是为了制定正确的政策的需要，而不是为了重回"以阶级斗争为纲"。对马克思主义阶级观点和阶级分析方法，应当根据现实情况进行合理运用，而不能谈阶级分析就色变。

《蓝文》提出，"党的代表大会对当今中国社会的阶级和阶级斗争这个重大理论问题一贯持非常慎重的态度""连续5届党代会报告没有从阶级斗争角度阐释和论证人民民主专政，丝毫没有影响我国坚持人民民主专政"。但是，还要看到，我们党和国家从来都是坚持"阶级斗争还将在一定范围内长期存在"这一基本观点。我国宪法明确指出："在我国，剥削阶级作为阶级已经消灭，但是阶级斗争还将在一定范围内长期存在。中国人民对敌视和破坏我国社会主义制度的国内外的敌对势力和敌对分子，必须进行斗争。"从邓小平到习近平，一直这样讲：在社会主义社会，阶级斗争还将在一定范围内长期存在，在某种条件下还可能激化。既要反对把阶级斗争扩大化的观点，又要反对认为阶级斗争已经熄灭的观点。我们党在这一问题上不存在丝毫的偏离和犹疑。我们党没有将阶级斗争年年讲、月月讲、天天讲，的确表现了我们党"对当今中国社会的阶级和阶级斗争这个重大理论问题一贯持非常慎重的态度"。我们党自改革开放以来一直强调以经济建设为中心，绝不能走封闭僵化的老路。"以阶级斗争为纲"曾经给党和人民带来了惨痛的教训，但是，我们同时也看到，否定阶级斗争依然会很惨痛，我们绝不会走改旗易帜的邪路。

三　坚持一定范围内存在阶级斗争、坚持人民民主专政离开了"历史语境"吗?

《蓝文》肯定了阶级斗争理论是科学社会主义理论的基本问题，同时，《蓝文》作者提出了一个重要观点，就是"要正确理解阶级斗争理论以及与之相关的无产阶级专政理论，决不能离开一定的历史语境"，"决不能作令人遐想的简单化的分析和口号化的表态"。

但是，笔者认为，结合当前的世情、国情、党情，《坚持人民民主专政，并不输理》一文提出关于一定范围内存在的阶级斗争和人民民主专政的认识是对当前国际国内现实的深刻把握和警醒，有着认识论上的积极意义。在世界上依然存在社会主义与资本主义两种社会制度的历史时代，不能"只谈问题，莫问主义"。社会主义与资本主义在根本制度、阶级力量、价值目标等方面存在根本对立，为什么现在有些人就根本听不得说两种社会制度是根本对立的呢? 在帝国主义、霸权主义存在的条件下，事实上，没有无产阶级专政，我们就不可能保卫从而也不可能建设社会主义。

所以，对人民民主专政不能作简单化的分析和口号化的表态，而应当真正以阶级分析的视角看待中国的现实。《蓝文》的看法是，对这种有争论的重大理论问题，"在基本形成共识之前，不要在媒体上公开宣传"。事实上，《坚持人民民主专政，并不输理》一文发表后引起的理论喧嚣，令很多人意外。这种现象在以马克思主义为指导思想的社会主义国家，难道不让人感到很不正常吗？！

人民民主专政是中国的国体，人民民主专政若动摇，社会主义的中国必然是国之不存。这是一个明显的道理，这是一条最基本的马克思主义原理，但现在却成为一些人指责的目标。一些人认为坚持人民民主专政，就是搞"独裁"，搞"镇压"，就是"反对人权"，就是"压制自由"，就是"抗拒宪政民主的世界潮流"。其原因何在？就是因为曾经的"以阶级斗争为纲"让人心有余悸吗？不是！中国改革开放以来产生了一批西方经济政治理论的追随者，这些人不能接受《坚持人民民主专政，并不输理》一文的理论阐述和现实分析，才以"扣帽子""贴标签"的方式表达反感和不满。然而，在现实的矛盾和冲突让人迷惑之时，坚持阶级斗争理论的视角能更清楚地辨清它们。

当前，一方面是国内外敌对势力不断制造敌对言论和行动，另一方面是一些人不敢旗帜鲜明地提阶级、阶级斗争和人民民主专政。这在很大程度上降低了马克思主义的可信度。马克思主义者决不能作"令人遐想的简单化的分析和口号化的表态"，应当旗帜鲜明地拨开话语迷雾，正视我国已经存在的一定范围内的阶级斗争及影响，正视国内外敌对势力的经济政治诉求，肯定阶级分析的必要性，以正确认识工人阶级、广大劳动人民的实际状况和诉求，促进社会公平公正。

（作者单位：青岛大学政治理论教学部）

编纂台湾思想史之原则与方法刍议
（论文要点摘录）

孙翠萍

台湾思想史是中华思想通史的重要组成部分。坚持用历史唯物主义和辩证唯物主义的科学方法来编撰台湾思想史对于推动中华思想史整体工程具有积极意义。台湾思想史的编纂从属于中华思想史整体框架下中华人民共和国编的编写规则，在指导思想上当然也要坚持本编的既有规则。在具体编撰方式上，坚持"一个中国"原则甄选史料，并将选择的重点放在与中华人民共和国历史发展有交集的主流思想史演变上，将起到事半功倍的效果。

台湾是中国不可分割的一部分，"一个中国"原则具有不可动摇的事实和法理基础。台湾思想史具有自身鲜明的特点，需要在编纂时坚持使用科学的方法并保持高度的政治敏锐性。虽然编纂的对象是台湾思想史，但是对于大陆对台政策及其演变的历史需要了然于胸，这样才会在处理纷繁复杂的史料时围绕主题，突出当代中国史学的特点。放眼当前，两岸关系正处于新的重要节点上。习近平总书记在会见时任中国国民党主席的朱立伦时曾强调国共两党应该加强交流、总结经验、开拓创新，擘画两党关系发展新前景，共同开创两岸关系未来，建设两岸命运共同体。其中建设两岸命运共同体的五点主张体现了时代需求，也将指导推动对台各项工作的顺利开展。①

台湾思想史在编纂上从属于中华思想通史项目的整体框架下中华人民共和国编的编写规则。在指导思想上当然也要坚持本编的既有规则：（1）以在马克思主义中国化和中华思想文化传承中产生重要影响的思想成果为主；（2）以在社会发展中占主导地位、发挥积极历史作用的思想成果

---

① 《习近平总书记会见中国国民党主席朱立伦》，《人民日报》2015年5月5日第1版。

为主；（3）以反映社会整体、全局、长远发展要求的思想成果为主；（4）以经过实践检验并被实践证明是正确的或基本正确的思想成果为主。但是基于两岸分离的现状，台湾思想史专题在编纂中不可能和编纂大陆思想史一样，因为编纂的对象有着不同于大陆的发展脉络与自身特点。根据中华思想史编委会总的编纂精神，通过查阅 1949 年以来的重要史料，笔者认为台湾思想史的编纂要在尊重现实的基础上，坚持"一个中国"的原则，以两岸关系中的重要历史事件为线索加以搜集和整理，最终达到既体现中华思想史发展脉络的主流思想又兼顾台湾地区特点的目标。

一 坚持"一个中国"原则下的甄选标准

在两岸分离的特定历史条件下，台湾地区的思想史是建立在台湾是中国不可分割的一部分的"一个中国"原则下的思想史。这个原则确立了一个比较宽泛的甄选标准。可以将"一个中国"概念下的思想史料纳入中华思想史的范畴内。在一定程度上缓解了由于历史问题导致的台湾思想史在资料层面呈现出来的异质性。

"一个中国"原则是中国政府对台政策的基石，也是台湾国民党当局长期坚持的原则。后经邓小平同志的倡导，逐步形成了"一国两制"的科学构想，确立了"和平统一、一国两制"的基本方针。台湾国民党当局的"一个中国"政策在不同时期目标有所不同。在两蒋时期，其目标主要是维护传统的法统观点，强调"中华民国"是代表中国的唯一合法政府，及"中华民国"对大陆拥有主权及统治权。

在蒋介石看来，"一个中国"的内涵是"中华民国"。剥去蒋介石不得民心、败退台湾等政治因素，他的思想毕竟和主张把台湾从中国分裂出去的台独分子有着完全不同的性质。

二 明确台湾思想史在中华思想通史中的定位

根据中华思想史的编纂精神，台湾思想史是中华思想通史主脉络下的有机组成，其关注的对象是 1949 年后和中华人民共和国历史相关的台湾思想史，而非台湾岛内的思想史。明确这种区别可以在指导思想上明确哪些和中华人民共和国发展史密切相关，或者是对大陆政策回应等思想史料是需要重点留意的，哪些具体到台湾地区的史料是可以置于次要地位或者根据篇幅需要直接弃用的，从而更好地体现台湾思想史的人民性。据此，需要重点留意的历史节点有炮击金门、中华人民共和国恢复在联合国合法席位、中美建交、"九二共识"等。

1971 年 10 月 26 日，蒋介石在发表"中华民国"退出联合国的声明时，讲道：

> 中华民族的文化传统，是坚持正义、爱好和平，现在我国虽已退出我们所参与艰辛缔造的联合国，但是我们今后在国际社会中必当仍以联合国宪章之宗旨与原则为准绳，继续为维护国际间公理正义与世界和平安全而勇毅奋斗。
>
> 在此，我要严正声明：恢复大陆七亿同胞的人权自由，乃是整个中华民族的共同意愿，乃是我们决不改变的国家目标和必须完成的神圣责任。中华民国是一个独立的主权国，对于主权的行使，决不受任何外来的干扰，无论国际形势发生任何变化，我们将不惜任何牺牲，从事不屈不挠的奋斗，绝对不动摇，不妥协。[①]

这体现了蒋介石在中华人民共和国恢复在联合国合法席位后的失落，也从一个侧面体现出在中国共产党领导下，中华人民共和国在联合国恢复合法席位的胜利，体现出历史发展的潮流，符合编纂过程中始终坚持的历史唯物主义和辩证唯物主义精神。

三 突出主流思想演变的同时着墨值得关注的少数思潮

根据中华人民共和国编的编写体例，台湾思想史的编纂可以以大陆和台湾有交集的重要思想史的发展与演变为主脉络，尤其关注有代表性的政治和哲学思想史的演变。为了把握好台湾思想史中的政治和哲学思想部分，笔者曾经分专题对台湾思想史进行了系统梳理，专题的对象包含政治、经济、哲学等具体类别。经初步研究，其政治思想集中体现为三民主

---

① 一个中国论述史料汇编编辑小组：《一个中国论述史料汇编：史料文件》，台北"国史馆"，民 89，第 323—324 页。

义思想，其代表人物有蒋介石、蒋经国、陈诚、严家淦、宋美龄等。在哲学思想方面，重点关注新儒学以及自由主义代表人物。在此，谨举与宋美龄相关的一个案例说明。宋美龄在批驳"两个中国"之谬说时讲："两个中国政策很像是信奉两个上帝"。她把"承认中华民国又承认中共一事，比做圣经上所提勿一面信奉上帝一面信奉玛拿的警告"。宋美龄坚持一个中国、驳斥"两个中国"的思想，其观点和蒋介石在此问题上的态度本质上是一致的。

为更好地完成台湾思想史的编纂工作，在重点把握中华思想史主流与主线之演变的基础上，笔者认为还可以适当加入有代表性的其他思潮的内容，如20世纪70年代以台湾留美学生为主体发动的保钓运动所体现的爱国思想以及对当前两岸现状有着直接影响的台独思想史的发展演变。[①] 从而在把握主流的同时，兼顾个别。通过对少数"非一个中国"言论的客观分析与评论揭示如果否认"九二共识"，挑战两岸同属一个中国的法理基础，搞"一边一国""一中一台"，就会损害民族、国家、人民的根本利益，动摇两岸关系发展的基石，就不可能有和平，也不可能有发展。

四　余论

台湾是中国不可分割的一部分，台湾思想史同样是中华思想通史中的宝贵财富，是台港澳思想史专题的重要组成部分。从已有的研究基础来看，台湾史学较为擅长研究思想史，已有一些优秀成果[②]，大陆也出版了不少关于台湾方面的资料与著述[③]。以已有的研究成果为基础，结合一些新披露的史料，选择符合中华思想史编纂规则的史料可以起到事半功倍的效果。总体来看，台港澳思想史专题的考察对象，时间跨度较长，且分散在不同卷内，需要耗费诸多心力进行统一与整合。此外，涉台资料在搜集、利用以及繁简转化上和编纂大陆思想史相较都存在诸多不便，这为客观、系统、科学地编纂台湾思想史提出了挑战。虽然有诸多客观困难的存在，但是只要坚持"一个中国"的原则来甄选资料，并将选材的重点放在

---

① 爱盟：《爱盟·保钓——风云岁月四十年》，风云时代2011年版。

② 徐复观：《两汉思想史》，台湾学生书局1979年版；钱穆：《中国思想史》，台湾学生书局1995年版等。

③ 仅以哥伦比亚大学"毅狄书斋"存藏的《张学良口述历史（访谈实录）》（系列）为例。

与中华人民共和国历史发展有一定交集的代表性思想史资料上，就能符合中华思想通史的整体要求。而在宏观把握主流思想史的同时，抓住台湾思想史的一些特色之处，将更符合科学严谨的治史精神。

（作者单位：中国社会科学院当代中国研究所）

社会主义初级阶段与阶级斗争新特点

梁　柱

我国社会主义还将在一个相当长的时期处在初级阶段。在这个历史阶段，就其社会阶级关系来说，作为一个完整的剥削阶级已经消灭，但一定范围内的阶级斗争仍长期存在，在一定条件下还会出现新的剥削和压迫关系。这是一个由有阶级社会向无阶级社会过渡的社会，阶级斗争会表现出新的特点。在这方面，毛泽东、邓小平在不同的历史时期都有过重要的论述，积累了正反两方面的经验，是值得我们认真研究和学习的。

一

阶级和阶级斗争，是马克思主义著述中讲得最多的一个问题。但是，阶级和阶级斗争问题，最早是由资产阶级的历史学家和经济学家提出的。马克思从理论上概括了自己阶级斗争学说的新特点，这个新特点和新贡献，集中反映了马克思主义的历史观，为科学社会主义奠定了坚实的理论基础。只有牢牢把握社会历史发展的这一基本事实，用阶级和阶级斗争的观点观察和分析社会问题，才能透过错综复杂、千变万化的社会现象，认识事物的本质，掌握社会历史发展的客观规律，认清历史发展的趋势。如果说革命年代充分证明了阶级斗争理论的正确性，那么，在社会主义社会是不是还存在着阶级斗争？阶级斗争在社会主义社会里表现出哪些新的特点？在这个新的历史时期里还要不要运用阶级分析的方法？对这些问题的认识，是关系到像我们这样的国家能不能坚持社会主义，关系到人民民主专政的国家能不能长治久安的根本性问题。

应当肯定，毛泽东关于社会主义时期的阶级和阶级斗争的理论，既有失误的方面，又有正确和基本正确的方面。就后者来说，仍然是闪耀着马克思主义的思想光辉，有的则是对科学社会主义学的发展做了重要的贡献，因而必须加以审慎的区分和对待。社会主义改造的基本完成和社会主义制度在中国的确立，使国内阶级关系和阶级斗争形势发生了重大变化。1956 年召开的党的八大正确指出：国内主要矛盾已经不再是工人阶级和资产阶级的矛盾，而是人民对于经济文化迅速发展的需要同当前经济文化不能满足人民需要的状况之间的矛盾。这时毛泽东也对这种变化迅速做出了正确的判断，指出现在的情况是：革命时期的大规模的急风暴雨式的群众阶级斗争已经基本结束，但是阶级斗争并没有结束；还有反革命，但是不多了；我们的根本任务已经由解放生产力变为在新的生产关系下面保护和发展生产力。这是对社会主义社会阶级斗争的基本形势和主要任务的正确判断。在这里必须肯定，阶级的产生和作为完整的阶级的消灭，都是基于同生产资料的关系；正是坚持这同一个标准，所以当生产资料资本主义所有制的改造基本完成之后，资产阶级赖以获取剩余价值的生产资料已经交出，失去了借以剥削和压迫人的手段，这使它作为一个剥削阶级已经归于消亡，所以这时阶级斗争已不再是主要矛盾，再提"阶级斗争为纲"的口号就失去了客观依据。也正因为这样，经济建设就成为社会主义时期的主要任务。

为了认识社会主义时期的阶级还没有最终消灭，阶级斗争仍然长期存在，毛泽东总是提醒人们要正确分析国际和国内的阶级斗争状况。他在1958 年写的《工作方法六十条（草案）》就说过："现在一方面有社会主义世界同帝国主义世界的严重的阶级斗争；另一方面，就我国内部来说，阶级还没有最后消灭，阶级斗争还是存在的。这两点必须充分估计到。"[1]历史和现实证明，社会主义国家内部的阶级斗争，往往是同国际上的阶级斗争互相配合，互相呼应的。这是社会主义时期阶级斗争的一个显著特点，并且也使这种斗争呈现出错综复杂的局面。毛泽东在考察社会主义时期的阶级斗争问题时，总是把国内的阶级斗争同国际的阶级斗争联系起来，并且提醒人们对这两个方面都要充分估计到，这无疑是十分正确和深刻的。

从国际范围来看，社会主义和资本主义的矛盾是当今世界的一个主要矛盾，社会主义制度和资本主义制度之间的对立和斗争，即国际范围的阶级斗争，将会长期存在。只要世界帝国主义存在，就不会停止对社会主义

---

[1] 《毛泽东文集》第 7 卷，人民出版社 1999 年版，第 351 页。

国家的渗透和颠覆活动，这是矛盾的性质和帝国主义的本性决定的。而两种社会制度国家之间在国家关系上又是和平共处，开放和交往是不可避免的。这是必要的，而且对双方都是有利的。但同时，这也为对方的渗透提供了可能。国际帝国主义势力的渗透和颠覆活动，不仅自己出马，而且十分注意在社会主义国家内部寻找代理人，扶植反共势力；而社会主义内部的敌对势力，不仅会从国际帝国主义那里得到鼓舞力量，而且他们的活动还会直接或间接地得到国际上的支持，或者就是在国际帝国主义势力的支持和怂恿下搞起来的。因而，国内外敌对势力是互为依靠，里应外合的；国际阶级斗争和国内阶级斗争是互相呼应、配合和影响的。这是不容置疑的严酷事实。

毛泽东还指出："在我们国内，人剥削人的制度已经消灭，地主阶级和资产阶级的经济基础已经消灭，现在反动阶级已经没有过去那么厉害了，比如说，已经没有一九四九年人民共和国建立的时候那么厉害了，也没有一九五七年资产阶级右派猖狂进攻的时候那么厉害了。所以我们说是反动阶级的残余。但是，对于这个残余，千万不可轻视，必须继续同他们作斗争。"他还指出："在社会主义社会，还会产生新的资产阶级分子。"①应当肯定，所有制变更是剥削阶级作为阶级消灭的基本标志，但是，阶级的彻底消灭又是一个长期而复杂的过程。这是因为，在地主、资产阶级的所有制废除之后，作为阶级的剥削阶级虽然已被消灭，但剥削阶级思想还会长期存在，剥削阶级的残余分子还可能故态复萌，还存在着各种敌视和反对社会主义的势力，等等。这里不但存在着剥削阶级的残余分子还企图复辟，而且我们同各种敌视和反对社会主义制度分子的斗争，从本质上说，还是属于无产阶级和资产阶级斗争的范畴，因为他们的活动以及他们代表人物的政治、经济纲领，归根结底是为了在中国复辟资本主义制度。同时还应该看到，在社会主义社会，还存在着产生新的剥削分子的经济根源和思想根源，即在生产力相对低下的情况下一定范围的私营经济、个体经济和小生产的存在，以及剥削阶级意识形态遗留的影响，也还存在着这种新剥削分子得以存在和发展的外部条件，即国际帝国主义的存在及其对社会主义国家的渗透活动。由于上述原因，我国社会仍处在逐步消灭阶级的过程之中，剥削阶级的完全消亡还需要一个很长的历史时期，因此，阶

---

① 《毛泽东文集》第8卷，人民出版社1999年版，第297页。

级斗争还将长期地在一定范围内存在，在某种条件下还有可能激化。这正如列宁曾指出的，共产主义第一阶段，还存在着寄生虫、老爷、骗子手等资本主义传统的保护者，还存在着想保留资本主义恶习和受到资本主义强力腐蚀的人们。这些正是国际帝国主义在社会主义国家策划"和平演变"的社会基础。

毛泽东在探索适合中国国情的社会主义建设道路时，曾明确把我国社会主义定位在不发达的阶段，也就是说，我国的社会生产力还不发达，已建立的社会主义生产关系和上层建筑还不完善。上述对社会主义时期阶级和阶级斗争形势估计，基本上是符合这个阶段的特点的。

在新的历史时期，邓小平的一个重大历史功绩，是确立了社会主义初级阶段的理论，明确了社会主义社会的主要任务并实现了党的工作重心的转变。但他在论述坚持人民民主专政必要性和重要性的时候，又坚决地批驳了否认阶级斗争存在的错误观点。他具体分析了社会主义社会一定范围内阶级斗争的基本特点，他认为，我们必须看到，在社会主义社会，仍然有反革命分子，有敌特分子，有各种破坏社会主义秩序的刑事犯罪分子和其他坏分子，有贪污盗窃、投机倒把的新剥削分子，并且这种现象在长时期内不可能完全消灭。他指出，同他们的斗争不同于过去历史上的阶级对阶级的斗争，因为他们不可能形成一个公开的完整的阶级，但仍然是一种特殊形式的阶级斗争，或者说是历史上的阶级斗争在社会主义条件下的特殊形式的遗留。之所以是这样，因为这种阶级斗争不是社会主义制度本身引起的，它是广大人民同零散的而不是完整的，分散的而不是统一的剥削阶级的残余分子的斗争。这些残余分子除了原有的极少数的没有改造好的仍然坚持反动立场的剥削阶级分子之外，还包括新产生的各种刑事犯罪分子和反社会主义分子。如前所述，这些人虽然是新生的，但归根结底还是旧制度的产物，如导致这些人走上犯罪道路的人生观、历史观，就是旧的意识形态的遗留。所以邓小平强调，对于这一切反社会主义的分子仍然必须实行专政，这种专政是国内斗争，有些同时也是国际斗争，两者实际上是不可分的。邓小平强调指出："在阶级斗争存在的条件下，在帝国主义、霸权主义存在的条件下，不可能设想国家的专政职能的消亡，不可能设想常备军、公安机关、法庭、监狱等的消亡。它们的存在同社会主义国家的民主化并不矛盾，它们的正确有效的工作不是妨碍而是保证社会主义国家的民主化。"① 在这里，对社会主义社会阶级斗争的形势和特点、民主和专政关系的深刻论述，对我们今天坚持人民民主专政仍有重要的指导意义。

二

毛泽东认为，社会主义社会长期存在的这种阶级斗争的基本内容是两条道路斗争，即走社会主义道路还是走资本主义道路，在社会主义社会仍然存在着资本主义复辟的危险性。他特别强调指出，要好好地认识这个问题，研究这个问题，要提高警惕，不然的话，我们这个国家还是会走向反面，即走向资本主义。如果我们麻痹大意，资产阶级就会夺取政权，复辟资本主义。这就是说，以两条道路斗争为基本内容的阶级斗争的中心问题仍然是政权问题，是夺取政权和巩固政权的斗争。国内外敌对势力依然是从夺取政权入手，来改变社会主义国家的社会性质。因而，在我国已建立起人民民主专政即无产阶级专政的情况下，坚持人民民主专政，维护其无产阶级专政的性质就是一项长期的带根本性的任务。毛泽东正是基于并发展了马克思主义的阶级斗争学说，作为防止资本主义复辟、反对帝国主义"和平演变"战略的根本出发点。

新历史时期的国际环境，决定了阶级斗争的集中表现是四项基本原则同资产阶级自由化的对立。邓小平正是基于社会主义初级阶段的历史条件及其所处的国际环境，一针见血地指出："所谓资产阶级自由化，就是要中国全盘西化，走资本主义道路。"② "自由化是一种什么东西？实际上就是要把我们中国现行的政策引导到走资本主义道路。这股思潮的代表人物是要把我们引导到资本主义方向上去。"③ 邓小平深刻洞察到这一点，他一再告诫全党要一以贯之地坚持四项基本原则。显而易见，邓小平的这些论述，同毛泽东的上述观点，具有一脉相承的关系。

这种以走社会主义道路还是走资本主义道路为基本内容的、一定范围内的阶级斗争，在社会主义时期会表现如下几个特点：

其一，意识形态领域是社会主义时期一定范围内的阶级斗争的重要阵

---

① 《邓小平文选》第 2 卷，人民出版社 1993 年版，第 169 页。
② 《邓小平文选》第 3 卷，人民出版社 1993 年版，第 207 页。
③ 同上书，第 181 页。

地。历史经验表明，阶级斗争往往是以意识形态领域的斗争为先导，这在社会主义时期表现得尤为明显。毛泽东曾经说过："凡是要推翻一个政权，总要先造成舆论，总要先搞意识形态方面的工作。无论革命也好，反革命也好。"① 这正确地反映了阶级斗争的一条客观规律。在社会主义条件下，那些敌视社会主义的势力总是采用"夺权先夺人，夺人先夺心"的策略，从意识形态方面入手，攻击和否定马克思主义，丑化党的领导和社会主义制度，鼓吹西方资本主义的民主、自由，蛊惑人心，煽动群众，一旦时机成熟，他们就会结成"政治反对派"，进行旨在推翻社会主义制度的政治斗争。而国际敌对势力加紧推行的"和平演变"战略，也主要是搞"攻心战"，大力强化意识形态的渗透，通过各种渠道传播西方资本主义的思想观念和政治模式，动摇人们对社会主义的信念，从而导致社会动荡，政局失控，达到不战而胜的目的。我们知道，以马克思主义为指导的社会主义意识形态是有史以来最先进的社会思想体系，但它的历史还很短，与剥削阶级意识形态的成熟程度及其拥有充分的传播工具相比，与旧意识形态具有的某种传统优势相比，社会主义意识形态还需要一个继续加强和完善的过程。毛泽东曾经说过："我国社会主义和资本主义之间在意识形态方面的谁胜谁负的斗争，还需要一个相当长的时间才能解决。"②这是从全局上分析估量了国际国内的阶级形势和阶级斗争的特点而做出的一个符合实际的深刻判断。因而，意识形态的阵地社会主义思想不去占领，资本主义思想就一定会去占领，这是没有调和的余地的。这个判断，不但为苏联亡党亡国惨痛的历史教训所证明，而且也为我国改革开放以来一直顽强表现自己政治诉求的资产阶级自由化思潮所印证。这个历史经验，正如习近平总书记强调指出的："一个政权的瓦解往往是从思想领域开始的，政治动荡、政权更迭可能在一夜之间发生，但思想演化是个长期过程。思想防线被攻破了，其他防线就很难守得住。我们必须充分认识意识形态工作的极端重要性，把意识形态工作的领导权、管理权、话语权牢牢掌握在手中，任何时候都不能旁落，否则就要犯无可挽回的历史性错误。"

其二，这种一定范围内的阶级斗争反映到共产党内部，会突出地表现为腐败与反腐败的斗争。党取得在全国执政的地位后，面临着新的严峻的

---

① 《毛泽东年谱（1949—1976）》第5卷，中央文献出版社2013年版，第153页。
② 《毛泽东文集》第7卷，人民出版社1999年版，第231页。

考验。因为任何权力都具有两面性，既可以用来为人民服务，为实现党的纲领而奋斗，也可以被用来谋取一己之私利，重蹈国民党反人民的老路。由于历史和现实的种种原因，有些共产党员特别是党的领导干部就有可能被腐蚀而变质，变成欺压百姓、掠夺财富的新的压迫者和吸血鬼。毛泽东不但对此多次提出了严重警告，而且进行了不懈的斗争。对于这种腐败现象，毛泽东明确指出："大贪污犯是人民的敌人，他们已经不是我们的同志或朋友，故应坚决彻底干净全部地将他们肃清，而不应有丝毫的留恋或'同情'。"① 他在修改《人民日报》一篇相关社论稿时，将其中关于大贪污犯"这样变质的分子，有多少就必须清除多少"一句中的"变质的分子"，也改为"叛徒和毒虫"②。这种性质的认定，反映了腐败现象对党和国家的严重危害性。在新的历史时期，腐败现象的出现和蔓延，邓小平、陈云也都把它看成是关系到党的生死存亡问题。这种腐败现象，不仅是一个经济问题，更是严肃的政治斗争。因为这种现象的出现，是同那些人理想信念的失落、背离密切相关，他们唯利是图，有奶便是娘。在社会主义的条件下，他们已经成为代表旧势力腐蚀新社会根基的蛀虫；一旦时期到来，他们便会摇身一变成为复辟的举旗易帜的人。因此，腐败与反腐败就不能不具有阶级斗争的性质。

其三，这种一定范围内的阶级斗争，除了少数表现为对抗性的敌我矛盾之外，一般情况下还主要表现为人民内部矛盾。如前所述，意识形态领域是社会主义时期一定范围内阶级斗争的重要阵地，而意识形态领域的斗争是非常复杂的。意识形态领域不同思想理论观点的分歧和争论虽然都存在着是非之分，有的则是表现或反映了阶级斗争的内容，但又决不能把这些分歧和争论都笼统地看作是阶级斗争或阶级斗争的反映。这种主要是人民内部的矛盾，需要我们正确处理学术问题和政治问题的关系。无疑，学术问题和政治问题是既有区别又有联系的；决不能把两者随便混淆起来。在这个问题上，我们党有过严重的教训，我们不应当重犯这种简单化的错误。但是，不可否认，在学术领域存在着真理与谬误的斗争，如果某些错误的、有害的学术观点任其泛滥，也会直接危害马克思主义理论基础和社会主义制度；特别是在现实政治生活中，种种错误思潮往往从学术领域入

① 《毛泽东文集》第6卷，人民出版社1999年版，第195页。
② 《毛泽东年谱（1949—1976）》第1卷，中央文献出版社2013年版，第461页。

手，在学术讨论的名义下散布错误思想，并在一定的时机又从错误的学术观点中引出现实的政治主张。而这后者，恰恰反映了意识形态领域中阶级斗争的一个特点。所以不能否认学术问题与政治问题有相联系的一面。毛泽东提出的"百花齐放，百家争鸣"的方针，是在承认社会主义社会仍然存在着各种矛盾的基础上提出来的，是建立在马克思主义认识论基础上的。毛泽东主张在学术上要坚持"百家争鸣"，同时又要对错误思想进行正确的批评。这是完全符合马克思主义认识论的。只有正确认真地贯彻这些思想，才能处理好学术问题和政治问题的关系，处理好那些属于人民内部矛盾的阶级斗争反映的问题。

其四，一定范围内的阶级斗争在某种条件下还有可能激化。就社会主义社会长期存在的阶级斗争的基本内容来说，是走社会主义道路还是走资本主义道路，这从本质上说是不可调和的、是对抗性的。因为这是关系到社会主义国家的国体和发展方向的问题，是关系到人民群众的根本利益的问题。如果我们忽视一定范围内的阶级斗争，缺乏有效的应对，就有可能导致阶级斗争的激化。我们要清醒地看到，不但国内还存在某些反对社会主义的政治势力，他们会通过散布种种错误思潮，制造谣言，无限扩大我们工作中的失误，企图消解人民群众对党和社会主义事业的信任感，把我们的国家引向"西化""分化"的道路上去；而且我们国家还存在主要因利益问题而引发的各种社会矛盾、民族矛盾，如果处理不好，也有可能被利用，产生诸多负面效应。正如邓小平所指出的："阶级斗争虽然已经不是我们社会中的主要矛盾，但是它确实仍然存在，不可小看。如果不及时地、有区别地给以坚决处理，而听任上述各种不同性质的问题蔓延汇合起来，就会对安定团结的局面造成很大的危害性。"①

正确认识和把握这些特点，有助于我们正确处理社会主义时期长期存在的、一定范围内的阶级斗争。

三

《关于建国以来党的若干历史问题的决议》正确指出："由于国内的因素和国际的影响，阶级斗争还将在一定范围内长期存在，在某种条件下还

---

① 《邓小平文选》第2卷，人民出版社1993年版，第370页。

有可能激化。既要反对把阶级斗争扩大化的观点，又要反对认为阶级斗争已经熄灭的观点。"邓小平也曾经说："社会主义社会中的阶级斗争是一个客观存在，不应该缩小，也不应该夸大。实践证明，无论缩小或者夸大，两者都要犯严重的错误。"① 这些都是对党的历史经验的深刻总结，有重要的指导意义。

毫无疑问，马克思主义的阶级斗争理论和阶级分析方法，是无产阶级政党的看家本领。我们过去正是依据这一理论进行民主革命和社会主义革命并取得了伟大的胜利，今天我们也同样要依据这一理论去实现从有阶级社会向无阶级社会的过渡，最终实现共产主义的目标。所以对无产阶级政党来说，阶级斗争理论和阶级分析方法是不能丢弃或否定的。我们并不否认，过去我们在社会主义制度已经建立、作为完整的剥削阶级已经被消灭的情况下，继续强调以阶级斗争为纲，犯了阶级斗争扩大化的错误，这是值得我们吸取的历史教训。但不能因此否定在社会主义社会一定范围内的阶级斗争还将长期存在，在一定条件下还有激化的可能，如果看不到这一点，我们同样会犯历史性的错误。

对于在社会主义社会仍然必须坚持阶级、阶级斗争的理论观点和阶级分析的方法，我们不妨引用一位西方人士的看法，来说明它的重要性。在20世纪八九十年代，亲历了苏联解体全过程的美国最后一任驻苏联大使马特洛克，根据其亲身经历和体会写了一本《苏联解体亲历记》。其中记录了这样一个令人深思的情节：他说，为了改善美苏关系，需要苏联领导层转变观念，"其中最重要者莫如马克思主义的阶级斗争学说"。"在这一理论真正由官方抛弃之前，表明我们之间关系好转的任何变化都可能是虚幻的，最多也是暂时的。"当马特洛克从戈尔巴乔夫、雅可夫列夫、谢尔瓦德纳泽等苏联领导人的言论中看到了抛弃阶级斗争理论的种种迹象时，他欣喜若狂，立即向华盛顿报告。他说："如果苏联领导人真的愿意抛弃这个观念，那么他们是否继续称他们的指导思想为'马克思主义'也就无关紧要了。这已是一个在别样的社会里实行的别样的'马克思主义'。这个别样的社会则是我们大家都能认可的社会。"② 对于这种演变，布热津斯基在《大失败》一书中也以辛辣讽刺的手法，认为苏联共产党统治集团，

---

① 《邓小平文选》第 2 卷，人民出版社 1993 年版，第 182 页。
② 《苏联解体亲历记》（上），世界知识出版社 1996 年版，第 315 页。

"一直以一种历史脱衣舞的形式，一层一层地否定（或者是脱掉）他们过去的理论外衣。"这种被层层抛弃的理论，首先包括阶级斗争、无产阶级专政等理论。他们用这样毫不掩饰的话语为我们论证了阶级斗争学说在马克思主义理论中的地位，也说明这个学说对于坚持社会主义发展方向的极端重要性。这是值得我们深思的。

改革开放以来相继出现了危害社会的各式各样的错误思潮，如新自由主义、民主社会主义、历史虚无主义、儒化中国和普世价值等，虽然他们主张各异，表现形式不同，但却有共同的政治诉求，这主要表现在：反对四项基本原则这一立国之本，力图扭转现代化建设和改革开放的发展方向，把中国纳入到西方资本主义体系中去。他们否定中国走上社会主义道路的历史必然性，散布社会主义失败论，颠倒是非，混淆视听。如果听任其发展下去，就会动摇中国人民的共同理想，摧毁近代中国所苦苦追求的国家富强、民族振兴的伟大事业，陷国家于万劫不复的境地。这是具有鲜明的阶级斗争的性质的，这是不能隐瞒和回避的问题。对于这种情况，中央虽然多次提出，但在多数情况下限于文件传达，甚至连文件传达都没有，听任泛滥，应对无力。这也造成某些人有恃无恐，我行我素，达到无所顾忌的地步。

我们一定要按照中央的要求，在各种错误思潮面前，敢于旗帜鲜明地表明自己的态度，敢于"亮剑"。多年来在意识形态领域的工作中，往往表现出"骂不还口、打不还手"的软弱状态。一些似是而非的说法，捆住了我们自己的手脚，使我们在是非面前偃旗息鼓；一些反社会主义的势力已经打上门来了，我们却怕"炒热"，自动"退避三舍"，而不敢"礼尚往来"。这方面的教训很深刻，是值得我们认真总结并加以改正的。我们必须坚持真理，而真理必须旗帜鲜明，只有这样，才能把群众吸引到自己的周围。如果连自己都不敢旗帜鲜明地坚持真理，群众又怎么能够相信我们呢？事实表明，不敢亮明党的、马克思主义的基本理论观点，这只能弱化群众的辨别力，而不能震慑对方，更不能阻止反社会主义势力的进攻。我们深信，只要我们敢于坚持真理，又善于表达真理，真理就一定会获得广大人民群众的心。

毛泽东说："真的、善的、美的东西总是在同假的、恶的、丑的东西相比较而存在，相斗争而发展的。""这是真理发展的规律，当然也是马克思主义发展的规律。"① 在新的历史时期，邓小平明确指出："反对资产阶级自由化，我讲得最多，而且我最坚持。"② 这些都说明，笔墨官司，有比无好。我们要遵循党的"双百"方针，通过摆事实、讲道理，明辨是非，坚持真理。这样做，既有利于提高广大群众的识辨能力，维护和发展中国特色社会主义的共同理想，坚持改革开放和现代化建设的社会主义发展方向，同时也有助于一些持错误观点的人通过自我批评回到正确的道路上来。我们要勤于拿起扫帚打扫好自己的庭院，不要让垃圾堆积如山，臭气熏人，污染蓝天。我们不能把马克思主义的批评武器弃置不用。马克思主义是科学，是不怕论战的；如果只许错误的东西放，不让马克思主义争，后果将极为严重。对此，我们必须有清醒的认识。

（作者单位：北京大学）

---

① 《毛泽东文集》第 7 卷，人民出版社 1999 年版，第 230、231 页。
② 《邓小平文选》第 3 卷，人民出版社 1993 年版，第 181 页。

当代中国马克思主义对阶级理论的创造性运用

侯惠勤　蒋成贵

面对日益复杂多变的国内外环境，我们自身的战略定力来源于理论上的自信：一是坚信马克思主义是科学，其基本原理在今天仍然适用，因此，"马克思列宁主义、毛泽东思想一定不能丢，丢了就丧失根本"；二是坚信马克思主义必定随着时代、实践和科学的发展而发展，因此，坚持马克思主义、坚持社会主义，一定要有发展的观点，"一定要以我国改革开放和现代化建设的实际问题、以我们正在做的事情为中心，着眼于马克思主义理论的运用，着眼于对实际问题的理论思考，着眼于新的实践和新的发展"①。毫不动摇地坚持马克思主义的基本原理，并具体运用到当代中国的实践中，在反对否定马克思主义基本原理的同时，防止简单照搬这些原理，这就是当代中国的马克思主义明确而坚定的理论原则。我们之所以能将这一理论立场贯彻到改革开放的全过程，关键是创造性地解决了当代中国如何在坚持马克思主义社会基本矛盾理论的同时不丢掉马克思主义的阶级理论，正确处理社会主义社会的基本矛盾、主要矛盾和阶级矛盾间的相互关系。对这一成功实践进行理论上的新概括，是理论工作者的职责。

毫无疑问，阶级矛盾已经不是我国现阶段社会的主要矛盾，因而不能简单固守马克思主义阶级理论的现成结论；然而阶级理论又是不能丢弃的马克思主义的基本原理，丢弃了就会导致马克思主义、历史唯物主义理论大厦的倾覆，因而必须坚定地加以维护。如何在以经济建设为中心的历史条件下既坚持马克思主义阶级理论的基本观点和方法，同时又以发展的眼光，以改革开放和我国现代化建设的实际问题，以我们正在做的事情为中

---

① 《十八大以来重要文献选编》（上），中央文献出版社 2014 年版，第 75、115、116、117 页。

心，不断对这一理论进行创造性运用，考验着中国共产党人的智慧，也提供了进行理论创新的重大机遇。

一 根据社会主义初级阶段阶级斗争实际，在确立党在社会主义初级阶段"一个中心，两个基本点"基本路线的同时，从保证社会主义现代化建设方向的需要出发，重新定位阶级理论的现实作用

早在 20 世纪 60 年代，邓小平在总结我们党处理党内问题的经验时就指出："如果要说我们的经验，那就是：制定和执行正确的战略和策略要根据本国的具体情况，特别是对阶级和阶级斗争的情况，要作深入的了解。"① 邓小平在认清我国仍然处于并将长期处于社会主义初级阶段是现阶段我国最大的国情后，指出："我们的生产力发展水平很低，远远不能满足人民和国家的需要，这就是我们目前时期的主要矛盾，解决这个主要矛盾就是我们的中心任务"②。阶级斗争必须服从和服务于这个主要矛盾的解决。"在社会主义国家，一个真正的马克思主义政党在执政以后，一定要致力于发展生产力，并在这个基础上逐步提高人民的生活水平。"③ 所以，党的十一届六中全会通过的《关于建国以来党的若干历史问题的决议》明确指出："在社会主义改造基本完成以后，我国所要解决的主要矛盾，是人民日益增长的物质文化需要同落后的社会生产之间的矛盾。党和国家工作的重点必须转移到以经济建设为中心的社会主义现代化建设上来，大大发展社会生产力，并在这个基础上逐步改善人民的物质文化生活。"④

以经济建设为中心并不意味着否弃马克思主义的阶级理论，相反，这是在新的历史条件下的特殊运用，是坚持社会主义发展方向的重要理论基础。当代中国马克思主义从道路和制度选择的视角考察现代化的历史过程，从而区分了资本主义现代化和社会主义现代化在目的、手段、结果等

---

① 《邓小平文选》第 1 卷，人民出版社 1994 年版，第 340 页。
② 《邓小平文选》第 2 卷，人民出版社 1994 年版，第 182、373、169 页。
③ 《邓小平文选》第 3 卷，人民出版社 1993 年版，第 28、138、158、379 页。
④ 《三中全会以来重要文献选编》（下），人民出版社 1982 年版，第 839—840 页。

社会属性上的本质区别。"社会主义有两个非常重要的方面，一是以公有制为主体，二是不搞两极分化。"① 改革开放以来，我们探索出了一条在共产党领导下、在社会主义制度保障下、以共同富裕为目标，充分利用资本的活力、同时限制资本的负面作用的道路。这是一条劳动引领资本的社会主义生产方式发展的道路，即建立和不断完善社会主义市场经济。社会主义市场经济克服了传统市场经济的局限性，把社会主义基本经济制度的优越性和市场经济的活力结合起来，既能通过发挥市场机制的作用激发社会的活力，又坚定地贯彻社会主义的价值追求、最大限度地保障社会公平。

苏联解体以十分尖锐的方式告诉我们，如果以经济建设为中心而丢掉了马克思主义的阶级理论，那么也就会因此丢掉社会主义的根本。虽然关于苏联解体的原因众说纷纭，但是美国驻前苏联大使小杰克·F. 马特洛克的观点值得我们深思。他认为，在西方诱导戈尔巴乔夫领导集团发生思想演变时，"其中最重要者莫如马克思主义的阶级斗争学说"。当他观察到苏共领导人戈尔巴乔夫等人在内政外交上，发表了超阶级的观点之后，曾写道："这是《共产党宣言》以及《资本论》中的马克思主义吗？用雅科夫列夫的话来说，当然不是。""如果苏联领导人真的愿意抛弃这个观念，那么他们是否继续称他们的指导思想为'马克思主义'也就无关紧要了。这已是一个在别样的社会里实行的别样的'马克思主义'。这个别样的社会则是我们大家都能认可的社会。"② 戈尔巴乔夫放弃了马克思主义阶级理论的"改革"是葬送苏联社会主义的直接原因。马克思主义阶级理论关乎党的前途命运和国家的兴衰存亡，我们在改革开放过程中必须通过道路、旗帜、方向问题加以坚持。正如邓小平指出的："在改革中坚持社会主义方向，这是一个很重要的问题。我们要实现工业、农业、国防和科技现代化，但在四个现代化前面有'社会主义'四个字，叫'社会主义四个现代化'。"③ "坚持社会主义，是中国一个很重要的问题。如果十亿人的中国走资本主义道路，对世界是个灾难，是把历史拉向后退，要倒退好多年。"④ 用马克思主义的阶级理论区分现代化的两条道路，在中国坚持社会

---

① 《邓小平文选》第 3 卷，人民出版社 1993 年版，第 28、138、158、379 页。

② 参见［美］小杰克·F. 马特洛克《苏联解体亲历记》（上），吴乃华等译，世界知识出版社 1996 年版，第 162—169 页。

③ 《邓小平文选》第 3 卷，人民出版社 1993 年版，第 28、138、158、379 页。

④ 同上。

主义现代化的发展方向，防止"全盘西化"，是当代中国马克思主义对阶级理论的创造性运用。

二 在新的历史条件下不断探索国家专政职能的实际运用，在不断发展人民民主的同时，实现了民主与专政的具体统一

虽然总结我国社会主义建设正反两个方面的经验，以及世界社会主义的教训，必须加强社会主义民主法制建设，但前提是维护人民民主专政的国体。中华人民共和国国体的确立，是由马克思主义包括其阶级理论在内的思想体系奠基的，这也就决定了我们要建设的不是西式的自由民主国家，而是人民民主专政的国家。因此，我们从维护宪法规定的国家国体出发，在突出社会主义民主政治建设的同时，坚决维护国家的专政功能，强调民主专政的内在统一。"国家的根本制度和根本任务，国家的领导核心和指导思想，工人阶级领导的、以工农联盟为基础的人民民主专政的国体……等等，这些宪法确立的制度和原则，我们必须长期坚持、全面贯彻、不断发展。"①

毫无疑问，不断扩大和发展人民民主是我们面临的新任务。邓小平在总结民主建设的经验和教训时明确指出："没有民主就没有社会主义，就没有社会主义现代化"，并且反复强调："为了保障人民民主，必须加强法制，使民主制度化、法律化"，制度建设"带有根本性、全局性和长期性"。改革开放以来，我国的民主政治的制度化、法律化建设取得了显著的成效。人民代表大会制度不断改进，我们把人民代表大会代表的直选范围扩大到县一级，并实行普遍的差额选举制度；不断完善全国人民代表大会常务委员会的职权，并在县级以上各级地方人民代表大会设立常务委员会。中国共产党领导的多党合作和政治协商制度不断发展，先后出台了《中共中央关于进一步加强中国共产党领导的多党合作和政治协商制度建设的意见》《中共中央关于加强人民政协工作的意见》等文件，从提供法律、制度保障，到提供理论基础、政策依据，使政治协商民主逐步走上制

---

① 习近平：《在首都各界纪念现行宪法公布施行 30 周年大会上的讲话》，人民出版社 2012 年版，第 6 页。

度化、规范化、程序化。民族区域自治制度不断完善，2001 年新修订的《中华人民共和国民族区域自治法》颁布实施，2005 年《国务院实施〈中华人民共和国民族区域自治法〉若干规定》公布施行，使民族区域自治制度的地位和作用不断巩固，日益展现出巨大的优越性和强大的生命力。基层民主不断扩大，党的十七大首次把基层群众自治制度纳入中国特色社会主义民主政治制度的基本范畴。目前，我们已建立了以农村村民委员会、城市居民委员会和企业职工代表大会为主要内容的基层民主自治体系。党的十八大报告中再次强调："必须继续积极稳妥推进政治体制改革，发展更加广泛、更加充分、更加健全的人民民主。"① 我国法治建设也经历了由"适应党和国家工作重心转向以经济建设为中心的法治恢复与重建"，到"适应从计划经济体制转向社会主义市场经济体制的确立依法治国的基本方略"，再到"适应全面建设小康社会的加快建设社会主义法治国家"，进一步发展到"适应实现中华民族伟大复兴的全面依法治国"四个阶段。党的十八届四中全会将"全面推进依法治国"确定为主题，并提出全面依法治国的总目标是："建设中国特色社会主义法治体系，建设社会主义法治国家。"

在不断发展人民民主的同时，当代中国马克思主义者时刻铭记："马克思主义理论和实际生活反复教育我们，只有绝大多数人民享有高度的民主，才能够对极少数敌人实行有效的专政；只有对极少数敌人实行专政，才能够充分保障绝大多数人民的民主权利。"② 因此，在世界社会主义运动处于低潮时期，在我国仍处于被优势资本主义国家高压、渗透时期，在国内还存在破坏祖国统一和领土完整的敌对分子时期，发展人民民主必须坚持并正确发挥专政职能。"这种专政是国内斗争，有些同时也是国际斗争，两者实际上是不可分的。"③ 当代中国马克思主义在新的历史条件下对国家专政职能的实际运用，对内主要是通过打击叛国、分裂和其他危害国家安全的犯罪活动，打击各种严重刑事犯罪分子，来维护国家安全和人民利益；对外主要是通过巩固国防、抵抗侵略来捍卫国家主权独立、领土完整等核心利益，从而为中国的社会主义现代化建设赢得良好的国内国际

---

① 胡锦涛：《坚定不移沿着中国特色社会主义道路前进　为全面建成小康社会而奋斗——在中国共产党第十八次全国代表大会上的报告》，人民出版社 2012 年版，第 25 页。

② 《邓小平文选》第 2 卷，人民出版社 1994 年版，第 182、373、169 页。

③ 同上。

环境。

　　苏联在实行"民主化"的过程中放弃了无产阶级专政而导致解体的教训告诫我们，必须始终坚持民主和专政在新的历史条件下的统一。邓小平强调指出："依靠无产阶级专政保卫社会主义制度，这是马克思主义的一个基本观点。马克思说过，阶级斗争学说不是他的发明，真正的发明是关于无产阶级专政的理论。历史经验证明，刚刚掌握政权的新兴阶级，一般来说，总是弱于敌对阶级的力量，因此要用专政的手段来巩固政权。对人民实行民主，对敌人实行专政，这就是人民民主专政。运用人民民主专政的力量，巩固人民的政权，是正义的事情，没有什么输理的地方。"① 十分明显，是否坚持民主和专政的统一，要害是能否坚持马克思主义的国家观。离开专政的民主理念，实际上背离了把国家视为阶级统治工具的马克思主义国家观，社会主义国家的政权将因此被颠覆。改革开放以来，中国在坚持发展社会主义民主的同时始终注意发挥专政的国家功能，保卫和巩固了社会主义政权，使改革开放沿着正确的方向前进，没有如西方所愿，重蹈苏联解体和东欧剧变的覆辙。

三　从"社会特征"和"历史使命"把握工人阶级的先进性，在扩大党的群众基础的同时，不断巩固和加强党的阶级基础

　　坚持马克思主义阶级理论的核心是坚持工人阶级在国家中的领导地位。改革开放以来，我国的经济结构发生了一系列重大变化，如经济体制由计划经济向社会主义市场经济的转变，所有制结构由单一公有制向以公有制为主体、多种经济成分共同发展的转变，产业结构的不断调整升级等。这些变化直接导致了社会分化和社会流动的加快，出现了一些新的社会阶层和群体。阶级阶层之间的人员流动明显加快，许多人在不同所有制、不同行业、不同地域之间频繁流动，人们的职业、身份经常变动。正如江泽民在庆祝中国共产党成立 80 周年大会上的重要讲话中指出的，"我国的社会阶层构成发生了新的变化"，"这种变化还会继续下去"②。面对

---

　　① 《邓小平文选》第 3 卷，人民出版社 1993 年版，第 28、138、158、379 页。
　　② 《江泽民文选》第 3 卷，人民出版社 2006 年版，第 286 页。

这种变化，有人认为，"先进生产力的代表不是工人阶级，而是经营管理者和私营企业主"，工人的"主人翁地位要重新界定为雇佣劳动者"；有人认为，产业工人的主人翁地位"不应当是与生俱来的"，"工农联盟"这个概念"应当根据新时代的社会阶层结构特征加以扩展或发展"；也有人认为，"国家与社会管理者阶层、经理人员阶层、私营企业主阶层和专业技术人员阶层是现代社会阶层结构中的主导阶层"，应当在政治上赋予他们以"较高的地位"，让他们"担当起与他们的主导阶层地位相适应的角色和使命"；还有人主张，因为"现在有些人投资，老怕政策变"，怕"打成新资产阶级"、被"共产"，所以，共产党应"改为社会党"，"共产党不共产了"，这些人"就可以放心了"；等等。① 这些观点和认识都直接关系到在新的历史条件下，在必须扩大党的群众基础的同时，能否坚持工人阶级领导（通过共产党）的国家根本制度，以及党的工人阶级先锋队的根本性质问题。

不可否认，随着改革开放的深入和现代化建设的发展，我国工人阶级队伍不断壮大、素质不断提高的同时，在经济结构趋向多元化和市场化的情况下，传统工人阶级高度同质化的状况也在不断改变，工人阶级的组成日益复杂，内部也出现了不同的利益群体。但是，这不是否定工人阶级的存在及其领导地位的理由。在新的历史条件下，党更加注重工人阶级和先进生产方式的内在联系，因而也确立其是领导社会主义市场经济发展的先进力量。2013 年 4 月 28 日，习近平在同全国劳动模范代表座谈时指出："工人阶级是我国的领导阶级，是我国先进生产力和生产关系的代表，是我们党最坚实可靠的基础，是全面建成小康社会、坚持和发展中国特色社会主义的主力军。""必须紧紧依靠工人阶级发展中国特色社会主义。"② 2015 年 4 月 28 日，习近平在庆祝"五一"国际劳动节暨表彰全国劳动模范和先进工作者大会上再次强调："我国工人阶级是我们党最坚实最可靠的阶级基础。我国工人阶级从来都具有走在前列、勇挑重担的光荣传统，我国工人运动从来都同党的中心任务紧密联系在一起。在当代中国，工人阶级和广大劳动群众始终是推动我国经济社会发展、维护社会安定团结的

---

① 参见俞可平、李慎明、王伟光主编《马克思主义研究论丛：阶级和革命的基本观点研究》，中央编译出版社 2008 年版，第 3 页。

② 习近平：《在同全国劳动模范代表座谈时的讲话》，《人民日报》2013 年 4 月 29 日。

根本力量。那种无视我国工人阶级成长进步的观点，那种无视我国工人阶级主力军作用的观点，那种以为科技进步条件下工人阶级越来越无足轻重的观点，都是错误的、有害的。不论时代怎样变迁，不论社会怎样变化，我们党全心全意依靠工人阶级的根本方针都不能忘记、不能淡化，我国工人阶级地位和作用都不容动摇、不容忽视。"① 这些论述，是对我们党改革开放以来的基本实践的思想概括，也是对那些否定阶级分析、认为工人阶级已不是先进生产力和生产关系的代表及党的最坚实可靠的阶级基础和社会主义现代化建设的主体力量等错误观点的坚决回击。

巩固和发展社会主义国家制度，把扩大党执政的群众基础和加强党的阶级基础统一起来是个难题。中国共产党在这方面有两大创新：一是党对于"工人阶级"的把握不是拘泥于其产业特征（如"大工业"一类）和职业身份（如"蓝领工人"一类），而是注重其"社会特征"（社会化大生产的代表、资产阶级社会瓦解的根据）及历史使命（共产主义社会的建设者），因而着重从先进性上把握其阶级性。二是在坚持统一的指导思想的同时，推动指导思想的不断创新。一脉相承的是立场、观点、方法，是马克思主义基本原理，但同时要依据国情的变化、时代特征的变化不断地回答重大实践问题，创新和发展理论，不断开创马克思主义发展的新境界。这就是坚持马克思主义基本原理和坚持推进马克思主义中国化、时代化和大众化相结合。这样，我们党的执政基础在实现全社会覆盖的同时，依然保持了中国工人阶级先锋队的先进性和纯洁性。这里的马克思主义方法论依据是，在存在着阶级划分的社会，不存在抽象的"人民性"，只有先进阶级才能最大限度地代表广大人民，工人阶级的阶级性在今天依然是人民性的基础。正是这种先进性决定了党代表工人阶级利益，同时也代表最广大人民的根本利益。因此，中国共产党可以在坚持党的阶级基础的同时扩大党的群众基础，可以在向全体人民开放的同时保持工人阶级先锋队的性质，可以在坚持指导思想、共同理想的同时不断解放思想、与时俱进，可以在广泛吸纳各种思想资源和文化成果的同时坚持工人阶级的阶级意识和党性立场。

---

① 习近平：《在庆祝"五一"国际劳动节暨表彰全国劳动模范和先进工作者大会上的讲话》，《人民日报》2015 年 4 月 29 日。

四　针对意识形态领域斗争形式和特点的新变化，不断创新社会主义意识形态话语，牢牢把握意识形态工作的领导权

自社会主义制度建立以来，资本主义、社会主义两种制度和思想体系就处于竞争与较量之中。"只要存在着资本主义和社会主义，它们就不能和平相处，最后不是这个胜利，就是那个胜利；不是为苏维埃共和国唱挽歌，就是为世界资本主义唱挽歌。"① 在今天决定当代人类前途的，从根本上说，并不是"文明的冲突"或全球性挑战，而仍然是社会主义和资本主义的道路抉择。在两种道路的对抗中，意识形态扮演着十分关键的作用，正如毛泽东同志曾深刻指出的："凡是要推翻一个政权，总要先造成舆论，总要先做意识形态方面的工作。革命的阶级是这样，反革命的阶级也是这样。"②

改革开放以来，我国的意识形态建设面临着严峻的挑战。一方面，在全球化时代，当代西方资本主义国家利用其强势地位，在政治、经济、文化等交往中，以"全球话语"和"普世价值"的方式进行意识形态扩张、渗透，以达到"西化""分化"的目的。另一方面，随着市场化改革的不断深入，分配方式、组织形式、价值观念的多样化更加明显，社会分化和利益分层日益凸显，信息化时代的思想多元、多样、多变以及相应的求新、求变、求异，考验着共产党的执政能力和中国特色社会主义的凝聚力，挑战着社会主义意识形态的话语权和影响力。在这样的历史背景下，意识形态领域也正在发生三大新变化：一是意识形态的感性化趋势。文化要素越来越成为意识形态的重要组成部分，意识形态的凝聚力和吸引力逐步由主要通过政治宣传方式，向以文化为主要表现的综合方式转变。二是意识形态的学术化趋势。当前意识形态作为政治意识的刚性话语正在逐渐被学术研究的"中性"话语所替代，意识形态话语日益渗透到学术研究之中，通过学术思潮、学术"范式"等加以表达。三是意识形态的日常生活化趋势。各种意识形态以其特殊的文化理念和价值符号，以长期潜移默化

---

① 《列宁选集》第 4 卷，人民出版社 2012 年版，第 330 页。
② 《建国以来毛泽东文稿》第十册，中央文献出版社 1996 年版，第 194 页。

的功能作用于人们的现实生活中。① 面对这些新变化，源自革命和批判年代的马克思主义原先的许多优势，在新的历史条件下却正在成为劣势。例如，革命年代以阶级斗争为背景强调分清敌我，这是革命的首要问题；而建设年代则以民族国家为背景强调利益整合，这是财富创造的基础。正因为如此，以阶级分析见长的马克思主义，在以抽象的人性诉求为特征的西方思潮面前，正面临着丧失话语权的挑战。还要看到，和革命时期不同，现在大多数人的日常生活并不直接面对理论，因而即便彻底的理论也还要经过现实生活的转化才能被大多数人所接受。在这一背景下，作为当代弱势话语的社会主义意识形态，不能再简单照搬照抄马列经典，必须要顺势应变。但其变革既不能完全脱离西方主导的"流行话语"，又必须坚持自身的独特话语。否则，其结果都是自我解体。因此，话语转换的实质，并不是"宽容"和认同"普世价值"，也不仅是"中国故事的国际表达"，而是适应意识形态冲突新形式、坚守社会主义意识形态的核心话语。

当代中国马克思主义在深刻把握新的历史特征和历史条件，以及认真吸取国内外意识形态建设经验教训的基础上，以世界眼光（坚持马克思主义的世界观和方法论）、时代潮流（现代化建设）和中国特色（前两者在当代中国的结合）为基本价值取向，不断对社会主义意识形态话语进行变革和建构。② 因此，不断探索通过大众化的、人类化的甚至是非意识形态化的话语来表达我们坚定的、鲜明的阶级立场和社会主义价值取向，在大众易于、乐于接受中内化于心，是我们今天对马克思主义阶级理论的又一个创造性运用。从邓小平理论，到"三个代表"重要思想、科学发展观以至习近平系列重要讲话精神，都是中国共产党在实现指导思想创新的同时，把握当代中国社会主义主流意识形态话语权的尝试。中国特色社会主义理论则是这一探索的集中表述。"中国特色社会主义"突出了以爱国主义为内核进行话语重组，以便在新的历史条件下继续高扬社会主义、集体主义和爱国主义旗帜。我们以爱国主义为核心的意识形态既不是对抗世界文明的民粹主义或狭隘民族主义，也不是淡化意识形态界限的实用主义，而是以中华人民共和国为背景的新型爱国主义。"中国特色社会主义"既

---

① 侯惠勤：《我国意识形态建设的第二次飞跃》，《马克思主义研究》2008 年第 7 期。
② 侯惠勤：《强化与弱化：意识形态的当代走向与马克思主义的话语权》，《毛泽东邓小平理论研究》2004 年第 6 期。

鲜明地表明了其科学社会主义的性质和传统，坚持了马克思主义的基本理论，又立足当代中国和世界的实际，充分从中国优秀文化传统和当代世界各种优秀文化成果中汲取营养，形成了有效凝聚民族共识又日益得到世界各国认同的话语体系。"中国特色社会主义"话语体系已经成为有效抵制和批判西方"普世价值"的思想武器，这就是"走自己的路"。正如习近平指出的："我们走自己的路，具有无比广阔的舞台，具有无比深厚的历史底蕴，具有无比强大的前进定力。"①

五 在"西强东弱"的形势下，着眼于用历史唯物主义所揭示的人类社会发展规律，坚定共产党人的阶级立场和共产主义理想信念

理想信念动摇是最危险的动摇，理想信念滑坡是最危险的滑坡。一个政权的瓦解往往是从思想领域开始，思想防线被攻破了，其他防线就很难守住。苏联解体、苏共垮台的重要原因就是理想信念动摇以致丧失。戈尔巴乔夫曾私下说过："共产主义思想对我已经过时。"当信念之魂已经不存，党和国家之体焉在？当下，一些人或以批判和嘲讽马克思主义为"时尚"、为"噱头"，或向往西方社会制度和价值观念，对社会主义前途丧失信心；或在涉及党的领导和中国特色社会主义道路等原则性问题的政治挑衅面前态度暧昧、消极躲避、不敢亮剑、爱惜羽毛，甚至故意模糊立场、耍滑头、当"太平绅士"。② 在这样的历史条件下，解决共产主义理想信念问题，对于中国共产党而言，既是重中之重，又是难中之难。重要是因为"对马克思主义的信仰，对社会主义和共产主义的信念，是共产党人的政治灵魂，是共产党人经受住任何考验的精神支柱"③。困难在于，共产主义的实现是一个相当漫长的历史过程，在缺乏足够的经验依据的前提下，如何确立共产主义信念的科学根据？当代中国马克思主义对此的答案是，依靠历史唯物主义所揭示的人类社会发展的理论逻辑。

---

① 习近平：《在纪念毛泽东同志诞辰 120 周年座谈会上的讲话》，人民出版社 2013 年版，第 21 页。

② 秋石：《革命理想高于天——学习习近平同志关于坚定理想信念的重要论述》，《求是》2013 年第 21 期。

③ 《十八大以来重要文献选编》（上），中央文献出版社 2014 年版，第 75、115、116、117 页。

"一些人认为共产主义是可望而不可即的，甚至认为是望都望不到、看都看不见的，是虚无缥缈的。这就涉及是唯物史观还是唯心史观的世界观问题。我们一些同志之所以理想渺茫、信仰动摇，根本的就是历史唯物主义观点不牢固。"① 这种不牢固的根本就在于对无产阶级必然战胜资产阶级、社会主义终将战胜资本主义将信将疑，甚至完全不信。事实证明，树立《共产党宣言》中所倡导的"资产阶级的灭亡和无产阶级的胜利是同样不可避免的"（即"两个必然"）的信念，关键在于确信马克思主义关于现代无产阶级的分析。现代无产阶级是工业化大生产的产物，是社会化大生产的实际承担者，是现代社会物质财富的创造者，是先进社会生产力的代表，因此，它的本质特征不是"一无所有"，而是（如同考茨基所说的）"现代社会的养活者"，亦即现代社会财富的创造者。现代无产阶级是唯一与生产资料没有直接联系的阶级，因而其解放不能通过个人直接占有生产资料的方式，而必须通过"联合起来的个人"重新拥有生产资料，这就决定了它是新的生产关系的代表，代表了社会化占有的生产关系发展的趋势，更表明了"私有制和阶级社会的解体"。现代无产阶级是人类历史上第一个有文化的被剥削阶级，也是唯一可能形成阶级意识的被剥削阶级，因而是唯一可能成为革命阶级并上升为统治阶级的劳动者阶级。现代无产阶级经历了资本主义社会化大生产那样具有严密分工、严格纪律、严酷生活的训练，已然成为一支高度组织化的社会力量，这就是说，现代无产阶级虽然是可以"自由"出卖劳动力的自由人，但它并没有农民阶级的散漫性和奴隶阶级的依附性，这正是工人阶级可能成为革命领导阶级的重要依据。

马克思主义关于现代无产阶级分析的基本方法论，不是主观的，也不是纯经验性的评价，即不仅不以其他阶级、阶层和个人的评价为依据，甚至也不以无产者当下的自我感受为依据，而是从人类历史发展的客观过程来定位现代无产阶级，从资本主义社会的矛盾体系中确定无产阶级的历史地位。历史证明，资本主义永远解决不了两极分化和人的异化这两大对抗矛盾，而社会化大生产终究要引领人类跨越这一历史界限。只有工人阶级才是引领人类社会实现这一历史性跨越的先进力量。正如习近平指出的："事实一再告诉我们，马克思、恩格斯关于资本主义社会基本矛盾的分析

---

① 《十八大以来重要文献选编》（上），中央文献出版社 2014 年版，第 75、115、116、117 页。

没有过时，关于资本主义必然消亡、社会主义必然胜利的历史唯物主义观点也没有过时。这是社会历史发展不可逆转的总趋势，但道路是曲折的。"① 共产党员有了坚定的工人阶级立场，才能有纯洁的党性和崇高的情怀，才能坚定共产主义理想信念，才能在大是大非面前旗帜鲜明，才能在风浪考验面前无所畏惧，才能在各种诱惑面前立场坚定，才能在关键时刻靠得住、信得过、能放心，才能在新的历史条件下永葆共产党人的政治本色。这说明，共产党人的共产主义理想信念是否坚定，最终取决于其工人阶级立场是否坚定。

综上可以看出，当代中国马克思主义在对阶级理论进行创造性运用时，始终坚持两点：第一，始终做到内外有别。就我国大陆今天的社会现实而言，阶级斗争已经不是主要矛盾，但阶级斗争在一定范围内还将长期存在，如果处理不当，还有重新激化的可能性，因此，我们必须谨慎对待；就当代世界的整体格局而言，则需清醒看到不是所谓"文明的冲突"或所谓"全球性问题"决定历史的方向，而是社会主义和资本主义两条道路、两种社会制度的斗争依然决定着当代人类的命运和出路，因而依然是当代世界的主要矛盾。现在几乎可以肯定，西方资本主义将长期陷入经济和社会危机，表明当代资本主义的寄生性、腐朽性在增加，其冒险性和侵略性在积累和上升。马克思主义关于帝国主义本性的判断依然是我们观察当代世界变动的锐利思想武器。基于内外有别的现实，我们在话语使用上也是内外有别的。在党内、在对群众尤其是青少年进行思想教育中，必须坚持理论上的彻底性和鲜明的意识形态话语；而在对外宣传和对外文化交流中，则尽可能用非意识形态话语表达我们的立场，不搞"价值观输出"。

第二，着眼于不断推进实践基础上的理论创新和理论指导下的实践创新。我们在新的历史条件下创造性地运用马克思主义的阶级理论，至少在以下几个方面做到了实践创新和理论创新的统一：一是在慎提慎用"剥削阶级"以及"剥削""压迫"一类提法的同时，不仅不削弱而且强化工人阶级的领导地位及其阶级意识，在不断扩大党的群众基础的同时，始终不断地强化党的阶级基础；二是在强调具体矛盾具体分析，着眼于化解人民内部矛盾，防止将一般社会矛盾上纲为"阶级斗争"的同时，在重大社会

① 《十八大以来重要文献选编》（上），中央文献出版社 2014 年版，第 75、115、116、117 页。

矛盾（例如事关道路、旗帜和国家安全等重大问题）的观察分析上，始终坚持马克思主义的阶级分析方法；三是牢牢把握社会主义现代化的政治方向，在不断推进改革开放、允许一部分人先富起来、不是简单地将贫富差距过大或存在分配不公现象认定为"两极分化""阶级分化"的同时，坚定不移地防止两极分化，走共同富裕的道路，不断实践社会主义的本质，努力体现社会主义制度的优越性，不断排除各种错误思潮的干扰、凝聚民族的共识和力量。

（作者单位：中国社会科学院马克思主义研究院、中国人民大学马克思主义学院）

中国社会科学院创新工程学术出版资助项目

唯物史观与马克思主义史学新视野

——中国社会科学院首届唯物史观与马克思主义史学理论论坛文集

下

张顺洪　吴　英　董欣洁　主编

中国社会科学出版社

目　录

（下　册）

唯物史观在中国的传播和发展

考古学视阈下的马克思主义唯物史观 ……………………………… 刘庆柱（397）

求真与致用：中国马克思主义史学的双重品格 ……………………… 左玉河（406）

马克思唯物史观的核心思想及其史学价值 ……………………… 安启念（412）

唯物史观与发扬中国史学的民族特色

　　——改革开放以来史学理论的发展及未来史学之展望…… 周文玖（434）

论马克思主义唯物史观的"人学"基质 ……………………… 王幸平（455）

马克思《博士论文》对唯物史观的初步奠基 ……………… 刘　珂（463）

马克思主义与中国本土文化的冲突、融合和重建 …………… 董　波（474）

马克思主义大众化的时代背景（论文要点摘录） …………… 谭扬芳（485）

论马克思主义史学中国化的历史进程…………………………… 郑先兴（487）

关于历史事实与历史评价思考（论文要点摘录） …………… 王炳林（495）

形而上学与欧洲虚无主义 ………………………………… 戴　劲（497）

新民主主义革命时期唯物史观在中国的传播与中国

　　历史学研究 ………………………………………… 张彦台（504）

学院派知识分子与唯物史观的党外传播

　　——以吴恩裕为例 ……………………………… 尹媛萍（518）

中国马克思主义史学思想概说………………………………… 李红岩（539）

二十世纪之初的"新史学"思潮及其意义

　　——兼论如何认识梁启超《新史学》的局限性 …………… 杨艳秋(562)

胡乔木在改革开放初期对巩固党的文化领导权的贡献……… 欧阳雪梅(578)

李大钊与唯物史观在中国的传播 ………………………… 仝　华(592)

华汉《唯物史观研究》刍议 …………………………… 顾友谷(603)

吴晗向马克思主义史学家转变之研究 …………………… 王维佳(612)

试论侯外庐"国民思想晚出论"对中国思想史起源的解释力

　　——雅斯贝斯、余英时唯心史观批判 ………………… 程鹏宇(630)

范文澜续写、重写《中国近代史》的构想及实践 ………… 赵庆云(674)

陈溥贤《马克思的唯物史观》与李大钊《我的马克思主义观》

　　文本关系考

　　——基于唯物史观的相关论述 ………………………… 安雅琴(686)

"逼近真相":客观史实、主观史识与"层累式"

　　历史书写探究 ……………………………………… 高龙彬(695)

关于新中国诞生史的几点认识 …………………………… 余　斌(712)

社会形态演进的多样性与统一性

深化封建社会研究需要新的厚重成果

　　——以宁可著《中国封建社会的历史道路》为例 ………… 邹兆辰(723)

文明的时空性与国家的起源 ………………………… 冷树青　杜慧萍(738)

社会形态问题散论 …………………………………… 高永丽(745)

论中国特色社会主义的两大现实优越性

　　——基于两种社会制度并存的视角 ………………… 竟　辉(776)

"现代化范式"的困境与中国革命的历史意义

　　——兼评孔飞力《中国现代国家的起源》 ………… 傅　正(786)

"跨越卡夫丁峡谷"理论合规律性与中国特色社会主义

　　道路自信 …………………………………………… 杨　玉(800)

当前中国一些问题与思考 ⋯⋯⋯⋯⋯⋯⋯⋯⋯⋯⋯⋯ 徐铭青(809)

俄国十月革命开启的 20 世纪社会主义伟大实践的历史与

　　时代价值 ⋯⋯⋯⋯⋯⋯⋯⋯⋯⋯⋯⋯⋯⋯⋯⋯ 宋萌荣(811)

列宁对边疆经济问题的剖解 ⋯⋯⋯⋯⋯⋯⋯⋯⋯⋯ 冯建勇(819)

改革开放以来西藏基层治理的历史进程和问题探讨 ⋯⋯⋯ 王　蕾(832)

从"五位一体"视角探讨中国经济发展奇迹的原因

　　——基于马克思主义政治经济学的分析 ⋯⋯⋯⋯⋯ 郑有贵(844)

唯物史观视域中的当代中国农村城镇化进程探析 ⋯⋯⋯⋯ 侯　微(856)

唯物史观视角下的中国工业化规律探析 ⋯⋯⋯ 武　力　肖　翔(865)

历史虚无主义对我国当前的危害及遏制策略 ⋯⋯⋯⋯⋯ 段威军(888)

唯物史观在中国的传播和发展

考古学视阈下的马克思主义唯物史观

刘庆柱

一　关于私有制、国家起源的考古学研究与马克思主义唯物史观

国家起源理论是马克思主义的基础理论之一。关于国家起源理论（即古代文明形成）的历史研究十分久远，西方可以追溯到柏拉图和亚里士多德时代，中国可以上溯到春秋战国时代。17—19世纪中叶，西方启蒙思想家与近代人类学家、生物学家、民族学家等，从不同学术领域进行了人类及部落、部族、家庭与国家起源问题研究，其中尤以达尔文1859年出版的《物种起源》与摩尔根1877年出版的《古代社会》两部巨著最为重要。达尔文《物种起源》提出的"进化论"被恩格斯列为19世纪自然科学三大发现（进化论、细胞学说、能量守恒定律）之一。《物种起源》不只是对当时生物学影响深远，对人类学、心理学、哲学、政治学也产生了巨大影响。至于摩尔根的《古代社会》更被恩格斯指出："在论述社会的原始状况方面，现在有一本象达尔文学说对于生物学那样具有决定意义的书，这本书当然也是被马克思发现的，这就是摩尔根的《古代社会》（1877年版）……摩尔根在他自己的研究领域内独立地重新发现了马克思的唯物主义历史观，并且最后还对现代社会提出了直接的共产主义的要求。"①

但是我们注意到，19世纪末至20世纪上半叶，在达尔文《物种起源》与摩尔根《古代社会》两部巨著诞生地的英国及美国、法国等地，有一些人类学家、历史学家，他们对《古代社会》一书进行了激烈批评，如人类学博厄斯学派、历史学兰克学派等，他们以历史特殊论、所谓客观主义等，对探索历史规律表现出不认同的态度。马克思、恩格斯晚年基于摩尔

---

① 《马克思恩格斯全集》第36卷，人民出版社1974年版，第112—113页。

根《古代社会》所形成的关于家庭、私有制与国家起源的研究，是马克思主义唯物史观的最为完整、最为科学、最为系统的体现。这时马克思、恩格斯关于国家起源的研究，代表了当时的最高水准，他们提出的国家起源理论原则与研究方法至今仍有重要的指导意义。至于摩尔根《古代社会》一书的时代局限性，马克思、恩格斯在他们生前已经明确指出。《古代社会》的局限性，不影响马克思主义关于私有制与国家起源的论断。

19 世纪中叶开始，近代考古学的产生与发展，提供了人类史前社会的大量科学的材料，从而使摩尔根《古代社会》研究的"假说模式"进入近现代实证科学研究阶段。大量考古发现与研究成果，得出了科学的、有说服力的学术论断，丰富了马克思主义唯物史观，使这一领域研究从 19 世纪中叶以来依据民族学、人类学与生物学成果的"逻辑"推断，发展为考古学可验证的新阶段，从而使人类历史找到"源头"，能够"完整"地认识我们人类自身的"来龙去脉"，使 19 世纪中叶以前不为人类所知的99.75% 的人类历史得以再现，作为研究人类历史发展"规律"的"起点"被找到。这正如英国著名考古学家伦福儒所说："文化人类学家将其结论建立在与当代社群实际共同生活的体验之上，而考古学家则基本通过古代物质遗存——建筑、工具和其他人工制品，来研究过去的人类与社会。"[1]

马克思主义唯物史观的国家起源问题研究的前提是探索家庭、私有制起源。这一研究只能通过考古学对旧石器时代晚期至新石器时代中晚期的遗址与墓葬的田野考古发掘与研究（包括其遗物所反映的工艺发展史研究，也就是科技史研究），才能取得真正科学意义上的实证性科学结论。墓葬与遗址（主要为聚落及其中的房屋遗存）资料在研究原始社会结构发展变化与家庭、私有制与国家起源方面，具有非常重要的意义。

北京周口店山顶洞遗址（距今 18000 年）发现的墓葬，与居室有着密切关系，因为墓葬在"居室"遗址之下，考古学家将其称为"居室葬"，这应该是中国最早的墓葬形式，"居室葬"也是世界范围之内的最早墓葬形式。"居室"与"居室葬"是同一人群的生者与逝者，他们是最早的社会基层"单位"，这些"社会单位"是否已经成为"家庭"，现在还处于

---

① ［英］科林·伦福儒（Colin Renfrew）、保罗·巴恩（Paul Bahn）：《考古学理论、方法与实践》（第 6 版），陈淳译，上海古籍出版社 2015 年版。

科学研究的"假设"阶段，至于私有制更无从谈起。进入新石器时代中期（前7500—前5000），以中原地区的裴李岗文化（前6300—前5700）最具典型意义。裴李岗文化贾湖遗址考古发掘的349座墓葬，分布在其聚落附近，形成6个墓群，这时的社会组织形态已经是母系氏族公社时期。

根据新石器时代晚期（前5000—前3000）的大量考古发掘资料揭示，个体家庭与私有制这时已经出现，社会财富逐步分化，许多墓地都存在随葬品差异较大的现象。如大汶口文化（前4200—前2600）的大汶口墓地发现的133座墓葬中，55%的墓随葬陶器在5件以下或无随葬陶器，26%的墓随葬7—8件的陶器，出11—21件陶器的墓葬占13%，拥有28件以上陶器者只占6%，可知随葬陶器越多的墓，墓的数量也就越少。①这一墓地考古发现资料反映出当时社会"富人"是少数，"穷人"是多数。

在庙底沟二期文化阶段（前2900—前2600），母权制已被父权制取代；社会分层、贫富分化进一步发展。反映母权制氏族社会特征的多人合葬墓已不存在，代之而起的是大量单人墓和个别双人男女合葬墓。这一时期的墓葬中，发现了为数不少的反映男性生殖器崇拜的彩画、陶祖、石祖等。至于这一时期的聚落与小型房屋及公共的"大房子"建筑的发现，再现了大家族内的个体小家庭之间分隔与依存的集体共居形式。

进入龙山时代（前2600—前2000），社会的"文明时代"曙光已经出现，大小不同等级聚落的形成，各地城址的发现，墓地、墓葬"差距"的加大，社会复杂化的加剧，昭示着社会已经迈入"国家"的"门槛"。以陶寺文化（前2600—前2000）为例：陶寺墓地面积约3万平方米，已发掘墓葬1300余座，无论从墓地大小、还是从发掘的墓葬数量来看都是中国新石器时代考古所罕见的，尤其引人注目的是墓葬严格的等级制度，鲜明地显示了贫富悬殊、地位高低有别的社会现象，成为探讨这一时期社会性质的极为珍贵的资料。从墓葬的排列情况看，陶寺墓地应有至少两个以上不同的墓区。每个墓区又可分出若干小区，大概属一个宗族内的不同家族。整个墓地当是一个部落墓地。从墓葬形制看，有大、中、小三种，分别占墓葬总数的近1%、约10%和90%，大型墓中大多出土有鼍鼓、石

---

① 中国社会科学院考古研究所：《中国考古学·新石器时代卷》，中国社会科学出版社2009年版，第413页。

磬、土鼓等特殊人物专用的属于重要礼器范畴,代表社会上层权力和地位的打击乐器、仪仗武器等。大型墓主均男性。有些女性中型墓就对称分布在这些大型墓两侧,属并穴埋葬形式,应为大型墓主生前妻妾,反映了一夫多妻(妾)制,同时说明了大墓主人的身份和地位之显赫,他们大概就是雄踞一方的邦国首领。与之成为鲜明对比的是大批的小型墓,坑穴浅小,多无木质葬具,或以席卷尸,大多数无随葬品,这些人应该是属于社会底层的一般氏族成员。①更为令人震惊的发现是人殉、人祭、人牲遗存,如陕西石峁城址(距今 4000 年左右)的城门门道之下发现的 2 个奠基坑每坑有 24 个人头骨,主要为年轻女性。②从旧石器时代晚期的北京周口店山顶洞人居室葬,到新石器时代中期的聚落附近墓地,再到新石器时代晚期的父系氏族社会及"万邦万国"时代,人类墓葬变化折射出社会结构、组织形态的变化,反映了从无阶级的原始社会到家庭、私有制与阶级的出现。在人类历史发展长河中,阶级与国家是密切相连的,阶级是通过国家体现、保障其意识与利益的,这种社会活动是由"国家"完成的,国家是阶级社会"专政"载体。在"国家"起源与"专政"物化形式方面,20 世纪后期至今,中国考古学家在马克思主义唯物史观指导下,对国家及其专政的物化载体——都城、宫殿、礼制建筑等遗址与象征权利的各类遗物考古发现与研究,清晰地揭示出国家的"阶级性""政治性",以及几千年来的"国家"的"专政"形式与内容的社会形态变化。③龙山时代的城址已经发现了几十座,"城以卫君、郭以居民"在这里得到充分体现。其中山西襄汾陶寺遗址最具代表性,陶寺城址由国家政治平台的大城与宫城组成,城内发现有大型宫殿、仓储等建筑遗址,"观天授时"的"政治性"天文建筑遗址。4000 年来中国古代都城的宫殿与宗庙布局变化,又反映了统治集团组成与社会形态变化的"一致性"。当大朝正殿与宗庙并列分布于都城的宫城之中时,反映了血缘政治与地缘政治结合的国家统治集团的权利组成特色,这在夏商至东周时代的都城布局形制中的"宫庙"并

---

① 中国社会科学院考古研究所:《中国考古学·新石器时代卷》,中国社会科学出版社 2009 年版,第 796 页。

② 陕西省考古研究院、榆林市文物考古勘探工作队、神木县文体局:《陕西神木县石峁遗址》,《考古》2013 年第 7 期。

③ 刘庆柱:《中国古代都城遗址布局形制的考古发现所反映的社会形态变化研究》,《考古学报》2006 年第 3 期。

列"二元"格局集中体现出来；当大朝正殿居中，宗庙与社稷分列大朝正殿东西两侧之时，反映了国家政治权利的地缘政治为主、血缘政治为辅的国家统治集团的权利组成特色，这在秦汉至明清时代的历代王朝都城布局形制有着十分突出的反映。

如果说以往的人类学、民族学的研究成果，提出史前时代社会变化及其家庭、私有制的出现是"科学假设"的话；那么，作为社会科学与自然科学结合的考古学，在新时代对马克思主义唯物史观的私有制、国家起源研究，进行了"实证性"科学研究，证明马克思主义国家学说的科学真谛。

特别需要指出的是，人类学家认为人类社会是从"蒙昧""野蛮"发展到"文明"，而马克思、恩格斯则明确提出从原始社会发展为国家的过程是从"家庭""私有制"到"国家"，私有制是国家产生的前提。当然，马克思也指出关于国家的"二重性"理论，即国家既是维护统治阶级或管理阶层利益的社会机器，又是执行社会公共管理职能的政府。马克思在《不列颠在印度的统治》一文中说："利用水渠和水利工程的人工灌溉设施成了东方农业的基础。无论在埃及和印度，或是在美索不达米亚、波斯以及其他地区，都利用河水的泛滥来肥田，利用河流的涨水来充注灌溉水渠。节省用水和共同用水是基本的要求，这种要求，在西方，例如在佛兰德和意大利，曾促使私人企业结成自愿的联合；但是在东方，由于文明程度太低，幅员太大，不能产生自愿的联合，因而需要中央集权的政府进行干预。所以亚洲的一切政府都不能不执行一种经济职能，即举办公共工程的职能。"[①]

二 马克思主义历史科学：自然史与人类史的"彼此相互制约"研究的考古学实践

马克思、恩格斯在《德意志意识形态》中提出的："我们仅仅知道一门唯一的科学，即历史科学，历史可以从两方面来考察，可以把它划分为自然史和人类史。但这两方面是密切相连的；只要有人存在，自然史和人

---

① 《马克思恩格斯文集》第 2 卷，人民出版社 2009 年版，第 679 页。

类史就彼此相互制约。"①长期以来，我们的历史研究大多是局限于"人类史"范畴之内，我想完整的马克思主义唯物史观必须把二者结合在一起，否则我们的唯物史观就失去了"根基"。人类是自然的"一部分"，人类不是"自然"的"上帝"，自然是我们人类的"平台"，没有"自然"就无从谈到"人类"。考古学作为"历史科学"，不同于传统的"历史学"，考古学的研究对象包括人类历史及其依存的自然历史，这是"完整"的历史。诚如英国著名考古学家科林·伦福儒所说：就考古学的方法论而言，从考古学学科的手段与目的来说，"考古学既是自然科学、又是人文科学"，"考古学的实践更像科学"②。

马克思针对自然环境的不同而导致的人类文化差异时指出："不同的共同体，是在各自的自然环境内，发现不同的生产资料和不同的生活资料的。所以，它们的生产方式、生活方式和生产物是不同的。"③马克思在这里实际上提出了从"自然"，即物质生活资料的生产与再生产去考察文化现象的唯物主义原则。尽管马克思在 19 世纪中期已做出了英明的预见，但是关于文明起源的研究，长期以来西方学术界一直认为西方（地中海）是人类文明起源的中心。只是由于 20 世纪中期更多的考古发现与研究的深入，考古学界先后提出了世界范围独立发展的近东（埃及、两河流域）、中国和中南美洲（墨西哥、秘鲁）文明"三地说"，"地中海""中国""印度"与"中南美"文明"四地说"与埃及、两河流域、印度、中国、墨西哥和秘鲁文明的"六地说"。今天作为人类赖以生存、发展的地球村，其所有成员的多种文明平等对话的科学依据，我们认为就源于现代考古学所揭示的古代世界文明存在的多样性、客观性、合理性，这就是考古学对马克思主义的丰富和发展。

在中国这个幅员辽阔、自然地理环境复杂多样的区域之中，考古学文化的多元性是客观存在的。恩格斯指出："根据唯物史观，历史过程中的决定性因素归根结底是现实生活的生产和再生产。"④人类生活的不同环境造就了不同"文化"。

---

① 《马克思恩格斯全集》第 3 卷，人民出版社 1960 年版，第 20 页。
② ［英］科林·伦福儒、保罗·巴恩：《考古学理论、方法与实践》，中国社会科学院考古研究所译，文物出版社 2004 年版。
③ 马克思：《资本论》第 1 卷，人民出版社 1957 年版。
④ 《马克思恩格斯文集》第 10 卷，人民出版社 2009 年版，第 591 页。

人类的存在、发展依托于环境，对环境的"适应""尊重"是人类发展的基础。以往的历史科学更多的是对"人类史"的研究，而忽视对"自然史"的研究，更没有将"人类史"与"自然史"作为"统一""相互制约""彼此联系"的历史科学去研究。现代考古学彻底改变了以往的历史研究方法，它像马克思、恩格斯所强调的那样，在历史科学研究中，将"人类史"与"自然史"作为人类历史科学的一个密不可分的整体，尤其是将"自然"作为"人类"赖以活动的基础去研究，环境考古学的兴起与迅速发展，从一个侧面充分说明了考古学给历史科学研究所带来的革命性变化。以环境考古学为主要内容的人与环境的关系、"人地关系"的科学理论研究，已进一步证实并丰富马克思主义经典作家关于历史科学的上述论断。越来越多的考古发现与研究证实，在人地关系中的"人定胜天"与达尔文的"物竞天择、适者生存"问题上，长期以来形成的理论偏差，导致人们一次又一次地付出巨大代价。正如恩格斯曾经指出的那样："我们不要过分陶醉于我们对自然界的胜利，对于每一次这样的胜利，自然界都报复了我们……这种事情发生的愈多，人们愈会重新认识到自身和自然界的一致。"①现代考古学已经并将进一步揭示人类社会发展历史所涉及的"人地关系"问题，为我们学习、认识、运用、发展马克思主义提供科学依据，为社会的全面、持久、科学发展提供历史借鉴与理论支撑。

三 考古学视阈之下的生产力、生产工具与社会形态

马克思在《哲学的贫困》中指出："社会关系和生产力密切相联。随着新生产力的获得，人们改变自己的生产方式，随着生产方式即保证自己生活的方式的改变，人们也就会改变自己的一切社会关系。手工磨产生的是封建主为首的社会，蒸汽磨产生的是工业资本家为首的社会。"②这里马克思把手工磨、蒸汽磨与封建主、资本家相联系，绝不是简单的"比喻"，他强调的是"工具"之于人类社会的重要性。

中国考古学正是以唯物主义历史观为指导，在历史研究中抓住"主要

---

① 《马克思恩格斯文集》第 9 卷，人民出版社 2009 年版，第 559 页。
② 《马克思恩格斯全集》第 4 卷，人民出版社 1958 年版，第 144 页。

矛盾"，在"主要矛盾"中抓住"矛盾主要方面"，历史发展的"主要矛盾"就是生产力与生产关系，而在它们二者之间，一般来说生产力又是矛盾的主要方面，作为考古学研究的"生产力"主要物化载体就是生产工具。马克思说："划分经济形态，不是作了什么，而是怎样作，用什么劳动手段去作。劳动手段不仅是人类劳动力发展程度的测量器，而且是劳动所在的社会关系的指示物。"①恩格斯在《家庭、私有制和国家的起源》指出：蒙昧时代的"中级阶段——从食物中采用鱼类与使用火开始"。"高级阶段——是从弓矢的发明开始的……弓矢对于蒙昧时代，正如铁剑对于野蛮时代及枪炮对于文明时代一样，乃是决定性武器。"②野蛮时代的"低级阶段——是从陶器的应用开始的"。"中级阶段——在东大陆，是从家畜驯养开始的，在西大陆是从靠灌溉之助栽培食用植物及建筑上使用干砖与石头开始的。"③"高级阶段——从铁矿的熔炼开始，并因文字的发明与它的应用于文献记录而转入文明时代。"④马克思在《机器、自然力和科学的应用》中，从世界史的角度，进一步指出科学技术史与社会史的密切关系："火药、指南针、印刷术——这是预告资产阶级到来的三大发明。火药把骑士阶层炸得粉碎，指南针打开了世界市场并建立了殖民地；而印刷术则变成了新教的工具和科学复兴的手段，变成对精神发展创造必要前提的强大杠杆。"中国考古学家以物质文化作为切入点，通过田野考古发掘与研究，更真实、更准确、更科学地探索出中国大地的历史发展规律：打制石器与旧石器时代相伴，磨制石器与新石器时代相伴（包括栽培农业、家畜驯养、陶器制造），金属器的金石并用、青铜时代与国家形成、王国时代相伴，铁器与多民族统一中央集权帝国时代相伴（"盐铁官营""货币官铸""重农抑商"）。从石器、青铜器、铁器、蒸汽机，与之对应存在的是相应的社会形态（原始社会、奴隶社会、封建社会、资本主义社会），由此可见，是"物质"决定"社会形态"，不是"社会形态"决定"物质"（主要指"生产工具"）。而"物质"（主要为工具与材料）的变化导致"社会形态"变化，因为"科技是第一生产力"。因此，考古学把材料、工具的制造、使用及其"社会效果"研究，作为探索人类社会历史的重要

---

① ［德］马克思：《资本论》第1卷，人民出版社1957年版，第194—195页。
② 《马克思恩格斯文集》第4卷，人民出版社2009年版，第34页。
③ 同上书，第35页。
④ 《马克思恩格斯全集》第21卷，人民出版社1965年版，第37页。

途径。考古学这一方法论，正如马克思在《资本论》中所说的："工艺发达的研究，会把人类对于自然的能动关系，把人类生活的直接生产过程，由此也把人类社会生活关系及从此流出的精神观念的直接生产过程揭露出来。"①

（作者单位：中国社会科学院考古研究所）

① ［德］马克思：《资本论》第 1 卷，人民出版社 1956 年版，第 448 页。

求真与致用：中国马克思主义史学的双重品格

左玉河

中国马克思主义史学创立以来，逐渐形成了自己独特的品格。这种品格突出地体现在两个方面：一是科学性（求真性），以求真为目的，探寻历史的真相，强调实事求是和具体分析，体现了历史研究的科学属性。二是现实性（致用性），注重发挥史学的经世致用功能，强调史学为现实服务，体现了历史研究的实用属性。实事求是与经世致用、求真与致用、科学性与现实性，构成了中国马克思主义史学的双重品格。

马克思主义史学的科学属性，主要体现在三个层面上。

一是求实，承认历史研究对象的客观性，探寻客观存在的历史真实，注重从第一手史料入手，在充分占有史料基础上进行深入分析。马克思主义强调史料的重要性，将材料作为研究的前提，将考证史料作为历史研究的基础。马克思指出："原则不是研究的出发点，而是它的最终结果；这些原则不是被应用于自然界和人类历史，而是从它们中抽象出来的；不是自然界和人类去适应原则，而是原则只有在符合自然界和历史的情况下才是正确的。"① 中国马克思主义史学向来重视史料和考证。郭沫若在《中国古代社会研究》自序中说："无论作任何研究，材料的鉴别是最必要的基础阶段。材料不够固然大成问题，而材料的真伪或时代性如未规定清楚，那比缺乏材料还要更加危险。因为材料缺乏，顶多得不出结论而已，而材料不正确便会得出错误的结论。这样的结论比没有更要有害。"他还强调："研究历史，和研究任何学问一样，是不允许轻率从事的。掌握正确的科学的历史观点非常必要，这是先决问题。但有了正确的历史观点，假使没有丰富的正确的材料，材料的时代性不明确，那也得不出正确的结论。"

① 《马克思恩格斯文集》第 9 卷，人民出版社 2009 年版，第 38 页。

吕振羽、范文澜、侯外庐等第一代马克思主义史学家均重视史料考证，将历史研究置于掌握充分的历史材料基础之上，进而探寻历史的真实，具有浓厚的实证色彩。

二是求是，探寻历史现象背后的本质，解释历史发展的动力及决定历史发展的原因，着力于对历史现象给予深刻的理论解释，解释历史现象之间的内在关联及其本质属性。马克思说："叙述方法必须与研究方法不同。研究必须充分地占有材料，分析它的各种发展形势，探寻这些形式的内在联系。只有这项工作完成以后，现实的运动才能适当地叙述出来。"① 科学的历史理论与丰富的历史材料同等重要。李大钊在《史学要论》中指出，史学的任务，一是揭示和描绘历史的发展过程，这是历史研究的特色；二是于全般的历史事实中间，寻求一个普遍的理法，"必个个事实的考察，比较的充分施行；而后关于普遍的理法的发见，始能比较的明确。"历史研究的第一步是依据史料揭示历史发展过程，第二步就是发现"普遍的理法"，对历史发展作合理的解释。马克思主义史学的高明之处在于，在重视史料辨伪考证并以此探究历史真相的同时（即实事求是），注重对历史现象进行深层的理论解释，以探究历史的本质（即"在实事之中求其所以是"），不仅知其然，而且要知其所以然。借用郭沫若的话就是："在实事之中求其所以是。"他在《中国古代社会研究》自序中说："整理的究极目标是在'实事求是'，我们的'批判'精神是要在'实事之中求其所以是'。"整理方法所能做到的是"知其然"，批判精神是要"知其所以然"。注重探寻历史现象的本质联系，深刻地探求历史的真相，是中国马克思主义史学的突出特性。

三是求规律，承认人类社会发展是客观的自然过程，这个自然过程是受历史的客观规律支配的，故史学研究注重发现历史发展的规律，探讨历史发展的规律性。历史研究的最高目的是探寻和发现历史发展的客观规律，将认识历史规律作为求真的最高层次，是中国马克思主义史学的鲜明特色。

求实、求是与求规律，是中国马克思主义史学"求真"的三层内涵。探寻历史真相，对历史现象予以阐释，认识历史的本质，把握客观规律，是中国马克思主义历史研究的根本目的，体现了马克思主义史学的科学

---

① 《马克思恩格斯文集》第5卷，人民出版社2009年版，第21页。

属性。

认识世界是为了改造世界，探寻真理是为了指导现实。马克思主义史学研究不仅仅是为了还原和揭示历史真相，更是为了解释历史现象，发掘现象背后的历史本质，探寻社会历史发展的客观规律，并遵循历史规律改造现实社会，引领社会走向光明的未来。这是中国马克思主义史学的独特品格和特色所在。

中国马克思主义史学兴起之初，便具有突出的实用性，强调了历史研究的致用功能，强调史学研究并为政治需要和现实社会服务，体现了中国马克思主义史学的经世致用属性。这种致用属性，主要体现在三个层面：一是为现实社会提供准确的历史知识；二是为现实社会提供深刻的历史智慧；三是以发现的历史规律引导现实社会前进方向，提供历史借鉴（经验教训）。经世致用是中国史学的优良传统，也是中国马克思主义史学的突出品格。

对于马克思主义史学的致用属性，学界长期以来争论不休而又难以达成共识。这个问题的核心，是如何处理史学研究与现实社会的关系，是要回答史学应该不应该为现实社会服务及如何为现实社会服务的问题。这个问题的实质，是对马克思主义史学致用属性的评判问题。我在此谈谈自己的粗浅认识。

作为一项学术文化活动，历史研究无法脱离特定时代的环境，更无法离开特定的现实社会而存在。既然史学无法离开特定的现实社会而得以存在，那么史学发展必然与现实社会有着密切的关联。这种关联，一方面体现为现实社会制约或促进史学发展，现实社会需求成为史学发展的外在推力；另一方面史学研究发挥其致用功能，为现实社会提供历史知识和历史借鉴，影响着现实社会的进程。

现实社会的客观需求是史学发展的外在动力。现实社会发展过程中必然产生许多新问题和新挑战，迫切需要历史学家予以正视、回应并提供历史借鉴。现实社会需求对历史学的推动，是显而易见的客观事实。以当代中国史学发展为例，改革开放以来的现代化建设实践，向中国近代史研究提出了重建以现代生产力、经济发展、政治民主、社会进步、国际性整合为参照的新的分析框架的要求，正因为有这样的要求，故而出现了从现代化角度重新评价中国近代历史事件和历史人物的研究趋向，并形成了所谓的现代化范式，改变了中国近代史研究的格局。西部大开发战略的实施，要求史学界关注中国历史上的西部开发问题并提供历史借鉴，从而兴起了中国西部开发史研究的热潮，为制定西部发展规划提供历史依据。"九八"长江大洪水引起的新一轮治水高潮，要求史学界担当起研究中外历史上水患及其治理的责任，从而掀起了灾害史、水利史研究热潮。"非典"的袭击，引发了人们对医疗卫生问题的关注，瘟疫史、疾病史、公共卫生史研究随之形成热潮。工业化进程带来的环境污染问题，催生了史学界对环境史的研究。日益凸显的边疆问题、宗教问题、民族问题、腐败问题，同样引发了边疆史、宗教史、民族史和反贪史的研究。南海问题与钓鱼岛问题的凸显，引发了中国海洋史、琉球史的研究。日本篡改历史教科书，引起了中国学者对中日关系史、南京大屠杀史及中日共同历史认识问题的研究。国家提出"一带一路"发展战略后，同样需要历史学界作出回应，历史上丝绸之路史的研究便蔚然兴起。由此可见，现实社会问题的凸显及迫切的现实需求，成为推进史学发展的外在动力。历史研究在回应现实问题中不断拓展研究领域，在关注国家重大发展战略中形成连绵不断的研究热点。现实向史学不断提出新问题和新挑战，历史学也在不断回应中得到发展。

史学以其历史借鉴的方式回应现实社会提出的新问题与新挑战，似乎是顺理成章的事情。但实际上并不如此简单。为现实社会服务是史学致用功能的体现，但这种致用功能往往引起人们的误会。在一些人看来，史学研究的目的在于求真，旨在探寻历史的真实，应该抱定"为学术而学术"，为探求历史真相而研究历史，应该远离现实，远离政治，退守到学术研究的象牙塔中，从而保持史学的独立性。这种认识强调了史学的求真本性，有其合理性，但显然忽视了史学的致用功能。更有甚者，人们提起史学的经世致用，立即会联想到戚本禹提出的"为革命研究历史"及"四人帮"所搞的影射史学，因而产生较大的顾虑甚至抵触情绪。"历史研究为无产阶级政治服务"的治史口号的确有极大偏颇并造成了严重后果，这是史界应当汲取的历史教训，但并不能由此回避史学与现实的密切关系，更不能忽视史学的致用功能。史学致用，不能简单地理解为"史学为现实服务"，更不能狭隘地理解为"史学为政治服务"。史学致用，是史学为现实提供历史知识、历史智慧和历史借鉴，为社会发展提供必要的学术支撑，为解决现实社会问题提供深刻的历史经验。

历史与现实有着难以割断的天然联系，史学必须把握时代的脉搏，回应现实社会的新挑战，寻求新问题的解决之道。关键的问题是史学以何种方式服务于现实，如何处理好史学的求真宗旨与致用功能的关系。

史学的目的和功能有二：一是求真，二为致用。求真是致用的前提和基础，致用是求真的最终目标，求真与致用如鸟之双翼、车之两轮，不可偏废。以"求真"的目的否定"致用"的功用，是没有道理的。史学致用的基础是扎实的学术研究，没有坚实的学术研究来支撑，致用只能是一厢情愿的空谈。史学致用，不是忽视史学求真之宗旨而曲解历史，反而要求严肃认真地"求真"，要求以"求真"而得来的历史真知、历史经验、历史智慧、历史教训，来为现实社会服务。此处所谓"服务"，非曲学阿世，非献媚政治，而是以史学真知见用于现实社会。换言之，史学致用的基本要求，是以求真所得之真实的历史知识、精辟的历史见识、深刻的历史教训、高明的历史智慧贡献于现实社会，为民族国家之用。惟有真知，方有真用；欲求真用，必有真知。史学家以科学方法探寻历史真相，深化历史认识，总结历史规律，这仅仅是历史研究的前半段；以探寻所得之真知卓见，贡献于现实社会，以有益于民族国家，此当为历史研究之最终目标。

历史学家所能做的本分工作是：以求真的态度追寻历史真实，发掘历史的真相，探寻历史发展的规律，总结丰富的历史经验，汲取深刻的历史教训，提炼高明的历史智慧，提供可信的历史知识。史学的致用功能，或许更多地体现在这些方面。史学多数情况下是以这样间接的而非直接的方式服务现实，满足社会对历史知识的渴望、对历史智慧的汲取、对经验教训的总结，为现实社会提供发人深省的启示、高明的历史智慧及人民需要的真实可信的历史知识。

历史是过去的现实，现实是未来的历史，瞻往可以察来。当代史学的发展离不开现实社会的不断推助，现实社会的发展同样离不开史学致用功能的充分发挥。史学的根本目标在于求真，但求真并非史学之唯一目标。史学除了弄清历史真相、记录历史事实的学术价值外，还应发挥其资治鉴今的致用功能。当代史学不能逃避现实和责任，而要勇敢地回应现实提出的挑战，满足现实社会的多重需求，关注国家的发展战略，将史学研究与经济社会发展及国家重大发展战略结合起来，从历史中发掘和总结有益的经验，服务于现实社会需要。中国马克思主义史学的致用属性，正是以这样的方式得以具体展现。

中国马克思主义史学，既注重从史料入手，在详细占有史料基础上探寻历史真相，发现历史发展的客观规律，揭示历史发展的奥秘和历史的本质；又注重以所探寻的历史真相和历史规律为现实社会服务，为人们提供准确的历史知识、合理的历史解释、深刻的历史经验、高明的历史智慧，指导人们现实的生活，引导社会发展的方向。求真是马克思主义史学的基本特性，但求真是为了致用；致用是马克思主义史学的突出品格，但致用必须以求真为基础。中国马克思主义史学是在求真与致用的互相激荡中发展的。求真与致用的统一、科学性与致用性的统一，方能展示中国马克思主义史学的强大生命力。

现实的需求，是史学前进的推力、史学发展的动力、史学繁荣的助力。中国马克思主义史学惟有勇敢地应对现实社会的挑战，回应现实的问题，满足现实的需求，才能无愧于这个伟大的变革时代，才能不断展现其求真的科学属性。

（作者单位：中国社会科学院近代史所）

马克思唯物史观的核心思想及其史学价值

安启念

任何历史观都具有史学研究方法论意义，唯物史观也不例外。以往我们对马克思主义唯物史观的理解，即学术界通常所说的历史唯物主义，揭示了社会历史发展的客观规律，极大地促进了我国的史学研究，今后仍将发挥重要作用。然而我们以往理解的历史唯物主义还没有完全反映马克思的相关思想，甚至没有包括它的核心思想。马克思的历史观是大唯物史观，它把历史理解为在人的劳动实践的基础上自然界、人类社会和人自身的相互作用协同进化，理解为"人的自我改变"，即人的形成史和解放史。劳动生产实践是马克思唯物史观的核心思想，唯物史观的其他思想都是它的题中应有之义。它对史学研究具有重要的方法论价值。本文试从几个基本方面对以上问题略加探讨，以就教于学术界，特别是史学界同仁。

一 劳动生产实践是唯物史观的核心思想

我国哲学界通行的对唯物史观的解释，主要体现在各种马克思主义哲学教科书上，它流行有年，人所共知。这种解释有扎实的文本依据，这就是恩格斯的《反杜林论》。当然还有马克思《〈政治经济学批判〉序言》对唯物史观的论述。不过《〈政治经济学批判〉序言》关于唯物史观的相关论述并不是唯物史观的"经典表述"，[①]《反杜林论》则是一本论战性著作，阅读对象是 19 世纪 70 年代德国的工人大众，阐述唯物史观的角度、深度受很大局限。在唯物史观问题上，纯粹从理论的角度看，更值得关注的是《德意志意识形态》。马克思曾说：1845 年春他和恩格斯"决定共同阐明我们的见解与德国哲学的意识形态的见解的对立，实际上是把我们从

---

① 参见安启念《唯物史观思想两次表述比较研究》，《学术月刊》2013 年第 6 期。

前的哲学信仰清算一下"。① 相关成果就是《德意志意识形态》。恩格斯指出，此处所说"我们的见解"，即"主要由马克思制定的唯物主义历史观"。② 可见《德意志意识形态》包含有马克思恩格斯以批判德国意识形态作家的形式阐述的唯物史观。恩格斯又说："其中关于费尔巴哈的一章没有写完。已写好的部分是阐述唯物主义历史观的。"③ 这进一步告诉我们，他们对唯物史观的阐述在该书第一章。仔细阅读这一章，可以发现，真正算得上对唯物史观的阐述的，是这一段话。

这种历史观就在于：从直接生活的物质生产出发阐述现实的生产过程，把同这种生产方式相联系的、它所产生的交往形式即各个不同阶段上的市民社会理解为整个历史的基础，从市民社会作为国家的活动描述市民社会，同时从市民社会出发阐明意识的所有各种不同理论的产物和形式，如宗教、哲学、道德等等，而且追溯它们产生的过程。这样做当然就能够完整地描述事物了（因而也能够描述事物的这些不同方面之间的相互作用）。这种历史观和唯心主义历史观不同，它不是在每个时代中寻找某种范畴，而是始终站在现实历史的**基础**上，不是从观念出发来解释实践，而是从物质实践出发来解释各种观念形态，由此也就得出下述结论：意识的一切形式和产物不是可以通过精神的批判来消灭的，不是可以通过把它们消融在"自我意识"中或化为"怪影""幽灵""怪想"等等来消灭的，而只有通过实际地推翻这一切唯心主义谬论所由产生的现实的社会关系，才能把它们消灭；历史的动力以及宗教、哲学和任何其他理论的动力是革命，而不是批判。这种观点表明：历史不是作为"源于精神的精神"消融在"自我意识"中而告终的，历史的每一阶段都遇到一定的物质结果，一定的生产力总和，人对自然以及个人之间历史地形成的关系，都遇到前一代传给后一代的大量生产力、资金和环境，尽管一方面这些生产力、资金和环境为新的一代所改变，但另一方面，它们也预先规定新的一代本身的生活条件，使它得到一定的发展和具有特殊的性质。

① 《马克思恩格斯选集》第 2 卷，人民出版社 1995 年版，第 33—34 页。
② 同上书，第 211 页。
③ 同上书，第 212 页。

由此可见，这种观点表明：人创造环境，同样，环境也创造人。①

以上这段论述写于马克思恩格斯思想发展早期（1845—1846 年），马克思主义形成不久，用语和表述尚不成熟，但十分重要。这段话一而再、再而三地使用了"这种历史观就在于"及类似说法，仅就形式看便是马克思恩格斯在对自己创建的唯物史观做有意识的说明。从内容上看，它完全包含了我们通常理解的唯物史观的基本思想：生产力、生产关系、经济基础、上层建筑、社会存在决定社会意识。与我们熟知的唯物史观表述相比，二者的不同在于，它强调"直接生活的物质生产"在社会历史中的决定性作用——用劳动生产实践解释现实的生产过程、生产方式、生产关系（即所谓交往形式、市民社会），进而解释宗教、哲学、道德等社会意识形式，解释社会变革。或者说，它包含了我们通常理解的唯物史观的全部内容，但是更为丰富与深刻，因为后者把生产力作为解释社会生活的最终因素，它则进而用生产实践对物质生产力的发展做了说明。说到底，这是一种用生产实践解释社会存在、社会意识、社会变革的理论。

我们可以为这种理解找一个旁证。恩格斯《在马克思墓前的讲话》称：

> 正像达尔文发现有机界的发展规律一样，马克思发现了人类历史的发展规律，即历来为繁芜丛杂的意识形态所掩盖着的一个简单事实：人们首先必须吃、喝、住、穿，然后才能从事政治、科学、艺术、宗教等等；所以，直接的物质的生活资料的生产，从而一个民族或一个时代的一定的经济发展阶段，便构成基础，人们的国家设施、法的观点、艺术以至宗教观念，就是从这个基础上发展起来的，因而，也必须由这个基础来解释，而不是像过去那样做得相反。②

"墓前讲话"有对马克思一生事业"盖棺论定"的性质，恩格斯事先做了认真准备。此处把"直接的物质的生活资料的生产"作为全部社会生活的基础，用它解释经济基础，进而解释上层建筑，正是上面所引《德意

---

① 《马克思恩格斯文集》第 1 卷，人民出版社 2009 年版，第 544—545 页。
② 《马克思恩格斯选集》第 2 卷，人民出版社 1995 年版，第 776 页。

志意识形态》对唯物史观阐述时，所说的思想。二者写作时间相距近 40 年，但基本用语相似：《德意志意识形态》使用的是"直接生活的物质生产"，《在马克思墓前的讲话》则使用了"直接的物质的生活资料的生产"。足见所表述的思想在马克思恩格斯那里有多么重要。

劳动实践不仅是唯物史观的基本内容，在马克思和恩格斯看来，它是唯物史观的核心思想。二人对此多有论述，下举几例。

1888 年发表的《路德维希·费尔巴哈和德国古典哲学的终结》结尾处，恩格斯把他和马克思的思想概括为"在劳动发展史中找到了理解全部社会史的锁钥的新派别"。① 该书第三章末还说："要从费尔巴哈的抽象的人转到现实的、活生生的人，就必须把这些人作为在历史中行动的人去考察。"②

1890 年恩格斯说："根据唯物史观，历史过程中的决定性因素归根到底是现实生活的生产和再生产。无论马克思或我都从来没有肯定过比这更多的东西。"③

1893 年，他在一封书信中说："关于历史唯物主义的起源，在我看来，您在我的《费尔巴哈》（《路德维希·费尔巴哈和德国古典哲学的终结》）中就可以找到足够的东西——马克思的附录其实就是它的起源！"④ 所谓附录，指马克思的《关于费尔巴哈的提纲》。我们知道，《关于费尔巴哈的提纲》通篇只讲实践活动的重要意义，对我们通常所说的生产力、生产关系、经济基础、上层建筑等唯物史观的重要概念，以及社会存在决定社会意识，只字未提。

《德意志意识形态》还曾这样说：

> 我们首先应当确定一切人类生存的第一个前提，也就是一切历史的第一个前提，这个前提是：人们为了能够"创造历史"，必须能够生活。但是为了生活，首先就需要吃喝住穿以及其他一些东西。因此第一个历史活动就是生产满足这些需要的资料，即生产物质生活本身，而且，这是人们从几千年前直到今天单是为了维持生活就必须每

① 《马克思恩格斯选集》第 4 卷，人民出版社 1995 年版，第 258 页。
② 同上书，第 241 页。
③ 同上书，第 695—696 页。
④ 同上书，第 721 页。

日每时从事的历史活动，是一切历史的基本条件。……任何历史观的
第一件事情就是必须注意上述基本事实的全部意义和全部范围并给予
应有的重视。①

该书又说："人们生产自己的生活资料，同时间接地生产着自己的物
质生活本身。"② 这些是对物质生产实践在唯物史观中基础地位的明确
说明。

马克思《1844 年经济学哲学手稿》：

整个所谓世界历史不外是人通过人的劳动而诞生的过程，是自然
界对人来说的生成过程……③

在这部手稿中马克思认为黑格尔"抓住了劳动的本质，把对象性的
人，现实的因而是真正的人理解为自己的劳动的结果"，④ 称这说明黑格尔
把人的自我产生看作一个过程，而这是其辩证法思想的伟大之处。

以上论述表明，马克思恩格斯从 1844 年直到 1893 年（马克思去世十
年之后，恩格斯去世两年之前），一直把劳动实践视为唯物史观最核心、
最关键的思想。

唯物史观的确是建立在劳动实践基础之上的。

第一，按照通常的理解，生产力是人无法随意决定的，唯物史观之
"唯物"，在于它用物质生产力解释全部社会生活。但是这一说法在逻辑上
不彻底：如果再问一个问题——生产力的发展又是由什么决定的？就会发
现，生产力的主要标志是工具，工具是人在思想的设计与支配之下制造
的，新的工具反映了人的新的思想。于是那些设计与制造新工具的聪明人
的思想成为历史的决定性因素。然而这一观点显然并不是唯物主义。从劳
动实践的角度看，问题大不一样：人们可以随意设计各种各样的工具，但
是只有与物质世界的客观规律相一致的设计才有可能在制造实践中取得成
功，生产力的发展由此得到唯物主义的解释。

---

① 《马克思恩格斯文集》第 1 卷，人民出版社 2009 年版，第 531 页。
② 同上书，第 519 页。
③ 同上书，第 196 页。
④ 同上书，第 205 页。

第二，生产力决定生产关系、经济基础决定上层建筑，社会存在决定社会意识，体现了唯物主义思想，但是缺少历史的维度。事物只有在变化发展中才能表现出历史性，而变化与发展意味着新的因素的出现。我们熟知的唯物史观称，"随着生产力的发展"，生产关系、上层建筑、社会形态发生相应变化，然而并没有揭示生产力的发展机制，因而不能从根本上解释社会生活的变化与历史。严格地说，这是一种唯物主义的社会学理论——它唯物主义地说明了社会生活中各种因素之间的关系，但没有说明社会生活是如何"动起来"的，不能称作历史理论。

《德意志意识形态》这样说：

> 历史不外是各个世代的依次交替。每一代都利用以前各代遗留下来的材料、资金和生产力；由于这个缘故，每一代一方面在完全改变了的环境下继续从事所继承的活动，另一方面又通过完全改变了的活动来变更旧的环境。①

每一代人都要利用前代人在劳动中创造的材料、资金和生产力从事满足自己物质生活资料需要的生产活动，由于环境，即材料和生产力等，在前人的劳动生产活动中发生了改变，每代人从事的都是与前代人不同的改变了的劳动活动，而他的劳动活动又使自己从前人那里继承的环境发生进一步的改变。于是，每一代人都既有继承，又有改变，人的世代交替表现为生产力、资金、环境、人的劳动活动的不断改变、不断进步。按照马克思恩格斯的说法，这就是历史。①只有劳动实践活动才能使环境和人"动起来"，不断有所变化，造就历史。

这种唯物史观和迄今我们熟知的唯物史观毫不矛盾。它着重说明生产力的发展机制，用劳动实践唯物主义地说明何以有历史；我们以往熟知的唯物史观则重在说明在一定的生产力的条件下，社会各要素之间的关系如何，社会存在是怎样决定社会意识的。从本文开始时所引《德意志意识形态》的论述可以看出，其实它们共同构成马克思恩格斯的历史唯物主义理论。但从总体上说，作为对历史唯物主义的理解，唯物史观的核心思想是用劳动实践活动对历史加以解释。离开劳动实践活动，所谓唯物史观就会

---

① 《马克思恩格斯文集》第1卷，人民出版社2009年版，第540页。

失去历史的维度，其唯物主义性质也会受到质疑。

唯物史观对历史研究具有重要的指导意义。生产力在历史发展中的决定性作用、阶级分析方法的价值，等等，至今仍未过时，毋庸赘言。本文仅对唯物史观的核心思想，即劳动实践和以它为基础的人与环境的相互作用协同发展，从史学研究方法论价值的角度略加考察。

二　自然史、社会史、人类史的统一

大唯物史观不仅仅关注社会历史，还关注自然界和人本身的历史。在它看来，自然、社会、人是有机整体，任何一方都不可能独立存在。自然和社会构成人的生存环境，"人创造环境，同样，环境也创造人"。对于这种"三史"统一，可以做很多分析，限于篇幅，我们只能择其要者，略作说明。

人类史和社会史的统一，对于马克思主义者，似乎不难理解。马克思的思想"人的本质在其现实性上是一切社会关系的总和"，尽人皆知，被视为历史唯物主义根本原理之一。按照通常的理解，这是马克思关于人与社会关系的根本观点，是在说人不是独立的存在，是社会的产物，归根到底是生产力发展的产物，人的历史只是社会历史的体现或反映。其实，第一，如本书前面所说，这句话仅仅是在说，人的本质，即以自由自觉为根本特征的劳动活动，在现实生活中的实际表现，劳动的具体方式，在其现实性上取决于社会关系。第二，劳动是人的类本质，但不是人的生活的全部，并非人的一切都取决于生产力生产关系。这种认识忽视了人的相对独立性，无法反映历史发展的复杂性与多样性。

西方马克思主义重要代表人物哈贝马斯提出重建历史唯物主义，认为生产实践和人与人的交往实践是人类的两种最基本的实践活动，历史发展是二者的交互作用。他的思想极大地突出了人的交往活动，是有道理的。事实表明，人是社会存在物，社会就是人与人的交往，交往活动可以改变人从而改变社会。此外，迄今为止生产力的发展在人类历史中归根到底起着决定性的作用，但是只有在工业文明中，或者说在资本主义制度中，它的决定性作用才十分显著，引人注目。马克思只是在从资本主义制度中发现了生产力的决定性作用之后，回过头来看，才发现此前的全部社会历史都是由生产力的发展推动和决定的。他把这称作"人体解剖对于猴体解剖是一把钥匙"。① 许多学者指出，在工业文明之前，宗教、道德等因素的作用，在社会生活及其变迁中十分突出。这对以往理解的唯物史观的解释力形成挑战。即使在工业文明兴起以后，由它推动的现代化运动在不同的国家或者地区也有不同表现。联系前工业化时期的情况，理论界产生了历史发展单线论与多线论的争论。这实际上是对把生产力作为历史发展唯一决定因素的质疑。

上述情况还可以换个角度来看。在自然、社会和人三者组成的系统中，不同民族因地理环境的不同，甚至是遗传基因的差别，自远古以来便在生产方式、生活方式、交往活动等方面表现出不同的特点，并且在长期的历史积淀中形成不同的文化与历史传统。文化和传统在交往实践中传播与发展，有自己独特的存在机制，具有保守性，一旦形成，便比较稳定。生产力的发展改变生产关系以及生产方式和生活方式，对既有的文化和传统造成压力，迫使它们做出反应。但是在既有的文化和历史传统中，有的阻碍生产力的发展，终将被改造、淘汰；有的与生产力发展的要求相吻合，会得到发扬；也有大量的内容是中性的，或者说是有弹性的，加以适当改变可以适应新的生产力的需要。因此，既有的文化和传统能够作为相对独立的因素影响社会发展，能够在新的上层建筑中继续存在。同一个民族的不同的社会形态可以体现同样的文化和传统，保持自己独特的面貌；同样一种社会形态，在不同国家会各有特色。

自然、社会、人，三个系统相互作用，又相对独立。只要有人就会有人与人的交往。交往活动是思想的交流，思想的改变也就是人的改变。就是说，人的变化在一定意义上可以独立于生产力和生产关系的变化。人的改变必然引起社会的改变，因而交往是社会发展的重要途径。随着全球化趋势日益凸显，交往在社会历史中的作用越来越重要。在古代，中国周边不少落后国家只是由于接受了中国文化的影响就步入了封建社会。

大唯物史观还告诉我们，必须把自然史纳入历史观视野之内。在以往的史学理论中，自然界只是作为影响人类文明某个阶段的因素被偶然提及，自然史则踪影难觅。在大唯物史观中，自然史、社会史和人的历史只是一部统一的历史的三个不同方面，每一方面都影响其他两个方面，它自身也只有在三者的相互作用中方能得到解释，历史必须包含自然史。

---

① 《马克思恩格斯文集》第 8 卷，人民出版社 2009 年版，第 29 页。

大家知道，《德意志意识形态》说："我们仅仅知道一门唯一的科学，即历史科学。历史可以从两个方面来考察，可以把它划分为自然史和人类史。但这两个方面是不可分割的；只要有人存在，自然史和人类史就彼此相互制约。"① 在此之前马克思还说过："全部历史是为了使'人'成为感性意识的对象和使'人作为人'的需要成为需要而作准备的历史（发展的历史）。历史本身是自然史的一个现实部分，即自然界生成为人这一过程的一个现实部分。自然科学往后将包括关于人的科学，正像关于人的科学包括自然科学一样：这将是一门科学。"② 历史是"自然界生成为人这一过程的一个现实部分"，所谓"自然界生成为人"，首先是指人类这种特殊的动物是自然界长期进化的产物，同时也是从自然界的角度对人逐步脱离动物界成为真正的人这一过程的理解，是在强调自然界在人的生成过程中的巨大作用，以致马克思说自然科学和关于人的科学将是一门科学。

我们曾经提到，马克思认为自然界的历史发展决定着人的感觉的形成与发展：

> 只是由于人的本质客观地展开的丰富性，主体的、人的感觉的丰富性，如有音乐感的耳朵、能感受形式美的眼睛，总之，那些能成为人的享受的感觉，即确证自己是人的本质力量的感觉，才一部分发展起来，一部分产生出来。因为，不仅五官感觉，而且连所谓精神感觉、实践感觉（意志、爱等），一句话，人的感觉、感觉的人性，都是由于它的对象的存在，由于人化的自然界，才产生出来的。
> 五官感觉的形成是迄今为止全部世界历史的产物。③

马克思的这一思想并不难理解，不过就自然界对人和人的社会的影响而言，它还不是最主要的。

人本身是自然界进化的产物，自然界的重要性毋庸赘言。即使人类产生以后，离开自然史，人类史和社会史同样无法合理解释。这里仅举一例。改革开放之前，哲学界曾就自然界是不是生产力的要素产生过分歧，

---

① 《马克思恩格斯文集》第 1 卷，人民出版社 2009 年版，第 516 页。
② 同上书，第 194 页。
③ 同上书，第 191 页。

形成生产力的三要素说和两要素说。普遍流行的是生产力只包括人和工具两要素的说法。它的前提是对自然界因人的劳动生产活动而发生的变化对于社会和人的影响忽略不计。在工业文明之前，人类改造自然的能力十分有限，相对而言，地球无限大，劳动实践引发的变化可以忽略不计。这种看法在今天则显得荒诞不经。一方面自然资源出现日渐枯竭的趋势；另一方面，人的活动正在使气候发生明显变化，同时人类活动还造成了日益严重的环境污染。自然界的这些变化严重威胁着人的健康甚至生存，制约着社会和人的发展，成为对社会以及人具有决定性意义的因素。汤因比认为人类正在杀死自己的大地母亲，进而自杀，人类面临着与诞生同样重要的历史性转折，人类文明的终结不是危言耸听。越来越多的人呼吁，"新轴心时代"正在到来；为了人类的未来，我们必须改变业已形成的生产方式、生活方式与思想观念。工业文明在走向终结。劳动实践使地球的生存陷入危机，自然界是人须臾不可脱离的无机身体，人只有一个地球，地球的危机反过来导致人的生存危机，自然史正在显示出它对人的历史和社会史的决定性作用。

大唯物史观告诉我们，应该在自然、社会、人的相互作用中理解历史。历史比我们想象的要复杂，不仅不能把历史归结为天命、神意或者人的思想观念，也不能把与它相关的一切都归结为生产力。在涉及历史的具体形式时，这一点尤其重要。

三 超越唯物主义唯心主义的对立

大唯物史观的理论基础是劳动实践辩证法。实践方案的制定、通过具体操作使方案得以落实的意志，属于人的能动性；实践主体是物质的肉体的人，实践工具与实践对象是物质存在，实践的结果是客观规律对人的意识活动是否具有真理性的检验，是唯物主义因素的体现。

马克思主义哲学毫无疑问属于唯物主义范畴，它强调世界的物质性以及物质对意识的决定作用，似乎理所当然，不足为怪。但是马克思大唯物史观思想超越唯物主义唯心主义的对立，在坚持唯物主义的同时强调以往被当作唯心主义因素看待的思维创造的重要意义。可能许多人对此一时难以接受。实际上这一思想是马克思的重大哲学贡献，意义极为重要。它对人的一切活动都具有重要的方法论意义，它的重要性可能出乎马克思本人的预料。

先看认识活动。在认识活动中，人类面临一个永远无法否认或者回避的问题，即"休谟问题"。休谟在西方哲学史上拉开了从近代哲学向现代哲学转变的序幕，在认识论方面的主要贡献之一就是提出"休谟问题"。他提出，演绎逻辑的结论是可靠的，但是不能增加新知识；归纳逻辑可以增加新知识，但它基于已有的有限认识获取涵盖无限的未知领域的普遍性认识，其结论未必可靠。另外，经验既是认识的来源，也是对认识的限制。人们可以获得感觉经验，然而事物的本质、事物的联系是人借助感觉器官无力直接感觉到的，获取它们只能越出直接感性经验的界限，求助思维的猜测与创造。例如，对因果的认识便是这样。人们通过经验只能感觉到某种现象发生在另一现象之后，但是在任何情况下都不能在经验中感觉到它的发生是因另一现象之故，即另一现象是原因，这一现象是结果。人们只是根据感觉提供的经验事实断言前者是原因，后者是结果。因果联系是思维创造的产物。

"休谟问题"具有普遍意义。人通过感觉只能认识事物的现象，事物的本质和事物之间的联系存在于现象之后，人的感官感受不到。从有限到无限、从现象到本质是认识的升华。感觉经验在这里无能为力，完成这种跃进只能靠猜测、想象、顿悟、幻想、联想，一句话，靠思维的创造。这意味着除了直接的感性经验以外，任何新知识的获得，知识领域的拓展，都要依据已有知识去推测未知，依靠思维的创造。虽然推测的依据来自实践，推测的结果有待实践检验，但是，只有思维能够超越直接经验的限制进入未知领域并创造性地提出有待验证的认识。思维的创造是认识世界的关键。它所体现的恰恰是人的能动性。

在马克思主义哲学中，依据恩格斯的思想，列宁极力强调唯物主义反映论，把人对客观事物的认识看作对这些事物的"反映、复写、摹写"，对于如何反映、复写、摹写，他没有说。毛泽东提出从感性认识上升到理性认识的十六字方针：去粗取精、去伪存真、由此及彼、由表及里。如何"去"，如何"及"，他也没有说。这些问题的答案人们在恩格斯那里也找不到。这导致唯物主义反映论，也是辩证唯物主义的认识论，长期以来只讲真理性认识是人对客观存在的正确反映，但是如何反映，除了讲实践是认识的来源、从感性认识上升到理性认识外，其他方面基本上没有涉及。从逻辑上看，有空缺。这里缺少的，恰是思维的创造。因为思维创造是人的主观能动性的发挥。

思维的创造作用在人文社会科学领域更为重要。大体上说，自然科学规律一经认识便可随处使用，在一个时期内放之四海而皆准。因为数学、物理学、化学这些基础科学领域涉及的基本粒子、原子、分子及其有规律的运动，四海之内没有区别。在人文社会科学领域完全没有这种情况。这一领域是人的世界，而人是"具有意识的、经过思虑或凭激情行动的、追求某种目的的人"；任何事情的发生都不是没有自觉的意图，没有预期的目的的。（恩格斯语）情绪、意识往往有许多非理性因素，复杂多变，无法捉摸。成功的实践说明其中包含有正确反映了客观规律的真理性认识，但是由于社会实践是人参与完成的，而影响人的行为的因素无限复杂，因此一方面对于其中的真理性认识究竟是什么，人们很难有一致意见；另一方面任何人从中获得的自认为具有真理性的认识，对于其他人，甚至是他本人，在其他地方、其他时间进行的类似实践，也只有参考价值。

上面提出的对马克思超越唯物主义唯心主义对立思想的方法论解读，可以在爱因斯坦那里找到极好的注释。他说：

> 物理学构成一种处在不断进化过程中的思想的逻辑体系。它的基础可以说是不能用归纳法从经验中提取出来的，而只能靠自由发明来得到。这种体系的根据（真理的内容）在于导出的命题可以由感觉经验来证实，而感觉经验对这基础的关系，只能直觉地去领悟。……逻辑基础愈来愈远离经验事实，而且我们从根本基础通向那些同感觉经验相关联的导出命题的思想路线，也不断地变得愈来愈艰难、愈来愈漫长了。[①]

这是说，由于认识对象日益远离人的直接感觉经验，思维创造在科学研究中的作用越来越重要了。

他又说：

> 科学家在科学研究中使用的基本概念和基本关系，即公理，是可以由科学家自由选定的，可是这种选择的自由是一种特殊的自由；它

---

① ［德］爱因斯坦：《爱因斯坦文集》第1卷，商务印书馆1976年版，第372页。

完全不同于作家写小说的自由。它倒多少有点像一个人在猜测一个设计得很巧妙的字谜时的自由。他固然可以猜想以无论什么字作为谜底；但是只有一个字才真正完全解决了这个字谜。①

他的结论性意见是：

> 观念世界是不能用逻辑的工具从经验推导出来的，而在某种意义上来说，它是人类头脑的创造，要是没有这种头脑的创造，就不可能有科学；但尽管如此，这个观念世界还是一点也离不开我们的经验本性而独立，正像衣服之不能离开人体的形状而独立一样。②

科学研究就像猜谜语，没有人的主观能动性，没有思维创造，不大胆地去猜，永远不会有科学认识的发展。

爱因斯坦的这种"猜谜语说"是他物理学研究方法的概括总结，他的学术成就为其正确有效性提供了证明。但非常明显的是，他在这里所说的正是马克思的实践观所体现的唯物主义唯心主义合理因素的结合，或者说马克思对唯物主义唯心主义对立的超越。

爱因斯坦科学研究中取得的经验在 20 世纪著名科学哲学家卡尔·波普的哲学理论中得到升华，具有了更大的普遍性。达尔文和爱因斯坦是波普敬重的两位科学家，他认为自己的理论与他们科学研究的方法密切相关。波普全部研究离不开对"休谟问题"的思考，他的结论是：

> 我们不是被动地等待重复把规则印在或强加在我们头脑里，而是主动地企图把规则强加给世界。我们企图在世界中发现相似性，并用我们发明的规律来解释世界。我们不等待前提就跳到结论。这个结论如果被观察证明是错的，以后就得放弃。
>
> 这就是试探错误的方法——猜想和反驳的学说。这使我们可以懂得为什么我们把解释强加于世界的企图在逻辑上先于相似性的观察。由于这种程序有逻辑理由的支持，我觉得这种程序也可以应用到科学

---

① ［德］爱因斯坦：《爱因斯坦文集》第 1 卷，商务印书馆 1976 年版，第 346 页。
② 同上书，第 157 页。

领域里来；科学理论并不是观察的汇总，而是我们的发明——大胆提出来准备加以试探的猜想，如果和观察不合就清除掉；而观察很少是随便的观察，通常按一定目的进行，旨在尽可能获得明确的反驳根据以检验理论。①

波普认为自然界的规律不是被动地重复获得的感觉印在我们头脑中的，它是我们发明出来的，是我们大胆提出的猜想，目的是用它解释世界，或者说是把解释强加于世界。这种猜想、解释是否正确有待于进一步的观察，如果观察证明是错的，那就放弃，重新猜测，提出新的解释。波普把他的思想概括为如下的公式：P1→TT→EE→P2。其中"P1"表示问题；"TT"表示试探性理论，得自猜想的对问题的解释；"EE"表示排除错误，即进一步观察，对已有理论加以批判讨论，发现其错误；"P2"表示新的问题，即观察到原有的猜测不能解释经验现象，再次遇到问题。新问题将引起新猜测，产生新的试探性理论。这是一个从问题到新的问题再到更新的问题的无限循环过程，在这个过程中科学知识，其实就是从猜想得来的试探性的理论，不断发展、进化。他对上述过程进一步做了概括："知识的成长是借助于猜想与反驳，从老问题到新问题的发展。"② 波普认为这是一个和达尔文主义进化论相似的理论发展的过程，"猜想与反驳"是方法论的核心。爱因斯坦的研究方法在这里上升为普遍的哲学理论。

波普是批判理性主义者，他的上述公式和实用主义者胡适提出的"大胆假设，小心求证"有相似之处。他们都强调思维的创造，即假设、猜想，也都强调经验检验的重要。实事求是地说，他们的理论在科学家中颇有市场，信奉者甚众。以往我们只讲认识论的反映论本质，忽视了对反映的具体方法、途径的研究；相反，波普和胡适不讲认识的本质，更不承认反映论，只讲认识的具体方法与途径。马克思主义哲学家对波普和胡适的理论只是简单地斥之为唯心主义胡说，其实他们的错误并不在于提出的认识方法，而在于对这些方法的解释，在于他们的唯心主义立场。波普大讲"实在"，强调实在的客观性，但就是拒绝使用物质概念，而且只讲证伪，

---

① ［英］卡尔·波普：《猜想与反驳——科学知识的增长》，译文出版社 2001 年版，第 65 页。

② ［英］卡尔·波普：《客观知识——一个进化论的研究》，译文出版社 2001 年版，第 270 页。

不讲证实。胡适作为实用主义者，认为物质概念是形而上学，同样拒绝使用，把有用作为真理的主要特征。他们坚持从感觉经验出发，不涉及感觉经验的世界观基础。世界观被搁置一旁，但依然存在。他们的理论不彻底。但是仅就认识、反映的具体方法和途径而言，他们的理论实际上是在错误的唯心主义世界观基础上正确地触及了科学认识的两个重要环节，即思维创造和实践检验，也即马克思所说的唯心主义因素和唯物主义因素及其结合，是有合理性的。马克思的实践思想包含了这两个因素，并把它们奠定在唯物主义基础之上，是比波普和胡适的理论更全面、更彻底也更科学的认识论。

自"休谟问题"面世之后，问题的存在得到大家的普遍承认，众多哲学家在与此相关的领域做了大量工作，但是都没有使问题得到真正解决。正如马克思《关于费尔巴哈的提纲》第一条所批评的，唯物主义只讲真理是对客观存在的正确反映，不讲人的能动创造，不能揭示从感性认识到理性认识、从现象到本质的途径；唯心主义只讲人的创造，不承认物质存在，也就谈不上认识是对客观存在的反映，使之缺少可靠基础；康德被"休谟问题"从独断论的迷梦中惊醒，提出二元论回应这个问题，他用来帮助自己从现象深入到本质的工具是先验范畴，其理论不仅在逻辑上不彻底，而且还有几分神秘。哲学史上只有马克思通过唯物主义和唯心主义合理因素的结合，对休谟问题做出了科学的解决。

能不能说思维创造和实践检验在认识活动中同样重要？问题很难笼统地回答，因为它们的作用有不同的性质，不能直接比较。实践检验是对已有的假说性认识的验证，思维创造则是假说性认识的来源。当然，在人的认识活动中二者缺一不可，但是如果从人的角度看，人能做的、必须做的、最重要的，是思维创造。没有思维创造，人就永远处在动物的水平，永远不可能把握事物的本质和联系，就不会有任何实践活动。除此之外，所谓实践检验，与运用思维创造的结果探索世界、改造世界是同一个实践活动，并非经过实践检验后的真理性认识才能付诸实践。从这样的角度看，思维创造更为重要。

马克思超越唯物主义和唯心主义对立的思想对实践活动同样具有重要的指导意义。

实践活动可以分为重复性实践和创造性实践。前者存在于自然科学和技术领域，实践活动的方案是已有认识的重复，活动的结果完全在预料之中。后者是自然科学领域的探索性活动以及人在社会领域的活动，活动面对的是未知世界，实践方案包含思维创造，实践结果前所未见。真正重要、有价值、推动科学发展和社会进步的是创造性实践。

恩格斯曾经说：

> 哥白尼的太阳系学说有 300 年之久一直是一种假说，这个假说尽管有 99%、99.9%、99.99% 的可靠性，但毕竟是一种假说；而当勒维烈从这个太阳系学说所提供的数据中，不仅推算出必定存在一个尚未知道的行星，而且还推算出这个行星在太空中的位置的时候，当后来加勒确实发现了这个行星的时候，哥白尼的学说就被证实了。[①]

这段话常被用来说明实践是检验真理的标准，其实它也是马克思实践思想的体现。实践所检验的是勒维烈关于人们尚未知道的行星的存在及其在太空中的位置的假说，而这假说是勒维烈思维创造的产物。离开他的思维创造，一切都谈不上。然而一旦实践活动取得预期结果，实践方案得到证实，勒维烈的思维创造便成为对客观世界的正确反映。

前面曾经提到，社会领域不存在像自然科学领域那样可以直接照搬使用的规律性认识，那么这一领域有没有客观规律呢？有。与自然领域的不同在于，人们永远不可能在开始实践之前便完全掌握实践对象的规律。即使是已经在改造这一对象或者与它类似对象的实践中取得成功，并且从经验中总结出了反映其规律的理论，当人们再次发动类似的实践活动时，这一理论也不能照搬，只有参考价值。因为新的实践活动面对的对象与以往相比一定有所变化。人们常说：士别三日，当刮目相看，就是在形容社会领域实践对象的多变。由此导致这一领域任何实践活动面对的对象都和以往有所不同，实践活动都有新意，都有创造性。但是，只要是创造性实践活动，实践方案的制定就是一种开拓、探索，其中必定包含思维的创造。当然了，像一切实践活动一样，这样的实践活动同时也是对思维创造是否具有此岸性、现实性，即是否正确的验证。这表明社会领域的实践活动同样是人的能动性与受动性的结合，只是能动性更为突出。

这样一来，社会历史成为人们不断进行思维创造并不断把创造结果运

---

① 《马克思恩格斯文集》第 4 卷，人民出版社 2009 年版，第 279—280 页。

用于改造世界的实践活动同时对它加以验证的过程。社会历史是有规律的，但是这种规律不同于自然科学规律，不能说它们自在地存在于人之外，有待人去发现。社会发展规律存在于人的实践活动之中。有实践活动，才有社会变化，才有历史，才有所谓社会规律；没有实践活动，不要说认识社会规律，这些规律本身就根本不存在。不存在有待人去发现的社会规律。

我们研究中国革命史，或者换一种说法，研究马克思主义的中国化，看到的正是上述情况。教条主义者熟读马列，却一次又一次地遭到失败。取得成功的是以毛泽东为代表的立足中国实际在实践中探索的人们。他们大胆地想、大胆地闯、大胆地试、大胆地实践，同时不断总结实践经验，取得了成功。发动农民革命、"占山为王"、武装割据、农村包围城市，这些思想在马克思、恩格斯、列宁、斯大林的任何著作中都见不到。它们是毛泽东等人在实践中摸索出来的。中国改革开放同样如此。把社会主义和市场经济结合起来，前人没有说过也没有做过，是中国共产党人大胆地想、大胆地闯、大胆地试、大胆地实践，摸着石头过河探索出来的。这两段历史只有用马克思的大唯物史观，用它的理论基础——劳动实践辩证法才能解释。

如何理解人的能动性与社会发展客观规律性的关系，是历史领域令人头痛的难题。历史当然是人创造的，但历史又是人不能随意创造的。一些人强调人的创造，另一些人强调历史规律，各执一端，却又谁都不能说服对方。然而从马克思的大唯物史观来看，上述问题其实是社会历史中的唯物主义因素与唯心主义因素的关系问题，而这个问题在马克思对实践的理解中根本不存在。同一个实践活动，其过程既是思维对存在的改造，也是存在对思维的检验。唯物主义因素与唯心主义因素同时发挥作用，不可能有不受规律制约的活动，也不可能有事先掌握规律从而严格按规律办事的活动。实践活动是人发动并主导的，在实践的基础上，思维创造与客观规律产生了一致性。上述令人头痛的问题，只是由于不懂得实践活动对唯物主义和唯心主义对立的超越才产生的。

认识历史规律和历史学研究与物理学研究是类似的，同样是猜谜语的过程，即思维创造和实践验证的过程。可能多数情况下我们猜得不正确，但是不能忘记，要认识社会历史的秘密，我们只有思维创造也即大胆猜测这条唯一的途径。猜了不一定对，不猜永远不会对。马克思主义中国化的两次成功实践，值得一切从事社会活动或历史研究的人反复思考。

马克思超越唯物主义和唯心主义对立的思想还让我们联想到许多自然现象。达尔文主义进化论提出物竞天择、适者生存的进化论，虽然可以解释生物进化的现象，但是在理论上有个重要缺陷：所谓物竞天择、适者生存，前提条件是生物个体之间存在差异，否则就谈不上自然选择。达尔文未能解决这个问题，他的进化论存在逻辑上的缺环。诺贝尔奖获得者，法国生理学家雅克·莫诺在《偶然性与必然性：略论现代生物学的自然哲学》中指出，生物特性由基因决定，基因在外部或内部偶然因素的作用下按照统计学概率不断发生突变，生物特性随之改变，从而为自然选择和物种进化提供了可能。雅克·莫诺的理论使达尔文主义进化论更加完整可信。然而基因突变让人很自然地想到人的能动性、思维的创造性和唯心主义；自然选择则让人看到了与实践检验类似的过程。基因突变是随机的、偶然的，只有有幸与自然环境的状况相吻合的那个突变才能被自然选中，保留下来。前面提到的卡尔·波普，认为爱因斯坦和阿米巴都是按照他揭示的"猜想与反驳"或者类似的方式存在并且进化的。把爱因斯坦与阿米巴相提并论令人不快，不过就面对的是未知世界因而爱因斯坦和阿米巴都是自己先做出改变、创新然后交给未知世界去检验与选择这种方式而言，二者的确是相似的。马克思的思想似乎应该放在一个更为广阔的背景中来考察。

四　历史学就是人学

历史理论形形色色。当今世界流行的主要是脱胎于实证主义哲学的史学理论以及后现代主义，它们把历史看作现象和事物的集合，而这些现象与事物只是人对自己感性认识的记录和加工整理。它们不承认客观对象，更不承认历史发展的客观规律。我们熟悉的历史唯物主义理论强调历史的规律性，但是它的视野只局限于社会历史，并且把一切归结于物质生产力的发展及其决定作用，因而实际上是物质生产力的发展历史。所谓社会的经济基础其实是由生产力决定的生产关系，所谓上层建筑只是服务于生产关系最终服务于生产力的政治法律制度和相应的思想观念。历史规律就是由生产力决定的社会变化的规律，在这里人作为社会关系的总和，是被决定的因素，是社会机器上的"螺丝钉"。这样的理论的确体现了科学理性，即把历史看作有规律的发展过程，但从人的角度看，它用历史解释人，而不知同时需要用人解释历史，人才是历史的主体与主人。有人把这样的唯物史观称作无主体的历史观，"人学空场"，并非信口胡说。马克思的大唯物史观涵盖范围更广，包括自然界、人类社会和人自身，但它的核心是人，而且这里说的不是人的思想、愿望、天性，不是笼统地说的劳动人民创造的物质生产力，而是活生生地从事着思维创造并在实践中实现自己的设想同时接受客观规律检验的一个个的个人。他认为，历史发展不仅有规律，而且有确定的趋向和价值目标——实现共产主义，也即全人类的解放。从总体上看，马克思的大唯物史观是关于人的主体作用和解放道路的理论。按照这样的历史观，说到底历史学就是人学。这样的理论为我们认识历史和从事史学研究提供了独特的角度，指出了新的方向，在今天非常宝贵。

首先，人是历史的创造者，是历史的主体。马克思对历史发展的动力与机制做了深入思考。按照他的理论，每一代人都要遇到前一代传给自己的生产力、资金和环境，它们预先规定了这一代人的生活条件，进而规定了他们的特点；但是这一代人又通过自己的劳动实践活动使这些生产力、资金和环境发生改变，并且把被自己改变了的生产力、资金和环境再传给自己的下一代。在一代又一代人的继承与改变的活动中，生产力、资金、环境（自然界和社会）和人自身，不断发展变化，形成历史。人是历史的确定无疑的主体和创造者。强调人是历史的创造者，是马克思历史观的特点。

其次，马克思研究历史，目的是研究人，着眼点是研究人的发展规律，宗旨是研究人的解放之路。寻找人的解放道路是马克思全部理论研究的宗旨与基本内容，是大唯物史观最重要的特点之一。我们知道，早在中学时期他便立志为全人类的幸福奉献自己的一切，这一志向终生未改。中学时他诉诸宗教，以为只要接受基督教的教诲，人就可以摆脱欲望的支配，不再一味追求物质利益和物质享受，灵魂得到净化，道德得到提升，社会实现和谐，人获得自由。大学毕业时他寄希望于哲学批判，认为对现实社会的无情批判可以揭示其非人本质，从而摧毁它的存在基础，建成人的自由王国。《莱茵报》时期的经历使他认识到，不合理的现实制度背后是物质利益的对立，哲学批判无助于改变现实，物质力量只能用物质力量来摧毁。结合从德国来到法国巴黎后对工人阶级的近距离认识，马克思转而把改变历史、实现人的解放寄希望于无产阶级的阶级斗争。只是在1844年开始认真研究经济学之后，他才发现，不合理的制度，人的本质的异化以及人所遭受的苦难，根源是私有财产的存在，而私有财产又是劳动实践活动在一定历史阶段的产物，因此，真正决定历史从而决定人的发展与解放的，是人的劳动实践活动。从写于 1844 年 4—11 月的《1844 年经济学哲学手稿》到 1845 年春天的《关于费尔巴哈的提纲》，再到 1845—1846 年与恩格斯合著的《德意志意识形态》，马克思的这种历史观逐步成熟，形成并表述了自己的基于劳动实践活动的历史观，即他的大唯物史观。马克思的上述思想历程表明，他的历史观形成于对人类解放道路的探寻之中，他的历史观就是对历史之谜的解答，就是对人的现实解放之路的揭示。

马克思所说的人类解放，是指人摆脱物对人的支配，而摆脱物对人的支配，前提又是消灭生产资料私有制。因此，他认为人类文明史就是私有财产的产生、演化和走向终结的历史，因而也是人类逐步获得解放的历史。人以追逐物质利益为目标，思想观念和全部生活受私有财产的支配，体现了他和动物的共同之处。所谓"人为财死，鸟为食亡"，表明人还没有走出动物阶段，还没有真正成为人。对物质利益的追求，导致人必须以获得最大化的物质利益为原则来安排自己的生活，而且使自己的思想、观念、道德，全部社会生活，都服从于获取物质利益的需要。这一方面造成了人与人的利益冲突，产生了阶级剥削和阶级压迫以及广大劳动人民的苦难；另一方面造成人与自然的对立，以致人失去了自己的无机身体，丧失了人与自然界在科学、艺术等方面的交往带给人的乐趣。上述结果表明，劳动不再是自由自觉的活动和人的自我实现，社会不再是人与人的友好合作关系即人的社会性的体现，人失去了自己的类本质，异化为资本增值的工具，沦为社会这架硕大生产机器上的螺丝钉。马克思的历史观，最根本的特点在于揭示了历史发展的规律，从而找到了人类解放的道路，并且指出，历史发展本身导致了人的异化，同时它又为人克服异化、获得解放创造了客观条件——生产力的高度发展使得生产资料私有制走到历史尽头，共产主义成为历史必然；埋葬资本主义的物质力量，共产主义需要的新人已经诞生。消灭私有财产，摆脱物对人的支配，人以最无愧于人的本质的方式安排自己的生活，结束自己的史前史，开始人的历史，已经是客观的历史趋势。就是说，他的历史观包含有对社会发展方向、趋势也即价值目标的揭示。前面已经提到，在写于 1857—1858 年的《资本论》手稿中，马克思说：人的依赖关系（起初完全是自然发生的），是最初的社会形式，在这种形式下，人的生产能力只是在狭小的范围内和孤立的地点上发展着。以物的依赖性为基础的人的独立性，是第二大形式，在这种形式下，才形成普遍的社会物质变换、全面的关系、多方面的需求以及全面的能力的体系。建立在个人全面发展和他们共同的、社会的生产能力成为从属于他们的社会财富基础上的自由个性，是第三个阶段。第二个阶段为第三个阶段创造条件。这段著名论述被人们称作马克思关于社会发展阶段的"三形态说"，实际上也是他对自己的历史理论从人的发展与解放的角度出发所做的新概括。按照这种表述，整个社会历史就是人的解放史——从人对人的依赖（前资本主义社会）到以物的依赖性为基础的人的独立性（资本主义社会）再到建立在个人全面发展和他们共同的社会生产能力成为他们的社会财富这一基础上的自由个性（共产主义社会）。

中国文化中与"大同"理想相联系的对历史阶段的划分，基督教从原罪和救赎的角度对人类历史的说明，实证主义用人的天性及其自然演化对历史进步的描述，黑格尔用客观理性的演化与外化对历史的解释，乃至试图用哲学批判或阶级斗争改变现实的尝试，都是把历史与人的完善、进步、解放联系在一起。不难发现，从历史理论的角度看，它们与马克思的唯物史观是有类似之处的。然而这些理论与马克思的唯物史观有着根本的区别。这就是：马克思关于人的解放之路的设想，或者说他心中的人道主义理想的实现，建立在对历史规律的科学认识之上（只有大唯物史观揭示了人的发展的秘密），实现了人道主义与科学理性的结合；其他各种理论对历史规律一无所知，说到底是把历史归结为神的安排或者观念、意志的历史，归结为人的本能或形形色色的道德说教，因而所谓历史进步和人的解放全都是空想。

在马克思看来，历史学就是人学。这一思想在今天具有极为重要的意义。从理论上讲，历史无比复杂，如同茫茫暗夜，几千年来的历史研究都是在黑暗中摸索。生活是人的生活，历史是人的历史，追求人的幸福、解放是无数志士仁人的梦想。因为找不到历史规律，人们一直未能从暗夜中走出。马克思的唯物史观是暗夜中亮起的一盏明灯，从人的解放的角度为我们揭示了历史的发展规律，为史学研究指出新的方向，找到新的线索，史学有了灵魂。沿着大唯物史观指出的价值目标认识历史、审视现实，我们的思路豁然开朗，史学研究别开生面。从实践的角度讲，资本主义工业文明经过几百年的发展已经遍及全世界，马克思揭示与批判的人的异化远远比他在世时严重。放眼世界，人们看到的是物欲横流，人的精神萎靡，理想信念淡化，人们拒绝崇高、自我矮化，更严重的是日益严重的生态、资源等危机导致人类陷入前所未有的生存危机。人类历史处于转折点，新轴心时代正在到来。人类迫切需要重新审视自己的价值目标，寻找克服异化进行自我拯救的道路。只有马克思的大唯物史观能够担此重任。因为只有它不仅揭示了历史发展的规律，而且指明了人类解放的道路，也即历史发展的价值目标。作为价值目标，人的解放是对追求物质财富、物质享受这一资本主义社会价值目标的否定与超越。追求物质财富这种价值目标是建立在人的动物性基础之上的。追求这样的目标，人类文明不会有明天。如果说在马克思之前所有的历史研究都不涉及社会发展的价值目标问题，那是因为人们事实上把追求物质利益，人的动物性的表现，视为天经地义、永恒不变的前提，无须考虑。马克思的不同之处恰恰在于他不承认这一前提，把它视为历史的产物，需要在历史中解释，而且不是永恒的，是人类应该克服且正在克服的。

（作者单位：中国人民大学哲学院）

唯物史观与发扬中国史学的民族特色

——改革开放以来史学理论的发展及未来史学之展望

周文玖

既坚持唯物史观的指导，又强调发扬中国史学的民族特色，使二者有机地结合起来，这是改革开放以来中国史学的重要特征之一，也是中国史学自近代以来趋于成熟的显著标志。其主要表现是，创造性地运用唯物史观，积极探索具有中国民族特色的史学理论，揭示中国历史的特殊规律。坚持唯物史观与发扬中国史学民族特色的结合，既是 20 世纪中国史学发展的必然结论，也为当代中国史学的发展，开辟了广阔的前景。

一　具有中国民族特色史学理论的积极探索

改革开放以后，西方的史学理论、史学著作被译介进来，使与国外隔绝多年的中国史学界顿感新鲜，也使长期以来以单一理论模式进行历史研究的沉闷状态出现了生机。西方史学理论的引入，对促进中国史学理论的发展是有益的，但不容讳言，也带来了一些负面影响。20 世纪 80 年代初，有些学者，特别是青年学者一度对西方的史学理论十分崇拜。所谓"老三论""新三论""计量史学"等非常时兴，不谈上几句，就颇有孤陋寡闻之感。这种状况，有点像 20 世纪二三十年代吸收西方史学一样，"饥不择食"、生吞活剥。于是，史学界许多学者对此表示了关切。但中国史学经过了多年的曲折，毕竟成熟多了，对史学发展中出现的"幼稚病"有清醒的认识。一些有识之士，很快看到了问题所在，认为吸收外国的史学理论，不能抛开本国的史学传统。只有在批判继承本国传统史学的基础上，才能更好地吸收外国史学的优秀成果，建立起有中国特色的史学理论体系。否则，对自己的传统一无所知或知之甚少，盲目崇洋，就永远跟在洋人后面走，永远不能将自己的史学振兴起来，以自己特有的形象走向世界。这样，在大力吸收西方新学理的同时，史学界对中国民族特色的史学理论也进行了积极探索，并取得了突出的成就。

（一）具有民族特色的史学理论学科之建设

从新中国成立到文化大革命结束，史学理论作为一门独立的学科一直没有建立起来。之所以如此，一是因为"左"的政治环境干扰了马克思主义史学理论的正常建设；二是因为大多数史学工作者有一种不甚正确的认识，即认为有了历史唯物主义，历史学就无须建立自己的学科理论。随着一系列重大历史理论问题讨论的深入，史学界逐步意识到建立历史学自身学科理论的必要性。1983 年 6 月，《世界历史》发表了《让马克思主义史学理论之花迎风怒放》的评论员文章，指出不能把历史唯物主义的一般原理等同于马克思主义史学理论，史学理论有自身的独特性，必须加强历史学自身理论的建设。与此同时，葛懋春、谢本书主编的《历史科学概论》和白寿彝主编的《史学概论》先后出版。这是新中国成立以来最早问世的两本史学概论，是建立独立的史学理论学科的初步成果。此后出现了史学理论热，关于史学理论或史学概论研究的对象、内容和任务等，一度成为史学界研究的热点。在介绍和翻译大量国外史学理论或方法论书籍的同时，又陆续出版了近 20 种史学理论教材和著作，它们是吴泽主编的《史学概论》；田昌五、居建文著的《历史学概论》；孙恭恂主编的《历史学概说》；姜义华、赵吉惠、瞿林东、马雪萍合著的《史学导论》；赵吉惠著的《史学概论》；杜经国、庞卓恒、陈高华合著的《历史学概论》；贾东海、郭卿友等主编的《史学概论》；姚太中、程汉大主编的《史学概论》；庞卓恒主编的《史学概论》；徐明文、唐建军主编的《史学概论》；李振宏著的《历史学的理论与方法》；宁可、汪征鲁编著的《史学理论与方法》；杨豫、胡成著的《历史学的理论和方法》；苏双碧著的《历史科学的理论和方法》；红旗杂志社哲学历史编辑室编辑的《历史研究的理论与方法》；范达人著的《当代比较史学》；蒋大椿著的《唯物史观与史学》；庞卓恒著的《唯物史观与历史科学》；张艳国著的《唯物史观与史学理论》；等等。如此众多的史学理论著作在很短的时间内出版，反映了史学界探索史学理论的热忱。这些著作在建设具有中国民族特色的史学理论学科方面均作出了努力，取得了一定的成就。相对来讲，白寿彝主编的《史学概论》在民族特色方面，姜义华、瞿林东等合著的《史学导论》在中外史学结合方面，是学术成就尤为突出的两部。

白寿彝从20世纪50年代就意识到开设史学概论的必要性，较早地提出必须把坚持唯物史观的指导与发扬中国史学的民族特色结合起来。他说，唯物史观是科学的历史观，在马克思主义产生以前，无论中国还是外国，作为科学体系的唯物史观并没有出现，但是却有唯物主义历史观的思想因素。他重视发掘和阐述中国传统史学中唯物主义历史观的思想因素，指出："在马克思主义传入中国以前或在它建立以前，在中国和中国以外的史学领域里，都有唯物主义因素的存在"。比如像贾谊的《过秦论》，"说的是秦之盛衰的故事，意思是说，强大的秦政权，因为暴虐，群众起来反抗，陈涉带着几百人首举义旗，全国响应，一下子就把秦灭掉了。这说的是人民群众有很大的力量。这是一个有唯物主义因素的观点"。又如司马迁在《货殖列传》所表述的意思是，"道德为物质条件所支配，而物质条件的占有是人们的普遍愿望。这显然是有唯物主义因素的论点"。"贾谊的论点和司马迁的论点，所起的作用不同，而在中国史学观点的发展史上都有重要的意义。通观中国史学史，上下古今，这类的事例还有一些，这是我们史学史工作中所应当注意的。"① 将中国史学中的唯物主义历史观的思想因素挖掘出来，使人们认识到，以唯物史观为指导与发扬中国史学的民族特色是不矛盾的，二者有相互结合的共同基础。多年来，白寿彝在唯物史观与发扬中国史学的民族特色方面，不断进行深入的探索。1981年，他发表了《关于〈谈史学遗产〉——〈谈史学遗产〉答客问之一》《谈历史文献学——〈谈史学遗产〉答客问之二》《谈史书的编纂——〈谈史学遗产〉答客问之三》《谈历史文学——〈谈史学遗产〉答客问之四》等四篇文章，运用唯物史观，分别从历史观点、历史文献学、历史编纂学、历史文学等几个方面，挖掘中国史学的优良传统，论述具有珍贵价值的史学遗产。他认为史学概论"就是要在马克思主义基本原理的指导下，论述中国史学遗产几个重要方面的成就和马克思主义传入中国后史学的发展，及当前史学工作的重要任务"②。因此，他主编的《史学概论》，重视对中国传统史学的挖掘，从传统史学中概括出对史学发展具有重要意

---

① 上述引文见白寿彝《中国史学史》第一册，上海人民出版社1986年版，第31—39页。
② 白寿彝主编：《史学概论·题记》，宁夏人民出版社1983年版。

义的史学理论，是一部真正体现中国史学特点的史学理论著作。该书的基本章节如历史观、历史文献、史书的编著、史书的体例、历史文学等都反映了中国史学独有的特点。陈光崇评论说："这些内容都跟史学史有密切关系。还提出了很多新颖的见解，不落前人的窠臼。"① 除本书之外，白寿彝在他主编的《中国通史》导论卷及撰著的《中国史学史》第一册中，对史书的体裁和体例、历史文学等，都作了探讨，提出了富有中国民族特色的观点和见解。

姜义华、瞿林东、赵吉惠、马雪萍合著的《史学导论》，重视中、西史学的对比和综合，从中、西史学的发展中，概括史学理论。该著认为，史学导论有独立的研究对象，它以人类认识历史活动为自己的研究对象，它所研究的内容都是相互联系的，是一个有机的整体。它将人类认识历史的主体活动作为客观存在，系统地研究它的一般过程、主要特征、基本规律，确定现代史学发展的途径，以推动历史研究活动和整个历史学沿着进一步科学化与社会化的道路为基础，更加有效地发挥积极的社会功能。为此，该书把历史认识论、史学方法论、历史本体论、史学形态学及历史认识主体自身的研究作为一个统一的整体，系统而全面地揭示了历史认识的基本特征，分析史学研究中所运用的各类方法，权衡古往今来对于历史本体论及历史规律的探究，考察历史研究成果的各种社会表现形态，明确历史学家的素养与时代使命②。全书结构严谨，内容环环相扣。该书在概括史学理论时，一方面挖掘了西方史学和中国史学的优秀遗产；另一方面有意识地进行中、西史学比较，自觉地把中国史学放在世界史学发展的广阔背景下考察，以求"古为今用，洋为中用"。该著以马克思主义认识论为根据，对历史认识活动的结构与过程，历史思维的特点以及历史认识的真理性及其检验等问题的揭示都十分精辟；在论述历史学的社会功能及在科学中的地位时，密切结合中国史学的历史与现状，见解独到；对历史研究成果的表现形态之论述，在吸收西方历史编纂学理论的基础上，更是深刻地探讨了中国的历史编纂学成就，并提出一些历史编纂的理论原则，如信史原则、历史内容与历史编纂形式的辩证统一、语言表述的美学要求等。这些论述，都是在借鉴了当代史学理论成果的基础上，对中国史学民族特

---

① 陈光崇：《中国史学史研究的回顾与展望》，《史学史研究》1985 年第 2 期。
② 姜义华等：《史学导论·引言》，陕西人民教育出版社 1989 年版。

色的进一步阐扬。2003 年，著者又对该著进行了修订，充实了一些内容，如西方马克思主义的历史理论、后现代主义思潮的当代挑战、全球化及现代化进程中史学发展的新趋向等，既反映了最新的时代特点，又回答了中国史学在新的历史时期所面临的问题，展示了探讨中国民族特色史学理论的新成果，成为一部更加成熟的史学理论教材。

富有民族特色的史学理论学科的形成，是中国史学不断成熟的重要标志。

（二）具有民族特色的史学理论成就

改革开放以来，史学界以唯物史观为指导，在具有民族特色的史学理论方面，进行了艰苦的探索，取得了很大成绩，丰富和发展了唯物史观。以下举其要者，以显其成就。

中国历史上多种生产关系并存的理论。关于社会形态和五种生产方式的理论，过去受苏联学者的影响比较严重，认为人类社会的发展是一个单线序列，依次是原始社会、奴隶社会、封建社会、资本主义社会、共产主义社会。对于每一个社会形态，又认为只有一种生产方式。白寿彝通过对中国历史的研究，在理论上作了反思，认为这不符合历史实际，指出："过去我们研究某一个历史时代的社会经济，只重视这一历史时代的基本的生产关系；对于同时并存的生产关系，对于基本的生产关系跟其他生产关系的关系都注意得不够。我们希望能不断改变这种状况，这对于中国历史研究会有重大意义的"[①]。从中国历史实际中，他认识到，在任何社会中，都不可能只有一种生产关系，而往往是多种生产关系同时存在。他论述说：

> 在每个具体社会形态中，往往不是单一的生产关系，而大都是两种以上的生产关系同时并存。这些生产关系虽然对社会的变化和发展都各自发生一定的影响，但并不是所有的生产关系都成为社会的经济基础而决定社会的性质。其中只有在社会里占有支配地位的生产关系，才构成这个社会的经济基础，才决定着社会的性质、社会面貌和发展方向。其他那些不占支配地位的生产关系，虽然对于社会发展也

[①] 白寿彝总主编：《中国通史》（导论卷），上海人民出版社1989年版，第188页。

有一定的影响，但它对于社会性质，对于整个社会的发展进程，是不起决定作用的。如生产者自己占有生产资料的个体小生产这种生产关系，差不多在所有社会都存在，可是它从来也没有形成为独立的经济形态，而仅仅是作为独立的经济形态的补充。①

这段话包含了几个意思：（1）在每个具体的社会形态中，往往不是只有一种单一的生产关系，而是有两种或两种以上的生产关系同时存在。（2）在每一个社会里，多种生产关系中有一种生产关系占支配地位，它决定该社会的性质、社会面貌和发展方向。（3）在多种生产关系中，除占支配地位的生产关系外，还有其他的生产关系，这些生产关系虽然对社会性质不起决定作用，但对社会有一定的影响。（4）各种生产关系对社会的作用不完全一样。有的生产关系甚至能产生多重影响，而且持续时间很长，以致存在于几个社会形态中，如个体小生产，可是它从来也没有成为独立的经济形态，而仅仅是作为独立的经济形态的补充。这样的论断就是根据马克思主义的基本原理，从中国历史的实际中得出的。多种生产方式并存的理论对研究中国历史具有特殊的意义，因为中国是一个多民族的国家，地域辽阔，政治、经济、文化发展不平衡，提出多种生产方式并存的理论，对认识中国历史的丰富性、特殊性都具有根本的指导意义。

"一元多线的历史发展观。"罗荣渠通过对世界历史的考察，特别是对现代化问题的研究，对历史理论的一些基本问题进行了深刻的探索，提出了"一元多线历史发展观"。他指出了过去对马克思主义社会发展论认识的简单化，认为单线发展论是不符合马克思主义的，是对马克思主义的片面理解。

所谓单线发展论，就是人类社会由原始社会—奴隶社会—封建社会—资本主义社会，依次地发展，生产力的每一发展，就引起生产关系的变革。变革是通过生产力和生产关系的内在矛盾引发起的革命实现的。罗氏说，这不符合历史实际。他从中外历史中举出许多事例，说明单线发展论不能成立。如西欧的资本主义生产方式的兴起，导致在美洲的奴隶制的再版。按生产力与生产关系的发展水平来说，中国的封建主义生产方式（按通行的说法）早就居世界先列，达到成熟的程度，但却迟迟不能迈向下一

---

① 白寿彝总主编：《中国通史》（导论卷），上海人民出版社1989年版，第184页。

个梯级——资本主义；而社会经济与文化都远远低于东亚和西亚的西欧，却成为近代资本主义的发源地和发展中心。单线发展论还不能回答来自现实的挑战：既然资本主义创造了历史上最强大的生产力，而这种生产力又是迈向社会主义的必要条件，那为什么远没有具备这一物质条件的国家却首先导向社会主义？于是，人们就不能不提出这样的疑问和假设，如果历史单线发展论是正确的，现实的社会主义就是错误的或反常的；如果现实的社会主义是真实的，历史单线发展论就是错误的。那么单线发展论的症结何在？罗荣渠认为，其症结"在于对生产力和生产关系的互相关系的机械的单线解释，即认为每种社会经济形态只有一种生产方式，每种生产力在历史过程中只同一种生产关系相结合，而生产关系适应生产力水平又是一次性完成的，等等。这种单线解释可能与马克思的下述论点有关：'手推磨产生的是封建主为首的社会，蒸汽磨产生的是工业资本家为首的社会'。现在看来，这一简单化的概括未必是正确的"①。一定的生产力水平有与其相对应的生产关系，形成相应的社会经济结构，但是由于每一种新形态的生产力都具有巨大的能动性、发展弹性和适应性，同一性质与水平的生产力可能与几种不同的生产关系相适应。同一种生产力、同一种生产方式在不同的历史条件下可以适应几种不同的社会结构。例如小农经济和独立的手工业生产，在原始公社解体后的各种社会经济形态中都是存在的。同样，现代工业生产方式既可与资本主义生产关系相结合，也可以适应于社会主义生产关系。因此，单线发展论是站不住脚的。

关于历史发展的原因，罗荣渠否定了单一因素论，说历史的发展原因不是单一的，而是具有多种因素，有内因，也有外因，有时外因还起关键性的作用。他举例说，现代资本主义的兴起是一个众多因素长期交互作用的自发的历史过程。物质对于精神，经济对于政治与文化，绝对不是按人们设想的固定方向和顺序发生作用的。这只能借助于合力说才能说明历史客体发展的一切矛盾趋向的总和。这是恩格斯晚年对历史唯物论方法论的重大贡献。至于外因在历史发展的进程中起关键作用，历史上的事例也比比皆是，如西欧奴隶制瓦解的决定性力量是外来因素，即蛮族的多次入侵，并不是由于旧制度下的生产力根本无力维持下去，而是由于原有生产力遭到外力的大破坏，造成了从商品经济向自然经济的大倒退。正是这种

---

① 罗荣渠：《现代化新论》，北京大学出版社 1993 年版，第 61 页。

突变推动了欧洲向一种封建等级制过渡。在相当一个时期，很难说封建制生产关系下的农业一定高于奴隶制生产关系下的农业，因此很难用奴隶制在经济上已无利可图来解释这种制度的必然崩溃。正如用南方奴隶制在经济上已无利可图来解释它在美国的必然消亡一样，都是对生产关系要适合于生产力的规律的简单化。

当然，强调外因的作用，决不是否定或贬低内因的作用——内因始终是变化的根据——而是突出过去长期被忽视的因素，破除历史的宿命进化观。历史发展的宏观架构应该是"一元多线"。现实的生产力系统构成一切经济活动的物质基础，是社会变革的根本动因。人类历史发展归根到底是围绕以生产力发展为核心的经济发展的中轴转动。这是马克思主义的历史一元论，也就是社会发展的"一元性"的意思。"多线"，是指在同一大生产力状态下的不同社会的发展，受复杂的自然因素和社会因素的影响，千差万别，但可以归纳成为不同的发展阶段、不同的发展模式和不同的发展道路；任何一种生产方式和社会形态都不是单向度的、静态的，而是多向度的和动态的。这就是社会发展的"多线性"的意思。一元性是社会发展的共性，多线性是社会发展的特殊性。两者在特定的历史过程中形成共性与特殊性的统一。①

一元多线历史发展观，吸收了近一个世纪以来国际社会科学研究的新成果，是对马克思主义历史发展理论的充实和发展，是对斯大林的单线历史发展图式的突破，对科学地指导历史研究具有深远的意义。

中国古代社会封建化进程的综合因素论。中国社会史分期和中国封建社会长期延续的原因是困扰中国史学界多年的问题。白寿彝在其主编的《中国通史纲要》和总主编的多卷本《中国通史》导论卷中，在考察中国封建社会时，从综合性的因素探讨它的产生和发展阶段，为研究这一问题提供了新的思路。白寿彝认为春秋战国之际，是奴隶制向封建制过渡时期；鸦片战争以后，封建社会逐步变为半殖民地半封建社会。从秦汉到明清，是完整意义上的封建社会。他把封建社会分为四个阶段：秦汉时期是成长期；三国两晋南北朝隋唐时期是发展期；五代宋元时期是继续发展

---

① 参见罗荣渠《现代化新论》，北京大学出版社1993年版，第52—80页；罗荣渠《现代化新论续篇》，北京大学出版社1997年版，第54—59页。

期；明清时期是衰老期。① 白寿彝主要从五个方面说明中国封建社会的这种阶段性变化：第一，社会生产力的发展。包括生产工具、生产技术、生产规模的发展，不同地区的生产力水平的提高，经济重心的转移和资本主义萌芽的出现等。第二，阶级关系的变化。着重阐述了作为封建生产关系主导方面的地主阶级的变化，在四个发展阶段中，占主要地位的剥削阶级依次是世家地主、门阀地主、品官地主、官绅地主，与其相应的被剥削阶级，则是编户农民、荫附农民、佃农，农民阶级封建身份性印记逐渐淡化。第三，阶级斗争的发展。在前两个阶段，农民起义表现为争取人身生存权的斗争，而在后两个阶段则表现为争取财产权的斗争，这种变化，反映了农民封建性身份的逐渐松弛。第四，少数民族地区的封建化程度。它反映了封建社会发展的地域化的扩展，指出少数民族在中国古代历史发展中的作用和地位。中国是一个多民族的国家，少数民族也是中国封建社会发展进程中不可忽视的一个因素。第五，中外关系的发展。在第一个阶段，中国加强了与外域的联系；在第二、第三两个阶段，中外的关系是平等的，中国表现得也较积极主动；但在第四个阶段，中国的对外关系发生了明显的逆转，变得被动、保守、怯懦，显示出末世的虚弱态势。从横向看，这五个方面，大体上反映出一个社会的面貌；而从纵向看，每一个方面都有自己发展的相对独立性。因此，把它们综合起来，就能比较清楚地认识到中国封建社会发展的完整面貌，从而揭示出中国封建社会结构的多层次性以及发展的连续性和阶段性。这就把中国封建社会分期问题的研究推进到一个新的水平②。

近代中国社会的新陈代谢论。在中国近代史领域，陈旭麓的《近代中国社会的新陈代谢》，是作者长期经营的深思熟虑之作。作者以唯物史观为解剖刀，对近代中国社会的变化进行了深刻的剖析，对中国近代社会的许多重要问题发表了精辟的见解，让人感到耳目一新，表现出唯物史观在解析历史问题方面所具有的理论优势。

该书论述的时间断限是自鸦片战争至中华人民共和国成立。从研究的整体框架看，著者把近代的中国社会作为一个动态的有机整体。该著首先描绘了这个"有机体"的过去——"漫长的封建社会"。分析了此前中国

① 白寿彝主编：《中国通史纲要·叙论》，上海人民出版社1980年版。
② 白寿彝总主编：《中国通史》（导论卷），上海人民出版社1989年版，第81—89页。

封建社会的运行机制，包括土地的私有和买卖、官僚政治、宗族和行会、儒学定于一尊。之所以研究这些问题，是由于作者对中国封建社会的内部结构有独到的认识。他说，在中国封建社会，土地是最基本的生产资料和主要财富。小农经济是封建生产的基本形式，在这种小农经济的基础之上，矗立着中央集权的封建君主专制制度。附属于政治结构的是各种社会组织。真正的社会组织，在农村，是家庭体系，即所谓宗法组织。这是封建社会最基本的组织，是中央集权君主专制主义官僚政治的基石。它不属于行政体系，但它所起的作用是行政组织远远不能比拟的。在城市里，行会起主要的作用。行会的互助是以限制为前提的。因此，工商业者在接受互助的同时，也接受了控制。行会的这个特点，使它长期成为城镇封建秩序的主要维护者。凌驾于社会存在之上的，是相应的意识形态构造。中国传统文化的主要部分，是以孔子为代表的儒学。儒教的政治内容，归结起来，可以列为三点：天道观念；大一统思想；纲常伦理。上列几个方面相互联结，构成了封建社会的整体。说明中国封建社会的长期延续，必须综合考察这个整体。封建社会的长期性，并不意味着中国社会停滞，社会总还是在变化的。这种变化，因为微小，仅以前后相接的两个朝代而论可能不太明显，但隔开几个朝代再加以比较，是能够看出来的。在明清之际，中国社会一度出现过比较明显的转变迹象，如资本主义萌芽、科学思想、民主思想等，这些东西给中国社会带来了新气象，产生过明亮的火花。但是，它们在总体上又是微弱的，不能突破封建主义的硬壳。一直到龚自珍，还只能是"药方只贩古时丹"。在中国，新东西的出现只能在鸦片战争之后。没有社会形态的质变，历史只能在漫长的岁月中盘旋。近代中国社会的新陈代谢，就是在这个基础上进行的。描述中国封建社会的运行机制，既是为剖析近代中国社会作准备，同时也是为研究近代社会的变化提供理论范式。

为了说明中国封建社会机体变化之外因，作者还把中国放在世界的大背景下考察，特设"东方与西方"一章，考察中国与西方的交流，比较了中国和西方对待交流的不同态度和后果，揭示中西社会发展的不同态势：一个是强韧持久的进取，一个是保守防范的抵拒。中国在世界民族之林中所处的被动局面，不是开始于鸦片战争，而是从郑和航海以来已见端倪了。这是中国近代社会演变的国际背景。

"新陈代谢"是生命科学的一个术语。探索近代社会的新陈代谢，就是把近代中国社会看作一个活的机体，是马克思的社会有机体论在历史研究领域的具体运用。中国近代社会的发展变化和中国古代不一样，和西方从中世纪到近代的发展也不一样，它的发展在很大程度上是由于接踵而来的外力冲击，又通过独特的社会机制由外来变为内在，推动民族冲突和阶级对抗，表现为一个又一个变革的浪头，迂回曲折地走向近代化，推封建专制主义之陈而出共和民主主义之新，推闭塞保守之陈而出开化开放之新。这就需要对社会结构、社会生活和社会意识各方面作出深刻的研究。本书没有把重点放在外国对中国的侵略，而是具体地分析每一次侵略事件给中国社会所带来的变化。在社会结构方面，不仅考察了经济结构和政治结构的变革，而且考察了农村社会组织、城镇中的行会组织在近代的演变，会党组织的出现和作用；在社会生活方面，既研究了物质生活中衣食住行的变化，又研究了人口、社会风尚的变革；在社会意识方面，不仅论述了政治思想、哲学、文学等方面的变革，而且分析了在西洋文化的影响下，人们的社会心态乃至语言构造的变化。通过这样多方面、多层次的考察研究，把中国近代社会丰富多彩的内容呈现出来，富有整体感、动态感。

关于"中体西用"的问题，作者运用对立统一规律，分析了"中"与"西"、"体"与"用"的矛盾，以及矛盾的发展趋向。指出：由表及里、由具体到抽象地汲取西学的过程，是在"中体西用"宗旨下起步的，而其本身又徐徐地冲击着"中体西用"的宗旨。因为西学是新学，中学是旧学，"中体"和"西用"不会互不侵犯，"用"会在"体"中发酵，势必不断促进事物的新陈代谢。

书中从相互对立的事物的同一性和不同一性，历史发展的偶然性和必然性，说明革命派和改良派的对峙和联结，指出与人谋相联系的偶然性的背后，蕴含着中国近代社会新陈代谢的必然性。这样，就以近代中国历史的丰富事实验证了恩格斯的"合力论"的科学性，生动地阐述了中国近代社会历史发展的特殊规律。

上面所举的著作，是史学界公认的佳作，其理论成果，得到史学界的高度称赞。这些理论成就有力地说明了唯物史观在历史解析中的重要作用。

（三） 新时期以唯物史观为指导研究历史的基本经验

新时期以唯物史观为指导进行历史研究的一条基本经验，就是创造性地运用唯物史观。所谓"创造性地运用唯物史观"，即要把唯物史观基本原理和客观历史实际结合起来，坚持对具体的历史现象作具体的分析，从中概括出符合历史实际的规律来。20 世纪 60 年代在讨论理论与历史研究的关系时，曾出现"以论带史"甚至"以论代史"的片面观点，也出现过对之进行纠正的"理论与史料的统一""论从史出""史论结合"等不同的说法。这说明把科学的理论运用到历史研究的实际中去，并不是一件容易的事，需要对之进行不断的探索。上述对片面观点进行纠正的说法，虽然都不乏合理之处，然仍是停留在形式上，没有触及问题的本质。"创造性地运用唯物史观"，是从本质上提出的，它要求把唯物史观的精神实质运用到历史研究中，用马克思主义的观点、方法分析历史问题，从中引出创造性的结论，而不是形式上运用唯物史观。仅搬用马克思主义的词句，或一半史实，一半理论；或者写一段历史，引证一段理论，都是机械的教条的做法，是必须彻底摒弃的。运用唯物史观是十分灵活的。一部书或一篇文章，是否运用了唯物史观，不是看它引用了多少马克思主义经典作家的词句，而是看它的理论和方法是否符合唯物史观，是否在学术上有所创新，是否通过大量的资料研究，认识到历史发展的固有规律。提出要创造性地运用唯物史观，重要的不是对待历史观的态度或提法有了变化，更重要的是表明史学界在如何对待理论的指导方面有了更加正确而理性的认识。

创造性地运用唯物史观主要表现在"具体问题具体分析"；重视运用唯物史观中的"联系的观点、辩证的观点"来研究历史问题、史学问题；对唯物史观中的社会有机体理论有深入的挖掘和恰当的运用。

具体问题具体分析。具体问题具体分析是马克思主义的活的灵魂。白寿彝在中国通史研究和中国史学史研究方面，都提到这一点的重要性。他主编的《中国通史纲要》，所追求的目标是"在努力学习运用马克思主义基本理论的基础上，探索中国历史发展的进程及其特点"①。他把自己在学术上的进步归因于学会对问题作具体的分析。他以研究中国史学史的体

---

① 白寿彝主编：《中国通史纲要 · 题记》，上海人民出版社 1980 年版。

会，进一步说明这一点："具体问题的具体分析，是马克思主义辩证法的精髓，做到这一点很不容易。中国史学史上有大量的问题，需要进行这样的分析，这是一个很大的工程。就我个人来说，还处在起步阶段。"① 具体问题具体分析，是唯物辩证法的精髓，是与教条主义、形而上学的治学方法相对立的。这大概是谁都知道的。但真正做到具体问题具体分析，并不是那么容易。白寿彝如此强调它，反映了在如何运用唯物史观研究历史方面的清醒和自觉。

辩证的观点。所谓辩证的观点，就是在历史评价方面，坚持两点论，既要看到一个事物积极的方面，也要看到其消极的方面。在历史认识方面，做到知人论世，把历史人物和历史事件放在当时当地的历史条件下考察，认识其发生的偶然性和必然性，既要看到它在当时的意义，又要认识它对以后历史的影响。在研究历史的态度上，要有"鉴空衡平"的心态，避免感情用事，一切以历史事实为根据，实事求是地对待历史。坚持辩证的观点，就是防止非此即彼、走向极端的片面观点。改革开放以来的历史学研究，在这方面有了极大的改进。

联系的观点。运用唯物史观进行历史研究，不论是宏观的研究，还是微观的研究，都要用联系的观点看问题。既要看到一个事物的内部联系，也要看到该事物与他事物的外部联系，并认识到内因与外因的相互作用。历史发展的原因不是单一的，往往有多方面的因素。各因素之间往往具有这样或那样的联系，只有看到所有联系，分清主要联系、次要联系，才能全面揭示历史运动的面貌，真正认识历史运动的本质。恩格斯提出的合力论之所以受到重视，是因为它是从事物的联系的角度，论述历史发展的动力。新时期的历史学，无论是研究历史人物还是研究历史事件，研究者的视野都明显地开阔了，许多学者自觉地运用了唯物史观的联系的观点。

社会有机体理论。社会有机体理论是唯物史观的重要理论，它既是历史观，又可作为指导历史研究的方法论，是唯物主义辩证法关于社会历史的系统认识的理论。它包含辩证的观点、联系的观点。这一理论对宏观历史研究具有重要的价值。如关于构建世界史的体系问题，有的学者说，世界史研究的对象是整个世界，上下五千年，纵横数万里，内容包罗万象，无限丰富，不能没有一定的界限和主要的研究任务。长期以来，世界各国

---

① 白寿彝：《中国史学史》第一册，上海人民出版社1986年版，第182页。

所出的世界通史著作大多是国别史和地区史的总和。名为通史，实为拼盘。实际上，世界通史是一个有机的统一体，因此在撰写和叙述时，应力求避免分国叙述的倾向，而特别着重世界各地相互的关系①。这就是用"有机统一体"的观点来解决世界史研究对象的问题，也就是说，世界史的研究需要用社会有机体的理论作指导。把世界各国的国别性的历史真正组合成为有内在联系的全球性的历史，是解决这一问题的关键。上面分析的罗荣渠著的《现代化新论》及《现代化新论续篇》，陈旭麓的《近代中国社会的新陈代谢》等，都是运用唯物史观中的社会有机体理论的力作，代表了运用唯物史观研究历史的新水平。

"创造性地运用唯物史观"，最关键的是"创造"二字。唯物史观并没有提供历史研究的具体模式、现成答案，它只是研究历史的指南，只有创造性地运用它，才能获得有价值的科学成果，这也是改革开放以来被中国的马克思主义史学成就所证明了的一条基本经验。

二　坚持唯物史观与发扬中国史学民族特色的结合

（一）马克思主义史学代表了中国史学发展的正确方向

20 世纪的中国史学史表明：马克思主义史学代表了中国史学发展的正确方向。20 世纪对中国来说是一个很不平凡的世纪。在这个世纪的前半期，中国人民主要是为争取国家的独立和民族的尊严而浴血奋斗；而后半期则是在获得国家独立和民族尊严的基础上为实现中华民族的伟大复兴而探讨有中国特色的社会主义建设之路。中国历史学，自古就有经邦致用的传统。在 20 世纪这一不平凡的百年中，中国史学既受到社会现实的影响，又能动地参与了历史的开创；既吸收了西方的史学思想，又与西方的史学思潮产生激荡。史学与社会，中国史学与外国史学，在这个跌宕起伏的历史环境下，交互作用，相互影响。在历经过滤、排异、吸收等"新陈代谢"之后，中国史学在 20 世纪前期实现了从传统史学向近代史学的转型。中国马克思主义史学，是在中国民族民主革命和中国史学近代转型的过程中形成和发展起来的，这期间，它与其他史学有冲突，也有相互影响。它之所以不断发展壮大，一是它顺应时代要求，自觉地接受和完成时代赋予

---

① 罗荣渠：《有关开创世界史研究新局面的几个问题》，《历史研究》1984 年第 3 期。

历史学的使命，对中国革命的胜利做出了重大贡献；二是它以唯物史观为指导，在对历史的微观研究、中观研究和宏观研究方面，均显示出其他流派史学所没有的优越性。无论是发挥历史学的社会功能，还是实现历史学的科学价值，马克思主义史学都做出了骄人的成绩，以致对非马克思主义史学亦产生了很大影响。早在20世纪40年代，马克思主义史学就已为不抱成见的非马克思主义史学家所称赞。马克思主义史学在20世纪后半期的主导地位之确立，虽然有政治方面的因素，但更是中国史学发展的必然趋势所使然。因为它代表了历史学发展的正确方向。

正如瞿林东先生指出的，20世纪中国史学最显著的进步是历史观的进步。与循环的、退落的历史观相比，进化史观是一大进步；与进化史观相较，唯物史观则是又一大进步①。马克思主义史学，就是自觉地运用唯物史观研究历史的历史学。历史学是一门研究过去的学问，它有自身的学科特点。历史学者在研究历史的时候，需要运用史料去揭示和反映过去了的、客观的历史实际。历史认识的过程，就是历史学者的主观认识通过史料这个中介反映已经逝去了的"历史"的过程。而历史学者的主观认识又与他所运用的理论、他所掌握的手段和方法息息相关。所以，史学理论特别是历史观是任何一个历史学者研究历史不可缺少的工具。史观的正确与否，与能否科学地研究历史、认识历史有着紧密的关系。就像李大钊说的："孔子的生平事迹，旧史观则必置之于天纵的地位，必注意于西狩获麟一类的神话。若依新史观为他作传，则必把此类荒诞神话一概删除，而特注意于产生他的思想的社会背景。""历史观的更新，恰如更上一层，以观环列的光景，所造愈高，所观愈广。"② 唯物史观理论体系的完整性，它对人类社会运动规律的科学揭示，它关于人的本质的理论等，到目前为止，还没有任何其他理论能够超过之，能够代替它。如果说，在中国20世纪前半期，唯物史观只是信奉马克思主义的史学家自觉运用的历史观，那么，经过对它的研究、应用和检验，任何不抱成见的史学工作者，都认识到它的科学价值，都在自觉不自觉地运用它了。它已经成为人类认知历史的宝贵财富。因为唯物史观是人类社会发展到一定阶段的必然产物。它作为科学的社会历史理论，之所以由马克思、恩格斯创立，是因为，一方

---

① 瞿林东：《中国史学的理论遗产》，北京师范大学出版社2005年版，第175页。
② 李大钊：《史观》，载《史学要论》附录，河北教育出版社2000年版，第295—296页。

面，当时的社会条件为这种理论的出现提供了可能；另一方面，也是马克思、恩格斯两位天才学者批判地吸收了各门人文学科、自然科学优秀成果的结晶。

唯物史观认为社会是一个有机体，要求历史学研究全部历史，即把社会作为整体进行研究；认为人类历史是建立在生产活动基础上的自然发展过程，具有一定的规律性，要求重视生产力和经济因素在历史发展中的决定性作用；唯物史观揭示了人类社会中的基本矛盾以及矛盾中的对立统一关系，要求用辩证的、发展的观点研究历史；它科学地阐述了人与自然、人与社会的相互关系，提出"人民群众创造历史"，正确地阐明了人民群众与英雄人物之间的关系以及各自在推动历史发展所起的作用。唯物史观包含两个基本点，一是唯物论，一是辩证法。它在本质上是批判的、革命的，它自身也要求随着社会实践的发展而发展，任何陈旧、保守都是与它格格不入的。

20 世纪 40 年代，中国史学基本上完成了从传统向近代的转化，因此这一时期出现了总结中国当代史学的热潮。当时不少学者指出中国史学进入 20 世纪以来，先后经过了早期新史学、疑古、考古、释古等几个阶段；有的学者认为疑古是记载考证，考古是遗物考证，释古则是运用唯物史观研究社会史，并认识到这几个阶段的相互关系，说疑古、考古是史学研究的手段，而释古才是史学研究的目的，它们之间不是相互排斥，而是相辅相成的。这些观点虽然不完全正确，但基本上指出了中国史学在近代化过程中的发展趋势①。中国近代史学的发展，的确是一个史学思潮接着一个史学思潮，而且是后浪推前浪，一浪高过一浪。中国马克思主义史学的理论基础由李大钊奠定，他在《史学要论》中正确地论述了"记述历史"与"历史理论"的关系，说前者是后者的基础。郭沫若的《中国古代社会研究》，是中国马克思主义史学形成的重要标志，在《自序》中，他明确地提出与"整理国故"论者的不同："我们的'批判'有异于他们的'整理'。'整理'的究极目标是在'实事求是'，我们的'批判'精神是要在'实事之中求其所以是'。'整理'的方法所能做到的是'知其然'，我们的'批判'精神是要'知其所以然'。'整理'自是'批判'过程所必经

---

① 周文玖：《我国 20 世纪三四十年代的史学评述》，《史学理论研究》1999 年第 2 期。

的一步，然而它不能成为我们所应该局限的一步"①。这说明，中国马克思主义史学，从一开始就自觉地批判继承考据史学，向着更高的科学研究层次发展。30 年代社会史论战，尽管有政治因素在其中起作用，出现一些冒牌的马克思主义，但论战双方都声称自己信奉唯物史观，反映了唯物史观在历史研究中的巨大影响。在 40 年代初的史学总结中，还有的学者展望了中国史学的发展趋势，指出："今后研究中国历史的方向何在呢？那便在于历史唯物论的中国化，也就是说，运用历史唯物论的基本原理来分析研究中国固有的历史材料，把历史学带到真正的科学道路上"②。

新中国成立后，马克思主义史学占据主导地位，史学界兴起了学习马克思主义史学的热潮。当时大多数史学工作者学习马克思主义是自愿的，并不是像某些人说的是被迫的。以史学史专家金毓黻为例，杨翼骧回忆说："1950 年，我认识了对中国史学史这门学科作出重要贡献的老前辈金毓黻先生。金先生那时已自外单位调任北京大学文科研究所教授，与史学系的教师一起学习马列主义，讨论思想改造问题。他虽年逾花甲，但学习积极，每次发言都认真检查自己，态度诚恳，深为大家所敬重。"③ 金毓黻学习马克思主义的心得记载于他的日记中，从 1993 年出版的《静晤室日记》中，我们能够很清楚地看出这位旧学基础深厚的老学者学习马克思主义，的确是出于真诚。

新中国成立后的十七年，中国历史学总的来说取得了巨大成就，主要表现在：出现了积极向上的学术空气，在通史、断代史、专史等方面取得了重大成就；在历史文献整理、资料建设、学科建设以及人才培养等方面，成绩斐然。然而，十七年史学也受到教条主义的干扰，以致出现历史主义思潮与教条主义思潮的相互斗争。"文革"开始后，在极"左"的政治背景下，教条主义泛滥，马克思主义史学被扭曲，从而遭受到严重的破坏。"文革"结束后，通过拨乱反正，马克思主义史学的发展逐步走向正轨。随着对唯物史观的深入学习和研究，马克思主义史学在许多历史理论和史学理论方面都取得新的成就，产生了众多的高质量学术成果，展示了改革开放以来中国马克思主义史学的生机。

---

① 郭沫若：《中国古代社会研究·自序》，河北教育出版社 2000 年版。
② 金灿然：《中国历史学的简单回顾与展望》，《解放日报》1941 年 11 月 22 日。
③ 宁泊：《史学史研究的今与昔——访杨翼骧先生》，《史学史研究》1994 年第 4 期。

马克思主义史学在发展过程中出现的失误，需要认真总结，深刻检讨。但这些失误并不是唯物史观自身造成的，而是没有正确理解和正确运用的结果，对此应有清醒的认识。从整个 20 世纪中国史学发展的成就和发展趋势来看，马克思主义史学的某些失误不仅没有使广大史学工作者对唯物史观的信念产生怀疑，而且对它更加充满信心，以周一良、何兹全为例，就很能说明这个问题。著名史学家周一良、何兹全都出身以考据为帜志的前中央研究院历史语言研究所，经历和见证了大半个世纪中国史学的风风雨雨，晚年他们总结治史经验，得出要更加坚定地坚持唯物史观的论断。

周一良早年就读于燕京大学历史学系，深受洪煨莲教授的影响。他回忆道："洪先生常说：掌握住五个 W，就掌握了历史。所谓五个 W 者，WHO（何人）、WHEN（何时）、WHERE（何地）、WHAT（何事）、HOW（如何）也。"① 之后，到清华大学私自听陈寅恪讲课，又为陈的学识所折服。说听陈先生讲课，"就如看了一场著名京剧武生杨小楼的拿手好戏，感到异常'过瘾'。……陈先生讲课之所以使我们这些外校的学生们特别倾服，应有其原因。今天我回忆，当时想法有两点。一是陈先生谈问题总讲出个道理来，亦即不仅细致周密地考证出某事之'然'，而且常常讲出其'所以然'，听起来有深度，说服力更强。联想洪先生五个 W 之说，就觉得缺第六个更大的 W 即 WHY（为何），未免有不足之感了"②。"解放以后，我粗学马列，感到陈先生虽不承认自己是马克思主义者，但他治学之道却充满朴素的辩证法，善于一分为二和合二而一，这也许是陈先生在解放前的史学界能够冠绝群伦的主要原因吧。陈先生不少论文处理的是小问题，但他从不就事论事，而是联系大问题来考察，亦即陈先生所说的因小以见大。用今天的话说，就是从微观到宏观，把两者结合起来。陈先生论述历史现象时，经常注意区分个性与共性，研究二者之间的区别与联系。他看历史问题很重视纵向观察，看源流和演变，能以几百年历史为背景来观察。正由于如此，陈先生的论著大都视野广阔而辨析精深，符合于辩证法。"③ 周一良后来访问美国，在美期间，非常留意阅读新中国成立前从大

---

① 周一良：《毕竟是书生》，北京十月文艺出版社 1998 年版，第 20 页。
② 同上书，第 139 页。
③ 同上书，第 135—136 页。

陆移居美国的华裔学者的著作，他们走的治学路径还是从前实证史家的路子。他在深服他们功力深厚的同时，对其缺乏理论也颇感遗憾。他说："回国时，一般书籍都交邮局托运，只把我认为最有价值的两种随身携带，它们是：严耕望的《中国地方行政制度史》和徐高沅的《山涛论》。徐文对史料驱使之熟练与运用之巧妙使我叹服，但并不同意其结论。严书则久仰其名而未得见，读后深佩其考订之细密周详。所不足者，只就制度论制度，未能放眼联系当时政治、社会、事件、人物，以探求制度之运行及其所以然之故，这种地方大陆学人就显出所长了。"① 周一良还将深受陈寅恪治学精神影响的田余庆、祝总斌与陈寅恪比较，认为他们的不同在于对辩证法的自觉和不自觉。田余庆、祝总斌之所以在许多方面都超越了陈寅恪，主要是理论的运用进步了。何兹全先生在一次会议上也说："在我看来，辩证唯物史观，乃是当代历史理论、历史方法论的最高水平。辩证唯物史观一点也不轻视精神、思想、心态等对人类社会历史发展的作用。辩证唯物史观只是强调一点：物是'根'，是第一义的。离开这个根，便不能深入认识历史客观实际。如此而已。现代西方历史理论，如年鉴学派、政治文化学派等，如我所知，最好的观点，是对历史要作总体的研究，重视历史各种现象，政治、文化、思想等相互关联和交叉关系的研究。但这些不过是辩证法从整体看问题，从发展上看问题，宏观、微观观点的实际应用。它们都包含在辩证法之内，而没有超出辩证法。"②

两位史学前辈的这些认识，有力地说明了代表中国史学发展正确方向的是马克思主义史学。所以，坚持马克思主义史学方向，在唯物史观的指导下，繁荣中国历史学仍是当今史学进步的必走之路。

（二）把唯物史观与发扬中国史学民族特色结合起来，这是 20 世纪中国史学发展的一个基本结论

20 世纪中国史学发展的正反两方面的经验教训说明，繁荣中国历史学，必须把坚持唯物史观与发扬中国史学民族特色结合起来。人们开辟未来，总是在既有的基础上进行。现实一刻也离不开历史。在充满动荡的 20

---

① 周一良：《毕竟是书生》，北京十月文艺出版社 1998 年版，第 89—90 页。
② 何兹全：《我所认识到的唯物史观和中国社会史研究的联系》，《高校理论战线》2002 年第 1 期。

世纪里，如何对待传统，是一个贯穿始终的问题。在思想界，人们既破除传统，叛离传统，超越传统，又回归传统，认同传统，继承传统。历史学也是如此。它也是在批判史学传统而又认同史学传统之间来回摇摆。不同政治观点的史学家对传统史学有不同的态度，即使同一个史学家，他在不同的历史时期，对传统史学的态度也往往发生改变。如 20 世纪初，梁启超对中国传统史学进行了猛烈的批判，认为"史界革命不起，则中国不可救"。但与此同时，也出现了"国粹派"，不赞成对传统彻底否定，主张要保存、继承和发扬"国粹"，认为只有保存"国粹"，才能保国保种。梁启超本人到 20 世纪 20 年代，提出研究中国史学史，与其先前对传统史学的批判态度有很大不同，如他对曾被他批为"相斫书"的纪传体就表示了很大的赞赏，说："纪传体的体裁，合各部在一起，记载平均，包罗万象，表以收复杂事项，志以述制度风俗，本纪以记大事，列传以传人物，伸缩自如，实在可供我们的研究。我们不能因近人不看表志，也骂纪传体专替古人做墓志铭，专替古人做家谱"①。五四以来的许多学术大师，他们曾经一度是反传统的猛将，但他们在传统文化方面的修养都是很深的。如吴虞、钱玄同、鲁迅、郭沫若、范文澜等人在这方面都是很有代表性的。就是说，他们虽然在言辞上表现激进，但在学术实践中并没有抛弃传统文化。不仅如此，他们之所以在中国的文化建设方面取得杰出的成就，也得益于他们在传统文化方面的深厚修养。历史地看，在近代社会产生背离传统的离心力量是必然的，因为西方的近代科学思想传播到了中国。当时如果不叛离传统，不坚决地与传统决裂，新文化就建立不起来，因为传统把人们的思想束缚得太厉害了，中国传统的势力又太强，并且盲目地排斥新思想。如果不采取一些激烈的言辞和行动，坚决地与传统文化决裂，新思想就传不进来，新文化就建立不起来，社会就不会进步。所以，不能用现在的眼光来看待五四时期的反传统，指责他们过于激进。五四时期对传统的背离有它的片面性，但又有它的合理性。他们的反传统是进步的，是必须经过的一个阶段。以后又出现了回归传统的趋向，清华国学研究院、中央研究院历史语言研究所的学术主张，都反映了这一特点。而这种回归也是必然的，因为中国学术的发展不能离开自己的传统。至于 20 世纪六七十年代发生的"文化大革命"，破"四旧"，毁文物，则另当别论。但即

---

① 梁启超：《饮冰室合集》（专集之九十九），中华书局 1989 年版，第 157 页。

使这样，依然出现了改革开放以后对传统史学的重新认识。由此可见，传统是不能完全叛离的。人是传统塑造的，离开传统，就没有现实，就如人不能自己揪住自己的头发离开地面一样。任何一种学术，都脱离不开它的根基，都必须从以往的成果中汲取营养。无论对传统的超越还是回归，都是一种重新认识、重新评价，是整个认识过程中的一个阶段和一种表现形式。历史的每一次从离异到回归，都是否定之否定的不断进步的过程。①历史学的发展不能背离这一规律。

史学创新与对中国传统史学思想的吸收是不能分开的。传统史学在经过一定的"扬弃"后，作为民族文化的因子融入到新时代史学中。传统史学的积极因素促进了新时代史学的发展，显示了中国史学近代化的民族特色。中国史学的借鉴思想，富有辩证法的历史通变思想，论历史兴衰的民本思想，史学经世思想，都是应该十分珍视的史学思想；史家在史论中关心民族的命运和历史的前途，也是宝贵的优良传统。中国传统历史编纂学中的丰厚遗产，是在新的历史形势下创造新史书体裁的思想资料。总之，中国是一个有着悠久史学传统的国家，先人们留下了大量优秀的史学遗产是当代中国历史学枝叶繁茂的肥沃土壤。新时代的史学工作者应在唯物史观的指导下，对传统史学有更加理性的认识，自觉地吸收传统史学的营养，建立不愧于时代要求的具有民族特点的新史学。

（作者单位：北京师范大学历史学院）

---

① 参见戴逸先生为河北教育出版社出版的《二十世纪中国史学名著》撰写的《总序》。

论马克思主义唯物史观的"人学"基质

王幸平

唯物史观作为马克思主义理论的基本特征，从理论上来看是关于社会发展的根本动力（生产力和生产关系，经济基础和上层建筑），从实践上看它是阶级社会中被压迫阶级反抗和斗争的运动（地主阶级与农奴阶级，资产阶级和无产阶级），从结构上看它是人类社会形态发展与更替的过程（人的依赖，物的依赖，自由人的联合体）。但是所有这些内容都是奠基在马克思主义理论是为人类自由和全面发展之上的，因此人是马克思主义理论最基本内核，这正是唯物史观与近代的机械的唯物主义、庸俗的唯物主义以及经济决定论不同之处。因此马克思理论究竟是作为共产主义运动的学说还是一种知识化的理论，这不仅关乎马克思主义的立场和性质问题，而且还关系到马克思主义发展的路向和途径问题。与此直接相关的是，对于这一问题的回答决定了马克思主义中国化、时代化和大众化的基本内容和性质。

一　唯物史观中的"人"与"物"

人是宇宙的精灵，在世界中人是最高的存在者，从希腊神话中的"斯芬克斯"之谜到普罗泰戈拉人"万物的尺度"，从笛卡尔的"我思故我在"到康德心中的"道德律令"，从雅斯贝斯的"轴心时代"到马克思的"自由人的联合体"……在这个世界上从自然到生物再到人类自身无不是以人的存在和活动为中心的。"哲学家们不同的哲学理论，在某种层面或意义上，都是关于人的理论的某种独特的表现形态。"① 尽管人和其他一切自然的存在者都是这个世界的存在，但是正是由于人的存在才使得这个世

---

① 陶富源：《哲学、人学与人》，《哲学研究》2003 年第 11 期。

界真正具有意义。正如马克思的批判："被抽象地理解的，自为的，被确定为与人分隔开来的自然界，对人来说也是无。"① 就人与其他生物的区别来说，人作为最高的存在者与外在的自然是既对立又统一的关系，换言之，世界中的人既是主体又是客体。作为主体的存在者，人对于自然要认识和利用，从而使自然作为人类存在和发展的条件。作为客体的存在者，人是作为自然的一部分，自然是他存在和发展的前提和基础，自然一旦受到破坏人类自身存在也会受到威胁。在人与自然的对立统一中完成物质的交换过程，这个过程就是人的实践活动，它具体表现为人在社会中的生产与劳动。而动物则不同，它与周围的世界是直接统一的，它只能去适应周围的世界，"动物的生产是片面的，而人的生产则是全面的；动物只是在直接的肉体需要的支配下生产，而人甚至不受肉体需要的影响也进行生产，并且只有不受这种需要的影响才进行真正的生产；动物只生产自身，而人再生产整个自然界；动物的产品直接属于它的肉体，而人则自由地面对自己的产品。动物只是按照它所属的那个种的尺度和需要来构造，而人懂得按照任何一个种的尺度来进行生产，并且懂得处处都把内在的尺度运用于对象；因此，人也按照美的规律来构造。"② 正因为如此，"鱼的'本质'就是它的'存在'即水。"③ 所以说相比于人的整体性存在，生物的存在则是一种片面的存在。更为重要的是自然界的生物依赖于其本身的本能进行生存，而人类除了生存之外还有一种意义的追求，那就是生活。从这一意义上讲，人是高于自然界的生物的，因为"最蹩脚的建筑师从一开始就比最灵巧的蜜蜂高明的地方，是他在用蜂蜡建筑蜂房以前，已经在自己的头脑中把它建成了"④。

在科学的影响下，哲学"从不同方面，在不同层次上限定自然科学所揭示的因果关系、线性决定等决定性因素的作用范围，打破基于数学化的自然运动的大一统的世界图景及其普遍理性的统治，为人的存在和生活世界保留特殊的可能性空间。同时，它们对于人的存在和生活世界的探讨，不再强调普遍知识和普遍逻辑，而是立足于把生活世界当作人的生存的意义结构和价值根基来加以展示与重建，在社会行为的互动和主体间的交往

① 《马克思恩格斯全集》第 3 卷，人民出版社 2002 年版，第 335 页。
② 同上书，第 273—274 页。
③ 《马克思恩格斯选集》第 1 卷，人民出版社 1995 年版，第 97 页。
④ 马克思：《资本论》第 1 卷，人民出版社 2004 年版，第 208 页。

中确立人的自由和个性的生成空间。"① 这种科学研究采取的"物的逻辑"在哲学中就表现为主客二分，实证化以及知识化的思维方式，在这种意义上的存在者就是被"对象化"即"物化"。科学研究的方式和手段不但影响了人们对于世界的观念和认识，而且对于哲学发展产生了影响，更为重要的是，科学研究中的"物的逻辑"延伸到了社会中来，它就典型地表现为"物对人"的控制，这就是"资本"主义。它是在商品经济发展到一定程度之后在社会中的表现，在这种社会中人只是"为物"而存在，因而失去了他自身的价值和意义。所以"在马克思人学中，对西方当代人学产生重大影响的主要是其中所包含的人道主义旨趣、异化观、实践观、社会批判理论，尤其是历史唯物主义。事实上，通过与当代资本主义社会及文化状况的批判性关联，直接形成了在今天审视当代马克思主义状况时不可回避的西方马克思主义。"② 马克思理论对于资本主义社会的批判以及对于未来共产主义社会的设想，是这一理论"人学基质"的必然逻辑。

二　唯物史观与人学

马克思说："从前的一切唯物主义（包括费尔巴哈的唯物主义）的主要缺点是：对对象、现实、感性，只是从客体的或者直观的形式去理解，而不是把它们当作感性的人的活动，当作实践去理解，不是从主体方面去理解。"③ 实践作为马克思哲学的基本特征体现了马克思的唯物主义区别于旧唯物主义，"从解释世界"到"改造世界"体现了马克思哲学对于传统哲学的革命。这意味着马克思哲学突破了传统哲学意识的内在性，由思辨世界转变到社会世界。"马克思人学本身就内含着历史唯物主义。历史唯物主义不过是人自身生成的逻辑学，它所要凸显的是人的历史，即人的自我解放与自我创造的历史。"④ 所以说马克思的新唯物主义即历史唯物主义是在现实的基础上对于人的本质以及发展的理论，因此历史唯物主义基质就是"人"的理论。在这一层面来说，把"物"理解为现实生活的"物质需求"是走向"庸俗的唯物主义"，而"机械唯物主义"则把人降低为

---

① 衣俊卿：《关于人学研究内在局限性的反思》，《江海学刊》2005年第5期。
② 邹诗鹏：《马克思人学与西方当代人学的关联性》，《江苏社会科学》2001年第1期。
③ 《马克思恩格斯选集》第1卷，人民出版社1995年版，第54页。
④ 邹诗鹏：《马克思人学与西方当代人学的关联性》，《江苏社会科学》2001年第1期。

现实的"物"忽视了人的价值。第二国际时期的马克思主义理论家们歪曲了马克思主义社会决定论因素，把马克思的社会存在决定社会意识理解为经济关系决定人们的社会关系，认为社会的发展取决于经济发展，这种"经济决定论"的唯物主义完全忽视了唯物主义的真正内涵，那就是人的社会作用、发展和自我实现。"对人的本质的理解，是马克思研究人的其他问题的逻辑起点和根据。从对人的本质认识中，可揭示出马克思人学理论的思维模式和内容结构。"① 所以马克思的唯物主义在根本上就体现为关系性（社会）、中介性（实践）以及过程性（历史），这也是人的本质展现的具体内容，因此马克思的唯物主义在根本意义上来说就是"人学"。"历史唯物主义在哲学变革中的主要理论价值在于：它首先实现了哲学从科学逻辑向历史逻辑的转变、从科学思维向历史思维的转变，从而真正实现了以'人的逻辑'（历史的逻辑）取代西方传统哲学本体论的'物的逻辑'的哲学解释原则，超越了本体论哲学对人的抽象解释，达到了对人的现实的理解和解释。"②

作为"人学"的马克思主义理论是关于人的自由本质及其实现，对于资本主义的批判和革命斗争是人的自我实现的途径，而未来共产主义社会是人的自由的实现，而关于社会和历史的理论则是人的本质自我展开的过程。马克思说"我们仅仅知道一门唯一的科学，即历史科学"③，其意义在于：其一，近代意义上的科学只是一种客观意义上的认识学，它所了解的只是事物的知识和技能而已，这种科学性知识只是一种实用性技能，它忽视了人的根本性存在。其二，真正的科学是一个整体，它不是一个个体的事物，应在发展的过程中来认识它，它是过程性，而不是实体性。实体性思维方式的特点主要体现为本质主义和二元对立的模式。其三，真正的科学是关于人的学说，人是世界存在和发展的中心，人的发展体现为社会性和历史性。它是一种辩证思维模式，它体现为过程性、中介性和系统性。马克思把历史学称为真正的科学，其意义就在于把握了人的本质，人存在的社会性，人在发展中的共性就是掌握了历史性。在旧唯物主义陷入唯心

---

① 韩庆祥：《马克思人学的总体图像（下）》，《中共珠海市委党校 珠海市行政学院学报》2007 年第 4 期。

② 刘福森：《从本体论到生存论——马克思实现哲学变革的实质》，《吉林大学社会科学学报》2007 年第 3 期。

③ 《马克思恩格斯选集》第 1 卷，人民出版社 1995 年版，第 66 页。

主义的地方，马克思却发现了真正的科学，这就是马克思的辩证思维不同于旧唯物主义的实体性思维以及传统哲学的思辨思维。其四，马克思的科学性还有一种现实性与目的性，因为科学性本身含有强烈的功能性意义，它可以使我们认识和了解世界，它可以使我们发展生产，改善社会的生活条件和发展水平。因此历史作为真正的科学也就意味着所有其他的学科是为了人的发展而存在的，亦即是为了人本身的存在而存在，人是社会的主体，也是发展的目的，而不是手段。故历史是"真正的科学"，它是"人的科学"，是为了人的自我实现。正是在人学的视域内，马克思哲学才体现为人的生产活动的本质特性即实践性，马克思主义理论的主要内容是对于人的活动场域的批判即对于资本主义社会的批判以及对于未来社会即共产主义社会的设计。在社会的发展中形成了人的活动以及人的本质的展开过程亦即社会历史性。实践、社会与历史都是人的发展过程中的具体呈现，这也是马克思主义哲学的本质特征。所以马克思哲学的唯物主义不是形而上学的思辨，而是现实社会，这种唯物主义"并不理会关于心灵的或物质的本性问题；即使对这种问题做出唯物主义的回答，也往往会给社会带来唯心主义的、也即贻害人的作用。而马克思的唯物主义首先关心从这个世界上消除饥饿和痛苦的可能性问题"①。

马克思主义理论是对人的存在和发展的具体体现。首先，马克思哲学是对人存在的哲学思考，因为作为哲学中的基本问题思维与存在的关系，实际上它是人的思维与存在的关系，思维是独具的基本意识活动，而存在并不是人之外的客观存在物，而是人的存在。"意识在任何时候都只能是被意识到了的存在，而人们的存在就是他们的现实生活过程。"② 从哲学的发展史来看，人是哲学的中心，哲学的核心就是人学，是关于人自由的学问。毫无疑问马克思哲学是继承了传统哲学产生的基本规定，作为本体论意义上的形而上学在马克思那里其实并未消失，在这层意义上本体论有着基础性和决定性的地位和作用。"马克思哲学的核心是人学，通过对传统哲学的批判与超越，马克思的人学思想直接开启了西方哲学范式的现当代转换，这就是从传统哲学的超验的、实体性的本体论哲学形态以及知性的

① ［德］A. 施密特：《马克思的自然概念》，欧力同、吴仲昉译，商务印书馆 1988 年版，第 31 页。

② 《马克思恩格斯选集》第 1 卷，人民出版社 1995 年版，第 72 页。

认识论哲学形态转向奠基于实践的、感性的生存论本体论基础上的,以人的主体性及价值为理论硬核的人学形态。"① 因此所说的马克思哲学对于传统哲学的革命与终结,他只是终结了传统哲学形而上的形式,而并没有终结形而上学的地位和作用,因为"哲学无法终结,只能改变自身存在的方式"。② 其次,马克思主义的政治经济学也是一种人学,它是关于人的存在内容、方式和价值的理论。马克思政治经济学不同于一般意义上的经济学理论,因为它是政治—经济学,或者说是经济—政治学。简言之它不是关于如何获得最大利润的经济效益学与致富学,而是在资本主义社会经济制度与生产关系运行中来分析社会制度和政治的理论,进而分析人的本质性存在,从而确立对于资本主义社会的批判。也就是说,在现实的经济制度与生产中,把哲学批判转变为社会批判,这是马克思的哲学革命在社会中的反映。马克思对于资本主义的批判不是像旧唯物主义者和空想社会主义者那样诉诸抽象的人性、平等与自由等概念,而是从资本主义社会的现实出发。所以马克思的批判正是从资本主义社会中最为常见最为普通的"物"开始,这个"物"就是"商品"。

马克思把社会发展的理论划分为三个不同的阶段,即人的依赖阶段、物的依赖阶段和自由人的联合体。在人的依赖阶段社会生产不发达,人的关系主要是依赖于血缘关系形成社会共同体。到了物的依赖阶段,生产的发展与社会的进步,人们之间的关系主要是通过物的关系来表现,人受所生产出来的物控制。马克思把物对于人的控制称为"异化",在这种状态下,人的历史还没有形成,社会的发展是人类的史前史阶段。到了生产发达后,产品的极大丰富使人们摆脱了对物的依赖,不再受物的控制,在此基础上实现了人的个性和发展的自由,社会是自由人的联合体,人类的历史才真正开始。"人的本质—人的需要—人的创造性实践活动—人的社会关系—人的个性,这五者之间的必然联系和有机统一,反映出马克思人学理论的思维模式和内容结构:它体现着马克思人学理论的思维逻辑。"③

历史作为真正的科学,它不但具有现实性意义,更重要的是马克思通

---

① 邹诗鹏:《马克思人学与西方当代人学的关联性》,《江苏社会科学》2001 年第 1 期。

② 刘森林:《实践的逻辑与哲学终结论的困境》,《现代哲学》2002 年第 3 期。

③ 韩庆祥:《马克思人学的总体图像(下)》,《中共珠海市委党校 珠海市行政学院学报》2007 年第 4 期。

过社会在发展过程中的规律性来揭示历史的规律性，这种规律性体现为一种"似自然性"。马克思把社会发展划分为人的依赖、物的依赖和自由个性三个阶段，他说："人的依赖关系（起初完全是自然发生的），是最初的社会形式，在这种形式下，人的生产能力只是在狭小的范围内和孤立的地点上发展着。以物的依赖性为基础的人的独立性，是第二大形式，在这种形式下，才形成普遍的社会物质变换、全面的关系、多方面的需要以及全面的能力的体系。建立在个人全面发展和他们共同的、社会的生产能力成为从属于他们的社会财富这一基础上的自由个性，是第三个阶段。第二个阶段为第三个阶段创造条件。"① 马克思对于资本主义的批判正是在历史发展的基础上进行的批判，他不但看到了资本主义发展的不合理性，而且在历史发展的必然性上也认识到了资本主义的进步性与发展性，在《共产党宣言》中，马克思就指出："资产阶级在它的不到一百年的阶级统治中所创造的生产力，比过去一切世代创造的全部生产力还要多，还要大"②。资本主义不但创造了先进的生产力，而且资本主义社会制度形成了推动社会发展的政治、经济和文化制度。

三　结语

以人类解放为目的的马克思主义理论体现了它的人学逻辑，这决定了它在历史中是作为工人阶级和被压迫民族的解放理论和指导思想，也决定了马克思主义的理论始终和共产主义的运动联系在一起。在理论上来说马克思主义的唯物史观在本质上就是建立在社会现实基础上人类解放的历史运动过程，它是同庸俗的唯物主义以及经济决定论唯物主义区分开来。作为当前主要问题，马克思主义的大众化使我们不得不思考这样一个问题：作为为劳动群众服务的理论为何与群众的关系日益疏离，为什么得不到群众的理解。这也说明一方面马克思主义大众化是我们推进马克思主义发展的基本途径；另一方面也说明，脱离大众立场和利益的大众化难免也会走向另一种知识化的马克思学。知识化的马克思主义意味着把它作为一种外在的、对象化的"他们"，而不再是主体的"我们"。所以马克思主义人

---

① 《马克思恩格斯全集》第 30 卷，人民出版社 1995 年版，第 107—108 页。
② 《马克思恩格斯选集》第 1 卷，人民出版社 1995 年版，第 277 页。

学基质决定了当前中国化、时代化与大众化绝不是理论内容、语言和形式上的大众化，它应该是立场和利益上为群众服务的理论学说。人学的逻辑要求是一种马克思主义是人的发展和自我实现的要求，而不是把马克思主义对象化、学科化和知识化，因而任何对于人学逻辑的背离就是对马克思主义的背离。第二国际时期的马克思主义理论家们以及西方马克思主义就是忽视了马克思主义人学基质从而偏离了阶级立场，背叛了马克思主义，其直接危害就是割裂马克思主义理论与实践的整体性，导致改良主义和机会主义的产生。

（作者单位：潍坊学院马克思主义学院）

马克思《博士论文》对唯物史观的初步奠基

刘　珂

　　《博士论文》是马克思为数不多的以古希腊自然哲学史为研究主题的作品，然而马克思的兴趣既不在哲学史实的考察，也不在自然哲学的论证，而是力图通过对古希腊两位原子论者唯物主义观点的对比，发掘出足以冲破黑格尔观念论藩篱的思想资源。这在唯心主义哲学大行其道的后黑格尔时代，无疑具有理论上的革命意义。虽然青年马克思此时还没有投身于"改变世界"的革命实践，但是他对伊壁鸠鲁的哲学史意义上的辩护和他对伊壁鸠鲁感性直观的褒扬，已经迸发出哲学革命的火种，就此而言《博士论文》在某种程度上应该算作唯物史观的理论萌芽。

　　在马克思的《博士论文》的研究上，人们往往把重点放在其第二部分（德谟克利特和伊壁鸠鲁物理学上的差异），特别是伊壁鸠鲁原子偏斜的讨论上。实际上正如马克思在论文的题目中表明的那样，他探讨的是古希腊两位哲学家自然哲学的差异，而原子论只是其中的一个部分。如果仅关注对原子论的讨论，就会把《博士论文》矮化为自然哲学或哲学史方面的研究，实际上，马克思在论文的序言中早已阐明，他的研究不是细节的研究，而是"为了唤起对于这些体系的历史重要性的记忆"①。换句话说，马克思力图通过对特殊问题的考察，探寻希腊哲学走向暗淡命运的普遍性原因，并借此达到挽救德国古典哲学的现实性目的。不以这一宏观的眼光来审视《博士论文》，就很难明白这一作品对黑格尔哲学的批判意义，无法理解马克思唯物史观的整个发展历程。

　　实际上在后黑格尔时代，批判和超越黑格尔的观念论几乎是一切有野心的哲学家所努力的方向，而马克思《博士论文》所展现的批判也只是其中的一种。但是与其他人不同，《博士论文》对黑格尔的批判更多体现为

---

① ［德］马克思：《马克思博士论文》，贺麟译，上海人民出版社 2012 年版，第 14 页。

某种对唯物史观方法和原则的潜在运用。那么马克思这种唯物史观的武器来源于何处呢？长久以来，人们有这样一种印象，即马克思是借助费尔巴哈唯物主义的基本内核才得以打破黑格尔观念论的桎梏，这实际上是受恩格斯《路德维希费尔巴哈和古典哲学的终结》一书的影响，可是必须指出，虽然恩格斯晚年的这部著作力图阐明马恩两人对黑格尔和费尔巴哈的吸收和继承，但是恩格斯更多的是回应两人唯物史观成熟时期的理论来源，其关注点并不在《博士论文》时期的马克思。在序言部分，恩格斯明确提到，"在这篇稿子送去付印以前，我又把1845—1846年的旧稿找出来看了一遍。其中关于费尔巴哈的一章没有写完。已写好的部分是阐述唯物主义历史观的；这种阐述只是表明我们在经济史方面的知识还多么不够"①。就此来说，《博士论文》时的青年马克思究竟在多大程度上受到费尔巴哈的影响恩格斯并未言明，因而是值得商榷的。

况且费尔巴哈的《基督教的本质》直到1841年才出版，此时马克思《博士论文》已经完成。而就《博士论文》所体现的对唯心史观的批判方法来说，马克思采用历史分析的方法，即回到历代哲人对伊壁鸠鲁讨论的语境和细节展开分析，并以此来驳斥黑格尔以精神发展逻辑所推演的哲学史框架，这跟直接否定精神造神运动的费尔巴哈大异其趣，因此简单地将其视为受费尔巴哈的影响是很难成立的。

那么青年马克思这种唯物史观的萌芽会不会来源于时间上稍早一点的法国唯物主义者们呢？应该说，就唯物主义的某些自然观念方面，马克思可能受益于法国的唯物主义者；但是就唯物史观的构造方面，法国的机械唯物主义则受自身局限性而难当重任。正如恩格斯在《自然辩证法》中说，"十八世纪上半叶的自然科学在知识上，甚至在材料的整理上是这样地高于希腊古代，它在观念地掌握这些材料方面，在一般的自然观上却是这样地低于希腊古代"②。这倒不是说古希腊的唯物主义成就一定比近代的唯物主义要高，而是说在具有奠基性意义的元哲学的工作上，古希腊自然哲学规定了后来唯物主义者看待世界的思维导向，在这一点上法国的唯物主义者并没有实质上的超越。

---

① ［德］恩格斯：《路德维希·费尔巴哈和古典哲学的终结》，中央编译局译，人民出版社1997年版，第4页。

② ［德］恩格斯：《自然辩证法》，于光远译，人民出版社1984年版，第9—10页。

　　因而马克思的这种唯物史观来源，很可能就是其主题所表达的，来源于古希腊的唯物主义。这里古希腊唯物主义既是他研究的内容，也为他的研究方法提供了启示。马克思没有借助近代的费尔巴哈或法国唯物主义者的方法来反对黑格尔，反倒是求助于古希腊源头的唯物主义，从活生生的历史语境和感性直观来反思黑格尔唯心史观所预定的"必然"逻辑。因而，其主题选择比伊壁鸠鲁对德谟克利特的超越就有了非同一般的方法论意义了。

　　伊壁鸠鲁追求快乐主义的恶名及其与德谟克利特类似的原子论，往往令许多哲学家们武断地认为其思想无非是对德谟克利特的抄袭，然而马克思却发现了伊壁鸠鲁的独到之处，并坚信如果能够将伊壁鸠鲁自然哲学的精华予以析取，进而将其优点引入唯物主义，就有可能克服当时观念论哲学的困境并发展出真正的可以影响世界的实践哲学。而要进行这项工作，就要完成这样几个任务：首先，必须阐明伊壁鸠鲁在哲学史中被误解的原因，并通过这一过程揭示出唯心史观固有的内在矛盾性；其次，必须指出伊壁鸠鲁不同于亚里士多德之前的古希腊唯物主义的理论优势；最后，借助伊壁鸠鲁的唯物主义来重构被唯心史观一再歪曲的哲学发展史。遗憾的是《博士论文》最后一部分亡佚了，结果如何不得而知，但是前两个部分却被完好地保存了下来，而从这一部分及相关的七个笔记中可以看到，马克思这一哲学工作的步骤与我们所设想的逻辑基本符合。

一　唯心史观对伊壁鸠鲁的误解及原因

　　马克思首先对历代先哲们关于伊壁鸠鲁的种种误解进行了批判，这一批判工作实际上包含了两个任务，一是从肯定方面看，重新显示出伊壁鸠鲁哲学的价值；二是从否定方面看，批判之前的哲学史中的错误看法。而在进行哲学史批判的过程中，马克思实际上批判了三个对象：（1）哲学史中对伊壁鸠鲁产生误解的哲学家们的具体观点；（2）哲学史中误解伊壁鸠鲁的一般性的唯心主义思想倾向；（3）黑格尔所继承并系统化的唯心史观。

　　为什么要区分这三者呢，这是因为归根到底马克思的任务是指向对黑格尔唯心史观的批判，但是为了论证的需要，这些不同层次的批判又必须被综合起来。如果不能准确地区分，就有可能迷失于细节而忘记了马克思的任务。

实际上，"哲学史"概念本身就是黑格尔的发明，正因为有了"哲学史"的视域，历史上的哲学争论才不致沦为偶然随意和无目的的诡辩，而成为可以被系统化、综合看待的演进历程。马克思接受这一概念的积极因素，但是却不认可其所谓绝对精神的神秘必然性。马克思在论文中说，"希腊哲学看起来似乎遇到了一个好的悲剧不应遇到的结局，即暗淡的结局……说发生、繁荣和衰亡是每一个人事方面的事物所注定了必定要走一通的铁环，这确是一个老生常谈的真理……不过英雄的死亡与太阳的西落相似，而不像青蛙鼓胀了肚皮因而破裂致死那样"①。

正是在唯心史观的逻辑推演下，伊壁鸠鲁的命运就被黑格尔裹挟到其绝对精神的运动系统之中。在马克思看来，这恰恰暗示了伊壁鸠鲁不同于唯心史观的真正价值，因为只有具备唯物主义价值的东西才会被黑格尔刻意整合并忽略。

同时，黑格尔对伊壁鸠鲁的偏见也不是空穴来风，而是历史中唯心主义传统的模仿和必然结果。正因为历史上各个时代的哲学家都对伊壁鸠鲁怀有偏见，认为其思想是亚里士多德之后的唯物主义的别子，才会有黑格尔对其的轻视。因此，马克思要想驳倒黑格尔，就要先揭示出历史上的唯心主义哲学家们对伊壁鸠鲁的理解为什么是错误的。

（一）从形而上学的角度看

如果以亚里士多德（约公元前384—前322年）作为古希腊哲学的最高峰，那么德谟克利特（约公元前460—前370年）和伊壁鸠鲁（约公元前341—前270年）两人恰恰处在分水岭的两边。人们自然就会根据历史顺序，认为后者剽窃了前者，普鲁塔克甚至把两者的不一致解释为伊壁鸠鲁只吸收了错误的东西。

然而仅凭时间上的先后和学说上的相似这两点就得出后者剽窃前者的结论就未免过于武断了，因为不同之处也可能恰好是后者对前者的改进。马克思发现，历史上的确也曾经有人看到过这一点，但遗憾的是由于罗马帝国和基督教意识形态的偏见，这种理解在历史上被湮没了。马克思说，"当西塞罗说伊壁鸠鲁把德谟克利特的学说弄坏了的时候，他至少还承认伊壁鸠鲁有改进德谟克利特学问的意向，还想张开眼睛去看它的缺点；而

---

① ［德］马克思：《马克思博士论文》，贺麟译，上海人民出版社2012年版，第13—14页。

当普鲁塔克说它的思想不一贯，并说他对于坏的东西有一种天生的偏爱时，因而也就怀疑他的意向，那么莱布尼茨则甚至于连他善于摘录德谟克利特的能力也都否定了"①。这其实揭示出哲学史逻辑之外的问题，即历史的和文化的现实环境对哲学思想的筛选。就此而言，并不存在真正超越历史与阶级之上的所谓价值中立的评价，某种思想能不能被尊重和接受，必然要受某时某地意识形态的影响，而这现象本身就是时代经济生活的反映。

在欧洲主流的神学和哲学影响下，唯物主义的哲学非但不会被重视，而且无法逃脱被边缘化的命运。且不说普通人不会关注其细节，即使饱学之士也往往会忽略不同的唯物主义哲学家之间的内在差异，而把他们进行粗略的归类。正是在这些原因的作用之下，伊壁鸠鲁被当作对德谟克利特的粗略模仿才成为唯心主义哲学史上的共识。

（二）从知识论的角度看

伊壁鸠鲁的哲学强调感性直观能力，这对于以沉思为主要特征的西方哲学传统来说必然属于异端。对此黑格尔是心知肚明的，"伊壁鸠鲁并不把存在看作一般的存在，而看作感觉到的东西，把以个体的形式出现的意识看作本质的东西……这样也就很明显，既然把感觉到的存在认作真实的东西，那么概念的必要性也就根本被取消了，一切便分崩离析而失去了思辨的意义，而是肯定了对于事物的一般流俗的观点；这样，事实上它并未超出一般普通人的常识，或者毋宁说是把一切降低到一般普通人的常识观点"②。黑格尔的讽刺，实际上代表了整个西方哲学传统对伊壁鸠鲁的否定，这并不难理解，特别是在康德之后，德国唯心论的发展已经越来越远离感性直观。然而，马克思却看到这种对伊壁鸠鲁哲学狂妄自大地否定恰恰说明了西方哲学已经病入膏肓，哲学必须再一次从理性的天上走入感性的人间。

（三）从伦理学的角度看

伊壁鸠鲁的哲学最容易被误解为享乐主义，因为伊壁鸠鲁把感性直观

---

① ［德］马克思：《马克思博士论文》，贺麟译，上海人民出版社2012年版，第18页。

② ［德］黑格尔：《哲学史讲演录》第3卷，贺麟、王太庆译，商务印书馆1983年版，第48页。

作为一项原则，所以如果不仔细分析就难免会演绎出这样一种理论结果，即伊壁鸠鲁承认肉体的欢愉就是幸福，所以在中世纪伊壁鸠鲁的作品会被列为禁书。另外，历史上的哲学家们虽然能够比较公允地对待伊壁鸠鲁的伦理学，黑格尔甚至说道德学是伊壁鸠鲁哲学中最好的部分，但是却总是力图把这种伦理学变为自己唯心主义道德系统中的教条。马克思讽刺天主教的伽桑狄时说他总是力图"使他的良心和他的异教的知识相协调，使他的伊壁鸠鲁和教会相适合，这当然是白费气力的。这正如一个人想要在希腊名妓雷伊斯的皎洁美好的身体上披上一件基督教尼姑的道衣"①。由此可见，历史上对伊壁鸠鲁伦理学的两种极端态度，实际上都不可救药地误解了伊壁鸠鲁。

对马克思来说，这些误解在另一个侧面反倒证明了伊壁鸠鲁的特殊价值。在形而上学上坚持原子论的唯物主义态度，必然会反对空洞的纯粹思辨；在认识论上坚持感性直观的原则，必然要求伦理学上对幸福目标的践行。这就给予正在寻找突破黑格尔唯心主义困局的马克思最为有力的武器，然而这一武器究竟能不能被运用，还需要被进一步检验和阐明。也就是说，马克思必须证明伊壁鸠鲁的哲学具有超越其他唯物主义的优势，即他的原子论不能仅仅是某种突发奇想的先验设定，而必须是能够获得合理证明的认识条件，这实际上就是马克思《博士论文》第一部分的主要工作。

二　两种唯物主义自然哲学的差别

一提到两位古希腊哲学家的差别，就难免让人想到原子论，在继续讨论之前，这里有必要稍微对古希腊的原子概念进行澄清。在古希腊哲学中所运用的"原子"概念不同于近代物理学中的"原子"概念。近代物理学把原子假定为组成事物的最小颗粒，这就意味着借助一定的手段和工具，原子是可以被经验到的。而古希腊的原子说到底是一种形而上学概念，它绝不在经验之内，而毋宁说是保证经验得以成立的某种理念。亚里士多德在谈论德谟克利特时，也不是把原子作为其哲学的核心概念来看待。他说，"留基伯与他的同门德谟克利特以'空'与'实'为元素，他们举

---

① ［德］马克思：《马克思博士论文》，贺麟译，上海人民出版社2012年版，第9页。

'实'为'是',举'空'为'无是':他们并谓是即不离于无是,故当空不逾实,实不逾空"①。亚里士多德的意思很清楚,即德谟克利特哲学的根本原则是"实"与"空"这一对相互对立统一之范畴,即使把此处的"实"定义为原子,这个"实"也不是经验意义上的"实物",而是先验意义上的"是"。因此要理解马克思对伊壁鸠鲁自然哲学的评价,就必须清楚这一论证的关键并不在经验领域,而是在形而上学领域。

《博士论文》第一部分第三节对两者自然哲学的区分是一般性的区分,这不同于论文第二部分对两种原子论具体细节的区分。这里就存在一个问题,既然一般性的区分是两者的主要区别,那么为何篇幅只占用了一节,而原子论只是形而上学中的一个部分,为什么还要把它单独拿出来并用一章的篇幅来讨论呢?

马克思的这一设计大概出于以下考虑,即原子论虽然只是形而上学的一个部分,但却是最为关键的一个部分,因为它直接决定某种唯物主义的基础是否牢固。如果丝毫没有论证,只是凭空把原子和虚空作为自然哲学的基本原则,那么这种自然哲学即使是唯物主义的,也仍然是一种独断的迷信论。在马克思看来,伊壁鸠鲁的唯物主义之所以能够超越德谟克利特,最为核心的原因实际上就是他对原子的规定和说明,因此必须给予最大的篇幅来论述。但是这并不意味着一般性的区分不重要,恰恰相反,一般性的差异暗示了马克思以伊壁鸠鲁哲学为武器批判黑格尔唯心史观的目的。

综合考虑《博士论文》对两种自然哲学的一般和具体的双重论证,可以从以下三个角度来考察伊壁鸠鲁对古希腊唯物主义的创新与超越。

(一) 在真理问题上的分歧:两者对现象与本体关系认识的差异

马克思发现,两位古希腊唯物主义哲学家的共同点在于两者都承认"原子和虚空"的形而上学原则,但是德谟克利特在对这一原则的运用中却出现了巨大的矛盾。

这个矛盾最先表现为"真"的问题,真理问题表面上看是属于知识论问题,实际上涉及形而上学问题,因为知识论问题只关注认知的条件及过程,而真理问题却关注认知的对象和前提,涉及对世界的设定。德谟克利

① [古希腊]亚里士多德:《形而上学》,吴寿彭译,商务印书馆1995年版,第14页。

特在这些问题的表述上的确粗糙，一方面由于他坚持现象与本质的差异，认为除了本体（或者说原子、实有）为真以外，其他一切现象都是主观的，因而是不可信的，这样他就把真理存在的基础给否定掉了。而另一方面他又发现现象显然是被灵魂所把握的，而灵魂则是实有的本体，既然如此，那么被灵魂所把握的现象显然也应该具有真理性，这样他又把真理性的标准从认识论上树立了起来。马克思将这一情况称为德谟克利特的"二律背反"。其实说到底，出现这种情况的原因就是德谟克利特在追求本体的同时不愿意承认感性所获得的现象的真实性，这就等于在本体论上坚持唯物主义的同时，在认识论上却坚持唯心主义，如此一来怎能不产生矛盾呢？

而伊壁鸠鲁却克服了这一矛盾，他坚持感性确定性的第一原则，认为"一切感官都是真理的报道者"，而概念必须以感性所获得的现象为标准进行校正。这样来看，伊壁鸠鲁的原子理念就不是一种先验设定的东西，而是借助经验所推演出来的东西，当然由于并不具有更多文献上的支持，马克思也没有就此继续展开。

这却给人们留下一个问题，一个如此重视感性确定性的人，为何没有将这一经验论原则贯彻到底，反倒还笃信原子论的形而上学，休谟不就是太强调经验而最终成为了怀疑论者吗？马克思后文中的解释一定程度上回答了这一疑问，实际上伊壁鸠鲁区分了"始基的原子"与"元素的原子"，前者是质料性的，类似于近代物理学中的原子概念；而后者则是构成性的，具有形而上学原则的意味。因此不要小看伊壁鸠鲁强调感性确定性的认识方式，这一认识方式本身其实就是他的原子论原理。马克思说，"正如原子是他的原理一样，同样他的认识方式本身也是原子论。发展的每一环节，对于他，立即就转变成一个固定的、仿佛通过空虚的空间从它们的联系中分离开了的现实；一切规定性都采取了孤立的个体性的形态"①。因此虽然表面上看，伊壁鸠鲁可能有坚持感性确定性原则而放弃原子论的倾向，但是实际上他以另外一种动态的方式理解并承认了原子论。也就是说，他坚持的感性确定性本身实际上是"元素的原子"的实践过程，而他借助这一行动所否定的原子，则是质料意义上的"始基的原子"。而这种放弃也不是彻底的放弃，最终它必然通过元素原子的运动重新被构

---

① ［德］马克思：《马克思博士论文》，贺麟译，上海人民出版社 2012 年版，第 45 页。

建出来。

（二）寻求知识与追求幸福：两种哲学目标的差异

由于德谟克利特在形而上学问题上坚决区分本体和现象，因此处于本体领域内的原则就不可能对现象界产生影响。但是同时由于他在认识论问题上又坚决认为只能通过经验才能达到本体的认识，所以他又必然广泛地涉猎一切实证知识。"古代的轶事就算是一个传闻吧，但也不失为一个真实的传闻，因为它描述了德谟克利特的本质的矛盾。据说德谟克利特曾经弄瞎自己的眼睛，以使感性的目光不致蒙蔽他理智的敏锐。正如西塞罗所说，这个自己弄瞎眼睛的人也就是那走遍了半个世界的同一个人。但是他没有获得他所寻求的东西。"①

而伊壁鸠鲁恰恰相反，尽管他一再强调感性直观的重要性，但是他却并不因此就毫无节制地汲取一切经验。这是因为，伊壁鸠鲁唯物主义的哲学目标不是为了获取纯粹的知识，不是那种把握本体，而是最终指向幸福的生活。因此伊壁鸠鲁始终把他的哲学看作活生生的实践哲学，具有伦理学意义上的现实关怀。"伊壁鸠鲁在哲学里面感到幸福和满足。他说，'你必须为哲学服务，如是你才可以获得真正的自由。一个人倾心降志以从事于哲学，他用不着等待；他立刻就会得到解放。因为服务于哲学本身就是自由'"②。通过伊壁鸠鲁，人们最终发现哲学最根本的任务不是"真"，而是"善"，这也是人们寻求知识的目的和真谛。如果知识无助于人们获得生活的幸福，那么此类知识的价值何在？

通过这一比较，马克思发现德谟克利特虽然是唯物主义，但是他在本体论和认识论上的内在矛盾性却决定了他的唯物主义最终不但会走向怀疑论和不可知论，而且无论拥有多少知识，也只能在空洞的理念世界中徘徊。反观伊壁鸠鲁的哲学，则始终把感性直观的现实作为判断的基础，把生活幸福的现实关怀作为实践的原则，因而伊壁鸠鲁的哲学是健康的实践哲学，这才是马克思努力寻找的打破唯心主义哲学的钥匙。

（三）必然与偶然：现实的可能性是自由的条件

如果说实践的原因是要把握本体，实践的结果是要获得幸福，那么德

谟克利特哲学的内在矛盾就注定了他这种唯物主义的悲剧，即一方面无法追溯到实践的原因，另一方面无法获得实践的结果。哲学家实践的过程，实际上也是对世界和思想之间建立一般性关系的过程。而这一悲剧就造成了德谟克利特把必然性作为现实世界的反思形式。换句话说，德谟克利特对必然性的强烈要求实际出于他对待实践问题的绝望。

伊壁鸠鲁不但避免了这一困难，而且更重要的是他进一步对必然性和偶然性进行了重新规范。在他看来，必然性是根本不存在的，他的意思是指必然性由于超出了人类经验认知的范围，因此必然性不是可以被直观把握的概念，而是被推论出来的概念。也就是说，偶然性和主观性都是可以通过直观被把握的，人们只有在观察到偶然性和主观随意性之后，在掌握了经验资料后才有可能推论出事物发展顺序的规定和联结，即必然性。因此，马克思指出伊壁鸠鲁的必然性是一种有条件的必然性，即"在有限的自然里，必然性表现为相对的必然性，表现为决定论。而相对的必然性只能从真实的可能性推演出来，这就是说，有一系列的条件、原因、根据等等，那种必然性是通过这些东西的中介的。真实的可能性就是必然性的显现"①。而偶然性对他来说则只是一种具有可能性价值的现实性，而抽象的可能性则正是真实的可能性的反面。所以偶然性要么是被感性直观直接捕捉到，要么则是通过理性自身的想象所获得。以这样一种视角来看待世界，当然不免有其消极意义，但是伊壁鸠鲁的本意并不是否认一切联系和原理，而是认为物理学中的定理恰恰不是第一重要的，说到底定理所规定的必然性的出现也是建立在人类构造的偶然性基础上。因此，自由才第一次在真正意义上向人类敞开，人们通过实践去追寻自由并获得幸福，才是可能的和可以被期待的。对自由的规定才成为马克思进一步来论述原子偏斜的目的。

三　结语

麦克莱伦在评论马克思《博士论文》的动机和旨趣时写道，"马克思选择这一题目是想通过考察希腊历史上相似的时期来阐明当代的后黑格尔哲学境况……黑格尔哲学正是由于它的完整性和普遍性，从而具有非现实

---

① ［德］马克思：《马克思博士论文》，贺麟译，上海人民出版社 2012 年版，第 24 页。

性，并且反对着这个继续被分裂的世界……马克思认为在这样的时期会出现两个可供选择的替代：要么无力地模仿以前的东西；要么进行真正的彻底的变革"①。的确，当唯心史观成为新的宗教，绝对精神化身新上帝的时候，如何能够打破这一悲剧的命运，重新发现一条自由之路，就成为后黑格尔时代哲学家的必然使命。

马克思在为唯物史观寻找出路的过程中，再次发现了古希腊唯物主义的丰富资源。与德谟克利特的内在矛盾相比，伊壁鸠鲁对感性直观的重视、对幸福生活的追求以及对偶然性与自由辩证关系的哲学奠基等问题的阐释无不令人印象深刻，正是在此基础上，马克思看到了哲学中另一条隐蔽的林中小路，经过他的重新诠释，由伊壁鸠鲁开创的实践哲学最终为马克思在20世纪重写哲学史提供了唯物主义的锋利武器。

（作者单位：解放军南京政治学院马克思主义学院）

---

① ［英］戴维·麦克莱伦：《卡尔·马克思传》，王珍译，人民大学出版社2005年版，第27—28页。

马克思主义与中国本土文化的
冲突、融合和重建[*]

董　波

《文明的冲突与世界秩序的重建》一书的作者亨廷顿否认存在所谓的"普世文明"，认为文明之间的单向转变是失败的，推行"普世文明"会带来更大的文化冲突。① 在一百多年来的近现代历史上，中国本土文化在民族危机的冲击下，与马克思主义既冲突又融合，在双向互动中进入自身发展的一个新阶段，即中国特色社会主义。习近平总书记指出，要"讲清楚中国特色社会主义植根于中华文化沃土、反映中国人民意愿、适应中国和时代发展进步要求，有着深厚历史渊源和广泛现实基础"②。讲清楚这一点，对于正确地理解历史和现实，正确地认清历史使命，增强对中国特色社会主义道路、理论和制度自信具有十分重要的意义；讲清楚这一点，就需要考察马克思主义与中国本土文化由冲突、融合再到重建的思想变迁历程。

一　冲突——中国本土文化对马克思主义的阵痛性适应

历史往往体现为思想文化之间的搏斗，马克思主义进入中国本土是近现代史上的一件大事，"中—西—马"三种文化在中国本土的互动关系引

  ＊ 本文系西南交通大学、四川省社会科学院和邓小平故里管理局邓小平研究中心科研项目"马克思主义与中国本土文化的冲突、融合研究"（项目编号：DXPZX201510）、国家社科基金资助项目"马克思主义大众化的公民认同研究"（项目编号：12XKS007）资助项目的研究成果。

  ① ［美］塞缪尔·亨廷顿：《文明的冲突与世界秩序的重建》，周琪等译，新华出版社 2009 年版，第 4 页。

  ② 《习近平在全国宣传思想工作会议上强调：胸怀大局把握大势着眼大事 努力把宣传思想工作做得更好》，《人民日报》2013 年 8 月 21 第 1 版。

人注目。中国本土文化在近代以前持续着"没有外界特定干预"（哈肯的说法）①的高度自组织性，可是，随着世界资本主义浪潮的推动，中国本土文化这个自组织（Self - organization）系统的稳定性被打破。被动注入的现代性使中国本土文化承受着巨大的阵痛，这个阵痛期从"五四"时期开始至今并未完全消失。文化差异性导致的阵痛突出表现为：本土文化的排异性反应、外来文化的先入性干预和进入文化的后发性冲击。

（一）本土文化的排异性反应

马克思主义在中国落地生根的过程充满了曲折和排异性反应，外来理论面临着本土实践的"水土不服"。马克思主义的革命理论和阶级斗争学说与中国本土"和"文化相排斥。以儒家为代表的中国传统文化历来主张中庸忠恕之道，反对"怪力乱神"和以暴易暴，认为"争者人道之大患也"②，主张"平争""防争""和为贵"。阶级斗争和中国工人阶级力量的存在被否认，革命斗争被视为"洪水猛兽"和"过激主义"，不是国人的要求。马克思主义的唯物史观也遭到本土文化的拒斥。如东方文化派代表梁漱溟认为"生产力不是什么最高的动因"③，否认生产力是决定性因素。

在"五四"时期的东方文化派对西方文化和马克思主义一概排斥。他们主张以中国本土文化来救治中国，如梁漱溟认为无论"跟着近代都市文明的路学西洋"，还是"跟着反近代都市文明的路学西洋"，都会因"文化失调"而"破坏了中国乡村"④，因此，中国应当"继续我们自己的历史，以创造我们自己的社会"⑤。认为"俄国共产党发明的路"无论在"政治上"还是在"经济上"都是"不通的路"。⑥ 梁启超则断言："自今以往，若欲举马克思所理想，兰宁（即列宁——作者注）所实行之集权的社会主义移植于中国，则亦以违反国民性故，吾敢言必终于失败。"⑦ 马克

①　沈小峰等：《自组织的哲学——一种新的自然观和科学观》，中共中央党校出版社1993年版，第14页。

②　王栻主编：《严复集》第1册，中华书局1986年版，第1、31页。

③　梁漱溟：《东西文化及其哲学》，岳麓书社2012年版，第42页。

④　《梁漱溟全集》（二），山东人民出版社1990年版，第162页。

⑤　《梁漱溟全集》（五），山东人民出版社1989年版，第100页。

⑥　梁漱溟：《中国民族自救运动之最后觉悟》，中华书局1935年版，第107—108页。

⑦　梁启超：《历史上中华国民事业之成败及今后革进之机运》，载葛懋春、蒋俊编选《梁启超哲学思想论文选》，北京大学出版社1984年版，第294页。

思主义作为外来文化融入中国所受到的阻力可见一斑。

同时，中国传统文化中的糟粕以寄生虫依附的形式阻碍着马克思主义在中国本土的良性发挥。马克思主义被歪曲式运用及其严重后果体现着马克思主义与中国本土文化的病理性反应。

（二）外来文化的先入性干预

文化流向空虚之地。由于近代中国社会面临着严重的社会危机，解危乏术的中国人开始向世界寻求出路。西方文化乘虚而入，各种主义纷纷亮相。当马克思主义进入之时，正值各种外来理论逐鹿中国，这些外来文化试图阻挡马克思主义立足中国。

盛极一时的无政府主义思潮排斥积极参与政治运动的马克思主义。无政府主义推崇"互助"，反对"竞争"；主张文化救国，反对阶级革命；脱离政治，反对权力斗争。美国实用主义的中国代表更是直接挑起与马克思主义的论战，如胡适针对"国内的新分子"高谈"无政府主义与马克思主义"，号召"多研究些问题，少谈些主义"①，以实用主义来反对马克思主义，反对阶级斗争和革命，主张渐进社会改良，主张阶级合作而不是阶级斗争和革命。又如张东荪认为中国尚处在"农业时代"，资本主义不发达，尚不是"资本劳动之两大阶级社会"②，因此不存在社会主义革命的经济基础。伪"社会主义"者提倡俾斯麦的国家社会主义，反对效法俄国的无产阶级专政③，认为"中国现在最不需要的就是社会主义的宣传"④。

这些外来文化结党伐异，联手反对中国共产党。比如改良主义者、中国青年党等与国民党联手对付中国共产党，他们攻击社会主义运动是极权政治，把马克思主义等同于法西斯主义。

（三）进入文化的后发性冲击

马克思主义是随着西潮渐入，在"五四"新文化运动时期集中爆发式

---

① 《胡适文存》第2集卷3，上海书店出版社1989年版，第96页。

② 杨振武、周和平主编：《红色起点——中国共产主义运动早期稀见文献汇刊〈新青年〉》，中西书局2012年版，第12—15页。

③ 张君劢、张东荪：《中国之前途：德国乎？俄国乎？》，载田晓青主编《民国思潮读本》第2卷，作家出版社2013年版，第40—50页。

④ 张东荪：《一个申说》，载张东荪著、克柔编《张东荪学术文化随笔》，中国青年出版社2000年版，第117页。

涌入而被中国知识分子触摸到的。俄国十月革命的成功使强调理论实效性、崇尚学以致用的中国人为之一振,马克思主义学说无与伦比的说服力与示范效应,是找不到出路的中国人可资借鉴的令人信服的理论。显然,革命成功的直接动力比马克思主义的间接动力更具有现实意义。试图复制苏俄成功经验的冲动,再加上苏联共产党在共产国际举足轻重的权威,来自共产国际的声音长期影响着马克思主义的本土实践者——中国共产党。无论在革命时期还是在建设时期,带有俄国文化背景的马克思主义冲击着马克思主义在中国本土的实践。

"五四"时期反传统的枪口瞄准了中国传统文化特别是儒家文化,马克思主义也积极加入对中国本土文化的批判行列。马克思主义对工人阶级(无产阶级)历史使命的高度赞扬使工人阶级成为其他阶级的模板,冲击了知识分子的自我身份认同。批判旧文化,反封建,批孔,破四旧等,也彰显着马克思主义作为一种进入文化的后发性冲击。

在革命和建设时期,苏俄和共产国际的强势进入冲击了党内从本土实际出发的主导力量。苏联共产党员占大多数的"共产国际有权修改各国共产党的决议,有权开除违反共产国际决议和原则的支部或个人","各国共产党的重大决策和主要领导人都必须经它批准"① 等共产国际所拥有的这些权力造成了对中国共产党的过度干涉以及由此产生的冲突。比如,革命路线问题一时成为争论的焦点,共产国际的代表认定要走苏俄式的"城市包围农村"的老路,而从本土实际出发的中共党员则相信只有走"农村包围城市"的新路才是正确的方向。为了应对这种冲击,中共党内进行了反教条主义的整风运动,最终树立了中国化马克思主义的权威。

二 融合——中国本土文化对马克思主义的认同

马克思主义是"影响现代中国学术界的'西洋之思想'乃中外文化交流史上的'第二之佛教',必然'不能骤输入我中国',而必须经历一个'与我中国固有之思想相化'的调和过程"② 。马克思主义进入并被逐渐认同的过程,既彰显出传统文化有容乃大的民族特征,又表明不同文化之间

① 申长友:《毛泽东与共产国际》,党建读物出版社1994年版,第12页。
② 苏志宏:《论王国维、陈寅恪的文化史观》,《中州学刊》1999年第2期。

不仅具有冲突的先天破坏性，还具有融合的后天建设性。从系统论的视角看，二者之间的融合是一个整体，不可分割，你中有我、我中有你。用形而上学的观点去理解中国传统文化与马克思主义的关系，试图以不相关联的思维去人为割裂二者，只能导致二者的根本对立，所谓"征服"话语抑或"消融"话语就是如此。下面将从马克思主义与中国本土文化达成共识的前提、构成认同的契机以及达成全面认同的有效手段三个层次进行论述。

（一）达成共识的前提

1. **观念契合**。关于马克思主义与中国传统文化之间的相似与契合要素，国内学者多有论述。二者之间的以下契合点尤其值得关注：马克思主义的革命学说与中国古代变法革新传统以及农民造反理念之间的思路契合，马克思主义唯物主义与中国儒家无神论传统的世界观吻合，唯物辩证法与道家学说的方法论一致，共产主义学说与儒家大同社会理想的历史观接近，马克思主义对资本主义的无情批判与华尊夷卑的主体意识相似，强调集体主义与强调民本和天下为公的精神实质相通，马克思主义以改造世界的实践为根本诉求与中华传统文化学以致用的精神诉求相一致，等等。所有这些观念上的契合点都使马克思主义比其他学说更能吸引中国人。正因为如此，有一些国内外学者认为不是马克思主义这个外来文化影响了中国社会发展的进程，而是中国人内在地就具有马克思主义的理论基因。这种说法过于夸大了中国传统文化这一内因的决定性作用，显而易见的事实是，在俄国十月革命发生之前，也就是马克思主义进入中国之前，中国并没有发生社会主义革命或发轫马克思主义理论的迹象。因此，既不能过分强调马克思主义的外源性动力而忽视了内因的决定性作用，也不能因过分强调内因的决定性意义而对外因的催化剂作用视而不见。

2. **时代刺激**。无论马克思主义还是中国本土文化，都强调"从实际出发"和"实事求是"，而"时代"作为一种最大的"实际"和"实事"对于观念的融合显然具有十分重要的意义。甲午之后的近代中国开始进入新的时代，即反思的时代，中国人面对国破家亡的危局，必须接受"中央之国"的地位旁落，所谓华尊夷卑已成过去的事实。随之而来的是重振士气，"救亡图存""制夷""思变"的新时代。"吾日三省吾身""见人善，即思齐"、不耻勤学的传统文化精神鼓舞着中国人向比自己强大的西方学习，甚至向自己的敌人学习。这种学习绝不是完全照搬，而是"和而不同"的独立学习，即有主见地契合自身实际地学习，而学习的结果必然面临着理论和价值观念的取舍。所有被近代中国学者涉猎研究过的思想观念和救国方案中，唯有马克思主义具备中国式诉求："彻底革命""共产主义""世界大同""全世界无产者联合起来"，打倒一切"吃人的""剥削的""不平等"的旧世界，建立一个民主的人民大众的新世界。这些诉求的精神实质就是破旧立新，在马克思主义传入中国前夕就已经存在于中国大地，而马克思主义却用它独有的声音道出了中国人的心声，而且指明了道路和方向。所以，马克思主义进入中国正合乎中国的时代潮流，同时也进一步刺激了中国的革命事业。

3. **思路互补**。唯物辩证主义和历史唯物主义思维方法对于具有《易经》文化传统和道家文化传统的中国人而言，是十分容易接受的思想和认识论路径。当然，仅仅具备相似的思维方法并不能造成观念融合，观念融合产生的前提之一还包括二者之间的差异。也就是说，马克思主义要有比中国传统文化更高明的地方，才能引起后者的注意和吸收。同样是无神论，同样是辩证思维，马克思主义却能使之扩展到社会历史发展领域，并据此而逻辑地证明了历史发展的基本矛盾和规律，从而十分有力地指出了社会发展的动力系统。马克思主义正是在中国道家辩证法止步的地方更进一步，从而打开了新社会发展的另一扇窗户。当然，在革命时期富有创见性的马克思主义并不能完全套用于社会主义建设时期，这正是中国传统文化中的精髓部分得以施展之处。国内学者发现，苏联的社会主义之所以不能走得更长远，其中有一个重要的因素，便是其内在文化因素，俄罗斯文化中"易走极端、缺乏过渡"[①] 的个性使其制度文化缺乏必要的柔性和韧性。然而中国本土文化中所固有的反对"固执两端"，推崇"中庸之道"与和合理论，提倡化"不利"为"有利"，"反者道之动"，使危险转化为机遇，使传统更长久地保存和延续。因此，苏联的解体不仅没有让中国人对社会主义丧失信心，人们反倒争相传颂邓小平的话："我坚信，世界上赞成马克思主义的人会多起来的，因为马克思主义是科学。"[②]

---

① 张建云：《俄罗斯传统文化观念与苏联解体》，《马克思主义研究》2006 年第 10 期。
② 《邓小平文选》第 3 卷，人民出版社 1993 年版，第 382 页。

（二）构成认同的契机

1. **革命话语共识**。甲午海战失利，使中国知识分子意识到在战乱与末世不提倡武力不行，比如严复就号召中国人"赴公战如私仇"[①]，要从增强人民身体素质做起。而孙中山则将武力的矛头直指腐朽的清王朝，并要以"恢复中华"为旨归，对民族与民权两方面进行民主改造，也就是发动一场资产阶级民主革命。当此之时，改良与革命已成为中国精英知识阶层最重要的国是讨论话题了。1905 年，严复和孙中山这两位近代中国的杰出先锋也曾在这一问题上产生过激烈的争论，严复主张："以中国民品之劣，民智之卑，即有改革，害之除于甲者将见于乙，泯于丙者将发于丁。为今之计，惟急从教育上着手，庶几逐渐更新乎！"孙中山答道："俟河之清，人寿几何！君为思想家，鄙人乃实行家也。"[②] 两人的观点代表了时代的分歧，最终作出回答的也是历史。历史无法等待良药的慢性效率，最终选择了猛火以求速治的革命手段。在革命的世界里全世界都爆发着战争与革命，可以说，以当时中国的深重矛盾是无法避免暴力战争与革命的。因此，当马克思主义革命理论一经传入中国，就能够形成广泛的共识和话语统一战线，就不足为奇了。所谓"救亡压倒启蒙"的话语只是历史之外的说法，实际上，启蒙并不一定只选择和平，救亡也不见得缺乏启蒙。

2. **获得精英认同**。俄国十月革命的炮声的确使马克思主义入主中国变得更加有利，以一种有迹可循的理想去取代无迹可循的空想，可以使目标更加精准和清晰。因此，不能降低或轻视十月革命对马克思主义融入中国本土文化的重要性。同时，还应当看到，马克思主义不仅是针对封建传统开战，而且也向资本主义开战。这一点是中国近代知识分子尤其赞成的，因为近代中国人不仅饱受封建主义的压迫，也遭受了"老师打学生"的境遇，特别是第一次世界大战，使中国先进知识阶层对西方资本主义丧失了信心。因此，中国共产党成立之初，就定下了"反帝反封建"这一目标。马克思主义的科学性、预见性、可行性折服了当时的社会精英，他们逐渐从各种社会思潮的迷雾中走了出来，聚集在马克思主义的大旗之下，使马克思主义认同从思想观念层次走向道路实践层次，大量知识精英从非马克

---

① 王栻主编：《严复集》第 1 册，中华书局 1986 年版，第 1、31 页。
② 王栻主编：《严复集》第 5 册，中华书局 1986 年版，第 1550 页。

思主义向马克思主义的转身正是这一走向的标志。李大钊、毛泽东、瞿秋白、张闻天、李达、蔡和森甚至连孙中山都是这一转身的时代见证。毛泽东曾说过："我这个人从前就有过各种非马克思主义的思想，马克思主义是后来才接受的。"① 瞿秋白也是从无政府主义者转变为"马克思主义派"的。张闻天的马克思主义转身十分具有典型意义，他曾经在日本、美国、苏联长期游历，经历十分丰富，他的选择足以证明马克思主义在知识青年中的巨大吸引力。李达也是从"实业救国""科技救国"思潮中走出来的中共创始人之一，他指出："社会主义确是要改掉十九世纪的文明弊病，是一贴对症的良药"②。蔡和森虽远在法国却心系祖国，他鲜明地指出："我近对各种主义综合审缔，觉社会主义真为改造现世界对症之方。中国也不能外此"，"所以我对于中国将来的改造，以为完全适用社会主义的原理和方法"③。孙中山在对"三民主义"之民生主义进行解释时明确地宣称其就是共产主义。这些只是沧海之一粟，近代中国知识精英们认清历史前进的方向，决定投身马克思主义事业者不绝如缕。当然，当时的知识界也有一些不认同或不完全认同马克思主义的人，可是，这不能掩盖马克思主义获得了精英认同这一事实。

（三）全面认同的实现

1. **理论改造**。马克思主义虽然获得了精英认同，但是其洋面孔仍然不太容易为大众所接受。就连一些知识分子在对马克思主义精神实质的认识上还存在着偏差，可见来自异域的文化必先经过一番理论和语言上的改造方能为大众所理解，最终被全面认同。而且马克思主义的灵魂和精髓也是中国共产党在经过革命的腥风血雨之后才逐步把握住的，因此，对马克思主义理论进行语言上的改造，使之能在中国本土入心、入脑，就必然要通过理论改造的手段使之"在中国具体化"，实质上就是要使"马克思主义中国化"④。1938 年 10 月，毛泽东在延安第一次明确提出这一命题，并在多次讲话中对马克思主义进行了中国式的理解和书写，在随之开展的整风

① 《毛泽东文集》第 7 卷，人民出版社 1999 年版，第 223 页。
② 《李达文集》第 1 卷，人民出版社 1980 年版，第 4 页。
③ 《蔡和森文集》，人民出版社 1980 年版，第 23—24 页。
④ 赵明义：《"马克思主义中国化"与"使马克思主义在中国具体化"辨析》，《当代世界社会主义问题》2003 年第 2 期。

运动中将这一理念贯彻在学习之中。经过整风运动和学习改造，马克思主义理论在党内外获得了广泛认同和高度一致的认识。延安整风运动这一有效形式便成为此后一段时期内推广马克思主义大众化的经典模式，尽管现在看来其缺点也十分明显，但是它的确起到了使马克思主义深入中国人灵魂深处的作用。

2. **思想改造**。马恩曾指出："共产党一分钟也不忽略教育工人"，①"理论一经掌握群众，也会变成物质力量。理论只要说服人，就能掌握群众；而理论只要彻底，就能说服人"②。毛泽东说："任何有群众的地方，大致都有比较积极的、中间状态的和比较落后的三部分人。"③"工人阶级要在阶级斗争中和向自然界的斗争中改造整个社会，同时也就改造自己。"④ 列宁也曾指出："共产党人的全部任务，就是要善于说服落后分子，善于在他们中间进行工作，而不是臆想出一些幼稚的'左'的口号，把自己同他们隔离开来。"⑤ 思想改造是实现马克思主义大众化的有效形式，其针对对象并不只是党外人士，也包括工人阶级和党员自身，其目的是要全面确立意识形态领导地位。而思想改造本身又是全面彻底的，正如李大钊所主张的"物心两面的改造，灵肉一致的改造"⑥，或毛泽东提倡的既"改造客观世界，也改造自己的主观世界"⑦。思想改造在本质上是"思想掌握本阶级和其他阶级群众"的活动。⑧ 思想改造在事实上树立了马克思主义的权威，实现马克思主义大众化的有效宣传，极大扩展了大众对马克思主义的认知度和认同度，是马克思主义与中国传统文化深度融合由潜质走向认同的关键一步。

---

① 《马克思恩格斯文集》第 2 卷，人民出版社 2009 年版，第 66 页。
② 《马克思恩格斯选集》第 1 卷，人民出版社 1995 年版，第 9 页。
③ 《毛泽东选集》第 3 卷，人民出版社 1991 年版，第 898 页。
④ 《毛泽东文集》第 7 卷，人民出版社 1999 年版，第 223 页。
⑤ 《列宁选集》第 4 卷，人民出版社 1995 年版，第 164 页。
⑥ 李大钊：《我的马克思主义观》《李大钊全集》第 3 卷，河北教育出版社 1999 年版，第 251 页。
⑦ 《毛泽东选集》第 1 卷，人民出版社 1991 年版，第 296 页。
⑧ 骆郁廷：《思想政治教育的本质在于思想掌握群众》，《马克思主义研究》2012 年第 9 期。

三 重建——中国特色社会主义新范式

真正的重建不是全盘抛弃和彻底再造，而是"追求传统的创造性转化（creative transformation）"①，即扬弃。如果说马克思主义与中国本土文化的冲突和融合是矛盾运动中的否定与肯定，那么重建就是否定之否定，是矛盾对立统一的结果，是斗争与同一的产物，是量变之后的质变，它作为开放形态并不会终结。如果说在俄国十月革命的感召下马克思主义赢得了中国，那么苏联解体后马克思主义的进一步中国化则表明中国找到了真正适合自己的马克思主义，即中国特色社会主义。这是马克思主义活的灵魂与中国本土文化共同锻铸出新的文化范式的标志。它意味着对旧的矛盾运动形式的扬弃，是理论上的又一次飞跃。中国特色社会主义作为马克思主义在中国本土的文化重建范式体现在话语、价值和自信三个方面，话语重建是基石，价值重建是底线，自信重建是动力，三者共筑中国特色社会主义文化的新范式。

其一，话语重建。习近平总书记在全国宣传思想工作会议上提出，宣传思想文化战线要"着力打造融通中外的新概念新范畴新表述"，要"增强主动性、掌握话语权"②。国内学者提出要建设"话语基础、话语核心、话语体系、话语方式、话语传播、话语权和话语创新"八个层面的中国特色社会主义话语体系。③ 通过理论创新来实现的话语重建既要强调马克思主义意识形态优势话语权，又要强调中国本土文化的现代转换，是具有鲜明时代特色的中国话语更换与新建。重建的话语既要坚持马克思主义话语的人民性，又要坚持不失底线的创新；既要摒弃狂热，又要防止失语；既要展现理性的魅力，又要散发文化的芳香。

其二，价值重建。党的十八大报告提出："倡导富强、民主、文明、和谐，倡导自由、平等、公正、法治，倡导爱国、敬业、诚信、友善，积

---

① ［美］林毓生：《中国意识的危机——五四时期激烈的反传统主义》，穆善培译，贵州人民出版社 1988 年版，第 339 页。

② 《习近平在全国宣传思想工作会议上强调：胸怀大局把握大势着眼大事　努力把宣传思想工作做得更好》，《人民日报》2013 年 8 月 21 第 1 版。

③ 《中国话语体系建设笔谈》，《社会科学战线》2015 年第 3 期。

极培育和践行社会主义核心价值观。"① 新价值观树立了正确的价值导向，将国家、集体与个人价值有机地结合起来，既强调优良传统道德的作用，又树立了马克思主义道德的权威。社会主义核心价值既有异于西方价值，也不等同于中国传统价值，是将马克思主义与中国本土文化有机融合之后提炼出来的新价值，是充分体现时代精神的价值重建。

其三，自信重建。习近平总书记强调："不忘本来才能开辟未来，善于继承才能更好创新。"② 中国人安身立命的依据既来自中国本土文化，又来自马克思主义。中国自信的重建是历史与逻辑的归属，是内在与外在的兼修，是在话语和价值重建基础上的升华与蜕变。"吸收外来文化资源是文化创新的动力源泉。对外来文化采取拒斥关门的冥顽态度，也可谓一种完全意义上的数典忘祖。"③ 只有将新的话语和价值有机结合起来才能最终重建中国人的精神家园；只有真正把握住了理论、道路和制度自信的内生性依据，才能度过信仰危机；只有重新构筑新文化的共识，才能重建政治的公信力和社会信任度；只有自信的中国人才能托起伟大的中国梦。

总之，马克思主义与中国本土文化之间冲突、融合和重建的过程，是中华民族的又一次华丽转身，也是人类文化史上为数不多地实现了成功转型的光辉典范。

（作者单位：西南交通大学政治学院）

---

① 胡锦涛：《坚定不移沿着中国特色社会主义道路前进 为全面建成小康社会而奋斗——在中国共产党第十八次全国代表大会上的报告》，人民出版社 2012 年版，第 31—32 页。

② 中共中央宣传部：《习近平总书记系列重要讲话读本》，学习出版社、人民出版社 2014 年版，第 100 页。

③ 苏志宏：《论王国维、陈寅恪的文化史观》，《中州学刊》1999 年第 2 期。

马克思主义大众化的时代背景[*]

（论文要点摘录）

谭扬芳

中国共产党成立 90 多年来，坚持将马克思主义同中国实际相结合，领导中国革命、建设和改革事业，开辟了中国特色社会主义道路。站在今天这样一个新的历史起点上，回顾、总结和展望马克思主义在中国的传播和发展，对于我们开拓中国特色社会主义事业新局面，具有十分重要的意义。

推动当代中国马克思主义大众化

我们党在坚持、实践和发展马克思主义的过程中深刻认识到，马克思主义的最大优势是群众基础，实践主体是广大人民群众，马克思主义不能只掌握在少数人手中，只有真正为广大人民群众所掌握，才能发挥认识世界、改造世界的作用。建党初期，中国共产党人就排除各种干扰，创办刊物，开办学校，向人民群众宣传马克思主义。

新中国成立后，我们党确立马克思主义在意识形态上的指导地位，建立起普及马克思主义的制度、机构和队伍，采取说服教育、积极引导、比较鉴别、树立先进典型等方法开展工作，用马克思主义武装人民群众，推动社会主义建设事业。

进入改革开放新时期，我们党明确提出开展中国特色社会主义理论体系宣传教育活动、推动当代中国马克思主义大众化，各级党组织紧密结合党的中心工作，对广大党员干部、青年学生和人民群众进行党的基本理

---

　*　本文系谭扬芳主持的国家社科基金一般项目"当代中国马克思主义发展与创新的规律和机制研究"（14BKS015）阶段性成果。

论、基本路线、基本纲领和基本经验教育，用马克思主义中国化的最新成果武装头脑、指导实践、推动工作。

重识马克思主义的重要价值

2008 年爆发的世界金融危机再次告诉人们，马克思主义关于资本主义基本矛盾及其运动规律的理论是正确的、有生命力的。资本积累加剧了社会财富的高度集中，不断扩张的生产力与人民群众消费日益缩小的矛盾、商品价值的生产和价值的实现之间的矛盾仍然存在，并进一步激化，终于导致次贷危机的爆发，进而引发金融信用危机，最终发展成为资本主义世界的债务危机。在这次危机中，人们重新认识到马克思主义的重要价值。

当前，国际社会主义运动虽然处于低潮，但社会主义代替资本主义的趋势是不可改变的。当代科学技术的发展，社会化的大生产，管理上的民主化，职工持股及股权的分散，资本在一定范围内的社会化，国家宏观调控和福利国家制度的完善，国际范围内协调能力的加强，政治民主化进程的加快，等等，都预示着这个社会内部正孕育生长着解决这些社会矛盾和问题的手段及途径，预示着社会主义的前途。苏东剧变仅仅是历史长河中的一段小小的插曲，仅仅是苏联社会主义模式的失败，绝不意味着社会主义的永远衰亡。中国特色社会主义的成功，再次彰显了社会主义的制度优势和强大生命力，我们对社会主义充满信心。

（作者单位：中国社会科学院科研局）

论马克思主义史学中国化的历史进程

郑先兴

马克思主义史学中国化即中国马克思主义史学的发展，既是马克思主义发展史上的重要问题，也是 20 世纪以来中国史学理论研究中的主要问题。因此，这一问题得到了很多著名史学家的关注，诸如白寿彝、吴泽、尹达、黎澍、蒋大椿、桂遵义、胡逢祥、朱政惠、王东、陈其泰、瞿林东、吴怀祺、王学典、赵国华、谢保成等先生，他们都有相应的论著予以专门的研究和论述，而且有着相对一致的看法，比如对于马克思主义史学中国化的历史进程，根据 20 世纪中国的历史发展，取得了相对一致的认识，只是对于各个历史阶段的具体内涵，可能有着少许的分歧。在此，我们根据中国史学对于马克思主义理论的领悟和吸收采纳，将 20 世纪马克思主义史学中国化的进程分为 1915—1930 年的经济史观阶段，1930—1949 年的五种社会形态划分阶段，1949—1978 年的阶级与阶级斗争理论的阶段和 1978 年至今的科学发展观阶段。

经济史观阶段：1915—1930 年

依照中国历史的进程，1915—1930 年，大致上可以说是"五四"新文化运动时期。这一时期历史发展的主题就是以"科学""民主"的名义接受西方文化。其历史背景，众所周知，是西方社会正忙于第一次世界大战及其战后问题的处理，给了中国民族资本得以发展的机会，他们除了经济的积累之外，也希望跻身于国际社会政治行列。因此，虽然已经推翻了封建的传统政治王朝，新建了中华民国北京政府，但是社会政治民主思潮却悄然涌起；恰于此时，大批留学欧美的学生回国供职，将西方先进的科学思想和民主意识带回国内，于是新文化运动轰然而起。其时，整个社会如久旱逢甘雨，将西方文化全盘吸收采纳。如果将那时的思想、思潮与西方社会相比较，即可看出，凡是西方社会所出现的，都被当时的学者介绍到国内了。以史学思潮为例，当时西方所出现的新人文主义、新生机主义、实证主义和文化形态史学等，在国内史学界都有所反响。马克思主义史学也就是在这种情形下被引进并传播开来的。

在马克思主义传播中，李大钊、李达、蔡和森和瞿秋白都做出了贡献。当然，如果单从历史学学科建设方面来说，李大钊的贡献更大一些，因为他的《史学要论》被誉为中国马克思主义史学的第一部史学理论专著。

从李大钊等早期马克思主义学者的论著来看，他们对于马克思主义理论的理解，最主要的是其经济史观，即将历史发展的根本原因归结为社会生产力的发展水平和程度。李大钊《我的马克思主义观》说，唯物史观的要义就是提出了"经济的要件是历史上唯一的物质要件"，所以称为"经济史观"；他在《唯物史观在现代史学上的价值》中又说，探究历史的发展，"最要紧的，是要寻出那个民族的人依以为生的方法，因为所有的别的进步，都靠着那个民族生产衣食方法的进步与变动"。李达在《现代社会学》中指出："社会进化之原动力实为生产力，生产力继续发达，则经济组织继续进化，政治法制及其意识形态亦随而继续进化，此社会进化之原理也。"① 蔡和森在《社会进化史》中指出，历史的发展即人类进化的动因，主要在于"一切生活手段的生产，如衣食住等目的物及一切必要的工具皆是"；由此看人类历史上的战争，其目的是"扩张土地和劫掠异族的财富或劳动力"，而国家本质则是"保护有产阶级以对付无产阶级的机关"。瞿秋白的《社会科学概论》更是全面系统地论述了唯物史观的经济性质："社会变易的根本原因必定是生产力之发展"，"经济的流变可以生出政治、法律、道德、宗教、风俗、艺术、科学，更能变动社会制度、风俗、艺术、科学"，"经济往往先变，而政治等每每在时间上落后"，"政治、哲学、思想等既然是'社会的本质'（经济）之产物，当然可以求他的因果关系"②。

马克思主义理论博大精深，但是早期中国的马克思主义学者更多的是看重其重视经济和社会物质生活的层面，虽然今天看来有所偏颇，可在当

---

① 《李大钊文集》第 1 卷，上海人民出版社 1980 年版，第 344 页。
② 《瞿秋白文集》（政治理论编）第 2 卷，人民出版社 1988 年版，第 555、596 页。

时那种重视天命神权、英雄天才的传统思想笼罩之下，却有着非常深刻的政治意义和学术价值。一方面，唯物史观强调的经济因素和民众生活因素的重要性，为当时社会现代化指明了一个方向，推动了中国共产党的诞生以及孙中山先生民生主义思想的发育；另一方面，唯物史观注重考察历史上经济和民众生活的发展，既是对传统天命神学史学的重拳一击，同时也为现代史学的产生奠定了思想基础。也许是有着如此深刻的意义和价值，唯物史观在后来的学术发展中，才能够脱颖而出，超越"五四"新文化运动中所有其他传入的西方文化思潮流派，成为 20 世纪中国社会的主导思想。唯感遗憾的是，早期马克思主义者只注意到了理论的引进和汲取，历史研究尚未真正展开。因此，在经济史观阶段，实际的史学研究成果相对比较少。

五种社会形态划分阶段：1930—1949 年

就 20 世纪而言，1930—1949 年应该说是最为复杂的历史阶段。就国际局势而言，经历了第一次世界范围内的经济危机、第二次世界大战和冷战等的经济政治进程，文化上则涌现了法西斯主义和反法西斯主义的斗争，以及社会主义与资本主义的斗争。就国内而言，与国际社会的共振，也经历了第二次国内革命战争、抗日战争和解放战争的政治进程，文化上出现了社会性质与社会史的讨论、中国本位文化建设的争议、新民主主义与三民主义的斗争。但是无论怎样复杂的情形，就其历史主题而言，无非是民族与民主而已；就民族问题而言，若从 1931 年的"九一八"事变到 1945 年日本战败投降，时间延续 15 年之久；就民主问题而言，从 1927 年到 1931 年蒋介石国民党对于共产党的剿杀，以及 1945 年到 1949 年共产党与国民党所进行的民主斗争和解放战争，时间也长达 8 年之久。其间整个民族所经历的生活实践的艰辛和精神的困苦，自然成为民族精神与民主意志最为丰富和宝贵的历史财富，也成为史学研究极为丰富的历史背景。因此，感受着时代发展的脉搏，围绕着民族与民主的问题，中国马克思主义史学继续着自己的发展。

在马克思主义史学研究中，贡献最大的学者主要有郭沫若、范文澜、吕振羽、翦伯赞和侯外庐，即所谓的"史学五老"；此外，还有邓拓、吴泽、华岗与何干之等人。

　　五种社会形态划分的首倡者是郭沫若。早在1928年郭沫若翻译马克思《政治经济学批判》时，就已经接受了马克思主义的五种社会经济形态的学说。他说，"我是这样相信，社会进展的阶段，依原始社会、奴隶社会、封建社会、资本主义社会、社会主义社会而迭进，是不能有例外的"。1930年，郭沫若将其研究古代社会的论文攒集为《中国古代社会研究》，由上海联合书店出版问世。郭沫若在书序中指出，中国社会历史的发展史是人类社会历史的组成部分，因此与西方社会历史的发展史是一样的。"只要是一个人体，他们发展无论是红黄黑白，大抵相同"。他进而分析说，西周以前的中国社会是"原始共产制"，西周是奴隶制，春秋以后是封建制。由此奠定了中国历史发展阶段划分的五种社会形态学说之基础。

　　继郭沫若之后，吕振羽丰富了五种社会形态划分的观点。1934年北平人文书店出版了《史前期中国社会研究》。在本书中，吕振羽接受了马克思的观点，指出人类社会历史形态经历了"原始公社制""古代奴隶制""中古封建制"和"近代资本主义制"。李达指出，该书的贡献主要是对中国历史的五种社会形态划分，"尧舜禹启"为中国的氏族社会，殷代为中国奴隶制社会，秦到鸦片战争前为封建制社会，之后为半殖民地半封建制社会。① 1936年上海不二出版社出版了《殷周时代的中国社会》，利用出土甲骨文和传世文献，吕振羽进一步论析了殷周时代是奴隶社会的观点。

　　嗣后，其他马克思主义史学家们在研究实践中，一方面充分回答时代所提出的政治思想问题，另一方面又用五种社会形态的学说对中国历史予以了不同的理解和阐释。

　　五种社会形态的提出，从马克思主义方面看，是对其博大精深理论的理解的深入，也是其经济史观的具体化。从中国学术发展来说，其政治意义在于阐释了中国历史发展的路径和方向，为新中国的成立和现代化奠定了思想理论基础；其学术价值在于，废弃了传统史学杂乱无章、断烂朝报的循环论，确立了以进化论为核心的历史发展观和史学知识体系。因此，与前一阶段相比，此一时期的史学成就非常之大，不仅诞生了众多的马克思主义史学家，更是涌现了一批断代史和通史性质的史学论著，如吕振羽的《殷周时代社会研究》《简明中国通史》，范文澜的《中国通史简

---

① 桂遵义：《马克思主义史学在中国》，山东人民出版社1992年版，第219—220页。

编》等。

阶级与阶级斗争理论阶段：1949—1978 年

1949—1978 年的历史时期，在风云变幻之中展开。国际社会上美苏两个超级大国的阵营从对立、对峙到崩解，各国之间的竞争由土地、资源转到技术、智力的角逐。不管结果如何，在整个进程中，一方面是民族民主意识在增强，另一方面是现代化的程度在提高。国内社会明显经历了从1949 年到 1966 年的社会经济建设时期和 1966 年到 1976 年的文化大革命时期。如果单就中国自身历史发展而言，可以说此一时期的历史主题为"建设"与"探索"；假如置放到国际社会的历史环境之中，可以用"现代化"的概念来置换。显然，无论是"建设""探索"，还是"现代化"，马克思主义史学的发展都遇到了前所未有的良好时机。

在研究实践中，此一时期的马克思主义史学研究者非常之多。一是前一阶段的马克思主义史学家如郭沫若、范文澜、吕振羽、翦伯赞、侯外庐等还健在；二是留在大陆的原来非马克思主义学者如陈垣等也逐渐接受了唯物史观；三是在新中国教育体制下培养的众多新生力量如庞卓恒、蒋大椿等逐渐走入了学术界。

在发展历程中，大致可以分为两个时期来看待。一是从 1949 年到1966 年，这一时期的重点主要是做马克思主义理论的普及工作，当然，老一辈的马克思主义史学家在进行着深刻反思。二是从 1966 年到 1978 年，这一时期的特点是阶级和阶级斗争观点异常活跃，以至于言必谈阶级，事必讲斗争。

阶级和阶级斗争的观点是这一时期的学者对于马克思主义理论的最基本概括。其经典的提出者当是中国共产党卓越的创始者和领导人毛泽东。他说："阶级斗争，一些阶级胜利了，一些阶级消灭了。这就是历史，这就是几千年的文明史。拿这个观点解释历史的就叫做历史的唯物主义，站在这个观点反面的是历史的唯心主义。"① 毛泽东作为革命事业的领袖，其观点自然成为学术事业的指导思想。特别是随着唯物史观的普及，阶级和阶级斗争理论也逐渐成为唯物史观的代名词，成为史学研究的实际指南。

---

① 《毛泽东选集》第 4 卷，人民出版社 1991 年版，第 1487 页。

在阶级和阶级斗争观点的指导下，一方面是深化了前一阶段五种社会形态的研究，对于中国历史的每种社会形态的阐述，借助于阶级斗争理论，讲得更细致了；另一方面是提出了众多的史学研究课题，诸如农民起义和农民战争问题，历史人物评价问题，资本主义的萌芽问题，土地制度的国有与私有问题，等等。这么多的史学问题，汇集成了带有意识形态的命题主要是两个，一是人民是历史的创造者；二是将马克思主义归结为"造反有理"。其进一步的发展，显然就是阶级和阶级斗争的片面化和绝对化，提出了在今天看来显得十分荒唐的观点，比如将中国历史的发展归结为儒法两家的思想路线斗争，说清官比贪官更可怕，因为清官欺骗了人民，麻痹了人民的斗志。

关于阶级和阶级斗争理论观点的运用及其所带来的扩大化谬误，经过"文革"之后长期的反思和批评，再以今天平静的心态来看待，则其政治意义和学术价值当是不容忽视的。从政治的角度来看，阶级和阶级斗争理论所强调的人民群众创造历史的观点，与国际社会在二战之后的民族民主思潮相一致，构成当时国际社会民主运动的重要部分；同时对于新生的人民政府来说，则是非常必要的史学论证和说明。从学术价值来说，阶级和阶级斗争理论作为唯物史观的基本观点，在此一时期成为普及和培育马克思主义史学研究者的锐利武器，为中国马克思主义史学的发展起到了巨大的推进作用。笔者记得，20 世纪 80 年代初进入大学历史学系学习历史，所使用的历史教材，仍然充斥着阶级和阶级斗争史的描述，其中农民起义的内容几乎占据了整个教材的 1/3。可以说，现今活跃在史坛的"50 后"和"60 后"的史学研究者，都是在阶级和阶级斗争的理论熏陶下成长起来的。在实践中，运用阶级和阶级斗争研究的史学成果可以说是数不胜数。仅以农民战争史研究为例，新中国成立以来到 20 世纪 80 年代初，所发表的论文多达 3600 余篇，出版各种资料集、专著、论文集和小册子200 种。[①]

科学发展观阶段：1978 年至今

1978 年至今的国内国际历史发展，更是复杂多变。国际社会上，经营

---

① 陈梧桐：《农民战争研究的种种争论》，载《历史研究》编辑部编《建国以来史学理论问题讨论举要》，齐鲁书社 1983 年版，第 205 页。

了近80年、经过了第二次世界大战洗礼的苏联社会主义国家瓦解了；欧美资本主义国家则经过战后的重建和现代科学技术的飞速发展，在人与自然关系面前既充分彰显了人类的力量，又体现了人类的"鲁莽"，所谓后现代主义思潮波涛激荡，开始了对于现代科技的反思和反省。国内的发展既受到了国际社会的影响，又背负着上个阶段的历史遗产和责任，可以说，"改革开放"准确地概述了这一阶段的历史主题。当然，此一时期的史学研究也围绕着"改革开放"的主题展开。

大致上看，伴随着时代主题的研讨，马克思主义史学的发展明显呈现着三个阶段：

1. 1978—1989 年的反思和西化，即一方面，深刻反思文化大革命时期阶级和阶级斗争扩大化所造成的史学研究片面化谬误；一方面，全面学习西方现代史学理论和史学观点。

2. 1990—2000 年的沉思和确认，即一方面，全面系统地反省中西史学研究的成就和各种各样的史学思潮；一方面，马克思主义理论作为当代史学研究的指导思想得到进一步的确认。

3. 2000 年以来的深化和升华，即在马克思主义理论的指导下的史学研究，既广泛地探究时代所提出的问题，又不断地反思传统史学的问题。

这三个阶段的发展虽然复杂，但就其整体特征来说，可以用科学发展观来概述。

科学发展观是党的十七大所提出的指导思想，是中国共产党对改革开放以来行政实践的经验总结，也是基于唯物史观的马克思主义理论在现时代的新发展。因此，将之作为这一时期史学研究方面的总体特征，可以说是恰如其分的。科学发展观的核心是"以人为本"即唯物史观的人民是历史创造者的观点，以及"统筹兼顾"即唯物史观的整体系统思维的观点，特别是"实事求是"的观点，可以说是客观全面地认识历史的基本原则。

用科学发展观来描述这一时期的史学发展，其政治意义和学术价值都可得到准确的评估。就政治意义而言，科学发展观作为史学研究的理论指南，是马克思主义的新发展。就学术价值而言，科学发展观可以全面概括1978 年以来基于马克思主义史学之上的、与当代科学思维相联系的各种史学思想和史学方法的尝试，比如计量史学的方法、心理史学的方法、系统思维的史学方法和社会科学的方法等。由此而言，那种认为新时期马克思主义史学式微的观点，无疑是不符合实际的。

马克思主义史学中国化的共性问题

考察马克思主义史学中国化的进程，即可发现有以下共性的问题。

第一，对于马克思主义理论的理解和认知，既决定了马克思主义史学中国化的历史进程特征，又常常影响着下一阶段甚至其他阶段对于马克思主义的理解和认知。本来，理论的吸收和践行就需要时间的展延，但是主观上造成了马克思主义史学家之间的意见分歧和学术争论，客观上却促进了马克思主义史学中国化的进程。

第二，在对于马克思主义理论的理解和争论中，除了理论自身的丰富多样性和认识主体的知识结构之外，还有一个重要因素就是时代的社会政治。可以说，正是积极地面对和回答了现实社会所面临的社会政治问题，并提出了卓越的解决方案，才使中国马克思主义史学的发展取得了巨大的成就。但是在史学实践中，身临其中的史学研究者常常会将三种因素混淆，甚至诉诸于阶级和阶级斗争的判定，使得马克思主义史学的中国化进程付出了巨大的代价。

第三，马克思主义史学中国化已经形成了优良的史学传统，成为现代中国史学的基本精神。其基本要义，可以概述为：以人民的视角直面历史实际，积极吸收各种理论观点，勇于批判错误思想，充分提出民主化、科学化和现代化的历史知识。

（作者单位：南阳师范学院汉文化研究中心）

关于历史事实与历史评价思考
（论文要点摘录）

王炳林

历史研究要以历史资料为基础，历史研究成果必然会融入历史认知者对历史的评价。离开历史评价的成果不可能成为历史学。历史学的核心内容是历史观。历史评价离不开历史观的指导。以先进的历史观为指导进行历史研究，才能揭示历史规律，提供历史借鉴。

历史事实是指已经发生过的客观进程，是不以人的意志为转移的客观实在。历史事实已成既往，无法重复，后人认识历史只能根据遗留下来的各种史料间接地进行。即使亲身经历了历史事件的人也不可能对所有的历史细节全部掌握，所以历史研究必须借助历史资料。历史资料无论是文字、实物、行为还是口碑、影像等，与无限丰富的历史进程相比，能够留存下来的总是很少的一部分。研究者能够看到的也只是其中的一部分。历史研究以历史事实为依据，就需要不断地搜集资料，新史料的发现甚至会引发重大的学术创新，从而使得历史学展现出无穷的青春魅力。

历史资料永远难以穷尽，是否就影响历史研究的进程？当然不是。历史研究不只是搜集和编排资料，还有历史评价。历史事实和历史评价有密切联系，但却是两种意义和性质不同的东西。历史评价是历史认知者对历史人物、历史事件及其意义的议论。这种议论或者体现为独立于历史叙事的单独评论，或者蕴含于历史过程描述中的夹叙夹议。这些历史评论都会通过一定的历史著述表现出来，必然带有某种主观性。凡是历史著作都是历史事实与历史评价的结合体。只摆历史资料而没有叙事和议论的著述，不是历史著作，而是史料学。问题是，纯粹的史料编排也渗透着编排者的价值观。后人看到的史家撰写的历史都不可避免地夹杂着编纂者的价值评价。因此我们不能简单地把带有主观性的历史著述当作历史事实本身。除某些特殊时期极少数历史学家有意歪曲历史外，几乎所有的历史学家都宣称自己是客观的、公正的，尤其是那些所谓的纯粹学者更是如此。而实际上，有主观性渗透其中的历史著述就不能保证对历史事件、历史人物的评价都是客观的、公正的。

影响人们评价客观历史的因素是非常复杂的。由于人们的文化传统、时代条件、社会经济地位、立场、观点和方法的差异，以及历史资料的局限等因素，对历史的认识会多种多样，甚至截然相反。对同一历史事件、历史人物的评价出现多样化甚至矛盾化，除不同主体的学术水平不同外，最根本的还是历史观的差异。历史观是人们对历史的根本观点。人们面对纷繁的历史现象总会做出评价和判断，由此形成的系统理论认识就是历史观。它可以是正确地反映历史本质的历史观，也可能是违背历史真相的错误的历史观。历史观无论正确与否，都会从根本上影响对历史的判断，所以它是史学的灵魂。历史观是一定的政治和经济生活的产物，是一定的文化传统、政治立场、现实利益等因素长期浸润而形成的。历史观背后实际上隐藏着一种利益关系。也就是说，历史评价中总是自觉不自觉地代表着某种利益。马克思说："人们为之奋斗的一切，都同他们的利益有关"①。在历史研究中，现实的利益关系以及政治立场，犹如一只"看不见的手"，牵引着研究方向，并使人们对同样的历史事实作出不同的评价。比如，对于 1950 年在朝鲜半岛爆发的战争，中国、美国、朝鲜、韩国以及日本等不同国家的政府和历史学家都有不同的判断。这显然是由不同的立场和观点造成的，而这背后又体现着深刻的国家利益因素。所以，对于一些所谓的"历史大揭秘""告诉你不知道的历史"之类的宣称，要善于明辨，防止以偏概全，防止混淆视听。

承认历史著述有主观性，并不是否认历史著述的科学价值。历史研究本来就不应仅仅停留在历史事实的确定和描述上，应该在客观历史事实的基础上，蕴含深邃的历史评价，透过现象看本质，探究人类历史发展的深刻底蕴。优秀的历史著述是时代精神的体现，以先进的历史观为指导，能够解释历史本质，反映社会进步和需求，能够使人们更好地认识历史、领悟历史，汲取历史的经验教训。

（作者单位：北京师范大学马克思主义学院）

---

① 《马克思恩格斯全集》第 1 卷，人民出版社 1995 年版，第 187 页。

形而上学与欧洲虚无主义[①]

戴　劲

从哲学作为一门正式的学科出现以来，几乎每位哲学家都批判以往的形而上学，但又都建立起、至少指望建立起自己的形而上学。特别是自黑格尔之后更有这样一种倾向，就是将自己哲学革命的对立面称为"形而上学"，并通过对它的批判建立起自己的哲学。这样，"形而上学"就有了各式各样的用法，具有代表性的如亚里士多德、康德、黑格尔、尼采、海德格尔、逻辑实证主义者等人的用法。本文首先拟将"形而上学"在这些哲学流派中用法的流变贯通起来。同时我想，我们应该做的是：反观形而上学的本性，并思考形而上学的命运。

一　形而上学的不同意义

一提到"形而上学"，我们可能主要是从两种意义上来理解的：(1) 亚里士多德意义上的：与物理学相对；(2) 黑格尔意义上的：与辩证法相对。问题是：这两种用法之间是什么关系？第二种用法是如何由第一种用法过渡来的？

先对这两种用法做一说明：第一种用法开始没有主题意义，只有分类意义。安德罗尼科（Andronikos）在整理亚里士多德著作的时候将这类作品放在物理学作品的后面，因此被称为"metaphysics"。不过，后来的研究者认识到亚里士多德这些作品具有一定的主题意义，它是对物理世界终极原因的研究。这门学问经过中世纪的发展日臻成熟。到了沃尔夫（Wolff）那里，传统形而上学被分为四部分：本体论、理性神学、理性心

---

① 整篇文章系作者 2015 年于香港道风山汉语基督教文化研究所做访问学者期间最终整理完成。

理学、理性宇宙论。第二种是黑格尔的用法。黑格尔那个时代是传统形而上学出现普遍危机的时代。黑格尔认为是形而上学作为一种哲学的思维方式出了问题，因而将"形而上学"指认为一种片面、孤立、静止的思维方式加以批判，并提出全面、联系、发展的思维方式，即"辩证法"。

康德那个时代，传统形而上学就已经深陷危机，实证科学以一种轻蔑的眼光看待它。康德用赫卡柏①的悲惨下场比喻这种"形而上学危机"。康德区分了两种形而上学：作为自然倾向的形而上学和作为科学的形而上学。他指出，纯粹理性有一种不可避免的自然倾向——超越现象去认识本体，由此产生先验幻相。在此，康德明确了纯粹理性的超验运用与内在运用：后者是正当的，就是说纯粹理论理性对知性的经验运用起范导作用；前者则是理性的僭越和滥用，是败坏形而上学名声的根源。在康德那里，形而上学被分为两种，并且这两种只是对立关系。但黑格尔不是这样看待形而上学危机的，他以一种历史的眼光来看待形而上学作为辩证论的一面和作为科学的一面。在他看来，理性有这种自然倾向不是坏事，通过自我否定获得自我超越乃是理性本身的特点，理性是一种通过自我中介而自我建立的运动，即在否定中建立自身的运动，先验幻相不过是自我建立的中介。问题在于如果停留在这种中介上，以片面、孤立、静止的眼光看待它，以为它是绝对的、永恒的，那就成了形而上学。按照黑格尔的理解，先验幻相的问题出在以知性的方式来认识理性，而知性的认识方式是非此即彼的、静态的、固定的，换句话说，本体不是不能认识，而是不能以知性的方式来认识。因此，不仅要将本体理解为实体，而且要理解为主体。从主体的角度来认识本体就是从辩证法的角度来认识本体，将本体理解为在他在（现象）中的自身反思。但以往那些形而上学或者人们对于形而上学问题的思考不该被否定，它们由于成为最高科学的一个环节而获得了自己特定的地位和价值。

后来的逻辑实证主义区分科学命题和形而上学命题为有意义的命题和无意义的命题，区分的标准为该命题表达的事实是否具有经验证实的可能性（能够证实或者证伪）。就此而论，逻辑实证主义只是抓住了康德讲的形而上学作为自然倾向这一个方面，进而将一切形而上学指认为不科学

---

① Hecuba，希腊神话中的特洛伊王后，特洛伊沦陷后被俘。见［德］康德《纯粹理性批判》A版序。

的。并且，逻辑实证主义与康德对"不科学"的理解不同：在逻辑实证主义那里，"不科学"是指不具有经验证实的可能性；而对康德来说，"不科学"指的是理性的非正当运用。其实，黑格尔同样不主张这种意义上的形而上学是科学。在批判先验幻相方面，黑格尔与康德倒是一致的：不能将理性自我认识的中介固定化。

可以说，黑格尔与逻辑实证主义者都是康德的学生。但黑格尔才算是好学生，他以批判的方式继承了康德。而逻辑实证主义者只是片面地继承。事实上，康德所梦想的还是未来能有一种作为科学出现的形而上学建立起来。这可能就是德国哲学的特点：不是因为形而上学容易使人陷入困境就避开它，只谈清晰明了的问题，只谈经验知识。形而上学的特点就是理性的特点，我们是逃避不了理性的！

其实，黑格尔通过辩证法拯救形而上学危机有他的深层目的，是出于时代的考虑。1818 年 10 月 22 日黑格尔在柏林大学的开讲辞中袒露了他对时代的心声：这个时代有一种"对于理性的绝望"的危机。这篇开讲辞主要是对科学启蒙的反思和批判，而在这种科学启蒙背后起作用的是实证主义。在黑格尔看来，康德的不可知论导致了这样一种后果：我们对上帝不能形成知识，不能通过理论理性对它加以证明，只能信仰或期待。[1] 这样上帝就从科学的领域被请出去了，我们就形成了两个领域：有限性的经验领域和无限性的超验领域。黑格尔在 1821 年夏季学期宗教哲学的讲演手稿中写道，"这一要求把上帝变成了远离我们的意识的一种无限幻象，同样，把人的认识变成了有限性的一种虚骄的幻象、幻影和现象的填充。"[2] 这样，人们就流行起了一种风气：以获取越来越多的有限性的知识为骄傲（这时实证科学门类广泛建立起来），而认为认识上帝的本性和本质是愚蠢和徒劳的。黑格尔在 1818 年开讲辞中用拜拉特 [3] 的态度类比这种流行的观念：当拜拉特从耶稣口里听到真理这名词时反问道，真理是什么东西？意思是说，天地间有真理吗？黑格尔又在 1821 年讲演手稿中这样描述这一

---

① 《黑格尔全集》第 17 卷，梁志学、李理译，商务印书馆 2012 年版，第 34 页。

② 黑格尔在 1821 年讲演手稿中反问道：我们不认识上帝，怎么能够信仰上帝呢？之后又批判道，把宗教仅仅作为某种主观东西加以考察和理解，这尤其是我们时代的态度与考察方式："我们对上帝毫无所知，我们不知道他的任何内容，不知道他的本质和性质，就是说，这种往上帝去等于往一个对我们来说空虚的地方去。"参见《黑格尔全集》第 17 卷，梁志学、李理译，商务印书馆 2012 年版，第 59 页。

③ 《黑格尔全集》第 17 卷，梁志学、李理译，商务印书馆 2012 年版，第 34 页。

特征:"我们的时代却具有这样的突出标志:了解一切事物和每一件事物,而且是无限众多的事物,唯独不了解上帝。"① 这让我想起了尼采对虚无主义特征的描述:现代人很忙,生活没有目的。现代人对所有事情都很勤劳,唯独对一件事情不勤劳,就是思考人生的意义。在此,黑格尔较早地涉及了虚无主义的问题。

实际上,黑格尔在形而上学权威性逐渐隐退和消失的背后看到了现代社会中一种最高精神的逐渐隐退和消失,这是他真正忧虑的。那就是对真理和绝对不追求、对永恒和神圣对象不置可否的态度,即对决定此岸的那个彼岸失去了兴趣。他在1818年开讲辞中说:"不去认识真理,只去认识那表面的有时间性的偶然的东西——只去认识虚浮的东西,这种虚浮习气在哲学里已经广泛地造成,在我们的时代里更为流行,甚至还加以大吹大擂。"② "宗教上和伦理上的轻浮任性,继之而来的知识上的庸俗浅薄——这就是所谓启蒙——便坦然自得地自认其无能,并自矜其根本忘记了较高兴趣。"③ 可见,黑格尔哲学有一种神学意图:通过理性恢复起对上帝的证明,通过理性恢复起对绝对和永恒的信仰。"Geist",在德文中既指精神,又指圣灵。我们知道,三位一体说是基督教区别于犹太教的标志。但如何理解"圣灵",是三位一体说的核心。黑格尔就是要用"绝对精神",用理性来解释基督教的"圣灵"。从黑格尔哲学中我们可以看到德国哲学的反实证主义倾向,而这种倾向又往往与批判虚无主义的因素相呼应。

尼采是从另外一个角度批判形而上学的,他要将形而上学连根拔起。他认为,形而上学本身是虚构出来的,这是欧洲虚无主义的根源。它用一层层迷雾将自己包裹起来,逻各斯、道德、科学、绝对价值都在其中。它既是虚构的慰藉,又是枷锁。枷锁一旦打开,人们就像被取走灵魂一样不知所措。这正是尼采笔下的欧洲现代人形象。

"形而上学"一词,在海德格尔那里,比较复杂,他一方面从批判西方哲学的虚无主义着手批判形而上学,但有时候亦称自己的哲学为形而上学——他说的是,作为虚无主义的形而上学"终结"了,但同时形而上学

---

① Pilatus,审判耶稣的罗马总督(在《耶稣传》中被译为"彼拉特")。参见〔德〕黑格尔《小逻辑》,贺麟译,商务印书馆1980年版,第34页。又见〔德〕黑格尔《耶稣传》,《黑格尔早期神学著作》,贺麟译,上海人民出版社2012年版,第146页。

② 〔德〕黑格尔:《小逻辑》,贺麟译,上海人民出版社2012年版,第35页。

③ 同上书,第34页。

以变化了的形式从另一个开端开始"复活"。在经历了康德与黑格尔对传统形而上学两次重大的批判和改造之后，尼采特别是海德格尔对以往形而上学进行了一次前所未有的批判，在这次批判中，形而上学不再是一种哲学门类或者思维方式，而是一个基本事件，这一基本事件刻画了西方人的命运：虚无主义。海德格尔将西方形而上学的实质看作虚无主义，这与尼采将欧洲虚无主义的根源视为形而上学是一致的。"在海德格尔看来，西方形而上学的实质就是虚无主义，二者其实是一回事。虚无主义是形而上学内部隐藏着的一个基本运动，也是西方历史的基本运动。"①

中国哲学的形而上学似乎同西方哲学的形而上学有一种时间上的错位：正当当代新儒家想要构建中国哲学的形而上学的时候，西方哲学却在批判、拒斥、企图消灭形而上学。② 其实，如果将中西在民主和科学问题上的时间错位与在形而上学问题上的时间错位放在一起理解，那么这种现象并不奇怪。因为在西方，民主和科学的命运与形而上学的命运是一致的，或者说，民主和科学本身就隶属于形而上学，是形而上学的产物和表现，形而上学是民主和科学的根——海德格尔对形而上学的批判就是对美国主义的民主和科学的批判——而在我们大力接受民主和科学的时候正值西方人反思民主和科学的时候。这种时间上的错位就意味着中国哲学的形而上学之路将更为艰难，同时就要求中国哲学在处理形而上学的问题上要更加谨慎。

二 意义与形而上学

由于世界历史的逼近，形而上学已经不再是一个欧洲的基本事件，而是一个全球化的基本事件。如此说来，全球化背景下的我们就不得不严肃地思考形而上学的命运问题。

很多人了解"悲"，但不了解"悲"的必然性，因此达不到尼采的高度。正因为认识到强力意志是永恒轮回的，是必然的，才深入"悲剧"的

---

① 张汝伦：《〈存在与时间〉释义》（上）"引言"，上海人民出版社 2012 年版，第 14 页。

② 20 世纪 30 年代正是逻辑实证主义盛行的时候。这种时间上的错位至今还以某种有趣的形式出现：据说 2001 年德里达来访中国，在巡回讲演中说到"中国没有哲学"，顿时引来中国学者非议。这意味着，当"哲学"在西方遭受质疑的时候，中国人却对它充满渴望，并因缺少它而深感自卑。

内在本性。但尼采的弱点同样在此：尼采需要"悲剧"，他靠"悲剧"疗伤。① 悲剧是其生命中的最后一道光——引路之光！尼采认为"活"尚需要某种意义——没有意义的"活"是空虚的，人应该去信仰。因而，他的"活"是脆弱的，意义滋养着它。正因为他看到了意义的非永恒性、虚无性，才会时时感到人生的悲剧。"悲剧"是什么？就是强力意志之本性。强力意志是设定，悲剧是设定。他的问题在于从一开始就预设：人生应该是有意义的——"真理和人有什么关系？不相信自己拥有真理，人就不可能有最纯洁和最高尚的生活。人需要信仰真理"② ——一个人的灵魂只有寄托给某种信仰才会过得充实。尼采却将灵魂寄托给了绝望。但那还是一种寄托，他靠绝望活着。他绝望着，以此证明自己还活着。尼采宁愿承担起绝望的命运，亦不愿放弃绝望的权利。他在《论道德的谱系》中说，"它宁求对虚无的意愿，而不是不意愿"③。就是说，宁愿以虚无主义方式被经验为虚无，而不是根本就不再意愿、并因此放弃生命的可能性。

如果你说尼采这仍是一种形而上学，那我并不反对。但人不是上帝，因而谁能摆脱得了形而上学的迷雾？可贵的是有些人可以清醒地意识到自身已深陷其中。动物免于形而上学的困惑，而人无往不住地活在欺骗之中。

一般的人都是在欺骗自己中活，如果你不想在欺骗自己中活，那就需要你真正地坚强，需要你从根本上认识到我们的内在世界是虚幻的，如此一切哲学就消失了，同样"人"也就消失了。

因为人从自然界脱离出来之后，了解到真伪、善恶、美丑、彼岸、此岸、欲求、幸福、希望、应当……内心就变得十分脆弱，所以需要意义依

---

① 海德格尔解释道，"在这里，对虚无的意愿意味着：意愿缩小、否定、毁灭和荒芜。在这样一种意愿中，强力始终还为自己确保了命令的可能性。"他在另一处阐释中说，"意志所畏惧的并不是虚无，而是不意愿，是对它的本已可能性的消灭。对于不意愿的空虚的畏惧——这种'horror vacui'〔空虚之畏〕——乃是人类意志的基本事实。"参见〔德〕海德格尔《尼采》，孙周兴译，商务印书馆 2002 年版，第 899、703 页。

② 《哲学与真理：尼采 1872—1876 年笔记选》

③ 如果按照尼采的观点，那么悲观主义的层次并不高，其结局往往退回到佛老。如有人言《红楼梦》之结局，有真爱的最终全散了，无真爱的却凑合在了一起。整本流露出作者对于"真爱"的失望乃至绝望，而并不深究这"希望"本身的虚无性。作者最后认为人生没有意义，其实只是他的一声悲叹。倘无挂碍，何来悲叹？参见刘再复在《〈红楼梦〉与西方哲学》（《书屋》2009 年第 2 期）中所写："曹雪芹认定，人生没有意义，说到底只是为他人作嫁衣裳而已，这个世界到头来是白茫茫大地真干净，什么也不剩"。

托。哲学家们一直致力于揭露那些意义世界的虚无，但总是舍不得丢下手中最后一块意义手帕。

人一旦从意义世界里走出来就到了一个新的阶段，或者不称其为人。所谓"意义世界"，在西方被称为形而上学世界，在佛教中被称为娑婆世界。

对于"坚强地活着"，我不同意以下两种意义的活法：一种是将自己混同于自然界的存在，认为人与动物没有根本的区别，甚至在某些方面不及动物。这实际上是一种逃避内在世界的方式，实际上掩盖了他比活在意义世界中的人更加脆弱的本质。另一种是如加缪那样的主张：生活本来就没有意义，任何寻找意义的企图都是徒劳的。但他选择活下去。这种主张的缺陷在于并没有击穿"痛苦"的虚无性。

在我看来，对所有意义世界的抛弃应该是一种充实的抛弃，即其内在世界已然饱含了一切意义，从一切意义中走出来，而不是逃出来。那时，你将认识到哲学根本解决不了你的任何问题，不论是生存问题，还是意义问题，因为一切意义都是从它那里制造出来的。但必须通过种种意义的尝试，你才能最终认识到意义本身的无意义性。

海德格尔讲，此在生于虚无。人来到这个世上，既没有来源，也没有目的，人的存在只能依赖于自己。这意味着一切意义出自于它自身，人只身行走于深渊之中。但正是因为既没有来源，又没有目的，人才不受制于必然。在此，你是否会想：人是最贫乏的，却又是最丰富的；人是最孤独的，却又是最充实的；人是最脆弱的，却又是最坚强的；人是最卑微的，却又是最伟大的。形而上学危机、信仰危机，说穿了是"人"的危机。人不敢承认自己为"人"，不敢承担自己的意义了。但当你了解到意义的真相之后，就会坚定地为自己是"人"而发出赞叹。

（作者单位：华中师范大学马克思主义学院）

新民主主义革命时期唯物史观在中国的传播与中国历史学研究

张彦台

　　唯物史观的发现与确立，给历史学研究带来革命性的飞跃。恩格斯在评价马克思这一伟大发现时说："正像达尔文发现有机界的发展规律一样，马克思发现了人类历史的发展规律，即历来为繁芜丛杂的意识形态所掩盖着的一个简单事实：人们首先必须吃、喝、住、穿，然后才能从事政治、科学、艺术、宗教等等；所以，直接的物质的生活资料的生产，从而一个民族或一个时代的一定的经济发展阶段，便构成基础，人们的国家设施、法的观点、艺术以至宗教的观念，就是从这个基础上发展起来的，因而，也必须由这个基础来解释，而不是像过去那样做得相反。"[①] 正是唯物史观内在的科学魅力，使它成为认识和改造世界的锐利武器，也给中国历史学研究带来了革命性的变迁。"马克思主义传入、唯物史观派史学的诞生，是20世纪中国史学变迁史上的重大事件。这一新的史学形态的出现及其演变，不仅因对中国共产主义运动的重要支持而具有突出的社会史意义，还因对中国古老史学传统的深刻改造而具有不可轻忽的学术史意义。"[②] 正如李大钊在论及历史学时指出的："自有马氏的唯物史观，才把历史学提到与自然科学同等的地位。此等功绩，实为史学界开一新纪元。"[③] 而唯物史观在中国传播与确立，对于中国史学的变革和对革命实践的指导作用，也同样如此。

　　作为马克思主义哲学两大历史贡献之一，新民主主义革命时期唯物史观在中国历史学研究中的运用，有一个发生和发展的历史进程。

---

① 《马克思恩格斯选集》第3卷，人民出版社1995年版，第776页。

② 王学典、陈锋：《20世纪唯物史观派史学的学术史意义》，《史学史读本》，北京大学出版社2006年版，第257页。

③ 李大钊：《李大钊文集》（下），人民出版社1984年版，第347页。

一　唯物史观在中国的萌芽及马克思主义新史学的开创

早在 20 世纪初，唯物史观作为众多西学思潮的一支传入了中国。广泛介绍和传播马克思主义唯物史观则出现在"五四"运动之后。特别是我国早期马克思主义者李大钊在《史学要论》等一系列著作中，阐述了马克思主义唯物史观的基本原理，强调唯物史观对历史研究的指导意义。20 世纪初期，梁启超、孙中山、朱执信、廖仲恺等进步人士的著作中都介绍过社会主义和马克思、恩格斯，如梁启超的《进化论革命者颉德之学说》《社会主义与中国》，孙中山的《社会主义之派别及批评》，朱执信的《德意志社会革命家列传》，廖仲恺的《社会主义史大纲》等。① 然而这一时期，唯物史观的介绍与传播还很少，马君武在 1903 年发表的《社会主义与进化论比较》一文中提到，"马克思者，以唯物论解历史学之人也。马氏尝谓阶级竞争为历史之钥"②。但系统的唯物史观宣传尚未出现。正如李大钊在《我的马克思主义观》中所称的那样，"至于他的唯物史观，因为没有专书论这个问题，所以人都不甚注意"③。"五四"运动前，在《新青年》《每周评论》《新潮》等宣传新思潮的主要刊物上，经常能见到有关社会主义的论题，有关唯物史观的思想也偶然见之于各种社会主义宣传之中，但没有被系统地介绍和论述。"五四"运动后，唯物史观的传播呈现一种"井喷"现象，不仅系统阐释唯物史观的译文、论文不断出现，而且唯物史观的思想被应用于学术研究与社会分析之中更是成为一种时尚。

在中国学者撰写的介绍研究唯物史观的文章和著作中，首先要提到1919 年 9 月发表在《新青年》杂志上的李大钊的《我的马克思主义观》。在这篇历史长文中，李大钊以唯物史观为中心，分别阐述了唯物史观形成发展的历史线索、唯物史观与科学社会主义的关系、唯物史观的两大要点，驳斥了对唯物史观的种种非难。这是中国人写的第一篇系统介绍唯物史观的文章，李大钊因此而被认为是中国马克思主义哲学传播的拓荒者。李大钊发表了许多阐释马克思主义学说和唯物史观的文章，如《我的马克

---

① 王贵仁：《唯物史观及其指导的历史学在 20 世纪中国的推进历程》，天津师范大学博士学位论文，2008 年，第 21 页。

② 马君武：《社会主义与进化论比较》，《译书汇编》第 11 期，1903 年 2 月 25 日。

③ 李大钊：《我的马克思主义观》，《新青年》1919 年第 6 卷第 5、6 号。

思主义观》《由经济上解释中国近代思想变动的原因》《史观》《唯物史观在现代史学上的价值》《研究历史的任务》等，在当时的思想界产生了极大的影响。特别值得一提的是李大钊的《史学要论》著作，阐述了马克思主义唯物史观的基本原理，强调唯物史观对历史研究的指导意义。在《史学要论》中，李大钊阐述什么是历史和历史学、历史学的系统、历史学的科学地位、历史学的科学地位、历史学与其他学科的关系以及历史学研究的任务等问题，介绍马克思主义的历史学理论，批判地主资产阶级旧史学，并倡导史学革命，提出要以唯物史观"改作""重作"全部历史，①奠定了中国马克思主义史学发展的基石。除李大钊外，唯物史观启蒙的代表人物还有陈博贤、胡汉民、杨鲍安等。

五四运动时期，中国人对马克思的唯物史观认识还不够深入，仅仅限定在社会历史领域，作为改造社会的一种方法应用，但是以李大钊为代表的先进知识分子还是把唯物史观作为一种历史哲学理论加以研究，并应用于历史学，开创了中国近代历史学革命的新路。李大钊是一位知识渊博的历史学家，唯物史观在他那里，既是改造社会的锐利思想武器，也是研究学问的科学方法和工具。他应用唯物史观指导史学研究，倡导史学革命，批判旧史观、旧史学，开创了马克思主义新史学。

李大钊第一次将唯物史观搬进高校课堂，先后编撰《唯物史观讲义》《史学思想史讲义》《史学要论》等贯穿介绍或贯穿唯物史观思想的史学著作。《唯物史观讲义》内容包括《唯物史观在现代史学上的价值》《马克思的经济史观》等文章。在《唯物史观在现代史学上的价值》一文中，李大钊首先从旧的唯心史观与新的唯物史观的对比开始。他指出，旧有的唯心史观，才蔑视人的作用、才导致宿命论："从前的历史，专记王公世爵纪功耀武的事"，"而解释此类事实，则全用神学的方法"，"所记载于历史的事变……都要归之于天命，夸之以神武，使读者认定无论他所遭逢的境遇如何艰难，都是命运的关系。只有祈祷天帝，希望将来，是慰藉目前痛苦的唯一方法"。"唯物史观所取的方法，则全不同"，"生长与活动，只能在人民本身的性质中去寻，决不在他们以外的什么势力"。"斯时人才看出一切进步只能由联合以图进步的人民造成，他于是才自觉他自己的权威，他自己在社会上的位置，而取一种新态度。""这样看来，旧历史的方

---

① 李守常（李大钊）：《史学要论》，商务印书馆 1924 年版。

法与新历史的方法绝对相反：一则寻社会情状的原因于社会本身以外，把人当作一只无帆、无楫、无罗盘针的叶舟，漂流于茫茫无涯的荒海中，一则于人类本身的性质内求达到较善的社会情状的推进力与指导力；一则给人以怯懦无能的人生观，一则给人以奋发有为的人生观。这全因为一则看社会上的一切活动与变迁全为天意所存，一则看社会上的一切活动和变迁为人力所造"①。李大钊进一步指出，"唯物史观在史学上的价值，既这样的重大，而于人生上所被的影响，又这样的紧要，我们不可不明白他的真意义，用以得一种新人生的了解。我们要晓得一切过去的历史，都是靠我们本身具有的人力创造出来的，不是那个伟人圣人给我们造的，亦不是上帝赐予我们，将来的历史亦还是如此，现在已是我们世界的平民的时代了，我们应该自觉我们的势力，赶快联合起来，应我们生活上的需要创造一种世界的平民的新历史"②。这就是人民历史观。

李大钊不仅重视"人民历史观"，更重要的是，他指出："只能在人民本身的性质中去寻，决不在他们以外的什么势力。最要紧的，是要寻出那个民族的人依以为生的方法，因为所有别的进步，都靠着那个民族生产衣食方法的进步与变动"。"一切进步只能由联合以图进步的人民造成"，唯物史观"这种历史观，导引我们在历史中发见了我们的世界，发见了我们的自己，使我们自觉我们自己的权威；知道过去的历史，就是我们这样的人人共同造出来的，现在乃至将来的历史，变还是如此"③。李大钊坚定地认为历史学是科学，他把历史学推向科学的同等的地位。李大钊认为，历史学是"历史事实的科学考察"，它"专本于特殊研究以说明某种特定事物的性质及理法"，"世界一切现象，无能逃于理法的支配者，人事界的现象，亦不能无特种的理法，惟俟史家去发见他确定它了"④。"以社会的基址的经济关系为中心，研究其上层建筑的观念的形态而察其变迁，因为经济关系能如自然科学发展其法刚……自有马氏的唯物史观，才把历史学提到与自然科学同等的地位。此等功绩，实为史学界开一新纪元。"⑤

---

① 李大钊：《唯物史观在现代史学上的价值》，《新青年》第 8 卷第 4 号，1920 年 12 月 1 日。
② 同上。
③ 李大钊：《现代史学的研究及于人生态度的影响》，《史学要论》，商务印书馆 1924 年版。
④ 李大钊：《李大钊文集》（下），人民出版社 1984 年版，第 727 页。
⑤ 同上书，第 305 页。

二 唯物史观在中国的成长及马克思主义史学实践性的加强

　　20世纪20年代初期，中国社会关于"社会改造"的讨论十分热烈。"中国向何处去？"，走"法国大革命"之路还是走"俄国十月革命"之路，成为中国人普遍关心的一大难题。毛泽东等人创办的新民学会的宗旨为"改造中国与世界"，孙中山给环球学生会学生讲演的题目为《改造中国之第一步》，改良主义者张东荪、梁启超主办刊物《解放与改造》……在这场围绕着"改造中国"的思想斗争中，唯物史观关于社会根本改造的思想，适应了当时中国社会变革的要求，在中国逐渐进入实践阶段，由初期的原理介绍进到具体改造中国的革命实践活动之中。特别是1921年中国共产党成立，1922年中共"二大"把唯物史观社会改造思想具体化为中国民主革命的纲领，唯物史观关于"社会改造"的思想理论成为中国革命的指导思想。

　　当时，以胡适、梁启超和张东荪为代表的改良主义十分盛行。1919年7月，胡适在《每周评论》发表了《多研究些问题，少谈些主义》一文，极力鼓吹实用主义哲学，否认真理的普遍性，散布唯物史观不适合中国国情；用阶级调和论反对阶级斗争说，用庸俗进化论反对社会革命论，极力宣扬一点一滴的社会改良主义主张。此文发表后，社会围绕"问题"与"主义"展开了一场激烈争论。为了反击胡适的错误观点，同年8月，李大钊在《再论问题与主义》一文指出，"我们的社会运动，一方面固然要研究实际的问题，一方面也要宣传理想的主义。这是交相为用的，这是并行不悖的"[1]。他依据马克思的唯物史观进一步指出，"经济问题一旦解决，什么政治问题、法律问题、家族制度问题、女子解放问题、工人解放问题，都可以解决。可是专取这唯物史观（又称历史的唯物主义）的第一说，只信这经济的变动是必然的，是不能免的。而于他的第二说，就是阶级竞争说，了不注意，丝毫不去用这个学理作工具，为工人联合的实际运动，那经济的革命，恐怕永远不能实现"[2]。问题与主义的论战实质上是关

---

[1] 李大钊：《再论问题与主义》，《每周评论》，1919年8月17日。

[2] 同上。

于中国是否需要革命、是否需要唯物史观的争论。这场论战捍卫了唯物史观在中国的传播，促进了马克思列宁主义在中国的地位。以梁启超、张东荪为代表的资产阶级学者也反对唯物史观，但他们与胡适不同，他们以了解社会主义自居，挑起了一场所谓"社会主义"论战。他们假意根据唯物史观的原理，依据所谓"经济条件论"，认为主张在当时中国实行社会主义"根本改造"条件不成熟。他们系统阐述了所谓"资本主义必倒而社会主义必兴"，为了兴社会主义必须首先发展资本主义的"阶段说"①。他们还极力散布基尔特社会主义，提倡劳资协作，避免阶级斗争。这些错误言论立即受到李达、陈独秀等人的批判。他们从唯物史观的基本立场出发，指出，"要救中国社会，应当实行社会主义；要实行社会主义，应当先实行生产社会化；要使生产社会化，必须借助政治权力；要借助政治权力，必须先干革命；要干革命，必须先大家努力宣传，准备实力"。② 通过论战，划清了伪社会主义与科学社会主义的根本区别，进一步促进了唯物史观在中国的传播。区声白、黄凌霜等无政府主义者，也主张"根本改造"，但是他们的"根本改造"与唯物史观的"根本改造"不同。他们强调以个人绝对自由为理论出发点，否认"强权"，主张极端自由，不要政府，不要国家，不要法律，不要领袖，要废除一切制度，主张平均财富，一切平等。③ 他们说："无论是君主的国家也好，民主的国家也好，是专制的政府也好，是共和的政府也好，是劳农政府也好，他们既是国家，是政府，那么，就不能不限制个人的意思（志）自由。"④唯物史观主张社会"根本改造"并不是摧毁一切。陈独秀、李大钊等指出，无政府主义的主张是站不住脚的，因为抽象的个人"绝对自由"是脱离社会的，而如果一个人始终脱离社会环境，那便没有一点自由可以选择。

唯物史观主张社会改造，它既不同于保留资本主义，实行改良主义，也不同于破坏一切、否定一切的无政府主义。"唯物史观主张从社会变革的实际出发，从社会经济入手实现对中国社会的根本改造，从一开始就具

---

① 王桧林、郭大钧、鲁振祥：《中国通史 第12卷 近代后编（1919—1949）》（下），上海人民出版社2013年版，第1231页。

② C.T：《读费觉天赓"从罗素先生底临别赠言哀兵必胜见的'政治支配经济策'"》，《觉悟》1921年9月25日。

③ 中央团校青运史研究室：《中国新民主主义革命时期青年运动简史》1982年8月，第26页。

④ 《民主宣言》，《民主》第1卷第1期，1922年7月1日。

有高度的实践性指向。"① 在陈独秀、李大钊等人的领导下，上海、北京等地先后成立共产主义小组，并分别创办了面向工人群众，努力将理论宣传与革命实践活动结合起来的通俗刊物《劳动界》周刊、《劳动音》周刊等。1920 年 5 月至 1921 年 10 月，李达和陈独秀创办了上海平民女校，李达兼任校长。他不仅兼课，讲授马克思主义理论，而且以很大的努力研究妇女问题，撰写和编译了许多相关文章。

20 世纪 20 年代，唯物史观历史学实践开始起步，学者们把唯物史观研究与政治宣传结合在一起，注重研究党史与革命运动史。随着 1921 年中国共产党成立，1922 年中共"二大"把中国近代社会性质确定为"半殖民地半封建社会"，中国革命是由无产阶级领导的"民主革命"，把唯物史观社会改造思想具体化为中国民主革命的纲领，可以说，现实的需要推动了马克思主义者走上了历史研究的道路。但孙中山认为唯物史观是共产党的革命理论，国民党在与中国共产党合作进行国民革命中，必须拥有自己的社会革命历史观，以便与唯物史观相抗衡，否则就会失去革命的主导权。孙中山在批判唯物史观过程中提出民生史观，因此民生史观与唯物史观是对立的。但在 20 年代中期由于国共处于合作进行国民革命的状态，民生史观与唯物史观的关系还处于并存与竞争的状态。20 年代后期，随着孙中山的逝世，国民党人全面攻击唯物史观，从而动摇了国共合作的思想基础。

瞿秋白、蔡和森、李达、恽代英等人在宣传社会主义革命运动的同时，开始传播唯物史观的基本理论，涉足历史学领域，研究中国近代革命史以及中国工农运动史。瞿秋白的《社会科学概论》、李达的《现代社会学》、蔡和森的《社会进化史》和恽代英的《中国民族革命运动史》等著作，配合党的二大宣言，研究历史，总结历史经验，把已经学到的马克思主义知识贯彻到行动中去，史论结合，指导当时革命斗争实际，"他们用唯物史观解释历史，又用历史反过来促进唯物史观的宣传，证明唯物史观革命理论的现实性及科学性。二十年代马克思主义史学就是在这种把政治宣传与历史研究合为一体的学术活动中起步了"②。

---

① 王贵仁：《唯物史观及其指导的历史学在 20 世纪中国的推进历程》，博士学位论文，天津师范大学，2008 年，第 50 页。

② 同上书，第 72 页。

三 唯物史观科学体系在中国建立及
马克思主义历史学派的形成

大革命失败后，中国共产主义运动陷入低潮，但马克思主义传播则出现新的高潮。美国学者德里克指出，以"新兴社会科学"名义出现的对马克思主义社会理论的大量译介反而在革命失败之后。[①] 此时，大革命失败的原因以及国民党统治下的中国社会性质和中国未来革命前途，引起了社会争论，引发学术界兴起了空前规模的社会史论战，这次论战促使唯物史观的研究旨趣从注重理论阐释，转向注重分析中国国情和探讨中国历史发展规律，使历史唯物主义与辩证唯物主义逐渐结合，促使了唯物史观科学体系的建立。郭沫若、吕振羽等中国共产党人和先进的知识分子依据唯物史观的基本原理，对中国历史实际进行深入分析，并从中阐释了中国历史发展的基本规律性，还明确地回答了社会史论战中提出的一系列问题，由此形成了马克思主义历史学派。

随着中国民主革命形势的发展，大革命后"马克思主义不仅仅作为一种理论，而且作为一种思想方法、行动指南渗透进当时的中国思想理论界，对知识、文化界发生十分重大、深刻的影响"；"1928 年至 1932 年短短的时期中，除了普罗文学的口号外，便是唯物辩证法和唯物史观之介绍。这是新书业的黄金时代，在这时，一个教员或一个学生书架上如没有几本马克思的书总要被人瞧不起了。"[②] 从日本归来的后期创造社成员彭康曾声称：唯物史观已成了唯一的真正的历史哲学，要它才可以解释历史，改变社会，推进人生。[③]

20 世纪 30 年代前后，在中国，辩证唯物主义和历史唯物主义被广泛翻译，使中国学者更全面认识和理解马克思主义哲学全貌，奠定了马克思主义在中国的地位，同时，唯物史观与辩证唯物论逐渐结合起来，唯物史观的科学体系建立起来。1927 年以前，日本和西欧尤其是日本马克思主义学者对唯物史观的理解，对中国先进分子产生了直接影响。与此同时，随

---

① ［美］德里克：《革命与历史——中国马克思主义历史学的起源：1919—1937》，翁贺凯译，江苏人民出版社 2005 年版，第 31 页。

② 唐宝林：《马克思主义在中国 100 年》，人民出版社 1998 年版，第 159 页。

③ 彭康：《唯物史观的构成过程》，《文化批判》1928 年第 5 期。

着赴俄留学知识分子的相继归国，苏俄学者阐释马克思主义的文本开始在中国传播。1927 年大革命之后，特别是 20 世纪 30 年代以后，这一主角地位逐渐为来自苏联的马克思主义所取代。苏联哲学（主要是教科书）对中国社会发展产生了持续而久远的影响。20 世纪 20 年代末至 30 年代初，德波林在 1929—1930 年有四本中译本的书，即《唯物辩证法与自然科学》《辩证法唯物论入门》《伊里奇的辩证法》和《哲学与马克思主义》。布哈林则著有《历史唯物主义理论》《唯物史观与社会学》和《共产主义ABC》等。20 世纪 30 年代初中期，影响大的主要是米丁著的《新哲学大纲》《辩证唯物论与历史唯物论》《辩证法唯物论》《历史唯物论》《辩证法唯物论辞典》和《新兴哲学体系》（均为中译本）。罗森塔尔著的《新哲学教程》《辩证认识论》《革命辩证法的核心》和《简明哲学辞典》。斯大林著的《辩证唯物论与历史唯物论》，即联共党史 4 章 2 节。从苏联传入的教科书形态的马克思主义，以其特有的系统性和权威性后来居上，成为中国占"正统"地位的马克思主义。[①] 许多马克思主义者和进步的文化工作者为马克思主义哲学的系统传播起到了重要的作用。这一时期，中国人自己撰述和出版的一些重要的马克思主义著作。其中，张如心、吴亮平、沈志远、艾思奇等人较为突出，而李达则是全面和系统传播马克思主义哲学的最为重要的人物。主要包括：张如心的《无产阶级的哲学》《辩证法学说概论》，吴亮平的《辩证唯物论和唯物史观》，沈志远的《黑格尔与辩证法》《新哲学词典》《现代哲学基本问题》，李达的《社会学大纲》。这些著作促进了人们对马克思主义哲学的全面认识和理解，学者们逐渐将唯物史观与辩证唯物论结合起来，最终建立起中国唯物史观学说体系。

社会史论战提出的中心问题是关于唯物史观社会形态理论问题。"新生命派""改组派"和"托陈取消派"的学者们的观点，在当时的社会造成了严重的思想混乱。这就要求马克思主义学者系统地理清中国社会历史的发展过程，揭示中国历史发展的基本特点和规律。而要做到这一点，就要认真领会马克思的社会形态理论核心思想，在马克思主义的指导下，对数千年来中国历史进行科学的研究、分析、阐述，理出阶段特点，建立起

---

① 蔺淑英：《唯物史观在中国的传播与创造性运用（1919—1949）》，博士学位论文，山东师范大学，2011 年，第 57 页。

中国历史规律体系，创建马克思主义历史学派的时机来临了。

中国马克思主义史学奠基之作是郭沫若的《中国古代社会研究》和吕振羽的《史前期中国社会研究》《殷周时代的中国社会》，虽然这三部书都是研究中国古代历史之作，但它们却开辟了一个既有别于古代史学，又有别于近代刚刚兴起的资产阶级新史学的全新史学"范式"，标志着马克思主义史学的新体系建立。王贵仁认为从历史学角度看，郭沫若、吕振羽等人努力建立起的新史学体系，对中国历史发展具有划时代意义的贡献。首先，郭沫若、吕振羽等人以唯物史观为指导思想，从人类物质生产方式出发分析历史发展因果联系，揭示历史发展规律，开辟了一条中国史学研究的全新路径。其次，在史前史研究方面，突破传统史学的"隆古"和近代史学的"信古"限制，首开中国原始社会、奴隶社会的研究，填补了中国史学的一大"空白"。最后，以唯物史观为指导，对考古资料、卜辞资料和文献资料等进行综合研究利用，尝试新的历史研究之法，开创了一个新的史学研究范式。[①]

四　唯物史观在中国的创造性运用及马克思主义史学的逐渐成熟

抗日战争爆发后，国内政治形势错综复杂。但是，关心国家命运和前途的革命者、社会科学工作者不但没有放松对社会科学的研究，相反，却掀起了一个自觉研究社会科学尤其是马克思主义哲学的高潮。这一热潮不仅推动了唯物史观在中国的系统传播和创造性地运用。以毛泽东为代表中国共产党人和进步知识分子还将唯物史观创造性地运用于中国社会政治革命、思想学术领域，形成了马克思主义大众化、民族化、中国化思潮。唯物史观指导下的历史学在这一背景下，注重与中国历史实际相结合的"本土化"趋向日益明显，而且在探寻这种历史的特殊规律性方面取得了一系列重要成果，马克思主义史学走向成熟。

以毛泽东为代表的党中央在以延安为中心的陕甘宁根据地，总结革命经验教训，强调深入系统地学习马克思列宁主义，以中国社会历史和革命

---

① 王贵仁：《唯物史观及其指导的历史学在 20 世纪中国的推进历程》，博士学位论文，天津师范大学，2008 年，第 85—88 页。

实际为着眼点，将马克思列宁主义与中国革命实际相结合，运用马克思主义的立场、观点和方法解决中国问题，在根据地掀起了唯物史观学习热潮。为了彻底清除党内的主观主义、宗派主义、党八股等现象，1942 年开始延安整风运动，目的是通过在全党发起马克思主义理论学习运动，帮助干部、战士掌握马恩列斯科学共产主义的思想方法论，以整顿党的学风、党风、文风，提高党员干部的素质，进而达到全党思想上的统一。1938 年 5 月 5 日的马列学院编译部的成立，是中国共产党历史上第一个编译马列主义经典著作的专门机构，专门负责马列著作的编辑和翻译工作，并由党的出版社在自己的根据地出版发行。党中央还在延安建立了中共中央出版发行部。不仅派人到敌后抗日根据地检查出版发行工作，从敌后抽调干部开办训练班，同时又担负着出版、印刷、发行的具体工作任务。以解放社的名义出版马恩列斯著作和毛泽东著作。1938 年至 1942 年，延安解放社以"马克思恩格斯丛书"的形式，出版了一系列马克思恩格斯的重要著作：《社会主义从空想到科学的发展》（丛书第三种，1938 年 6 月）；《共产党宣言》（丛书第四种，1938 年 8 月）；《法兰西内战》（丛书第五种，1938 年 11 月）；《政治经济学论丛》（丛书第六种，1939 年 3 月）；《马恩通信选集》（丛书第七种，1939 年 6 月）；《德国的革命和反革命》（丛书第八种，1939 年 4 月）；《〈资本论〉提纲》（丛书第九种，1939 年 11 月）；《哥达纲领批判》（丛书第十种，1939 年 12 月）；《拿破仑第三政变记》（丛书第 11 种，1940 年 8 月）；《法兰西阶级斗争》（丛书第 12 种，1942 年 7 月）。[1]

以毛泽东、艾思奇、陈伯达为代表的马克思主义者，发表了一系列关于历史唯物主义的著作，在大众中宣传唯物史观思想。例如，艾思奇与吴黎平的《唯物史观》（1939 年出版）一书，结合中国社会实际对历史唯物主义理论进行了全面系统的论述，作为当时历史唯物主义理论的一项重要成果，《唯物史观》曾被指定为延安整风学习中的干部必读书目，在对广大党员、干部进行马克思主义哲学教育中发挥了重要作用。[2] 在《辩证法唯物论怎样应用于社会历史研究》（1941 年）一文中，艾思奇从坚持辩证

---

[1] 中共中央马克思恩格斯列宁斯大林著作编译局马恩室：《马克思恩格斯著作在中国的传播》，人民出版社 1983 年版，第 300 页。

[2] 吕希晨、何敬文：《中国现代唯物史观史》，天津人民出版社 2003 年版，第 22 页。

唯物主义与历史唯物主义的统一的视角，强调必须要用唯物论的观点来理解社会历史现象，用辩证法的方法研究社会历史发展规律。毛泽东作为中国共产党人唯物史观思想的集大成者，发表了《实践论》《矛盾论》《战争和战略问题》《中国革命和中国共产党》《新民主主义论》《论联合政府》《论人民民主专政》等。这些论著，对坚持将唯物史观基本原理与中国社会实践相结合，运用唯物史观的立场、观点和方法指导中国革命实践做出了重要贡献。[①]

为了提高马列主义著作译文的质量，中共中央决定对高级干部应读的马恩列斯的译文进行校订。中央书记处讨论确定了《关于一九四三年翻译工作的决定》，决定指出要成立由专人组成的翻译校阅委员会，把翻译校阅工作当作对党最负责并必须按时完成的业务之一部分。毛泽东在第七次代表大会期间曾两次谈道：翻译的同志很重要，不要认为翻译工作不好，我们现在要大大翻译……我们党内能直接看外国书报的很少，凡能直接看外国书的，首先要翻译马、恩、列、斯的著作。苏联先进的东西，各国马克思主义者的东西，还有历史上许多东西，虽然不是马列主义但有进步意义的东西，还有一些民主主义者的东西，我们都要翻译。

解放战争时期，为了更有效地提高全党的政治理论水平，提高干部理论修养，各解放区陆续出版了许多干部读物。其中，《共产党宣言》《社会主义从空想到科学的发展》是完整的马恩著作，《社会发展简史》和《思想方法论》中有马恩的言论摘编。1949 年，解放社出版了何思敬翻译的马克思的《哲学的贫困》，1948 年莫斯科外文出版局出版的中文版《共产党宣言》百周年纪念版，包括《共产党宣言》两位作者为各种版本所写的全部七篇序言。中国共产党不仅在根据地大力出版马列著作，而且在沦陷区和国民党统治区，通过党的地下组织，用尽一切办法，领导进步出版界出版发行革命书籍报刊。[②]

马克思主义史学家在重视唯物史观思想理论的同时，加强了对历史学方法论的研究。翦伯赞的《历史哲学教程》、吴泽的《中国历史研究法》等书，以及翦伯赞的《略论中国史研究》、华岗的《研究中国历史的基本

---

① 蔺淑英：《唯物史观在中国的传播与创造性运用（1919—1949）》，博士学位论文，山东师范大学，2011 年，第 76 页。

② 中共中央马克思恩格斯列宁斯大林著作编译局马恩室：《马克思恩格斯著作在中国的传播》，人民出版社 1983 年版，第 308 页。

方法》等文章，都对史学方法论问题进行了科学的探讨。翦伯赞认为：
"不懂得方法论，不但不能正确地理解中国的历史，而且就是单纯的搜集
史料也是不够的。"① 吴泽强调，"史料愈多愈好"，但"方法论的正确更
为重要"②。具体而言，马克思主义史学家强调历史学方法论包括几个方
面：第一，历史的关联性和规律性。翦伯赞等强调："科学的历史观，是
要把握一切方面的关联性，否认一切片断的割裂，是要从一切方面的关联
性中，看出一切时代一切民族的历史之社会经济的发展以及活生生的历史
上的巨大变革。"③ 华岗也指出历史研究应该找到中国历史发展之客观的规
律性，中国历史是整个世界历史的一部或一环，中国历史的规律与世界历
史的规律是统一的。第二，考证学是探索历史规律的基本方法。在抗战之
前，马克思主义史学家也很注重考证，但更重视解释。李大钊认为考证
"只是为了全部事实中寻求普遍理法的手段，不能说这便是史学的目的"④。
随后的郭沫若、吕振羽等都史学考证大家虽然都做过许多精妙的考证，但
他们对考证的重要性的认识不够。抗战时期，唯物史观史学家对考证的认
识有了新的转变。华岗指出，考证学"乃是主力部队之一，不应让他局限
在旧的岗位，而应该移置在新的战略据点"，考证学再不能"单纯做材料
的汇集、归纳、辩证"，而是在新史观的指导下，用考证可信史料作为新
史学的依据，使考证学成为探索历史规律的基本方法。侯外庐也强调，
"科学重证据，证据不足或不当，没有不陷于闭门造车之意度的"⑤。第三，
运用阶级分析法。马克思说"一切历史都是阶级斗争史"，阶级分析法也
是唯物史观历史分析的基本方法之一。华岗强调，历史科学"就是要从历
史上各社会阶级之相互斗争的具体历史事实中发现历史发展规律"⑥。马克
思主义史学家"要坚决站在人民的立场，把许多被歪曲的历史加以辩证，
依复历史事实的真面目，把历史从帝王、贵族、军阀、地主、法西斯等喝
血者蹂躏之下解放出来，使他成为广大人民的历史"⑦。范文澜指出，中国
"整部历史只是阶级间、阶层间相互斗争的历史"。毛泽东也强调，"阶级

---

① 翦伯赞：《历史哲学教程》，新知书店 1939 年版，第 155 页。
② 吴泽编：《中国历史研究法》，峨嵋出版社 1942 年版，第 107、120 页。
③ 翦伯赞：《历史哲学教程》，新知书店 1939 年版，第 54 页。
④ 李大钊：《李大钊史学论集》，河北人民出版社 1984 年版，第 208 页。
⑤ 侯外庐：《中国古典社会史论》，北京五十年代出版社 1943 年版。
⑥ 华岗：《论中国历史翻案问题》，上海作家书屋 1946 年版。
⑦ 同上。

斗争，一些阶级胜利了，一些阶级消灭了。这就是历史，这就是几千年的文明史。拿这个观点解释历史的就叫做历史的唯物主义，站在这个观点的反面的是历史的唯心主义。"①

从总体上看，新民主主义革命时期，唯物史观在中国的传播与运用，经历了一个由自发到自觉，由零散、支离破碎的介绍到深入系统的介绍，再到大众化介绍这样一个循序渐进、动态的曲折发展过程，人们对唯物史观的理解与运用逐步地走向科学与理性化。在这一历史进程中，唯物史观对中国史学产生了深远的影响，使马克思主义史学在中国的形成与发展经历了诞生、成长、逐渐成熟的过程，并形成了马克思主义历史学派，这对新中国成立后唯物史观指导地位的确立和历史学建构奠定了深厚的基础。

（作者单位：河北省社会科学院）

---

① 《毛泽东选集》第 4 卷，人民文学出版社 1981 年版，第 487 页。

学院派知识分子与唯物史观的党外传播

——以吴恩裕为例

尹媛萍

作为一种具有革命性并且确实已经指导多国革命取得成功的理论，马克思主义具有强烈的政治性或者说"党性"，但同时，马克思主义也具有强烈的"学理性"。而作为马克思主义理论大厦重要基石的唯物史观，同样也具有这二重性。相应地，唯物史观在华传播史上出现了两大分支。其一，侧重于唯物史观的党性及其对现实革命运动的指导意义，或可称为"革命派"；其二，侧重于探究唯物史观的学理本身，或可称为"学院派"①。当前，"学院派"在马克思主义在华传播史上的作为与价值，逐渐引起学界重视，吴恩裕就是其中一位重要代表。

---

① "学院派"一词比较广泛地应用于艺术领域，较少应用于哲学和社会科学领域。与其对应的词语，则有"救亡派""草根派"等。不同的对指针对不同的适用范围。如"救亡派"与"学院派"对指，就被用于指代出现于20世纪30—40年代中国音乐界的两类音乐家（参见冯长春《分歧与对峙——20世纪三四十年代有关"学院派"的批判与论争》，《黄钟》2007年第2期）。两者之间的差异被总结为："救亡派"是大众的，"学院派"是资产阶级的；"救亡派"是新兴音乐的倡导者，"学院派"是保守的古典音乐的象征；"救亡派"是抗日救亡的、通俗的，"学院派"则是抒情的、讲究技巧的（参见沧浪云等《民国音乐：未央》，东方出版社2013年版，第87页）。如果将其艺术特性加以模糊，将之引申到哲学社会科学领域，并将针对特定时期的"救亡"扩大为更长时段内的"革命"，则"学院派"和"革命派"的对指是可以相应地成立的。两者间的区别大概可以简化为：前者是精英的、保守的、技术性的；后者是平民的、激进的、实用性的。但这只是十分粗浅的划分，具体到哲学，特别是与中国近代历史密切相关的哲学传播史而言，其中的复杂性就更一言难尽了。而草根派的提法则出现于当下社会用语中，意为不具备学术从业人员身份、不进入高等院校和研究机构、不与学术评价体系发生联系的某领域的自发爱好者。本文所述马克思主义哲学领域的"学院派"并非出自近代学者的自认或他者指认，而仅限于一种基于职业或态度的划分。

吴恩裕更为人所熟知的身份是红学家。① 相比之下，1954 年之前作为政治学者和哲学家的吴恩裕受到的关注不多。唯物史观通史概论类著作中，对他有所提及，但极为简略。② 不过，近年来，他的这一身份也在引起人们的重视。比如，罗荣渠注意到他把"生产力"译为"生产诸力"，并认为这一翻译更符合原意。③ 高放对吴恩裕的《马克思的政治思想》一书作了全面述评。④ 张一兵则对吴恩裕对历史唯物主义中的"物"的正确理解，也就是"不是实体性的物性存在，而是关系性的生产方法"作了深入辨析，并指出，吴恩裕的理解正是斯大林对唯物史观的教条主义理解所缺失的逻辑入口。⑤ 邱少明也注意到吴恩裕在翻译和介绍马克思主义经典著作方面的成就。⑥ 在传记方面，吴恩裕之子吴季松所著《我的父亲吴恩裕教授》用将近一半的篇幅介绍了吴恩裕的政治哲学研究者生涯；谢泳等学者重新发现了吴恩裕在政治哲学方面的研究和贡献。

不过，吴恩裕作为政治学家身份的再发现，也带来了一些新的问题。比如，谢泳更多地把吴恩裕塑造成"自由知识分子"、马克思主义的客观"研究者"，并着力渲染他在 20 世纪 50 年代被迫做出的学术转向。⑦ 但吴恩裕的旧交林里夫、学生张友仁却勾勒了一个他作为马克思主义主动"传播者"的形象。⑧ 可见，如何评定吴恩裕的马克思主义哲学，尤其是其对"唯物史观"的研究，还有一定的开掘空间。

---

① 20 世纪 40 年代吴恩裕就在《观察》上发表过研究《红楼梦》的文章，1954 年香港《大公报》连载了他的《曹雪芹的生平》，奠定了他作为一个红学家的学术地位。此后他出版了多种红学研究论著。

② 宋一秀等主编：《马克思主义哲学史》第 6 卷，北京出版社 2005 年版，第 641 页。

③ 罗荣渠：《现代化新论：世界与中国的现代化进程》，商务印书馆 2009 年版，第 105 页。

④ 高放：《马克思主义大众化的早期力作——吴恩裕著〈马克思的政治思想〉》，《党政研究》2014 年第 3 期。

⑤ 张一兵：《论历史唯物主义的物——追述吴恩裕教授〈马克思的政治思想〉》，《中国高校社会科学》2015 年第 3 期。

⑥ 邱少明：《文本与主义——民国马克思主义经典著作翻译史（1912—1949）》，南京大学出版社 2014 年版。

⑦ 谢泳在《吴恩裕的学术转向》一文中，把吴称为"自由知识分子"，认为他对民主宪政抱有热情（谢泳：《逝去的年代：中国自由知识分子的命运》，福建教育出版社 2013 年版）。其实，这和吴恩裕传播马克思主义并不矛盾，20 世纪 40 年代，马克思主义本就是进步知识分子反抗专制、追求宪政的重要思想资源。

⑧ 林里夫：《哀悼不幸早逝的吴恩裕同志》，中国社会科学院科研局组织编选：《林里夫集》，中国社会科学出版社 2007 年版；张友仁：《深切怀念吴恩裕教授》，原载《北京大学校友通讯》第 29 期，收入《张友仁回忆文集》，北京大学出版社 2012 年版。

一

纵观吴恩裕的一生，他关注、研究、传播唯物史观的主要活动大体可以分为两个时期，一是学生时期，二是学者时期。

吴恩裕 1909 年出生于辽宁西丰，曾用名吴惠民，号惠人，笔名有浮生、负生，满族正黄旗人，祖上为清朝武将。1922 年入沈阳第一工科专科学校；1925 年进入天津南开中学实习班学习；1927 年至 1930 年，先后就读于东北大学预科、俄文系、哲学系；1930 年至 1933 年，入读清华大学哲学系。在南开，吴恩裕接触到共产党员，并第一次阅读了《唯物史观》等马克思主义书籍，[①] 这应该是他接触马克思主义学说的开始。东北地区接受马克思主义的影响较早，吴恩裕在东北大学学习期间，马克思主义在东北的传播已颇成气候。[②]

在南开中学接触到唯物史观后，求学于东北大学哲学系的吴恩裕在撰写谈论哲学问题的文章时，对唯物史观也有所提及。在《历史与历史哲学》中，他提出，"历史观（Interpretation of History）者，生今之世，返观前代，而对于其人类活动之原因，加以'解释'者也"。他认为，历史观的派别主要有宗教史观、伦理史观、政治史观、哲学史观、个人史观（或伟人史观）、社会史观（或唯物史观）、自然史观（或地理史观）。"唯物史观，创始人为马克思 Communist manifesto（《共产党宣言》——引者注）中。后之唯物史家承其说谓：人类动作，皆有因果。如自然现象无论矣，反之，即社会现象，虽纷纭万状，亦皆有因果之可寻。其所谓因果，即谓宇宙一切事变，必另有引起此事变之作用。……其前者曰因，后者曰果。凡社会之进化等，唯物史家承认其因'生产方法'变化而变化且亦因'生产方法'进化而进化。并承认凡政治、哲学、道德、宗教，莫不在此经济的基础之上，苟此经济的基础，一有变更，则社会上之凡百设施，无不因之崩毁或蜕变。"因此吴恩裕又以经济史观指称之。[③] 后来他还指出，"唯物史观并不是机械的唯物论——即以化学原子为物质的唯物论；乃是以经

---

① 吴季松：《我的父亲吴恩裕教授》，北京科学技术出版社 2004 年版，第 15 页。

② 参见黄进华《马克思主义在中国东北的传播：1900—1931》，中国社会科学出版社 2012 年版；郭渊《马克思主义在中国东北的传播与实践》，黑龙江人民出版社 2014 年版。

③ 吴恩裕：《历史与历史哲学》，《东北大学周刊》第 48 号，1928 年 6 月 8 日，第 23—24 页。

济为物质的社会的唯物论"①。

吴恩裕认为，唯物史观不仅是一种历史观，还是一种人生观。事实上，唯物史观不但可以解释历史，而且可以解释一切现象。因此，他认为胡适对唯物史观的认识是短视的。他说，"胡适之曾经说过唯物史观只能解释历史，不能支配人生观，这是一种短视的见解，殊不知唯物史观亦自是一种哲学"②。

吴恩裕极重视各种哲学学说对社会改造的功能。他提出，中国现在所必需的是"社会改造的哲学"。马克思的唯物史观，或历史唯物论，便是一个有力的代表。"他抛却了旧日的唯心的目的论，而用因果律来解释一切现象。他们承认一切事实都是历史演化的必然结果，而不是绝对意志自由的创造。他们以经济为社会上层建筑的政治、宗教、艺术等的基础。无论任何时代的社会变动都与经济有关。""唯物史观的哲学承认社会变动皆以经济为枢纽，而我们改造社会，必要认清它的经济的原因。比如资本主义是造成近世一切矛盾和丑恶的罪魁，虽然它在人类文明史上有相当的功绩，而终不能不按照历史的自然趋势将日就于破裂。因为唯物的社会改造哲学者并不是极端的主张命定主义，所以他们并不静坐等待历史的自然趋势把黄金时代送到面前；而他们却主张阶级斗争作他们的武器，应用因果律于社会现象作他们的理论的根据，以促速这个历史的自然趋势而企图达到 Classless Society（无阶级社会——引者注）。"③应该说，在当时的青年学生中，吴恩裕对唯物史观的了解是比较深入的。

1933 年从清华哲学系毕业后，吴恩裕先后在《行健月刊》《北平晨报》哲学副刊《思辨》以及《文哲月刊》担任编辑工作。从目前已知材料来看，吴恩裕在清华时期基本上没有发表哲学类论文，但是他却与 1932年受冯友兰邀请来到清华哲学系任教的张东荪发生了联系，成为后者的学生，而张东荪又是《行健月刊》和《文哲月刊》的骨干人物。因此，吴恩裕这一时期的思想，可以说深受张东荪的影响。在唯物辩证法论战时期，吴恩裕写了三篇文章，后被合为两篇，编入《唯物辩证法论战》中。该书是张东荪鉴于当时宣扬唯物辩证法的文章"满坑满谷"，而专门搜集了反

① 吴恩裕：《为哲学研究者进一言》，《东北大学周刊》第 68 号，1929 年 3 月 16 日，第 14—15 页。

② 同上。

③ 同上。

对的文章来发出不同声音。① 吴恩裕被收入的两篇题为《辩证唯物论的哲学》和《形式逻辑与马克思的方法论》。这两篇是吴恩裕首次以马克思主义学说为对象进行的专门研究。②

在《辩证唯物论的哲学》中，吴恩裕对唯物史观之"物"及唯物史观与唯物辩证法的关系做出了自己的解释。他说，"生产方法即可以说是马克思唯物史观之所谓'物'"。而"生产方法"其实略等于"生产力"，只不过是对生产力所包含的三种成分——劳动本身、劳动对象、劳动工具——的一种"集合的概述"；"所谓'唯物史观'，简言之，即：举凡历史上的重大变动，都可以用生产方法的变动来说明。"唯物史观与辩证唯物论有什么关系呢？吴恩裕解释说，"马氏不但以'生产方法决定社会的上层结构'去'解释'历史，而且亦用他做'变革'社会的理论。换言之，即历史上的重大变化，固然都是与生产方法的变化相适应，同时，我们如果要想变革社会，亦必先改变社会的生产方法"。也就是说，把辩证唯物论，应用到人类活动的两个阶段——历史与未来——上去，就成了唯物史观。③

吴恩裕认为辩证唯物论之所以区别于传统的唯物论，正是因为两者所"唯"之"物"是根本不同的。传统唯物论的"物"讨论的是宇宙的本体，而马克思的新唯物论讨论的是人类社会及其历史。前者可以确指，后者却无法确指。前者可以"求究因"，后者却只能求其大概——即"史事发展的重要的动因及质因"，因此"它不能'唯'到十二分"。④

在《形式逻辑与马克思的方法论》中，吴恩裕介绍了马克思对"形而上学"思维方式的批判，并对马克思的"方法论"作了阐释。在当时的吴恩裕看来，"马克思的方法论，大体上是正确的，然而并不深刻。……如

---

① 张东荪特别说明："本书专对唯物辩证法作反对的批评。乃只限于所谓赤色哲学，而绝非对于共产主义全体而言。因为本书著作数人可以说差不多都是赞成社会主义的。倘共产主义一辞与社会主义有一部分相同，亦可以说在某种意义上是不反对共产主义。"他称收入文章的作者具有反对唯物辩证法这个共同点，但并不一定"同隶于一个哲学的主义之下"。张东荪：《唯物辩证法论战·弁言》，民友书局1934年版，第1—2页。

② 这两篇文章虽然被收入张东荪用以反对唯物辩证法的文集，但是反对的方法却偏于学院式的研究，对此，吴恩裕有所解释，详见后文。

③ 吴恩裕：《辩证唯物论的哲学》，钟离蒙、杨凤麟主编：《中国现代哲学史资料汇编》续集第11册，辽宁大学哲学系1984年印行，第52—54页。

④ 同上书，第50—52页。

果把他的话与所谓资产阶级的哲学相比，其精密（指组织方面说，并非指'对错'的问题）的程度，相差甚远"①。

1933年10月，吴恩裕出版了《马克思的哲学》（署名吴惠人）。这应是他的第一部马克思思想研究专著，张东荪为之作序。在书中，他分六章介绍了马克思哲学思想的来源、辩证唯物论、马克思的方法论等内容，并提出马克思的哲学既要解释人类过去的活动，也要变革现在的社会，两者不可背离。②

1936年8月，吴恩裕考取公费留英，进入伦敦政治经济学院，师从当时的明星教授拉斯基。拉斯基最初以提倡"政治多元论"闻名，后来转向马克思主义。关于他作为"准马克思主义者"的时间段有各种说法。无论是认为这个时间段是从1933起至第二次世界大战期间，③还是从1931年到1950年间，④可以肯定的是，吴恩裕求学于他的这一段时间，拉斯基是倾向于马克思主义的。⑤作为一个标志性的思想主张，拉斯基甚至一度赞同马克思的暴力革命说。⑥吴恩裕后来回顾这三年的求学经历，认为"拉

---

① 吴恩裕：《形式逻辑与马克思的方法论》，钟离蒙、杨凤麟主编：《中国现代哲学史资料汇编》续集第12册，第109页。

② 吴季松：《我的父亲吴恩裕教授》，北京科学技术出版社2004年版，第36页。

③ 俞可平：《拉斯基国家思想演变初探》，《厦门大学学报》1985年第3期，第70—73页。

④ 参见Paul Hirst, "Introduction", xi; Peter Lamb, "Laski's Idological Metamorphosis", *Journal of Political Ideologies*, Vol. 4, No. 2, 1999, pp. 239 - 260。转引自翁贺凯《拉斯基与现代中国：研究概况与前景展望》，《政治思想史》2012年第1期，第91页。

⑤ 陈慧生总结这一时期拉斯基靠近马克思主义的表现："拉斯基主要写了几本介绍马克思生平和评介马克思恩格斯著作的小册子，如《卡尔·马克思传》《〈共产党宣言〉是社会主义的里程碑》等，他称赞马克思和恩格斯是伟大的预言家，认为他们创立的科学社会主义理论的部分观点在很大程度上是正确的，但是如果强调过分，就是非常错误的，认为马克思关于社会革命的设想过分简单，只强调经济动机，忽视其他因素；马克思关于灾变革命的主张包含一定的真理，马克思的错误在于相信灾变是值得争取的，而且是极为有利的。拉斯基表示同情马克思的处境，说作为一个流亡中的宣传家，他的某些弱点和预言中的某些错误都是可以原谅的。拉斯基在纪念《共产党宣言》问世一百周年的小册子中，再次对马克思和恩格斯的贡献作了较高的评价。"陈慧生：《费边派对待马克思学说的态度》，《国际共运史研究》1988年第2期，第39—40页。

⑥ 拉斯基也一度主张过暴力革命。1946年他受到法庭传讯时，法官问他是否鼓吹过"暴力革命"，他回答说："那时我的观点是，阶级之间的关系，工人阶级福利的下降是这样一种情景，以至于不可避免的是，如果这种情况继续下去，阶级之间的关系将通过武力解决。"法官问："不可避免的暴力革命吗？"拉斯基答："是的。"俞可平：《拉斯基国家思想演变初探》，《厦门大学学报》1985年第3期，第72页。

氏思想的成分很复杂……但最重要的却是马克思学说的成分"①。这一判断可以说准确地反映了拉斯基此时的思想状况。由于师生两人共同的学术兴趣，吴恩裕在拉斯基的指导下继续以马克思思想为研究对象。1937 年春至 1939 年春，吴恩裕完成了博士论文《马克思社会及政治思想的演变（1840—1848）》（*The Evolution of Marx's Social and Political Ideas with Special Reference to the Period* 1840 – 1848）。正如吴恩裕自己所说，这篇论文实际上是对马克思在哲学、历史、经济、政治、伦理各方面理论的综合研究，取材的作品也不限于 1840—1848 年。②

二

1939 年 4 月，吴恩裕从伦敦大学获得政治学博士学位并回国，先后任教于国民党中央政治学校、中央大学、中央干部学校。从 1946 年起，担任北京大学政治系教授。③ 1945 年，吴恩裕将其博士论文译成中文出版，即《马克思的政治思想》。该书分为六章，分别论述了马克思的方法论、唯物史观、革命理论、道德论以及马克思对康德、边沁等的评说。1948 年，他又出版了一本专门论述唯物史观的著作，名为《唯物史观精义》。该书出版后"瞬即四版，发行数达九千册，可想见本书的畅销"。④ 第二年 3 月，该书就出至第 6 版，印数达 1.3 万册。这两本著作，可谓吴恩裕研究唯物史观的姊妹篇。相较而言，《唯物史观精义》对唯物史观的论述更加集中，也更加通俗，但主要观点多半包含在《马克思的政治思想》一书之中。下面以《唯物史观精义》为主，《马克思的政治思想》为辅，介绍在师从拉斯基之后，吴恩裕对马克思学说尤其是对唯物史观的看法。

---

① 吴恩裕还说：拉斯基"自《国家之理论与实际》一书以后，几乎没有一本书不具有浓厚而带批评性的马克思派理论的色调的。固然，在 Communism 及 Karl Marx 两书中，他曾经对于马克思的某些主张（例如对辩证法，对剩余价值说等），略有微词；但后来他就改变态度与口吻了"。吴恩裕：《拉斯基教授从学记（上）》，《客观》（重庆版）第 10 期，1946 年 1 月 12 日，第 5 页。

② 吴恩裕：《马克思的政治思想·自序》，商务印书馆 2008 年版，第 2 页。张一兵指出，吴恩裕此著并未涵盖马克思 1840—1848 年这个时段所发表的所有重要论著，同时，又超越了这个时段而较多偏重于马克思后期的论著。张一兵：《论历史唯物主义的物——追述吴恩裕教授〈马克思的政治思想〉》，《中国高校社会科学》2015 年第 3 期，第 16 页。

③ 《吴恩裕先生学术年表》，吴季松：《我的父亲吴恩裕教授》，北京科学技术出版社 2004 年版，第 173—174 页。

④ 民熹：《评吴恩裕著〈唯物史观精义〉》，《世纪评论》第 4 卷第 10 期，1948 年 9 月 4 日。

《唯物史观精义》分六章，第一章论唯物史观的基本含义，第二章至第六章分别讨论唯物史观的国家论、道德论、人性论、计划社会论和永久和平论。

在唯物史观的含义方面，吴恩裕延续了他早期在《辩证唯物论的哲学》中的看法，认为马克思对"唯物"的用法和形而上学的唯物论，是显然不同的。但他的表述比以前更简洁直白："我们现在只要知道：唯物论是形而上学中的学说，而唯物史观则是一种历史理论，也就够了。"① 吴恩裕认为，唯物史观解释的对象既然是人类社会，那么无论过去还是现在，无论是"历史"还是正在发生的"演变过程"，它都可以解释。除解释人类的历史演进过程外，"唯物史观也是能解释个人的行动及思想的"②。

同时，吴恩裕又提出，他在唯物史观研究方面的一个"发现"，是厘清了"生活方法"的概念。这一概念是马克思用以说明个人行动及其思想的核心概念。"正如马克思解释人类历史或社会的构成及其发展，最后都归之于生产方法的决定一样，他说明个人的活动及其思想，最后也归之于生活方法的决定。"③ 也就是说，"任何一个人必须先有一种维持其生活的方法，而后才能有旁的活动。例如政治、道德、法律、哲学、美术、宗教等……这种维持生活的方法的性质，也必然地决定所有上述旁的活动的性质"。而"美国已故的塞里格曼教授便对此有所误会，他认为：人类的需要很多，如美术的、哲学的、宗教的等，何尝如马克思所云只有经济的需要呢？殊不知马克思亦未尝说：人类'只有'经济的需要；而是说：在满足其他种种需要以前，'必须先'满足上述意义的经济需要才行"④。

一般人谈马克思的"国家论"，而吴恩裕谈马克思的"政治论"。起因是拉斯基曾问吴恩裕："马克思主张取消国家，那么，倘那时无任何一种之行政（administration），岂不是成了无政府的状态了么？"吴恩裕回答："政治"与"国家"不是同样一个东西。理由有二："第一，政治的历史不等于国家的历史；第二，政治的将来也不等于国家的将来。"并且，"只有承认政治与国家不相等，然后我们才能理解马克思取消国家的主张"。因为国家会消亡，而作为"兴利除弊"的政治工作，却是人们的需要，不

---

① 吴恩裕：《唯物史观精义》，观察社 1949 年版，第 1 页。
② 同上书，第 3—4 页。
③ 同上书，第 3 页。
④ 同上书，第 9—10 页。

会消亡。从这个意义上说，唯物史观的政治论是一个贯通了"国家以前时期""国家时期"和"国家以后时期"的关于"政治生活"的理论。"这种理论，简单地说，便是：政治受人类物质生产方法所决定的理论。"它不仅可以解释前两个时期，"最重要的是：它更可以说明人类把国家取消以后的政治生活"①。

关于唯物史观的道德观，吴恩裕认为，真正懂得道德的社会科学家，不应该"一味地讨论抽象的道德律问题"，而要顾及道德运用的实际情形。要把道德视为一种社会力量，在可以运用的时候运用之。"真正了解道德的社会性质，把它视为一种社会的力量"的社会科学家，在吴看来，只有马基雅维利和马克思两人。两人的区别在于，马基雅维利只指出了人之"坏"，而马克思说出了"坏"的根源。马克思发现，如果不取消私有财产制度，"坏"便不能铲除。不取消剥削关系，人类社会中就不能谈任何普遍应用的道德原则。在唯物史观看来，人之"坏"不是与生俱来的，而是"在生存竞争过程中所创出的私产制度造成的"。②

讨论马克思的人性论，大概是吴恩裕的首创。吴恩裕认为，马克思有一套最为圆满的人性论。"应用他的人性论，可以把一切社会问题解释得通，尤其可以引导我们由人性上证明：取消私产、计划社会、永久和平都不但不违反，而且更适合人性。"在探讨政治思想家人性论的来源时，吴恩裕指出，政治思想家在人性论方面的看法，很多得益于心理学家。他认为，提出关于人性的基本概念的是斯宾诺莎。斯宾诺莎的学说虽然正确，但没有把"自求生存的冲动"放在"其社会经济背景（socio - economic context）中去研究"，只能得"片面的心理的认识"。马克思则做到了将这一理论与"社会经济的背景"相结合，来考察"人"性的特质。"马克思认为，就社会事实的表现，可知人类本质地（intrinsically）且永远地（persistently）具有一种保持及改进其物质生存的趋向（A tendency to maintain and improve their material existence）。"人性无论在何种社会中都存在，只不过表现的方式不同。人性需要的只是生活必需品。因此，吴恩裕强调："人性并非根本地需要私产！人性与私产并非根本地不可分离！"③

---

① 吴恩裕：《唯物史观精义》，观察社 1949 年版，第 13—16 页。
② 同上书，第 27—28 页。
③ 同上书，第 43—48 页。

　　吴恩裕讨论了唯物史观的计划社会论。康德在《政治秩序的自然原则》一文中提到社会性（sociality）和反社会性（unsociality）。反社会性就是指个性。过分重视社会性就变成极权主义，过分强调个性就变成无政府主义。马克思的解决办法是计划社会。马克思认为，衡量一切社会学说的准绳是能否让每个活着的人保持及改进他自己的生存。而在人类过去的历史上，人要保持和改进自己的生存，最大的障碍是，一方面分工合作的效率不够、产出不够丰富，另一方面分配不均。而要达到"自觉的"分工合作，就要寄托于社会计划。人们"有计划地集体生产，然后再有计划地集体分配"。"如果他们想要无限度地提高他们的生活水准，他们尽可以向无穷尽的大自然中去开拓。……你和我不必再发生生存竞争的问题……在一个计划的社会中，你保持生存、改进生存的要求，已经用集体分配的方法解决了……"吴恩裕还对马克思的革命论及政治思想作了阐释。他指出，马克思的革命理论、国家理论、阶级理论等，都是唯物史观的逻辑延续。马克思的革命理论与其他学者的区别在于，推求革命的经济原因。革命以推翻现在作为阶级工具的国家机关为目标，并不需要在传统的法律范围内寻求解释。"任何革命，在马克思看来，都是由于人们实际生活中之物质的需要。"[1] 吴恩裕十分认同马克思的国家理论。他认为，国家的阶级性是有充分根据的。"近代国家，特别是工业革命后的国家，确是一个保护私有财产的阶级斗争的工具。"他列举了马基雅维利、布丹、霍布斯、洛克、卢梭等人的观点，证明马克思所提出的"近代各国的学者都认为，国家的存在是为了私有财产"是正确的。[2] 吴恩裕还提出，马克思也有"永久和平"的理论，达到世界永久和平的途径则在于主权国家的消亡。[3]

　　值得注意的是，吴恩裕将现在通行的"生产力"概念译作"生产诸力"，[4] 并提出"生产诸力"主要有三要素，即原料、工具和劳动。但是，

---

[1]　吴恩裕：《马克思的政治思想》，商务印书馆 2008 年版，第 91 页。

[2]　吴恩裕：《财产与国家：近代政治思想一种特征》，《新路》第 1 卷第 4 期，1948 年 6 月 5 日。

[3]　吴恩裕：《唯物史观精义》，观察社 1949 年版，第 71 页。

[4]　张一兵认为，这是因为"他认为，我们通常在历史唯物主义中所说的生产力（Produktionskraft）概念，在马克思那里多数是由复数形式出现的，所以，用生产诸力概念会更贴近马克思的原意"。但张一兵也指出："其实，马克思也较多地使用不是复数的 Produktionskraft。"张一兵：《论历史唯物主义的物——追述吴恩裕教授〈马克思的政治思想〉》，《中国高校社会科学》2015 年第 3 期，第 21 页。

生产方法也包括这三要素，那么，生产诸力和生产方法有何不同呢？吴恩裕认为，在马克思看来，原料、工具和劳动都有其动的状态，也有其静止的状态。生产诸力，指的是这三种要素的总称，而生产方法则是这三种要素联合地运动起来，"亦即劳动力开始工作，拿起工具，改造原料，然后才能制造物品，才能自然地形成一种生产方法。反之，生产诸力则是在所谓'死睡'状态中的劳动力、工具和原料"。"生产方法与生产诸力，在构成的因素一点上说，虽然相同；但却有一动一静之别。"他说，"可以断定：马克思认为生产诸力是死的，未实际参加生产工作的劳动力、工具和原料；而生产方法是指参加生产过程的劳动力、工具和原料所表现出来的样子或形态"。正因为生产方法是一种动的东西，可以由其内部因素组织之不同，表示出来不同的形态或样子的活东西。这些不同的形态或样子，即不同的生产形态或方法。① 吴恩裕提出，"有一同样的生产力，不一定产生同样的生产方法。这也可以证明，生产力不能决定整个生产方法的性质。……生产方法的不同，不仅仅是技术上的不同，亦即不仅仅是不同的生产诸力的问题。另一方面，也有分配上的不同，亦即此不同的生产诸力之'怎样联合'的问题"②。

因为"任何一个社会，都必须先有一个生产方法，以制造及分配人类生活的必需品，俾可以维持人类的生活或社会的存在"，因此在吴恩裕看来，生产方法对唯物史观而言具有至关重要的意义，"如果用唯物史观来说明人类的历史或社会的演进，那么唯物史观的基本观念是生产方法"③。

归国后至新中国成立前这一时期，除撰文介绍唯物史观外，吴恩裕还翻译了不少马克思主义原典。比如，吴恩裕对《德意志意识形态》作了专

① 吴恩裕：《马克思的政治思想》，商务印书馆 2008 年版，第 66—67 页。
② 同上书，第 70—72 页。
③ 吴恩裕：《唯物史观精义》，观察社 1949 年版，第 4—5 页。张一兵指出，吴恩裕所谓的生产方法是对马克思生产方式概念的汉译，可是，这种译法是不准确的，因为"在马克思那里，这个 weise 从来就不是指具体的生产劳作技术方法，而是一种总体性的社会生产构序方式"。同时，吴恩裕关于"生产诸力""生产方法"的逻辑建构也比较"混乱"。因为"他直接认定的处于'死睡'状态中的劳动力、工具和原料构成的实体性的'生产诸力'，根本就不是马克思对社会生产力概念的基本规定。那倒像是传统哲学解释构架中生产力概念实体三要素说的另一种说法，这种三要素说源于马克思在《资本论》中关于劳动过程三个方面的错误移植"。所以在张一兵看来，尽管吴恩裕"发现了马克思从一般哲学唯物主义的物质决定论向新世界观中社会存在制约论的转换"，但也仅限于此。见张一兵《论历史唯物主义的物——追述吴恩裕教授〈马克思的政治思想〉》，《中国高校社会科学》2015 年第 3 期，第 19—21 页。

门介绍。他认为，该书不代表马克思最后的成熟思想，但对于马克思整个思想的形成，占有很重要的地位。书中提出的很多思想，与马克思以后在《〈政治经济学批判〉序言》中所提出的唯物史观有密切关系，"唯物史观在这里萌芽着了"①。而且，马克思在《德意志意识形态》中提出的许多看法，对后世影响极大，比如关于"思想"与"现实"之间关系的理论，对后来的所谓"知识社会学"产生了重要影响；而"历史的物观"则深刻影响了经济史研究。② 又如，他曾为英译《马恩书简集》写了专门的书评。该书于1934年在伦敦出版，共收录马恩通信230余通，并加以注释。而吴恩裕对此书并非简单的内容介绍，而是谈了许多他对于马克思主义的理解。比如，他提出，马克思的思想较为艰深，他本人又缺乏对自己思想的通俗化，在他身后，其门徒所做的"通俗化"的工作，如考茨基、伯恩斯坦、普列汉诺夫、列宁等，"派别分歧、莫衷一是"，"马氏不复生，孰从而定其真伪乎"③?

　　新中国成立后，吴恩裕继续在北京大学任教。1952年高校院系调整，他被调到北京政法学院。这一时期，他写出了《批判资产阶级国家学说》（平明出版社1953年版）、《〈联共（布）党史简明教程〉名词解释》（合编，中国青年出版社1955年版）、《中国国家起源的问题》（上海人民出版社1956年版）等著作。在这些书中，吴恩裕一方面"试图学习用历史唯物主义的观点和方法，利用考古发掘和地下地上文字材料来作出关于夏时代所属社会发展阶段的初步推论"④；另一方面，运用马克思主义对英国式民主、美国式民主、费边社会主义的国家学说以及黑格尔等人的国家思想都作了批判。这些小册子就学术史而言似并无创见，但却具有思想史的意义。此时的吴恩裕逐渐向唯物史观的主流表述话语靠拢，比如，不再使用带有他个人治学风格的"生产诸力"提法，而使用"生产力"这样的通行概念；再如，使用"马列主义"的提法并多次征引斯大林等人的论述，而这些在吴恩裕1949年之前的著述中几乎是看不到的。

---

　　① 吴恩裕：《德意志的意识形态》，《新经济半月刊》第3卷第3期，第74页。早期吴恩裕曾认为唯物史观是于《共产党宣言》中提出的，见吴恩裕《历史与历史哲学》，《东北大学周刊》第48号，1928年6月8日，第24页。

　　② 吴恩裕：《德意志的意识形态》，《新经济半月刊》第3卷第3期，第75页。

　　③ 吴恩裕：《书评：关于英译的马恩书简集》，《行健月刊》第6卷第4期，第130—133页。

　　④ 吴恩裕：《中国国家起源的问题》，上海人民出版社1956年版，第7页。本书最初在《新建设》（1956年第7期）刊载，修改增补后，出版单行本。

　　除著述外，吴恩裕继续翻译和注释马恩著作以及研究马克思主义的作品，与人合译了《政治经济学教程》①，还翻译了《共产主义原理》②《欧洲大陆社会改革运动的进展》《马克思和恩格斯从 1844 年到 1847 年的几封信》《第一国际与巴黎公社》等。

　　在此后的政治风云中，虽然吴恩裕没有被划为右派，但研究重点转向"红学"，其对唯物史观的研究和传播也逐渐被人们遗忘。1978 年秋，为恢复中断已久的政治学研究，中国社会科学院拟成立政治学研究所，吴恩裕受邀主持筹备工作。该项工作未及完成，吴恩裕便于次年逝世。③

三

　　作为一名"学院派"知识分子，吴恩裕接触、研究和传播马克思主义哲学的历程是回答本文主题的一个很好的个案。这项个案的价值在于它的丰富性、复杂性和特殊性。吴恩裕所接触的马克思主义哲学的来源十分丰富，有平津地区共产党人所提供的译自日本马克思主义研究者的书籍；有在东北地区传播的马克思主义；有张东荪所代表的"反对派"对马克思主义哲学的看法；有处于"准马克思主义"时期的西方政治思想家拉斯基的看法；最后，还有来自苏联的"马列主义"的影响。从其来源可以看出，吴恩裕受到的影响也是十分复杂的。对每一个阶段做详细考察之后更可发现，丰富复杂还不足以准确概括吴恩裕思想形成过程的特点，因为出国前的吴恩裕与归国后的吴恩裕，对待马克思学说的态度可以说有着惊人的变化。这种变化与新中国成立前后的变化比较而言，可能意义更为重大。从吴恩裕这项个案出发，笔者想对如何认识"学院派"知识分子与马克思主义哲学特别是唯物史观的关系这个问题加以探讨。

　　第一，对马克思主义哲学，"学院派"采取的是"科学地汲取"这样一个基本立场。所谓科学，指客观、中立地对待某种思想或学说，在研究

---

　　① ［英］约翰·伊顿等：《论商品与货币》，吴恩裕译，《新建设》第 3 卷第 1 期、第 2 期，1950 年 10 月、11 月。此书由英国马列主义经济学家合著，原书于 1949 年 12 月在英美两国印行。

　　② ［德］恩格斯：《共产主义原理》，吴恩裕译，《新建设》第 4 卷第 4 期、第 5 期，1951 年 7 月、8 月。

　　③ 李方：《政治学所的筹备经过和早期的工作》，载刘培育主编《中国哲学社会科学发展历程回忆·政法社会卷》，中国社会科学出版社 2014 年版，第 2 页。

手段上遵循科学原则，以深入研究评价对象为基础去表示赞成或反对。吴恩裕求学于东北大学时期多次更换所学科目，到了清华以后，才真正系统地接受了哲学研究的科学训练。尽管与张东荪有密切的师生关系，尽管他所写的文章被收入用以反对辩证唯物论的文集之中，但是，吴恩裕的这两篇文章并没有"正面地、直接地批评"辩证唯物论。其原因在于，他认为批判的基础是清楚地认识，绝不能在不了解的情况下去赞成或者反对。"我们批判一种东西，必须先把'这种东西是什么？'的问题，解答出来。"因此他的第一步工作是"把所谓'辩证唯物论'究竟是怎样一种东西的问题，加以解说"①。因而，这篇为了"批判"而做的文章，却尽了最大的可能去阅读英译本马克思原著，并将其中不为人所注意的部分，加以翻译引述。②

同样在这篇了解"批判"对象的文章中，吴恩裕认为，马克思的辩证唯物论与传统的形上学系统之间的关系固待探究，但是，无论两者在理论上是"你死我活"还是各不相干，更重要的是我们探求两者关系时所运用的标准。"能否求得一种两方公认的标准？"能否用在一种系统内的"对"与"不对"去评判对方的"对"与"不对"？"最重要的，即使理论上能证明：'自己是对的'，是否事实上接着即可以得到'唯我独尊'的地位？如能，何以？不能，又何以？"对这样的问题，吴恩裕认为都还有待讨论。③

在收入文集的另一篇文章中，吴恩裕对将马克思、恩格斯、列宁混为一谈、不加区分的做法十分不满，他特别声明："本文所讲的对象只限于马克思个人，所用的材料，也限于马氏一人的著作……至于其他马克思主义者（如恩格斯列宁等）的意见，概未采入；既未采入，故对他们的意见不能负责。如果有人以割裂'马，恩，列主义'之义相责，那我只有告诉

① 吴恩裕：《辩证唯物论的哲学》，载张东荪主编《唯物辩证法论战》，民友书局1934年版，第57页。

② 吴恩裕翻译了两段话来说明"马克思并不是在传统的形上学系统内反对它们，而是根本反对传统的形上学系统"。"这两段话可以说是马克思赤裸裸地反对形上学的'公开宣言'。它们对于说明马克思反对形上学的态度上，对于说明辩证唯物论与传统的形上学之不同上，都十二分地重要。我们真不明白为什么这段材料没有被那些高谈打倒旧哲学的人们所引用！"见吴恩裕《辩证唯物论的哲学》，载张东荪主编《唯物辩证法论战》，民友书局1934年版，第49页。

③ 吴恩裕：《辩证唯物论的哲学》，载张东荪主编《唯物辩证法论战》，民友书局1934年版，第57页。

他我是做学问，学理上真有必然的关联，我才把他们并为一谈；否则，只好分别去讲了。而且，马恩二氏的不同之点，亦有非中国这班不读马氏原著，只'欺世盗名'的马学家所能梦见。"①

吴恩裕反对将马克思的学说神化，而主张要使之"科学化"。"我认为如果要把一种学说弄到成为'科学的'的地步，必须放弃独断的态度。这就是说，我们不能以'引经据典'为拥护或非难某项主张的理由……可惜现在中国研究'马学'的人多半是'马克思说'式的学者。他们的论证的形式是：'因为××曰……所以……'我们并不是说是马克思的话全不对，自然，更不是说全对；对与不对要拿他的话的本质来看，不能以'马克思曰'去保障'曰'以下的话头。如果要使马克思这派学说向着'科学的'路上走，必须戒除上述的缺点。"②

以上说明了对接受学院派方法训练的吴恩裕来说，怎样才是科学的研究马克思主义的态度？汲取的又是什么呢？

一直以来，对马克思主义哲学在中国传播过程的研究偏重于"党"与传播的关系，因此往往专注于部分共产党人、共产党领袖人物以及共产党的重要方针路线对于马克思主义哲学在中国传播所形成的横向和纵向的影响。由此，马克思主义与中国思想界的关系就被比较简单地呈现为一种政治主导下的"传播（灌输）"与"接受（被灌输）"的样式。实际上，当我们把"学院派"在马克思主义哲学方面的研究和客观的传播效果纳入视野以后就会发现，无论他们接触马克思主义的动机是什么，客观上，他们对马克思主义哲学感兴趣并进行了研究。他们不是被灌输、被传播，而是处于一个主动"汲取"的位置。他们不满足于口号式的马克思主义，而是努力从原典读起并致力于探究、传播经过自己消化的马克思学说。这个"阅读"和"探究"所具有的"汲取"效果，过去大致被"动机论"所否定掉或忽略掉了。也就是说，我们不能忽视这样一个重要事实：马克思主义哲学在中国，不仅是被"政治性"地传播了，而且是被"科学性"地汲取了。这个传播和汲取不是一种观念或思想在不同的文化环境中被接触的先后两个阶段，而是两种完全不同的方式。"学院派"是在以一种不同的

---

① 吴恩裕：《辩证唯物论的哲学》，载张东荪主编《唯物辩证法论战》，民友书局1934年版，第75页。

② 吴恩裕：《形式逻辑与马克思的方法论·下篇》，载张东荪主编《唯物辩证法论战》，第101页。

方式去接触马克思主义。

他们的论著和教学活动也同样起到传播马克思主义的效果。从传播史的角度而言，不可否认，民国时期学院派知识分子研究马克思主义的著作，同样对趋新的青年产生了重大影响。新中国成立前后，有些青年在入党申请书中说道，正是读了吴恩裕的《马克思的政治学说》一书，受到了马克思主义的教育，才走上了革命道路。1949 年前吴恩裕就在北京大学开设了"马克思的政治思想"课程，调往北京政法学院、不允许讲授政治学后，又致力于马克思恩格斯经典著作的翻译。①

第二，"学院派"并不代表一种僵硬不变的态度，学院派知识分子对马克思学说的认识会随着学术环境的变化而变化。

在张东荪影响下，吴恩裕为"批评"辩证唯物论而做了两篇文章，后来又写作了《马克思的哲学》一书，表面上看来，既然已经对马克思学说有了一定程度的了解并且也希望使马克思学说成为一种"科学的"学说，那么，在当时的吴恩裕心中，马克思思想当然是具有研究价值的。然而，揆诸历史事实就会发现，吴恩裕真正将马克思哲学当作毕生学问的追求，还是因为拉斯基的影响。

研究马克思思想并不是吴恩裕出国留学的初衷，而是偶然投入了拉斯基的门下带来的结果。吴恩裕考取的是留英公费生的历史门类，但他只对哲学感兴趣，于是私自在伦敦大学注册到了一位哲学教授的门下，被留学主管机构发现后勒令改正。无奈之中，吴恩裕才听取了朋友的建议，选择了既与哲学相关，又符合历史门类的拉斯基的政治思想史。当拉斯基建议吴恩裕研究马克思时，吴恩裕的反应是"马克思还可以当做学位论文题目么？真是闻所未闻"。② 吴恩裕回忆，假如不是自己偶然之中将写作出版过的《马克思的哲学》一书的信息填写在了入学请求书上，仅凭他最初自己选择的论文题目《黑格尔的国家论》的话，很可能得不到拉斯基的青睐。

从吴恩裕所关心的"黑格尔的国家论"到拉斯基所关心的"马克思与费尔巴哈"，喻示着学术场域的改变。一个在他看来根本不能成为论文选

---

① 张友仁：《深切怀念吴恩裕教授》，原载《北京大学校友通讯》第 29 期，收入《张友仁回忆文集》，北京大学出版社 2012 年版，第 175—176 页。

② 吴恩裕：《拉斯基教授从学记（上）》，《客观》（重庆版）第 10 期，第 5 页。

题的选题，把他一下子带离了中国的学术场域而进入英国的学术场域之中。① 这不仅说明当时中国学院派在方法和资源上尽管取自西方，但身处不同的政治和文化环境，面对不同的现实问题，在学术研究上必然存在关注点和问题意识的差异；而且说明中国学术在西方学术面前，依然处于学习的位置。于是，吴恩裕带着他得自中国学院派的旧根底，开始了跟随拉斯基研究新课题的学习历程。

这一时期的拉斯基倾向于马克思主义，从他特别注意吴恩裕曾经的马克思研究经历以及对吴恩裕完成其学位论文所倾注的心力与提供的帮助等方面，也可得到证明。② 而吴恩裕深受拉斯基这种转变的影响，特别表现在坚决赞同暴力革命这一点上。吴恩裕跟随拉斯基研究马克思主义，也跟随拉斯基"转向"马克思主义，不仅与学术场域的转换相关，还与政治场域的转换相关。英国政治的现实问题不仅成为拉斯基思想转变的原因，也成为吴恩裕用以反观马克思主义的一面镜子。应该说，在他求学期间，直至他写作《唯物史观精义》时期，英国工党所奉行的"和平转变"政策根本不能获得吴恩裕的肯定。③ 吴恩裕说，工党的政策"与社会主义相距甚远"，他们仍然不过是些"善意"（good will）改革的思想家。"而我们最后仍然认为：如果是真正的社会主义，必须包括取消私有财产；而实行这种社会主义，便非用强力（force）不可。马克思说：当两方面互相自以为'对'（right）而相持不下时，'强力'便来决定一切！"④

1946 年，上引陈慧生文所述的拉斯基受审事件，是刺激吴恩裕主张暴力革命的另一个重要因素。他认为，拉斯基的败诉充分地证明："在一个阶级制度的社会中，司法部门也不能中立。归结起来，还是马克思说的对：政府只不过是阶级斗争的工具而已！它是经济上占优势的阶级，压迫另一阶级的武器。在此种情形下，我们由英国自然看不到任何希望，和平

---

① 拉斯基给吴恩裕指定选题时，吴恩裕感觉："这短短的谈话，却给我以极深的印象，和久远的影响。自到达英伦，那是我第一次领略英国学术界自由研究的风气。我觉得这应该是崭新的努力的开始，我决心（如张东荪先生序我《马克思的哲学》时所期许者）要对马克思的学说，做再进一步的研究。"吴恩裕：《拉斯基教授从学记（上）》，《客观》（重庆版）第 10 期，1946 年 1月 12 日，第 5 页。

② 参见吴恩裕《拉斯基教授从学记》（上）（下），《客观》（重庆版），第 10 期、第 11 期，1946 年 1 月 12 日、1946 年 1 月 19 日。

③ 吴恩裕：《唯物史观精义》，观察社 1949 年版，第 60—61 页。

④ 同上书，第 25 页。

革命根本是不会有效的。"既然和平革命不可能发生，那么解决的办法就只有暴力。尽管这看起来与"号称理性政治的民主政治的方法相左"，但是，"那有什么办法呢"①！

不同的学术场域和政治场域，促使吴恩裕对马克思主义的态度发生了极大的转变，他从一个不相信马克思主义有研究价值的中国学生，成为一个拉斯基式的"准马克思主义者"。从对马克思哲学究竟属于何种哲学系统的疑虑，到像拉斯基一样，将马克思思想的来源进行细致梳理，吴恩裕已经完全吸收了拉斯基政治思想史的研究方法，更带着全新的问题去重新看待马克思主义对英国现实政治的价值和意义——当然，他会不会将这种观感和逻辑顺理成章地移植应用到中国，还是一个问题。

1949 年以后，吴恩裕的思想转变如前所述。需要特别提及的是 1957 年时他的一些言论。1957 年 1 月，为响应"双百"方针，北大哲学系联合其他几个研究单位召开了"中国哲学史座谈会"。座谈会主要围绕中国哲学史的主要内容、如何处理中国哲学史上的唯心与唯物的关系、中国哲学史的特色等问题展开讨论。针对冯友兰提出的如何认识中国哲学史与西方哲学史之间"一般"与"特殊"的关系、贺麟提出的"辩证地"看待中国哲学史的问题，吴恩裕提出了自己的见解。他认为，"哲学史，无论是中国的或西方的，都是唯物论对唯心论斗争的历史"。"哲学家也不能站在旁观者的地位而只讲哲学史的科学性，不能把中国哲学的'丰富多彩'无原则地理解为：唯物论和唯心论的'相互渗透''相互影响'而已……在哲学史这一阶段十分强的学科中，他的科学性和它的党性是分不开的。"② 目前来看，这是吴恩裕在马克思主义哲学领域的最后一次公开发言，也代表了他的最后意见。

四

事实上，无论是吴恩裕自己，还是革命者中的马克思主义研究者，对两者之间的思想差异都有比较清楚的认识。吴恩裕自承，他研究唯物史观

① 吴恩裕：《唯物史观精义》，观察社 1949 年版，第 61—62 页。
② 赵修义等编：《守道 1957：1957 年中国哲学史座谈会实录与反思》，上海人民出版社 2012 年版，第 319—320 页。

采取的是一种客观的态度，"既不取感情上的赞成态度，也不取感情上的反对态度，我只是对马克思的学说，做纯粹学术的研究"①。因此，他把自己定位在马克思思想的"解释者"，最多是根据唯物史观的"本义"作一些推论而已。② 1949 年之前，吴恩裕就遭到过不讲"党性"的批评。批评者认为，吴恩裕的《唯物史观精义》是"学院派"的，脱离了实践。因为吴恩裕不是"马克思主义的共产党人"，"他也就不能严守马克思主义哲学的党派性与阶级性的立场"，而是用自己的"布尔乔亚的社会学知识来穿凿附会马克思的理论"。更值得我们注意的是，批评者所运用的思想资源，主要来自列宁、米丁等俄国马克思主义者。比如，关于唯物史观在马克思主义理论体系中的位置，批评者依据列宁的观点，认为唯物史观是辩证唯物论的具体运用，而不是吴恩裕所说的唯物史观就是辩证唯物论。③ 吴恩裕的研究党性不强，可能也是革命领袖人物的看法。据吴季松言，20 世纪40 年代，吴恩裕的《唯物史观的考证与解释》引起过周恩来和董必武等人的重视，《新华日报》还专门发了简评。④ 但是对吴恩裕去延安的要求，董必武的回答却是："还是留在这里发挥作用大。"⑤

吴恩裕之所以想去延安，是因为他一直对中国共产党持同情且支持的态度。1937 年 10 月，斯诺的《红星照耀中国》在英国出版。拉斯基阅读该书后询问吴恩裕对中国共产党的意见。拉斯基问："你相信他不相信他所述中国共产党的情形是真的？你认为中国共产党的领袖真对马克思的学说有研究么？"吴恩裕回答说："关于 Snow 所述中国共产党的情形，我还没有读到那一章，不过我想不出 Snow 以一个外国记者，会说谎的理由……"拉斯基点头同意。吴恩裕又接着说："至于中国共产党的领袖对马克思主义有没有研究这一问题，则要看'研究'作何解。如果研究专指书本上的研讨，必须把 *Marx Engels Gesamtausgabe*（《马克思恩格斯全集》——引者注）四十多本都读完，我认为他们不能做到，并且也没有这种必要。反之，如果研究是指对马克思所指示的一般路线、基本理论，则

---

① 吴恩裕：《马克思的政治思想·自序》，商务印书馆 2014 年版，第 1 页。
② 吴恩裕：《唯物史观精义·自序》，观察社 1948 年版，第 1 页。
③ 民熹：《评吴恩裕著〈唯物史观精义〉》，《世纪评论》第 4 卷第 10 期，1948 年 9 月 4 日。
④ 吴季松：《我的父亲吴恩裕教授》，北京科学技术出版社 2004 年版，第 67 页。
⑤ 同上书，第 189 页。

我想他们当然会清楚地晓得的。"① 刚解放时，吴恩裕还有过一个在政治上"春风得意"的时期，他参加土改工作队，也写了不少宣传马克思主义和党的政策的文章。尽管他知道自己与革命者、后来的执政党之间存在认识差异，但是他似乎认为，两者不过是殊途而同归。革命者是经过了从"变革世界"的"政治斗争"到"解释世界"的"理论斗争"的道路走进了社会主义的入口，而他本人则是经过了从"解释世界"的"理论斗争"到"变革世界"的"政治斗争"的道路也走进了社会主义的入口。②

综合上述情况可知，早年吴恩裕可能由于亲近共产党人而接触到马克思学说，而清华大学哲学系的训练尤其是张东荪的影响，使他倾向于将马克思主义哲学视为一种科学性有待检验的学说，而师从拉斯基以后，强化了他在解释马克思主义哲学上的独特性，这种思想历程以及他始终没有走出书斋的生活经历，使他逐渐远离那种更符合革命需要、更具党性的马克思主义。学院派与革命派两者之间始终存在的差异，导致了这样一位思想上倾向于同情共产主义革命的马克思主义研究者和宣传者，并没有成功地与延安的革命洪流相融合。正如研究者所指出的那样，他的研究有其独特性和价值，③ 当然也受到时代与际遇的影响，并不是说因其"学院"式的态度就掌握了对马克思主义哲学解说的绝对权威，但是"学院派"作为一支重要的传播力量的存在，则是不可否认的。

从这个意义上说，吴恩裕等"学院派"在唯物史观传播史叙述上的"失语"和"沉没"，导致这一批党外知识分子在中国人了解唯物史观过程中的贡献没有得到全面评估，影响到马克思主义在华传播史完整构图的形成。与之互为因果的是，长期以来，把唯物史观完全看作一种革命意识形态或其学理支撑，忽视了唯物史观作为一种历史理论本身所具有的思想价值。如果说，在当时的历史环境下，革命是进步思潮的主流，"革命派"对"学院派"的批判，凸显了学术理论为革命服务的特点，具有其历史合理性，那么，今天在新的历史条件下重新审视唯物史观，将其在华传播史视为一种具有世界影响力的理论在中国引起的广泛呼应，则更说明马克思

---

① 吴恩裕：《拉斯基教授从学记》（上），《客观》（重庆版）第10期，第6页。

② 林里夫：《哀悼不幸早逝的吴恩裕同志》，载中国社会科学院科研局组织编选《林里夫集》，中国社会科学出版社2007年版，第376页。

③ 参见张一兵《论历史唯物主义的物——追述吴恩裕教授〈马克思的政治思想〉》，《中国高校社会科学》2015年第3期。

主义本身所具有的理论吸引力，也更符合中国人接受马克思主义的真实思想历程。在这段历程上，不仅有我们熟知的共产党人或与共产党接近的知识分子的耕耘，同样也有与现实政治关系不深的学院派知识分子的身影。重新梳理吴恩裕等人自近代以来对唯物史观在学理向度上所做的研究、考释和传播，是完整这段历程的一个小尝试，而要形成更大的唯物史观或马克思主义的党外传播图景，则有待更多进一步的研究。

（作者单位：中国社会科学院近代史研究所）

中国马克思主义史学思想概说

李红岩

一 三个时期与三个样态

中国产生马克思主义史学，只是近百年来的事情。截至 2014 年，中国马克思主义史学走过 90 多年的历程。大体说来，可划分为三个时期。三个时期既有一以贯之的基本内容与形式，又有鲜明的形态性特征，构成三大样态。

（1）1919 年至 1949 年是第一个时期，亦即第一阶段与第一样态。这是中国马克思主义史学诞生、形成、巩固，取得巨大成就并开始取得话语主导权的阶段，与中国民主革命时期的历史任务相适应，交了一份优异的答卷。

中国马克思主义史学的诞生时间，应上推到 1919 年的"五四"运动，与新民主主义革命的开端一致。1924 年至 1927 年的国民革命运动，直接催生了它。其历史与逻辑起点，是中国社会性质。其后，在 20 世纪 20 年代末至 30 年代的中国社会性质与社会史大论战中正式形成。

中国马克思主义史学的核心主题，是阐明中国历史发展的规律性及其与世界历史发展规律性的关系。由此出发，中国马克思主义史家将唯物史观，特别是马克思主义的历史理论、广义政治经济学以及东方社会理论应用于历史研究，彻底改变了历史论证的所有传统方式，使得整个中国史学的话语系统呈现出前所未有的深刻性。中国马克思主义史学逐步形成了基本队伍以及基本框架、基本议题与基本特色，将近代以来的各家非马克思主义史学流派甩在了后面。

在这一时期，马克思主义史学已经取得史学领域的话语主导权。马克思主义史学家之间也有分歧，但属于唯物史观内部的分歧。就他们所讨论的问题，甚至就不同意见的所指而言，其深刻性均从未有过。对这些问题的提出和深入研讨,不仅是对两千多年来中国悠久史学传统的超越,也是代替近代以来各家非马克思主义史学话语系统的基本前提。

(2)1949年至1978年底是第二个时期,亦即第二阶段与第二样态。这是中国马克思主义史学获得政治合法地位、取得绝对主导权并沿着自身的逻辑深入发展的阶段。随着新民主主义革命向社会主义革命与建设的过渡,这一阶段的中国马克思主义史学也开始转型,自觉地或在新中国政治的推动下与新社会的形势相适应,在百家争鸣中走向繁荣,在曲折发展中经受挫折,但始终坚守了唯物史观的信仰与史学家的良知。

其中前17年成就巨大,主要是:实现了以唯物史观为指导的历史观大变革,在批判封建旧史学与资产阶级史学的基础上,开创了马克思主义史学领域内百家争鸣的全新局面,提出并讨论了许多重大史学命题,推出一大批具有标志性的史学成果,真正建立起马克思主义的中国近代史学科,使得马克思主义史学繁荣发展。被称为"五朵金花"的研究与讨论,是新中国成立17年来史学研究成果的代表,至今依然具有强大的生命力与巨大的理论价值。

"文化大革命"十年,持正确意见的马克思主义史学家处境艰难,林彪、江青反革命集团所搞的影射史学、阴谋史学,不属于马克思主义史学范畴。虽然他们也打着马克思主义旗号,但从本质上说,是反马克思主义的。

1976年粉碎"四人帮"后,马克思主义史学工作者本着解放思想、实事求是的科学精神,撰写发表了一大批拨乱反正的优秀文章。这些文章,是对"文化大革命"史学的终结,也构成改革开放新时期马克思主义史学的历史与逻辑起点。很快,史学家们便投入到新的史学建设中。

(3)1978年底至2014年是第三个时期,亦即第三阶段与第三样态。这是中国马克思主义史学在改革开放新时期全面繁荣发展的阶段,是以中国特色社会主义理论体系为指导的阶段。这一时期,也开始面临一些前所未有的新情况,出现了史学在整体样态上分化和多样化的现象。如何在坚持唯物史观理论指导的前提下,在改革开放以及全球经济一体化、信息共享化的新变局中开拓创新,是中国马克思主义史学面临的新的历史任务。

二 史学与史学思想的一致性

中国马克思主义史学思想是中国马克思主义史学所阐明及蕴含的思想。它包括关于历史客体的思想与历史主体的思想两个方面。所谓历史客体思想，一般又称作历史思想，是关于客观历史发展规律、发展动力、发展阶段等方面的思想，例如关于社会生产方式的理论，即属于这一范畴。所谓历史主体思想，主要指历史认识论、方法论、编纂理论等方面的思想，也可称其为关于历史的思想的思想。两方面统一起来，可以合称为中国马克思主义史学思想。

史学与史学思想是两个不可分割、紧密关联但又不完全一致的概念。前者指史学的全部内容与成果，后者指其中的思想理论部分，不包括具体的实证性或文献性研究成果。马克思主义史学思想是马克思主义史学的灵魂。它最根本的特征，在于将唯物史观与中国历史实际相结合。

新中国马克思主义史学与新中国成立前的中国马克思主义史学的最大不同，是新中国的成立、新民主主义革命的胜利、社会主义基本制度的建立，使得它成为中国史学合法的绝对主导与主流。新中国成立前，中国马克思主义史学已经构建了一套独特的话语体系与理论形态，由此而奠立的中国马克思主义史学，既与国际上的马克思主义史学具有同质性，又富有民族特点。它接受马克思主义理论指导，但深深地植根于自己国家悠久的历史之中，在史学领域实现了马克思主义理论的一般性与本民族国家历史特性的有机结合。在此基础上形成了具有中国特色、中国风格、中国气派的中国马克思主义史学思想，在国际史学界与史学理论界也具有重要地位和一定的影响力。但是，新中国成立前，它不具备绝对的话语支配权，甚至在解放区以外处于"非法"状态。各种非马克思主义和反马克思主义的史学样态不仅大量存在，而且很有市场与影响力，经常挑战马克思主义的话语权。实证主义、烦琐考证是大部分史家治学的基本特征。新中国成立后，比较彻底地改变了这种状态。

正如"史学"与"史学思想"不可分割一样，史学及其史学思想的各发展阶段，也不可分割。它们是继承发展的关系，不是相互替代或否定的关系。它们都依据唯物史观的指导而来，其本质是一致的。特别是新中国成立后，改革开放前后两个历史时期的史学与史学思想，既有区别，又不可分割；既不能以改革开放后的史学去否定改革开放前的史学，也不能以改革开放前的史学否定改革开放后的史学。

当然，就改革开放前后两个历史时期的历史学整体面貌而言，二者的区别是显而易见的。改革开放前，更加突出研究历史的"骨骼"，改革开放后则更加关注研究历史的"血肉"。新时期中国史学最突出的成就与特征，即在于历史的"血肉"空前丰满。这一特点可弥补因过于关注历史"骨骼"而带来的历史内容相对贫瘠的状况，但负面效应则是容易导致研究状态的碎片化、形式主义化以及理论思维的弱化，以致在实践中往往忽略"历史的规定性"，亦即历史的"质"。显然，历史的"骨骼"与"血肉"不可偏废。唯有相互为用、有机融合，方不失历史学的全体大用。

历史发展的主脉与大势，就是历史的"骨骼"，亦即人类发展的历程与大道。迄今为止，对这条大道最完整、最系统、最深刻、最科学的揭示，是由唯物史观完成的。借助唯物史观的伟力，中国马克思主义史学家最完整、最系统、最深刻、最科学地揭示了中国历史发展的大道。

他们对大道的揭示，是通过史论结合的方法，在探讨中国古代、近代社会经济形态的客观历史研究过程中完成的，体现为对于原始社会、奴隶社会、封建社会、半殖民地半封建社会以及亚细亚生产方式等历史课题的丰硕研究成果。尽管这些成果的具体观点并不一致，但根本精神、根本方法、基本思路、精神气质是一致的。具体观点的不一致，不但不影响其科学性，反而彰显马克思主义史学的独特魅力，前所未有地深化了中国人对本国历史的规律性认识，说明在唯物史观指导下，历史学完全可以做到百花齐放、百家争鸣，繁荣发展。唯物史观不能代替具体的历史研究。因此，以唯物史观为指导，并不意味着历史学只能有一种观点、一张面孔、一个流派。

每个时代都有属于它自己的问题，都有它要完成的时代任务。大体说来，从20世纪初梁启超提出"史界革命"，一直到改革开放前，中国史学第一位的时代任务，就是揭示中国历史发展的大道，彰显中国历史发展的"骨骼"。怎样在前人开辟的路径上继续开拓，这是改革开放后中国史家要回答的新的时代课题。

给历史的"骨骼"增添"血肉"；让历史之树不仅主干强壮，而且枝繁叶茂；让历史之河不仅主流清晰，而且支系发达。这成为新时期史学最突出的特征。于是，文化史、社会史蓬蓬勃勃地兴起。环境史、灾荒史、城市史及观念史、概念史、医疗史与区域史、生活史、风俗史等相互交叉，蔚为大观。凡人类以往的形迹，几乎全被纳入中国史家的视野。历史研究的领域与范围，空前扩大。如何让丰满的"血肉"不拖累"骨骼"，怎样让丰茂的枝叶不遮蔽主干，如何让细密的支流汇入江河？如何在"血肉"空前丰满的前提下不流于"碎片化"？在区域研究中观照全体、在历史描述中不忘本质、在借鉴交流中不失自我、在微观考据中不止于碎片、在史料梳理中不忘思想，总之，在丰满中保持神采，不失历史学真善美的全体大用，这显然会成为今后正当的路径选择。沿着唯物史观的路径与时俱进，继续开拓，而不是另起炉灶，这才是最根本的答案。

三　对晚清"新史学"的超越

中国马克思主义史学是马克思主义传入中国的结果，但也具有本土的学术根脉与源流。

晚清"新史学"构成了产生中国马克思主义史学的学术背景。它是建立在批判和超越传统旧史学基础上的一种全新的史学样式，是旧民主主义时期资产阶级史学所取得的最高成果，在史学史上具有里程碑的意义。新史学客观上为马克思主义史学的诞生奠定了逻辑的起点和学术的基础。有了"新史学"，马克思主义史学就可以直接超越旧史学，在资产阶级所建立的学术与思想起点上，实现更高程度的超越。

第一，"新史学"已经具备晚清时期最完备的世界眼光，这与马克思主义史学强调世界统一性和规律性的特征相衔接。他们改变了两千多年来以中国为中心的"天下"观念，开始将中国视为世界的一部分，最早开创了中国近代的世界史研究。在史学观念上，中国与世界无法再分离。这种全球性和世界化的眼光，是史学观念的革命，与马克思主义史学一致。马克思主义史学，也是立足于全球化和具有世界性目光的史学。

第二，"新史学"是以"经世"为价值取向的致用史学，是与时代脉搏息息相关的实践性史学，这与马克思主义史学的实践性与革命性品格相衔接。马克思主义史学，同样是经世致用、应时而起、将历史与现实打通的史学。

第三，"新史学"家所遵奉的进化史观，虽然与唯物史观具有本质区别，但与马克思主义史学相信人类进步、追求人类进步、构建历史分阶段演进模式的属性相衔接。当然，新史学家们对进化史观的态度并不一致，进化史观本身也有颇多缺陷（如单线一元性、简单化等），但总体来看，进化史观以进化、进步的理念为前提，与唯物史观具有一致性。

第四，"新史学"对封建旧史学所展开的猛烈批判，与马克思主义史学所具有的批判性的品格相衔接。马克思主义史学在封建史学日益没落和边缘化的基础上使其愈加没落和边缘化，在中国史学近代化转向不可逆转的基础上使其继续前行，实现超越。

第五，"新史学"家"伸民权""写民史""去君史"等推动史学通俗化、强调多学科综合研究的一系列主张和实践，与马克思主义史学强调人民群众历史作用、打破王朝体系、以社会经济形态理论治史的特性相衔接。

总之，"新史学"实为中国马克思主义史学的孕育阶段，是学术传承过程中不可或缺的一环，为马克思主义史学的诞生清扫了道路，做了逻辑的、思想的以及学术资料上的准备。正因如此，后来的马克思主义史学家大都对新史学予以积极评价。

但是，"新史学"无法自拔地发展成为马克思主义史学。归根到底，它是一种唯心主义史学，还是一种形式主义史学，思想源流庞杂而多元，许多见解也偏激而错谬。它"没有摸到社会关系体系发展的客观规律性，没有看出物质生产发展程度是这种关系的根源"；对历史主体背后的诸多"奥秘"，只能触及，无法揭示。这样，它非但不能发展成为马克思主义史学，而且还会与马克思主义日行日远，愈加背离。因此，辛亥革命之后，"新史学"很快落在了时代后面。"新史学"被更新形态与样式的史学所代替，也就成为必然。

四　与中国革命史息息相关

辛亥革命后，随着第一次世界大战结束及俄国十月革命的成功，新民主主义革命成为中国人民首要的历史任务，客观上需要有新的学术文化与之相适应。中国马克思主义史学的诞生，即适应了这一历史需求。"在中国有悠久历史和丰富遗产的历史学，只有从与马克思主义有了接触时起，才逐渐地成为对于中国人民自求解放的斗争具有指导作用的一门科学。"[①]

---

① 刘大年：《中国历史科学现状》，《科学通报》1953 年第 7 期。

因此，中国马克思主义史学从其诞生之时起，就与"革命"的主题息息相关。考察中国马克思主义史学的发展历程，必须结合革命史的视角。

十月革命后，中国处于历史谷底。正如毛泽东所说："多次奋斗，包括辛亥革命那样全国规模的运动，都失败了。国家的情况一天一天坏，环境迫使人们活不下去。怀疑产生了，增长了，发展了。"① 苏俄的巨变及其对华政策，给中国带来了希望。原已存在的马克思主义思想在巨大的社会需求驱动下，很快滚动为潮流。这股潮流不仅与旧有的及新出现的各种非马克思主义思想对峙、较量、斗争，而且很快转入政治实践层面。一是直接介入政治言论；二是积极影响青年学生；三是在莫斯科的指导与帮助下，直接创立全新的政党组织。

中国共产党的成立，为中国马克思主义史学的建立奠定了政治组织基础。中国的马克思主义史学，伴随着中国共产党的诞生而诞生、伴随着中国共产党的成长而成长、伴随着中国共产党的发展而发展，与中国共产党在不同历史时期的政治使命紧密地结合在一起。从起点上说，中国马克思主义史学是为新民主主义革命的历史任务而生。从政治属性上说，中国马克思主义史学是中国共产党革命与建设事业的组成部分。从学术建构的起点上说，中国马克思主义史学的学术话语之源——中国社会性质，也是中国共产党的理论话语之源。中国马克思主义史学既是一种知识形态和学术样式，也是中国马克思主义史学家的理论信仰和意识形态。

"马克思主义的历史学一开始就在中国知识分子中产生了重要的影响，而且很快地成为革命的思想战线上一支不可缺少的力量。也正因为如此，那些为国民党反动派所雇佣的以及一些有成见的旧史学家，曾经以不同的理由，对新的历史学进行过各种攻击。这不说明别的，正是说明马克思主义的理论与中国历史研究相结合以后，产生了强大的战斗力量。"② 毛泽东曾经用"政治生力军"与"文化生力军"来比喻中共与左翼文化队伍的关系，说后者在许多领域都有大发展，都起了极大的革命作用，"其声势之浩大，威力之猛烈，简直是所向无敌的。其动员之广大，超过中国任何历史时代"③。这实际上也表明中国马克思主义史学与中国共产党的关系及其

---

① 《毛泽东选集》第4卷，人民出版社1991年版。
② 刘大年：《中国历史科学现状》，《科学通报》1953年第7期。
③ 《毛泽东选集》第2卷，人民出版社1991年版，第698页。

所发挥的作用。

但是，中国马克思主义史学的产生和壮大，不是推行意识形态的结果。在 20 世纪二三十年代，人们是否相信唯物史观，取决于它是否能满足中国社会的现实需求，是否较其他流派高明。正如毛泽东所说："马克思列宁主义来到中国之所以发生这样大的作用，是因为中国的社会条件有了这种需要，是因为同中国人民革命的实践发生了联系，是因为被中国人民所掌握了。任何思想，如果不和客观的实际的事物相联系，如果没有客观存在的需要，如果不为人民群众所掌握，即使是最好的东西，即使是马克思列宁主义，也是不起作用的。"①这里所谓的"人民"或"人民群众"，首先是知识分子。由于中共拥有最能满足中国社会需求的理论，这种理论无论在解剖现实还是在观察历史方面，都显示出前所未有的深刻性、科学性与有效性，这就使得弱小的共产党及中国马克思主义史学，必然在政党横流、学派歧出、竞相表现的环境中，脱颖而出，迅速壮大。

国民革命运动之前，马克思主义思潮已经初步实现与中国社会，特别是与进步青年学生的结合。但这股思潮主要局限在知识分子中间，没有触及更广泛的中国社会，与工人、农民、士兵等社会阶层是脱节的，但国民革命运动改变了这一切。

这场运动对中国社会结构及人们思想的冲击，远远超过新文化运动与五四运动。它最大的特点，是其实践品格。从此时开始，理论不再局限于说明中国，而是在说明中改造中国。因此，马克思主义不仅成为中国共产党人自觉遵奉的意识形态和理论信仰，而且影响了中国国民党。从这时开始，马克思主义成为中国社会唯一有效的解剖刀。舍弃马克思主义，即无从观察中国社会、无从开出医治中国病症的药方、给出中国未来前景的答案。已经没有第二种理论可以代替马克思主义。用马克思主义理论分析中国的现实社会与历史进程，成为人们必然的选择，而先进的中国人对此具有高度的思想自觉。

凡民国时期对唯物史观有所了解的人物，几乎都是在国民革命中成长起来的。中国人能够触摸到社会现实与历史的本质问题，乃始于国民革命。

---

① 《毛泽东选集》第 4 卷，人民出版社 1991 年版，第 1515 页。

用马克思主义理论观察分析中国现实，首先要回答的问题，就是眼下的中国社会到底是什么性质。这个问题本身，其深刻性即前所未有，为各种非马克思主义学人所想不到、提不出。对这一问题的解答，既成为革命的理据，也成为中国马克思主义史学得以建立的直接动因。中国社会性质因此成为中国共产党与中国马克思主义史学的学术之源。

中国共产党第一代领导人的早期著述，几乎毫无例外地围绕中国社会性质问题而展开其思想行程。这些著述虽然在认识上不乏模糊，却是运用唯物史观分析中国社会性质的最初尝试，指示了尔后的思考方向。后来发生的中国社会史大论战，正是以这些著述为开端。中国马克思主义史学的出发点、思考路径、基本问题和基本框架，也由此发其端。

中国马克思主义史学的直接建立者，首推李大钊。从晚清到民国，像李大钊那样既具有国际组织背景，而又集理论家、宣传家、政治活动家、政党创建者及大学教授于一身的人物，找不出第二位。

中国马克思主义史学早期的优秀著作给当时人的感觉是眼前一亮，耳目一新。特别是对旧式学者而言，可谓闻所未闻，平生仅见。当然，这些著作还仅代表我国马克思主义史学的最初形态，许多深层次的历史理论与技术性的史学理论问题，还没有涉及。担当马克思主义史学建构工作的，大都是中共领导人。第二国际某些错误理论的影响，程度不等地存在。这种情况，与国共两党的革命统一战线尚未破裂、共产国际内部对中国问题缺乏深入认识以及托派问题还处在萌生状态等，相互关联。但是，后来中国马克思主义史学的基本属性和诸多特点，均已具备；中国马克思主义史学目光锐利、高出时流的光彩，已得彰显。

五　与国际共产主义运动血脉相通

1927 年 7 月国民革命运动的失败，是国际共产主义运动史上的重大事件，也是民国历史的拐点，具有非同寻常的意义。对中国马克思主义史学来说，同样如此。

革命失败带来的一个思想成果，就是迫使人们追问：到底应当怎样认识中国社会？共产主义运动到底在中国适合不适合？这样，关于中国社会性质、革命性质等问题，不但没有因大革命失败而消歇，反而以前所未有的态势摆在人们面前。思考的工具，依然是马克思主义理论。

当时中国进步知识界所采用的马克思主义思维方式，是在共产国际指导中国革命的过程中形成的。正如毛泽东所说："中国人找到马克思主义，是经过俄国人介绍的。""十月革命帮助了全世界的也帮助了中国的先进分子，用无产阶级的宇宙观作为观察国家命运的工具，重新考虑自己的问题。"① 共产国际不仅"教"中国人怎样革命，而且"教"中国人怎样思想。前者立足于实践，后者立足于理论。理论指导实践，实践践行理论。在国民革命中，中国人树立了从社会性质说明社会革命的思维路径。大革命的失败倒逼人们追问，为什么依据社会性质而发动的革命会失败？这就使得中国马克思主义史学与国际共产主义运动史，具有天然的血缘关系。

遵循同样的思想方法，得出的结论未必一致。思维一旦与实际材料相结合，必然在结论上表现出丰富性。中国马克思主义史学在它的幼年时期，就肩负起了回答中国社会性质这一重大命题的历史任务，而指导它回答这一问题的老师们，意见也不一致。

关于中国近代社会性质，列宁原有论述。列宁认为中国属于半殖民地国家，但封建宗法关系占很大优势。在列宁这一基本论断指导下，1924 年至 1927 年的国民革命运动开展得有声有色。但国民革命的失败表明，"中国社会性质"并没有得到真正解决。要彻底解决这一问题，需要在列宁论断的基础上继续挖掘。因此，在莫斯科，由对中国时局走向的判断分歧，扩大为对中国社会性质的定性分歧。

当时，在莫斯科形成两大观点。这两大观点，极大地影响了中国共产党与中国马克思主义史学的发展，也是了解中国马克思主义史学话语逻辑内在理路的重要线索。

一派观点以托洛茨基、拉狄克为代表。认为中国虽然既有"半殖民地"性，又有"半封建"性，却是资本主义关系压倒一切。在资本主义关系主导下，革命的基本任务除反帝反封建外，还包括反资产阶级。因此，应在反帝反封建的过程中进行阶级斗争，推翻国民党，实行社会主义革命。托派的口号是反帝、反封建、反资产阶级。这套观点经中国托派分子

---

① 《毛泽东选集》第 4 卷，人民出版社 1991 年版，第 1471 页。

们发挥，得出中国已经是资本主义社会的结论。①

另一派观点以布哈林、斯大林为代表。认为中国具有半殖民地、半封建性，但封建势力占绝对优势，基本矛盾是中华民族与帝国主义、资产阶级与封建势力的矛盾。国民党不是资产阶级政党，而是阶级联盟。所以，国共两党共同反帝的民族斗争是第一位的。由于帝国主义与中国封建势力（军阀）密切关联，故反帝的同时要反封建。中国革命属于民主革命范畴，不存在反资产阶级的问题。

上述两大观点，概括地说，前者属于"不断革命论"，后者属于"革命阶段论"。

这种争论，显然都深化了对中国国情的认识。②不了解这场交锋的来龙去脉，无法通解中国社会性质论战以及中国马克思主义史学的话语逻辑。考察中国马克思主义史学的发展过程，要有国际共产主义运动的视角。事实上，中国马克思主义史学中的一些命题，其来源或直接或间接地与批判托洛茨基派观点相关，也与共产国际及苏联学者的相关争论相关。这种情况，一直延续到新中国成立后许多年。

六 与马克思主义中国化历程紧紧相连

关于共产国际与中国革命关系的研究，有两个需要补充的环节：莫斯科对中国马克思主义史学的影响、中国马克思主义史学参与马克思主义中国化的具体进程。

马克思主义中国化包括理论与实践两个方面。理论方面形成了毛泽东思想，实践方面建立了中华人民共和国。毛泽东思想的形成既与克服教条

---

① 毛泽东将这种观点归之于教条主义。他说："教条主义者没有把马克思列宁主义的基本原理同中国革命实际相结合。他们说中国革命是民主革命，但是又要革一切资产阶级的命。照那样办，就搞错了，那就不是民主革命，而是社会主义革命了。这个道理他们没有搞通。"《毛泽东文集》第 7 卷，人民出版社 1999 年版，第 79 页。

② 毛泽东在《新民主主义论》中说："如果说，两个革命阶段中，第一个为第二个准备条件，而两个阶段必须衔接，不容横插一个资产阶级专政的阶段，这是正确的，这是马克思主义的革命发展论。如果说，民主革命没有自己的一定任务，没有自己的一定时间，而可以把只能在另一个时间去完成的另一任务，例如社会主义的任务，合并在民主主义任务上面去完成，这个叫做'毕其功于一役'，那就是空想，而为真正的革命者所不取的"，正是对托派观点的批判，也是认识深化的表征，见《毛泽东选集》第 2 卷，人民出版社 1995 年版。

主义相关，也与批判托洛茨基派的"左"倾激进主义相关。中国马克思主义史学对马克思主义中国化的贡献，集中于理论领域。具体体现在中国社会性质这一根本问题上，击败托派，形成半殖民地半封建社会性质的完整理论。

新中国成立前，批判托派是马克思主义理论工作的重要内容，也是中国马克思主义史学理论的重要内容。

中共五大之前，不存在托派。大革命的失败，将陈独秀等人推向托洛茨基派，也促进中共对社会性质问题的系统思考。中共对中国社会性质问题形成强烈的组织自觉，乃始于六大。最直接的动因，就是莫斯科的理论大交锋。

就社会性质而言，正如周恩来所说，它在六大时还"是个很严重的问题。什么叫革命性质？革命性质是以什么来决定的？这些在当时都是问题"①。1928 年 6 月至 7 月中共六大通过的十几项决议案，其中关于社会性质的论述虽在《政治决议案》中有涉及，集中表述却在《土地问题决议案》中。六大决议继续肯定中国是半殖民地，同时指出"现在的中国经济政治制度，的确应当规定为半封建制度"。这是半殖民地半封建观点在中共文件上的正式确立。

"新思潮派"为中国马克思主义史学的发展与成型做出了不可磨灭的贡献。他们是中国共产党理论的自觉实践者，其工作既是理论阐述，也是学术研究，同时又是当时肃清托派政治斗争的组成部分。

新思潮派主要的论战对象，正是中国托派，其次是以国民党改组派为背景的一些国民党学者（又称"新生命派"）。针对托派认为中国是资本主义关系主导、封建势力只是残余的观点，以及"新生命派"认为中国是混合型特殊社会、只有国民党才能担任此种社会政治领导的观点，新思潮派着重论证了中国的半殖民地与半封建社会性质。

至少毛泽东在 1923 年 7 月发表的《北京政变与商人》中，就已经确认中国是半殖民地。②1926 年 9 月，发表《国民革命与农民运动》，又提到中国是半殖民地，同时认为革命的最大对象是"乡村宗法封建阶级（地

---

① 周恩来：《关于党的"六大"的研究》（1944 年 3 月 3—4 日），《共产国际、联共（布）与中国革命档案资料丛书》第 11 册，中央文献出版社 2002 年版，第 222—223 页。

② 毛泽东：《北京政变与商人》，《向导》第 3132 期合刊，1923 年 7 月 11 日。

主阶级)"。① 这表明，毛泽东原有自己的认识轨迹。1935 年到延安后，毛泽东开始系统进行理论建构，逐渐形成毛泽东思想。其中关于中国社会性质的思想，至少在 1938 年 3 月即已成熟。这年 3 月 20 日，毛泽东对抗日军政大学第四期第三大队毕业学员做过一个简短演讲，专门论述半殖民地半封建理论的意义和价值，是他这方面思想已经成熟的标志。② 毛泽东将"半殖民地半封建"理论视为"规律""总的最本质的规律""认清一切革命问题的基本的根据"，足见他把这一问题看得多么重要。毛泽东这一定性，是他马克思主义中国化的整体理论构造的重要构件。其后，在《战争和战略问题》《中国革命和中国共产党》《新民主主义论》等著作中，都不惜笔墨地论述了这一理论。

"近代社会性质"是"古代社会性质"研究的起点——先有对前者的研究，后有对后者的研究；先有社会性质论战，后有社会史论战。梳理中国近代社会性质这一话语的形成史，可以看出中国马克思主义史学与马克思主义中国化之间，具有密切关联。

马克思主义中国化的理论与实践是以半殖民地半封建这一"总的最本质的规律"为基础和前提的。中国马克思主义史学家参与了对半殖民地半封建理论的论证与构建，这是对马克思主义中国化所做的重要贡献。

七　中国特色的科学学术形态

中国马克思主义史学同样是一门深刻严谨的科学，而且是中国史学产生以来最深刻、最科学的史学形态。革命性、实践性、时代性、使命感的特性，非但没有使其丧失学科的科学性与真理性，反而使其科学性与真理性经受实践检验，得到实践证明。

中国马克思主义史学是在险恶的逆境中发展起来的。如果说其他史学形态只需接受思想与文本的验证，那么，中国马克思主义史学则还经受了实践的检验。这是中国马克思主义史学高于其他史学形态、达到理论与实践统一的科学境界的一个重要因素。

---

① 见中央档案馆编《中国共产党八十年珍贵档案》上册，中国档案出版社 2001 年版，第 177 页。

② 毛泽东：《认识中国社会性质是重要的中心的一点》，《党的文献》2002 年第 3 期。

国民革命失败后，马克思主义反而成了一种"时髦"，中国马克思主义史学走向了学术前台。对这种"奇怪"的现象，一些人视之为 20 世纪 30 年代的"谜"。其实，这个"谜"恰好说明了马克思主义是科学真理，是"管用"的学问。

分析社会、历史及政治问题，唯有马克思主义最能洞彻实质。特别是解答最现实、最急迫的社会性质问题，不借助马克思主义，就连最基本的话语概念都建构不起来。所以，马克思主义依靠其无从替代的科学性与深刻性，虽遭政治围堵，却能在整个社会和思想理论界，占据势不可挡的气势和地位。当时许多人可能不信仰、不使用乃至悬置、排斥或痛恨唯物史观，但一涉足社会历史领域，便只有运用唯物史观的人才有发言权，才能相对地把问题讲透彻。因为马克思主义是真理，所以它不但不因共产主义运动的受挫而减弱，反而变得愈加坚毅有力。

从中国马克思主义史学所讨论的问题看，它在中国近代以来各种政治思潮、社会思潮、文化思潮、思想流派当中，是最深刻的。这是中国马克思主义史学能够在逆境中立住脚、赢得人心的根本原因。

中国社会性质论战以及由此引发的中国社会史大论战，可以充分地证明这一点。

参加论战的人士，共有四派。代表中国共产党观点的一派，即"新思潮派"。还有中国托派、代表国民党改组派的"新生命"派，以及代表自由马克思主义者立场的"读书杂志派"。四派之外，胡适等资产阶级自由派学者对论战采取挖苦讽刺的态度，也发表了若干言论，但遭到四派的一致批判。但胡适一系的影响非常深远。迄今海内外诸多对中国社会形态问题持所谓"悬置"或批判立场的观点，大都可溯源于胡适。陶希圣与胡适后来投靠了蒋介石。蒋介石对中国社会属性的看法，虽多来自陶希圣，但也掺杂有胡适的影子。

上述四大派别之所以能够"论战"起来，在于有一个最大公约数，即至少口头上都声称自己以马克思主义为指导，坚持唯物史观。至于他们当中某些人是否真的信奉唯物史观，在多大程度和怎样的层面上、怎样的时间段内信奉唯物史观，则需具体辨析。

这个现象本身就耐人寻味。为什么骨子里反对马克思主义的人，或者背叛了马克思主义的人，却披上马克思主义的外衣，声称自己遵奉唯物史观呢？答案只有一个，那就是马克思主义具有不可替代的唯一性，马克思主义理论在论战者之间具有不容置疑的深刻性、真理性与权威性。马克思主义的科学属性，使得陶希圣这种痛恨阶级斗争理论的人，也不能不羞答答地运用辩证唯物史观。他们如果不这样做，那么在社会史论战中就连发言权都不会得到。

中国社会史大论战的基本问题，是中国社会性质问题的逻辑延展，蕴含了中国新民主主义革命的历史根据和逻辑秩序。只有解决好古代社会性质问题，近代中国社会性质的确定，才能既有历史根据，又在逻辑上讲得通，中国革命才能确定其对象、目标和任务。所以，围绕古代社会性质所展开的基本问题，也就是我国马克思主义史学所要解决的基本问题，是我国马克思主义史学体系的基本框架所在。事实表明，20世纪30年代末，毛泽东代表中国共产党提出的半殖民地半封建理论，凝聚了中国马克思主义史学家的贡献。

"新思潮"派的核心价值取向，是说明历史发展的统一性和历史规律的普遍性，在于把五种生产方式理论具体落实到中国历史当中去，最终说明近代中国半殖民地半封建社会的性质，指明中国社会发展的社会主义前途。围绕这一核心，他们普遍肯定奴隶制是人类必经的社会阶段，中国历史上同样存在这样的阶段。但是，他们的具体主张不同。由于他们把马克思主义关于社会形态依次演进的理论等同于唯物史观，所以自然而然地将否定奴隶社会普遍性的观点看作否定唯物史观。不过，唯物史观与社会形态理论是否在同一个理论层次上，社会形态理论是否较唯物史观低一个层次，否定中国存在奴隶社会是否必然导致否定唯物史观，在新思潮派之间确有不同理解。但不可否认，当时确实有人试图借否定奴隶制来否定唯物史观，进而否定"共产革命"。

在封建社会问题上，新思潮派学者的分歧只在上限。在下限上，他们没有分歧。他们一致认为鸦片战争前的中国是封建社会；半殖民地半封建的中国乃承接于封建形态的中国。这种一致，其意义和价值远远大于他们在起点上的分歧。所以，他们一致对中国社会特殊论、商业资本主义说之类的观点，给予批判。

与奴隶社会问题不同，当时各派均不否认中国存在封建社会，并把注意力集中在中国封建社会的内部特征与下限上。他们的着眼点虽然有异，但大都在下限上与马克思主义史学家持相反的观点。这足以看出，"下限"比"上限"重要得多。

必须指出的是，新思潮派虽以历史规律的普遍性为依归，但没有忽略中国社会的独特性。相反，他们对中国社会独特性（主要表现为封建性）的关注，是很强烈的。为此，他们还曾经受到中国托派的指责。这种指责反衬出新思潮派对中国社会独特性的重视。事实上，半殖民地半封建理论就是普遍性（半殖民地）与特殊性（半封建）相互结合的理论，毛泽东思想更是马克思主义普遍原理与中国革命实际相结合的结晶。很难设想，如果不重视中国历史与社会的独特性，会不会产生马克思主义中国化的最高成果——毛泽东思想。

至于国民党改组派"证明"中国是"特殊社会"的做法，则完全不同于新思潮派对中国独特性的重视。前者力图使中国脱离五种生产方式依次演进的大道，将中国视为一个完全自我封闭的自足的系统。这在本质上与把中国视为独立而完整的亚细亚生产方式国家的看法是一致的。后者则是在承认人类共同历史规律的前提下揭示中国历史的特点，将中国视为一个开放的、可以与人类共同规律对接的部分。因此，同样是在"独特性"或"特殊性"上做文章，旨趣与归依却完全不同。

真正忽略乃至无视中国历史独特性的，是托派分子。在他们看来，只要整个世界处于资本主义体系之内，那么中国残存的封建势力无论多么严重，都只能是主轴驱动下的发条。他们用"世界"代替了"中国"，用整体与一般代替了区域与特殊。他们抹杀革命道路的阶段性，同样是蔑视特殊性的体现。

可以看出，中国的马克思主义史学是科学的史学形态。它探讨的不仅是学术问题，而且是宏大的学术问题。只有马克思主义史学才有勇气和能力来面对与解决这些宏大问题，而勇气和能力来自科学。

之所以是科学形态，还在于它将科学的历史观与史料中所反映出来的中国历史实际进行了有机结合。"史论结合"是中国马克思主义史学所采用的基本方法，虽然在运用过程中产生过教条主义的偏差，发生过"以论代史""以论带史""论从史出"等歧异性提法，但总体来看，"史论结合"无论在理论上还是在实践中，都居于主导性的位置。"论"是马克思主义理论，"史"就是史料所记载的中国历史实际。

中国老一辈的马克思主义史学家，以社会史论战为舞台，促使唯物史观全面进入中国历史领域。中国马克思主义史学的基本形态被确立起来了。马克思主义的历史理论和广义政治经济学学说，成为历史研究的锐利方法武器。中国马克思主义史学的基本框架，所思考的基本问题，所具有的基本特色，最具有代表性的史学大师及专业史学队伍，最早的经典著作，均经由中国社会史大论战得以形成和展现。这是李大钊等人创立中国马克思主义史学以来的一次飞跃，具有里程碑的意义。此后中国马克思主义史学的研究工作，正是沿着此时形成的方法和路径展开。因此，中国社会史大论战，是中国马克思主义史学形成的标志性事件。郭沫若1930年3月出版的《中国古代社会研究》是中国马克思主义史学形成的标志性著作。

毋庸讳言，《中国古代社会研究》等著作存在教条化的缺陷，但是，他们的教条化缺陷，正是在关注中国历史独特性的过程中发生的。它不是因为像托派那样以"逻辑"来代替历史才导致教条化，而是在理论与史实的结合上存在不足。所以，就思考方向与价值趋向而言，它的方法论始终是反教条主义的，其科学性与有效性无可置疑。

八　以社会性质为话语之源

研究中国马克思主义史学或史学思想，主要有两项任务：第一，把历史事实叙述清楚；第二，把理论逻辑揭示出来。作为史学思想研究，首要任务应是把思想的内在逻辑揭示出来。要做到这一点，必须抓住"社会性质"这一话语之源。

中国马克思主义史学与史学思想，是从"社会性质"开始展开其实际历史行程与逻辑行程的，表现为"历史"与"逻辑"的高度一致。马克思主义中国化的历程，同样是从"社会性质"开始展开其实际历史行程与逻辑行程的。考察中国马克思主义理论话语的逻辑体系，都需要从"社会性质"入手。

所谓"实际历史行程"，是指从当下的现实出发。中国现实社会的性质恰好成为研究过程的开端。所谓"逻辑行程"，是指以社会性质为起点展开思想系统建构。中国现实社会的性质恰好也是叙述过程的开端。只有理解清楚"社会性质"的实际地位与理论位置，才能清晰地把握中国马克思主义史学的逻辑框架或逻辑撰写体系。

中国马克思主义史学诞生后面临的首要问题，即中国社会性质问题。这个问题构成现实环境，也是理论的切入点。要回答清楚这样的问题，一要有科学的理论工具，二要有可以借鉴的实践样本。恰好，十月革命满足了这两个条件。

马克思主义帮助中国人得出了关于近代中国社会性质的总观点与总结论。至于半殖民地半封建社会内部如何？沿海与内地有没有差别？城市与乡村有没有差别？半殖民地半封建又经历了怎样的过程和阶段，等等，都属于这个总观点与总结论的细化问题。

半殖民地半封建社会脱胎自哪里？这就把问题从近代引向了古代，从近代社会性质引向古代社会性质。对中国古代社会性质的研究，需要借助马克思主义的广义政治经济学、东方的社会理论以及社会经济形态划分的理论来进行。由古代中国再到中国原始社会、国家与文明的起源等更遥远的问题，都需要借助马克思主义经典作家的论述来予以阐释。

中国马克思主义史学家们热烈地讨论诸如亚细亚生产方式问题、奴隶制问题、封建土地所有制形式问题、封建社会何以长期延续问题、井田制问题、郡县与分封问题、农民战争问题、资本主义萌芽问题，等等，看似纷纭繁杂，实质只有一点，即确认中国古代的社会性质。

只有弄清楚古代社会性质，近代社会性质才会其来有自。"社会性质"在中国马克思主义学术理论、思想理论以及政治理论中话语之源的地位，由此彰显。从厘定"社会性质"出发，具有中国特色的马克思主义话语体系得以建构。从近代社会性质，到古代社会性质，再到农村社会性质；从新民主主义阶段，到社会主义初级阶段，中国人的历史使命与历史任务，就是在对"社会性质"的认识中开辟出中国特色社会主义道路。"社会性质"是170多年来中国的根本问题、核心问题，也是中国马克思主义史学的根本问题、核心问题。它是一个实践问题，也是一个理论问题；是对社会现实进行考察研究而得出的结论，也是马克思主义中国化的理论成果。只有以"社会性质"为核心去考察近代以来中国人的理论成果与实践过程，才能比较彻底地认识清楚今日中国的来龙去脉，亦即其内在逻辑与实践品格。

半殖民地半封建社会的科学结论，从历史理论与历史哲学的高度，解决了中国由新民主主义最终走向社会主义的前途问题。中国古代社会性质的讨论与论战，要解决的则是"中国从何处来"的问题。它虽然在许多问题上没有取得一致意见，但基本共识是存在的。那就是：第一，中国古代历史符合历史唯物主义社会发展史所阐明的基本规律；第二，中国历史的独特性，处于人类共同文明历史统一规律性之下，没有游离于人类历史的共同规律之外；第三，中国半殖民地半封建社会的前身是封建地主制社会。这些基本共识是中国马克思主义史学思想的精髓，其价值与意义远远大于马克思主义史学家们观点上的分歧。没有理由依据他们观点的分歧，去否定他们的结论的科学性。

"社会性质"居于中国历史研究的逻辑首要位置。由"社会性质"出发，中国马克思主义史学家们开始了其理论思考、理论撰述、实证研究的行程。

首先，是对唯物史观的学习与理解。中国马克思主义史学家是以社会性质为核心去学习、理解和阐释唯物史观的。唯物史观是关于世界历史的历史观。在唯物史观的总观点下，形成完整的历史唯物主义的社会发展史系统。这一系统，使得中国马克思主义史学家从来都是从世界的角度看中国的。

其次，是对历史发展的统一性与多样性辩证关系的阐释。中国的马克思主义史学，一贯坚持历史普遍性、统一性与特殊性、多样性的统一，坚持描述历史现象与揭示历史本质的统一。它将普遍性、统一性作为理解历史现象的基础，将历史本质作为解释历史规律的规定性所在。这反映了中国马克思主义史学的基本逻辑架构。

中国马克思主义史学家对历史的全部阐释与论述，是在上述原则下展开的。他们对其他历史理论问题，如历史的关联性、实践性、适应性的阐发，可视为上述理论框架的逻辑延展。因此，抽离普遍性，等于扼杀中国马克思主义史学的生命。而指责中国马克思主义史学不关注独特性与特殊性，以历史唯物主义的一般历史发展法则代替活生生的历史，则无从解释马克思主义史学家之间为什么也会有分歧，翦伯赞等人后来何以会高度张扬马克思主义的历史主义，等等。

最后，是对中外历史中社会经济形态，特别是生产关系的全面深刻阐释。在考察历史的时候，中国马克思主义史学家向来把生产关系作为考察的基本对象。他们要求时时把握历史最深层的"质"，绝不可被历史的外在形式遮蔽住眼睛。而历史最深层的"质"，主要通过生产关系反映出来。因此，指责马克思主义史学忽视对生产力的考察分析，主张以对生产力的分析来代替对生产关系的分析，实质是取消马克思主义的本性。当然，马克思主义史学从不反对考察历史上生产力的发展水平，因为它是生产关系的基础。但是，对生产关系的考察分析应当处于优先位置，因为在古代生产力资料普遍严重缺乏的情况下，生产关系能够更直观更直接地反映社会性质。生产力研究，说到底是为生产关系研究服务的。

马克思说："现代历史著述方面的一切真正进步，都是当历史学家从政治形式的外表深入到社会生活的深处时才取得的。"① 中国马克思主义史学，始终贯穿着马克思的这一思想。

当然，以"社会性质"为核心，不意味着非核心内容不重要，不意味着非核心的内容可以一劳永逸地得到彻底解决。本质不能代替现象，主流不能代替支流。历史思维的大忌之一，在于以一种倾向去遮蔽另一种倾向。只有将历史唯物主义与辩证唯物主义相统一，才能得到全面的历史认识。但作为思想史研究，其基本方法是尽量过滤掉起"干扰作用"的"偶然因素"。这样才能突出思想的特质。从"社会性质"出发，突出了中国马克思主义史学思想的特质。

九　五大历史贡献

刘大年曾经将民主革命时期中国进步史学界的成绩概括为五项，即确定了马克思主义的历史唯物主义理论完全适用于中国；宣传了劳动人民在历史中的地位，宣布人类社会的历史就是劳动生产者自己的历史；对中国封建社会的形成和它在鸦片战争以后开始走向崩溃的历史作了研究，肯定中国是半殖民地半封建社会；揭露了帝国主义侵略中国的本质；解决了中国近代史如何分期这个根本问题。② 结合新的历史实际，这里也提出中国马克思主义史学的五大贡献。

第一，实现了唯物史观与中国历史的结合。这是我国史学乃至文化发展史上翻天覆地的变化，是一个巨大的历史进步。

中国马克思主义史学家不仅把唯物史观引入中国，而且使其与中国历史实现了科学结合，从而使中国史学在历史观上得到革命性进步、在整体样貌上得到系统性改观、在思想理论上得到前所未有的深化。

由于引入唯物史观，历史学的范畴、概念、术语、词汇、修辞与思维

---

① 《马克思恩格斯全集》第 12 卷，人民出版社 1962 年版，第 450 页。
② 刘大年：《中国历史科学现状》，《科学通报》1953 年第 7 期。

方法、论证与表述方式全部发生改变。已经进入人民日常生活的许多概念，诸如生产力、生产关系、生产方式等，都是随着唯物史观而来。这套完整的概念系统，封建旧史学不具备，即使晚清新史学也不懂。

第二，第一次让中国历史走出纷繁复杂的杂乱状态，具有逻辑秩序，显示出其内在的规律性。

中国古代史学终究不能科学地揭示历史发展规律。虽然古代一些天才历史学家提出过许多精美而深刻的思想，但距离揭示历史发展规律还很遥远。近代资产阶级史学家虽然在整体上有所进步，但同样不能揭示历史发展规律。唯有中国马克思主义史学，第一次实现了在社会经济形态的高度对数千年的中国文明史作了理论抽象，使其基本映现出从原始社会到社会主义社会的历史脉络。中国马克思主义史学家们的结论在指导思想与科学方法论上不是相互排斥，而是相互印证。正确的结论不是非此即彼，而是蕴藏于各家之中。认识没有止境，对中国历史的解读不会终止，所以中国马克思主义史学会继续发展。

第三，前所未有地探讨、研究、提出了一系列史学理论命题，极大地丰富了中国人的历史认识、深化了中国人的历史思想。

中国马克思主义史学有其独特的不可替代的特质。这种特质是通过所探讨、研究、提出的一系列理论命题而体现的。例如关于阶级观点与历史主义的关系、关于史与论的关系、关于近代中国的基本线索，等等，提出这些问题本身，就是很深刻的。

第四，为新民主主义革命理论做出独特的不可替代的理论贡献，为马克思主义中国化做出了巨大的理论贡献，为当代中国马克思主义话语体系的形成做出了历史贡献。目前，要真切认识中国道路与中国梦，就不能不走进中国马克思主义史学。

第五，为中国史学引入一批科学的思想方法与研究方法。这些方法与唯物史观相伴而生，相得益彰。例如历史与逻辑相互统一的方法、阶级分析方法，等等，在唯物史观统领下，中国史学的研究质量被极大地提升了。

十 新中国马克思主义史学的主要任务

新中国成立后，中国马克思主义史学进入一个全新的发展阶段。

新中国的成立，标志着国家政权性质的根本改变。在这一大格局中，民国时期的马克思主义史学家继续引领中国马克思主义史学向前发展。同时，新中国培养起来的马克思主义史学家也开始崭露头角，推出研究成果。民国时期疏离马克思主义乃至排斥马克思主义的史学家们，在总体上开始向马克思主义史学靠近，最终融入。

新旧两代马克思主义史学家的基本思想状态是，坚定信仰唯物史观，虔诚学习马列主义，爱党爱国，赓续民国时期中国马克思主义史学的知识形态与意识形态，精神饱满地积极配合社会主义建设时期中国共产党的历史任务，努力在史学理论、中国史、马克思主义经典著作解读、历史科研组织、历史教学、世界史等方面做出贡献。

他们置身于浓厚的马列主义学风中，力求用马列主义思想改造旧中国的学风与文风，塑造全新的学术样态，在自觉顺应并推进新政权总体政治格局的思想指导下，大力促进学术繁荣。华岗所说"结合中国革命实际和历史实际阐明马克思列宁主义、毛泽东思想"①，反映了当时中国马克思主义史学的整体样貌。

改革开放前中国马克思主义史学的基本任务，就是筑牢唯物史观的指导地位，在民国时期中国马克思主义史学成就的基础上，结合新中国的形势与任务，继续拓展、深化。同时，通过对资产阶级史学的批判，提出一批新的史学命题，促使中国史学自觉地与新的历史环境与社会条件相适应。

"文化大革命"结束后，健在的老一辈马克思主义史学家的基本共识是继续坚定信仰、维护马列主义；同时适应形势的发展，力求有所拓展和前进。在原有的宗旨下加入开放的特质，是新时期马克思主义史学家们的基本学术取向。

20世纪50年代成长起来的一大批马克思主义史学家继承"五老"等人开创的学术话语体系，站在新的时代高度，通过对新旧史料的深入解读，扩展了马克思主义史学的研究领域，深化了以往的历史认识。他们当中许多人对新时期史学的发展做出了贡献。这批人是新中国马克思主义史学的中坚力量。

目前，中国史学状态已经发生很大变化。其中有一批优秀学者沿着老

---

① 葛懋春：《回忆早期〈文史哲〉杂志社社长华岗同志》，《文史哲》1998年第4期。

一辈马克思主义史学家所开创的路径，不断开拓进取，为构建中国特色社会主义历史学研究的新样态做出了贡献。

展望中国史学的未来发展方向，应进一步发挥历史唯物主义观点，把它放在现时代，自觉地构建与中国特色社会主义理论体系相匹配的新型马克思主义史学形态。

（作者单位：中国社会科学杂志社）

二十世纪之初的"新史学"思潮及其意义

——兼论如何认识梁启超《新史学》的局限性

杨艳秋

一 "史界革命"理念之形成

1895 年 4 月，中日甲午战争的战败方清王朝和日本签订了屈辱的《马关条约》，消息传至北京，上下震动，王朝统治者、各阶层士大夫和朝野学人都深受刺激。痛定思痛，公认日本以撮尔岛国能够走向富强，皆因明治维新收得实效。于是维新变法运动涌动全国，新闻界、舆论界一马当先，《中外纪闻》（1895，北京）、《时务报》（1896，上海）、国闻报（1897，天津）、《湘报》（1897，湖南）先后创刊出版，强学会、南学会等纷纷成立，全国议论时政的风气逐渐形成。伴随着维新思潮的高涨和变法运动的推进，思想文化上也掀起了破旧立新的浪潮，史学界斥责君史、倡导民史的呼声渐次展开。

1896 年，康有为编纂《日本书目志》，指出："吾中国谈史裁最尊，而号称正史、编年史者，皆为一君之史，一国之史，而千万民风化俗尚不详焉。而谈风俗者则鄙之与小说等。岂知谱写民俗，惟纤琐乃详尽，而后知其教化之盛衰，且令天下述而鉴观焉。史乎！岂为一人及一人所私之一国计哉！"[①] 1897 年上半年，梁启超在发表于《时务报》上的《论译书》中指出，中国之史，长于言事，西国之史，长于言政。"言事者之所重，在一朝一姓兴亡之所由，谓之君史。言政者之所重，在一城一乡教养之所起，谓之民史"。他认为农业史、商业史、工艺史、矿史、交际史、理学

---

① 康有为：《日本书目志》，《康有为全集》第 3 集，上海古籍出版社 1992 年版，第 763—764 页。

史（谓格致等新理）之类，才是"史裁之正轨也"①。同年底，在《湖南时务学堂札记批》《叙译列国岁计政要叙》中，他重申有君史、国史、民史之别，同时批评二十四史"则只能谓之廿四家谱耳！无数以往人与骨皆朽化矣，而斤斤记其鸡虫得失，而自夸史学，岂不谬哉！"②1898 年 3 月，徐仁铸在《湘报》撰文说："旧史，仅记一姓所以经营天下保守疆土之术，及其臣仆翼戴褒荣之陈迹，而民间之事悉置不记载，然则不过十七姓家谱耳，安得谓之史哉？故观君史民史之异，而立国之公私判焉。"③同年，谭嗣同在《湘报后序》中倡导以报纸彰显民史："新会梁氏有君史、民史之说。报纸即民史也。彼夫二十四家之撰述，宁不烂焉，极其指归，要不过一姓之谱牒焉耳"④。

即使是虽接触过西方文化但思想十分保守的王国维，也有类似的感受，1899 年，他代罗振玉为那珂通世的《支那通史》翻译本作序，认为若以进化论观点衡量中国旧史，唯司马迁《史记》略与之相近，"此外二十余代载籍如海，欲借以知一时之政治风俗学术，比诸石层千仞，所存僵石不过一二，其他卷帙纷纶，只为帝王将相状事实作谱系，譬如斯宾塞氏'东家产猫'之喻，事非不实，其不关体要亦已甚矣"⑤。

这些言论表明：对中国传统旧史学极为不满而要求变革，已经成为部分敏锐学者的公开诉求，其产生于国难的激发，与改革政治体制的呼声互为表里，紧密关联。20 世纪第一年（1900）发生八国联军侵占北京的重大事件，次年签订的《辛丑条约》，更是超过中日《马关条约》的屈辱国耻，这在中国思想文化上的激荡力量也定然更为巨大。作为政治改良派代表人物、舆论领袖的梁启超，在已有史学思想的基础上大加发挥，提出较为全面和激进的新史学理念，乃是顺理成章的取向。1901 年，他在《中国史叙论》中率先表述了"史之界说"：

① 梁启超：《变法通议·论译书》，《饮冰室合集·文集之一》，中华书局 1989 年版，第 64 页。

② 梁启超：《湖南时务学堂札记批（节录）》，吴嘉勋、李华兴编：《梁启超选集》，上海人民出版社 1984 年版，第 62 页。

③ 尹达：《中国史学发展史》，中州古籍出版社 1985 年版，第 409 页。

④ 蔡尚思、方行：《谭嗣同全集（增订本）》下册，中华书局 1981 年版，第 419 页。

⑤ 《重刻支那通史序》，周锡山编著：《王国维集：第 4 册》，中国社会科学出版社 2009 年版，第 469 页。

　　史也者，记述人间过去之事实者也。虽然，自世界学术日进，故
近世史家之本分，与前者史家有异。前者史家不过记载事实，近世史
家必说明其事实之关系与其原因结果。前者史家不过记述人间一二有
权力者兴亡隆替之事，虽名为史，实不过一人一家之谱牒。近世史
家，必探察人间全体之运动进步，即国民全部之经历，及其相互之
关系。①

在这里，他区分了"前世史家"与"近世史家"的历史研究目的的不
同，实际上是区分了传统的旧史和他所期望的新史在性质和内容上的根本
不同。1902 年，梁启超撰成《新史学》，明确地提出了"史界革命"的口
号，大声疾呼：

　　呜呼！史界革命不起，则吾国遂不可救，悠悠万事，惟此为大。②

　　"史界革命"的目标在于建立"新史学"，这是梁启超此类著述的总题
目。而既然号称"革命"，就必然要批判旧的史学传统，以达到破旧立新
的成效。因此，梁启超《新史学》对中国旧史学的抨击是十分激烈的，他
指出："吾党常言，二十四史非史也，二十四姓之家谱而已。其言似稍过
当，然按之作史者之精神，其实际固不诬也。"梁启超列举了传统史学具
有的四大弊端："一曰知有朝廷而不知有国家"，"二曰知有个人而不知有
群体"，"三曰知有陈迹而不知有今务"，"四曰知有事实而不知有理想"。
"缘此四蔽，复生二病"："其一能铺叙而不能别裁"，"其二能因袭而不能
创作"。由此又造成三大恶果："一曰难读"，"二曰难别择"，"三曰无感
触"，这使得素称发达的中国史学无法发挥如同欧美史学一样的作用，"而
不能如欧美各国民之实受其益"③。依此理由，传统旧史学不能不抛弃，
在国难深重的时代必须参照西方史学建立中国的"新史学"，"史界革命不
起，则吾国遂不可救"成了梁启超等人心目中救亡图存之要义。梁启超的

---

① 梁启超：《中国史叙论》，《饮冰室合集·文集之六》，中华书局 1989 年版，第 1 页。
② 梁启超：《新史学》，《饮冰室合集·文集之九》，中华书局 1989 年版，第 10 页。
③ 同上书，第 3—7 页。

呼吁得到广泛的、积极的响应，迅即形成波澜壮阔的新史学思潮。而值得注意的一个问题是：主张政治改良、反对革命的梁启超等，为何会在"史界"高唱"革命"？

众所周知，康有为、梁启超等改良派对社会变革的诉求是自上而下的改革，反对推翻清朝的革命，这与以孙中山为代表的革命派理念有着显著的区别。但改良派在文化思想上的作为，却相当激进，康有为的《新学伪经考》《孔子改制考》等著述，在学术和历史观上都具有颠覆性，而前引康、梁1897年之前对中国史学的讥评，也已开《新史学》某些观点的先河。戊戌维新失败后，梁启超逃往日本，成为清政府通缉的要犯，其愤懑之心，可想而知。1898—1900年，梁启超与孙中山有过频繁来往，部分地赞同了孙中山的主张，双方曾一度积极谋求合作。但二人在是否以武力颠覆清朝这个根本问题上，始终未能达成共识，加之康有为的干预，梁启超依然保持了改良主义的立场。1900年初，梁启超打着与孙中山合作的旗号到海外檀香山等地活动，宣称其保皇会"名为保皇，实则革命"，将大批兴中会人员和捐款拉入保皇会，与孙中山的决裂已经不可避免。《辛丑条约》的签订，显示了中国政治和社会危机的加重，革命还是改良的选择，日益迫在眉睫。梁启超按照开民智、振民气的"新民"理念，推出"史界革命"说以图拯救，既可遮蔽政治革命，又能壮大改良派的声势。因此，《中国史叙》《新史学》虽然是论述历史学，但其中则洋溢着政治的情结，让史学背负了"惟此为大"的救国重任。

二 "新史学"思潮的兴起及其意义

梁启超在批判旧传统史学弊端的同时，更阐明了"新史学"的标准，从而完成了新史学理论的奠基工作。1902年发表在《新民丛报》上的《新史学》，是在一定时代背景的激发下，以西方传来的历史进化论为思想基础，糅合西方多种史学流派的观点，并参考浮田和民等日本学者著述而撰成，因而比较系统地提出了建设新史学的理念。这在许多相关论著中都有详细的叙述，在这里仅就其要点简述于下：

其一，"历史者，叙述进化论之现象也"。他论述说："进化者，往而不反者也，进而无极者也。凡学问之属此类者，谓之历史学。"①也就是说，新史学的本质应当以进化论为指导，叙述考察种种进化现象。

其二，"历史者，叙述人群进化之现象也"。梁启超认为，人类的进化是人群进化的结果，"食群之福，享群之利"，历史最应关注的事情是人群，"欲求进化之迹必以人群"。"盖人类进化云者，一群之进也，非一人之进。如以一人也，则今人必无以远过于古人。"②

其三，"历史者，叙述人类进化之现象，而求得其公理公例者也"③。如前所言，这里的"公理公例"指的是历史哲学的范畴。梁启超强调："历史与历史哲学虽殊科，要之，苟无哲学之理想者，必不能为良史，有断然也。"④

其四，关于史学之功用，梁启超认为，史学为"学问之最博大而最切要者也"，为"国民之明镜也，爱国心之源泉"，甚至指出："今日欧洲民族主义所以发达，列国所以日进文明，史学之功居其半焉"。而只有寻求"公理公例"即历史哲学中的理性的认识，史学才能够具有应有的社会作用。⑤

其五，关于史学研究方法，梁启超批评传统史学"知有一局部之史，而不知有人类以来全体之史"，指出："夫欲求人群进化之真相，必当合人类全体而比较之，通古今文野之界而观察之"。这就要求史家放开眼界，不能局限于一个地区、一个国度的研究，否则难以达到"求得其公理公例者"的目标。梁启超还批评"徒知有史学，而不知史学与他学之关系"的弊病，认为各种"科学"如地理学、地质学、人种学、言语学、群学、政治学、宗教学、法律学、平准学，皆与史学有直接之关系。其他如哲学范围所属之伦理学、心理学、论理学、文章学，及"天然科学"范围所属之天文学、物质学、化学、生理学，其理论亦常与史学有间接之关系，提出"取诸学之公理公例，而参伍钩距之，虽未尽适用，而所得又必多矣"。这在当时是十分先进的学术主张。

《新史学》甫一面世，立即产生了巨大影响，响应者极为广泛，如具

---

① 梁启超：《新史学》，《饮冰室合集·文集之九》，中华书局1989年版，第7页。
② 同上书，第9页。
③ 同上书，第7—10页。
④ 同上书，第10页。
⑤ 同上。

有革命派思想的学者陈黻宸正在主持上海《新世界学报》，于1902年9月发表《独史》，申明"史者，民之史也，而非君与臣与学人词客所能专也"，慨叹"呜乎！我中国之无史久矣"。①邓实于1902年8月于《政艺通报》刊登《史学通论》称："中国史界革命之风潮不起，则中国永无史矣，无史则无国矣"。马叙伦在《新世界学报》发表《史学总论》，力主"诚宜于历史学，人人辟新而讲求之"②。1903年，上海镜今书局出版的《中国新史学》例言中写道："中国学科夙以史学最为发达，然推其极，亦不过一大相斫书而已。故非于史学革新，则旧习终不能除。"③旧学传统较深的王舟瑶亦在其《中国通史讲义》中指出："中国之史，重君轻民，陈古而略今，正闰是争，无关事实，纪传累卷，有似志铭，鲜特别之精神，碍人群之进化，所以贻新学之诮，来后生之讥。"④ 这说明进化论史学思想已然深入人心，大批学者具有强烈的求变心理，梁启超的议论切合了某种时代的要求，新史学的思潮迅猛兴起。坚持旧传统史学的文人学者固然有之，但在新史学潮流的冲击下，传统旧史学在理论上难以应对，史学界的主流呈现出一派新气象，史学发展的前沿具备了新的共同趋势。

第一，转换旧史学的认识标准，以进化论历史观为标准进行史学研究。在历史发展的认识论上，梁启超提出了系统的历史进化观，除《新史学》内的丰富论述之文，还在《论学术之势力左右世界》一文中指出："数千年之历史，进化之历史，数万里之世界，进化之世界也"。同时代的章太炎也认为，历史要"发明社会政治进化衰微之原理"，修史应"深识进化之理，是乃所谓良史也。因是求之，则达于廓氏（廓模德，今译孔德）、斯氏（斯宾塞）、葛氏（葛通哥斯，今译吉丁斯）之说，庶几不远矣"⑤。曾鲲化亦认为，历史学精神就是阐明社会、人类的进化之理，他说："近世以来，英国大哲学家达尔文、斯宾塞等，阐发天演公理，曰'社会者，经岁月而愈复杂者也。人智者，经复杂而愈进化者也'，余谓历

---

① 陈黻宸：《独史》，《陈黻宸集》，中华书局1995年版。
② 马叙伦：《史学总论》，《新世界学报》1902年第1期。
③ 俞旦初：《二十世纪初年中国的新史学思潮初考》，《史学史研究》1982年第3期。
④ 胡逢祥、张文建：《中国近代史学思潮与流派》，华东师范大学出版社1991年版。
⑤ 章太炎：《致吴君遂八》，汤志钧：《章太炎年谱长编（上）》，中华书局1979年版，第141页。

史学之精神，亦以此为根据也"①。

第二，转换旧史学的价值标准，以民史替代君史。梁启超指出，封建旧史家著史"皆为朝廷上之君若臣而作，曾无一书为国民而作者也"②，陈黻宸受到《英国人民简史》影响，认为："史者，民之史也，而非君与臣、与学人词客所能专也。"提到要作"平民习业表""平民户口表""平民风俗表"及任侠、高士、列女、一家、义民、盗贼、胥吏等列传。③强调对平民社会生活的考察。邓实认为史的精神是民："盖史必有史之精神焉，民哉，中国三千年而无一精神史也，其所有则朝史耳，而非国史，君史耳，而非民史，贵族史耳，而非社会史"，他在《政艺通报》发表《民史总叙》和《民史分叙》，对什么是民史、民史的对象和意义、民史和民权的关系、民史专史的编修方法等进行了集中的论述。提出从种族、言语文字、风俗、宗教、学术、教育、地理、户口、实业、人物、民政、交通等方面撰写"民史"。

第三，强化史学的社会功能，欲以新史学拯救国家危亡。梁启超认为史学为"学问之最博大而最切要者也"，是"国民之明镜也，爱国心之源泉"。陈黻宸在《独史》中写道："国而无史，是为废国，人而弃史，是为痿人。"④1902年，马叙伦对史学在诸学中地位的论述也引人注目，他说："史学，群学也，名学也，战术学也，种种社会之学，皆于史乎门键而户钥之者也。史之为用亦大矣哉！故一国之有史，为一国文明之所寄；一人之有史，为一人术业之所存。历史一门，固世界中第一完全不可缺乏之学矣。"⑤曾鲲化撰写新的中国史，也是本着振奋国民精神的目的，他陈言道："今欲振发国民精神，则必先破坏有史以来之万种腐败范围，别树光华雄美之新历史旗帜，以为我国民族主义之先锋。"⑥在新史学倡导者们看来，史学乃是一种救亡的工具，拔高了史学的社会作用。

第四，吸纳其他学科理论，谋求史学的科学性。随着近代"科学"的引入及"科学主义"思潮的兴起，中国人开始以西方"科学"的眼光来衡

---

① 姜义华、武克全：《二十世纪中国社会科学·历史学卷》，上海人民出版社2005年版，第9页。

② 梁启超：《新史学》，《饮冰室合集·文集之九》，中华书局1989年版，第3页。

③ 陈黻宸：《独史》，《陈黻宸集》，中华书局1995年版，第574页。

④ 同上书，第569页。

⑤ 马叙伦：《史学总论》，《新世学报》1902年第1期。

⑥ 俞旦初：《二十世纪初年中国的新史学思潮初考》，《史学史研究》1982年第3期。

量旧史。梁启超在《新史学》中强调历史研究要"求得其公理公例",史学要借助与其有直接或间接关系的地理学、地质学、人种学、人类学、语言学、政治学、宗教学、经济学、伦理学、心理学、天文学、物质学、化学等学科的"公理公例",实际上已经涉及了建立科学的史学问题,因此,许冠三以梁启超为中国"科学史学"的开端。其他许多学者,亦有共识,如汪荣宝批评旧史学撮录数千年的故事,只发挥劝善惩恶的作用,"未能完成其为科学之形体",他指出:"就此众多之方面与不完全之形体,而予以科学的研究,寻其统系而冀以发挥其真相者,是今日所谓史学研究者之目的也。"[①]曹佐熙叙述其《史学通论》的撰述宗旨说:"与吾国助学之士究心史道,探邃索隐,原始要终,陶冶古今中外百家之方,以自成科学。"陈黻宸认为史学中应有各个学科的内容,认为"史学者,合一切科学而自为一科者。无史学,则一切科学不能成,无一切科学,则史学亦不能立","而欲兴科学,必自首重史学始"[②]。可见以科学为标准改造旧史学,是当时新史家的理想选择。

第五,以新的体例,编撰新式史学著作。改革旧体史书,编纂新的史著是新史学思潮的实践,章太炎、梁启超、陈黻宸等人都设计了中国通史的编纂方案。在新史学思潮兴起的早期阶段,就出现了多种新式章节体的中国通史著作,其中曾鲲化的《中国历史》、夏曾佑的《中国古代史》、刘师培的《中国历史教科书》为其中代表,具有较大的影响力。

曾鲲化的《中国历史》1903年由上海东新译社出版上卷,1904年续出下卷。这部著作"仿泰东泰西文明史及开化史例。分通部为若干编,编区以章,章画于项,项附于节。编界一大世变,章界一小时变,而项多系一事,节概限一意,提纲挈领,脉络厘然"。内容上广泛涉及政治、教育、学术、外交、军事、地理、宗教、习俗、实业、财政、交通、文化艺术等社会各个领域的发展,并致力于探讨社会进化大势和盛衰兴灭之原因。"每编尾必综论其时代之社会与国民之情状,使读者按其系统之活脉,以吞纳四千年历史上舞台之万因万果。"由于有这些全新的特点,《中国历史》受到学界的广泛欢迎,《国粹学报》认为此书"放大光明于我国史

---

① 汪荣宝:《史学概论·序论》,《译书汇编》1902年第9期。
② 陈黻宸:《京师大学堂讲义》,《陈黻宸集》,中华书局1995年版,第676页。

界"①；《浙江潮》更赞扬是书"体裁新辟，材料丰多，而又以民族主义为宗旨，诚我国历史界开创之大作，而普通学教科书中稀有之善本也"，"国民国民，不可不急读"。②

夏曾佑的《最新中学中国历史教科书》（1904年至1906年）（后更名为《中国古代史》）是我国最早采用章节体编写的中国通史著作。原拟出版五册，但只出了三册。全书分4章、170节，运用进化史观，按照中国数千年历史的发展特点，将中国历史分为上古（自草昧以至周末）、中古（自秦至唐）、近古（自宋至清）三世，三世又划分为七期，即"七小时代"：上古之世分为传疑（太古三代）和化成（周中叶至战国）时代；中古之世分为极盛（秦至三国）、中衰（晋至隋）和复盛（唐朝）时代；近古之世则分为退化（五代宋元明）和更化（清）时代。"总以发明今日社会之原为主"。从历史的整体发展历程来考察中国历史，反映出中国历史发展的总体趋势和古今演进。据俞旦初考证，20世纪初编写的新式中国史书，能历久不衰，被史学界推崇50年以上的，只有夏曾佑的这部《中国古代史》。③

刘师培所著《中国历史教科书》（1905—1906年）由国学保存会出版。所述内容自上古至周末。作者在"凡例"中阐明，此书编写，"其用意与旧史稍殊"。"其注意之处，在于历代政体之异同，种族分合之始末，制度改革之大纲，社会进化之阶级，学术进退之大势。"④ 也就是说，他论述的重点是历代政体之变化、制度改革之大势、种族分合之始末、社会阶级之进化，以及历代学术的发展演进。

综上所述，20世纪初短短几年的时间内，不仅产生了"新史学"的理论，而且撰成多种依据新史学理念的通史著述，一个理论和实践皆获突出成果的新史学思潮汹涌澎湃，得到广泛的赞许和追随，使中国史界的面貌大为改观，具有重大的史学意义和社会意义。

首先，新史学思潮的理念与新式通史著述，具有中国传统史学所未有的特征和优点，即以西方进化论史学为理论基础，倡导"民史"，新式史著多采取章节体例，取裁史料机动灵活，突出重点，提供历史发展的清晰线索，有利于明确表达系统的历史观念，迅速成为最主要的撰写方式之

---

① 许之衡：《读国粹学报感言》，《国粹学报》1905年第6期。
② 《绍介新著》，《浙江潮》1903年第7期。
③ 俞旦初：《二十世纪初年中国的新史学思潮初考（续）》，《史学史研究》1982年第4期。
④ 刘师培：《中国历史教科书·凡例》，《中国历史教科书》，商务印书馆1904年版。

一。所有这些，都展示了中国的史学已经发生巨变，并且与世界史学的潮流接轨，标志着中国史学由古代向近代史学的转型，在史学史上具有划时代的地位。

其次，新史学兴起之初，虽然蕴含着改良派夸张史学的社会功效，将社会变革的责任强加于历史学，大有以"史界革命"回避和遮蔽政治革命之嫌。但实际上并未影响革命派力量的增长，新史学思潮在史界破旧立新运动的成功，否定"君史"和提倡"民史"，对政治革命思想的传播有益而无害。因此，新史学思潮的成效不仅是史学的进步，也有助于社会历史的进步。

三 如何认识梁启超《新史学》的局限性

20世纪之初的新史学思潮不是个别人的思想与活动，而是有识之士广泛参与其中形成的中国史学由古代向近代转型的文化潮流。在新史学思想的传播过程中，梁启超无疑是这一思潮的先锋，他的《中国史叙论》《新史学》等著述，在中国史界首发新论，吹响了历史学向近代转型的号角，其中《新史学》涉及的史学理论最为清晰和全面，影响也最大。因此，对梁启超《新史学》如何评价，是认识新史学思潮的关键。

经过学术界多年的讨论，《新史学》首先是一部政治理论著作，[①] 虽然这一观点还值得商榷，但《新史学》与政治有着紧密的联系这一点已经毋庸置疑。对《新史学》予以学术性的审视和反思，我们也会发现，在涉及史学理论问题的一些问题上，《新史学》不可避免地存在着作者所处环境的局限性，有一些错误的见解，不可忽视。其史学上主要的认识局限和理念错误可以归纳如下：

第一，过度强调史学的社会作用，给史学的改造赋予了整个社会赖此进步的功能，这是一个难以承受之重。夸饰史学的社会功能，必然强化史学为现实社会服务的意识，这实际是沿袭和扩大了中国传统旧史学的宗旨，在这一点上没有完成批判旧史学、建立新史学的转型，没有将史学理论置于强化学术理性的基础之上。这在当时以救国舆论为中心的思想文化

---

① 黄敏兰：《梁启超〈新史学〉的真实意义及历史学的误解》，《近代史研究》1994年第2期。

界，是很难避免的局限性。

第二，片面强调史学的经世致用效应，淡化了史学的求真准则。史学的求真准则是史学之所以能够产生、存在和发展的第一要义。史学的致用诉求，也曾在史学的发展中起到积极作用，成为史家著史、治史、承担历史责任感的源泉之一，也因此获得社会各阶层的认同。但史学的致用宗旨与史学的求真准则，二者之间存在着一定的矛盾，史学发展的进步方向，是尽力将求真置于第一位，防止因为某种社会政治的需要而扭曲历史的真实。《新史学》淡化史学求真的准则，是一较为严重的理论缺陷，这与梁启超置身于政治斗争的旋涡，更希图通过史学论述阐释政治路线的角色相关联。需要说明的是，梁启超并非反对史学的求真准则，《新史学》中提到的"偏于主观而略于客观者，则虽有佳书，亦不过为一家言，不得谓之为史"可以作为佐证。

第三，承袭了进化论学说原有的缺陷，片面强调民族、国家之间的排斥与斗争。进化论学说原为英国生物学家达尔文的科学学说，他揭示了动物、植物从低级到高级发展演化的规律，认为"物竞天择"是生物进化的动力。这是科学史上的伟大成就，影响巨大而广泛，具备思想启蒙的意义。但是，达尔文学说也有很大的局限性，他主要强调了生物界的生存竞争，忽视生物界物种之间的相互依存。达尔文学说的思路被推衍到西方社会学、历史学领域，形成了多种社会进化论的流派，有些流派在原有讹误上进一步误解，甚至走向极端化。梁启超等早期接触和学习西方社会学说的中国学者，出于救亡图存的宗旨，为警醒国人自立自强，因而孜孜于搜求世界历史上亡国灭种的残酷史实，在著述中大加渲染，强调民族、国家之间的"物竞天择"，常常不遑道及或弱化对历史上"弱肉强食"的道义评判。这在学术方面是一个令人叹息的缺憾。

第四，信从源于西方的人种论。在梁启超所处时代，西方人种论思想在中国一度广为流传。五花八门的人种论思想，有些渗入历史进化论之中，社会达尔文主义即具有这种特征。梁启超信从人种论，由来已久，他宣扬变法图强、保国保种的口号，就带有人种论的因素，《新史学》中更专题讲述"历史与人种之关系"，以人之肤色为总纲对"人种"划分优劣等级，评述不同人种在世界历史上的地位和影响。这是其思想构成中芜杂荒诞的成分，是历史观上的大谬误。梁启超对于人种论的观点也有所选择、有所改造，他在1902年撰写的《新民说》中，设想了通过"新民"

的努力，使落后民族超过优等民族，"使黄人能自新以优胜于白人"①，这就与极端的种族主义划清了界限。

第五，对中国传统史学的批评有失偏激，不少抨击违背史实。例如声称："汗牛充栋之史书，皆如蜡人院之偶像，毫无生气，读之徒费脑力。是中国之史，非益民智之具，而耗民智之具也"，"遍览乙库中数十万卷之著录，其资格可以养吾所欲，给吾所求者，殆无一焉"。② 这种否定性论断过于绝对化。同在此文，梁启超又肯定了司马迁、杜佑、郑樵、司马光、袁枢、黄宗羲六人在史学上具有创树，前后对照，则有自相矛盾之嫌。是其挥毫下笔，全凭情绪激荡，逞才批断，忘却了严谨的学术精神。

对于梁启超《新史学》等论著以及20世纪初的新史学思潮，史学界多数学者的评价是正面的、赞许的，这在总体上是正确的。也有不少论著对梁启超的《新史学》一味赞扬，则有失于片面。对《新史学》的局限性和谬误，不能视而不见，忽略不计，尤其是第一项、第二项缺陷，涉及史学理论的整体理路，故其所谓的"史界革命"，只能算是史学的近代转型，谈不上"史学革命"。梁启超等人主张废弃"君史"而改从"民史"，也只是给史学换了主题和主人，是史学之主人的"革命"，史学本身依旧处于从属的地位。何时史学摆脱为一部分人的政治利益服务，在学术基础上自主发展，无禁区、无忌讳地贯彻求真、求是的准则，方为符合史学革命的实质。

《新史学》既然是史学近代转型的理论著述，其积极意义也不应完全否定。近年来，彻底否定梁启超"史界革命"的见解，以路新生先生《梁启超"史界革命"再审视——对〈新史学〉线性进化论与"四弊二病"说的批判》③ 一文最为典型。这篇文章意图清算"史界革命""对历史学研究产生了巨大而深远的负面影响"，其间立论，有两个方面值得我们关注。一方面涉及受到新史学影响的近代史学是否退步、落后的问题。路新生先生指出余英时先生曾判断："'五四'之后的中国史学思想日益疏远本

---

① 梁启超：《就优胜劣败之理以证新民之结果而论及取法之所宜》，《饮冰室合集·专集之四》，中华书局1989年版，第9页。

② 梁启超：《新史学》，《饮冰室合集·文集之九》，中华书局1989年版，第7页。

③ 路新生：《梁启超"史界革命"的再审视——对〈新史学〉线性进化论》，《河北学刊》2013年第5期。

身的传统，转为越来越崇尚西方史学理论和方法，此时，中国史学研究和著作的素质开始显著滑落。"他则沿此而进，认为近代史学的"滑落"早于"五四"时期，"时间座标就在1902年，就在梁启超倡导'史界革命'之时"。他认为："我们只要试将同年出版的夏曾佑的《中国古代史》拿来与《廿四史》中任何一部比较一下就可以明白：所谓的'新史学'究竟是'进化'了还是'退化'了！"①另一方面则关系到如何认识梁启超的《新史学》的理论基础——历史进化论的问题，这也是路文立论最为首要的一个方面。路先生将严复、梁启超等倡导的进化论称为"线性进化论"，指斥"线性进化论正是一种'恶慧'——它教诲人怎样'使坏'，将'害'颠倒为'正法'即正义，因此愈坏却 = 愈强 = 愈优……自线性进化论昌行以后，原本正当的善恶观、正邪观已被黑白颠倒，倾易颠覆"。

限于篇幅，这里不能对路先生的文章进行细致讨论，但因以上两个方面形成的两个关键问题，却需要提出来进行商榷。

第一，新史学思潮带来的史学转型，是史学发展的进步和提高，还是中国史学的倒退与落后？这是不得不辨明的首要问题。从中国近代史学的发展来看，我们必须承认，近代中国史学大家云集，无论历史观点的深入精湛，还是历史考据的周密充实，皆远超古代，史学理论和方法更是古人所望尘莫及，更不必说金文、甲骨文、档案史料、考古发现的利用和研究的伟绩，为古代史家不可企及的梦想，在这个意义上，中国史学于此时"退落"的判断实在难以成立。即便如路先生所言，拿夏曾佑的《中国古代史》与二十四史对比，也难以得出夏著落后的结论。夏曾佑《中国古代史》是面对学生编写的教科书，实践"新史学"的理论主张，构成一个线索清晰的历史观念体系。在这一点上，相对于传统的中国古代纪传体正史而言，是超越性的进步，整整高出了一个时代。而其间具体的历史知识和论点，更是达到了前无古人的水平，例如其间对神话与传说做出历史进化论的解析，认为"神农氏"的传说反映了上古时代向农业社会的进化；将三代之前的历史视为传疑时代，不能作为信史；认为自商鞅变法始，土地开始了私有化进程，一般民人也蓄有私产。而战国时期废除世卿世禄，是政治制度的根本改变，他还指出中国上古是由无数小国兼并为少数大国，

───────────

① 路新生：《梁启超"史界革命"的再审视——对〈新史学〉线性进化论》，《河北学刊》2013年第5期。以下引述此文，不再出具注释。

由众多小族渐渐合为华夏大族；批判君主专制主义制度，指出儒术为最便于专制之教，等等。检索中国古代的历代正史，哪一部也未曾有过这样深刻、明正的议论。当然，从历史研究专业人员利用史料的角度着眼，夏曾佑的《中国古代史》确实不如古代正史资料丰富，此无他，盖夏著实践以新史学"开民智"的宗旨，只针对一般读者和学生做历史观念的启蒙。古代纪传体正史如《宋史》《元史》，姑且不说其中的记载错乱讹舛之处不胜枚举，仅就其正史修成，即将前朝实录、档案一一销毁之行径，即可谴责古代官方旧史学在保存史料方面也是功不抵过。而20世纪初"新史学"对旧有传统史学的批判虽然激烈，但从来无人主张销毁旧史。可见，新史学思潮推动的史学转型，是中国史学跨越性进步，开辟了史学发展的新天地，其不足之处可以批评、总结，但万万不能全盘否定。认识梁启超的《新史学》的史学意义，也应当坚持这个底线。

第二，评析以进化论为史学基础的《新史学》，牵涉着如何看待进化论及其在中国的流播，其中关键问题在于：是否如路新生先生所言，19世纪末20世纪初在中国流行的历史进化论是否就是"线性进化论"，提倡"弱肉强食"和宣扬"恶慧"？

历史进化论流派甚多，有的流派确实表彰残酷竞争，为侵略者的野蛮屠杀与势力扩张辩护。但这种极端化的思想大多被富于侵略性的强国统治者提倡，并不是20世纪初处于贫弱状态中国的学界之选择。严复据英国博学家赫胥黎的著述编译为《天演论》，是对进化论一个较好的选择，并不属于极端化的社会达尔文主义。严复、梁启超等学者讲解"物竞天择，优胜劣败"，将之论断为"天演"（或称"天行"）的公例，列举历史上众多的民族和国家之间以强凌弱的事例，甚至是国灭族亡，十分惨烈。这只是陈述史实，并没有将弱肉强食当作强者的光荣和正义，也没有把这些历史现象说成是永远不变的定律。《天演论》指出：

> 治化愈浅，则天行之威愈烈。惟治化进，而后天行之威损。德贤仁义，其生最优。故在彼则万物相攻相感而不相得，在此则黎民于变而时雍。在彼则役物广己者强，在此则黜私存爱者附。排挤蹂躏之风，化而为立达保持之隐……故天行任物之竞，以致其所为择；治道则以争为逆节，而以平争济众为极功……不得仍初民旧贯，使群道坠

地，而溃然复返于狉榛也。①

这段论述的思想实质是说社会的进化方向，包括要以治化来制止残酷竞争。虽然物竞天择是自然规律（天行），社会历史上也充满了这种排挤蹂躏，但治道却应当"平争济众"，不能倒退到初民的野蛮状态。与这种观念一致，梁启超也说过"今日文明世界，断无用斯巴达野蛮残酷手段之理"②。若不分青红皂白地将所有进化论都斥责为提倡"弱肉强食"，显然过于偏颇。

从梁启超等进化论思想家的著述里，我们也找不到教人"使坏"的痕迹，也无人主张愈坏等于愈强等于愈优的论说。梁启超《新民说》是以引导大众成为"新民"为宗旨的著述，其中专有"论公德""论私德"两节，将"利群"作为最佳道德准绳，反复陈说。还分析了造成道德沦落的五条原因，认为"专制政体之陶铸"、内乱、"生计憔悴之逼迫"和"学术匡救之无力"是"国民大多数恶德之源泉"，③这个见解十分深刻。改革政体、民族团结、经济上发奋图强，正是提高道德水平的主要途径，与中国畅行的历史进化论目标一致，将某些道德衰退的现象归罪于进化论思想，也难以成立。

梁启超较多地强调民族竞争中的"优胜劣败"，这里的"优"和"劣"乃指一个民族自立自强的能力，并非善、恶判断，这从其行文中可以明显看出，梁启超罗列了世界历史上的这种史实，并未赞许以强凌弱的侵略行为。问题是他叙述历史上残酷竞争的史实之际，很少对恃强欺弱的行为予以批判和谴责，这就容易造成颂扬强者的误解。毫无疑问，梁启超过于淡化了历史评论中的正义原则，应当给以批评。然而，在以警醒民众、激发民族奋发自强的目的下，叙述某些历史上"弱肉强食"现象而未加谴责，也不能过度地指责为"漠视人性"。所谓的"善""恶"标准，也应当是历史性的概念，是随着社会的发展而变化、进步和完善的。例如原始先民多有食人行为，以战争为业的上古亚述帝国往往将被征服部族全部屠杀，类似的暴行是否值得谴责，应当依据时代和世界文明发展的程度

---

① ［英］赫胥黎：《天演论》，严复译，商务印书馆1981年版，第91—92页。

② 梁启超：《天演学初祖达尔文学说及其略传》，《新民丛报》1902年第3期。

③ 梁启超：《就优胜劣败之理以证新民之结果而论及取法之所宜》，《饮冰室合集·专集之四》，中华书局1989年版，第125页。

来判断。

解决以上两个关键问题，足以显现全盘否定进化论、全盘否定《新史学》的偏激、武断和错误。准确评价梁启超的是非功过，关涉如何看待近代历史的发展，如何看待中国近代史学的发展，值得史学界引为重视。

（原载《齐鲁学刊》2015 年第 3 期）
（作者单位：中国社会科学院历史研究所）

胡乔木在改革开放初期对巩固党的
文化领导权的贡献

欧阳雪梅

胡乔木是杰出的马克思主义理论家和党在思想理论、文化宣传战线的领导人，改革开放初期，他协助邓小平在思想文化战线做了大量的工作，为巩固党的文化领导权做出了重要的贡献。

一 科学地阐述文艺与政治的关系，
促进党的文化政策调整

文艺为谁服务和如何服务是马克思主义文艺观的核心问题，毛泽东在1942年发表的《在延安文艺座谈会上的讲话》（以下简称《讲话》）中明确做出回答：我们的文艺是为着"最广大的人民大众"[①] 的，主要就是为工人、农民、兵士、城市小资产阶级劳动群众和知识分子服务，而首先是为工农兵服务。毛泽东认为，"文艺从属于政治""文艺服从于政治"。"一切文化或文学艺术都是属于一定的阶级，属于一定的政治路线的。为艺术的艺术，超阶级的艺术，和政治并行或互相独立的艺术，实际上是不存在的。"[②] 毛泽东的文艺观及其引领下的文艺实践有效地唤起、动员了民众，为促进中国革命的胜利及推动文艺的普及，为新中国的文化重建，为鼓舞人们建设国家、树立社会主义道德风尚等起了巨大的推动作用。但是，"文艺从属于政治""文艺服从于政治"，常被狭隘地理解为文艺必须配合党的政治路线和政治运动，甚至要求文艺从属于临时的、具体的、直接的政治任务，于是出现了一些长期困扰中国文化发展的问题（如政治与

---

① 《毛泽东选集》第3卷，人民出版社1991年版，第856页。
② 同上书，第865—866页。

行政干预过多、过于简单粗暴，文艺作品的概念化、公式化，学术艺术问题、思想问题和政治问题的界限时常混淆，等等)①。1957 年文化界的反右派斗争，采取行政手段和群众斗争的方式去解决意识形态领域的问题，特别是在"文化大革命"中文艺成为政治斗争的工具，教训尤其深刻。因此，如何调整文化与政治的关系是新时期亟待解决的一个问题。胡乔木对"文艺从属于政治"的提法进行了一分为二的重点阐述，推动了党的文化政策调整。

1979 年 8 月 29 日，胡乔木与中国社会科学院文学研究所的同志谈话时，对文学与政治的关系做出如下阐释："文学是上层建筑，政治也是上层建筑。但两者性质不同，任务也不同，社会作用和作用的方式也都完全不一样，两者不能混为一谈"，"政治必然影响文学，但如认为政治能够或应当决定文学的发展，那就是政治史观而不是唯物史观了"②，充分肯定了文艺的相对独立性。同年 9 月 18 日，胡乔木、邓力群致信胡耀邦并转周扬，就周扬在中国文学艺术工作者第四次代表大会上的报告《继往开来，繁荣社会主义新时期文艺（征求意见稿）》提出："全文的关键似在对文艺与政治的关系作出新的提法，不再因袭过去的文艺为政治服务、文艺从属于政治等提法。过去的提法有许多讲不通的地方，过于简单化……还是要给以历史的积极的解释和估价，因为它是当时时代的产物，也发挥了积极作用（当然也产生了消极作用），但现在仍然因袭就不适当了"③。

在 1979 年 10 月 30 日召开的中国文学艺术工作者第四次代表大会上，邓小平代表中共中央、国务院所作的祝词舍弃了"文艺为政治服务"的提法，④ 而是提出："对实现四个现代化是有利还是有害，应当成为衡量一切工作的最根本的是非标准"⑤。1980 年 1 月 16 日，邓小平在中共中央召集的干部会议上明确表示，"不继续提文艺从属于政治这样的口号，因为这个口号容易成为对文艺横加干涉的理论根据，长期的实践证明它对文艺的发展利少害多"，"文艺是不可能脱离政治的。任何进步的革命的文艺工作

---

① 杨凤城：《中国共产党 90 年的文化观、文化建设方针与文化转型》，《中国人民大学学报》2011 年第 3 期。
② 《胡乔木文集》第 3 卷，人民出版社 2012 年版，第 68 页。
③ 徐庆全：《名家书札与文坛风云》，中国文史出版社 2009 年版，第 340 页。
④ 同上书，第 345 页。
⑤ 《邓小平文选》第 2 卷，人民出版社 1994 年版，第 209 页。

者都不能不考虑作品的社会影响，不能不考虑人民的利益、国家的利益、党的利益"。① 据此，于同年 7 月 26 日《人民日报》发表社论，明确提出"文艺为人民服务、为社会主义服务"的口号，为社会主义新时期的文艺工作指出了正确的方向。② 新的"二为"方向，是党在文化建设指导思想上的重大调整。

胡乔木努力推动"二为"方向的贯彻。针对一些不赞成以"二为"方向代替原有方针的僵化思想，1982 年 6 月 25 日，他在中国文联四届二次全委会招待会上指出，"为人民服务，为社会主义服务"的提法"在表达我们文艺服务的目的方面，来得更加直接，给我们的文艺开辟的服务途径，更加宽广"。这首先是因为"政治本身不是目的，政治是达到我们的目的的一种手段""政治的目的是为人民的利益""人民、社会主义这是根本的目标，是非常广阔的概念。它们把政治包含在内，但不单单归结为政治。它们是政治的目的，政治的正确性归根到底要用人民的利益、社会主义的利益来衡量和保证"③。为人民服务，就是我们的作品是反映人民的生活的，我们站在人民的立场上，"团结人民，鼓舞和教育人民"④。执政党要领导全社会，"我们的文艺作品，毫无疑问，它的思想内容的主要倾向（如果有倾向）是要拥护人民，拥护社会主义，拥护党，表现某些强烈的政治主题，这是我们提倡的。但是，我们并不认为，这是文学艺术的唯一主题"⑤。因此，文艺"为人民服务、为社会主义服务"的提法比为政治服务的提法更加准确、更加清楚。其次，"为政治服务可以并且曾经被理解为当前的某一项政策，某一项临时性的政治任务、政治事件，甚至为某一个政治领导者的'瞎指挥'服务。应该承认，为狭义的政治服务，在某种范围内也是需要的（只要这种政治确是代表人民当时的利益），但是决不能用它来概括文学艺术的全部作用"。而"为社会主义服务是一个广泛的概念。只要有益于培养社会主义新人的世界观、理想、道德、品格、信念、意志、智慧、勇气、情操和整个精神境界，都是为社会主义服务"⑥。

---

① 《邓小平文选》第 2 卷，人民出版社 1994 年版，第 255—256 页。
② 《文艺为人民服务、为社会主义服务》，《人民日报》1980 年 7 月 26 日。
③ 《胡乔木文集》第 2 卷，人民出版社 2012 年版，第 560—561 页。
④ 同上书，第 563 页。
⑤ 同上。
⑥ 同上书，第 514—515 页。

正确把握文艺与政治关系的关键是如何实现党对文艺的领导。胡乔木明确提出党对文艺事业的领导是指党对文学艺术发展方向的领导，主要体现在方针政策的制定和贯彻上。他指出："对于社会主义事业，我们党要承担领导责任"，"但是，文学艺术方面的许多事情，不是在党的直接指挥下，经过党的组织就能够完成的，而是要通过国家和社会的有关组织、党和党外群众的合作才能进行的"，"有许多与文学艺术发展方向关系不大的事情，党没有必要也没有可能去干预"①。1981 年 12 月 27 日，胡乔木在全国故事片电影创作会议上指出：对于文艺工作，只是"无为而治"是不行的，但"'管得太具体'也不对"②。

胡乔木对文学的党性与文学家、艺术家中的共产党员的党性这一在相当长时间内是非混淆的问题进行了区分，他明确指出"这是两个不同性质的问题。共产党员文学家，首先是共产党员，同任何共产党员一样"，"他必须有坚强的党性"。因此，"共产党员文学家决不可以把他所从事的文学艺术工作当作与党无关的个人事业，而应该把它看作是党的事业的一部分，决不可以因为是文学家就自视特殊，而应该把自己看作是党的组织的守纪律的成员。这个问题比较简单，这些原则是不能含糊，不能有丝毫疑义的。"③ 至于文学的党性，"是文学作品的思想内容、思想倾向中所集中表现的阶级立场、政治立场、党派立场，这并不是一般文学作品所普遍具有的"，④"不必要也不应该成为对所有的文艺作品的要求"；"如果那样要求……我们的文学观就太狭窄了"。而且，"这种倾向性，如恩格斯所指出的，'要从场面和情节中自然而然地流露出来，就是说，要通过深刻反映社会生活本身的规律，通过严格遵循艺术创作本身的规律来表现，而不应该违背生活、违背艺术的规律，从外面加进来，硬塞给读者"⑤。他根据中外文学的客观事实，指出文学艺术有多种多样的形式，有的带有一定的倾向性，有的很难直接说出它的社会政治倾向性来。因此，"只要是合乎美学标准的，也能够在一个方面起为人民服务、为社会主义服务的作用。我

---

① 《胡乔木文集》第 2 卷，人民出版社 2012 年版，第 555—556 页。
② 《胡乔木文集》第 3 卷，人民出版社 2012 年版，第 188 页。
③ 《胡乔木文集》第 2 卷，人民出版社 2012 年版，第 557 页。
④ 同上书，第 558 页。
⑤ 同上书，第 559 页。

们也要让这一类作品充分发挥它们的积极作用"①。这一理念拓展了文学艺术的表现空间，是对文艺多样性的包容与鼓励，是繁荣社会主义文艺的基础，利于纠正以往长时期把文艺功能狭隘化的现象。

上述文艺与政治的相关问题，都是当时理论与实践中亟待解决的问题，胡乔木条分缕析地阐释解决了人们的思想困惑，有利于"二为"方向的贯彻落实，推动政治与文艺间的良性互动。

二　实事求是地批判毛泽东的文艺思想

文化领域在"文化大革命"中是重灾区。文化领域的拨乱反正，如果不对毛泽东的文艺观做出科学分析，就不能澄清人们的思想，真正完成拨乱反正的任务。"文化大革命"后，在邓小平主持下制定的《关于建国以来党的若干历史问题的决议》（以下简称《决议》），回答了什么是毛泽东思想，为什么要坚持和发展毛泽东思想，以及怎样区分毛泽东晚年的错误与毛泽东思想等一系列理论与实践问题，完成了指导思想上的拨乱反正，但《决议》没有具体评价毛泽东的文艺思想。胡乔木是《决议》起草工作的负责人，又是毛泽东《讲话》的整理者、宣传者，对毛泽东文艺思想及其实践有深刻的认识。

1981 年 8 月 8 日，在中宣部召开的思想战线问题座谈会上，胡乔木就怎样认识毛泽东的文艺思想发表了意见。他指出，《讲话》的根本精神，"不但在历史上起了重大的作用，指导了抗日战争后期的解放区文学创作和建国以后的文学创作的发展，而且是我们在今后任何时候都必须坚持的。"②《讲话》的要点是："文学艺术是人类社会生活的反映，生活是文学艺术的唯一的源泉……在人民当家作主的地方，必须深入到人民的生活中间去……才能够写出反映他们的生活、符合他们的需要的作品""作家要站在无产阶级和人民的立场上，创造文学艺术的作品，来团结和教育人民，惊醒和鼓舞人民，推动人民为反对敌人、改造旧社会旧思想、建设新社会新生活而斗争"③。胡乔木指出："这些都是完全正确的。在今天的社

---

① 《胡乔木文集》第 2 卷，人民出版社 2012 年版，第 558 页。
② 同上书，第 513 页。
③ 同上。

会主义时代，党中央提出文艺要为人民服务，为社会主义服务，这是毛泽东同志的文艺思想在社会主义条件下的运用和发展。"他强调："坚定不移地站在人民的立场上，为人民服务，首先是为工农兵服务，这是我们必须坚持而不能动摇的。"①

同时，胡乔木提出："对毛泽东同志的文艺思想也要采取科学的分析态度。我们不能用'句句是真理'或者'够用一辈子'那样的态度来对待"，"长期的实践证明，《讲话》中关于文艺从属于政治的提法，关于把文艺作品的思想内容简单地归结为作品的政治观点、政治倾向性，并把政治标准作为衡量文艺作品的第一标准的提法，关于把具有社会性的人性完全归结为人的阶级性的提法……这些互相关联的提法，虽然有它们产生的一定的历史原因，但究竟是不确切的，并且对于建国以来的文艺的发展产生了不利的影响。这种不利的影响，集中表现在他对于文艺工作者发动一种急风暴雨式的群众性批判上，以及一九六三年、一九六四年关于文艺工作的两个批示上（这两个批示中央已经宣布正式加以否定）。这两个事实，也是后来他发动'文化大革命'的远因和近因之一"，"这个沉痛的教训我们必须永远牢记"。他还指出："我们也要看到，毛泽东同志即使在晚年，对文艺问题也发表过一些好的思想。比方说，'古为今用，洋为中用'戏曲改革，从原则上来说，也是正确的"；1975年，毛泽东"重新提出了'百花齐放'的口号"。②他希望对毛泽东文艺思想的"正确的核心要坚决加以维护和发展，对于它的某些不正确方面不要重蹈覆辙"③，并提出"任何时候都必须全面地看问题"④。

对衡量文艺作品的标准，胡乔木进行了详尽的阐述。他指出："对于一部作品，应该从思想内容和艺术形式两个方面去评价。从总体上来说，文艺作品的思想内容涉及的方面很多，包括政治观点、社会观点、哲学观点、历史观点、道德观点、艺术观点等，而且这些观点在文艺作品中都不是抽象的，而是同艺术的形象、题材、构思、艺术所反映的生活真实相结合的。这就要求我们在衡量、评价一部作品的思想内容时，除了分析它所包含的政治观点、政治倾向性以外，还必须分析它所包含的其他方面的思

---

① 《胡乔木文集》第2卷，人民出版社2012年版，第513、519页。
② 同上书，第515—517页。
③ 同上书，第516页。
④ 同上书，第488页。

想内容，它对生活的认识价值，这样才能全面地评价作品的思想意义。否则，就不可能做到这一点，而且势必会硬把作品变成某种政治观点的图解物。因此，不能把文艺作品的思想内容仅仅归结为政治观点、政治倾向性（毫无疑问，革命的政治观点、政治倾向性对革命作家是绝对重要和绝对必要的），不能孤立地把政治标准作为衡量文艺作品的第一标准。硬要那样做，就必然导致实践上的简单粗暴，妨碍文艺创作、文艺批评的健康发展"①，不利于文艺的繁荣。

实践证明，胡乔木对毛泽东文艺思想的分析与判断是比较客观的、实事求是的，对繁荣和发展社会主义文艺具有深远的意义。

三　以正确的文艺批评引导文艺的社会主义方向

随着改革开放的深入，文学艺术不断繁荣发展，但也有人将四项基本原则污蔑为"四根棍子"，说发表反革命言论也享有"自由"，把"双百"方针理解为不要坚持四项基本原则，主张无底线的"创作自由"。针对一些人对"双百"方针的曲解，胡乔木指出："双百"方针的基本点，"就是在学术上实行民主讨论，在艺术上实行自由竞赛，通过批评和自我批评，来发展正确和先进的东西，纠正错误和落后的东西，用真、善、美来克服假、恶、丑，来求得社会主义科学文化事业的健康前进"②，不能把它作为自由发表错误言论的依据。而且，"双百"方针不是党在思想工作方面的唯一方针，是与"二为"方向、在一切社会政治思想领域中都要确立马克思主义的领导地位、批评和自我批评等一系列方针联系在一起的。③

胡乔木坚持文艺批评的着眼点是文艺的社会主义方向。他指出："正确的批评当然首先要坚持四项基本原则。"④ 对错误的思潮和作品一定要进行批评，"在社会主义中国，在我们的文学刊物上，对于反对共产党、反对社会主义、反对马克思主义的作品（这当然有各种各样的情况），是不

①　《胡乔木文集》第2卷，人民出版社2012年版，第515页。
②　《毛泽东选集》第3卷，人民出版社1991年版，第493页。
③　《胡乔木文集》第2卷，人民出版社2012年版，第494页。
④　同上书，第507页。

能宽容的"①。1981 年 8 月，在思想战线问题座谈会上，胡乔木说："我们对电影剧本《苦恋》和根据这个剧本拍摄的影片《太阳和人》进行批评，就是因为它们歪曲地反映了我国社会现实生活的历史发展，实际上否定了社会主义的中国，否定了党的领导"②。不通过文艺批评使我们的文艺界、思想界和全党受到教育，增强同资产阶级自由化倾向做斗争的能力，我们的文艺事业和其他事业就很难保证自己的社会主义发展方向。胡乔木还对文艺界思想涣散软弱的现象提出了严厉批评。他说："对于《苦恋》这样显然存在着严重政治错误的作品，我们的文艺批评界的许多同志竟然长时间内没有给以应有的批评，直至让它拍成电影。在《解放军报》发表批评以后，一些同志除了指责这些评论文章的缺点以外，仍然不表示什么鲜明的态度。这不但是软弱，而且是失职。在社会科学和其他思想工作领域内，也有一些类似的情况，我们再不能容忍这种状态继续存在下去了。"③

同时，胡乔木反对批评的简单、笼统和粗暴。他指出："文艺批评是一门专门的科学"，认为开展"正确的批评至少要具备三个条件。第一，对需要批评的对象，需要批评的人或事，或观点，要有全面、深入的了解"；"第二，人民内部的批评，一定要有团结的愿望"；"第三，从以上两个前提出发，我们的批评要既入理，又入情"。"入理是说切合事理，充分说理，持之有故，言之成理；入情是说保持同志态度，准确理解和分析被批评者的心理状态，动之以情，而不要不近人情。"④

四　重视文艺的力量和社会效益

文艺是文化建设的内核，文艺作品是国家意识形态传播的主要载体，在历史转折时期，胡乔木非常重视发挥文艺凝心聚力的作用。1980 年 3 月 28 日，在纪念"左联"成立 50 周年大会上讲话时，他向文艺工作者发出号召："让我们携起手来，放声歌唱，用各种各样健康的、对祖国和自己的前途充满信心的歌声来鼓舞全国的工人、农民、知识分子、战士和广大

---

① 《胡乔木传》编写组编：《胡乔木谈文学艺术（修订本）》，人民出版社 2015 年版，第 258 页。

② 《胡乔木文集》第 2 卷，人民出版社 2012 年版，第 481 页。

③ 同上书，第 490 页。

④ 同上书，第 508—509 页。

的革命青年，鼓舞他们建设和保卫我们的祖国，建设和保卫我们的社会主义的新生活！"①

改革开放初期，文艺政策的重大调整、改革开放的伟大时代唤起了文艺家的创作激情及对艺术的探索、求新，但也出现了一些思想上的混乱。一方面，一些人在"文化大革命"中产生的怀疑、迷茫、失望甚至怨恨的情绪没有散去；另一方面，随着国门的打开，中国文化领域掀起一股翻译、学习西方文艺理论和作品的热潮。文艺创作中，一些人深受非理性主义思潮的影响，热衷于写所谓的社会阴暗面，把历史过程偶然化、虚无化，把现实世界碎片化、功利化，把人性挖掘欲望化、丑恶化，一些作品呈现出灰暗、虚无、暴力、色情和艺术实验至上的特征。这种思想取向显然不利于鼓舞人们同心同德、"一心一意搞建设"。对此，胡乔木进行了积极引导，他认为："文学艺术的读者既然是广大人民群众，就不能不要求它用反映人民的利益和意志的社会主义思想来团结人民、鼓舞人民、教育人民"②。关于文艺作品怎样对待现实生活中的阴暗面以及应怎样对待"文化大革命"等历史问题，他指出："揭露和批判阴暗面，目的是为了纠正，要有正确的立场和观点，使人们增强信心和力量，防止消极影响。"③ 他肯定了过去几年大量出现的关于反右派、"反右倾"和十年动乱的揭露性作品对于认识历史，批判"左"倾错误，揭露林彪、江青反革命集团的罪行，产生了积极的作用。④ "我们党从打倒'四人帮'以来，经过差不多五年的时间，才给'文化大革命'和建国以来历史上的一些其他问题作了科学的总结，目的就是为了和过去的错误告别"，因此，他"希望全国的作家、艺术家能把创作活动的重点转到当前的建设新生活的斗争中来"⑤。他指出，社会主义社会现在有，在一个很长的时间里还会有各种阴暗现象，但我们"一定要看清全局，看清主流，看清前途。我们的作家、艺术家，尤其是其中的共产党员，无论在什么时候，都应该对党和人民的前途、社会主义中国的前途抱着积极的态度"⑥。

① 《胡乔木文集》第 3 卷，人民出版社 2012 年版，第 101 页。
② 《胡乔木文集》第 2 卷，人民出版社 2012 年版，第 558 页。
③ 同上书，第 518 页。
④ 同上。
⑤ 同上书，第 519 页。
⑥ 同上书，第 519、521 页。

胡乔木对片面宣传现代派的思潮也进行了批评。1983 年 6 月，在中共中央宣传部部务扩大会议上的讲话中，他肯定"艺术的创新是永远需要的""艺术包括文学总是不断地推陈出新"，但是，他反对"在创新的名义下反对社会主义"①。通过分析中外文学艺术发展的大量历史事实，他指出"艺术的历史说明，艺术不能离开生活"②。对于引起讨论的文学中自我表现的问题，胡乔木认为，"在某种意义可以说，任何作家的创作都是自我表现""因为任何创作都不能离开作者的感情、思想，作家必然要追求自己的个性"，但对自我表现要进行具体分析，看"它究竟反映了什么东西、表现了什么东西"③。他指出："假如我们的文学艺术不要社会功能，不要社会内容，抛弃了社会利益，这和社会主义的根本原则是不相容的。"④ 对当时文艺界一些人盲目推崇现代派的情况，他指出："现代主义在二十世纪也不能成为主流""反理性主义很难写出好作品来"，而"现实主义作品产生了许多文学人物、场景，提出了许多有社会意义的问题，道路很广阔。现代派太不能与之相比了"⑤。胡乔木针对当时有些人对于现代派片面宣传的情况，提出对两种不同性质的问题采取两种不同的态度："假如宣传任何艺术都是根本不要什么内容的，说这是艺术的唯一出路，那么我们就要跟这样的观点进行争论"；"如果在利用现代派技巧的幌子下来掩盖反对社会主义的内容，那么我们是要坚决反对的"⑥。但他不排斥对现代派技巧的借鉴。王蒙是当时借鉴现代派写小说的最有影响的作家。1981 年，胡乔木读了《王蒙小说创新资料》后"对之很欣赏"，致信王蒙，并"写了一首五律""表达他阅读的兴奋心情"⑦。他期待王蒙写出更多反映现实、催人奋进的新作。

作为中央负责意识形态工作的负责人，胡乔木对作家和作品非常熟悉。他对郭小川的《厦门风姿》、茹志鹃的《百合花》、魏巍的《东方》、莫应丰的《将军吟》、谌容的《人到中年》、陈祖芬的《共产党人》、从维

---

① 《胡乔木传》编写组编：《胡乔木谈文学艺术（修订本）》，人民出版社 2015 年版，第 258 页。
② 同上书，第 263 页。
③ 同上书，第 259 页。
④ 同上书，第 265 页。
⑤ 同上书，第 262—265 页。
⑥ 同上书，第 265 页。
⑦ 《我所知道的胡乔木》，当代中国出版社 2012 年版，第 311 页。

熙的《雪落黄河静无声》和《北国草》都有很高的评价。他肯定《喜盈门》《牧马人》《巴山夜雨》《高山下的花环》等电影作品，称赞电视连续剧《四世同堂》是"一部洋溢着爱国主义热情、富有民族风格和地方色彩的优秀电视连续剧""攀登上了电视艺术的高峰"，说明"中国艺术界不要一味跟在西方的现代流派后面追"，可以"制作出具有中国民族风格的高水平的作品"①。他对优秀作品竭力推介，对作家关心备至。他读了黄永玉的散文和素不相识的作家从维熙的作品，欣赏之情溢于言表，为求艺术的完美，他写了长信，像老师批改作业般认真对文字、标点和语法进行订正，不厌其烦。他读韦君宜《病室众生相》，不仅高度评价这是篇"文字清素而情致浓郁，韵在言外"的难得的散文佳作，而且还推介了韦君宜的长篇小说《母与子》，表示"深深地被这部真实的热烈的小说吸引和感动"。他对所谓现实主义"写法太'老'了"的说法不认同，表示："我不知道如果按某种新的写法写出能否还像现在这样动人"②。他坚持原则，对错误观点进行批评，但对艺术家非常爱护，对新老作家谦恭而热情。萧乾回忆与胡乔木的交往时说，他给人温暖，"常常希望让每个中国人，不论其政治地位或者一时行情如何，都能发挥些作用"③。

五　用马克思主义立场、观点和方法分析人道主义和"异化"问题

改革开放初期，一些人离开具体的历史条件和特定的社会关系，抽象地谈人道主义和所谓"异化"问题。"至1983年，国内报刊发表谈论有关异化和人道主义的文章达700多篇。"④ 他们滥用"异化"概念，大谈社会主义的"异化"，攻击中国等社会主义国家在经济、思想、政治、劳动诸领域都存在"异化"，并认为这是社会主义在自身的发展中产生出来的。文艺界则以抽象的人性论、人道主义和所谓"异化"问题为创作主题。

---

① 《胡乔木传》编写组编：《胡乔木谈文学艺术（修订本）》，人民出版社2015年版，第295页。

② 同上书，第326—327页。

③ 《我所知道的胡乔木》，当代中国出版社2012年版，第318页。

④ 当代中国研究所：《中华人民共和国史稿》第4卷，人民出版社、当代中国出版社2012年版，第274页。

1982 年 10 月，邓小平在中共十二届二中全会上对这一思潮进行了严厉批评，提出："马克思主义者应当站出来讲话""需要写有分量的文章，驳这个东西"。①

这一问题关系到对马克思主义基本原理的认识和对社会主义实践的认识，必须澄清，避免由思想理论的混乱带来消极后果。为此，胡乔木组织了一个写作班子，花了两个多月的时间，四易其稿，形成了一篇谈论人道主义和"异化"问题的文章。② 1984 年 1 月 3 日，他应邀在中共中央党校做《关于人道主义和异化问题》的报告。他指出：人道主义"有两个方面的含义：一个是作为世界观和历史观；一个是作为伦理原则和道德规范"，"已经发表的宣传人道主义的文章，大都没有区别人道主义的这两种含义。"③ 他批评那种"用作为世界观和历史观的人道主义来'补充'马克思主义，甚至要把马克思主义归结为或部分归结为人道主义"的错误，④着重批评了这种思潮的根本性的理论命题——"人是马克思主义的新出发点"，指出"人类社会，人们的社会关系（首先是生产关系），这就是马克思主义历史观的新出发点"⑤，并由此找到了"无产阶级解放和全人类解放的具体道路"，从而为解决人的问题"提供了一个科学的答案"⑥。他指出，社会主义的文艺创作应该表现、宣传"社会主义人道主义"，表现"对人的关心、尊重、同情、友爱"，"对真实的人性、人情、爱国心、正义感和普通公民人格的尊严作具体的生动的描写"，"我们反对的只是在文学艺术作品或文学艺术评论中宣传人道主义的世界观、历史观，反对歪曲革命历史和革命现实而宣传超历史、超社会的人性论，但是决不反对也不应该反对文学艺术作品表现我们的革命、我们的社会主义社会、我们的革命者和劳动者对人的关心、尊重、同情、友爱，决不反对也不应该反对文学艺术工作者站在革命的、社会主义的立场对真实的人性、人情、爱国心、正义感和普通社会主义公民人格的尊严作具体的生动的描写。"⑦ 这一观点既打破了文艺工作者创作上的禁区，同时也坚持了正确的文艺方向。

① 《邓小平年谱（1975—1997）》下，中央文献出版社 2004 年版，第 940、938 页。
② 《胡乔木传》下，当代中国出版社、人民出版社 2015 年版，第 730—731 页。
③ 《胡乔木文集》第 2 卷，人民出版社 2012 年版，第 607 页。
④ 同上。
⑤ 同上书，第 615 页。
⑥ 同上书，第 622 页。
⑦ 同上书，第 645 页。

报告中对"异化"一词作了历史考察，胡乔木指出："对异化概念，要区别两种情况。一种是把异化作为基本范畴和基本规律，作为理论和方法，一种是把异化作为表述特定历史时期中某些特定现象（包括某些规律性现象）的概念"[①]。之所以有些人会认为社会主义社会存在着"思想异化""政治异化"（或权力异化）乃至"经济异化"，就是把"异化"误认为是辩证唯物主义和历史唯物主义的基本范畴之一，用"异化"来解释社会主义社会中存在的消极现象，把马克思用以表述资本主义对抗性社会关系时使用过的"异化"概念，搬来分析社会主义的社会关系，必然导致严重歪曲我们社会主义现实，这种解释不仅解决不了问题，而且"对社会主义制度本身带来破坏性的影响"[②]。

报告以马克思主义立场、观点和方法，阐明了人道主义、异化的科学内涵和应持的态度，这就划清了马克思主义历史唯物主义和抽象的人道主义、异化论的界限，阐明了如何用唯物史观观察社会主义社会现实及其存在的问题。报告得到邓小平的充分肯定，"这篇文章写得好，可在《人民日报》发表或转载。由教育部规定大专学生必读。文艺、理论界可组织自由参加性质的座谈，允许辩论，不打棍子。"[③]《人民日报》于同年1月27日以转载中共中央党校《理论月刊》的方式发表了胡乔木的文章《关于人道主义和异化问题》。[④] 中共十一届三中全会后的历史转折时期，是在拨乱反正、改革开放基础上向中国特色社会主义转型的初期，迫切需要进行思想引导、整合，构建与时代相适应的文化秩序与权威，为现代化建设导航、定向。在这种情形下，胡乔木以文艺为抓手，影响思想文化战线，协助邓小平做了大量工作，他运用马列主义、毛泽东思想的基本原理，研究新情况，解决新问题，既反对思想僵化，又反对自由化，坚持用说理的方法去解决一些根本性的、尖锐的及有影响的重大问题，以加强党的思想领导，坚持文化发展的正确方向。作为历史的见证人，杨尚昆指出："当资产阶级自由化泛滥的时候，乔木又毫不犹豫地进行斗争。虽然有各方面的非议，有各种各样的压力，他一点也不动摇，表现了一个共产主义战士的

---

① 《胡乔木文集》第2卷，人民出版社2012年版，第652页。
② 同上书，第653—654页。
③ 《邓小平年谱（1975—1997）》下，中央文献出版社2004年版，第953页。
④ 《胡乔木传》下，当代中国出版社、人民出版社2015年版，第735页。

忠诚和坚定。"① 胡乔木以其卓越的马克思主义素养，洞察新的历史条件下思想文化对治理国家、凝聚民族向心力的重要意义，努力巩固党的文化领导权。"八九"政治风波的出现，从反面证明了巩固党的文化领导权对推动党和人民事业发展的重要性。

（作者单位：中国社会科学院当代中国研究所）

---

① 《我所知道的胡乔木》，当代中国出版社 2012 年版，第 4 页。

李大钊与唯物史观在中国的传播

仝 华

唯物史观是马克思主义史学理论的基石。李大钊是中国共产主义运动的先驱，是我国最早的马克思主义传播者。并且，他对唯物史观的传播尤为突出。深入研究这一问题，对我们在新的历史条件下，坚持以唯物史观指导史学研究有十分重要的意义。本文从三个方面对论题进行探讨。

一 比较、揭示和赞颂：开启唯物史观在中国的传播之门

（一）比较俄国十月革命与法国大革命的不同，明确指出俄国十月革命的社会主义性质

1914 年 8 月，第一次世界大战在欧洲爆发。它是帝国主义两大军事侵略集团（同盟国集团和协约国集团）疯狂扩军备战的必然结果，是帝国主义各国为重新瓜分世界而进行的不义战。这场战争使各交战国人民蒙受了深重的灾难。为摆脱这种灾难，一些交战国的人民掀起了革命运动，其中犹以 1917 年 11 月 7 日（俄历 10 月 25 日）俄国爆发的十月革命为著。十月革命发生时，中国的新文化运动已开展两年多。如何认识第一次世界大战及在此间发生的十月革命，成为新文化运动左翼领导人十分关注和力求做出正确解释的重大问题之一。这对一直关注欧战情况的李大钊来说，更是如此。在这一背景下，1918 年 7 月 1 日，《言治》季刊第 3 册发表了李大钊最早阐述如何认识俄国十月革命的政论文章《法俄革命之比较观》。在此文中，李大钊阐述了如下重要观点。

第一，俄国十月革命将政权全归革命党之手的举动，预示着"二十世纪初叶以后之文明，必将起绝大变动"。李大钊在文章的开篇即指出："俄国革命最近之形势，政权全归急进社会党之手，将从来之政治组织、社会

组织根本推翻。"面对"吾邦人士，亦多窃窃焉为之抱杞忧者"① 的情况，李大钊联系法国大革命的历史写道："余尝考之。一世纪新文明之创造，新生命之诞生，其机运每肇基于艰难恐怖之中"。当年对法国大革命，"流俗"曾"视此根本之颠覆，乃为非常之祸变"。但是，历史的发展证明，"尔后法人之自由幸福，即奠基于此役"。因此，李大钊告诫人们：若"今之为俄国革命抱悲观者，得毋与在法国革命之当日为法国抱悲观者相类欤"②。

第二，法兰西之革命是立于国家主义上之革命，是政治的革命而兼含社会的革命。而俄国十月革命"是立于社会主义上之革命，是社会的革命而并著世界的革命之采色者"③。李大钊指出，这一革命对内"足以唤起其全国之自觉"，对外"足以适应世界之潮流"。因此，它"入人之深，世无伦比"④。

第三，应以俄国十月革命的"知运之鹃声唤醒读者"，⑤ 以求达到适应这一世界新潮流的目的。李大钊指出："俄罗斯之革命，非独俄罗斯人心变动之显兆，实二十世纪全世界人类普遍心理变动之显兆。"他并以"桐叶落而天下惊秋，听鹃声而知气运"的诗句启示人们："历史中常有无数惊秋之桐叶、知运之鹃声唤醒读者之心"。而俄国十月革命的影响，"非历史家故为惊人之笔遂足以耸世听闻"，实为"历史材料之事件本身实足以报此消息也"。因此，他在文章的结尾句中呼吁读者："吾人对于俄罗斯今日之事变，惟有翘首以迎其世界新文明之曙光，倾耳以迎其建于自由、人道上之新俄罗斯之消息，而求所以适应此世界的新潮流，勿徒以其目前一时之乱象遂遽为之抱悲观也"⑥。

（二）揭示"这回战争"发生的真因；赞颂俄国 Bolshevism 和十月革命

1918 年 11 月 11 日，第一次世界大战宣告结束，同盟国战败。同月 29

---

① 《李大钊全集》第 2 卷，人民出版社 2006 年版，第 225 页。

② 同上。

③ 同上书，第 226 页。

④ 同上。

⑤ 同上书，第 228 页。

⑥ 同上。

日，北京大学在中央公园（即中山公园）举办"庆祝协约国战胜"大会。李大钊在会上发表了题为"庶民的胜利"的演说。12 月 6 日，他撰写了《Bolshevism 的胜利》一文。1919 年 1 月，《新青年》5 卷 5 号出版，这两篇文章都刊载其中。

在《庶民的胜利》一文中，李大钊指出"这回战争"（即第一次世界大战）发生的真因："乃在资本主义的发展。……资本家的政府想靠着大战，把国家界限打破，拿自己的国家作中心，建一世界的大帝国，成一个经济组织，为自己国内资本家一阶级谋利益"①。他并说明，正因为"俄、德等国的劳工社会，首先看破他们（指资本家政府——引者注）的野心"，因此，他们不惜在大战的时候，起了社会革命，防遏这资本家政府的战争。联合国的劳工社会，也都要求平和，渐有和他们的异国的同胞取同一行动的趋势。"这亘古未有的大战，就是这样告终。这新纪元的世界改造，就是这样开始。"② 这是李大钊运用历史唯物主义观点分析帝国主义战争的开端，它对中国人民正确认识帝国主义战争的本质，认识劳工社会国际联合的重要性及提高中国人民的反帝斗争水平有重要意义。

在《Bolshevism 的胜利》一文中，李大钊写道，俄国的 Bolshevism "就是革命的社会主义"；持这一主义的 Bolsheviki "是奉德国社会主义经济学家马客士（Marx）为宗主的；他们的目的，在把现在为社会主义的障碍的国家界限打破，把资本家独占利益的生产制度打破"③。李大钊认为，"Bolshevism 这个字，虽为俄人所创造，但是他的精神，可是二十世纪全世界人类人人心中共同觉悟的精神。所以 Bolshevism 的胜利，就是二十世纪世界人类人人心中共同觉悟的新精神的胜利"④！在这一认识的基础上，李大钊进一步赞颂十月革命并表达自己的崇高理想："民主主义战胜，就是庶民的胜利"，我们对于这等世界的新潮流"是只能迎，不可拒的"⑤。他坚信，1789 年的法国革命，是 19 世纪中各国革命的先声。"一九一七年的俄国革命，是二十世纪中世界革命的先声。"⑥ 他由此预言：由今以后，到

---

① 《李大钊全集》第 2 卷，人民出版社 2006 年版，第 255 页。
② 同上。
③ 同上书，第 260 页。
④ 同上书，第 263 页。
⑤ 同上书，第 255 页。
⑥ 同上书，第 255—256 页。

处所见的，都是 Bolshevism 战胜的旗。到处所闻的，都是 Bolshevism 的凯歌的声。"试看将来的环球，必是赤旗的世界！"①

由上可见，李大钊是通过正确比较俄国十月革命与法国大革命的不同；揭示第一次世界大战发生的真因；赞颂十月革命和宣介布尔什维主义的政治主张，而开启马克思主义特别是其唯物史观在中国的传播之门的。

二 结合五四运动及其后革命斗争的实际传播唯物史观基本原理

（一）揭露帝国主义的侵略理论和行径，正确引导五四运动

1919 年元旦，李大钊写了《大亚细亚主义与新亚细亚主义》一文，并于同年 2 月 1 日发表在《国民》杂志第 1 卷第 2 号上。该文对日本军国主义鼓吹的"大亚细亚主义"进行了无情的揭露。其指出："'大亚细亚主义'是并吞中国主义的隐语。"因为，中国的命运，全靠着列强均势才能维持……日本若想独吞，非先排去这些均等不可，想来想去，想出这个名辞。所以，李大钊强调：大亚细亚主义"不是平和的主义，是侵略的主义；不是民族自决主义，是吞并弱小民族的帝国主义"。② 在此，他不仅准确地使用了列宁关于帝国主义的概念，而且明确提出：亚细亚人应该共倡一种新亚细亚主义，凡是亚细亚的民族，被人吞并的都该解放，在此基础上，益进人类的幸福。③ 李大钊的上述认识和主张，为他此后正确引导五四运动奠定了重要思想基础。

同年 5 月 4 日，以"外争国权""内惩国贼"为基本口号的五四爱国运动爆发。在这一运动中，李大钊结合实际斗争需要传播唯物史观。特别是：发表文章，揭露帝国主义的侵略理论和行径，以及揭露它们与中国封建统治势力之间的关系，从思想上、政治上指导五四运动健康发展，以从根本上提高中国人民反帝斗争的质量和水平。同年 5 月 18 日和 26 日，《每周评论》先后登载了李大钊的文章《秘密外交与强盗世界》以及《太上政府》。在前文中，他提出了"改造强盗世界，不认秘密外交，实行民

① 《李大钊全集》第 2 卷，人民出版社 2006 年版，第 263 页。
② 同上书，第 269 页。
③ 同上书，第 270 页。

族自决"的三大信誓;① 在后文中，他则以形象、通俗的语言指出，外国驻华使馆集中的"东交民巷里有我们的太上政府"，这个太上政府"干涉我们的言论自由"，对我们"用惯了那年五月七日的哀的美敦书"②。

这些文章对帮助人们学习、掌握和运用唯物史观，认识帝国主义的本质以及帝国主义势力与中国封建统治势力之间的关系十分有益。

（二）批判实用主义主张和开始系统介绍唯物史观基本原理

1919 年 8 月 17 日，《每周评论》第 35 号发表了李大钊的《再论问题与主义》一文，在此，针对胡适"多研究些问题，少谈些主义"的实用主义主张，李大钊从多角度宣传了马克思主义。其中之一是明确指出："经济问题的解决，是根本的解决"。李大钊强调，"依马克思的唯物史观，社会上法律、政治、伦理等精神的构造，都是表面的构造，他的下面，有经济的构造作他们一切的基础。经济组织一有变动，他们都跟着变动"，因此，"经济问题的解决，是根本的解决"③。与此相联系，李大钊还指出：我们应该承认，遇着时机，因着情形，或须取一个根本解决的方法，"而在根本解决以前，还须有相当的准备才是"④。

"五四"运动的直接斗争目标实现（1919 年 6 月 28 日）后，同年 11 月 1 日，《国民》杂志第 2 卷第 1 号发表了李大钊的《再论新亚细亚主义》一文。在此，他不仅进一步表达了前述他的主要思想，而且有新的见地。他提出：一方面，不要被帝国主义"威势煊赫"的表象所吓倒；另一方面，不要被帝国主义的所谓"公道"而欺骗。李大钊指出："世界上的军国主义、资本主义，都像唐山煤矿坑上的建筑一样，他的外形尽管华美崇闳，他的基础，已经被下面的工人抽空了，一旦陷落，轰然一声，归于乌有。我们应该在那威势煊赫的中间，看出真理的威权，因而发生一种勇气与确信，敢与他搏战，信他必可摧拉。"他强调，因为资本主义、帝国主义，不论他是东方的、欧美的，绝讲不出公道话来，所以"我们应该信赖民族自决的力量，去解决一切纠纷，不可再蹈从前'以夷制夷'的覆辙"⑤。

---

① 《李大钊全集》第 2 卷，人民出版社 2006 年版，第 339 页。
② 同上书，第 341 页。
③ 《李大钊全集》第 3 卷，人民出版社 2006 年版，第 6 页。
④ 同上书，第 7 页。
⑤ 同上书，第 77 页。

这些思想是李大钊运用历史唯物主义观点分析帝国主义对华侵略问题的重要体现。而他对唯物史观的宣传也就蕴含在他的上述科学分析中。

随着五四新文化运动的发展，同年 10 月 11 日，《新青年》第 6 卷第 5 号、第 6 号，连载了李大钊撰写的近 3 万字的长文——《我的马克思主义观》。在此，他系统地介绍了马克思主义基本原理。特别是：**其一**，指出马克思主义"为世界改造原动的学说"①，从而进一步说明了马克思主义的指导意义。李大钊强调：自俄国革命以来，"马克思主义"几有风靡世界之势，它"既然随着这世界的大变动，惹动了世人的注意，自然也招了很多的误解"，因此，很有必要把马克思主义"转介于读者"，以使我们对它有正确的解释。**其二**，介绍了"马克思唯物史观的要领"及阐述了应该如何对待马克思主义的问题。前者，李大钊主要介绍了马克思、恩格斯关于生产力与生产关系、经济基础与上层建筑之间的关系的思想。其依据是马克思所著《哲学的贫困》（1847 年）、《〈经济学批评〉序文》（1859）以及马克思、恩格斯合著的《共产党宣言》（1848 年）。李大钊的介绍是准确的。后者，他强调的是：一方面要认识"马氏的学说，实在是一个时代的产物"，因此，我们不能"就那样整个拿来，应用于我们生存的社会"。另一方面"也却不可抹煞他那时代的价值，和那特别的发现"，"我们批评或采用一个人的学说，不要忘了他的时代环境和我们的时代环境"②，即强调了要从实际出发运用马克思主义基本原理。**其三**，介绍了马克思的"经济论"的要点："余工余值说"和"资本集中说"。其主要依据是《资本论》。在这部分的最后一段中，李大钊写道："资本主义是这样长发的，也是这样灭亡的。他的脚下伏了很多的敌兵，有加无已，就是那无产阶级。这无产阶级本来是资本主义下的产物，到后来灭资本主义的也就是他。"③《我的马克思主义观》一文的发表，预示着中国先进分子对马克思主义的学习、研究和传播已迈入一个新的阶梯。

继此之后，1920 年 12 月 1 日，李大钊在《新青年》第 8 卷第 4 号发表《唯物史观在现代史学上的价值》一文。他在开篇即指出："'唯物史观'是社会学上的一种法则，是 Karl Marx 和 Friedrich Engels 一八四八年在

---

① 《李大钊全集》第 3 卷，人民出版社 2006 年版，第 16 页。
② 同上书，第 36 页。
③ 同上书，第 50 页。

他们合著的《共产党宣言》里所发现的。"① 他并强调，唯物史观"不限于马氏的经济的历史观"。

历史唯物主义"这种历史的解释方法不求其原因于心的势力，而求之于物的势力，因为心的变动常是为物的环境所支配"②。他还写道：唯物史观在史学研究上的价值，"就在训练学者的判断力，并令他得着凭以为判断的事实"。对历史研究的"成绩的良否，全靠所论的事实确实与否和那所用的解释法适当与否"③。而唯物史观所取的方法，其目的是为得到全部的真实，其及于人类精神的影响，亦全与用神学的方法所得的结果相反。④

结合社会上对唯物史观的错误理解与宣传，李大钊还进一步指出，历史的唯物论者观察社会现象，以经济现象为最重要；其他一切非经济的物质的要件，如人种的要件、地理的要件等，多少也能于人类社会的行程有所影响。因此，他强调："有些人误解了唯物史观，以为社会的进步只靠物质上自然的变动，勿须人类的活动，而坐待新境遇的到来。因而一般批评唯物史观的人，亦有以此为口实，便说这种定命（听命由天）的人生观，是唯物史观给下的恶影响。这都是大错特错，唯物史观及于人生的影响乃适居其反。"⑤

正是在以李大钊为代表的具有初步共产主义思想的先进分子的引领和多方努力下，在马克思主义与中国工人运动相结合的进程中，1921 年 7 月，中国共产党应运而生，中国革命开始了新的征程。

三　紧密结合史学研究，阐述唯物史观的理论与方法

中国共产党成立后，1923 年 4 月至 1924 年上半年，是李大钊遵照中国共产党的安排，为筹备和正式建立第一次国共合作而辛勤忙碌的时段。在这期间，他同时又结合历史研究的实际，深入研究、阐述和传播唯物史观的理论与方法，先后撰写了此类研究论文十余篇。主要有：《史学与哲学》（1923 年 4 月 17—19 日）、《报与史》（1923 年 8 月 30 日）、《社会主

① 《李大钊全集》第 3 卷，人民出版社 2006 年版，第 216 页。
② 同上书，第 219 页。
③ 同上书，第 217 页。
④ 同上书，第 219 页。
⑤ 同上书，第 221 页。

义与社会运动》（1923 年 9 月—1924 年 4 月）、《史观》（1923 年 9 月—1924 年上半年）、《古与今》（1923 年 2 月）、《鲍丹的历史思想》（1923 年 9 月—1924 年上半年）、《孟德斯鸠（Montesquieu）的历史思想》（1923 年 9 月—1924 年上半年）、《韦柯（Giovanni Battista Vico）及其历史思想》（1923 年 9 月—1924 年上半年）、《孔道西（Condorcet）的历史观》（1923 年 11 月）、《桑西门（Saint‐simon）的历史观》（1923 年 8 月）、《马克思的历史哲学与理恺尔的历史哲学》（1923 年 9 月—1924 年上半年）、《史学概论》（1923 年 11 月 29 日）、《这一周》（1923 年 5 月 1 日）、《史学要论》（1923 年 11 月 29 日）等。在这些文章中，李大钊阐述的相关思想是丰富、深刻的，其中特别有如下重点。

其一，史学家的历史观，每渊源于哲学；历史观与人生观亦有密切的关系。这是李大钊在《史学与哲学》一文中着重阐明的。他的主要观点是，社会现象，史学家可以拿自己的历史观来考察和解释。马克思的唯物史观，是历史观的一种。这种史观以为社会上、历史上种种现象之所以发生，其原动力皆在于经济，所以以经济为主点，可以解释此种现象。李大钊写道："历史观与人生观亦有密切的关系……自马克思经济的历史观把古时崇拜英雄圣贤的观念打破了不少，他给了我们一种新的〔人生〕历史观，使我们知道社会的进步不是靠少数的圣贤豪杰的，乃是靠一般人的；而英雄也不过是时代的产物；我们的新时代，全靠我们自己努力去创造。有了这种新的历史观，便可以得到一种新的人生观。"①

在随后发表的《史观》一文中，李大钊告诉人们：历史观的更新，恰如更上一层，以观环列的光景，所造愈高，所观愈广。以今所得，以视古人，往往窃笑其愚，以为如斯浅识都不能解。其实知识有限，如隔丛山，过后思之，以为易事，而在当时，则非其时之知识所能胜。②从这一阐述中，我们能从一个重要方面感受到李大钊所表达的：评价历史现象一定不能离开当时的具体历史条件和社会环境的历史唯物主义思想。

其二，"唯物史观"在社会学上曾经并且正在表现一种理想的运动。③这是李大钊在《唯物史观在现代社会学上的价值》一文开篇所指出的。他

---

① 《李大钊全集》第 4 卷，人民出版社 2006 年版，第 167 页。
② 同上书，第 255 页。
③ 同上书，第 339 页。

分析道：这种运动，既经指出那内部最深的构造比外部明显的建造若何重要；唯物史观就站起来反抗那些历史学家与历史哲学家，把他们多年所推崇为非常重要的外部的社会构造，都列于第二的次序，而那久经历史学家辈蔑视认为卑微暧昧的现象的，历史的唯物论者却认为于研究这很复杂的社会生活全部的构造与进化有莫大的价值。①

李大钊认为，马克思用他特有的理论，把从前历史的唯物论者不能解释的地方，予以创见地说明；遂以造成他的特有的唯物史观。而于从前的唯物史观，有伟大的功绩。他强调："唯物史观的要领，在认经济的构造对于其他社会学上的现象是最重要的；更认经济现象的进路，是有不可抗性的。"② 他概括道：经济构造是社会的基础构造，全社会的表面构造，都依着他迁移变化。但这经济构造的本身，又按他每个进化的程级，为他那最高动因的连续体式所决定。这最高动因，依其性质必须不断地变迁，必然地与社会的经济的进化以诱导。李大钊还指出，这最高动因，又因人而异。他还指出，"有许多事实，可以证明这种观察事物的方法是合理的"③。

其三，研考马克思的唯物史观怎样应用于中国今日的政治经济情形；以唯物史观为指导，正确认识社会主义与社会运动。《这一周》是李大钊为回顾和评述中国近代历史上的 5 月 1 日至 7 日曾经发生的重要事情而写的一篇短文。李大钊列举了在"这一周"内的"五一""五四""五五""五七"这几个纪念日各自的内容。其中对"五五"纪念日，他写道：这是社会主义经济学硕宿，亦是社会革命的先驱——马克思的诞生纪念日，我们在这一天，应该细细地研考马克思的唯物史观，怎样应用于中国今日的政治经济情形。详细一点说，就是依马克思的唯物史观以研究怎样成了中国今日政治经济的情状，我们应该怎样进行民族独立的运动，把中国从列强压迫之下救济出来。李大钊强调："倘能循此途辙，以达于民族独立的境界，那么马克思的学说真是拯救中国的导星，他的诞生日必更值得我们纪念了。"④

作为北京大学教授，1923 年 9 月—1924 年 4 月，李大钊曾为北京大学政治、经济两系做"社会主义与社会运动"的讲演。讲演稿全文约 4.5 万

---

① 《李大钊全集》第 4 卷，人民出版社 2006 年版，第 339 页。
② 同上书，第 340 页。
③ 同上书，第 341 页。
④ 同上书，第 398 页。

字，共讲了九个问题，分别是：一、社会主义的定义；二、关于社会主义的种种误解；三、社会主义与平民主义的区别；四、社会主义与学艺之关系；五、法国十九世纪之社会主义家；六、英国初期之社会主义者；七、基督教社会主义者；八、费边社（Fabian Society）；九、行会社会主义（Guild Socialism）。

在上述讲演的第二部分"关于社会主义的种种误解"中，李大钊列举了社会上对社会主义的八种误解，并逐一扼要说明、拨正。其主要内容如下。

（1）有人误解社会主义为社会学，不知社会主义是改造社会的一种法则，促进社会改良的制度。（2）有人误解社会主义与无政府主义为一物，实则社会主义者是要求政府有一种权力，使之伸张，以保障每人享有极大的平等、自由。（3）有人误解社会主义与共产主义为一义，其实两者确有不同，即社会主义与共产主义，所用的手段与范围等均不同。（4）现在社会主义已到实行之地步，人咸以为实行社会主义之后，决不发生竞争。盖社会由竞争而进步，良好的竞争，是愉快而有味，无不可以行之。（5）社会主义是无家庭者亦误。其实社会主义并非破坏家庭，实欲立国家内的家庭，比现在之家庭更趋完美，因有余暇，经营家庭种种设备而得娱乐。（6）有人疑虑社会主义实行后，国家与社会权力逐渐增加，个人自由易受其干涉，遂致束缚。此亦误解……社会主义是保护自由、增加自由者，使农工等人均多得自由。（7）有人言社会主义是破坏生产者，亦是误解。……社会主义是由个人生产变为社会的生产，由手工的生产变为机器的生产，其进步是一线的，故社会主义不是破坏生产，是求进步的、适合的生产，整理生产，使归统一，免呈纷乱之象。（8）又有人言社会主义是不道德者。因为此种主义是建设于愤懑、仇怨上面者，因此社会主义有此种势力，似乎不甚善良。但就事实考之，压制资产阶级为怨仇，若就彼自己方面而言，是互助、相爱，不是谋怨仇，并为大多数人谋幸福。①

很明显，这部分讲演，是颇见马克思主义理论功底、颇见以唯物史观为指导来认识社会主义这一宏大、复杂的客观事物之水平的。

在该讲演第三部分"社会主义与平民主义的区别"中，李大钊在讲到"社会主义的理想"时指出："因各地、各时之情形不同，务求其适合者行

---

① 《李大钊全集》第4卷，人民出版社2006年版，第196—197页。

之，遂发生共性与特性结合的一种新制度（共性是普遍者，特性是随时随地不同者），故中国将来发生之时，必与英、德、俄……有异"①。可以说，在相当程度上，这是中国特色社会主义理论的中国化马克思的源头水流之一，是十分难能可贵的。

虽然，李大钊同志离开我们已有89年，但是，他为马克思主义在中国的传播，特别是为唯物史观在中国的传播所做的宝贵贡献，随着中国特色社会主义事业的发展而越加彰显。让我们更加铭记李大钊同志的不朽业绩和思想，更加自觉地以马克思主义为指导进行史学研究和各项事业，更加自觉地在以习近平为总书记的党中央的领导下，为实现中华民族伟大复兴的中国梦而不懈努力。

（作者单位：北京大学马克思主义学院）

---

① 《李大钊全集》第4卷，人民出版社2006年版，第197页。

华汉《唯物史观研究》刍议

顾友谷

华汉编《唯物史观研究》，上册由上海现代书局1930年3月15日出版，下册由上海现代书局1930年7月15日出版。其编撰要旨是，"我只不过想编一本通俗浅明的唯物史观的入门书吧"①。据何干之1937年1月在《研究中国社会史的基本问题》一文中指出："中国人自己做的史观教科书，最先出版有华汉的《唯物史观研究》，可惜受当时的水准所限制，其中夹杂了许多布哈林、波格丹若夫、德波林、普列汉诺夫的旧见解，也不适宜于初学的读者。"②从书后的重要参考文献"Karl Marx 政治经济学批判；Lenen 国家与革命；F. Mehrmy 历史的唯物主义；Plechanov 马克思主义的根本问题；plechanov 史的一元论；N. Buchrin 唯物史观；Kautsky 伦理与唯物史观；Bogdanov 社会意识学；萨可夫斯基：史的唯物论；赛格里曼：经济史观；河上肇：唯物史观研究；福木和夫；社会构成——并变革的过程；杉山荣：社会科学概论；郭列夫：无产阶级之哲学——唯物论；李达译现代世界观；李一氓译：唯物史观原文；胡汉民：唯物史观与伦理之研究；亚东编：科学与人生观"来看，该书的见解也不见得就是夹杂的旧见解，还包括对于经典作家的思想再阐发。而该书对当时追求进步的人还启发了其革命思想，有文回忆："这一时期，我们从新民小学得到《新民月刊》《中华儿童时报》和他们自己运用历史唯物主义观点为新民小学编印的中国历史教材，以及华汉的《唯物史观研究》（后面附有《政治经济学批判序言》和《共产党宣言》）等革命理论书籍。""这些读书活动，在我们这些十五六岁的初中学生纯真的心灵上深深打下了革命思想烙印。"③而

---

① 华汉编：《唯物史观研究》上册，上海现代书局1930年版，第8页。
② 刘炼：《何干之纪念文集（1906—2006）》，北京出版社2006年版，第74—75页。
③ 徐行一、骆柯良：《平凡而伟大的人——悼念杨天源同志》，《遵义县当时通讯》1992年第1—2期。

学界对于该书几乎没有涉及，本文拟就对于《唯物史观研究》的写作动机、内容和特点做一初步探讨。

一 《唯物史观研究》写作动机和内容

该书指出："唯物史观——历史的唯物论——之被介绍来中国，已经是十年前五四运动时候的事了。十年以来，这一艰难而又很有科学价值的学理虽然经历了国内许多学者的介绍阐明，然而，结果这一学理还是同在别的国度里一样：还是不免要受许多人的虚构曲解和嘲笑中伤。"[1]

马克思主义本身就是产生在一个革命的时代，他说，"是一个充满着革命的热情时代，在这一时代里，一方面受英国产业革命的结果，曾引起劳动阶级的抬头，另一方面又因法国革命浪潮的震撼，而爆发了全欧洲或大或小的革命和叛乱，这一时代真是一个物情骚然的时代"[2]。而唯物史观，又在马克思主义中占有重要的地位，他说，"它是德国唯心论哲学，法国社会主义和英国的经济学三者批判的结晶，它是以辩证法的唯物论作她的哲学基础，它是辩证法的唯物论的历史理论"[3]。

唯物史观不仅仅是理论研究，还与中国革命现实紧密联系；不仅仅要在概念上准确把握，还需要加以灵活的应用。该书指出："仅仅的明瞭唯物史观是马克思主义的社会学或唯物史观是研究人类社会生活的一种正确的历史哲学还不够的，我们还应该进一步的去求理解才对，为什么？因为这一艰深的学理，仅仅肤浅的明瞭它的一个简单的概念，是没有多大的用处的（虽然比较连概念都不懂得要好点），要能深深的理解，才能敏活的运用。"[4]

在这本书中，编者指出唯物史观的三大意义。

第一，"生产力的发展是人类历史的主动力"[5]。第二，"生产关系的发展遵循客观的社会公律"。他指出人类生产力发展的主要阶段是这样："一、渔猎或收集野草的果实，二、农业——人类始有固定的住所，三、

---

[1] 华汉编：《唯物史观研究》上册，上海现代书局1930年版，第1页。
[2] 同上书，第4页。
[3] 同上书，第6页。
[4] 同上书，第6—7页。
[5] 同上书，第163页。

各种各样的制造工业——从小工业起，一直到近代的机器生产的大工业，一直到运用蒸汽和电力。于是也就有各级生产关系来与之适应，换言之，也就是有原始的共产制度，封建制度，资本主义制度来与之相适应。生产关系之发展，遵循客观的社会公律，这是唯物史观的第二要义。"[①] 第三，"社会的物支配社会的心"。其认为："十八世纪的唯物论者，以及其他的唯心论者和唯心史观者，他们对于历史的解释，都说是观念或意见，统治着世界，然而马克思的见解却恰恰和他们相反：马克思以为观念是社会生活的产物。"具体地说："'杀老'的事究竟道德不道德？在宗法封建的社会里，那还了得！简直丧心病狂，该遭天打了。然而在原始的社会里又有什么了不得。"[②]

唯物史观之所以不同于而且高于唯心史观，唯物史观之所以能成为科学价值的社会学，正因为它具备了这三大要义。该书指出："因为有了这三大要义，所以才能摧毁一切唯心派的历史观，才能发现历史进化的动因，才能找出社会组织和变革的客观的因果法则。""人类社会的进化法则发现了，人类才能正常的理解过去，分析现在，推测将来，而且才能加紧的促进社会的改善。这是唯物史观的创造者，对于人类社会的大贡献和大功绩。"[③]

二 《唯物史观研究》的特点

（一）探讨理论源流

考证源流主要体现在上册第四章，该章对于马克思主义的来源尤其是与唯物史观相近的思想进行了梳理，并用专节对于王政复古时期的法兰西历史学家与唯物史观的关系进行了探讨。

马克思主义的唯物史观的产生是有其准备时代的，该书指出："有许多学说都接近唯物史观，或促进唯物史观的完成的，虽然，这许多学说大都是零星的，一鳞半爪的，没有系统的，或有些甚而至于是反唯物史观的见解的，但是，在客观的意义上来说，对于马克思的唯物史观的完成，都

---

① 华汉编：《唯物史观研究》上册，上海现代书局 1930 年版，第 164—165 页。
② 同上书，第 165 页。
③ 同上书，第 166 页。

是多少有助益的，这一点，我们研究唯物史观的人却不可忽视"①。

关于马克思主义的唯物史观或称为历史的动因的斗争学说，作者认为在 The Communist Manifesto 未出之前，已经散见在各学者的著述中了。三百年前的意大利的著述家麦克威里就曾经以经济的原因说明他所生活的都城佛罗稜萨的政治机构的变化。在他所著的《佛罗稜撒的历史》中曾有这样的说明："在佛罗稜撒，最初是封建地主与都市商人斗争；随着便是商业与商业阀和小手工业及劳动者的斗争。像这样的见解，在三百年前就已为意大利的天才著述家说出来了。"②

又如霍布士和康德以及圣西门的思想，都给唯物史观提供了思想的来源。编者指出："至于霍布士，他更以为了生活的斗争，为了生活的幸福的斗争，是全人类的一切行动的基本动力，政治的行动——即为了权力的斗争——只不过是派生的行动。换言之，人们的争权夺利，还不是为了生活之能得到幸福。霍布士这种思想，是极接近唯物史观的。"③ "康德主张历史的法则性或规律性是有的，是存在着，就算他不是一个唯物论者，然而他这种主张，还是接近唯物史观的。""阶级利害的相反，劳资间阶级利益之相反，在'宣言'出的二十年前，圣西门就以此为基础的。"④

贯通二世纪，如急湍般的思想之流流到马克思和恩格斯两人时，才汇合这一思想的各支流而形成的一种浩瀚渊深的学理，该书指出："一切伟大的制作品，都是多年之间贮藏在人类的头脑中的一个总的综合，绝不是那一个'前空千古'的单独发明得出来"⑤。

在"王政复古时代的法兰西历史家"一节中，该书梳理了基佐、齐埃尔和密尼埃史学家的思想。基佐的意思是"以为政治的组织是可以依市民的状态来说明的，而市民的状态又和土地的关系有密切联系的，我们要想理解社会的结构，不应该从什么政治立法，或国家组织着手，而应该从国民的土地关系下手研究的"⑥。齐埃尔在他所著的《英国革命的展望》一书中，"把英国的革命也是作为资产阶级对于贵族阶级的斗争来描写的"⑦。

---

① 华汉编：《唯物史观研究》上册，上海现代书局 1930 年版，第 67—68 页。
② 同上书，第 68 页。
③ 同上书，第 72 页。
④ 同上书，第 73 页。
⑤ 同上书，第 74 页。
⑥ 同上书，第 87 页。
⑦ 同上书，第 88 页。

他认为一方面这些史学思想给马克思带来了一定的思想启发，但是仍有其不足的地方。编者指出："基佐，齐埃尔和密尼埃，都是当时很有名的新的历史理论家，他们研究历史和观察政治制度，都是从人类的市民状态和他们的土地关系以及财产关系出发的，这些新的历史理论家是不是已解决了十八世纪的哲学的矛盾呢？"① 他认为这些思想仍有其局限性的地方。如齐埃尔从阶级斗争的观点去观察了宗教的分派和政治的党派，"他于是以'征服'来说明阶级及身份的起源。'征服'这种国际的政治行为是不是真是阶级的起源呢？'征服'是不是就是历史的动因呢？这都是值得讨论的吧。我们知道，征服的本身不是原因而只是结果"。至于密尼埃，"他说土地的领有影响到政治形态，但他不懂，土地的领有形态又是受什么影响的"②？

（二）注重革命精神

资产阶级本身的阶级属性决定了其理论的二元性质，因为他们以唯物论对付自然界发展技术，以求工业上的利润增加；却要以唯心论对于被压迫阶级使其观念模糊，缓和革命之气。这种二元论，实为资本主义时代的特色。然而，到黑格尔时代，唯心论发达到了最高点，"却已自然表现出人类观念流变之公例（所谓辩证法）即正反向成，矛盾互变，而马克思的唯物辩证法才挺然而出，做为无产阶级革命的指针"③。

马克思主义作为无产阶级革命斗争的有力武器，本身就是科学性和革命性的统一，在《唯物史观研究》中，该书不仅注重对于唯物史观科学理论的灌输，还注重对于唯物史观革命精神的发扬，这主要体现在以下两个方面。

1. 对于马克思"生产力尚未发达的时候，社会组织是不会破灭"的解读

马克思说：生产力尚未发达的时候，社会组织是不会破灭的。日本河上肇博士认为："在一定的社会组织底下，社会的生产力次第发展的情形，好像一个小鸡仔卵壳里面渐次发育起来一样。"④所以据马克思的意见，关

---

① 华汉编：《唯物史观研究》上册，上海现代书局1930年版，第91页。
② 同上书，第93页。
③ 华汉编：《唯物史观研究》下册，上海现代书局1930年版，第109—110页。
④ 华汉编：《唯物史观研究》上册，上海现代书局1930年版，第157页。

于社会组织的问题"人原只能提出限于自己所已能解决的问题"①。编者指出：河上博士的解说大体是不差的，不过他说："这个卵壳决不应该从内部去破坏它，至于不应该从外部去破坏他，那是不消说了"。这几句话大有研究的余地。他说："在封建经济的娘胎里，绝不能梦想产生出共产主义的婴儿来，这是谁也承认的，但是在资本主义经济落后的国家，是不是能够爆发社会主义的革命呢？爆发了社会主义的革命又是不是马克思的主张（即生产力尚未充分发达的时候，社会组织是不会破灭的主张）相矛盾？这些问题都是值得我们研究的。"②

这样的问题，不仅仅是理论问题，还涉及马克思主义的革命问题。他指出许多第二国际的理论家，都曾经根据过马克思这种主张来反对十月革命。他们都异口同声地说："十月革命爆发在落后的俄罗斯，只能说是未成熟的革命。在理论上说来，这种革命的早熟只有招致社会的物质生产力的衰退，这种革命是反马克思主义的。"他引用了全世界第一个社会主义国家的创造者的话：

"第一个实现无产阶级独裁，组织工农兵共和国的国家为什么是欧洲最落后的国家呢？我们不至于错误，如果我们说俄国跳过资产阶级德谟克拉西到民治主义最高形式的无产阶级德谟克拉西这一'突变'与俄国的落后地位成了一种矛盾。然而矛盾恰好是西欧所以特别难于了解苏维埃意义的原因之一（除了机会主义习惯和卑鄙成见的对于社会主义大多数首领束缚之外）。"③

所以他认为第二国际的理论是反马克思主义的。他指出："我们知道，我们的世界是资本主义经济的网脉笼罩着的世界，一切资本主义的国家都有爆发革命的可能，我们不能说资本主义发达到最高度的国家才有可能，落后的国家简直还没有爆发革命的物质条件的存在。这都是有历史事实可以证明的。因此，我们可以说经济落后的资本主义国家，是有爆发社会主义革命可能的。十年来苏联社会主义经济建设的巩固和扩大，事实上就打击了那些以为要招致生产力衰退的先生们的耳光。"④ 因此我们应该这样去认识：即使马克思所说："生产力在社会组织的里面尚有可以发展的余地

---

① 华汉：《唯物史观研究》上册，上海现代书局1930年版，第158页。
② 同上书，第160—195页。
③ 同上书，第160页。
④ 同上书，第161页。

以前，是不会破灭的"的话，完全从静的方面去说明社会的发展，他的话说得很对，譬如革命成功以后的俄国，同先进国比较起来想要实现"至社会主义社会的完全组织"，是很有困难的，这不是就是马克思话的正确的明证么？马克思从没有说过："生产力在社会组织的里面尚有可以发展的余地以前，是不会爆发革命运动的。"①否则，他认为"对于河上博士的解释，如果不这样去看，也很容易因他的解释走到第二国际的理论路线上去"②。

2. 关于国家理论，对于无政府主义和机会主义者的批判

对于乌托邦的无政府主义，编者引用了恩格斯的一段话，痛斥了乌托邦的无政府主义者"妄想今天或明天只要在四十八小时内就可随便废除国家"，认为他很科学地阐明了国家的自行凋残。

对于国家消亡问题，最有价值、最值得注意的问题就是："所谓国家的自行衰亡或自行死灭，是经过怎样的条件才衰亡下去的呢？是安安逸逸的和平衰亡？还是要经过狂风骇浪的暴力阶段才死灭去？"③因为这是机会主义和革命主义者解答这一问题的分歧点，同时也是国际无产阶级运动中一邪一正的两条路线的理论根基。通过对恩格斯和列宁关于暴力革命的观点引证，他得出："第二国际的英雄们，要想用和平的方法来建设无产阶级的国家，这是机会主义者做的昏梦，要想不经历暴力革命的阶段而国家就会安然的自行衰亡自行死灭，更是得发昏又发昏，做梦又做梦！"④

他还进一步引用了当时的日本政府拘禁共产党人的例子，他说："譬如，去年日本的政府拘禁了两三千赤化党人，主要的罪名：就是胆敢在天皇的宝座下违犯了神圣的'治安法'。这恐怕谁都会承认：绝对不是替饥寒交迫的工农'治安'而是替那财阀巨头工商业资产阶级铲除暴乱吧！"⑤

总之，对于马克思主义思想的解读中，坚持了革命走俄国的路，反对第二国际的改良主义；对于国家观，反对乌托邦的无政府主义和机会主义的路线。

---

① 华汉：《唯物史观研究》上册，上海现代书局1930年版，第162页。
② 同上书，第162—163页。
③ 同上书，第83页。
④ 同上书，第86页。
⑤ 同上书，第88—89页。

（三）具有批判精神

《唯物史观研究》的最后一章对唯物史观在中国引起的一场很有意义的争论进行了分析，他指出：六七年前我们国内的思想界，曾有过一次非常剧烈的论争，便是所谓的"科玄之战"。这次论争的开始，唯物史观派并没有参加，只有"科学派"与"玄学派"在那里摇旗呐喊的混战，待他们大大地混战了一场之后，唯物史观派才摸枪勒马，出来和所谓的"科学派"和"玄学派"挑战。① 在该书中，编者分析了唯物史观派参战的社会根据，并且分析了其参战各派的阶级背景，以及参战的历史意义。

首先，指出唯物史观派参战的社会根源。他指出："科玄之战"及唯物史观派之参加"科玄之战"这并不是偶然的，它有它的阶级背景，它有它的社会根据。② 他首先引用了董亦湘的看法："因为自数千年来根深蒂固的农业社会，骤然受国际帝国主义的侵入根本动摇，不得不渐次流变为工业社会，那建筑在农业社会上面经过数千年培雍的文化，当最后一日弥留时，它的孝子贤孙，无疑地要求号泣求救，延医祷神；到了实际上它早已死了之后，反自然要想'继志述事'，做'启先待后'的后圣。"③他认为："这一批判观点是很对的，但是，还不够，我想再引友人彭康君的话来补充。"④ 彭康在《科学与人生观》一文中指出："在这种新旧两社会形态并存，矛盾曝露的时候，当然要反映到思想上开始理论斗争。恰如欧洲大战给一般迷醉精神文明的先生们一个表面上的口实，成了反对科学之直接的动机。"⑤

其次，分析反攻唯物史观的各派的阶级背景。他指出：

"第一，我们要知道：'玄学派'对于唯物史观的反攻，是以历史定律的否定论立场来反攻的，这种根本否定历史定律存在的立场，简直是一种变相的宗教观，很显然的，这是中国封建残余的意识形态的反映。因此玄学派只是中国封建残余之思想上的代表。"

"第二，我们知道：'科学派'对于唯物史观派的反攻，是以多元史观

---

① 华汉编：《唯物史观研究》下册，上海现代书局1930年版，第143页。
② 同上书，第169页。
③ 同上书，第170—171页。
④ 同上书，第171页。
⑤ 同上。

的立场来反攻的，他们在表面上打着科学的战旗，实际上，一到了历史或社会问题上来，他们便投到了唯心派的怀中，公开地取消了科学。在中国，这派人的思想，只是中国资产阶级的意识形态的反应。所以，科学派，只是中国资产阶级的思想上的代表。"

"第三，我们知道：'骑墙派'对于唯物史观的反攻，虽是出于误解（误解唯物史观为机械的唯物论）。然而它在'科学之战'中，它却是玄学派的最左翼，因此它与玄学派的阶级背景，没有什么大的区别。"①

最后，指出唯物史观派之参加的历史意义。他认为："中国的无产阶级，自五四之后，渐渐的跃登了政治的舞台，二七事件以后，无产阶级的实力更渐渐的膨大，这反映到思想方面来有'《新青年》杂志之马克思列宁主义化'，中国的无产阶级势力可以说已经有了它思想上的锐利的武器了。'科玄之战'爆发于无产阶级解放运动正在抬头之时，当然，无产阶级不能放弃自己的武器，要给这一回混战一个总攻击——总的批判。"他得出结论："无产阶级是社会阶级中的最后一个阶级，因此，它的思想上的武器也是最犀利最锋锐的一种战无不胜的武器，故'科玄之战'的结果，一切反动的思想，都在战斗的唯物史观之前缴械了。"②

正因为唯物史观的世界性，中外反动势力反对唯物史观的思想具有相同性，原因在于："中国社会阶级的构成和世界各国阶级的构成并没有什么两样，因之，它们的思想上的反映也就不会有什么两样，这并不是一件奇怪的事"③。

综上所述，《唯物史观研究》是我国较早的对于唯物史观的理论传入中国后进行回顾的著作，兼具对正确理论的介绍和错误观点的批判于一身，融合了马克思主义的科学精神和革命精神，在我国马克思主义史学理论发展中仍有其闪光之处。

（作者单位：南开大学马克思主义教育学院）

---

① 华汉编：《唯物史观研究》下册，上海现代书局1930年版，第173页。

② 同上书，第174—175页。

③ 同上书，第175页。

吴晗向马克思主义史学家转变之研究

王维佳

近年来，唯物史观派在中国现代学术史上的地位越来越受到关注，尤其透过某些个案的研究，将此问题进一步深化。[①] 本文以吴晗向马克思主义史学家转变历程为例，试图对唯物史观的传播与发展略作探讨。

吴晗（1909—1969）是我国著名的明史学家，他对明代的政治、经济、社会文化等进行了较为深入的研究，刊发了大量有影响的论著。新中国成立后，他努力学习马克思主义理论，改写《朱元璋传》，探讨中国重大理论问题，成为一名马克思主义史学家。对吴晗学术思想转变的研究，学界已有一些成果，[②] 但尚有一些问题值得探讨。本文根据唯物史观的特性及吴晗对唯物史观的接受，从学术与政治两个层面，对其从胡适的"追随"[③] 者向马克思主义史学家转变的具体情况进行考察。

一 整理史料的明史学者

1928 年夏，吴晗考入上海中国公学大学部预科，得以继续求学。这一读书机会，来之不易，故吴晗极为珍惜。因无人指点，他就自学，阅读了大量图书，但书的内容良莠不齐。他始终无缘接受专业的史学训练。当时

---

① 如陈峰：《〈食货〉新探》，《史学理论研究》2001 年第 3 期；李田贵、赵学琳：《二十年代国民党人对马克思主义的传播》，《当代世界社会主义问题》2003 年第 4 期；王学典：《现代学术史上的唯物史观——论作为"学术"的马克思主义》，《山东社会科学》2004 年第 11 期；王学典：《唯物史观派史学的学术重塑》，《历史研究》2007 年第 1 期等。

② 如陈峰对吴晗的治学起点进行研究，认为其兼具史料派与史观派双重特点，见陈峰《20 世纪 30 年代吴晗史学述论》，《史学理论研究》2003 年第 2 期；王学典认为，由吴晗 1934 年发起成立的史学研究会是"更加学术化的史观派右翼"，见王学典、陈峰《二十世纪的中国历史学》，北京大学出版社 2009 年版，第 96 页。该书对史学研究会治学方法等进行了考察，其中涉及吴晗 20 世纪 30 年代中期的治学取向。

③ 刘光永：《清光梦——吴晗传》，杭州出版社 2005 年版，第 34 页。

胡适（1891—1962）被推选为中国公学校长，并兼任文理学院院长。这对吴晗来说，正是学习的绝佳时机。于是，他选修了胡适的"中国文化史"，开始走上史学研究之路。不久，撰写了《西汉经济状况》，得到胡适的肯定。吴晗对胡适充满了崇敬之情，认为没有人比胡适"更能用科学的方法来解决和指导路径"①。此后，他即追随胡适的治学轨迹。然而，好景不长，1930 年 5 月，胡适被迫辞去中国公学校长一职，重返北大。胡适离去后，在公学读书的吴晗也感到"无聊"②，遂在这年夏天追随胡适北上求学。

1931 年夏秋，吴晗考入清华历史系，系主任蒋廷黻（1895—1965）建议他以明史为研究方向。吴晗当即致函胡适，请教研究方法。几天后，他收到胡适的回信。其所谈大致可分为这样几项：（1）细读《明史》《明史纪事本末》《明实录》，并互相校勘，做笔记；（2）读完全史后，试作"专题研究"的小论文，要"小题大做"；（3）随时做札记。信中还明确提出要吴晗做一个能"整理明代史料的学者"③。这封信为吴晗选定了治学的方向。从吴晗日后研究明史的成果来看，他确实是按照胡适指导的方法来进行史学研究的。1931—1933 年底，是吴晗全面阅读明代史籍，学习明史的关键时期。此间，他共发表明史方面相关论著、札记 24 篇，除《〈金瓶梅〉的著作时代及其社会背景》一文外，几乎全是对明代史籍的整理之作。所以，这两三年正是他按照胡适指示的第一步进行明史学习与研究的重要时期，为其日后明史成就的取得奠定了基础。而这一时期，对马克思主义唯物史观，吴晗也有所关注。

事实上，"五四"运动到大革命后的十余年间，马克思主义及唯物史观在中国知识界的传播大有进展。是时，很多马克思主义学说中的基本词汇诸如"社会形态""生产关系""阶级关系""经济结构"等，都成了史学界耳熟能详的术语，马克思主义和马克思主义史学在社会上的影响日益扩大。此外，一大批以唯物史观为思想武器的专业史学家出现，他们纷纷以唯物史观为指导，解释具体的历史问题，并以之构建中国历史的总体框架，推动了唯物史观的广泛传播。

---

① 吴晗：《致胡适（一）》，常君实编：《吴晗全集》第 10 卷，中国人民大学出版社 2009 年版，第 126 页。

② 《吴晗全集》第 8 卷，中国人民大学出版社 2009 年版，第 50 页。

③ 胡适：《致吴晗》，《吴晗全集》第 10 卷，中国人民大学出版社 2009 年版，第 140—141 页。

在此背景下，吴晗也不可避免地接触到了马克思主义理论。当时，马克思主义思想遭到国民党政府的反对，但其著作在青年学子中却大量流传。和吴晗私交甚笃、一起在清华历史系读书、同是史学研究会成员的夏鼐（1910—1985）就在大学期间广泛阅读马克思主义著作。① 和吴晗有"四同"之谊②的千家驹（1909—2002），在 1931—1933 年和吴晗往来频繁，千氏当时翻译了《资本论》③，他还就翻译中出现的历史人物问题向吴晗请教。友人们对马克思主义的关注也对吴晗有一定的影响。④

事实上，吴晗在清华读书时，也读过一些马克思主义著作，如他最初接触的许德珩（1890—1990）翻译的（苏）布哈林（1888—1938）写的《唯物论大纲》。⑤ 他还读了一些《资本论》。⑥ 但这一时期，吴晗深受实验主义治学方法影响，对唯物史观不感兴趣，对历史是否有规律，也没有明确的认识。这和同时代的马克思主义史学家有很大不同。

当时，唯物史观派出于为现实政治服务的目的，强调对历史发展规律的探讨。所以，他们把主要精力放在对社会形态发展规律的探讨上，力求提供一个系统整合的"范式"，并将其运用于具体史事的解释中。吴晗作为胡适的学生，在治学中坚持"大胆的假设，小心的求证"的"科学方法"，这导致他对尚未研究清楚的问题不随便提出解决的方案，更不盲目地行动。甚至，他一度对唯物史观派以社会形态理论结合中国历史的做法

---

① 如夏鼐在 1931 年 8 月 2—3 日，阅书：马克思《哲学之贫困》；10 月 12—13 日，阅书：恩格斯《家庭私有财产和国家之起源》；11 月 21 日、24—25 日，阅书：《共产党宣言》；12 月 4—7 日，阅书：陈启修译《资本论》等。见夏鼐《夏鼐日记》卷 1，华东师范大学出版社 2011 年版，第 63—64、77、81—82、83 页。

② 指二人同乡、同学、同庚，后又一同参加民主同盟会。

③ 20 世纪 30 年代初，千家驹通过胡适的介绍，被中华教育文化基金会聘请，翻译《资本论》第 2 卷。详见千家驹《七十年的经历》，镜报文化企业有限公司出版 1992 年版，第 65—66 页。

④ 1937 年，吴晗兴起研究清朝官员王茂荫，并写成《王茂荫与咸丰时代的新币制》一文。此文之作即缘于千家驹等人翻译《资本论》时，不知"Wan‐Mao‐in"原名为何而写信求教。吴晗也因此阅读了部分《资本论》。详见吴晗《王茂荫与咸丰时代的新币制》，《吴晗全集》第 3 卷，中国人民大学出版社 2009 年版，第 61—62 页。

⑤ 笔者按，据中国国家图书馆馆藏图书查阅得知，布哈林在 1930 年出版了至少五部关于历史唯物主义与社会主义理论的著作，其中，《唯物史观与社会学》（社会问题研究出版社 1930 年版）是许德珩以"许楚生"之名所译，吴晗阅读的应是此书。

⑥ 吴晗：《谈历史研究》，《吴晗全集》第 9 卷，中国人民大学出版社 2009 年版，第 344 页。

很反感，认为这是"生吞活剥，削趾就履"①。

1934 年，吴晗在《图书评论》上发表了一篇名为《李继煌译述的高桑氏〈中国文化史〉》的书评，其中说道："历史之形成与发展，虽不一定有其自然的律则，但未必就像演剧似的，一切情节都由导演者来自由设计，自由损益。"② 可见，吴晗虽然否定偶然性对历史发展的决定性作用，但对历史是否有规律，并不确定。

在历史观上，吴晗主要受进化论的影响。1934 年，他在《历史中的小说》中说道，几千年来，生产技术和政治组织都有了显著的进步，但这种演进的速度，"并不像我们所意象的'进化'这一名词的涵义那样快，几千年的经过在人类的继续经程中只是一个极渺小短促的时期"。且他认为，一直到 19 世纪以前，这几千年都属于"神权时代"，在这一时代下，神具有最高的权威，"无论是士大夫，是老百姓，都覆育在神的权威之下"。甚至"即使是在今天……神的权威仍笼罩着最大多数的大众，能离开神的怀抱只是一部分最少数的现代人，并且这一小部现代人中的一部又已走到另一个神的怀抱中去。最大多数神权时代人和最少数现代人的矛盾生活，就造成了今日的社会"③。由此，吴晗并非以经济因素作为历史发展的决定性因素，而尤其注重文化思想因素的作用，将之看作划分时代的标准。这其实还是胡适历史观④的影响结果。

除了受实验主义方法的局限、胡适历史观的影响外，吴晗之所以对唯物史观不感兴趣，还和他对学术的追求与对政治的远离有关。众所周知，马克思主义自传入国门就和国内政治与革命紧密相关，早期的马克思主义史学家对中国历史的研究，主要是为给中国共产党领导的新民主主义革命提供理论支持，他们多数都是共产主义革命者，和中国共产党关系密切。

---

① 吴晗：《致胡适（十一）》，《吴晗全集》第 10 卷，中国人民大学出版社 2009 年版，第 149 页。

② 吴晗：《李继煌译述的高桑氏〈中国文化史〉》，《吴晗全集》第 1 卷，中国人民大学出版社 2009 年版，第 438—439 页。

③ 吴晗：《历史中的小说》，《吴晗全集》第 4 卷，中国人民大学出版社 2009 年版，第 280 页。

④ 关于胡适的思想决定论，详见耿云志《胡适研究论稿》，社会科学文献出版社 2007 年版，第 61 页；徐国利《胡适史学思想的再认识》，安徽文化网：http://www.ahage.net/lunwen/21996_7.html 等。

而从小就被称为"蛀书虫"①，被友人戏称为"腐儒"尚以此为荣的吴晗，② 并不愿接触政治。这也是导致他不谈马克思主义唯物史观的一个主观原因。

可以说，这一时期吴晗或多或少地接触到唯物史观，但他对唯物史观的认识十分有限，兴趣并不在此。

二 以史救国的明史专家

根据胡适指导的研究路径，结合吴晗的明史研究论著情况，可以发现，从1933年底写作《金瓶梅的著作时代及其社会背景》开始，吴晗的史学研究不再局限于对史料的整理，而是开始走向"专题研究"。如他的《明代靖难之役与国都北迁》（1935）、《明代之农民》（1935）、《元代之社会》（1936）、《元帝国崩溃与明之建国》（1936）、《十六世纪前之中国与南洋——南洋之开拓》（1936）等都是专题性质的论文。不过，这些作品往往在考证中夹杂议论与分析，和人们眼中传统的考据治学路数不大相符。③ 吴晗以这种考据中带有"义理"的研究路数打破陈说，确立了自己的学说。此后，和治学初期相比，他的明史研究呈现出两种变化：其一，以社会史、民众史为主要治学方向；其二，以传播历史知识、提供历史经验、拯救民族危机为主要治学目标。

之所以有这样的变化，可以从史学研究会的成立和吴晗身份的转变两方面进行分析。

1934年5月，吴晗和一群志同道合的友人，为了挽救国难之时的学术，增强中国史在世界史中的地位，成立了史学研究会。研究会以《中国近代经济史研究集刊》、天津《益世报·史学》双周刊和南京《中央日报·史学》周刊为学术基地，发表了大量文章。是时，面对日益加深的民族危机，研究会成员们力求"对中国新史学的建设尽一点力量"④，而他们

---

① 苏双碧、王宏志：《吴晗传》，上海人民出版社1998年版，第8页。

② 同上书，第54页。

③ 王鸣盛曾说，乾嘉学派的考证只是"考其典制之实，俾数千百年建制沿革，了如指掌，而或宜法，或宜戒，待人之自择可矣"，即把材料摆出来，不妄作褒贬。所谓传统的考据治学路数是致力于对版本、名物、地名、建制沿革等进行考证，不对历史事件、人物等妄加褒贬与分析。

④ 苏双碧、王宏志：《吴晗传》，上海人民出版社1998年版，第37页。

理想中的新史是"社会的，民众的"①。在此基础上，他们致力于"写成一部健全的中国史"，但又深知这一重任是不可能凭借个人之力完成的，所以，主张"分工合作"，由每位成员负责一朝代或一领域历史的研究。如吴晗治明史，梁方仲（1908—1970）治明代田赋史，汤象龙（1909—1998）治近代财政经济史、谷霁光（1907—1993）治魏晋南北朝史、罗尔纲（1901—1997）治太平天国史、刘隽治盐政史、罗玉东研究中国厘金史等。如是，吴晗的明史研究作为建设"新史"的一环，也体现出明显的社会史研究取向。具体而言，一方面，他对传统史家重视的内阁、巡按、督抚等重大问题一笔带过，而将眼光聚焦在明代的农民、匠户、军户、仕宦阶级的社会关系与生活上，显示出和提倡研究农村、社会下层人民生活的唯物史观派的相似性。另一方面，他对明代社会、文化风气进行了整体研究，撰写了《明代的殉葬制度——"美德组成的黄金世界"之一斑》（1935）、《晚明仕宦阶级的生活》（1935）、《明代的新新仕宦阶级，社会的、政治的、文化的关系及其生活》（1943）等文。可见史学研究会及其确立的研究目标、取向对吴晗的影响。

1934 年，吴晗以助教身份留校清华，从学者到教师身份的变化，也促使其研究取向发生变化。

1931 年"九一八"事变之后，现实民族危机日益加深，史学家们大多希望历史能发挥"救世"之功。而登上讲台的吴晗，则切身感受到了青年学生历史知识的缺乏以及中学历史教育的贫乏。1934 年 8 月，他撰成《中学历史教育》，发表在《独立评论》上。此文中，一方面，他表达了对中学历史教育前途的悲观，以及对中学历史课本的不满，认为没有一部"不专记姓名、年代的好书"。另一方面，他提出了历史的现实意义，希望人们能够重视历史。他说："没有本国历史常识，甚至忘记了十六世纪的倭寇和最近的'九一八事变'的知识分子，是不是我们这老大民族所需要的？我们要请问一个不但不明世界大势，连本国过去史实都不清楚的人，他能替国家和社会做什么事？"② 在强烈的爱国情感的激发下，吴晗希望历史学能为现实服务，唤醒民众，救亡救国。显然，考证史籍版本、流传、作者等琐碎问题的治学路径无法达到这一要求。故此，吴晗逐渐改变了其

① 《吴晗全集》第 10 卷，中国人民大学出版社 2009 年版，第 28 页。
② 《吴晗全集》第 9 卷，中国人民大学出版社 2009 年版，第 15 页。

治史取向。可见，随着他对历史教育现状、历史学社会功能认识的加深，其治学取向与史学思想皆发生了变化。

此外，时任清华历史系主任的蒋廷黻，也秉持学术对社会有用的观念，并以此改革历史系。他认为，历史能提供给人们"知识之光"，所以，历史要有"实用价值"，要"学以致用"。[①] 为此，他大量引进人才，进行课程改革，推动清华历史系的发展。而吴晗就是蒋氏引进的人才之一。

综上，在多种因素的影响下，吴晗的史学实践也发生了一些变化。其一，他在清华历史系开设了"明代社会史"的课程，以"阐明明代社会组织，思想流别，政治制度等之形成及其变革，并指出此等因素对后代之影响"[②]。可见他对社会组织、思想文化、政治变革等方面的重视。故此，有学者说，吴晗奠定了明代社会史研究的基础，是"最早注意明代社会的现代学者"[③]；其二，他开始强调历史的社会功能，并对友人张荫麟编写历史教科书一事业伸出援助之手。

1935 年 2 月，张荫麟经傅斯年推荐，被国防设计委员会聘请编撰历史教科书，接着张氏加入该委员会第八组，即文化组。稍后委员会改组，他改聘于教育部，负责编纂高初中和高小教科书。[④] 经过两年多的研究、写作，高小教科书完成。高中历史教本按张荫麟的计划，拟请专家分别撰写各专题。其中，吴晗负责撰写唐至明清的部分。但就在教科书编纂接近尾声时，"卢沟桥事变"爆发，直接影响了整个编撰计划。是时，张荫麟只身南下，把教科书的一切事务都托付给了吴晗。[⑤] 吴晗不负期望，四十天后到昆明，誊录长编和已发表的部分，交给张荫麟。张看到吴晗抄来的稿件，"高兴之至"，于是补撰了"改制与易代"一章，[⑥] 并把这部分稿子整

---

① 蒋廷黻：《外交及外交史料》，载《蒋廷黻选集》，传记文学出版社 1978 年版，第 118 页。

② 清华大学校史研究室：《清华大学史料选编》第 2 卷（上），清华大学出版社 1990 年版，第 346 页。

③ 常建华：《社会科学与中国社会史研究历程》，常建华主编：《中国社会历史评论》第 10 卷，天津古籍出版社 2009 年版，第 366—389 页。

④ 张其昀：《张荫麟先生追悼会致辞》，《思想与时代》第 18 期，"张荫麟先生纪念号"，1943 年 1 月 1 日。有关张荫麟参加国防设计委员会文化组和编通史的过程，见陈润成《天才的史学家：追忆张荫麟》，清华大学出版社 2009 年版，第 62 页。

⑤ 吴晗：《记张荫麟（1905—1942）》，《吴晗全集》第 7 卷，中国人民大学出版社 2009 年版，第 176 页。

⑥ 同上。笔者按：据 1940 年版浙江大学史地教育研究室出版的《中国史纲》第 1 册目录，知吴晗回忆有误，"改制与易代"一章为次年再版时出现的。

理，以《中国史纲》（又名《东汉前中国史纲》）为名出版。该书一问世，即广受好评。这本书实际上是吴晗与张荫麟共同合作的成果。可以说，没有吴晗的心血，张荫麟至今被视为名著的《中国史纲》很难问世。由此，足见吴晗在国难民危之时致力于"以史救国"的决心。

值得注意的是，吴晗喜爱历史，他埋头书斋，更喜欢把精力放在挖掘史料、从事发现问题、解决问题的专题性研究上，并以此为乐。他曾对同样喜欢读书、治学的夏鼐说："清华园内治此，惟兄与弟二人，鲰生何幸，得拜面缄。"① 可见，他把问学当作人生乐事，把具有同样理想的友人当作知己。但是，在从事教学后，他亲身体会到国人，尤其是青年学子们历史知识的贫乏，这令具有强烈社会责任感的他焦虑不已，无法再心安理得地从事自己的研究工作。实际上，1935 年，吴晗与史学研究会友人们还认为编写通史的时机尚未成熟，当前主要任务应是材料的搜集与整理，② 以为日后编写通史作准备。所以，吴晗初时并不愿参与教科书的编写，③ 但出于和张氏的友情以及对国难之时历史学的期望，他最终还是义无反顾地参加到此项事业中。④

综上，1934 年以后，吴晗在治学取向和旨趣上都发生了变化。在现实危机的刺激和民族主义思潮的激荡下，他的个人学术研究开始紧扣时代脉搏，注重学术致用，探讨社会史、民众史，以便更好地以学术服务国家，为抗战出力，担负起史家的社会责任，在学术上体现出和唯物史观派的相似性。

三　以笔为枪、为革命服务的史学家

1943 年 7 月，吴晗加入中国民主政团同盟（以下皆简称为"民盟"），投身政治，由学者成为革命者，并向中国共产党靠拢。吴晗走上革命之路

---

① 《夏鼐日记》卷 1，华东师范大学出版社 2011 年版，第 163 页。

② 汤象龙在《食货》（半月刊）上发表论文，阐述他对研究中国经济史的认识，说："我们目前的责任最重要的仍是收集资料，这种收集资料的工作虽是一种不成名不讨好的事业，可是我们不作这种工作，中国经济史将永远没有写成的日子。"汤象龙：《对于研究中国经济史的一点认识》，《食货》1935 年第 1 期。

③ 吴晗：《致傅斯年》，1936 年 7 月 9 日，《傅档》11；112；转引自潘光哲《傅斯年与吴晗》，《文史哲》2005 年第 3 期。

④ 详见王维佳：《张荫麟与吴晗》，《历史教学问题》2015 年第 3 期。

后，开始批判"读书救国"论，逐渐认识到唯物史观的革命意义。在学术研究中，他接触到更多的马克思主义著作，学习唯物史观理论，以笔为枪，为现实革命斗争服务。

1937 年，抗战全面爆发前，吴晗接受了云南大学校长熊庆来（1893—1969）的聘请，前往云大任教。是时，吴晗家人尚未抵达昆明，其生活压力还不大。有人说，初到昆明的两年吴晗是受人羡慕的"阔教授"。① 但是，1939 年以后，吴晗的母亲、弟弟一家以及袁家姐妹相继来到昆明，其生活压力骤然增加。与此同时，昆明的物价飞涨，而吴晗不仅需要负担不断增加的日常生活开销，更为沉重的，是妻子袁震治病的医疗费用。所以，很快，吴家就陷入了生活的窘境。雪上加霜的是，1940 年夏，吴晗回到清华（当时的"西南联大"），就被派往叙永分校讲授中国通史。因袁震身体不好，无法走公路，只能乘飞机，加重了经济负担。无奈之下，吴晗把书籍用具都卖了。而为了帮妻子治病，他又变卖家财。到后来，吴晗一家变得穷困不堪，生活越发过不下去了，甚至连医疗费也凑不出。② 在此情况下，1941 年底，吴晗参加了联大建立以来第二次为生活问题而召开的教授会议，并和诸多教授一起联名上书，要求学校常委会"从速召集全体教授大会，共商办法"，以解决教师生活问题。这一事实表明，吴晗等联大教授对国民党经济政策的失望，他们之间的裂痕在日渐扩大、加深。③

与此同时，吴晗开始和一些左翼民主人士有较密切的往来。据冯素陶回忆，1939 年，吴晗已和中华全国文艺界抗敌协会总会的主要负责人之一沈雁冰，有较密切的往来，并通过沈氏结识了文艺界抗敌协会云南分会（简称"文协"）的楚图南、穆木天等人。当时，吴晗还不是"文协"成员，但也曾受邀参加"文协"的聚会，并对"文协"的工作提出了很好的意见。后来，云南文化界宪政联合会，在共产党的号召下，通过批判国民党"五五宪法草案"的反动实质，掀起一个新民主主义的宪政运动。吴晗也应邀参加了宪政座谈会，还发表了一些不错的见解。此后，在运动受到打击之时，他还前往看望、慰勉挨打的冯素陶。可见，吴晗对抗日支持，

---

① 谭其骧：《学者、才子、为社会主义事业奋斗终身的好干部——怀念吴晗同志》，王宏志、闻立树主编：《怀念吴晗：百年诞辰纪念》，中国社会科学出版社 2009 年版，第 351 页。

② 吴晗：《自传》，《吴晗全集》第 1 卷，中国人民大学出版社 2009 年版，第 93 页。

③ 闻黎明：《论抗日战争时期教授群体转变的几个因素——以国立西南联合大学为例的个案研究》，《复印报刊资料（中国现代史）》1994 年第 11 期。

对左翼人士同情。而和这些民主人士的往来，对吴晗的政治思想变化亦有一定的影响。

不过，即便对国民党当局有诸多不满，此时，吴晗也并未走上革命的道路。他只是变得心情沉闷、忧郁，时常在课堂上发发牢骚，在学术研究中，他还是以撰述考据性作品为主，没有明显的马克思主义史学影响的迹象。就在他心怀不满、愤懑，而为了维持生活，又不得不卖稿、卖书之时，国民政府官员却贪污腐败、大发国难财，毫不关心知识分子们的生活。1942 年，张荫麟病逝，令吴晗对国民党当局更加愤恨，也产生了沉重的同病相连之感。他在追悼张荫麟的文章中说，

> 荫麟早年即患心脏病，一登高就心悸，同游华山时，攀登铁索，那闭目摇头的情形，惹得游侣齐声哄笑。死，不料偏死于肾脏病。平时营养坏，离婚后心境坏，穷乡僻壤医药设备坏，病一发就非倒下不可，非死不可。假使没有这战争，假使这战争不能避免，而有一个好政府，或者是不太坏的政府，能稍稍尊重学者的地位和生活的时候，荫麟那样胖胖苗壮的身体，是可以再工作二十年以至三十年的。①

可见，他认为，张荫麟之所以英年早逝，即因政府不关心知识分子所致。事实上，张荫麟的病，即使今日也难治愈，故吴晗的话多少有些偏激。但这可以证明，他已经形成较牢固的反对国民党政府的意识。这种情况，必然受到共产党组织的注意。

20 世纪 40 年代，共产党组织已经开展争取知识界精英人士的工作，作为大有前途又具有反政府意识的年轻教授，吴晗自然成为共产党竭力争取的对象。1943 年春，中国共产党中央南方局指派华岗、周新民、李文宜等几位党员先后来到昆明，扩大抗日民族统一战线，帮助民盟建立组织，做好争取团结知识分子的工作。而李文宜又是袁震的同乡、同学，故她到昆明后，经常拜访吴家，和吴晗夫妇交谈。她向吴晗讲述了统一战线和民盟组织反对国民党的纲领。于是，1943 年 7 月，吴晗在周新民（李文宜的丈夫，亦是共产党员）等人的介绍下加入了民盟。可见，吴晗之所以在此时加入民盟，走出书斋、进入政治，共产党人士的主动接触起了直接的推

---

① 《吴晗全集》第 7 卷，中国人民大学出版社 2009 年版，第 180 页。

动作用。而更深层次的原因，在于国民党的政治独裁、经济腐败和文化专制，令他日渐失望，并最终"由不满发展到痛恨"，① 走上了革命的道路。此后，他一反20世纪30年代对胡适"读书救国"论的信服，提倡青年学子关心国事，关心政治。1945年，他写了《论五四》一文，其中说道：

> 在中华民国开国之初，就爆发了史无前例的五四运动，接着是"五卅"，"三·一八"，"九·一八"，"一二·九"，以至最近各大学的学生对时局的宣言运动，天真热诚的青年在为国家民族的前途担忧着急，食不甘味，寝不安席地在为国事奔走呼号，在为国事而被"自行失足落水"，失踪。长一辈的上一时代的青年呢？却脑满肠肥，温和地劝导着叫"少安勿躁"，国事我们自有办法，青年还是读书第一，不必受人利用。②

由此可见，此时吴晗的观念和20世纪30年代大不同，他已经完全背离胡适的论调，开始肯定革命的历史作用，鼓励青年学子进行革命。大约同时，吴晗阅读了胡绳的《二千年间》一书，并写了一篇书评，赞扬该书是"一帖清凉散"。胡氏此书以唯物史观指导写就，吴晗在书评中说道，这是一本"活的史书"，它"把现实和历史联系，从历史来说明现实，也从现实去说明历史"。③1945年，吴晗在共产党的指导下，直接参加了"民青"（即民主青年同盟）的筹备成立以及以后的许多工作，还帮助"民青"建立了秘密印刷厂，翻印出版毛泽东的《论联合政府》《新民主主义论》，朱德的《论解放区战场》及各种宣传材料。④ 在大后方传播革命火种的同时，吴晗也加深了对唯物史观在指导社会革命方面的认识。此后，他在参加昆明民主运动之余，写下了大量杂文，打击国民党政府的专制独裁统治，主张建立人民的民主政府。吴晗虽然没有明确提出要用唯物史观指导社会革命，但从他的行动与言辞中，可以看出，在实际的革命活动中，他对马克思主义唯物史观的接受。

---

① 《吴晗全集》第1卷，中国人民大学出版社2009年版，第94页。
② 《吴晗全集》第7卷，中华人民大学出版社2009年版，第74页。
③ 同上书，第148—155页。
④ 胡愈之、李文宜：《光明磊落肝胆照人——深切怀念吴晗同志》，王宏志、闻立树主编：《怀念吴晗：百年诞辰纪念》，第105—106页。

走上革命之路后，吴晗的治学取向与观点也发生很大变化，这主要表现在两方面。

其一，以历史作为革命的武器，为现实斗争服务。

1943 年以后，吴晗开始公开、明确地表示对国民党统治的不满，并借学术研究服务于政治斗争，40 年代末时，甚至发展为以史学"影射"现实的情形。在教学中，他批判国民党的专制统治，讲历史联系现实。如张乐群回忆，吴晗"讲明代锦衣卫和东、西厂的特务恐怖统治、明代官吏的贪污，完全酷似蒋家王朝，听了十分痛快，尤其突出的是：他大讲明代的奴隶、农民、工匠，讲李自成领导的农民战争，抨击朱明政权的腐朽。农民和农民革命战争这样的问题，当时一般的历史学家，讲到这里时多是一笔带过或者闭口不谈的，而吴晗同志则大讲特讲"①。

在史学研究中，吴晗不再写考据性的文章，而是写作大量表达个人观点的作品。如他借历史上的"特种组织"揭露国民党政府的特务机构和恐怖政策，表达对其统治的不满。1944 年，为纪念甲申三百年，吴晗重写《明代的锦衣卫和东西厂》一文，借明朝历史对国民党特务统治进行了揭露与讽刺。此外，40 年代末，他还写了《明初的学校》《社会贤达钱牧斋》等文章，都是借史学影射现实，以配合现实的政治斗争，反对蒋介石政府的作品。② 这些文章，在写作手法与观点上，都已经和马克思主义史学家没有什么不同，而和以史料的搜集、整理、考订与辨伪为史学的中心工作的学者有很大差别。正是吴晗脱离考证治学，逐渐向唯物史观派转向的明显标志。

其二，政治立场的变化导致吴晗的历史观发生逐渐改变。

40 年代以前，吴晗深受居于主流地位的，以考据为主要治史取向的学者们之影响，远离政治。虽对国民党政府的统治不满，但其政治立场是"超阶级"的。他进行史学研究目的之一，是希望能为国民党当局提供历史经验、教训。但 1943 年以后，其立场发生变化，这引起了他学术观点的相应改变。他开始以"人民的立场"自居，在史学研究中致力于对封建皇权、专制制度及统治阶级的揭露与批判。如 1944 年为纪念甲申三百年，

---

① 胡愈之、李文宜：《光明磊落肝胆照人——深切怀念吴晗同志》，王宏志、闻立树主编：《怀念吴晗：百年诞辰纪念》，第 98 页。

② 《吴晗全集》第 7 卷，中国人民大学出版社 2009 年版，第 80 页。

吴晗作《论晚明"流寇"》（收入《历史的镜子》）一文，此文由其 1934 年发表的《晚明"流寇"之社会背景——"殷鉴不远，在夏后之世"》改写而成。原文中，吴晗称呼粉碎明末农民革命的建州部族为"一更新兴的部族"，[①] 改写后，他增加内容，说道，由这一"新兴的建州部族"建立的大清帝国"本质是继承传统的，又给铲除未尽的地主绅富以更甦的机会，民族的进展活力又被窒息了三百年！"[②] 在同样收入《历史的镜子》（1946 年，生活书店出版）中的《明代的奴隶和奴变》一文中，吴晗再次表达了对清朝建立的不满，认为其使得"一部分人民的厄运……延续了将近三百年"[③]。可见，他对封建专制政权的本质已经有了更深层的认识。

再如，在《历史上君权的限制》一文中，吴晗说道："六百年以前的君权是有限制的，至少在君主不肯受限制的时候，还有忠于这个君主的人敢提出指责，提出批评。近六百年来，时代愈进步，限制君权的办法逐渐被取消，驯至以绍约之行，文以禹汤文武之吉，诺训典谩，连篇累牍，'朕即国家'和西史暴君同符。历史的覆辙，是值得读史的人深切注意的。"[④]

但是到 1948 年，吴晗的观点发生了很大变化。是时，吴晗和费孝通（1910—2005）组织了关于社会结构的学习讨论会，在讨论会上他宣读了对皇权、绅权等问题的研究文章。这些文章后收入《皇权与绅权》一书，1948 年底由上海观察社出版。吴晗在书中的《论皇权》一文中说："皇权的防线是不存在的。虽然在理论上，在制度上，曾经有过一套以巩固皇权为目的的约束办法，但是，都没有绝对的约束力量。"[⑤] 皇权具有独占性、片面性，所以皇帝不能和他的家人共治天下。皇帝只能独自治理天下。可见，他对皇权的认识发生了从"有限制的"到毫无限制的变化。这说明，随着民主革命形势的变化，吴晗对民主自由的渴望更加强烈，而对专制、独裁的政治更加痛恨，这影响了他对历史的看法。

另外，从对朱元璋认识的变化中，也可见吴晗历史观的"左"倾。吴晗之所以在 1948 年对朱元璋传记进行第二次写作，原因之一，即受陈伯

---

① 《吴晗全集》第 2 卷，中国人民大学出版社 2009 年版，第 49 页。
② 《吴晗全集》第 7 卷，中国人民大学出版社 2009 年版，第 72 页。
③ 同上书，第 64 页。
④ 同上书，第 36 页。
⑤ 《吴晗全集》第 4 卷，中国人民大学出版社 2009 年版，第 297 页。

达《人民公敌蒋介石》一书的启发，兴起了以朱元璋"影射"蒋介石，达到为政治服务的目的。[①] 所以，书中一改 1944 年版《明太祖》中描述朱元璋"是一个最伟大的军事统帅，也是一个最伟大的政治家"，[②] 而认为朱元璋是"以屠杀著名的军事统帅，也是一个最阴险残酷的政治家"；是"有史以来权力最大、地位最高最专制最独裁最强暴最缺少人性的大皇帝"。[③]

综上可见，吴晗本人从学者到革命者这一身份的变化，推动了他对唯物史观革命性的认识。同时，也引起他的历史观发生种种变化，在学术上更加接近唯物史观派学者。

但应该指出的是，吴晗此时虽然开始有意地以唯物史观治学，但尚不熟练，对唯物史观的认识也不全面，还不能称为马克思主义史学家。原因主要有两点。其一，因为客观条件的限制，他当时接触到的马克思主义著作有限，且没有足够的时间去消化、吸收接触到的马克思主义理论。此外，他这时已深陷政治运动之中，学术研究在很大程度上是为政治观点服务的，难免存在偏激、教条、只通晓文字，而不了解意思之处。其二，和典型的马克思主义革命史家相比，吴晗的史学观点也表现出很大不同。如对劳动人民力量的认识上（具体表现为对农民革命的看法），和郭沫若等马克思主义史家称赞农民起义的观点不同，吴晗更多的是强调对专制统治阶级的批判，而非对农民起义力量的赞扬。从他 1944 年发表的《论晚明流寇》等文章中，可以发现其对人民群众在历史发展中的主动性的认识有限。尤其是 20 世纪 40 年代末，他以农民革命领袖朱元璋影射蒋介石，贬低朱元璋的历史作用，可见其立论的中心。这某种程度上或许可以理解，毛泽东所说，吴晗"似尚未完全接受历史唯物主义作为观察历史的方法论"[④] 的含义所指了。

四　历史为政治服务的马克思主义史学家

新中国成立后，马克思主义理论广泛传播，在全国范围内迅速确立

① 陈晓农编纂：《陈伯达最后口述回忆》，阳光环球出版香港有限公司 2005 年版，第 109 页。

② 《吴晗全集》第 5 卷，中国人民大学出版社 2009 年版，第 93 页。

③ 同上书，第 205 页。

④ 毛泽东：《毛泽东致吴晗》（一九四八年十一月二十四日），中共中央文献研究室编：《毛泽东书信选集》，人民出版社 1983 年版，第 284 页。

了权威地位,马克思主义史学成为主流。为了给新政权提供有力的理论论证与精神支持,马克思主义史学家们积极巩固马克思主义史学的主导地位,消除资产阶级史学残余。在政治的推动与影响下,史学界开展了政治学习、武训和《武训传》批判、胡适与梁漱溟批判、反右派斗争和"史学革命"等运动。通过这些运动,其一,对"资产阶级唯心主义思想"的旧学术进行清算。其二,积极向学术界输送马克思主义。在此背景下,吴晗一方面,清理自己的思想,在学术、思想上自我批判,消除"超阶级"观点和学术研究中主观、偏激的错误倾向;另一方面,系统学习马克思主义理论,自觉主动地接受、学习马克思主义唯物史观及相关理论,并以之指导研究工作,提高理论水平,努力使自己成为无产阶级的历史工作者和机关干部。[①] 经过多次史学批判和政治运动的洗礼,以及几年理论的学习,他全面接受了马克思主义世界观,最终实现了向马克思主义史学家的转变,具体表现在两个方面:第一,他开始以马克思主义理论指导自己的学术研究。第二,提倡历史为无产阶级政治服务,成为马克思主义史学活动家。

1949 年 9 月 29 日,中国人民政治协商会议第一届全体会议通过了具有宪法作用的《中国人民政治协商会议共同纲领》(简称《共同纲领》),其中首次将"发展马克思主义指导的人文社会科学"以法律的形式确定下来。[②] 一般来说,"发展马克思主义指导的人文社会科学"有两层含义。狭义上说,即指史学家个人应认真学习马克思主义理论,以理论指导自己的学术研究;广义上来说,其不仅指史学工作者要以马克思主义理论指导个人的学术研究,还包括史学工作者应为促进新中国历史科学的建设,繁荣社会主义文化贡献力量。在这方面,吴晗的贡献应予以肯定。

新中国成立以后,吴晗行政事务繁忙,但他并未放松对马克思主义理论的学习。1954 年 4 月,他开始试用唯物史观理论对《朱元璋传》进行第三次写作,修改 1949 年版传记中偏激、片面的观点,并相继发表了《元末红军起义》(《新建设》1954 年第 11 期,1954 年 11 月)、《明初社会生产力的发展》(《历史研究》1955 年第 3 期,1955 年 6 月)、《宋明间统治阶级的内部矛盾》(《新建设》1959 年第 3 期)等文章,都是把马克

---

① 《吴晗全集》第 1 卷,中国人民大学出版社 2009 年版,第 103 页。

② 张剑平等:《新中国历史学发展路径研究》,人民出版社 2012 年版,第 93 页。

思主义理论和史学研究相结合的成果。

1955 年版的《朱元璋传》并未公开出版，这次修改的传记和新中国成立前的两版相比，在理论上主要有两大突破。其一，以列宁的国家学说为指导，对国家机器的认识更加深入，修改了过去以为国家机器只是官僚机构和军队，并将之比喻为封建皇权的两个轮子的观点。在 1955 年稿本中，国家不仅包括军队、官僚机构，还包括法庭、监狱、特务等。① 其二，以唯物史观理论为指导，在理论上煞费苦心。如设计了让步政策论，② 以肯定农民起义的历史作用，增加了"社会生产力"一章，以说明朱元璋的历史贡献等。此外，吴晗还参加了对资本主义萌芽、史论关系、厚古薄今与厚今薄古、历史人物评价等问题的争论。在争论中，他撰文发表了个人见解，以"历史主义"对"左"的观点进行了批驳，一定程度上抵制了"左"倾错误的泛滥，促进了历史学的健康发展和文化繁荣。

到 20 世纪 60 年代初，吴晗在中央高级党校讲课时，已完全改变了就事论事的研究特点。当时，吴晗一共讲了七个问题，即明太祖的建国、明成祖迁都北京、北"虏"南倭、东林党之争、建州女真、郑和下西洋和资本主义萌芽问题。这些问题，新中国成立前，吴晗就进行了不同程度的实证研究。20 世纪 60 年代的讲课中，他既扼要介绍了明代政治、经济、军事等方面的基本情况，又对明史中的一些重大事件进行了深入浅出的分析，且尽可能地运用马克思、列宁主义和毛泽东思想去解释这些历史问题。如在南倭北虏、东林党争等问题的研究中，吴晗以整个明朝历史为背景，一方面，运用矛盾分析法探讨这些问题的特殊性；另一方面，使用唯物辩证法，一分为二地看待这些问题对明代历史的影响。足见他对唯物史观理论的掌握程度。

在努力学习、运用马克思主义理论的同时，吴晗为促进马克思主义历史科学的发展繁荣做出了贡献。

首先，新中国成立以后，吴晗在学术、政治上都具有较高的地位。1949 年 11 月，中国科学院成立，实行学部委员制度，吴晗当选为哲学社会科学学部的重要委员。1953 年 9 月，中央成立的"历史问题委员会"

---

① 《吴晗全集》第 5、8 卷，中国人民大学出版社 2009 年版，第 347、52—53 页。
② 《吴晗全集》第 6 卷，中国人民大学出版社 2009 年版，第 161 页。

召开第一次会议，决定创办《历史研究》杂志，吴晗则成为该杂志编委之一。① 1960 年，北京市历史学会成立，吴晗连任第一、二届学会会长。此外，他还是北京市副市长，主管文教工作，和北京市各大院校关系较为密切，是高等教育者们的领导人之一。可见，吴晗与新中国历史学各大研究组织和机构都有一定的联系，这为他的活动提供了有利条件。

其次，新中国成立初期，受政治影响，历史学受到重视。吴晗作为历史学家，也深刻认识到这点。他曾说："要成为一个共产主义者是必须学习历史的。"② 又说，总结历史遗产，指导当前的伟大运动，并由此引导人民群众和青年学生，看出中国的前途，这不只对革命战争时代有现实意义，"从今天建设社会主义的伟大运动来说，也是必要的，有重要的帮助的"③。既然学习历史有如此重要的意义，就更应该加强对历史的学习。所以，他希望把历史知识和历史经验普及给广大的人民群众，丰富人们的思想，提高人们的文化水平。

本就热爱学术研究的吴晗，在"把知识普及给人民"这样强烈责任感的驱使下，找到了政治和学术之间的平衡点。一方面，他积极提倡历史知识的普及，主持新中国"史学三大工程"，即毛泽东提出的标点《资治通鉴》、标点《二十四史》和改绘杨守敬《历代舆地图》三项工作，解决了高级干部和史学工作者学习历史的基本需求；又主编小学历史教科书，与之相配合，出版了《中国历史小丛书》和各种史话，还出版了《地理小丛书》《语文小丛书》等普及性读物，推动了 20 世纪历史普及读物出版的第二次高潮。与此同时，他还领导北京市历史学会，鼓励、组织学者专家撰写专门的研究论著，提高学术研究水平，并邀请多位专家学者开展历史讲座，将普及与提高相结合。

另一方面，因认识到学习历史的重要意义，吴晗在"左"倾思想日渐严重的情形下，坚持贯彻"双百"方针，举起了"历史主义"的旗帜，将学术引向正常的发展轨道。面对当时重论轻史，过于强调理论学习的境

---

① 1954 年 2 月，《历史研究》创刊时形成的第一届编委名单为：召集人郭沫若，主编尹达，副主编刘大年，其他编委：白寿彝、向达、吕振羽、杜国庠、吴晗、季羡林、侯外庐、胡绳、范文澜、陈垣、陈寅恪、夏鼐、嵇文甫、汤用彤、翦伯赞共 18 人。可见，其中马克思主义史学家占多数。

② 《吴晗全集》第 8 卷，中国人民大学出版社 2009 年版，第 455 页。

③ 同上书，第 456 页。

况，他鼓励青年学子多读书、多思考，规劝他们："勤读，勤抄，勤写"①。对于当时知识分子不敢讲话的现象，他带头和他们谈心，解除其顾虑，鼓励他们写文章。在一次会上，吴晗劝说大家不要有顾虑，他说："有意见就发表，就写文章。我也写了几十万字，195 篇文章。"② 因为吴晗在学术与政治上的地位，他的积极带动，有利于学术界空气的活跃。

综上，新中国成立后，吴晗经过系统的理论学习，最终完成了向马克思主义史学家的转变。此后，作为一名马克思主义史学家，他对历史科学的建设和其他文化事业的发展倾注了大量心血，推动了新中国成立初期历史学的全面发展。

通观吴晗转变为马克思主义史学家的历程，可以发现，其转变开始于对国民党政府的不满，之后受到"左翼"组织和民主人士的影响，倾向于共产党，最后，逐渐接受了马克思主义的世界观，实现了向马克思主义史学家的转变。应该说，吴晗的转变道路具有一定的典型性。如我国著名历史学家陈垣（1880—1971）、唐长孺（1911—1994）等，早年都埋首于实证研究中，后经过政治抉择，逐渐向共产党靠拢，慢慢接受了马克思主义世界观，并以此指导自己的研究工作，成为马克思主义的史学家。再如，被称为马克思主义史学家"五老"（郭沫若、吕振羽、范文澜、翦伯赞、侯外庐）之一的吕振羽，早年时，也因不满国民党政府的统治，走上了革命的道路。后接触到马克思主义理论，将之与中国历史实际相结合，逐渐走上了以马克思主义治史之路。由此可见，吴晗向马克思主义史学家转变所走的道路，绝非个案。故此，对其转变轨迹的探讨，有利于更清楚地认识马克思主义史学发展的脉络。同时，又因为吴晗的转变过程复杂、时间漫长，所以，对其转变的研究，亦有利于对 20 世纪唯物史观传播与发展的考察。

（作者单位：南开大学历史学院）

---

① 《吴晗全集》第 9 卷，中国人民大学出版社 2009 年版，第 345 页。
② 王麦初：《难忘的岁月——忆吴晗同志》，王宏志、闻立树主编：《怀念吴晗：百年诞辰纪念》，第 302 页。

试论侯外庐"国民思想晚出论"对中国思想史起源的解释力

——雅斯贝斯、余英时唯心史观批判

程鹏宇

近年来，美籍华人学者余英时教授出版了新著《论天人之际——中国古代思想起源试探》，据作者所言，是要用德国存在主义哲学家雅斯贝斯①的"轴心说"来解释中国思想史的起源，这不禁让人联想到马克思主义史学家侯外庐先生用唯物史观解释中国思想史起源而提出的"国民思想晚出论"。那么，这两种解释哪一种更合理呢？换句话说，在对中国思想史的解释中，是要选择唯心史观（雅斯贝斯、余英时）的立场还是要选择唯物史观（侯外庐）的立场呢？我想，这个问题的解答，必须要经过一个比较的过程，具体地分析哪种方法更有解释力，才能做出一个合理的选择，从而为当今中国思想史研究的发展提供一条可行的路径。

上篇：雅斯贝斯"轴心说"的神学本质

首先，从宏观的存在主义思潮来看，宗教热情是其一个重要的特色，"对存在主义者来说，人类存在意义的充分实现就是沐浴上帝的恩典。因此，即便不是明确宣称自己是一个宗教教派，存在主义在本质上也有着强烈的宗教情怀"②，雅斯贝斯不但不例外，而且还是非常狂热的。

雅斯贝斯声称自己本来对神学并没有多大的兴趣，但随着他的哲学思

---

① Karl Jaspers（1883—1969）在中文学界有"雅斯贝斯""雅斯贝尔斯""雅斯倍尔斯""雅斯倍""雅斯佩"等多个译名，本文为行文方便，统一为"雅斯贝斯"，引文、注释不在此例。

② 单纯：《当代西方宗教哲学》，中国社会科学出版社2004年版，第178页。

想的发展，却不自觉地进入了神学。关于雅斯贝斯的哲学与神学的关系，雅斯贝斯自己讲过一个颇为有趣的故事，他说："甚至在第一次世界大战之后，我对神学还是没有兴趣。就不属于科学的历史性研究的内容范围而言，神学本身原该十分得当地属于哲学的，不过在我看来它是如此脆弱，为时代的象征它可能会使我感兴趣，但并非它本身。然而不去关注神学终究是不可能的，它的存在到处可见。一天我确实认识到这样的事实，即我是在谈论神学声称为属于它自己的东西。在一个学期的形而上学讲课教程（1927—1928 年）结束以后，一位天主教神父来向我表示他作为我的听讲者之一对我的谢意，并表示他与我意见一致：'我只想提出一点异议，你所讲演的大部分内容，依照我们的观点来看，就是神学。'这位聪明、给我留下深刻印象的青年的话使我吃了一惊。很明显：我看作非神学而在讨论着的东西在别人看来就是神学，但我是在进行哲理探索。"① 这个故事清楚地表明雅斯贝斯的哲学与神学之间在本质上是相通的，或者说，他的哲学本质上就是神学，对此，雅斯贝斯是承认的——他自述自己的学术历程是"哲学—医学—哲学—神学"②，神学是其思想的最后归宿，他的哲学最终是为其神学信仰服务的，他的目的是要使"哲学发展到成为信仰的本原力量"③，也就是说，"哲学本身应当融化在宗教中"④。我们可以说：雅斯贝斯是在用哲学的语言来诉说神学的内容。只有抓住这一点，才能真正理解其"轴心说"的本质。

事实上，西方学者对雅斯贝斯哲学的神学本质也有所探讨，德国学者希尔格特纳曾指出："在雅斯贝尔斯那里，超越性是存在本身。它是无所不包的整体，又是真实之物。它是自身无法分割的统一体，先于一切区分，超越一切区分，在世界之彼岸。这样一种东西就是神。"⑤ 叔斯勒则认为在雅斯贝斯那里有两层超越，第二层即上帝才是根本的："超越这一主题在雅斯贝尔斯的著作中所占篇幅甚广，在这里我们要区分开'普遍的、

---

① ［德］雅斯贝斯：《雅斯贝斯哲学自传》，王立权译，上海译文出版社 1989 年版，第95 页。

② 同上书，第 96—97 页。

③ 同上书，第 97 页。

④ ［德］恩格斯：《路德维希·费尔巴哈和德国古典哲学的终结》，《马克思恩格斯文集》第4 卷，人民出版社 2009 年版，第 287 页。

⑤ ［德］吕迪格·希尔格特纳：《论卡尔·雅斯贝尔斯哲学关于信仰的构想》，鲁路译：《哲学与信仰：雅斯贝尔斯哲学及其研究》，人民出版社 2010 年版，第 13 页。

非根本性的超越'——雅斯贝尔斯称之为在此之在、意识一般、精神、生存、世界——与'真正的超越',或者说'对一切超越的超越',即上帝。"① 为了追求这种"神性",雅斯贝斯放弃了一切形象,"正是神性本身才促使雅斯贝尔斯放弃各种形象的"②。放弃了各种形象,当然也就放弃了具体的人本身——这就是雅斯贝斯和马克思之间的根本冲突,即"神"与"人"的冲突。

马克思在批判黑格尔哲学时曾借费尔巴哈之口说过这样一段话:"黑格尔从异化出发(在逻辑上就是从无限的东西、抽象的普遍的东西出发),从实体出发,从绝对的和不变的抽象出发,就是说,说得更通俗些,他从宗教和神学出发。"③ 在这里,马克思受到费尔巴哈的启发,抓住了黑格尔哲学的神学本质,也就是他"从绝对的和不变的抽象出发",即从黑格尔的上帝出发的哲学特征。从这个思路出发,我们便很容易理解雅斯贝斯"轴心说"的神学本质了,④ 也就是说,我们要紧紧抓住雅斯贝斯学说的出发点——上帝。

(一)上帝的不可知性、实在性与唯一性

雅斯贝斯认为:上帝是不可知的,但却是实在的且唯一的。

首先,雅斯贝斯认为上帝是不可知的。他通过对神学史的批判,最后得出一个结论,即神是不可知的,因此,上帝不是知识的对象,而是信仰的对象:"反复的解释使我们深切地感到:上帝并非一个具有令人信服的证据的知识的对象,他不能通过感官而被感知。上帝是不可见的,他不能被人看见而只能被人信仰。"⑤ "信仰中的上帝,就是那遥远的上帝,隐匿

---

① [德] 维尔纳·叔斯勒:《雅斯贝尔斯》,鲁路译,中国人民大学出版社 2008 年版,第 111 页。

② 同上书,第 118 页。

③ 《马克思恩格斯文集》第 1 卷,人民出版社 2009 年版,第 200 页。

④ 事实上,在雅斯贝斯的哲学中,我们很容易看到黑格尔的"精神现象学"的影子,雅斯贝斯曾在 1927 年 3 月 2 日致海德格尔的信中表示自己正在"准备有关黑格尔《现象学》的夏季讨论班的课"。参见 [德] 比默尔、[瑞士] 萨纳尔编《海德格尔与雅斯贝尔斯往复书简》,李雪涛译,上海人民出版社 2012 年版,第 159 页。

⑤ [德] 雅斯贝尔斯:《智慧之路》,柯锦华、范进译,中国国际广播出版社 1988 年版,第 29 页。

不见的上帝，无法证明的上帝。"① "上帝不是知识的对象，它不可阐述得令所有人信服，这是一再表现出来的情况。同时，上帝也不是感性经验的对象。它不可洞察，不可直观，而只可信仰。"② 同时，雅斯贝斯认为信仰是一种不可知的神秘的东西："真正的信仰不是可认知的东西。"③ 信仰的对象上帝当然也是神秘的："人不能企图知道上帝所能知道的。"④ 哲学的作用只不过是确定对上帝的信仰："对上帝的反省，是一切有意义的哲学思想的典型特征。"⑤ "我们无法获取关于上帝的知识，而是在哲学沉思中确定了无所不包的上帝。"⑥ 总之，上帝是不可知的。不可知论必然导向神秘主义，这为我们后文中讨论余英时史学中的神秘主义色彩提供了思路。

其次，雅斯贝斯认为只有上帝才是真实的，才是所谓的"现实性"，真正的现实反而是虚幻的。雅斯贝斯认为人的生命的意义就在于确信上帝的现实性："'上帝存在'……这一定理原本意指的，只有在超越之中，即超出现实之外时，才可被体会为真正的现实性。因此，当我们确定了本原性现实，即确定了上帝时，这才是我们生命的顶峰与意义所在。"⑦ 这种观点与佛学非常接近，正如梁漱溟所说："假如承认世间的真实性，那么出世间就更真实"⑧。雅斯贝斯并不是要完全否定世间（历史），而是要追求出世间（超越的上帝），"并不是要否定历史，而是要超越它"⑨。在他看来，后者才是最根本的，因为"任何被认知的存在都不是存在"⑩，"真正的现实是不能被思维为可能的那种存在"⑪，世间的一切都是可以被认知

① ［德］雅斯贝尔斯：《智慧之路》，柯锦华、范进译，中国国际广播出版社 1988 年版，第 34 页。

② ［德］雅斯贝尔斯：《哲学导论》，载鲁路译《哲学与信仰：雅斯贝尔斯哲学及其研究》，人民出版社 2010 年版，第 289 页。

③ ［德］雅斯贝斯：《生存哲学》，王玖兴译，上海译文出版社 2005 年版，第 10 页。

④ ［德］雅斯贝斯：《时代的精神状况》，王德峰译，上海译文出版社 2003 年版，第 31 页。

⑤ ［德］雅斯贝尔斯：《智慧之路》，柯锦华、范进译，中国国际广播出版社 1988 年版，第 34 页。

⑥ ［德］雅斯贝尔斯：《哲学导论》，载鲁路译《哲学与信仰：雅斯贝尔斯哲学及其研究》，人民出版社 2010 年版，第 291 页。

⑦ 同上书，第 291 页。

⑧ 梁漱溟：《人心与人生》，上海人民出版社 2005 年版，第 173 页。

⑨ ［德］雅斯贝尔斯：《大哲学家》上卷，李雪涛译，社会科学文献出版社 2012 年版，第 32 页。

⑩ ［德］雅斯贝斯：《生存哲学》，王玖兴译，上海译文出版社 2005 年版，第 11 页。

⑪ 同上书，第 59 页。

的，只有上帝是不能被认知的，因此才是真正的存在，即现实性。因此，雅斯贝斯是一个标准的唯心主义哲学家，或者直接说，他就是个神学家。

最后，雅斯贝斯认为上帝（神）是唯一的："只有一个神。一个相信唯一之神的人，其人生基础与相信众神的人的人生基础是完全不同的。专注于这个'一'，便决定了存在的真实基础。无限的丰富暗示着扩散；上帝的光荣不是绝对的，除非它基于这个'一'。对于人来说把对'一'的追寻作为人生的基础，这是一个具有持久性的问题。这个问题象在几千年一样具有现实性。"① 上帝的这种唯一性是其绝对权威的前提，从上帝的这种唯一性出发，才能推导出人类社会有一个唯一的"轴心"；反过来说，对"轴心时代"的研究，目的就是寻找唯一的上帝。

（二）上帝"道成肉身"与史学研究的神学目的

在雅斯贝斯看来：上帝虽然是不可知的，但他却能够"道成肉身"降临人间，也就是化为人类的历史；反过来讲，人从对自身历史的研究中，就能感受到上帝。这就是雅斯贝斯神学史观的基本理论。

首先，上帝能够"道成肉身"下凡为历史。从上文中我们知道，雅斯贝斯口中的"现实性"就是上帝，因为在他看来，只有上帝才是现实的、有意义的，而具体的历史只不过是现实性的现象，也就是上帝"道成肉身"的结果，"现实性之显于我们面前就是历史性"②，历史就是上帝在人类意识中显现的过程："在历史中，我们作为自由、存在、精神、诚挚的决心和对整个世界的独立而同我们自己相遇，在自然中并未向我们表露的在历史中向我们表露了。神秘向自由飞跃，上帝在人类的意识中显露。"③ 历史的最终目标便是"上帝在人类中的显现"④。因此，雅斯贝斯得出了极端的唯心史观："人类不是自然存在的历史，而只是精神存在的历史。"⑤ 这个精神当然就是上帝。同时，雅斯贝斯又认为，个别具有"神性"的"大人物"就是上帝在历史中的具体表现："历史只让王位被那些具有超验

---

① ［德］雅斯贝尔斯：《智慧之路》，柯锦华、范进译，中国国际广播出版社1988年版，第33页。

② ［德］雅斯贝斯：《生存哲学》，王玖兴译，上海译文出版社2005年版，第63页。

③ ［德］雅斯贝斯：《历史的起源与目标》，魏楚雄、俞新天译，华夏出版社1989年版，第278页。

④ 同上书，第296页。

⑤ 同上书，第278页。

性并且让神性降临人世的人篡夺。"① 由此可见，人类历史并没有自主性，他只是上帝"道成肉身"的结果。

其次，人可以通过研究历史感受上帝。正如《新约·约翰福音》所说："从来没有人看见神，只有在父怀里的独生子将他表明出来。"② 既然上帝可以降临人间，那么人便可以从人间（历史）中找到上帝，"在目标深处感知到的存在就是上帝的表现形式"③，也就是要"在历史的外衣中寻求超时代的真理"④。因此，雅斯贝斯说："对我来说，历史的重要性在于运用它来探索哲理，而不是为了它本身。"⑤ 所谓的"探索哲理"就是感知超越存在，也就是上帝："我只有通过历史性才能确切体会到真正的超越的存在——只有通过超越存在虚幻无常的实在才成为历史的实质。"⑥ 也就是说，雅斯贝斯研究历史的终极目的就是感受那个在他看来是真实存在的上帝，这就是神学史观"轴心说"的终极目的，这种观点，与蒲鲁东的唯心史观也颇为相似："社会的历史无非是一个确定上帝观念的漫长过程，是人类逐渐感知自己的命运的过程。"⑦

（三）基于上帝唯一性的历史统一性

根据雅斯贝斯的神学理论，人与上帝是相通的，因此上帝的唯一性就表现为抽象的人性统一论，抽象的人性统一论又进一步表现为历史统一论，总之，"在关于唯一的上帝的表述中，统一找到了其最明确的表达方式"⑧，雅斯贝斯所说的历史唯一的"起源与目标"其实就是那个唯一的上帝："至高的整体是无比遥远的参考点，它是融为一体的起源与目标，

---

① ［德］雅斯贝尔斯：《大哲学家》上卷，李雪涛译，社会科学文献出版社 2012 年版，第 32 页。

② 《圣经》，中国基督教三自爱国运动委员会、中国基督教协会 2003 年版，第 104 页。

③ ［德］雅斯贝斯：《历史的起源与目标》，魏楚雄、俞新天译，华夏出版社 1989 年版，第 296 页。

④ ［德］雅斯贝尔斯：《大哲学家》上卷，李雪涛译，社会科学文献出版社 2012 年版，第 7 页。

⑤ ［德］雅斯贝斯：《雅斯贝斯哲学自传》，王立权译，上海译文出版社 1989 年版，第 101 页。

⑥ ［德］雅斯贝斯：《生存哲学》，王玖兴译，上海译文出版社 2005 年版，第 65 页。

⑦ ［法］蒲鲁东：《贫困的哲学》第 1 卷，余叔通、王雪华译，商务印书馆 1998 年版，第 24 页。

⑧ ［德］雅斯贝斯：《历史的起源与目标》，魏楚雄、俞新天译，华夏出版社 1989 年版，第 301 页。

是超然的上帝。"①

首先，人性是抽象统一的。雅斯贝斯认为："我们都是人，所要解决的都是人类生存这一问题。"② 但是，雅斯贝斯在这里所说的"人"，并不是真正的即现实的、历史的人，而是抽象的人，是精神意义上的人："在理解过程中，我们使那些深藏于内心的潜能发挥出来，并且不可将自己所谓客观历史真实性作为绝对的真理加以奉持。"③ 在这种唯心主义哲学思想的指导下，雅斯贝斯宣称他"所关心的是作为整体的人性"④，因为"在这个地球上，我们人类共有一个伟大的精神历史"⑤。然而，这个抽象统一的人性从何而来？当然是来自上帝的权威："如果有统一性的话，统一性只存在于超越存在中。世界中的统一性，是根据超越存在中的统一性而得到理解的；我们又是通过我们生活现实中的绝对统一性来体会唯一的上帝。所以，在超越一切内在统一性的超越过程中，统一性就是现实性自身。"⑥ 因此，雅斯贝斯宣称："人类的天生倾向是全体性。"⑦

其次，在抽象统一人性论基础上产生了历史的统一性。雅斯贝斯认为："我的纲要以一条信念为基础：人类具有唯一的共同起源和共同目标。……所有人都与亚当相联，都源于上帝之手，并依上帝之想象而被创造出来。"⑧ 也就是说，唯一的上帝创造了具有唯一人性的人，这个唯一人性的人的历史当然就是具有统一性的历史。人类历史表面上的多样性是从属于这个神秘的统一性的："从一开始，人类的历史性就是多样化的历史性。可是，多样性从属于至高的整体的专制性，即是要成为唯一的一个历史性和支配所有其他历史性的排它要求。"⑨ 或者直接说，多样性只不过是

---

① ［德］雅斯贝斯：《历史的起源与目标》，魏楚雄、俞新天译，华夏出版社1989年版，第304页。

② ［德］雅斯贝尔斯：《大哲学家》上卷，李雪涛译，社会科学文献出版社2012年版，第123页。

③ 同上书，第123页。

④ ［德］雅斯贝斯：《雅斯贝斯哲学自传》，王立权译，上海译文出版社1989年版，第102页。

⑤ 同上书，第103页。

⑥ ［德］雅斯贝斯：《生存哲学》，王玖兴译，上海译文出版社2005年版，第67页。

⑦ ［德］雅斯贝斯：《历史的起源与目标》，魏楚雄、俞新天译，华夏出版社1989年版，第285页。

⑧ 同上书，第6页。

⑨ 同上书，第284页。

同一个上帝的几种形式，反过来说，也是通向唯一的上帝的不同路径，"上帝以几种形式历史地现身，开辟了通向他的多种途径"①。因此，在雅斯贝斯看来，统一性就是历史的本质，"若没有统一作为历史的起源、目标和依据，就没有历史"②，故而，历史学的目的就是寻求统一，"领悟历史的统一，即从整体上思考世界历史，是寻找历史最终意义的历史认识的推动力"③。而这种统一性，说到底是一种信仰："在人类的单种系起源或多种系起源方面，我们要作出有经验根据的判断是不可能的，因为我们对人类生物学的起源一无所知。因此，人类的统一起源是一个思想而不是由经验拓开的现实。……在最终分析中，人类起源是单种系还是多种系并不是决定性的论据，我们在此讨论的是对人类统一性的信仰。"④ 如果我们理解到他所谓的"统一性"就是上帝的话，这个观点就非常容易理解了。

由此可见，雅斯贝斯是一个狂热的"历史演进一元论"者。

（四）基于神学史观而与唯物史观的对立

基于唯心主义的神学史观，雅斯贝斯对马克思及其唯物史观表示出当然的不满。因为把虚幻的上帝看成是真实的，雅斯贝斯便反过来批判马克思——在雅斯贝斯眼中"最粗略的"⑤ 人——"创造了一个不诚实的、欺骗的世界"⑥。在他看来："现存的存在与意识之间的辩证法……由于下述做法而被降格了。这种做法是把存在固定地联系于一种被人为地简单化了的人类历史过程，联系于被设想为完全由生产的物质条件所决定的历史。无疑，我指的是马克思主义。在这种学说中，辩证法降低为单纯的方法，其中既无人的实存的历史内容，也无形而上学的内容。"⑦ 所谓"人的实

---

① ［德］雅斯贝斯：《历史的起源与目标》，魏楚雄、俞新天译，华夏出版社1989年版，第28页。

② 同上书，第296页。

③ 同上书，第297页。

④ 同上书，第53页。

⑤ ［德］雅斯贝尔斯：《雅斯贝尔斯致海德格尔（1963年3月26日）》，［德］比默尔、［瑞士］萨纳尔编：《海德格尔与雅斯贝尔斯往复书简》，李雪涛译，上海人民出版社2012年版，第299页。

⑥ ［德］雅斯贝尔斯：《雅斯贝尔斯致海德格尔（1950年5月15日）》，［德］比默尔、［瑞士］萨纳尔编：《海德格尔与雅斯贝尔斯往复书简》，李雪涛译，上海人民出版社2012年版，第286页。

⑦ ［德］雅斯贝斯：《时代的精神状况》，王德峰译，上海译文出版社2003年版，第9页。

存"即抽象人性论，"形而上学"即上帝。这里我们可以看出，雅斯贝斯的神学史观是与马克思的唯物史观在根本上对立的。

我们说雅斯贝斯与马克思是根本对立的，但并不代表他们完全不一致，正如恩格斯指出的那样："凡是断定精神对自然界说来是本原的，从而归根到底以某种方式承认创世说的人……组成唯心主义阵营。凡是认为自然界是本原的，则属于唯物主义的各种学派。除此之外，唯心主义和唯物主义这两个用语本来没有任何别的意思，它们在这里也不是在别的意义上被使用的。"① 例如，雅斯贝斯吸收了黑格尔、马克思和恩格斯关于劳动的学说，他说："今天，十分明显，社会结构和人类存在，在所有的细节上，都是由劳动的性质及其分配所决定。黑格尔已经看到这点，马克思和恩格斯在其划时代的解释中传播了这一认识。"② 因此，他也在一定程度上承认劳动的意义："劳动是与动物截然不同的人类本性的基本特征：它造成了人类世界。"③ 但是，他所理解的劳动与马克思主义是不同的，他不能把劳动像马克思、恩格斯那样上升到本体论④的高度，也就是说，他并不认为人类的劳动实践是人的根本属性，因此，他说："过分强调这种联系（指劳动的社会性——笔者注），把它看作造成人类历史的单一因果观念，当然是荒谬的。自马克思和恩格斯以来人们已尝试了这一观念，它依赖于以下事实，即劳动和社会结构的联系在我们的时代已有巨大的意义，因此这一观念比以往更容易接受。"⑤ 进而说："以科学马克思主义形态出现的马克思主义，是卓越的富有成果的认识方法，作为一种绝对化了的历史哲学和社会学的总体观，它已变成科学可以证明的谬误和错误的意识形态。"⑥ 因为在雅斯贝斯看来，"精神是决定性的"⑦。于是，他在劳动观上毫不犹豫地转向了黑格尔的唯心主义，认为劳动"不再是纯粹外部的东

① 《马克思恩格斯文集》第 4 卷，人民出版社 2009 年版，第 278 页。
② ［德］雅斯贝斯：《历史的起源与目标》，魏楚雄、俞新天译，华夏出版社 1989 年版，第 124 页。
③ 同上书，第 122 页。
④ 笔者同意学术界中对马克思的"劳动"或"实践"作本体论上的解释，即马克思主义哲学是"劳动本体论"或"实践本体论"。
⑤ ［德］雅斯贝斯：《历史的起源与目标》，魏楚雄、俞新天译，华夏出版社 1989 年版，第 124 页。
⑥ 同上书，第 188 页。
⑦ 同上书，第 135 页。

西，而是内心的主观性"①，是一个"他意识到自己，意识到存在本身，意识到超然存在，以及他自己的特殊天性"②的过程，直接地说，就是感受上帝的过程。

同样，雅斯贝斯和马克思一样重视现代社会的异化问题，他说："他们（现代人——笔者注）无论怎样勤奋工作或过度工作，仍无法获得真正成功的感觉。我们愈益发现这样的情形：那只能作为个人的首创性的成果而存在的事物正转变为集体的事业，以图通过集体手段去达到某种朦胧设想的目标，并显然相信群众可以得到满足，仿佛群众构成了最高类型的人格。属于职业的种种理想隐退了。"③雅斯贝斯在这里对现代社会（资本主义社会）的批判，在形式上非常接近马克思对"异化劳动"的批判。因此，雅斯贝斯也主张扬弃异化而回到人本身，但他选择的路径却不是现实的、实践的路径，而是"信仰"，即观念上的路径，他认为现代社会的症结在于信仰的丧失："我们时代的日益缺乏信仰已造成虚无主义。"④"'没有了上帝'——群众愈益强烈地喊出了这样的声音。随着上帝的丧失，人失去了他的价值观念——可以说，他是被杀戮了，因为他感到了自己毫无价值。"⑤雅斯贝斯认为人类的未来应该寄托在对上帝的信仰上面："面对未来的全部情景，我们敢断言，人类不会全部迷失，因为他是以'上帝的形象'创造的，他不是上帝，但与上帝有着经常被忘记的、总是难以察觉的、但根本无法割断的联系。"⑥因此，雅斯贝斯的学说走到最后，就是对上帝的祈祷，因为"上帝不想要种种的痛苦不幸"⑦，"雅斯贝斯提出的解脱方法，则是把希望寄托在某种超历史、超经验的意志上，而最后则又寄托在宗教信仰上"⑧。所以，雅斯贝斯的学说在根本上就是宗教的、神学

---

① ［德］雅斯贝斯：《历史的起源与目标》，魏楚雄、俞新天译，华夏出版社1989年版，第125页。

② 同上。

③ ［德］雅斯贝斯：《时代的精神状况》，王德峰译，上海译文出版社2003年版，第71页。

④ ［德］雅斯贝斯：《历史的起源与目标》，魏楚雄、俞新天译，华夏出版社1989年版，第150页。

⑤ ［德］雅斯贝斯：《时代的精神状况》，王德峰译，上海译文出版社2003年版，第170页。

⑥ ［德］雅斯贝斯：《历史的起源与目标》，魏楚雄、俞新天译，华夏出版社1989年版，第16页。

⑦ ［德］雅斯贝尔斯：《悲剧的超越》，亦春译，工人出版社1988年版，第148页。

⑧ 田汝康、金重远：《雅斯贝斯〈人的历史〉简介》，田汝康、金重远选编：《现代西方史学流派文选》，上海人民出版社1982年版，第35—36页。

的——虽然表面上是哲学的，当然，与马克思主义是根本对立的。

（五）"轴心说"的神学逻辑

我们在上文中已经得知，在雅斯贝斯看来，人类历史只不过是上帝的下凡，而在所谓的"轴心时代"，人便感知到了上帝。

雅斯贝斯眼中的"轴心时代"，不过是人对上帝的感知："理性和理性地阐明的经验向神话发起一场斗争（理性反对神话），斗争进一步发展为普天归一的上帝之超然存在，反对不存在的恶魔，最后发生了反对诸神不真实形象的伦理的反抗。"① "人渐而感到上帝的存在、他自身和他所处的世界。"② "人在理论思辨中把自己一直提高到上帝本身，他把这理解为双重性因主客体的消失和对立面的相合而不复存在。他以模糊而易误解的、具体的理论思辨形式，表达了精神凌空翱翔的体验，它宛如在上帝体内的苏醒，宛如合二为一的神秘珠蚌，宛如与上帝同在，宛如成了上帝意志的工具。"③ "特殊的人性被束缚和藏匿在人的躯体之内，它被本能所羁绊，只能朦胧地意识到自己。它渴望解放与拯救，它向着理念飞升，它平心静气地顺从，它全神贯注地反思，它了解作为大我的自身和世界，它体验'涅槃'，它与'道'相一致，它服从上帝的意志。"④ "巴门尼德与柏拉图关于存在的思辨性思考、印度的神我—梵天思想、中国的'道'都在试图不经形象地把握神那不可思议的超人格、纯粹的现实性。"⑤ 也就是说，在"轴心时代"，人们觉察到了所谓的唯一的上帝，也就是雅斯贝斯口中的现实性。

建立在上帝不可知的神学理论基础上，雅斯贝斯必然地提出为"轴心时代"涂上了一层神秘的色彩："在与估价不可分割地联系在一起的共同理解中，我们将认识轴心期的意义，这就是我的论点。根据问题的性质，

---

① ［德］雅斯贝斯：《历史的起源与目标》，魏楚雄、俞新天译，华夏出版社 1989 年版，第 9 页。

② 同上书，第 10 页。

③ 同上。

④ 同上。

⑤ ［德］雅斯贝尔斯：《哲学导论》，鲁路译：《哲学与信仰：雅斯贝尔斯哲学及其研究》，人民出版社 2010 年版，第 292 页。

这论点最终是不能证实的，但它能通过观念的深化扩大而真实起来。"① 当然神秘主义的前提是上帝、是神性，上帝降临到人间，就是人性，也就是说，在雅斯贝斯那里神性就是人性，因此，雅斯贝斯最后还是把轴心时代的原因推向了神秘的人性，当然也就是神性："我常感到，轴心期全貌未必仅仅是历史巧合所造成的幻觉。相反，它似乎是某种深刻的共同因素，即人性的唯一本源的表现。"② 也就是说，历史的基础，不是现实的人类本身的感性对象性活动，而是基于神性的"深刻开阔的人性"③。

"轴心时代"的根本特色是基于上帝的唯一性的历史的统一性："轴心期成了一种酵素，它将人性引进世界历史唯一的脉络中。"④ "轴心时代"是历史的统一性的源泉："我们对世界历史的解释试图从整个人类共同所有的轴心期中推知历史的统一。"⑤ 不过，雅斯贝斯认为"轴心时代"本身并不是历史的轴心，而是历史轴心的基础，或者说，他为一个形而上的轴心观念的形成提供了材料，因此，"这个现实的轴心将成为理想的轴心的化身"⑥。当然，这说到底就是一种信仰。

雅斯贝斯之所以提出"轴心时代"的概念，完全是为信仰服务的，他说："今天的情况，要求我们必须回归到更深刻的起源，回到那所有的信仰一齐以其特殊的历史形态涌出的根源，回到那在人们准备要它时，它会喷涌而出的源头。"⑦ 在他看来，信仰是无比重要的："没有信仰就没有从人性根源中产生的指引，而只能堕落为凭空想象、妄加推测的产物的牺牲品，堕落为教条的牺牲品，而结果是堕落为混乱与毁灭。"⑧ 他甚至说："人类不能没有信仰而生活。"⑨ 而"轴心时代"恰恰提供了信仰的对象："我们可以进一步思考，在即将来临的几个世纪中，也许会产生这样的人们，他们得到轴心期起源的支持，将宣告我们时代的认识和体验的真理，

---

① ［德］雅斯贝斯：《历史的起源与目标》，魏楚雄、俞新天译，华夏出版社1989年版，第18页。

② 同上书，第20页。

③ 同上书，第37页。

④ 同上书，第62页。

⑤ 同上书，第302页。

⑥ 同上。

⑦ 同上书，第244页。

⑧ 同上。

⑨ 同上书，第245页。

这些真理将真正得到人们的信仰而富有生命力。人类必定再次极其诚挚地体会上帝是什么这一事实的意义，并将再次了解推动生活向前的精神。"①这样，"轴心说"的神学本质就显而易见了。

事实上，雅斯贝斯的历史哲学仍然是接续着从奥古斯丁到黑格尔的神学史观，即"上帝之子的降临是世界历史的轴心"②。然而，雅斯贝斯对基督教的狭隘性与黑格尔式的"欧洲中心论"是不满的，"对于西方的意识来说，耶稣基督是历史的轴心"③，这样的上帝④，只不过一个割据西方的"诸侯"，而不是一个大一统的"皇帝"，而雅斯贝斯心目中的"上帝"则是全人类的，是整个世界而不是仅仅在西方的最高权威，他要追求的是全人类历史的"轴心"。不过，如果就此说他与基督教和黑格尔的历史观有本质区别却是不符合实际的，我们毋宁说雅斯贝斯是发展了基督教的宗教史观和黑格尔的欧洲中心论，因为他是要把那个割据欧洲的"诸侯"推上"皇帝"的宝座而非拉下台，即要让全人类都匍匐在他心目中的上帝的脚下——这也是他的"轴心说"不能为我们所接受的原因。雅斯贝斯的这个愿望很显然是空想的，事实上，这是两次世界大战导致欧洲没落后，部分欧洲人建立在过去辉煌历史的回忆基础上的不切实际的幻想，正如雅斯贝斯同时代的法国存在主义哲学家萨特所指出的那样："雅斯贝斯在历史运动方面倒退了，因为他在抽象的主观性中避开实践的真正运动，这种主观性的唯一目的是达到某种内心的品质。这种倒退的意识形态在昨天还相当确切地表达了遭受过两次失败的德国的某种态度，以及欧洲资产阶级的某种态度，资产阶级想要用灵魂的高贵来为特权辩解，在美妙的主观性中避开自己的客观性，并迷恋于不可言喻的现在，结果看不到自己的未来。从哲学上来看，这只是一种残存的软弱而又阴险的思想，不会使人产生很大的兴趣。"⑤

---

① ［德］雅斯贝斯：《历史的起源与目标》，魏楚雄、俞新天译，华夏出版社 1989 年版，第 258 页。

② 同上书，第 7 页。

③ 同上书，第 70 页。

④ 根据基督教三位一体理论：圣父圣子圣灵是一体的，耶稣基督是上帝的降临。

⑤ ［法］萨特：《辩证理性批判》上册，林骧华、徐和瑾、陈伟丰译，安徽文艺出版社 1998 年版，第 17—18 页。

（六）结语

雅斯贝斯从上帝出发的"轴心说"追求所谓的唯一的"人性"——当然是他所想象出来的、本质上就是神性，因此，全部历史在他看来就是这个"人性即神性"的展开。马克思和恩格斯在批判极端唯心主义者麦克斯·施蒂纳①的"圣书"《唯一者及其所有物》时曾指出："思辨的观念、抽象的观点变成了历史的动力，因此历史也就变成了单纯的哲学史……这样，历史便成为单纯的先入之见的历史，成为关于精神和怪影的神话，而构成这些神话的基础的真实的经验的历史，却仅仅被利用来赋予这些怪影以形体，从中借用一些必要的名称来把这些怪影装点得仿佛真有实在性似的。"② 雅斯贝斯的"轴心说"无疑就是这种神话。当代学者俞吾金先生在批判了新儒家和马克斯·韦伯的观念主义之后，也附带地指出："显然，雅斯贝尔斯提出的'轴心时代'的理论也犯了同样的观念主义的毛病。在我看来，要克服观念主义的顽症，就要重新返回到马克思的历史唯物主义的立场上去，不是用观念来解释实践，而是用实践来解释观念的兴衰起落。"③ 这个观点也是本文所持的主要观点。

下篇：余英时《论天人之际》与侯外庐相关著作互校记

（一）余英时的史观是不是唯心史观？

在上文的批判中，我们已经指出雅斯贝斯的"轴心说"是神学史观，当然是唯心史观的一种，余英时教授自称是借用了雅斯贝斯的"轴心说"，那么，他的史观也应该是唯心史观，不过我们还是要经过一个具体的批判，切实地判断其性质。

---

① 事实上，施蒂纳就是现代存在主义哲学的先驱之一。参见张一兵《马克思主义与存在主义——萨特〈辩证理性批判〉解读》，《江苏社会科学》2003 年第 4 期；刘森林《为什么我们在〈德意志意识形态〉研究中不重视施蒂纳?》，《广西师范学院学报》（哲学社会科学版）2007 年第 4 期；王宵前《试论马克思与施蒂纳对费尔巴哈批判的不同思路——兼论马克思对施蒂纳的超越》，《江苏大学学报》（社会科学版）2013 年第 4 期。

② 马克思、恩格斯：《德意志意识形态》，《马克思恩格斯全集》第 3 卷，人民出版社 1960 年版，第 131—132 页。

③ 俞吾金、欣文：《重视对哲学基础理论的研究——俞吾金教授访谈》，《学术月刊》2000 年第 1 期，第 89 页。

　　余英时教授是这样理解所谓的"轴心"的："第一，'轴心突破'奠定了一个文明的精神特色，所以中国、印度、希腊、以色列四大轴心文明最后无不自成独特的文化体系。第二，轴心突破以后的独特精神取向在该文明的发展中起着长时期的引导作用。"① 而我们要问的则是：第一，所谓的"轴心突破"之后的历史，到底是由其本身的发展决定的，还是由所谓的"轴心突破"即"精神大跃动"② 造成的"精神特色"决定的？换句话说，历史的发展是由人类的具体的历史实践活动决定的，还是由抽象的精神决定的？前者是唯物史观，后者是唯心史观，余英时的答案是后者，这就说明他是一个唯心史观的拥护者。第二，某个文明的"独特精神取向"是否能对它的历史发展起所谓的"引导作用"？当然，这个问题与上一个问题在本质上是一个问题，即是精神决定实践，还是实践决定精神的问题，不过，这里面确实蕴含了另外一个问题，即精神文化遗产在历史发展中到底起了什么作用？以及怎样起着作用？马克思主义从不否认精神文化遗产的作用，尽管马克思主义本身是 19 世纪历史的产物，但它的产生却与之前的四大精神文化遗产——德国古典哲学、英国古典经济学、法国空想社会主义以及英美德俄人类学③——有着继承的关系，但是，马克思主义本身却不能被这些精神文化遗产所决定。侯外庐先生在论述早期启蒙思想的时候曾对此问题做过一个理论意义非常丰富的讨论，他说："为什么像欧洲的启蒙哲学要回到希腊，像中国的启蒙哲学要回到先秦呢？这自然是由于他们企图摆脱封建统治阶级的迫害，不得不托古改制，但更重要的原因却在于，在古代哲人的思想体系里，曾出现过后世的思想方法的胚胎形态，因而'在希腊哲学的多种多样的形式中，差不多可以找到以后各种世界观的胚胎和发生过程。因此，如果理论的自然科学想要追溯自己今天的一般命题发生和发展的历史，它也不得不回到希腊人那里去。而这种见解愈来愈为自己开拓了道路'。（恩格斯：《自然辩证法》，人民出版社1955 年版，第 26 页。）中国的先秦哲学也类似这样。中国的启蒙学者为了追寻自己当时的一般命题，并为自己开拓道路，也就不自觉地回溯到古代中国的经学和子学，因为古代哲学'总的说来……比（中古）形而上学要

---

　　① 余英时：《论天人之际：中国古代思想起源试探》，中华书局 2014 年版，第 11 页。
　　② 同上书，第 9 页。
　　③ 俞吾金：《马克思思想的第四个来源》，《重新理解马克思：对马克思哲学的基础理论和当代意义的反思》，北京师范大学出版社 2013 年版，第 3—12 页。

正确些'（同上）。从反对中古的烦琐哲学方面来讲，回到古代一事，也包含着为了进行批判活动而选择武器的功用。……同时，这种情形也证明了一个特点，即思想史的变化，不是依存于基础而创造意识形态，而是依存于基础而改变过去的传统意识。"[①] 侯外庐的观点清楚地说明，精神文化是历史地传承并改变的，但前提是"依存于基础"。因此，所谓的"轴心时代"的文化并不能够脱离历史的发展本身去决定历史的发展，相反，它是在历史本身的发展过程中传承并"依存于基础"地被改造和发展的。

最后，余英时教授宣称"文化传统是一个决定性的因素"[②]。显然，他的观点是抽象的文化决定论，他的目的是"探求中国'超越'的文化特性及其解读之道"[③]。事实上，根本不存在这样一种"处于世界之外和超乎世界之上的"[④]"超越"，或者说，这种"超越"除了存在于余英时教授智慧的脑壳中之外，并不存在于任何地方，因为它只是一种"想象的主体的想象活动"[⑤]，正如马克思在批判詹姆斯·穆勒的经济学时指出的那样，"在表述抽象规律的时候忽视了这种规律的变化或不断扬弃，而抽象规律正是通过变化和不断扬弃才得以实现的"[⑥]，余英时教授的这种"超越"显然是一种脱离历史的幻想，因而他的历史观就是唯心史观，这与马克思主义的唯物史观是正好相反的。

（二）余英时是否理解雅斯贝斯？

余英时教授对雅斯贝斯的理解是值得商榷的。我们在上文中对雅斯贝斯的批判中已经指出，雅斯贝斯并没有否定黑格尔，而是事实上回到了黑格尔，或者说，他是把马克思从黑格尔那里颠倒回来的世界又颠倒了过去，而在历史观上，他更加发展了黑格尔的西方中心论，力图使他心目中的、立足于西方文化的上帝成为整个世界的主宰——不但能管到西方，也能管到中国和印度，这当然还是殖民主义在文化上的体现。而余英时教授却认为："他（雅斯贝斯——笔者注）在哲学或思想的领域中彻底抛弃了

---

① 侯外庐：《中国思想通史》第 5 卷，人民出版社 1956 年版，第 34 页。
② 余英时：《论天人之际：中国古代思想起源试探》，中华书局 2014 年版，第 153 页。
③ 同上书，第 52 页。
④ 《马克思恩格斯文集》第 1 卷，人民出版社 2009 年版，第 545 页。
⑤ 同上书，第 526 页。
⑥ 《马克思恩格斯全集》第 42 卷，人民出版社 1979 年版，第 18 页。

黑格尔以来的西方中心论。"① 这显然是错误的，事实上，雅斯贝斯正是一个余英时教授所反对的"历史演进一元论"者。

另外，余英时教授对中国思想起源的解释是神秘主义的，但这种神秘主义又不完全同于雅斯贝斯"轴心说"的神学史观。余英时教授似乎并不认为中国的所谓的"轴心突破"是奉行了上帝的旨意、是上帝的降临，而是被一种神秘的"文化"所决定的。

不过，这并不代表余英时与雅斯贝斯在历史观上有本质的区别，因为余英时只不过是用抽象的"文化"代替了雅斯贝斯的抽象的"上帝"，是一种抽象内部的交换，其本质都是一种"纯粹的、永恒的、无人身的理性"②，因此，他们历史观的唯心主义本质是没有区别的。

（三）什么是侯外庐先生的"国民思想晚出论"？

我们在本文中批判余英时"轴心突破"的唯心史观的理论依据，就是侯外庐先生的"国民思想晚出论"③，因此，我们有必要先把这个观点的大意交代一下。

从逻辑上说，古代社会与国民阶级的诞生是同步的，但在中国，由于受到亚细亚特征的影响，国民阶级的诞生是晚于古代社会的，西周古代社会"在制度上只有由'氏所以别贵贱'的上下的阶级分裂，却没有由氏族单位彻底转化成为地域单位，而产生国民的阶级分裂"④，国民阶级晚至春秋才逐渐出现，故而，相应的国民思想也是晚出的。侯外庐先生说："周代文明社会，是开始于'乃穆考文王肇国在西土'（《周书·酒诰》）、'斌王嗣玟王作邦'（《大盂鼎》）的西周初叶（约在纪元前十二世纪）。就扬弃了'官学'的氏族贵族的形式，进而作为国民阶级的'私学'形式而登场来讲，中国的古代思想，是发端于春秋末世与战国初年的孔、墨显学的对立（约在纪元前五世纪）。这就是说，严密语义的中国古代思想史，其正式的起点，要迟于其所反映的古代社会的成立约六七百年之久。"⑤ 这就

---

① 余英时：《论天人之际：中国古代思想起源试探》，中华书局 2014 年版，第 9 页。
② 《马克思恩格斯文集》第 1 卷，人民出版社 2009 年版，第 599 页。
③ 关于"国民"和"国民阶级"的概念，参见何兆武《释"国民"和"国民阶级"》，《中国社会科学院院报》2007 年 9 月 13 日 003 版。
④ 侯外庐：《中国古代社会史论》，河北教育出版社 2000 年版，第 116 页。
⑤ 侯外庐主编：《中国思想通史》第 1 卷，人民出版社 1957 年版，第 27 页。

是侯外庐先生的"国民思想晚出论"的大意，也就是中国思想史起源的大概情况。

（四）什么是"比较文化史"？

余英时教授自称他的学术研究是"比较文化史"，他说："本书是关于中国思想起源的一部专题研究。出于对比较文化史的观察角度的重视，我在本书中特别借用了'轴心突破'作为分析的概念。我认为只有在其他古文化——特别是西方——的对照之下，中国轴心突破的文化特色才能充分地显现出来。"① 他又说："问题在于我们如何理解这场'突然'的精神启蒙，并且将之与天人之间的分际联系起来。我在本章（第二章'轴心突破与礼乐传统'——笔者注）中，打算从比较的角度提出此问题以作为开始，因为中国并非古代世界里唯一经历了这场启蒙的文明……显然，轴心时代诸高级文明的突破都是各自独立发生的，没有任何证据显示彼此曾互有影响。我们最多只能说，大概文明或文化发展到某种高级阶段，便都会经历某种相同的精神觉醒。"② 从"我们最多只能说"一句话中我们可以看出，余英时教授对自己的"理论"恐怕也不大自信——"自欺"都办不到的"理论"，"欺人"恐怕就更难了。

因而，余英时口中的所谓的"比较文化史"可以用一句话来概括——"张三李四是什么样子，王五就是什么样子！"完全不管具体的历史进程，抽象地从其他文化体系中唯心主义地总结出一些所谓的"普遍性"，便推广到中国史的研究中去。他论述中国有所谓的"轴心突破"，便是基于这样的"理论"："从比较的观点看，轴心时期突破性的精神发展并非中国所独有，事实上，轴心突破是古代世界的普遍现象。"③ 又如，他认为在所谓的"轴心突破"之后会有一个所谓的"超越的精神领域"，其理由竟然是："从比较文化史的角度看，经历了轴心突破的古文明最后出现一个超越的精神领域，是相当普遍的现象。"④ 这种抽象演绎、完全不顾及具体历史的方法，与严肃的史学研究相去甚远。

---

① 余英时：《论天人之际：中国古代思想起源试探》，中华书局2014年版，第1页。
② 同上书，第76页。
③ 同上书，第109页。
④ 同上书，第35页。

余英时教授自称自己不相信具有"绝对规律"的"历史演进一元论"①，他这种做法，不知道是不是这种"绝对规律"的表现？而他对中国思想起源的研究，无非是要印证雅斯贝斯"轴心说"的真理性："雅斯贝尔斯断言'道'是中国轴心突破后的超越精神领域，并把它和其他古文明所开辟的相同领域并列，充分显示出他识力之超卓。他指出不同文明的超越领域有其共同之处，也是经过深思熟虑而获致的论断，同样可以在中国轴心突破的历程中得到印证。"② 从上文对雅斯贝斯的批判中我们得知，雅斯贝斯的"轴心说"是基于上帝唯一性的典型的"历史演进一元论"，这样，余英时就出尔反尔地彻底走向他自称要反对的"历史演进一元论"了，进而宣传他所谓的"思维普世性"了："人类追求智慧大抵不出几种不变的基本态度，相应于这些基本态度人们发展了有限的几种思维模式（'model'）。因此我们往往在不同的文明中发现相同的思维模式，虽然其中思想的内容必然因时代与文明之异而各有不同。换句话说，有些思维模式具有普世性（'universal'），从一开始便跨越了文明和时代的界限。这正是比较哲学（'comparative philosophy'）或比较思想（'comparative thought'）得以成立的主要根据。"③ 在这段话中，我们首先看到的是余英时从"思维模式"而非历史本身出发的极端唯心史观。其次，我们也可以看出，余英时是在所谓的"普世价值"的意识形态下进行所谓的"学术研究"的，他的"学术研究"的政治目的是非常鲜明的，当然，这不在本文的论述范围之内，暂且略去不提。

事实上，中国思想史领域的真正的"比较文化史"是侯外庐先生开创的。侯外庐先生关于中国历史的整体理论，都是在与西方历史文化的对比中建构的，着重于发现中国历史发展的亚细亚特征，从而为理解中国文化提供了一把钥匙。余英时教授自称他也是要发现中国文化的特色，号称要"将中国'轴心突破'的文化特色揭示出来"④。不过，他完全是从观念而非历史本身出发去谈历史的，因而，他所得出来的结论——所谓的"内向超越"——也只是一种观念中的幻想，似乎这种特色是从天而降的，完全没有任何理由。或者说，这种特色是余英时教授本人所

---

① 余英时：《论天人之际：中国古代思想起源试探》，中华书局 2014 年版，第 3—7 页。
② 同上书，第 35—36 页。
③ 同上书，第 194—195 页。
④ 同上书，第 75 页。

指定的，也就是说，他在这里，扮演了雅斯贝斯的"上帝"的角色，因为余英时教授"是一切时代最伟大的天才，第一位超人，因为他是没有谬误的人"①。

因此，我们并不排斥"比较文化史"，相反，我们主张从具体的历史出发、比较各文明历史发展的同异的"比较文化史"，而不是余英时教授所主张的在某种"普遍性"的驱使下、在观念中抽象演绎的所谓的"比较文化史"。

（五）什么是"绝地天通"？

余英时教授认为，"礼乐"有着"宗教功能"，② 执行这种宗教功能的人士便是"巫"，因此，他断定"巫文化与礼乐传统之间的密切关联及其长期演变正是本书大纲领中一个最重要的向度，忽视了这一向度，中国轴心突破也无从索解"，③ 而巫则源于"绝地天通"的神话。那么，这个神秘的"绝地天通"到底是什么？余英时对此没有明确的解答，只是用一句"中国远古宗教发展的一种残余"④ 加以搪塞，因此，这个历史过程在余英时那里始终是一个神话。客观地说，余英时摸到了"绝地天通"的一点影子，他说："地上人王'余一人'或'天子'通过对于巫术的政治操纵，即巫师所具有的祭祀和占卜之类'神通'，独占了与'天'或'帝'交流的特权。巫师之所以能行使中介功能也是奉'余一人'之命而行。"⑤ 然而，为什么会出现这样一个"余一人"？或者说，这个"余一人"到底是在怎样的历史环境下产生的？余英时未能回答这个问题。

侯外庐先生认为"绝地天通"所反映的是古代社会阶级的分裂，其表现是城市与农村的分裂，城市支配着农村："古代所谓'神民不糅'，是严格分成两个地域，这等于说贵贱之别是'绝天地之通'。……但是这种大分别的类型，究竟指的什么呢？说来说去，原来是城市和农村的分裂。……君子住在国里，庶民住在田野（《逸周书》说'农居鄙'），不在

① ［德］恩格斯：《反杜林论》，《马克思恩格斯文集》第 9 卷，人民出版社 2009 年版，第 33 页。

② 余英时：《论天人之际：中国古代思想起源试探》，中华书局 2014 年版，第 22 页。

③ 同上。

④ 同上书，第 23 页。

⑤ 同上书，第 25 页。

于简单的分居，而在于支配关系。……城市统治着农村。"① 因此，作为一种意识形态的"绝地天通"只能产生在古代社会："殷代的氏族社会组织……一般地讲来，还在农村社会内部尚没有成为希腊社会之典型分裂……所以神民不糅与神民之间绝天地通的概念亦不会出现。"② 因此，"绝地天通"只能产生在殷周之际的古代社会及国家建立的进程当中，城市与农村分裂、前者支配后者，在意识形态上便表现为天的权威被统治阶级所操纵，成为压迫被统治阶级的工具。这就是"绝地天通"的真实内涵。

（六）"绝地天通"为何能够通向"天人合一"？

余英时教授认为，"绝地天通"与"天人合一"之间有着密切的联系，甚至说它就是"天人合一"的一种形式："一旦穿透'绝地天通'神话的表层，我们不难看到，这个神话依然以其独特的方式隐蔽地传达出关于'天人合一'的讯息。这个特异处也许可以如此理解：作为'普世之王'的颛顼结束了'民神杂糅……家为巫史'的混乱局面，重新建立了'民神不杂'的秩序。但这只是不使'民'与天上的神祇私下沟通，而不是真正切断了'天'与'地'之间的全面关系，因为那是不可能想象的事。人间世界作为一个集体依然和'天'是连成一体的，而'普世之王'则是两者之间的唯一环链。这也就是说，以个人而言，天人交通已严格地限于'余一人'的普世之王，人世的其他个别成员都不再有和'天'直接沟通的资格。即使巫师也不例外，除非他获得君王的明确许可，才能以君王代理的身份与天交通。"③ 也就是说，"绝地天通"只不过是绝了"民"与"天"沟通的权利，而君王独揽了这个大权，即"绝地天通"仍然为"天人合一"留下了出路。至于为什么天人断绝之后还要有这样一条出路，余英时没有给出答案，当然，他也无法给出答案。

上文说过，侯外庐先生认为所谓"绝地天通"只不过是阶级分裂、国家成立在意识形态上的反映，而"绝地天通"式的"天人合一"也有其秘密所在，就是中国古代社会的亚细亚特征，他说："古代，既不能脱破氏

① 侯外庐：《中国古代社会史论》，河北教育出版社 2000 年版，第 180—181 页。
② 侯外庐：《中国古代思想学说史》，岳麓书社 2010 年版，第 26 页。
③ 余英时：《论天人之际：中国古代思想起源试探》，中华书局 2014 年版，第 71—72 页。

族纽带，则祖先神的传统就非维持不可，然而时代又在变革之中，氏族制度显然束缚着新社会，说顺时代而变吧，那'天命靡常'，氏族制度便发生动摇；说不顺时代而变吧，那'天命维新'，城市国家又不能出现，要受淘汰。这在文明社会初期正须一番想煞人的道理来解释的，天命的道理真难呀！……这反映了周代建国的艰难过程，一方面维持旧的，一方面创造新的，两面都要，所以'不易'，其间就赖于半新不旧的人类，保持着均衡，一方面受天命，他方面看'人事'……这便是'明明在下，赫赫在上，天难忱斯，不易维王'（《大明》）的天人合一思想，比殷代的万事拜祖思想是显然进步。周人的社会是合而分之，复分而合之，其思想亦是合而分之，复分而合之。作者以为，这是周人思想的出发点。"① 所谓"合而分之"即"绝地天通"，"分而合之"即"天人合一"，西周时代"绝地天通"与"天人合一"统一起来，形成了基于中国古代社会史的亚细亚路径的上帝祖先二元宗教体系，其社会史的依据则是阶级分裂（绝地天通）与氏族残余（天人合一）的共存。这就是"绝地天通"之后还会有"天人合一"的原因。

（七）"德"是什么？

余英时教授认为，在西周时，"德"成为统治者的合法性："'民'和'天'虽没有直接交通，然而'绝地天通'的禁令好像已大为松动了。王朝如果要继续保持'天命'不失，便不是仅仅依赖'祭祀上帝鬼神，祈福于天'所能奏功。由于'天'随时随地都在注视着'民'对于地上王朝的态度，以决定'天命'的延长或收回，因此统治者必须不断做人事方面的努力，积累当时人所谓'德'（或'德行'），使'民'普遍感到满意。"② 又说："'德'大致指统治阶级的良好行为或行动，最后导致一个为'天'所认可的秩序之出现。"③ 然而，余英时不理解其中的原因，似乎只不过是这个时候的统治者突然发了善心，冒出了一个神秘的"德"的观念。

事实上，"德"的产生正是古代社会的一个标志，而"德"的下移正

---

① 侯外庐：《中国古代思想学说史》，岳麓书社 2010 年版，第 37 页。
② 余英时：《论天人之际：中国古代思想起源试探》，中华书局 2014 年版，第 28 页。
③ 同上书，第 83 页。

是国民阶级诞生的过程。

侯外庐先生认为:"德字是统治者'配'上帝或昊天的决定(命)的理由,因而也成为承受天命来'乂我受民(治理我所受到的民)'的理由。"① 也就是说,"德"的产生体现了阶级分裂后的社会关系:"民和德两个字实在是文武周公的大法,事实上在殷人文献中也没有这两个字。这是周初文明史的特色,也只有在周代文献里才开始有这两个字。郭沫若关于'德'字,在《先秦天道观之进展》一书中有很多发挥,发展了王氏(王国维——笔者注)的启蒙看法。在这里我们应当注意的是:(一)德字出现,郭氏只重视到一面,即是和天对立的敬德人事的一面;但是还有其他一面,那便是在文明社会里基于权利和义务二者的分离所发生的社会阶级关系。在从前属于自然力的祖先神(帝),现在就具有社会的属性。"② 侯外庐又专门考察了"德"字的发展,他说:"我们不只从殷周帝王的名号可以证明道德是周代'尚文'的产物,而且从字的起源看,也可以证明道德是'作邦'以后的产物。这恰恰符合于历史发展的规律。……卜辞里没有'德'字,到了周代才有道德的规范。"③ 在此基础上,侯外庐进一步指出:"文明社会才有阶级关系之间的权利和义务的分别,同时也才有依据这种分别所形成的道德规范,周代道德规范的发生是符合于历史发展的规律的。"④ 因此,"德"字的产生体现了统治阶级的权利,是阶级分裂、国家诞生的必然产物。

不过,西周时代,"德"还是氏族贵族的专利,与人类性无关。春秋时期,国民阶级诞生,"德"也相应地从氏族贵族那里下移到了国民阶级那里,这在孔子的思想中表现尤为明显,"把道德律从氏族贵族的专有形式拉下来,安置在一般人类的心理的要素里,并给以有体系的说明,这可以说是孔子在中国古代思想史上的大功绩",⑤ 孔子之后,"德"逐渐成为国民阶级的道德属性。

因此,"德"并不是一个神秘的概念,它的产生是古代社会建立的标志,它的下移则是国民阶级诞生的标志,思想史与社会史的发展是一致的。

---

① 侯外庐:《中国古代社会史论》,河北教育出版社2000年版,第271页。
② 同上书,第104页。
③ 同上书,第269页。
④ 同上书,第273页。
⑤ 侯外庐主编:《中国思想通史》第1卷,人民出版社1957年版,第156页。

（八）"礼乐传统""巫文化"与"轴心突破"是怎样一种关系？

余英时教授自称他的《论天人之际》的"一大纲领在于断定三代的礼乐传统（也可简称'礼'）为中国轴心突破提供了直接的历史文化背景"①，"儒、墨、道三个学派都对当时流行的'礼乐'抱着深切的不满；也就是说，他们的立场和官方之间距离很大。但是他们并不主张完全抛弃'礼乐'传统，而是各自对它赋予新的意义"，② 但是，余英时并不理解"礼乐传统"的本质，更加不理解为什么所谓的"轴心突破"会把"礼乐传统"作为背景，因此他最多只能对此做一些模糊的现象描述——当然在本质上也是虚构的，却无法深入到历史的本身中去。余英时又认为"礼乐"与"巫文化"是表里关系，"早期的礼乐是和巫互为表里的；礼乐是巫的表象，巫则是礼乐的内在动力"③，而所谓的"轴心突破"是在与"巫文化"的斗争中进行的："轴心突破表面上虽从礼乐的领域展开，但它真正争衡的对象却是礼乐背后的整个巫文化。"④ 平心而论，单就历史现象本身来说，这样的描述是有一定的道理的。然而，一旦进入到历史学当中，也就是进入史学的解释的阶段时，我们就要问，为什么会出现这种对立？余英时并没有给出解释——当然，他也无力给出解释。如果依照雅斯贝斯的神学理论，那便是上帝的旨意——当然，这在史学上毫无意义。

亚细亚特征不但在中国古代社会的建立中起了重大的影响，同样的，在国民阶级的诞生中也扮演了重要的角色，这就是侯外庐先生"国民思想晚出论"中"晚出"一词的内涵："当春秋末世，中国古代社会正走着它的迂回的路线，政权下移，由诸侯而大夫，由大夫而陪臣。氏族单位到地域单位的变革过程，比之希腊社会，显然具备了'难产性'。一方面旧的仍然存在……另一方面，经济城市逐渐兴起并和公族城市对立起来，财产所有制形式有了由公室而世室的相对变化，因而社会阶层上'私肥于公'（私指大夫）的相对变化，社会组织上礼与法（礼以氏族来别贵贱，法以国民强弱来别贵贱）的所谓'晋政多门'制度，使社会的新的因素逐渐成长起来。……从社会分化的进展来看，春秋时代以氏族为标准的礼制（氏

---

① 余英时：《论天人之际：中国古代思想起源试探》，中华书局 2014 年版，第 9 页。
② 同上书，第 21 页。
③ 同上书，第 26 页。
④ 同上。

所以别贵贱）正在破坏中，大量自由民的形成，与希腊社会的自由民从富有而没落的路线不同，乃从氏族组织废墟的崩坏中找得路线，这便是所谓'国人'。"① 也就是说，国民阶级是从氏族组织中脱胎而出的，因此，在国民阶级的产生中，就难以脱去氏族文化的影响。换句话说，国民阶级的难产性就表现在，一方面要与氏族贵族做斗争，另一方面还要保留氏族文化，始终在这个矛盾斗争中成长。这就是所谓的"轴心突破"为什么一边要和"巫文化"做斗争，另一边却要继承"礼乐传统"的真实原因。

（九）所谓的"轴心突破"前后的两个"天的观念"的内涵是什么？它们是什么关系？

余英时教授认为在"轴心突破"前后有两种不同的天道观，前者是鬼神的天道观，后者是超越的"道"的天道观："轴心突破以前的'天'通指神鬼世界，即墨子所谓'祭祀上帝鬼神，而祈福于天'之'天'。但更具体一点说，'天'则指天上的'帝廷'。据商代卜辞，天上有'帝'或'上帝'，'常常发号施令，与王一样。上帝或帝不但施号令于人间，并且他自有朝廷，有使、臣之类供奔走者'。不仅此也，先王先公死后往往上至'天'廷，'宾'于上帝。这一信仰也成为'周因于殷礼'的一个组成部分，所以，《诗·大雅·文王》说'文王陟降，在帝左右'；西周晚期金文也有'先王其严，才（在）帝左右'之语。但是轴心突破以后，当时新兴的诸学派建构了（也可以说'发现了'）一个截然不同的'天'。这是前所未有的一个超越的精神领域，各派都称之为'道'。由于'道'的终极源头仍然是'天'，所以后来董仲舒有'道之大原出于天'的名言，虽然它与'上帝'在上发号施令的'天'未可同日而语。"② 也就是从鬼神的"天"到超越的"天"的变化。同样的，余英时在描述了这个现象后没有——当然也不能——做出任何解释，因此，这个变动就被神秘化了。

事实上，侯外庐先生对此早有明确的解释。在他看来，这是一个在战国的土地私有化进程中出现的人格神论向泛神论转变的历史现象。侯外庐是以批判郭沫若的《先秦天道观之进展》一书为出发点的，他说："郭沫若氏《先秦天道观之进展》一书列老子于孔子之前，作者认为颇有问题，

---

① 侯外庐主编：《中国思想通史》第 1 卷，人民出版社 1957 年版，第 138 页。

② 余英时：《论天人之际：中国古代思想起源试探》，中华书局 2014 年版，第 32 页。

比该书一、二章的有价值的议论似不联结。老子思想本与西周天道观念未能相接，所以郭氏用'发明'来裁剪，他说：'老子的最大的发明便是取消了殷周以来的人格神的天之至上权威，而建设了一个超绝时空的形而上学的本体。'这种思想，我以为要和社会史相比研究的，只有'礼堕而修耕战'的战国思想，才在'尽地力'之教方面，寻到地下的原理，产生了战国诸子自然的天道观（类似泛神论），只有在类似显族贵族的社会出现，土地向私有转化，否定了西周到春秋的土地国有（氏族贵族的公有）制度，才可能否定人格神的天道。"① 郭沫若认为老子的思想是自己"发明"出来的，与社会历史没有关系，他在这里实际上就犯了唯心史观的错误。有趣的是，余英时的论调，恰恰与他所"深鄙"的、对其"确有偏见"②的郭沫若的观点如出一辙，这也算是中国"现代学术史上一重极有趣的公案"，③ 足可以"为学术史添一趣闻"④ 了。

因此，所谓的两个"天"并不神秘，只不过是土地国有制基础上的人格神论和土地私有制上的泛神论而已。前者向后者的转变过程便是土地国有制向土地私有制的转变过程，也就是氏族组织逐渐解体、国民阶级逐渐诞生的过程。

（十）《庄子·天下篇》中的"裂"字到底是什么意思？

余英时教授非常得意的一件事，是他发现了《庄子·天下篇》中"道术将为天下裂"一语中的"裂"字可以和"哲学的突破"（"轴心突破"）中的"突破"（breakthrough）一词相比附，他说："我初遇'哲学的突破'之说便立即联想到'道术将为天下裂'那句话，觉得'breakthrough'和'裂'好像是天造地设的两个相对应的字。"⑤ 又说："中国古代的'道术为天下裂'和西方现代的'轴心突破'是两个异名同实的概念。在比较思想史或哲学史的研究上恰好可以交互阐释，这真不禁使人感到一种天造地设之巧。"⑥ 于是，这个有着真实历史含义的概念，就被余英时引入所谓

---

① 侯外庐：《中国古代思想学说史》，岳麓书社 2010 年版，第 8—9 页。
② 余英时：《〈《十批判书》与《先秦诸子系年》互校记〉跋语》，《犹记风吹水上鳞——钱穆与现代中国学术》，三民书局 1991 年版，第 131 页。
③ 余英时：《犹记风吹水上鳞——钱穆与现代中国学术》，《序》，三民书局 1991 年版，第 3 页。
④ 同上。
⑤ 余英时：《论天人之际：中国古代思想起源试探》，中华书局 2014 年版，第 12 页。
⑥ 同上书，第 99 页。

"天造地设"的神秘主义当中去了。

事实上，侯外庐先生早已把《庄子·天下篇》中"裂"字的历史背景揭示出来了。从社会史的角度来说，春秋战国时代土地私有制的产生，就是对原来的土地国有制的一种"裂"，同时国民阶级也从原来的氏族组织中"裂"了出来，在思想史上就表现为私学对官学的"裂"。侯外庐说："分工的发达，分裂出了新阶级，由新阶级的分裂或国民阶级的出现，逐渐形成了显族，以至於产生了土地私有的显族制度，因而阶级斗争的变化决定了'显学'的形成。所谓诸子之学既然是'道术将为天下裂'，那么，这一意识的分裂，就形成'言之成理、持之有故'的学术，它反映了土地生产资料的分裂，反映了由氏族贵族的所有制转化而为地域化私有的多元所有制，以及工商业分工的发达。政治上既然'士无定主'，意识上也就冲破了礼的樊篱。"① 又说："不管如何难以转变，而春秋究竟是一个转变时代，是正处在一个难产的由氏族血缘单位向国民地域单位的转变进程中。因此，思想的发展，必然从西周的'皆原于一，不离于宗'，而趋向于分裂。此一思想的多元分裂，与土地的多元所有适相对应。所以《庄子·天下篇》说：'后世之学者，不幸不见天地之纯、古人之大体，道术将为天下裂。'"② 又说："诸子百家通过缙绅先生的《诗》《书》古文学（时或称而道之）的桥梁而主观的或客观的扬弃《诗》《书》古文学，和由所谓'封建'而郡县经过春秋的过渡时代，向下递变相为适应，正所谓'道术将为天下裂'（《天下篇》），'诸子思以其学易天下'（章实斋）。……诸子之学，都在'诸侯力政，时君世主，好恶殊方'（《汉书·艺文志》）的时代，事实上诸侯都在'去其典籍'，向周制的另一方面发展，已经由春秋的'富子'转为变种的显族。诸子即不必约束于先王观念，冲破这一狭路，'裂'为多种多样的国民生活的意识，和希腊哲人的学派东西比美。"③ 侯外庐先生后来又专门根据《庄子·天下篇》来讲古代学术史的演变，他认为："专门讲古代思想的变化的是《庄子·天下篇》。它把西周、春秋、战国的学术分为三个时代……《天下篇》的文献含有儒家的理想成分，如果把这些成分截断，来看其中的历史分析，那么我们可以发现出些思想发展的痕迹。西周是氏族贵族专政的社

---

① 侯外庐主编：《中国思想通史》第 1 卷，人民出版社 1957 年版，第 45 页。

② 同上书，第 139 页。

③ 侯外庐：《中国古代思想学说史》，岳麓书社 2010 年版，第 18 页。按：本段引文原书存在校勘上有错误，现已根据相关文献订正。

会，土地是国有的。这就是'周道亲亲'的社会道德所以产生的社会根源。所谓'亲亲'，乃氏族贵族的宗统的理论，在'亲亲'的社会组织之下，道术是宗教的，'以天为宗，以德为本。'天德关系的理论，正是《周书》《诗经》（证以金文更信）的主要论旨。在春秋时代，国民阶级的贤智者，还不容于神明，因而'私门无著述'，畴官师儒担负了保存西周文物仪式的职责，他们仅是春秋时代过渡期思想的半观念家。到了战国，观念家与事业家分工，'显学'批判了搢绅先生的儒学，这才有'裂'的私学，所谓'学术下庶人'，才能'各为其所欲焉以自为方'。由此看来，中国古代思想史，可以说由圣王宗族而搢绅先生，复由搢绅先生而显学而诸子百家。"① 可见，这个"裂"字是有着真实的历史意义的。

也就是说，《庄子·天下篇》中的"裂"字并不是余英时所说的神秘主义的"breakthrough"，只不过是整体的土地国有制"裂"为土地私有制、整体的氏族组织"裂"为国民阶级后在思想史上的反映，也就是整体的"官学""裂"为"私学"的历史运动。

（十一）所谓的"轴心突破"后天命由集体转向个人的真实历史意义是什么？

余英时教授认为："（'轴心突破'前）地上人王与'帝'或'天'的交通是从集体本位出发的；他代表的不仅是整个王朝，而且是所有治下之'民'。因此'天命'也必然属于集体的性质，不是'帝'或'天'给人王个人的赏赐。轴心突破以后，'天命'的性质发生了根本的变化，从集体本位扩展到个人本位。考虑到'天'的涵义一直在变动中，而初次出现在历史舞台上的'哲学家'（或'思想家'）又坚持靠个人的力量去追寻对宇宙的理解，则'天命'的个人化毋宁是一个顺理成章的发展。"② 平心而论，余英时对历史现象的观察并没有太大的错误，但是，他的解释完全是神秘主义的，似乎到了所谓的"轴心时代"，哲学家（思想家）的脑子就莫名其妙地突然聪明了起来——当然，用雅斯贝斯的神学史观来解释就是上帝降临了，但是，余英时似乎也清楚，雅斯贝斯的神学史观并不能为中国人所接受，于是他抛弃了雅斯贝斯的上帝，而转

---

① 侯外庐主编：《中国思想通史》第 1 卷，人民出版社 1957 年版，第 21—22 页。

② 余英时：《论天人之际：中国古代思想起源试探》，中华书局 2014 年版，第 37 页。

向了神秘主义。结果，历史在余英时那里便变成了一场"顺理成章"的闹剧。

事实上，侯外庐先生的"国民思想晚出论"很明确地解决了这个问题：从西周的集体天命观到春秋战国的个人天命观，正好反映了这个时代土地国有制向土地私有制的转变、氏族贵族作为社会权威向显族国民作为社会权威的转变，在思想史上，便由氏族贵族的集体天命观转向了国民阶级的个人天命观。这其中的历史变动的轨迹非常清晰，侯外庐先生的相关论述已于上文引述，当然，这不是唯心主义者余英时教授所能察觉的。

（十二）所谓的新旧两种"天人合一"是什么关系？

余英时教授认为，在中国古代思想中，有两种"天人合一"的观念："为了便于对比和讨论，以下将巫文化的'天''人'关系名之曰'旧天人合一'，而称内向超越的'天''人'关系名之曰'新天人合一'。"[1]余英时认为二者之间有着密切的关系，他说："首先必须指出，整体地看，新天人合一的结构脱胎于旧天人合一，是十分明显的；两者同为'人'寻求与'天'相通，以取得存有的保证。在旧系统中，代表王朝和下民全体的'余一人'，必须时时和拟人化的'帝'或'天'进行交通，以争取'天命'的延续。在新系统中，思想家作为个人也必须努力攀登'道'的精神领域，以寻求生命之源与价值之源。（因'道''气'不离故。）孟子'万物皆备于我''上下与天地同流'及庄子'天地与我并生，而万物与我为一'，都是新天人合一的呼声。所以如果只看形式，不论内涵，则新系统与旧系统之间确是一脉相承而下，这正是为什么'天人合一'作为一个描述词同样适用于新旧两系，以致现代学人也毫不迟疑地用它来概括自古以将中国精神世界的一个主要特色。"[2] 也就是说："'突破'是出现了，但是并非与突破前的传统完全断裂。"[3] 这里，余英时把所谓的新旧"天人合一"及其过渡完全神秘化了，使一个本来清晰可见的历史进程变得不可捉摸了。事实上，所谓"旧天人合一"即土地国有制下维新了的氏族贵族

---

[1] 余英时：《论天人之际：中国古代思想起源试探》，中华书局2014年版，第56页。

[2] 同上书，第57页。

[3] 同上书，第78页。

的意识形态，所谓"新天人合一"即不典型的土地私有制下不典型的国民阶级的意识形态，而二者的过渡，则是土地国有制向私有制转变的基础上、氏族贵族的衰落与国民阶级的上升的过程。

侯外庐先生在《中国古代思想学说史》中专门辟出一节"周人的'天人合一'思想"，对西周思想的秘密进行了分析，他说："因为氏族制存在，所以祖先神（先王）须尊法，因为城市国家出现，文王作之，武王周公成之，所以上帝神须敬畏。国家起源的天人合一，其理至明。"① "中国古代初期没有国民阶级，因而产生这样天人合一的贵族思想。"② "周人的'天人合一'思想，是从上帝神与祖先神的授受出发的，由此而产生了周初的'天命'观。"③ 这就是所谓的"旧天人合一"的秘密，也就是建立在维新路径上的，上帝与祖先神相分离又统一的意识形态。

被余英时教授神秘化的所谓的"新天人合一"，实际上是春秋战国时代国民阶级的代表"贤人"的意识形态。侯外庐先生认为"贤人"出现的历史途径有两个重要的特点："（1）与智能一体相连的'贤人'，其出现的年代落后于古代社会的形成约四五百年之久。（2）晚出的'贤人'，在短短二百年中间，又失去了'智能'的独立性，而与配天文德的道德概念水乳交融。严格来说，'智能'被'道德'所淹没。如果对于这两个特点加以深究，当大有助于对中国古代思想史的理解。"④ 这也是侯外庐先生的"国民思想晚出论"的一个较为经典的表述，对于第一点，余英时不通历史演变的理论，自然不能理解，我们姑且不详论，但"贤人"的出现，就是余英时所谓的"轴心突破"，而侯外庐先生所说的晚出的贤人"与配天文德的道德概念水乳交融"，即余英时所谓的"新天人合一"，可见余英时在对历史现象的观察方面还是非常敏锐的，⑤ 不过，其背后却是无能的解

---

① 侯外庐：《中国古代思想学说史》，岳麓书社 2010 年版，第 40 页。

② 侯外庐主编：《中国思想通史》第 1 卷，人民出版社 1957 年版，第 83 页。

③ 同上书，第 116 页。

④ 同上书，第 35 页。

⑤ 因为余英时教授在他的著作中并没有提到侯外庐先生及其著作，我们假定其根本不知道侯外庐及其学术。我们绝不妄自猜测其抄袭了侯外庐——尽管我们和余英时"在政治上是处在绝对敌对的立场上"——因而作一篇《余英时抄袭侯外庐著作考》，虽然余英时教授是精通抄袭之道的，他所提出的参考了别人的著作却"在正面或反面的场合都隐没"其人其书的方法，确实令人惊骇不已。换句话说，我们最多说余英时教授是"无知"，却不愿意无凭无据地说他是"无德"。（相关引文参见余英时《〈十批判书〉与〈先秦诸子系年〉互校记》，《犹记风吹水上鳞——钱穆与现代中国学术》，三民书局 1991 年版，第 101、129 页。）

释，于是他只能用神秘主义去搪塞，当然，其本质就是唯心主义。

（十三）所谓的"内向超越"是什么？

余英时教授认为中西文化的区别是"外向超越"与"内向超越"的区别，他说："我认为西方文明可以代表'外向超越'的典型；在西方对照之下，中国的'超越'才显出其'内向'的特色。"① 关于所谓的"外向超越"，余英时举出柏拉图为例："从人的观点说，理型说恰恰是'外向超越'的一种表现，因为理型作为存有和价值之源完全在人性之外。"② 而他所谓的"内向超越"则是："其一，哲学家（或思想家）依靠个人的自力与'天'相通——即雅斯贝尔斯所谓'在内心中与整个宇宙相照映'，而不假任何外在的媒介（如巫），最后则只有乞援于一己之'心'。中国的'心学'即滥觞于此。其二，'道'上源于'天'，但因'道不远人'（《中庸》），且'无所不在'（《庄子·知北游》），因此'道'又下通人'心'而'止'于其中。这样一来，求'道'者惟有先回向自己的内'心'，然后才可能由'道'的接引而上通于'天'。"③又说："个人如果要接触'道'，第一步必须内转，向一己的'心'中求索。"④ 从余英时的这些唯心主义呓语当中，我们大概能猜测到他的基本意思，也就是人可以根据自己的力量取得超越的力量，即余英时所谓"人心深处有一秘道可以上通于天"⑤。在这里，我们还是坚持恩格斯的观点，要从思维和存在的关系上去判断唯心主义与唯物主义的根本不同，而不是绝对地说唯心主义与唯物主义处处不同。因此，我们绝不说唯心主义者——如余英时——在每一点上都是错误的，我们只是说他在根本上是错误的，但他能够在他自己的理论——当然是虚幻的——中自圆其说，能够对历史的现象——当然是肤浅的——做一些相对正确的描述，这一点我们是肯定的。因此，我们说，余英时对所谓"轴心时代"的精神现象的描述还是比较正确的，他确实看到了这个时代的特色，不过我们要问的是，为什么在这个时代，个人会有如此强大的力量，能够用自

---

① 余英时：《论天人之际：中国古代思想起源试探》，中华书局2014年版，第198页。
② 同上书，第199页。
③ 同上书，第54页。
④ 同上书，第205页。
⑤ 同上书，第55页。

己的"心"去感知超越的"道"？如果用雅斯贝斯的神学理论来解释便是上帝的旨意——上帝说要有光就有了光，根本就不需要任何解释。余英时则抛弃了上帝，转入了唯我主义的神秘主义，也就是说，在这个时代的人突然就没有任何理由地聪明了。

当然，我们绝不满足于唯心主义的现象的描述，更不满意唯心主义的所谓的"解释"，我们要求对历史本身有一个答案，这就是唯物主义的要求——不但要知其然，还要知其所以然。

余英时所描述的战国时代个人在精神上的力量的增强，本质上是这一时代国民阶级力量的上升，中国进入不典型的显族社会的反映。至于"内向"而非"外向"，则是基于亚细亚特征而形成的"贤人"特色，侯外庐先生说："在希腊，自梭伦变法，城市国家确立，地域单位代替了氏族单位，因而国家行政机关代替了氏族宗教行政，国民阶级参与了国事。在'革命'的深度上讲来，氏族旧人类已经被清算，土地关系已由旧的公社所有，转化成新的私人所有。然而，这不是一个自然的生长史，而是一连串的斗争史。所以在国民阶级（自由民，起初占重要地位，后来被大地主贵族所战胜而渐趋没落）与氏族贵族的历史斗争中，产生了希腊'古典'古代的民主制。在这里和在中国'维新'的古代不同，观念家与事业家伴随着社会分工的发达，从氏族内部的统一中分化成独立的阶级。这种由事业家分离而独立发展其个性的观念家，便是希腊哲人或智者产生的历史根据。所以恩格斯指出，在古代希腊，既然旧的公社土地所有权已经崩坏，或至少早先的公社耕种制已经让位给各家族单位分种小块土地的制度，那么，基于这个生产方式的古典古代的大规模分工，便是希腊古代文化（艺术、科学、哲学）产生的摇篮。[①] 没有希腊自由民，就不会产生希腊古代悲剧艺术，这是千真万确的命题。相应于'革命'与'维新'的不同，希腊古代的思想家谓之'智者'，而中国古代的思想家则谓之'贤人'。"[②] 而之所以成为"贤人"而非"智者"，则是为中国思想史的亚细亚特征所决定的，"春秋所开始的氏族组织解体，据文献所示，是一种由诸侯而大夫由大夫而陪臣的政权逐渐下移的运动。在这一运动的整个过程里，迄未出现完全的国民阶级，灭王制坏礼法的人物，始终没有从氏族贵族外衣里

---

① 参见《反杜林论》，人民出版社 2009 年版，第 185—186 页。
② 侯外庐主编：《中国思想通史》第 1 卷，人民出版社 1957 年版，第 33—34 页。

完全解放出来。因而，在'维新'的桎梏里，通晓《诗》《书》《礼》《乐》，依然未能成为国民阶级的职业，据《左传》记载，系一仍西周旧贯，表现为政治、宗教、学术的三位一体，几乎是'学在官府'的延续；并且，从思想内容上看，除了史墨、子产、晏婴等少数官吏而外，基本上不见国民意识的支配的痕迹。在当时，保存着西周文物思想的邹鲁搢绅先生，只是由贵族到贤人，或由官学到私学转化的过渡人物，其社会的职能则为充当公族的奴婢。……这样，搢绅先生虽可能首创'贤'者的国民思想，由其'多技'，虽亦可扩张'贤'者的智能性，但在其为公族奴婢的屈服性里，却绝少可能发展'贤'者本来的含义，而使之生长为'智者'；反之，则有着绝大可能完成'贤'与'德'的结合，使'贤'与'圣''哲'相接种，使之不成为'智者'而成为被道德性或人生智所渗透了的'贤人'。这样的'贤人'观念，到了春秋、战国之际，遂普遍地涌现于孔、墨的代表著作里。"①

侯外庐先生详细地分析了中国的"贤人"与希腊的"智者"的同异，他说："就历史的属性来看，中国的'贤人'与希腊的'智者'同为古代国民阶级的思想代表，但恰如维新与革命有着分别，'贤人'与'智者'也各有其个性。在希腊，思想史起点上的思想家，例如泰勒士，一开始便提起了（并且也解答了）宇宙根源的问题；与此一问题相平行，也从事于自然认识的活动。但是，在中国，思想史起点上的思想家，不论孔子和墨子，其所论究的问题，大部分重视道德论、政治论与人生论；其所研究的对象也大都以人事为范围；其关于自然认识，显得分量不大；其关于宇宙观问题的理解，也在形式上仍遵循着西周的传统。例如孔、墨的天道观，即与周人'惟天不畀不明厥德'的天道思想无截然的差别。中西两相对勘，我们可以说，希腊古代思想史在起点上，是追求知识、解答宇宙根源问题的'智者气象'，其'贤人作风'反而在后（例如苏格拉底、柏拉图、亚里士多德等所谓'三哲时代'）；而中国古代思想史在起点上，是关心治道、解明伦理的'贤人作风'，其'智者气象'在战国中叶才发达起来。"② 这也就是在思想起源时代，古希腊哲学家更加关心外在的事物而中国思想家更加关心内在的人文的原因。

① 侯外庐主编：《中国思想通史》第1卷，人民出版社1957年版，第36—37页。
② 同上书，第131—132页。

同时，侯外庐先生还批判了余英时式的唯心史观对中国思想史的歪曲，他说："过去许多讲中国哲学史的人，好对中国古代哲学进行曲解。……在一部分中国的形而上学的唯心主义者或反动的东方文化论者看来，又说中国文化有它的神秘性，是纠正西洋文化偏弊的良药，并且是急需发扬的国粹。……形而上学的东方文化论者，从所谓'不用理智看问题，而用理性看问题'的内心态度上来企图说明，则显然是唯心主义的胡说。"① 可悲的是，现在许多讲中国哲学史的人，仍然好对中国古代哲学进行曲解；可喜的是，侯外庐先生留下来的学术遗产为我们识破这些曲解提供了有力的"批判的武器"——侯外庐先生所批判的唯心主义的"内心态度"，正是余英时所谓的"内向超越"。如此看来，余英时教授的唯心主义神秘史观，还没有出山，就已经失败了。

（十四）孔子有怎样的历史地位？

余英时教授认为："轴心突破后中国宗教精神首先在孔子手中发生了一次关键性的转折。这必须回到'天命'的观念。前面已指出，由于孔子开辟了'天命'个人化的新局，巫在'天''人'之间的中介作用已失去存在的根据，而巫文化中的宗教系统也开始动摇了。但是换一个观察的角度，我们所看到的则是另一种景象：孔子将巫的'天命'观念接收了过来而发展出自己的宗教信念。"② 又说："我认为孔子的礼乐实践既未采取官方立场，也未从中抽身而出；相反地，他是在实践中对礼乐的精神重新赋予一种根本性的哲学阐释。"③ 对于孔子的历史地位，余英时认为："他（孔子——笔者注）一生都在追问：礼乐的本质是什么？怎样才能使礼乐和人生融化成一体？这样不停地追问下去，孔子终于对礼乐提出了一个划时代的哲学阐释，因而也首先打开了中国轴心突破的大门。"④ 又说："在孔子之前，我们并未发现任何证据足以显示，作为个别的人，也能直接与天交通。轴心突破最重要的历史意义正在于此：至少在理论与原则的层次上，这场突破推倒了自远古'绝地天通'以来便一直存在的种种政治与宗

---

① 侯外庐主编：《中国思想通史》第1卷，人民出版社1957年版，第132页。
② 余英时：《论天人之际：中国古代思想起源试探》，中华书局2014年版，第42页。
③ 同上书，第86页。
④ 同上。

教的障碍；正是由于这些障碍，作为个体的人才不能自由地与天交通。"①
同样，余英时在对历史现象的描述上是比较正确的——但仅仅如此。他并
没有解释为什么孔子会成为这样一个角色，为什么是孔子而不是其他人？
似乎是孔子突然得到了一股神秘的力量（雅斯贝斯的上帝），进而实现了
对西周宗教的改革，打开了所谓的"轴心突破"的大门。因此，余英时在
这里仍然奉行的是神秘主义史观。

不同于余英时的是，侯外庐先生并不是仅仅停留在对历史现象的描
述上，而是要对历史依照其本身做出一个解释。他通过对春秋社会史的
研究，断定春秋时代是一个国民阶级抬头的时代，而孔子恰恰是国民阶
级的代表，但是由于中国文明的维新路径，国民阶级的诞生是难产的，
因而在孔子那里仍然保留了氏族文化的残余，这就是孔子思想在"天"
与"人"的矛盾之间徘徊的秘密所在。他说："在春秋末年，氏族纽带
将断，而国民将现，孔子的世界观为保留纽带而装以新人类的人事新酒。
因此，在天道观方面，保留了神者曰'如神'，内容则为人事的一般心
理。"② 正因为如此，孔子的天命观便不同于西周，而是注入了国民阶级
的思想："孔子所言之'天'却不是主宰之天，和西周思想求神降福降
寿降治者，显然不同。……孔子对于'主宰之天'是怀疑性的，因为他
的社会观已经肯定了人类的心理要件，他的知识论已经肯定了人类的能
思精神，他的文化论已经把礼文由天上的宗教拉到地下的制度，他的历
史异变论已经客观上显出了悲剧。"③ 孔子的这种思想也体现在他的礼乐
观上："史称孔子删《诗》《书》，定礼、乐，就其'述而不作，信而好
古'的精神看来，他的思想确是由周公的遗范蜕化而来的。然而，他又
不是如同搢绅先生完全以保存周制形式为职志，他把礼、乐更观念化了，
并且从道德情操方面出发，把礼、乐发展成为一套有系统的思想，批判
了礼、乐的形式，强调了其中思维的内容。他虽然依据了《诗》《书》
《礼》《乐》的全盘西周形式，但从积极的意义上讲来，他具有改良古代
宗教的精神。"④ 也就是说，孔子并不是得到了一种神秘力量的支持而突
然获得了一种个体的力量，实现了所谓的"轴心突破"，而是因为他正

---

① 余英时：《论天人之际：中国古代思想起源试探》，中华书局 2014 年版，第 109 页。
② 侯外庐：《中国古代思想学说史》，岳麓书社 2010 年版，第 111 页。
③ 同上书，第 110 页。
④ 侯外庐主编：《中国思想通史》第 1 卷，人民出版社 1957 年版，第 41 页。

好生在国民阶级诞生的时代，代表了国民阶级的思想，一方面保留了氏族旧文化，但在另一方面却代表了要求挣脱氏族纽带束缚的国民阶级的个体性思想。

侯外庐先生并不是一个机械决定论的唯心主义者，他并不由此否定孔子个人的功绩，正因为孔子能够代表新的社会力量，"是以天才的姿态和春秋的俗人进行战斗的"①，侯外庐才由此断定了孔子作为中国"古代第一个伟大的思想家"②的地位，"是变风变雅后的第一个哲人"③。也就是说，侯外庐是从历史本身中去确定孔子的地位的，而不是把孔子看做一种神秘力量的代言人。

（十五）孔子思想中的"仁"到底是什么意思？

余英时教授认为孔子"仁"的思想是儒家轴心突破开端的标志："孔子不断寻求'礼之本'而归宿于'仁'，这是古代中国精神史上一件划时代的大事。从一方面看，它可以说是孔子从哲学角度重新阐释礼乐实践的最后完成，但从另一方面看，它也标志着儒家轴心突破的开端。"④不过，基于唯心史观的立场，余英时认为"仁"只不过是孔子个人脱离历史的主观"创建"："'仁'之一字虽早已出现，但孔子则是以此字为中心概念而创建了一套哲学系统，这个系统的个别部分也有少数是前有所承的，然而就整体系统而言，孔子确是'作'者，而不止是'述'者。其所以能达到这一境界，我认为是由于他一心一意要赋予礼乐以全新的涵义，使内在'仁'的系统和外在'礼'的系统相互配合，丝丝入扣。"⑤在这里，余英时的主观唯心主义的历史观就彻底暴露出来了——历史只不过是个别伟大人物"一心一意"的"创建"。

侯外庐先生则立足于历史本身的发展，对"仁"字的真实意义做了解释，他认为"仁"字出现在春秋时代："'仁'字是在春秋时代出现……东周元王才取名为仁。因此我们可以推测仁字大约出现在东周后期，至早

---

① 侯外庐主编：《中国思想通史》第 1 卷，人民出版社 1957 年版，第 149 页。
② 同上书，第 144 页。
③ 侯外庐：《中国古代思想学说史》，岳麓书社 2010 年版，第 112 页。
④ 余英时：《论天人之际：中国古代思想起源试探》，中华书局 2014 年版，第 88 页。
⑤ 同上书，第 89 页。

在齐桓公称霸以后。"① 而这个时代正是国民阶级诞生的时代,"仁"是国民阶级的思想。因为孔子并不能够孤立地存在于历史之中,孔子的思想是与春秋时代的社会发展有着本质的联系的,即孔子的思想是立足于春秋时代国民阶级的诞生这一历史变动的:"春秋末年,新人类的国民,正在出现之时,孔子首先以私学(私学与土地私有相应)著述的大哲人批判春秋。……(孔子)承认'贤'在人类性中的地位,则'国人'至少已为历史演出者,孔子的教育学,没有这一前提,是不会显名于世,弟子遍天下。"② 因而,孔子思想是历史本身发展的结果,并不是他得到了神秘力量的支持,突然实现了所谓的"轴心突破"。侯外庐又认为,孔子的进步意义在于他把氏族道德律从氏族文化中解放出来,还原于人:"孔子的仁学,在一般的道德律方面是'国民'的,而在具体的制度法方面则是'君子'的。在前者,孔子还原于心理要素,在后者,孔子根据着制度传统。把道德律从氏族鸿沟,降至人类心理学的探求,孔子实开启中国思想的大门。"③ 又说:"孔子讲的'仁'这一道德范畴是从普及的心理因素出发的,仅就这个方面研究,表面上好像'仁'被规定做超时代的道德概念,但实质上它被刻上了春秋末年的古代国民阶级的烙印,这种人类的新观念,是产生于古代社会发展的时代。"④ 这就把附在"仁"上的类似所谓"超越存在"的神秘色彩剥离了,而还原到了历史本身,也就是国民阶级的道德观念。

(十六)"天人之际"的本质到底是什么?

余英时教授始终是要把"天人之际"神秘化,使这样一个清晰的哲学命题变得神秘莫测。事实上,这就是哲学中的主客体关系问题。在西方哲学中,黑格尔在《精神现象学》中提出了著名的"实体本身就是主体"⑤(天人合一)的命题,自觉地对中世纪以来主客体相分(天人相分)的哲学观念提出了批评,"中世纪的观点认为思想中的东西与实存的宇宙有差异,近代哲学则把这个差异发展成为对立,并且以消除这一对立作为自己

---

① 侯外庐:《中国古代社会史论》,河北教育出版社 2000 年版,第 272—273 页。
② 侯外庐:《中国古代思想学说史》,岳麓书社 2010 年版,第 107 页。
③ 同上书,第 108 页。
④ 侯外庐主编:《中国思想通史》第 1 卷,人民出版社 1957 年版,第 157 页。
⑤ [德]黑格尔:《精神现象学》上,贺麟、王玖兴译,上海人民出版社 2013 年版,第 87 页。

的任务"①，因而，正如贺麟先生所指出的那样："思维与存在、自然与精神、主体与客体的统一是贯穿黑格尔整个哲学体系，特别逻辑学体系的中心思想。"② 也就是说，黑格尔哲学的核心思想就是"天人合一"。但是，黑格尔由于他唯心主义的立场，事实上就把主体与客体统一到了抽象的精神而不是具体的现实世界中去了，"精神之所以是精神，只是由于它在那里存在着，由于它把它的定在提升为思想，并从而提升为绝对的树立对立面的活动，并且从这种树立对立面的活动中回复自身，而这种回复正就是通过这种树立对立面的活动和在这种活动本身中进行的"③。马克思在扬弃黑格尔哲学的基础上，提出了从现实的人本身出发的"天人合一"思想："当现实的、肉体的、站在坚实的呈圆形的地球上呼出和吸入一切自然力的人通过自己的外化把自己现实的、对象性的本质力量设定为异己的对象时，设定并不是主体；它是对象性的本质力量的主体性，因此这些本质力量的活动也必定是对象性的活动。对象性的存在物进行对象性活动，如果它的本质规定中不包含对象性的东西，它就不进行对象性活动。它所以创造或设定对象，只是因为它是被对象设定的，因为它本来就是自然界。"④ 这就是基于实践本体论的主客体统一关系，也就是基于现实的人的实践本身的"天人合一"思想，其本质就是最终达到真正的主体与客体、人与自然相统一的共产主义思想："共产主义是对私有财产即人的自我异化的积极的扬弃，因而是通过人并且为了人而对人的本质的真正占有；因此，它是人向自身、也就是向社会的即合乎人性的人的复归，这种复归是完全的复归，是自觉实现并在以往发展的全部财富的范围内实现的复归。这种共产主义，作为完成了的自然主义，等于人道主义，而作为完成了的人道主义，等于自然主义，它是人和自然界之间、人和人之间的矛盾的真正解决，是存在和本质、对象化和自我确证、自由和必然、个体和类之间的斗争的真正解决。它是历史之谜的解答，而且知道自己就是这种解答。"⑤ 可

---

① ［德］黑格尔：《哲学史讲演录》第 4 卷，贺麟、王太庆译，商务印书馆 1978 年版，第 5 页。

② 贺麟：《批判黑格尔论思维与存在的统一》，《黑格尔哲学讲演集》，上海人民出版社 2011 年版，第 373 页。

③ ［德］黑格尔：《精神现象学》下，贺麟、王玖兴译，上海人民出版社 2013 年版，第 270 页。

④ 马克思：《1844 年经济学哲学手稿》，《马克思恩格斯文集》第 1 卷，人民出版社 2009 年版，第 209 页。

⑤ 同上书，第 185—186 页。

以说，马克思把"天人之际"的真正秘密以及实现真正的"天人合一"的路径揭示出来了。

关于"天人之际"的发展路径，基本上可以归纳为"天人合一""天人相分""天人再合一"三个阶段，第三个阶段与第一个阶段在形式上是非常相似的，但在本质上是对第二个阶段的一种扬弃与回复。这种观点，当代哲学家张世英先生有所阐述，他说："第一个阶段是不包括'主体—客体'在内的'天人合一'，即是说，这种天人合一的观点缺乏（不是说完全没有）主客二分和与之相联系的认识论，我把这种原始的天人合一观称为'前主客关系的天人合一'或'前主体性的天人合一'……。中国传统哲学中的'天人合一'的思想包括王阳明的人心与天地万物的关系，属于这个阶段。第二个阶段是'主体—客体'。这是西方近代哲学的主导原则，中国自鸦片战争以后，19 世纪末到 20 世纪初一批先进思想家们所介绍和宣传的，就是这种思维方式。第三个阶段是经过了'主体—客体'式思想的洗礼，包含'主体—客体'在内而又超越（亦即通常所说的'扬弃'）了'主体—客体'式的'天人合一'，我把这种高一级的天人合一称为'后主客关系的天人合一'或'后主体性的天人合一'，例如海德格尔的'此在与世界'的关系。"①

不过，笔者更倾向于根据马克思的社会形态三阶段理论来阐释"天人之际"，马克思说："人的依赖关系（起初完全是自然发生的），是最初的社会形式，在这种形式下，人的生产能力只是在狭小的范围内和孤立的地点上发展着。以物的依赖性为基础的人的独立性，是第二大形式，在这种形式下，才形成普遍的社会物质变换、全面的关系、多方面的需要以及全面的能力的体系。建立在个人全面发展和他们共同的、社会的生产能力成为从属于他们的社会财富这一基础上的自由个性，是第三个阶段。第二个阶段为第三个阶段创造条件。"② 这三个阶段正好体现了"天人合一""天人相分""天人再合一"三个阶段的辩证发展的过程。

可以说，马克思的社会形态三阶段理论真正地把"天人之际"的演变

---

① 张世英：《哲学导论》，北京大学出版社 2002 年版，第 14—15 页。
② 马克思：《政治经济学批判（1857—1858 年手稿）》，《马克思恩格斯文集》第 8 卷，人民出版社 2009 年版，第 52 页。

用唯物辩证法的形式表达出来了——由于唯心主义的立场，且不懂辩证法，① 余英时教授的"论天人之际"最终只能流向唯心主义的形而上学。而我们的观点则是，中国哲学中的"天人之际"思想基本上处于第一阶段，或者说是在第一阶段向第二阶段的难产进程中，但是我们在接受了第二阶段的也就是西方近代科学的"天人相分"理论后，重新反思古代哲学的"天人合一"思想，可以为我们实现真正的也就是共产主义的"天人合一"提供思想素材。这应该成为我们今后讨论中国哲学"天人之际"思想的理论出发点。

（十七）所谓的"轴心突破"到底是什么？

让我们总结性地讨论一下余英时教授所说的"轴心突破"真实历史含义。

余英时所理解的"轴心突破"是这样的："首先，轴心突破在本质上是个人的精神觉醒和解放。身为能思考的动物，人们第一次'作为个人敢于依靠自己'。其次，伴随着轴心突破，精神上得到觉醒与解放的个人似乎出现了一个需求，想将他在此世的个人存在与'存有的全体'（'the whole of Being'）有意义地联系起来。"② 也就是说，所谓的"轴心突破"是人类被一种神秘力量（雅斯贝斯口中的上帝）所驱使的"精神运动"。在中国则是"天命"的转移："'天命'从以君主为代表的集体王朝转移到精神觉醒的个人，这正是轴心突破的重大成就。从此以后，个人便取得了与'天'直接沟通的自由。"③ 简单来说，就是个人的力量增强了，意识到了一个所谓的"超越存在"，即所谓的"天人合一"了。总之，在这个时代有一个明显的特点，即个人力量的增强。

要想明白个人力量为什么会在春秋战国时代增强，我们就必须知道此

---

① 余英时教授唯一一处卖弄黑格尔的辩证法，除了暴露了他对黑格尔辩证法的无知之外，什么也没得到，他用"既有扬弃，也有保存"（第150页）来形容黑格尔的辩证法，殊不知"扬弃"本身就有"保存"的意思，所谓"既有扬弃，也有保存"便是一句病句。对此，黑格尔有明确的解释："扬弃在语言中，有双重意义，它既意谓保存、保持，又意谓停止、终结。保存自身已包括否定，因为要保持某物，就须去掉它的直接性，从而须去掉它的可以受外来影响的实有。——所以，被扬弃的东西同时即是被保存的东西，只是失去了直接性而已，但它并不因此而化为无。"（［德］黑格尔：《逻辑学》上卷，杨一之译，商务印书馆1966年版，第98页。）

② 余英时：《论天人之际：中国古代思想起源试探》，中华书局2014年版，第110页。

③ 同上书，第113页。

时中国发生了什么事情。

第一，春秋时代生产力发生了重要的变化。铁器的使用提高了生产力，生产力的发达又冲破了旧的氏族土地国有制，资产标准逐渐取代了血缘标准，这是个人作为国民能够冲破氏族束缚的前提，侯外庐先生指出："在石器或木器的生产力阶段上，一般地讲来，难以冲破氏族制的束缚，因而不可能发生生产资料私有的所有形态，也不可能发生多种阶级关系；只有在铁器的生产力阶段上才具有改造生产方式所依据的技术条件。郭沫若据小雅甫田、大田等春秋农事诗以证春秋土地私有制的发生（青铜时代由周农事诗论到周代社会），可以参考。据我们的研究，只有在春秋文献，例如《诗·大雅》的《瞻卬》《桑柔》《抑》，《小雅》的《正月》，《曹风》的《候人》，《魏风》的《伐檀》，《北风》的《北门》等篇以及作为最古的私学著作的《论语》中，才看出了因土地私有而开始发生的向贫富两极端分化的社会内部的阶级分裂；反之，在土地公有的西周文献中，则绝无贫富对立的字句。"①

第二，春秋时期的社会变化仍然体现了古代社会的亚细亚特征，即国民阶级的诞生与古代社会的诞生一样是具有维新性质的，国民阶级是从氏族组织中脱胎出来的。侯外庐先生指出："中国的国民思想之所以'晚出'，是古代社会'早熟'的必然结果。此所谓'早熟'，其实质即指这一点而言：中国古代文明起源的具体路径是'维新路径'，即与'古典的'道路相区别的所谓'亚细亚的'道路。"②具体来说："春秋大夫和国君以及大夫和大夫之间的阶级内讧，说明了财产所有的变化，逐渐分散在占有土地生产资料的小宗族手里。但是这种变化（兼室、夺邑）通过春秋时代都在过渡的状态，没有形成'土地私有'的显族贵族，这是应当记取的。所以春秋时代的生产资料所有形态，基本上还是继承'周公之藉'，所起的变化乃是由大氏族向小宗族的土地所有。"③

第三，在此基础上春秋思想中出现了国民思想即"私学"："生产力薄弱的维新路线，在有关论述古代社会的经典著作上，特名之为亚细亚的，以与'古典的'相区别。二者的历史途径是彼此对比的……西周的'维新

---

① 侯外庐主编：《中国思想通史》第 1 卷，人民出版社 1957 年版，第 30 页。
② 同上书，第 28 页。
③ 侯外庐：《中国古代社会史论》，河北教育出版社 2000 年版，第 85 页。

路线'，其薄弱的表现，就在其没有像希腊、罗马那样，很快消灭氏族贵族所有的土地所有制。而'土地国有'，一方面是学在官府的基础，同时也是使学术不能下于私人的桎梏。打破这一桎梏的唯一关键在生产方式的改变，而春秋发现了铁，则显然是此种改变的主要的物质根据，同时也因了阶级分化出现了私学思想家，开始了严密语义的中国古代思想史。"① 也就是说，"学术下私人的运动乃适应于经济的国民化。"②

第四，上述各种状况，到战国时代都有所发展。战国初年"国民阶级已经取得了自己的经济地位并对于氏族宗法遗制进行清算"③，形成了不典型的显族社会，到了孟子时代，"地域的国民单位冲破了血缘的氏族单位"④。在这种情形下，形成了战国的较春秋为典型的国民思想。

第五，古代思想是后代思想的萌芽，而不是所谓的超越的"轴心"，侯外庐先生说："恩格斯曾经指出，古代奴隶社会创造出后代社会的一切经济的萌芽形态，同时古代的人类在大的方面也发现了后代社会的一切思想的萌芽因素。我们认为，这样的历史在中国古代应从孔、墨时代谈起。"⑤ 也就是说，历史是辩证的发展的过程，而不是围绕着超越的、形而上的"轴心"的圆圈运动。

总之，所谓的"轴心突破"，其本质是晚出的国民思想，而我们与余英时教授的区别是：余英时教授将春秋战国的思想看成是绝对不变的"轴心"，历史是围绕这个"轴心"旋转的圆圈运动——就像一头被蒙上眼睛拉磨的毛驴一样；我们则认为春秋战国晚出的国民思想是中国思想史的开端与萌芽，我们应该继承这一宝贵的历史遗产，推动当代文化的进一步前进。

（十八）结语：研究历史为何要选择唯物史观而不是唯心史观？

首先，我们必须否定一个错误的认识。部分学者认为唯物史观与唯心史观各看到历史的一面，都是片面的。这种各打五十大板的观点，似乎很合理，但却是错误的，因为唯物史观与唯心史观并不是对等的，唯物史观

① 侯外庐主编：《中国思想通史》第 1 卷，人民出版社 1957 年版，第 32—33 页。
② 同上书，第 39 页。
③ 同上书，第 365 页。
④ 同上书，第 383 页。
⑤ 同上书，第 44 页。

是对唯心史观的扬弃。①

　　我们说马克思主义是实践本体论，这个概念也可以称为"历史本体论"，或者说是相对于黑格尔的"精神现象学"的"历史现象学"②。在这个概念下，人的实践或者说历史本身是本体，意识形态则是本体的现象，或者说是本体即历史本身的异化。唯心史观只是抓住了历史的现象，即异化本身，也就是说，它看不到历史的本质，从而把现象当成了本质，因此，唯心史观的史学是异化的史学。相反，唯物史观不单单要求抓住历史的现象即异化本身，而且还要求对异化进行扬弃，从而实现一种真正的现象学的还原，回到事情自身，也就是历史本身。

　　从上文对余英时教授与侯外庐先生的著作的对比中，我们就能很明显地发现这种现象：余英时教授最多只能对历史进行一些现象的描述，一旦进入解释领域，便流入神秘主义掩盖下的唯心主义，或者说，就没有解释；而侯外庐先生则不但对历史的现象进行了详细的描述，而且处处以历史本身的发展解释历史的现象，也就是对历史进行了一种历史现象学意义

---

　　①　关于原始唯物主义、唯心主义和马克思主义的唯物主义三者之间的关系，恩格斯有一个很简洁的论述："古希腊罗马哲学是原始的自发的唯物主义。作为这样的唯物主义，它没有能力弄清思维对物质的关系。但是，弄清这个问题的必要性，引出了关于可以和肉体分开的灵魂的学说，然后引出了这种灵魂不死的论断，最后引出了一神教。这样，旧唯物主义就被唯心主义否定了。但是在哲学的进一步发展中，唯心主义也站不住脚了，它被现代唯物主义所否定。现代唯物主义，否定的否定，不是单纯地恢复旧唯物主义，而是把 2000 年来哲学和自然科学发展的全部思想内容以及这 2000 年的历史本身的全部思想内容加到旧唯物主义的持久性的基础上。这已经根本不再是哲学，而只是世界观，这种世界观不应当在某种特殊的科学的科学中，而应当在各种现实的科学中得到证实和表现出来。因此，哲学在这里被'扬弃'了，就是说，'既被克服又被保存'；按其形式来说是被克服了，按其现实的内容来说是被保存了。"见《马克思恩格斯文集》第 9 卷，人民出版社 2009 年版，第 146 页。

　　②　"历史现象学"这一概念是由张一兵先生提出来的，对此他有如下的解释："我在《回到马克思》一书中使用这一概念的意义场，并不是来自胡塞尔的现代现象学，却更多地是类似康德以后直至黑格尔所指称的古典意义上的现象学，它是在传统本体论和传统认识论之中生发出来的。……黑格尔所创立的'精神现象学'，就是在本体论和认识论相统一的批判立场，要求人们关注从具体地感知物像构成感性确定性的'知觉'直至自我意识构架的分层现象结构，以及在现象背后作为最终本质和规律的绝对理念的揭示……说到底，黑格尔的'现象学'也就是揭示物化在自然存在和社会存在背后的精神本质与运动规律的物相批判理论。这也是我借用这一概念的缘起性语境。当然，马克思从来没有用'历史现象学'来指认自己的理论，这只是我在黑格尔古典现象学批判语境中的一种借喻，即马克思在经济学研究中确认，面对资本主义经济生活过程，必须经由对多重物化颠倒的商品—市场中介关系的历史性剥离，才有可能达到对事物本质非直接性的批判认知。这种历史性的批判现象学，在很大程度上与列宁所说的'透过现象看本质'是一致的。"张一兵：《回到马克思》，江苏人民出版社 2009 年版，第 639—640 页。

上的还原，"科学便在把事物的表皮揭开，发现里面的真实"①，从而使人们真正看到，历史就是人本身的活动，而不是人在上帝或者其他绝对的神秘力量驱使下的盲动，正如马克思所说："只要你们把人们当成他们本身历史的剧中人物和剧作者，你们就是迂回曲折地回到真正的出发点，因为你们抛弃了最初作为出发点的永恒的原理。"②

唯心史观与唯物史观的争论发展到最后，就是一个问题：要不要解释历史？唯心史观不要解释历史，它只是做现象的描述或神秘的所谓的"解释"；唯物史观也要求描述现象，但它更要求对现象进行扬弃，从而回到历史本身，也就是解释历史。我们可以直接地说：唯心史观是脱离历史的，唯物史观是立足历史的。因此，唯心史观必然地是历史虚无主义，反过来讲，历史虚无主义也必然地是唯心史观，这是我们当今在批判历史虚无主义的实践中必须要明确的一个道理。

（作者单位：北京师范大学历史学院）

---

① 侯外庐：《中国古代社会史论》，河北教育出版社 2000 年版，第 154 页。
② 《马克思恩格斯文集》第 1 卷，人民出版社 2009 年版，第 608 页。

范文澜续写、重写《中国近代史》的构想及实践

赵庆云

一

范文澜研治中国近代史，是在毛泽东的直接指示之下进行的。1941 年 5 月，毛泽东在延安干部会议上所作《改造我们的学习》的报告中提出："对于近百年的中国史，应聚集人材，分工合作地去做，克服无政府的状态。应先作经济史、政治史、军事史、文化史几个部门的分析的研究，然后才有可能作综合的研究。"① 1943 年 3 月 16 日，毛泽东在中央政治局会议上再次提出重点开展中国近代百年史的研究，并提议中国近代百年史各专门史的研究做如下分工：政治史（范文澜），军事史（总参谋部、总政治部），经济史（陈伯达），哲学史（艾思奇），文学史（周扬）。② 范文澜接受任务后，只得将编写《中国通史简编》下册的计划先行搁置，投入中国近代政治史的写作。他原计划以 1919 年"五四"运动为界分为上、下两编，"上编叙述旧民主主义革命时代，下编叙述新民主主义革命时代。上编又分两个分册，1840 年至 1905 年为第一分册，1905 年至 1919 年为第二分册"③。范氏全力以赴，1945 年已撰写至义和团运动，此时却因离开延安而中止写

---

① 《毛泽东选集》第 3 卷，人民出版社 1991 年版，第 802 页。

② 《在中央政治局会议上讲话的要点》，《毛泽东文集》第 3 卷，人民出版社 1996 年版，第 10 页；另据蔡美彪回忆，"1943 年党中央组织人力，分别编写四部著作，负责人分别是：经济史陈伯达，政治史范文澜，军事史郭沫若，文化史欧阳山"。参见蔡美彪《严谨务实 淡泊自甘——一代史学宗师范文澜》，《社会科学管理与评论》1999 年第 1 期。二者有所出入，但范文澜仅负责政治史这一点吻合。

③ 范文澜：《中国近代史》上编第一分册，新华书店 1946 年版。

作。已撰成的书稿，1946 年以《中国近代史》上编第一分册之名由新华书店出版。是著"标志着马克思主义在近代史研究领域确立主导地位的开端"①，受到学界的推崇，出版后一再修订并重印，至 1955 年由人民出版社印行第 9 版，成为马克思主义中国近代史研究的典范之作。

不无遗憾的是，范文澜 1969 年逝世，所著《中国近代史》止于义和团运动，并未实现其最初设想。但实际上，范氏对于续写《中国近代史》一直未曾或忘。他在新中国成立前就有所规划；新中国成立后则不仅有写作构想，更曾数次布置人力进行续写工作，惜乎天不假年，功亏一篑，《中国近代史》终未成完璧。笔者拟以相关档案、日记及口述资料为基础，力图揭示范文澜续写、重写《中国近代史》的框架构想及实际举措，以冀前辈学人之努力不致湮灭无闻。

1946 年 2 月，范文澜奉中共中央之命离开延安赴邢台，任北方大学校长。1947 年初接到中宣部电报，要他聚集人才研究历史，是年 8 月，北方大学成立历史研究室。至次年春，叶丁易、王冶秋、尚钺等先后从国统区来到北方大学，历史研究室一时人才称盛。荣孟源回忆：当时范文澜因为眼疾影响了写作，但他对于写完《中国近代史》念念不忘，1947 年暑假即开始着手《中国近代史》的续写和修订工作。②

范著《中国近代史》的续写与修订同时进行。修订容易见效，1949 年华北大学版《中国近代史》的《再版说明》中提及："1947 年秋华北新华书店翻印时，北方大学历史研究室诸同志曾校订一次，略有增删。"③而续写则虽有具体布置，却颇为谨慎。据牟安世回忆："我把中国近代史作为自己的专业，是在 1947 年确定下来的……校长范文澜同志让我在历史研究室帮他收集英日同盟和日俄战争的资料，为他计划撰写《中国近代史》上编第二分册作准备。"④

1948 年春夏，中共中央决定将华北联合大学与北方大学合并组成华北大学，吴玉章任校长，范文澜、成仿吾任副校长。8 月 1 日，华北大学正

---

① 余绳武：《追忆范文澜同志》，《近代史研究》1994 年第 1 期，第 16 页。

② 荣孟源：《范文澜同志在延安》，《延安中央研究院回忆录》，湖南人民出版社 1984 年版，第 186 页。

③ 范文澜：《中国近代史·再版说明》，华北大学出版社 1949 年版。仅"略有增删"，当时资料匮乏为要因。

④ 牟安世：《我写〈鸦片战争〉》，《书林》1983 年第 5 期。

式成立。范文澜兼任历史研究室主任，其中最主要的任务为集中力量修订、编写《中国近代史》。荣孟源、刘桂五、王南、牟安世、钱宏、贾岩、唐彪、王可风、彭明等华北大学历史研究室的人员均参与了《中国近代史》的增删校订，① 并于 1949 年由华北大学出版了修订版。

总体来说，1946—1949 年，范文澜虽曾计划续写《中国近代史》，并安排人力搜集资料，为续写作准备。但此时工作重心显然还在修改而不在续写。范氏对于续写十分谨慎，可能也因缺乏资料。此前迫于现实需要，只能因陋就简，得以一鼓作气写成《中国近代史》上编第一分册；而随着研究条件趋好，撰著之标准势必提高，自然多有顾虑，不愿轻率出笔。

二

新中国成立后，范著《中国近代史》成为最具权威的中国近代史著作，读者范围极广，可谓万众关注。范文澜 1949 年 3 月与华北大学历史研究室的部分成员抵京，第一件事就是抓紧《中国近代史》上编第一分册的修订工作。为此，范氏在其居室直接领导召开了多次讨论会。②

就高校教学的现实需要来说，范著《中国近代史》的续写比修订更为迫切。由于中国近代史学科尚处于草创时期，新中国成立之初高校的中国近代史教学缺乏合适的教材和参考书。范著成为最重要的教材和讲课的基本依据。③ 1953 年方回（即向达）撰文评介范著《中国近代史》，肯定此书的成就，并表示"盼望上编第二分册和下编能赶快出版"④。

实际上，中国科学院近代史所自 1950 年 5 月 1 日正式成立后，"拟订新计划，集中全力于中国近代史的研究。新计划的内容，分为三个部分：第一部分为配合中国近代史上编第二册（自辛丑和约至"五四"运动）的编写而进行的研究工作，第二部分为收集中国新民主主义革命时代的历史材料，准备撰述长编，第三部分为适合目前的需要而进行的专题研究"⑤。

---

① 范文澜：《中国近代史·再版说明》，华北大学出版社 1949 年版。
② 荣孟源：《学习范文澜同志》，《光明日报·史学》1981 年 6 月 28 日；彭明：《范文澜治史的我见我闻》，《文史知识》2000 年第 12 期。
③ 金冲及：《忆胡绳同志》，《思慕集》，社会科学文献出版社 2003 年版，第 209 页。
④ 方回：《介绍几部有关中国近代史的新书》，《光明日报》1953 年 4 月 4 日第 3 版。
⑤ 《近代史研究所 1950 年工作概况》，《科学通报》1951 年第 1 期，第 83 页。

从实际工作看，1950年一方面集中人力整理由文管会交来的大批档案资料，以辛丑至五四运动为重点。①同时进行丰富多样的专题研究，兹引如次：荣孟源：国民党史；刘桂五：清末立宪运动；王可风：中国新民主主义革命史；王禹夫：编辑俄语教程，中国共产党年表；牟安世：日俄战争；沈自敏：美帝侵华史；王忠：蒙古问题；唐彪：阅读并摘译"北京政闻"；刘明逵：中国大革命史；王佩琴：近代回教史；房鸿机：五四运动前1901—1919年之思想史；傅耕垫、王涛：1901—1911年之中国经济；禹一宁、刘伟、高大为、李朝栋：日本侵华史；陈振藩：国会问题；贾岩：通俗本中国新民主主义革命史。②从所涉时间范围看，这些专题研究大多属于1901年之后的内容。

1951年，范文澜将近代史所人员分为编写组、长编组。编写组的任务即续写《中国近代史》的上编第二分册（1900年义和团运动—1919年五四运动），具体研究课题包括：1. 在中国境内的帝国主义战争——日俄战争；2. 同盟会；3. 第二次改良主义运动；4. 清廷统治集团的分裂；5. 辛亥革命；6. 旧民主主义共和国；7. 军阀割据与混战；8. 五四运动。长编组则主要致力于编纂《近30年史料长编》。③所谓"近30年"，即指1919—1949年的新民主主义革命时期。当时学界多称之为"中国现代史"。

在近代史所1951年召开的研究工作会议上，范文澜主要组织讨论编写"中国近30年史"。是年10月，范氏决定将研究人员分为两组，甲组为革命史组，乙组为反革命史组，"本年先搜集资料，两组分工，同时并进。一年完成初稿。甲组重点为：工、农、军、统一战线。乙组重点为：1. 经济（农业、工业）；2. 北洋军阀；3. 帝国主义；4. '4. 12'以后的国民党"。④

1952年9月，范文澜报告五年计划（1953—1957），提出以"近30年史"为要点，一定要完成长编。10月，范氏报告工作计划，仍以编写"近30年史长编"为中心任务。并确定编写体例为："1. 以大事为中心，

---

① 参见《近代史研究所1950年工作概况》，《科学通报》1951年第1期；《中国科学院近代史研究所近况》，《科学通报》1950年第4期。

② 《中国科学院近代史研究所近况》，《科学通报》1950年第4期，第259—260页。

③ 《近代史研究所研究题目》，《中国科学院史料汇编》（1952年），第20—21页。

④ 《李瑚日记》，未刊手稿，藏李瑚家。

每一历史阶段分若干章，每一重大事件为一章，每章按事件内容分为若干节，每节按繁简订细目。2. 以保存史料原来文字为主，只加剪裁，不予改动。章节细目标题须表明材料间的关系及系统，并表明编者的立场观点。3. 选择材料须去粗取精，去伪存真，相异材料应仔细考核，取其真实者。4. 所选材料可择要节录，注明出处。编者加简要说明，附带问题另作注释。"①

从以上资料来看，范文澜在新中国成立初年相当明确地以续写《中国近代史》上编第二分册（1901—1919）为近代史研究所的首要任务；同时一度着手组织近代史所研究人员编纂 1919—1949 年的史料长编，为撰著《中国近代史》下编做准备。

但中宣部 1953 年 1 月对近史所编纂"近 30 年史长编"之计划提出否定意见，认为"不应以五年之力作出长编"，而"可进行近代史专题研究"。②近代史所遵照中宣部指示，建立了有组织有计划的分组集体研究制度，将工作重心转移至 1840—1919 年。全所分为近代史组、现代史组、通史组、史料编辑组。其中近代史组以 1840—1919 年为研究时限，人员最多，在全所居于主体地位。近代史组下设 3 个组：第一组为经济史组，组长为刘大年，干事为谢璇造，主要研究中国资产阶级；第二组为政治史组，最初研究辛亥革命，荣孟源任组长；第三组是帝国主义侵华史组，后改为中外关系史组，北大历史系的邵循正兼任组长。1954 年 1 月设立现代史组，以董其昐为组长，成员有王来棣、王爱云、单斌、刘明逵。研究力量比较单薄，"总的方向是为今后三年的研究工作准备条件""阅读现成史书和主要史料，熟悉现代史各个时期的轮廓，并就所阅读的史料做出索引卡片和对现有的年表进行初步补正"③。

20 世纪 50 年代史学界颇为重视 1919—1949 年所谓"近三十年史"。吴玉章 1951 年在中国史学会成立大会上发言指出："近三十年史更应当首先很好的研究。"④ 1953 年刘大年在苏联所作报告即强调：今后"特别是要研究近三十年的历史"⑤。但就实际操作层面而论，将 1919—1949 年这

---

① 《李瑚日记》，未刊手稿。

② 同上。

③ 近代史所档案：《历史研究第三所一九五四年上半年研究工作概况》（1954 年）。

④ 吴玉章：《历史研究工作的方向》，《进步日报》1951 年 9 月 29 日。

⑤ 刘大年：《中国历史科学现状》，《光明日报》1953 年 7 月 22 日第 2 版。

段离20世纪50年代太过切近的历史作为科学研究的对象尚有一定碍难之处，很难不被纳入中共党史与新民主主义革命史的轨道。刘大年号召学界加强"'五四'运动以后的历史"之研究，① 但耐人寻味的是，他本人却极少涉足"现代史"的范围，足见倡议与落实之间还有相当的距离。复旦大学就"厚今薄古"进行辩论时，一些学生明确表示现代史最好由亲身参加过革命斗争的老干部来搞，学生中则应由党团员搞较合适，总之唯恐避之不及。② 1964年近代史会议上，学者纷纷表示：对于现代史，"中央也没人写这类文章，我们谁敢写"；即使有些研究，"一是不敢拿出来，一是有争论只敢在家里争"。③

概言之，范文澜在1949年后力图集合中国科学院近代史所大部分研究力量，循自专题研究到通史撰著的取径，以完成其所设想之完整的《中国近代史》。但实际上，在20世纪50年代研究1919—1949年这段离当下过于切近的历史尚有诸多滞碍。范氏将1919—1949年的历史区分为"革命史"与"反革命史"，并行不悖地加以研究，虽因现实局囿不久即告中辍，未能取得多少实绩。但此种构想在当时的语境下不失为睿见。后来李新组织研究力量，分别着手研究编纂新民主主义革命史和中华民国史，即脱胎于"革命史"与"反革命史"之区分。

三

1954年学界展开中国近代史分期讨论，胡绳等学者对范著《中国近代史》以"纪事本末体"结构叙述提出批评。范文澜颇有触动，在1954年《中国近代史》第9版前言中表示，他曾设想将此书整部拆散，"按照近代历史发展的阶段，重新编写，但在现今的情况下，时间不允许我那样做，而只能做这些葺补的工作。我很惭愧，本书的疵病那样多，补过不遑，又未能集中时间精力编写下册，常常接到读者来信催问，实在无话可对。我自知才力不胜，但仍将继续努力，庶几写出一束草稿来"④。

---

① 刘大年：《需要着重研究"五四"运动以后的历史》，《历史研究》1958年第4期。
② 复旦大学历史系编：《厚今薄古辩论集》，上海人民出版社1958年版，第16—17页。
③ 近代史所档案：《1964年近代史讨论会记录》。
④ 范文澜：《中国近代史·九版说明》，《范文澜全集》第9卷，河北教育出版社2002年版，第4页。

近代史分期讨论对于中国近代史学科化至为关键。范文澜亦热情投入其中,先后有 3 篇文章阐述其分期主张。① 他认为中外民族矛盾和国内阶级矛盾这两种基本矛盾的消长变化、交替主导,构成近代史分期之依据。并将甲午战争作为中国近代史最重要的分期界标。② 在众说纷纭的分期讨论中,以范文澜和胡绳两人的观点影响最大。③ 最终因阶级话语在当时处于强势地位,中国近代史教学大纲采用胡绳以阶级斗争为分期标准的观点,胡绳"三次革命高潮"论因而获得学科建制的支持。④

范文澜反复阐述对于近代史分期之主张,体现出其撰写中国近代史的通盘考虑和整体架构。如果说此前范氏意在续写,那么分期讨论之后其意图已转为重写《中国近代史》。1956 年 1 月 30 日,近代史所召开工作会议,"讨论编写近代史的八点计划"⑤。范文澜决定将原通史组成员纳入,集中几乎全所研究力量以编写《中国近代史》。研究人员分成三组:

第一组:1840—1864 年,范文澜、王崇武、钱宏、王其榘、王会庵、黎世清。(由范文澜负责)。

第二组:1864—1901 年,刘大年、谢璉造、张玮瑛、樊百川、李瑚、王明伦、叶倩云。(由刘大年负责)。

第三组:1901—1919 年,荣孟源、刘桂五、何重仁、张振鹤、王仲、丁原英、郑焕宇、赵金钰。(由荣孟源负责)。

翻译:黎世清、郑焕宇。经济统计:李瑚。⑥

---

① 1954 年 5 月在中国文联举办的中国近代史讲座作题为"略谈中国近代史的分期问题"的讲演,讲演稿发表于 1956 年 10 月 11 日《光明日报》"史学"副刊;1954 年 11 月在历史第三所举行的学术报告会上作关于分期问题的报告,报告稿在 1955 年 1 月以"中国近代史的分期问题"为题刊载于《中国科学院历史研究所第三所集刊》第二集,是年 10 月《新华月报》全文转载;1956 年 7 月为全国政协委员会举办的中国近代史讲座作题为"中国近代史的分期问题"的报告,是年 10 月 25 日《光明日报》"史学"副刊发表。

② 范文澜:《中国近代史的分期问题》,《范文澜全集》第 10 卷,河北教育出版社 2002 年版,第 322 页。

③ 1956 年高师文史教学大纲讨论会上,即主要是范文澜(孙守任)、胡绳两种观点之争论。陈继民:《高师文史教学大纲讨论会关于历史科目教学大纲讨论情况简介》,《历史研究》1956 年第 10 期。

④ 详参赵庆云《"三次革命高潮"解析》,《近代史研究》2010 年第 6 期。

⑤ 《刘大年日记》,未刊手稿,藏刘潞处。

⑥ 如此安排,"可以与过去的工作基本上衔接起来"。据近代史所档案《历史研究所第三所一九五六年研究工作计划·附件》;《李瑚日记》,未刊手稿。

此书"由范文澜负总责，刘大年协助"，设计全书分为三卷，第一卷25 万字，第二、三卷各 35 万字左右，共计 100 万字左右，为1840—1919年的包括政治、经济、文化等各方面的综合性的通史。研究人员依各自负责时段分为 3 组，体现了"三次革命高潮"的历史分期；体裁上避免"记事本末"的叙述方法，采取按年代次序来叙述历史事件，仿照《苏联通史》的写法。① 随后于 4 月开始准备拟订中国近代史提纲。6 月底拟出提纲，7 月传阅并讨论。② 此书悬得颇高，"要求在阅读大量材料和吸收前人研究成果的基础上，对某些重要问题，作进一步的研究，提供若干新的研究成果"③。1956 年 2 月底，金毓黻在会议上建议停辍其他任务，全力编写《中国近代史》。④ 刘大年在 1957 年 1 月 5 日全所大会报告中说："我们可以设想，找出三个人来主写近代史，并以每人配以若干助手，在二年内也可以写成。但本所不愿采取这一办法，我们要从更多的材料，把近代史中若干问题，弄得更清楚、更深入。在寻找材料和摸索很多的材料的过程中，来培养青年干部，这是非常必要的具体措施，因此编写的期限，不能太短，我们要求的标准，不是空洞的，而是具体的。今天开始写的近代史，为了期望把它写好，就是经过十年的时间也无不可。"⑤ 力图十年磨一剑打造精品，在当时实属难得的冷静。1958 年的整风补课中，通史组座谈会就有人提出，"范老的通史简编工作，在所来说不是中心"，而编写《中国近代史》才是当务之急，一切工作均应围绕这一重点进行。⑥

范文澜此次重写《中国近代史》之规划，有两点值得注意。其一，他将通史组人员纳入，意味着《中国通史简编》的修订暂时中辍，其决心可见一斑。但近代史所的"帝国主义侵华史组"却仍保持独立。范文澜大力提倡帝国主义侵华史研究，在近代史研究所建所之初即注意物色有条件研究中外关系史的青年学子到所工作，1953 年成立帝国主义侵华史组。在其

① 近代史所档案：《历史研究所第三所一九五六年研究工作计划·附件》。
② 《李瑚日记》，未刊手稿。
③ 近代史所档案：《历史研究所第三所的工作情况和研究计划》（1957 年 1 月）。
④ 金毓黻：《静晤室日记》，辽沈出版社 1994 年版，第 7041 页。
⑤ 同上书，第 7370 页。
⑥ 《通史组座谈会意见》，近代史所档案：《整风补课资料》（1958 年）。

着意经营下，侵华史组颇具实力，并全力撰写《帝国主义侵华史》。① 范氏未将"帝国主义侵华史组"纳入重写《中国近代史》之任务，或考虑到撰著《帝国主义侵华史》也是极为迫切的工作。但所谓"帝国主义侵华史"，即为"近代中外关系史"，应属中国近代史的重要组成部分。新中国成立前的近代史著作，多以近代中外关系史为中心。金毓黻且认为，"近百年内，中国内政鲜有可述，对外关系，实居主位"②。重写《中国近代史》如果不能顾及"中外关系"，无疑是相当大的缺憾。

其二，令人颇为意外的是，由范氏主持重写《中国近代史》，采用的却是胡绳"三次革命高潮"的分期架构。据刘大年日记记载，1956 年 4 月 29 日晚范氏对刘大年表示：不同意将近代史分为三个部分，而认为应照主要矛盾来分期，并认为中国是半殖民地，不能与俄国历史相比（指资本主义发展）。③ 可见两人之间对于如何分期仍存在分歧。或谓胡绳的观点在当时获得学界广泛认同，范文澜亦只好顺应大流。不过范氏向来在学术上能坚持已见，如今在自己主持编纂的著作中不能坚持其叙事框架，背后或另有隐情尚待索考。

不难看出，范文澜此次重写《中国近代史》之规划，虽颇具雄心，然考虑未必周详。他未纳入"帝国主义侵华史组"，则近代"中外关系"这一近代史重要内容势必受到忽视；在近代史分期架构上他与刘大年又存在分歧，以"三次革命高潮"分期，在范氏而言或多或少都有些无奈。这也预示着此规划实行起来并非易事。而且从 1956 年提出的计划观之，范文澜等人对于撰著《中国近代史》的难度还是估计过低，且有急于求成之嫌。计划"在一九五六年五月以前，完成全书的提纲初稿，又确定具体的工作计划和进度，至一九五七年底完成全书的初稿"④。雄心虽大，却很快发现实际进行颇多滞碍，进展缓慢。因 1956 年有不少研究人员参加制定哲学社会科学远景规划工作，"因此主要只是做了某些准备工作和拟定了一个搜集材料的提纲草稿。1957 年计划搜集和整理某些重要问题的材料和

---

① 李瑚：《近代史所十年大事简记》（1951—1960），未刊手稿，藏李瑚家。承李瑚先生为笔者提供复印件。张振鹍：《回忆范老与帝国主义侵华史研究》，《近代史研究》1994 年第 1 期；2008 年 1 月 15 日采访张振鹍先生记录。

② 金毓黻：《中国史学史》，河北教育出版社 2003 年版，第 346 页。

③ 据《刘大年日记》（未刊稿），藏刘潞处。

④ 近代史所档案：《历史研究所第三所一九五六年研究工作计划·附件》。

拟定全书的编写提纲,并在 10 月后开始分头编写初稿"①。是年整风报告则指出:"通过一段时期的实践以后,同志们意见很多,认为研究计划与个人专长有些脱节。不能发挥个人的积极性。"②

1957 年 9 月,近代史所决定改变规划,将原来的近代史三个组合并为"近代史组",由刘大年任组长主持编纂《中国近代史》,"由刘大年同志执笔,其他人作助手,提供资料并完成专题",在 1957—1960 年完成多卷本《中国近代史》的撰著。③ 刘氏组织人员另起炉灶,后来编成《中国史稿》第 4 册、《中国近代史稿》1—3 册,但均与范文澜的《中国近代史》没有渊源关系。

1956 年范文澜主持编纂《中国近代史》的规划不了了之,除了种种客观因素之外,尤为重要的原因恐还在于,范氏此时尚无法真正中辍《中国通史》的撰写而全力投入重写《中国近代史》,分身乏术难以兼顾。

四

1956 年重写《中国近代史》的计划受挫,范文澜对此始终不曾释怀。1958 年 10 月,66 岁的范氏因病休息,此后病情稍好,即带病工作,至1964 年完成修订本《中国通史简编》第三编一、二两册,乃重新将工作重心转到近代史。但毕竟因年老体衰,他已然放弃重写,转而着手布置续写《中国近代史》(1900—1919)。

范氏续写《中国近代史》,所倚重者主要为李新、张侠、杨诗浩、丁贤俊等人。张侠是范氏从水电部调入近代史所以"专心研究旧民主主义革命的一段军事史"的人。④ 丁贤俊 1965 年初入所即明确其工作为协助范氏续写近代史。范氏颇具雄心,1965 年 5 月致函助手蔡美彪:"我纯主观主义地以为还可活十年。这十年里如果做得紧凑,古、近史都有可能完成"⑤。

---

① 近代史所档案:《历史研究所第三所的工作情况和研究计划》。
② 所谓"研究计划与个人专长有些脱节",当指王崇武等原"通史组"成员对于近代史并不熟悉,难以发挥其专长。据近代史所档案《历史三所边整边改情况的报告》(1957 年)。
③ 《李瑚日记》,未刊手稿。
④ "范文澜致张侠函",近代史所档案。
⑤ 蔡美彪:《回忆范老论学四则》,《历史教学》1980 年第 1 期。

据丁贤俊回忆:"范老在 1952 年手拟的八章题目,只是简单的提示。后来经过几次谈话,逐渐形成了详细的'节'及每节的要旨。他所定的下册第一章:'在中国领土上进行的帝国主义战争—日俄战争'。随后便拟定为五节。""范老又告诉我写这一章,地方的资料很重要,他让我用他的名义给东北文史研究所(在长春)的所长佟冬写信请予协助。佟冬即刻作出热情回答:他将大力支持资料征集工作,并邀请写书组来年暑天到长春去采用他们收集的资料,一切生活、写作的问题由他解决。随后又派一位姓王的女同志来京见范老,表示将派当年新分去的历史系大学生一起参加,人力足以保证。"但后来赴长春搜集资料因故未能成行。① 1965 年 7 月,中国科学院社会科学部安排赴江西进行第二批"四清",续写范著《中国近代史》被作为与"史学反修"同等重要的工作受到特别对待,李新等四人未安排参加"四清"。② 不过,随着"四清"运动如火如荼地进行,至1965 年底提出必须最大限度地保证"四清"工作,丁贤俊等被派往江西支援"四清",续写工作被迫暂停。随后 1966 年"文革"爆发,一切均脱离常轨,续写工作自然难以为继。

1968 年 7 月 20 日,毛泽东派其女李讷给范文澜传话:中国需要一部通史,在没有新的写法以前,还是按照你那种旧法写下去,通史不光是古代近代,还要包括现代。③ 得此"尚方宝剑",续写《中国近代史》重新被提上日程。因毛泽东提出应将"现代"纳入,范文澜还想找何干之、胡华等革命史、党史学者参加续写工作。④ 近代史所军宣队也颇为重视,出面安排给张崇山副所长一大间房,又安排余绳武等几位研究能力强的"高手"加入。1969 年范文澜病逝,续写工作仍在进行。范氏生前对续写的八章的章节作了大致安排,但谁来统写则未及议论。此后续写工作又现波折。1970 年研究人员普遍下放"五七干校",写书组由军宣队的排长领导得以维持,但多数人员下放到河南息县,续写工作事实上被迫停顿下来。1971 年"九一三"事件后,由军宣队通知,续写工作还得继续。丁贤俊、

---

① 丁贤俊:《我与近代史所》,《回望一甲子》,社会科学文献出版社 2010 年版,第 526 页;2016 年 1 月 17 日丁贤俊访谈记录。

② "近代史所致学部党委函",《四清有关档案》。

③ 《范文澜同志生平年表》,《范文澜历史论文选集》,中国社会科学出版社 1979 年版,第376 页。

④ 《革命史家胡华》,当代中国出版社 2011 年版,第 186 页。

张振鹍、赵金钰等人于 1972 年前返京，与留在北京的余绳武、吴剑杰、丁名楠等人重整旗鼓开始续写《中国近代史》。张振鹍分工研究清末新政，很快投入工作。①

但因范文澜已病逝，无人可以承担下册书稿的统写之责，以与上册完美接轨。李新提出用吴玉章的《辛亥革命》予以扩充，作为下册"辛亥革命"单章先出，遭到丁名楠等人的尖锐反对："那就不是续范书，而是写吴书了。"也有人提出请刘大年挂帅，但刘表示：他无法达到范的风格和文采，续范书出力不见功，不愿承担。如此一来，续写工作遂告搁置，无疾而终。②

李怀印认为，范文澜在"1956 年后他很少写近代时期方面的作品，有意识地避开中国近代史中有争议的和不确定的领域"③。以范氏敢于在汉民族形成等问题上同斯大林叫板的学术个性，说他有意回避中国近代史领域的争议，可能未必确切。事实上，纵观范文澜在 1949 年后重写、续写《中国近代史》的构想及具体布置，可以看出这位著名的马克思主义史学家为开创、完善中国近代史学科而做出的不懈努力。笔者以为，新中国成立后"十七年"的马克思主义史学史研究，不能局限于公开发表、出版的著作，而有必要进一步挖掘史料，弄清前辈学人的实际作为，避免对之做出过于简单的价值评判。

（作者单位：中国社会科学院近代史研究所）

---

① 参见 2016 年 1 月 17 日丁贤俊访谈记录；2016 年 1 月 29 日张振鹍先生访谈记录。

② 丁贤俊：《我与近代史所》，《回望一甲子》，第 52—529 页；2016 年 1 月 17 日丁贤俊先生访谈记录。

③ 李怀印：《在传统与革命之间——范文澜与近代中国马克思主义史学的起源》，《现代哲学》2012 年第 6 期。

陈溥贤《马克思的唯物史观》与李大钊《我的马克思主义观》文本关系考

——基于唯物史观的相关论述

安雅琴

一 问题的提出

李大钊是中国最早传播马克思主义的知识分子，其《我的马克思主义观》是"马克思主义在中国进入比较系统的传播阶段"① 的开山之作。陈溥贤，笔名渊泉，是"五四"前后引介马克思主义的重要人物之 ，但在学界的认知度远远不及李大钊。将二者并提作为一个学术命题的探讨，始于日本学者石川祯浩的《中国共产党成立史》一书。该书指出："李大钊自1919 年夏至同年秋写下了他那篇有名的《我的马克思主义观》，如部分学者已经指出的那样，这篇文章在很大程度上是依据河上肇《马克思的社会主义的理论体系》和福田德三《续经济学研究》（同文馆 1913 年出版）等写成的；而河上的这篇论文……此前已经由陈溥贤翻译并用'渊泉'的笔名在《晨报副刊》上进行过介绍。考虑到李大钊与《晨报》以及陈溥贤关系之密切，李大钊不可能不知道《晨报副刊》上的那篇文章（指陈溥贤的《马克思的唯物史观》——引者注）。"据此，石川祯浩得出结论："李大钊之接受马克思主义，在一定程度上得到了陈溥贤在资料方面，或者在对马克思主义的解释方面的帮助"，"如果撇开陈溥贤，我们就无法谈论五四时期的李大钊是如何接受了马克思主义的。"②

---

① 《中国共产党历史》第 1 卷上册，中共党史出版社 2011 年版，第 46 页。
② ［日］石川祯浩:《中国共产党成立史》，袁广泉译，中国社会科学出版社 2006 年版，第16—17、10 页。

石川祯浩的这一论述，在国内学界引起了不小的争鸣。有学者从宏观层面指出石川祯浩忽视了"中国第一代马克思主义者学习、宣传马克思主义的根本目的"，尽管"成功地将中国早期马克思主义著作或文章与日文底本作了鞭辟入里的研究"，但"对中国早期马克思主义者强调马克思主义要与国情结合，以及他们是如何将马克思主义与中国社会、革命相结合的部分"缺少应有的重视。① 有学者从陈李二人传播马克思主义的起始时间、对马克思主义的态度、人生道路的选择、文章的内容等方面分析指出《中国共产党成立史》一书带有"主观的'扬陈抑李'倾向""夸大陈溥贤的先驱作用"。② 有学者从文章发表时间、翻译笔法的细节上考证，指出"很难单方面论断李大钊'在对马克思主义的解释方面'得益于陈溥贤的'帮助'"③。学术愈争鸣则愈昌明，围绕《中国共产党成立史》一书而展开的探讨丰富了马克思主义在中国早期传播的历史细节。但遗憾的是，中日学者的论争其实存在一定程度的错位。石川祯浩的观点主要侧重文本资料，国内学者则多以马克思主义传播的历史脉络与逻辑为视角进行回应。当然，历史脉络与逻辑是研究的重要前提，但从中日文本比对上去厘清陈溥贤《马克思的唯物史观》与李大钊《我的马克思主义观》的文本关系，进而去探讨在马克思主义的早期传播中陈溥贤是否"在资料方面，或者在对马克思主义的解释方面"存在"中介作用"则更为直接。囿于语言和资料所限，国内学者的确在一定程度上存在如石川祯浩所言"不关心散落世界各地的第一手资料，疏于考究某一记述的出自和渊源"等问题，但善于考究出处和渊源的石川祯浩的考据结论就一定准确吗？笔者以陈溥贤《马克思的唯物史观》、李大钊《我的马克思主义观》与河上肇的相关日文文本为依据，力图以石川祯浩的论证逻辑，对陈溥贤与李大钊的关系尽力作一合乎史实的考释。

二 译文来源的考证：陈李二文是否"系出同源"

石川祯浩的观点是基于一个预设性的前提，即如《中国共产党成立

---

① 田子渝：《〈中国共产党成立史〉是非的三个问题》，《党史研究与教学》2007 年第 1 期。
② 朱成甲：《五四时期马克思主义传播与李大钊历史作用问题的探讨——兼评石川祯浩〈中国共产党成立史〉的有关论述》，《中共党史研究》2009 年第 8 期。
③ 王素莉：《"五四"前后马克思主义在中国传播的若干问题探讨——也评石川祯浩〈中国共产党成立史〉的有关论述》，《中共党史研究》2010 年第 5 期。

史》"附录"《日中社会主义文献翻译对照表》中所列，陈溥贤《马克思的唯物史观》和李大钊《我的马克思主义观》均译自或部分译自日本学者河上肇的《马克思的社会主义的理论体系》（『マルクスの社会主義の理論的体系』）。① 在这一点上，除朱成甲提出陈文是"河上肇的另一篇文章的译文"外，国内学者并未对石川祯浩提出异议，并且认可陈溥贤的《马克思的唯物史观》是河上肇《马克思的社会主义的理论体系》最早的中译文。② 但事实上，据笔者考证，陈溥贤的《马克思的唯物史观》，是以同一时期河上肇的另一撰文《马克思的唯物史观》③（『マルクスの唯物史観』）为译本，补充了《马克思的社会主义的理论体系》的部分内容而成。石川祯浩虽指出陈文的原著为《马克思的社会主义的理论体系》和《马克思的唯物史观》，④ 但并未言明文本上的主次关系。

《马克思的社会主义的理论体系》和《马克思的唯物史观》是河上肇同一时期发表的两篇关于马克思主义理论的著作。前者于 1919 年 1 月 20 日到 11 月 20 日分七回连载在《社会问题研究》（『社会問題研究』）上，内容分四个部分，依次为"绪言""马克思的历史观""经济论"和"政策论"；后者在同年的 3 月 15 日刊登于《社会及国体研究录》（『社会及国体研究録』），内容主要是就马克思的《共产党宣言》和《〈政治经济学批判〉序言》中的唯物史观相关论述展开的评述。20 世纪八九十年代，杨奎松、杨树升、斋藤道彦等学者已对李大钊《我的马克思主义观》与河上肇《马克思的社会主义的理论的体系》的文本关系做过相关考释，指出《我的马克思主义观》部分内容参引自《马克思的社会主义的理论体系》。⑤ 但陈溥贤《马克思的唯物史观》是否与李大钊《我的马克思主义观》系属同源，学界还缺少必要的考证。

---

① 《河上肇全集》（10），岩波书店 1982 年版，第 234—309 页。
② 刘庆霖：《民国时期河上肇的论著在中国的译介及译书版本之比较研究》，《第八届北京大学史学论坛论文集》，2012 年 3 月。
③ 《河上肇全集》（10），岩波书店 1982 年版，第 339—347 页。
④ ［日］石川祯浩：《中国共产党成立史》，袁广泉译，中国社会科学出版社 2006 年版，第 8 页。
⑤ 杨奎松：《李大钊与河上肇——兼谈李大钊早期的马克思主义观》，《党史研究》1985 年第 2 期；杨树升：《留学日本对李大钊的影响》，《李大钊研究文集》，中共党史出版社 1991 年版，第 114—127 页；［日］斋藤道彦：《介绍日本研究李大钊的概况与我的看法》，《中央大学论集》（17），1996 年，第 37—39 页。

陈溥贤的《马克思的唯物史观》① 共有 32 个自然段。为简洁扼要，笔者通过列表（见表 1）比对陈溥贤译文与河上肇《马克思的唯物史观》《马克思的社会主义的理论体系》两文本，以明其相互关系。第一段是译文的出处和译者的初衷，所以这里并不列入表中讨论。

表 1

段落	译自河上肇《马克思的唯物史观》的部分	译自河上肇《马克思的社会主义的理论体系》的部分
2—3	（直译）指出马克思的社会主义的两大根底是历史观和经济论	
4	（摘译）介绍《共产党宣言》的由来	
5—9	（转译）列举《共产党宣言》的相关内容	
10	（直译）提出要讨论《共产党宣言》和历史观的关系	
11—20		（转译）列举《共产党宣言》中的唯物史观的相关表述
21—25	（转译）列举《〈政治经济学批判〉序言》中的唯物史观的相关表述	
26		（直译）对《〈政治经济学批判〉序言》中唯物史观原理涉及的"生活的社会的生产""社会的意识形态""社会的物质的生产"等九个难点概念、句子的阐释
27—32	（直译）河上肇对马克思唯物史观的总体性述评	

由表 1 所见，31 个段落中有 11 个段落引自《马克思的社会主义的理论体系》，且 11 个段落均非著者的主体框架，最为紧要陈述作者观点的第 27—32 自然段又仅出现在河上肇的《马克思的唯物史观》，所以基本可判断陈溥贤的译文出自河上肇的《马克思的唯物史观》，陈溥贤《马克思的唯物史观》与李大钊《我的马克思主义观》的译文是出自同一作者同一时

---

① 高军等主编：《五四运动前马克思主义在中国的介绍与传播》，湖南人民出版社 1986 年版，第 334—343 页。

期的两篇不同撰文。从译文来源上，石川祯浩的考证存在一定疏漏。但因译本来源不同即判断陈溥贤的中介作用不符合史实，还稍显武断。陈文的第5—9段和第21—25段转译河上肇日本文本中的《共产党宣言》和《〈政治经济学批判〉序言》的部分内容，同样出现在《我的马克思主义观》中，相同或相似内容的表述上，是否存在资料或马克思主义解释上的中介作用，还需进一步考证。

三 可能性的探讨：陈文是否存在资料或马克思主义解释上的"中介作用"

李大钊《我的马克思主义观》一文分上、下两篇，上篇主要涉及马克思学说的体系、唯物史观和阶级斗争等问题，下篇则分四个部分阐述马克思的"经济论"。① 石川祯浩所认为的陈溥贤在资料或马克思主义解释上的"中介作用"，主要是基于陈李二文关于马克思唯物史观上的相同或相似的表述。故笔者从"相同"文本和"相似"文本两个方面分别对陈文"中介作用"的可能性进行探讨。

首先是在相同日文文本的基础上陈李二文的关系。这一部分主要体现在二人转译《共产党宣言》和《〈政治经济学批判〉序言》中关于唯物史观的论述。笔者以陈李二文译词选择为切入进行统计。如表2所示，陈李二文相异的译词主要有30个。是否直接沿用日语汉字词汇，是译词选择相异的直接原因。30个译词中，李大钊直接沿用的日语汉字词汇有20个，而陈溥贤仅3个。在译词选择上，李大钊侧重直译，陈溥贤偏重意译，如果没有日文文本，仅凭"意译文"写作出"直译文"，在逻辑上是行不通的。

表2

河上肇文	陈溥贤文	李大钊文	河上肇文	陈溥贤文	李大钊文
階級争鬪	阶级争斗	阶级竞争	領主と農奴	地主和农奴	领主与农奴
親方と職人	头儿和工人	主人与职工	隠然、公然	明争、暗斗	隐然、公然
共倒	都倒了	共倒	多樣の等差	种种身分	多样的等差

① 《李大钊全集》第3卷，人民出版社2013年版。

续表

河上肇文	陈溥贤文	李大钊文	河上肇文	陈溥贤文	李大钊文
崩壊	破坏	崩坏	階級の対立	阶级的对峙	阶级的对立
二大陣営	两个大营寨	二大阵营	有産者と無産者	有产阶级和无产阶级	有产者与无产者
障礙物	障害物	障碍物	鉄道	铁路	火车
電信	电信	电报	開墾	垦荒	开垦
河川の開通	水利	河川的开通	魔法	魔术	魔法
喚び起せる	唤醒	唤起	包容	包含	包容
呪文	咒文	咒语	謀叛	反抗	谋叛
顛覆	推倒	颠覆	上層構造	建筑物	（漏译）
人類の意識	人类的意志	人类的意识	上部構造	上面的建筑物	表面构造
徐々に、或は急激に	徐徐或是急速	或徐，或激	変革	变动	变革
物質的の変革	物质的变化	物质的变革	総ての生産力	生产力	全生产力
より高度の生産関係	高级的生产关系	比从前还高的生产关系	吾人	我们	吾人

　　其次是在相似内容的表述上李文有无受到陈文的影响。以表 3 所列两段文本为例。

表 3

陈溥贤《马克思的唯物史观》	李大钊《我的马克思主义观》
马克思社会主义的两大根底之中，他的经济论，在那个最有名声最有价值的《资本论》里，就可以看得很明白。但是他的历史观，却没有系统的著作。比较有系统的东西，只有一八四年的《共产党宣言》，和一八五九年的《经济学批评》的序文。	马氏的经济论，因有他的名著《资本论》详为阐发，所以人们都知道他的社会主义系根据一定的经济论的。至于他的唯物史观，因为没有专书论这个问题，所以人们都不甚注意。他的《资本论》，虽然彻头彻尾以他那特有的历史观作基础，而却不见有理论的揭出他的历史观的地方。他那历史观的纲要，稍见于一八四七年公刊的《哲学的贫困》，及一八四八年公布的《共产者宣言》。而以一定的公式表出他的历史观，还在那一八五九（年）他作的那《经济学批评》的序文中。

表 3 中所列文本，内容上极为相近，"经济论""《资本论》"等关键词均有出现。从中文文本上比对，李文较陈文所涉内容更广，且"共产党宣言"与"共产者宣言"翻译上存在差异，故有学者以此为据判断李文创作的独立性。这一说法有欠妥当。结合日文文本比对（见表4），可进一步厘清陈李二文的关系。

表 4

陈溥贤《马克思的唯物史观》："但是他的历史观，却没有系统的著作。比较有系统的东西，只有一八四八年的《共产党宣言》，和一八五九年的《经济学批评》的序文。"	河上肇《马克思的唯物史观》："其歴史観は一纏めにしては何所にも述べて無い。資本論を見ると、其は徹頭徹尾、彼れ特有の歴史観の上に立てるもので、且所々に其歴史観の閃が見えて居るけども、併し何所にも其歴史観を理論的に纏めて書いては無い。彼の歴史観が稍々纏めて書いてあるものゝ中、主なるものは、一八四八年（孝明天皇の嘉永元年）に公にした『共産党宣言』と、其から一八五九年（安政六年）に公にした『経済学批判』の序文とである。"
李大钊《我的马克思主义观》："他的《资本论》，虽然彻头彻尾以他那特有的历史观作基础，而却不见有理论的揭出他的历史观的地方。他那历史观的纲要，稍见于一八四七年公刊的《哲学的贫困》，及一八四八年公布的《共产者宣言》。而以一定的公式表出他的历史观，还在那一八五九（年）他作的那《经济学批评》的序文中。"	河上肇《马克思的社会主义的理论体系》："『資本』を見ると其は徹頭徹尾、彼れ特有の歴史観を基礎とせるもので、前後三巻を通じ所々に其歴史観の閃が見えて居るが、併し何所にも其歴史観を理論的に纏めて書いては無い。彼の歴史観が稍々纏められてある最初の主なるものは、一八四八年（嘉永元年）に公にされた『共産者宣言』であつて、更に其が一定の公式に書表されて居るのは、一八五九年（安政六年）に彼の著はした『経済学批判』といふ著書の序文である。"

在上述相似内容的表述中，一方面，因译文来源不同，个别词汇如"《共产党宣言》"和"《共产者宣言》"的翻译出现差异；另一方面，李大钊译文中出现陈溥贤漏译词汇，如河上肇《马克思的唯物史观》《马克思的社会主义的理论体系》和李大钊《我的马克思主义观》三个文本中均有的"彻头彻尾"一词，但陈文中未出现，所以李大钊只有可能是参照日文

文本的直译或摘译。

综上来看，从相同和相似的文本上分析，李文中关于唯物史观的相关论述是基于河上肇《马克思的社会主义的理论体系》日文文本的直译或摘译，陈溥贤在资料上或马克思主义解释上的"中介作用"并未在文本中发现。

四 文本差异的分析：陈李二文的行文特点

陈溥贤《马克思的唯物史观》与李大钊《我的马克思主义观》两文在开篇均表明其译介马克思主义学说的出发点。陈文指出："今天是马克思一百零一回的诞生纪念日，兹篇系日本研究马克思的大家河上肇所著的，简洁明瞭，颇有价值，特译出来，作研究的资料。"① 李文亦指出："'马克思主义'的研究，虽然极其贫弱，而自一九一八年马克思诞生百年纪念以来，各国学者研究他的兴味复活，批评介绍他的很多。我们把这些零碎的资料，稍加整理，乘本志出'马克思研究号'的机会，把他转介绍于读者，使这为世界改造原动的学说，在我们的思辨中，有点正确的解释，吾信这也不是绝无裨益的事。"② 前者是作为"研究的资料"的纯译介；后者是作为"改造原动的学说"而稍加整理零碎资料后的转译介。二者在译者立场上存在显著差异，而这一差异又投射在陈李二文的行文布局、原理阐释等方面。

第一，在直译与意译的选择上。陈文整体上以直译为主，但在《共产党宣言》等二手文献的转译上，对译词作了适度处理，沿用日语汉字词汇较少；李文与之相反，在二手文献的转译上多沿用日语汉字词汇，但在原理阐释上，则以意译的方式做了调整，与原译文的语句并非一一对应的关系。李文在文献上注重"原汁原味"，在原理阐释上则力求通俗易懂。

第二，在行文布局上。陈文同于原文本的行文顺序；李文不同于原文本，先分三部分列举《哲学的贫困》""《共产者宣言》""《经济学批判》序言"中关于唯物史观的论述，再将马克思的唯物史观归结为两个要

---

① 高军等主编：《五四运动前马克思主义在中国的介绍与传播》，湖南人民出版社 1986 年版，第 334 页。

② 《李大钊全集》第 3 卷，人民出版社 2013 年版，第 1—2 页。

点，并进行整体性论述。李文的布局更为清晰明了，与冗长的原文本相较，更容易抓住核心要点。

第三，在语言运用上。陈文以直译为主，故个人语言风格并不明显；李文主要有两个特点，一是把握关键点，剔除原文中的枝丫；二是运用生活化、本土化的语言阐释原理，如在生产力与社会组织的关系上，李文诠释为"生产力一有变动，社会组织必须随着他变动。社会组织即社会关系，也是与布帛菽粟一样，是人类依生产力产出的产物。手臼产出封建诸侯的社会，蒸汽制粉机产出产业的资本家的社会"①，其中"布帛菽粟""手臼""蒸汽制粉机"等说法都是原文本中没有的，是李大钊带有"中国风"的意译。

陈李二文在翻译方式、行文布局和语言运用三个方面上存在不同特点，尽管不能以此直接论证二者关系，但一定程度上反映了二人对待马克思主义的态度，是晦涩难懂的学理解读，还是"化尔为我"使之成为改造中国的利器？以李大钊为代表的中国知识分子在接受马克思主义之时，就不仅仅是文本资料上的接受。

综上所述，陈溥贤《马克思的唯物史观》与李大钊《我的马克思主义观》分别以河上肇的《马克思的唯物史观》和《马克思的社会主义的理论体系》为译文来源。两文尽管存在一定相似度，但从译词选择等方面来判断，李大钊援引河上肇内容是基于日文文本，并未发现李大钊参考陈溥贤译文的证据，但是否由陈溥贤提供给李大钊日文原文的资料尚难考证。石川祯浩论证的陈溥贤在李大钊接受马克思主义中的"中介作用"，存在一定疏漏。另外，陈李二文因译者立场的不同，在行文上也存在差异，而行文差异则在一定程度上反映了二人对待马克思主义的态度。因此，从文本上分析，石川祯浩的"如果撇开陈溥贤，我们就无法谈论'五四'时期的李大钊是如何接受了马克思主义的"论断亦不甚恰当。

（作者单位：南开大学马克思主义教育学院）

---

① 《李大钊全集》第 3 卷，人民出版社 2013 年版，第 14—15 页。

"逼近真相":客观史实、主观史识与"层累式"历史书写探究

高龙彬

历史是过去发生的事情以及人们对这些事情的认识。这表明历史有历史本身和历史认识两个层面,只有两者的结合才是一个完整的"历史"阐释。过去发生的事情就是历史本身即历史,也就是所谓的历史真实;而人们对这些事情的认识就是历史学,这是一个学科(目前,我国大部分高等院校设有历史学院,可能只有北京大学历史学系、南京大学历史学系及复旦大学历史学系等,这是有深刻内涵的)。因此,从哲学意义上来讲,历史是认识论而不是本体论。历史真实是客观存在的,但是历史学家或历史工作者只是"逼近真相",而不能真正地全面揭示历史真实。"通过研究者的'主观'思考反映出的'客观'历史。"[1] 诚如北京大学教授何怀宏所言,历史"自然不是人们实际活动的第一手历史,而是被书写成文的第二手历史"[2]。情感诉求、影像史学、口述历史、以文证史等,可能从不同视角"正无穷式"地还原历史真实。但是,由于自身特点等因素,它们又与历史真实存在矛盾。"层累式"历史书写,有助于客观史实与主观史识的妥协和结合。历史学的基本功能是还原史实,总结规律,关照现实和警示未来。

一 影像史学与史实的"悖论"

"什么是历史资料?"

近几年,随着新史学、微观史学、社会史及新文化史的兴起和拓展,

---

① 汪朝光:《怎么抗战,如何写史?》,《读书》2015年第7期。
② 何怀宏:《"失败者"也写史的新时代已来临》,《南方周末》2015年5月21日C20版。

图像史料逐渐进入研究者的视野。学者亦从其理论和实践上进行了探索，并也取得了一定的成果。① 相对来说，图像史料的真实性和实证性更有说服力。"建川博物馆聚落创办人"樊建川曾说过，"从一只只抗战壶、罐、杯、碗中，从一堆堆照片袋、档案袋、画卷、书籍等物品中""佐证正史、拾遗补缺"，"让人感受到一段更感性、更细节化的历史"。启功先生看了樊建川的收藏品相册后指出，"正史出示的证据是主证，这些藏品是在为历史提供旁证啊"②！他的言中之意就是这些都是证据。

在"关于如何将图像（images）作为历史证据来使用"的《图像证史》一书中，剑桥大学教授彼得·伯克（Peter Burke）对"图像"的界定，"不仅包括各种画像（素描、写生、水彩画、油画、版画、广告画、宣传画和漫画等），还包括雕塑、浮雕、摄影照片、电影和电视画面、时装玩偶等工艺品、奖章和纪念章上的画像等所有可视艺术品，甚至包括地图和建筑在内"③。笔者认为，图像史料的"以图证史"是考古学功用的一种延续，对历史研究是大有裨益的。

影像史学扩大了历史研究的范畴，影像本身的直观性使史实得到了认证。从老明信片这一特殊样本来讲，的确在历史研究中发挥了不可小觑的作用。《伪满洲国明信片研究》《老明信片中的黑龙江》《画说哈尔滨》等，从不同角度展现了当时哈尔滨、长春、沈阳和大连等地的历史风貌和风土人情。同时，老照片也是一种历史见证。④ "渡桥"和"东北讲武堂"等博客，或较全面或专题性地对东北的历史进行了呈现。

但是，影像史学因为本身的特点也造成了必然所带有的"缺陷"，从而出现不同于史实的"悖论"。老明信片和老照片的内容，不管是建筑、

① 王笛：《茶馆：成都公共生活的微观世界：1900—1950》，社会科学文献出版社 2010 年版；王汎森：《什么可以成为历史依据——近代中国新旧史料观点的冲突》，《中国近代思想与学术系谱》，吉林出版集团 2011 年版，第 346—380 页；等等。朴承之：《彼得·伯克：图像史料重要价值超出你的想象》，《中国图书商报》2008 年 6 月 17 日 A07 版；姚菲：《从图像看晚清上海女性与城市空间——兼论图像学在历史研究中的运用》，《上海师范大学学报》（哲学社会科学版）2012 年第 7 期；王笛：《图像与想象：都市历史的视觉重构》，《学术月刊》2013 年第 4 期；李根：《图像证史的理论和方法探析——以卡罗·金兹堡的图像研究为例》，《史学史研究》2013 年第 3 期；谢勤亮：《影响与史学——"影视史学"及其实践与实验》，《现代传播》（中国传媒大学学报）2007 年第 2 期，等等。

② 樊建川：《一个人的抗战》，中国对外翻译出版公司 2000 年版，"前言"。

③ ［英］彼得·伯克：《图像证史》，杨豫译，北京大学出版社 2008 年版，第 3 页。

④ 值得一提的是山东画报出版社的连续出版物《老照片》。

风景还是肖像、生活场景，都是在一定的时间、一定的地点、一定的距离、一定的角度及一定的广度等条件下"定格"的。"虽然摄影镜头本身是非常客观的，但问题在于，摄影者的眼睛却是主观的，为什么选这个镜头，镜头包括什么，不包括什么，从什么角度，等等，都是主观选择的结果。我们今天看到的这些图像，貌似客观，其实显然已经是主观选择的结果。"①

特别是对建筑而言，"同一个对象，图像取什么角度，不同时间，表现的对象会有很大的不同"，不同历史时期可能出现不同的景致，哈尔滨中央大街的马迭尔宾馆就是一个典型代表。老明信片和老照片所反映的历史事件、历史人物等信息，是一个片段和局部。历史的主角是人。这需要解读他们背后的故事。关于在哈尔滨火车站"伊藤博文"雕像的老明信片，仅仅是提供了一个"残缺"的历史信息。当时，俄国人考布切夫完整地拍摄了安重根击毙伊藤博文的全过程。该影片亦在哈尔滨公映过，但很快就销声匿迹。1909 年 10 月 26 日，安重根刺杀伊藤博文这一重大历史事件还需要"全面"呈现。笔者收藏一册《殳胜民之父所保留殳仑根交租及亲友的照片》。36 张照片分别摄于俄罗斯的莫斯科、圣彼得堡、斯摩棱斯克和中国的天津等地，其中几张是天津的武斋和山本诚阳两家日本照相馆制作，时间是从 1900 年到 20 世纪二三十年代。查阅相关俄国侨民历史资料，笔者都没有找到这家俄国贵族的历史踪迹。这家俄侨在俄国和中国的历史就很难再次进入人们的视野。这就是老照片和老明信片的一个"缺陷"，美丽的"缺陷"。

在《文学、图像与历史的真实》一文中，学者王笛指出："我们在使用图像资料时，以下问题是应该注意的。第一，照片并不是客观的……第二，使用图像，哪怕是摄影，我们也必须持怀疑的眼光……第三，图像解读，首先是对图像记录者的解读，即了解这些图像是谁的想象……第四，我们今天能够正确读图吗？今天看过去的图像，是从我们今天观念来理解和解读的……第五，我们不但要注意图像记录的东西，也不能忽视图像没有记录的方面……第六，对图像的解读，不同学科，所追求的东西不一样。"②

---

① 王笛：《走进中国城市内部——从社会的最底层看历史》，清华大学出版社 2013 年版，第 55 页。

② 同上书，第 55—56 页。

另外需要强调的是东北史研究是需要加强的一个领域。在中文版《清代中国的性、法律、社会》出版之际，美国斯坦福大学历史系教授苏成捷（Matthew H. Sommer）接受访谈时指出，"从 1991 年开始，我几乎每年都要去中国，经常去档案馆。四川省档案馆、中国第一历史档案馆都很熟悉，那里有巴县档案和河北顺天府的宝坻档案，是中国地方政权历史档案中保存较完整的档案，其中包括很多清代刑事和民事诉讼案件"①。这部被美国学界美誉的经典，选取一南一北的档案个案是否能代表中国的整体，缘何单单选择这两个地方。2006 年，王学典指出，我们与国际学坛的差距，不在材料搜集的寡少，而在理论资源的稀缺与匮乏，输出"材料"进口"理论"的局面也早该相应结束了。② 研究东北史的难度首先不在档案资料方面，而是语言问题，俄语、日语甚至韩语。这也是中外学者不能从事东北史研究的一个"门槛"。

二　口述历史与史实的"歧路"

现代意义上的口述历史（Oral History）始于 20 世纪三四十年代的美国。"哥伦比亚大学在'口述历史'方面确是世界第一流的水准。"③ 1938年，美国历史学家亚伦·芮文斯（Allan Nevins）出版了《通往历史之路》一书，首次发出开展口述史学研究的呼吁。第二次世界大战以后，也就是1948 年，亚伦·芮文斯在哥伦比亚大学建立了口述史料学研究室。毕业于哥伦比亚大学的唐德刚，是华裔史学家中口述史的主要推动人物。他指出，"口述历史"的重要性，往往为"著述历史"所不能及。"司马迁的《史记》中很多精彩的章节，都是根据口述历史写成的。这本是我国史学上的老传统，并不是现代洋人发明的。"④

唐德刚强调，口述历史"不是像张学良这样的历史人物所想象的'我讲你写'就成了。其实它的实际工作，比起一般的写作，更为艰苦。何

---

① 《南方周末》2015 年 3 月 26 日 E29 版。

② 王学典：《〈古史辨〉第一册出版八十周年感言》，《良史的命运》，生活·读书·新知三联书店 2013 年版，第 32 页。

③ 窦应泰：《张学良三次口述历史》，华文出版社 2002 年版，第 298 页。

④ 张学良口述，唐德刚撰写：《张学良口述历史》，山西人民出版社 2013 年版，"代序·张学良自述的是是非非"第 13 页。

也？因为一般史书的写作，只是根据各种史料，按图索骥，写其'书'而已矣。搞口述历史就要多一层工作了，它在一般史学的著述程序之外，还要加上当事人关键性的'口述'，而这种口述，往往是画龙点睛，与表面上的故事，甚至完全相反"①。并且，"只是搞口述历史要特别小心罢了。你如碰到政学系里高明的政客，你可得防他一手，不要偏听偏信，像蒋介石和陈立夫那样，把政治现象无保留地信以为真，拿椅子砸人！"② 唐德刚还提到，张学良解释说，"他不愿伤害蒋夫人，蒋夫人待他太好了，甚至救了他的命，因为有许多话，在蒋夫人还活着的时候，他不愿'直说'，只希望我让他以'第三者口气'发言"③。通过这些讲述，我们亦可以发现口述历史与史实的一些"碰撞"，即使唐德刚坦言："作者忠实于张学良的自述，其历史记述全部以张学良将军本人的自述为中心，是张学良人格魅力的反映。充分表达了作者对传主的尊重，为读者提供一个真实的历史。"④ 但是，李怀宇指出，"重读唐德刚先生做的《胡适口述自传》与《李宗仁回忆录》，我敢肯定地说，两书皆相当有趣，但不可当作百分之百的信史。历史的真相不仅需要当事人的现身说法，还要靠其他的旁证，彼此相印证，方能得出相对客观的事实"⑤。因为，"记忆与历史只能有一种互补的关系，记忆可以帮助历史学家了解许多当代的事件，而历史学家的训练又能严格地处理记忆，剔除其中夸大、渲染的部分"。也就是，"在处理记忆的时候，非但要求考虑所有的历史认识是否可知的问题，而且需要对记忆作特别的处理"⑥。

20 世纪 30 年代，在采访几起英国政治事件的幸存者后，著名历史学家艾瑞克·霍布斯鲍姆得出三个结论。"结论一，如果不是我在采访前对主题的了解比当事人的记忆更多，那些幸存者的故事便没有多大意义。结论二，在任何可以独立考证的事实上，他们的记忆并不可靠。结论三，要

---

① 张学良口述，唐德刚撰写：《张学良口述历史》，山西人民出版社 2013 年版，"代序·张学良自述的是是非非"，第 12 页。

② 同上书，第 13 页。

③ 同上书，第 20 页。

④ 同上书，"出版说明"，第 iii 页。

⑤ 李怀宇：《口述历史何其难》，《南方周末》2015 年 7 月 2 日 C19 版。

⑥ 王晴佳、古伟瀛：《后现代与历史学——中西比较》，山东大学出版社 2003 年版，2005 年第 2 次印刷，第 148 页。

想说服他们改变他们头脑中那些业已成型的错误思想，简直是徒劳。"① 在《口述历史何其难》一文中，李怀宇强调，"胡适当年深感中国传记文学缺失，到处劝他的老辈朋友赤裸裸地记载他们的生活，给史家做材料，给文学开生路。当我做了这么多访谈之后，再看最可圈点的'赤裸裸'一词，不免感叹其技术难度几乎无法完成。且不论遮丑的自传衣不蔽体，也不说美化的传记涂脂抹粉，即使是一位真诚的老人，在经历大半生风云变幻之后，一心想准确无误地回忆历史，又如何克服心理和生理的种种局限呢？在我采访的经验里，'过目不忘'的天才只是一个传说；而'口述历史'是一门充满遗憾的艺术"②。中共中央党校王海光教授亦坦言，"对口述史料的轻信，是非常危险的"。在出版过残杀犹太人事件与后人记忆关系著作的拉卡普拉看来，"人们不能也不应该迷信记忆，正如人们不该迷信历史的真实性、客观性一样。首先，人们对一些事件的记忆往往与'心理创伤'（trauma）有关，但是这一'心理创伤'却有不同的表现形式，有时会被抑制、甚至暂时遗忘，有时则会突然激发出来"③。笔者认为，关于口述史料的可信度还要参照口述历史的主持者记忆采用的方法等问题。

美国"第一次重要的口述历史是针对苏维埃社会制度的哈佛项目。大多数受访者在 1943 年到 1946 年之间离开苏联，有了在西方生活的经历，其见解是自觉反苏的，遂不能代表全体苏维埃人。然而，该项目出版了好几本社会学著作，深深影响了冷战时期西方对苏维埃社会的认识，分别是：R. Bauer, A. Inkeles 和 C. Klukhohn 合著 'How the Soviet System Works：Cultural, Psychological and Cultural Themes（Cambridge，Mass，1957）'，J. Berliner 的 'Factory and Manager in the USSR（Cambridge，Mass，1958）'，以及 A. Inkeles 和 R. Bauer 合著的 'The Soviet Citizen：Daily Life in a Totalitarian Society（Cambridge，Mass，1959）'。特别是最后一本，专论'苏联社会如何影响个人，个人又如何适应苏维埃生活的日常生活'。20 世纪 90 年代初出现了两组人士，专以社会学方法从事口述历史。第一组是 Daniel Bertaux 和 Paul Thompson，其研究成果发表于 Sud'ba liudei 和

---

① ［瑞典］沈迈克：《"多想"的智慧》，载王海光《时过境未迁——当代中国史采薇》，四川人民出版社 2014 年版，"序二"，第 13—14 页。

② 李怀宇：《口述历史何其难》，《南方周末》2015 年 7 月 2 日 C19 版。

③ 王晴佳、古伟瀛：《后现代与历史学——中西比较》，山东大学出版社 2003 年版，2005 年第 2 次印刷，第 147 页。

On living Through Soviet Russia。第二组是莫斯科社会和经济学院，其研究成果见于 Golos Krest'ian。此外，纪念学会（http：//www.memo.ru）率先投入了古拉格口述历史研究。亚历山大·索尔仁尼琴的《古拉格群岛》，共 3 卷（伦敦，1974—1978 年），其内容主要依据对劳改营幸存者的采访"①。目前，笔者正在从事"哈佛苏联社会制度项目"这一课题的研究。②

此外，关于苏联侨民的口述历史研究还有 2003 年在俄罗斯的圣彼得堡、莫斯科和彼尔姆开展的"耳语者"（Whisper）项目。该项目得到英国艺术和人文科学研究理事会及莱弗尔梅信托公司的资助。圣彼得堡和莫斯科的优势是，"有文化的人家都保存有书面文件。彼尔姆的优势在于，从 1941 年到 1945 年一直没受德军占领，因此，斯大林时代的记忆不会与战争创伤混淆起来；此外，该地曾设满劳改营和'特殊定居地'，居民中有大量前流放者和古拉格前囚犯"③。

具体过程是，"在第一次采访中，尽管我事先备有一份问卷，并请受访者讲述已从数据库中呈现出来的主题，但他们可以畅谈自己的经历，只受极少的干扰（口述历史的标准做法），这些访谈通常持续很久，达几个小时，分几天完成。我先分析已整理出来的记录，再决定后续采访的主要方向和进一步采访。我与研究小组大约每月开会一次，讨论采访内容，从家庭档案中选出相关材料来作转录和扫描。选择档案比较简单，我们先多多益善——私人文件、日记、回忆录、笔记本、全部的通信——只要它们写于 1960 年以前，或能对斯大林时代提供启示，即可。另外，我们需要设计特殊方法，让受访者反思自己的人生，梳理出直接记忆，忆起当时的真实想法，克服对陌生人的恐惧。逐步建立起信任是必不可少的，往往要在访问十几次之后，他们才会把珍贵的文件交给我们复制（便携式的扫描仪和数码相机，可在当事人的家里迅速完成这项工作）"④。《耳语者》的研究项目，"所搜集的大部分材料可在网络中找到（www.orlandofiges.

① ［英］奥兰多·费吉斯：《耳语者：斯大林时代苏联的私人生活》，毛俊杰译，广西师范大学出版社 2014 年版，第 694 页。

② 高龙彬：《窥视苏联：美国"哈佛苏联社会制度项目"的实施与研究》，《黑龙江社会科学》2012 年第 6 期。

③ ［英］奥兰多·费吉斯：《耳语者：斯大林时代苏联的私人生活》，毛俊杰译，广西师范大学出版社 2014 年版，第 687 页。

④ 同上书，第 688—689 页。

com）。你会在那里发现主要家庭档案的笔录，以及采访录音的片段，部分材料已译英文"①。

瑞典隆德大学沈迈克（Michael Schoenhals）教授强调，"作为历史研究工作的实践活动来说，整理口述史在某种意义上往往要比研究文献史料还难。因为当事人的'口述'有时很容易起重复传说的作用。要让'口述史料'起到旁证文献的作用，能够作为阅读文献记载的必要补充，从事研究的人需要熟练地掌握这些技巧：该问什么问题，如何提出问题，以及知道如何鉴定、消化和理解他们的答案"②。中共中央党校王海光教授指出，"做口述采访工作是一项很严肃的存史工作，有一套严格的专业规范要求，并不是谁都能进行这项工作。首先是采访者的学术资格问题。去做采访工作的有几个人？采访者有没有经过专业训练？会不会如实地记录被采访人的话？再者是采访工作的程序问题。在什么时间，什么地点进行的采访？事先有没有提供采访提纲，被采访者有没有就相关问题进行准备？对于被采访者记忆上的失误有没有进行过修正？是不是保持了采访记录的原始性？最重要的还有采访记录的核实问题。采访完毕之后，整理出的采访记录有没有经过被采访者本人审核？被采访者认不认可？这里有两种情况，一是本人签字认可的，可以作为口述史料留存；二是研究部门和专业研究者整理的采访记录，凡没有经过被采访者审核的，必须注明未经本人审核。这个材料的存史可信度就低一些了。"因此，"并不是搞个录音录像就是做了口述采访，必须要按照学术规范来做，要有文本记录公布，要有被采访者的认可。不然的话，就会有断章取义的问题，曲解被采访者意思的问题，借被采访者的名义随意改编的问题，等等"。总之，"口述史的作用，则是学者与当事人的互动过程。学者要以自己的学识，与当事人的记忆相互认证，补充和纠正当事人的记忆。这是需要反复核对史实的工作，时间比较长"。

美国对苏联侨民的口述历史实际上存在一个专业研究机构、基金会与美国对外战略的隐蔽战线。这也是美国崛起的一个"法宝"，如兰德公司（Rand corporation）。兰德的创建理由就曾经是"针对如何发动和赢得战争

---

① ［英］奥兰多·费吉斯：《耳语者：斯大林时代苏联的私人生活》，毛俊杰译，广西师范大学出版社2014年版，第690页。

② ［瑞典］沈迈克：《"多想"的智慧》，载王海光《时过境未迁——当代中国史采薇》，四川人民出版社2014年版，"序二"，第14页。

向空军提出建议"。兰德"过去是、现在仍是一个重要的机构组织。纵观其历史，会发现兰德处在五角大楼贪欲和财政争夺交叉的中心，艾森豪威尔总统把这种现象称为军事—工业—立法复合体"①。兰德"并不是象牙塔，而是一个顾问组织，他们向政府尤其是美国空军提供怎样更好地发动和赢得战争的建议"。兰德"起草公司成立文件时为了掩饰其真实任务，宣传它的目标是'促进和推动科学、教育和慈善事业的发展，一切为了公众的福利和美国的国家安全'。其实兰德的真实目标再明显不过了，对此根本不需要任何讨论——即把分析家培养成继续推动美国势力扩张的倡导者、策划者和奉承者，就像造物者试图根据自己的想象重新塑造世界"②。

三 以文证史与史实的"差异"

20 世纪初，傅斯年称"历史学就是史料学"。陈寅恪"以诗证史""开创了运用文学文献研究历史的方法"。但实际上，诚如葛兆光之问，"作为文学，小说能够成为历史证据吗？"结果是，"许多恪守学科畛域的历史学家，至今还不习惯于用文学作品来说明历史"。从而，"文学资料在正宗的历史，甚至思想史领域著作中，被使用得还是相当少"③。近些年，随着我国史学研究特别是中国近现代史研究的深入和拓展，日记、传记等已成为历史研究的重要资料。龚明德教授指出，"日记的作者一定要对生活作真实的记录和感受一定要是独具个性的之外"。并且他还谈到了日记的重要性，日记"属于个人私密性质的文字，其发自肺腑的夫子自道，以及其中涉及的一些人与事，全可以作为文化个案方面的第一手材料"④。出版人于晓明亦强调，"日记是最真实的性情记录"，"不是虚构，不是假设，而是写法的多样化和内容的多元化。不是刻意求媚于现在或将来，而是力求更多地记录一些真实的细节，虽然琐碎，但未必没有用处"⑤。

从而，"过去历史研究者不愿意使用文学资料，但现在越来越多的历

---

① ［美］亚历克斯·阿贝拉：《兰德公司与美国的崛起》，梁筱芸、张小燕译，新华出版社2011 年版，"前言"，第 3 页。

② 同上书，"前言"第 4 页。

③ 葛兆光：《本无畛域——从〈我之小史〉说到资料的解读》，《本无畛域——书评七篇》，海豚出版社 2010 年版，第 9、8、10 页。

④ 龚明德："序一"，载于晓明《原本是书生》，海天出版社 2013 年版，第 1—2 页。

⑤ 于晓明：《后记》，《原本是书生》，海天出版社 2013 年版，第 253—254 页。

史研究者开始重视这类资料，从而大大扩展到资料的开发。但是，怎样从这些资料中间发现历史，这些资料和历史的真实之间有多大的距离，是值得认真考察的问题"①。实际上，研究者首先面对的问题是哪些文学资料可以纳入历史研究；其次，怎样利用这些文学资料进行历史研究；最后，这样的历史研究能否被学界和学者认可或认同，也就是说这种研究的具体效果是怎样的？

在《骑兵军日记》的"序"中，我国知名出版人和评论家止庵评价，"日记是实录，《骑兵军》是小说；日记记载的是巴别尔自己，小说的柳托夫则是他所塑造的一个人物，有此不同亦不足为奇"②。俄国巴别尔研究专家波瓦尔措夫在"序言"中坦言，"日记也是研究生平的重要资料"。柳托夫"是日后那本《骑兵军作者伊萨克·巴别尔的笔名》"。巴别尔的日记"首先是一份有关人的珍贵文献，对革命、战争、个人的命运，作家痛苦且往往矛盾重重的思考，在日记中得以表述。但这些行军途中的手稿毫无宗教忏悔味道，或多或少地，更直截地呈现给读者的是，作为历史事件的亲历者，巴别尔条理清晰地记录了他的见闻和经验"。日记"真正丰富了我们关于卫国战争中最重要的一个阶段的想象。波兰战争的概况，以及红军进攻华沙的失败，都可以在历史编纂者巴别尔这里找到。今天的研究者，越来越关注古代和尚待挖掘的本国历史文献，或许在某些方面，巴别尔的日记真正有助于他们的解读"。从而，"在历史真相被全面公开的语境下，具有新的非官方的深刻意义"。③《骑兵军日记》中还包括巴别尔在《新生活报》《红色骑兵军报》和《东方曙光报》等刊发的一些报道，新闻报道是以真实性为前提的。美国作家约翰·厄普代克直言，巴别尔的雄文，似闪电、似不眨眼的目击者。

评价中的"历史编纂者""历史文献"等术语表明，日记在历史研究中更具真实性和可靠性。谢泳言"传记不如年谱，年谱不如日记"④。我国

---

① 王笛：《走进中国城市内部——从社会的最底层看历史》，清华大学出版社 2013 年版，第 20 页。

② 止庵："序"，载［俄］伊萨克·巴别尔《骑兵军日记》，王若行译，东方出版社 2005 年版，第 4—5 页。

③ ［俄］波瓦尔措夫："序言"，载［俄］伊萨克·巴别尔《骑兵军日记》，王若行译，东方出版社 2005 年版，第 3、4、5 页。

④ 张国功：《书目传统中的人文情怀——漫说鲁迅日记中的书账》，载《纸醉书迷》，上海辞书出版社 2011 年版，第 3 页。

研究者对传记的态度是"不可不看、不可全信"，但是可以用其他相关史料去佐证或证伪。与有的传记作品特别是中国传记作品比较，巴别尔作品的特点就是自传性或传记性，亦具有很强的真实性和史料价值。《红色骑兵军》和《敖德萨故事》比较完整和真实地反映了当时的历史。《红色骑兵军》"是巴别尔根据自己在一九二〇年俄波战争中的经历写成的，他一九二四年就大体完成了这本书（后于一九二六年出版），相距时间很近，这样的创作在作家意识中不可能抹去那种'现场体验'"①。尽管巴别尔曾在书信中提及《敖德萨故事》的真实性问题，"这些以第一人称写就的小说并非自传，只求精神的真实"②。笔者的这些思考和探索刊发在《西伯利亚研究》2015 年第 1 期的《巴别尔及其对俄国犹太人问题的探究》一文当中。

但是，关于传记、年谱与日记等资料的可信度，应该因人而论或因事而论，并不是一概而论，或肯定或否定。关键是有的传记或日记，在后期的出版中，因为后人的顾虑或政治因素而有所改动或删减，这就不是全貌。《蒋介石日记》也是如此。同时，有的日记干脆就是一篇学术论文，金毓黼的《静晤室日记》有的记载一万多字。在苏联，"普通老百姓的私人领域，基本上是秘而不宣的，其主要原因是来源匮乏。在前苏维埃和党的档案中，大多数的个人收藏属于政治、科学、文化界的知名人士。收藏中的文件是主人精心挑选后捐赠给国家的，大多涉及这些人的公众生活"。具体来讲，"数千份个人收藏。其中披露家庭或私人生活的，实在是寥若星辰"③。因此，回忆录是"存史的工作"，"可以补充档案文献的缺失和不足"。但是，"并不是所有的回忆录都具有存史价值的"④。因为，回忆录"在历史研究中属于是可靠性比较低的一类，记忆误差比较大，会有很多选择性记忆和选择性遗忘的问题，甚至把事后的信息叠加到当年的回忆中，而且时间越久远，记忆的可靠性越差。往往讲述者原初的故事版本是很简单的，但后来越说内容越多，已经分不清哪些是本人的记忆了"。

---

① ［俄］伊萨克·巴别尔：《红色骑兵军》，戴骢译，人民文学出版社 2012 年版，第 184 页。
② 王天兵：《跋》，载［俄］伊萨克·巴别尔《敖德萨故事》，王天兵编、戴骢译，人民文学出版社 2007 年版，第 248 页。
③ ［英］奥兰多·费吉斯：《耳语者：斯大林时代苏联的私人生活》，毛俊杰译，广西师范大学出版社 2014 年版，"引言"第 6 页。
④ 王海光：《时过境未迁——当代中国史采薇》，四川人民出版社 2014 年版，第 22—23 页。

上文提到的"耳语者"项目的研究发现，"出现在档案中的日记呈各种形式（作家日记、工作日记、文学年鉴、剪贴簿、每日纪事等），初看似乎很有价值。史料的本质是真实。太史公司马迁把"其言直，其事核，不虚美，不隐恶"作为史德之首。① 以文证史的结果不应该出现"以文乱史"，即"用文学创作的方式随意编写历史，用一些道听途说的不可靠材料曲解历史"。

四　情感诉求与史实的"博弈"

情感诉求与史实的关系，是一个历史问题，也是一个现实问题。"为尊者讳，为亲者讳，为贤者讳"的"春秋笔法"，就是一种情感诉求。

我们需要处理好主观情感与客观历史的关系。我们不能盲目更不能盲从，也要从自家内部进行鞭辟入里的分析。北京大学教授茅海建指出，"历史研究排斥感情的羼入，强调冷静和客观"。从而，实现"离历史真实更近"②。中山大学哲学系教授翟振明坦言，诉诸情感"往往用在社会动员的场合，希望以'共情、煽情'调动某一人群的情绪，以服务于某种特定的目标。但是，不管该特定目标是否具有正当性，这种现象一定与学术的目标不相干"③。

这还涉及撰写当代史的困境。④ 知名学者王学典指出，"当代史的难写，人所共知。这主要来自以下几点制约因素：意识形态的限制当然是我们首先要在此强调的。我觉得这一点今天已无必要讳言。虽然意识形态并不必然导致对历史的歪曲，并不总是起负面作用，但主流意识形态却是可以提醒你哪些问题可以随时进行研究，而另一些问题则必须放一放，也就是说，即使是一个'真理性'认识，一种已经探明的'真相'，一段证据确凿的历史，该不该说出来，的的确确有'时机'问题，也有个'策略'

---

① 方国平主编：《生命记忆》，作家出版社 2014 年版；方国平：《凝视与回望》，作家出版社 2015 年版，第 3 页。

② 茅海建：《天朝的崩溃：鸦片战争再研究》，三联书店 1995 年版，"前言"，第 1 页。

③ 翟振明：《"诉诸传统"何以毁坏学术传统——兼评刘小枫等的学术伦理》，《南方周末》2015 年 6 月 25 日 C16 版。

④ 关于当代史的写作方法、研究路径等问题，王学典、高华、王海光和杨奎松等人都有深入研究和学科探索，如高华：《革命年代（珍藏版）》，广东人民出版社 2010 年版、2013 年第 9 次印刷；王海光：《时过境未迁——当代中国史采薇》，四川人民出版社 2014 年版。

问题","应不应讲,什么时候讲,讲些什么,从政治上考虑都不是径情直遂、无所斟酌的"①。

情感诉求与国家利益密切相关。国际关系的实质和核心是国家利益。

五 "层累式"叙述与史实的"相遇"

学术的薪火相传需要"层累式"的学人。胡适的一个学生顾颉刚的《古史辨》倡导"层累地造成的中国古史";另一个学生傅斯年提出"历史学就是史料学",各自传承了胡适的治学思想。并且,实现了"学派的层累"和"学术的层累",在新材料、新方法和新观点方面达到与史实的日益契合。"层累式"叙述可分为纵向和横向的历史书写,上文提到的影像史学、以文证史和口述历史可以纳入横向叙述的范畴。

关于古史观,1923 年 1 月的《〈国学季刊〉发刊宣言》和 1926 年 6 月的《自述古史观书》是胡适的"古史观"的表达和体现。这是顾颉刚"古史辨"的肇始。在《〈国学季刊〉发刊宣言》中,胡适提醒,"如要向提倡古学的研究,应该注意这几点:一,扩大研究的范围;二,注意系统的整理;三,博采参考比较的资料。"并指出,"学问的进步不单靠集聚材料,还需有系统的整理。(甲)索引式整理(乙)结账式整理(丙)专史式整理。"其中,"结账式整理,一种学术到了一个时期,也有总结账的必要。学术上结账的用处有两层:一是把这一种学术里已经不成问题的部分整理出来,交给社会;二是把不能解决的部分特别提出来,引起学者的注意,使学者知道何处有隙可乘,有功可立。有困难可以征服。一,结束从前的成绩,二,预备将来努力的新方向。前者是预备普及的,后者是预备继长增高的"②。

在《自述古史观书》一文里,胡适的"古史观是:现在先把古史缩短二三千年,从《诗》三百篇做起"。"将来等到金石学,考古学发达,上了科学轨道以后,然后用地下掘出的史料,慢慢拉长东周以前的古史。""至于东周以下的史料亦须严密评判,'宁疑古而失之,不可信古而失

---

① 孙思白:《试论历史与现实的联系与区别》,载《红旗》杂志社编《历史研究的理论与方法》,红旗出版社 1983 年版,第 106 页。

② 胡适:《胡适文集 3(文论)》,人民文学出版社 1998 年版,第 370、374 页。

之'。"①

1928 年，在《治学的方法和材料》一文中，胡适详细分析了方法与材料的关系，并且提出了具体的实践路径。这实际上是后来傅斯年"历史学就是史料学"的渊薮。在方法和材料关系上，胡适指出，"现在有许多人说：治学问全靠有方法；方法最重要，材料却不很重要。有了精密的方法，什么材料都可以有好成绩"。同时，"同样的材料，无方法便没有成绩，有方法便有成绩，好方法便有好成绩"。但是他质疑这个"片面的真理。同样的材料，方法不同，成绩也就不同。但同样的方法，用在不同的材料上，成绩也就有绝大的不同"②。从而，"方法虽是科学的，材料却始终是文字的。科学的方法居然能使故纸堆里大放光明，然而故纸堆的材料终究限死了科学的方法，故这三百年的学术也只不过文字的学术，三百年的光明也只不过故纸堆的火焰而已"③！

笔者曾经指出，一个人在一定的条件下不可能掌握自己所需要的所有资料，尽管付出很大努力"动手动脚找东西"。利用自己的思想把所掌握的资料穿起来形成一种"己见"，往往也会形成一些"偏见"。随着资料的逐渐"面世"，我们也会对同一个问题给出"修正"，甚至做出"颠覆"。这些问题在学术研究中应该是一种正常的现象，是一种"常态"。超越自我"难能可贵"，正确对待商榷显得"弥足珍贵"。④ 在研究哈尔滨基督教青年会时，笔者首先用二手资料撰写了《哈尔滨基督教青年会的革命本土化概述》一文，后来又运用《滨江时报》的相关报道写成了《哈尔滨基督教青年会考——以〈滨江时报〉为考察中心》，将来会以档案资料完成《哈尔滨基督教青年会再研究——以上海市档案馆馆藏档案为对象》，"层累式"的历史书写，逐渐揭示和达到"历史的真相"。⑤

---

① 胡适：《胡适文集 3（文论）》，人民文学出版社 1998 年版，第 355 页。
② 同上书，第 449 页。
③ 同上书，第 451 页。
④ 高龙彬：《哈尔滨基督教青年会的革命本土化概述》，《黑龙江社会科学》2010 年第 5 期。
⑤ 笔者于 2004 年至 2007 年在北京师范大学历史学院攻读硕士研究生。2004 年，现清华大学历史系刘北成教授曾专门就"历史的真相"进行导读和阐释。［美］乔伊斯·阿普尔比、林恩·亨特、玛格丽特·雅各布：《历史的真相》，刘北成、薛绚译，上海人民出版社 2011 年版。

小 结

"历史的结论和人们的观念是有一定距离的。"① 读者"经历不同、立场不同、视角不同，得出的结论不同是很自然的"②。南京大学高华教授谈道："归根结底，历史学终究去不了叙述者的主观性，所以历史学乃人文学，非'社会科学'也。从这个意义上说，任何时代的任何一本史书，都只能是一家之言，完全真实的历史可能无法还原。"③ 北京大学何怀宏教授指出，"'历史是一个任人打扮的女孩子'这句话常常被误认为是胡适的原话，但这句话至少表现了一种现代比较流行的、具有相对主义倾向的历史观。而我们即便在某种程度上同意这句话，还是可以将'打扮'理解为从不同立场所进行的对历史的解释，或者理解为从不同的观察角度所看到的历史现象，尽管理论解释和观察角度可以有种种不同，有一个比较基本的历史真实的核心还是存在的，即那还是一个'孩子'甚或'女孩子'的基本事实。"因此，历史还是"有一种基本的真实或真相的。而且同意兰克所说的历史写作者应当努力追求'如实直书'"④。北京大学历史学系茅海建教授强调，"尽管现代史学理论已经证明了再现历史之绝对不可能，但求真毕竟是治史者不灭的梦境"⑤。

如果"记忆"不可靠，我们只好求助于"记录"。可作为"信史"的"记录"又在哪里？苏联女作家利季娅认为，"先存在一半，后四分之一，再后十分之一……最后等到受难者和见证人统统死光，新一代就什么都不知道了"。幸亏我们还有"在炉火旁讲故事的祖母"（本雅明语），历史的见证人还没有死光。还可以去寻访逐渐零落的故人，还可以去爬梳角落里蒙尘的史料。如此努力虽不见得准确或全面，但离现场和真相更进一步。毕竟，还有那么多私人记忆的存在。⑥ 鲁迅曰："只要写出实情，即于中国

---

① 唐纯良：《李立三传》，黑龙江人民出版社1984年版，"序"，第2页。

② 方国平主编：《生命记忆》，作家出版社2014年版，沈国明"序"，第3页。

③ 高华：《行走在历史的河流（代自序）》，《革命年代（珍藏版）》，广东人民出版社2010年版，第7页。

④ 何怀宏：《"失败者"也写史的新时代已来临》，《南方周末》2015年5月21日C20版。

⑤ 茅海建：《天朝的崩溃：鸦片战争再研究》，生活·读书·新知三联书店1995年版，"前言"，第2页。

⑥ 朵渔：《说多了就是传奇》，新星出版社2014年版，第302—303页。

有益，是非曲直，昭然俱在，揭其隐蔽，便是公道耳。"

韩钢教授指出："历史学求真的本质也规定，历史的叙述必须客观、平实，不可带有个人爱憎、好恶。'公器'的功能和学科性质，都要求研究者秉持不偏不倚的中立价值观。"他还阐释："历史的复原终究是'选择性记忆'，史实繁复杂芜，史料浩如烟海，仅从技术上说，研究者既不可能穷尽，更不可能完全复制，只能通过筛选来建构历史叙述。而构建的历史叙述是否客观、真实，除了研究者个人的治史功力外，最关键的还是取决于研究者的价值立场。"也就是说，"德性好，不一定做出好的学问；而德性差，是一定做不出好的学问来的"①。即"不立品者必无文章"。从而，打破"对待史料，常凭个人好恶和口味而取舍"的局面，揭穿"为了证明自己的观点的正确，每置大量'不利'的史料于不顾，却把孤证当宝贝津津乐道"的假面孔。②

研究历史和探求真实的目的是寻找和发现历史发展的规律。唐德刚谈道："方式不同，但是他们（东北和西南军阀——笔者注）在现代中国的政治'转型史'上，所发生的作用，则是大致形同的，这是历史自动'转型'的现象——也可以说，是历史人物的'主观意志'，敌不过历史发展本身的'客观规律'吧。"③历史规律的发现不是一朝一夕的，需要历史学或历史工作者经过法国年鉴学派的"长时段"的历史探索。历史学家郭小凌教授感触："史学中最有生命力的不是莫测高深、晦涩冗长的新学和无所不包的思辨的历史哲学模式，而是考据过硬、史料翔实的事实陈述和价值陈述。"④

胡适曾经提醒，"我们的考证学的方法尽管精密，只因为始终不接近实物的材料，只因为始终不曾走上实验的大路上去，所以我们的三百年最高的成绩终不过几部古书的整理，于人生有何益处？于国家的治乱安危有何裨补？虽然做学问的人不应该用太狭义的实利主义来评判学术的价值，然而学问若完全抛弃了功用的标准，便会走上很荒谬的路上去，变成枉费

---

① 韩钢：《采薇者的守望》，载王海光《时过境未迁——当代中国史采薇》，四川人民出版社2014年版，"序一"，第7页。

② 向继东："总序"，载高华《革命年代（珍藏版）》，广东人民出版社2010年版。

③ 张学良述，唐德刚撰写：《张学良口述历史》，山西人民出版社2013年版，《代序·张学良自述的是是非非》，第7页。

④ 郭小凌：《好书如同好菜》，《南方周末》2015年6月11日E32版。

精力的废物。这三百年的考证学固然有一部分可算是有价值的史料整理，但其中绝大的部分却完全是枉费心思"①。研究历史的最终归宿和功用就是为现实服务，即司马光所言"鉴于往事，以资于治道"。"历史的故事已经过去，现实还正在进行，历史的回音还将持续。人们总可以在历史的回顾中认识和发现自己，总可以在历史的分析中昭示现在和未来。"② 目前首要的任务是处理好基础研究与应用研究的关系，夯实基础研究，提升应用研究，形成理论日趋成熟的"中国学派"。

（作者单位：北京师范大学历史学院）

① 胡适：《胡适文集3（文论）》，人民文学出版社1998年版，第457—458页。

② 方国平主编：《生命记忆》，作家出版社2014年版，阮显忠"总序"，第3页。

关于新中国诞生史的几点认识

余　斌

《中华人民共和国史稿》（序卷）指出，从 1840 年到 1949 年这漫长而严峻的岁月，无数先烈前仆后继的脚印，铺就了新中国的诞生之路（第 2 页）。因此，这段历史也可以称为是新中国诞生史。本文拟结合马克思主义经典著作来谈谈对这段史实中的几个问题的认识。

一　清末中国家庭手工业衰落的主要原因

《国史稿》（序卷）指出，"根据一系列不平等条约，西方列强在 80 年的时间里强迫中国开辟 72 个通商口岸，将外国进入中国市场的商品关税税率一律降低为 3.75%，成为当时世界上最低的关税。不平等的税率，使中国家庭手工业和孱弱的民族资本主义工商业根本无法与外国企业竞争，或者被挤垮，或者成为外国企业的加工场"（第 44 页）。该书还指出，外国资本的倾销，首先导致手工业、工场手工业和农民家庭手工业的衰落。并引用《郑观应集》中的观点，"外国用机制，故工緻而价廉，而成功亦易。中国用人工，故工笨而价费，且成功亦难，华民生计皆为所夺矣！"（第 46 页）

然而，马克思早就提到，"1844 年，米切尔先生曾将各种质料的土布样品寄到英国去，并且注明其价格。同他通信的人告诉他，按照他所开列的价格，他们在曼彻斯特不能生产那种布匹，更不能把它运往中国。为什么世界上最先进的工厂制度生产出的产品，售价竟不能比最原始的织机上用手工织出的布更低廉呢？我们上面已经指出过的那种小农业与家庭工业的结合，解答了这个谜"①。这表明，即便当时中国的关税税率为零，用机

---

① 《马克思恩格斯文集》第 2 卷，人民出版社 2009 年版，第 674—675 页。

制的外国企业也竞争不过中国用人工的家庭手工业。事实上，虽然当时中国的进口税比任何一个同英国通商的国家都低，但是，自从1842年的条约使中国开放以来，中国出产的茶叶和丝向英国的出口一直不断增长，而英国工业品输入中国的数额，整个说来却停滞不变。中国方面是持续增长的贸易顺差。① 显然，关税税率偏低和外国资本倾销，都不是清末中国家庭手工业衰落的主要原因。

在那段历史中，中国家庭手工业衰落与外国资本和商品进入是同期发生的事，但是，这两者之间何为因，何为果，则是只有马克思主义理论才能说得清楚的。而当时远在欧洲的马克思本人对于中国问题的分析更是难能可贵。

其中最重要的就是马克思对于小农业与家庭工业的结合的分析。在写于1859年的《对华贸易》一文中，他引述米切尔的话提到："在收获完毕以后，农家所有的人手，不分老少，都一齐去梳棉、纺纱和织布；他们就用这种家庭自织的料子，一种粗重而结实、经得起两三年粗穿的布料，来缝制自己的衣服；而将余下来的拿到附近城镇去卖，城镇的小店主就收购这种土布来供应城镇居民及河上的船民……生产者所用的成本简直只有原料的价值，或者毋宁说只有他交换原料所用的自家生产的糖的价值。我们的制造商……是没有任何希望与之竞争的……福建的农民不单单是一个农民，他既是庄稼汉又是工业生产者。他生产布匹，除原料的成本外，简直不费分文。如前所说，他是在自己家里经自己的妻女和雇工的手而生产这种布匹的；既不要额外的劳力，又不费特别的时间。在他的庄稼正在生长时，在收获完毕以后，以及在无法进行户外劳动的雨天，他就让他家里的人们纺纱织布。总之，一年到头一有可利用的空余时间，这个家庭工业的典型代表就去干他的事，生产一些有用的东西。"②

按照马克思在《资本论》中的分析，在商品生产过程中，工人的劳动分为必要劳动和剩余劳动，前者满足工人的生存需要，后者用于向资本家提供剩余价值即利润。因此，不考虑补偿机器的费用，商品的售价也不能低于其中包含的原材料价值和工人的必要劳动。而中国家庭手工业是小农业与家庭工业的结合。前者属于必要劳动部分，满足了中国家庭的生存需

---

① 《马克思恩格斯文集》第2卷，人民出版社2009年版，第639页。

② 同上书，第675页。

要，从而可以使得后者只包括原材料和剩余劳动部分。这就是中国生产者所用的成本简直只有原料的价值的原因。因此，即便机器的效率再高，外国企业也是没有任何希望与之竞争的。正因为如此，马克思指出，"正是这种农业与手工业的结合，过去长期阻挡了而且现时仍然妨碍着英国商品输往东印度。但在东印度，那种农业与手工业的结合是以一种特殊的土地所有制为基础的。而英国人凭着自己作为当地最高地主的地位，能够破坏这种土地所有制，从而强使一部分印度自给自足的公社变成纯粹的农场，生产鸦片、棉花、靛青、大麻之类的原料来和英国货交换。在中国，英国人还没有能够行使这种权力，将来也未必能做到这一点"[1]。

列宁也指出，"大经济比小经济优越的规律仅仅是商品生产的规律，因而不能把它用于还没有彻底卷入商品生产、还没有受市场支配的经济"[2]。显然，这一规律也不能用来分析清末时期的中国经济。

由此，我们可以得出这样的结论，不是外国资本和商品进入中国使得清末中国家庭手工业衰落，反倒是清末中国家庭手工业衰落成为外国资本和商品得以进入中国市场的重要原因。那么是什么导致中国家庭手工业衰落的呢？

马克思曾经提到，惯于吹嘘自己道德高尚的英国当权者，不愿意取消鸦片贸易，"却宁愿隔一定的时候就用海盗式的借口向中国勒索军事赔款，来弥补自己的贸易逆差。只是他忘记了：如果兼施并用迦太基式的和罗马式的方法去榨取外国人民的金钱，那么这两种方法必然会相互冲突、相互消灭"[3]。但是，罗马式的征服虽然妨碍了迦太基式的贸易，但却有助于一种将这两者结合起来的帝国主义的经济掠夺方式。这是因为，罗马式的征服破坏了中国的小农业，从而破坏了小农业与家庭工业的结合，成为导致中国家庭手工业衰落的主要原因。

《国史稿》（序卷）指出，资本—帝国主义对中国的侵略，是近代中国蒙受灾难和屈辱的重要原因。每次战争，都是对中国的强盗式勒索，从《南京条约》到《辛丑条约》的主要赔款就有八次之多，数额高达10亿两白银（第36页）。但是，该书又认为，小生产者破产后，货币财富的积累

---

① 《马克思恩格斯文集》第2卷，人民出版社2009年版，第676页。
② 《列宁全集》第1卷，人民出版社1984年版，第392页。
③ 《马克思恩格斯文集》第2卷，人民出版社2009年版，第641—642页。

主要落到外国资产阶级手中（第 46 页）。事实上，恰恰是由于战争赔款，货币财富的积累才主要落到外国资产阶级手中，才导致小生产者破产。这是因为，战争赔款最后只能落在中国农民的身上。本来英国的额尔金勋爵对他溯航长江时所见到的农民是这样描述的："我所看到的情形使我相信，中国农民一般说来过着丰衣足食和心满意足的生活。……他们大都拥有极有限的从皇帝那里得来的完全私有的土地，每年须交纳一定的不算过高的税金；这些有利情况，再加上他们特别刻苦耐劳，就能充分满足他们衣食方面的简单需要。"① 然而，自此之后，巨额的战争赔款，使捐税大大提高，加上战争对人力的损伤，中国的小农业受到巨大的打击。一些家庭及其家庭手工业被战争直接摧毁了；一些小生产者在战争中流离失所，完全破产了；一些因战争而缺少劳力的家庭，不得不全力从事小农业以保证自己最必要的需求而放弃家庭工业。农村家庭手工业的萎缩，使得城镇居民的需求不得不转向外国资本的产品，使得外国商品在中国的份额提高了。同时，还有许多小生产者在捐税的重压下，由于小农业已经无法满足自己的生活需要，而不得不在家庭工业产品的售价中包含较大的必要劳动部分，甚至用于纳税的剩余劳动部分，从而使得家庭手工业产品的竞争力大大下降，在竞争中渐渐败给外国资本的产品，甚至后来的民族资本的产品。

总之，清末中国家庭手工业衰落的主要原因应当直接归之于资本—帝国主义的掠夺性战争。

二 洋务运动失败的主要原因

《国史稿》（序卷）指出，洋务运动失败的原因，主要在于封建统治阶级的指导思想即"中学为体，西学为用"。也就是说，洋务派想通过学习西方的科学技术，实现维护封建专制统治的目的。可是他们不知道，这两者之间存在着尖锐的矛盾，根本无法兼容并行（第 58 页）。洋务派办洋务"求强"，并不是为了中国向资本主义方向发展，而是使封建王朝苟延残喘。洋务派的"求富"，也只是为少数统治者牟取暴利。这样的运动，根本不能使中国走上近代化发展道路，也根本不能救中国（第 59 页）。

① 《马克思恩格斯文集》第 2 卷，人民出版社 2009 年版，第 675—676 页。

但是，在中国洋务运动的同一时期，德国的普鲁士帝国却是封建专制与西方的科学技术兼容长期并行的，并且在普法战争中战胜了资本主义较发达的法国并索取了巨额的战争赔款，从而快速走上了近代化发展道路。德国的帝制直到第一次世界大战战败后才结束。

与普鲁士相比，中国的洋务运动的主要问题，对外是没有像普鲁士打败入侵的法国那样打败入侵的日本。正如《国史稿》（序卷）所指出的，《马关条约》大大加重了清政府的财政负担，使其无力再创办和发展类似北洋海军、江南制造总局等近代军事工业和民用企业了（第58页）。对内在于没有找到适合中国的地主阶级普遍地向资产阶级方向转化的商品生产，没有能够使中国的地主阶级融入世界市场。而在普鲁士，当人们发现不仅可以用粮食，还可以用马铃薯来酿酒取利时，普鲁士的烧酒工业就蓬勃地发展起来了。马铃薯酒精之于普鲁士，一如铁和棉织品之于英国；这种酒精在世界市场上是普鲁士的代表性商品。普鲁士竟达到了全世界中心烧酒厂的地步。恩格斯指出，在当时社会关系的条件下这只意味着：一方面，形成了中等地主阶级，他们的小儿子们成为选拔军官和官僚的主要材料，也就是容克们寿命的又一种延长；另一方面，形成了比较迅速增长的半农奴阶级，由他们来补充军队中大量"基干团队"。简单说来，普鲁士能够逐渐消化1815年所吞并的易北河西岸的领土，在1848年镇压柏林革命，在1849年尽管爆发了莱茵—威斯特伐里亚起义而仍然领导着德国反动派，在1866年对奥地利作战，在1871年使整个小德意志听从最落后、最保守、最愚昧、而且还处于半封建状态的那一部分德国的领导，普鲁士所以能够做到这一切，应当归功于什么呢？——归功于酿酒业。[①]

三　大革命失败的主要原因

《国史稿》（序卷）在谈到大革命失败的主观因素时指出，主要是由于共产党当时还处于幼年时期，对统一战线、武装斗争和党的建设缺乏经验，对中国的历史状况和社会状况、中国革命的特点、中国革命的规律认识不深，对马克思主义理论和中国革命实践还没有做到完整、统一的理解，因而在大革命后期犯了陈独秀右倾机会主义错误（第105页）。

---

① 《马克思恩格斯全集》第19卷，人民出版社1963年版，第53页。

其实，大革命失败的主要原因是没有能够掌握马克思主义的一部经典著作。在马克思和恩格斯于1850年3月发出的《共产主义者同盟中央委员会告同盟书》中，他们指出，"不言而喻，在即将发生的流血冲突中，也如在先前各次流血冲突中一样，主要是工人必须勇敢而坚定地以自我牺牲的精神来争取胜利。在这个斗争中，小资产者群众也必定会和从前一样，尽可能拖延行动，采取犹豫不决和消极的态度，而在将来取得胜利的时候，则把胜利果实据为己有，要求工人镇静下来，回去劳动，防止所谓过火行为，并且不让无产阶级享有胜利果实"①。对此，他们指出，"工人应该设法使直接革命的热潮不致在刚刚胜利后又被压制下去。相反，他们应该使这种热潮尽可能持久地存在下去。工人不应反对所谓过火行为，不应反对人民对与可恨的往事有关的可恨的人物或官方机构进行报复的举动，他们不仅应该容忍这种举动，而且应该负责加以引导"②。不仅如此，"为了坚决而严厉地反对这个从胜利的头一小时起就开始背叛工人的党，工人应该武装起来和组织起来。必须立刻把整个无产阶级用步枪、马枪、大炮和弹药武装起来；必须反对复活过去那种用来对付工人的市民自卫团。在无法做到这一点的地方，工人就应该设法组成由他们自己选出的指挥官和自己选出的总参谋部来指挥的独立的无产阶级近卫军，不听从国家权力机关的调遣，而听从由工人建立的革命的市镇委员会调动。凡是国家出钱雇用工人做工的地方，工人们都应该武装起来，组成由他们自己选出的指挥官指挥的独立军团，或者组成无产阶级近卫军的支队。武器和弹药不得以任何借口交出去；对任何解除工人武装的企图在必要时都应予以武装回击。消除资产阶级民主派对工人的影响，立刻建立起独立和武装的工人组织，造成各种条件，尽量使暂时不可避免的资产阶级民主派的统治感到困难和丧失威信。这就是无产阶级，因而也就是共产主义者同盟在即将爆发的起义中和起义后应当牢记不忘的主要问题"③。

很显然，如果当年中国共产党像列宁那样知道并掌握了马克思主义的这篇经典文献，全党就会形成统一的正确认识，就会懂得直接掌握革命军

① 《马克思恩格斯文集》第2卷，人民出版社2009年版，第194页。

② 同上。

③ 同上书，第195页。

队的重要性，就不会出现对蒋介石的三次妥协退让，陈独秀的右倾机会主义错误就很难发生，就不会听任陈独秀等主张消极压制农民运动，蒋介石的叛变就会像俄国资产阶级政府对工兵苏维埃的袭击一样，在第一时间内被打退，并使无产阶级最终获得革命的领导权，大革命的失败就完全有可能避免。

四 中央苏区丢失的重要原因

《国史稿》（序卷）在谈到第五次反"围剿"战争时指出，中共临时中央负责人博古依靠共产国际派来的军事顾问、德国人李德指挥战争。他们不懂中国革命战争的规律和特点，否定过去几次反"围剿"战争中行之有效的积极防御战略和运动战原则，迷信阵地战和消耗战，提出"不放弃根据地一寸土地""御敌于国门之外"等错误主张，命令中央苏区红军主力辗转于敌军主力和堡垒之间，陷于被动地位。在进攻遭受挫折后，他们又采取消极防御的方针，实行防御中的保守主义，主张分兵防御、"短促突击"，企图用阵地战代替游击战和运动战，同装备优良的国民党军拼死较量（第130页）。

其实，博古和李德所不懂的不是中国革命战争的规律和特点，而是一般战争的规律和特点，尤其是不懂得马克思主义创始人之一的恩格斯的军事思想。

在《1852年神圣同盟对法战争的可能性与展望》① 一文中，恩格斯提到了拿破仑在1796年的皮蒙特远征中，成功地采用众兵战术即集中而不是分散使用兵力的战术，各个歼灭了优势的敌人兵力。而这个众兵战术就是中央红军在前几次反围剿所采用的战术。这个拿破仑使之完善的现代军事学术，19世纪就已经普及于全世界了，但是到了20世纪，德国人李德作为军事顾问却反其道而行之，焉能不败？在这篇文章中，恩格斯还指出，正如像无产阶级革命在工业上不是消灭蒸汽机，而是增加它的数量一样，在军事上，它的任务也不在于减少军队的众多性及其运动性，而恰恰相反，在于把两者提升到更高的水平。而博古和李德的战法却是把两者都降低到更低的水平。恩格斯同时指出，在这样庞大的人数之下，战略家和

---

① 《马克思恩格斯全集》第7卷，人民出版社1959年版，第546—577页。

战术家（战场上的指挥官）不能集于一身，所以在这里就要有分工了。但是，李德却对前线阵地上的兵力配置作出僵硬的布置规定，企图将战略家和战术家集于一身。

在《对锡利斯特里亚的围攻》一文中恩格斯指出，"能掌握主动权，就证明军队或者在数量上，或者在质量上，或者在指挥艺术上具有优势，而且在一切失利和退却的情况下，除了决战失败以外，这也可以维持士气。正是这种主动权，既把威灵顿那支被数十万法军包围在西班牙的小小的军队团结起来，又使它在历时 5 年的战争中成为一切事件的中心。你可能被迫退却，你可能被击败，但是只要你能够左右敌人的行动，而不是听任敌人摆布，你就仍然在某种程度上占有优势。而更重要的是，你的每个兵士和整个军队都将感到自己比对方高出一筹"①。而这一点也是毛泽东与李德指挥作战的不同之处。毛泽东在长征路上指挥的四渡赤水之战更是在被迫退却的情况下掌握主动权的经典战例。

军事上的失败是中央苏区丢失的重要原因，而指挥军事的本本主义者在抛弃已有的成功战法的同时，却连恩格斯的重要本本也不知道，则是军事上失败的主要原因。后来的一些人认为，王明和李德等人的失败意味着马克思和恩格斯的著作不能直接指导后来的尤其是中国的实践，其实根本原因还在于王明等人的本本读得太少了。

总的来看，大革命失败和中央苏区丢失的重要因素，是囿于当时的条件，对于马克思主义经典著作掌握不足，传播不够，从而不得不用千万人的流血牺牲和巨大的物资损失为代价，在中国革命的实践中重新发现马克思主义经典作家们早已揭示了的真理。这个问题在新中国成立后的建设与发展中仍然存在。

（作者单位：中国社会科学院马克思主义研究院）

---

① 《马克思恩格斯全集》第 10 卷，人民出版社 1962 年版，第 289—290 页。

社会形态演进的多样性与统一性

深化封建社会研究需要新的厚重成果

——以宁可著《中国封建社会的历史道路》为例

邹兆辰

新中国成立以来，在史学领域中的一些重大理论问题的讨论中成长起来一批优秀的马克思主义史学家，几十年来他们提出了自己独特的学术见解，写出了一批具有影响力的学术论著，这些构成了中国马克思主义史学的重要遗产。

近十余年来，随着学术领域中出现质疑或否定马克思主义社会经济形态理论的思潮，对封建社会的研究与20世纪五六十年代相比也出现了逐渐低落的趋势。特别是关于"封建社会"的概念之争，在一定程度上造成了人们的思想混乱，也影响了对中国封建社会本身研究的深入。在这种情况下，一方面需要在理论上正本清源，辨析马克思主义关于封建社会的概念和历史发展的路径；另一方面也需要不断推出研究封建社会历史的优秀成果，来回答对封建社会的质疑和否定。宁可先生遗著《中国封建社会的历史道路》①就是这样的学术成果。

一

宁可先生从1953年踏上高校历史课的讲台以来，一直研究和讲授中国古代史和史学理论。几十年来，他把马克思主义的历史理论渗透到中国历史实际之中，讲授了一门理论性很强的中国古代历史课，并在长期的科研实践中形成了一个完整的中国封建社会历史道路的理论体系。正如他在书的"序"中所说：这本书是他"五十年来教学与研究工作的结集"。在

---

① 该书由北京师范大学出版社2014年出版。以下简称《历史道路》。

"序"之后，标明写于 2013 年 12 月，那时，他已经因病重住进空军总医院，而他去世的时间是 2014 年 2 月 18 日。这表明他在住院期间，还在进行全书的修改和定稿。可惜他没有能够见到这本书的正式出版。这是他辞世后，留给人们的最后献礼。

探讨中国封建社会的历史道路，首先要确定一个前提，就是中国是否存在封建社会。新中国成立以来，许多史学家运用马克思主义的社会经济形态理论探索中国封建社会的特点、分期、长期延续等问题。他们对中国封建社会的政治、经济、文化、社会生活等各个方面都进行了大量的探讨，形成了非常丰硕的成果，许多已故的历史学家为此做出了自己的贡献。虽然有些问题学者之间还没有形成共识，但他们都认为封建社会是马克思主义所揭示的人类社会历史发展必经的一个阶段。

近年来，学术界对封建社会和封建主义的认识发生了变化。诚如宁可先生指出："近年来，过去流行并视为马克思主义社会发展理论正宗的、依次更替的五种社会经济形态，五种社会形态或五种生产方式（原始社会—奴隶社会—封建社会—资本主义社会—社会主义社会）迭经质疑和争论，已不再认为它是社会发展的普遍的必经的途径，相当多的人或者对此公开否定，或者悄然放弃，至少是淡化了。"① 代之而起的是形形色色的历史阶段划分，例如：酋邦社会—宗法社会—集权社会—专制主义社会；古代—中古—近古—近代—现代。有的学者提出"封建"二字不可滥用。时下所说的"封建"以及由此而派生的"封建迷信""封建落后""封建反动""封建顽固"等等，并不合乎中国历史上"封建"的本义，不合乎从 feudal, feudalism 这样的西方文字翻译过来的"封建主义"的本义，也不合乎马克思、恩格斯所说的"封建主义"的本义，它完全是中国近代政治中为宣传方便而无限扩大使用的一个政治术语。因此，需要"循名责实，正本清源"②。目前最有影响的一种观点认为，封建社会是先秦三代的产物，先秦有过"封诸侯建同姓"，那才是真正的封建，与原来中国学者所讲的"封建社会"完全不同。秦始皇统一六国以后的社会不能叫封建社会，只能称为专制主义。也有的学者认为应该叫作"帝国时代""集权社会""家国同构""小农社会"，不一而足。这种认为秦以后的中国社会不

---

① 《历史道路》，北京师范大学出版社 2014 年版，第 124 页。
② 参见冯天瑜《"封建"考论》，武汉大学出版社 2006 年版，第 382—383 页。

能叫作"封建社会"的观点，把所有不按照"封建"一词本义来使用这个概念的提法叫作"泛封建主义"的观点，不论是谁，不论是著名的历史学家还是早期马克思主义的思想家，不论是马克思主义的历史学者还是非马克思主义的历史学者，凡是运用了这个概念的，就是"泛封建主义"。例如，郭沫若1930年出版的《中国古代社会研究》，被认为"此书提出泛化封建观，称周秦以降二千多年为封建社会，秦始皇是'完成了封建制的元勋'"①。郭沫若这部开启了运用马克思主义研究中国历史的著作，被当成"泛化封建观"的始作俑者。这种以不符合"封建"一词的本义来否定以马克思主义社会经济形态理论为指导来研究中国封建社会历史的观点，理所当然地受到马克思主义史学家的批评。②但近年来，对于"封建社会"作为一个历史阶段或社会形态进行整体的宏观探讨的论著逐渐减少了。

宁可先生作为一个严肃的历史学家，对于学术界出现的这一系列问题非常关注，进行了认真的思考，并且在人们往往避谈的问题上，投入了更多的精力。进入21世纪以来，他围绕社会形态问题发表了一系列文章，在《历史道路》一书中对这个问题又进行了集中的论述。

宁可先生认为，人们对战国以来新的社会形态赋予了各种各样的名称，"但这种种称呼似乎过多地从政治或社会组织着眼而忽视了这首先而且决定性的是一种经济形态"。宁可先生追溯了"封建社会"这一概念产生的由来。"封建"一词，最早是日本人从feudal一词转译过来而被中国人接受了的。Feudal指的是西欧中世纪的那种封臣以领地的形式从领主手中获得土地构成采邑或者庄园，生产劳动主要由农奴承担的社会形态。中国人移用这个词时，把它与形式相近的先秦的"封诸侯建同姓"的制度混同了。到20世纪30年代，中国社会性质论战中，就一再强调了"封建"这个词；紧接着的中国社会史论战，把当时断定的封建和半封建社会一直追溯到久远的古代了。关于中国何时进入封建社会也就有了各种看法，西周封建论、战国封建论、西汉封建论、魏晋封建论，等等，众说纷纭。"不管怎样，中国的'封建社会'作为一个历史阶段和社会形态终究与

---

① 参见冯天瑜《"封建"考论》，武汉大学出版社2006年版，插页。

② 例如，李根蟠：《"封建"名实析议——评冯天瑜〈"封建"考论〉》，《史学理论研究》2007年第2期；林甘泉：《"封建"与"封建社会"的历史考察——评冯天瑜的〈"封建"考论〉》，《中国史研究》2008年第3期；周建民：《"封建论"是对概念的误植还是马克思主义中国化的产物——兼评冯天瑜先生的〈"封建"考论〉》，《争鸣与探索》2012年第10期。

Feudal 有别而存在着了。"宁可先生说:"其实仔细把它同西欧的 Feudal 对照,发现二者虽然有别,但相似之处也不少,那就是在小生产基础之上的大土地所有制。"在《历史道路》一书中,他赞同马克垚先生为马克·布洛赫《封建社会》所写的中文版序中的观点,强调"我们在找到更好的术语之前,暂先遵从习惯,把战国到新中国成立以前的这两千多年的历史称之为封建社会。"①

这种"遵从习惯",实际上也是一种坚持。《历史道路》一书对中国的封建社会进行了全方位的剖析,构建了一个中国封建社会研究的新框架。为全面认识中国封建社会提供了一个清晰的解释模式,在这个模式下人们还可以进一步进行更加深入的研究,这是宁可先生对中国封建社会研究的一个特殊贡献。

二

宁可先生对封建社会研究的一个显著特点,就是他打破了传统的研究模式,从分析中国封建社会的地理环境开始的。我们知道法国年鉴学派的代表人物费尔南·布罗代尔的成名之作《菲利普二世时期的地中海和地中海世界》就是从总体历史的思想出发,把 16 世纪后半期即西班牙国王菲利普在位时期的地中海世界作为一个整体加以考察,首先以大量的篇幅讨论了地中海的自然地理状况,进而探讨了该地区的经济社会状况和文化生活,最后才涉及 16 世纪后期该地区的政治史,立体地再现了所述时代地中海及相关地区人类的全貌,从而构成了一个长时段的历史思考方式。长时段的特点就是在这一个较长的历史时期中,他所处的社会历史的环境几

---

① 《历史道路》,第 125—126 页。侯外庐先生 1956 年在《论中国封建制的形式及其法典化》一文中曾经批评把外文 feudalism 译作"封建"或"封建主义",是"中外词汇相混,语乱天下"。这句"语乱天下"一句话曾经被批评"泛化封建观"的人大肆利用。但侯外庐先生在 1972 年编写的《中国封建社会史论》中,在《秦汉社会的研究》一章谈到秦汉社会是封建社会,汉袭秦制时说道:秦废"封建",为什么又成了封建制社会呢? 我们的答复是:秦废封建的"封建"二字,为中国古代史的另一个术语,其内容指的是"宗子维城"的古代城市国家(参见拙著《中国古代社会史论》);这里我们所举的封建制社会,"封建"这两个字则是立足于自然经济、以农村为出发点的封建所有制形式,译自外文 Feudalism,有人也译作封建主义。"中外词汇相混,为时已久,我们倒也不必在此来正名定分,改易译法。"(《中国封建社会史论》,人民出版社 1979 年版,第 58 页。)这里,侯外庐先生已经把"语乱天下"一句删掉,如今再拿这句话来炒作,应该说已经没有意义。

乎是很少变化的。中国历史从秦汉到清末这两千多年的历史发展，就是处在一个基本稳定的地理环境之下的。

宁可先生不仅对地理环境影响历史发表过理论上的考察，而且也具体地考察了中国历史发展与地理环境的关系，《历史道路》一书第一章讲历史上的中国，第二章就讲中国历史发展的地理环境。

宁可先生指出：与人类社会活动交互起作用的地理环境是一个历史的范畴。他把中国各族人民的祖先活动的地区称为"东亚大陆"，它呈现一个自西向东倾斜的一个大三角形。"东亚大陆"地理环境的复杂性、多样性与差异性，使农业、牧业、渔业、狩猎、林业、工矿业等都能因地制宜得到发展，纷然并存，给中国的经济发展与交流带来了有利条件，也造成各地区经济生活、社会发展的差异性和不平衡性。

宁可先生把"东亚大陆"分为六个地理区域，即东部地区、北部地区、东北地区、西北地区、西部地区和西南地区。它们既是历史上的地理区域和经济区域，也是历史上的民族区域与政治区域。其中，东部地区是"东亚大陆"的核心地区，也是中国古代历史发展的中心地区。这个地区北到长城一线和辽河中下游，东、南濒海，西到贺兰山，经四川盆地西侧的山脉到云贵高原东部，西北部即河西走廊凸出。秦岭和淮河是划分本地区南北的天然分界线。这个地区大部分处于暖温带、亚热带和热带，很早就有了农业，黄河中下游地区首先进入阶级社会，成为中国古代经济文化的中心地区。唐、五代以后长江流域及其以南的地区发展水平超过了黄河中下游，逐渐取代黄河流域成为全国经济的重心，但全国的政治军事重心仍然在北方。"东亚大陆"的东部地区从秦汉以来的两千年中经常处于统一状态中，这个地区活动的民族主要是汉族，随着经济文化的交流和民族融合的不断进行，汉族日益扩大和发展，成为"东亚大陆"的最大与最重要的民族，并对其他地区产生巨大的影响，是"东亚大陆"各地区、各民族在历史上形成一个统一体的主要力量。

地理环境对中国古代历史的发展产生过哪些影响呢？宁可先生提出以下几个方面：

第一，使中国古代历史发展具有早熟性而又有延续性。

第二，使中国古代历史的发展带有很大的独立性而又没有孤立性。

第三，使中国各民族文化具有多样性而又带有共同性。

关于文化，宁可先生特别论述了地理环境对中国文化产生的影响。他说，古代汉族（及其前身）是一个农业民族，与其他古代农业民族不同的是，在中国特定的地理环境中形成的汉族农业是一种大陆集约型农业，这在世界上可以说是唯一的。古代汉族文化就是在大陆集约型农业基础上形成的文化。这种文化具有的特点是：（1）现世性。人们追求的是现世生活的安定、平衡和满足，不过多地寄希望于神秘的命运或偶然的机遇，也不过多地期望来世或天国。古代汉族的宗教观念、宗教情绪不甚浓烈，儒家成为最现世化的思想并成为古代中国思想的主流。（2）实用性。人们往往着眼于现世最需要处理和解决的种种实际问题，而不大去设想或构造那些遥远的东西。（3）经验性。思维方式更多的是经验的、实证的，是与实践、实际相结合，往往以对现实的有无用处为标准，而不大立一些抽象的标准，不大运用逻辑的推理去论证一些事物的真伪或是非。（4）重视人事。即重视人际关系，人的作用，道德、伦理关系，是一种中国式的人文主义。追求从个人到家庭、宗族、乡里、国家之间的秩序，协调，和谐，讲求正心、诚意、修身、齐家、治国、平天下。

三

宁可先生在对中国封建社会的历史道路的研究中思考最多的问题是中国封建经济结构及其运转的问题。早在 20 世纪 80 年代初，他就和一些学者组织发起了关于中国封建社会经济结构问题的学术研讨会，和国内各方面学者一起探讨这个问题。在当时，这是一个引起国内学术界广泛关注的问题。大家知道，在古代漫长的历史时期中，我国曾经是世界上先进的封建大国，但是到了近代，却变成了落后的半殖民地半封建的国家。这里面有许多历史经验、教训需要我们加以总结，其中就包括要对中国封建社会经济结构有一个正确的认识。

当时，学者们对中国封建社会的经济结构认识不一，提出了各种不同的观点。有人认为中国封建社会的经济结构是以小农为主的小农业与家庭手工业相结合的自然经济结构，这种"男耕女织"的传统直到明清时期仍然是农村的普遍现象；有的人认为中国封建社会经济结构的最终根源是地主制经济，秦汉以后，地主制经济结构一直延续到新中国成立前，地主残酷剥削压迫农民，使封建社会长期延续；有些学者认为中国封建经济结构的核心是小农经济，在封建社会前期土地国有制情况下更是如此，到封建社会后期，小农经济仍然占很大比重，他们强调小农经济基本上是指自耕农经济；有的学者认为大地主、大商人、高利贷者三位一体，使农业和手工业的商品生产和私人工商业得不到发展，资本主义萌芽成长缓慢。关于中国封建社会经济结构的研究推动了史学界关于封建社会经济史的研究，推动了区域经济史的研究、断代经济史和各种专题的研究。

但是到 20 世纪 90 年代以后，人们经常说的封建社会的问题，被认为是一种"泛化的封建观"。此后，关于封建社会的经济结构的问题自然也就很少有人再讨论。宁可先生在《中国社会形态研究中应当注意的一个方面——商品经济》的文章中，提出在中国封建社会形态的研究中应当注意商品经济的作用。对于中国 15、16 世纪以后何以落在西方后面，中国的资本主义何以发展不起来，中国近代化的步子何以如此艰难，学者们提出了种种原因，如明清的闭关锁国政策，专制主义中央集权国家对经济的限制与控制，传统的重农贱商观念等。他认为，"还是应当特别从经济的深层，从历史发展的长过程中寻找原因。从中国社会形态的研究，寻求中国历史发展的特点，不能不注重中国经济形态的特点，这里包括了商品经济的特点和作用，而寻求中国经济形态的特点，商品经济的特点和作用也许能给我们以线索和启发"①。他认为，商品经济可以说是封建经济的润滑剂、催化剂、驱动剂，没有它，封建经济就不能运转，更谈不上发展。我们甚至可以说，封建经济发展主要看商品经济的发展。宁可先生这个观点，可以说是对传统的中国封建经济结构问题研究的一个重要突破。

在《历史道路》一书中，有两章是谈中国封建经济结构及其运转的。

首先，他指出了什么是社会经济结构。他说："经济生活中包括生产、交换、分配、消费诸方面、诸关系、诸环节，它们之间的构成和关系即形成了社会经济结构。它不是静态、凝固不变的，而是动态的，一直在运转着、变化着、发展着。"② 这里他以动态的视角来考察经济结构的问题，是在经济结构研究的方法论上的一个巨大进步，值得关注。比如，人们常常说封建经济是一种自然经济，即以生产使用价值为目的的经济。他认为，"这话也不错，但也不完整"。因为交换是必需的，仅仅是产品的交换是不够的，更需要商品的交换。封建经济并非是一个绝对封闭静止的系统，它

---

① 《宁可史学论集续编》，中华书局 2008 年版，第 142—143 页。
② 《历史道路》，北京师范大学出版社 2014 年版，第 126 页。

靠内部和外部的各种因素运转，具有相当多开放性和活动性。商品经济就是这种开放性、活动性因素。说封建经济是自然经济，并非说商品经济不重要，相反没有商品经济，整个封建经济很难运转，也很难发展。

在关于中国封建社会经济结构的分析中，最有特色的部分是关于个体小生产农业的分析。他指出，人们常说封建经济的基础和特点是小农经济，但这不确切。因为经济包括生产力和生产关系两个方面，这是不能混淆的。小农经济论者一说小农经济，好像就只是小自耕农经济，农民的多数——佃农、依附农和雇农不见了。他说，我们可以不用小农经济这个词，称之为"个体小生产农业"更恰当些。这是中国封建生产力的基础和主干。它的特点有：集约化农业；以一家一户为经营单位，独立从事生产全过程；生产资料——土地是小块的，最适合的形式是劳动者自己占有（自耕农），其次是劳动者个人长久使用（佃农、依附农）。这种个体小生产农业发展的速度是很缓慢的。①

其次，他也分析了地主经济在封建经济中的作用。他认为，封建经济并不就是农民经济，也不是"小农经济"，而是地主经济占统治地位。地主经济是建立在个体小农业生产的基础之上的，适应这样的农业生产力的特点，地主把土地分成小块，租给农民耕种，由农民独立经营，地主收取地租。这种封建地租是一种社会财富的强制性转移，其实际数量要超过土地作为生产要素的收益，是一种社会财富的积累。这些财富的去向，有地主的消费、购买土地、投入工商业、经营农村高利贷等。其中特别值得注意的一点是他谈到了地主的奢侈性消费的问题。地主消费奢侈性手工业产品，所耗劳动多，物料价格贵，技术要求高，消费只限于少数人，不能转化为新的生产品或对生产有利，也不能提高多数人的生活质量和生活水平。实际上在很大程度上它是社会财富、劳动、资源、技术的浪费。奢侈品消费需求的增长，从总体和实际上说对真正发展缓慢的封建经济不起促进的作用。

宁可先生关于中国封建社会经济结构的论述中，最值得关注的部分是他对于这种经济结构运转情况的分析。他认为，中国封建经济结构诸要素的运转从农村开始，农产品大部分自行消费，然后再进行生产，这是一个

① 参见《宁可史学论集续编》，第154—155页；《历史道路》，北京师范大学出版社2014年版，第127页。

小循环。其剩余产品和一部分必要产品循两条路线运行，一条经过封建国家赋役而注入其他地区和部门，这是非生产性的活动，或基本上是非商品性的活动；另一条是经过市场，进入城市手工业领域，然后再回到市场，而后再进入农村，最终完成消费，这是一个大循环。小循环以中国的气候及农作物生长周期即一年为运转周期。小循环的损耗是小的，效率是高的，但经济效益却不算高，至于大循环运转周期，难以一年为率，循环过程很缓慢，损耗也不小（自然损耗和人为浪费），经济效益也不算高，但还是有的。

他从经济的四个环节——生产、分配、交换、消费进行了分析。谈到个体小生产农业、自然经济与商品经济，谈到地主和封建国家在经济结构中的作用。最后，他指出中国封建经济的运转是循环式运转，运转是徐缓的，发展是不明显的，也是不平衡的，但不等于说就没有一点发展，完全处于停滞或封闭式的循环状态。他强调要注意封建经济结构中农民、地主、封建国家这三大板块的变化：农民向自耕农的自由的土地所有权微小的进展；农民、地主、封建国家与商品经济和市场联系的加强和紧密化；商品和市场的发育产生了微弱的新的生产力、新的生产关系、新的阶级的萌芽和它对中国社会的互动及反馈作用。指出这三个方面每一步微小的变化都标志着封建经济逐渐朝着资本主义经济方向的发展和变化。

探讨中国封建社会的经济结构，必然要回答明清以后中国经济为什么会落后于西方的问题。他强调：要从中国特殊的国情出发来探寻中国封建社会原先发展后来停滞的原因，固然应该考虑到各种因素的交互作用，尤其应该注重内部因素的作用，特别是更具决定性意义的经济因素的作用，长时性而非一时性（如政策）因素的作用。他从个体小生产农业、地主经济和封建国家的作用三个方面来进行分析。他重点分析个体小生产农业是自然经济，但又离不开商品经济，而向商品经济的发展又是有限的。因此，这种以农业为主体的自然经济"是一种普照的光"，它渗透晕染到一切事物上去，以致一切事物、社会现象、制度、意识形态，无不染上农业和自然经济的颜色，构成一个完整牢固的体系。"总的来说，中国原本发展比较先进，而后来又相对落后，主要是两千多年来积累的，内部的机制、内在的因素在起作用。而这种机制和因素，主要又应当从封建社会的经济方面去探求。这就是我们对中国明清以后为何较之西方相对落后的所谓‘李约瑟难题’的简略回答。"①

四

在《历史道路》一书中，宁可先生用五章的篇幅谈与封建经济基础相适应的上层建筑的情况，涉及封建社会的基本政治制度、主要的意识形态、政权兴亡更替的原因及规律等问题。不仅内容十分丰富，而且在思想上对于我们认识封建社会也有十分重要的启示。这里择要举出几点。

（一）中国地主经济的政治上层建筑为什么是专制主义中央集权制度？

一是地主对土地的所有是独立的、分散的，不像西欧的各级领主那样在土地的所有、占有的权益上有那么多层次和联系。他们既然分散、独立、互不统属，那就需要在他们之上有一套权威的机构与一批权威的人物来集中地处理各种问题。就是说，他们必须把自己的政治权力交出一部分，集中地给予既定的权威机构和人物，以代表他们的整体的、共同的、长远的利益，并处理地主个人、集团、阶层之间的矛盾和冲突。

二是由于地主经济本身的特点及在比较发达的商品货币经济影响下出现的土地买卖，土地所有权的转移是比较频繁、常见的。各个地主的经济地位也随土地所有权的转换而升降浮沉，不很稳定也不易维持长久，从而他们个人的政治地位也就不能保持稳定和维持长久。所以，维持一个稳定的、具有连续性的政治统治是必需的，即由世袭的皇权及其官僚机构来稳定长久地行使政治统治职能。

三是地主制经济下是十分分散的以一家一户为单位的个体小生产者，地主对农民的超经济强制不像西欧领主制下那么强。在经济上土地买卖可以使少量富裕农民有可能上升为地主，政治上农民弟子通过科举制也可能跻身官僚行列，这样单靠一个一个的地主分散地对农民行使统治权力是不行的。

总之，"封建生产的细小的、分散的、个体的性质所带来地主经济的独立性、分散性、不稳定性，使得地主阶级需要建立一个高度集中的、权威的政治上层建筑来代表他们行使政治统治权力，这就是专制主义中央

① 《历史道路》，北京师范大学出版社2014年版，第166页。

集权制度，而中国封建社会中占上风的统一的趋势，则促使了专制主义中央集权制度的维系与加强。"①

（二）专制主义中央集权制度的历史地位

对于专制主义中央集权制度的历史地位问题，争议很大，肯定者有之，否定者更多。有些论者把它同封建主义和儒家思想一起当作一切罪恶的本源，使中国无法进入近代社会。直到今天，流毒仍然无穷无尽。今天要现代化，就要反掉专制主义中央集权制度、皇权思想等。宁可先生认为，这种观点不能说没有一点依据。但是我们要评价专制主义中央集权制度的历史地位，不能脱离当时的历史条件，要看它在当时的具体历史条件下究竟起什么作用，而不能用今天的衡量事物的标准去衡量历史的事物在历史上的作用。他认为：

第一，国家政权包括政体，归根到底是经济发展到一定阶段的产物，并且是为经济基础服务的。因此，不能把封建社会的一切问题和弊病都简单地归咎于国家制度，特别是一些根本性的、长时期的问题。例如，中国封建社会长期延续，中国资本主义萌芽，中国近代落后问题等。不能简单地把专制主义中央集权制度、儒家思想、理学、八股文之类当成祸乱之源，而是要问一下，这些东西形成的历史条件或经济根源是什么，何以到明清时期形成阻碍社会发展的力量。

第二，中国封建国家是地主阶级专政，其形式是专制主义中央集权制度，因此谈专制主义中央集权制度的历史作用，归根到底是讲地主阶级国家或地主阶级在历史上的作用，不能抽象地讲制度的作用。地主阶级在历史上出现的时候是必要的，是生产力发展到一定阶段的产物，比起奴隶制社会它是一个进步。为这种生产关系服务的政治上层建筑，有其产生的历史原因，不是偶然的。总之，专制主义中央集权制度的产生是适合中国封建地主经济这样的经济基础的，它的形成起着巩固封建经济基础的作用，因此其形成是历史的进步。

第三，中国专制主义中央集权制度组织严密，控制强烈，各级机构层次分明，统属清楚，互相制约，而权力最后集中到皇帝一个人身上。它的作用：一是有利于统一。二是它的统治力量强大，对人民的统治是强大而

① 《历史道路》，北京师范大学出版社 2014 年版，第 173—174 页。

严密的。三是它对社会生活包括经济生活与思想意识的干预是强烈的。对它的经济文化职能措施要具体分析，有的起了积极作用，有的则是消极的。大体上说，越到后来，它越不适应中国历史发展、经济发展的趋势，其消极和被动的作用就多一些。四是有相当严密完备的制度、规章、法令、机构，好好运作行政效率相当高。但多数情况是机构重叠，职责不清，人员冗滥，办事效率低。五是权力层层集中到中央，最后到皇帝手中，因此各级官僚只对上级负责。尽管有法有制度，但基本上是人治，缺少监督的机制。因此，封建社会的危机往往由于专制主义中央集权政权的强大而又腐败，不仅不能自我调节改革，反而加剧扩大引起社会的破坏崩溃。总之，专制主义中央集权制度对历史发展的作用是一个复杂问题，需要联系经济基础、历史条件、民族情况、不同时期、不同方面进行分析，不能简单"一刀切"。

（三）中国封建王朝存在着兴亡的周期律

1945 年黄炎培访问延安，在窑洞里与毛泽东谈话时说："我生六十多年，耳闻不说，所亲眼看到的，真所谓'其兴也勃焉，其亡也忽焉'，一人，一家，一团体，一地方，乃至一国，不少单位都没有跳出这周期率的支配力"①。于是，中国封建王朝兴亡周期律的问题，是对历史学家提出的一个严肃的问题，许多历史学家作出了回答。宁可先生也对此谈了自己的看法。

首先，他画出了一个历代王朝兴替表，具体表明了中国历代封建王朝兴替的情况。其中短的王朝，如秦朝 16 年，隋朝 38 年。长的如西汉、东汉约 200 年，唐朝和明、清接近 300 年。每一个王朝，大体上都经历了开始时的兴盛，过一段时期以后开始停滞，再过一段时间开始衰落直至被新王朝取代。时间短促的王朝，确实存在"其兴也骤，其亡也速"的情况，显示了王朝兴亡周期律。

其次，新王朝取代旧王朝有三种途径。第一种途径是战争。特别是有些旧王朝末年的农民起义声势浩大，直接推翻旧王朝。有的农民起义虽然

---

① 黄炎培：《延安归来》，见《八十年来》，文史资料出版社 1982 年版，第 148 页。文中提出了"中国王朝兴亡周期率"的问题，宁可先生也曾沿用"周期率"提法。后《咬文嚼字》杂志加以纠正，说"率"应作"律"。在《历史道路》一书中，宁可先生一律改用"周期律"。

没有推翻旧王朝，但给予旧王朝致命的打击，对旧王朝的覆灭起了关键作用。第二种途径是通过非暴力手段，新兴的统治集团操纵了国家的政治军事，迫使旧王朝统治者交出政权。第三种途径，崛起的北方游牧民族，借中原王朝战乱的机会起兵南下，征服半个或整个中国。

第三，他分析了新王朝建立后面临的三大矛盾。第一个矛盾是地主阶级跟农民的矛盾，第二个矛盾是统治阶级内部的矛盾，第三个矛盾是新王朝跟北方民族的矛盾。这三个矛盾如果处理得好，局面就会改观，出现兴旺发达的盛世，如果处理不好就会引起社会大动荡，引起王朝很快覆灭。有的学者认为一个王朝初建立的四五十年或统治者传到第二、三代时，就会到了"瓶颈时期"，能够通过这个瓶颈，即可获得较长时期的稳定。

第四，他分析了两千年王朝兴亡的启示。一是中国是农业社会，农民占全国人口的绝大多数，一个统治者如何对待农民，成为一个王朝成败的关键。二是吏治问题历来统治者都非常重视，王朝兴起时往往很重视整饬吏治，而一个王朝之所以衰亡，很大的原因是吏治的腐败。三是历代王朝兴亡，乍看起来不免周而复始地循环，但并非单纯地回归，它应该像螺旋形一样，在循环中不断上升，不断发展，上升发展到宋代以后，势头受到阻碍。

五

《历史道路》一书是理论与实践结合的著作，体现了宁可先生在历史理论方面的深厚功力。宁可先生在理论问题上勤于思考、积极探索、与时俱进，是史学界所公认的，他对史学理论方面的贡献是多方面的。笔者在《宁可先生对史学理论的贡献》一文中对此有所分析，这里不再赘述。[①] 纵观全书，我们感到宁可先生对于封建社会的研究，既有创新也有坚持，他是在坚持中创新，在创新中坚持。以下尤其值得我们注意。

首先，坚守马克思主义基本理论的底线。

他认为，中国的历史是适合用马克思主义的社会经济形态的基本理论来解释的。中国的封建社会是从原始社会、奴隶社会发展而来的，到了近代则成为半殖民地半封建社会。封建社会是中国历史上一个重要的社会形

---

① 郝春文主编：《永远的怀念——宁可先生追思集》，上海古籍出版社 2015 年版。

态。从经济基础到上层建筑的各个方面，都值得我们认真研究。

中国封建社会的基本矛盾是生产力和生产关系的矛盾，经济基础与上层建筑的矛盾。封建社会的生产关系是适合生产力发展水平的，封建的上层建筑是适合它的经济基础的。而生产力与生产关系的矛盾，经济基础与上层建筑的矛盾，推动了社会的前进。阶级矛盾归根到底就是生产关系与生产力的矛盾的人化或在人们中的表现，而生产关系与生产力的矛盾也只能通过人的关系、人的活动、人的矛盾来表现，这就是阶级关系、阶级矛盾、阶级斗争。阶级社会是生产力发展到一定水平的必然产物，阶级社会的人的活动主要的或归根结底可以归结为阶级的活动，阶级斗争是阶级社会历史发展的根本动力。中国封建社会农民的阶级斗争应当在我们的视野之内，需要我们来考察研究。中国历史上经历过一次又一次的农民起义和农民战争，文献、史迹还在，这是铁的历史事实，是不能抹杀、回避、淡化的。

用历史主义的观点来考察历史上的问题。如评价专制主义中央集权制度的历史地位，不能脱离当时的历史条件，要看它在当时的具体历史条件下起什么作用，而不能用今天衡量事物的标准去苛求古人。用历史事物内部的因素，长时段的因素，最具决定性的因素来分析问题。如分析中国历史发展原先先进，近代落后的原因，应该从最具决定性的经济因素等的作用来分析，而不是一时性的因素的作用。

其次，封建社会的问题既是一个学术问题，也是社会广泛关注的实际问题。所以，他的著作既面向学术界，也面向社会公众。在《历史道路》一书中，关于"中国王朝周期律""中国封建社会的专制主义中央集权制度""中国古代吏治的得失与借鉴""6—13世纪的中国社会生活"等章，原来都是在不同场合给干部们做的讲座，所以既有学术性，又通俗易懂，史论结合，能让一般干部明白，并从他的讲授中得到启发。

再次，他的整个著作以唯物史观为基础，这是他几十年来坚持的基本信念。同时他也关注新时期以来学术领域出现的新潮流、新趋势，不避讳学术界有争论的问题，有的甚至是敏感问题。但他尊重不同意见的讨论，始终坚持以理服人，相信真理会在平等的讨论中越辨越明。

宁可先生认为，纵观两千年来中国封建社会兴起、确立、发展、僵化、灭亡的历史，深深感到马克思主义社会经济形态理论的正确性和生命力。理论的创新需要勇气，理论的坚守也同样需要勇气。因为一个科学的理论体系是需要经受长时间的考验，需要几代人为之付出努力的。西方史学诞生了法国年鉴学派的《封建社会》，中国马克思主义史学对于中国的封建社会研究了几十年，成就斐然，也有条件诞生自己的《封建社会》之类的名著。前面提到的侯外庐先生的《中国封建社会史论》以唯物史观为指导，提出了自己的封建社会理论，从秦汉论述到 18 世纪，是一部重要的关于封建社会的史著，非常值得我们认真研究。宁可先生以毕生精力完成的《中国封建社会的历史道路》一书，是他给我们留下的一份重要的马克思主义史学遗产。在当今的形势下，认真地研读它、分析它，对于深化中国封建社会的研究无疑是非常有益的。

（作者单位：首都师范大学历史学院）

文明的时空性与国家的起源

冷树青　杜慧萍

学界关于国家现象的研究可谓经久不衰、蔚为壮观。或许，立足人类文明存在与发展的纵向与横向统一性，突出文明区域性发展的不平衡性以及由此产生的横向融合一体化，视国家为文明存在和发展的共同体和独立主体，着力把握国家文明共同体产生的内因与外因的复合性，有助于深化对国家问题的认识。

一　文明的时空性与社会共同体

由于温暖湿润的非洲在冰河时期气候变冷，草木枯竭，人类祖先不得不惜别其发祥地的非洲东南部大草原，迁徙至世界各地，由此开始了天各一方的文明创造征程。因此，不论是采集狩猎文明，还是游牧农耕文明，或者即使是当今全球化时代的工业信息文明，也是一种区域性现象，文明的发展存在十分突出的空间不平衡性。

文明存在和发展的不平衡性以及由此产生的文明横向融合一体化无疑与国家现象的研究存在内在的联系，应成为深化国家问题认识的新视角。当今的工业信息文明实际上是历史上无数个品质迥异的区域性文明历经长期互动、交融和整合逐步形成的。它源于人类不断突破和超越氏族、胞族、部落、部落联盟、民族和国家等的局限性，并将借助全球化的推动最终成为一体化的形态。以率先进入工业社会、推动世界历史发展的西方文明为例，其历史渊源诚然是希腊、罗马文明和叙利亚文明，而希腊、罗马文明和叙利亚文明也并非纯粹"原创"的文明，它是苏美尔、巴比伦、古埃及、赫梯和克里特等文明的融汇创新。而且，毋庸置疑的是，地处东半球的中华文明以及印度文明对于西方工业文明的产生亦是不可或缺的。有关研究概括认为，文明的发展经历着"由部落联盟而雏形国家，由王国而帝国和大帝国，由大帝国而超大型现代民族国家（如中国，在一定程度上还有印度），由现代民族国而超大型的民族国联盟（如欧盟各国）"① 的演变。因此，"一个历史共同体本着原有的文化基质，按自己的意志消化、吸收其他文明的成果并最终超越之，从而形成更大的文明规模，获得更大的能量，是现今各文明的共同历程"②。

人类文明的存在与发展是纵向社会形态的层次更替与横向区域性融合一体化相统一的时空演变过程，不应顾此失彼。换言之，人类文明的演变，从纵向看，是社会分工和阶级关系的发展，是人的依赖、物的依赖和人的独立与全面发展的历史；从横向看，是文明发展的区域性不平衡所推动的融合一体化的过程，体现出文明相互间从封闭到开放、从孤立到联系、从战争到和平、从冲突到合作以及从分散到一体化的演进，二者相互促进。③

文明存在与发展的时空统一性深刻揭示出人类系统实际上是由种种区域性共同体构成的，现实的人存在于特定区域的社会共同体中。文明存在与发展的时空性所产生的共同体是人的存在方式，是人与人、人与社会以及人与自然进行物质、精神和信息能量交换的平台。没有共同体，人就不能成其为人。有关研究认为，共同体是在空间性上具体化为实体的表现，具有共同、共在、共存和共通的特性。④"共同体"一词源于古希腊语 koinonia，即众多平等个体，源于共同目的，通过"共同活动"而实现"共同利益"和"共同善"的联合体。亚里士多德指出："所有城邦都是某种共同体，所有共同体都是为着某种共同的善而建立的。"⑤ 因此，共同体本身以普遍性的方式表现出来。这种普遍性即共同利益、共同价值观念和共同意志。从文明存在与发展的宏观层面看，阶级社会的社会共同体主要体现为文化形态和政治形态两种形式，前者如宗教，后者如国家。此外，还有一种特殊的经济文化共同体——部族或民族，这种共同体大体属于前国家形态，故不做单独讨论。

---

① 阮炜：《文明的表现：对 5000 年人类文明的评估》，北京大学出版社 2001 年版，第 21、42、44 页。

② 同上。

③ 梁莉、冷树青：《人类系统发展的纵横向统一性》，《理论导刊》2011 年第 10 期。

④ 马俊峰：《马克思社会共同体理论研究》，中国社会科学出版社 2011 年版，第 53—54 页。

⑤ 苗力田主编：《亚里士多德全集》第 9 卷，中国人民大学出版社 1994 年版，第 3 页。

文化形态的共同体主要是伦理价值观的整合，其主要特点是共享性和依赖性。文化共同体可以是一个享有共同地域和历史的多民族国家的集合，具有共享性。因此，文化与器物形态的文明融合，易于扩散、传播，其融合发展不能简单地用社会基本矛盾的逻辑说明。例如，佛教进入中国后，与中国固有文化要素的长期互动，最终形成了一种新形态的宗教——中国化的禅宗佛教，而禅宗佛教又逐渐辗转传衍到东亚其他地区。8世纪，新罗僧人信行入唐从神秀受法，将北宗禅传至朝鲜；12世纪末，日僧荣西入宋，受法于临济宗黄龙派虚庵怀敞，将此宗传入日本，称千光派；后来更远播至北美、西欧和大洋洲。禅宗在中国哲学思想上也有着重要的影响。宋明理学的代表人物如周敦颐、朱熹、程颢、陆九渊和王守仁等无不将禅宗思想融会贯通到自身的思想体系中。

文化共同体仅限于人类活动的思想文化领域，从属、依赖经济和政治，低于政治认同，不具有独立性。这是由于，文化形态的"'文明'虽然能够为人类个体、部族、民族乃至国家提供文化身份，但由于其规模太大，其内部一般说来总是会分化出千差万别的利益群体甚至地缘政治集团"①。例如，伊斯兰文明，人们虽然享有其共同的基本价值观，但几乎从阿拉伯帝国诞生起，基于不同层次的政治行为体如民族、部落和教派的利害冲突持续爆发，直至当代也未有消弭的迹象。

与文化形态的共同体迥然而异的是，政治形态的共同体从根本上讲是经济利益的整合，一般表现为国家形式。国家共同体涵盖人类活动的基本内容，是通过政治整合所实现的经济和文化的统一，体现人与自然关系所产生的人类社会的全貌，有别于单一要素的文化共同体，亦区别于前国家形态的部族或民族，因而具有突出的独立性和主体性，是文明存在与发展的高级形式和重要载体。

政治形态的文明融合，既有国家内部经济、文化和政治结构的作用，也存在不同国家经济、文化和政治结构间的关系，甚至也可以说就是对不同政治群体的整合。政治共同体是人的利益或"共同的善"实现的保证。政治整合滞后于文化整合。文化形态的儒家文明涵盖整个东亚，但其中却存在多个政治化的（民族）国家；文化形态的伊斯兰文明亦然，其中阿拉

---

① 阮炜：《文明的表现：对5000年人类文明的评估》，北京大学出版社2001年版，第21、42、44页。

伯人、伊朗人和土耳其人等在政治上都各有所属。由此可见，政治形态的文明融合异于文化与器物层面的文明融合。这是由于政治的竞争本质，而国家间的竞争性根源于文明发展空间上的不平衡性——尤其是经济利益，文化与器物文明一般是间接反映经济利益，利益的竞争赋予国家在文明融合一体化中的根本作用。

因此，文明的融合发展实质上反映的是由于地理环境和文化传统等的差异产生的发展程度不同和各具特点的文明形态，即作为个体存在形式和利益载体的政治组织，从而形成不同区域人类共同体的并存、竞争以及一体化和整体性的发展趋势。这样，尽管其他形式的社会共同体对于文明的融合发展具有不可忽视的作用，但文明融合发展的独立主体应为经济、文化和政治的统一实体，即国家共同体。因此，相对于宗教和民族形态的文化共同体，反映人类社会竞争本质的具有独立性的国家不仅是文明纵向层次演进的载体，同时也是文明横向融合一体化的重要形式。国家以及国家关系揭示出人类活动的基本内容，体现出人类系统纵横向统一发展的内在规律。换言之，国家是具有独立主体作用的文明共同体。

二 国家文明共同体起源的复合性与内在功能

国家文明共同体的起源具有复合性，是内因与外因二者相互作用的产物。

学界关于国家的起源研究成就斐然。通常认为，国家源于自身内部的社会分工与阶级分化，是物质生产发展到特定阶段的产物。诸如具有代表性的"冲突论认为社会的结合与秩序完全建立在力量和压抑之上，国家产生于社会冲突和阶级对立"；或"融合论认为社会成员的'价值共识'超越了意见和利益上所有可能或实际的差异，国家产生于社会融合与阶级合作"，等等。① 而且，有意思的是，无论是"冲突论"或"融合论"都属于国家起源的内因论。

不过，也有部分学者持阶级分化以及国家的产生源于一个社会对另一个社会征服的"征服论"的观点。② "征服论"肯定了不同部落间的竞争

① 张树栋：《古代文明的起源与演进》，南京大学出版社1991年版，第117、112页。
② 同上。

对于各自区域社会分工以及阶级分化的重要影响。这与"冲突论"或"融合论"关于国家起源的"内因论"不同，它强调的是外部社会因素的重要作用，可视为国家起源的"外因论"。

深入探讨"外因论"的内在逻辑，也许可以进一步得出两个重要结论：

第一，不同区域文明间的竞争是促进自身以及其他共同体社会分工与阶级分化的重要因素。"世外桃源"的单一的氏族、胞族或部落势必难以实现阶级分化。诸如由于缺乏文明交流迟至近代仍处于史前社会状况的美洲以及大洋洲文明即已充分说明了这一点；相反地，人类文明时空演变的基本脉络是欧亚大陆古代农耕文明对毗邻游牧文明的逐步同化及其不断拓展，以及近代工业文明诞生后西欧殖民主义所导致的现代民族国家的全球化。以西欧民族国家的产生为例，"欧洲文明的扩张与欧洲各区域间发展的不平衡，使欧洲各国具有天然的竞争性质。而发展现代经济，无疑是在竞争中获胜的重要筹码。但满足现代经济发展的基本条件，只有在一个特定的政治与经济单位内才可能逐步实现，这就使建立民族国家成为了欧洲现代化过程中的一个必须完成的任务"①。

第二，国家的产生在空间上实际上也就是文明的区域性整合后所形成的文明的横向融合。国家的产生是文明的发展从血缘社会向地缘社会的转变，是氏族历经胞族、部落再到部落联盟的演变，通过政治整合所产生的区域性文明共同体，国家实际上就是氏族与氏族、胞族与胞族或部落与部落等相互间竞争与合作所形成的不断分化与融合的产物。某个社会共同体所整合的胞族、部落或部落联盟的数量和区域范围无疑是动态多变的。正如有关研究所指出的，中国国家起源的重大特征，是"华夏本土星罗棋布的氏族和氏族部落及其大大小小的联合体一步步演变为地方性的部族宗法国家，并在更高的层次上形成不同级别的宗法联合体。……夏、商、周三代'王朝'，事实上仍是由众多部族性的'方国'围绕一个中心'王国'而组成的'松散联邦'式的大地域组织"②。再如，武王伐纣，是以姬、姜两大部落为中心联合周围其他部落对商的战争。商被灭后，殷周两族共同组成新的国家。甚至恩格斯也认为国家和旧的氏族组织不同的地方，第

---

① 陈晓律：《欧洲民族国家演进的历史趋势》，《江海学刊》2006 年第 2 期。

② 陈启能、姜芃：《文明理论》，福建教育出版社 2010 年版，第 93 页。

一点就是它按地区来划分它的国民。西欧历史的嬗变同样亦不例外。"欧洲作为一个文化统一但政治分裂的文明单位,是现代民族主义和民族国家的发源地。自1500年开始,民族国家兴起导致的欧洲分裂和二战后的重新融合成为世界历史上最独特的现象之一。"①

这就更进一步说明,"内因论"或"外因论"都存在自身的历史局限。国家问题局限于内因而淡化外因是不合乎历史事实的,内外部因素的统一才能全面深入地揭示国家问题的实质。无论是就物质生产的发展阶段以及由此所决定的文明的融合程度而言,还是从人类系统的世界整体考察,国家既是特定社会内部的社会分工与阶级分化的产物,同时也与文明发展的区域性不平衡及其整合存在必然的联系。② 内部阶级分化与外部竞争共同促进国家以及人类文明的持续发展。因此,所谓"内因"与"外因"都是相对的,内外因只是就特定时空中的共同体而言,而就人类系统的整体而言,并不存在所谓的内外因。国家产生的内外因统一性,有益于全面解读国家现象,深化对国家问题的认识。将国家问题局限于内因而淡化外因是不合乎历史事实的,或者将国家产生的外因仅仅归结于自然环境而忽视社会环境同样也是难以理解的。忽视国家产生的外部因素,主要原因应该还是将国家子系统与人类系统简单等同起来,从而以处于国家子系统层次的社会基本矛盾原理解读国家关系,将国家关系视为阶级关系,将人类系统国家化,只注重人类系统的纵向社会形态的演变,忽视人类系统的横向融合一体化。③

国家产生于内外因的综合作用揭示出国家作为文明共同体的内在逻辑,赋予国家在文明纵横向统一发展中的独立主体作用。国家通过政治整合实现了经济与文化的统一,构成了文明存在与发展的独立单元,揭示出国家是阶级性与公共性的统一,是文明的共同体。但是,由于其他区域性社会共同体的同时并存,国家所追求的"共同的善"一般局限于共同体的内部,它所体现的实际上是共同体自身的利益,某一共同体的"共同的善"的实现与其他共同体的利益是相矛盾的。正如有关研究所指出的,现代民族国家产生的"内在动力来自本民族的人民在民族国家的构建中能够

---

① 陈晓律:《欧洲民族国家演进的历史趋势》,《江海学刊》2006年第2期。
② 冷树青:《重视和加强社会基本矛盾国际化问题的研究》,《科学社会主义》2012年第1期。
③ 同上。

获得更多的政治权益、经济福利与人身自由的强烈愿望，它是人们在现代社会追求自由和个人幸福的自发动力；另一种则是由外族压迫、歧视所产生的压力，这种压力往往也能加强一个民族的凝聚力和认同感，使人们更加渴求能够获得个人尊严的地位"[①]。然而，历史的辩证法富有戏剧性地表明，当今全球化的态势体现出文明纵向社会形态的演进与横向融合一体化的新跨越。

（作者单位：九江学院社会系统学研究中心思政部）

---

① 陈晓律：《欧洲民族国家演进的历史趋势》，《江海学刊》2006 年第 2 期。

社会形态问题散论

高永丽

一 科学认识历史才能准确把握现实

何谓历史？历史就是社会存在过程中已经显现的部分，亦可说是社会已经历的部分，是人及其相关的万事万物的共同经历。因此，若连已发生的都无法说清，何谈科学地预见未来，又怎能准确地把握现实？如何实现对历史的科学认识？答案就是沿着马克思开创的历史唯物主义道路，继续深入社会存在过程，更全面、更具体地揭示那深藏其中主导一切的神秘规律。

社会是不断成长变化的有机的统一体，犹如以生物体的细胞克隆生物体一样，社会中的有机部分也都包含着整体运动的全部信息，也都可发育为完整的社会，如社会细胞——人和社会单元——社会形态。也就是说，科学地认识了历史，就科学地把握了社会的整个存在过程，及存在内容、表现形式、意义、演进规律等。这样，站在人类社会整个存在的高度，当今人类所处的位置、前进方向、任务、道路、方法就一目了然。可见，科学地认识历史，是我们科学认识并解决目前一系列难题的钥匙。历史存在的全部意义，就是为了让后来的人们更好地创造历史。我国历史悠久且最完整、资料最系统最丰富、社会形态演进轨迹既复杂又最清晰，还有研究社会形态最优良的标本——中国封建社会①，还有中华民族自古就形成的从事物整体宏观把握的思维模式和视野，尤其是我国正面临着社会主义社

---

① 纵观历史，可见每一社会形态都有一个国家或几个国家相继（实质上起着一个国家的作用）发展得最完备、最发达、最充分，集中体现了该社会形态存在的本质特征、最佳表现形式及所能达到的高度，具有代表性意义。我国原始社会就高度发达，但即使详细阐明也过于久远，其后比较典型的几个社会形态代表国中，古埃及、古希腊、古罗马也距今遥远，英美作为相继代表资本主义发展阶段的国家，虽已经历了成长、鼎盛几个阶段，目前处于衰落中，但终究还未完全走完资本主义存在的全过程，社会主义社会发展史则更短，只有中国封建社会典型、基本完整，又远近适中便于认识，所以中国封建社会就成为研究社会形态最优良的标本。

会的全面起飞，亟须强有力的思想基础和理论支撑。这些都说明我国最有资格、最有条件、最有必要首先实现对历史的科学认识。可是我国史学界迄今对历史的认识依然众说纷纭，这不仅直接影响着对中国历史演进规律的科学认识，更严重影响对整个社会存在及运行规律的科学认识，严重影响我国对现实的准确把握，这与时代的迫切要求显然不符。现在，是研究社会存在及运行规律的中国理论工作者走上历史前台担当重任的时候了！中国社会科学院世界历史研究所吴英研究员充满紧迫感地一再呼吁"唯物史观对历史学指导地位遭到质疑并逐步被边缘化"[1]，"唯物史观对历史研究指导地位在近年来有所削弱乃是一个不争的事实"[2]，反映了这一时代的心声。笔者不揣浅陋，也把自己长期探究历史演进规律所得在此简要汇报，以求方家教正，并对唯物史观的丰富稍尽薄力。

历史是社会已显现的部分，认识社会就应从认识历史切入。

二 历史清楚表明社会的存在和演进都是以社会形态为单元

（一）一个大的社会存在阶段就是一种社会形态的存亡过程和人类的成长时代

纵观历史不难看出，人类社会由人组成，但并不是有了人就有了完全的社会，而是有了人才有了社会细胞，才具备了发育成社会的根本要素，因此人先产生而社会后形成。在原始初民时代，广袤的陆地上草木繁茂、荆棘丛生、虫兽遍野、猛禽当空，孤立个人的生存发展更不易，加之人本质上就是社会性动物，所以无论从生存需求还是本质要求上，个人都必须与他人结为群体共同生存。但社会才开始孕育，个体怎样才能形成群体？当时最自然、最简便的方法就是以血缘为纽带将个人联结为群体，并进而形成整体，统一认识统一行动，血缘是天然的且最牢固的黏合剂，所以当时在世界各地虽也有地域的、宗教的、性别的等人群联结方式[3]，但以血缘联结显然最适合当时的生存条件，最有利于当时人类的发展。当时人类

---

① 吴英：《重新解读唯物史观的紧迫性与可能性》，《史学理论研究》2015 年第 1 期。
② 吴英：《第 18 届全国史学理论研讨会发言》，《史学理论研究》2015 年第 1 期。
③ ［美］罗维：《初民社会》，吕叔湘译，江苏教育出版社 2006 年版，第 254—256 页。

数量有限、力量弱小，还无法也无须完全靠自己的创造维持生存，所以生存主要依赖大地母亲的天然提供（人的创造潜能也在初步显现）。可见在社会的孕育阶段，是天然的经济、天然的血缘政治关系，人们在以血缘为经纬的母系氏族内（当母系氏族内已孕育着父系氏族萌芽时，就说明血缘文明已进入下降阶段）共同生活。无论是与禽兽的争斗还是其他生存需求，以及社会本身的成长需要，人数的众多都极为重要，所以生殖崇拜、增加本族群的人口在原始人观念中占有重要地位。这在世界各地发现的原始时代生殖崇拜的诸多资料即可说明。血缘联结在当时有利于人们的生存并发展，有利于社会不断成长的要求，因此形成血缘文明。既是社会细胞又是整个社会的母系氏族，是社会孕育阶段正常的发育形式。在不断发育成长的三四千年间，原始人群成长到氏族再成长到部落最后成长到部落联盟，人自身的力量、认识水平、生存触角都已大大超出血缘领域，原在氏族内以血缘关系构建的社会秩序在各氏族、部落之间既无法再凝聚所有个体，也无法调控各部落间的无序和混战，此时社会胚胎就发育成熟了。实现伟大的分娩，即创建社会的时代就来到了。

创建社会就是突破天然的血缘关系，由人自己创造出一整套组织机构，把不同血缘的个体、人群都联结为一个有序的整体统一管理，也就是国家的创建。首先确定首领，即领导核心的权力和地位，同时也自然形成了维护首领的权力中心和确保人们服从的军队；再设立国家机构，即将众多事务分门别类并选举或指定专人管理；制度也相继制定；要人们彻底服从，就不仅约束身体更需精神统治，所以法律、刑罚、宗教都随之创立；这一切的贯彻执行对文字的需求就极为迫切，所以创造文字是创建社会的重要内容之一；因人类才走出主要依靠大地母亲天然供养的哺育期，对事物的认识还非常懵懂，在信仰中就人神不分，统治者便顺应历史借助"神力"实现其统治；因是社会形成的第一阶段，管理形式、统治手段都比较稚拙、粗劣，表现在直接对肉体的统治、赤裸裸的不平等（我国夏商周时残酷的肉刑、"刑不上大夫，礼不下庶人""人有十等"，印度的种姓制度，两河流域的《汉谟拉比法典》，古希腊、罗马的视奴隶为"牲口"等就是反映）；因人们认识、利用自然的水平极为有限，生产生活用具都十分笨重，所以必须主要依靠人力协作生存，如协作统治（古希腊、罗马时的军事同盟、我国西周时的诸侯协助天子治国等）、协作作战（如车战）、群体生产、结群抢劫等，人自身的生存和社会的前进都主要依靠人力协作推动。统治者通过直接占有被统治者本身，即人力获得其劳动成果。就像资本家都最大限度地占有资本一样，奴隶主们也都是最大限度地占有奴隶，即人力；因发展的渐进性，社会创建初期氏族形式仍有深厚的存在土壤，但随着社会的成长，加入其他氏族和地域关系的氏族就成长为部族。也就是说，社会形成后，众多氏族发生关联共同生存，其中有统治族也有被统治族，此时的氏族就成长为部族（我国的宗族形式是我国原始社会发达血缘残余浓厚的反映，在本质上并未超出部族的范围，属原始残余，即血缘色彩浓厚的部族），部族只是社会细胞但不是整个社会，而且是父系形式，这两点是氏族与部族的本质区别；社会已形成，将众多的人力组织（大多用暴力）起来统一行动已成为可能，所以开展大型工程，在统治者、宗庙所在地创建城池并定为国都，也是显示威权、确立权威、增强社会凝聚力的必需。经过大约两三千年（不同地域而异）的成长，人们认识社会、认识自身、认识自然、利用自然的水平都大大提高，完全靠人力协作生存发展到可利用各种自然力实现个体生存，生而有贵贱的认识也上升到"众生平等"的新阶段。社会已完全建成，仍按旧的观念统治和生存已不可能，社会向更高阶段迈进的时代就来到了。

经过长期而剧烈的社会革命，社会进入了第三存在阶段，人类已成长到可初步全面利用人、地、畜、水、风、势等自然力，维持人生存并推动社会前进的力量已由自然力共同作用，社会进入自然经济时代；农业成为人们生存的基础，整个社会的运转都主要依赖农业的发展，所以形成农业文明；多种自然力的辅助使个人的力量大大增强，在生产、生活中已可以家庭为单位进行小农生产，必须协作生产所引发的监管、欺压、偷懒、投机等弊病都烟消云散，劳动者较之前获得了很大的自由，生产积极性空前提高，生产效率自然也水涨船高；个体力量大大增强也使王权可直接触及广阔的疆域，再无必要与他人协作统治，所以中央集权既必须也成为可能，君权集中也因此成为此阶段政治形态发达的重要特征（如果君权不能集中，就说明该国或该地域在此阶段不发达。人们今天看到的专制的弊端是君权高度集中的副作用，而君权集中在产生时则是巨大的进步）；人生命存在的价值已完全显现，所以对社会第二阶段把被统治者不当人看，随意杀戮、动辄残害其肉体的野蛮统治给予了全面的批判，这从我国儒学的"始作俑者其无后乎""仁者爱人""己所不欲，勿施于人"（孔子），及佛教的"众生平等""不杀生"，基督教的"上帝面前人人平等"，伊斯兰教的"穆斯林皆兄弟""富人施舍""救济穷人"等所代表的内容都可清楚看出。革除了野蛮统治，利用道德教化、社会规范将各阶层的人进一步向社会化规范，统治者治理社会的水平也大大提高，社会文明程度也大为提高。超越了第二阶段对被统治者本身的完全占有，此阶段是通过占有土地获得被统治者的劳动成果，亦即通过占有土地实现统治。三大宗教、我国的"五行终始""天人感应"等内容及形式，反映出此阶段人们对自然、社会以及人自身的认识很大程度还处在推测、猜想阶段，说明成长到第三阶段人类的认识虽已大大提高，力量虽已大大增强，但在自然界仍须"靠天吃饭"，在社会中仍须依附于家族和土地所有者，像人仍处在还不能完全独立的少年时代一样。又经过两千多年的成长，人们认识水平又进一步提高，力量亦随之大大增强，社会向更高阶段迈进的时代又来到了。

依然经过社会大革命，社会进入第四阶段，人利用自然的水平进一步提高，维持人生存并推动社会前进的力量已由自然力和少数物质成长到利用自然界的各种物质，因此各种机械应运而生，机器生产日益取代人力。人们的生产主要是为了交换，目的是为获取利润，通过占有资本获取别人的劳动成果，社会进入商品经济时代。第四阶段人类已成长至青年时代，充满活力与朝气，自身的力量空前强大，因此生产力飞速发展，社会的运转主要依赖工业的发展，因之形成工业文明。人们对自己的认识已不只是为了活着，还要活得快乐、活得享受，所以民生民权成为生存的目标。但是，本阶段人们只顾片面追求自己的权利和最大限度的享乐，却以破坏生存条件为代价，极端片面地盲目发展就可能把人类推向毁灭的边缘，地球、社会和人本身诸多严重的生存问题都说明社会已迫切要求进入全面科学生存与发展的新阶段。

从社会自然演进的历程不难看出，社会是从无到有、从小到大、由低级向高级逐渐成长变化，且存在及演进都显现明显的阶段性。如上所述，第一阶段是社会的孕育阶段，天然经济、天然血缘政治、血缘文明，以氏族为存在单位、以增加本族群的人口为本，既是第一阶段自然也就是原始社会；第二阶段是社会的创建阶段，协作经济、协作政治、以部族为存在单位、以发展人力为本、以最大限度占有人力为目标的"人力文明"。其中最鲜明的特征，一是人的生存和社会的前进主要依赖人本身力量推动，二是统治者通过直接占有人本身获得其劳动成果，且把被统治者不当人看，随意杀戮、买卖、残害肉体，冠之以奴隶社会就极为恰切；第三阶段是社会的完备阶段，自然经济、集权政治、农业文明、以家族为存在单位、以人的生命存在为本、以最大占有土地为目标，政体构建无论是西欧的封土建邑还是中国秦汉以后的封官建制，本质上都是通过自上而下地分封构建小农与土地相结合的农业社会，都属封建社会无疑（我国西周时的封邦建国只是采用了封建的构建政体的方式，只是封建的低级阶段，属狭义的封建社会，与社会形态意义上的封建社会有阶段、性质的不同。秦汉以后把自上而下的封官建制推向极致，所以是最发达、最完善的封建社会）；第四阶段是社会的极端片面发展阶段，商品（市场）经济、分权政治、工业文明、以家庭为存在单位、以民生民权为本、人的社会行为（包括百姓的日常小事和国家的大政方针）都受资本意志操控的资本主义社会；从资本主义阶段人类对生态的毁灭性破坏即可推知，第五阶段必然是社会的全面发展亦即成熟、完善阶段，是科学地统筹经济，实行科学的民主集中政治、生态文明，以人的本质要求为本，人的社会行为都自觉受社会意志操控，社会的功能发挥到最大限度的全面科学生存与发展的社会主义社会。从我国春秋战国"百家争鸣"到汉武帝时农业革命的完成，从欧洲"文艺复兴"到工业革命的完成，可知社会形态的变革需要几百年才能完成，就会明白社会主义社会文明形态——生态文明创立，社会主义社会才会全面建成。

可见从社会整体而言，从马克思提出到斯大林明确的五种社会形态（轨迹见图 1，此图内容及形式另文详述）的划分完全正确。有学者认为马克思提出的人对人的依赖、对物的依赖，建立在个人全面发展和社会共同财富基础上的自由个性三阶段论否定五种社会形态说，这显然是误解。因三段论侧重讲人的发展状况，是认识社会和人的另一个视角，并不是就社会形态而论。而且其中"家长制的、古代的（以及封建的）状态随着商业、奢侈、货币、交换价值的发展而没落下去"[1] 这句话显然就立足于五种社会形态的思想，既符合社会演进的逻辑，又准确反映了各阶段的本质特征。从社会的存在及演进中还可清楚地认识到，社会的存在及演进之所以显现出明显的阶段性，就是因每一种社会形态的存在过程都构成了人类社会整个存在中一个相对独立的大的阶段，这就说明社会的存在及演进都

---

① 《马克思恩格斯全集》第 46 卷上，《政治经济学批判（1857—1858 年草稿）》，人民出版社 1979 年版，第 104 页。

是以社会形态为单位的。社会形态就是社会一定阶段的存在状态，就是人类一种生存模式亦即文明形态从诞生到灭亡的存在过程，由建立在同一生产力水平之上的政治经济思想文化军事等子形态组成，亦可谓"同生产力发展的一定阶段相适应的经济基础和上层建筑的统一体"①。因此就不难明白，各个社会形态之和就构成了人类社会的整个存在过程（轨迹参看图1）。

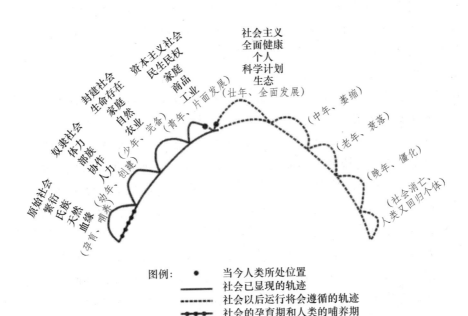

图例：　●　　　当今人类所处位置
　　　　　───　社会已显现的轨迹
　　　　　......　社会以后运行将会遵循的轨迹
　　　　　●●●●　社会的孕育期和人类的哺养期

图1　人类社会演进轨迹

（二）社会形态的变革都有长期而剧烈的社会革命发生

当一种社会形态从为社会前进开辟道路演变为社会前进的阻力时，高一级的社会形态就开始在其中孕育，从此，现存社会形态就不可逆转地日益衰落，高一级社会形态的胚胎则不可逆转地日益发育。因新形态都是为摧毁、取代旧形态而来，所以旧新社会形态的关系不像人类父子、母子的亲密、相互扶携，而是相互排斥，甚至仇视。因此每一种社会形态都是通

————————

① 李秀林、王于、李淮春主编：《辩证唯物主义和历史唯物主义原理》（修订本），中国人民大学出版社1985年版，第301页。

过暴力手段把低一级形态，即它的母体彻底打垮后才能登上统治宝座取而代之（不发达国家因阻力小可通过改革实现，跨越式另论）。两种社会形态的体现者和实现者——人，因此分裂成敌对的两大阶级展开长期的殊死搏斗，双方反复激烈地厮杀使社会产生了剧烈而持久的动荡。而且社会形态的有机性及整体性，决定了其变革就不仅仅是政治领域的斗争，而是各个领域，从观念到制度、政策直至很多人地位的天翻地覆，所以变革社会形态不仅有思想领域的口诛笔伐、观念更新、政治领域长期而激烈的暴力夺权，还有新社会形态取得统治地位后经济领域轰轰烈烈的发明创造。由此就会明白，新中国成立不是说我国马上就会成为完全的社会主义社会，而是在思想、政治两方面初步创建了社会主义社会形态，才能初步具备全面创建社会主义社会的条件，因此还须大力发展政治经济，以促使经济形态完成质变、文明形态的确立。可见社会形态的交替一般都要通过一系列根本性变革，新的社会形态才会全面取代旧形态，才能整体进入新社会。

历史发展本身说明人们惯用的"革命"在社会领域有"社会革命"和"政治革命"之分，其中"社会革命"就是指一种社会形态已衰朽为束缚社会前进的桎梏，因而必须将其打碎，并创建一种新社会形态取而代之的过程，即变革社会形态的大革命，集中表现为政治形态的大变革。旧形态的全力阻挠，使变革程度激烈且时间漫长。政治革命则是在一种社会形态内，把持政权的集团完全衰朽为社会前进的绊脚石，必须将其搬除并创建新政权而发生的革命。所以政治革命基本上只在政治领域进行，时间短而震荡小。封建社会中的改朝换代和资本主义社会的政府换届（资本主义社会实行竞选制，任期较短，新任领导必然要调整政策，因此就避免了封建社会改朝换代或农民革命的暴力调整方式）、经济危机（以经济手段促使政治变革、政策调整）均属此类性质。清楚了社会革命和政治革命之别，历史分期问题就变得十分明了：哪里有长期而剧烈的社会动荡，哪里就是在进行社会革命；哪里进行社会革命哪里就是在变革社会形态。可见历史本身有分期，且十分清晰。

例如，公元2世纪罗马帝国开始明显衰落，基督教的产生和发展就是对维护奴隶制的赤裸裸不平等思想的革命，从此奴隶制日益衰落，封建力量日益增长。到5世纪日耳曼人攻入罗马，埋葬西欧奴隶社会，直至8世纪加洛林王朝时期封建制度在西欧的全面确立。再从14—16世纪西欧的文艺复兴、宗教改革、启蒙运动到英国的资产阶级革命、法国大革命、美国独立战争直至工业革命完成后资本主义社会形态在英法美等国的全面确立。再从 1848 年《共产党宣言》问世到欧美各国的共产主义运动，再到苏联、中国等多国社会主义革命的胜利（因社会主义社会都是在封建残余浓厚、资本主义发展微弱的落后国家创建，创建后还面临着消除封建残余、赶补资本主义工业文明和确立社会主义生态文明三大任务，所以向社会主义社会的跨越迄今还未最后完成）。这三次社会大革命使历史上奴隶、封建、资本主义、社会主义四种社会形态一目了然。从流传至今的神话和历史演进的逻辑，完全可说原始社会与奴隶社会交接的动荡、变革也在所难免，只是时间久远、文字还未产生以及史料较少，不像后来的社会革命那么清晰。因此，可以说人类社会作为一个整体已经历了四次社会革命，而社会革命就是因变革社会形态而发生的，所以四次社会革命把社会清晰地划分为五种社会形态（见图 2，社会主义社会文明形态生态文明还未创建，所以目前只显现四种社会形态，我国社会形态问题见后）。

图 2　国外社会已经历的四种社会形态

（三）组成社会形态的思想、政治、经济三大子形态的变革并非同步实现，而是分跨在旧新两个形态内先后完成

一种社会形态由思想、政治、经济三大子形态鼎足而立，军事、文化、艺术等子形态都是依附品，所以社会形态变革一般是在条件成熟的情况下，首先是思想形态的变革。例如，封建社会创建前首先有"百家争鸣""佛教""基督教""伊斯兰教"等，资本主义社会创建前首先有"文艺复兴""宗教改革""启蒙运动"等，社会主义社会创建前首先有马列主义、毛泽东思想等。其次是政治形态的变革，政治形态的变革一般需要暴力手段来完成，如我国战国时期的争战和民主主义革命时期的战争，法国大革命，英国资产阶级革命等，政治形态变革完成，则新的社会形态就初步建立；最后是经济形态在新的社会形态内才完成质变，如我国汉武帝时期农业革命在封建社会内的完成，西方工业革命在资本主义社会内的完成等。由此就会明白，我国迄今经济形态还未完成质变，社会主义生态文明还未创立，向社会主义社会的跨越还未全面实现。

（四）标志新政治形态建立的重大政治事件就是划分社会形态的标志

社会形态的三大子形态中，经济形态的变革在初始也有变革者的碰壁、被嘲笑，甚至遭受沉重打击，但新工具的优越性和先进性一旦显示，人们立刻会改变态度充满喜悦地去感受新的发明创造并推而广之，旧工具一般会被毫无留恋地废弃，所以变革中一般不会发生大规模的人与人之间你死我活的冲突。思想形态的变革基本在意识形态领域进行，涉及的人及面基本上在知识界和政界，尤其思想形态在旧形态中变革，受到旧政治形态的极力阻遏，所以在当时也未深入到社会底层。只有政治形态的变革一般都要通过暴风骤雨的突变方式，对旧观念、旧上层建筑全面摧毁，以及民俗风情的变革、广大民众的参与、很多人地位的天翻地覆等，使新上层建筑全面取代旧上层建筑的过程影响巨大。所以，政治形态的变革是社会面貌的巨变，突出、鲜明，极易辨识，如1917年十月革命的胜利和苏维埃政府的建立、1949年中华人民共和国的成立、1640年英国资产阶级革命和1649年英国共和国的建立、前221年秦王朝的建立等，都决定了划分社会形态必然以划时代的政治事件为标志。可见，划分社会形态以什么为标准、在哪里划，社会本身的规定、显示都非常清晰，是人们认识不清导致了混乱。

（五）每一种社会形态都有极强的排他性

每一种社会形态的有机性、整体性，决定了每一种社会形态在经历了生产力、生产关系、经济基础、上层建筑的全面适应后，该生产关系上层建筑就会一反前期一直积极为生产力开辟道路的常态，开始阻挠生产力的发展。生产力再发展，就超出了该形态存在的范围，就会要求新的社会形态产生，现存形态就失去了存在的理由，所以该生产关系的上层建筑就极力阻挠生产力的实质性发展。因此，社会长期缓慢前进甚至停滞，从而形成了社会形态的下降阶段（轨迹如图3，以中国封建社会为例）。而社会是要不断成长的，要冲破阻挠继续前进，就必须生出新的力量对现存形态取而代之。而现存形态要维护自身继续存在，就会对新生力量展开无情的镇压。二者经过殊死搏斗，新生力量因代表着社会发展的要求最终会取得胜利，新的社会形态因此诞生，原有的社会形态退出历史舞台。可见，新形态都是因旧形态已使社会无法前进而产生（跨越式演进另论），新形态创建后必然要全面革除旧形态中阻挠社会发展的种种弊端，使社会得以继续前进。这样，二者互为你死我活的对立面，在观念、制度、生存方式等方面都强烈排斥。由此就十分清楚，每一种社会形态对比自己高级或低级的社会形态都强烈排斥。这就决定了几种社会形态的要素不可能长期共存，因相互抵牾、相互牵扯，必然使该阶段社会矛盾尖锐复杂。还决定了在一个社会形态中愈先进、愈强盛、愈充分的国家或地区对高一级形态的排斥就愈有力（这从我国封建社会对资本主义萌芽的一再摧折就不难明白），因此在高一级形态中就必然愈落后、愈孱弱、愈举步维艰。这就是西欧奴隶社会发达、封建社会"黑暗千年"、资本主义社会先进强盛的根本缘由（轨迹如图4），也是我国原始社会发达、奴隶社会不发达、封建社会先进强盛而在资本主义阶段又落后挨打，以及中国封建社会"长期停滞"、漫长的根本缘由（轨迹如图5），也是社会主义革命不会首先在资本主义发达国家爆发而只能在资本主义因素薄弱的地方诞生并确立的根本缘由。人们只知追问中国封建社会为什么会漫长，却无人追问西欧奴隶社会为什么会漫长，答案都是社会形态的排他性。排他性使社会形态的演进复杂而丰富：较完整的呈抛物线式运动轨迹，如我国封建社会（参看图3和图6中的①），不充分式（如我国奴隶社会、英国封建社会等，参看图6中的②）和跨越式（如古代秦国崛起过程和新中国成立以来，参看图6中的③）则呈不完整的抛物线式轨迹甚至锥形（如我国辽金夏，参看图6中的④）。

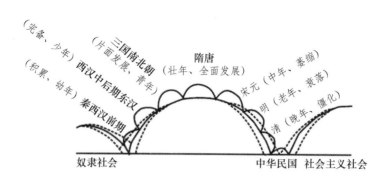

图3　中国封建社会运动轨迹

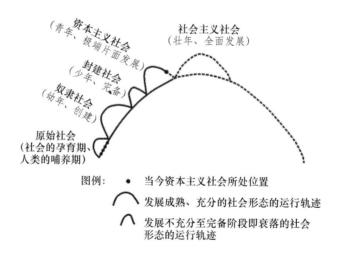

图4　西方社会演进轨迹

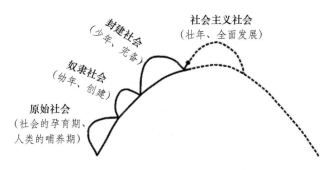

图例： ●目前中国所在位置

图5　中国社会演进轨迹

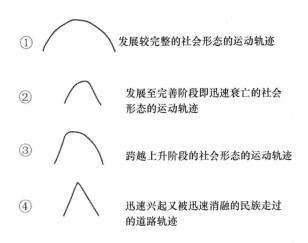

图6　社会形态部分演进形式轨迹

（六）每一种社会形态都是一个相对独立的有机整体

每一种社会形态既是整个社会存在过程中的一个重要阶段，又是一个相对独立的有机整体（轨迹参看图1）。社会形态的整体性和有机性决定了组成一种社会形态的政治经济思想军事文化等子形态都必须在同一生产力发展水平之上，因相互配套，才能相互支持、相互推动，而不可能是不同社会形态的思想形态、政治形态、经济形态的随意搭配。这一点马克思说得很对："手推磨产生的是封建主为首的社会，蒸汽磨产生的是工业资本家为首的社会。"① 我国近代的"洋务运动",就是清王朝企图借用资本主义阶段的生产力以巩固自己的封建统治,殊不知资本主义的经济因素愈发展,封建的上层建筑衰败得就愈迅速,清统治者实质是在自掘坟墓。还有我国西周时在奴隶社会内重德重民的做法,英国封建社会内重视宪法、发展议会、重商主义等巩固封建社会的做法,结果都是适得其反。美国建国后资本主义、奴隶制并存也必然引发战争——美国内战。

(七) 每一种社会形态内是由低级向高级做抛物线式的运动,呈现明显的阶段性

每一种社会形态都是从无到有、从小到大、从盛到衰再到亡地不断变化,所以整个存在过程也是由低级向高级做抛物线式运动,有上升阶段和下降阶段,呈现明显的阶段性。以中国封建社会为例,可清楚看出较为完整的社会形态的存在过程,大致走过从创建时的积累阶段②,依次演进到健全、完备、极端片面、鼎盛、萎缩、衰落、僵化七个阶段(轨迹参看图3)。由此就不难明白,尽管是在同一社会形态中,但不同的阶段目标任务都有很大的不同。科学认识社会形态内存在及演进的阶段性,对正确认识我国以至人类社会目前所处的位置和准确把握继续前进的方向、道路、任务等都极其重要。认识提高了,人们就不会视某一阶段的状况为全部局面。例如,以为社会主义社会完全是改革开放之前的 30 年那样,看到今天的社会主义市场经济才明白市场经济可和社会主义成为一个整体且长期共存,等等。

(八) 每一种社会形态都比低一级形态具有绝对的优势和巨大的优越性,相隔的阶次愈多,差距就愈大

因每一种社会形态的政治经济思想军事文化等子形态在下降阶段都大力阻挠生产力的发展,致使社会前进日益缓慢,这样,高一级社会形态诞生后就要大力革除低一级社会形态阻挠社会前进的弊端,因此就极大地解

---

① 《马克思恩格斯选集》第 1 卷,人民出版社 1972 年版,第 108 页。

② 积累阶段就是一种社会形态创建后的第一阶段,特征是旧形态的残余还大量存在,新形态还未全面建成,两种甚至三种相互冲突的社会形态要素杂糅共处,是社会矛盾集中复杂、问题多发的时期。但总的发展趋势是新社会形态在大力积累中不断强大,旧形态因素因反动性不断暴露而日趋消亡。

放了被长期束缚的生产力，把人类社会认识自然、利用自然的水平都提高到一个新的阶段。人的潜力也就得到进一步显现，力量更大，解决问题的能力更强，利用自然的程度就更深更广，社会就更加文明。这从原始、奴隶、封建、资本主义等社会的比较中就清晰可见。这就说明，社会主义社会比资本主义社会高一阶段，就必然比资本主义社会具有绝对的优势和巨大的优越性；如果社会主义社会不能从根本上革除资本主义大肆破坏生态的种种弊端，不能实现真正的科学生存和发展，没有显示出较资本主义的绝对优势和巨大优越性，就说明社会主义社会还未全面建成。今天的社会主义社会之所以让很多人产生似乎还不如资本主义社会的看法，就是因为社会主义社会还处在刚刚起飞、积聚力量的积累阶段，还未完全建成，尚处于社会主义的初级阶段。

（九）各社会形态既相互排斥又不得不"血肉"相连

社会形态的变革，即两种社会形态交接过程中长期而激烈的暴力形式，就说明高一级社会形态必须在低一级形态中成长到一定的力量时，才有可能与低一级形态去争斗并获胜，所以高一级形态都是在低一级形态中长期孕育的。同样，在新形态已取得统治地位后还会出现旧形态的反复（如我国西汉前期的分封诸侯及"七国之乱"、淮南王谋反，英国资产阶级革命后斯图亚特王朝的复辟，法国大革命后波旁王朝的复辟及帝国共和的反反复复，等等），都说明低一级形态在被推下统治舞台时经济基础还在，还有相当的力量，不可能立刻消亡，而是在高一级形态内逐渐消亡的。这就决定了追求完整、自成一体的每一种社会形态又不得不与其他形态存在一定阶段的混合状态，亦即"血肉"相连（轨迹参看图3），而且越是在社会形态两端的积累期和僵化期，混合程度就越高，社会矛盾也就越复杂、越突出（因社会形态的整体性排他性）。也就是说，相对独立的社会形态又不得不具有一定的混合时期，混合性质愈明显的时期社会矛盾就愈复杂、愈尖锐。混合阶段新旧杂糅、矛盾复杂，容易使人们在社会发展方向和阶段，甚至在性质上产生误判。我国目前就处于社会主义社会上升时期的混合阶段，科学认识目前社会的性质及发展方向对正确实现全面起飞至关重要。

三 我国基本经历了四种社会形态

科学认识了社会形态的存在及演进法则，我国历史的分期就一目了然了。

从传说中黄帝时"诸侯相侵伐，暴虐百姓……于是轩辕乃习用干戈，以征不享，诸侯咸来宾从"①，又与炎帝战于阪泉，与蚩尤战于涿鹿，此后诸侯咸尊轩辕为天子。还以师兵为营卫，以云命官名，置左右大监监于万国，封禅山川祭祀鬼神，举风后、力牧、常先、大鸿以治民等②都可看出，黄帝时我国已开始创建国家。这是奴隶社会取代原始社会的社会革命时期。夏王朝建立及夏初必然继续经历的社会大变革，从春秋战国到汉武帝时完成的社会大变革，从鸦片战争到新中国成立经历的社会大变革（因社会主义生态文明还未确立，向社会主义社会跨越的社会革命还未最后完成，我国还将继续变革），说明我国社会演进中共经历三次社会大革命。三次社会革命把我国历史进程清晰地划分为四个大的存在阶段，即四种社会形态：高度发达的原始社会，不发达、不充分的奴隶社会，高度发达的封建社会，必将高度发达的社会主义社会（见图7，社会主义生态文明还未创建，我国迄今只显现四种文明形态）。我国为何会基本经历四种社会形态？因1912年建立的中华民国虽应归于资本主义社会形态，但中华民国仅存在38年，38年相对于其他社会形态存在的两三千年或一千多年都可谓极其短暂，而且其中还出现两次帝制复辟和革命的迅速发育，可见不仅短暂而且发展微弱，作为一种社会形态几乎是一晃而过，所以说我国基本经历了四种社会形态。资本主义社会形态在我国虽在社会革命的过程中一带而过，但其工业文明的任务从洋务运动始至今仍未结束，随着我国的继续变革，社会主义生态文明的创建，资本主义因素才会彻底消除。可见，社会形态演进的跨越式和学生跳级升学完全同理，年级可以跳过，但被跳过年级的课程不能落下，所以被跨越形态的任务是在两端社会形态中高速完成的。这就说明，我国虽在表面基本经历四种社会形态，但实质是五种社会形态——经过，只是资本主义工业文明任务完成得隐蔽且飞速。也说明五种社会形态逻辑严密地递进，不可能凭空跨越。

---

① 《史记·五帝本纪》，中华书局1982年版，第3—6页。
② 同上。

图7　中国社会已显现的四种文明形态

由于我国史学界有不少人否认我国有奴隶社会、封建社会，否认社会形态及五种社会形态的划分，笔者不得不在此对"我国基本经历四种社会形态"说作简要说明。

首先说明何为发达社会形态。从横向看，组成该社会形态的思想观念、政治制度、生产生活方式等与当时人们的认识水平、生产水平，即生产力水平完全适应，所以在当时能最大限度地调动人们的生产积极性，最大限度地解放、发展生产力；因此创造出该形态内最高度的文明；在当时世界范围内最文明、最先进、最强盛。从纵向看，对后世的发展影响巨大且深远。

（一）高度发达的原始社会——夏朝建立以前

1. **氏族凝结牢固**。我国原始先民生活在广大而辽阔、气候温暖湿润或温暖湿热的陆地环境中，当时"人民少而禽兽众，人民不胜禽兽虫蛇"[①]，"猛兽食颛民，鸷鸟攫老弱"[②]，这种生存环境就决定了靠单个人力量很难生存。因必须群体生存，我国先祖就采用了最自然又最易巩固的联结方

---

① 韩非子校注组：《韩非子校注》，江苏人民出版社1982年版，第661页。
② （汉）刘安：《淮南子》卷6《览冥训》，陈静注译，中州古籍出版社2010年版，第99页。

法，即以血缘为纽带将个人联结为群体。此后为了更有利于生存和发展，进一步将群体凝结为统一认识统一行动的整体，一整套维护、巩固血缘文明生存模式的观念、制度、文化等就随之创造。例如，加强族内团结的亲亲，尊老护幼，公平分配，注重维护个体的利益，使个人增强对本氏族的依赖；共同的图腾信仰，特定的名号，尊崇共同的祖先，生聚族而居，死同族而葬，等等。氏族既是该族成员的家，也是他们相当于今天的国（当时国家还未形成，也就无国的概念，本氏族在原始人心中就等同于今人心中的祖国）。在个体生存困难发展更不易的时代，这种增强本族群凝聚力、使群体凝结为一个牢不可破的整体的种种举措，就使本族内不仅青壮，而且老弱也可依靠群体的力量得以生存，群体力量就大大增强，自然有利于继续生存和发展。因此，把以血缘为经纬的氏族存在方式推向了高度发达，使氏族愈裹愈紧，并在此基础上创造了辉煌的血缘文明，铸就了中华民族家国一体、重集体作用、凝聚力极强、务实等民族性格和特点。也充分说明中华民族在治理社会方面，自古就显示出非同凡响的高超智慧。

在大多古文明国家或地区进入奴隶社会时，"氏族制度已经过时了，它被分工及其后果即社会之分裂为阶级所炸毁。它被国家代替了"①。但我国以族为单位的存在形式在进入奴隶社会后依然顽强存在，但氏族缓慢演变为部族，部族已只是社会存在单位，即只是国中的家。各部族虽已称国，但在自己国或族之外，还有很多部族存在，和自己同属一个大王国的统领，或者自己部族就是那个统领其他部族的大王国。部族在我国一直与奴隶社会相始终，直至战国时代才日益瓦解。部族的瓦解并不表示亲族集团的彻底消解，其坚硬的内核依然存在，那就是封建社会中的家族。氏族时代形成的族的概念以及人们在社会中的联结方式在我国的影响是深远的。

2. **对后世影响极为重大且深远。**亲族集团凝结牢固所具有的顽强生命力，不仅使我国进入奴隶社会晚一千年，而且使奴隶社会难以顺利发展，并始终笼罩在血缘的面纱之下。在氏族时代长期形成的个体对族群、晚辈对长辈、众人对首领的依赖和服从，也为国家创建时就实行自上而下的分封建制提供了沃土；陆地环境在发展农业方面的天然优势，决定了我国先民必然主要依赖土地，不断发展农业解决生存问题，这都对我国首创封建

---

① 《马克思恩格斯选集》第4卷，人民出版社1972年版，第165页。

农业文明并在该阶段高度发达奠定了深厚的根基。长期一体生存形成的根深蒂固的整体观念，使人们始终以统一为目标，所以追求统一、维护统一、反对分裂就成为中华民族几千年生存和发展的主旋律，背叛、分裂国家和民族则被视为千古罪人。中华民族在几千年的发展中历经血与火的劫难而始终未分解，且如滚雪球般愈滚愈大，成为历史悠久、史料丰富而系统、社会发展唯一未中断的国家。中华民族今天浓厚的家庭、血缘观念，家国为一的情怀，国难当头往往为大家而舍小家，极强的凝聚力，生活中重合作敛锋芒，尊老爱幼等优良传统，都是氏族时代亲族凝结牢固、家国同构、依靠群体力量生存、养老护幼等观念和生存方式高度发展，一直延续至今。今天很多人都视《周易》为中华文化的源头，殊不知即使从新石器时代算起，西周创建时中华民族就已孕育了三四千年，其民族性格、特点、思维方式以及后世所能达到的高度，早已深深扎根在六七千年前我们民族产生的自然环境和适应环境的智慧中。

3. **发达的原始经济**。我国新石器时代众多的史前遗址，出土石、木、骨、陶等农具和猪狗鸡牛等动物骨骼，反映了当时原始农业的繁荣和原始饲养业的发展。陶器的种类繁多，普遍应用和彩陶工艺所达到的高度都反映了当时手工业的发达。

4. **进入奴隶社会较晚**。五大文明中心中（暂不涉及美洲的古文明）古埃及、古巴比伦、古印度、爱琴文明在公元前三千年都已进入奴隶社会，而我国在公元前 2070 年夏王朝建立才初步进入奴隶社会（发现的石峁古城说明我国在约 4300 年前已进入国家状态），而且还是存在着浓厚原始残余的奴隶社会。这是发达原始社会对奴隶社会排斥力极强使其迟迟无法进入的结果，犹如我国封建社会高度发达对资本主义因素排斥就极强、进入资本主义时代就晚、资本主义发展就落后且至今难以深入一样。

（二）不发达、不充分的奴隶社会——夏商周三代

从奴隶社会直接奴役人本身和把被统治者不当人看（商代大量的"人殉""人祭"，就是当时把人不当人看，为奴隶社会且属不发达型的证明）、创建国家、部族存在单位、协作经济、协作政治等人力文明判断，我国夏商周时期就是奴隶社会。之所以引起人们持久的争议，是因为社会形态的排他性决定了原始社会高度发达的我国，奴隶社会必然表现为血缘色彩浓厚，且呈不发达型。具体表现如下。

1. **奴隶社会进入困难，且原始社会残余浓厚**。我国原始社会高度发达，亲族集团凝结牢固使奴隶社会带有浓厚的血缘色彩（犹如古希腊、罗马奴隶社会发达，封建社会就残余浓厚，农民都带有奴隶残余色彩而成为农奴一样），人们仍以亲族（此时已是部族）为基本单位生存，统治、奴役都是以族为单位，如孔子分析殷之法之所以"弃灰于公道者断其手"①，是因为弃灰于公道影响行人会引起争吵甚至打闹，而个人打斗又必然会引发双方所在部族的相残。还有"神不歆非类，民不祀非族"②，聚族而居，同族而葬，《诗经·小雅·黄鸟》中"此邦之人，不可与处。言旋言归，复我诸父。"③ 所反映的一个人与本族失去联系后，他族人不友好，其生存困难急于回归本族的心声等，都说明我国奴隶社会时个人与亲族关系仍十分紧密。始终以族为单位的存在形式使得对单个体的奴役很难展开，所以奴役就表现为以族对族的形式，因而不可能形成古希腊、古罗马那样高度繁荣的单个奴隶买卖、大量奴隶属于奴隶主个人等典型的奴隶制特征。这是奴隶制在我国难以发达的缘由之一。

2. **破坏生产力严重**。根据笔者的研究，奴隶社会人的生存和社会的前进主要依靠人力协作来完成，是人力文明，所以统治者都最大限度地占有人力，社会也充分重视发展人力，因此在奴隶社会身强体健对生存至关重要（古希腊罗马的角斗士，斯巴达儿童体健才有生存权，竞技运动发达充分发展体力等就可见一斑）。黑格尔说得很对，"奴隶制度的主要原则便是，人类还没有取得他的自由的意识，因此降而成为一件东西，一件毫无价值的东西"④。笔者说得再到位一步，因为是人力文明，发达奴隶制国家的统治者就认识到人的劳动价值，所以战俘不再被杀死，成为黑格尔说的"一件东西"，即会说话的工具。而我国至商时还未充分认识到战俘的价值，因此将其降为黑格尔说的"一件毫无价值的东西"，随意杀戮，供先祖"享用"，这反映了我国奴隶社会的落后（原始社会残余还在）和不发达。人是生产力诸要素中的主导因素，是首要的生产力，尤其在人力文明时代。商代人殉、人祭、大量的杀戮，根据社会由低级向高级演进的逻辑，夏代只能是更野蛮、杀戮更严重而不是相反，"当禹之时，天下万国，

---

① 韩非子校注组：《韩非子校注》，江苏人民出版社1982年版，第316页。
② 《左传·僖公十年》，岳麓书社1991年版，第60页。
③ 《诗经》，西安出版社2000年版，第197页。
④ ［德］黑格尔：《历史哲学》，王造使译，上海书店出版社1993年版，第102页。

至于汤而三千余国"①，其中六千多这个数字代表的恐怕不只是被吞并、融合一种情况，亡宗灭族应该也是一部分部族消失的缘由。如此大量的杀戮，还包括大量牲畜，都严重破坏生产力，是我国奴隶社会不发达的充分表现，也是无法发达的缘由之一。这和西欧因封建社会不发达，农奴人身依附严重，生产积极性就低于农民，众多神职人员禁止家庭生活也严重影响到人口的增长一样，都属不发达型社会形态就必然严重破坏生产力的表现。因落后、严重破坏，我国在奴隶制时代的成就就远远低于古希腊罗马的哲学、艺术、建筑、史学、体育、科学技术、医学等极为辉煌的奴隶制文明。

3. **对封建因素的排斥力不强**。西周时我国的宗族奴隶社会发展到完善阶段，在夏商末期统治者坚信"有命在天"②，就肆意暴虐、极意声色，使朝政败坏、民心尽失，从被灭亡的历史教训中，周初统治者深刻认识到天命无常，"民之所欲，天必从之"③，"天视自我民视，天听自我民听"④，所以把注重百姓痛苦、安定百姓放在长治久安的首位，提出了明德、慎罚的基本国策和安民、惠民、恤民等保民举措。西周倡导的德政与重民，实际上已具有封建（指社会形态意义的封建）性质，在奴隶社会内培育封建种芽，实质是西周统治者自疏根基，因此宗法奴隶制在各个方面都达到完善的西周王朝，却仅仅兴盛了约半个多世纪就走上了无法挽回的中衰之路。这和英国伊丽莎白女王在封建社会内实行重商主义，大力支持商业贸易使资本主义萌芽发育迅速一样，都是当时现存社会形态不发达，对高一级形态的排斥就不自觉的表现；不非常强烈，排斥力就弱小。

4. **分封式封建必然使宗法奴隶社会寿命有限**。在氏族时代长期形成的以族为单位生存，及全族对首领的依赖和服从，就使我国在国家创建时自然采用自上而下的分封建制形式。因此，从黄帝"以师兵为营卫，以云命官名，置左右大监监于万国，封禅山川祭祀鬼神，举风后、力牧、常先、大鸿以治民"⑤ 开始，自上而下构建政体的封建大幕就已拉开。此后，"禹

---

① 《吕氏春秋白话今译》，谷声应译注，中国书店1993年版，第334页。

② 《尚书·西伯戡黎》，中国文史出版社2003年版，第136页。

③ 《尚书·泰誓上》，中国文史出版社2003年版，第143页。

④ 《尚书·泰誓中》，中国文史出版社2003年版，第147页。

⑤ 《史记·五帝本纪》，中华书局1982年版，第6页。

为姒姓，其后分封，用国为姓"①。商代"契为子姓，其后分封，以国为姓"②。到周时就发展为根据我国奴隶社会亲族集团，牢固以一族为"天下共主"的特色，创建了以姬姓部族为核心的"封建亲戚，以藩屏周""封邦建国"的完善的宗族奴隶制，也是创我国"封建"一词的本源。"封邦建国"是我国自古就有的自上而下构建社会秩序的分封建制低级阶段的完备形式，是当时社会还未成长到王权可伸及自己王国所有地域时的部族协作统治：周天子把自己王国可触及的广土众民分封给本族子弟及与本族关系密切的亲戚功臣们让代行统治。由于诸侯们在其领地上拥有财政军所有大权，并配以世袭制，这种分封实质就成为分国（夏商时各诸侯国本身就基本独立，周时的分封，实质仍隐含着相当的独立成分），在"以藩屏周"的深切期望中同时就埋下了分裂的种子。因此，天子的地位一旦跌落，众多诸侯国就会因各霸一方而导致社会混乱。这种分封或曰封建显然属于封建的低级阶段，只是构建政权的方式，并不能说明该阶段社会的性质。

5. 奴隶社会发展不充分。如上所述，我国奴隶社会在西周时刚达到完善阶段就迅速走向了衰落，而不像我国封建社会在隋唐达到鼎盛阶段后还经历了宋元明清长期的下降过程（轨迹参看图3）。这就是社会形态发达与否的区别：我国奴隶社会不发达，对封建因素的排斥就不自觉、不特别强烈，使封建萌芽能在其中迅速发育，因此使奴隶社会在刚达到完善阶段就迅速走向了衰落，所以不发达就意味着不可能发展充分。

我国奴隶社会原始残余浓厚、破坏生产力严重、封建萌芽发育迅速，都决定了我国奴隶社会和发达的典型的古希腊罗马奴隶社会有很大差异。犹如西欧"黑暗千年"的封建社会和我国高度发达的封建社会存在着巨大差异一样。可见，同一种社会形态在不同的存在阶段形式有很大差异，在不同的地域因历史渊源、地理环境不同表现形式也有很大差异。

（三）高度发达的封建社会：秦朝至清

封建社会就是社会各个方面的建设基本完备的社会第三存在阶段，是自然经济、小农生产、中央集权、人的生命价值平等、通过占有土地构建社会秩序获取别人劳动成果、自上而下的分封建制的功能得到最有效发

---

① 《史记·夏本纪》，中华书局1982年版，第89页。
② 同上。

挥、人们的行为都受封建意志操控的农业文明时代；是人类已有一定力量但仍不能独立存在的"少年"时代。就不难明白我国秦汉至明清就是标准的封建社会，而且是最先进、最完善的封建社会。因此，我国才能在封建时代遥遥领先于世界近千年，并创造了高度发达的封建文明，在今天仍有巨大影响（还将影响深远）。这已是史实昭昭，无须多论。而秦朝实行的自上而下的郡县制，其官员都是中央直接任命，且不能世袭，可随时调动；财政军大权在各级分属于不同的官员，在中央却集于皇帝一身；官员只对皇帝负责，百姓也独臣服于皇帝，只有皇帝可世袭。这样，只是给所封的官员在一定的时间内分配了某一地方、某一方面代行统治的权力，官员们就不可能再对独尊、永固的皇权形成挑战，这种政治结构的稳定性显而易见，我国封建社会存在两千多年就毫不足怪。可见秦创建的封建是中央集权的自上而下一整套严密的封官分权制，而不是西周时的封土封民分国制（当然，这并非分封者的初衷）。就构建社会秩序的方式而言，秦以后的封建是夏商周封建的再发展，属于封建制的高级阶段，把自上而下的封建功能发挥到了极致，在当时是最先进、最文明的社会制度，所以秦灭亡后，始皇创建的高级封建制度确传至千世万世。西欧因奴隶社会发达使封建社会不可避免地带有浓厚的奴隶制色彩，因此无法健康发展：教权王权并立，加之各种分封关系复杂使权力无法集中；农民因人身依附严重而成为农奴，农奴的生产积极性显然不会比农民高；众多的神职人员禁止家庭生活也严重影响到人口的增长，而封建时代人口的增长就是社会发展的重要标志之一，影响人口增长就是对生产力的破坏；其封土建邑和我国西周时的分封制，在形式上都属于封建的低级阶段，容易导致混乱，无法和秦创建的封官分权的发达封建制相比肩。西欧封建社会的不发达已为"黑暗的中世纪"所概括，虽有学者认为此说法不完全准确，但西欧封建社会远不及中国封建社会的发达则是再清楚不过的史实。我国进入封建社会时间之早，将自上而下的分封建制发展之充分，在制度文明、思想、文化、艺术、创造发明、手工业、医药、交通等方面成就之高，对后世影响之大，在世界封建史上都无与伦比。我国学界却有人以"黑暗千年"的西欧封建社会为标尺，得出我国无封建社会的结论。

（四）必将高度发达的社会主义社会：中华人民共和国成立

我国高度发达的封建社会对资本主义因素的强烈排斥，决定了资本主义因素在我国不可能正常、充分的发展，资本主义极端片面的存在模式（大肆破坏人生存条件：在自然界只孤立地发展人类，即人类中心主义；在社会中只孤立地发展个体，即绝对个人主义；在人本身只注重物质需求，即极度享乐主义），在今天已清晰显现毁灭性前景，即发展与破坏并行，发展愈快破坏愈严重，必将很快导致毁灭性结局。也就是说，竭泽而渔、饮鸩止渴的资本主义模式已无多大发展空间了。我国今天面临的人口众多的压力，浓厚的封建残余，正处在社会主义社会的急剧上升阶段，仍须迅猛前进的社会要求，他国强盛的压力，都促成当今中国奋起之决心，都决定了我国必将首先突破资本主义的极端片面发展，率先进行生态革命，全面确立科学的社会主义社会。我们中华民族自古就有从整体上认识问题的宏观思维模式，自古就显露出治理社会的非凡天赋和优秀遗传，这些都决定了我国在全面科学的社会主义时代，必将以首创与人生存条件共同健康发展的生态文明新模式，重新走在世界前列，为各国做表率。

四 否定社会形态学说，对社会的认识就会深陷纷乱之中

认识了社会形态是社会存在及演进的单元，社会形态的交接一般需要思想、政治、经济等领域全面而深刻的变革，一般需要暴力手段来实现，会引起社会激烈而持久的动荡，就会明白社会分期问题其实非常明了。可是，我国史学界却为分期及各阶段，即每一社会形态的性质，争论近百年仍众说纷纭。究其缘由有以下几点。

（一）未认识到社会形态是一个有机的整体，由相互支撑、相互推动的思想政治经济等子形态组成

例如，把中国与欧洲相比，一些学者只看到某些方面在一定时期的相似性，却无视实质的重大差异。日耳曼人走出氏族社会时，古罗马的奴隶制已完全衰亡，无法再起死回生，在此基础上日耳曼人只能顺应社会发展要求，直接跃进社会存在的第三阶段——封建社会。所以，日耳曼人创建的西欧封建社会，已是农业文明、小农生产、基督教众生平等的指导思想、发展前途是走向人人要求民生民权的社会第四存在阶段——资本主义社会。而西周的封建制还处在主要依靠人力协作生存、以部族为单位存

在、"礼不下庶人，刑不上大夫"①"人有十等"② 的生而不平等社会观念、对肉体任意残害的社会第二存在阶段——奴隶社会，发展前途是走向小农生产、人身平等、农业文明的封建社会。可见，只注意某些方面的相似，而不从整体的角度全面把握，要判断社会性质，就很难做到准确无误。

（二）未认识到社会形态也是一个由低级向高级再到衰竭而亡的动态存在过程

其中每一阶段都有很大不同，尤其是两端的积累阶段和僵化阶段，都新旧因素杂糅、矛盾复杂集中，最容易产生误判。例如，有人看到苏东剧变，就以为社会主义社会必将终结，而未认识到社会主义社会才诞生不久，还非常幼稚，苏东剧变只是社会主义社会婴儿时代的结束。再如，看到两汉时有奴隶，甚至有人牲，就认为是奴隶社会等。如此判断社会性质，新中国成立以来农民人数最多时要比封建社会翻一番，加之社会各方面至今仍存在封建残余，难道就能判断为封建社会吗？显然不能。今天的封建残余只能说明我国仍处在社会主义社会第一阶段，旧因素还大量存在，社会主义社会还未全面建成，随着社会主义社会的健全，封建残余就再无存在的理由。可以说，只凭存在部分奴隶或部分奴隶制生产关系就判断是奴隶社会显然不对，其他社会形态的判断也同理。从社会形态内部漫长的演变中，夏商周之间的革命，显然只是王朝更替的政治革命，而夏商周时期分封式封建的不同，显然也只是一种社会形态内成长阶段的不同，而非实质性差异。同理，知道一种社会形态存在几千年，而且是不断成长变化的几千年，若仅以其中表现形式、程度，甚至某些细节的不同，就划分社会形态，那就会使我国历史分期问题的解决永远在路上。

关于"封建"一词的本义，我国无人否认本源于西周时的"封邦建国"。但是，"封建"一词的实质是什么？是指自上而下构建政体和社会秩序的一种方法。我国自创建政权起始时期的黄帝开始，至今仍未完全脱离这一方法。既然要自上而下分封，那就必然要权力集中。因大权独揽且永固，才有什么可封、才能持续不断地分封。像西周的封建是分国，是分权而非集权，因此天子就会愈来愈捉襟见肘、无地可封。随着各诸侯国的强

---

① 《礼记·曲礼上》，陈澔注，上海古籍出版社1991年版，第13页。
② 《左传·昭公七年》，岳麓书社1991年版，第291页。

大，天子的地位必然跌落，结果就与分封的初衷恰恰相反，所以西周时的
"封建"，称分封就十分恰切。而秦以后的封建则是西周封建的超越和发
展，春秋战国的长期战乱，充分表明了西周封建的弊端。生产力的发展，
也为把封建推向集权的高级阶段提供了可能性。秦始皇顺应了这一时代意
志，把封建推向了中央集权阶段。秦至清皇权独揽，世代承袭，郡县官员
都由中央直接任命，且可随时调动。这样，所封的官员在一定时间内对某
一地方的某一方面代行统治，将皇帝的意志层层贯彻到底。因此，只要被
封了官，就有了权，也有了力和利，对自己管辖范围进行管理。所以，中
国封建社会是不完全的官有制，官越大越尊贵，一般也就越富有。只要能
达到，人们一般都把走上仕途作为人生首选目标，且不断追求高升。历代
选拔官吏制度的不断完善也为皇帝能不断封官输送了源源不断的新鲜血
液。秦至清以封官分权的形式把自上而下的封建功能发挥到了极致。很多
人只看到西周的"封邦建国"是封建，却认识不到秦始皇创建的中央集权
郡县制只是把西周分封的弊端革除，其自上而下构建政权和社会秩序的实
质不仅丝毫未变，而且更加发展、更加稳固。不能认识封建的实质，不能
认识其不同发展阶段的不同表现形式，如只看到一个人孩童时和年老时体
貌的巨大差异就否认为同一人一样，是以现象为本质，就只能囿于"封邦
建国"的狭义封建而不能自拔。

**（三）未认识到因地理环境、历史条件的不同，即使同一社会形态表
现也差异极大**

例如，在世界已成长为一体的今天，后发资本主义各国如印度、新加
坡、埃及、墨西哥等，基本都是先发资本主义国家制度的输出，各国都存
在着很大差异。何况古代各地域是独立发展，差异自然就更大。所以，以
发达的、典型的古希腊、古罗马奴隶制的表现形式来衡量我国不发达的、
在浓厚血缘色彩掩盖下的、以族为单位的人身的不自由，自然就得出我国
无奴隶社会的结论；用来衡量各国，就得出不经过奴隶制是通例，古希
腊、古罗马高度发达的奴隶社会反而是特例的奇怪结论①。不能透过不同
的现象，看到背后相同的本质，就永远无法认识深藏在历史中的社会存在

①　张广志：《中国封建社会的由来及其早期形态》，《中国"封建"社会再认识》，中国社会
科学出版社 2009 年版，第 250 页。

及运行规律。

（四）其他分期都未准确反映社会各阶段的本质、存在特征及内在演进逻辑

按时间划分：如战国时商鞅韩非子就有上古、中古、近古之分；近代梁启超、夏曾佑也有上古、中古、近代之意。西方传统史学也曾沿用"古代—中世纪—近代"的方法划分历史。站在每一时代，历史都有上、中、近之分，众多的上、中、近不仅雷同，且易混乱。再者，上、中、近的概念，也不能清晰反映各阶段的本质、存在特征、任务等。

其他分期的概念也都不能清楚反映各阶段的本质特征。例如，西方史学家巴勒克拉夫、麦克尼尔、斯塔夫里阿诺斯、斯特恩斯、本特利等的分期中运用的"早期复杂社会""中东统治时代""欧洲统治时代""西方居优势地位时的世界""缩小的世界""全球文明时代"等概念，都看不出复杂是什么样的复杂，欧洲统治时代是以什么样的方式统治，是奴隶式还是封建式？缩小的世界，小到什么程度？还有我国近期众多史家的分期，如田昌五老师的"洪荒时代—族邦时代—封建帝制时代"，晁福林老师的"氏族封建—宗法封建—地主封建"，叶文宪老师的"酋邦—封建王国（或王国）—王国与帝国的转型—帝国"，葛志毅老师的"酋邦时代—王政时代—帝制时代"，王震中老师的"邦国—王国—帝国"①等，也和西方史学家的分期相同，仅从概念本身看不出所指阶段社会是什么状况，也都不能清晰反映历史演进的逻辑、各阶段的本质、存在特征等。

（五）只有五种社会形态的划分和社会本身的存在状况及演进历程相吻合

犹如对人一生划分阶段一样，少年、老年等，仅一个少字、老字，即可完全清楚其处在人生的哪一阶段、存在状态、任务、来龙去脉等，而且幼、少、青、壮、中、老、晚几个概念就能清晰反映人生命存在及演进的逻辑和轨迹。划分社会阶段（形态），即历史分期的概念，也应使该阶段的性质、人生存状况、处在社会哪一阶段、任务等都一目了然。

---

① 罗新慧：《二十世纪中国古史分期问题论辩》，百花洲文艺出版社 2004 年版，第 482—490 页。

从几种社会形态的存在状况，可看出原始社会就是把主要依靠血缘凝聚力量推动社会发展的功能发挥到最大限度，人们的社会行为都受血缘意志操控的血缘文明时代。奴隶社会就是把主要依靠人力的功能发挥到最大限度，人们的社会行为都受人力意志操控的人力文明时代。封建社会就是把自上而下的分封建制的功能发挥到最大限度，人们的社会行为都受封建意志操控的农业文明时代。资本主义社会就是把资本的功能发挥到极致，人们的社会行为都受资本意志操控的工业文明时代。社会主义社会就是社会功能得到最有效发挥，人们的社会行为都自觉受社会意志操控的社会第五存在阶段，人类开始步入"成年"，真正开始自身历史的生态文明时代。这从图 1 表示的社会整个存在过程的运动轨迹就可清楚看出。这里的社会主义社会是指全面建成的社会主义社会。所以，马克思把原始至资本主义社会统称为人类社会的史前时期①，说明社会主义社会才是真正的人类历史的开端。

社会本身的存在状况及演进历程，证明马克思提出、斯大林明确的五种社会形态的划分和社会完全吻合，而且五个概念也都准确反映各阶段的本质、存在特征、在社会整体中所处位置、来龙去脉、内在逻辑等，所以五种社会形态的划分就社会整体而言反映了世界历史发展的客观实际。各地域参差不齐、跨越式的后来居上、长期停滞的先进变后进等丰富演进，不是对五种社会形态的否定，恰恰证明五种社会形态的递进关系非常严密、不可变更、不可断裂。因只要稍作考究，就可证明任一跨越都是在他国发展的基础上，而不是凭空跨越；后来居上、长期停滞等恰恰都是社会形态存在及演进规律所作用。社会分期是本质性的、整体性的、逻辑性的重大理论问题，正如中国社会科学院世界历史研究所张顺洪研究员指出的，"人类社会是一个整体"，"而长期以来，国内外自然科学、社会科学分门别类，层层细化……随着各个领域的研究越来越深入细致，人们的研究工作从一定意义上讲也越来越狭窄。这是今天人们认识事物的一种局限。同时，事物之间都是相互联系、相互作用的。如果只考察某个事物，而忽视相关事物，则很难认清该事物的全貌"②。所以，研究社会分期问题一定要站在整个历史的高度，纵观社会存在及

---

① 《马克思恩格斯选集》第 2 卷，人民出版社 1972 年版，第 83 页。
② 张顺洪：《跨学科研究是世界史研究的一大趋势》，《社会科学战线》2012 年第 2 期。

演进的全貌，透过错综纷繁的表象，深入辨析其背后的是与非，才能准确抓住那深深隐藏的规律。

五 科学认识了社会形态的存在及运行规律

每一社会形态都是社会中一个大的存在阶段，所有社会形态之和就是整个社会的存在过程，所以从对社会形态的科学认识中就可全面把握我们这一人类（因在我们之前或之后地球上可能还有人类）的整个存在过程、意义、运动规律等。因我们人只是生存于社会中的细胞，且因生命短暂仅可看到社会的瞬间，而且社会的生命对生存其中的人而言只有一次、无重复性，因之很难实现科学认识。但通过代代人类的实践、记录、积累，发展到今天已能清晰看到社会形态存亡过程的不断重复及所遵循的规律，由此对社会的过去、现在以及未来都豁然明朗，当今人类在整个社会存在过程中所处的位置、方向、任务等也都一目了然。站在人类社会整个存在的高度，纵观每一种社会形态从小到大、从盛到衰再到亡的动态存在过程，人们认识社会问题就再也不会片面地以个别现象为本质、以片段为整体、以眼前为永恒。例如，苏东剧变时就有人高喊社会主义社会的历史业已终结，资本主义制度将永恒存在下去。现阶段社会主义社会未清晰展现较资本主义社会的巨大优越性，不等于永远不会展现。从原始社会到资本主义社会只是人类的成长时代。总之，认识了社会形态的存在及运行规律，历史及现实中长期争论的众多重大理论问题都迎刃而解，在社会领域就拿到了进入自由王国的钥匙，人类也由此踏上成熟之路，真正开始自身的历史。

从中国封建社会显现的一种基本完整的社会形态的存在过程中，可清楚地认识到，我国今天仍处于社会主义社会的第一阶段，即积累阶段，也就是我们所讲的初级阶段。此阶段社会主义经济形态还未完成质变，文明形态——生态文明还未创立，社会主义社会还未全面建成，还在跨越途中。就像我国封建社会建立后的秦皇汉武之间，封建社会还未全面建成，就有奴隶、封建社会要素的混合存在，英法资产阶级革命后到工业革命开始之间封建、资本主义要素的混合存在一样，都是新旧杂糅、矛盾众多复杂的初级（积累）阶段。初级阶段新社会形态还未全面建成，又有旧因素的大量存在及干扰，比低一级形态的巨大优越性也就不可能清晰展现，因此即可明白社会主义社会迄今为何还未显现较资本主义社会的巨大进步，甚至在一些方面还不如资本主义社会。但今天的世界，问题众多复杂，难以根治，资本主义工业文明对生态造成了毁灭性破坏。生态危机就是资本主义工业文明的大肆破坏所致，所以在资本主义框架内不可能根本解决生态问题，几十年来的环保努力只是取得局部性效果，丝毫未能改变生态持续恶化的实质和总趋势，就是再清楚不过的说明。这些都清晰显露出社会主义社会的文明形态，必然是比资本主义工业文明高一阶段的人与自己生存完全依赖的自然、社会共同健康存在及发展的生态文明。社会主义社会本质、面貌、方向、任务、道路等的清晰，都说明社会主义社会积累的任务已完成。像封建社会的农业革命、资本主义社会的工业革命一样，我国已走到了进行生态革命的大门前。社会主义生态文明的创建，社会主义社会就跃上了健全阶段，较资本主义社会的巨大进步和优越性就会清晰展现，今天人们对社会主义社会的种种质疑、困惑都会烟消云散，社会主义社会全面取代资本主义社会就成为势不可挡的世界潮流。像汉武帝时的农业革命、资本主义社会的工业革命一样，我国正面临着无比辉煌的全面起飞！进行轰轰烈烈的生态革命是根本解决我国乃至全人类一系列重大问题的当务之急！是中华民族再次走在世界前列、"中国梦"真正成真的必需的基石。

我国根本不可能走西方的道路。所谓西方道路，即资本主义道路。如果我国社会适宜走资本主义道路，那我国就会是世界上第一个进入资本主义社会的国家，因我国在封建时代远远走在世界前列，是世界上最先进的国家，北宋时经济的发达就为商业的发展即资本的产生培土造壤。但是，我国封建社会的先进与发达，恰恰形成对资本主义最强大、最坚硬的排斥力，所以就决定了资本主义萌芽在我国总是受到摧折，无法顺利成长的厄运。犹如西欧奴隶社会发达封建社会就难以健康发展因此"黑暗千年"一样，我国至今都无法顺畅、深入地发展资本主义。很多"精英"只看到西方比目前还未全面建成的社会主义社会显示出文明、先进之处，却无视资本主义的极端片面生存与发展，在短短几百年间就使自然生态和社会生态全面恶化，生存其中的人已站在了毁灭的边缘。日耳曼人当年攻进罗马时为何不建立比其先进得多的奴隶社会？就是奴隶社会在古罗马已充分发展，再无发展空间，所以日耳曼人只能越过奴隶社会直接创建一种新的封建社会。我国古代秦国因后起也是远远落后于其他各国，但秦为何不向各国学习把奴隶制再推向更高阶段，而是通过商鞅变法越过了奴隶社会的鼎盛、衰亡阶段直接跃进了封建社会？社会形态的演进法则一再表明，一个国家或地区在创建新社会时，是根据社会已达到的高度确定其建立的社会形态的台阶，而不是其本身刚刚走出的社会形态。还有我国的元、辽、金、夏、清等政权，也是赶到中原封建社会哪一阶段，就是哪一阶段，而不是按部就班都从封建社会的创建阶段开始。同样，在一些人认为我国应完全走资本主义道路时，而资本主义本身已无路可走。就如刚从原始社会出来就站在了奴隶社会废墟上的日耳曼人，刚创建了奴隶社会奴隶社会就已无路可走的秦国一样，已经建立社会主义社会的我国，必然要完全越过资本主义社会（目前还未完全越过，还在跨越途中），用不断完善社会主义制度来解决社会主义社会的问题，而不是退向资本主义社会加速人类的毁灭。因为我国人口众多，如果都要片面追求无限消费，必将大大加重生态破坏，加速人类的毁灭。

今天人类面临的现实和历史问题之所以众多，争论之所以持久且不得要领，就是未抓住社会形态这个纲。马克思正是抓住了这个纲，才能准确认识人类社会演进的几个阶段，并根据各个阶段的存在及演进规律，在资本主义社会刚刚展露出真正容颜时，就能揭示其必然被社会主义社会所取代的命运。马克思主义的诞生拉开了人类向社会主义社会跃进的大幕。

（作者单位：陕西省文物信息咨询中心）

论中国特色社会主义的两大现实优越性

——基于两种社会制度并存的视角

竟　辉

中国特色社会主义，是科学社会主义理论学说、社会制度和现实运动在当代中国境域的一种实践形态，是指引当代中国共产党人和中国人民实现"两个一百年"的战略目标和中华民族伟大复兴的根本方针。在当今世界资本主义与社会主义两种制度并存的条件下，中国特色社会主义以理论上的真理性和实践上的可行性，在与苏联模式社会主义和西方资本主义制度对比分析的过程中，不断显现出强大的现实优越性，为当今世界上其他国家不断探索适合本国国情的建设道路提供了经验借鉴。

一　中国特色社会主义坚持科学社会主义基本原则，从国内外实际出发论证了一国独立自主进行社会主义建设和改革的必要性与重要性，优越于苏联社会主义模式

作为世界上首个建成社会主义的国家，苏联第一次促使科学社会主义由理论转变为实践。十月革命后，列宁就开始了领导苏俄人民进行社会主义建设的进程。他根据当时苏俄的现实国情及西方国家敌视苏俄的国际环境，先后通过制定并实施了战时共产主义政策与新经济政策，巩固和强化了新生的苏维埃政权，为日后苏联全面进行社会主义建设积累了有益经验。列宁逝世后，斯大林作为接班人执掌苏维埃政权。他以强有力的措施掀起了苏联人民建设社会主义的高潮，使社会主义制度的优越性得以以暂时的姿态表现出来，且取得了丰硕的建设成果，为苏联在第二次世界大战期间取得反法西斯战争的胜利和战后建设并领导世界社会主义阵营奠定了

基础。正是在他执政期间，苏联社会主义模式才逐渐形成并在日后得以沿袭和推广，故我国多数学者也将苏联社会主义模式称为"斯大林模式"。

（一）苏联社会主义模式之客评价

关于苏联社会主义模式的利弊得失，国内学者们的争论从未止息。这一争论的实质是如何科学评价苏联建设社会主义的方式方法。一个基本的共识是，苏联社会主义模式形成于特殊的历史时期，是马克思主义基本原理与当时处在帝国主义包围中的苏联实际相结合的产物。其历史贡献在于，它在苏联社会主义建设的早期，确实为苏联人民物质文化生活水平的提升、反法西斯战争的胜利和维护苏维埃政权奠定了坚实的制度保障与物质基础。同时也应该看到，斯大林及其后来苏共领导人所推崇的社会主义建设模式，将马克思主义经典作家所描述的社会主义社会的特征作为社会主义制度的本质内容来坚持。这种做法起初确实能起到鼓舞人心、协调生产关系的作用，但从长远来看，由于长期背离生产力决定生产关系的客观规律，反过来又消解了人们参与社会主义建设的热情，以致造成生产与市场的脱节、人际关系和生产关系的混乱。整体来看，以经济政治体制高度集中为标识的苏联社会主义模式，其内在弊端具体表现在完全计划经济、集权政治、文化专制、沙文外交四个方面。

在经济体制上，苏联一味主张公有制经济的大与纯，排斥、打击甚至取消公有制以外的其他所有制形式；片面强调指令性计划经济，以行政手段替代市场机制进行经济管理；片面发展重工业，忽视农业和轻工业建设，以致国民经济比例严重失调。在政治体制上，以党代政、党政不分，行政机构臃肿、官员奢靡腐败、官僚主义盛行、盲目个人崇拜等，严重损害了苏联共产党和政府形象，造成苏联人民对社会主义建设离心离德。在文化体制上，文化政治化倾向僵化了作为指导思想的马克思主义，文化专制主义打压了大批无产阶级知识分子，从而造成苏联社会主义建设人才的缺失。在外交政策上，苏联大国沙文主义色彩浓厚，以牺牲他国利益来换取本国利益，强迫社会主义阵营的其他国家接受苏联社会主义模式，甚至在与美国冷战期间推行霸权主义政策，结果导致社会主义兄弟国家之间的疏离和隔阂。凡此种种，由于苏联社会主义模式的变革滞后于国内社会条件和国际环境的变化，其弊端和缺陷日益显露，为日后苏联解体埋下了隐患。

　　当然，斯大林之后的苏共领导人赫鲁晓夫、勃列日涅夫和戈尔巴乔夫等人，也曾相继对苏联社会主义模式进行了改革。但由于没有纠正将社会主义社会具体特征作为社会主义制度本质内容的错误做法，使得这些改革举措并未触及造成苏联经济政治体制高度集中的根源，自然改革成效甚微。体制的长期僵化引起了苏联人民乃至苏共高层领导人对社会主义制度本身的质疑。尤其是到了 20 世纪 80 年代中期，戈尔巴乔夫将民主社会主义作为苏共改革的目标，一边高举"人道的、民主的社会主义旗帜"，一边高喊"全人类利益高于一切"的口号，彻底背弃了科学社会主义的基本原则。就其改革结果来说，戈尔巴乔夫"改革与新思维"的执政策略，既是在理论上对科学社会主义基本原则的彻底背叛，也是在实践上对资本主义制度的完全复辟。尽管苏联和东欧社会主义国家在改革的主观愿望上并不希望瓦解自身政权和更迭社会主义制度，但在改革的客观实践中，这些国家社会持续动荡、经济频陷危机、政治丑闻不断的局面，也算是提前为东欧剧变和苏联解体释放了信号。可以说，苏联社会主义模式成为了自身解体和东欧剧变的间接因素。

　　客观而言，苏联社会主义模式不管是前期所取得的成就还是后期日渐暴露的弊端，都是苏联共产党人及其领导下的苏联人民在探索社会主义建设道路的过程中出现的，也都是对国际共产主义运动正反两方面的经验积累。所以，我们评价苏联社会主义模式，不能站在它的对立面和国际共产主义运动之外，更不能以此来否认它对我国社会主义建设方方面面所带来的影响。

（二）中国特色社会主义对苏联社会主义模式的革新与发展

　　新中国成立初期，我国社会主义建设基本上是完全套用和照搬苏联社会主义模式进行的，这种套用和照搬也确实对我国社会主义改造的完成和第一个五年计划的实施起到了促进作用。后来，随着赫鲁晓夫在苏共二十大上作了旨在批评斯大林搞个人崇拜的秘密报告，以及苏联社会主义建设本身出现失误，以毛泽东为首的中国共产党人开始反思中国社会主义建设道路的问题，提出了"以苏为鉴"的现实性命题，主张将马克思与中国实际进行"第二次结合"。由于受当时极"左"思想和反右倾扩大化的影响，毛泽东同志所提倡的"以苏为鉴"和"第二次结合"的设想一度被搁浅。直至十一届三中全会的召开，中国共产党人在解放思想、实事求是思想路线的引领下，加快了探索适合中国国情的社会主义建设道路的步伐。对于如何建设社会主义，邓小平同志从两个方面进行了强调。一方面，中国社会主义建设不能照搬别国模式。在他看来，"照抄照搬别国经验、别国模式，从来不能得到成功"，"中国的事情要按照中国的情况来办，要依靠中国人自己的力量来办"。① 另一方面，中国社会主义建设要遵循本国实际，要有自己的特点。所以，他在改革开放之初就曾指出，"中国的社会主义道路与苏联不完全一样，一开始就有区别，中国建国以来就有自己的特点"②。按照他的理解，中国的社会主义既然与苏联有不同之处，就必然有超越苏联社会主义模式的地方。这也是他积极探索建设有中国特色的社会主义的初衷所在。正如他总结的那样："走自己的道路，建设有中国特色的社会主义，这就是我们总结长期历史经验得出的基本结论。"③ 中共十二大以后，伴随着我国改革开放进程的加速与深入，建设有中国特色的社会主义的理论框架和实践形态日益清晰完善，探索中国特色社会主义建设道路的历史任务一次又一次在理论上和实践上得到确证，社会主义的"中国模式"也逐渐形成，进而实现了对苏联社会主义模式弊端的突破。为此，习近平同志多次就"中国模式"与中国特色社会主义道路的关系进行了科学阐述，以期澄清国内外对"中国模式"存在的误解和误判。他自信地说道："我们始终认为，各国的发展道路应由各国人民选择。所谓的'中国模式'是中国人民在自己的奋斗实践中创造的中国特色社会主义道路。"

与苏联社会主义模式相比，中国特色社会主义在坚持科学社会主义基本原则的同时，对其内容进行了创新，进而显示出无比的优越性。中国特色社会主义优越于苏联社会主义模式的根本之处就是立足于我国社会主义初级阶段的基本国情，选择和坚持了社会主义市场经济体制。马克思主义认为，经济制度和经济体制居于社会基本制度和体制机制的核心地位，对一个社会的发展起着根本性作用。只有牵住经济制度和经济体制这个"牛鼻子"，才能更好地完善其他社会制度和体制机制，也才能更好地促进社会各方面的建设与改革。

---

① 《邓小平文选》第 3 卷，人民出版社 1993 年版，第 3 页。
② 《邓小平文选》第 2 卷，人民出版社 1994 年版，第 235 页。
③ 周新城、梅荣政：《关于苏联模式研究的两个问题》，《思想理论教育》2013 年第 8 期。

中国特色社会主义对市场经济体制的选择有一个随着改革开放进程而逐步被认知和认同的深化过程。1978年邓小平同志就曾对我国经济管理体制权力过于集中的问题作出过论述，同时对发扬经济民主作出了重要指示。翌年，他在会见外宾时谈道，"说市场经济只存在于资本主义社会，只有资本主义的市场经济，这肯定是不正确的。社会主义为什么不可以搞市场经济，这个不能说是资本主义。我们是计划经济为主，也结合市场经济，但这是社会主义的市场经济"①。1982年党的十二大报告提出有系统地进行经济体制改革的任务，并提出允许对部分产品的生产和流通不做计划，由市场来调节。1984年党的十二届三中全会首次将"社会主义经济是公有制基础上的有计划的商品经济"写入中央文件。1987年党的十三大报告正式提出"社会主义有计划商品经济的体制，应该是计划与市场内在统一的体制"这一重要命题。1992年党的十四大报告进一步将这一命题表述为"我们要建立的社会主义市场经济体制，就是要使市场在社会主义国家宏观调控下对资源配置起基础性作用"②。此后，党的历次代表大会又反复强调国家宏观调控下市场在资源配置中起基础性作用的提法。到了2013年，党的十八届三中全会又将这一提法升华为"使市场在资源配置中起决定性作用和更好发挥政府作用"，借此来明确市场而非政府在资源配置中的主体地位。通过对社会主义市场经济体制发展脉络的简单梳理，不仅从形式上反映了中国共产党人对发展社会主义市场经济和建设中国特色社会主义规律的深刻把握，而且从内容上彰显了中国人民对实现中华民族伟大复兴内在动力的准确认知。

把握社会主义经济建设规律是为了使之更好地服务于中国特色社会主义现代化建设事业。今日中国社会主义现代化建设所取得的一切成就，不能不说与市场经济体制的确立和完善有着必然的关联性。我国在发展社会主义市场经济过程中坚持人民主体地位，将促进社会公平正义、增进人民福祉作为改革和完善市场经济体制出发点与落脚点，因而能够得到13亿中国人民的支持和拥护。另外，我国市场经济体制改革坚持系统思维，在完善社会主义市场经济建设"顶层设计"的同时，主张将经济建设融入民主政治建设、先进文化建设、和谐社会建设、生态文明建设及执政党建设

① 《邓小平文选》第2卷，人民出版社1994年版，第236页。
② 《十四大以来重要文献选编》（上），人民出版社1996年版，第19页。

的全过程，因此能够确保"五位一体"总布局的协同推进。可见，与苏联社会主义模式僵化的经济体制相比，我国社会主义市场经济体制所表现出来的人民性与系统性，赋予了中国特色社会主义更加鲜明的优越性。

二 中国特色社会主义创新了人类社会发展的一般模式，从东西方文化的对比分析中阐释了世界文明发展样态的统一性与多样性，优越于西方社会资本主义制度

纵观人类社会的发展史，从历时性的角度来看，原始社会、奴隶社会、封建社会、资本主义社会和社会主义社会的依次更替，揭示了人类社会向社会主义、共产主义演进的必然趋势；从共时性的角度来看，农业文明、工业文明和生态文明在当今世界相互交织，资本主义制度和社会主义制度在当今世界对比同在，为现实社会主义国家更好地借鉴吸收资本主义世界的文明成果提供了时间和空间。中国特色社会主义正是在强化自身改革和加强对外学习的过程中，在对资本主义制度的不断超越中，实现着人类社会文明多样化的发展。创新人类社会发展模式已成为坚持和拓展中国特色社会主义的一个重要目标指向，而这一目标指向是现代资本主义文明所故意规避和无法企及的。

（一）资本逻辑主导下西方国家的发展命运正遭遇着前所未有的内外困境

与专制的封建主义社会相比，资本主义由于张扬自由个性和积聚社会财富而体现出文明进步的一面。尽管资产阶级在历史上确实起过非常革命的作用，但也不能忘掉"资产阶级生存和统治的根本条件，是财富在私人手里的积累，是资本的形成和增殖"这样一个最基本的事实。马克思一再揭示和批判了资本主义文明的虚假性与野蛮性。他解释道："当我们把目光从资产阶级文明的故乡转向殖民地的时候，资产阶级文明的极端伪善和它的野蛮本性就赤裸裸地呈现在我们面前，它在故乡还装出一副体面的样子，而在殖民地它就丝毫不加掩饰了。"在资本主义社会这个"虚假的共同体"中，"资本具有独立性和个性，而活动着的个人却没有独立性和个性"，人的个性的发展让位于资本的牟取，人的世界被资本的世界所淹没

和吞噬。在资本家看来，"人和人之间除了赤裸裸的利害关系，除了冷酷无情的'现金交易'，就再也没有任何别的联系了"①。可见，资本主义文明得以存在和发展的现实基础不是"现实的个人"，而是"抽象的资本"，它身上与生俱来的铜臭味也日渐抹去了其自身所引以为豪的过往。资本逻辑主导下的资本主义文明，所呈现给人们的不再是一场"壮丽的日出"，而是一条"通往奴役之路"。资本的趋利性和扩张性使资本主义文明再也无法持续发展下去，资本主义灭亡的丧钟也终会敲响。

首先，资本的趋利性造成资本主义国家内部危机四伏。追求剩余价值最大化是资本主义生成的唯一目的，也是诱发资本主义社会各种危机的直接原因，其背后折射出的则是西方社会所主导的个人本位价值观的缺陷。辩证地看，这种个人本位价值观不但明确了人类生活实践是"有意识的生命活动"，而且体现出人类最基本的存在方式，无疑是引领人类社会文明发展的"导航仪"。然而不幸的是，资产阶级御用学者从唯心主义抽象的人性论角度对其进行了绝对化的解读，强调人性自私论，认为个人利益才是推动社会发展的唯一动力，忽视了个人本位价值观随着人类文明进步向社会本位价值观跃迁的必然性趋势，并将资本置于培育个人本位价值观所必先考虑的范畴。这种认识的后果，便是极端个人主义、拜金主义、享乐主义、消费主义等腐朽生活理念和方式的泛滥。尽管资产阶级尽力掩盖资本主义社会"物的世界的增值同人的世界的贬值成正比"这一客观事实，但无论如何也遮掩不住其个人本位价值观已经酝酿或正在酝酿的四大社会危机——经济危机揭示了资本主义社会企业倒闭、工人失业、市场秩序混乱的常态，使广大劳动人民的生存境况更加窘迫；信任危机揭示了人们追逐物欲过程中的相互猜疑，使人与人之间更加疏远；信仰危机揭示了人们物欲满足后的茫然，使人们的精神世界更加空虚；生态危机揭示了人与自然之间异化关系的加深，使人们的生活环境更加恶化。从根本上讲，四大危机说到底是资本主义社会现行发展模式必然出现的危机，是资本主义制度本身弊病的外在显现。它用鲜活的事实使西方学者所倡导的"意识形态终结论""历史终结论""文明冲突论"等谬论不攻自破，同时也促使资产阶级统治者深刻反思其自身发展模式，开始在既有制度框架内进行有限的改革。

其次，资本的趋利性衍生出资本的扩张性，这种扩张性加剧了世界的

---

① 《马克思恩格斯选集》第 1 卷，人民出版社 1995 年版，第 275 页。

不安与动乱。为了获取更多的原材料和占据更多的国外市场，资产阶级从未放弃过对外侵略扩张。一遇到合适的牟利机会，资产阶级就开始撕下"温情脉脉的面纱"，或通过贩卖黑奴，或通过诉诸武力来到达积累原始资本的目的。针对资产阶级唯利是图的本性，马克思进一步揭示了资本的"原罪"。他总结道："资本来到世间，从头到脚，每个毛孔都滴着血和肮脏的东西。"①时至今日，西方资本主义国家在海外掠夺资源攫取资本的目的没有改变，"西化""分化"社会主义国家的图谋也丝毫未减，尤其是进入 21 世纪以来，西方发达国家所追求的全球经济政治一体化的战略目标与后发展中国家所倡导的民族独立、经济繁荣的发展目的之间的矛盾更加激化。前者在对外政策中遵循国强必霸、弱肉强食的丛林法则，形成霸权主义，往往借助意识形态渗透、经济制裁乃至军事打击的方式实现自身发展目标；后者因致力于探索适合本国国情的发展道路而竭力反抗来自前者的一切干涉，极端情况下滋生出恐怖主义，结果是双方在"零和博弈"中苦苦挣扎。前者更是站在经济、政治、文化、军事、外交的制高点，在对外交往中制定出双重标准——对内高扬自由、平等、民主、法治、人权等旗帜，对外则表现出恃强凌弱、野蛮霸道的一面，且常以救世主的姿态高高自居。今日西亚、北非、中东等地区的冲突与动乱，可以说与西方国家所实施的外交政策的双重标准不无关联。在资本主义国家一家独大的现实背景下，全球范围内民族关系对抗程度的升级，国家利益冲突激烈度的加深，传统安全隐患与非传统安全隐患的耦合，更增添了影响世界和平发展合作进程的不确定性因素。

（二）中国特色社会主义"人本""和谐"的执政理念为世界发展注入新的活力

正是在这样的国际背景下，中国共产党人立足于现实世情国情党情，领导全国各族人民不断突破资本主义文明的狭隘眼界，开辟了一条富有民族特色、时代特征、文化特性的中国特色社会主义道路。这条道路在解放和发展生产力的基础上，对内主张坚持以人为本、建设和谐社会，对外倡导和平发展、构建和谐世界，为社会主义文明超越资本主义文明奠定了先进的生产力与和谐的生产关系基础。正是在这条道路上，中国人民进行了

---

① 《马克思恩格斯选集》第 2 卷，人民出版社 2012 年版，第 297 页。

用社会主义文明革新资本主义文明的尝试，为创新人类社会发展模式和促进世界文明发展样态的多样化做出了突出贡献。

首先，中国特色社会主义超越了西方社会资本逻辑主导下"重物本、轻人本"的文化思维，坚持贯彻和实施以人为本的发展理念。促进人的解放，重视人的价值，呵护人的尊严，寻求人的关怀，是马克思主义人民群众观的基本观点，也是党的群众路线的基本要义。社会主义革命建设改革的伟大实践也一再使中国共产党认识到，"力量的来源就是人民群众。不反映人民群众的要求，哪一个人也不行"①。所以，在领导中国特色社会主义现代化建设过程中，中国共产党始终坚持人民主体地位，最大限度地释放改革红利，最大程度地促进社会公平正义，以此来汇聚全面建成小康社会和实现中华民族复兴的磅礴之力。

其次，中国特色社会主义超越了西方社会国强必霸的认识局限，日益成为一支维护世界和平、促进共同发展的重要力量。中华民族历来就没有称王称霸、穷兵黩武的文化基因，中国人民自然也就从未形成西方社会国强必霸的思维定式。走和平发展道路，既是对中华民族崇尚和平历史传统的继承与发扬，更是对西方国家侵略扩张道路的反思与否决。正如习近平同志所说："中国走和平发展道路，不是权宜之计，更不是外交辞令，而是从历史、现实、未来的客观判断中得出的结论，是思想自信和实践自觉的有机统一。"②他的这一论述从历史、现实和外来的角度，从理论和实践的视角，阐释了中国走和平发展道路的客观必然性。此外，中国在坚持走和平发展道路的同时，还积极参与国际事务，协调地区争端，力主推动和谐世界的构建。从和平共处五项原则的确立到"亲、诚、惠、容"周边的外交理念的提出，从国际经济政治新秩序的重建到"人类命运共同体"的倡导，无不彰显出中国为构建和谐世界所做出的不懈努力。今天，中国特色社会主义道路所秉承的"以人为本"与"和平发展"理念，日益得到了世界各国的认同和接受，不断使仍处于低谷的国际共产主义运动看到了希望，而且还重新点燃了世界各国人民向往社会主义、共产主义的激情。

---

① 《毛泽东文集》第8卷，人民出版社1999年版，第324页。
② 习近平：《在德国科尔伯基金会的演讲》，《人民日报》2014年3月30日第2版。

三 小结

作为一种理论和实践形态，中国特色社会主义在与苏联模式社会主义和西方资本主义对比过程中所呈现出的强大优越性，也必将会随着中国社会主义现代化建设实践和世界经济政治文化全球化进程而更加明显。正是在这样的分析比较中，我们更加相信中国特色社会主义是实现中华民族伟大复兴的根本方针，我们也更加有理由坚持这样的道路自信、理论自信和制度自信。

（作者单位：南京航空航天大学马克思主义学院）

"现代化范式"的困境与中国革命的历史意义[*]

——兼评孔飞力《中国现代国家的起源》

傅 正

历史虚无主义，虚无了什么样的历史？对此，龚书铎先生曾指出："历史虚无主义虚无的是中国革命的历史，是中国共产党的领导、马克思列宁主义的指导，是社会主义制度和人民民主专政，但对叛徒、汉奸、反动统治者则不虚无，而是加以美化，歌功颂德，把已被颠倒过来的历史再颠倒回去，混淆是非。"这番话明白指出，所谓历史虚无主义，虚无的是"中国革命的历史"。更重要的是，龚先生看到，在学术界，历史虚无主义与"有人大肆鼓吹'告别革命'""'现代化范式'代替'革命范式'"，密不可分。而所谓的"现代化范式"，又"渊源有自"于蒋廷黻的近代化理论。^①按照这条思路，我们只有抓住"现代化范式"的问题，重新审视中国革命的现代化意义，才能对历史虚无主义做出真正有力的批判。

一 从"救亡压倒启蒙"到革命与现代化的对立

在20世纪80年代"文化热"的冲击下，首先被重估的就是"五四新文化运动"。无疑，李泽厚先生的"救亡与启蒙的双重变奏"一跃成为最有力的解释框架。按他的说法："五四运动包含两个性质不相同的运动，一个是新文化运动，一个是学生爱国反帝运动。"尽管李泽厚先生在注释

---

* 本文关于孔飞力《中国现代国家的起源》的思考，受到北京大学法学院章永乐教授的很大启发，特此说明。

① 龚书铎：《历史虚无主义二题》，《高校理论战线》2005年第5期，第49页。

中强调，他仍将"新文化运动"与"五四运动"视为一个整体。① 但这套逻辑本身就预设了"新文化"与"五四"的二分——前者负责启蒙，后者负责救亡。考虑到毛泽东把"五四"运动作为中国新、旧民主主义的分界线，李泽厚先生的这个框架所针对的对象，是不言而喻的。在这个框架下，整个新民主主义革命史就是救亡不断陵夷、压倒启蒙的历史。既然今天救亡的要求不再迫切，重启被压制的启蒙，乃非时不我待？如李泽厚先生所言：

> 以致"四人帮"倒台之后，"人的发现""人的觉醒""人的哲学"的呐喊又声震一时。五四的启蒙要求、科学与民主、人权和真理，似乎仍然具有那么大的吸引力量而重新被人发现和呼吁，"拿来主义"甚至"全盘西化"又一次被提出来。②

联系到 20 世纪 80 年代思想解放的迫切要求，李泽厚先生"救亡压倒启蒙"的公式是有充分现实意义的。然而，站在历史研究的角度上看，人为预设"救亡"与"启蒙"的二元对立是否符合历史实相，却大可以质疑。更重要的是，"救亡（革命）"与"启蒙"的对立，暗含了"现代化范式"与"革命史范式"的对立。

1995 年，美国左翼学者德里克曾撰文指出，在后革命时代的中国，"现代化范式"正在挑战"革命史范式"，从而引发了中国近代史研究的"范式危机"（crisis of paradigm）。③ 次年，罗荣渠先生便在《走向现代化的中国道路》一文中做出回应。他指出："当前中国近现代史研究中的新进展就是在'革命'的传统范式之外出现了'现代化'这个新范式。现在还谈不上这个新范式已经取代了传统范式，只能说是出现了两种范式并存的局面，目前主导范式仍然是革命史范式。因此，在中国大陆学术界似乎还谈不上抛弃革命的'范式危机'。"④ 然而，不管"现代化范式"是否真

① 李泽厚：《中国现代思想史论》，生活·读书·新知三联书店 2008 年版，第 1 页。
② 同上书，第 33 页。
③ ［美］德里克：《革命之后的史学——近代中国史研究中的当代危机》，《中国社会科学季刊》（香港），1995 年春季卷，总第 10 期。
④ 罗荣渠：《走向现代化的中国道路》，《现代化新论续篇——东亚与中国的现代化进程》，北京大学出版社 1997 年版，第 99 页。

的取代了"革命史范式",它给历史研究和历史教育带来的影响都是不可小觑的。

需要指出的是,按照托马斯·库恩的范式理论,"范式"(paradigm)意指某个时代坚实的研究共识(research consensus)。诸如亚里士多德的运动学说之于中世纪的物理学界;"燃素说"之于17世纪的化学界;经典力学之于19世纪的物理学界。一个范式的内核其实是一整套信仰体系,范式之间的转化实际上并不是什么科学的进步,只是一套新的信仰体系代替了旧的信仰体系。正如库恩所言:"范式一改变,这世界本身也随之改变了。""范式改变的确使科学家对他们研究所及的世界的看法变了。"① 无疑,"信仰体系"或"世界观"意味着范式与范式之间相互排斥,不可通约的。

如果"革命史观"与"现代化史观"构成两个科学范式的话,那么它们之间应该是不能相容的。可这并不符合事实,"革命史范式"强调"反帝反封建",也是在追求民族独立和现代化,怎么能说它与"现代化范式"不可通约呢?

因此,杨念群先生便指出,"革命史观"与"现代化史观"并不是两种不可通约的范式,"而是复杂的重叠关系,由于各自处理的对象和范围并不一致,怎么可能要求出现像自然科学那样的范式转换奇观呢?"并且,"历史学可能根本就不存在自然科学意义上的'范式转换'的可能性"②。郑师渠先生更强调:"当下的近代史研究,不仅客观上并不存在所谓'两个范式'的较量;而且,事实上也不存在库恩所说的'范式'。过分渲染所谓'革命史范式'与'现代化范式'的并存与争鸣,易产生误导。"③ 无疑,这些批判可谓一针见血。

把革命史学与现代化史学当作两种范式的学者中,罗荣渠先生是代表性人物之一。事实上,罗荣渠先生在对"现代化"做出定义时,就明确提到周恩来"四个现代化"的表述,以及列宁"共产主义就是苏维埃政权加

---

① [美]托马斯·库恩:《科学革命的结构》,北京大学出版社2003年版,第101页。
② 杨念群:《空间·记忆·社会转型:"新社会史"研究论文精选集》,上海人民出版社2001年版,第55页。
③ 郑师渠:《近代史教材的编撰与近代史研究的"范式之争"》,《近代史研究》2010年第2期,第10页。

全国电气化"的公式。① 可以说，他是在明确革命与现代化关系的前提下，把革命史学和现代化史学作为两个相互冲突的范式的。

所谓"革命史范式"和"现代化范式"各自持有的信仰内核或世界观，并不是一者鼓吹革命，另一者鼓吹现代化，而是它们对革命和现代化关系的不同定性。前者相信革命与现代化具有同一性，后者则相信革命与现代化是对立的。换言之，在前者看来，反革命势力是现代化的阻力；在后者看来，革命中断了现代化的道路。正如德里克所言，"现代化范式"强调，"中国革命不仅未使中国现代化，反而强化了其前现代化的状态"，"革命带来的可能并不仅仅是失败，它还可能打断了清末以前一直在进行的朝着现代化方向的发展进程。"② 事实上，杨念群、郑师渠二先生之所以质疑范式理论，正是担忧所谓的"现代化范式"有虚无革命史叙事之虞。

简言之，"革命史范式"与"现代化范式"的对立，其实是两条现代化道路的对立——是通过革命进行现代化，而是"告别革命"的现代化。应当说，时至今日，各种现代化理论不胜枚举，可随着"现代化范式"兴起而为学界所推崇的学者却是蒋廷黻。蒋廷黻先生的现代化理论，代表了"现代化范式"的基本思路。问题是，蒋廷黻先生的现代化理论究竟有何缺陷？我们又当如何把握"现代化"的本质呢？

二 现代化的实质与马克思主义的视角

李泽厚先生受到康德的影响是毋庸置疑的。1784 年，康德在《答复这个问题："什么是启蒙运动？"》中，对启蒙运动做出了最权威的定义："启蒙是不经他人引导而勇于运用自己的理性。"③ 我们注意到，"勇于运用自己的理性"意味着理性是一个人本有的，或曰"先天的"，启蒙就是要勇于运用这种先天的能力。乍看之下，这似乎与陈独秀《吾人最后之觉悟》中所鼓吹的"觉悟"十分相似。然而，康德紧接着便区分了"私下运

① 罗荣渠：《现代化新论——世界与中国的现代化进程》，北京大学出版社 1993 年版，第 9、10 页。

② ［美］德里克：《革命之后的史学——近代中国史研究中的当代危机》，《中国社会科学季刊》（香港）1995 年第 10 期，第 137 页。

③ ［德］康德：《答复这个问题："什么是启蒙运动？"》，《历史理性批判文集》，何兆武译，商务印书馆 1990 年版，第 22 页。

用理性"和"公开运用理性"。前者是指为了实现诸如宗教的、政治的等外在的目的而运用理性；后者则指一个启蒙思想家为了理性本身的要求而使用理性。无疑，"公开运用理性"是一种"不经他人引导"的状态。如康德所言，"必须永远有公开运用自己理性的自由，并且唯有它才能带来人类的启蒙。"① 反观陈独秀《吾人最后之觉悟》所要求的却是"政治的觉悟""伦理的觉悟"。更吊诡的是，在随后的"科玄论战"中，李泽厚先生推崇的启蒙思想家康德，却被中国的启蒙主义者们打为"玄学鬼"。这一现象不能不说是由中、西启蒙观念的巨大差异造成的。

康德在《人类历史起源臆测》一文中，指出：

> 理性使人类得以完全超出于动物社会的第四步和最后一步就是：他理解到（不管是多么模糊地）他才真正是大自然的目的，大地之上所生存着的东西没有任何一种在这方面可以和他相匹敌。当他第一次向羊说：**你蒙的皮大自然把它赐给你，并不是为了你而是为了我**，并且把它揭下来穿在自己的身上；这时候，他就具备了使他的本性可以超出于一切动物之上的一种特权，他不再把它们看作是和自己同类的被创造物，而只把它们看作是由他任意支配以达到自己所喜爱的目标的手段和工具。（按：加粗字体为康德原文中加着重号的部分。）②

在这段话中，康德勾勒了这样的一个转变：在前一个时代，人和世界上的万物都是上帝的被创造物；而在后一个时代，人们只把大自然的其他事物"看作是由他任意支配以达到自己所喜爱的目标的手段和工具"。事实上，这个转变揭露了西方启蒙运动的实相：以人的主体性代替上帝的主体性，是人而不是上帝，才具有对这个世界的逻辑先在性。正如他的先验哲学所鼓吹的：只有经过人的理性承认的事物，才是有价值的。前引李泽厚先生所说的"'人的发现''人的觉醒''人的哲学'"，正是这样的哲学。

然而，我们在套用西方启蒙概念时，往往忽略了中国历史上并没有类似于西方社会的宗教传统，也不存在他们那样的启蒙。中国近代的启蒙思

---

① ［德］康德：《答复这个问题："什么是启蒙运动？"》，《历史理性批判文集》，何兆武译，商务印书馆 1990 年版，第 24 页。

② ［德］康德：《人类历史起源臆测》，《历史理性批判文集》，何兆武译，商务印书馆 1990 年版，第 68 页。

想家面临的是一个与西方不同的问题。陈独秀曾说：

> 人民除纳税诉讼外，与政府无交涉；国家何物，政治何事，所不知也。积成今日国家危殆之势，而一般商民，犹以为干预政治，非分内之事；国政变迁，悉委诸政府及党人之手；自身取中立态度，若观对岸之火，不知国家为人民公产，人类为政治动物。[①]

在中国的启蒙思想家看来，传统社会的痼疾在于，庞大的宗族传统就像横生在个人与国家之间的阻拦索，制约了中国人的国家意识和政治参与，使人们囿于家族而不知公共。换言之，对于他们而言，要解决的问题并不是什么"上帝的主体性"，而是过于发达的宗族主义。如陈独秀所言："新文化运动倘然不能发挥公共心，不能组织团体的活动，不能造成新集合力，终究是一场失败，或是效力极小。中国人所以缺乏公共心，全是因为家族主义太发达的缘故。"[②] 正因如此，在近代中国的历史语境中，个人与国家、启蒙与救亡是一而二，二而一的。李泽厚先生念兹在兹的"启蒙"，其实并不在中国历史的语境中。与之类似，蒋廷黻先生的现代化也有脱离中国的历史语境的危险。

众所周知，蒋廷黻的中国近代史研究基本上沿用了马士《中华帝国对外关系史》的架构，亦即中国近代史的核心是中西关系史，一部中国近代史就是一部中国从抗拒到全面屈从于西方、全面被西方制服的历史。所谓"近代化"，就是西洋化，就是西方现代势力扩张到中国的过程。[③] 从广义上说，"现代化"或"近代化"确实是西方率先实现的，中国是在步西方后尘，且不同于英美等"内源型现代化模式"，中国是受到西方强势冲击才被迫走上现代化的道路的。公允地说，称"'近代化'就是'西洋化'"，也未尝不可。问题是，什么才是西洋社会或现代社会的本质？

按照蒋廷黻的经典命题：

---

① 陈独秀：《吾人最后之觉悟》，《青年杂志》第 1 卷第 6 号，1916 年 2 月 15 日，第 3 页。

② 陈独秀：《新文化运动是什么?》，《新青年》第 7 卷第 5 号，1920 年 4 月 1 日，第 4—5 页。

③ 欧阳军喜：《蒋廷黻与中国近代史研究三题》，《复旦学报》（社会科学版）2001 年第 2 期，第 90—91 页。

> 近百年的中华民族根本只有一个问题，那就是：中国人能近代化吗？能赶上西洋人吗？能利用科学和机械吗？能废除我们家族和家乡观念而组织一个近代的民族国家吗？[①]

这四个问题其实包含了两个评判"近代化"的标准：其一，"能利用科学和机械吗？"；其二，"能废除我们家族和家乡观念而组织一个近代的民族国家吗？"。然而，无论是蒋先生自己的论述，还是学术界对他的引用，都难免只顾其一，不顾其二。如蒋先生曾指出：

> 近代化的国防不但需要近代化的交通、教育、经济，并且须要近代化的政治和国民。半新半旧是不中用的。换句话说：我国到了近代要图生存非全盘接受西洋文化不可。[②]

其中，国防、交通、教育、经济、政治和国民等，都是可以按照西方社会的标准，进行量化考核的。而到底怎么样才算"破除宗族观念，组织近代的民族国家"呢？却很难制定出一个标准。但遗憾的是，越是可以量化考核的东西，往往越是表层和外衣。

蒋廷黻先生把整个中国近代史化约为"中西关系史"，认定越是接近西洋的就越文明、越发达，越是远离西洋的就越野蛮、越落后。这既排斥了中国本身的视角，更远离了现代化的实相。他忽视了亚非拉各国现代化道路上的一个普遍悖论：不进行现代化改革，固然无法立足于世界；可一旦进行现代化改革，却迅速遭致社会动荡。正所谓"不改会死，改即速死"。任何传统社会都具有稳固的社会结构，许多国家或地区引进了西方的政治、经济、文教制度，非但没能真正变革传统的社会结构，反而造成了城市与农村、精英与大众的对立。杨开道先生曾感慨：

> 社会忽视我国古时重士农，轻工商，所以农民的地位非常高尚，农民的生活也非常的满意。不过到了近来，工商业一天一天的发达，工商的地位也逐渐提高。……但是农民呢，他们的生活一天一天的变

[①] 蒋廷黻：《中国近代史》，上海古籍出版社 1999 年版，第 2 页。
[②] 同上书，第 46 页。

坏，他们的地位一天一天的降低，被旁的阶级的同胞压迫和讪笑了。①

在现代化的过程中，一方面，农村精英跑到城市；另一方面，城市的现代化开支又要农村承担。城市精英捞走了现代化的红利，占中国人口绝大多数的普通农民却面临黄宗智所谓的"半无产阶级化"。

蒋廷黻先生将传统社会简单地斥为"野蛮落后"，他所代表的"现代化范式"自然就无视了殖民地半殖民地人民革命的必然性。更重要的是，中国通过了一场新民主主义革命，把本来最排拒现代化的社会底层充分地动员到了现代化的浪潮之中。这个伟大的历史意义，却被"告别革命"给抹杀了。

蒋廷黻先生的现代化理论，往往被人用来攻击马克思主义的史学理论。既然蒋氏的现代化理论有这些问题，那么马克思主义又是怎么理解现代化的呢？

有学者指出，"罗荣渠只是紧紧地依据马克思恩格斯的'大工业首次开创了世界历史'这一进步—发展观，论述他的现代化理论。他提出，'现代化'是指 18 世纪后期工业革命开始以来一直到现在这样一个新时代，这是人类历史发展进程中的一个特定阶段"②。这个判断无疑是准确的。但倘若我们只停留于马克思、恩格斯对工业化现象的描述，而不计他们对于工业化本质的分析，就不可能不跌入"唯生产力论"的窠臼，而错过重要的结构性问题。

马克思在《〈政治经济学批判〉序言》中指出：

> 大体说来，亚细亚的、古代的、封建的和现代资产阶级的生产方式可以看做是社会经济形态演进的几个时代。③

不同于我们熟知的"五阶段论"，马克思实际上划分了三个阶段：前现代社会（亚细亚的、古代的、封建的）—现代资产主义社会—未来的共产主

---

① 杨开道：《我国农村衰落的原因和解决的方法》，《东方杂志》第 24 卷第 16 号，1927 年 8 月 25 日。

② 李海仙、丁建弘：《时代的标志与时代的精神——评"现代化理论"与"现代化新论"》，《世界历史》1998 年第 6 期，第 9—10 页。

③ 《马克思恩格斯选集》第 2 卷，人民出版社 1972 年版，第 83 页。

义社会（包括带资产阶级法权的初级共产主义社会）。日本学者望月清司
通过对马克思经典文献的考证，指出：我们每每囿于"所有权变更"而忽
略了马克思划分历史阶段的重要标尺——"分工展开史论"。望月清司指
出，马克思那里，人类历史演进的图式是：本源共同体—市民社会—自由
人的联合体（即共产主义）。第一个阶段，人与人之间的关系具有直接性，
他们被束缚在固定的社会组织内；第二个阶段，人们获得了形式上的自
由，可人与人之间的关系却需要资本作为中介；第三个阶段，人们既保留
了自由，又取消了凌驾于他们头顶的资本中介。① 一目了然，这样的历史
阶段划分很符合"正—反—合"的辩证法演进图式。事实上，在"本源共
同体"和"市民社会"的划分上，马克思和黑格尔殊无二致。所不同之处
在于，在黑格尔那里，国家是对市民社会的扬弃，是市民社会往上更高级
的实体；而在马克思那里，国家只是维系市民社会的力量，它跟市民社会
是同步的，扬弃市民社会的不是国家，而是自由人的联合体（共产主
义）。②

　　从这个历史演进图式中，我们可以轻易发现，在马克思那里，市民社
会和国家的形成，是建立在扬弃"本源共同体"的前提之上的。按照马克
思在《资本论》中关于"资本原始积累"的那段经典论述：

　　　　两种极不相同的商品占有者必须互相对立和发生接触；一方面是
　　货币、生产资料和生活资料的所有者，他们要购买他人的劳动力来增
　　殖自己所占有的价值总额；另一方面是自由劳动者，自己劳动力的出
　　卖者，也就是劳动的出卖者。③

其实已经说得很明确，现代社会的前提是要把劳动者从传统的共同体社会
中动员出来，使其变为自由劳动力。只不过在社会主义国家（即马克思所
谓的"带资产阶级法权的共产主义"），"货币、生产资料和生活资料的所

---

　　① ［日］望月清司：《马克思历史理论的研究》，韩立新译，北京师范大学出版社 2009 年版。
值得指出的是，望月清司刻意把"占有权"与"分工"两个在马克思那里互为表里的概念割裂
开来，把"所有权变更和阶级斗争史论"与"分工展开史论"割裂开来，这种做法遭到了包括其
导师小林良正在内的许多人的批判。

　　② 需要强调，这里所说的国家，是指现代民族国家（Volk），而非恩格斯《家庭、私有制和
国家的起源》中所说的"国家"（State），即普遍意义上的政治统治形式。

　　③ 《资本论》第 1 卷，人民出版社 2004 年版，第 821 页。

有者"是全体人民，自由劳动者不再把其劳动力出卖给某个资本家，而是出卖给全体人民，亦即出卖给自己——他的剩余价值不再为资本家无偿占有，而是通过社会福利返还给自己。

这里我们还要再加上另一个维度：与生产关系和社会结构的转变相适应，传统政治合法性（legitimacy）①来源于"天"或"上帝"，而现代政治合法性则来源于人民。换言之，即从"君权神授"变为"主权在民"。

综上所述，现代社会的本质并不在于某些经济、政治、国防或教育指标，而在于它是否从根本上把劳动者从旧的差序格局中动员出来，并通过这种动员确立自身的合法性。从这个角度看，尽管"清末新政"，或北洋政府、南京国民政府的一些改革似乎很西方化，却恰恰走入了死局，而很难奠定现代社会的基础。这要求我们在进行现代化研究时，必须要立足于"本土的视角"。

三 《中国现代国家的起源》与中国革命的现代化意义

美国学者孔飞力在《中国现代国家的起源》一书中提出，要把中国现代国家的形成视为一种"中国的过程"，而不再是西方垄断的那种界定。如他所言："'现代性'有着多种形式的存在，也有着各种替代性选择"；"不同的国家是可以通过不同的方式走向'现代'的"。正因如此，译者很巧妙地把书题"*Origins of the Modern Chinese State*"翻译为"中国现代国家的起源"，而不是"现代中国的起源"，以凸显中国本位的现代国家道路。②

为此，孔飞力划分了分析中国现代化所要依据的两个参照系——"根本性问题"（constitutional question）和"建制议程"（constitutional agenda）。他指出：

> 在这里，所谓"根本性"问题，指的是当时人们关于为公共生活

① 按照学术界主流的译法，"legitimacy"应翻译成"正当性"，"legality"则翻译成"合法性"。本文之所以用"合法性"对应"legitimacy"，是为了与后文论述的孔飞力《中国现代国家的起源》的译法相一致。

② 陈兼、陈之宏：《孔飞力与〈中国现代国家的起源〉》，《开放时代》2012年第7期，第143、144页。另参见《中国现代国家的起源》"译者导言"，第7、10页。

带来合法性秩序的种种考虑；所谓"议程"，指的是人们在行动中把握这些考虑的意愿。①

值得指出，"agenda"一词具有"能动者"（agent）的意味。如果说"根本性问题"意指中国人在建制现代国家的道路上所不能回避的结构性问题，那么"建制议程"就是中国人能动地解决这些问题的议程。这样的安排体现了孔飞力意图强调中国的自主性与能动性，以抛弃马士（包括受马士影响极大的蒋廷黻）、费正清等人的"冲击—回应"模式。

"根本性议程"或曰"建制议程"大概有三个：

政治参与的扩大如何同国家权力及其合法性加强的目标协调起来？
政治竞争如何同公共利益的概念协调起来？
国家的财政需求如何同地方社会的需要协调起来？②

这三个问题并不只是中国人要面对的，应当说，这是第三世界国家现代化道路所面临的普遍问题，更是清季民国时期现代化建设无法解决的困局。即效法西方扩大政治参与和政治竞争，却削弱了国家权力，败坏了现代国家的合法性，并损害了公共利益；为了满足现代化建设的开支而扩大财政收入，却导致地方社会的强烈反弹。这些结构性问题，正是革命爆发的原因。与大多数第三世界国家的革命不同，甚至与中国旧式农民起义不同，中国的新民主主义革命并没有走入排拒现代化的民粹主义死局之中，而是在无产阶级先锋队的领导下，通过动员广大农民，进了一场资产阶级革命。这使得中国的现代化道路并没有像大多数第三世界国家那样，仅仅只成为精英阶层步趋西洋时尚的游戏，而是把最底层的人民群众都动员进了现代化的浪潮中，并迅速凝聚成了一个强有力的民族国家。这点正是孔飞力所关注的。

我们可以按照本文第二节的结论，把上述孔飞力的三个问题划分为两

---

① ［美］孔飞力：《中国现代国家的起源》，陈兼、陈之宏译，生活·读书·新知三联书店2013年版，第1—2页。

② 同上书，第2页。

个维度：①问题一和问题二谈的是现代政治的合法性；②问题三谈的是现代国家对于基层的动员和控制。换言之，前者关注的是，如何在确立现代政治合法性的同时，不削弱国家权力，不损害公共利益；后者关注的是，如何打破宗族社会，使国家权力渗透到基层。

孔飞力对中国革命的讨论主要集中在第二个维度，即问题三"国家的财政需求如何同地方社会的需要协调起来"。就这个方面而言，他的思路跟查尔斯·蒂利殊无二致。在《强制、资本和欧洲国家》一书中，蒂利指出：

> 法国统治体制在革命岁月里发生了什么变化？在 1789 年以前，法国像几乎所有其他国家一样，在地方层面上间接地统治，特别是依靠牧师和贵族来中间协调。从美国战争（按：指法国支持美国独立战争）结束时起，政府筹集资金偿还战争债务的努力明确了一个反政府联盟，这联盟一开始包括国会和其他掌权者，但是随着政权和反对者之间的冲突加剧，它朝着一个更加流行的组成转化。[①]

反观孔飞力论述的"耒阳暴乱"，只是把背景由 18 世纪末的法国换成了 19 世纪中叶的中国。无论是法国传统，还是中国传统，中央对地方财政的汲取都是依靠作为中介的基层精英完成的。与法国一样，当战争的需求迫使中国不得不加大财政收入时，便遭到了基层精英的反抗，甚至引发了革命。革命却最终消除了基层精英这个中介，使国家对基层的统治由"间接统治"变为"直接统治"。如蒂利所言，法国革命政权以战争的名义，镇压了一切反革命活动，也就消除了一切"中介"，"建立起另一套中央控制"。[②] 或如孔飞力所言，中共之所以消灭地主和富农，是因为他们"会在党控制农民和农村剩余产品的努力中，演变为党的竞争对手"[③]。

可令人遗憾的是，在"政治合法性"这个维度上，孔飞力却有意无意地忽略了中国革命的现代化意义。不难发现，孔飞力衡量现代政治的两个

---

① ［美］查尔斯·蒂利：《强制、资本和欧洲国家（公元 990—1992 年）》，魏洪钟译，上海人民出版社 2007 年版，第 119 页。

② 同上书，第 121 页。

③ ［美］孔飞力：《中国现代国家的起源》，陈兼、陈之宏译，生活·读书·新知三联书店 2013 年版，第 102 页。

重要尺度——政治参与和政治竞争——是十分美国化的。诸如前美国政治学会会长罗伯特·达尔，在其 1971 年的名著《多头政体：参与和反对》中，就把评判一个国家是否"民主"的尺度设定为"政治参与"和"政治竞争"两项。① 而包括达尔在内的美国民主理论，其永恒的主题就是如何在其他国家实现美国式的"民主"。罗荣渠先生在评价罗斯托的现代化理论时，就指出：

> 1949 年美国总统杜鲁门提出所谓"第四点计划"（即对落后国家提供经济援助的计划），用大量美援来支持和争取第三世界一些国家，为此，必须加强对接受美援的国家发展的道路与模式的研究，以便把它们纳入美国设想的世界格局。这里，现代化问题的提出是密切为美国对外政策服务的。②

因此，现代化研究往往成为美国意识形态和文化霸权的重灾区。孔飞力在"政治合法性"的议题设置上，仍然没能免除这个问题。

按照孔飞力的表述，"在国民党统治下，商会、各种职业公会和民间团体、工会与学生组织越来越被置于国家的控制之下。而到 1949 年后的人民共和国时期，它们或者消失，或者成为国家管理的工具"。国家统一和富强的代价是"思想上逆来顺受和政治上令人摆布"③。他的结论仍然是："为了尽快实现现代民族国家的转型，中国不得不放弃政治参与和政治竞争，而片面扩大政治控制，最终导致强权国家。"无怪乎，章永乐教授称孔飞力的思路"不过是'救亡压倒启蒙'的学术升级版"④。亦如章教授所看到的那样，似乎在孔飞力的眼里，中共领导的革命不过就是凭借强有力的政权组织，实现自上而下的政治操控而已。

孔飞力忽略了任何一场底层革命想要取得成功，不获得充分的合法性，是不可以想象的。诚然，政治参与是现代政治合法性的唯一源泉，可

---

① ［美］罗伯特·达尔：《多头政体：参与和反对》，谭君久、刘惠荣译，商务印书馆 2003 年版，第 16 页。

② 罗荣渠：《现代化新论——世界与中国的现代化进程》，北京大学出版社 1993 年版，第 31 页。

③ ［美］孔飞力：《中国现代国家的起源》，陈兼、陈之宏译，生活·读书·新知三联书店 2013 年版，第 120、122 页。

④ 章永乐：《从乾隆到毛泽东》，《中国图书评论》2014 年第 8 期，第 64 页。

政治参与的方式并不只有美国式的一种。中共的群众路线，既是最广泛的政治动员，也是最广泛的政治参与。吴重庆教授指出，中国传统农村是一个典型的熟人社会。地主往往身兼宗族族长或"举人老爷"，这就意味着他的权力不仅仅来自经济上的占有权，更来自文化上的霸权或布迪厄所谓的"象征资本"。这些因素在很大程度上消解了阶级对立，为中共革命设置了很大的障碍。这就需要作为革命领导者的中国共产党，发挥更大的能动性，最大限度地动员群众。[①] 李放春更通过对米脂县杨家村的土改分析，指出第三次国内革命战争中的土地改革往往与共产党干部队伍的自我审查融为一体。土改的过程，也是中共不断保证其贴近群众的过程。[②]可以说，革命创造了新的合法性，新的合法性又反过来促进了革命的发展。在毛泽东时代，党在人民群众中的公信力是无可置疑的。我们不能割裂革命动员与合法性（政治参与）之间的关系，就像不能割裂救亡与启蒙一样。

不难察觉，无论是从政权的组织、对基层资源的汲取、对基层民众的动员，还是从政治的合法性上来看，中国共产党都要比国民党现代化得多，尽管后者在表面上十分"西洋化"。正是这点保证了中共能够战胜国民党，甚至在朝鲜战场上与武装到牙齿的"联合国军"一较高下。

中国共产党领导的新民主主义革命和社会主义革命的现代化的历史意义都是毋庸置疑的。

对学界泛起的历史虚无主义的批判，单凭旧有的理论话语是不够的。我们需要加深对马克思主义的理解，创新自己的理论体系。其前提是，必须回到"现代社会"的本质上来，问清楚什么才是"现代化"。

（作者单位：北京师范大学历史学院）

---

① 吴重庆：《中国革命中的阶级分析、底层收益与社会再造——基于对毛泽东中央苏区农村调查报告的分析》，《现代哲学》2013 年第 6 期。

② 李放春：《"地主窝"里的清算风波——兼谈北方土改中的"民主"与"坏干部"问题》，载黄宗智主编《中国乡村研究》第 6 辑，福建教育出版社 2008 年版。

"跨越卡夫丁峡谷"理论合规律性与中国特色社会主义道路自信

杨 玉

马克思晚年在研究俄国农村公社的未来命运问题上提出了跨越资本主义"卡夫丁峡谷"的理论（下文简称"跨越"理论）。有学者认定这是对他在 19 世纪 50 年代形成的"五形态"理论的否定，或者是统一性背后的多样性，原因在于这些学者解读"跨越"理论时，都自然而然地把"五形态"理论作为"跨越"理论的参照尺度，即作为标准化的"统一性"模式来解读"跨越"理论，这是不妥当的。今天重读"跨越"理论，对于坚持中国社会主义道路自信有重要意义。其实，马克思关于社会形态理论，本质上属于抽象共性的归纳，具有普遍意义的理论仅限于"两对"社会基本矛盾推动下社会形态依次演进的一般性逻辑规定，并不否定不同民族和国家的独特的发展道路，而马克思的"跨越卡夫丁峡谷"理论才是对不同民族和国家的具体发展道路的理论关照。中国特色社会主义道路自信恰恰源于对马克思"跨越"理论的传承与创新。

一 解读"跨越"理论为什么存在逻辑困境？

19 世纪 70 年代末，马克思、恩格斯在研究俄国社会未来命运时提出了"跨越卡夫丁峡谷"的理论，认为在一定历史条件下，俄国可以在农村原始公有制公社的基础上跨越资本主义制度的"卡夫丁峡谷"而成为新社会的增长点。1894 年，恩格斯在《〈论俄国的社会问题〉跋》中提到："这不仅适用于俄国，而且适用于处在资本主义以前的发展阶段的一切国家。"[①] 由此有人认为恩格斯把"跨越"理论的主体从俄国农村公社扩展

[①] 《马克思恩格斯选集》第 4 卷，人民出版社 1995 年版，第 443 页。

至资本主义以前阶段的一切国家，沿着这个逻辑，意味着"跨越"理论由最初针对特殊社会现象的命题被理解为具有普遍意义的一般理论，这个认识上的转变，就造成了"跨越"理论与"五形态"理论直接对话的局面。

事实上恩格斯在《〈论俄国的社会问题〉跋》中的论述只是强调西欧无产阶级革命的胜利是落后国家跨越资本主义制度的先决条件，他指出，落后国家跨越资本主义制度的"卡夫丁谷"的"必不可少的条件是：由目前还是资本主义的西方做出榜样和积极支持"。"只有当资本主义经济在自己故乡和在它达到繁荣昌盛的国家里被战胜的时候，只有当落后国家从这个实例中看到'这是怎么回事'，看到怎样把现代工业的生产力作为社会财产来为整个社会服务的时候——只有到那个时候，这些落后国家才能走上这种缩短的发展过程的道路。然而那时它们的成功则是有保证的。"① 应该说，恩格斯确实把一个特例（俄国农村公社）未来发展的问题上升到具有一般意义的所有落后国家的未来发展问题来思考，但这不是"跨越"理论本身由具体的存在形式变成普遍的抽象存在形式的理由。恩格斯很清楚，落后国家到底如何把握自己的命运不是一个理论问题，而是一个实践问题，"跨越"对任何落后国家来说都只是一种可能，一种选择，不是一种必然，一种规律，或者说，在基本条件合适的情况下，"跨越"是一种符合逻辑的道路选择，但绝对不是一般意义上的规律。甚至对俄国社会未来命运，恩格斯一直持理性、审慎的态度。"如果在西方，我们在自己的经济发展中走得更快些，如果我们在 10 年或 20 年以前能够推翻资本主义制度，那么，俄国也许还来得及避开它自己向资本主义发展的趋势。"② 正因为如此，在恩格斯那里，"跨越"理论仍然是一个直接立足社会实践并指向具体问题的理论（与马克思是一致的），只是适用的主体具有普遍性而已。这与"五形态"理论有本质区别，"五形态"理论从适用主体到基本逻辑规定都具有普遍意义。可以说，"五形态"理论与"跨越"理论类似于中医的一般治病原理与具体药方之间的关系，前者是抽象的共性，是从具体药方的内在逻辑中抽象出来的，而后者虽然对所有相同相近的病人具有普遍意义上的治病作用，但它本身是具体的存在，是若干个具体归类的结果。

---

① 《马克思恩格斯全集》第 22 卷，人民出版社 1965 年版，第 502 页。
② 《马克思恩格斯选集》第 4 卷，人民出版社 1995 年版，第 724 页。

但在很多学者解读"跨越"理论时，都自然而然地把"五形态"理论作为"跨越"理论的标准参照尺度，即作为"统一性"模式来解读"跨越"理论是否成立、如何成立的理由，这是不妥当的。

首先，将"五形态"理论视为社会普遍规律值得商榷。马克思本人提出来的五种社会形态，实际上是原始社会、奴隶社会、封建社会、资本主义社会和亚细亚社会，普遍公认的原始社会、奴隶社会、封建社会、资本主义社会和共产主义社会（社会主义社会是其初级阶段）依次更替理论是他人（一般认为是斯大林时期的教科书）从马克思论述"两对"社会基本矛盾运动逻辑中的理论推出的结果，是合乎逻辑的"嵌入"，正是这种看似恰当的"嵌入"，就把"两对"社会基本矛盾运动这种纯粹的抽象逻辑规定转换为社会形态依次更替这种直接规定社会实际演变过程的具体逻辑规定，由此造成一种误解，似乎社会形态依次更替规律适用于任何具体的民族、社会的历史进程，从而产生历史进步的僵化、教条思想认识。这是错误的，所谓的"五形态"理论，具有普遍意义的理论仅限于"两对"社会基本矛盾推动下社会形态依次演进的一般性逻辑规定，并不否定或者并不规制不同民族和国家的独特的发展道路。

其次，一旦与"五形态"理论直接对话，"跨越"理论就存在自身无法克服的矛盾。"五形态"理论是在生产力作用下，推动社会基本矛盾运动，由此推动历史进步。而"跨越"理论强调的是经济文化相对落后的国家在避开资本主义社会形态之后，可以通过世界历史（国际交往）借助其他经济较为发达国家的生产力来补偿这一不足，从而成功实现"跨越"资本主义"卡夫丁峡谷"，这"不仅具有可能性，而且有其现实性。其现实性就在于世界普遍交往的形成"①。生产力从本质上看，是人类认识世界、改造世界的一种能力，它自身有一个日积月累、逐步发展提高的历史演变过程。这个过程既不是一蹴而就的，也不是随意跨越式、跳跃式发展的。如果首先进行经济基础和上层建筑更替，反过来再利用国际交往方式补偿生产力不足，类似于先盖楼顶，然后建楼基一样，在逻辑上就违背了生产力决定经济基础进而决定上层建筑原则，如果在实践中得不到其他经济较为发达国家的生产力的补偿，就意味着先期的社会形态跨越失去了经济支

①　李素霞：《世界普遍交往与卡夫丁峡谷的跨越——兼论马克思社会交往理论的方法论意义》，《马克思主义研究》2012 年第 5 期。

撑，从而面临失败的命运，那么"跨越"理论不仅不具有科学性，还会成为一场误导或者骗局。"如果资本主义制度的俄国崇拜者要否认这种进化的理论上的可能性，那我要向他们提出这样的问题：俄国为了采用机器、轮船、铁路等等，难道一定要像西方那样，先经过一段很长的机器工业的孕育期吗？同时也请他们给我说明：他们怎么能够把西方需要几个世纪才建立起来的一整套交换机构（银行、信用公司等等）一下子就引进到自己这里来呢？"① 所以，以"五形态"理论为参照物解读"跨越"理论（二者都在抽象的逻辑层面上说明问题）是说不通的。

最后，如果西方资本主义本身也未达到超越自我的生产力水平，如何借助它们提供的生产力水平直接过渡到社会主义中来？"退一步讲，即使落后国家能够完全吸收利用先进资本主义国家的物质技术，也还是不能跨越卡夫丁峡谷，而只能进入卡夫丁峡谷。试想，一个自身还处在社会主义阶段以前的国家却能够帮助其他国家进入各方面发展水平更高的社会主义阶段，这无论在理论上还是在逻辑上都是讲不通的。"② 恩格斯在《〈论俄国的社会问题〉跋》中也指出："处在较低的经济发展阶段解决只有高得多的发展阶段的社会才产生了的和才能产生的问题和冲突，这在历史上是不可能的。"③ 这里隐含着一个悖论：如果西方资本主义已经达到超越自我的生产力水平，意味着它很快就长入到社会主义社会中来，东方经济文化落后的民族或者前资本主义国家可以得到西方社会主义国家的直接帮助，正如苏联帮助新中国一样，使其走上社会主义道路，在这种情况下，"跨越"理论也就失去了现实意义；反过来，如果西方资本主义尚未达到超越自我的生产力水平，前资本主义国家如何借助自身尚未达到社会主义发展要求的西方生产力水平实现"跨越"呢？

实际上，"五形态"理论与"跨越"理论是在两个层面上分别在场，不能直接对话。"历史规律不是一般性质的社会规律，它不是在现实的历史实际进程这一层面上直接制约人们的实践活动，而是在其背后以不可移易的历史必然性贯穿下去，并规定出整个历史运动的逻辑图景。"④ "五形

① 《马克思恩格斯选集》第 3 卷，人民出版社 1995 年版，第 762 页。

② 王力军：《对跨越资本主义卡夫丁峡谷理论的几点思考》，《山东大学学报》2005 年第 5 期。

③ 《马克思恩格斯选集》第 4 卷，人民出版社 1995 年版，第 450 页。

④ 龚培河、姜悠悠：《历史必然性的实现方式与中国道路的历史逻辑》，《中国特色社会主义研究》2013 年第 5 期。

态"理论中的社会基本矛盾运动规律是历史规律,不直接制约历史实际进程,因此,不同民族和国家的具体发展道路则应该由"跨越"理论来解释。

二 "跨越"理论的合规律性

"跨越"理论不是从抽象的理论逻辑角度看问题,而是从具体的实践逻辑角度看问题,它从一个民族自身的历史和所处的时代角度看问题,承认不同民族、不同社会的具体历史发展过程的特殊性,并为这种特殊性提供理论支持。但它是不是违反了社会发展普遍规律的客观要求,或具体地说,违反了"五形态"理论呢?

社会发展普遍规律是统一的,但其具体实现方式是多种多样的,马克思说:"极为相似的事情,但在不同的历史环境中出现就引起了完全不同的结果。如果把这些发展过程中的每一个都分别加以研究,然后再把它们加以比较,我们就会很容易地找到理解这种现象的钥匙;但是,使用一般历史哲学理论这一把万能钥匙,那是永远达不到这种目的的,这种历史哲学理论的最大长处就在于它是超历史的。"[1]在马克思的理论视野中,社会历史发展逻辑演变决不是一个结构单一的"线性"过程,而是一个层次繁多的"非线性"运动过程,如果单纯地用线性历史进步逻辑直接解读历史实际发展进程,会发现是行不通的,因为"真实的历史发展图景时常以倒退、曲折、跨越的方式展现出来"[2]。如中国封建社会历史时期,曾经有很多次引起历史大倒退的事件,西晋时期八王之乱、隋末农民大起义、唐朝的安史之乱、元初与清初对中原地区生产力的破坏等,引起历史重大倒退是非常明显的。所以,我们必须辩证地审视社会历史发展过程中包含的普遍性与多样性之间的关系,社会发展的普遍规律是通过各个具体民族的多样性发展模式展现出来,可以说,多样性的发展道路是普遍的社会发展规律的载体,普遍的社会发展规律是多样性的发展道路的内在逻辑规定。

人类社会发展的规律不同于自然规律之处就在于:考察历史规律时不

---

① 《马克思恩格斯全集》第 19 卷,人民出版社 1963 年版,第 131 页。

② 龚培河:《马克思主义关于历史规律及其实现方式研究》,中国社会科学出版社 2014 年版,第 165 页。

能忽略作为历史主体的人的能动作用及其历史地位，社会发展规律不是游离于人的实践活动之外的自在的规律，而是生成并作用于人们的社会实践活动之中，人的主观能动性对其具有前提性的作用。社会发展规律自身的逻辑规定性虽然不以人的意志为转移，但其实现方式却以人的实践能力和认识能力的发展水平为转移，包含着主体的实践活动的能动选择性。正因如此，才使得社会发展规律在不同国家和民族中呈现出多样性特点。马克思总结出人类社会发展规律只完成了从具体到抽象的转变过程，如何从抽象回归到具体中来，只有通过各民族不同的发展道路才能得到展现。"抽象本身离开了现实的历史就没有任何价值"①，抽象的社会发展规律一旦与人的实践活动相分离，变成纯粹的自我存在，就会变成死板的教条主义。综观人类发展史，没有哪个国家和民族是严格按照"五形态"理论所描述的一般逻辑演变发展起来的，如美国没有经历过封建主义社会历史发展阶段就直接进入了资本主义社会发展阶段，而且成功地发展起来，从严格意义上讲，苏联社会主义也不是建立在完全意义上的资本主义社会生产力发展水平之上，并且在 70 余年历程中取得过辉煌的成绩，我国也绕过了资本主义历史发展阶段，把社会主义现代化搞得生机勃勃。更进一步说，社会主义具体形态本身也是多样的，中国特色社会主义就是其中一种具体实现形式。

另外，历史是多样性世界的历史，各民族和国家通过普遍交往相互作用，这在客观上也会使人类社会的发展呈现出多样化的形态。马克思在《德意志意识形态》中提出"历史向世界历史转变"的论断，看到了人类历史转变大趋势："只有随着生产力的这种普遍发展，人们的普遍交往才能建立起来，普遍交往使地域性的个人为世界历史性的、经验上普遍的个人所代替。"② 缘于人类普遍交往的发展，那种地方的、狭隘的闭关自守状态被打破了，由此造成的直接后果就是，"各个相互影响的活动范围在这个发展进程中越是扩大，各民族的原始封闭状态由于日益完善的生产方式、交往以及因交往而自然形成的不同民族之间的分工消灭得越是彻底，历史也就越是成为世界历史"③。世界历史格局的形成使得原本局限在各民

---

① 《马克思恩格斯选集》第 1 卷，人民出版社 1995 年版，第 74 页。
② 同上书，第 86 页。
③ 同上书，第 88 页。

族之内的交往变成全球范围内的普遍交往，打破了各个民族和国家自发的、线性的演进过程，将一切民族和国家都纳入世界的整体系统中，确立起一种超越时间和空间的、非线性的演进过程，给不同民族和国家的社会发展道路提供了可供选择的空间，使"跨越"发展成为可能。

中国没经历过资本主义阶段而直接建立社会主义国家就是"跨越卡夫丁峡谷"的验证。中国与其他国家一样，也是世界历史的一部分，从而呈现出社会发展规律普遍性特征，但由于中国自身特殊的国情及其特定历史发展条件，必然使中国社会具体发展方式具有多样性特点。资本主义创造的巨大生产力对历史进步的推动作用是不容否认的，也是不能回避的，中国可以跨越资本主义的生产关系，按着新的社会制度推动历史进步，但对资本主义时代发展起来的生产力不可跨越而行，这是需要迎面而上的。但中国社会主义毕竟处在资本主义生产力兴盛发展起来之后，所以，是亲自经历还是通过吸收它、利用它，又是可以选择的。中国共产党从本国的基本国情出发，以中国特色社会主义的方式"跨越"资本主义发展阶段，但积极吸收利用西方所创造的文明成果，创造了人类历史发展的新成就，充分说明了社会发展规律的普遍性与各民族具体发展道路的特殊性的辩证统一。

因此，"跨越"理论所强调的社会发展具体方式的特殊性，即承认具体发展道路的多样性，与社会发展规律所强调的普遍性是辩证统一的，二者是内在逻辑规定与外在表征的关系，"跨越"理论与"五形态"理论分别在两个逻辑平台上说明问题。

三　中国特色社会主义道路自信

"跨越"理论说明一个民族、一个社会可以根据不同情况做出不同的发展道路选择，这不仅不违反社会发展规律，而且是其表现形式，中国特色社会主义道路取得成功有力地证明这一点。可以说，中国特色社会主义道路自信恰恰源于对马克思"跨越"理论的传承与创新。

辩证地看，中国特色社会主义道路源于两种"继承与超越"：对传统社会主义基本价值原则和历史经验的继承与超越，对世界资本主义优秀文明成果的继承与超越，因继承而有了发展的根据与方向，因超越而有了发展的成就与自信。

新民主主义革命之后，中国推翻了半殖民地半封建社会，建立了具有跨时代意义的社会主义制度，这是我国社会形态避开资本主义历史发展阶段的标志。但中国特色社会主义突出之处不在于"建立"，而在于"建设"，中国特色社会主义的建设，建设的重点就在于如何在社会主义初级阶段发展生产力问题，在这个问题上，包含着两个层面价值诉求：一是社会主义道路，一是解放和发展生产力。在过去，我国长期照搬苏联模式，突出强调政治动员在社会主义建设中的动力作用而忽视生产力自身的客观发展规律，导致了"大跃进"和文化大革命等失误，"如果说我们新中国成立以来有缺点，那就是对发展生产力有某种忽略……社会主义制度的优越性归根结底要体现在它的生产力比资本主义发展得更快一些、更高一些。"① 这实际上是一个忽视生产力发展规律而单面性强调社会主义价值诉求的发展道路，结果由于生产力没有发展起来，社会主义本质没有体现出来，单面性强调社会主义价值诉求也没有取得实际成效。但中国特色社会主义道路则在尊重生产力发展规律基础上坚持社会主义道路，在先富原则基础上追求共富原则，在市场竞争基础上追求公平公正，使得社会主义价值诉求有了坚实的物质保障，因而，走出一条中国风格、中国气派的社会主义发展道路。

人们关于生产力的发展，有两种思维定式：一是生产力的发展是在继承上一代生产力的基础上发展的；二是生产力的发展是一个自然历史过程，是不能跨越的。实际上，"继承"和"自然历史过程"是生产力在封闭条件下的发展，而中国特色社会主义的生产力发展，是在世界市场的环境下，开放式地发展，是在党的领导下，自觉地通过改革开放，基于社会主义制度的优势，借鉴吸收资本主义的积极优秀成果进行的"跨越"发展。改革开放以来，我国由贫困到基本解决温饱再到今天追求全面小康目标，充分说明了改革开放是决定当代中国命运的关键抉择。正是在改革开放过程中，借助制度创新、技术革新，动员起广大人民的生产积极性，实现生产力快速发展，才造就了中国特色社会主义道路顺畅、宽广。

中国特色社会主义与在资本主义充分发展的基础上建立起来的社会主义不同，它不是从发达资本主义母体中"自然分娩"出来的，而是脱胎于旧中国的半殖民地半封建社会的母体之中，经过新民主主义革命和社会主

---

① 《邓小平文选》第 3 卷，人民出版社 1993 年版，第 63 页。

义改造两个历史阶段发展而来，这种特殊国情决定了我国将长期处于社会主义初级阶段。可以说，社会主义初级阶段是中国特色社会主义生成演进的起始阶段，因为社会主义制度本身需要有一个从不成熟到逐渐成熟的成长过程，所以，在社会主义基本制度成长过程中，相应的生产关系也会适应落后的生产力，生产力在发展，社会主义生产关系也在成熟，相应的社会主义基本制度也会日臻完善，这个过程恰恰是对生产关系适应生产力规律的科学诠释，那种片面强调只有资本主义制度才适应落后生产力、社会主义制度只适应高水平生产力的观点是一种教条主义观点，因为它看不到社会主义制度本身有一个孕育发展的动态演变过程。

今天，我们党认识到，社会主义初级阶段的基本国情决定了中国特色社会主义在相当长的时期内必须与资本主义竞争共处、协作斗争，共同构成世界历史的演化图景。在这个大时代框架下，中国特色社会主义必须在全球化浪潮中主动吸收和借鉴发达国家先进的文明成果，不断增强国力，用实践证明科学社会主义代表人类的未来。在社会主义制度下发展市场经济是中国共产党人对社会主义发展道路所做出的创造性贡献，它证明了社会主义不仅可以与资本主义相处共存，而且还可以在世界统一市场经济系统中，吸收和借鉴资本主义，在与之竞争中获得自身的发展、进步。有人认为，中国特色社会主义将走向"中国特色的资本主义"，这是错误的。中国特色社会主义在不断走向成熟过程中，必将在根本制度上和生产力发展水平上都成为高于资本主义的社会形态，这就是中国特色社会主义道路自信的价值取向和逻辑表达。

（作者单位：南京信息工程大学马克思主义学院）

当前中国一些问题与思考

徐铭青

本文就当前中国在发展中应着力解决的几个问题提出自己的见解。

其一是摆正人、社会与自然的关系，以人为中心，以自然为依托，充分体现并发挥人的主体性地位和作用。而这就要求各项工作均要倡导民主决策、科学决策，以集中智力、发挥民力。为此，必须进一步大力推进科教兴国与人才强国战略。要积极研讨并制定《人才法》，将人民群众素质水平的提升与人才的地位、作用的重视程度全面提升到从未有过的程度。加强人才的培养、选拔、任用体制与机制建设，不唯逢进必考、不唯分数是举、不唯文凭是用，应酌情以选择性考试与实际自荐、他荐考核相结合，并侧重实情，唯德能是举，唯素质良绩是用，开展人才发展新局面，将全社会变成一个大的人才库。同时，要大力发展教育事业，努力摒弃应试教育，不断扭转功利化教育倾向，充分发挥教育的文化科技知识传承创新、教化社会、教书育人的真切功能。要努力弱化中考、高考考试的指挥棒作用，适时弱化重点学校的不良优势地位，不断推进各级各类学校均衡健康发展，在全社会形成低学历、一般院校毕业生也能成才的正常局面。

其二是协调处理好深化改革与坚持社会主义道路的关系。坚持改革开放是我们的强国之路，但这是指在现有政治体制内实行的变革。社会诸方面的改革不论采取何种政策、方式，都是为了促进社会主义的全面发展。对于国家和民族的优良传统，要努力发扬光大；同时，应引进不同国家、不同民族的先进文化与科学技术，以更好地推进自身社会的总体发展。历史地看，改革最好的效果是民富国强。没有民富，国家的强大也只是无用的"空壳"；没有国强，民富则失去依靠与保障。我们现在实行市场经济体制的变革，要加强和创新区别于传统落后市场经济的社会主义市场经济制度的体制、机制建设，即以市场经济为手段，以民生发展、社会进步、国家富强为目的，而不能像资本主义经济那样，不顾及民生发展与社会进步。要及时预防和化解市场失序和政府失灵，以更好地引领市场健康运行，更好地激发市场主体的活力与创造力，优化资源配置效果，让经济持续协调健康发展，人民群众共同富裕。

其三是要协调处理好经济发展与人口、资源、环境等的矛盾，使物质文明与精神文明建设相互促进，协调发展。首先，精神文明建设的主旨在于全面提升干部、群众的思想文化道德素质，为此就要积极倡导社会主义的核心价值观，努力培育社会主义的新风尚，逐步确立法治社会、德治社会、文明和谐社会。其次，要妥善解决好公平与效率的关系，努力实现社会的公平正义。这不仅要解决好初次分配与再分配中的效率与公平问题，而且要合理缩小城乡、区域、阶层收入与分配的差距，以体现权利公平、机会公平和分配公平。要考虑借鉴西方国家有关分配正义的手段，如开征累进税、财产税、赠与税等，以逐步消除"富者愈富、贫者愈贫"的不合理现象。再次，虽然我国资源总量较大，但人口众多，人均资源占有量少。这就需要及时建立资源的抑出励进政策，以提高资源的储备量与利用效率。最后，面对我国生态环境持续恶化的问题，要加强现实国情教育，采取积极对策，以有效降低其危害。

其四是妥善解决好顶层设计与基层实际间的矛盾，协调好上层领导、基层领导与民众之间的关系，切实理顺政府、市场与社会之间的关系。做好顶层设计要脚步向下，眼睛向上，沉下身子深入调查研究。要大处着眼、小处着手，及时搜集整理基层群众的实践经验，为顶层设计提供源头活水。基层工作则要在顶层设计指导下，勇于探索、敢于担当、攻坚克难，深入解决好经济社会发展与民生问题。

其五是协调处理好公共利益与个人利益之间的矛盾，以求解决与经济社会发展各种不断扩大的财政开支与比较紧张的财政收入之间的矛盾。公共利益具有公共性、合理性、正当性、公平性，以此作为权衡取舍的尺度。而解决好财政收支的矛盾，既要着力发展经济，增收节支，又可从扩大税源上着手，以适时、适度地增加财政收入。同时，厉行勤俭节约，加强预算执行管理，盘活财政存量资金，进一步提高财政资金的使用效益。从而使中央与地方的财权、事权相匹配。

（作者单位：安徽省阜南县中岗中学）

俄国十月革命开启的 20 世纪社会主义
伟大实践的历史与时代价值①

宋萌荣

十月革命与社会主义中国的发展有着不解之缘。全盘否定十月革命及其所开创的社会主义实践的历史价值，否定中国革命和中国发展道路的社会主义选择，是当前两个相互关联的历史虚无主义思潮的重要表现。十月革命是否还应看作人类文明发展中社会主义新社会、新制度建设的伟大开端？十月革命开启的伟大实验在今天还是否有时代价值？十月革命开辟的制度创新和发展道路，与当代中国特色社会主义的发展及命运，现在乃至未来还有无关联？对这些问题的看法，无论在国内还是国外，人们的观点很不相同。笔者认为，对中国特色社会主义的理论与实践来说，能否正确回答这些问题，绝不是一个无关紧要的小问题，它关乎我们对中国社会主义理论与制度创新本质和方向的理解把握。本文拟对与其相关的问题做以下五个方面的分析。

一 十月革命开创的社会主义制度创新实践具有在 人类文明史上开创新文明意义的新质要素

如果不是带有意识形态的历史偏见的话，十月革命在人类历史上进行的开天辟地的制度创新，是不容怀疑的。十月革命及社会主义制度在 20 世纪的大半部时间内，至少在八个方面展示了比资本主义文明更高的人类文明新曙光。这就是：进行了消灭人剥削人的制度的伟大尝试；进行了超

---

① 此稿是以 2007 年笔者所著的《十月革命开创的社会主义制度的新质要素与中国特色社会主义——为十月革命 90 周年而作》一文（曾载于《科学社会主义》2007 年第 4 期）的部分内容为基础，根据本次讨论会的主旨主题，又作了适当修改，并另拟了现在这个题目。

越私有制，在全社会建立公有制的创造实践，使生产不再仅为"资本的增殖"，而是为满足绝大多数人需要而服务的活动，从而为使社会财富增加并由全社会人民共享提供了前所未有的条件；进行了计划经济的初次尝试，第一次把计划作为管理经济活动的手段引入国民经济管理；实现了国民收入和绝大多数人生活水平在较长时间的持续改善；创造出一个全民福利、充分就业和从未有过的安定社会；建设起世界上最广泛、最发达的普及教育，第一次把教育特别是接受中、高等教育从少数富有阶级的专有特权，变为全社会绝大多数人的权利和义务；超越了由金钱控制的资本主义民主制度，第一次实现了在经济平等基础上的人民普遍的政治平等权利（尽管事实上工人农民、城乡之间的平等权利曾长期存在较大差异），以及前所未有的较高程度的男女平等；形成了新的集体主义的价值观和互助友爱的新社会风尚，从而超越了资本主义制度无法抵消的个体自然人倾向于强调短期效应的社会规范。尽管上述人类新的文明曙光在其早期特定社会主义模式下，不可避免地带有某些先天的致命弱点和阴影，但它无疑包含着必将替代资本主义旧制度的新制度要素。

许多西方学者认为十月革命开创的社会主义制度实践的价值，体现在平等、公平、自由、自治、社会公正和充分就业等方面。布热津斯基承认"苏联制度是国家计划和国家指导的社会革新的最典型的样板"，罗马教皇曾肯定十月革命开始的共产主义在 20 世纪的成就"是对某种野蛮资本主义的反抗""在社会主义的计划中，也有'真理的种子'。这些种子当然既不能摧毁也不能丧失。今天必然准确、客观、有区别地予以评价"。美国学者莱斯特·瑟罗说，新生的社会主义国家给因"20 世纪 20 年代的金融危机和 30 年代大萧条"时处于"灭绝边缘"的资本主义制度以走出苦难的启示。美国左翼学者大卫·施韦卡特则肯定了十月革命后社会主义实践对 20 世纪相当长时期内和资本主义制度的冲击，并指出，社会主义从理论走向实践，没有理由期待它立即成功，部分的成功或彻底的失败，都将为后来的尝试提供许多经验，直到确立充分优越于旧秩序的制度。

二　十月革命开启的社会主义新制度实践的基本价值与本质

十月革命所开创的社会主义制度的基本价值，在于其追求绝大多数人而不是一部分人更不是少部分人的幸福——公平、就业、福利、教育、民主、和谐，它展示的是一个与资本主义不同的公正、自由、平等、民主、互助、和谐的新社会文明。特别是从本质上看实现了人民当家作主，无论是就其基本制度规定还是社会目标追求上，体现的是千百年来始终处于社会底层的人民群众的利益和要求。

在十月革命所开辟的社会主义制度的基本价值中，人的全面而自由的发展具有最核心的意义。十月革命所开创的历史实践，是马克思主义与时代特征、本国国情相结合的产物，也是人类历史上在如此大的范围和国度中将创建新社会的理想付诸现实实践的第一次尝试。马克思对未来社会的本质认识和价值追求，是社会主义从理想到制度实践的根本引领，也是我们理解和认识十月革命所创建的社会主义制度新质要素的关键。马克思恩格斯运用历史唯物主义，在对人类社会发展客观规律揭示的基础上，将社会主义、共产主义看作人类必将进入的一个更高级的文明阶段，而这个文明阶段的本质就是"一个更高级的、以每个人的全面而自由的发展为基本原则的社会形式"。人与物的关系，始终是马克思破解人自身发展之谜的钥匙，从这一角度出发，他提出过人的发展的三大形态的理论，即以"人的依赖关系"为特征的自然经济形态、以物的依赖性为基础的人的独立性的社会形态、"建立在个人全面发展和他们共同的社会生产能力成为他们的社会财富这一基础上的自由个性"的社会形态。新社会是"在保证社会劳动生产力极高度发展的同时，又保证人类全面的发展这样一种经济形态""代替那存在着阶级以及阶级对立的资产阶级旧社会的，将是一个以各个人自由发展为一切人自由发展条件的联合体"。

从这一视角去看十月革命开创的社会制度的前述成就，其新质要素中最本质的东西，正是为绝大多数人着想、给绝大多数人民谋利益的新社会的制度创新，是力图从根本上将物支配人、金钱支配一切的制度变为人支配物、以实现人的自由而全面发展为最高目的的伟大社会实践。充分展示了一个以人为本，保障人的生存、发展、安全为中心目标的新社会图景，表现了对人的全面发展的社会制度的初级形式的探索。

三　十月革命开创的社会主义制度新质要素与早期苏联模式的关联

十月革命最重大的成果，就是在资本主义已形成世界体系、资本主义制度日臻成熟且内部矛盾不断激化的时代条件下，第一次进行了替代资本主义制度的伟大尝试，开创了社会主义从理论走向现实社会制度的伟大实践。从 20 世纪中后期起，伴随社会主义新制度实践的历史载体——苏联模式的弊病日益暴露，特别是苏联模式的崩溃和历史性终结，同苏联模式曾不可分割的十月革命开创的社会主义新制度，遭遇了前所未有的质疑与否定，这种质疑和否定的潮流，曾一时成为主宰，至今其影响仍不可低估。所以，今天我们讨论十月革命开创的社会主义制度的价值时，恰当分析十月革命开创的制度实践与苏联模式的关联，就是不可绕开、必须回答的问题。

对其关联，有三个方面不可忽略。

其一，苏联模式曾作为十月革命开辟的社会主义新制度的具体实现形式之一（甚至在 20 世纪一定时期内曾是社会主义制度实践的唯一形式），是社会主义制度的不成熟的早期形态和一种特定时期的历史模式。第二次世界大战后一系列欧亚社会主义国家，包括新中国的成立和发展，都曾存在着对与后来称为苏联模式的体制有所不同的社会主义体制模式的探索，如列宁的新经济政策、波兰哥穆尔卡的波兰式社会主义、中国共产党的新民主主义社会阶段的构想等。但在多种历史条件的作用下这些努力都没有形成稳定成形的模式，最终都统一消融于苏联模式的一统体制之下。在持续半个多世纪的时间里，在占世界 1/4 的人口和 1/3 的领土上，在经济水平并不很高的条件下，社会主义新制度的探索初步展现为：劳动者与生产资料的结合，使物质和精神的生产不再受利润的驱使，而是为了满足人们日益增长的物质和文化的需要；人类的发展与每个人的发展的矛盾虽还存在，但其对抗性已经消失，社会不仅努力满足多数人的基本生活需要、健康安全的需要（如医疗保健、社会福利等），也为多数人的能力、潜能的发展（如教育、男女平等）提供了基本的条件；闲暇时间的增加第一次有可能被用于人们幸福快乐的丰富多彩的业余生活，而不必被追求物欲和利润的异己力量所支配。

其二，苏联模式作为社会主义在经济文化较为落后国家最初实践的体制模式，是社会主义新制度极不完全、极不成熟的产物。它同十月革命开辟的制度新质之间，虽在特定的历史条件下有兼容同一之处，但也存在着深刻的冲突和矛盾。主要表现在：高度集中的计划经济和单一国有制下劳动者与生产资料的虚化结合的倾向；有保障的具有平均主义倾向的分配和社会福利使社会经济发展的内在动力不足，公平与效率统一的问题没有解决；工业化积累与满足人民日常多种需要、提高人民生活水平之间的矛盾尖锐，发展模式没有充分体现以人为本的社会主义本质要求；高度集中的政治体制和封建主义影响长期存在，严重腐蚀着社会主义民主制度根基，民主法治难以发展，官僚主义和特权的生长土壤深厚；意识形态的单一化、教条化，文化的封闭僵化的倾向，以及忽视个人价值和尊严的倾向；一元化党的高度集权的体制使人民群众直接参与管理社会生活的自治和基层民主的社会体制难以充分发育；没有充分体现社会主义各国民族化特点等。苏联模式存在重大缺陷。在经过一定的发展期后，这种冲突和矛盾越来越多地根本伤害和扼杀着社会主义制度的新质要素，封建主义的、官僚主义集权特权的东西与这个模式越来越紧密地交织在一起，这时只有超越传统的体制桎梏，社会主义制度的新质才能继续巩固发展成长起来。

其三，苏联模式与社会主义制度的关系不是一成不变的。从 20 世纪上半期到 20 世纪末，从社会主义生存发展的条件看，苏联模式经历了由基本适应为主到基本不适应为主的变化；从社会主义制度与体制关系的角度看，它经历了由社会主义制度的早期体制载体到体制桎梏的演变过程。苏联模式是 20 世纪战争与革命环境中落后国家坚持走社会主义发展道路和建设社会主义的体制产物，明显带有战时体制和前资本主义传统痕迹，没有反映在正常的和平环境下经济文化相对落后国家，在科技革命迅猛发展变化的时代，在长期与发达资本主义并存共处的条件下，巩固和发展社会主义的客观规律。因此，在苏联模式及其多国的长期实践中，社会主义制度的新质要素，不断在事实上被贬低、钝化、消磨甚至异化。这些贬低、钝化和异化，在没有及时随着国际国内环境重大变化进行体制变革的情况下，最终使苏联模式越来越多地丧失了其科学社会主义属性，曾具有的历史合理性也消失殆尽。苏联模式的历史命运，同社会主义新制度成长诸方面条件的极不成熟相关，也是早期模式难以避免的历史结局。因而在当代仍处于相对落后状态的现实社会主义国家，坚持发展社会主义制度新质要素，实现社会主义制度本质要求的唯一正确的道路，是立足现实基础，清醒而又顽强地推进社会主义新制度的成长，其中的第一要义是发展经济，同时适时推进社会主义体制变革，及时完成新旧体制转换，建立真正超越苏联模式的社会主义新体制。

上述关联的分析说明，十月革命开创的社会主义制度，本身包含相互关联但又可以区别的制度新质与体制外壳。传统的苏联模式过时了，曾在传统模式下创造的社会主义制度的新质没有过时，社会主义的核心价值和基本价值没有过时。我们必须在社会主义体制的转换中，找到社会主义新质的正确载体。

四 十月革命开创的社会主义制度新质要素对 20 世纪发达资本主义改良和社会进步的影响

十月革命开辟的社会主义走向实践的制度创新，给一个完全被物欲左右、不能自已的高度异化的资本主义世界，带来了新的文明曙光和希望。社会主义制度的创立从根本上推动了世界范围的社会主义理论和思潮的空前活跃，推动了在发达资本主义国家中各种社会主义理论走向实践的运动高潮。正是在上述因素的综合作用下，自 20 世纪下半叶以来，具有社会主义因素的福利国家政策在西方发达国家得到了迅速的发展和普及，计划作为克服市场机制缺陷以及一定程度上保证多数人生活和发展的手段被引入资本主义市场经济的体制之内，发达国家资本对劳动的某种妥协在一段时期内取代了资本与劳动的激烈对抗，从而在最近几十年出现了有利于人的全面发展的一系列积极的社会进步。

事实上，即使在一直激烈地反对和否定十月革命及社会主义的西方资本主义世界，十月革命开创的社会主义制度某些新质要素，依然悄然地、在不知不觉中越来越多地被吸纳到其制度改良的结构之中，成为在资本主义机体之内生长着的社会主义因素。西方国家一直没有停止过从社会主义国家（特别是处于成功阶段的社会主义国家）那里吸取合理的元素。1965年，在美国费城召开的"世界资本主义大会"发表的《资本家宣言》就曾宣称：资本主义国家要"借鉴社会主义计划经济的经验，实行国家干预的计划资本主义"。

五 十月革命开创的社会主义制度新质要素与中国特色社会主义

"十月革命一声炮响给中国送来了马克思主义"，也开辟了中国通过社会主义走向现代化和民族振兴的历史选择之路。从新民主主义革命到社会主义建设时期，中国共产党始终不渝地将马克思主义与中国革命和建设的实际相结合，既坚持十月革命开辟的社会主义发展方向，又坚定不移地走自己的路，特别是改革开放以来，成功开辟出中国特色社会主义道路，在继承与创新的结合上，谱写出社会主义振兴发展和制度创新的伟大篇章。回顾十一届三中全会以来中国特色社会主义理论与实践发展的历程，可以清楚地看到：改革开放以来，中国共产党在突破传统的苏联模式、探索中国特色社会主义的过程中，一直在不断地思考和辩证地回答着如何对待十月革命开创的社会主义制度的问题。可以说，正是在对这一问题全面正确回答的基础上，中国共产党才形成了一脉相承又与时俱进的对社会主义制度的独特新理解，构筑了中国特色社会主义制度目标和建设布局，不断创造着中国特色社会主义的辉煌事业。

中国特色社会主义与十月革命开创的社会主义制度新质要素的关系，集中体现在中国特色社会主义对社会主义基本制度与体制的关系及对中国改革的本质的理解上，并集中反映于指导中国特色社会主义制度创新的基本理论、基本路线、基本纲领之中，特别是中国共产党改革开放以来一直坚持，而且今后还要长期毫不动摇坚持的"一个中心，两个基本点"的基本路线上。中国改革开放总设计师邓小平的一个最重要发现，就是看到了十月革命后苏联建立的社会主义制度与按照苏联模式理解形成的社会主义模式是有重大区别的，提出了中国共产党要在坚持社会主义基本制度前提下根本变革传统社会主义体制的改革任务。邓小平明确指出，"我们建立的社会主义制度是个好制度，必须坚持，问题是什么是社会主义，如何建设社会主义"，我们"还在摸索之中"。"社会主义道路是正确的，我们现在进行一系列改革，仍然坚持四项基本原则"，但"各个国家应该根据自己的特点来实行社会主义的政策"。由此，中国特色社会主义的道路，就是坚持社会主义根本制度，同时彻底告别苏联模式，告别高度集中的计划经济体制之路；就是将社会主义与市场经济和全面开放结合起来，努力创造一个与中国国情相适应、避免苏联模式主要弊端、"在各方面形成一整套更加成熟、更加定型的"社会主义新体制之路。改革开放30多年来，中国共产党继续坚持十月革命开创的社会主义伟大事业，同时坚持以经济建设为中心，坚持改革开放不动摇，坚信"不改革开放，社会主义就是死路一条"。这正体现了中国特色社会主义对资本主义发展道路、对苏联模式、对社会主义理论走向实践以来传统社会主义理解的多方超越，也是中国特色社会主义取得举世瞩目成功的重要原因。

与此相联系，中国共产党对十月革命以来苏联及一系列社会主义国家曾经的历史、对中国社会主义革命和建设的曲折，都有一个全面、辩证、客观的认识。20世纪50年代中后期，当苏共揭露斯大林的错误和苏联工业化道路的一些问题时，毛泽东承认斯大林和苏联社会主义建设中的教训，既提出了我们要"以苏为戒"，要走自己的路，又强调了苏联及斯大林在第一个社会主义国家建设的基本方向，提出了坚持无产阶级专政的基本经验问题；在总结"文化大革命"教训、彻底纠正毛泽东晚年错误的同时，邓小平在全党高举毛泽东思想的旗帜；在告别高度集中的传统社会主义模式、走上改革开放道路之时，重新界定了"什么是社会主义"的问题，重申在坚持社会主义制度的基础上全面继承和汲取人类文明共性成果、手段和经验；在苏东剧变、社会主义在世界范围处于低潮的时候，反对历史虚无主义，坚持对十月革命以来社会主义发展历史经验的正确总结。"我们搞改革开放，把工作重心放在经济建设上，没有丢马克思，没有丢列宁，也没有丢毛泽东"，在这一点上，中国特色社会主义的逻辑始终不渝，一脉相承。

总之，十月革命使社会主义由理想理论走向制度实践，不会因苏联模式的历史终结而终结，也不会因在相对落后国家开始，因早期模式和早期实践的种种弊端和失误，泯灭其开创人类新文明的贡献。早期模式及其历史局限不能等同于社会主义制度，教条化、僵化的社会主义观念和对马克思主义的误解也不能等同于马克思主义。社会主义必须适应时代的变化和国情要求，在改革创新中发展，但在彻底改革传统的苏联模式时，必须重视十月革命开创的社会主义制度新质要素。令人充满希望的是，中国特色社会主义，在不断面对新矛盾、新挑战中，正继续沿着十月革命开创的社会主义制度创新之路前进，正在谱写21世纪社会主义理论体制创新的新篇章。

（作者单位：辽宁省委党校）

列宁对边疆经济问题的剖解

冯建勇

马克思主义经典作家在各个时期的著作中均有不少内容涉及国家领土、边疆和边界等问题，可谓中国边疆研究的重要理论源泉，然则这些论述大多散见于马克思主义经典作家的大量著作中。一些从事中国边疆研究的学者对此给予了高度重视，并努力从中探寻"宝藏"，以期为边疆研究提供理论指导，吕一燃先生辑录的《马克思恩格斯论国家领土与边界》①就是其中的代表。目前，中国边疆研究所马克思主义国家与边疆理论研究室承担的《马恩列斯论国家、边疆、民族与主权》"专题摘编"已完成初稿，即将出版。作为摘编者之一，笔者发现列宁对于边疆地区、边疆民族在民族国家构建中的地位问题有较多的阐述，同时还就政治经济学意义上的边疆问题提出了一些独到见解。这些论述对于深化当代马克思主义国家与边疆理论研究及中国边疆学的学科构建，乃至理解当代中国边疆地区面临的一些实际问题，都有一定的积极意义。基于此，本文拟以列宁对边疆经济问题的剖解为主题，希冀从"在时"与"在场"的视角，最大限度地呈现列宁对于边疆经济问题的理论思考，同时期待为解决当下中国边疆问题提供一条具有启发性的路径。

一 政治经济学意义上的边疆

马克思主义对一个国家或地区社会本质的认识，建立在经济基础与上层建筑关系分析的基础之上。列宁对边疆地区问题的考察，亦遵循了这一路径，即以经济分析作为理解边疆问题的依据。基于经济层面的思考，列

---

① 吕一燃：《马克思恩格斯论国家领土与边界》，黑龙江教育出版社 1992 年版。

宁明确指出，边疆既有地理上的含义，也有政治经济学上的含义。[①] 所谓地理上的边疆，即指一个国家与另一个国家毗邻之处，是国家领土主权的界限；至于政治经济学意义上的边疆，就彼时情形而言，主要是指边疆地区在很长一段时期内依然被视为资本主义的"边疆"，亦即保存着原始的手工业劳作方式及落后的生产部门的地方。一般而言，基于多数历史的感性认知与现实体验，地处中央地带的人们对于边疆地区大多抱有一个基本的刻板印象，即将其归属到一个国家的"第三世界"。基于此，他们宁愿将边疆地区视为一个国家经济、政治、文化发展范畴的神经末梢。边疆地区经济社会落后的状况，大体来说，缘于其地理上的边远性，以及由此带来的商品经济和市场体系的不发达性。然而，列宁通过细致的论证，表明边疆地区作为资本主义的"边疆"，并非永恒不变。

最初，列宁对于政治经济学意义上的边疆的论述，是从他关注到的一个有趣的社会现象着手的，即生活在边疆地区的俄罗斯人普遍比较富裕。[②] 为了赋予此现象以合理的解释，列宁首先对资本主义在边疆地区的发展状况做了考察。根据他的研究，从 1861 年农奴制改革到 1914 年第一次世界大战前夕，俄国资本主义经过半个世纪的发展取得了巨大成就，然则相较于西欧资本主义国家，资本主义的俄国不论在经济上，还是在政治、文化上，都表现出极大的落后性。可以说，俄国固有的农奴制残余阻碍了中央地带资本主义的发展；恰恰在边疆地区，那种原本发端于中央地带的以农奴制为核心的生产关系并不牢固，这反倒为资本主义的生产方式在边疆地区的扎根提供了便利。因此，资本主义在俄国国内体现出地区间发展的不平衡性：中央黑土地带各省和伏尔加河中游各省资本主义发展最慢；中心工业地区次之；发展最为迅速的是俄国西南边疆的其他地带，如立陶宛、新俄罗斯和北高加索等地。[③] 换言之，资本主义在俄国的发展状况，呈现出一个地域上的边际效益递减的情形：越是帝国的核心地带或离帝国的核心地带较近的地方，资本主义的发展越是缓慢；反之，越是离帝国核心区

① 参见〔俄〕列宁《书评：卡尔·考茨基〈伯恩施坦与社会民主党的纲领·反批评〉》，《列宁全集》第 4 卷，人民出版社 1984 年版，第 183 页。

② 参见〔俄〕列宁《农民生活中新的经济变动——评弗·叶·波斯特尼柯夫〈南俄农民经济〉一书》，《列宁全集》第 1 卷，人民出版社 1984 年版，第 5 页。

③ 参见〔俄〕列宁《社会民主党在俄国第一次革命中的土地纲领》，《列宁全集》第 16 卷，人民出版社 1988 年版，第 207 页。

域较远的边疆地区，资本主义的发展越是迅速。

得益于资本主义生产方式的引进，改革后时代俄国的广袤边疆成为人满为患的俄国中部的人的重要移民区。彼时，该地大片的闲地吸引大量移民涌入，在满足自己生活需要的份地之外，他们很快就扩大了商业性的播种面积。商业性的播种面积之所以能够广泛发展，乃是由于这些移民区和俄罗斯中部及输入谷物的欧洲国家建立了密切的经济联系。俄罗斯中部工业的发展和边疆地区商业性农业的发展有着不可分割的联系，二者互相为对方建立市场。工业省份从南方得到粮食，同时把自己工厂的产品送到那里去销售，为边疆地区供应劳动力、手艺人和生产资料。[①] 其结果，"机器的使用在这个地区发展得特别迅速，边疆地区的资本主义农场吸引了几十万和几百万的雇佣工人，发展了农业中从未见过的、由雇佣工人进行巨大协作的大农场等等"[②]。于是，边疆地区的人们除了利用份地取得收入以外，还能获得一定的商业利益，"其结果是获得大量的货币收入"[③]。之所以在边疆地区会发生上述经济现象，按照列宁的理解，"在资本主义所固有的发展不平衡的情况下，一个生产部门超过其他生产部门，力求越出旧的经济关系区域的界限"[④]。例如，就改革后时代初期的纺织工业而言，这种工业在资本主义关系上有相当高度的发展，完全占领了俄国中部的市场。但是如此迅速增长的大工厂已经不能满足以前的市场范围，它们开始到更远的地方，到移居新罗西亚、伏尔加河左岸东南地区、北高加索以及西伯利亚等地的新的人口中间寻找市场。大工厂力求超出旧市场的界限，乃是时势使然。

根据列宁的阐释，我们会发现，边疆地区具有特殊的地缘政治、经济地位。如果说，在一种封闭、僵化的状态下，俄国的边疆地区往往被视作地理上偏远、经济上落后的代名词，那么，受新的生产力与生产关系的刺激，边疆地区往往成为最有活力的区域。改革后时代，政治经济学意义上的俄国边疆地区面临的趋势性转变，乃是基于以下三个方面的原因：第

---

① ［俄］列宁：《俄国资本主义的发展》，《列宁全集》第 3 卷，人民出版社 1984 年版，第 225—227 页。

② ［俄］列宁：《俄国资本主义的发展》，《列宁全集》第 3 卷，人民出版社 1984 年版，第 228 页。

③ ［俄］列宁：《农民生活中新的经济变动——评弗·叶·波斯特尼柯夫〈南俄农民经济〉一书》，《列宁全集》第 1 卷，人民出版社 1984 年版，第 26 页。

④ ［俄］列宁：《俄国资本主义的发展》，《列宁全集》第 3 卷，人民出版社 1984 年版，第 544 页。

一，边疆地区有可供资本主义迅猛发展的土地，移民在俄国边疆容易获得未被占据的闲地，于是，大批来自中央地带的移民源源不断地涌入边疆地区，这为资本主义在边疆地区的发展提供了基本的资源与资本要素。第二，随着交通的改善，以及业已形成的世界分工即世界市场的存在，这使得移民区可以专门从事农产品的大宗生产，用以交换现成的工业品，如此一来，边疆地区可能成为俄国资本主义颇具潜力的国内市场。第三，俄国统治者对边疆地区，在经济上"征服"这个地方比政治上要迟得多，直到当时这种经济上的征服依然没有完全结束。① 这就使得边疆地区相对于中央地带而言，农奴制根本不存在或者最薄弱，以至于更容易接受新兴的资本主义生产方式。基于此，列宁强调边疆地区经济社会发展潜力巨大，并且就其在俄国的地位来说，"边疆地区保证了俄国资本主义不仅在纵的方面，而且在横的方面都得到巨大的发展"②。

二 边疆移民背后的制度依赖

1861—1905 年，俄国境内已经产生了资本主义的农业生产方式，并以两种不同的模式予以呈现，即普鲁士式（地主经济逐步地向资本主义发展）和美国式（在土地辽阔的、最自由的南部，农民发生分化，生产力迅速发展）。就其地域分布而言，普鲁士式的资本主义农业方式主要盛行于俄国的中央地带，而在广阔的边疆地区，美国式的资本主义农业占据主导地位。

彼时，在对改革后时代俄国边疆经济社会发展状况的阐释过程中，列宁经常将同一时期的俄国与经济发展靠前的美国进行比较研究，并就俄国腐朽落后的政治、经济制度对边疆地区的桎梏问题进行了探讨。列宁通过研究指出：在美国，凡是愿意从事农业的人，在法律上都有权占用本国边疆地区的空地；谁也不敢议论允许不允许移民的问题，因为每一个公民都有随意迁移的权利，因此，在美国形成起来的不是亚洲式的暴吏阶级，而是发展本国生产力的积极肯干的农场主阶级，并且那里由于空地很多，工

---

① ［俄］列宁：《俄国资本主义的发展》，《列宁全集》第 3 卷，人民出版社 1984 年版，第 545—546 页。

② ［俄］列宁：《再论实现论问题》，《列宁全集》第 4 卷，人民出版社 1984 年版，第 77—78 页。

人阶级的生活水平居于首位。与之相反，在改革后的俄国，亚洲式的政府需要有亚洲式的大土地占有制作为支柱，需要有农奴制的"分配领地"制度作为支柱。尽管在表面上政府不能分配"有居民的领地"或直接将大量的土地分送给宫廷的走狗，但是这并不妨碍统治者另辟蹊径，或分配同贫苦农民的土地交错在一起的领地，或用附有无数优惠条件的出售和"出租"（为期 99 年）来掩盖这种分配。在列宁看来，这种土地政策同现代的先进国家如美国的土地政策相比，依然可以称作农奴制政策。①

列宁发现，美国的资产阶级对边疆地区空闲土地的政策就是将它们卖给农场主和农民，使这些人形成大量的富足的居民，对资产阶级的产品提出巨大的需求，引起整个工业生活的空前活跃。② 然而，这种情形在俄国并未发生，农奴主——地主的统治数百年来在国内整个土地占有制上都留下了自己的烙印，不仅在中央地带农民的份地上，而且在比较自由的边疆地区移民的地产上也留下了这种烙印：贯穿专制政府的移民政策的，是顽固的官吏进行的亚洲式的干涉，他们妨碍移民自由定居，在将新的土地关系弄得非常混乱的同时，还将俄国中部农奴制官僚主义的毒素散布到边疆地区。③ 即从一般意义上而言，边疆开发本应稳定有序地予以推进，尤其是在政治层面不宜对边疆地区进行过多的官僚主义式干涉。

基于上述对比研究，尽管列宁对美国的西部边疆开发不吝赞美之词，但他对于现行俄国政治经济制度框架下开展的边疆垦殖与边疆移民持审慎态度。在列宁看来，俄国式的边疆垦殖与边疆移民事业，其主要目的不在于开发与开放边疆，而在于"解决"俄国中央地带的土地问题。列宁将俄国统治者的这种想法斥为"极端荒谬""只有那些招摇撞骗的人才能提出这样的'解决'办法，我们在上面指出的那种欧俄旧的大地产同欧俄新的生活条件和经济条件之间的矛盾，应当通过在欧俄内部而不是在欧俄以外进行某种变革来'解决'。问题不在于用移民的办法使农民摆脱农奴制，而在于除了中部地区的土地问题，还存在着垦殖地区的土地问题。问题不在于用垦殖问题来掩盖欧俄的危机，而在于指出农奴制大地产对中部地区

① ［俄］列宁：《农奴主在活动》，《列宁全集》第 5 卷，人民出版社 1986 年版，第 81 页。

② 参见［俄］列宁《农奴主在活动一文材料》，《列宁全集》第 5 卷，人民出版社 1986 年版，第 364 页。

③ ［俄］列宁：《社会民主党在俄国第一次革命中的土地纲领》，《列宁全集》第 16 卷，人民出版社 1988 年版，第 390 页。

和边疆地区都发生极有害的影响。"基于此种情形，列宁认识到，俄国式的边疆垦殖与边疆开发事业不可能获得美国式的成功，其根源在于俄国中部地区的农奴制残余已经成为边疆垦殖事业的重要障碍。[①] 作为这一观点的注脚，列宁指出，新罗西亚的垦殖事业得以迅速发展的主要条件是俄国中部地区农奴制的崩溃。只是由于中部地区实行了变革，才得以向南部迅速地、广泛地、美国式地移民，使南部工业化。因此现在只有在欧俄中央地带实行变革，只有彻底铲除那里的农奴制残余，把农民从中世纪大地产中解放出来，才能真正开辟俄国边疆垦殖事业的新时代。

事实上，列宁敏锐地关注到了俄国政府边疆开发进程中存在的一个问题，即中央地带的统治者对于边疆地区采取过于实际的利用态度，将内地的问题转移至边疆地区，试图以此来化解中央地带内在的生产关系紧张状况。然而，由于这种边疆垦殖与边疆移民事业是在政府主导之下予以开展的，从事此项工作的政府官员缺乏对边疆地区交通、土壤、水源、气候等要素的最基本了解，其结果，这项事业不惟对亲历垦殖的内地移民来说是一场灾难，同时也使得边疆地区的土著居民怨声载道。

彼时，外高加索总督在向杜马的报告中对边疆垦殖与边疆移民情形作了全景式的描述："在外高加索东部地区，移民土地上水源不足和难以灌溉，这是使已定居在那里的移民重又迁走的主要原因之一。新移民从黑海沿岸地区纷纷逃走，因为不但在各个居民点之间，而且在每一块移民土地上，都没有适于车辆通行的道路。关于这点，应该再补充一下：移民所不习惯的恶劣的气候条件，加上高加索许多地区发生危害人畜的疟疾，至少也象没有道路一样，迫使立脚未稳的新移民纷纷逃出边疆地区。在上述原因的影响下，不断发生移民从伊丽莎白波尔省、巴库省和达吉斯坦州以及从梯弗利斯省和黑海省迁出的现象。"[②] 在遥远的边疆地区，被巨大移民浪潮卷来、在原始森林中弄得筋疲力尽的移民们很难站稳脚跟，一些人因此死去，还有一些人不得不逃回，诉说自己的灾难，诅咒这个地区，使人不敢再来，这给今后的移民工作造成了障碍。不唯如此，根据总督本人的报告，高加索本地居民亦因此经受了很大的冲击，内心深处萌发了一种被剥

---

① ［俄］列宁：《19 世纪末俄国的土地问题》，《列宁全集》第 17 卷，人民出版社 1988 年版，第 56—59 页。

② ［俄］列宁：《移民问题》，《列宁全集》第 21 卷，人民出版社 1990 年版，第 336—337 页。

夺感，且这种态度对于农村居民中出现的革命情绪起到了相当重要的作用。

诚然，俄国政府在移民垦边这件事情上有自身的认知逻辑，即试图提供更多的土地，释放中央地带土地紧张的压力，以此疏解中央地带日趋恶化的阶级矛盾。但不幸的是，由于一意追求政治目的，俄国统治者既未考虑移民的利益，也没有照顾到当地居民的权利，结果事与愿违，反而导致了中央地带和边疆地区政治局势的双重紧张，俄国政府不得不面对即将到来的更为恶劣的国内经济、政治困局。

这一时期，俄国国内社会精英及不同的政治党派对于统治者向边疆垦殖、移民所造成的灾难均有关注，并基于自身的理解提出了化解之法。十月党人就向杜马表达了自己的愿望，即在边疆移民过程中，可从"改变和改善移民旅途条件""在定居地区创造发展这些地区的文化经济所必需的条件""在给移民划分土地和安置他们时要尊重当地农民和异族居民的利益和权利"等方面着手，裨利于边疆垦殖事业的顺利推进。然而，在列宁看来，这些小心翼翼表达出来的和故意闪烁其词的愿望不过是"旷野里的呼声"。①

美国学者特纳曾创立著名的"边疆学说"，将边疆视为化解非边疆地区社会压力的"安全阀"：边疆为美国人提供了新的经济机会，失业者可以简单地打起包裹前往边疆地区开始新的生活，由此缓和了贫困的社会下层阶级可能给城市地区带来的压力。② 然而，列宁清晰地认识到，那种"根据平方俄里的材料为移民寻找闲置土地的做法"真可谓荒唐，认为向边疆移民可以解决俄国农民少地问题的意见也是完全错误的；俄国土地问题的真正症结在于野蛮、落后的农奴制的存在，以及政府和统治者对居民自由迁徙的干涉。针对那种一厢情愿地推动边疆移民的看法，列宁更倾向于从生产关系与政治制度的角度看待俄国土地问题与边疆垦殖、移民的关系。依据美国西部边疆开发的经验，列宁认为，俄国中部农业区的农奴制大地产，无论对整个社会制度、整个社会发展、整个农业状况，还是对农民的整个生活水平，都具有极其有害的影响，因此，农民真正获得自由和

① ［俄］列宁：《移民问题》，《列宁全集》第21卷，人民出版社1990年版，第341页。
② ［美］特纳：《边疆在美国历史上的重要性》，黄巨兴译，载杨生茂主编《美国历史学家特纳及其学派》，商务印书馆1984年版，第3—38页。

完全摆脱农奴制的压迫，才是广泛利用俄国边疆大量待垦土地的一个基本前提。[①]

三　边疆发展进程中的民族主义

1789 年法国大革命以降，欧洲步入了一个近代民族国家构建的火热时代。"一个民族，一个国家"成为西方国家普遍遵循的原则。法国、德国、意大利等国在 19 世纪有意无意地循此原则，成功地建立了自己的民族国家。然而，并不是所有欧洲国家都能成功转型为民族国家，俄罗斯帝国、奥匈帝国、奥斯曼帝国即在向民族国家转型中未获成功。[②] 至 19 世纪末 20 世纪初，俄国的疆域扩张达到了极限。当时，这个帝国南北宽 4675.9 公里，东西长 10732.3 公里，其边界线的长度近 7 万公里。在这一广阔的疆域内，大约有 140 个民族居住于此，其中大部分为斯拉夫人，全国俄罗斯民族的人口比重约为 48%。[③] 与世界上其他几个帝国一样，俄罗斯的广袤边疆地区生活着大量的少数民族人口。

为了应对民族主义时代带来的剧变，俄罗斯帝国从 19 世纪中期开始逐步调整民族政策，由分而治之转而实施同化政策，压制乌克兰人、白俄罗斯人甚至境内穆斯林群体的语言和文化，用以服务于民族国家之征程。在此期间，俄国政府对于边疆地区的治理，经历了一个从传统帝国殖民体系到近代民族国家体系的演变过程。在改革后时代的俄国，伴随着资本主义生产关系在边疆地区的形成，中央地带与边疆地区的经济、政治、社会、文化联系日益紧密。与之相伴随，俄国国内的民族主义情绪得以抬升。鉴于此，列宁对俄国边疆发展进程中的民族主义问题进行了逻辑严密的阐述与论证，不唯对地处中央地带的俄罗斯族的大民族主义进行了批评，同时也着力对边疆地区存在的地方民族主义给予剖解和揭示。

当时，俄国政府强力推行边疆垦殖与边疆移民。为剖解这一行为的内

---

① ［俄］列宁：《社会民主党在俄国第一次革命中的土地纲领》，《列宁全集》第 16 卷，人民出版社 1988 年版，第 213—219 页。

② 励轩：《民族视野下的历史：从俄罗斯帝国到苏维埃国家》，《中国民族报》2013 年 9 月 13 日。

③ ［俄］亚·维·菲利波夫主编：《俄罗斯现代史（1945—2006）》，吴恩远等译，中国社会科学出版社 2009 年版，第 19 页。

在逻辑，列宁征引了大量的政府文献和统计数据，意在表明：在缺少土地方面，高加索农民的状况与俄罗斯农民的状况没有多大区别。既然如此，下述问题不得不予提出：高加索还能有什么待垦土地呢？为什么不是适当分散当地的农民反而还要向那里迁入移民呢？对于此诸问题，列宁做了层层论证，明确揭示：移民用的土地是靠疯狂地侵犯土著居民的土地权而得来的，从俄罗斯中央地带向边疆移民，不过是为了贯彻"边疆地区俄罗斯化"这一民族主义原则。① 为了维护沙皇在边疆地区的统治地位，统治者尽可能地利用民族主义这把利器，煽动俄罗斯人的大民族主义，试图利用占多数地位的俄罗斯人加强对边疆民族地区的少数民族的统治。②

此间俄国政府为了准备待垦土地，将一些边疆地区的整村的土著居民从他们的故土上赶走，同时为了证明剥夺这些土地的合法性，还策划了一系列诉讼。其结果，在移民和土著居民之间形成了敌对关系。例如，当阿拉尔人从他们的土地上被赶走、被迁出去而得不到土地保证、只好听天由命的时候，"掠夺他们土地的移民却靠国库的开支武装起来：这些县的地方官奉命'要设法给在穆甘新建村庄的农民（其中包括波克罗夫人）以武器——每100户10支别旦式步枪'"。列宁认为，这一现象恰恰能够说明现行政策的"民族主义方针"。③ 除了政府层面实施的边疆地区俄罗斯化的民族主义方针外，一些极右的俄罗斯政党团体如"俄罗斯人民同盟"在其政治纲领中明确提出，"要保证俄罗斯民族不仅在内地省份而且在边疆地区占统治地位"。④

俄国政府主导下的边疆垦殖与边疆开发推动了边疆地区经济、政治关系的变化，与此同时，在文化层面，由于大量的俄罗斯人向广大边疆移民，俄语开始在边疆地区得到越来越多的广泛使用。在此背景下，俄国中央地带的政治党派，无论是保守主义者，还是自由主义者，都没有意识到俄罗斯语在边疆地区逐步推广的事实，反而对俄国边疆境内多种语言并存的情况表示担忧，认为这不利于俄国作为一个统一的民族国家屹立于世界之林，同样也不利于一些边疆地区的弱小民族和落后民族之发展与进步，

---

① ［俄］列宁：《移民问题》，《列宁全集》第 21 卷，人民出版社 1990 年版，第 335—336 页。

② ［俄］列宁：《论俄国社会民主工党的民族纲领》，《列宁全集》第 24 卷，人民出版社 1990 年版，第 240 页。

③ ［俄］列宁：《移民问题》，《列宁全集》第 21 卷，人民出版社 1990 年版，第 336 页。

④ ［俄］列宁：《论俄国各政党》，《列宁全集》第 21 卷，人民出版社 1990 年版，第 283—284 页。

基于此，他们极力鼓吹将俄罗斯语置于"国语"的崇高地位。

与上述保守主义、自由主义者的观点相反，列宁尤其反对在边疆民族地区强制推行所谓国语。事实上，列宁不否认俄罗斯语的伟大与有力，也不否认俄罗斯语对于居住在中央地带与边疆地区的各民族间建立更密切的联系、达到兄弟般的统一所能够起到的重要桥梁作用，并且赞成每个俄国居民都有机会学习伟大的俄罗斯语言。然而，列宁所反对的，乃是强制性国语政策对于边疆民族的强迫和灌输。在列宁看来，"伟大而有力的俄罗斯语言不需要用棍棒强迫任何人学习。我们相信，俄国资本主义的发展，社会生活的整个进程，正在使各民族相互接近。数以万计的人从俄国的这个角落跑到那个角落，居民的民族成分正在混杂糅合起来，隔绝和民族保守状态一定会消失。由于自己的生活条件和工作条件而需要掌握俄罗斯语言的人，不用棍棒强迫也会学会俄罗斯语言的。而强迫（棍棒）只会引起一种后果：使伟大而有力的俄罗斯语言难以为其他民族集团所接受，主要是会加深敌对情绪，造成无数新的摩擦，增加不和和隔膜"①。

在与所谓国语主张者的论战中。列宁认识到民族问题上特别重要的那种心理因素对于一国内部民族关系的影响。在国语的问题上，"只要搞一点强迫，这种心理因素就会破坏和损害中央集权、大国家和统一语言的无可争辩的进步作用，使之化为乌有"。正是就此意义而言，"国语"恰恰成为驱使边疆民族离开俄罗斯语言的一根棍子。② 俄罗斯语言在边疆地区的传播及其本身地位的确立，更应从生产关系的角度去理解。原来，经济因素比心理因素更重要：经济流转的需要本身自然会确定一个国家的哪种语言使用起来对多数人的贸易往来有好处；由于这种确定是各民族的居民自愿接受的，因而它会更加巩固，而且民主制实行得愈彻底，资本主义因此发展得愈迅速，这种确定也就会愈加迅速、愈加广泛。③

如果说，中央地带试图用国语将边疆地区统合在一个国家认同体系之内，那么，边疆地区则存在着一种与之相悖的取向：一些边疆民族精英基

① ［俄］列宁：《需要强制性国语吗?》，《列宁全集》第 24 卷，人民出版社 1990 年版，第 309—311 页。

② ［俄］列宁：《致斯·格·邵武勉》，《列宁全集》第 46 卷，人民出版社 1990 年版，第 379 页。

③ ［俄］列宁：《自由派和民主派对语言问题的态度》，《列宁全集》第 23 卷，人民出版社 1990 年版，第 447—450 页。

于政治、文化、历史传统的原因，对本族命运与国家前途之关系的构想和表达，与主体族群之诉求相比较，往往大异其趣。在改革后时代的俄国，当中央政府致力于向边疆地区大规模移民的时候，一些边疆地区的代表曾就此问题发表意见，以维护边疆民族自身利益为号召，提出了"地方公有化纲领"。列宁对边疆地方公有派所持主张的实质进行了揭示，认为这不过体现了"民族主义联邦主义"固有的糊涂思想。"'地方公有派'的主张事实上只是助长了各种资产阶级集团的民族主义趋向。只有这些集团才'出面'保护过各种'边疆区'的和'区域的'土地资产。"①

1910 年前后，"民族文化自治"口号在俄国日唱日高，并在社会民主党内部引起广泛讨论。针对该问题，列宁指出，从社会民主党的观点来看，无论直接或间接地提出民族文化的口号，都是不能允许的。列宁不认可这个口号的一个基本理由即是，"人类的整个经济、政治和精神生活在资本主义制度下就已经愈来愈国际化了"，未来的社会主义亦会将这三个方面的生活完全国际化。在当前的一段时期内，已经由各国无产阶级系统地建立起来的国际文化，并不是把"民族文化"全盘接受下来，而是只吸取每个民族文化中彻底民主主义的和社会主义的因素。彼时，列宁还批判了超地域的（按人的民族属性的）民族自治并要设立民族议会和民族事务大臣的口号，认为这更属错误，"这种违背资本主义国家的一切经济条件并且在世界任何一个民主国家中都没有试行过的制度，是某些人的机会主义幻想，他们对于建立彻底民主的制度感到绝望，而想在某些问题（'文化'问题）上把每个民族的无产阶级和资产阶级都人为地加以隔绝，以求摆脱资产阶级的民族纷争"。②

四　结语

列宁对边疆经济问题的相关理论阐释，不应仅仅被视为一个文本研究对象，更应认识到这些理论阐述对于理解当前中国边疆面临的一些现实问题具有重要启示意义。

---

① ［俄］列宁：《社会民主党在俄国第一次革命中的土地纲领》，《列宁全集》第 16 卷，人民出版社 1988 年版，第 378 页。

② ［俄］列宁：《民族问题提纲》，《列宁全集》第 23 卷，人民出版社 1990 年版，第 329—337 页。

第一，从政治经济学的角度来认知边疆，边疆的地位确有其特殊性与重要性。

根据列宁的观察，因地理上远离中央地带，边疆地区原本可被视为资本主义的"边疆"，然而伴随着新的生产力与生产关系的形成，边疆地区基于三个方面的原因：得天独厚的资源优势、受益于开放的世界市场体系、既有的体制束缚较少，往往会成为一个国家内部最有活力的区域。以此观照当代中国边疆，我们当能获得一些启示。伴随着经济全球化与社会发展区域化的深入，边疆地区不再将中心地区的资源分配视为唯一的出路，它更可以得益于地缘的优势，依靠所在区域社会发展的共振效应，从周边国家或地区获得自身发展所需的资源。由此视角出发，边疆地区不再因远离中央地带而被边缘化，相反，它可以参与到区域社会发展的进程当中去。从"一带一路"战略提出并实施以来，人们大体已经接受这样一种观念：边疆地区自有其开放、多元的一面，通过依赖顶层设计、跨区域发展等重大战略，传统意义上的边疆获得了新的发展机遇，从而具备了超越过去那种依赖中央（中心）的发展道路的可能性。因此，边疆地位的重要性得以凸显，边疆省区已经成为中国当下最活跃的经济地带，关乎国家发展大局。

第二，从边疆开发与边疆移民的关系来看待中国当代边疆经济社会发展，我们将会获得一个基本认识：边疆地区不应成为中央地带的附属品。

对照前述列宁与特纳有关边疆地区功能的论述，我们应当重新定位边疆与中心地区的关系。换言之，我们在检讨边疆与内地的关系时，切勿视边疆为一被利用之对象，更应认识到开发边疆与推进边疆地区现代化，绝非一种单一的、从边疆谋利的实践，还应使之成为一项兼利边疆的行动。今日边疆建设的目标，在于使边疆与内地同进于现代化的境地，不再有腹与边的分别。鉴于此，开发边疆，与其说是"利用边疆"，毋宁说是"改善"边疆，改善边疆民众的生活以达到与内地有同样的水准，改善边疆文化以达到接受现代化的途径上的基点。

第三，中央政府对边疆地区之统合应建立在长期、自由的经济发展与经济流转的基础之上。

边疆地区少数民族对国家的认同与现实的经济社会发展和经济流转具有较大关联。由于边疆地区经济发展的需要与自我物质的需求，中央—地方、国家—民族、内地—边疆的经济、文化等多维度的交往与交流成为可能，在此基础上，边疆民族对于国家乃至主流文化的认同亦必将得以提升。换言之，我们可以期待，经济力量本身能够通过创造一个一体化的国内市场。这也是列宁重点强调"心理因素对于一国内部民族关系的影响"的原因所在。

（作者单位：中国社会科学院中国边疆研究所）

改革开放以来西藏基层治理的
历史进程和问题探讨

王　蕾

西藏自然条件艰苦、经济基础薄弱、宗教影响深远，与沿海和中部的广大汉族为主的居住区相比，西藏基层社会治理更为复杂，且富有鲜明的民族特点。西藏的稳定在于基层的稳定。改革开放以来，西藏基层治理结构不断完善，管理不断科学化，归纳分析这一历史进程，并在此基础上探讨存在的问题，对进一步完善西藏基层治理体系，推进西藏跨越式发展和长治久安，确保实现到 2020 年西藏同全国一道全面建成小康社会，具有重要的理论意义和现实意义。

一　改革开放初期的西藏社会治理结构

党的十一届三中全会以后，党中央根据国际国内形势和西藏具体区情，两次召开西藏工作座谈会，对西藏实行休养生息经济政策，制定了一系列有利于西藏发展的特殊政策和灵活措施，对促进西藏的改革开放和现代化建设起了重大作用。西藏政治经济局势平稳，驶上了发展的快车道。1987 年以后，国内外的分裂主义分子为实现"西藏独立"，在西方反华势力的支持下，在拉萨一再掀起骚乱。1987 年 9 月，拉萨街头发生了 1959 年以来第一次公开的民族分裂活动。1989 年 3 月，拉萨再次出现严重骚乱，破坏了西藏的稳定，中央果断采取措施。人民解放军根据国务院的戒严令在中央军委、成都军区的指挥下，进入拉萨市区执行戒严任务，迅速控制了局势，西藏人民的宁静生活得以恢复。

（一）建强基层党组织和基层配套组织，为安定的社会环境保驾护航

第三次西藏工作会议指出，要保证中央大政方针在西藏的全面贯彻落

实，首先要抓好党政建设。西藏基层党组织和基层政权，在改革、发展和维护社会稳定中发挥了战斗堡垒作用。要把基层党组织建设好。[①] 西藏基层条件艰苦，社会发育程度很低，发展难度高。改革开放初期，面临基层组织力量不强、基础工作薄弱、干部基本能力参差不齐等实际情况。一些边远地区村级组织尚不健全，农村妇女党员少。改革开放后，党的组织体系进一步健全，基层党组织覆盖面和工作覆盖面进一步扩大。

西藏地区的人口密度很低，直到1990年全区平均仅为1.8人/平方公里，[②] 这给基层治理工作带来了难度。基层党组织所面临的情况复杂，农牧民党员中普遍存在党员信教的现象，宗教意识有所抬头。改革开放后，基层党建工作主要在于坚持从实际出发，党员队伍和干部队伍从小到大、由弱到强，不断发展壮大。党的核心领导作用不断得到强化，为西藏的全面建设提供坚强组织保证和人才支持。农牧区党员队伍进一步发展壮大，党员队伍在数量上递增，党员队伍年龄、性别、文化等结构得以优化。在质量上，坚持标准、严格手续成为共识，注重吸收素质好、年纪轻、有文化的农牧民群众，落实"三培养"，即把农牧民党员培养成致富能手，把致富能手培养成农牧民党员，把农牧民党员中的致富能手培养成村干部。这些致富能力强的党员干部能够带动农牧民致富，形成良性循环。党组织的凝聚力、战斗力、号召力和党员干部队伍的生机活力进一步增强，为推进跨越式发展和长治久安提供了坚强的组织保证。

在基层党员干部教育培训方面，各级党组织努力探索使党员长期受教育的教育机制，坚持把教育培训作为提高基层干部能力和素质的重要途径。各地区以各级党校为主阵地，加大党员干部教育培训工作力度。通过培训，农牧区党员干部的理想信念进一步坚定，党性修养得到提高，组织纪律性进一步增强，党员干部的精神面貌显著改观，广大党员干部在维护农牧区基层稳定、发展农牧区社会经济方面充分发挥了共产党员的先锋模范作用和基层干部的"主心骨"作用，建立了一支政治硬、能力强的农牧区党员干部队伍。

基层配套组织也日益完备，作用得到发挥。改革开放以来，进一步加强团委、妇联、工会等配套组织建设，支持配套组织在基层党组织的领导

---

① 《中共中央国务院召开第三次西藏工作座谈会》，《人民日报》1994年7月27日。
② 张天路：《西藏人口的过去、现状与前瞻》，《中国人口科学》1994年第2期。

下积极开展工作，充分发挥组织在维护社会稳定、调动群众积极参与建设中的重要作用，从而在全区基层组织中建立起以党组织为领导核心，其他配套组织齐全、各司其职、相互配合，共同发挥作用的基层组织格局。例如，西藏妇联经过发展，拥有了比较健全的基层组织系统。在自治区政府、拉萨市政府及各地区政府中均设有妇女儿童工作委员会，负责协调有关部门做好妇女儿童权益保障工作。1993 年，西藏妇女参加换届选举的比例为 91.6%，与男子参选比例相同。①

（二）提升基层党组织在新形势下的执政能力，逐渐完善村民自治

西藏基层治理的一大特点是始终面对西藏分裂势力的存在和中印边界问题外部的干扰，一定程度地影响着西藏的发展。基层党组织的执政能力是党的整个执政能力体系中的重要组成部分，对于西藏来说，基层党组织的执政能力更是关系到西藏经济社会发展稳定的大局。改革开放后，基层党组织的功能发生了变化，更加关心群众需要什么，狠抓班子自身建设，扎扎实实为群众办实事。基层党组织书记队伍建设和村居"两委"班子建设得到加强。充实了一大批政治立场坚定、坚决跟党走，在群众中威信高、能力强的"两委"班子成员。这些班子成员以自己的实际行动带动群众增收，使农牧民群众生产、生活条件得到很大改善，无形中团结了群众，坚定了群众跟党走的信心和决心。基层组织逐渐成为农牧区稳定发展的主心骨。

提升基层党组织的执政能力，重视汉族和其他少数民族干部提拔、任用的工作十分重要。正如邓小平所指出的，少数民族地区工作能不能搞好，关键是干部问题。要树立一个选拔民族干部的标准，注意培养和选拔少数民族干部。② 1980 年 4 月，党中央考虑到西藏的特殊情况和总结过去的经验，在《关于转发〈西藏工作座谈会纪要〉的通知》中指出，"发展西藏建设，仍然应该主要依靠西藏党政军和各族人民，艰苦创业，共同努力""要大力培养藏族和其他少数民族干部，积极帮助他们把建设西藏的主要责任承担起来"③。在这些精神的指导下，自治区党委按照《民族区域

① 西藏自治区人民政府新闻办公室编印：《西藏自治区妇女境况》白皮书。

② 《邓小平思想年谱》（1975—1997），中央文献出版社 1998 年版，第 199 页。

③ 中央文献研究室、国务院宗教事务局：《新时期宗教工作文献选编》，宗教文化出版社 2014 年版，第 153 页。

自治法》的规定，在各级党政机关配备了少数民族领导干部。1985 年，在国有企业改革中，也提出培养和造就一批有社会主义觉悟、会经营管理、具有一定文化和技术水平的少数民族专业干部。到 1991 年，全区有藏族和其他少数民族干部 3.7 万余人，占全区干部总数的 66.6% 以上。基层民族干部的培养尤为迅速，到 1998 年，在区、地（市）、县（区）三级领导骨干中，藏族和其他少数民族干部分别由 1981 年的 63.5%、40%、46.6% 上升为 78%、67%、62%。①

在基层民主方面，1993 年，《西藏自治区实施〈中华人民共和国村民委员会组织法〉（试行）办法》颁布以后，西藏农村开始推行村民自治制度。1998 年，《中华人民共和国村民委员会组织法》出台，全国农村村民自治制度进入了一个新的发展阶级。1999 年 10 月，西藏自治区政府颁布《西藏自治区村务公开民主管理实施办法》，村民自治制度逐渐完善。村民自治与民族区域自治制度相结合，推动西藏农村基层治理的发展，更能用好国家对农业、农村和农民的财政投入，使这些资金用到实处，充分发挥这些资金的效益，农民真正受益。实施村民自治制度以后，西藏农村基层党政组织出现了一些变化。村级组织更加注重基层服务，有文化、懂经营、会管理的新型能人受到尊重。按照村民自治的原则，根据农牧民的收入水平、承受能力和具体要求，村委会不搞强迫命令，赢得了农牧民的信任，在村落事务的管理中更加发挥主导作用。

（三）宗教管理工作进一步深入

改革开放后，如何逐渐完善与社会主义社会的发展相适应的宗教管理体制，成为一个重要问题。在宗教场地修复和建设上，中央、自治区人民政府积极拨款，群众捐资，多方筹资开展了寺院维修活动。1985 年 12 月，自治区人民政府发出通知，宣布从 1996 年开始回复在大昭寺内举行的祈祷大法会。② 同时，西藏陆续恢复了各教派各类型宗教节日 40 余个。在寺庙管理上，1985 年开始，十世班禅在扎什伦布寺进行社会主义条件下的寺庙管理试点工作。扎什伦布寺创建了寺庙民主管理委员会，成员由全体僧

---

① 《西藏大力培养和使用少数民族干部硕果累累》，《人民政协报》2007 年 12 月 18 日。
② 《当代中国》丛书编辑部：《当代中国的西藏》（上），当代中国出版社 1991 年版，第 403 页。

众民主选举，逐步制定了各项制度，在集体领导、分工负责的原则下，民主管理委员会各职能小组按照各自的职责范围和权限，开展工作。1989年3月拉萨严重骚乱后，宗教自由政策并未改变，藏传佛教特有的活佛转世制度，作为全面落实宗教信仰自由政策的一项内容得以恢复，1992年，中央人民政府批准认定藏传佛教噶举派第十七世噶玛巴活佛。1995年12月，第11世班禅坐床典礼举行。①

1989年3月拉萨严重骚乱暴露出来的宗教治理问题亟须解决。达赖集团分裂分子以少数寺庙作为据点进行活动，造成个别地方局势的不稳定时，基层政权就十分被动。基于基层社会出现的新情况，西藏开始探索有效的寺庙管理模式，依法加强对宗教事务的管理。先后制定了一系列针对性较强的管理措施，逐渐形成既要统战，也要依法管理的思路。例如，各寺庙私下乱收僧尼，来源于当地农牧民的子女，年轻劳动力的减少影响了当地农牧民的生产和生活，针对这种现象实行严格的寺庙定员。

二 第四次西藏工作会议后西藏基层治理的夯实

进入21世纪，西藏处于全面建设小康社会、加快推进社会主义现代化的新的历史起点上。中央于2001年召开第四次西藏工作座谈会。座谈会强调：西藏的发展和藏族同胞的命运，历来与祖国和中华民族的命运紧紧联系在一起。全党同志必须站在党和国家工作大局的战略高度，扎扎实实地做好21世纪的西藏工作。②

（一）强化基层班子的领导功能

第四次西藏工作会议之后，优化基层班子结构，强化领导功能成为夯实党基层组织的重点工作。一是配齐乡村两级班子成员，并为每个乡镇，特别是偏远乡镇配备纪检、组织、宣传、统战、宗教工作专职干部。提高乡镇（街道）干部整体素质，更加趋于年轻化、知识化。在配齐的基础上设岗定责，保证"人人有事干、事事有人管"，及时把不团结、不适应、不称职的个别乡镇干部调整下来。同时，教育干部抓好民主观念、市场观

---

① 《西藏自治区概况》，民族出版社2009年版，第594页。
② 《中共中央国务院召开第四次西藏工作座谈会》，《人民日报》2001年6月30日。

念和服务观念的学习，形成一支较高素质的基层领导班子队伍。例如，2006 年，昌都地区 138 个乡镇党委换届后，班子成员的年龄结构、文化结构、性别结构、民族结构较换届前有了进一步改善。二是选优配强。乡镇党委书记、村（居）党支部书记队伍处在基层一线，都需要优秀干部，造就一支村党支部书记队伍是固本之基。大力推行村（居）党支部书记与村（居）委会主任"一肩挑"、班子成员交叉任职等，推进团支部书记、妇代会主任进班子或由班子成员兼任，村（居）党支部领导核心地位进一步强化。同时，下派干部到村任职，任职收到了实实在在的效果，密切了党群、干群关系，受到群众的普遍欢迎。

（二）通过村民自治增强基层政权的活力

西藏地域辽阔，生产水平和农牧民的收入水平参差不齐，生活习惯和文化要求也各不相同。区党委通过引进人才、下派干部、定向培养和考录公务员等多种形式，察民情、顺民意、得民心。从 2008 年开始，西藏各地全面推开县直机关、乡镇包村工作，明确包村单位、包村干部的主要职责任务，包村干部包村开展工作时间都在 4 个月以上，帮助村级组织解决了一些实际问题，受到了群众的普遍欢迎。[①] 宣传党的政策，办实实在在的事情，树立党员干部的光辉形象，得到基层群众的尊重、喜爱。全心全意保稳定，一心一意谋发展。

以民主选举、民主决策、民主管理和民主监督为主要内容的村民自治制度得到了完善，在村民自治过程中，举凡村里重大事项或村民切身利益的问题，如劳务输出、耕地和草场管理、集体项目的承包方案等，均要经过全体村民会议或村民代表会议讨论，村民参与管理和决策的主人翁地位得到真正落实。2008 年，西藏 74 个县（市、区）、683 个乡镇的 5746 个村委会全部开展了村民自治。全区 95% 以上的村委会建立了村民会议、村民代表会议和村务公开制度，制定了村民自治章程和村规民约，基层政权的活力得以展现。[②]

[①] 《西藏自治区创新农牧区基层党组织建设》，中国共产党新闻网，http：//dangjian. people. com. cn/GB/135534/137244/13574929. html。

[②] 《西藏 5746 个村委会全部开展村民自治》，中新网，http：//www. chinanews. com/df/2011/05 – 20/3053800. shtml。

（三）进一步夯实基层治理的干部基础

西藏的实际情况是群众困难多、困难群众多，帮助困难群众、解决群众困难，必须密切党群、干群关系，促使党员干部走村串户，听民声、知民情、解民忧、办民事，重视发展农牧区经济、增加农牧民收入，也是基层党组织功能多元化的方法之一。2005 年，那曲地区全面开展"千名干部下基层"活动，各驻乡镇工作组重点抓好了宣传教育、调查研究、理思路定规划、扶贫济困、办实事好事、结对子帮扶、加强基层建设等方面的工作，促使基层广大干部群众进一步提高了思想认识。这些措施的实施，极大地改变了西藏基层党组织的面貌，使农牧民群众享受到了更多的实惠。

大力培养基层藏族和其他少数民族干部。2006 年，公开考录 961 名乡镇公务员、乡镇小学教师等，其中少数民族 773 人，占 80.4%。在数量稳步增长的同时，不断提高少数民族干部的综合素质，特别是注重从农牧民中的致富带头人、技术能手、退伍军人、回乡初高中毕业生和外出务工经商且愿意回村工作的人员中选拔村居干部。截至 2010 年年底，藏族等少数民族干部已达到 7.7 万人，占干部总数的 70.03%，县乡两级中的民族干部更是达到 81.6%，形成了一支以藏族干部为主体、藏汉等干部结合、各民族干部团结奋斗的干部队伍。注重吸收、培养西藏本土科技人才，青藏铁路修建期间，西藏自治区、铁道部等部门在各专门院校，共培养藏族铁路技术人员约 500 多人。其中的很多人成为西藏第一代藏族铁路工人或管理人员。

三 第五次西藏工作会议后西藏基层治理的细化

西藏基层治理的关键，在于推进城乡基层社会管理和公共服务的体制机制创新，实现城乡治理的一体化。党中央及时调整西藏工作的政策和策略，2010 年 1 月 18 日至 20 日，中共中央、国务院召开的第五次西藏工作座谈会第一次概括了西藏经济社会发展的阶段性特征，第一次科学判断了西藏社会的主要矛盾和特殊矛盾。会议指出，西藏特点的发展路子，以经济建设为中心，以民族团结为保障，以改善民生为出发点和落脚点，紧紧抓住发展和稳定两件大事。① 西藏自治区政府积极贯彻落实座谈会精神和中央领导同志一系列重要指示，着力抓基层、打基础。整体来说，西藏局势持续稳定，国民经济高速增长，经济发展快速，社会经济跨越式发展。

（一） 与时俱进地夯实党的基层组织

西藏80％的人口分布在农牧区，农牧区基层党组织建设直接关系到战斗堡垒作用的发挥，关系到基层和全区的稳定。经过"3·14"事件，自治区党委、政府进一步认识到与时俱进地夯实党的基层组织的重要性，确保党在基层的领导权在于将重心下移到农牧区，特别是不稳定因素较多、经济发展滞后的村，党的基层组织和党员的重要作用更加凸显。基层党委加强农牧区基层党组织的建设，不是单纯地就党建抓党建，而是把基层党建工作置于西藏当前形势的大背景中加以认识和思考，深刻理解反对分裂、维护稳定、促进发展的重要意义，把基层党建工作放到全区工作大局中去谋划和部署，正确把握了西藏基层党组织建设方向，夯实反分裂斗争的组织根基。

"3·14"事件后，随着反分裂斗争形势的不断尖锐化、复杂化，党的基层组织战斗力、凝聚力的建设更为重要。西藏坚持提高基层党员干部素质，把党员的思想政治建设放在首位，深入开展爱国主义教育、社会主义法制教育、民族团结教育、马克思主义教育和中央关于新时期西藏工作指导思想及一系列方针政策的学习，为基层发展稳定奠定了坚实基础，使各项工作有思路、有方法、有步骤地进行。

自治区党委提出了对各级党政组织和广大党员干部的工作要求，要求划清群众有宗教信仰自由和共产党员不得信仰宗教的界限。明确教育广大党员，尊重信仰自由，不等于共产党员可以等同于普通群众，要始终明确共产党员不得信仰宗教是严肃的政治纪律。这是根本的政治是非问题。同时，向广大人民群众讲明反分裂斗争的性质，提出明确的要求，真正有效地发挥人民群众在稳定西藏局势中的作用，使基层党组织最大限度地发挥战斗堡垒作用。

---

① 《中共中央国务院召开第五次西藏工作座谈会》，《人民日报》2010年1月23日。

（二）进一步增强基层党组织反分裂、维稳定的战斗力

建立健全的基层维稳工作机制，必须依靠基层党组织和基层党员干部。在党员培养方面，村党支部注重将平时思想主动积极、有进取心的村民培养成入党积极分子，特别注重深入了解入党积极分子的基本情况，对培养对象进行有重点、有针对性的教育培养。如山南地区各县摸清本乡镇种养大户、科技示范户和工商业主等致富带头人的基本情况，从中遴选出思想觉悟高、群众基础好的致富带头人，将其作为党员的培养对象，并制作致富能手档案卡。至2010年年底，自治区共有党员总数达到20.8万人，其中农牧民党员9.8万人，占全区党员总数的46.8%。①

农村基层党组织和党员坚持把反对斗争、维护稳定摆在工作的首位，更加注重排查、调研、处理、解决各类安全隐患和矛盾纠纷，帮助群众深入了解党和国家的惠民政策，坚定爱党爱国爱社会主义的理想信念，督促指导群众要健康生活，教育青少年要热爱祖国、热爱家乡、热爱民族大团结等主题思想教育，为有效维护基层和谐稳定做出了积极贡献。例如，昌都地区农村基层党组织和广大党员带头揭批达赖分裂集团的反动本质，带头移风易俗，推动形成健康向上的社会风气。

（三）基层党组织紧扣发展稳定大局，功能更为多元

第五次西藏工作会议后，基层党组织不仅在维护地方稳定方面起到核心作用，在发展城镇化、带领群众致富方面也发挥了"领头羊"的作用，坚定了广大农牧民群众跟着共产党走的决心。抓基层，打基础，服务群众是根本。用看得见的身边实事，坚定基层村民跟党走才能过上更加美好生活的信心，使大家更加自觉地团结在基层党组织周围，共同发家致富。基层党组织功能的多元化首先从"两委"班子入手，加强基层组织建设，把致富能手吸收进"两委"班子，带领群众大力发展村集体经济，以村集体经济带动群众增收致富。

西藏自治区不断加强和健全农牧区各级党组织建设，基层党组织机构的软硬件基础全面加强，工作水平全面提升。党的基层组织覆盖面持续扩大，延伸到各个领域、各个行业，着力向新领域覆盖、向新组织覆盖、向

---

① 《我区党员队伍不断壮大》，《西藏日报》2011年6月30日。

新群体覆盖。在全区 5200 多个行政村和 192 个社区居委会建立了党组织，实现了党组织在农村、社区的全覆盖和党的工作在西藏社会的全覆盖。截至 2010 年年底，全区共有基层党组织 1.2 万多个。[1] 同时积极探索把党组织建在产业链、行业协会和各种联合体上，或建在农（牧）民工党员相对集中的地方等。

四　西藏基层治理中仍存在的问题

改革开放以来的五次西藏座谈会，因地、因时制宜地作出科学决策，使西藏的基层治理取得了令人瞩目的成就。但是，在经济跨越式发展的宏观背景下，基层组织出现涣散、社会阶层碎片化、人口流动、城镇化水平提高等经济基础和社会结构的变化，加上文化的多元化、传统宗教的复兴、境外敌对势力的渗透，都使得西藏基层治理的难度加大。正是由于西藏基层社会及其治理结构存在着这些问题，必须大力推进基层社会管理体制机制创新，对治理结构进行行之有效的统筹规划，提高基层社会的综合效益并有效促进协调发展。

（一）群众宣传教育工作亟须加强

西藏自 20 世纪 80 年代末以来，拉萨地区共发生 1987 年 10 月、1988 年 3 月、1989 年 3 月、2008 年 3 月四次较大规模的骚乱事件。这四次骚乱都是经达赖集团策划，勾结境内分裂势力引起的，过程都是先由一些不法僧尼挑头打着反动标语，呼喊"西藏独立""吃糌粑的赶走吃大米的""吃糌粑的站出来"等口号挑动民族情绪，煽动群众闹事。

通过多层次、多形式、多角度地揭批达赖集团分裂祖国、搞"西藏独立"的反动本质。用通俗易懂的语言向群众介绍国家对西藏的优惠政策和西藏在党领导下的发展变化，引导群众明辨大是大非，反对分裂破坏，热爱祖国大家庭、维护民族大团结。在遇到达赖的反动宣传时，群众才能有准备、有分析、有头脑地应对，减少冲动情绪，不给达赖集团以任何可乘之机。只有把党的政策讲明白、讲清楚。提高基层群众"到底跟谁走"的认识，统一思想，让他们从心底深处真正深刻认识到，达赖集团与国际反

---

[1] 《打牢党执政的组织基础》，《西藏日报》2011 年 11 月 7 日。

华势力相互勾结进行的渗透、颠覆和破坏活动对西藏的发展和人民安居乐业有害无益，才能维护社会稳定，实现西藏的长治久安。

(二) 亟须继续培养一支基层经验丰富，实践能力强的干部队伍

西藏地理环境独特，复杂的区情需要干部既了解政策，也熟悉地方情况。干部在基层交到朋友，及时了解群众生活困难和思想动态十分重要，能将党和政府无微不至的关怀与帮助带进家门，让群众充分感受到祖国大家庭的温暖。特别是汉族干部，成为全面正确贯彻党的民族、宗教政策的窗口，加深汉藏民族的相互了解。

社会发育程度低是影响西藏发展的主要障碍因素之一。推动干部下基层，扑下身、沉下心、扎下根，与基层农牧民彼此尊重，谈心、拉家常、在一线解决身边事，有利于基层社会的社会进步。从基层工作的锻炼中培养干部、考察干部、选拔干部，使干部在基层扎实工作、砥砺意志、增长才干，通过实践切实认识到自己所肩负的历史使命和重要职责，把基层工作作为关系西藏和谐稳定全局的重要岗位，有了直接交流，了解彼此所想、所思和所需，干部才更有能力办好事实事，老百姓才能更放心，感到党就在身边。基层社会的价值判断体系、财富观念、行为习惯和能力、心理意识等诸多导致发展速度缓慢的方面，也能日益改观。

(三) 须进一步加强对宗教事务的管理

西藏是群众性信仰宗教的民族地区，在寺庙管理上，寺庙规模不一、极为分散，达赖分裂势力往往将这些寺庙作为据点，打着藏传佛教"宗教领袖"的旗号，从事分裂和渗透活动，影响国家安定团结。十四世达赖将藏传佛教作为政治工具，曾公然鼓吹："控制一名活佛，就控制了一座寺庙；控制了一座寺庙，就控制了一片地区"。事实证明，达赖的言论具有宗教上的虚伪性和手法上的欺骗性，对僧尼造成的影响比较大，个别寺庙的少数不遵守寺规、教规的僧尼受分裂思想的影响，不顾国家的法令，充当在社会上骚乱闹事，扰乱社会秩序的急先锋和主力军。一些思想觉悟不高，对宗教盲目崇拜的群众也容易受到蒙蔽。在信教群众的宗教需求得到满足，宗教信仰自由得到充分尊重和保护的前提下，同时，进一步进行寺庙长效管理制度创新，及时发现和解决寺庙管理体制缺陷，增强党和政府对寺庙的控制力。

　　总而言之，改革开放后的经验表明，西藏应对工业化、市场化、城镇化、信息化、民主化、国际化全面发展的机遇和挑战，只有着眼基层，进一步转变工作理念，打基础，惠民生，才能满足跨越式发展的要求。党的十八大以来，以习近平同志为总书记的党中央深刻洞察国际风云变幻，深入研究党和国家事业发展对民族工作提出的时代命题，实现到 2020 年全国一道实现全面建设小康社会的宏伟目标是可以预期的。

（作者单位：中国社会科学院当代中国研究所）

从"五位一体"视角探讨中国经济发展奇迹的原因[①]

——基于马克思主义政治经济学的分析

郑有贵

如何对中国经济发展奇迹做出科学解释，是关系正确认识和如何坚持中国道路的重大理论问题。按照马克思主义关于生产力与生产关系、经济基础与上层建筑关系的科学论断，把经济生活纳入整个社会系统，从系统和整体视域，不仅研究经济发展的自身因素，也研究政治、文化、社会、生态等因素对经济运行的影响，是科学解释中国经济发展奇迹的钥匙。促进经济、政治、文化、社会、生态文明建设协调发展，并经过长时期实践历练和理论升华，到中共十八大形成了经济、政治、文化、社会、生态文明建设"五位一体"的中国特色社会主义事业总体布局，这是中国在探索完善社会主义道路进程中对马克思主义关于生产力与生产关系、经济基础与上层建筑关系论断的丰富和发展创新，也是中国经济发展奇迹取得的原因。

一 政治文明建设保障经济发展目标的有效整合和实施

有一种论断，说中国政治改革滞后于经济改革。这样的论断成立吗？中国政治改革是否滞后于经济改革，其判断标准，不是西方政治制度，而只能是社会生产力是否发展、国家综合国力是否增强、人民生活水平是否提高。历史是这样演进的，什么样的经济基础，决定了什么样的上层建

[①] 本文是中国社会科学院创新工程项目《中华人民共和国史稿（2002—2012）》第七卷的阶段性成果。

筑，而上层建筑又反作用于经济基础。如果政治改革滞后于经济改革，那必然会桎梏经济的发展。中国经济发展奇迹的取得，无疑验证了中国特色社会主义政治发展道路是成功的。中国政治改革滞后于经济改革论，是把经济发展奇迹与政治文明建设割裂开了，甚至是对立起来，其理论逻辑是矛盾的，也与历史事实不符合。从中华人民共和国成立起，中国共产党成为执政党，人民开始当家作主，开启了新的政治体系的构建进程，其间尽管具体的政治制度有诸多变化，但其实质没有变，即坚持中国共产党的领导没有变，人民当家作主没有变，并在实践的发展进程中不断促进党的领导、人民当家作主、依法治国的有机统一。中国特色社会主义政治发展道路的形成和不断完善，是不断适应经济基础的过程，也是对经济发展起积极作用的过程。1949 年以来，中国经济持续快速发展为政治进步奠定了坚实基础，而政治文明建设又对经济发展发挥了关键的积极作用，突出体现在能够实现宏伟发展战略目标的有效整合和顺利实施。

第一，中国的政治体系很好地将发展战略目标整合到引领先进生产力的生长和发展上。经济能否实现发展，取决于资源能否实现优化配置，而这又取决于能否形成有利于引领生产力的生长和发展的共同愿景的战略目标。中国共产党站在时代的前沿，能够顺应时代发展的要求，抓住发展机遇，在广泛和充分尊重人民意愿的基础上，经党的代表大会或中央全会审议通过的宏伟发展战略目标、五年计划或规划建议，提交国家权力机关全国人民代表大会审议表决通过后，成为国家集中统一的意志。这是实现经济发展的政治保障优势。正如美联储主席在与中国学者交谈时说，美国人都看得很清楚，大家都在长周期下，差不多，但是这时候就看你是不是有幸地遇到了一个坚强的智慧的领导层带领你走过这段时光。说你们有，我们没有，形成不了一个集中的意志。[①] 在这样的国家决策体系里，中国能够形成既宏伟又可实施的战略目标体系。首先，有效地整合形成了长期战略目标。从 1953 年起，中国将发展战略目标整合到宏伟的国家工业化，随着经济社会的发展又逐步提升到宏伟的四个现代化建设、全面建成小康社会、"中国梦"、"两个一百年"奋斗目标。其次，根据不同发展阶段的具体情况，制定与长期发展战略目标相对应的五年发展计划或规划，至今

---

① 参见李扬《美联储主席为何不看好美国经济——在长安讲坛上的演讲》，http://finance. sina. com. cn/zl/china/20150522/081222241310. shtml。

已完成了 12 个五年发展计划或规划。无论是长期战略目标，还是五年计划或规划目标，正是多种主体发展目标的有效整合，而且都整合到了引领先进生产力的生长和发展上，进而形成发展的正确方向，并成为引领发展的定力。这对于中国而言，尤为重要，因为面对与工业化、现代化先行国的巨大差距，如果不能将发展战略目标有效地整合到引领先进生产力的生长和发展上，而是目标紊乱，各主体很可能由于利益难以统筹兼顾而打消耗战，就不利于资源的优化配置，跨越发展是难以实现的。

第二，中国的政治体系很好地保障了发展战略目标的持续实施。旨在引领先进生产力生长和发展的战略目标，很可能受到政治因素影响，得不到很好的实施。1949 年以来，中国对发展战略目标也进行过调整，但都是从时代发展的新要求出发，对其不断加以完善，而不是从根本上加以否定。西方政治体系中，党派为争取各自利益最大化而进行博弈，受此影响，难以形成长远发展战略目标，即使形成，也要付出昂贵的谈判成本和旷日持久的时间成本，在实施时还会受到党派轮换执政的影响而遭中断。在中国的政治体系下，所形成的发展战略目标，都是从国家和人民的根本和长远利益出发，加之国家日益强大，有独立的国防，也有独立齐备的国民经济体系、工业体系和科学技术体系，可以避免来自一些霸权国家的政治、军事、经济、科技的强行干扰，从而保障其接续实施。

第三，中国的政治体系很好地促进了全国人民共同实施发展战略目标合力的形成。中国在有效地将发展战略目标整合到引领先进生产力的生长和发展的基础上，还通过形成全国人民合力集中力量办大事的发展模式，促进资源集中配置到发展先进生产力上。这与发展经济学所主张的发展中国家要实现赶超发展，需要政府干预，与集中优化配置资源的主张不谋而合。在这种发展模式下，实施了有助于先进生产力的生长和发展的重大建设项目或活动，如"一五"时期的 156 项重大工业建设项目，20 世纪 60 年代起的三线建设项目，70 年代的"四三方案"，改革以来宝钢、航空、航天、高铁、地铁、三峡水利工程、南水北调、西气东输、棚户区改造、863 计划、112 工程、958 工程、亚运会、奥运会、世博会等项目或活动。离开社会主义价值取向和政治制度优势，持续成功实施如此大规模重大项目和活动是难以设想的。

政治不仅是政权组织结构及其体制机制，更是一种价值取向，前者是实现价值取向的保障，后者是前者要坚持的方向，这两者都有机地统一于中国特色社会主义政治体系。中国特色社会主义的政治价值取向，渗透到经济、文化、社会、生态、外交等各方面的政策，相互间良性互动，共同作用，促进中国经济发展奇迹的实现，彰显了中国政治的优势。换言之，政治改革滞后于经济改革论是站不住脚的，坚持走中国特色社会主义政治道路是实现经济发展奇迹的根本保障，应当对中国在有效整合和顺利实施宏伟发展战略的政治优势进行科学总结，并将这种政治优势加以完善和更好地发挥出来。如此，"中国梦"的实现才有可靠的政治保障。

二　先进文化引领时代风气之先和凝聚、催生经济发展力量

当代中国在促进经济发展时，不是把经济孤立起来，而是把经济发展与文化发展联系起来，使物质文明建设和精神文明建设相辅相成。新中国成立伊始，以马克思主义为指导，以文艺为人民大众服务为方针，着力改造旧文化，发展社会主义新文化，使爱国主义、集体主义深入人心。改革开放初期，面对西方思潮的涌入，中国共产党坚定地提出并实践物质文明与精神文明两手抓和两手都要硬的思想。1980年12月召开的中共中央工作会议，把建设社会主义精神文明列入重要议题。1981年6月，中共十一届六中全会通过的《关于建国以来党的若干历史问题的决议》，把精神文明作为中国社会主义现代化建设的十条基本经验之一，指出社会主义必须有高度的精神文明。1982年9月召开的中共十二大深刻地指出，"社会主义精神文明是社会主义的重要特征，是社会主义制度优越性的重要表现"①。1986年9月中共十二届六中全会通过《中共中央关于社会主义精神文明建设指导方针的决议》。中共十七大不仅提出"建设中华民族共有精神家园"，还提出"解放和发展文化生产力"。中共十七届六中全会审议通过的《中共中央关于深化文化体制改革、推动社会主义文化大发展大繁荣若干重大问题的决定》提出，我们必须抓住和用好我国发展的重要战略机遇期，在坚持以经济建设为中心的同时，自觉把文化繁荣发展作为坚持发展是硬道理、发展是党执政兴国第一要务的重要内容，作为深入贯彻落

---

① 中共中央文献研究室编：《十二大以来重要文献选编》上卷，人民出版社1986年版，第26—27页。

实科学发展观的一个基本要求，进一步推动文化建设与经济建设、政治建设、社会建设以及生态文明建设协调发展，为继续解放思想、坚持改革开放、推动科学发展、促进社会和谐提供坚强思想保证、强大精神动力、有力舆论支持、良好文化条件。面对世界范围思想文化交流交融交锋形势下价值观较量的新态势，针对改革开放和发展社会主义市场经济条件下思想意识多元多样多变的新问题，中共十八大提出积极培育和践行社会主义核心价值观，倡导富强、民主、文明、和谐，倡导自由、平等、公正、法治，倡导爱国、敬业、诚信、友善。新中国成立以来，文化建设对提升国家软实力发挥着日益重要的作用，成为经济发展的重要因素。

第一，社会主义核心价值观的培育和践行，为发展经济明确了充满激励的价值取向。在这个问题上，中国共产党达成了共识。仅以中国社会主义经济建设的重要开创者和奠基人陈云为例，在长期实践经验和面对改革开放的新形势，特别是针对"一切向钱看"的现象，深刻地指出："在进行社会主义物质文明建设的时候，如果不同时进行社会主义精神文明建设，物质文明建设就可能偏离正确的方向。任何单位，任何领导干部，如果忘记或放松抓社会主义精神文明建设，物质文明建设也不可能搞好。严重的，甚至会脱离社会主义和共产主义的理想，这是很危险的。"鉴于此，陈云进一步提出"要坚决地刹歪风，正党风，增强全体党员的党性，从精神文明建设上，保证和促进社会主义物质文明建设。使社会主义的经济建设，社会主义的经济体制改革，沿着正确的轨道，不断前进"①。实践证明，社会主义价值观的培育和践行，引领社会朝着向上向善的方向发展，促进了人的全面发展和社会的全面进步，对于集聚全面建成小康社会、实现"中国梦"发挥着强大的正能量作用。例如，促进中国特色社会主义经济发展道路的探索完善，而不是走向全盘私有化、市场化、自由化的资本主义市场经济道路；树立正确的世界观，提倡廉洁自律，促进了党风建设，促进了整个社会道德建设；对劳动模范等先进代表进行表彰，形成积极的示范效应；大力倡导团结协作精神，在民族间、地区间、企业间开展了大量的协作。

第二，积极倡导和发展社会主义先进文化，引领前进方向，为全国人民形成积极奋进的动力。围绕社会主义建设，大力发展先进文化、红色文

---

① 《陈云文选》第3卷，人民出版社1995年版，第347—348页。

化，涌现出一大批积极向上的文艺作品，激励全国人民投身到社会主义建设事业中。

第三，传承和弘扬优秀传统文化，为中华民族的团结进步发挥重要作用。中华文化是中华民族的集体人格和自我意识、自我认同的体现，是中华民族生生不息、团结奋进的不竭动力。中华民族有勤劳的美德，在历史上创造了精耕细作的农耕文化。在社会主义制度下，优秀传统文化的传承和发展，更好地发挥了促进积极向善、开拓进取、实干兴邦的作用，成为克服种种艰难困苦、开拓进取而实现经济发展的文化基因和动力，在工业化、现代化进程中激励艰苦创业，在改革开放以来坚持以经济建设为中心不动摇而致力于不断发展创新。

第四，随着经济发展和人民生活水平的提高，文化不仅为经济发展搭台，文化产业也日益发展壮大，将逐步成为国民经济的支柱产业。

三 社会重构与和谐社会的构建为经济发展奠定了和谐进步的社会基础

经济的发展与社会结构及其治理机制无不相关。中国经济发展不仅有一个和谐的社会基础，更是形成了促进人人成长和发展机制。

第一，社会主义制度的建立激发社会活力。新中国成立初期，建立起与封建社会、资本主义社会有着根本不同的全新的社会主义制度，构建起人人平等、人民当家作主的社会，公有制的建立又实现了生产要素与劳动者有机统一地结合起来，这些都促进了各利益主体公平发展政策体系的形成，使各主体都有成长和发展的机会，极大地激发了各利益主体的积极性和创造性。

第二，稳定的社会秩序使经济发展有一个良好的社会环境预期。在探索完善中国特色社会主义社会建设道路进程中，把和谐社会构建落实到包括经济建设、政治建设、文化建设、社会建设和党的建设等各个方面。在国内，中国共产党和政府致力于和谐社会的构建，逐步形成和完善社会治理机制，化解广大人民群众反应强烈的社会矛盾，并着力解决腐败问题，避免矛盾的激化而导致的社会动荡，使社会长期呈和谐进步态势。在国际上，改革开放前，中国努力打破西方国家的封锁，为应对可能爆发的战争而积极备战，赢得了和平发展的机会；改革开放以来，在霸权主义依然存在、贸易纷争有所加剧、地区冲突和战乱不断的情况下，以和平、发展、合作、共赢为理念，推动全球治理机制变革，积极促进世界和平与发展，在国际事务中的代表性和话语权进一步增强，不断为中国经济发展争取了有利的和平和宽松的国际环境。这对于中国来说是难得的发展条件。因为自鸦片战争以来，中国遭受侵略和连年战乱，生产生活秩序遭到破坏，资源被略夺，经济发展严重受阻。新中国成立后的长时期内，除"文化大革命"初期的局部武斗外，全国社会基本保持了平稳态势，避免了由于战乱、政权频繁更迭和社会动荡对经济社会发展的影响。改革开放以来，中国之所以能够形成强大的聚集效应，吸引大量国外资本、人才、技术的流入，到中国旅游的客人增加，除了实行对外开放政策、市场大、人力成本低等经济因素外，还由于国家社会和谐进步，把人身安全、财产安全、秩序维护等非经济因素的风险降至较低点。

第三，新的社会结构的构建，有利于实现生产与消费的均衡，促进经济的持续稳定增长。在社会主义价值取向下，中国坚定地走共同富裕道路，逐步形成和不断完善发展成果更多、更公平惠及全体人民的政策体系。其中最重要的是形成了以公有制为主体、多种所有制经济共同发展的基本经济制度，以及与之对应的以按劳分配为主、多种生产要素共同参与分配的政策。现在，城乡、地区间收入差距开始缩小，扭转了基尼系数增大的趋势而开始呈缩小态势。这样就避免了资本主义国家少数人占有财富而扩大产能与多数人消费低而导致的经济波动乃至经济危机。20 世纪 30 年代资本主义经济危机，2008 年的国际金融危机，均由此引发。中国经济尽管有所波动，也受到国际经济波动乃至经济危机的影响，但由于新的社会结构和基本经济制度、分配政策促进了生产与消费的基本均衡，促进了经济的平稳发展，克服了 1997 年亚洲金融危机、2008 年国际金融危机的冲击。

第四，社会建设提升了经济发展的空间。新中国自成立以来，开展了大规模的社会建设，教育、医疗卫生、体育等事业获得快速发展，提升了人的素质，为经济发展提供了人力支撑。社会建设并不是对以经济建设为中心的否定，而是形成新的生产能力，更好地促进了经济发展。

第五，中国的社会基础，有助于形成共同克服困难的机制。在社会主义制度下，"一方有难，八方支援"的传统美德更好地体现和发挥出来。全国人民可以形成合力，共同面对和克服困难。例如，在 20 世纪 60 年代的困难时期，在遭受地震、水灾、旱灾，在遭遇 1997 年亚洲金融危机和 2008 年国际金融危机冲击，全国人民都能够在中国共产党和政府的领导下，沉着应对，共渡难关。例如，20 世纪 60 年代初在克服经济困难中，大量职工返乡，就是从大局出发，根据国家的统筹安排，放弃了在城市的工作和生活。正是这种良好态势，克服了重重困难，雨过天晴，天边一次次挂起彩虹。

第六，在将社会和谐作为中国特色社会主义本质属性的取向下，创新社会治理，让群众民主参与社区管理，实行基层自治，不仅尊重了人民的民主权益，还发挥了人民的积极性和创新性，实现了社会的善治，并节约了社会治理成本。

四 生态文明建设使经济发展更具魅力和可持续性

生态环境是国际上普遍遇到的问题，只是或轻或重而已。生态环境是生产力，这一认识是在总结正反两个方面实践经验基础上形成的。如何处理生态环境与经济发展的关系，不仅是一个认识问题，也是一个发展阶段问题。新中国成立以来，经济发展与生态环境的关系，大体经历了两个阶段。

第一个阶段，在快速推进工业化时期偏重经济高速增长而轻生态环境。在工业化发展初期，一般是追求经济增长，而不注重生态环境问题。例如，伦敦在工业化后成为雾都，在 1952 年发生的"大烟雾"事件中，因为空气污染，致使不少人因吸入污染物而死亡。新中国成立后的较长时期内，在追求赶超发展进程中，注重经济增长速度，将生态环境问题放在次之位置，实行粗放式增长，加之由于资金缺乏又使得排污技术发展和设施建设没有跟进，导致高排放，结果在实现了 GDP 高速增长的同时，也造成严重的生态破坏和环境污染，透支了后续生产能力。在这一过程中，一些时段还违背规律。例如，"大跃进"运动时期，为了大炼钢铁，大量砍树，造成严重的植被破坏和水土流失；"文化大革命"期间，一些地方片面执行"以粮为纲，全面发展"方针，毁林造田、围湖造田；改革开放初期，在乡镇企业异军突起的过程中，村村点火、户户冒烟办工业。这些生态环境问题，给人们留下太多负面的印迹，教训深刻。实际上，中国自古即形成了天、地、人之间整体和谐的三才观。毛泽东、周恩来形成了"青山常在，永续利用"等思想。1975 年 7 月 19 日，陈云赴江苏高邮视察石油钻井时指出：要注意环境污染问题,在生产设计的同时就要做好防止污染的设计,不要等到事后再解决。①
然而,之所以在实践中发生生态环境严重破坏的问题,根源在于快速推进工
业化、现代化以摆脱贫穷落后状况的极大压力,加之在追赶发展过程中存在
一定的盲目性、对生态环境破坏后果的严重性缺乏足够深刻的认识。换言
之,这是一种有认识而自觉不足的结果。

第二个阶段,随着经济发展上升到新的台阶,步入生态文明建设新征
程。随着人口增长和工业化、城镇化的发展,生态环境对经济发展构成硬
约束。在这样的条件下,1972 年在斯德哥尔摩举行的联合国人类环境研讨
会上正式提出可持续发展概念,20 世纪 80 年代初联合国世界环境和发展
委员会提出可持续发展战略。21 世纪以来,中国在吸取历史经验教训的基
础上,在处理经济发展与生态环境关系上做出了多方面的探索。在发展理
念上,以实现可持续发展为指导思想,大力推进理论创新,大力实施可持
续发展战略,中共十七大提出了生态文明建设,提出建设资源节约型和环
境友好型社会。在生态建设的实践中,大力开展生态建设。1979 年,中国
决定每年 3 月 12 日为植树节,中国共产党和国家领导人每年坚持带头参
加植树活动。1981 年 3 月 29 日,陈云在复陆定一信中指出:像植树造林、
治理江河、解决水力资源、治理污染、控制人口这类问题,都必须有百年
或几十年的计划。② 1984 年 9 月 20 日第六届全国人民代表大会常务委员会
第七次会议通过《中华人民共和国森林法》。从世纪之交起,更加注重生
态建设,实行支持退耕还林还草的政策,再造秀美山川,促进绿色发展、
循环发展、低碳发展。中共十八大报告不仅把生态文明建设纳入中国特色
社会主义事业总体布局,还提出把生态文明建设放在突出地位,融入经济
建设、政治建设、文化建设、社会建设各方面和全过程。在考核体系上,
将节能减排控制污染作为经济社会发展考核指标;中共十八大后,中央把
GDP 增速调整到合理区间,放弃了长期把 GDP 作为干部政绩考核指标的
做法。在政策上,支持削减高污染的落后产能,支持清洁的新能源。在法
律上,2014 年 4 月 24 日第十二届全国人民代表大会常务委员会第八次会
议通过对《中华人民共和国环境保护法》的修订,并加大执法力度。在保
护与开发利用上,把生态环境作为重要因素加以考虑,科学布局生产空

---

① 《陈云年谱(修订本)》下卷,中央文献出版社 2015 年版,第 218 页。
② 同上书,第 310 页。

间、生活空间、生态空间，注重保护，在生态环境保护的同时，发展民族旅游、扶贫开发、民族文化，做到保护与开发利用有机统一。让良好生态环境成为人民生活质量的增长点，成为展现国家良好形象的发力点，建设美丽中国，由此，中国的经济发展开始步入更具魅力和可持续性的轨道。

五　经济发展合力的形成缘于"五位一体"的协调发展与三大优势的发挥

对中国经济发展奇迹原因认识的分歧，根本在于立场和方法，即存在马克思主义和资本主义两种立场和研究范式。西方经济学无从解释中国经济发展的奇迹，其原因是没有从整体视角进行分析，把经济发展仅仅视为经济自身运行结果的逻辑，甚至仅从微观主体的成本收益视角分析资源配置的效率。经济发展是整个社会系统运行的结果。中国经济发展奇迹的取得，除了经济学讨论的经济因素外，还由于政治建设、文化建设、社会建设、生态文明建设与经济建设形成协调发展态势。这是马克思主义关于生产力与生产关系、经济基础与上层建筑关系的论断在中国的实践及其进一步的验证。中国经济、政治、文化、社会、生态文明建设逐步形成协调发展态势，进而合力促进经济发展，缘于社会主义价值取向、基本经济制度和中国共产党领导共同作用的发挥。

第一，社会主义价值取向促进了经济发展合力的形成。社会主义的价值取向在于，人民的利益大于一切。在实践中，中国也存在着部门利益、地方利益，因而中央也多次主动调整中央与地方的关系，但这种关系无论如何变化，在中央的统一领导和统筹协调下，全国一盘棋，部门和地方基本上做到了服从国家和人民的根本和长远利益，共同协作，克服诸多困难，合力推动国家发展战略的实施。以改革前实施的服务于国家工业化战略的政策为例，国家政策的核心是高积累和高投入，为此，一方面对城市职工实施低工资、低消费政策；另一方面把大量农民留在农村，以保障整个国家消费增长不至于过快，并通过工农产品价格"剪刀差"等方式实现农业剩余向工业转移，通过农产品统派购制度保障工业原料和城镇居民食物的供应。这种高积累、高投入、低工资、低消费政策本可能受到抵制，然而在实践中却能够得到顺利实施，这缘于社会主义价值取向下形成了全国人民共同实现发展战略目标的合力，即全国人民为国家工业化、现代化而奉献，齐心协力艰苦创业、勒紧裤腰带支持国家重点建设。社会主义价值取向凝聚人心的优势，根本缘于中国共产党代表最广大人民的根本利益，在制定政策时，从国家和人民的根本和长远利益出发。这与资本主义国家有根本的不同。在资本主义国家，在私有制基础上的上层建筑，在重大政策的制定和实施上，受各自党派或私人财团的左右，利益关系难协调，有利于民众的政策难通过。

第二，以公有制为主、多种所有制经济共同发展为基础的上层建筑，国家有能力在资源配置上，形成人财物支撑的合力。推动历史发展的决定力量是人民群众。中国经济发展奇迹实现的合力，来自人民群众最深厚的伟力，其中体现最突出的是集中力量办大事。当然，在改革开放前后两个时期，集中力量办大事的建设内容和实现机制有所不同。以财政为例，改革开放前主要是通过实施建设财政和群众性生产运动方式来推进集中力量办大事的实现；改革开放以来，特别是进入 21 世纪后，将建设财政转变为制度化的公共财政。以公有制为主、多种所有制经济共同发展为基础的国家，一方面可以将有限的人财物用于重点建设项目；另一方面可以通过发展公有制经济，实施国家在国计民生方面的意志，而这些又不受党派和私人财团左右，从而成为顺利实施集中人力、物力、财力的重要保障，为国家的经济起飞和发展提供了必要的支持。在新中国，1978 年以前的资本积累率较高，最低为1963—1965 年的 22.7%，最高为"四五"时期的 33.27%，被认为较合理的"一五"时期高达 24.2%。相反，旧中国在私有制基础上，政府做不到，即便是经济最好的 1931—1936 年，有 4 年的资本积累率为负数，最高的 1936年也只有 6.0%。① 改革开放前的计划经济体制和单一公有制保障了投资达到最大限度，这是社会主义制度的效能所在。不可否认，这种体制也存在投资饥渴症，如何处理好积累与消费关系也一直是没有得到很好解决的难题。② 很多发展中国家，由于没有国家统一发展战略目标的意志，即便有，也因为没有像中国建立在以公有制为主、多种所有制经济共同发展基础上的政治制度保障，国家集中力量兴办诸如事关国计民生的重大科技攻关、重大基础设施、社会事业等方面的大事则力不从心。例如，1949 年至今，中国与印度均属于发展中国家，印度在 1949 年的人均经济值高于中国，资本主义政治经

① 巫宝三主编：《中国国民所得（1933 年）》上册，中华书局 1997 年版，第 20 页。
② 武力：《论建设型财政时期陈云对遏制投资饥渴的贡献》，《武陵学刊》2010 年第 4 期。

济制度并没有使其经济发展快于中国。相反，到 1978 年，乃至现今，中国经济增长均快于印度，其中中国的政治经济制度在保障集中力量办大事上的作用是显而易见的。

第三，中国共产党领导核心作用的发挥，促进经济发展合力的形成。在中国共产党的领导下，坚持党的领导、人民当家作主、依法治国有机统一，不断推进国家治理体系和治理能力现代化，形成了中国特色社会主义制度，促进发展战略实施合力、定力的形成。在发展方向上，中国共产党的先进性保障沿着正确的方向前行和创新发展。在发挥各主体能动性上，中国共产党从全局出发，在全国一盘棋下，激励"八仙过海，各显神通"，以使一切劳动、知识、技术、管理、资本的活力竞相迸发，让一切创造社会财富的源泉充分涌流。在思想政治工作上，中国共产党在充分倾听广大群众和基层干部诉求、满足利益需求的情况下，强调注重发挥政治思想教育对经济发展的作用。陈云用"七分经济，三分政治"的话语，形象地道出了经济与政治思想工作的关系。在打击经济犯罪上，中国共产党全面从严治党，形成反腐高压态势，保障经济发展成果不被腐败分子吞食，防止负面效应，并发挥积极的作用。例如，1982 年 2 月至 1986 年 7 月底，全国在打击严重经济犯罪活动中，给予 67613 名党员党纪处分，其中有 25598 人被开除党籍。[1] 现今，国家已把打击经济犯罪纳入法治化轨道。在宏观调控体系的建立与健全上，中国共产党驾驭经济运行的能力不断增强，调控的政策多而有余地，形成促进经济发展的定力，使得经济的增长不仅快，而且呈现出较强的稳定性。1980 年至 2014 年，中国经济没有发生负增长，增长率波动幅度较小，这与美国、日本等增长率波动较大形成鲜明的差别。[2]

不难看出，社会主义价值取向、基本经济制度和中国共产党领导核心作用的发挥是促进经济发展合力形成，进而实现经济跨越发展的法宝。在实现"中国梦"的进程中，对这些基本经验，只能坚持和不断完善，而不能丢掉，否则，优势将废。

（作者单位：中国社会科学院当代中国研究所）

---

① 参见《中央纪律检查委员会向党的第十三次全国代表大会的工作报告》（1987 年 10 月 30 日），《人民日报》1987 年 11 月 5 日第 2 版。

② 赵振华：《为什么对中国经济的未来有信心》，《光明日报》2015 年 5 月 7 日第 1 版。

唯物史观视域中的当代中国
农村城镇化进程探析

侯　微

唯物史观认为："物质资料的生产是人类社会存在和发展的基础。生产力决定生产关系，生产关系要适应并反作用于生产力；经济基础决定上层建筑，上层建筑要适应并反作用于经济基础。生产力是社会发展的最终决定力量，人是生产力的主导因素，人民群众是历史的创造者，是社会实践的主体。物质生活的生产方式是社会存在的决定性因素，直接制约着整个社会经济生活、政治生活和精神生活的过程。社会存在决定社会意识，社会意识具有相对独立性并对社会存在具有反作用。"[①] 这为我们考察和研究社会问题提供了科学的世界观和方法论。农村城镇化道路的形成是生产力和生产关系、经济基础和上层建筑互相作用的结果，是科技生产力的作用和市场经济发展的必然结果，它对加快城乡资源循环，实现资源共享，更大范围地优化配置资源，促进城乡经济社会协调、快速发展，缩小城乡差距，全面建设小康社会，实现共同富裕具有重大深远的意义。本文坚持以唯物史观为指导，就改革开放 30 多年来农村城镇化的历史变迁做一定的探讨。

一　当代中国农村城镇化的源流

1949 年新中国成立后，中华民族并未完全摆脱国际对新生国家施压的局面。因此，中国不仅选择工业化作为新中国建设的突破口，而且还要"首先集中主要力量发展重工业，建立国家工业化和国防现代化的基础"[②]。

---

① 《马克思恩格斯选集》第 2 卷，人民出版社 1995 年版，第 31—35 页。
② 邹谠：《二十世纪中国政治》，牛津大学出版社 1994 年版，第 234—237 页。

这种经济发展模式尽管不符合当时生产力的发展要求，但却是时代环境所需。初期阶段的中国工业化需要资本积累，中国要实现外部资本积累几乎不可能，首先面临的是以美国为首的西方国家对中国长期的"经济封锁"局面，中国唯一可以作为工业启动资本的是苏联的约值54亿美元的156项援助。而中国人按照苏联图纸生产的产品不可能返销给苏联控制的"经互会"市场，因此，在完全没有外部市场的环境下，中国只能立足于国内资源和国内市场，通过内部调整，完成内向型国家的资本积累。这种内部调整就是以牺牲当时农村和农民的利益为代价。如何汲取农村资本以发展工业化建设，这就需要农民低价交出生产的农作物，满足国家工业化所需。但在实际操作中产生的问题是：农民作为财产完全独立的经济主体，并不愿意按国家低价缴售粮食，而国营粮食部门不可能强制农民受粮，为此，中共中央几乎在1953年10月10日召开全国紧急粮食会议的同时，于1953年10月26日召开了全国第三次互助合作会议。毛泽东在会议上指出"个体所有制与大量供应是完全冲突的"。党中央把根本解决农产品供求矛盾的希望，寄于以合作化改变小农经济的私有制。也正是合作社的成立使政府可以直接与合作社交易，而不必再直接面对4亿分散的农户进行粮食征集了，由此交易成本大幅度下降。合作社的快速发展和统购统销制度的不断完善和强化，坚实而稳固地保证了农业资本源源不断地流向工业，为国家工业资本的原始积累提供了最佳力量源泉。就在我国积极推进农业合作社发展的过程中，中苏关系又开始急剧恶化，这直接导致苏联对于中国重工业投资的突然中止，进一步产生了"中国的国家资本主义工业化在最需要追加后续投资的时候突然遇到'0资本'危机"，由此全国开始建立人民公社，试图以中国特色的自力更生、艰苦奋斗，来接续"0资本"危机爆发及其后三年萧条阶段国家工业化的原始积累。

从实现国家工业原始资本积累角度讲，一系列土地制度的变换无疑取得了一定的成功。使中国在既无外部市场又无外来投资的情况下，在国家内部创造了均衡的工业化体系。但是当时生产力发展水平及农业生产的自身特点决定了一家一户的单干是效率最高的，最适合农业生产发展的，所以从农业制度的推行进度来看，出于国家经济发展战略考虑，制度的制定者及执行者忽略了当时仍然以农业为主的土地经济发展的自身规律，采取强行推进生产关系，变革方式促进农业生产力的发展，结果导致了生产效率下降。所以改革开放后，在对国际时局做出重新判断后，我国不断调整经济目标和经济政策，在这一过程中，我们放弃了传统的计划经济体制，采用市场经济体制，原有的乡村社会结构在不断破解，新的乡村关系在重塑。值此背景，中国农村城镇化道路才沿着这一路径不断延伸和发展起来。

二 改革开放以来农村城镇化的进程

"城镇化"是具有中国特色的社会发展概念，它不仅包括世界普遍认同的传统乡村社会向现代城市社会转变的"城市化"过程，还包括各种要素在农村城镇不断集聚的"农村城镇化"。按照马克思主义唯物史观的基本原理，生产要素的集聚与扩散是农村城镇化的内在动力，作为上层建筑的政策机制则是"变速器"。改革开放之初，国家确立了市场化取向的经济体制改革目标，随着改革的发展与不断深入，由市场力量诱导在传统体制外围出现的农村社区、乡镇企业、农民家庭或个人等民间力量产生了对城镇的需求，并日趋不可忽视，有鉴于此，国家实行政策上的调整。经济系统内生产要素动态转移所形成的"市场拉动力"与经济系统外国家政策宏观引领所产生的"政府推动力"，两者相互补充，相互协调，最终促使中国形成了一条有中国特色的农村城镇化发展之路。

按照经济规律发挥作用的空间权限及国家政策调试的时空区域划分，我国农村城镇化大致分为两大阶段，以1992年为分水岭，之前属于二元社会制度框架内的发展与调试，中国农村城镇化基本处于以国家划分大的格局为框架，经济规律在二元框架内发挥作用和影响；1992年国家打破二元制度框架，遵循经济发展规律，明确提出建立社会主义市场经济体制的改革目标后，生产要素突破城乡二元结构，我国农村城镇化也进入到城乡统筹思路上的政策安排。如果进一步细分，可分为以下几个阶段。

（一）农村土地制度变革促进劳动力、资金等生产要素从粮食种植业向林业、副业等农村其他经济领域转移，农村生产要素由静态向动态转化成为改革开放后农村城镇化的第一阶段（1978—1983）

改革开放之初，为调动农民生产积极性，国家推行家庭联产承包经营制度，制度的运行不仅提高了农业生产效率，也带来了资金、劳动力和粮食的剩余。农村生产要素的城市化聚集与转换是城市化的普遍规律，中国的特殊性在于，这一时期城市改革也处于起步状态，不具备吸纳大量劳动力的条件，加之从 1979 年开始国家允许知青返城，致使城市很多青年处于无业状态，为缓解城市压力，国家采取严格限制农村剩余劳动力流入城市的政策。1979 年中央工作会议明确提出："目前全国全民所有制单位在计划外使用的农村劳动力有五百万人，要做好细致的工作，把这部分人动员回农村，改变大批农村劳动力进城。而城镇又有大量人员待业的不合理现象，今后不经过国家劳动总局批准，不准从农民中招工。"国家严格控制农村人口进入城市工作政策弱化了城市对农村人口的吸纳，也阻碍了城市生产技术、生活方式等向农村的扩散，不可避免地延缓了中国农村城市化进程，但却符合政策循序渐进的要求。

在严格限制农村劳动力等生产要素城乡互动的同时，国家积极鼓励农村多样化生产经营，促进生产要素从单一的粮食种植业向林业、副业等农村其他经济领域流动。1978 年党的十一届三中全会提出农林牧副渔并举和"以粮食为纲，全面发展，因地制宜，适当集中"的方针。1981 年 3 月，国家又确立"决不放松粮食生产，积极开展多种经营"的方针。1983 年中共中央一号文件发出《关于当前农村经济政策的若干问题》，正式提出：各地要拟定自己的农业发展规划，并采取有力措施，走农林牧副渔全面发展、农工商综合经营的道路。

改革开放初期，国家改革的重心在农村，在以农村改革为主、城市改革相配合的改革局面主导下，城乡关系得到改善，差距逐渐缩小。但壁垒森严的城乡二元制度仍然无法实现农村生产要素在城乡间的自由流动，同时城市对农村生产要素的吸纳是自然的经济过程，城市处于瘫痪的工商业发展状态，无法接纳从农村转移出来的生产要素，由此农村生产要素从农业、种植业向农村林业、副业等其他领域转移成为最合理的去向，生产要素的动态转移，是农村经济走向商品化生产的前提，而这正是农村城镇化的经济基础，因此，生产要素由静态到动态的转化成为农村城镇化的准备和前奏。

按照马克思主义唯物史观分析，中国的农村城镇化是在不断调整不适应生产力发展的生产关系中逐渐产生萌芽的。我们知道，改革开放初期，当时中国农业具有"小农"生产的特点，这决定了相应的生产政策也应该适应这种生产方式。因而党和国家调整了改革开放前不适应农村生产力发展的高度集中计划体制，采取具有"小农"生产特点的家庭联产承包责任制，促进了中国农村经济迅猛发展，"松绑放活"了农村经济，为农村城镇化奠定了经济基础，但不可否认，受计划观念的束缚，计划经济体制并未因此而根除，新体制也未能得以确立，中国经济仍然在二元制度框架内运行。

（二）迅速崛起的乡镇企业产生的"集聚"效应，促进劳动力、资金等生产要素向农村非农产业和个别村落集聚，小城镇自主诞生，这成为改革开放后中国农村城镇化的第二阶段（1984—1991）

土地制度变革提高了农业生产效率，农业生产效率的提高又使大量劳动力从农业中"离析"出来成为剩余，当农村剩余劳动力不断涌现，并日益成为显性问题时，引起国家高度重视，于是农村出现乡镇企业（最初称作"社队企业"）时，国家认识到其发展对转移农村剩余劳动力的重要作用，给予高度评价，并在政策上加以扶植。1984 年国家发布《中共中央、国务院转发农牧渔业部和部党组〈关于开创社队企业新局面的报告〉的通知》，正式将社队企业改称为乡镇企业，并实行乡办、村办、联户办和户办四个轮子一起转形式，直接激励乡镇企业的崛起。1986 年中央批准"火星"计划，就是提出将现代科学技术的火花引向乡镇企业计划。在国家政策的鼓励和扶植下乡镇企业快速发展，截至城镇化战略确立的 1998 年，乡镇企业的增加值占国内生产总值的 27.9%，整个乡镇企业吸收劳动力就业达 1.25 亿人，占当年全国城乡非农就业总数的 35.7%。[1]

乡镇企业作为农村新的生产力因素，从诞生之日起就是以交换为目的进行的商品生产，与市场密切联系。市场是配置资源的有效手段，引入市场机制成功促进了资金、技术、劳动力等分散的农村资源在某一区域内聚集。农村经济结构的调整，促进第二、三产业在个别村落迅速崛起，不同层次的区域中心逐渐形成，这些区域中心反过来又促进地区经济、社会及人口结构发生变化，由此农村小城镇悄然兴起。

农村小城镇的快速发展吸引大批农民放下锄头铁锹，进入小城镇寻求就业机会，这就迫切要求在城镇落户。有鉴于此，1984 年 1 月 1 日，《中共中央关于 1984 年农村工作的通知》，肯定了农民离开耕地转入小工业和

---

[1] 温铁军、温厉：《中国的"城镇化"与发展中国家城市化的教训》，《中国软科学》2007 年第 7 期。

小集镇服务业是一个必然的历史性进步，并提出"允许务工、经商、办服务业的农民自理口粮到集镇落户"。同年 10 月国务院发出的《关于农民进入集镇落户问题的通知》规定，凡申请到集镇务工、经商、办服务业的农民和家属，在集镇有固定住所，有经营能力，或在乡镇企业单位长期务工的，公安部门应准予落常住户口，及时办理人户手续，发给"自理口粮户口"统计为"非农业人口"，这是对我国原有二元户籍制度的重大突破。到 1986 年年底，全国已有 454 万多人通过办理自理口粮户口转为城镇居民。

小城镇快速发展引起国家高度重视，1985 年 1 月，中共中央、国务院颁布《关于进一步活跃农村经济的十项政策》，专门针对农村城镇化提出：大力帮助农村调整产业结构；积极兴办交通事业；按照自愿互利原则和商品经济要求，积极发展和完善农村合作制；进一步扩大城乡经济交往，加强对小城镇建设的指导。在国家政策的引导下，各地加快了小城镇的建设步伐，全国建制镇由 1979 年的 2851 个增加到 1985 年的 7511 个。到 1990 年年底，小城镇突破 1 万个，小城镇人口达到 2.67 亿人左右。[①]

从 1984 年到 1991 年，国家改革重心开始由农村转向城市，为顺利推进城市改革，国家财政资金和各种资源配置逐步向城市倾斜，改革开放初期松动的城乡二元社会结构再次呈现固化趋势。然而这种情况却催生了中国农村极富特色的乡镇企业的诞生，从唯物史观分析，乡镇企业的发展历程正是在符合了不断解放生产力的过程与革新生产关系的过程的基础上，才取得了辉煌的成就。乡镇企业的出现及迅速发展，满足了二元社会制度框架内农村对工业化的要求，而且在原有城市体系外围通过乡镇企业带动发展起来的小城镇满足了农民对城市发展的需求。这一时期由乡镇企业带动发展起来的小城镇成功避开了二元制度对农村城镇化影响的深层次制度障碍，农村城镇化向前迈出了更为关键的一步。这也说明，农村改革只有符合生产关系一定要适应生产力发展状况的必然过程，才能取得成功。当然，乡镇企业的发展也面临一系列问题，但是我们知道正如其发展离不开改革一样，其进一步发展也离不开改革的继续推动。

① 徐璋勇、袁建歧：《农民与城市化》，贵州人民出版社 1994 年版，第 156 页。

（三）国家经济体制转轨及政府宏观引领，促进城镇制度体系逐步建立，这成为农村城镇化的第三阶段（1992—2001）

从前两阶段农村城镇化发展历程可以看出，我国农村城镇化是农村经济发展的自然衍生物，政府对农村城镇化政策调整还处于"感性探索阶段"，缺乏明晰、明确的改革目标，改革的基本推动力是利益引导。[①] 因此，1992 年之前我国农村城镇化还处于自主造城阶段。1992 年 10 月，中国共产党第十四次全国代表大会明确提出要建立社会主义市场经济体制。市场经济是开放性的经济形式，它能够通过基本的交换关系将农村与城市相互隔绝的生产与生活状态纳入到市场体系之中，建立社会主义市场经济体制目标的提出，意味着国家在主观意识上要打破禁锢多年的城乡二元结构，走城镇化发展道路是二元结构的有效突破口。加之 20 世纪 90 年代中期，亚洲金融危机爆发，我国外贸出口面临较大压力，"变农民为市民""增加内需"成为促进经济持续发展的重要举措，"多维合力"促使国家明确提出发展农村小城镇。

1994 年 9 月，建设部、国家计委、国家体改委、国家科委、农业部、民政部六部委联合发布《关于加强小城镇建设的若干意见》，这是我国第一个关于小城镇健康发展的指导性文件，也是政府引导城镇化的开端。在该《意见》中，提出了"以科技为先导，提高小城镇建设的科技水平"，"加强领导，抓好试点，推动小城镇建设整体水平的提高"等意见，以规范和引导小城镇发展。1998 年 10 月《中共中央关于农业和农村工作若干重大问题的决定》提出，"发展小城镇，是带动农村经济和社会发展的一个大战略。"这标志着国家从发展战略的高度对农村城镇化变革给予肯定，并在实践中不断摸索经验。继 1998 年突破城乡二元结构的"城镇化"重大战略被明确提出之后，2000 年 6 月中共中央、国务院出台了改革开放以来第一个关于小城镇建设的专门文件：《关于促进小城镇健康发展的若干意见》，文件强调提高城镇化水平是一个渐进过程，并提出要充分运用市场机制搞好小城镇建设。根据文件精神，全国共选择了 100 个建制镇进行经济综合开发试点，引导乡镇企业合理集聚，完善农村市场体系，促进小

---

① 温铁军、温厉：《中国的"城镇化"与发展中国家城市化的教训》，《中国软科学》2007 年第 7 期。

城镇经济发展和质量提高。

党和国家在强调发展小城镇建设的过程中，也逐步改革适应社会主义市场经济体制要求的制度体系。1997 年 6 月 10 日，国务院批转下发了《公安部小城镇户籍管理制度改革方案和关于完善农村户籍管理制度意见的通知》，明确提出农民可以进入小城镇（含县级市和建制镇）并办理城镇常住户口，而不再仅仅是小集镇（含建制镇和其他集镇）。在《关于促进小城镇健康发展的若干意见》中提出：凡是在县级市市区、县人民政府驻地镇及县以下小城镇有合法固定住所、稳定职业或生活来源的农民，均可以根据本人意愿转为城镇户口，并在子女入学、参军、就业等方面享受与城镇居民同等待遇，不得实行歧视性政策。由此制约小城镇人口集聚的户籍制度已基本适应小城镇建设发展的需要。1998 年的房地产改革和货币分房，更是为农民工进城居住提供了便利的条件。

从 1992 年到 2001 年，这一阶段我国农村城镇化是在经济体制转轨背景下，由政府宏观引领而有序进行的。在建立统一国内市场和扩大内需以刺激国民经济健康发展条件下，国家通过改革户籍、房地产等相关制度促进农村人口合理集聚到城镇，并逐步建立保障制度让农民在城镇"沉淀"下来，转化为城镇居民，改革打破了城乡分离的二元格局发展思路，具有突破性进展。但此阶段我国社会保障制度、与异地转移农民切身利益相关的户籍制度改革都处于起步阶段，转移到城镇的居民没有从身份转换中得到显著的福利改善，农村城镇化道路任重而道远。

（四）提高城镇质量，实现城乡统筹发展，促进二元经济社会一元化，最终实现"人的无差别发展"，是农村城镇化的第四阶段（2002 年以后）

在未来的二三十年里，中国农村城镇化将从根本上改变过去城乡二元结构，使中国进入以城市人口为主，最终建立"人的无差别发展"的国家。在这一转型过程中，工业反扑农业，实现城乡统筹发展是最有效的途径。

2002 年党的十六大报告明确提出要"全面繁荣农村经济，加快城镇化进程"，强调"坚持大中小城市与小城镇协调发展"，正式将农村城镇纳入城市经济与社会体系；2003 年，党的十六届三中全会在提出"加快城镇化进程"的同时，更加强调"五个统筹"；2006 年，中央在建设社会主义新农村政策措施中，明确提出实行"工业反哺农业、城市支持乡村"的政策；2007 年，党的十七大报告指出，"走中国特色城镇化道路，按照统筹城乡、布局合理、节约土地、功能完善、以大带小的原则，促进大中小城市和小城镇协调发展""建立以工促农，以城带乡长效机制，形成城乡经济社会发展一体化新格局"。由此中国农村城镇化建设进入统筹城乡发展的新阶段。2012 年，党的十八大提出了工业化、信息化、城镇化、农业现代化"四化"同步的发展目标，并指出要实现工业化和城镇化的良性互动、城镇化和农业现代化的相互协调。

十六大以来国家的农村城镇化政策旨在突破二元社会制度，以城乡统筹的思路对农村城镇化政策做出不同于前几个政策发展阶段的新的、根本性的调整，最终实现城乡融合。

三　结语

改革开放 30 多年来，中国农村城市化道路经由经济发展的自觉推动到党和政府在市场经济微观运行下的宏观引领，最终走上适宜中国农村发展的城镇化改革之路。从长远来看，实现城乡融合，最终建立"人的无差别发展"的国家是我国农村城镇化发展的最终归宿，也是党和政府在探索农村城镇化道路制度安排上的经验性总结。但是，中国国情决定了实现城乡融合绝非一件易事，为此，党和政府在制定新时期农村城镇化政策时要特别注意农民的利益要求，市场经济和现代化发展规律的要求等。

（作者单位：沈阳建筑大学马克思主义学院）

唯物史观视角下的中国
工业化规律探析

武 力 肖 翔

如果从 19 世纪 60 年代的"洋务运动"开始计算，近代以来的中国工业化经历了满清王朝、民国时期、新中国改革开放前、改革开放以来四个历史时期，时间长达 150 年。在这 150 年里，中国的工业化历程的特点以及所反映出来的规律很值得探讨。这里，笔者想从唯物史观的视角，即从生产力与生产关系、经济基础与上层建筑关系这两对矛盾运动的视角，来探索中国的工业化所反映出来的普遍性与特殊性规律。

一　近代中国重化工业的尝试与失败

中国自公元前 221 年秦始皇统一中国，推行郡县制以后，在长达 2000 多年的封建社会里，逐渐形成了多民族、统一的、高度中央集权的大国。作为世界人口最多的大国，中国古代曾经创造了繁荣的农业文明，在相当长的时间里都处于世界前沿。但 1840 年鸦片战争之后，中国受到西方列强侵略，逐步陷入半殖民地半封建社会。高度发展的农业文明难以抵御工业革命之后的西方列强的坚船利炮，如何完成工业化成为近代中国面临的重要任务。但无论是洋务运动、北洋政府还是国民政府都未能让中国实现"机船路矿"的充分发展，完成近代工业化。

中国现代工业的发端是在两次鸦片战争之后的 19 世纪 60 年代，是中国在 20 余年间一败再败于西方列强，对现代工业有了切身感受之后。应该说，中国引进和发展现代工业，最主要的原因是抵抗西方的武装侵略和经济掠夺。此时的世界，在欧洲，经过 19 世纪 40 年代的资产阶级革命和快速推进的工业化，西欧和美国已经完成了以蒸汽机为动力、以轮船和铁路为代表的初步工业化，正如列宁所说的："资本主义最典型的特点之一，就是工业蓬勃发展,生产集中于愈来愈大的企业的过程进行得非常迅速。"又说:"铁路是资本主义工业最主要的部门即煤炭工业和钢铁工业的结果,是世界贸易和资产阶级民主文明发展的结果和最显著的标志。"孙中山在1894年上李鸿章书中亦说到铁路的重要性:"凡有铁路之邦,则全国四通八达,流行无滞;无铁路之国,动辄掣肘,比之瘫痪不仁。地球各邦今已视铁路为命脉矣,岂特便商贾之载运而已哉。"① 在列强企图获取中国路权的刺激下,中国近代铁路发展起来。

机器制造是近代工业化的重点,曾国藩在1860年就提出:"将来师夷智以造炮制船,尤可期永远之利。"他还提出:"欲求自强之道,总以修政事、求贤才为急务,以学作炸炮、学造轮舟等具为下手工夫。"② 洋务运动的领军人物李鸿章在1864年也授意丁日昌密禀:"船坚炮利,外国之长技在此,其挟制我国亦在此。""彼既恃夫所长以取我之利,我亦可取其所长以为利于我。"③ 李鸿章也强调机器制造的作用和工业化的意义:"机器制造一事,为今日御侮之资,自强之本。"④ 中国在学习西方时首先面临的是代表西方工业的"船坚炮利"的侵略,而"船坚炮利"的基础则是煤、铁,李鸿章指出"船炮机器之用,非铁不成,非煤不济"⑤。

在洋务运动中,清政府于1865年购买了外国人开设在上海虹口地区的旗记铁厂,并将原有两洋炮局并入,组成新厂,定名为"江南机器制造总局",制造船炮军火和各种机器。1867年,江南机器制造总局迁至城南高昌庙现址,并建立了翻译馆。翻译馆不仅造就了徐寿、华蘅芳、徐建寅等中国近代第一流的工程专家,而且成为全面介绍、学习世界先进科学技术的开拓者,对中国早期工业产生了深刻影响。这时,江南造船厂进入了第一个兴旺发展期:诞生了中国第一台车床,自行建造了中国第一艘蒸汽推进的军舰"惠吉"号和第一艘铁甲军舰"金瓯"号,研制了中国第一支步枪、第一门钢炮、第一磅无烟火药,炼出了中国第一炉钢……到19世纪90年代,江南机器制造总局已发展成为中国乃至东亚技术最先进、设

---

① 《上李鸿章书》,《孙中山全集》第1卷,中华书局1981年版,第14页。
② 同治九年五月初七日日记,《曾国藩全集》(日记之二),第289页。
③ 《海防档》(第一号文),丙,机器局,4—5页。
④ 李鸿章:《李文忠公全书》奏稿卷9,第34页。
⑤ 《李鸿章全集》第5卷(奏议·五),安徽教育出版社2008年版,第109页。

备最齐全的机器工厂。

1895 年甲午战争的失败，更刺激了中国先进分子工业化的决心。资产阶级改良派的代表康有为在 1898 年百日维新期间所上的《请厉工艺奖创新折》中即明确提出："夫今已入工业之世界矣，已为日新尚智之宇宙矣，而吾国尚以其农国守旧愚民之治与之竞，不亦质乎？"[①] 张之洞也指出："世人皆言外洋以商务立国，此皮毛之论也。不知外洋富民强国之本，实在于工。讲格致，通化学，用机器，精制造，化粗为精，化贱为贵，而后商贾有贸迁之资，有倍蓰之利。"[②] 进入 20 世纪以后，随着西方资本主义进入帝国主义时代，出现了重新瓜分世界的新一轮浪潮，中国的国家安全问题不仅没有缓解，而且日益严重。孙中山在辛亥革命后就指出："现在强邻如虎，各欲吞食我国，若我国不有相当武备自卫，则我国必为虎所食也。"第一次世界大战以后，持续不断的局部侵华战争最终演变为要灭亡中国的日本全面侵华战争，这种外患日益严重的局面是与中国缺乏支撑现代国防工业的重工业基础直接相关的，重工业已经成为制约中国国家安全和经济发展的瓶颈。也因此，孙中山在 1919 年发表的《实业计划》中提出以发展现代交通运输和钢铁工业为中心。在晚年，孙中山又写成《十年国防计划》，在这个被孙中山称为"救国计划"的军事与国防纲领中，孙中山甚至提出要训练 1000 万国防物质工程技术人才。孙中山认为，"中国欲为世界一等大强国，及免重受各国兵力侵略，则须努力实行扩张军备建设"[③]。

1928 年南京国民党政府统一中国后，即无日不处于内忧外患之中。在外患方面，1928 年就发生了日军阻止北伐的"济南惨案"；随后就有 1931 年的东北"九一八"事变，1932 年的上海"一·二八"事变，1935 年的华北事变，1937 年的"七七"事变，日本灭亡中国的行动几乎一刻也没有停止。在内忧方面，军阀林立、盗匪横行、军阀混战，使得南京国民政府疲于应付。这种国家安全和政权危机，使得国民党政府自然要大力发展国防工业和重工业，兴修铁路、公路，并利用货币统一和改革的机会强化国家资本，控制有关国计民生的行业和物资，特别是战时的经济动员和统

---

① 中国历史学会编：《戊戌变法》（二），上海人民出版社 1957 年版，第 227 页。

② 《张文襄公全集》卷 39，《吁请修备储才折》。

③ 《孙中山全集》第五卷，中华书局 1981 年版。

制，更强化了政府的经济职能和权力。

自 19 世纪 60 年代满清政府首先出于国防的需要认识到了"机船路矿"的重要性，到南京国民政府仍然是出于国防的需要想大力发展重工业，但是近代一百多年，中国的重工业发展是非常失败的，究其原因，主要是政府腐败所致。中国近代的工业化，实质上是后发大国在亡国的威胁下不得不实行的"赶超型"发展，即直接发展当时外国先进的国防工业所依赖的重工业，而这种投资大、周期长、人才要求高的产业，带有嵌入式独立发展的性质，最有效的方法就是依靠政府的支持甚至直接兴办，德国、日本等后发的帝国主义列强就是依靠政府的力量。因此，要实现这种优先发展重工业的跨越式工业化，前提就是必须拥有一个高效的政府，而中国在 1840 年以后所面临的问题，则是清王朝进入中后期所表现出来的严重腐败。这种政治腐败并没有因清王朝灭亡而消失，却继续被北洋政府、南京国民政府所继承甚至有所发展。这导致了以重工业为特征的"官办"企业、国营企业效率极低，中饱私囊、裙带关系普遍，贪污盛行，甚至实际上变为某些官僚控制的个人企业，从而被称为"官僚资本"。

虽然自洋务运动开始，中国就开起了近代工业化的历程，但是中国工业化举步维艰。从抗战前夕工业自给率来看，我国重工业部门远未能独立，石油、汽油、钢铁等重要基础工业更是严重依赖外国资本（参见表1）。1937 年之后十余年的战争更阻碍了中国工业化进程。1949 年我国重要工业产品无论是从总量还是从人均角度来看不仅与美国相差很大，而且也与发展中国家印度存在较大差距（参见表2）。中国经济在世界的地位也不断下降。据麦迪森估计，1820 年中国 GDP 总量占世界 GDP 总量的33%，居世界首位；到 1900 年则下降到 11%；到 1950 年则进一步下降到5%。从人均 GDP 来看，1820 年中国人均 GDP 相当于世界平均水平的90%，1900 年则下降至 43%，到 1950 年则进一步下降至 21%，差距不断扩大。①

---

① ［英］安格斯·麦迪森：《世界经济千年史》，伍晓鹰等译，北京大学出版社 2003 年版，中文版前言。

表1   抗战前夕民族工业自给率

产品名称	年产值或年产量	自给率（%）
石油、汽油	200 吨	0.2
铁钢	30000 吨	5
机械	20000000 元	23.5
车辆船舶	6140000 元	16.5
电气	269000 千瓦	49.6

  资料来源：中国文化建设协会编：《十年来之中国》，1937 年版；杜恂诚：《民族资本主义与旧中国政府》，上海社会科学院出版社 1991 年版，第 251 页。

表2   1949 年中国主要工业产品产量与美国、印度比较

产品名称	中国		美国				印度			
	总产量	人均产量	总产量	人均产量	总产量为中国倍数	人均产量为中国的倍数	总产量	人均产量	总产量为中国倍数	人均产量为中国的倍数
原煤*	0.32	0.06	4.36	2.92	13.63	49.47	0.32	0.09	1	1.53
发电量**	43	7.94	3451	2313.19	80.26	291.39	49	13.85	1.14	1.74
原油***	12	0.000222	24892	1.668497	2074.33	7531.46	25	0.000707	2.08	3.19
钢***	15.8	0.000292	7074	0.474166	447.72	1625.58	137	0.003872	8.67	13.27
生铁***	25	0.000462	4982	0.333941	199.28	723.54	64	0.001809	6.56	3.92
水泥***	66	0.001218	3594	0.240904	54.45	197.71	186	0.005257	2.82	4.31

  注：* 表示在总产量栏下单位为亿吨，在人均产量栏下单位为吨，** 表示在总产量栏下单位为亿千瓦时，在人均产量栏下单位为千瓦时，*** 表示在总产量栏下单位为万吨，在人均产量栏下单位为吨，

  资料来源：国家经贸委编《中国工业五十年》第 1 卷，中国经济出版社 2000 年版，第 9 页。本文计算人均数量用到的人口数据来源：中国人口数据，《中国人口和就业统计年鉴》，中国统计出版社 1998 年版，第 198 页。美国人口数据参见 http://www.census.gov/population/estimates/nation/popclockest.txt；印度人口数据参见 http://www.populstat.info/Asia/indiac.htm。

二 "优先发展重工业"战略的实施

1949 年新中国成立后，中国共产党面临的是被战火严重破坏的工业基础。抗日战争前机器大工业仅占工农业总产值的 10% 左右，又遭受战争的破坏，1949 年与抗战前的最高年份相比，工业产值降低了一半，其中重工业约降低 70%，轻工业降低 30%。1949—1952 年国民经济恢复时期，政府着重恢复和利用现有设备和生产能力，重点投资重工业和国防工业，促进地方工业的恢复和发展，鼓励私人投资工业等措施，使工业生产迅速得到恢复。1952 年工业总产值 343.3 亿元，与 1936 年相比，增长了 22.5%，1950 年至 1952 年年均增长 34.8%。到 1952 年年底，主要工业产品产量大大超过 1949 年的水平，也超过了新中国成立前的最高产量，其中钢产量增长最快，1952 年比 1949 年增加 7.54 倍，比历史最高水平增加 46.3%；生铁产量比 1949 年增加 6.72 倍，比历史最高水平增加 7.2%。①

中国从 1840 年开始与资本主义列强正面接触到新中国成立时，其经历是痛苦的。作为早期资本主义发展的受害者和中期帝国主义战争的牺牲者，新中国成立后，又面对朝鲜战争、台海危机、越南战争、中印边界和中苏边界冲突的威胁，必然对国家安全问题十分忧虑和不安，存在着强烈的防范心理，正如有学者指出的那样，近代以来所形成的民族"危机感"，在 1949 年以后并没有消失，而是表现为对国际上的危机仍有着过高的估计。② 因此，中国不仅要进行工业化，还要"首先集中主要力量发展重工业，建立国家工业化和国防现代化的基础"③。哪怕这种非均衡的发展代价很高，直接的经济效益并不明显。就像著名的经济史学家罗斯托在《经济增长的阶段》中所说的："反抗更先进的国家的入侵——素来是从传统社会转变为现代社会的最重要的和最强大的推动力，其重要性至少与利润动

---

① 吴承明、董志凯主编：《中华人民共和国经济史（1949—1952）》，中国财政经济出版社 2001 年版，第 537—554 页。

② 邹谠：《二十世纪中国政治》，牛津大学出版社 1994 年版，第 234—237 页。

③ 中共中央文献研究室编：《建国以来重要文献选编·1953》第 4 册，中央文献出版社 1993 年版，第 353 页。

因等量齐观。"

1949 年新中国成立之后，经过三年的国民经济恢复，中国逐步走出了战争的创伤。但当时中国现代化建设仍然面临着很多困难，从国内的角度来看，物质资本和人力资本①稀缺，市场发育不完全，工业化水平低，重工业极不发达，区域经济差异较大；而在国际上，美苏两国对峙，抗美援朝战争爆发之后，更加使得中国与西方世界的关系紧张。在积弱的经济基础与恶劣的外部条件下，中国如何跨越"贫困陷阱"，克服"低收入导致低储蓄—低投入—低生产率—低收入"的"贫困循环"②，成为我国政府面临的重要问题。

在这个大背景下，由于重工业发展所具有的正经济外部性，以及它在保障国家安全方面的重要性，使得我国选择了优先重工业的发展战略，正如经过毛泽东亲自修订的党在过渡时期总路线宣传提纲所说："因为我国过去重工业的基础极为薄弱，经济上不能独立，国防不能巩固，帝国主义国家都来欺侮我们，这种痛苦我们中国人民已经受够了。如果现在我们还不能建立重工业，帝国主义是一定还要来欺侮我们的。"③ 但是要优先发展重工业，就需要集中有限剩余，即通过强大动员能力的政府，调动国内资源来突破贫困性陷阱。1953 年，我国正式确定了优先重工业的发展战略。这种经济发展战略具有以下几个特点：（1）以高速度发展为首要目标。（2）优先发展重工业。（3）以外延型的经济发展为主。外延型的经济发展是指实现经济增长的主要途径是靠增加生产要素。（4）从备战和效益出发，加快内地发展，改善生产力布局。（5）以建立独立的工业体系为目标，实行进口替代。在优先发展重工业战略的实施中，出于国家安全需要，建立现代国防工业又是其中的重中之重。

在市场经济运行中，产业经济的转移是农业—轻工业—重工业，而在特定历史背景下，我国选择了当时并不具备比较优势的重工业优先发展，这使得我国需要进行超越常规的制度安排才能完成跨越式发展。围

---

① 这里的人力资本主要指受过教育的人才。

② 纳克斯归纳了贫困循环，即从供给来看"低收入—低储蓄水平—低资本形成—低生产率—低产出—低收入"的恶性循环，而从需求上看，存在"低收入—投资引诱不足—低资本形成—低生产率—低收入"。

③ 《为动员一切力量把我国建设成为一个伟大的社会主义国家而斗争》，1953 年 12 月；中共中央文献研究室编：《建国以来重要文献选编》第 4 册，中央文献出版社 1993 年版，第 705 页。

绕着优先重工业发展的目标，我国逐步形成扭曲的产品和要素价格的宏观环境，以至建立高度集中的资源计划配置制度和毫无自主权的微观经营机制。[1]

1953—1957年的"一五"时期，是新中国推行以重化工业为核心的大规模工业建设的起点，政府制定了一系列工业发展的政策，如优先发展重工业，并适当发展轻工业；重视工业发展中政府投入的作用，并注意发挥原有企业在工业发展中的作用；重视中央工业的发展壮大，并注重地方工业的成长；以国内经济力量为主，重视利用国外的援助；重视国营企业的发展，也不忽视其他非国营经济的作用。比较科学的工业化战略和政策措施，使"一五"时期工业产值和工业产品产量都有较大幅度的增长。1957年的工业总产值达704亿元，比1952年增长128.3%，年均增长18%。其中，重工业增长速度更快，5年间轻工业年均增长12.8%，重工业则达25.4%。随着产值的高速增长，各行业产量也有所增长。其中发电设备1957年比1952年增长了3300%，化肥增长了3250%，矿山设备增长了2939%，化学药品增长了2200%，钢增长了396%。工业生产所取得的成就，使工业在国民经济中的地位发生了显著变化，1957年工农业总产值中，工业总产值所占的比重由1952年的43.1%提高到56.7%。[2]

1958年中国决心走自己的经济发展道路，试图通过人力替代资本和群众运动的方式来加快经济发展速度。"大跃进"期间，片面追求经济建设的高速度，工业生产又片面强调"以钢为纲"，北戴河会议确定1958年的钢产量在1957年535万吨的基础上翻一番，达到1070万吨。为完成这一不可企及的任务，在中共中央和毛泽东的号召下，一场各行各业群众性大炼钢铁的活动，在全国范围内轰轰烈烈地开展起来。各地纷纷组织"大兵团作战"，参加大炼钢铁的人数不断猛增，8月只几百万人，9月猛增到5000万人，10月底达到6000万人，最多时达到9000万人。不仅炼铁和炼钢大搞小（小转炉、小土炉）、土（土法炼钢）、群（群众运动），在地质、煤炭、电力、机械、交通运输等方面也搞起了"小土群"，出现了全民大办地质、全民大办小煤窑、全民大办交通运输、全民大办水利等热

---

① 林毅夫、蔡昉、李周：《中国奇迹》，上海人民出版社1999年版，第54页。

② 董志凯、武力主编：《中华人民共和国经济史（1953—1957）》，社会科学文献出版社2011年版，第498—532页。

潮。对大型现代化企业，也提倡大搞群众运动，叫"大、洋、群"。经过几千万人的日夜苦干，12月19日，正式宣布提前完成钢产量翻番的任务，共生产1073万吨，年底钢产量为1108万吨，其中合格的只有800万吨，绝大多数土钢、土铁质量很差，很难加工和使用。土法炼铁、炼钢，成本高，经济效益极差，对资源破坏严重，为生产土铁、土钢，过量开采煤炭和矿石，滥砍滥伐大量树木。由于全民大炼钢铁，减少了农业的劳动力，本来农作物普遍长势良好，丰收在望，但因缺少劳动力致使大批的粮食和棉花烂在地里。同时，由于工业生产"以钢为纲"，其他工业"停车让路"，致使生产也受到严重影响。"大跃进"期间，工业生产能力有了很大的增长，1960年与1957年相比，工业总产值增加到1650亿元（1957年不变价格），增加了1.34倍，其中重工业产值增加了2.3倍。主要工业产品产量方面，原煤增加了203.1%，钢增加了248.8%，生铁增加了357.2%，水泥增加了128.1%。工业的地区布局也有了进一步改善，内地工业所占比例增加，农村工业有了第一次迅猛发展。但是，这些成就是在急躁冒进、急于求成的"左"的指导思想下取得的，大大超过了国力，它是以投入超越实际可能的财力、物力、人力，破坏国民经济合理比例关系，降低经济效益，降低人民生活水平为代价的。[①]

"大跃进"使国民经济遭受了严重的破坏，国家不得不在1961年至1965年对国民经济进行调整。在经历1961年上半年的调整徘徊之后，1962年对工业的调整进入实质性阶段，强调调整要"伤筋动骨"，要后退，要退够。通过采取降低工业生产计划指标，压缩工业基本建设规模；精简职工，压缩城镇人口；关停并转部分工业企业；加强支农工业，尽可能提高轻工业发展速度等措施，到1962年年底，调整取得了决定性的进展，经济形势开始好转，工业调整的目的也基本达到，工业内部以及工业与其他经济部门之间的比例关系得到调整。

但是，20世纪60年代的中苏交恶和越南战争升级，使得中国国家安全问题依然严重，这使得以毛泽东为代表的一批干部出于备战的需要，仍然热衷于优先发展重工业的战略。1963年国民经济调整任务完成之后，毛泽东又开始推进以备战为中心的"三线建设"。毛泽东根据自己对国际形

---

① 汪海波、董志凯等：《新中国工业经济史（1958—1965）》，经济管理出版社1995年版，第11—25、73—76页。

势的判断，提出了"一个屁股和两个拳头"的"三五"投资和建设重点的设想："两个拳头——农业，国防工业。一个屁股——基础工业，要摆好。"① 并提出农业还是主要靠大寨精神，自力更生、艰苦奋斗。在"反帝反修"的国际背景下，以重工业、军事工业为代表的"三线建设"如火如荼地推进。

在"文化大革命"期间，工业经济在动荡中仍然取得进展。1976 年，工业总产值 3158 亿元，比 1965 年增长 172.6%；主要工业产品产量大幅度增加，在世界上的位次程度不同地有了提高。1978 年与 1965 年相比，钢由第 8 位提高到第 5 位，煤由第 5 位提高到第 3 位，原油由第 12 位提高到第 8 位，化肥由第 8 位提高到第 3 位。但增长速度有所下降，1953—1965 年年均增长速度为 12.3%，1966—1978 年则为 10.2%。尽管没有了"大跃进"及调整时期的剧烈波动，工业发展仍然是起伏不定，增长、下降或停滞、回升频繁交替。1966 年，工业生产仍保持 20.9% 的增长速度。1967、1968 年的"打倒一切、全面内战"，使经济形势急剧恶化，工业总产值 1967 年比上年下降 13.8%，1968 年比 1967 年下降 5%，仅为 1966 年的 81.8%。② 1969 年，社会局势趋于稳定，工业和国民经济转向回升。1970 年，政府为发展经济采取了几项主要措施，其中尤其是加速内地和"三线"建设，加快地方"五小工业"和社队企业的发展。1969 年开始经济迅速回升，工业总产值 1835.5 亿元，比上年增长 34.3%，1970 年比上年增长 30.7%，1971 年又比上年增长 14.9%，但经济增长过快，经济关系处处紧张，职工人数、工资总额都突破了计划控制指标，对经济形成了巨大压力，迫使国家在 1972 年适当紧缩经济，控制增长速度，工业增长率回落到 6.6%。1973 年趋向平稳，增长速度回升到 9.5%。1974 年又跌落下来，在 1973 年水平上踏步，当年工业总产值仅增长 0.3%，这次跌落，因"批林批孔"重起风波，工作、生产秩序又一次受到严重威胁。1975 年，工业和国民经济因邓小平主持中央工作而全面好转，工业增长率达到 15.1%。进入 1976 年，再度逆转，起因于 1975 年年底 1976 年初的"反击右倾翻案风"中对邓小平的第二次批判。③

---

① 毛泽东在国家计委领导小组汇报第三个五年计划设想时的插话。转引自顾龙生《毛泽东经济年谱》，中共中央党校出版社 1993 年版，第 596 页。

② 刘国光：《中国十个五年计划研究报告》，人民出版社 2006 年版，第 294、295 页。

③ 马泉山：《新中国工业经济史（1966—1978）》，经济管理出版社 1998 年版，第 155—186 页。

文化大革命结束后的最初两年，工业生产保持了较高的增长速度。1977 年 2 月至 5 月，对工业、交通企业进行大规模整顿，初步改变了因"文革"造成的生产秩序的混乱状态。1977 年，工业生产逐步回升，工业总产值为 3728.3 亿元，比上年增加 14.3%，1978 年又比上年增长 13.5%。1977—1978 年，主要工业产品产量增长速度也比较快，1978 年，80 种主要产品产量有 65 种完成和超额完成了计划，特别是原材料、燃料和动力，以及关系到人民生活改善的一些轻工产品增长幅度较大。①

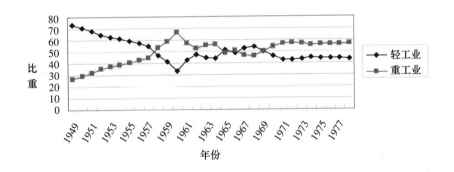

图 1　1949—1978 年轻重工业比重

数据来源：国家统计局编：《中国工业统计资料》（1949—1984）（电子版），《中国统计年鉴》，1985 年。

在改革开放前这段历史时期，出于国家安全的需要和"生产资料优先增长"的理念，在"优先发展重工业"战略和计划经济的制度保障下，工业化呈现出明显的重化倾向。新中国成立之初，我国工业生产落后的突出表现是重工业部门落后，1949 年重工业产值仅占 26.4%。经过三年恢复和"一五"计划，重工业有了较大发展，其比例到 1952 年上升到 45%，极大改变了旧中国轻、重工业间比例关系极不协调的状态。"大跃进"期间，重工业的比重快速提高，到 1960 年上升到 66.6%，轻、重工业比例关系严重失调，并影响到城乡人民的生活。1961 年起的调整，重工业比重有所回落，到 1965 年轻、重工业的比例关系基本上恢复到 1957 年的 55:45

---

① 国家统计局：《中国统计年鉴》（1991），中国统计出版社 1991 年版，第 62—63 页。

的水平。文化大革命期间，在加强战备思想指导下，又一次片面强调优先发展重工业，1975年重工业比例提高到55.9%。改革开放后，重工业过重的状况逐渐改变，在最初的20年，轻、重工业基本呈现平分秋色的局面，甚至有些年份轻工业还超过了重工业。

三 1979—1997年的轻重工业均衡发展

改革开放前的20多年时间里，在重工业优先发展战略下，中国工业既取得了令人瞩目的成绩，也留下了诸多的问题。中共十一届三中全会以来，中国工业发生过多次波动，但是30多年间工业的快速增长，不仅成为经济高速增长的首要因素，而且整个工业的规模、技术和主要产品的国际竞争力，都有了一个质的飞跃。

1979年至1982年，工业生产稳步发展，1982年工业总产值5577亿元，比1979年增加17.7%，年均增长5.9%，当然这比1953年至1978年年均增长11.3%要低很多。这一时期国民经济处于调整时期，重点在调整国民经济的结构，而不是继续追求高速增长。几年间，在放慢工业增长速度的同时，在调整工业结构上迈出了重要的步伐，初步改变了工业结构的不合理状况；同时，改革开放也在推进。以此为基础，1983年至1988年中国工业迎来了持续6年的高速增长，工业总产值的年平均增长率高达16.5%，不仅高于改革开放前和调整时期的增长速度，而且也是新中国成立以来持续时间最长的工业高速增长期之一。与高速增长相伴随的是经济过热，针对经济过热，国家的宏观政策在紧缩和放松紧缩之间摇摆，从而使得工业经济在这6年间呈现出波动中高速增长的特点。1983年，工业总产值增长11.2%，显示出工业经济走出了调整时期的低增长态势，1984年的16.3%则已显然是高速增长，这年下半年经济过热的迹象已非常明显，1985年上半年则更甚。为抑制过热的气氛，国家采取了一些紧缩措施，从第三季度起紧缩措施逐见成效，工业过高的发展速度开始回落，然而这种回落却呈直线下跌走势，到1986年2月，工业生产接近零增长。这年下半年紧缩政策有所松动，工业生产随着回升，再次出现过热现象。1986年工业增长速度为11.7%，较之上年的21.4%有了很大的回落，体现经济正走向"软着陆"，但并没有成功。1987年，针对经济仍呈过热的情形，国家决定继续采取"压缩过热空气"的方针，但这一方针贯彻不力，这年工业生产增长速度达 17.7%。为避免经济再度过热，年末国家确定将财政和信贷"双紧"作为安排 1988 年计划的总方针。但是，1988 年原定的"双紧"方针没有实现，工业生产仍呈高速增长之势，达到 20.8%。

鉴于经济过热和经济秩序的混乱，1988 年 9 月，中共十三届三中全会作出了治理经济环境、整顿经济秩序的决定。1988 年 9 月到 1991 年 9 月，持续三年的治理整顿，工业增长速度迅速回落，1989 年、1990 年、1991 年的工业生产增长率分别为 8.5%、7.8%、14.8%，三年年均增长 10.2%，比 1983—1988 年下降了 6.3%。其中，1990 年工业总产值增长率更是降至 1982 年以来的最低点。

1992 年，中国加快了改革开放的步伐，以此为推动，工业从 1991 年下半年开始明显回升，且在 1992 年至 1997 年连续 6 年保持了高速增长，6 年的工业总产值年均增长率达到 21.1%，这一增长率是新中国工业发展史上平均增长率最高，也是高速增长持续时间较长的时期之一。这次高速增长同 20 世纪 80 年代中期的那次一样，也存在过热的问题。1992 年工业总产值的增长速度高达 24%，1993 年更高达 27.3%，基础工业、基础设施远远不能适应工业生产的高速增长。面对经济过热，政府没有一味地采取紧缩措施，而是将紧缩、经济秩序的整顿与加强和改善宏观经济调控结合起来，过高的经济增长速度、高通货膨胀逐步下降，1997 年成功地实现了经济的"软着陆"，过高的工业生产增长速度也降了下来，下降从 1994 年开始，到 1997 年各年的工业生产增长率分别为 24.2%、20.3%、16.6%、14.2%，逐渐进入一个合理的区间。

总之，1978 年以后，在实行改革开放的同时，还针对长期形成的积累与消费关系失调、轻重工业严重失衡状态，经济发展战略也进行了调整，即由"优先发展重工业"转向轻重工业均衡发展，并进行了国民经济调整。整个 20 世纪 80 年代，轻工业也得到了迅速的发展，特别是乡镇企业的"异军突起"，为改变轻重工业失衡的局面发挥了重要作用。1985 年至 1988 年，轻工业持续高速发展。这几年轻工业的发展速度超过了重工业。长期的消费品短缺导致的巨大需求也成为轻工业快速发展的重要推动力。1979—1981 年轻工业的增长速度超过重工业，重工业比重 1981 年下降到 48.5%。此后直到 1997 年重工业比重一直保持在 52% 左右的水平。

1979—1997 年中国产业呈现出均衡发展态势，第二产业作为国民经济主导产业占 GDP 比重维持在 45% 左右，第三产业比重不断上升，从 1979 年的 21.6% 上升到 1997 年的 34.2%，农业比重下降，从 1979 年的 31.3% 下降到 1997 年的 20% 以下。从轻重工业的比重来看，重工业比重由 1979 年的 56.3% 下降到 1997 年的 51%。伴随重工业比重的下降，轻工业比重上升。在产业结构调整过程中，我国经济进入了高速发展期，人均收入由 1979 年的 419 元上升到 6420 元。经济高速增长，解决了长期困扰我国的经济短缺问题。1997 年下半年，国内贸易部对我国 613 种主要商品的供应情况排队，结果发现供不应求的商品仅占 1.6%，供求基本平衡的商品占 66.6%，供过于求的商品占 31.8%[①]。

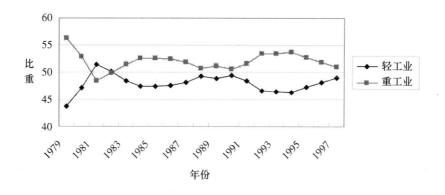

图 2　轻重工业比重（1979—1997）

数据来源：国家统计局编：《中国工业统计年鉴》2012（电子版），《中国统计年鉴》，2012 年。

四　1998 年以来的工业发展的"重化"倾向

1997 年中国告别了新中国成立以来一直存在的"短缺经济"，首次出现买方市场，1998 年中国人均 GDP 超过 800 美元，资本稀缺的局面也得以改善，告别了贫困国家的行列。但内需不足开始困扰着中国经济发展。

1997 年，中国经济成功实现"软着陆"后，面临国内外的诸多不利因素，国内有效需求不足，国际亚洲金融危机的冲击，使中国经济增长明

---

① 武力：《中华人民共和国经济史》，中国时代经济出版社 2010 年版，第 950 页。

显趋缓，并出现通货紧缩迹象。1998 年至 2000 年政府实施了积极的财政政策，通过发行国债筹集资金加快基础设施建设，扩大内需。最终这几年仍保持了 8% 左右的增长率，2000 年经济逐渐回暖，经济增长速度连续几年下降的局面得到遏制。但这样的成就主要是通过积极的财政政策，扩大基础设施建设规模而得来的。需求的不足从根本上形成了对工业增长的制约，这几年工业生产的增长速度很低，工业总产值的增长率 1998 年、1999 年分别为 10.8%、11.6%。2000 年以后，工业生产才慢慢走出低谷。2003 年又进入工业生产的高增长期，一直持续到 2008 年，其中 2004 年高达 39%，6 年年均增长 26.1%，这一轮主要是房地产、汽车等产业带动下的重化工业的高速增长。2008 年遭遇国际金融危机，又对中国经济产生极大冲击，尽管政府采取积极的财政政策，2009 年仍跌落到 8.1%。为拉动经济增长，中国政府进行了大规模的财政投资。例如 2008 年年底国家 4 万亿投资中的重点是基础设施、灾后重建、保障房等项目，都和钢铁行业有关，据有关部门测算这些项目将拉动 2 亿吨粗钢。[1] 此外，中国还通过推进房地产业的发展来刺激经济增长。住房投资 2009 年比 1998 年增加了 900% 以上，[2] 房地产的发展拉动了水泥、钢材等基础型重化工业的发展。2010 年刺激政策有了效果，工业增长回升到 27.4%，但难以持续，又再次回落，2011 年工业总产值为 844269 亿元，增长 20.9%。[3]

2001 年年底中国通过加入 WTO，以更积极的态度融入世界经济。从出口总额来看，1998 年我国出口额为 1837.09 美元；工业出口总额为 1632.20 美元。2012 年出口额达到 20487.1 亿美元，工业出口总额达到 19481.6 亿美元，分别上涨 1015.2%、1093.6%。工业制成品占出口产品总值的比重 1998 年不到 89%，而到了 2012 年上升到了 95% 以上。[4] 中国成为名副其实的出口大国、"世界工厂"。外需成为拉动中国工业发展的重要动力。压低要素价格促进资本形成也是中国这一时期刺激经济增长的重要手段。例如中国目前矿产补偿率平均仅为 1.18%，低于国际的 2%—8%。而石油、天然气的费

---

① 陈瑜：《中国钢铁行业 2009 年下半年有望转暖》，《重型机械》2009 年第 2 期。

② 笔者根据中国经济信息网相关数字计算。

③ 国家统计局工业统计司：《中国工业经济统计年鉴》（2012），中国统计出版社 2012 年版，第 21 页。

④ 笔者根据《国家统计年鉴》相关数据整理。

率为 1%，远低于美国的 12.5% 和澳大利亚的 10%。①

这些措施的刺激，加上国内消费结构的升级，使得中国在 21 世纪进入了重化工业重启的新阶段。重工业的增长速度明显加快，并且与轻工业增长速度的差距越来越大，重工业的比重从 2000 年的 60.2% 提高到 2011 年的 71.8%，11 年提高了 11.6 个百分点。② 再从产业结构来看，1998 年我国第二产业占 GDP 比重为 46.2%，2012 年为 45.3%，始终是国民经济的支柱性产业；第三产业占 GDP 比重 1998 年为 36.2%，2012 年为 44.6%；第一产业占 GDP 比重 1998 年为 17.6%，2012 年下降到了 10.1% 左右。③ 与此同时，中国的人均 GDP 从 1998 年的 817.1 美元上升到 2012 年的 6071.5 美元。中国的工业化率明显高于世界其他国家。美国、日本 2012 年第二产业占 GDP 比重分别为 16%、20.95%。同为发展中大国的印度人均 GDP 为 839.39 美元之时，第二产业占 GDP 比重为 20.8%。同为中等收入大国的巴西在人均收入 5795.2 美元之时，第二产业占 GDP 比重为 24.02%。④ 从工业内部的结构来看，轻工业在 1998 年、1999 年不到 50%。2000 年以后中国工业统计的口径发生改变，轻工业比重 2000 年为 39.8%，在同一口径内 2011 年下降到 28.2%。从六大高耗能行业来看，我国除了石油加工炼焦及核燃料加工工业之外，其余的高耗能产业增长率都高于全国工业总产值的增长率。

重化工业重启推动经济高速增长的同时，中国粗放型的经济发展方式也逐步难以维系。由于中国经济发挥方式长期未能有效转换，中国能耗远高于世界其他国家。2009 年我国万美元国内产值消耗的标准油为 7.68 吨，而世界平均水平为 2.97 吨，高收入国家为 1.81 吨，中等收入国家为 6.48 吨，均远低于我国消耗水平。人均资源匮乏的日本仅为 0.97 吨，人均资源相对丰富的美国也仅为 1.93 吨⑤。由于中国是一个大国，随着经济规模逐步增大，不仅国内资源、能源供给压力日益凸显、环境承载力日益脆

---

① 张卓元：《深化资源产品价格改革，促进经济增长方式转变》，《张卓元改革论集》，中国发展出版社 2008 年版，第 206 页。

② 国家统计局工业统计司：《中国工业经济统计年鉴》（2012），中国统计出版社 2012 年版，第 21 页。

③ 笔者根据中国统计年鉴相关数字计算。

④ 笔者根据世界银行相关数据计算。

⑤ 国家统计局：主要国家（地区）年度数据库，http://data.stats.gov.cn/workspace/index？m = gjnd。

弱，也带来了国际资源、能源与环境方面的紧张。

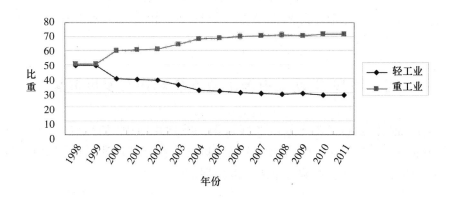

图3　1998—2011年轻重工业比重

数据来源：国家统计局编：《中国工业统计年鉴》2012（电子版），《中国统计年鉴》，2012年。

　　经历了新中国成立以来65年的高速增长，中国虽然成为工业大国，但仍然不是一个工业强国。虽然在500多种工业产品中我国有220余种产量位居世界前列。但是中国核心产业的技术水平还比较低，总体上处于全球产业价值链的低端环节。我国大型民航客机，100%从国外进口；石化装备的80%、数控机床和先进纺织设备的70%依赖进口。[①] 如果在核心技术上，中国不进行突破，很容易被锁定在价值链的低端，极易陷入"中等收入陷阱"。

　　在经济发展中，收入差距、区域差距、城乡差距仍然较大，发展呈现出大国"非均衡"增长的特征。2003年基尼系数达到0.479，2008年高达0.484，2012年为0.474，[②] 远超过0.4的国际警戒线。2012年中国东部地区人均国内（地区）生产总值为57722元，中部为32427元，西部为31357元，东部比中部和西部地区分别高78%、84%。城乡差距仍在逐步拉大，1998年，城市收入比农村高150%，但在2002年以后城市居民可

　　① 黄海洋：《国家技术创新体系建设与创新政策的策略选择》，《毛泽东邓小平理论研究》2012年第9期。

　　② 国家统计局：2012年基尼系数为0.474，http：//gb.cri.cn/27824/2013/01/18/3365s3995580.htm。

支配收入一直保持比农村居民家庭人均收入高 200% 以上。[①] 收入差距拉大让经济发展的成果未能得到全社会的共享，同时也不利于大国内需的释放。未来通过产业结构升级推动经济发展方式转变是突破"中等收入陷阱"的重要手段。

五 1949 年以来中国工业发展规律与发展展望

回顾近代以来工业化成败经验教训，特别是新中国成立 65 年来工业结构的演变，我们认为作为社会主义大国的中国，其产业结构演变有其特殊的规律，这些特征影响着未来产业发展。

（一）中国的产业结构存在双重赶超升级的特征

从世界工业化普遍规律来看，随着经济不断增长，产业结构经历从农业向工业再向服务业的升级；而工业内部则表现出从轻工业充分发展之后，再向重工业的升级。[②] 中国的产业升级则表现出双重升级的特点。即农业向工业赶超升级的同时工业内部也从轻工业向重工业赶超升级。由于中国是一个后发社会主义大国，百年落后挨打的屈辱历史让新中国领导人迫切希望建立独立完整的工业体系，重工业优先发展成为新中国政府的重要战略选择。新中国重工业的优先发展，建立了独立的工业体系，推动了整个工业化的发展，也决定了中国产业升级的道路植根于中国大国国情，与西方国家立足于市场基础上的产业结构演变规律不同。改革开放之后新中国取得的经济高速增长成果正是在计划经济时期重工业优先发展的基础上推进的，而且重工业依旧在中国产业结构过程中起到重要作用。

中国作为一个发展中大国，旧有的产业双重升级模式构建了我国完备的工业体系，推动了中国高速发展，但也导致中国经济发展方式难以转变。中国当前面临的产业结构升级应当是包含两个层次，一个是第二产业向第三产业的升级；另一个是第二产业内部由基础型重化工业向高附加值的高科技产业升级以及第三产业内部由低端向高端的转变。中国人口众

---

① 笔者根据中国经济与社会发展统计数据库相关数据计算。

② 以上特征分别三次产业变动规律又被称为"库兹涅茨法则"，工业内部的结构变迁规律又被称为"霍夫曼定律"。参见芮明杰《产业经济学》，上海财经大学出版社 2012 年版，第 158、159、160 页。

多，人力资源丰富，而第三产业属于劳动密集型产业，在未来应当加大发展力度。中国服务业目前总体仍处于价值链的低端，未来应当继续推进市场化改革和内涵性城市化，促进第三产业内部升级，寻求新的经济增长点。中国又是一个独立自主的发展中大国，工业在相当一个时期都应当是中国的支柱产业。由于目前中国人口众多，人均资源不足，环境脆弱。基础型重化工业的发展导致了中国能源、资源、环境紧张，原有的高投入、物质资本消耗的发展模式难以维系。随着中国进入中等收入国家之后，资源、能源短缺日益凸显、环境承载能力受到严重挑战。而且中国大国国情又让中国不能过度依赖于国际的资源、能源供给。未来中国政府应当发挥强大政治动员力的优势，严厉压缩产能过剩，对钢铁、水泥、电解铝、平板玻璃、船舶等"高投入、高消耗、高污染"的行业进行调整，倒逼中国工业向高附加值的高科技行业升级，促使中国经济走上"新型工业化"道路。

中国在产业升级过程中农业地位至关重要。由于中国是一个人口大国，农业必须自力更生，自给自足。在优先发展重工业时期，中国就曾因农业供给紧张导致了国民经济陷入泥潭。随着工业化的逐步推进，虽然农业的比重逐步下降，但是农业仍是关系国计民生的重要行业，农业的发展仍需要加快农业技术进步，确保大国的粮食安全。

（二）中国政府在产业结构升级中起到重要作用

由于中国经济基础薄弱，优先发展重工业，建立强大的工业体系和中国自身的要素禀赋出现偏差。而中国作为追求独立自主的社会主义大国，又不能依附于世界其他大国进行发展，更不能依赖外援完成工业化，必须走独立自主的道路。新中国建立了强大的政府，推动产业结构升级。中国形成了计划经济、国有企业和要素价格"三位一体"的制度。由于中国是一个大国，强大的政府可以通过集中力量在关键领域进行重点突破。"鞍山钢铁公司""长春第一汽车制造厂""大庆油田"等重大项目的上马，推动了中国产业赶超，奠定了中国工业化的基础。改革开放以后，中国政府依旧在产业结构升级中起着重要作用。尤其是地方政府积极推动地方工业化的发展，20世纪80年代后在地方政府扶持下，乡镇企业的兴起推动了轻工业的高速发展。21世纪以来，重化工业的重启也与政府作用密切相关。

当前市场不完善，制约着产业结构升级与经济发展方式转变。未来推进市场化改革应当包括以下三个方面：

（1）推进企业改革，通过发展混合制经济推进中国产业结构升级。历史上政府发挥大国优势，形成了强大的国有企业，经过战略调整国有企业集中在控制国家命脉的行业，拥有强大的资本与技术创新能力。但是国有企业运行的效率问题始终是困扰国有企业发展的难题。民营经济经过 30 多年的高速发展，初具规模，而且运行灵活，市场经营能力较强。但是技术进步需要大规模的前期投入，风险很高，单纯依靠民营企业难以胜任。这需要国有企业和民营企业联合起来，通过建立混合制经济，相互融合、相互学习，发挥各自的特长实现大国在关键领域的技术突破，推进产业结构升级，延伸中国的价值链。

（2）推进价格改革，理顺价格体系。中国政府的低价工业化重点就是对要素价格的控制。由于中国人口众多，人均资源有限，随着中国经济的发展，这种外延经济发展模式导致了资源、能源的过度耗竭，环境破坏。通过价格改革，让市场反映上游产品稀缺程度，将环境纳入生产成本，成为转变经济方式的重要手段。

（3）转变政府职能，正确处理政府与市场的关系。由于中国是一个大国，转变政府职能不仅需要减少政府对具体经济事务的干预，还需要重新对中央与地方政府关系进行调整。虽然 20 世纪 90 年代末期以来中央政府逐步探索转变经济增长方式并在 21 世纪之初进行了科学发展观的探索。但是由于对地方官员的考核机制仍未进行根本性的变化，替代 GDP 的考核指标制定难度较大，例如绿色 GDP 就一直未能推出。在多重目标之下，地方政府倾向于注重"GDP"这一重要指标。目前财税体系、土地出让金制度也让地方政府有动力推动大工业项目、房地产项目的上马，这些都构成了对重化工业强劲的拉动力。未来要改变这种发展模式，需要对政府官员考核机制、财税体系进行调整，破除旧有经济发展方式对地方官员带来的政治与经济的双重激励。

（三）中国作为世界大国，国际关系演变对中国产业结构变化有着显著影响

在全球冷战的背景下，局部热战（例如朝鲜战争、越南战争）让中国国家安全受到严重挑战。中印、中苏边境摩擦更加剧了中国周边环境紧

张。建立强大的国防军事工业，成为中国优先重工业发展时期的重点。军事工业产品，尤其是高端的军事技术，难以按照经济原则从国际市场中购买。这让中国必须自力更生，发挥大国优势，在高端军事领域集中力量进行突破。"一五"时期在苏联援助的"156项目"中军事工业占将近1/3；"三线建设"更将战备推到了高潮，建立了较为强大的军事工业基础。改革开放前，中国在薄弱的经济基础上，依旧取得了"两弹一星"的辉煌成就。改革开放之前的30年的国防建设，让中国在世界上的话语权不断增强，为改革开放后经济的发展创造了良好的环境。随着美苏冷战结束，世界走向多极化，在大国竞争中，强大的军事力量依旧是国家"硬实力"的重要表现。中国在宇航技术、核潜艇等领域不断取得的突破，巩固了中国的大国地位。

随着世界格局走向多极化，世界大国关系复杂，强大的军事工业是"硬实力"的体现，也是世界大国竞争的重要基础。未来中国的发展需要继续在高端军事领域取得突破，而军事工业的发展需要有强大的重工业体系作为支撑，为中国重工业的发展与升级提出更高的要求；由于高端军事工业存在技术密集的特征，高端军事工业的发展又存在对技术密集的民用工业（包括重工业在内）强大的技术扩散。两者相互促进共同推进了中国产业结构的加速升级。

（四）中国是一个人口大国，就业问题是中国产业结构演变过程中面临的重点与难点

新中国成立后，由于中国选择了优先重工业的发展战略，劳动密集型的轻工业和第三产业长期受到抑制，大批劳动力被政府运用行政手段滞留在农村，甚至出现"逆城市化"的倾向。改革开放以后，为解决"就业难"的问题，逐步放开对城市私营服务业发展的限制，有力地推动了第三产业的增长。包产到户以后，农村剩余劳动力大规模向城市转移，形成了巨大的"人口红利"，推进了劳动密集型产业的发展。21世纪以来，重化工业重启，在第二产业高速发展过程中第三产业发展缓慢。"就业难"困扰中国经济的发展，是未来产业结构升级所需要解决的重要问题。

发挥大国人力资本优势，提高自主创新能力。近年来我国劳动力市场发生了深刻变化，"刘易斯拐点"已经到来，劳动力成本上升恐怕是一个长期趋势。虽然第一次"人口红利"将逐步消失，但是我国可以抓住第二

次"人口红利"机会，挖掘我国高素质人力资本的低成本优势，提高技术水平，延伸产业价值链。另外，如何激活中国科技进步的活力，在核心技术创新上取得进一步的突破仍然是未来中国亟须解决的重要问题。

（五）中国是一个发展不平衡的多民族国家

近代以来东部沿海地区由于独特的区位优势，工业化进程较快；而中西部地区由于位居内地，发展较慢。少数民族广泛分布在中西部地区。区域均衡发展不仅涉及经济发展，还涉及大国国家安全、多民族团结。在优先重工业发展阶段，中国加大了对中西部投资，中西部地区工业基础薄弱的局面得到缓解。改革开放以来，为提高效率，推动经济高速增长，我国采取了区域非均衡发展，东部沿海地区取得了较快发展。20世纪90年代中后期以来，中国推动了西部大开放等区域政策，推动中西部地区、少数民族地区的发展。

未来中国要进一步发挥大国优势，一方面推动国内区域产业转移，实现区域之间的"雁形战略"；另一方面中西部地区许多地方属于生态脆弱区，在中国工业化进入中后期，生态环境压力增大的背景下，未来中西部地区还应当按照主体功能区的布局，保护农产品主产区和重点生态功能区。未来还应当加大中央政府对中西部地区的转移支付力度，健全区域间的跨区域生态补偿机制。

（六）中国的产业结构升级离不开对外开放

改革开放以前，在较为恶劣的环境下，中国进行了三次大规模的技术引进。中国集中的技术引进推动了产业结构的升级，为优先重工业发展注入了活力。改革开放以来，中国积极利用"两种资源、两个市场"发挥了发展中大国劳动力廉价的比较优势，推动了工业的高速发展。但由于中国自主创新能力不足，资源、能源有限，中国制造业更多地被锁定在价值链的低端。

随着中国进入中等收入国家，成本不断上升，美国等发达国家再工业化；越南、孟加拉国等成本更低的国家工业发展，分别从高端和低端挤压了中国的外需空间。人民币不断升值更让外需雪上加霜。未来中国产业升级是在全球化的背景下进行的，应当积极将技术引进与自主创新相结合，推动企业走出去，延伸企业价值链，通过不断优化工业结构，实现从制造大国向制造强国的历史性转变。

（七）在过去 65 年中国产业结构升级过程中投资需求一直起着重要作用

改革开放以前，政府重点投资在重工业项目、军事工业项目和铁路的大规模基础设施之上。而这些资本密集型的重点项目的上马，又导致基础工业供给不足，国民经济长期处在紧运行状态。改革开放以后，政府与国有企业"投资饥渴症"依旧存在，投资需求旺盛，拉动了国民经济迅速增长。20 世纪 90 年代末期，中国逐渐告别"短期经济"。但面对内需不足，中国政府采取了包括大规模基础设施投资、压低要素产品价格、推动房地产业发展等一系列措施，扩大了投资需求。旺盛的投资需求是当前重化工业重启的重要动力。在投资需求旺盛的同时，消费需求未能被很好地拉动。在中国进入中等收入国家以后，旧有依靠投资需求拉动经济增长的模式势必带来对资源、能源的过度消耗，不利于经济稳定健康发展。如何挖掘大国需求成为未来发展所面临的重要问题。

中国是人口大国，存在巨大的需求潜力。但是由于在过去发展中注重资本积累与工业化的推进，压低了劳动报酬，也使得财富分配出现不均，制约了消费需求的提升。一方面，未来我们应当更加注重人力资本在经济发展中的作用，推动咨询、金融等高端服务业的发展，改变工业部门存在的"强势资本、弱势劳工"的状况；另一方面，政府应当通过二次分配的手段，着手改善居民的收入分配结构，增加中等收入群体的比重，有效提升居民消费需求。政府采取措施缩小区域间居民的差距，还有助于民族团结，维护国家稳定。

2012 年中国城镇化率为 52%，未来还有较大空间。但是在原有的城镇化过程中，主要以外延扩张为主，重视数量增长的粗放型发展刺激了基础型重化工业的重启，也使得粗放式经济发展方式难以扭转。未来城镇化应该以内涵增长为主，向重视质量提高的集约式发展转变，走智能城市、生态城市、低碳城市的道路。未来中国应当注重通过大国新型城镇化继续挖掘大国消费需求潜力，促进产业结构优化与升级。

（作者单位：中国社会科学院当代中国研究所、中央财经大学马克思主义学院）

历史虚无主义对我国当前的
危害及遏制策略

段威军

党的十八大以后，习近平总书记从马克思主义基本原理和我们中国的现实具体情况出发，提出了"两个不能否定"的重要论述，不仅解决了有关我国发展改革的现实问题，也有力地纠正了我国历史研究特别是中国近现代史研究中的混乱局面。但是，不可否认，自20世纪七八十年代开始出现的所谓告别革命重新编写历史的历史虚无主义的思潮并没有烟消云散。历史虚无主义思潮对我国当前的危害是巨大的，甚至可以说是最大的，历史虚无主义思潮的危害在历史上在其他国家都没有在当前的中国这么严重。我国的爱国诗人和思想家龚自珍早就指出"灭人之国，必先去其史"。面对历史虚无主义思潮的巨大危害，每个爱国的当代中国人都应该积极思考，积极行动起来，共同扼制历史虚无主义思潮的危害，共同守护好我们的历史家园，共同实现我们的民族复兴。

一

党的十八大以后，我国站在了新的历史起点，面临着新形势，开始了新的征程。习近平总书记从马克思主义基本原理和我国当前的具体的现实情况出发，提出了"两个不能否定"的重要论述。这个论述正确地解决了事关我国发展改革的许多现实问题，使我国广大人民群众端正了对中华人民共和国的历史进程、对中国共产党的领导作用、对毛泽东的历史地位、对以改革开放为时代特征的中国特色社会主义道路等重大问题的认识，必将有力地动员起全国人民的力量共同为实现"两个百年目标"和中华民族的伟大复兴而奋斗。这个论述也有力地纠正了我国历史研究特别是中国近现代史研究领域的一些混乱局面，必将有力地促进我国历史研究特别是中国近现代史研究在马克思主义及其历史唯物主义指导下取得新发展、新繁荣。

但是，我们也不可否认，从 20 世纪七八十年代开始出现在我国的所谓告别革命重新编写中国历史特别是中国近现代史的一股思潮并没有烟消云散，顽固地持有这股思潮的还大有人在，受这股思潮影响的人表现在各方各面的都有，他们或者是著书立说，以所谓新提法、新观点为幌子，贬损和抹黑革命历史，或者是在茶余饭后以玩笑娱乐为幌子，消解和恶搞革命先烈，在社会上引起了很大的思想混乱，产生了巨大的危害。这股思潮归根结底就是历史虚无主义思潮。

历史虚无主义思潮并不只在我国产生，也不是我国所独有。在《史学理论大辞典》中，历史虚无主义思潮是指一种对待历史的非历史态度，持这种态度的人，往往用后来人们已经做到的事和已经达到的认识水平去否定过去。认为过去的历史一无是处，完全无用，他们只看到现在同过去的本质区别，而没有看到现在是过去的一个发展，是对过去的继承，他们以人们对现在事物的标准去要求过去的人和事，因为过去的人和事达不到现在的标准，他们就对这些过去的人和事进行否定。

历史虚无主义思潮既然不能正确地认识与总结历史，就必然在现实社会中产生危害。这种危害，在历史上在其他国家都曾出现过，其中，在苏联产生的危害是令人触目惊心的，是令人难以忘怀的，更是令人深思借鉴的。虽然导致苏联最终解体的原因是复杂的、多方面的，但是，历史虚无主义思潮贬损和抹黑苏联革命历史，消解和恶搞苏联革命先烈，在导致苏联解体中的作用是明显的，是不应该被低估的。

历史虚无主义思潮在我国当前产生的危害是巨大的，甚至可以说是最大的，历史虚无主义思潮在历史上在其他国家产生的危害都没有在当前的中国产生的危害这么大，这么严重！我国的那些顽固地持有历史虚无主义思潮和受历史虚无主义思潮影响的人都在有意无意地破坏我国大好的社会主义现代化进程，都在有意无意地破坏我们正在实现着的中华民族的伟大复兴，都在有意无意地乱史毁国。当前的中国，正处在社会主义现代化进程中改革开放的关键而且特殊的阶段节点，正在为实现"两个百年目标"而攻坚克难，正在中国特色社会主义道路上逐步接近于中华民族的伟大复兴，当前的中国，拥有着世界第一的人口总量，拥有着世界第二的经济总量，正在和平崛起，对世界经济的稳定发展起着重大作用，在国际政治格局中有着举足轻重的作用，是世界和平事业的重要维护者，是人类进步事业的有力促进者。如果那些历史虚无主义思潮的图谋一旦得逞，灾难的范围将是世界性的，影响将是空前绝后的。

二

面对历史虚无主义思潮的巨大危害，每一个爱国的当代中国人都应该积极思考，积极行动起来，奉献出智慧和力量，承担起责任和义务，共同扼制住历史虚无主义思潮对我国当前的危害，共同守护好我们的历史家园，共同迎来中华民族的伟大复兴，共同为世界的和平事业和人类的进步事业做出应有的贡献。

在扼制历史虚无主义思潮危害的众多策略中，至少应该包括以下三个方面。

首先，要在我国历史研究特别是中国近现代史研究中加强对马克思主义及其历史唯物主义的宣传和运用，使马克思主义及其历史唯物主义在指导我国历史研究特别是中国近现代史研究中的地位和作用充分地体现和发挥出来。我国广大的历史研究人员都应该自觉地学习和掌握马克思主义及其历史唯物主义理论，自觉地运用马克思主义及其历史唯物主义理论，不断地创作出马克思主义及其历史唯物主义理论指导下的历史研究的新成果，积极地对那些顽固地持有历史虚无主义思潮的人和书进行批评和教育，把真实的历史反映出来，传播出来，以使广大人民群众明辨事非，发挥出历史研究在资政育人方面应有的作用。

其次，在书籍的出版和发行方面要严格把关，出版社不能只顾出版发行的数量和经济效益而不顾质量和社会效益，对于那些不符合马克思主义及其历史唯物主义的历史书籍不能出版发行，那些一时难以把握的文章和书籍应该在小范围内印行，以供必要的学术交流与探讨。现在社会是电子时代，是数据时代，任何信息的传播速度和范围都是过去所不敢想象的，这也是那些历史虚无主义思潮在当前的中国产生巨大危害的一个特殊的现实原因。我们应该知道，历史虚无主义思潮在历史上其他国家产生危害的时候，信息的传播速度和范围是一个怎样的状态。所以，在电子网络传播的管理方面，有关部门更应该下大力气，从严把关。

最后，要在全社会向广大人民群众广泛深入地进行马克思主义理论特别是历史唯物主义思想的教育，只要我国广大的人民群众拥有了较高的马克思主义理论特别是历史唯物主义的理论素养，那些历史虚无主义思潮的"私货邪说"就不会有市场了，也就不会产生危害了。所以说，提高我国广大人民群众的马克思主义及其历史唯物主义的理论素养水平是有力地扼制历史虚无主义思潮危害的根本策略。当然，提高广大人民群众的马克思主义特别是历史唯物主义的理论素养水平是一项困难和挑战都很大的工作。而在全国的大中小学生中加强马克思主义特别是历史唯物主义的教育对于提高我国广大人民群众的马克思主义及其历史唯物主义的理论素养水平将起到重大的基础性的和推动性的长效作用。当然，一直以来，我国的大中小学的教育教学都是在马克思主义的指导下进行的，现在只是需要再加强一下。现在，我国的教育改革正在深入全面地推进，在义务教育阶段，除了在各学科知识的选用和教学中继续坚持马克思主义及其历史唯物主义的标准外，还要在高年级的思想政治及历史的教育教学中添加进基础的系统的马克思主义特别是历史唯物主义基本理论知识；在高中（包括普通高中和职业高中）阶段，除了在各学科知识的选用和教学中继续坚持较高的马克思主义及其历史唯物主义的标准外，还应该在政治课历史课的教育教学中，添加进较高的系统的马克思主义特别是历史唯物主义的理论知识；在各级各类的高等院校中，除了在各学科知识的选用和教学方面坚持更高更严的马克思主义及其历史唯物主义的标准外，还应该在理工科方向的学生中加强马克思主义特别是历史唯物主义的必修课教学，在文科方向的学生中，还应该开设专门针对具体专业的马克思主义特别是历史唯物主义的必修课教学，更要在各级各类高等院校的学生社团活动中，加大加强马克思主义特别是历史唯物主义的分量。只有这样，才可以很大地提高我国大中小学的马克思主义及其历史唯物主义的教育教学水平，才可以很大地提升我国广大人民群众的马克思主义及其历史唯物主义的理论素养水平，也才可以有力地扼制历史虚无主义思潮对我国当前的危害，共同守护我们的历史家园，共同实现我们的民族复兴。

（作者单位：甘肃省徽县第一中学）